Fülbier/Aepfelbach/Langweg

Geldwäschegesetz

GwG

Kommentar zum Geldwäschegesetz

von

Dr. Andreas Fülbier, Düsseldorf
Rechtsanwalt Rolf R. Aepfelbach, Berlin
Rechtsanwalt Peter Langweg, Berlin
Prof. Dr. Christian Schröder, Halle
Petra Textor, Halle

5., neu bearbeitete Auflage

RWS Verlag Kommunikationsforum GmbH · Köln

Die Deutsche Bibliothek – CIP-Einheitsaufnahme

Fülbier, Andreas:
GwG – Kommentar zum Geldwäschegesetz /
von Andreas Fülbier ; Rolf R. Aepfelbach ;
Peter Langweg. – 5., neu bearb. Aufl. – Köln :
RWS Verlag Kommunikationsforum, 2006
  ISBN 3-8145-8108-3

© 2006 RWS Verlag Kommunikationsforum GmbH
Postfach 27 01 25, 50508 Köln
E-Mail: info@rws-verlag.de, Internet: http://www.rws-verlag.de

Alle Rechte vorbehalten. Ohne ausdrückliche Genehmigung des Verlages ist es auch nicht gestattet, das Werk oder Teile daraus in irgendeiner Form (durch Fotokopie, Mikrofilm oder ein anderes Verfahren) zu vervielfältigen.

Druck und Verarbeitung: Pustet, Regensburg

Vorwort

Seit dem Erscheinen der Vorauflage im Jahre 1999 haben sich die rechtlichen Rahmenbedingungen zur Geldwäschebekämpfung in vielfacher Hinsicht verändert. Insbesondere folgende Einzelaspekte waren daher in der Neuauflage zu berücksichtigen:

- die Identifizierungspflicht bei Abschluss einer auf Dauer angelegten Geschäftsbeziehung,
- die Neuverpflichtung weiterer Berufsgruppen wie Rechtsanwälte, Notare, Wirtschaftsprüfer, Steuerberater und Immobilienmakler,
- die Einrichtung einer Zentralstelle zur Entgegennahme und Auswertung von Geldwäsche-Verdachtsanzeigen,
- die Ausdehnung der gesetzlich geforderten Präventionsmaßnahmen auf die Verhinderung der Terrorismusfinanzierung,
- die Pflicht, angemessene Maßnahmen bei der Feststellung der Identität des wirtschaftlich Berechtigten zu ergreifen,
- Anforderungen an die Erstellung einer Gefährdungsanalyse,
- die Verpflichtung zur Entwicklung interner Grundsätze, angemessener geschäfts- und kundenbezogener Sicherungssysteme, insbesondere zur Einführung des so genannten EDV-Research,
- Neuregelungen der Dritten EU-Geldwäscherichtlinie,
- die Ausdehnung des Vortatenkatalogs des § 261 StGB,
- die Auswirkungen des Urteils des Bundesverfassungsgerichts zur Strafbarkeit von Strafverteidigern bei der Annahme bemakelten Honorars,
- besondere organisatorische Pflichten im Finanztransfergeschäft und im grenzüberschreitenden bargeldlosen Zahlungsverkehr nach § 25b KWG,
- die Vorgaben zur Ermöglichung des automatisierten Abrufs von Kontoinformationen und die Voraussetzungen von Datenabrufen durch die Bundesanstalt für Finanzdienstleistungsaufsicht gemäß § 24c KWG,
- die Voraussetzungen von Datenabrufen durch das Bundeszentralamt für Steuern gemäß § 93 Abs. 7 und 8, § 93b AO und dem Anwendungserlass zu § 93 AO.

Die Pflichten des Geldwäschegesetzes wurden namentlich mit dem Geldwäschebekämpfungsgesetz umfassend modifiziert. Dabei waren die zusätzliche Aufnahme weiterer Adressaten des Gesetzes, die Ausdehnung der gesetzlich geforderten Präventionsmaßnahmen auch auf die Verhinderung der Terrorismusfinanzierung sowie die Erweiterung der Identifizierungspflicht nur die augenscheinlichsten Veränderungen. Auch andere nunmehr gesetzlich vorgegebene Verpflichtungen, z. B. zur Entwicklung interner Sicherungssysteme zur Verhinderung der Geldwäsche und der Finanzierung des Terrorismus oder zur Ergreifung angemessener Maßnahmen zur Feststellung der Identität wirtschaftlich Berechtigter, stellen die Adressaten des Geldwäschegesetzes vor eine Vielzahl von Umsetzungsschwierigkeiten. Erschwert wird die Situation der Verpflichteten dadurch, dass die Bundesanstalt für Finanzdienstleistungsaufsicht die Verlautbarungen für Versicherungsunternehmen, Finanzdienstleistungs- und Kreditinstitute, die zuletzt 1997 und 1998 aktualisiert wurden, bislang nicht an die neue Gesetzeslage angepasst hat. Dagegen haben die berufsständischen Kammern der neu verpflichteten Berufsgruppen zwischenzeitlich Hinweise und Anwendungsempfehlungen veröffentlicht, die die geldwäscherechtlichen Pflichten der betroffenen Berufsträger konkretisieren.

Auch die Dritte EU-Geldwäscherichtlinie vom 26. Oktober 2005, die bis zum 15. Dezember 2007 in nationales Recht umzusetzen ist, wirft bereits ihre Schatten voraus. So lässt der darin verfolgte „risikoorientierte Ansatz" in bestimmten Fällen einerseits vereinfachte Sorgfaltspflichten gegenüber Kunden zu, verlangt aber andererseits in Situationen mit einem erhöhten Risiko verstärkte Sorgfaltspflichten. Als besonders problematisch erweisen sich hierbei bereits heute die in der Dritten Geldwäscherichtlinie enthaltene Definition des „wirtschaftlichen Eigentümers" und die Vorgaben für die Behandlung von so genannten politisch exponierten Personen („PEPs").

Ferner ist der Vortatenkatalog des § 261 StGB seit der Vorauflage durch insgesamt vier Änderungsgesetze abermals erweitert worden. Auswirkungen auf die Reichweite des Straftatbestandes der Geldwäsche hatte darüber hinaus das viel beachtete Urteil des Bundesverfassungsgerichts vom 30. März 2004 zur Strafbarkeit von Strafverteidigern durch die Annahme bemakelten Honorars.

Mit §§ 24c und § 25b sind zwei Vorschriften aus dem Kreditwesengesetz neu in die 5. Auflage aufgenommen worden. § 25b KWG regelt spezifische organisatorische Pflichten für Kreditinstitute, die das Giro- oder Finanztransfergeschäft betreiben, und soll die von der Financial Action Task Force on Money Laundering (FATF) zur Bekämpfung des Terrorismus entwickelten Standards in nationales Recht umsetzen. Der mit § 24c bereits im Jahr 2002 in das Kreditwesengesetz eingeführte automatisierte Abruf von Kontoinformationen hat nicht nur vielfältige Detailfragen insbesondere hinsichtlich der Befüllung der Abrufdatei und der Abfrageberechtigung diverser Behörden, wie Aufsichtsbehörden, Gerichte, Staatsanwaltschaften und Steuerfahndungsstellen aufgeworfen, er begegnet auch durchgreifenden verfassungsrechtlichen Bedenken. Dies gilt erst recht in Anbetracht der mit dem Gesetz zur Förderung der Steuerehrlichkeit im Jahr 2003 durch § 93 Abs. 7 und 8, § 93b AO installierten zusätzlichen Zugriffsmöglichkeiten der Finanzverwaltung und zahlreicher weiterer Behörden z. B. im Rahmen der Gewährung von Sozialhilfe, Wohngeld, Erziehungsgeld, BAföG etc. Im Zusammenhang mit der Umsetzung der Hartz IV-Maßnahmen und den gegen das Kontoabrufverfahren eingelegten Verfassungsbeschwerden ist auch die Öffentlichkeit auf das Abrufverfahren aufmerksam geworden.

Düsseldorf, Berlin, Halle, im Januar 2006   Die Verfasser

Inhaltsübersicht

	Seite
Abkürzungsverzeichnis	IX
Literaturübersicht	XI

Gesetzestexte

Geldwäschegesetz (GwG)	1
Strafgesetzbuch (StGB; § 261)	12
Kreditwesengesetz (KWG; §§ 24c, 25b)	14
Abgabenordnung (AO; §§ 93, 93b, 154)	36
Anwendungserlass zur Abgabenordnung (AEAO; zu § 93 AO, zu § 154 AO)	39
Zollverwaltungsgesetz (ZollVG; § 12a)	49
Passgesetz (PassG)	51
Gesetz über Personalausweise (PAuswG)	64
Prüfungsberichtsverordnung (PrüfbV; §§ 5, 17)	70

Geldwäschegesetz (GwG)

Einleitung	73
§ 1 Begriffsbestimmungen	109
§ 2 Allgemeine Identifizierungspflichten für Institute	141
§ 3 Identifizierungspflicht für andere Unternehmen und Personen	181
§ 4 Identifizierung beim Abschluss von Lebensversicherungsverträgen	195
§ 5 Zentrale Analyse- und Informationsstelle für Verdachtsanzeigen	201
§ 6 Identifizierung in Verdachtsfällen	209
§ 7 Absehen von Identifizierung	215
§ 8 Feststellung der Identität des wirtschaftlich Berechtigten	219
§ 9 Aufzeichnungs- und Aufbewahrungspflicht	235
§ 10 Heranziehung und Verwendung von Aufzeichnungen	243
§ 11 Anzeige von Verdachtsfällen	267
§ 12 Freistellung von der Verantwortlichkeit	339
§ 13 Anzeige von Verdachtsfällen durch die zuständige Behörde	345
§ 14 Interne Sicherungsmaßnahmen	347
§ 15 Zweigstellen und Unternehmen im Ausland	405
§ 16 Zuständige Behörde	413
§ 17 Bußgeldvorschriften	415

Strafgesetzbuch (StGB)

Vor § 261	419
§ 261 Geldwäsche; Verschleierung unrechtmäßig erlangter Vermögenswerte	433

Kreditwesengesetz (KWG)

§ 24c Automatisierter Abruf von Kontoinformationen 497
§ 25b Besondere organisatorische Pflichten im grenzüberschreitenden bargeldlosen Zahlungsverkehr 539

Anhänge

Verzeichnis der Anhänge 547

I	Baseler Grundsatzerklärung, ZBB 1989, 43	549
II.1	Erste Geldwäscherichtlinie (91/308/EWG)	554
II.1a	Protokollerklärung des Rates und der Kommission	564
II.2	Zweite Geldwäscherichtlinie (2001/97/EG)	567
II.3	Dritte Geldwäscherichtlinie (2005/60/EG)	579
III.1	BAKred, Verlautbarung vom 30.3.1998 (Z 5 – E 100)	617
III.2	BAKred, Verlautbarung vom 30.12.1997 (I 5 – E 102)	641
III.3	BAKred, Rundschreiben vom 23.7.1999 (Z 5 – B 599)	663
III.4	BAKred, Vermerk vom 6.3.1998 (Z 5 C 650/660)	666
III.5	BAKred, Rundschreiben vom 2.11.1998 (Z 5 – B 214)	669
IV.1	BAV, Anordnungen und Verwaltungsgrundsätze vom 8.11.1993, R 1/93 (Z 6 – 14/93)	678
IV.2	BAV, Anordnungen und Verwaltungsgrundsätze vom Dezember 1994 (I 6 – 137/94)	685
IV.3	BAV, Anordnungen und Verwaltungsgrundsätze vom Januar 1996 (I 6 – 230/95)	690
IV.4	BAV, Anordnungen und Verwaltungsgrundsätze vom September 1997 (I 6 – 178/97)	695
IV.5	BAV, Anordnungen und Verwaltungsgrundsätze vom Juli 1998 (I 6 – 214/98)	699
V.1	BRAK, Verhaltensempfehlungen zum GwG (BRAK-Nr. 84/2005)	701
V.2	BNotK, Rundschreiben Nr. 48/2003 vom 19.11.2003	707
V.3	WPK, Anwendungshinweise zum GwG vom 30./31.8.2004	721
V.4	BStbK, Verpflichtungen aus dem Geldwäschegesetz vom 20.10.2005	736
V.5	Bundesverband Deutscher Leasing-Unternehmen, Anwendungsempfehlung zum GwG von 2005	744
VI.	BMF, Schreiben vom 22. 4. 1996 (IV 4 S 0325 – 8/96)	754

Stichwortverzeichnis 755

Abkürzungsverzeichnis

AEAO	Anwendungserlass zur Abgabenordnung
AktG	Aktiengesetz
AO	Abgabenordnung
AsylVfG	Asylverfahrensgesetz
AufenthG	Aufenthaltsgesetz
AufenthV	Aufenthaltsverordnung
BaFin	Bundesanstalt für Finanzdienstleistungsaufsicht (ab 1.5.2002)
BAKred	Bundesaufsichtsamt für das Kreditwesen (bis 30.4.2002)
BAV	Bundesaufsichtsamt für das Versicherungswesen (bis 30.4.2002)
BCCI	Bank of Credit and Commerce International
BDSG	Bundesdatenschutzgesetz
BeurkG	Beurkundungsgesetz
BewG	Bewertungsgesetz
BI/GF	BankInformation/Genossenschaftsforum
BKA	Bundeskriminalamt
BKAG	Bundeskriminalamtgesetz
BKR	Zeitschrift für Bank- und Kapitalmarktrecht
BNotO	Bundesnotarordnung
BtMG	Betäubungsmittelgesetz
BRAO	Bundesrechtsanwaltsordnung
DepotG	Gesetz über die Verwahrung und Anschaffung von Wertpapieren (Depotgesetz)
DNotZ	Deutsche Notar-Zeitschrift
DÜG	Diskont-Überleitungs-Gesetz
EG	Europäische Gemeinschaft
EGV	Vertrag zur Gründung der Europäischen Gemeinschaft
EU	Europäische Union
EuR	Zeitschrift für Europarecht
EuRAG	Gesetz über die Tätigkeit europäischer Rechtsanwälte in Deutschland
EUV	Vertrag über die Europäische Union
EuZW	Europäische Zeitschrift für Wirtschaftsrecht
EWiR	Entscheidungen zum Wirtschaftsrecht
EWS	Europäisches Wirtschafts- und Steuerrecht
FATF	Financial Action Task Force on Money Laundering
FinDAG	Gesetz über die integrierte Finanzdienstleistungsaufsicht
FIU	Financial Intelligence Unit
4. FMFG	Viertes Finanzmarktförderungsgesetz
FN-IDW	Fachnachrichten des Instituts der Wirtschaftsprüfer

GA	Goltdammer's Archiv für Strafrecht
GAFI	Groupe d'Action Financière
GewAufspG	Gewinnaufspürungsgesetz
GÜG	Grundstoffüberwachungsgesetz
InvG	Investmentgesetz
J.I.B.L.	Journal of International Banking Law
JR	Juristische Rundschau
JVEG	Justizvergütungs- und Entschädigungsgesetz
JZ	Juristenzeitung
KWG	Kreditwesengesetz
LKA	Landeskriminalamt
NCCT	Non-cooperative countries and territories
NStZ	Neue Zeitschrift für Strafrecht
OrgKG	Gesetz zur Bekämpfung der Organisierten Kriminalität
OWiG	Gesetz über Ordnungswidrigkeiten
PartGG	Partnerschaftsgesellschaftsgesetz
PassG	Gesetz über das Passwesen
PAuswG	Personalausweisgesetz
PEP	Politically exposed person
PrüfbV	Prüfungsberichtsverordnung
RFHE	Sammlung der Entscheidungen des Reichsfinanzhofs
SigG	Signaturgesetz
StBerG	Steuerberatungsgesetz
StEd	Steuer-Eildienst
StraBEG	Strafbefreiungserklärungsgesetz
StraFo	Strafverteidiger Forum
StV	Strafverteidiger
StVBG	Steuerverkürzungsbekämpfungsgesetz
TKG	Telekommunikationsgesetz
VerBAV	Veröffentlichungsblatt des Bundesaufsichtsamtes für das Versicherungswesen
WAP	Wireless Application Protocol
wistra	Zeitschrift für Wirtschafts- und Steuerstrafrecht
WM	Wertpapier-Mitteilungen
WpHG	Wertpapierhandelsgesetz
WPO	Wirtschaftsprüferordnung
WuB	Entscheidungssammlung zum Wirtschafts- und Bankrecht
ZAP	Zeitschrift für die Anwaltspraxis
ZBB	Zeitschrift für Bankrecht und Bankwirtschaft
ZIP	Zeitschrift für Wirtschaftsrecht
ZKA	Zentraler Kreditausschuss
ZKW	Zeitschrift für das gesamte Kreditwesen
ZRP	Zeitschrift für Rechtspolitik
ZStW	Zeitschrift für die gesamte Strafrechtswissenschaft

Literaturübersicht

(Nachfolgend aufgeführt ist nur allgemein zitierte Literatur; spezielle Hinweise finden sich vor den einzelnen Kommentierungsabschnitten)

Assmann/Schneider, WpHG, Kommentar, 3. Aufl., 2003

Bähre/Schneider, KWG, Kommentar, 3. Aufl., 1986
Baumbach/Hopt, HGB, Kommentar, 32. Aufl., 2006
Beck/Samm, KWG, Kommentar, Loseblatt, Stand: 12/2003
Beck'scher TKG-Kommentar, 2. Aufl., 2000
Boos/Fischer/Schulte-Mattler, KWG, Kommentar, 2. Aufl., 2004

Carl/Klos, Regelungen zur Bekämpfung der Geldwäsche und ihre Anwendung in der Praxis. Geldwäschegesetz – Gesetz gegen die Organisierte Kriminalität – Internationale Regelungen, 1994

Consbruch/Möller/Bähre/Schneider, KWG, Loseblatt, Stand: 5/05

Eylmann-Vaasen, BNotO, Kommentar, 2. Aufl., 2004

Fitting/Engels/Schmidt/Trebinger/Linsenmaier, BetrVG, Kommentar, 22. Aufl., 2004

Hellner/Steuer (Hrsg.), Bankrecht und Bankpraxis, (BuB), Loseblatt, Stand: 8/05 (zit.: *Bearbeiter*, in: BuB)

Höche, Bekämpfung von Geldwäsche und Terrorfinanzierung, 2003

Kaufmann, Die Bedeutung der Einbeziehung von Bankmitarbeitern in die strafrechtliche Bekämpfung der Geldwäsche, 2. Aufl., 2003

Kilian/Heussen, Computer-Rechtshandbuch, Loseblatt, Stand: 3/05

Klein, AO, 8. Aufl., 2003

Körner, BtMG, Kommentar, 5. Aufl., 2001

Körner/Dach, Geldwäsche, 1994

Lackner/Kühl, StGB, Kommentar, 25. Aufl., 2004

Lang/Schwarz/Kipp, Regelungen zur Bekämpfung der Geldwäsche, 3. Aufl., 1999

Lang/Weidmüller, GenG, Kommentar, 34. Aufl., 2005

Leipziger Kommentar zum StGB, Großkommentar, 11. Aufl., 15. Lfg.: §§ 242–262, 1994; 38. Lfg.: Nachtrag zum StGB (zit.: LK-*Bearbeiter*)

Löwe/Rosenberg, StPO und GVG, Kommentar, 25. Aufl., 2004

Maurer, Allgemeines Verwaltungsrecht, 15. Aufl., 2004

Literaturübersicht

Meyer-Goßner, StPO, Kommentar, 48. Aufl., 2005

Münchener Kommentar zum Aktiengesetz, Bd. 3, §§ 76–117, 2004
(zit.: MünchKomm-*Bearbeiter*, AktG)

Münchener Kommentar zum Strafgesetzbuch, Bd. 3, §§ 185–262, 2003
(zit.: MünchKomm-*Bearbeiter*, StGB)

Nomos-Kommentar zum StGB, 2. Aufl., Bd. 2, §§ 146–358, 2005
(zit.: NK-*Bearbeiter*, StGB)

Palandt, BGB, Kommentar, 65. Aufl., 2006

Pfeiffer, Karlsruher Kommentar zum StPO, 5. Aufl., 2003

Reischauer/Kleinhans, KWG, Kommentar, Loseblatt, Stand: 12/05

Schimansky/Bunte/Lwowski, Bankrechts-Handbuch, 2. Aufl., 2001

Schönke/Schröder, StGB, Kommentar, 26. Aufl., 2001

Sieber, Dokumentation zu der Tagung „Internationale Geldwäsche und Gewinnabschöpfung" der Europäischen Rechtsakademie Trier (ERA) und der Vereinigung für europäisches Strafrecht e. V. in Trier am 13. und 14.3.1997
(zit.: *Autor*, in: Sieber, ERA 1997, S.)

Szagunn/Haug/Ergenzinger, KWG, Kommentar, 6. Aufl., 1997

Tettinger/Wank, GewO, Kommentar, 7. Aufl., 2004

Tipke/Kruse, AO, Kommentar zur AO und FGO, Loseblatt, Stand: 12/05

Tischbein, Die Legitimationsprüfung bei der Kontoeröffnung, 2. Aufl., 2002

Tröndle/Fischer, StGB, Kommentar, 53. Aufl., 2006

Werner, Bekämpfung der Geldwäsche in der Kreditwirtschaft, Diss. Freiburg, 1996

Zöllner, Kölner Kommentar zum AktG, 2. Aufl., 1986 ff
(zit.: Bearbeiter, in: Kölner Komm. zum AktG)

Literaturübersicht

Gesetze und Materialien:

Erste Geldwäscherichtlinie (1991)
  Richtlinie 91/308/EWG des Rates vom 10.6.1991 zur Verhinderung der
  Nutzung des Finanzsystems zum Zwecke der Geldwäsche (Erste Geldwäsche-
  richtlinie), ABl L 166/77, abgedruckt in Anhang II.1

Zweite Geldwäscherichtlinie (2001)
  Richtlinie 2001/97/EG des Europäischen Parlaments und des Rates vom
  4.12.2001 zur Änderung der Richtlinie 91/308/EWG des Rates zur
  Verhinderung der Nutzung des Finanzsystems zum Zwecke der Geldwäsche
  (Zweite Geldwäscherichtlinie), ABl L 344/76, abgedruckt in Anhang II.2

Dritte Geldwäscherichtlinie (2005)
  Richtlinie 2005/60/EG des Europäischen Parlaments und des Rates vom
  26.10.2005 zur Verhinderung der Nutzung des Finanzsystems zum Zwecke der
  Geldwäsche und der Terrorismusfinanzierung (Dritte Geldwäscherichtlinie),
  ABl L 309/15, abgedruckt in Anhang II.3

RegE AusführungsG Suchtstoffübereinkommen 1988
  Regierungsentwurf eines Gesetzes zur Ausführung des Übereinkommens der
  Vereinten Nationen vom 20. Dezember 1988 gegen den unerlaubten Verkehr
  mit Suchtstoffen und psychotropen Stoffen (Ausführungsgesetz Suchtstoffübereinkommen 1988), BT-Drucks. 12/3533

RefE GewAufspG
  Referentenentwurf eines Gesetzes über das Aufspüren von Gewinnen
  aus schweren Straftaten (Gewinnaufspürungsgesetz – GewAufspG),
  abgedruckt in: ZBB 1992, 67

RegE GewAufspG
  Regierungsentwurf eines Gesetzes über das Aufspüren von Gewinnen
  aus schweren Straftaten (Gewinnaufspürungsgesetz – GewAufspG),
  BT-Drucks. 12/2704

Gegenäußerung BReg zu BRat RegE GewAufspG
  Gegenäußerung der Bundesregierung zu der Stellungnahme des Bundesrates
  zum Regierungsentwurf eines Gesetzes über das Aufspüren von Gewinnen
  aus schweren Straftaten (Gewinnaufspürungsgesetz – GewAufspG),
  BT-Drucks. 12/2747

Innenausschuss zum RegE GewAufspG
  Beschlussempfehlung und Bericht des Innenausschusses zu dem Regierungs-
  entwurf eines Gesetzes über das Aufspüren von Gewinnen aus schweren
  Straftaten (Gewinnaufspürungsgesetz – GewAufspG),
  BT-Drucks. 12/4795 vom 23.4.1993 und BT-Drucks. 12/5298 vom 29.6.1993

Literaturübersicht

Vermittlungsausschuss zum GwG
Beschlussempfehlung des Vermittlungsausschusses zum Gesetz über das Aufspüren von Gewinnen aus schweren Straftaten (Geldwäschegesetz – GwG), BT-Drucks. 12/5720

OrgKG
Gesetz zur Bekämpfung des illegalen Rauschgifthandels und anderer Erscheinungsformen der organisierten Kriminalität (OrgKG) vom 15.7.1992, BGBl I 1992, 1302

BRatE OrgKG
Bundesratsentwurf eines Gesetzes zur Bekämpfung des illegalen Rauschgifthandels und anderer Erscheinungsformen der Organisierten Kriminalität (OrgKG), BT-Drucks. 12/989 vom 25.7.1991 und BT-Drucks. 11/7663 vom 10.8.1990

Gesetz zur Verbesserung der Bekämpfung der Organisierten Kriminalität
Gesetz zur Verbesserung der Bekämpfung der Organisierten Kriminalität vom 4.5.1998, BGBl I, 845

RegE eines Gesetzes zur Verbesserung der Geldwäschebekämpfung
Regierungsentwurf eines Gesetzes zur Verbesserung der Geldwäschebekämpfung, BT-Drucks. 13/6620 (mit Stellungnahme Bundesrat/Gegenäußerung Bundesregierung)

FrakE eines Gesetzes zur Verbesserung der Bekämpfung der Organisierten Kriminalität
Fraktionsentwurf der CDU/CSU, SPD und F. D. P. eines Gesetzes zur Verbesserung der Bekämpfung der Organisierten Kriminalität, BT-Drucks. 13/8651

Rechtsausschuss zu den Entwürfen zur verbesserten Geldwäschebekämpfung
Beschlussempfehlung, BT-Drucks. 13/9644, und Bericht, BT-Drucks. 13/9661, des Rechtsausschusses (6. Ausschuss) des Deutschen Bundestages zum RegE eines Gesetzes zur Verbesserung der Geldwäschebekämpfung (BT-Drucks. 13/6620), zum FrakE eines Gesetzes zur Verbesserung der Bekämpfung der Organisierten Kriminalität (BT-Drucks. 13/8651), zum Antrag Such und Bündnis90/DieGrünen zu Maßnahmen zur verbesserten Bekämpfung der Geldwäsche (BT-Drucks. 13/8590)

SPD-E 2. OrgKG
Gesetzentwurf der SPD-Fraktion für ein Zweites Gesetz zur Bekämpfung des illegalen Rauschgifthandels und anderer Erscheinungsformen der Organisierten Kriminalität (2. OrgKG), BT-Drucks. 12/6784 vom 4.2.1994

FrakE eines Verbrechensbekämpfungsgesetzes
Entwurf der Fraktionen der CDU/CSU und der F. D. P. eines Gesetzes zur Änderung des Strafgesetzbuches, der Strafprozessordnung und anderer Gesetze (Verbrechensbekämpfungsgesetz), BT-Drucks. 12/6853

Literaturübersicht

6. KWG Novelle
Gesetz zur Umsetzung von EG-Richtlinien zur Harmonisierung bank- und wertpapieraufsichtsrechtlicher Vorschriften vom 22.10.1997, BGBl I, 2518

RegE zur 6. KWG-Novelle
Regierungsentwurf eines Gesetzes zur Umsetzung von EG-Richtlinien zur Harmonisierung bank- und wertpapieraufsichtsrechtlicher Vorschriften, BT-Drucks. 13/7142, teilweise abgedruckt in: ZBB 1997, 81 und 190

Begleitgesetz zur 6. KWG-Novelle
Begleitgesetz zum Gesetz zur Umsetzung von EG-Richtlinien zur Harmonisierung bank- und wertpapieraufsichtsrechtlicher Vorschriften vom 22.10.1997, BGBl I, 2567

RegE Begleitgesetz zur 6. KWG-Novelle
Regierungsentwurf eines Begleitgesetzes zum Gesetz zur Umsetzung von EG-Richtlinien zur Harmonisierung bank- und wertpapieraufsichtsrechtlicher Vorschriften, BT-Drucks. 13/7143

StVBG
Gesetz zur Bekämpfung von Steuerverkürzungen bei der Umsatzsteuer und zur Änderung anderer Steuergesetze (Steuerverkürzungsbekämpfungsgesetz – StVBG) vom 19.12.2001, BGBl I, 3922

Finanzausschuss zum RegE StVBG
Bericht des Finanzausschusses zum Entwurf eines Gesetzes zur Bekämpfung von Steuerverkürzungen bei der Umsatzsteuer und anderen Steuern (Steuerverkürzungsbekämpfungsgesetz – StVBG), BT-Drucks. 14/7471

Terrorismusbekämpfungsgesetz
Gesetz zur Bekämpfung des internationalen Terrorismus (Terrorismusbekämpfungsgesetz) vom 9.1.2002, BGBl I, 361

RegE Terrorismusbekämpfungsgesetz
Regierungsentwurf eines Gesetzes zur Bekämpfung des internationalen Terrorismus (Terrorismusbekämpfungsgesetzes), BT-Drucks. 14/7386

4. FMFG
Gesetz zur weiteren Fortentwicklung des Finanzplatzes Deutschland (Viertes Finanzmarktförderungsgesetz – 4. FMFG) vom 21.6.2002, BGBl I, 2010

RegE 4. FMFG
Regierungsentwurf eines Gesetzes zur weiteren Fortentwicklung des Finanzplatzes Deutschland (Viertes Finanzmarktförderungsgesetz), BT-Drucks. 14/8017

Finanzausschuss zum RegE 4. FMFG
Beschlussempfehlung des Finanzausschusses zum Regierungsentwurf eines Gesetzes zur weiteren Fortentwicklung des Finanzplatzes Deutschland (Viertes Finanzmarktförderungsgesetz), BT-Drucks. 14/8600

Literaturübersicht

Geldwäschebekämpfungsgesetz
    Gesetz zur Verbesserung der Bekämpfung der Geldwäsche und der Bekämpfung der Finanzierung des Terrorismus (Geldwäschebekämpfungsgesetz) vom 8.8.2002, BGBl I, 3105

RegE Geldwäschebekämpfungsgesetz
    Regierungsentwurf eines Gesetzes zur Verbesserung der Bekämpfung der Geldwäsche und der Bekämpfung der Finanzierung des Terrorismus (Geldwäschebekämpfungsgesetz), BT-Drucks. 14/8739

Stellungnahme BRat und Gegenäußerung BReg zum RegE Geldwäschebekämpfungsgesetz
    Stellungnahme des Bundesrates und Gegenäußerung der Bundesregierung zum Regierungsentwurf eines Gesetzes zur Verbesserung der Bekämpfung der Geldwäsche und der Bekämpfung der Finanzierung des Terrorismus (Geldwäschebekämpfungsgesetz), BT-Drucks. 14/9043

Innenausschuss zum RegE Geldwäschebekämpfungsgesetz
    Beschlussempfehlung und Bericht des Innenausschusses zum Regierungsentwurf eines Gesetzes zur Verbesserung der Bekämpfung der Geldwäsche und der Bekämpfung der Finanzierung des Terrorismus (Geldwäschebekämpfungsgesetz), BT-Drucks. 14/9263

Gesetz zur Förderung der Steuerehrlichkeit
    Gesetz zur Förderung der Steuerehrlichkeit vom 23.12.2003, BGBl I, 2928

RegE Gesetz zur Förderung der Steuerehrlichkeit
    Regierungsentwurf eines Gesetzes zur Förderung der Steuerehrlichkeit, BT-Drucks. 15/1521

GwG

Gesetz über das Aufspüren von Gewinnen aus schweren Straftaten (Geldwäschegesetz – GwG)

vom 25. Oktober 1993, BGBl I, 1770
zuletzt geändert durch
Gesetz vom 15. Dezember 2003, BGBl I, 2676, 2733

§ 1
Begriffsbestimmungen

(1) [1]Kreditinstitute sind Unternehmen im Sinne des § 1 Abs. 1 des Gesetzes über das Kreditwesen mit Ausnahme der in § 2 Abs. 1 Nr. 4, 7 und 8 des Gesetzes über das Kreditwesen erfassten Unternehmen. [2]Die Bundesanstalt für Finanzdienstleistungsaufsicht kann im Einzelfall bestimmen, dass auf ein Unternehmen im Sinne dieser Vorschrift wegen der Art der von ihm betriebenen Geschäfte die Vorschriften dieses Gesetzes nicht anzuwenden sind.

(2) [1]Finanzdienstleistungsinstitute sind Unternehmen im Sinne des § 1 Abs. 1a des Gesetzes über das Kreditwesen mit Ausnahme der in § 2 Abs. 6 Satz 1 Nr. 3 und 5 bis 12 des Gesetzes über das Kreditwesen erfassten Unternehmen. [2]Finanzunternehmen sind Unternehmen im Sinne des § 1 Abs. 3 des Gesetzes über das Kreditwesen. [3]Absatz 1 Satz 2 gilt entsprechend.

(3) Eine im Inland gelegene Zweigstelle eines Kreditinstituts, Finanzdienstleistungsinstituts oder Finanzunternehmens mit Sitz im Ausland gilt als Kreditinstitut, Finanzdienstleistungsinstitut oder Finanzunternehmen im Sinne dieses Gesetzes.

(4) [1]Institute im Sinne dieses Gesetzes sind ein Kreditinstitut, ein Finanzdienstleistungsinstitut, eine Investmentaktiengesellschaft im Sinne des § 2 Abs. 5 des Investmentgesetzes, ein Finanzunternehmen und ein Versicherungsunternehmen, das Unfallversicherungsverträge mit Prämienrückgewähr oder Lebensversicherungsverträge anbietet. [2]Als Versicherungsunternehmen gelten, außer in den Fällen des § 4 Abs. 4, des § 9 Abs. 3 und des § 14, auch Versicherungsmakler, die solche Verträge vermitteln.

(5) [1]Identifizieren im Sinne dieses Gesetzes ist das Feststellen des Namens aufgrund eines gültigen Personalausweises oder Reisepasses sowie des Geburtsdatums, des Geburtsortes, der Staatsangehörigkeit und der Anschrift, soweit sie darin enthalten sind, und das Feststellen von Art, Nummer und ausstellender Behörde des amtlichen Ausweises. [2]Die Identifizierung kann auch anhand einer qualifizierten elektronischen Signatur im Sinne von § 2 Nr. 3 des Signaturgesetzes erfolgen.

(6) Finanztransaktion im Sinne dieses Gesetzes ist jede Handlung, die eine Geldbewegung oder eine sonstige Vermögensverschiebung bezweckt oder bewirkt.

(7) Dem Bargeld gleichgestelltes Zahlungsmittel ist elektronisches Geld im Sinne von § 1 Abs. 14 des Gesetzes über das Kreditwesen.

GwG

§ 2
Allgemeine Identifizierungspflichten für Institute

(1) [1]Ein Institut hat bei Abschluss eines Vertrages zur Begründung einer auf Dauer angelegten Geschäftsbeziehung den Vertragspartner zu identifizieren. [2]Eine auf Dauer angelegte Geschäftsbeziehung besteht insbesondere bei der Führung eines Kontos und bei den sonstigen in § 154 Abs. 2 Satz 1 der Abgabenordnung genannten Geschäften. [3]Für Versicherungsunternehmen richten sich die Identifizierungspflichten bei Abschluss eines Vertrages nach § 4.

(2) Ein Institut hat bei Annahme von Bargeld, Wertpapieren im Sinne des § 1 Abs. 1 des Depotgesetzes oder Edelmetallen im Wert von 15 000 Euro oder mehr zuvor denjenigen zu identifizieren, der ihm gegenüber auftritt.

(3) Absatz 2 gilt auch, wenn das Institut mehrere Finanztransaktionen im Sinne des Absatzes 2 durchführt, die zusammen einen Betrag im Wert von 15 000 Euro oder mehr ausmachen, sofern tatsächliche Anhaltspunkte dafür vorliegen, dass zwischen ihnen eine Verbindung besteht.

(4) [1]Die Absätze 1 und 2 gelten nicht im Verhältnis von Instituten untereinander. [2]Das Bundesministerium des Innern und das Bundesministerium der Finanzen können zur Bekämpfung der Geldwäsche oder der Finanzierung terroristischer Vereinigungen durch Rechtsverordnung ohne Zustimmung des Bundesrates Ausnahmen von Satz 1 im Hinblick auf Institute in solchen Drittländern bestimmen, die keine den Anforderungen dieses Gesetzes gleichwertigen Anforderungen an Institute stellen.

(5) [1]Absatz 2 gilt nicht, wenn Inhaber oder Mitarbeiter eines Unternehmens auf das Konto des Unternehmens regelmäßig Gelder bar einzahlen oder wenn Bargeld in einem Nachttresor deponiert wird. [2]Unterhält ein nach Absatz 2 verpflichtetes Institut einen Nachttresor, so hat es dessen Benutzer zu verpflichten, darüber nur Geld für eigene Rechnung einzuzahlen.

§ 3
Allgemeine Identifizierungspflichten für andere Unternehmen und Personen

(1) [1]Den allgemeinen Identifizierungspflichten des § 2 Abs. 1 und 2, auch in Verbindung mit Abs. 3, unterliegen bei Ausübung ihrer beruflichen Tätigkeit auch:

1. Rechtsanwälte, Rechtsbeistände, die Mitglied einer Rechtsanwaltskammer sind, Patentanwälte und Notare, wenn sie für ihre Mandanten an der Planung oder Durchführung von folgenden Geschäften mitwirken:
   a) Kauf und Verkauf von Immobilien oder Gewerbebetrieben,
   b) Verwaltung von Geld, Wertpapieren oder sonstigen Vermögenswerten ihres Mandanten,
   c) Eröffnung oder Verwaltung von Bank-, Spar- oder Wertpapierkonten,
   d) Beschaffung der zur Gründung, zum Betrieb oder zur Verwaltung von Gesellschaften erforderlichen Mittel,

GwG

e) Gründung, Betrieb oder Verwaltung von Treuhandgesellschaften, Gesellschaften oder ähnlichen Strukturen,

oder wenn sie im Namen und auf Rechnung ihrer Mandanten Finanz- oder Immobilientransaktionen durchführen,

2. Wirtschaftsprüfer, vereidigte Buchprüfer, Steuerberater und Steuerbevollmächtigte,
3. Immobilienmakler und
4 Spielbanken gegenüber Kunden, die Spielmarken im Wert von 1 000 Euro oder mehr kaufen oder verkaufen; der Identifizierungspflicht kann auch dadurch nachgekommen werden, dass die Kunden bereits beim Betreten der Spielbank identifiziert werden.

²Sonstige Gewerbetreibende, soweit sie in Ausübung ihres Gewerbes handeln und nicht den Pflichten zur Identifizierung nach § 2 unterliegen sowie Personen, die entgeltlich fremdes Vermögen verwalten und nicht der Pflicht zur Identifizierung nach Satz 1 in Verbindung mit § 2 unterliegen, in Ausübung dieser Verwaltungstätigkeit, haben bei Annahme von Bargeld im Wert von 15 000 Euro oder mehr denjenigen zu identifizieren, der ihnen gegenüber auftritt. ³Dies gilt auch für die von diesen Unternehmen und Personen zur Entgegennahme von Bargeld Beauftragten, soweit sie in Ausübung ihres Berufes handeln.

(2) Absatz 1 Satz 2 und 3 findet auf gewerbliche Geldbeförderungsunternehmen keine Anwendung.

§ 4
Identifizierung beim Abschluss von Lebensversicherungsverträgen

(1) ¹Schließt ein in § 1 Abs. 4 genanntes Versicherungsunternehmen einen Lebensversicherungsvertrag oder einen Unfallversicherungsvertrag mit Prämienrückgewähr ab, so hat es zuvor den Vertragspartner zu identifizieren, wenn die Höhe der im Laufe des Jahres zu zahlenden periodischen Prämien 1 000 Euro übersteigt, wenn bei Zahlung einer einmaligen Prämie diese mehr als 2 500 Euro beträgt oder wenn mehr als 2 500 Euro auf ein Beitragsdepot gezahlt werden. ²Dies gilt auch, wenn der Betrag der im Laufe des Jahres zu zahlenden periodischen Prämien auf 1 000 Euro oder mehr angehoben wird.

(2) Absatz 1 gilt nicht für Versicherungsverträge, die zur betrieblichen Altersversorgung aufgrund eines Arbeitsvertrages oder der beruflichen Tätigkeit des Versicherten abgeschlossen worden sind, sofern weder bei einer vorzeitigen Beendigung ein Rückkaufswert fällig wird noch diese Versicherungen als Sicherheit für ein Darlehen dienen können.

(3) ¹Kommt in den in Absatz 1 genannten Fällen der Vertrag über einen Versicherungsvertreter zustande oder wird er über einen solchen abgewickelt, so kann die Identifizierung auch durch den Versicherungsvertreter erfolgen. ²Kommt der Vertrag über einen Versicherungsmakler zustande oder wird er über einen solchen abgewickelt, so ist dieser zur Identifizierung verpflichtet. ³Der Versicherungsmakler

GwG

hat die Aufzeichnungen über die Identifizierung des Kunden an das Versicherungsunternehmen weiterzuleiten.

(4) [1]Die Pflicht zur Identifizierung nach Absatz 1 gilt als erfüllt, wenn das Unternehmen bei Vertragsabschluss feststellt, dass der Vertragspartner ihm die Befugnis eingeräumt hat, die vereinbarte Prämie im Wege des Lastschrifteinzugs von einem Konto des Vertragspartners, dessen Eröffnung der Pflicht zur Feststellung der Identität nach Artikel 3 Absatz 1 der Richtlinie 91/308/EWG unterliegt, oder über ein in einer Rechtsverordnung nach Absatz 5 bezeichnetes Konto einzuziehen. [2]Ist der Einzug der Prämie von dem vom Versicherungsnehmer benannten Konto nicht möglich, hat das Unternehmen die Identifizierung gemäß Absatz 1 nachzuholen. [3]Wird in einem Versicherungsvertrag, der zur betrieblichen Altersversorgung aufgrund eines Arbeitsvertrages oder einer beruflichen Tätigkeit des Versicherten abgeschlossen wird, vereinbart, dass die Prämienzahlung über ein im Vertrag bezeichnetes Konto des Vertragspartners erfolgen soll, gilt die Identifizierung nach Absatz 1 als erfüllt, wenn das Unternehmen feststellt, dass die Prämienzahlung tatsächlich über das vereinbarte Konto erfolgt.

(5) Der Bundesminister des Innern wird ermächtigt, im Einvernehmen mit dem Bundesminister der Finanzen durch Rechtsverordnung weitere Konten zu bestimmen, bei deren Einschaltung in die Abwicklung der Prämienzahlung Absatz 4 Anwendung findet, wenn deren Eröffnung einer Pflicht zur Feststellung der Identität des Verfügungsberechtigten unterliegt.

§ 5
Zentrale Analyse- und Informationsstelle für Verdachtsanzeigen

(1) [1]Das Bundeskriminalamt – Zentralstelle für Verdachtsanzeigen – unterstützt als Zentralstelle im Sinne des § 2 Abs. 1 des Bundeskriminalamtgesetzes die Polizeien des Bundes und der Länder bei der Verhütung und Verfolgung der Geldwäsche und der Finanzierung terroristischer Vereinigungen. [2]Das Bundeskriminalamt – Zentralstelle für Verdachtsanzeigen – hat

1. die nach § 11 übermittelten Verdachtsanzeigen zu sammeln und auszuwerten, insbesondere Abgleiche mit bei anderen Stellen gespeicherten Daten zu veranlassen,
2. die Strafverfolgungsbehörden des Bundes und der Länder unverzüglich über die sie betreffenden Informationen und die in Erfahrung gebrachten Zusammenhänge von Straftaten zu unterrichten,
3. die Geldwäsche-Verdachtsanzeigen in einer Statistik zu erfassen, die insbesondere anonymisierte Angaben über die Anzahl der Meldungen, die einzelnen zugrunde gelegten Vortaten und über die Art der Behandlung durch die Zentralstelle enthält,
4. einen Jahresbericht zu veröffentlichen und
5. die nach diesem Gesetz Meldepflichtigen regelmäßig über Typologien und Methoden der Geldwäsche zu informieren.

(2) ¹Das Bundeskriminalamt – Zentralstelle für Verdachtsanzeigen – arbeitet mit den für die Verhütung und Verfolgung der Geldwäsche und der Finanzierung terroristischer Vereinigungen zuständigen Zentralstellen anderer Staaten zusammen. ²Es ist zentrale Meldestelle im Sinne des Artikels 2 Abs. 3 des Beschlusses des Rates der Europäischen Union (2000/642/JI) über Vereinbarungen für eine Zusammenarbeit zwischen den zentralen Meldestellen der Mitgliedstaaten beim Austausch von Informationen vom 17. Oktober 2000 (ABl. EG Nr. L 271 S. 4).

(3) ¹Soweit es zur Erfüllung seiner Aufgaben nach den Absätzen 1 und 2 erforderlich ist, kann das Bundeskriminalamt – Zentralstelle für Verdachtsanzeigen – personenbezogene Daten nach Maßgabe der §§ 7 bis 14 und 27 bis 37 des Bundeskriminalamtgesetzes erheben, verarbeiten und nutzen; für den Fall der Datenerhebung gilt § 7 Abs. 2 Satz 3 des Bundeskriminalamtgesetzes entsprechend. ²In § 7 Abs. 2 des Bundeskriminalamtgesetzes treten an die Stelle der Aufgabe als Zentralstelle nach § 2 Abs. 2 Nr. 1 des Bundeskriminalamtgesetzes die Aufgaben nach den Absätzen 1 und 2. ³§ 14 Abs. 1 des Bundeskriminalamtgesetzes findet mit der Maßgabe Anwendung, dass auch eine Übermittlung an Zentralstellen anderer Staaten (Absatz 2 Satz 1) zulässig ist. ⁴Das Bundeskriminalamt – Zentralstelle für Verdachtsanzeigen – kann die Bundesanstalt für Finanzdienstleistungsaufsicht um Auskünfte nach § 24c Abs. 3 Satz 1 Nr. 2 des Gesetzes über das Kreditwesen ersuchen, soweit dies zur Erfüllung seiner Aufgaben nach den Absätzen 1 und 2 erforderlich ist.

(4) ¹Das Bundeskriminalamt – Zentralstelle für Verdachtsanzeigen – darf die von einer Zentralstelle eines anderen Staates übermittelten Daten nur zu den durch die übermittelnde Zentralstelle vorgegebenen Bedingungen verwenden. ²Es kann seinerseits bei der Übermittlung von Daten an eine Zentralstelle eines anderen Staates Einschränkungen und Auflagen für die Verwendung der übermittelten Daten festlegen.

§ 6
Identifizierung in Verdachtsfällen

Stellt ein Institut oder ein Unternehmen oder eine Person in den Fällen von § 3 Abs. 1 Tatsachen fest, die darauf schließen lassen, dass die vereinbarte Finanztransaktion einer Geldwäsche nach § 261 des Strafgesetzbuches oder der Finanzierung einer terroristischen Vereinigung nach § 129a, auch in Verbindung mit § 129b des Strafgesetzbuches, dient oder im Fall ihrer Durchführung dienen würde, so besteht die Pflicht zur Identifizierung nach § 2 Abs. 2, auch in Verbindung mit Abs. 3, § 3 Abs. 1 Satz 1 Nr. 4, Satz 2 und 3, und § 4 Abs. 1 und 3 auch, wenn die dort genannten Beträge unterschritten werden.

§ 7
Absehen von Identifizierung

Von einer Identifizierung nach § 2 Abs. 1 und 2, auch in Verbindung mit Abs. 2, § 3 Abs. 1, § 4 Abs. 1 und 3 sowie nach § 6 Satz 1 kann abgesehen werden, wenn der zu

GwG

Identifizierende bei dem zur Identifizierung Verpflichteten persönlich bekannt und wenn er bei früherer Gelegenheit identifiziert worden ist oder wenn der zu Identifizierende für ein gewerbliches Geldbeförderungsunternehmen auftritt.

§ 8
Feststellung der Identität des wirtschaftlich Berechtigten

(1) [1]Ein nach § 2 Abs. 1, § 3 Abs. 1, § 4 Abs. 1 und 3 und § 6 Satz 1 zur Identifizierung Verpflichteter hat sich beim zu Identifizierenden zu erkundigen, ob dieser für eigene Rechnung handelt. [2]Gibt der zu Identifizierende an, nicht für eigene Rechnung zu handeln, so hat der zur Identifizierung Verpflichtete nach dessen Angaben Namen und Anschrift desjenigen festzustellen, für dessen Rechnung dieser handelt. [3]Muss ein Institut im Rahmen einer bestehenden Geschäftsbeziehung oder bei der Durchführung einer Transaktion im Sinne des § 2 Abs. 2, auch in Verbindung mit Abs. 3, aufgrund der äußeren Umstände Zweifel daran hegen, dass der Kunde für eigene Rechnung handelt, hat dieses angemessene Maßnahmen zur Feststellung der Identität des wirtschaftlich Berechtigten zu ergreifen. [4]Handelt der zu Identifizierende für eine nicht rechtsfähige Vereinigung, so ist deren Name und der Name und die Anschrift von einem ihrer Mitglieder festzustellen.

(2) [1]Absatz 1 gilt nicht im Verhältnis von Instituten untereinander. [2]Das Bundesministerium des Innern und das Bundesministerium der Finanzen können zur Bekämpfung der Geldwäsche oder der Finanzierung terroristischer Vereinigungen durch Rechtsverordnung ohne Zustimmung des Bundesrates Ausnahmen von Satz 1 im Hinblick auf Institute in solchen Drittländern bestimmen, die keine den Anforderungen dieses Gesetzes gleichwertigen Anforderungen an Institute stellen.

§ 9
Aufzeichnungs- und Aufbewahrungspflicht

(1) [1]Die nach § 2 Abs. 1 und 2, auch in Verbindung mit Abs. 3, § 3 Abs. 1, § 4 Abs. 1 und 3, § 6 Satz 1 und § 8 Abs. 1 Satz 2 bis 4, getroffenen Feststellungen sind aufzuzeichnen. [2]Die Feststellungen nach § 1 Abs. 5 sind durch Aufzeichnung der dort genannten Angaben oder durch Anfertigung einer Kopie der Seiten des zur Feststellung der Identität vorgelegten Ausweises, die diese Angaben enthalten, aufzuzeichnen. [3]Wird nach § 7 von einer Identifizierung abgesehen, so sind der Name des zu Identifizierenden sowie der Umstand aufzuzeichnen, dass er dem zur Identifizierung Verpflichteten persönlich bekannt ist oder dass der zu Identifizierende für ein gewerbliches Geldbeförderungsunternehmen aufgetreten ist. [4]Besteht eine Pflicht zur Identifizierung nach § 2 Abs. 5 Satz 1 erste oder zweite Alternative nicht, so hat das Institut den Namen des Einzahlenden auf dem Einzahlungsbeleg aufzuzeichnen. [5]Der Einzahlende muss dem Institut zuvor namentlich zusammen mit der Erklärung des Unternehmens bekannt gegeben worden sein, dass das Unternehmen durch ihn in Zukunft wiederholt Bargeld auf ein eigenes Konto einzahlen wird. [6]Der Einzahlende ist bei der ersten Einzahlung zu identifizieren.

(2) ¹Die Aufzeichnungen können auch als Wiedergaben auf einem Bildträger oder auf anderen Datenträgern gespeichert werden. ²Es muss sichergestellt sein, dass die gespeicherten Daten

1. mit den festgestellten Angaben übereinstimmen,
2. während der Dauer der Aufbewahrungsfrist verfügbar sind und jederzeit innerhalb angemessener Frist lesbar gemacht werden können.

(3) ¹Die Aufzeichnungen sind sechs Jahre aufzubewahren. ²Die Aufbewahrungsfrist im Falle des § 4 Abs. 1 beginnt mit dem Schluss des Kalenderjahres, in dem die Geschäftsbeziehung mit dem Vertragspartner endet. ³In den übrigen Fällen beginnt sie mit dem Schluss des Kalenderjahres, in dem die jeweilige Angabe festgestellt worden ist.

§ 10
Heranziehung und Verwendung von Aufzeichnungen

(1) Die nach § 9 Abs. 1 gefertigten Aufzeichnungen dürfen nur zur Verfolgung einer Straftat nach § 261 des Strafgesetzbuches und der in § 261 Abs. 1 Satz 1 Nr. 1 bis 5 des Strafgesetzbuches genannten Straftaten für Zwecke eines Strafverfahrens herangezogen und verwendet werden.

(2) ¹Soweit ein Strafverfahren wegen einer in Absatz 1 bezeichneten Straftat eingeleitet wird, ist dieser Umstand zusammen mit den zugrunde liegenden Tatsachen der Finanzbehörde mitzuteilen, sobald eine Finanztransaktion im Sinne von § 1 Abs. 6 festgestellt wird, die für die Finanzverwaltung für die Einleitung oder Durchführung von Besteuerungs- oder Steuerstrafverfahren Bedeutung haben könnte. ²Zieht die Strafverfolgungsbehörde im Strafverfahren Aufzeichnungen nach § 9 Abs. 1 heran, dürfen auch diese der Finanzbehörde übermittelt werden. ³Die Mitteilungen und Aufzeichnungen dürfen für Besteuerungsverfahren und für Strafverfahren wegen Steuerstraftaten verwendet werden.

§ 11
Anzeige von Verdachtsfällen

(1) ¹Ein Institut oder ein Unternehmen oder eine Person in den Fällen von § 3 Abs. 1, auch wenn die Beträge im Sinne des § 6 Satz 1 unterschritten werden, hat bei Feststellung von Tatsachen, die darauf schließen lassen, dass eine Finanztransaktion einer Geldwäsche nach § 261 des Strafgesetzbuches dient oder im Falle ihrer Durchführung dienen würde, diese unverzüglich mündlich, fernmündlich, fernschriftlich oder durch elektronische Datenübermittlung den zuständigen Strafverfolgungsbehörden und in Kopie dem Bundeskriminalamt – Zentralstelle für Verdachtsanzeigen – anzuzeigen. ²Ein Institut ist darüber hinaus zur Anzeige im Sinne von Satz 1 auch verpflichtet, wenn Tatsachen darauf schließen lassen, dass eine Finanztransaktion der Finanzierung einer terroristischen Vereinigung nach § 129a, auch in Verbindung mit § 129b des Strafgesetzbuches, dient oder im Fall ihrer Durchführung dienen würde. ³Eine angetragene Finanztransaktion darf frühestens durchgeführt werden,

wenn dem Institut, dem Unternehmen oder der Person im Sinne des § 3 Abs. 1 Satz 1 Nr. 3 und 4, Satz 2 und 3 die Zustimmung der Staatsanwaltschaft übermittelt ist oder wenn der zweite Werktag nach dem Abgangstag der Anzeige verstrichen ist, ohne dass die Durchführung der Transaktion strafprozessual untersagt worden ist; hierbei gilt der Sonnabend nicht als Werktag. ⁴Ist ein Aufschub der Finanztransaktion nicht möglich, so darf diese durchgeführt werden; die Anzeige ist unverzüglich nachzuholen.

(2) Eine Anzeige nach Absatz 1 ist schriftlich zu wiederholen, sofern sie nicht bereits fernschriftlich oder durch elektronische Datenübermittlung erfolgt ist.

(3) ¹Abweichend von Absatz 1 Satz 1 sind die in § 3 Abs. 1 Satz 1 Nr. 1 und 2 genannten Personen nicht zur Anzeige verpflichtet, wenn dem Geldwäscheverdacht Informationen von dem oder über den Mandanten zugrunde liegen, die sie im Rahmen der Rechtsberatung oder der Prozessvertretung dieses Mandanten erhalten haben. ²Die Anzeigepflicht bleibt bestehen, wenn die in Satz 1 genannten Personen wissen, dass der Mandant ihre Rechtsberatung bewusst für den Zweck der Geldwäsche in Anspruch nimmt.

(4) ¹Abweichend von Absatz 1 Satz 1 übermitteln die in § 3 Abs. 1 Satz 1 Nr. 1 und 2 genannten Personen die Anzeige an die für sie zuständige Bundesberufskammer. ²Die Kammer kann zur Anzeige Stellung nehmen. ³Sie leitet die Anzeige mit ihrer Stellungnahme entsprechend Absatz 1 Satz 1 an die dort genannten Stellen weiter. ⁴Für Notare, die nicht Mitglied einer Notarkammer sind, tritt an die Stelle der Bundesnotarkammer die für die Berufsaufsicht zuständige oberste Landesbehörde.

(5) Ein Institut oder ein Unternehmen oder eine Person im Sinne von § 3 Abs. 1 darf den Auftraggeber der Finanztransaktion oder einen anderen als staatliche Stellen nicht von einer Anzeige nach Absatz 1 oder Absatz 2 oder von einem daraufhin eingeleiteten Ermittlungsverfahren in Kenntnis setzen.

(6) Die Pflicht zur Anzeige nach den Absätzen 1 und 2 schließt die Freiwilligkeit der Anzeige im Sinne des § 261 Abs. 9 des Strafgesetzbuches nicht aus.

(7) Der Inhalt einer Anzeige nach Absatz 1 darf nur für die in § 10 Abs. 1 und 2 Satz 3 bezeichneten Strafverfahren und für Strafverfahren wegen einer Straftat, die im Höchstmaß mit einer Freiheitsstrafe von mehr als drei Jahren bedroht ist, für Besteuerungsverfahren und für die Aufsichtsaufgaben der zuständigen Behörden nach § 16 Nr. 1 bis 4 verwendet werden.

(8) ¹Das Bundesministerium des Innern und das Bundesministerium der Finanzen können zur Bekämpfung der Geldwäsche oder der Finanzierung terroristischer Vereinigungen durch Rechtsverordnung mit Zustimmung des Bundesrates einzelne typisierte Finanztransaktionen bestimmen, die als verdächtig im Sinne von Absatz 1 Satz 1 gelten und die die Institute nach den Absätzen 1, 2 und 5 anzuzeigen haben. ²Die Rechtsverordnung soll befristet werden.

(9) In Strafverfahren, zu denen eine Anzeige nach Absatz 1 erstattet wurde, teilt die zuständige Staatsanwaltschaft dem Bundeskriminalamt – Zentralstelle für Verdachtsanzeigen – die Erhebung der öffentlichen Klage und den Ausgang des Verfahrens entsprechend § 482 Abs. 2 der Strafprozessordnung mit.

§ 12
Freistellung von der Verantwortlichkeit

Wer den Strafverfolgungsbehörden Tatsachen anzeigt, die auf eine Straftat nach § 261 des Strafgesetzbuches oder der Finanzierung einer terroristischen Vereinigung nach § 129a, auch in Verbindung mit § 129b des Strafgesetzbuches, schließen lassen, kann wegen dieser Anzeige nicht verantwortlich gemacht werden, es sei denn, die Anzeige ist vorsätzlich oder grob fahrlässig unwahr erstattet worden.

§ 13
Anzeige von Verdachtsfällen durch die zuständige Behörde

Stellt die zuständige Behörde (§ 16) Tatsachen fest, die auf eine Straftat nach § 261 des Strafgesetzbuches oder der Finanzierung einer terroristischen Vereinigung nach § 129a, auch in Verbindung mit § 129b des Strafgesetzbuches, schließen lassen, so hat sie diese unverzüglich den zuständigen Strafverfolgungsbehörden anzuzeigen.

§ 14
Interne Sicherungsmaßnahmen

(1) Folgende Unternehmen oder Personen müssen Vorkehrungen dagegen treffen, dass sie zur Geldwäsche missbraucht werden können:

1. Kreditinstitute,
2. Versicherungsunternehmen im Sinne des § 1 Abs. 4,
3. Versteigerer,
4. Finanzdienstleistungsinstitute,
4a. Investmentaktiengesellschaften,
5. Finanzunternehmen im Sinne des § 1 Abs. 3 Satz 1 Nr. 2 bis 5 des Gesetzes über das Kreditwesen,
6. Edelmetallhändler,
7. Spielbanken,
8. Unternehmen und Personen in den Fällen von § 3 Abs. 1 Satz 1 Nr. 2 und 3, und, wenn sie die dort genannten Geschäfte regelmäßig ausführen, in den Fällen von § 3 Abs. 1 Satz 1 Nr. 1 und Satz 2 und 3.

(2) Vorkehrungen im Sinne des Absatzes 1 sind

1. die Bestimmung eines der Geschäftsleitung unmittelbar nachgeordneten Geldwäschebeauftragten, der Ansprechpartner für die Strafverfolgungsbehörden und das Bundeskriminalamt – Zentralstelle für Verdachtsanzeigen – sowie die nach § 16 zuständigen Behörden ist,
2. die Entwicklung interner Grundsätze, angemessener geschäfts- und kundenbezogener Sicherungssysteme und Kontrollen zur Verhinderung der Geldwäsche und der Finanzierung terroristischer Vereinigungen,
3. die Sicherstellung, dass die Beschäftigten, die befugt sind, bare oder unbare Finanztransaktionen durchzuführen, zuverlässig sind, und

GwG

4. die regelmäßige Unterrichtung dieser Beschäftigten über die Methoden der Geldwäsche und die nach diesem Gesetz bestehenden Pflichten.

(3) ¹Falls eine Person im Sinne von Absatz 1 Satz 1 Nr. 3, 6 oder 8 ihre berufliche Tätigkeit im Rahmen eines Unternehmens ausübt, obliegt die Verpflichtung nach Absatz 1 diesem Unternehmen. ²Die nach Absatz 1 verpflichteten Unternehmen und Personen dürfen die Vorkehrungen nach Absatz 2 mit vorheriger Zustimmung der nach § 16 zuständigen Behörde durch andere Unternehmen oder Personen treffen lassen. ³Die Zustimmung darf nur erteilt werden, wenn die anderen Unternehmen oder Personen die Gewähr dafür bieten, dass die Vorkehrungen ordnungsgemäß getroffen werden.

(4) ¹Die nach § 16 zuständige Behörde kann im Einzelfall Anordnungen treffen, die geeignet und erforderlich sind, um Vorkehrungen im Sinne des § 14 Abs. 2 Nr. 2 zu schaffen. ²Sie kann bestimmen, dass auf einzelne oder auf Gruppen der in Absatz 1 Nr. 3 bis 6 und 8 genannten Unternehmen und Personen wegen der Art der von diesen betriebenen Geschäfte und der Größe des Geschäftsbetriebs die Vorschriften der Absätze 1 und 2 ganz oder teilweise nicht anzuwenden sind. ³Für die in § 3 Abs. 1 Satz 1 Nr. 1 und 2, auch in Verbindung mit Absatz 3 Satz 1 dieser Vorschrift, genannten Personen und Unternehmen treffen diese Anordnungen die zuständige Bundesberufskammer oder die zuständige oberste Landesbehörde nach § 11 Abs. 4 Satz 4.

§ 15
Zweigstellen und Unternehmen im Ausland

¹Ein Unternehmen im Sinne des § 14 Abs. 1 Nr. 1 bis 6 hat dafür zu sorgen, dass die Verpflichtungen der §§ 2 bis 4, 6, 8, 9 und 14 auch von seinen Zweigstellen im Ausland erfüllt werden; das Gleiche gilt für die von ihm abhängigen Unternehmen im Ausland, die mit ihm unter einheitlicher Leitung zusammengefasst sind (§ 18 des Aktiengesetzes). ²Soweit dies nach dem Recht des anderen Staates nicht zulässig ist, ist die zuständige Behörde innerhalb von sechs Monaten nach dem Inkrafttreten dieses Gesetzes zu unterrichten. ³Erfolgt die Eröffnung der Zweigstelle oder die Zusammenfassung unter der einheitlichen Leitung nach dem Inkrafttreten dieses Gesetzes, so ist die zuständige Behörde innerhalb von drei Monaten nach der Eröffnung oder Zusammenfassung unter der einheitlichen Leitung zu unterrichten.

§ 16
Zuständige Behörde

Zuständige Behörde für die Durchführung dieses Gesetzes ist

1. für die Kreditanstalt für Wiederaufbau der Bundesminister der Finanzen,
2. für die übrigen Kreditinstitute, mit Ausnahme der Deutschen Bundesbank, die Finanzdienstleistungsinstitute und Investmentaktiengesellschaften die Bundesanstalt für Finanzdienstleistungsaufsicht,

GwG

3. für Versicherungsunternehmen die jeweils zuständige Aufsichtsbehörde für das Versicherungswesen, für Versicherungsmakler die Bundesanstalt für Finanzdienstleistungsaufsicht,
4. im Übrigen die jeweils nach Bundes- oder Landesrecht zuständige Stelle.

§ 17
Bußgeldvorschriften

(1) Ordnungswidrig handelt, wer vorsätzlich oder leichtfertig
1. entgegen
    a) § 2 Abs. 1 Satz 1 oder Abs. 2, auch in Verbindung mit Abs. 3, jeweils auch in Verbindung mit § 3 Abs. 1 Satz 1, oder
    b) § 3 Abs. 1 Satz 2 oder § 4 Abs. 1 eine Person nicht identifiziert,
2. entgegen § 9 Abs. 1 Satz 1, 3 und 4 eine Feststellung nicht, nicht richtig oder nicht vollständig aufzeichnet oder
3. entgegen § 9 Abs. 3 Satz 1 Aufzeichnungen nicht aufbewahrt.

(2) Ordnungswidrig handelt, wer
1. entgegen § 8 Abs. 1 Satz 1 sich nicht erkundigt oder entgegen § 8 Abs. 1 Satz 2 oder 4 Namen und Anschrift nicht feststellt,
2. entgegen § 11 Abs. 5 den Auftraggeber oder einen anderen als staatliche Stellen in Kenntnis setzt oder
3. entgegen § 15 Satz 2 oder Satz 3 die zuständige Behörde nicht oder nicht rechtzeitig unterrichtet.

(3) Die Ordnungswidrigkeit kann in den Fällen des Absatzes 1 mit einer Geldbuße bis zu hunderttausend Euro, in den Fällen des Absatzes 2 mit einer Geldbuße bis zu fünfzigtausend Euro geahndet werden.

(4) [1]Die jeweils in § 16 Nr. 2 und 3 bezeichnete Behörde ist auch Verwaltungsbehörde im Sinne des § 36 Abs. 1 Nr. 1 des Gesetzes über Ordnungswidrigkeiten. [2]Für Steuerberater und Steuerbevollmächtigte ist Verwaltungsbehörde im Sinne des § 36 Abs. 1 Nr. 1 des Gesetzes über Ordnungswidrigkeiten das Finanzamt. [3]Soweit nach § 16 Nr. 4 die jeweils nach Bundes- oder Landesrecht zuständige Stelle zuständig ist, ist sie auch Verwaltungsbehörde im Sinne des § 36 Abs. 1 Nr. 1 des Gesetzes über Ordnungswidrigkeiten; dies gilt nicht für die in § 3 Abs. 1 Satz 1 Nr. 1 genannten Personen.

(5) Soweit nach Absatz 4 Satz 2 das Finanzamt Verwaltungsbehörde ist, gelten § 387 Abs. 2, § 410 Abs. 1 Nr. 1, 2, 6 bis 11, Abs. 2 und § 412 der Abgabenordnung sinngemäß.

Strafgesetzbuch (StGB)

in der Fassung der Bekanntmachung
vom 13. November 1998, BGBl I, 3322
zuletzt geändert durch
Gesetz vom 1. September 2005, BGBl I, 2674

(Auszug)

Besonderer Teil

Einundzwanzigster Abschnitt
Begünstigung und Hehlerei

§ 261
Geldwäsche; Verschleierung unrechtmäßig erlangter Vermögenswerte

(1) ¹Wer einen Gegenstand, der aus einer in Satz 2 genannten rechtswidrigen Tat herrührt, verbirgt, dessen Herkunft verschleiert oder die Ermittlung der Herkunft, das Auffinden, den Verfall, die Einziehung oder die Sicherstellung eines solchen Gegenstandes vereitelt oder gefährdet, wird mit Freiheitsstrafe von drei Monaten bis zu fünf Jahren bestraft. ²Rechtswidrige Taten im Sinne des Satzes 1 sind

1. Verbrechen,
2. Vergehen nach
    a) § 332 Abs. 1, auch in Verbindung mit Abs. 3, und § 334,
    b) § 29 Abs. 1 Satz 1 Nr. 1 des Betäubungsmittelgesetzes und § 29 Abs. 1 Nr. 1 des Grundstoffüberwachungsgesetzes,
3. Vergehen nach § 373 und, wenn der Täter gewerbsmäßig handelt, nach § 374 der Abgabenordnung, jeweils auch in Verbindung mit § 12 Abs. 1 des Gesetzes zur Durchführung der Gemeinsamen Marktorganisationen und der Direktzahlungen,
4. Vergehen
    a) nach den §§ 152a, 181a, 232 Abs. 1 und 2, § 233 Abs. 1 und 2, §§ 233a, 242, 246, 253, 259, 263 bis 264, 266, 267, 269, 284, 326 Abs. 1, 2 und 4 sowie § 328 Abs. 1, 2 und 4,
    b) nach § 96 des Aufenthaltsgesetzes und § 84 des Asylverfahrensgesetzes,
    die gewerbsmäßig oder von einem Mitglied einer Bande, die sich zur fortgesetzten Begehung solcher Taten verbunden hat, begangen worden sind, und
5. Vergehen nach §§ 129 und 129a Abs. 3 und 5, jeweils auch in Verbindung mit § 129b Abs. 1, sowie von einem Mitglied einer kriminellen oder terroristischen Vereinigung (§§ 129, 129a, jeweils auch in Verbindung mit § 129b Abs. 1) begangene Vergehen.

³Satz 1 gilt in den Fällen der gewerbsmäßigen oder bandenmäßigen Steuerhinterziehung nach § 370a der Abgabenordnung für die durch die Steuerhinterziehung ersparten Aufwendungen und unrechtmäßig erlangten Steuererstattungen und -vergütungen sowie in den Fällen des Satzes 2 Nr. 3 auch für einen Gegenstand, hinsichtlich dessen Abgaben hinterzogen worden sind.

(2) Ebenso wird bestraft, wer einen in Absatz 1 bezeichneten Gegenstand

1. sich oder einem Dritten verschafft oder
2. verwahrt oder für sich oder einen Dritten verwendet, wenn er die Herkunft des Gegenstandes zu dem Zeitpunkt gekannt hat, zu dem er ihn erlangt hat.

(3) Der Versuch ist strafbar.

(4) ¹In besonders schweren Fällen ist die Strafe Freiheitsstrafe von sechs Monaten bis zu zehn Jahren. ²Ein besonders schwerer Fall liegt in der Regel vor, wenn der Täter gewerbsmäßig oder als Mitglied einer Bande handelt, die sich zur fortgesetzten Begehung einer Geldwäsche verbunden hat.

(5) Wer in den Fällen des Absatzes 1 oder 2 leichtfertig nicht erkennt, dass der Gegenstand aus einer in Absatz 1 genannten rechtswidrigen Tat herrührt, wird mit Freiheitsstrafe bis zu zwei Jahren oder mit Geldstrafe bestraft.

(6) Die Tat ist nicht nach Absatz 2 strafbar, wenn zuvor ein Dritter den Gegenstand erlangt hat, ohne hierdurch eine Straftat zu begehen.

(7) ¹Gegenstände, auf die sich die Straftat bezieht, können eingezogen werden. ²§ 74a ist anzuwenden. ³Die §§ 43a, 73d sind anzuwenden, wenn der Täter als Mitglied einer Bande handelt, die sich zur fortgesetzten Begehung einer Geldwäsche verbunden hat. ⁴§ 73d ist auch dann anzuwenden, wenn der Täter gewerbsmäßig handelt.

(8) Den in den Absätzen 1, 2 und 5 bezeichneten Gegenständen stehen solche gleich, die aus einer im Ausland begangenen Tat der in Absatz 1 bezeichneten Art herrühren, wenn die Tat auch am Tatort mit Strafe bedroht ist.

(9) ¹Nach den Absätzen 1 bis 5 wird nicht bestraft, wer

1. die Tat freiwillig bei der zuständigen Behörde anzeigt oder freiwillig eine solche Anzeige veranlasst, wenn nicht die Tat in diesem Zeitpunkt ganz oder zum Teil bereits entdeckt war und der Täter dies wusste oder bei verständiger Würdigung der Sachlage damit rechnen musste, und
2. in den Fällen des Absatzes 1 oder 2 unter den in Nummer 1 genannten Voraussetzungen die Sicherstellung des Gegenstandes bewirkt, auf den sich die Straftat bezieht.

²Nach den Absätzen 1 bis 5 wird außerdem nicht bestraft, wer wegen Beteiligung an der Vortat strafbar ist.

(10) Das Gericht kann in den Fällen der Absätze 1 bis 5 die Strafe nach seinem Ermessen mildern (§ 49 Abs. 2) oder von Strafe nach diesen Vorschriften absehen, wenn der Täter durch die freiwillige Offenbarung seines Wissens wesentlich dazu beigetragen hat, dass die Tat über seinen eigenen Tatbeitrag hinaus oder eine in Absatz 1 genannte rechtswidrige Tat eines anderen aufgedeckt werden konnte.

KWG

Gesetz über das Kreditwesen (KWG)

in der Fassung der Bekanntmachung
vom 9. September 1998, BGBl I, 2776,
zuletzt geändert durch
Gesetz vom 22. September 2005, BGBl I, 2809, 2813

(Auszug)

Erster Abschnitt

Allgemeine Vorschriften

1. Kreditinstitute, Finanzdienstleistungsinstitute, Finanzholding-Gesellschaften, gemischte Finanzholding-Gesellschaften, Finanzkonglomerate, gemischte Unternehmen und Finanzunternehmen

§ 1

Begriffsbestimmungen

(1) [1]Kreditinstitute sind Unternehmen, die Bankgeschäfte gewerbsmäßig oder in einem Umfang betreiben, der einen in kaufmännischer Weise eingerichteten Geschäftsbetrieb erfordert. [2]Bankgeschäfte sind

1. die Annahme fremder Gelder als Einlagen oder anderer unbedingt rückzahlbarer Gelder des Publikums, sofern der Rückzahlungsanspruch nicht in Inhaber- oder Orderschuldverschreibungen verbrieft wird, ohne Rücksicht darauf, ob Zinsen vergütet werden (Einlagengeschäft),

1a. die in § 1 Abs. 1 Satz 2 des Pfandbriefgesetzes bezeichneten Geschäfte (Pfandbriefgeschäft),

2. die Gewährung von Gelddarlehen und Akzeptkrediten (Kreditgeschäft),

3. der Ankauf von Wechseln und Schecks (Diskontgeschäft),

4. die Anschaffung und die Veräußerung von Finanzinstrumenten im eigenen Namen für fremde Rechnung (Finanzkommissionsgeschäft),

5. die Verwahrung und die Verwaltung von Wertpapieren für andere (Depotgeschäft),

6. die in § 7 Abs. 2 des Investmentgesetzes bezeichneten Geschäfte (Investmentgeschäft),

7. die Eingehung der Verpflichtung, zuvor veräußerte Darlehensforderungen vor Fälligkeit zurückzuerwerben,

8. die Übernahme von Bürgschaften, Garantien und sonstigen Gewährleistungen für andere (Garantiegeschäft),

9. die Durchführung des bargeldlosen Zahlungsverkehrs und des Abrechnungsverkehrs (Girogeschäft),

10. die Übernahme von Finanzinstrumenten für eigenes Risiko zur Platzierung oder die Übernahme gleichwertiger Garantien (Emissionsgeschäft),
11. die Ausgabe und die Verwaltung von elektronischem Geld (E-Geld-Geschäft).

(1a) [1]Finanzdienstleistungsinstitute sind Unternehmen, die Finanzdienstleistungen für andere gewerbsmäßig oder in einem Umfang erbringen, der einen in kaufmännischer Weise eingerichteten Geschäftsbetrieb erfordert, und die keine Kreditinstitute sind. [2]Finanzdienstleistungen sind

1. die Vermittlung von Geschäften über die Anschaffung und die Veräußerung von Finanzinstrumenten oder deren Nachweis (Anlagevermittlung),
2. die Anschaffung und die Veräußerung von Finanzinstrumenten im fremden Namen für fremde Rechnung (Abschlussvermittlung),
3. die Verwaltung einzelner in Finanzinstrumenten angelegter Vermögen für andere mit Entscheidungsspielraum (Finanzportfolioverwaltung),
4. die Anschaffung und die Veräußerung von Finanzinstrumenten im Wege des Eigenhandels für andere (Eigenhandel),
5. die Vermittlung von Einlagengeschäften mit Unternehmen mit Sitz außerhalb des Europäischen Wirtschaftsraums (Drittstaateneinlagenvermittlung),
6. die Besorgung von Zahlungsaufträgen (Finanztransfergeschäft),
7. der Handel mit Sorten (Sortengeschäft) und
8. Kreditkarten und Reiseschecks auszugeben oder zu verwalten (Kreditkartengeschäft), es sei denn, der Kartenemittent ist auch der Erbringer der dem Zahlungsvorgang zugrunde liegenden Leistung.

(1b) Institute im Sinne dieses Gesetzes sind Kreditinstitute und Finanzdienstleistungsinstitute.

(2) [1]Geschäftsleiter im Sinne dieses Gesetzes sind diejenigen natürlichen Personen, die nach Gesetz, Satzung oder Gesellschaftsvertrag zur Führung der Geschäfte und zur Vertretung eines Instituts in der Rechtsform einer juristischen Person oder einer Personenhandelsgesellschaft berufen sind. [2]In Ausnahmefällen kann die Bundesanstalt für Finanzdienstleistungsaufsicht (Bundesanstalt) auch eine andere mit der Führung der Geschäfte betraute und zur Vertretung ermächtigte Person widerruflich als Geschäftsleiter bezeichnen, wenn sie zuverlässig ist und die erforderliche fachliche Eignung hat; § 33 Abs. 2 ist anzuwenden. [3]Wird das Institut von einem Einzelkaufmann betrieben, so kann in Ausnahmefällen unter den Voraussetzungen des Satzes 2 eine von dem Inhaber mit der Führung der Geschäfte betraute und zur Vertretung ermächtigte Person widerruflich als Geschäftsleiter bezeichnet werden. [4]Beruht die Bezeichnung einer Person als Geschäftsleiter auf einem Antrag des Instituts, so ist sie auf Antrag des Instituts oder des Geschäftsleiters zu widerrufen.

(3) [1]Finanzunternehmen sind Unternehmen, die keine Institute sind und deren Haupttätigkeit darin besteht,

1. Beteiligungen zu erwerben und zu halten,
2. Geldforderungen entgeltlich zu erwerben,
3. Leasingverträge abzuschließen,
4. (aufgehoben)

KWG

5. mit Finanzinstrumenten für eigene Rechnung zu handeln,
6. andere bei der Anlage in Finanzinstrumenten zu beraten (Anlageberatung),
7. Unternehmen über die Kapitalstruktur, die industrielle Strategie und die damit verbundenen Fragen zu beraten sowie bei Zusammenschlüssen und Übernahmen von Unternehmen diese zu beraten und ihnen Dienstleistungen anzubieten oder
8. Darlehen zwischen Kreditinstituten zu vermitteln (Geldmaklergeschäfte).

²Das Bundesministerium der Finanzen kann nach Anhörung der Deutschen Bundesbank durch Rechtsverordnung weitere Unternehmen als Finanzunternehmen bezeichnen, um welche die Liste im Anhang I der Richtlinie 2000/12/EG vom 20. März 2000 über die Aufnahme und Ausübung der Tätigkeit der Kreditinstitute – ABl. EG Nr. L 126 S. 1 – (Bankenrichtlinie), zuletzt geändert durch die Richtlinie 2000/28/EG vom 18. September 2000 zur Änderung der Richtlinie 2000/12/EG über die Aufnahme und Ausübung der Tätigkeit der Kreditinstitute – ABl. EG Nr. L 275 S. 37 – erweitert wird.

(3a) ¹Finanzholding-Gesellschaften sind Finanzunternehmen, die keine gemischten Finanzholding-Gesellschaften sind und deren Tochterunternehmen ausschließlich oder hauptsächlich Institute oder Finanzunternehmen sind und die mindestens ein Einlagenkreditinstitut, ein E-Geld-Institut, ein Wertpapierhandelsunternehmen oder eine Kapitalanlagegesellschaft zum Tochterunternehmen haben. ²Gemischte Finanzholding-Gesellschaften sind Mutterunternehmen, die keine beaufsichtigten Finanzkonglomeratsunternehmen sind, und die zusammen mit ihren Tochterunternehmen, von denen mindestens ein Unternehmen ein beaufsichtigtes Finanzkonglomeratsunternehmen mit Sitz im Inland oder einem anderen Staat des Europäischen Wirtschaftsraums ist, und anderen Unternehmen ein Finanzkonglomerat bilden. ³Beaufsichtigte Finanzkonglomeratsunternehmen sind konglomeratsangehörige Einlagenkreditinstitute, E-Geld-Institute, Wertpapierhandelsunternehmen, Erstversicherungsunternehmen im Sinne des § 104k Nr. 2 Buchstabe a des Versicherungsaufsichtsgesetzes, Kapitalanlagegesellschaften oder andere Vermögensverwaltungsgesellschaften im Sinne des Artikels 2 Nr. 5 und des Artikels 30 der Richtlinie 2002/87/EG.

(3b) ¹Gemischte Unternehmen sind Unternehmen, die keine Finanzholding-Gesellschaften, gemischte Finanzholding-Gesellschaften oder Institute sind und die mindestens ein Einlagenkreditinstitut, ein E-Geld-Institut, ein Wertpapierhandelsunternehmen oder eine Kapitalanlagegesellschaft zum Tochterunternehmen haben. ²Eine gemischte Unternehmensgruppe besteht aus einem gemischten Unternehmen und seinen Tochterunternehmen.

(3c) Unternehmen mit bankbezogenen Hilfsdiensten sind Unternehmen, die keine Institute oder Finanzunternehmen sind und deren Haupttätigkeit darin besteht, Immobilien zu verwalten, Rechenzentren zu betreiben oder andere Tätigkeiten auszuführen, die Hilfstätigkeiten im Verhältnis zur Haupttätigkeit eines oder mehrerer Institute sind.

(3d) ¹Einlagenkreditinstitute sind Kreditinstitute, die Einlagen oder andere unbedingt rückzahlbare Gelder des Publikums entgegennehmen und das Kreditgeschäft betreiben. ²Wertpapierhandelsunternehmen sind Institute, die keine Einlagenkreditinstitute sind und die Bankgeschäfte im Sinne des Absatzes 1 Satz 2 Nr. 4 oder 10 betreiben oder Finanzdienstleistungen im Sinne des Absatzes 1a Satz 2 Nr. 1 bis 4 erbringen, es sei denn, die Bankgeschäfte oder Finanzdienstleistungen beschränken sich auf Devisen, Rechnungseinheiten oder Derivate im Sinne des Absatzes 11 Satz 4 Nr. 5. ³Wertpapierhandelsbanken sind Kreditinstitute, die keine Einlagenkreditinstitute sind und die Bankgeschäfte im Sinne des Absatzes 1 Satz 2 Nr. 4 oder 10 betreiben oder Finanzdienstleistungen im Sinne des Absatzes 1a Satz 2 Nr. 1 bis 4 erbringen. ⁴E-Geld-Institute sind Kreditinstitute, die nur das E-Geld-Geschäft betreiben.

(3e) Wertpapier- oder Terminbörsen im Sinne dieses Gesetzes sind Wertpapier- oder Terminmärkte, die von staatlich anerkannten Stellen geregelt und überwacht werden, regelmäßig stattfinden und für das Publikum unmittelbar oder mittelbar zugänglich sind, einschließlich ihrer Systeme zur Sicherung der Erfüllung der Geschäfte an diesen Märkten (Clearingstellen), die von staatlich anerkannten Stellen geregelt und überwacht werden.

(4) Herkunftsstaat ist der Staat, in dem die Hauptniederlassung eines Instituts zugelassen ist.

(5) Aufnahmestaat ist der Staat, in dem ein Institut außerhalb seines Herkunftsstaats eine Zweigniederlassung unterhält oder im Wege des grenzüberschreitenden Dienstleistungsverkehrs tätig wird.

(5a) ¹Der Europäische Wirtschaftsraum im Sinne dieses Gesetzes umfasst die Staaten der Europäischen Gemeinschaften sowie die Staaten des Abkommens über den Europäischen Wirtschaftsraum. ²Drittstaaten im Sinne dieses Gesetzes sind alle anderen Staaten.

(5b) ¹Zone A umfasst die Staaten des Europäischen Wirtschaftsraums, die Vollmitgliedstaaten der Organisation für wirtschaftliche Zusammenarbeit und Entwicklung, sofern sie nicht innerhalb der letzten fünf Jahre ihre Auslandsschulden umgeschuldet oder vor vergleichbaren Zahlungsschwierigkeiten gestanden haben, sowie die Staaten, die mit dem Internationalen Währungsfonds besondere Kreditabkommen im Zusammenhang mit dessen Allgemeinen Kreditvereinbarungen getroffen haben. ²Zone B umfasst alle anderen Staaten.

(6) Mutterunternehmen sind Unternehmen, die als Mutterunternehmen im Sinne des § 290 des Handelsgesetzbuchs gelten oder die einen beherrschenden Einfluss ausüben können, ohne dass es auf die Rechtsform und den Sitz ankommt.

(7) ¹Tochterunternehmen sind Unternehmen, die als Tochterunternehmen im Sinne des § 290 des Handelsgesetzbuchs gelten oder auf die ein beherrschender Einfluss ausgeübt werden kann, ohne dass es auf die Rechtsform und den Sitz ankommt. ²Schwesterunternehmen sind Unternehmen, die ein gemeinsames Mutterunternehmen haben.

(8) Eine Kontrolle besteht, wenn ein Unternehmen im Verhältnis zu einem anderen Unternehmen als Mutterunternehmen gilt oder wenn zwischen einer natürlichen

KWG

oder einer juristischen Person und einem Unternehmen ein gleichartiges Verhältnis besteht.

(9) ¹Eine bedeutende Beteiligung besteht, wenn unmittelbar oder mittelbar über ein oder mehrere Tochterunternehmen oder ein gleichartiges Verhältnis oder im Zusammenwirken mit anderen Personen oder Unternehmen mindestens 10 vom Hundert des Kapitals oder der Stimmrechte eines dritten Unternehmens im Eigen- oder Fremdinteresse gehalten werden oder wenn auf die Geschäftsführung eines anderen Unternehmens ein maßgeblicher Einfluss ausgeübt werden kann. ²Für die Berechnung des Anteils der Stimmrechte gilt § 22 Abs. 1 bis 3 des Wertpapierhandelsgesetzes. ³Die mittelbar gehaltenen Beteiligungen sind den mittelbar beteiligten Personen und Unternehmen in vollem Umfang zuzurechnen.

(10) Eine enge Verbindung besteht, wenn ein Institut und eine andere natürliche Person oder ein anderes Unternehmen verbunden sind

1. durch das unmittelbare oder mittelbare Halten durch ein oder mehrere Tochterunternehmen oder Treuhänder von mindestens 20 vom Hundert des Kapitals oder der Stimmrechte oder
2. als Mutter- und Tochterunternehmen, mittels eines gleichartigen Verhältnisses oder als Schwesterunternehmen.

(11) ¹Finanzinstrumente im Sinne dieses Gesetzes sind Wertpapiere, Geldmarktinstrumente, Devisen oder Rechnungseinheiten sowie Derivate. ²Wertpapiere sind, auch wenn keine Urkunden über sie ausgestellt sind,

1. Aktien, Zertifikate, die Aktien vertreten, Schuldverschreibungen, Genussscheine, Optionsscheine und
2. andere Wertpapiere, die mit Aktien oder Schuldverschreibungen vergleichbar sind, wenn sie an einem Markt gehandelt werden können; Wertpapiere sind auch Anteile an Investmentvermögen, die von einer Kapitalanlagegesellschaft oder einer ausländischen Investmentgesellschaft ausgegeben werden.

³Geldmarktinstrumente sind Forderungen, die nicht unter Satz 2 fallen und üblicherweise auf dem Geldmarkt gehandelt werden. ⁴Derivate sind als Festgeschäfte oder Optionsgeschäfte ausgestaltete Termingeschäfte, deren Preis unmittelbar oder mittelbar abhängt von

1. dem Börsen- oder Marktpreis von Wertpapieren,
2. dem Börsen- oder Marktpreis von Geldmarktinstrumenten,
3. dem Kurs von Devisen oder Rechnungseinheiten,
4. Zinssätzen oder anderen Erträgen oder
5. dem Börsen- oder Marktpreis von Waren oder Edelmetallen.

(12) ¹Dem Handelsbuch im Sinne dieses Gesetzes sind zum Zweck der Ermittlung und der Anrechnung von Handelsbuch-Risikopositionen zuzurechnen

1. Finanzinstrumente, handelbare Forderungen und Anteile, die das Institut zum Zweck des Wiederverkaufs im Eigenbestand hält oder von dem Institut übernommen werden, um bestehende oder erwartete Unterschiede zwischen den Kauf- und Verkaufspreisen oder Preis- und Zinsschwankungen kurzfristig zu nutzen, damit ein Eigenhandelserfolg erzielt wird,

KWG

2. Bestände und Geschäfte zur Absicherung von Marktrisiken des Handelsbuchs und damit im Zusammenhang stehende Refinanzierungsgeschäfte,
3. Aufgabegeschäfte sowie
4. Forderungen in Form von Gebühren, Provisionen, Zinsen, Dividenden und Einschüssen, die mit den Positionen des Handelsbuchs unmittelbar verknüpft sind.

²Dem Handelsbuch sind auch Pensions-, Darlehens- sowie vergleichbare Geschäfte auf Positionen des Handelsbuchs zuzurechnen. ³Das Bundesministerium der Finanzen kann durch Rechtsverordnung im Benehmen mit der Deutschen Bundesbank nähere Bestimmungen zur Abgrenzung des Handelsbuchs im Rahmen der Vorgaben durch das Recht der Europäischen Gemeinschaften erlassen und weitere handelbare Positionen dem Handelsbuch zurechnen; es kann die Ermächtigung durch Rechtsverordnung auf die Bundesanstalt mit der Maßgabe übertragen, dass die Rechtsverordnung im Einvernehmen mit der Deutschen Bundesbank ergeht. ⁴Das Anlagebuch bilden alle Geschäfte eines Instituts, die nicht dem Handelsbuch zuzurechnen sind. ⁵Die Einbeziehung in das Handelsbuch hat nach institutsintern festgelegten nachprüfbaren Kriterien zu erfolgen, die der Bundesanstalt und der Deutschen Bundesbank mitzuteilen sind; Änderungen der Kriterien sind der Bundesanstalt und der Deutschen Bundesbank unverzüglich unter Darlegung der Gründe anzuzeigen. ⁶Die Umwidmung von Positionen in das Handelsbuch oder Anlagebuch ist in den Unterlagen des Instituts nachvollziehbar zu dokumentieren und zu begründen. ⁷Die Einhaltung der institutsintern festgelegten Kriterien hat der Abschlussprüfer im Rahmen der Jahresabschlussprüfung zu überprüfen und zu bestätigen.

(13) ¹Risikomodelle im Sinne dieses Gesetzes sind zeitbezogene stochastische Darstellungen der Veränderungen von Marktkursen, -preisen oder -werten oder -zinssätzen und ihrer Auswirkungen auf den Marktwert einzelner Finanzinstrumente oder Gruppen von Finanzinstrumenten (potentielle Risikobeträge) auf der Basis der Empfindlichkeit (Sensitivität) dieser Finanzinstrumente oder Finanzinstrumentsgruppen gegenüber Veränderungen der für sie maßgeblichen risikobestimmenden Faktoren. ²Sie beinhalten mathematisch-statistische Strukturen und Verteilungen zur Ermittlung risikobeschreibender Kennzahlen, insbesondere des Ausmaßes und Zusammenhangs von Kurs-, Preis- und Zinssatzschwankungen (Volatilität und Korrelation) sowie der Sensitivität der Finanzinstrumente und Finanzinstrumentsgruppen, die durch angemessene EDV-gestützte Verfahren, insbesondere Zeitreihenanalysen ermittelt werden.

(14) Elektronisches Geld sind Werteinheiten in Form einer Forderung gegen die ausgebende Stelle, die

1. auf elektronischen Datenträgern gespeichert sind,
2. gegen Entgegennahme eines Geldbetrags ausgegeben werden und
3. von Dritten als Zahlungsmittel angenommen werden, ohne gesetzliches Zahlungsmittel zu sein.

(15) ¹Eine qualifizierte Beteiligung im Sinne dieses Gesetzes besteht, wenn eine Person oder ein Unternehmen an einem anderen Unternehmen unmittelbar oder mittelbar über ein oder mehrere Tochterunternehmen oder ein gleichartiges Ver-

hältnis mindestens 10 vom Hundert des Kapitals oder der Stimmrechte hält oder auf die Geschäftsführung des anderen Unternehmens einen maßgeblichen Einfluss ausüben kann; Absatz 9 Satz 2 und 3 gilt entsprechend. ²Anteile, die nicht dazu bestimmt sind, durch die Herstellung einer dauernden Verbindung dem eigenen Geschäftsbetrieb zu dienen, sind in die Berechnung der Höhe der Beteiligung nicht einzubeziehen.

(16) ¹Ein System im Sinne von § 24b ist eine schriftliche Vereinbarung nach Artikel 2 Buchstabe a der Richtlinie 98/26/EG des Europäischen Parlaments und des Rates vom 19. Mai 1998 über die Wirksamkeit von Abrechnungen in Zahlungs- sowie Wertpapierliefer- und -abrechnungssystemen (ABl. EG Nr. L 166 S. 45) einschließlich der Vereinbarung zwischen einem Teilnehmer und einem indirekt teilnehmenden Kreditinstitut, die von der Deutschen Bundesbank oder der zuständigen Stelle eines anderen Mitgliedstaats oder Vertragsstaats des Europäischen Wirtschaftsraums der Kommission der Europäischen Gemeinschaften gemeldet wurde. ²Systeme aus Drittstaaten stehen den in Satz 1 genannten Systemen gleich, sofern sie im Wesentlichen den in Artikel 2 Buchstabe a der Richtlinie 98/26/EG angeführten Voraussetzungen entsprechen.

(17) ¹Finanzsicherheiten im Sinne dieses Gesetzes sind Barguthaben, Wertpapiere, Geldmarktinstrumente sowie sonstige Schuldscheindarlehen einschließlich jeglicher damit in Zusammenhang stehenden Rechte oder Ansprüche, die als Sicherheit in Form eines beschränkten dinglichen Sicherungsrechts oder im Wege der Vollrechtsübertragung aufgrund einer Vereinbarung zwischen einem Sicherungsnehmer und einem Sicherungsgeber, die einer der in Artikel 1 Abs. 2 Buchstabe a bis e der Richtlinie 2002/47/EG des Europäischen Parlaments und des Rates vom 6. Juni 2002 über Finanzsicherheiten (ABl. EG Nr. L 168 S. 43) aufgeführten Kategorien angehören, bereitgestellt werden. ²Gehört der Sicherungsgeber zu den in Artikel 1 Abs. 2 Buchstabe e der Richtlinie 2002/47/EG genannten Personen oder Gesellschaften, so liegt eine Finanzsicherheit nur vor, wenn die Sicherheit der Besicherung von Verbindlichkeiten aus Verträgen oder aus der Vermittlung von Verträgen über

a) die Anschaffung und die Veräußerung von Finanzinstrumenten,
b) Pensions-, Darlehens- sowie vergleichbare Geschäfte auf Finanzinstrumente oder
c) Darlehen zur Finanzierung des Erwerbs von Finanzinstrumenten

dient. ³Finanzinstrumente im Sinne dieser Vorschrift sind auch Termingeschäfte, deren Preis von anderen als den in Absatz 11 Satz 4 Nr. 1 bis 5 genannten Basiswerten abhängt. ⁴Gehört der Sicherungsgeber zu den in Artikel 1 Abs. 2 Buchstabe e der Richtlinie 2002/47/EG genannten Personen oder Gesellschaften, so sind eigene Anteile des Sicherungsgebers oder Anteile an verbundenen Unternehmen im Sinne von § 290 Abs. 2 des Handelsgesetzbuches keine Finanzsicherheiten; maßgebend ist der Zeitpunkt der Bestellung der Sicherheit. ⁵Sicherungsgeber aus Drittstaaten stehen den in Satz 1 genannten Sicherungsgebern gleich, sofern sie im Wesentlichen den in Artikel 1 Abs. 2 Buchstabe a bis e aufgeführten Körperschaften, Finanzinstituten und Einrichtungen entsprechen.

(18) Branchenvorschriften im Sinne dieses Gesetzes sind die Rechtsvorschriften der Europäischen Gemeinschaften im Bereich der Finanzaufsicht, insbesondere die Richtlinien 73/239/EWG, 79/267/EWG, 85/611/EWG, 98/78/EG, 93/6/EWG, 93/22/EWG und 2000/12/EG, die darauf beruhenden inländischen Gesetze, insbesondere dieses Gesetz, das Versicherungsaufsichtsgesetz, das Wertpapierhandelsgesetz, das Investmentgesetz, das Hypothekenbankgesetz, das Gesetz über Bausparkassen, das Geldwäschegesetz einschließlich der dazu ergangenen Rechtsverordnungen sowie der sonstigen im Bereich der Finanzaufsicht erlassenen Rechts- und Verwaltungsvorschriften.

(19) Finanzbranche im Sinne dieses Gesetzes sind folgende Branchen:

1. die Banken- und Wertpapierdienstleistungsbranche; dieser gehören Kreditinstitute im Sinne des Absatzes 1, Finanzdienstleistungsinstitute im Sinne des Absatzes 1a Satz 2 Nr. 1 bis 4, Finanzunternehmen im Sinne des Absatzes 3, Unternehmen mit bankbezogenen Hilfsdiensten im Sinne des Absatzes 3c oder entsprechende Unternehmen mit Sitz im Ausland an; für die Zwecke der §§ 51a und 51c gelten Kapitalanlagegesellschaften als nicht dieser Branche angehörig;
2. die Versicherungsbranche; dieser gehören Erstversicherungsunternehmen im Sinne des § 104k Nr. 2 Buchstabe a des Versicherungsaufsichtsgesetzes, Rückversicherungsunternehmen im Sinne des § 104a Abs. 2 Nr. 3 des Versicherungsaufsichtsgesetzes, Versicherungs-Holdinggesellschaften im Sinne des § 104a Abs. 2 Nr. 4 des Versicherungsaufsichtsgesetzes oder entsprechende Unternehmen mit Sitz im Ausland an;
3. eine weitere aus den gemischten Finanzholding-Gesellschaften gebildete Branche.

(20) ^{1}Ein Finanzkonglomerat im Sinne dieses Gesetzes ist vorbehaltlich des § 51a Abs. 2 bis 6 eine Gruppe von Unternehmen,

1. die aus einem Mutterunternehmen, seinen Tochterunternehmen und den Unternehmen, an denen das Mutterunternehmen oder ein Tochterunternehmen eine Beteiligung halten, besteht, oder aus Unternehmen, die zu einer horizontalen Unternehmensgruppe zusammengefasst sind;
2. an deren Spitze ein beaufsichtigtes Finanzkonglomeratsunternehmen steht, bei dem es sich um ein Mutterunternehmen eines Unternehmens der Finanzbranche, ein Unternehmen, das eine Beteiligung an einem Unternehmen der Finanzbranche hält, oder ein Unternehmen, das mit einem anderen Unternehmen der Banken- und Wertpapierdienstleistungsbranche oder der Versicherungsbranche zu einer horizontalen Unternehmensgruppe zusammengefasst ist, handelt; steht kein beaufsichtigtes Finanzkonglomeratsunternehmen an der Spitze der Gruppe, weist die Gruppe jedoch mindestens eines dieser Unternehmen als Tochterunternehmen auf, ist die Gruppe ein Finanzkonglomerat, wenn sie vorwiegend in der Finanzbranche tätig ist;
3. der mindestens ein Unternehmen der Versicherungsbranche sowie mindestens ein Unternehmen der Banken- und Wertpapierdienstleistungsbranche angehören und

KWG

4. in der die konsolidierte oder aggregierte Tätigkeit beziehungsweise die konsolidierte und aggregierte Tätigkeit der Unternehmen der Gruppe sowohl in der Versicherungsbranche als auch in der Banken- und Wertpapierdienstleistungsbranche erheblich ist.

²Als Finanzkonglomerat gilt auch eine Untergruppe einer Gruppe im Sinne des Satzes 1 Nr. 1, sofern diese selbst die Voraussetzungen nach Satz 1 Nr. 1 bis 4 erfüllt.

(21) Eine horizontale Unternehmensgruppe im Sinne dieses Gesetzes ist eine Gruppe, in der ein Unternehmen mit einem oder mehreren anderen Unternehmen in der Weise verbunden ist, dass

1. sie gemeinsam aufgrund einer Satzungsbestimmung oder eines Vertrages unter einheitlicher Leitung stehen, oder
2. sich ihre Verwaltungs-, Leitungs- oder Aufsichtsorgane mehrheitlich aus denselben Personen zusammensetzen, die während des Geschäftsjahres und bis zum Ablauf des in § 290 Abs. 1 des Handelsgesetzbuchs bestimmten Zeitraums im Amt sind, wenn sie einen konsolidierten Abschluss aufzustellen haben oder hätten.

(22) Gruppeninterne Transaktionen innerhalb eines Finanzkonglomerats im Sinne dieses Gesetzes sind Transaktionen, bei denen sich beaufsichtigte Finanzkonglomeratsunternehmen zur Erfüllung einer Verbindlichkeit direkt oder indirekt auf andere Unternehmen innerhalb desselben Finanzkonglomerats oder auf natürliche oder juristische Personen stützen, die mit den Unternehmen der Gruppe durch enge Verbindungen verbunden sind, wobei unerheblich ist, ob dies auf vertraglicher oder nicht vertraglicher oder auf entgeltlicher oder unentgeltlicher Grundlage erfolgt.

(23) Risikokonzentrationen im Sinne dieses Gesetzes sind alle mit einem Ausfallrisiko behafteten Engagements der Unternehmen eines Finanzkonglomerats, die groß genug sind, die Solvabilität oder die allgemeine Finanzlage der beaufsichtigten Finanzkonglomeratsunternehmen zu gefährden, wobei die Ausfallgefahr auf einem Adressenausfallrisiko, einem Kreditrisiko, einem Anlagerisiko, einem Versicherungsrisiko, einem Marktrisiko, einem sonstigen Risiko, einer Kombination dieser Risiken oder auf Wechselwirkungen zwischen diesen Risiken beruht oder beruhen kann.

(24) Refinanzierungsunternehmen sind Unternehmen, die zum Zwecke der Refinanzierung Gegenstände oder Ansprüche auf deren Übertragung aus ihrem Geschäftsbetrieb an Zweckgesellschaften, Refinanzierungsmittler oder Pfandbriefbanken im Sinne des § 1 Abs. 1 Satz 1 Pfandbriefgesetz veräußern; unschädlich ist, wenn sie daneben wirtschaftliche Risiken weitergeben, ohne dass damit ein Rechtsübergang einhergeht.

(25) Refinanzierungsmittler sind Kreditinstitute, die von Refinanzierungsunternehmen oder anderen Refinanzierungsmittlern Gegenstände aus dem Geschäftsbetrieb eines Refinanzierungsunternehmens oder Ansprüche auf deren Übertragung erwerben, um diese an Zweckgesellschaften oder Refinanzierungsmittler zu veräußern; unschädlich ist, wenn sie daneben wirtschaftliche Risiken weitergeben, ohne dass damit ein Rechtsübergang einhergeht.

KWG

(26) Zweckgesellschaften sind Unternehmen, deren wesentlicher Zweck darin besteht, durch Emission von Finanzinstrumenten oder auf sonstige Weise Gelder aufzunehmen oder andere vermögenswerte Vorteile zu erlangen, um von Refinanzierungsunternehmen oder Refinanzierungsmittlern Gegenstände aus dem Geschäftsbetrieb eines Refinanzierungsunternehmens oder Ansprüche auf deren Übertragung zu erwerben; unschädlich ist, wenn sie daneben wirtschaftliche Risiken übernehmen, ohne dass damit ein Rechtsübergang einhergeht.

§ 2
Ausnahmen

(1) Als Kreditinstitut gelten vorbehaltlich der Absätze 2 und 3 nicht

1. die Deutsche Bundesbank;
2. die Kreditanstalt für Wiederaufbau;
3. die Sozialversicherungsträger und die Bundesagentur für Arbeit;
3a. die öffentliche Schuldenverwaltung des Bundes, eines seiner Sondervermögen, eines Landes oder eines anderen Staates des Europäischen Wirtschaftsraums und deren Zentralbanken, sofern diese nicht fremde Gelder als Einlagen oder andere rückzahlbare Gelder des Publikums annimmt oder Gelddarlehen oder Akzeptkredite gewährt;
4. private und öffentlich-rechtliche Versicherungsunternehmen;
5. Unternehmen des Pfandleihgewerbes, soweit sie dieses durch Gewährung von Darlehen gegen Faustpfand betreiben;
6. Unternehmen, die aufgrund des Gesetzes über Unternehmensbeteiligungsgesellschaften als Unternehmensbeteiligungsgesellschaften anerkannt sind;
7. Unternehmen, die Bankgeschäfte ausschließlich mit ihrem Mutterunternehmen oder ihren Tochter- oder Schwesterunternehmen betreiben;
8. Unternehmen, die das Finanzkommissionsgeschäft ausschließlich an einer Börse, an der ausschließlich Derivate gehandelt werden, für andere Mitglieder dieser Börse betreiben und deren Verbindlichkeiten durch ein System zur Sicherung der Erfüllung der Geschäfte an dieser Börse abgedeckt sind.

(2) Für die Kreditanstalt für Wiederaufbau gelten die §§ 14, 22a bis 22o und die aufgrund von § 47 Abs. 1 Nr. 2 und § 48 getroffenen Regelungen; für die Sozialversicherungsträger, für die Bundesagentur für Arbeit, für Versicherungsunternehmen sowie für Unternehmensbeteiligungsgesellschaften gilt § 14.

(3) Für Unternehmen der in Absatz 1 Nr. 4 bis 6 bezeichneten Art gelten die Vorschriften dieses Gesetzes insoweit, als sie Bankgeschäfte betreiben, die nicht zu den ihnen eigentümlichen Geschäften gehören.

(4) [1]Die Bundesanstalt kann im Einzelfall bestimmen, dass auf ein Institut die §§ 2b, 10 bis 18, 24, 24a, 25 bis 38, 45, 46 bis 46c und 51 Abs. 1 dieses Gesetzes insgesamt nicht anzuwenden sind, solange das Unternehmen wegen der Art der von ihm betriebenen Geschäfte insoweit nicht der Aufsicht bedarf. [2]Die Entscheidung ist im elektronischen Bundesanzeiger bekannt zu machen.

KWG

(5) ¹Die Bundesanstalt kann im Einzelfall im Benehmen mit der Deutschen Bundesbank bestimmen, dass auf ein Unternehmen, das nur das E-Geld-Geschäft betreibt, die §§ 2b, 10 bis 18, 24, 32 bis 38, 45 und 46a bis 46c dieses Gesetzes insgesamt nicht anzuwenden sind, solange das Unternehmen wegen der Art oder des Umfangs der von ihm betriebenen Geschäfte insoweit nicht der Aufsicht bedarf. ²Die Entscheidung ist im elektronischen Bundesanzeiger bekannt zu machen. ³Das Bundesministerium der Finanzen kann durch eine im Benehmen mit der Deutschen Bundesbank zu erlassende Rechtsverordnung nähere Bestimmungen für die Freistellung nach Satz 1 erlassen. ⁴Das Bundesministerium der Finanzen kann diese Ermächtigung durch Rechtsverordnung auf die Bundesanstalt mit der Maßgabe übertragen, dass die Rechtsverordnung im Einvernehmen mit der Deutschen Bundesbank ergeht.

(6) ¹Als Finanzdienstleistungsinstitute gelten nicht

1. die Deutsche Bundesbank;
2. die Kreditanstalt für Wiederaufbau;
3. die öffentliche Schuldenverwaltung des Bundes, eines seiner Sondervermögen, eines Landes oder eines anderen Staates des Europäischen Wirtschaftsraums und deren Zentralbanken;
4. private und öffentlich-rechtliche Versicherungsunternehmen;
5. Unternehmen, die Finanzdienstleistungen ausschließlich für ihr Mutterunternehmen oder ihre Tochter- oder Schwesterunternehmen erbringen;
6. Unternehmen, deren Finanzdienstleistung ausschließlich in der Verwaltung eines Systems von Arbeitnehmerbeteiligungen an den eigenen oder an mit ihnen verbundenen Unternehmen besteht;
7. Unternehmen, die ausschließlich Finanzdienstleistungen im Sinne sowohl der Nummer 5 als auch der Nummer 6 erbringen;
8. Unternehmen, die als Finanzdienstleistungen im Sinne des § 1 Abs. 1a Satz 2 Nr. 1 bis 4 ausschließlich die Anlage- und Abschlussvermittlung zwischen Kunden und
   a) einem Institut,
   b) einem nach § 53b Abs. 1 Satz 1 oder Abs. 7 tätigen Unternehmen,
   c) einem Unternehmen, das aufgrund einer Rechtsverordnung nach § 53c gleichgestellt oder freigestellt ist, oder
   d) einer ausländischen Investmentgesellschaft
   betreiben, sofern sich diese Finanzdienstleistungen auf Anteile an Investmentvermögen, die von einer Kapitalanlagegesellschaft ausgegeben werden, oder auf ausländische Investmentanteile, die nach dem Investmentgesetz öffentlich vertrieben werden dürfen, beschränken und die Unternehmen nicht befugt sind, sich bei der Erbringung dieser Finanzdienstleistungen Eigentum oder Besitz an Geldern oder Anteilen von Kunden zu verschaffen; dies gilt nicht für Sondervermögen mit zusätzlichen Risiken nach § 112 des Investmentgesetzes.
9. Unternehmen, die Finanzdienstleistungen ausschließlich an einer Börse, an der ausschließlich Derivate gehandelt werden, für andere Mitglieder dieser Börse

erbringen und deren Verbindlichkeiten durch ein System zur Sicherung der Erfüllung der Geschäfte an dieser Börse abgedeckt sind;

10. Angehörige freier Berufe, die Finanzdienstleistungen nur gelegentlich im Rahmen ihrer Berufstätigkeit erbringen und einer Berufskammer in der Form der Körperschaft des öffentlichen Rechts angehören, deren Berufsrecht die Erbringung von Finanzdienstleistungen nicht ausschließt;

11. Unternehmen, deren Haupttätigkeit darin besteht, Geschäfte über Rohwaren mit gleichartigen Unternehmen, mit den Erzeugern oder den gewerblichen Verwendern der Rohwaren zu tätigen, und die Finanzdienstleistungen nur für diese Personen und nur insoweit erbringen, als es für ihre Haupttätigkeit erforderlich ist;

12. Unternehmen, deren einzige Finanzdienstleistung der Handel mit Sorten ist, sofern ihre Haupttätigkeit nicht im Sortengeschäft besteht.

²Für Einrichtungen und Unternehmen im Sinne des Satzes 1 Nr. 3 und 4 gelten die Vorschriften dieses Gesetzes insoweit, als sie Finanzdienstleistungen erbringen, die nicht zu den ihnen eigentümlichen Geschäften gehören.

(7) ¹Die Vorschriften des § 2a Abs. 2, der §§ 10, 11 bis 18 und 24 Abs. 1 Nr. 10, der §§ 24a und 33 Abs. 1 Satz 1 Nr. 1, des § 35 Abs. 2 Nr. 5 und der §§ 45, 46a bis 46c sind nicht anzuwenden auf Finanzdienstleistungsinstitute, die außer dem Kreditkartengeschäft, der Drittstaateneinlagenvermittlung, dem Finanztransfergeschäft und dem Sortengeschäft keine weiteren Finanzdienstleistungen erbringen. ²Die Bundesanstalt kann im Einzelfall ein Finanzdienstleistungsinstitut, das als einzige Finanzdienstleistung das Kreditkartengeschäft oder das Finanztransfergeschäft betreibt, von den Bestimmungen dieses Gesetzes freistellen, solange es wegen der Art und Weise der Abwicklung der betriebenen Geschäfte nicht der Aufsicht bedarf.

(8) Die Vorschriften des § 2a Abs. 2, der §§ 10, 11 und 12 Abs. 1, der §§ 13, 13a, 14 bis 18 und 35 Abs. 2 Nr. 5 und des § 45 sind nicht anzuwenden auf Anlagevermittler und Abschlussvermittler, die nicht befugt sind, sich bei der Erbringung von Finanzdienstleistungen Eigentum oder Besitz an Geldern oder Wertpapieren von Kunden zu verschaffen, und die nicht auf eigene Rechnung mit Finanzinstrumenten handeln.

(9) Auf Anlagevermittler und Abschlussvermittler, die anstelle des Anfangskapitals den Abschluss einer geeigneten Versicherung gemäß § 33 Abs. 1 Satz 2 nachweisen, finden die Vorschriften des § 24a über die Errichtung einer Zweigniederlassung und den grenzüberschreitenden Dienstleistungsverkehr keine Anwendung.

(10) ¹Ein Unternehmen gilt nicht als Finanzdienstleistungsinstitut, wenn es die Anlage- oder Abschlussvermittlung ausschließlich für Rechnung und unter der Haftung eines Einlagenkreditinstituts oder Wertpapierhandelsunternehmens mit Sitz im Inland oder eines nach § 53b Abs. 1 Satz 1 oder Abs. 7 tätigen Unternehmens oder unter der gesamtschuldnerischen Haftung solcher Institute oder Unternehmen ausübt, ohne andere Finanzdienstleistungen zu erbringen, wenn dies der Bundesanstalt von einem dieser haftenden Institute oder Unternehmen angezeigt wird und wenn das haftungsübernehmende Institut für jedes unter seiner Haftung tätige Unternehmen eine geeignete Versicherung im Sinne des § 33 Abs. 1 Satz 2 dieses Ge-

setzes nachweist. ²Seine Tätigkeit wird den Instituten oder Unternehmen zugerechnet, für deren Rechnung und unter deren Haftung es tätig wird. ³Ändern sich die von den haftenden Instituten oder Unternehmen angezeigten Verhältnisse, sind die neuen Verhältnisse unverzüglich der Bundesanstalt anzuzeigen. ⁴Die Bundesanstalt übermittelt die Anzeigen nach den Sätzen 1 und 3 der Deutschen Bundesbank.

(11) ¹Ein Institut braucht die Vorschriften dieses Gesetzes über das Handelsbuch nicht anzuwenden, sofern

1. der Anteil des Handelsbuchs des Instituts in der Regel 5 vom Hundert der Gesamtsumme der bilanz- und außerbilanzmäßigen Geschäfte nicht überschreitet,
2. die Gesamtsumme der einzelnen Positionen des Handelsbuchs in der Regel den Gegenwert von 15 Millionen Euro nicht überschreitet und
3. der Anteil des Handelsbuchs zu keiner Zeit 6 vom Hundert der Gesamtsumme der bilanz- und außerbilanzmäßigen Geschäfte und die Gesamtsumme der Positionen des Handelsbuchs zu keiner Zeit den Gegenwert von 20 Millionen Euro überschreiten.

²Zur Bestimmung des Anteils des Handelsbuchs werden Derivate entsprechend dem Nominalwert oder dem Marktpreis der ihnen zugrundeliegenden Instrumente, die anderen Finanzinstrumente mit ihrem Nennwert oder Marktpreis angesetzt; Kauf- und Verkaufspositionen werden ungeachtet ihres Vorzeichens addiert. ³Näheres wird durch Rechtsverordnung nach § 22 geregelt. ⁴Das Institut hat der Bundesanstalt und der Deutschen Bundesbank unverzüglich anzuzeigen, wenn es von der Möglichkeit nach Satz 1 Gebrauch macht, eine Grenze nach Satz 1 Nr. 3 überschritten hat oder die Vorschriften über das Handelsbuch anwendet, obwohl die Voraussetzungen des Satzes 1 vorliegen.

§ 2a
Rechtsform

(1) Kreditinstitute, die eine Erlaubnis nach § 32 Abs. 1 benötigen, dürfen nicht in der Rechtsform des Einzelkaufmanns betrieben werden.

(2) ¹Bei Wertpapierhandelsunternehmen in der Rechtsform des Einzelkaufmanns oder der Personenhandelsgesellschaft sind die Risikoaktiva des Inhabers oder der persönlich haftenden Gesellschafter in die Beurteilung der Solvenz des Instituts gemäß § 10 Abs. 1 einzubeziehen; das freie Vermögen des Inhabers oder der Gesellschafter bleibt jedoch bei der Berechnung der Eigenmittel des Instituts unberücksichtigt. ²Wird ein solches Institut in der Rechtsform eines Einzelkaufmanns betrieben, hat der Inhaber angemessene Vorkehrungen für den Schutz seiner Kunden für den Fall zu treffen, dass aufgrund seines Todes, seiner Geschäftsunfähigkeit oder aus anderen Gründen das Institut seine Geschäftstätigkeit einstellt.

§ 2b
Inhaber bedeutender Beteiligungen

(1) ¹Wer beabsichtigt, eine bedeutende Beteiligung an einem Institut zu erwerben, hat dies der Bundesanstalt und der Deutschen Bundesbank nach Maßgabe des Sat-

zes 2 unverzüglich anzuzeigen. ²In der Anzeige hat er die für die Höhe der Beteiligung und die für die Begründung des maßgeblichen Einflusses, die Beurteilung seiner Zuverlässigkeit und die Prüfung der weiteren Untersagungsgründe nach Absatz 1a Satz 1 wesentlichen Tatsachen und Unterlagen, die durch Rechtsverordnung nach § 24 Abs. 4 näher zu bestimmen sind, sowie die Personen und Unternehmen anzugeben, von denen er die entsprechenden Anteile erwerben will. ³In der Rechtsverordnung kann, insbesondere auch als Einzelfallentscheidung oder allgemeine Regelung, vorgesehen werden, dass der Anzeigepflichtige die in § 32 Abs. 1 Satz 2 Nr. 6 Buchstabe d und e genannten Unterlagen vorzulegen hat. ⁴Die Bundesanstalt kann über die Vorgaben der Rechtsverordnung hinausgehende Angaben und Vorlage von weiteren Unterlagen verlangen, falls dies für die Beurteilung der Zuverlässigkeit oder die Prüfung der weiteren Untersagungsgründe nach Absatz 1a Satz 1 erforderlich ist. ⁵Ist der Anzeigepflichtige eine juristische Person oder Personenhandelsgesellschaft, hat er in der Anzeige die für die Beurteilung der Zuverlässigkeit seiner gesetzlichen oder satzungsmäßigen Vertreter oder persönlich haftenden Gesellschafter wesentlichen Tatsachen anzugeben. ⁶Der Inhaber einer bedeutenden Beteiligung hat jeden neu bestellten gesetzlichen oder satzungsmäßigen Vertreter oder neuen persönlich haftenden Gesellschafter mit den für die Beurteilung von dessen Zuverlässigkeit wesentlichen Tatsachen der Bundesanstalt und der Deutschen Bundesbank unverzüglich anzuzeigen. ⁷Der Inhaber einer bedeutenden Beteiligung hat der Bundesanstalt und der Deutschen Bundesbank ferner unverzüglich anzuzeigen, wenn er beabsichtigt, den Betrag der bedeutenden Beteiligung so zu erhöhen, dass die Schwellen von 20 vom Hundert, 33 vom Hundert oder 50 vom Hundert der Stimmrechte oder des Kapitals erreicht oder überschritten werden oder dass das Institut unter seine Kontrolle kommt.

(1a) ¹Die Bundesanstalt kann innerhalb von drei Monaten nach Eingang der vollständigen Anzeige nach Absatz 1 den beabsichtigten Erwerb der bedeutenden Beteiligung oder ihre Erhöhung untersagen, wenn Tatsachen die Annahme rechtfertigen, dass

1. der Anzeigepflichtige oder, wenn er eine juristische Person ist, auch ein gesetzlicher oder satzungsmäßiger Vertreter, oder, wenn er eine Personenhandelsgesellschaft ist, auch ein Gesellschafter, nicht zuverlässig ist oder aus anderen Gründen nicht den im Interesse einer soliden und umsichtigen Führung des Instituts zu stellenden Ansprüchen genügt; dies gilt im Zweifel auch dann, wenn Tatsachen die Annahme rechtfertigen, dass er die von ihm aufgebrachten Mittel für den Erwerb der bedeutenden Beteiligung durch eine Handlung erbracht hat, die objektiv einen Straftatbestand erfüllt;
2. das Institut durch die Begründung oder Erhöhung der bedeutenden Beteiligung mit dem Inhaber der bedeutenden Beteiligung in einen Unternehmensverbund eingebunden würde, der durch die Struktur des Beteiligungsgeflechtes oder mangelhafte wirtschaftliche Transparenz eine wirksame Aufsicht über das Institut beeinträchtigt;
3. das Institut durch die Begründung oder Erhöhung der bedeutenden Beteiligung Tochterunternehmen eines Instituts mit Sitz in einem Drittstaat würde, das im Staat seines Sitzes oder seiner Hauptverwaltung nicht wirksam beaufsichtigt

wird oder dessen zuständige Aufsichtsstelle zu einer befriedigenden Zusammenarbeit mit der Bundesanstalt nicht bereit ist.

²Wird der Erwerb nicht untersagt, kann die Bundesanstalt eine Frist festsetzen, nach deren Ablauf die Person oder Personenhandelsgesellschaft, welche die Anzeige nach Absatz 1 Satz 1 oder 7 erstattet hat, den Vollzug oder den Nichtvollzug des beabsichtigten Erwerbs der Bundesanstalt anzuzeigen hat. ³Nach Ablauf der Frist hat diese Person oder Personenhandelsgesellschaft die Anzeige unverzüglich bei der Bundesanstalt einzureichen.

(1b) Die Bundesanstalt hat die Auskunfts- und Vorlagerechte nach Absatz 1 Satz 2 bis 4 auch nach Ablauf der Frist des Absatzes 1a Satz 1.

(2) ¹Die Bundesanstalt kann dem Inhaber einer bedeutenden Beteiligung sowie den von ihm kontrollierten Unternehmen die Ausübung seiner Stimmrechte untersagen und anordnen, dass über die Anteile nur mit ihrer Zustimmung verfügt werden darf, wenn

1. die Voraussetzungen für eine Untersagungsverfügung nach Absatz 1a Satz 1 vorliegen,
2. der Inhaber der bedeutenden Beteiligung seiner Pflicht nach Absatz 1 zur vorherigen Unterrichtung der Bundesanstalt und der Deutschen Bundesbank nicht nachgekommen ist und diese Unterrichtung innerhalb einer von ihr gesetzten Frist nicht nachgeholt hat oder
3. die Beteiligung entgegen einer vollziehbaren Untersagung nach Absatz 1a Satz 1 erworben oder erhöht worden ist.

²In den Fällen des Satzes 1 kann die Ausübung der Stimmrechte auf einen Treuhänder übertragen werden; dieser hat bei der Ausübung der Stimmrechte den Interessen einer soliden und umsichtigen Führung des Instituts Rechnung zu tragen. ³In den Fällen des Satzes 1 kann die Bundesanstalt über die Maßnahmen nach Satz 1 hinaus einen Treuhänder mit der Veräußerung der Anteile, soweit sie eine bedeutende Beteiligung begründen, beauftragen, wenn der Inhaber der bedeutenden Beteiligung ihr nicht innerhalb einer von ihr bestimmten angemessenen Frist einen zuverlässigen Erwerber nachweist; die Inhaber der Anteile haben bei der Veräußerung in dem erforderlichen Umfang mitzuwirken. ⁴Der Treuhänder wird auf Antrag des Instituts, eines an ihm Beteiligten oder der Bundesanstalt vom Gericht des Sitzes des Instituts bestellt. ⁵Sind die Voraussetzungen des Satzes 1 entfallen, hat die Bundesanstalt den Widerruf der Bestellung des Treuhänders zu beantragen. ⁶Der Treuhänder hat Anspruch auf Ersatz angemessener Auslagen und auf Vergütung für seine Tätigkeit. ⁷Das Gericht setzt auf Antrag des Treuhänders die Auslagen und die Vergütung fest; die weitere Beschwerde ist ausgeschlossen. ⁸Der Bund schießt die Auslagen und die Vergütung vor; für seine Aufwendungen haften dem Bund der betroffene Inhaber der bedeutenden Beteiligung und das Institut gesamtschuldnerisch.

(3) ¹Vor Maßnahmen nach Absatz 1a Satz 1 hat die Bundesanstalt die zuständigen Stellen des anderen Staates des Europäischen Wirtschaftsraums anzuhören, wenn es sich bei dem Erwerber der bedeutenden Beteiligung um ein in dem anderen Staat zugelassenes Einlagenkreditinstitut, E-Geld-Institut, Wertpapierhandelsunternehmen oder Erstversicherungsunternehmen, um ein Mutterunternehmen eines in dem

anderen Staat zugelassenen Einlagenkreditinstituts, E-Geld-Instituts, Wertpapierhandelsunternehmens oder Erstversicherungsunternehmens oder um eine Person handelt, die ein in dem anderen Staat zugelassenes Einlagenkreditinstitut, E-Geld-Institut, Wertpapierhandelsunternehmen oder Erstversicherungsunternehmen kontrolliert, und wenn das Institut, an dem der Erwerber eine Beteiligung zu halten beabsichtigt, durch den Erwerb unter dessen Kontrolle käme. [2]Von Maßnahmen nach Absatz 2 Satz 1 gegenüber Erwerbern im Sinne des Satzes 1 hat die Bundesanstalt die zuständigen Stellen des anderen Staates zu unterrichten; sie soll sie vorher anhören, wenn nicht zu befürchten ist, dass durch die Verzögerung die Wirksamkeit der Maßnahme vereitelt oder wesentlich beeinträchtigt wird. [3]Die Sätze 1 und 2 gelten entsprechend für Verwaltungsgesellschaften im Sinne des Artikels 1a Nr. 2 der Richtlinie 85/611/EWG des Rates vom 20. Dezember 1985 zur Koordinierung der Rechts- und Verwaltungsvorschriften betreffend bestimmte Organismen für gemeinsame Anlagen in Wertpapieren (OGAW) (ABl. EG Nr. L 375 S. 3), zuletzt geändert durch die Richtlinie 2001/108/EG des Europäischen Parlaments und des Rates vom 21. Januar 2002 (ABl. EG Nr. L 41 S. 35) – (Investmentrichtlinie).

(4) [1]Wer beabsichtigt, eine bedeutende Beteiligung an einem Institut aufzugeben oder den Betrag seiner bedeutenden Beteiligung unter die Schwellen von 20 vom Hundert, 33 vom Hundert oder 50 vom Hundert der Stimmrechte oder des Kapitals abzusenken oder die Beteiligung so zu verändern, dass das Institut nicht mehr kontrolliertes Unternehmen ist, hat dies der Bundesanstalt und der Deutschen Bundesbank unverzüglich anzuzeigen. [2]Dabei ist die beabsichtigte verbleibende Höhe der Beteiligung anzugeben. [3]Die Bundesanstalt kann eine Frist festsetzen, nach deren Ablauf ihr die Person oder Personenhandelsgesellschaft, welche die Anzeige nach Satz 1 erstattet hat, den Vollzug oder den Nichtvollzug der beabsichtigten Absenkung oder Veränderung anzuzeigen hat. [4]Nach Ablauf der Frist hat die Person oder Personenhandelsgesellschaft, welche die Anzeige nach Satz 1 erstattet hat, die Anzeige unverzüglich bei der Bundesanstalt zu erstatten.

(5) [1]Die Bundesanstalt hat den Erwerb einer unmittelbaren oder mittelbaren Beteiligung an einem Institut, durch den das Institut zu einem Tochterunternehmen eines Unternehmens mit Sitz in einem Drittstaat würde, vorläufig zu untersagen oder zu beschränken, wenn ein entsprechender Beschluss der Kommission oder des Rates der Europäischen Gemeinschaften vorliegt, der nach Artikel 60 Abs. 2 der Bankenrichtlinie oder Artikel 7 Abs. 5 der Richtlinie 93/22/EWG des Rates vom 10. Mai 1993 über Wertpapierdienstleistungen – ABl. EG Nr. L 141 S. 27 – (Wertpapierdienstleistungsrichtlinie) zustande gekommen ist. [2]Die vorläufige Untersagung oder Beschränkung darf drei Monate vom Zeitpunkt des Beschlusses an nicht überschreiten. [3]Beschließt der Rat die Verlängerung der Frist nach Satz 2, hat die Bundesanstalt die Fristverlängerung zu beachten und die vorläufige Untersagung oder Beschränkung entsprechend zu verlängern.

KWG

§ 2c
Leitungsorgane von Finanzholding-Gesellschaften und gemischten Finanzholding-Gesellschaften

Personen, die die Geschäfte einer Finanzholding-Gesellschaft oder einer gemischten Finanzholding-Gesellschaft tatsächlich führen, müssen zuverlässig sein und die zur Führung der Geschäfte erforderliche fachliche Eignung haben.

§ 3
Verbotene Geschäfte

Verboten sind

1. der Betrieb des Einlagengeschäftes, wenn der Kreis der Einleger überwiegend aus Betriebsangehörigen des Unternehmens besteht (Werksparkassen) und nicht sonstige Bankgeschäfte betrieben werden, die den Umfang dieses Einlagengeschäftes übersteigen;
2. die Annahme von Geldbeträgen, wenn der überwiegende Teil der Geldgeber einen Rechtsanspruch darauf hat, dass ihnen aus diesen Geldbeträgen Darlehen gewährt oder Gegenstände auf Kredit verschafft werden (Zwecksparunternehmen); dies gilt nicht für Bausparkassen;
3. der Betrieb des Kreditgeschäftes oder des Einlagengeschäftes, wenn es durch Vereinbarung oder geschäftliche Gepflogenheit ausgeschlossen oder erheblich erschwert ist, über den Kreditbetrag oder die Einlagen durch Barabhebung zu verfügen.

§ 4
Entscheidung der Bundesanstalt für Finanzdienstleistungsaufsicht

[1]Die Bundesanstalt entscheidet in Zweifelsfällen, ob ein Unternehmen den Vorschriften dieses Gesetzes unterliegt. [2]Ihre Entscheidungen binden die Verwaltungsbehörden.

2. Bundesanstalt für Finanzdienstleistungsaufsicht

§ 6
Aufgaben

(1) Die Bundesanstalt übt die Aufsicht über die Institute nach den Vorschriften dieses Gesetzes aus.

(2) Die Bundesanstalt hat Missständen im Kredit- und Finanzdienstleistungswesen entgegenzuwirken, welche die Sicherheit der den Instituten anvertrauten Vermögenswerte gefährden, die ordnungsmäßige Durchführung der Bankgeschäfte oder Finanzdienstleistungen beeinträchtigen oder erhebliche Nachteile für die Gesamtwirtschaft herbeiführen können.

(3) ¹Die Bundesanstalt kann im Rahmen der ihr gesetzlich zugewiesenen Aufgaben gegenüber den Instituten und ihren Geschäftsleitern Anordnungen treffen, die geeignet und erforderlich sind, um Verstöße gegen aufsichtsrechtliche Bestimmungen zu unterbinden oder um Missstände in einem Institut zu verhindern oder zu beseitigen, welche die Sicherheit der dem Institut anvertrauten Vermögenswerte gefährden können oder die ordnungsgemäße Durchführung der Bankgeschäfte oder Finanzdienstleistungen beeinträchtigen. ²Die Anordnungsbefugnis nach Satz 1 besteht auch gegenüber Finanzholding-Gesellschaften oder gemischten Finanzholding-Gesellschaften sowie gegenüber den Personen, die die Geschäfte dieser Gesellschaften tatsächlich führen.

§ 6a
Besondere Aufgaben

(1) Liegen Tatsachen vor, die darauf schließen lassen, dass von einem Institut angenommene Einlagen, sonstige dem Institut anvertraute Vermögenswerte oder eine Finanztransaktion der Finanzierung einer terroristischen Vereinigung nach § 129a auch in Verbindung mit § 129b des Strafgesetzbuches dienen oder im Falle der Durchführung einer Finanztransaktion dienen würden, kann die Bundesanstalt

1. der Geschäftsführung des Instituts Anweisungen erteilen,
2. dem Institut Verfügungen von einem bei ihm geführten Konto oder Depot untersagen,
3. dem Institut die Durchführung von sonstigen Finanztransaktionen untersagen.

(2) Tatsachen im Sinne des Absatzes 1 liegen in der Regel insbesondere dann vor, wenn es sich bei dem Inhaber eines Kontos oder Depots, dessen Verfügungsberechtigten oder dem Kunden eines Instituts um eine natürliche oder juristische Person oder eine nicht rechtsfähige Personenvereinigung handelt, deren Name in die im Zusammenhang mit der Bekämpfung des Terrorismus angenommene Liste des Rates der Europäischen Union zum Gemeinsamen Standpunkt des Rates 2001/931/GASP vom 27. Dezember 2001 über die Anwendung besonderer Maßnahmen zur Bekämpfung des Terrorismus (ABl. EG Nr. L 344 S. 93) in der jeweils geltenden Fassung aufgenommen wurde.

(3) Die Bundesanstalt kann Vermögenswerte, die einer Anordnung nach Absatz 1 unterliegen, im Einzelfall auf Antrag der betroffenen natürlichen oder juristischen Person oder einer nicht rechtsfähigen Personenvereinigung freigeben, soweit diese der Deckung des notwendigen Lebensunterhalts der Person oder ihrer Familienmitglieder, der Bezahlung von Versorgungsleistungen, Unterhaltsleistungen oder vergleichbaren Zwecken dienen.

(4) Eine Anordnung nach Absatz 1 ist aufzuheben, sobald und soweit der Anordnungsgrund nicht mehr vorliegt.

(5) Gegen eine Anordnung nach Absatz 1 kann das Institut oder ein anderer Beschwerter Widerspruch erheben.

KWG

(6) Die Möglichkeit zur Anordnung von Beschränkungen des Kapital- und Zahlungsverkehrs nach § 2 Abs. 2 in Verbindung mit § 7 Abs. 1 des Außenwirtschaftsgesetzes bleibt unberührt.

Zweiter Abschnitt
Vorschriften für Institute, Institutsgruppen, Finanzholding-Gruppen, Finanzkonglomerate, gemischte Finanzholding-Gesellschaften und gemischte Unternehmen

5. Besondere Pflichten der Institute, ihrer Geschäftsleiter, der Finanzholding-Gesellschaften und der gemischten Unternehmen

§ 24c
Automatisierter Abruf von Kontoinformationen

(1) [1]Ein Kreditinstitut hat eine Datei zu führen, in der unverzüglich folgende Daten zu speichern sind:

1. die Nummer eines Kontos, das der Verpflichtung zur Legitimationsprüfung im Sinne des § 154 Abs. 2 Satz 1 der Abgabenordnung unterliegt, oder eines Depots sowie der Tag der Errichtung und der Tag der Auflösung,
2. der Name, sowie bei natürlichen Personen der Tag der Geburt, des Inhabers und eines Verfügungsberechtigten sowie der Name und die Anschrift eines abweichend wirtschaftlich Berechtigten (§ 8 Abs. 1 des Gesetzes über das Aufspüren von Gewinnen aus schweren Straftaten).

[2]Bei jeder Änderung einer Angabe nach Satz 1 ist unverzüglich ein neuer Datensatz anzulegen. [3]Die Daten sind nach Ablauf von drei Jahren nach der Auflösung des Kontos oder Depots zu löschen. [4]Im Falle des Satzes 2 ist der alte Datensatz nach Ablauf von drei Jahren nach Anlegung des neuen Datensatzes zu löschen. [5]Das Kreditinstitut hat zu gewährleisten, dass die Bundesanstalt jederzeit Daten aus der Datei nach Satz 1 in einem von ihr bestimmten Verfahren automatisiert abrufen kann. [6]Es hat durch technische und organisatorische Maßnahmen sicherzustellen, dass ihm Abrufe nicht zur Kenntnis gelangen.

(2) Die Bundesanstalt darf einzelne Daten aus der Datei nach Absatz 1 Satz 1 abrufen, soweit dies zur Erfüllung ihrer aufsichtlichen Aufgaben nach diesem Gesetz oder dem Gesetz über das Aufspüren von Gewinnen aus schweren Straftaten, insbesondere im Hinblick auf unerlaubte Bankgeschäfte oder Finanzdienstleistungen oder den Missbrauch der Institute durch Geldwäsche oder betrügerische Handlungen zu Lasten der Institute erforderlich ist und besondere Eilbedürftigkeit im Einzelfall vorliegt.

(3) [1]Die Bundesanstalt erteilt auf Ersuchen Auskunft aus der Datei nach Absatz 1 Satz 1

KWG

1. den Aufsichtsbehörden gemäß § 9 Abs. 1 Satz 3 Nr. 2, soweit dies zur Erfüllung ihrer aufsichtlichen Aufgaben unter den Voraussetzungen des Absatzes 2 Satz 1 erforderlich ist,
2. den für die Leistung der internationalen Rechtshilfe in Strafsachen sowie im Übrigen für die Verfolgung und Ahndung von Straftaten zuständigen Behörden oder Gerichten, soweit dies für die Erfüllung ihrer gesetzlichen Aufgaben erforderlich ist,
3. der für die Beschränkungen des Kapital- und Zahlungsverkehrs nach dem Außenwirtschaftsgesetz zuständigen nationalen Behörde, soweit dies für die Erfüllung ihrer sich aus dem Außenwirtschaftsgesetz oder Rechtsakten der Europäischen Gemeinschaften im Zusammenhang mit der Einschränkung von Wirtschafts- oder Finanzbeziehungen ergebenden Aufgaben erforderlich ist.

²Die Bundesanstalt hat die in den Dateien gespeicherten Daten im automatisierten Verfahren abzurufen und sie an die ersuchende Stelle weiter zu übermitteln. ³Die Bundesanstalt prüft die Zulässigkeit der Übermittlung nur, soweit hierzu besonderer Anlass besteht. ⁴Die Verantwortung für die Zulässigkeit der Übermittlung trägt die ersuchende Stelle. ⁵Die Bundesanstalt darf zu den in Satz 1 genannten Zwecken ausländischen Stellen Auskunft aus der Datei nach Absatz 1 Satz 1 nach Maßgabe des § 4b des Bundesdatenschutzgesetzes erteilen. ⁶§ 9 Abs. 1 Satz 5, 6 und Abs. 2 gilt entsprechend. ⁷Die Regelungen über die internationale Rechtshilfe in Strafsachen bleiben unberührt.

(4) ¹Die Bundesanstalt protokolliert für Zwecke der Datenschutzkontrolle durch die jeweils zuständige Stelle bei jedem Abruf den Zeitpunkt, die bei der Durchführung des Abrufs verwendeten Daten, die abgerufenen Daten, die Person, die den Abruf durchgeführt hat, das Aktenzeichen sowie bei Abrufen auf Ersuchen die ersuchende Stelle und deren Aktenzeichen. ²Eine Verwendung der Protokolldaten für andere Zwecke ist unzulässig. ³Die Protokolldaten sind mindestens 18 Monate aufzubewahren und spätestens nach zwei Jahren zu löschen.

(5) ¹Das Kreditinstitut hat in seinem Verantwortungsbereich auf seine Kosten alle Vorkehrungen zu treffen, die für den automatisierten Abruf erforderlich sind. ²Dazu gehören auch, jeweils nach den Vorgaben der Bundesanstalt, die Anschaffung der zur Sicherstellung der Vertraulichkeit und des Schutzes vor unberechtigten Zugriffen erforderlichen Geräte, die Einrichtung eines geeigneten Telekommunikationsanschlusses und die Teilnahme an dem geschlossenen Benutzersystem sowie die laufende Bereitstellung dieser Vorkehrungen.

(6) ¹Das Kreditinstitut und die Bundesanstalt haben dem jeweiligen Stand der Technik entsprechende Maßnahmen zur Sicherstellung von Datenschutz und Datensicherheit zu treffen, die insbesondere die Vertraulichkeit und Unversehrtheit der abgerufenen und weiter übermittelten Daten gewährleisten. ²Den Stand der Technik stellt die Bundesanstalt im Benehmen mit dem Bundesamt für Sicherheit in der Informationstechnik in einem von ihr bestimmten Verfahren fest.

(7) ¹Das Bundesministerium der Finanzen kann durch Rechtsverordnung Ausnahmen von der Verpflichtung zur Übermittlung im automatisierten Verfahren zulas-

sen. ²Es kann die Ermächtigung durch Rechtsverordnung auf die Bundesanstalt übertragen.

(8) Soweit die Deutsche Bundesbank Konten für Dritte führt, gilt sie als Kreditinstitut im Sinne der Absätze 1, 5 und 6.

§ 25a
Besondere organisatorische Pflichten von Instituten

(1) ¹Ein Institut muss über eine ordnungsgemäße Geschäftsorganisation verfügen, die die Einhaltung der von den Instituten zu beachtenden gesetzlichen Bestimmungen gewährleistet. ²Die in § 1 Abs. 2 Satz 1 bezeichneten Personen sind für die ordnungsgemäße Geschäftsorganisation des Instituts verantwortlich. ³Eine ordnungsgemäße Geschäftsorganisation umfasst insbesondere

1. eine angemessene Strategie, die auch die Risiken und Eigenmittel des Instituts berücksichtigt;
2. angemessene interne Kontrollverfahren, die aus einem internen Kontrollsystem und einer internen Revision bestehen; das interne Kontrollsystem umfasst insbesondere geeignete Regelungen zur Steuerung und Überwachung der Risiken;
3. angemessene Regelungen, anhand derer sich die finanzielle Lage des Instituts jederzeit mit hinreichender Genauigkeit bestimmen lässt;
4. angemessene Sicherheitsvorkehrungen für den Einsatz der elektronischen Datenverarbeitung;
5. eine vollständige Dokumentation der ausgeführten Geschäfte, die eine lückenlose Überwachung durch die Bundesanstalt für ihren Zuständigkeitsbereich gewährleistet; Buchungsbelege sind zehn Jahre und sonstige erforderliche Aufzeichnungen sechs Jahre aufzubewahren; § 257 Abs. 3 und 5 des Handelsgesetzbuchs gilt entsprechend;
6. angemessene, geschäfts- und kundenbezogene Sicherungssysteme gegen Geldwäsche und gegen betrügerische Handlungen zu Lasten des Instituts; bei Sachverhalten, die aufgrund des Erfahrungswissens über die Methoden der Geldwäsche zweifelhaft oder ungewöhnlich sind, hat es diesen vor dem Hintergrund der laufenden Geschäftsbeziehung und einzelner Transaktionen nachzugehen.

⁴Die Bundesanstalt kann gegenüber einem Institut im Einzelfall Anordnungen treffen, die geeignet und erforderlich sind, Vorkehrungen im Sinne des Satzes 3 Nr. 1 bis 6 zu schaffen.

(1a) ¹Absatz 1 gilt für Institutsgruppen, Finanzholding-Gruppen oder Finanzkonglomerate mit der Maßgabe entsprechend, dass die in § 1 Abs. 2 Satz 1 bezeichneten Personen des übergeordneten Unternehmens oder des übergeordneten Finanzkonglomeratsunternehmens für die ordnungsgemäße Geschäftsorganisation der Institutsgruppe, der Finanzholding-Gruppe oder des Finanzkonglomerats verantwortlich sind. ²§ 10a Abs. 8 Satz 1 und 2 sowie Abs. 9 Satz 1 und 2 gilt für Institutsgruppen und Finanzholding-Gruppen, § 10b Abs. 6 sowie Abs. 7 Satz 1 und 2 für Finanzkonglomerate entsprechend.

(2) ¹Die Auslagerung von Bereichen auf ein anderes Unternehmen, die für die Durchführung der Bankgeschäfte oder Finanzdienstleistungen wesentlich sind, darf weder die Ordnungsmäßigkeit dieser Geschäfte oder Dienstleistungen noch die Steuerungs- oder Kontrollmöglichkeiten der Geschäftsleitung, noch die Prüfungsrechte und Kontrollmöglichkeiten der Bundesanstalt beeinträchtigen. ²Das Institut hat sich insbesondere die erforderlichen Weisungsbefugnisse vertraglich zu sichern und die ausgelagerten Bereiche in seine internen Kontrollverfahren einzubeziehen. ³Das Institut hat die Absicht der Auslagerung sowie ihren Vollzug der Bundesanstalt und der Deutschen Bundesbank unverzüglich anzuzeigen.

§ 25b
Besondere organisatorische Pflichten im grenzüberschreitenden bargeldlosen Zahlungsverkehr

(1) ¹Ein Kreditinstitut, welches das Girogeschäft betreibt und einen Überweisungsauftrag im bargeldlosen Zahlungsverkehr in einen Staat außerhalb der Europäischen Union auszuführen hat, hat vor der Ausführung der Überweisung den Namen, die Kontonummer und die Anschrift des Überweisenden aufzuzeichnen und diese Datensätze vollständig an das Kreditinstitut des Begünstigten oder an ein zwischengeschaltetes Kreditinstitut weiterzuleiten. ²Es hat Maßnahmen zu ergreifen, um unvollständige Datensätze erkennen zu können. ³Unvollständige Datensätze hat es zu vervollständigen.

(2) ¹Bei Durchführung der Überweisung hat das zwischengeschaltete Kreditinstitut den Namen und die Kontonummer des Überweisenden vollständig an ein weiteres im Zahlungsverkehr zwischengeschaltetes Kreditinstitut oder an das Kreditinstitut des Begünstigten weiterzuleiten. ²Das zwischengeschaltete Kreditinstitut und das Kreditinstitut des Begünstigten haben Maßnahmen zu ergreifen, um unvollständige Datensätze bezüglich des Namens und der Kontonummer erkennen zu können. ³Unvollständige Datensätze sind unter Einbeziehung des vom Kunden beauftragten Kreditinstituts nach Möglichkeit zu vervollständigen.

(3) Ein Finanzdienstleistungsinstitut, welches das Finanztransfergeschäft betreibt, hat vor der Besorgung eines Zahlungsauftrages den Namen und die Anschrift des Auftraggebers sowie entsprechend den Angaben des Auftraggebers den Namen und die Anschrift des Empfängers des Zahlungsauftrages aufzuzeichnen.

(4) ¹Das Bundesministerium der Finanzen wird ermächtigt, durch Rechtsverordnung ohne Zustimmung des Bundesrates Ausnahmen von den Verpflichtungen der Absätze 1 und 2 für einzelne Arten des Zahlungsverkehrs und einzelne Zahlungsverkehrssysteme zuzulassen. ²Es kann die Ermächtigung durch Rechtsverordnung auf die Bundesanstalt für Finanzdienstleistungsaufsicht übertragen.

(5) Die Absätze 1 und 2 finden auf die Deutsche Bundesbank Anwendung.

Abgabenordnung
(AO 1977)

in der Fassung der Bekanntmachung
vom 1. Oktober 2001, BGBl 2003 I, 61,
zuletzt geändert durch
Gesetz vom 22. September 2005, BGBl I, 2809, 2811

(Auszug)

Dritter Teil
Allgemeine Verfahrensvorschriften

Erster Abschnitt
Verfahrensgrundsätze

Dritter Unterabschnitt
Besteuerungsgrundsätze, Beweismittel

II. Beweis durch Auskünfte und Sachverständigengutachten

§ 93
Auskunftspflicht der Beteiligten und anderer Personen

(1) [1]Die Beteiligten und andere Personen haben der Finanzbehörde die zur Feststellung eines für die Besteuerung erheblichen Sachverhalts erforderlichen Auskünfte zu erteilen. [2]Dies gilt auch für nicht rechtsfähige Vereinigungen, Vermögensmassen, Behörden und Betriebe gewerblicher Art der Körperschaften des öffentlichen Rechts. [3]Andere Personen als die Beteiligten sollen erst dann zur Auskunft angehalten werden, wenn die Sachverhaltsaufklärung durch die Beteiligten nicht zum Ziel führt oder keinen Erfolg verspricht.

(2) [1]In dem Auskunftsersuchen ist anzugeben, worüber Auskünfte erteilt werden sollen und ob die Auskunft für die Besteuerung des Auskunftspflichtigen oder für die Besteuerung anderer Personen angefordert wird. [2]Auskunftsersuchen haben auf Verlangen des Auskunftspflichtigen schriftlich zu ergehen.

(3) [1]Die Auskünfte sind wahrheitsgemäß nach bestem Wissen und Gewissen zu erteilen. [2]Auskunftspflichtige, die nicht aus dem Gedächtnis Auskunft geben können, haben Bücher, Aufzeichnungen, Geschäftspapiere und andere Urkunden, die ihnen zur Verfügung stehen, einzusehen und, soweit nötig, Aufzeichnungen daraus zu entnehmen.

(4) ¹Der Auskunftspflichtige kann die Auskunft schriftlich, elektronisch, mündlich oder fernmündlich erteilen. ²Die Finanzbehörde kann verlangen, dass der Auskunftspflichtige schriftlich Auskunft erteilt, wenn dies sachdienlich ist.

(5) ¹Die Finanzbehörde kann anordnen, dass der Auskunftspflichtige eine mündliche Auskunft an Amtsstelle erteilt. ²Hierzu ist sie insbesondere dann befugt, wenn trotz Aufforderung eine schriftliche Auskunft nicht erteilt worden ist oder eine schriftliche Auskunft nicht zu einer Klärung des Sachverhalts geführt hat. ³Absatz 2 Satz 1 gilt entsprechend.

(6) ¹Auf Antrag des Auskunftspflichtigen ist über die mündliche Auskunft an Amtsstelle eine Niederschrift aufzunehmen. ²Die Niederschrift soll den Namen der anwesenden Personen, den Ort, den Tag und den wesentlichen Inhalt der Auskunft enthalten. ³Sie soll von dem Amtsträger, dem die mündliche Auskunft erteilt wird, und dem Auskunftspflichtigen unterschrieben werden. ⁴Den Beteiligten ist eine Abschrift der Niederschrift zu überlassen.

(7) Die Finanzbehörde kann bei den Kreditinstituten über das Bundeszentralamt für Steuern einzelne Daten aus den nach § 93b Abs. 1 zu führenden Dateien abrufen, wenn dies zur Festsetzung oder Erhebung von Steuern erforderlich ist und ein Auskunftsersuchen an den Steuerpflichtigen nicht zum Ziele geführt hat oder keinen Erfolg verspricht.

(8) Knüpft ein anderes Gesetz an Begriffe des Einkommensteuergesetzes an, soll die Finanzbehörde auf Ersuchen der für die Anwendung des anderen Gesetzes zuständigen Behörde oder eines Gerichtes über das Bundeszentralamt für Steuern bei den Kreditinstituten einzelne Daten aus den nach § 93b Abs. 1 zu führenden Dateien abrufen und der ersuchenden Behörde oder dem ersuchenden Gericht mitteilen, wenn in dem Ersuchen versichert wurde, dass eigene Ermittlungen nicht zum Ziele geführt haben oder keinen Erfolg versprechen.

§ 93b

Automatisierter Abruf von Kontoinformationen

(1) Kreditinstitute haben die nach § 24c Abs. 1 des Kreditwesengesetzes zu führende Datei auch für Abrufe nach § 93 Abs. 7 und 8 zu führen.

(2) Das Bundesamt für Finanzen darf auf Ersuchen der für die Besteuerung zuständigen Finanzbehörden bei den Kreditinstituten einzelne Daten aus den nach Absatz 1 zu führenden Dateien im automatisierten Verfahren abrufen und sie an die ersuchende Finanzbehörde übermitteln.

(3) Die Verantwortung für die Zulässigkeit des Datenabrufs und der Datenübermittlung trägt in den Fällen des § 93 Abs. 7 die ersuchende Finanzbehörde, in den Fällen des § 93 Abs. 8 die ersuchende Behörde oder das ersuchende Gericht.

(4) § 24c Abs. 1 Satz 2 bis 6, Abs. 4 bis 8 des Kreditwesengesetzes gilt entsprechend.

Vierter Teil
Durchführung der Besteuerung

Zweiter Abschnitt
Mitwirkungspflichten

Dritter Unterabschnitt
Kontenwahrheit

§ 154
Kontenwahrheit

(1) Niemand darf auf einen falschen oder erdichteten Namen für sich oder einen Dritten ein Konto errichten oder Buchungen vornehmen lassen, Wertsachen (Geld, Wertpapiere, Kostbarkeiten) in Verwahrung geben oder verpfänden oder sich ein Schließfach geben lassen.

(2) [1]Wer ein Konto führt, Wertsachen verwahrt oder als Pfand nimmt oder ein Schließfach überlässt, hat sich zuvor Gewissheit über die Person und Anschrift des Verfügungsberechtigten zu verschaffen und die entsprechenden Angaben in geeigneter Form, bei Konten auf dem Konto, festzuhalten. [2]Er hat sicherzustellen, dass er jederzeit Auskunft darüber geben kann, über welche Konten oder Schließfächer eine Person verfügungsberechtigt ist.

(3) Ist gegen Absatz 1 verstoßen worden, so dürfen Guthaben, Wertsachen und der Inhalt eines Schließfachs nur mit Zustimmung des für die Einkommen- und Körperschaftsteuer des Verfügungsberechtigten zuständigen Finanzamts herausgegeben werden.

AEAO

Anwendungserlass zur Abgabenordnung 1977 (AEAO)

vom 15. Juli 1998, BStBl I, 630
(BMF IV A 4 – S 0062 – 13/98)
zuletzt geändert durch
BMF-Schreiben vom 4. August 2005, BStBl I, 838
(IV A 4 – S 0062 – 4/05 –)

(Auszug)

Zu § 93 – Auskunftspflicht der Beteiligten und anderer Personen

1. **Auskunftsersuchen nach § 93 Abs. 1 Satz 1**

1.1 Auskunftsersuchen nach § 93 Abs. 1 Satz 1 sind im gesamten Besteuerungsverfahren, d. h. auch im Rechtsbehelfsverfahren oder im Vollstreckungsverfahren (§ 249 Abs. 2 Satz 1; BFH-Urteil vom 22. Februar 2000, BStBl II 2000 S. 366), möglich. Im Rahmen der Außenprüfung und der Steuerfahndung sind die Regelungen in §§ 200, 208, 210 und 211 zu beachten. Im Steuerstraf- und -bußgeldverfahren gelten nach § 385 Abs. 1 und § 410 Abs. 1 die Vorschriften der StPO und des OWiG.

1.2 Voraussetzung für ein Auskunftsersuchen nach § 93 Abs. 1 Satz 1 ist, dass die Heranziehung eines Auskunftspflichtigen im Einzelfall aufgrund hinreichender konkreter Umstände oder aufgrund allgemeiner Erfahrungen geboten ist (vgl. BFH-Urteile vom 29. Oktober 1986, BStBl 1988 II S. 359, und vom 18. März 1987, BStBl II S. 419). Unter dieser Voraussetzung sind grundsätzlich auch Sammelauskunftsersuchen zulässig (vgl. BFH-Urteil vom 24. Oktober 1989, BStBl 1990 II S. 198). Unzulässig sind Auskunftsersuchen „ins Blaue hinein" (vgl. BFH-Urteil vom 23. Oktober 1990, BStBl 1991 II S. 277).

Darüber hinaus müssen die Auskunft zur Sachverhaltsaufklärung geeignet und notwendig, die Pflichterfüllung für den Betroffenen möglich und dessen Inanspruchnahme geeignet, erforderlich und zumutbar sein (vgl. BFH-Urteile vom 29. Oktober 1986 und vom 24. Oktober 1989, jeweils a. a. O.). Die Erforderlichkeit eines Auskunftsersuchens ist von der zuständigen Finanzbehörde nach den Umständen des Einzelfalles und unter Berücksichtigung allgemeiner Erfahrungen im Wege der Prognose zu beurteilen. Die Erforderlichkeit setzt keinen begründeten Verdacht voraus, dass steuerrechtliche Unregelmäßigkeiten vorliegen; es genügt, wenn aufgrund konkreter Momente oder aufgrund allgemeiner Erfahrungen ein Auskunftsersuchen angezeigt ist (vgl. BFH-Urteil vom 17. März 1992, BFH/NV 1992 S. 791).

1.3 Die Finanzämter können Auskunftsersuchen an die Beteiligten (§ 78), aber auch an andere Personen richten, wenn das Ersuchen zur Feststellung eines für die Besteuerung erheblichen Sachverhalts erforderlich ist.

1.4 Die Auskunftspflicht anderer Personen ist wie die prozessuale Zeugenpflicht eine allgemeine Staatsbürgerpflicht und verfassungsrechtlich unbedenklich (vgl.

AEAO

BFH-Urteil vom 22. Februar 2000, BStBl II S. 366, und Beschluss des BVerfG vom 15. November 2000, BStBl 2002 II S. 142). Eine Auskunftspflicht besteht nicht, soweit dem Dritten ein Auskunftsverweigerungsrecht zusteht (vgl. §§ 101–103).

An Dritte soll mit Auskunftsersuchen erst herangetreten werden, wenn die Sachverhaltsaufklärung durch die Beteiligten selbst nicht zum Ziel führt oder keinen Erfolg verspricht (§ 93 Abs. 1 Satz 3). Unerheblich ist dabei, worauf dies zurück zu führen ist. Ob die Voraussetzungen des § 93 Abs. 1 Satz 3 vorliegen, entscheidet die Finanzbehörde im Einzelfall anhand einer Prognoseentscheidung nach pflichtgemäßem Ermessen (vgl. BFH-Urteil vom 22. Februar 2000, a. a. O.).

Die Sachaufklärung durch die Beteiligten hat nicht zum Ziel geführt, wenn sie zwar versucht worden ist, aber letztlich nicht gelungen ist. Unerheblich ist dabei insbesondere, ob die Beteiligten den Sachverhalt nicht aufklären konnten oder wollten.

Die Sachaufklärung durch die Beteiligten verspricht keinen Erfolg, wenn sie nach den Umständen des Einzelfalles oder nach den bisherigen Erfahrungen der Finanzbehörde mit den Beteiligten nicht zu erwarten ist. Auskunftsersuchen an Dritte können insbesondere geboten sein, wenn die Beteiligten keine eigenen Kenntnisse über den relevanten Sachverhalt besitzen und eine Auskunft daher ohne Hinzuziehung Dritter nicht erteilt werden kann; in diesem Fall ist das Auskunftsersuchen unmittelbar an denjenigen zu richten, der über die entsprechenden Kenntnisse verfügt. Ein Auskunftsersuchen an einen Dritten kann aber auch geboten sein, wenn eine Auskunft des Beteiligten aufgrund konkreter Umstände von vorneherein als unwahr zu werten wäre.

1.5 Ein Dritter kann sich seinen Auskunftspflichten nicht mit dem Hinweis auf die Möglichkeit entziehen, auch andere seien zur gewünschten Auskunft in der Lage. § 93 Abs. 1 Satz 3 sieht keine Rangfolge vor, welche von mehreren – möglicherweise – als Auskunftspflichtige in Betracht kommenden Personen in Anspruch zu nehmen ist (vgl. BFH-Urteil vom 22. Februar 2000, BStBl 2000 II S. 366).

Die Auswahl hat nach pflichtgemäßem Ermessen zu erfolgen. Dabei ist auch eine Interessenabwägung zwischen den besonderen Belastungen, denen ein Auskunftsverpflichteter ausgesetzt ist, und dem Interesse der Allgemeinheit an der möglichst gleichmäßigen Festsetzung und Erhebung der Steueransprüche vorzunehmen. Die Beantwortung eines Auskunftsersuchens ist in der Regel auch dann zumutbar, wenn mit dessen Befolgung eine nicht unverhältnismäßige Beeinträchtigung eigenwirtschaftlicher Interessen verbunden ist (vgl. BVerfG vom 15. November 2000, BStBl II 2002 S. 142).

1.6 § 30a steht einem Auskunftsersuchen an Kreditinstitute nicht entgegen (§ 30a Abs. 5; vgl. auch Nr. 2 zu § 30a).

1.7 Vor Befragung eines Dritten soll der Beteiligte, falls der Ermittlungszweck nicht gefährdet wird, über die Möglichkeit eines Auskunftsersuchen gegenüber Dritten informiert werden, um es gegebenenfalls abwenden zu können und damit zu verhindern, dass seine steuerlichen Verhältnisse Dritten bekannt werden. Falls der Ermittlungszweck nicht gefährdet wird, ist der Beteiligte über das Auskunftsersuchen zu informieren.

1.8 Im Auskunftsersuchen ist anzugeben, worüber Auskunft erteilt werden soll und für die Besteuerung welcher Person die Auskunft angefordert wird (§ 93 Abs. 2 Satz 1). Zur Begründung des Ersuchens reichen im Allgemeinen die Angabe der Rechtsgrundlage sowie bei einem Auskunftsersuchen an einen Dritten der Hinweis aus, dass die Sachverhaltsaufklärung durch die Beteiligten nicht zum Ziele geführt hat oder keinen Erfolg verspricht. Eine Begründung des Auskunftsersuchens hinsichtlich der Frage, warum die Finanzbehörde einen bestimmten Auskunftspflichtigen vor einem anderen Auskunftsverpflichteten in Anspruch nimmt, ist nur erforderlich, wenn gewichtige Anhaltspunkte dafür bestehen, dass der andere vorrangig in Anspruch zu nehmen sein könnte (BFH-Urteil vom 22. Februar 2000, BStBl II 2000 S. 366).

1.9 Auskunftsersuchen nach § 93 Abs. 1 Satz 1 sind Verwaltungsakte i. S. d. § 118. Für Auskunftsersuchen ist keine bestimmte Form vorgesehen (§ 119 Abs. 2). Regelmäßig ist jedoch Schriftform angebracht (vgl. auch § 93 Abs. 2 Satz 2). Im Auskunftsersuchen ist eine angemessene Frist zur Auskunftserteilung zu bestimmen sowie anzugeben, in welcher Form die Auskunft erteilt werden soll (vgl. § 93 Abs. 4).

2. Kontenabruf nach § 93 Abs. 7

2.1 Die Finanzbehörde kann nach § 93 Abs. 7 im Einzelfall bei den Kreditinstituten über das Bundesamt für Finanzen folgende Bestandsdaten zu Konten- und Depotverbindungen abrufen:

– die Nummer eines Kontos, das der Verpflichtung zur Legitimationsprüfung im Sinne des § 154 Abs. 2 Satz 1 unterliegt, oder eines Depots,
– der Tag der Errichtung und der Tag der Auflösung des Kontos oder Depots,
– der Name, sowie bei natürlichen Personen der Tag der Geburt, des Inhabers und eines Verfügungsberechtigten sowie
– der Name und die Anschrift eines abweichend wirtschaftlich Berechtigten (§ 8 Abs. 1 Geldwäschegesetz).

Kontenbewegungen und Kontenstände können auf diesem Weg nicht ermittelt werden.

Die Verpflichtung der Kreditinstitute, Daten für einen Kontenabruf durch das Bundesamt für Finanzen bereitzuhalten, ergibt sich unmittelbar aus § 93b AO i. V. m. § 24c Kreditwesengesetz und bedarf daher keines Verwaltungsaktes.

2.2 Ein Kontenabruf nach § 93 Abs. 7 ist im gesamten Besteuerungsverfahren nach der AO, d. h. auch im Haftungsverfahren, Erhebungsverfahren, Rechtsbehelfsverfahren oder Vollstreckungsverfahren, möglich. Für Besteuerungsverfahren, auf die die AO nach § 1 nicht unmittelbar anwendbar ist, ist ein Kontenabruf nach § 93 Abs. 7 nicht zulässig. Für strafrechtliche Zwecke kann ein Kontenabruf nur nach § 24c Kreditwesengesetz erfolgen. Der Kontenabruf entspricht einer elektronischen Einnahme des Augenscheins und stellt einen Realakt dar.

2.3 Ein Kontenabruf nach § 93 Abs. 7 kann im Einzelfall erfolgen, wenn dies zur Festsetzung oder Erhebung von Steuern (vgl. Nr. 2.2) erforderlich ist und ein Auskunftsersu-chen an den Steuerpflichtigen nicht zum Ziele geführt hat oder keinen Erfolg verspricht (§ 93 Abs. 7 i. V. m. § 93b). Ein Kontenabruf steht im Ermessen der Finanzbehörde und kann nur anlassbezogen und zielgerichtet erfolgen und muss sich auf eine eindeutig bestimmte Person beziehen. Bei der Ausübung des Ermessens sind die Grundsätze der Gleichmäßigkeit der Besteuerung, der Verhältnismäßigkeit der Mittel, der Erforderlichkeit, der Zumutbarkeit, der Billigkeit und von Treu und Glauben sowie das Willkürverbot und das Übermaßverbot zu beachten (vgl. zu § 5, Nr. 1).

Die Erforderlichkeit, die von der Finanzbehörde im Einzelfall im Wege einer Prognose zu beurteilen ist, setzt keinen begründeten Verdacht dafür voraus, dass steuerrechtliche Unregelmäßigkeiten vorliegen. Es genügt vielmehr, wenn aufgrund konkreter Momente oder aufgrund allgemeiner Erfahrungen ein Kontenabruf angezeigt ist (vgl. BFH-Urteil vom 17. März 1992, BFH/NV 1992 S. 791).

2.4 Die Verantwortung für die Zulässigkeit des Datenabrufs und der Datenübermittlung trägt die ersuchende Finanzbehörde (§ 93b Abs. 3). Das Bundesamt für Finanzen darf lediglich prüfen, ob das Ersuchen plausibel ist.

2.5 Ein Kontenabruf nach § 93 Abs. 7 ist auch zulässig, um Konten oder Depots zu ermitteln, hinsichtlich derer der Steuerpflichtige zwar nicht Verfügungsberechtigter, aber wirtschaftlich Berechtigter ist. Dies gilt auch dann, wenn der Verfügungsberechtigte nach § 102 die Auskunft verweigern könnte (z. B. im Fall von Anderkonten von Anwälten). Denn ein Kontoabruf erfolgt bei dem Kreditinstitut und nicht bei dem Berufsgeheimnisträger. Das Kreditinstitut hat aber kein Auskunftsverweigerungsrecht und muss daher auch nach § 93 Abs. 1 Satz 1 Auskunft geben darüber, ob bei festgestellten Konten eines Berufsgeheimnisträgers eine andere Person wirtschaftlich Berechtigter ist. Das Vertrauensverhältnis zwischen dem Berufsgeheimnisträger und seinem Mandanten bleibt dadurch unberührt.

Ein Kontenabruf nach § 93 Abs. 7 ist auch im Besteuerungsverfahren eines Berufsgeheimnisträgers im Sinne des § 102 grundsätzlich zulässig. Bei der gebotenen Ermessensentscheidung (vgl. Nr. 2.3) ist in diesem Fall zusätzlich eine Güterabwägung zwischen der besonderen Bedeutung der Verschwiegenheitspflicht des Berufgeheimnisträgers und der Bedeutung der Gleichmäßigkeit der Besteuerung unter Berücksichtigung des Verhältnismäßigkeitsprinzips vorzunehmen (vgl. BVerfG-Urteil vom 30. März 2004, BVerfGE 110, 226, und BFH-Urteil vom 26. Februar 2004, BStBl II 2004 S. 502). Über Anderkonten eines Berufsgeheimnisträgers im Sinne des § 102, die durch einen Kontenabruf im Besteuerungsverfahren des Berufsgeheimnisträgers festgestellt werden, sind keine Kontrollmitteilungen zu fertigen.

AEAO

2.6 Ob die Sachaufklärung durch den Beteiligten zum Ziel führt oder Erfolg verspricht oder ob dies nicht zutrifft, ist eine Frage der Beweiswürdigung (vgl. dazu Nr. 1.4). Diese Beweiswürdigung obliegt der Finanzbehörde.

Die Finanzbehörde soll zunächst dem Beteiligten Gelegenheit geben, Auskunft über seine Konten und Depots zu erteilen und ggf. entsprechende Unterlagen (z. B. Kontooder Depotauszüge, Jahresbescheinigungen nach § 24c EStG) vorzulegen, es sei denn, der Ermittlungszweck würde dadurch gefährdet. Hierbei soll auch bereits darauf hinge-wiesen werden, dass die Finanzbehörde nach § 93 Abs. 7 einen Kontenabruf durchführen lassen kann, wenn die Sachaufklärung durch den Beteiligten nicht zum Ziel führt.

2.7 Hat sich durch einen Kontenabruf herausgestellt, dass Konten oder Depots vorhanden sind, die der Beteiligte auf Nachfrage (vgl. Nr. 2.6) nicht angegeben hat, ist er über das Ergebnis des Kontenabrufs zu informieren. Hierbei ist der Beteiligte darauf hinzuweisen, dass die Finanzbehörde das betroffene Kreditinstitut nach § 93 Abs. 1 Satz 1 um Auskunft ersuchen kann, wenn ihre Zweifel durch die Auskunft des Beteiligten nicht ausgeräumt werden.

Würde durch eine vorhergehende Information des Beteiligten der Ermittlungszweck gefährdet oder ergibt sich aus den Umständen des Einzelfalles, dass eine Aufklärung durch den Beteiligten selbst nicht zu erwarten ist, kann sich die Finanzbehörde nach § 93 Abs. 1 Satz 1 unmittelbar an die betreffenden Kreditinstitute wenden (vgl. dazu Nrn. 1.4 und 1.7) bzw. andere erforderliche Maßnahmen ergreifen. In diesen Fällen ist der Beteiligte nachträglich über die Durchführung des Kontenabrufs zu informieren.

2.8 Wurden die Angaben des Beteiligten durch einen Kontenabruf bestätigt, ist der Beteiligte gleichwohl über die Durchführung des Kontenabrufs zu informieren, z. B. durch eine Erläuterung im Steuerbescheid: „Es wurde ein Kontenabruf nach § 93 Abs. 7 durchgeführt."

2.9 Die Rechtmäßigkeit eines Kontenabrufs nach § 93 Abs. 7 kann vom Finanzgericht im Rahmen der Überprüfung des Steuerbescheides oder eines anderen Verwaltungsaktes, zu dessen Vorbereitung der Kontenabruf vorgenommen wurde, oder isoliert im Wege der Leistungs- oder (Fortsetzungs-)Feststellungsklage überprüft werden (vgl. dazu auch BVerfG-Beschluss vom 4. Februar 2005 – 2 BvR 308/04, unter Absatz-Nr. 19).

3. Kontenabruf nach § 93 Abs. 8

3.1 Auf Ersuchen von Behörden oder Gerichten kann nach § 93 Abs. 8 ein Kontenabruf erfolgen, wenn ein anderes Gesetz an Begriffe des EStG anknüpft. Ein Gesetz knüpft nur dann an Begriffe des EStG, wenn

- dasselbe Wort verwendet wird (z. B. „Einkommen" oder „Einkünfte"),
- der Inhalt des Wortes mit dem Begriff des EStG übereinstimmt und
- ausdrücklich auf Regelungen des EStG Bezug genommen wird.

Gesetz im Sinne des § 93 Abs. 8 ist auch eine Rechtsverordnung (vgl. § 4).

AEAO

Ein Kontenabruf ist zudem nur zulässig, wenn er zur Klärung des Sachverhaltes unmittelbar geeignet ist. Dies ist von der ersuchenden Behörde oder dem ersuchenden Gericht im Wege einer Prognoseentscheidung zu beurteilen.

3.2 In folgenden Fällen kommt hiernach ein Kontenabruf in Betracht:

a) Bei der Berechnung der Einkünfte, die nach § 82 Abs. 1 SGB XII zu dem bei der Gewährung von **Sozialhilfe** zu berücksichtigenden Einkommen gehören, bestimmen sich die Einkünfte aus Kapitalvermögen nach § 20 Abs. 1 bis 3 EStG (§ 6 der Verordnung zur Durchführung des § 82 des Zwölften Buches Sozialgesetzbuch).

b) Im Rahmen der gesetzlichen Kranken-, Unfall- und Rentenversicherung einschließlich der Alterssicherung der Landwirte sowie der sozialen Pflegeversicherung (**Sozialversicherung**) ist das Gesamteinkommen die Summe der Einkünfte im Sinne des Einkommensteuerrechts (§ 16 SGB IV).

c) Bei der sozialen **Wohnraumförderung** basiert das maßgebende Gesamteinkommen auf der Summe der positiven Einkünfte im Sinne des § 2 Abs. 1, 2 und 5a EStG (§ 21 Wohnraumförderungsgesetz).

d) Bei der **Ausbildungsförderung** und der **Aufstiegsförderung** basiert das maßgebende Einkommen auf der Summe der positiven Einkünfte im Sinne des § 2 Abs. 1 und 2 EStG (§ 21 BAföG; § 17 Aufstiegsfortbildungsförderungsgesetz).

e) Bei der Gewährung von **Wohngeld** basiert das maßgebende Gesamteinkommen auf der Summe der positiven Einkünfte im Sinne des § 2 Abs. 1, 2 und 5a EStG (§ 10 Wohngeldgesetz).

f) Bei der Gewährung von **Erziehungsgeld** basiert das Einkommen auf der nicht um Verluste in einzelnen Einkommensarten zu vermindernde Summe der positiven Einkünfte im Sinne des § 2 Abs. 1 und 2 EStG (§ 6 Bundeserziehungsgeldgesetz).

g) Die Leistungen zur **Unterhaltssicherung** sind um die einkommensteuerpflichtigen Einkünfte des Wehrpflichtigen zu kürzen, die er während des Wehrdienstes erhält (§ 11 Unterhaltssicherungsgesetz).

In anderen Fällen ist ein Kontenabruf nach § 93 Abs. 8 nicht zulässig.

Bei der Bemessung des **Arbeitslosengeldes II** ist zwar das „Einkommen" des Antragstellers zu berücksichtigen, dieser Begriff wird aber abweichend vom EStG definiert (§ 11 SGB II). Es liegt somit kein Anknüpfen an Begriffe des EStG vor.

3.3 Ein Kontenabruf setzt weiterhin voraus, dass er im Einzelfall zur Klärung des Sachverhaltes geeignet, erforderlich und verhältnismäßig ist. Dies ist von der ersuchenden Behörde oder dem ersuchenden Gericht zu beurteilen.

Die Erforderlichkeit setzt keinen begründeten Verdacht voraus, dass Unregelmäßigkeiten vorliegen; es genügt, wenn aufgrund konkreter Momente oder aufgrund allgemeiner Erfahrungen ein Kontenabruf angezeigt ist. Ein Kontenabruf ist nicht erforderlich, wenn es zur Aufklärung des Sachverhaltes ein ebenso ge-

AEAO

eignetes, aber für den Betroffenen weniger belastendes Beweismittel gibt (Subsidiarität der Kontenabfragemöglichkeit).

3.4 Die ersuchende Behörde oder das ersuchende Gericht muss in dem Ersuchen die Rechtsgrundlage angeben und zugleich versichern, dass eigene Ermittlungen nicht zum Ziele geführt haben oder keinen Erfolg versprechen. Ob eine Sachaufklärung durch den Beteiligten zum Ziel führt oder Erfolg verspricht oder ob dies nicht zutrifft, ist eine Frage der Beweiswürdigung. Diese Beweiswürdigung obliegt der ersuchenden Behörde oder dem ersuchenden Gericht.

Eigene Ermittlungen haben nur dann nicht zum Ziele geführt oder versprechen keinen Erfolg, wenn die ersuchende Behörde oder das ersuchende Gericht den Betroffenen zuvor auf die Möglichkeit eines Kontenabrufs ausdrücklich hingewiesen hat, es sei denn, der Ermittlungszweck würde dadurch gefährdet.

3.5 Die Verantwortung für die Zulässigkeit des Datenabrufs und der Datenübermittlung trägt die ersuchende Behörde oder das ersuchende Gericht (§ 93b Abs. 3). Die um Durchführung eines Kontenabrufs nach § 93 Abs. 8 ersuchte Finanzbehörde muss prüfen, ob die Angaben im Ersuchen plausibel sind, insbesondere ob die Angaben zur Rechtsgrundlage des Ersuchens nachvollziehbar sind und versichert wurde, dass eigene Ermittlungen nicht zum Ziele geführt haben oder keinen Erfolg versprechen. Zudem sind die Identität und die Authentizität der ersuchenden Behörde oder des ersuchenden Gerichts in geeigneter Weise zu prüfen.

3.6 Ein Ersuchen um Durchführung eines Kontenabrufs nach § 93 Abs. 8 ist an die nach Landesrecht zuständige Finanzbehörde zu richten.

3.7 Die Unterrichtung des Betroffenen über die Durchführung eines Kontenabrufs nach § 93 Abs. 8 richtet sich nach den im Einzelfall jeweils anzuwendenden gesetzlichen Regelungen, die regelmäßig eine Information für den Fall vorsehen, dass Daten nicht beim Betroffenen selbst erhoben werden (vgl. z. B. § 67a Abs. 5 Satz 1 SGB X).

Daneben bestehen Auskunftsansprüche des Betroffenen, durch die er jedenfalls nachträglich von der Durchführung eines Kontenabrufs Kenntnis erlangen kann (vgl. z. B. § 83 Abs. 1 Satz 1 SGB X). Falls keine spezialgesetzlichen Regelungen bestehen, ergeben sich die Informationspflichten und Auskunftsrechte aus dem jeweils anzuwendenden Datenschutzgesetz.

3.8 Die Rechtmäßigkeit eines Kontenabrufs nach § 93 Abs. 8 kann vom zuständigen Gericht (Verwaltungsgericht oder Sozialgericht) im Rahmen der Überprüfung des Leistungsbescheids oder eines anderen Verwaltungsaktes, zu dessen Vorbereitung der Kontenabruf vorgenommen wurde, oder isoliert im Wege der Leistungs- oder (Fortsetzungs-)Feststellungsklage überprüft werden (vgl. dazu auch BVerfG-Beschluss vom 4. Februar 2005 – 2 BvR 308/04, unter Absatz-Nr. 19).

AEAO

Zu § 154 – Kontenwahrheit:

1. Das Verbot, falsche oder erdichtete Namen zu verwenden, richtet sich an denjenigen, der als Kunde bei einem anderen ein Konto errichten lassen will oder Buchungen vornehmen lässt. Wegen des Verbots, im eigenen Geschäftsbetrieb falsche oder erdichtete Namen zu gebrauchen, Hinweis auf § 146 Abs. 1.

2. Es ist zulässig, Konten auf den Namen Dritter zu errichten, hierbei ist die Existenz des Dritten nachzuweisen. Der ausdrücklichen Zustimmung des Dritten bedarf es nicht.

3. Jeder, der für einen anderen Konten führt, Wertsachen verwahrt oder von ihm als Pfand nimmt oder ihm ein Schließfach überlässt, hat sich Gewissheit über die Person des Verfügungsberechtigten zu verschaffen. Die Vorschrift ist nicht auf Kreditinstitute beschränkt, sondern gilt auch im gewöhnlichen Geschäftsverkehr und für Privatpersonen. Verboten ist die Abwicklung von Geschäftsvorfällen über sog. CpD-Konten, wenn der Name des Beteiligten bekannt ist oder unschwer ermittelt werden kann und für ihn bereits ein entsprechendes Konto geführt wird.

4. Das Kreditinstitut hat sich vor Erledigung von Aufträgen, die über ein Konto abgewickelt werden sollen, bzw. vor Überlassung eines Schließfachs Gewissheit über die Person und Anschrift der (des) Verfügungsberechtigten zu verschaffen. Gewissheit über die Person besteht im Allgemeinen nur, wenn der vollständige Name, das Geburtsdatum und der Wohnsitz bekannt sind. Eine vorübergehende Anschrift (Hoteladresse) reicht nicht aus. Bei einer juristischen Person (Körperschaft des öffentlichen Rechts, AG, GmbH usw.) reicht die Bezugnahme auf eine amtliche Veröffentlichung oder ein amtliches Register unter Angabe der Register-Nr. aus. Wird ein Konto auf den Namen eines verfügungsberechtigten Dritten errichtet, müssen die Angaben über Person und Anschrift sowohl des Kontoinhabers als auch desjenigen, der das Konto errichtet, festgehalten werden. Steht der Verfügungsberechtigte noch nicht fest (z. B. der unbekannte Erbe), reicht es aus, wenn das Kreditinstitut sich zunächst Gewissheit über die Person und Anschrift des das Konto Errichtenden (z. B. des Nachlasspflegers) verschafft: die Legitimation des Kontoinhabers ist sobald wie möglich nachzuholen.

5. Diese Angaben sind auf dem Kontostammblatt zu machen. Es ist unzulässig, Name und Anschrift des Verfügungsberechtigten lediglich in einer vertraulichen Liste zu führen und das eigentliche Konto nur mit einer Nummer zu kennzeichnen. Die Führung sog. Nummernkonten bleibt verboten. Bei Auflösung des ersten Kontos müssen die Identifikationsmerkmale auf das zweite bzw. weitere Konto bzw. auf die betreffenden Kontounterlagen übertragen werden.

6. Das Kreditinstitut ist nach § 154 Abs. 2 Satz 2 verpflichtet, ein besonderes alphabetisch geführtes Namensverzeichnis der Verfügungsberechtigten zu führen, um jederzeit über die Konten und Schließfächer eines Verfügungsberechtigten Auskunft geben zu können. Eines derartigen Verzeichnisses bedarf es nicht, wenn die Erfüllung der Verpflichtung auf andere Weise sichergestellt

werden kann. Die Verpflichtung besteht noch sechs Jahre nach Beendigung der Geschäftsbeziehung, bei Bevollmächtigten sechs Jahre nach Erlöschen der Vollmacht.

7. Verfügungsberechtigte im Sinne der vorstehenden Nummern sind sowohl der Gläubiger der Forderung und seine gesetzlichen Vertreter als auch jede Person, die zur Verfügung über das Konto bevollmächtigt ist (Kontovollmacht). Dies gilt entsprechend für die Verwahrung von Wertsachen sowie für die Überlassung von Schließfächern. Personen, die aufgrund Gesetzes oder Rechtsgeschäfts zur Verfügung berechtigt sind, ohne dass diese Berechtigung dem Kreditinstitut usw. mitgeteilt worden ist, gelten insoweit nicht als Verfügungsberechtigte.

Nach dem Grundsatz der Verhältnismäßigkeit ist nicht zu beanstanden, wenn in folgenden Fällen auf die Legitimationsprüfung (Nummern 3 bis 5) und die Herstellung der Auskunftsbereitschaft (Nummer 6) verzichtet wird:

a) bei Eltern als gesetzliche Vertreter ihrer minderjährigen Kinder, wenn die Voraussetzungen für die gesetzliche Vertretung bei Kontoeröffnung durch amtliche Urkunden nachgewiesen werden,

b) bei Vormundschaften und Pflegschaften einschließlich Amtsvormundschaften und Amtspflegschaften,

c) bei Parteien kraft Amtes (Konkursverwalter, Zwangsverwalter, Nachlassverwalter, Testamentsvollstrecker und ähnliche Personen),

d) bei Pfandnehmern (insbesondere in Bezug auf Mietkautionskonten, bei denen die Einlage auf einem Konto des Mieters erfolgt und an den Vermieter verpfändet wird),

e) bei Vollmacht auf den Todesfall (auch nach diesem Ereignis),

f) bei Vollmachten zur einmaligen Verfügung über ein Konto,

g) bei Verfügungsbefugnissen im Lastschriftverfahren (Abbuchungsauftragsverfahren und Einzugsermächtigungsverfahren),

h) bei Vertretung juristischer Personen des öffentlichen Rechts (einschließlich Eigenbetriebe),

i) bei Vertretung von Kreditinstituten und Versicherungsunternehmen,

j) bei den als Vertretern eingetragenen Personen, die in öffentlichen Registern (Handelsregister, Vereinsregister) eingetragenen Firmen oder Personen vertreten,

k) bei Vertretung von Unternehmen, sofern schon mindestens fünf Personen, die in öffentliche Register eingetragen sind bzw. bei denen eine Legitimationsprüfung stattgefunden hat, Verfügungsbefugnis haben,

l) bei vor dem 1.1.1992 begründeten, noch bestehenden oder bereits erloschenen Befugnissen.

Unberührt bleibt die Befugnis der Finanzämter, im Besteuerungsverfahren schriftliche oder mündliche Auskünfte von Auskunftspersonen (§§ 93, 94) einzuholen und die Vorlage von Unterlagen (§ 97) zu verlangen sowie in einem Strafverfahren wegen einer Steuerstraftat oder in einem Bußgeldverfahren wegen einer Steuerordnungswidrigkeit die Befugnis zur Vernehmung von Zeugen oder zur Beschlagnahme von Unterlagen (§§ 208, 399 Abs. 2, § 410).

AEAO

8. Bei einem Verstoß gegen § 154 Abs. 3 haftet der Zuwiderhandelnde nach Maßgabe des § 72. Waren über ein Konto usw. mehrere Personen verfügungsberechtigt (mit Ausnahme der in Nummer 7 Satz 4 genannten Fälle), bedarf es u. U. der Zustimmung aller beteiligten Finanzämter zur Herausgabe.
9. Wegen der Ahndung einer Verletzung des § 154 Abs. 1 als Ordnungswidrigkeit Hinweis auf § 379 Abs. 2 Nr. 2.
10. Die Verletzung der Verpflichtungen nach § 154 Abs. 2 führt allein noch nicht unmittelbar zu einer Haftung oder Ahndung wegen Ordnungswidrigkeit. Es kann sich jedoch um eine Steuergefährdung im Sinne des § 379 Abs. 1 Nr. 2 handeln, soweit nicht sogar der Tatbestand des § 370 erfüllt ist. Wird festgestellt, dass die nach § 154 Abs. 2 bestehenden Verpflichtungen nicht erfüllt sind, soll die für Straf- und Bußgeldsachen zuständige Stelle unterrichtet werden. Die Möglichkeit der Erzwingung der Verpflichtungen (§§ 328 ff) bleibt unberührt.

Zollverwaltungsgesetz
(ZollVG)

vom 21. Dezember 1992, BGBl I, 2125 (1993, 2493)
zuletzt geändert durch
Gesetz vom 21. Juni 2005, BGBl I, 1818, 1826
(Auszug)

Teil III
Befugnisse der Zollverwaltung

§ 12a
Überwachung des grenzüberschreitenden Bargeldverkehrs

(1) [1]Auf Verlangen der Zollbediensteten haben Personen Bargeld oder gleichgestellte Zahlungsmittel im Wert von 15 000 Euro oder mehr, die sie in die, aus den oder durch die in § 1 Abs. 3a Satz 1 bezeichneten Gebiete verbringen oder befördern, nach Art, Zahl und Wert anzuzeigen sowie die Herkunft, den wirtschaftlich Berechtigten und den Verwendungszweck darzulegen. [2]Abweichend von der Wertangabe in Satz 1 gilt bis zum 31. Dezember 2001 ein Wert von 30 000 Deutsche Mark. [3]Institute im Sinne des § 1 Abs. 4 des Geldwäschegesetzes und ihre Beauftragten sind von den Verpflichtungen nach Satz 1 ausgenommen. [4]Zur Ermittlung des Sachverhaltes haben die Zollbediensteten die Befugnisse nach § 10. [5]Im Bereich der Grenzen zu anderen Mitgliedstaaten der Europäischen Union findet § 10 Abs. 1 entsprechende Anwendung.

(2) [1]Die Zollbediensteten können, wenn Grund zu der Annahme besteht, dass Bargeld oder gleichgestellte Zahlungsmittel zum Zwecke der Geldwäsche verbracht werden, das Bargeld oder die gleichgestellten Zahlungsmittel bis zum Ablauf des dritten Werktages nach dem Auffinden sicherstellen und in zollamtliche Verwahrung nehmen, um die Herkunft oder den Verwendungszweck aufzudecken. [2]Fällt der dritte Werktag auf einen Samstag, so endet die Frist mit Ablauf des nächsten Werktages. [3]Diese Frist kann durch Entscheidung eines Richters einmalig bis zu einem Monat verlängert werden. [4]Zur Bekanntmachung der Entscheidung genügt eine formlose Mitteilung. Zuständig ist der Richter bei dem Amtsgericht, in dessen Bezirk die Sicherstellung erfolgt ist. [5]Die zuständigen Strafverfolgungsbehörden sind von der Sicherstellung unverzüglich zu unterrichten.

(3) [1]Die zuständigen Zollbehörden dürfen, soweit dies zur Erfüllung ihrer Aufgaben nach § 1 Abs. 3a und nach den Absätzen 1 und 2 erforderlich ist, personenbezogene Daten erheben, verarbeiten und nutzen. [2]Die Zollbehörden können diese Daten an die zuständigen Strafverfolgungsbehörden und die Verwaltungsbehörde nach § 31a Abs. 5 übermitteln, soweit dies zur Erfüllung ihrer Aufgaben oder der des Empfängers erforderlich ist. [3]Die Übermittlung personenbezogener Daten an andere Finanzbehörden ist zulässig, soweit ihre Kenntnis zur Durchführung eines Verwal-

ZollVG

tungsverfahrens in Steuersachen oder eines Strafverfahrens wegen einer Steuerstraftat oder eines Bußgeldverfahrens wegen einer Steuerordnungswidrigkeit von Bedeutung sein kann.

(4) Für Streitigkeiten wegen Maßnahmen nach Absatz 1 und 2 Satz 1 und Absatz 3 ist der Finanzrechtsweg gegeben.

Passgesetz
(PassG)

vom 19. April 1986, BGBl I, 537
zuletzt geändert durch
Gesetz vom 21. Juni 2005, BGBl I, 1818, 1823

Erster Abschnitt
Passvorschriften

§ 1
Passpflicht

(1) ¹Deutsche im Sinne des Artikels 116 Abs. 1 des Grundgesetzes, die über eine Auslandsgrenze aus dem Geltungsbereich dieses Gesetzes ausreisen oder in ihn einreisen, sind verpflichtet, einen gültigen Pass mitzuführen und sich damit über ihre Person auszuweisen. ²Der Passpflicht wird durch Vorlage eines Passes der Bundesrepublik Deutschland, in besonderen Fällen durch Vorlage eines vorläufigen Passes der Bundesrepublik Deutschland genügt.

(2) Niemand darf mehrere Pässe der Bundesrepublik Deutschland besitzen, sofern nicht ein berechtigtes Interesse an der Ausstellung mehrerer Pässe nachgewiesen wird.

(3) Der Pass darf nur Deutschen im Sinne des Artikels 116 Abs. 1 des Grundgesetzes ausgestellt werden; er bleibt Eigentum der Bundesrepublik Deutschland.

§ 2
Befreiung von der Passpflicht

(1) Der Bundesminister des Innern kann durch Rechtsverordnung mit Zustimmung des Bundesrates

1. Deutsche zur Erleichterung des Grenzübertritts in besonderen Fällen sowie im Verkehr mit einzelnen ausländischen Staaten von der Passpflicht befreien,
2. andere amtliche Ausweise als Passersatz einführen oder zulassen.

(2) Die für die polizeiliche Kontrolle des grenzüberschreitenden Verkehrs zuständigen Behörden können in Einzelfällen, insbesondere aus humanitären Gründen, Ausnahmen von der Passpflicht zulassen.

§ 3
Grenzübertritt

Das Überschreiten der Auslandsgrenze ist nur an zugelassenen Grenzübergangsstellen und innerhalb der festgesetzten Verkehrsstunden zulässig, sofern nicht aufgrund

PassG

anderer Rechtsvorschriften oder zwischenstaatlicher Vereinbarungen Ausnahmen zugelassen sind.

§ 4
Passmuster

(1) ¹Der Pass und der vorläufige Pass sind nach einheitlichen Mustern auszustellen; sie erhalten eine Seriennummer. ²Der Pass enthält neben dem Lichtbild des Passinhabers und seiner Unterschrift ausschließlich folgende Angaben über seine Person:

1. Familienname und ggf. Geburtsname,
2. Vornamen,
3. Doktorgrad,
4. Ordensname/Künstlername,
5. Tag und Ort der Geburt,
6. Geschlecht,
7. Größe,
8. Farbe der Augen,
9. Wohnort,
10. Staatsangehörigkeit.

³Der vorläufige Pass enthält die in Satz 2 bezeichneten personenbezogenen Informationen mit Ausnahme der Nummer 6. ⁴Dies gilt nicht, wenn der vorläufige Pass eine Zone für das automatische Lesen enthält.

(2) ¹Der Reisepass enthält eine Zone für das automatische Lesen. ²Diese darf lediglich enthalten:

1. Die Abkürzung „P" für Reisepass,
2. die Abkürzung „D" für Bundesrepublik Deutschland,
3. den Familiennamen,
4. den oder die Vornamen,
5. die Seriennummer des Reisepasses, die sich aus der Behördenkennzahl der Passbehörde und einer fortlaufend zu vergebenden Passnummer zusammensetzt,
6. die Abkürzung „D" für die Eigenschaft als Deutscher,
7. den Tag der Geburt,
8. die Abkürzung „F" für Passinhaber weiblichen Geschlechts und „M" für Passinhaber männlichen Geschlechts,
9. die Gültigkeitsdauer des Reisepasses,
10. die Prüfziffern und
11. Leerstellen.

(3) ¹Der Pass darf neben dem Lichtbild und der Unterschrift weitere biometrische Merkmale von Fingern oder Händen oder Gesicht des Passinhabers enthalten. ²Das Lichtbild, die Unterschrift und die weiteren biometrischen Merkmale dürfen auch in mit Sicherheitsverfahren verschlüsselter Form in den Pass eingebracht werden.

³Auch die in Absatz 1 Satz 2 aufgeführten Angaben über die Person dürfen in mit Sicherheitsverfahren verschlüsselter Form in den Pass eingebracht werden.

(4) ¹Die Arten der biometrischen Merkmale, ihre Einzelheiten und die Einbringung von Merkmalen und Angaben in verschlüsselter Form nach Absatz 3 sowie die Art ihrer Speicherung, ihrer sonstigen Verarbeitung und ihrer Nutzung werden durch Bundesgesetz geregelt. ²Eine bundesweite Datei wird nicht eingerichtet.

(5) ¹Die Muster des Reisepasses und des vorläufigen Reisepasses sowie Einzelheiten des Lichtbildes bestimmt der Bundesminister des Innern im Benehmen mit dem Auswärtigen Amt durch Rechtsverordnung, die der Zustimmung des Bundesrates bedarf. ²Dies gilt auch für einen Passersatz, sofern sein Muster nicht in anderen Rechtsvorschriften oder in zwischenstaatlichen Vereinbarungen festgelegt ist. ²In den Reisepass und den vorläufigen Reisepass können auch Kinder des Passinhabers, die das 16. Lebensjahr noch nicht vollendet haben, mit Familienname, Vornamen, Tag der Geburt und Geschlecht eingetragen werden.

(6) ¹Die Muster der amtlichen Pässe sowie Einzelheiten des Lichtbildes bestimmt das Bundesministerium des Innern im Benehmen mit dem Auswärtigen Amt durch Rechtsverordnung, die nicht der Zustimmung des Bundesrates bedarf. ²In die amtlichen Pässe können Angaben über das Dienstverhältnis des Passinhabers aufgenommen werden. ³Die Rechtsverordnung kann auch von diesem Gesetz abweichende Bestimmungen über Gültigkeit, Ausstellung, Einziehung, Sicherstellung und Pflichten des Inhabers enthalten.

§ 5
Gültigkeitsdauer

(1) ¹Pässe werden für eine Gültigkeitsdauer von zehn Jahren ausgestellt. ²Bei Personen, die das 26. Lebensjahr noch nicht vollendet haben, beträgt die Gültigkeitsdauer der Pässe fünf Jahre. ³Im Fall des § 1 Abs. 2 beträgt die Gültigkeitsdauer der Pässe fünf Jahre. ⁴Vorläufige Pässe werden in der Regel für eine Gültigkeitsdauer von einem Jahr ausgestellt. ⁵Eine Verlängerung der Gültigkeitsdauer ist nicht zulässig.

(1a) Die Gültigkeitsdauer eines Passes darf in den Fällen des § 29 des Staatsangehörigkeitsgesetzes den Zeitpunkt der Vollendung des 23. Lebensjahres des Inhabers solange nicht überschreiten, bis die zuständige Behörde den Fortbestand der deutschen Staatsangehörigkeit festgestellt hat.

(2) § 7 Abs. 2 bleibt unberührt.

§ 6
Ausstellung eines Passes

(l) ¹Der Pass wird auf Antrag ausgestellt. ²§ 3a des Verwaltungsverfahrensgesetzes findet keine Anwendung. Im Antragsverfahren nachzureichende Erklärungen können nen im Wege der Datenübertragung abgegeben werden. ³Der Passbewerber und sein gesetzlicher Vertreter können sich bei der Stellung des Antrags nicht durch einen

PassG

Bevollmächtigten vertreten lassen. ⁴Für Minderjährige und für Personen, die geschäftsunfähig sind, kann nur derjenige den Antrag stellen, der als Sorgeberechtigter ihren Aufenthalt zu bestimmen hat.

(2) In dem Antrag sind alle Tatsachen anzugeben und alle Nachweise zu erbringen, die zur Feststellung der Person des Passbewerbers und seiner Eigenschaft als Deutscher notwendig sind.

(3) ¹Die Passbehörde kann das persönliche Erscheinen des Passbewerbers und die Beglaubigung seiner Unterschriften verlangen. ²Bestehen Zweifel über die Person des Passbewerbers, sind die zur Feststellung seiner Identität erforderlichen Maßnahmen zu treffen. ³Die Passbehörde kann die Durchführung erkennungsdienstlicher Maßnahmen veranlassen, wenn die Identität des Passbewerbers auf andere Weise nicht oder nur unter erheblichen Schwierigkeiten festgestellt werden kann. ⁴Ist die Identität festgestellt, so sind die im Zusammenhang mit der Feststellung angefallenen Unterlagen zu vernichten. ⁵Über die Vernichtung ist eine Niederschrift anzufertigen.

(4) Die Passbehörde kann einen Pass von Amts wegen ausstellen, wenn dies im überwiegenden öffentlichen Interesse oder zur Abwendung wesentlicher Nachteile für den Betroffenen geboten ist.

(5) Die Absätze 1 bis 4 gelten auch für die Ausstellung von ausschließlich als Passersatz bestimmten amtlichen Ausweisen, sofern in den für sie geltenden Rechtsvorschriften nichts anderes bestimmt ist.

§ 7

Passversagung

(1) Der Pass ist zu versagen, wenn bestimmte Tatsachen die Annahme begründen, dass der Passbewerber

1. die innere oder äußere Sicherheit oder sonstige erhebliche Belange der Bundesrepublik Deutschland gefährdet;
2. sich einer Strafverfolgung oder Strafvollstreckung oder der Anordnung oder der Vollstreckung einer mit Freiheitsentziehung verbundenen Maßregel der Besserung und Sicherung, die im Geltungsbereich dieses Gesetzes gegen ihn schweben, entziehen will;
3. einer Vorschrift des Betäubungsmittelgesetzes über die Einfuhr, Ausfuhr, Durchfuhr oder das Inverkehrbringen von Betäubungsmitteln zuwiderhandeln will;
4. sich seinen steuerlichen Verpflichtungen entziehen oder den Vorschriften des Zoll- und Monopolrechts oder des Außenwirtschaftsrechts zuwiderhandeln oder schwerwiegende Verstöße gegen Einfuhr-, Ausfuhr- oder Durchfuhrverbote oder -beschränkungen begehen will;
5. sich einer gesetzlichen Unterhaltspflicht entziehen will;
6. sich unbefugt zum Eintritt in fremde Streitkräfte verpflichten will;
7. als Wehrpflichtiger eines Geburtsjahrganges, dessen Erfassung begonnen hat, ohne die nach § 3 Abs. 2 des Wehrpflichtgesetzes erforderliche Genehmigung

des Kreiswehrersatzamtes den Geltungsbereich des Wehrpflichtgesetzes für länger als drei Monate verlassen will;
8. als Wehrpflichtiger ohne die nach § 48 Abs. 1 Nr. 5 Buchstabe b oder § 48 Abs. 2 des Wehrpflichtgesetzes erforderliche Genehmigung des Kreiswehrersatzamtes den Geltungsbereich des Wehrpflichtgesetzes verlassen will;
9. als anerkannter Kriegsdienstverweigerer ohne die nach § 23 Abs. 4 des Zivildienstgesetzes erforderliche Genehmigung des Bundesamtes für den Zivildienst den Geltungsbereich des Zivildienstgesetzes für länger als drei Monate verlassen will.

(2) [1]Von der Passversagung ist abzusehen, wenn sie unverhältnismäßig ist, insbesondere wenn es genügt, den Geltungsbereich oder die Gültigkeitsdauer des Passes zu beschränken. [2]Die Beschränkung ist im Pass zu vermerken. [3]Fallen die Voraussetzungen für die Beschränkung fort, wird auf Antrag ein neuer Pass ausgestellt.

(3) Die Absätze 1 und 2 gelten auch für die Versagung eines ausschließlich als Passersatz bestimmten amtlichen Ausweises.

(4) Ein Pass oder Passersatz zur Einreise in den Geltungsbereich dieses Gesetzes darf nicht versagt werden.

§ 8
Passentziehung

Ein Pass oder ein ausschließlich als Passersatz bestimmter amtlicher Ausweis kann dem Inhaber entzogen werden, wenn Tatsachen bekannt werden, die nach § 7 Abs. 1 die Passversagung rechtfertigen würden.

§ 9
Speicherung von passrechtlichen Maßnahmen

Anordnungen nach § 7 Abs. 1 oder § 8 dürfen im polizeilichen Grenzfahndungsbestand gespeichert werden.

§ 10
Untersagung der Ausreise

(1) [1]Die für die polizeiliche Kontrolle des grenzüberschreitenden Verkehrs zuständigen Behörden haben einem Deutschen, dem nach § 7 Abs. 1 ein Pass versagt oder nach § 8 ein Pass entzogen worden ist oder gegen den eine Anordnung nach § 2 Abs. 2 des Gesetzes über Personalausweise ergangen ist, die Ausreise in das Ausland zu untersagen. [2]Sie können einem Deutschen die Ausreise in das Ausland untersagen, wenn Tatsachen die Annahme rechtfertigen, dass bei ihm die Voraussetzungen nach § 7 Abs. 1 vorliegen oder wenn er keinen zum Grenzübertritt gültigen Pass oder Passersatz mitführt. [3]Sie können einem Deutschen die Ausreise in das Ausland auch untersagen, wenn Tatsachen die Annahme rechtfertigen, dass der Geltungsbe-

PassG

reich oder die Gültigkeitsdauer seines Passes nach § 7 Abs. 2 Satz 1 zu beschränken ist.

(2) Die für die polizeiliche Kontrolle des grenzüberschreitenden Verkehrs zuständigen Behörden können einem Deutschen, dem gemäß Absatz 1 Satz 1 die Ausreise in das Ausland zu untersagen ist, in Ausnahmefällen die Ausreise gestatten, wenn er glaubhaft macht, dass er aus einem dringenden Grund in das Ausland reisen muss.

(3) Die Einreise in den Geltungsbereich dieses Gesetzes darf einem Deutschen nicht versagt werden.

§ 11
Ungültigkeit

Ein Pass oder Passersatz ist ungültig, wenn

1. er eine einwandfreie Feststellung der Identität des Passinhabers nicht zulässt oder verändert worden ist;
2. Eintragungen nach diesem Gesetz fehlen oder – mit Ausnahme der Angaben über den Wohnort – unzutreffend sind;
3. die Gültigkeitsdauer abgelaufen ist.

§ 12
Einziehung

(1) Ein nach § 11 ungültiger Pass oder Passersatz kann eingezogen werden.

(2) Besitzt jemand unbefugt mehrere Pässe, so sind sie bis auf einen Pass einzuziehen.

(3) Von der Einziehung kann abgesehen werden, wenn der Mangel, der sie rechtfertigt, geheilt oder fortgefallen ist.

§ 13
Sicherstellung

(1) Ein Pass oder ein ausschließlich als Passersatz bestimmter amtlicher Ausweis kann sichergestellt werden, wenn

1. eine Person ihn unberechtigt besitzt;
2. Tatsachen die Annahme rechtfertigen, dass gegen den Inhaber Passversagungsgründe nach § 7 Abs. 1 vorliegen;
3. Tatsachen die Annahme rechtfertigen, dass ein Einziehungsgrund nach § 12 vorliegt.

(2) Eine Sicherstellung ist schriftlich zu bestätigen.

(3) Die Absätze 1 und 2 finden im Ausland auf Personalausweise entsprechende Anwendung.

§ 14
Sofortige Vollziehung

Widerspruch und Anfechtungsklage gegen die Untersagung der Ausreise (§ 10) und gegen die Sicherstellung des Passes (§ 13) haben keine aufschiebende Wirkung.

§ 15
Pflichten des Inhabers

Der Inhaber eines Passes ist verpflichtet, der Passbehörde unverzüglich

1. den Pass vorzulegen, wenn eine Eintragung unzutreffend ist;
2. auf Verlangen den alten Pass beim Empfang eines neuen Passes abzugeben;
3. den Verlust des Passes und sein Wiederauffinden anzuzeigen.

§ 16
Datenschutzrechtliche Bestimmungen

(1) ¹Die Seriennummer und die Prüfziffern dürfen keine Daten über die Person des Passinhabers oder Hinweise auf solche Daten enthalten. ²Jeder Pass erhält eine neue Seriennummer.

(2) ¹Beantragung, Ausstellung und Ausgabe von Pässen dürfen nicht zum Anlass genommen werden, die dafür erforderlichen Angaben außer bei den zuständigen Passbehörden zu speichern. ²Entsprechendes gilt für die zur Ausstellung des Passes erforderlichen Antragsunterlagen sowie für personenbezogene fotografische Datenträger (Mikrofilme).

(3) ¹Eine zentrale, alle Seriennummern umfassende Speicherung darf nur bei der Bundesdruckerei GmbH und ausschließlich zum Nachweis des Verbleibs der Pässe erfolgen. ²Die Speicherung der übrigen in § 4 Abs. 1 genannten Angaben bei der Bundesdruckerei GmbH ist unzulässig, soweit sie nicht ausschließlich und vorübergehend der Herstellung des Passes dient; die Angaben sind anschließend zu löschen.

(4) ¹Die Seriennummern dürfen nicht so verwendet werden, dass mit ihrer Hilfe ein Abruf personenbezogener Daten aus Dateien oder eine Verknüpfung von Dateien möglich ist. ²Abweichend von Satz 1 dürfen die Seriennummern verwenden

1. die Passbehörden für den Abruf personenbezogener Daten aus ihren Dateien,
2. die Polizeibehörden und -dienststellen des Bundes und der Länder für den Abruf der in Dateien gespeicherten Seriennummern solcher Pässe, die für ungültig erklärt worden sind, abhanden gekommen sind oder bei denen der Verdacht einer Benutzung durch Nichtberechtigte besteht.

(5) Die Absätze 1 bis 4 gelten auch für einen ausschließlich als Passersatz bestimmten amtlichen Ausweis.

(6) ¹Im Pass enthaltene verschlüsselte Merkmale und Angaben dürfen nur zur Überprüfung der Echtheit des Dokumentes und zur Identitätsprüfung des Passinhabers ausgelesen und verwendet werden. ²Auf Verlangen hat die Passbehörde

PassG

dem Passinhaber Auskunft über den Inhalt der verschlüsselten Merkmale und Angaben zu erteilen.

§ 17
Automatischer Abruf aus Dateien und automatische Speicherung im öffentlichen Bereich

(1) [1]Behörden und sonstige öffentliche Stellen dürfen den Pass nicht zum automatischen Abruf personenbezogener Daten verwenden. [2]Abweichend von Satz 1 dürfen die Polizeibehörden und -dienststellen des Bundes und der Länder sowie, soweit sie Aufgaben der Grenzkontrolle wahrnehmen, die Zollbehörden den Pass im Rahmen ihrer Aufgaben und Befugnisse zum automatischen Abruf personenbezogener Daten verwenden, die für Zwecke

1. der Grenzkontrolle,
2. der Fahndung oder Aufenthaltsfeststellung aus Gründen der Strafverfolgung, Strafvollstreckung oder der Abwehr von Gefahren für die öffentliche Sicherheit

im polizeilichen Fahndungsbestand geführt werden. [3]Über Abrufe, die zu keiner Feststellung geführt haben, dürfen, vorbehaltlich gesetzlicher Regelungen nach Absatz 2, keine personenbezogenen Aufzeichnungen gefertigt werden.

(2) Personenbezogene Daten dürfen, soweit gesetzlich nichts anderes bestimmt ist, beim automatischen Lesen des Passes nicht in Dateien gespeichert werden; dies gilt auch für Abrufe aus dem polizeilichen Fahndungsbestand, die zu einer Feststellung geführt haben.

§ 18
Verwendung im nicht öffentlichen Bereich

(1) Der Pass oder ein Passersatz können auch im nicht öffentlichen Bereich als Ausweis- und Legitimationspapier benutzt werden.

(2) Die Seriennummern dürfen nicht so verwendet werden, dass mit ihrer Hilfe ein Abruf personenbezogener Daten aus Dateien oder eine Verknüpfung von Dateien möglich ist.

(3) Der Pass darf weder zum automatischen Abruf personenbezogener Daten noch zur automatischen Speicherung personenbezogener Daten verwendet werden.

§ 19
Zuständigkeit

(1) [1]Für Passangelegenheiten im Geltungsbereich dieses Gesetzes sind die von den Ländern bestimmten Behörden zuständig (Passbehörden). [2]Die Ausstellung ausschließlich als Passersatz bestimmter amtlicher Ausweise mit kurzer Gültigkeitsdauer obliegt den für die polizeiliche Kontrolle des grenzüberschreitenden Verkehrs zuständigen Behörden und Dienststellen.

(2) Für Passangelegenheiten im Ausland sind die vom Auswärtigen Amt bestimmten Auslandsvertretungen der Bundesrepublik Deutschland zuständig (Passbehörden).

(3) ¹Im Geltungsbereich dieses Gesetzes ist die Passbehörde örtlich zuständig, in deren Bezirk der Passbewerber oder der Inhaber eines Passes für seine Wohnung, bei mehreren Wohnungen für seine Hauptwohnung, gemeldet ist. ²Im Ausland ist die Passbehörde örtlich zuständig, in deren Bezirk sich der Passbewerber oder der Inhaber eines Passes gewöhnlich aufhält. ³Ist hiernach keine Zuständigkeit begründet, so ist die Passbehörde zuständig, in deren Bezirk er sich vorübergehend aufhält.

(4) ¹Eine unzuständige Passbehörde darf nur mit Ermächtigung der zuständigen Passbehörde tätig werden. ²Für die Ausstellung eines Passes zur Einreise in den Geltungsbereich dieses Gesetzes oder eines hierfür bestimmten Passersatzes bedarf es dieser Ermächtigung nicht.

(5) Passbehörde für amtliche Pässe ist das Auswärtige Amt.

(6) Für die Sicherstellung sind die Passbehörden und die zur Feststellung von Personalien ermächtigten Behörden und Beamten zuständig.

§ 20
Kosten

(1) Für Amtshandlungen nach diesem Gesetz und nach den auf diesem Gesetz beruhenden Rechtsvorschriften können von demjenigen, der die Amtshandlung veranlasst oder, wenn ein solcher nicht vorhanden ist, von demjenigen, zu dessen Gunsten sie vorgenommen wird, Kosten (Gebühren und Auslagen) erhoben werden.

(2) ¹Der Bundesminister des Innern wird ermächtigt, durch Rechtsverordnung mit Zustimmung des Bundesrates die gebührenpflichtigen Tatbestände, die Höhe der Gebühren und den Umfang der zu erstattenden Auslagen näher zu bestimmen sowie Ausnahmen von der Kostenpflicht zuzulassen. ²Außer diesen Gebühren und Auslagen dürfen für Amtshandlungen nach diesem Gesetz weitere Gebühren und Auslagen, auch nach landesrechtlichen Vorschriften, nicht erhoben werden. ³Die Gebühr für eine Amtshandlung nach Absatz 1 kann bis zur doppelten Höhe festgesetzt werden, wenn die Amtshandlungen auf Wunsch des Antragstellers außerhalb der Dienstzeit einer Passbehörde vorgenommen werden.

(3) Der Bundesminister des Auswärtigen kann, um Kaufkraftunterschiede auszugleichen, Gebühren, die von den Auslandsvertretungen der Bundesrepublik Deutschland für Amtshandlungen nach Absatz 1 erhoben werden, mindern oder auf sie einen Zuschlag bis zu 200 vom Hundert festsetzen.

§ 21
Passregister

(1) Die Passbehörden führen Passregister.

(2) Das Passregister darf neben dem Lichtbild und der Unterschrift des Passinhabers sowie verfahrensbedingten Bearbeitungsvermerken ausschließlich folgende Daten enthalten:

1. Familienname und ggf. Geburtsname,
2. Vornamen,
3. Doktorgrad,
4. Ordensname/Künstlername,
5. Tag und Ort der Geburt,
6. Geschlecht,
7. Größe, Farbe der Augen,
8. gegenwärtige Anschrift,
9. Staatsangehörigkeit,
10. Seriennummer,
11. Gültigkeitsdatum,
12. Familienname, Vornamen, Tag der Geburt und Geschlecht der in den Pass eingetragenen Kinder,
13. Familienname, Vornamen, Tag der Geburt und Unterschrift von gesetzlichen Vertretern,
14. ausstellende Behörde,
15. Vermerke über Anordnungen nach den §§ 7, 8 und 10.
16. Angaben zur Erklärungspflicht des Ausweisinhabers nach § 29 des Staatsangehörigkeitsgesetzes.

(3) Das Passregister dient

1. der Ausstellung der Pässe und der Feststellung ihrer Echtheit,
2. der Identitätsfeststellung der Person, die den Pass besitzt oder für die er ausgestellt ist,
3. der Durchführung dieses Gesetzes.

(4) ¹Personenbezogene Daten im Passregister sind mindestens bis zur Ausstellung eines neuen Passes, höchstens jedoch bis zu fünf Jahren nach dem Ablauf der Gültigkeit des Passes, auf den sie sich beziehen, zu speichern und dann zu löschen. ²Für die Passbehörden im Ausland bei der Wahrnehmung konsularischer Aufgaben beträgt die Frist 30 Jahre.

§ 22
Verarbeitung und Nutzung der Daten im Passregister

(1) Die Passbehörden dürfen personenbezogene Daten nur nach Maßgabe dieses Gesetzes, anderer Gesetze oder Rechtsverordnungen erheben, übermitteln, sonst verarbeiten oder nutzen.

(2) [1]Die Passbehörden dürfen anderen Behörden auf deren Ersuchen Daten aus dem Passregister übermitteln. [2]Voraussetzung ist, dass

1. die ersuchende Behörde aufgrund von Gesetzen oder Rechtsverordnungen berechtigt ist, solche Daten zu erhalten,
2. die ersuchende Behörde ohne Kenntnis der Daten nicht in der Lage wäre, eine ihr obliegende Aufgabe zu erfüllen und
3. die Daten bei dem Betroffenen nicht oder nur mit unverhältnismäßig hohem Aufwand erhoben werden können oder nach der Art der Aufgabe, zu deren Erfüllung die Daten erforderlich sind, von einer solchen Datenerhebung abgesehen werden muss.

[3]Hinsichtlich der Daten, die auch im Melderegister enthalten sind, finden außerdem die in den Meldegesetzen enthaltenen Beschränkungen Anwendung.

(3) [1]Die ersuchende Behörde trägt die Verantwortung dafür, dass die Voraussetzungen des Absatzes 2 vorliegen. [2]Ein Ersuchen nach Absatz 2 darf nur von Bediensteten gestellt werden, die vom Behördenleiter dafür besonders ermächtigt sind. [3]Die ersuchende Behörde hat den Anlass des Ersuchens und die Herkunft der übermittelten Daten und Unterlagen aktenkundig zu machen. [4]Wird die Passbehörde von dem Bundesamt für Verfassungsschutz, dem Bundesnachrichtendienst, dem Militärischen Abschirmdienst, dem Bundeskriminalamt oder dem Generalbundesanwalt um die Übermittlung von Daten ersucht, so hat die ersuchende Behörde den Namen und die Anschrift des Betroffenen unter Hinweis auf den Anlass der Übermittlung aufzuzeichnen. [5]Die Aufzeichnungen sind gesondert aufzubewahren, durch technische und organisatorische Maßnahmen zu sichern und am Ende des Kalenderjahres, das dem Jahr der Übermittlung folgt, zu vernichten.

(4) Die Daten des Passregisters und des Melderegisters dürfen zur Berichtigung des jeweils anderen Registers verwandt werden.

§ 23
Weisungsbefugnis

Die Bundesregierung kann Einzelweisungen zur Ausführung dieses Gesetzes und der hierzu erlassenen Rechtsverordnungen erteilen, wenn die innere oder äußere Sicherheit oder sonstige erhebliche Belange der Bundesrepublik Deutschland es erfordern.

Zweiter Abschnitt
Straf- und Bußgeldvorschriften

§ 24
Straftaten

(1) Mit Freiheitsstrafe bis zu einem Jahr oder mit Geldstrafe wird bestraft, wer als Deutscher im Sinne des Artikels 116 Abs. 1 des Grundgesetzes

1. aus dem Geltungsbereich dieses Gesetzes über eine Auslandsgrenze ausreist, obwohl ihm ein Pass versagt oder vollziehbar entzogen worden ist oder gegen ihn eine vollziehbare Anordnung nach § 7 Abs. 2 dieses Gesetzes oder nach § 2 Abs. 2 des Gesetzes über Personalausweise ergangen ist oder

2. aus dem Geltungsbereich dieses Gesetzes über eine Auslandsgrenze ausreist, obwohl ihm von einer für die polizeiliche Kontrolle des grenzüberschreitenden Verkehrs zuständigen Behörde nach § 10 Abs. 1 Satz 2 oder 3 die Ausreise untersagt worden ist.

(2) Der Versuch ist strafbar.

§ 25
Ordnungswidrigkeiten

(1) Ordnungswidrig handelt, wer fahrlässig eine der in § 24 Abs. 1 Nr. 1 bezeichneten Handlungen begeht.

(2) Ordnungswidrig handelt auch, wer

1. durch unrichtige Angaben die Ausstellung eines weiteren Passes bewirkt,
2. sich der polizeilichen Kontrolle des grenzüberschreitenden Verkehrs über eine Auslandsgrenze entzieht,
3. entgegen § 15 Nr. 3 den Verlust des Passes oder sein Wiederauffinden nicht oder nicht rechtzeitig anzeigt oder
4. gegen ein Verbot der Verwendung
   a) der Seriennummer gemäß § 18 Abs. 2 oder
   b) des Passes zum automatischen Abruf oder zur automatischen Speicherung personenbezogener Daten gemäß § 18 Abs. 3
   verstößt.

(3) Ordnungswidrig handelt auch, wer vorsätzlich oder fahrlässig

1. entgegen § 1 Abs. 1 keinen für den Grenzübertritt gültigen Pass oder durch eine Rechtsverordnung nach § 2 Abs. 1 Nr. 2 eingeführten oder zugelassenen Passersatz mitführt oder
2. entgegen § 3 eine Auslandsgrenze außerhalb der zugelassenen Grenzübergangsstellen oder der festgesetzten Verkehrsstunden überschreitet.

(4) Die Ordnungswidrigkeit kann in den Fällen des Absatzes 1, des Absatzes 2 Nr. 1, 3 und 4 und des Absatzes 3 mit einer Geldbuße bis zu zweitausendfünfhundert Euro, im Fall des Absatzes 2 Nr. 2 mit einer Geldbuße bis zu fünftausend Euro geahndet werden.

(5) In den Fällen der Absätze 2 und 3 kann der Versuch der Ordnungswidrigkeit geahndet werden.

(6) In den Fällen des Absatzes 2 Nr. 1 und 3 kann die Tat auch dann geahndet werden, wenn sie im Ausland begangen wird.

§ 26
Bußgeldbehörden

Verwaltungsbehörden im Sinne des § 36 Abs. 1 Nr. 1 des Gesetzes über Ordnungswidrigkeiten sind

1. für die Auslandsvertretungen der Bundesrepublik Deutschland das Auswärtige Amt oder die vom Bundesminister des Auswärtigen im Benehmen mit dem Bundesminister des Innern durch Rechtsverordnung bestimmte Behörde des Bundes; die Rechtsverordnung bedarf nicht der Zustimmung des Bundesrates;
2. die Bundespolizeiämter, soweit nicht die Länder im Einvernehmen mit dem Bund Aufgaben des grenzpolizeilichen Einzeldienstes mit eigenen Kräften wahrnehmen.

Dritter Abschnitt
Schlussvorschriften

§ 27
Allgemeine Verwaltungsvorschriften

Das Auswärtige Amt erlässt allgemeine Verwaltungsvorschriften über die Ausstellung amtlicher Pässe.

Gesetz über Personalausweise
(PAuswG)

in der Fassung der Bekanntmachung
vom 21. April 1986, BGBl I, 548
zuletzt geändert durch
Gesetz vom 25. März 2002, BGBl I, 1186

§ 1
Ausweispflicht

(1) ¹Deutsche im Sinne des Artikels 116 Abs. 1 des Grundgesetzes, die das 16. Lebensjahr vollendet haben und nach den Vorschriften der Landesmeldegesetze der allgemeinen Meldepflicht unterliegen, sind verpflichtet, einen Personalausweis zu besitzen und ihn auf Verlangen einer zur Prüfung der Personalien ermächtigten Behörde vorzulegen; dies gilt nicht für Personen, die einen gültigen Pass besitzen und sich durch diesen ausweisen können. ²Der Ausweispflicht kann auch durch Vorlage eines vorläufigen Personalausweises genügt werden.

(2) Der Personalausweis und der vorläufige Personalausweis sind nach einheitlichen Mustern mit Lichtbild auszustellen; sie erhalten eine Seriennummer. Der Ausweis enthält neben dem Lichtbild des Ausweisinhabers und seiner Unterschrift ausschließlich folgende Angaben über seine Person:

1. Familienname und ggf. Geburtsname,
2. Vornamen,
3. Doktorgrad,
4. Ordensname/Künstlername,
5. Tag und Ort der Geburt,
6. Größe,
7. Farbe der Augen,
8. gegenwärtige Anschrift,
9. Staatsangehörigkeit.

(3) ¹Der Personalausweis erhält eine Zone für das automatische Lesen. ²Diese darf lediglich enthalten:

1. Die Abkürzung „IDD" für „Identitätskarte der Bundesrepublik Deutschland",
2. den Familiennamen,
3. den oder die Vornamen,
4. die Seriennummer des Personalausweises, die sich aus der Behördenkennzahl der Personalausweisbehörde und einer fortlaufend zu vergebenden Ausweisnummer zusammensetzt,
5. die Abkürzung „D" für die Eigenschaft als Deutscher,
6. den Tag der Geburt,
7. die Gültigkeitsdauer des Personalausweises,

8. die Prüfziffern und
9. Leerstellen.

(4) ¹Der Personalausweis darf neben dem Lichtbild und der Unterschrift auch weitere biometrische Merkmale von Fingern oder Händen oder Gesicht des Personalausweisinhabers enthalten. ²Das Lichtbild, die Unterschrift und die weiteren biometrischen Merkmale dürfen auch in mit Sicherheitsverfahren verschlüsselter Form in den Personalausweis eingebracht werden. ³Auch die in Absatz 2 Satz 2 aufgeführten Angaben über die Person dürfen in mit Sicherheitsverfahren verschlüsselter Form in den Personalausweis eingebracht werden.

(5) ¹Die Arten der biometrischen Merkmale, ihre Einzelheiten und die Einbringung von Merkmalen und Angaben in verschlüsselter Form nach Absatz 4 sowie die Art ihrer Speicherung, ihrer sonstigen Verarbeitung und ihrer Nutzung werden durch Bundesgesetz geregelt. ²Eine bundesweite Datei wird nicht eingerichtet.

(6) ¹Für die erstmalige Ausstellung des Personalausweises sowie für die Neuausstellung nach Ablauf der Gültigkeitsdauer ist eine Gebühr von acht Euro zu erheben. ²Die erstmalige Ausstellung des Personalausweises an Personen, die das 21. Lebensjahr noch nicht vollendet haben, ist gebührenfrei. ³Von der Erhebung einer Gebühr kann abgesehen werden, wenn der Gebührenpflichtige bedürftig ist.

(7) ¹Die Muster der Ausweise bestimmt das Bundesministerium des Innern durch Rechtsverordnung, die der Zustimmung des Bundesrates bedarf. ²Der Personalausweis ist Eigentum der Bundesrepublik Deutschland.

§ 2
Gültigkeit

(1) ¹Personalausweise werden für eine Gültigkeitsdauer von zehn Jahren ausgestellt. ²Bei Personen, die das 26. Lebensjahr noch nicht vollendet haben, beträgt die Gültigkeitsdauer der Personalausweise fünf Jahre. ³Vorläufige Personalausweise werden für eine Gültigkeitsdauer von höchstens drei Monaten ausgestellt. ⁴Eine Verlängerung der Gültigkeitsdauer ist nicht zulässig. ⁵Der neue Ausweis erhält eine neue Seriennummer.

(1a) Die Gültigkeitsdauer eines Personalausweises darf in den Fällen des § 29 des Staatsangehörigkeitsgesetzes den Zeitpunkt der Vollendung des 23. Lebensjahres des Inhabers so lange nicht überschreiten, bis die zuständige Behörde den Fortbestand der deutschen Staatsangehörigkeit festgestellt hat.

(2) Unter den Voraussetzungen des § 7 Abs. 1 des Passgesetzes kann die zuständige Behörde im Einzelfall anordnen, daß der Personalausweis abweichend von den Bestimmungen einer Rechtsverordnung nach § 2 Abs. 1 des Passgesetzes nicht zum Verlassen des Gebietes des Geltungsbereichs des Grundgesetzes über eine Auslandsgrenze berechtigt.

(3) Anordnungen nach Absatz 2 dürfen im polizeilichen Grenzfahndungsbestand gespeichert werden.

§ 2a
Personalausweisregister

(1) ¹Die Personalausweisbehörden führen Personalausweisregister. ²Diese dürfen neben dem Lichtbild, der Unterschrift des Ausweisinhabers und verfahrensbedingten Bearbeitungsvermerken ausschließlich folgende Daten enthalten:

1. Daten des Ausweisinhabers nach § 1 Abs. 2 und Vermerke über Anordnungen nach § 2 Abs. 2,
2. Familienname, Vornamen, Tag der Geburt und Unterschrift von gesetzlichen Vertretern,
3. Seriennummer und Gültigkeitsdatum des Personalausweises,
4. ausstellende Behörde,
5. Angaben zur Erklärungspflicht des Ausweisinhabers nach § 29 des Staatsangehörigkeitsgesetzes.

(2) Das Personalausweisregister dient

1. der Ausstellung der Personalausweise und der Feststellung ihrer Echtheit,
2. der Identitätsfeststellung der Person, die den Personalausweis besitzt oder für die er ausgestellt ist,
3. der Durchführung dieses Gesetzes und der Ausführungsgesetze der Länder dazu.

(3) Personenbezogene Daten im Personalausweisregister sind mindestens bis zur Ausstellung eines neuen Personalausweises, höchstens jedoch bis zu fünf Jahren nach dem Ablauf der Gültigkeit des Personalausweises, auf den sie sich beziehen, zu speichern und dann zu löschen.

§ 2b
Verarbeitung und Nutzung der Daten im Personalausweisregister

(1) Die Personalausweisbehörden dürfen personenbezogene Daten nur nach Maßgabe dieses Gesetzes, anderer Gesetze oder Rechtsverordnungen erheben, übermitteln, sonst verarbeiten oder nutzen.

(2) ¹Die Personalausweisbehörden dürfen anderen Behörden auf deren Ersuchen Daten aus dem Personalausweisregister übermitteln. ²Voraussetzung ist, dass

1. die ersuchende Behörde aufgrund von Gesetzen oder Rechtsverordnungen berechtigt ist, solche Daten zu erhalten,
2. die ersuchende Behörde ohne Kenntnis der Daten nicht in der Lage wäre, eine ihr obliegende Aufgabe zu erfüllen und
3. die Daten bei dem Betroffenen nicht oder nur mit unverhältnismäßig hohem Aufwand erhoben werden können oder nach der Art der Aufgabe, zu deren Erfüllung die Daten erforderlich sind, von einer solchen Datenerhebung abgesehen werden muss.

³Hinsichtlich der Daten, die auch im Melderegister enthalten sind, finden außerdem die in den Meldegesetzen enthaltenen Beschränkungen Anwendung.

(3) ¹Die ersuchende Behörde trägt die Verantwortung dafür, dass die Voraussetzungen des Absatzes 2 vorliegen. ²Ein Ersuchen nach Absatz 2 darf nur von Bediensteten gestellt werden, die vom Behördenleiter dafür besonders ermächtigt sind. ³Die ersuchende Behörde hat den Anlass des Ersuchens und die Herkunft der übermittelten Daten und Unterlagen aktenkundig zu machen. ⁴Wird die Personalausweisbehörde von dem Bundesamt für Verfassungsschutz, dem Bundesnachrichtendienst, dem Militärischen Abschirmdienst, dem Bundeskriminalamt oder dem Generalbundesanwalt um die Übermittlung von Daten ersucht, so hat die ersuchende Behörde den Namen und die Anschrift des Betroffenen unter Hinweis auf den Anlass der Übermittlung aufzuzeichnen. ⁵Die Aufzeichnungen sind gesondert aufzubewahren, durch technische und organisatorische Maßnahmen zu sichern und am Ende des Kalenderjahres, das dem Jahr der Übermittlung folgt, zu vernichten.

(4) Die Daten des Personalausweisregisters und des Melderegisters dürfen zur Berichtigung des jeweils anderen Registers verwandt werden.

§ 3
Datenschutzrechtliche Bestimmungen

(1) Die Seriennummer und die Prüfziffern dürfen keine Daten über die Person des Ausweisinhabers oder Hinweise auf solche Daten enthalten.

(2) ¹Beantragung, Ausstellung und Ausgabe von Personalausweisen und vorläufigen Personalausweisen dürfen nicht zum Anlass genommen werden, die dafür erforderlichen Angaben außer bei den nach Landesrecht zuständigen örtlichen Personalausweisbehörden zu speichern. ²Entsprechendes gilt für die zur Ausstellung des Ausweises erforderlichen Antragsunterlagen sowie für personenbezogene fotografische Datenträger (Mikrofilme).

(3) ¹Eine zentrale, alle Seriennummern umfassende Speicherung darf nur bei der Bundesdruckerei GmbH und ausschließlich zum Nachweis des Verbleibs der Ausweise erfolgen. ²Die Speicherung der übrigen in § 1 Abs. 2 genannten Angaben bei der Bundesdruckerei GmbH ist unzulässig, soweit sie nicht ausschließlich und vorübergehend der Herstellung des Personalausweises dient; die Angaben sind anschließend zu löschen.

(4) ¹Die Seriennummern dürfen nicht so verwendet werden, dass mit ihrer Hilfe ein Abruf personenbezogener Daten aus Dateien oder eine Verknüpfung von Dateien möglich ist. ²Abweichend von Satz 1 dürfen die Seriennummern verwenden

1. die Personalausweisbehörden für den Abruf personenbezogener Daten aus ihren Dateien,
2. die Polizeibehörden und -dienststellen des Bundes und der Länder für den Abruf der in Dateien gespeicherten Seriennummern solcher Personalausweise und vorläufigen Personalausweise, die für ungültig erklärt worden sind, abhanden gekommen sind oder bei denen der Verdacht einer Benutzung durch Nichtberechtigte besteht.

(5) ¹Im Personalausweis enthaltene verschlüsselte Merkmale und Angaben dürfen nur zur Überprüfung der Echtheit des Dokumentes und zur Identitätsprüfung des

PAuswG

Personalausweisinhabers ausgelesen und verwendet werden. ²Auf Verlangen hat die Personalausweisbehörde dem Personalausweisinhaber Auskunft über den Inhalt der verschlüsselten Merkmale und Angaben zu erteilen.

§ 3a
Automatischer Abruf aus Dateien und automatische Speicherung im öffentlichen Bereich

(1) ¹Behörden und sonstige öffentliche Stellen dürfen den Personalausweis nicht zum automatischen Abruf personenbezogener Daten verwenden. ²Abweichend von Satz 1 dürfen die Polizeibehörden und -dienststellen des Bundes und der Länder sowie, soweit sie Aufgaben der Grenzkontrolle wahrnehmen, die Zollbehörden den Personalausweis im Rahmen ihrer Aufgaben und Befugnisse zum automatischen Abruf personenbezogener Daten verwenden, die für Zwecke

1. der Grenzkontrolle,
2. der Fahndung oder Aufenthaltsfeststellung aus Gründen der Strafverfolgung, Strafvollstreckung oder der Abwehr von Gefahren für die öffentliche Sicherheit

im polizeilichen Fahndungsbestand geführt werden. ³Über Abrufe, die zu keiner Feststellung geführt haben, dürfen, vorbehaltlich gesetzlicher Regelungen nach Absatz 2, keine personenbezogenen Aufzeichnungen gefertigt werden.

(2) Personenbezogene Daten dürfen, soweit gesetzlich nichts anderes bestimmt ist, beim automatischen Lesen des Personalausweises nicht in Dateien gespeichert werden; dies gilt auch für Abrufe aus dem polizeilichen Fahndungsbestand, die zu einer Feststellung geführt haben.

§ 4
Verwendung im nicht öffentlichen Bereich

(1) Der Personalausweis und der vorläufige Personalausweis können auch im nicht öffentlichen Bereich als Ausweis- und Legitimationspapier benutzt werden.

(2) Die Seriennummern dürfen nicht so verwendet werden, dass mit ihrer Hilfe ein Abruf personenbezogener Daten aus Dateien oder eine Verknüpfung von Dateien möglich ist.

(3) Der Personalausweis darf weder zum automatischen Abruf personenbezogener Daten noch zur automatischen Speicherung personenbezogener Daten verwendet werden.

§ 5

Ordnungswidrigkeiten

(1) Ordnungswidrig handelt, wer

1. vorsätzlich oder leichtfertig es unterlässt, für sich oder als gesetzlicher Vertreter eines Minderjährigen für diesen einen Ausweis ausstellen zu lassen, obwohl er dazu verpflichtet ist,
2. es unterlässt, einen Ausweis auf Verlangen einer zuständigen Stelle vorzulegen, oder
3. gegen das Verbot
   a) der Verwendung der Seriennummern gemäß § 4 Abs. 2 oder
   b) der Verwendung des Personalausweises zum automatischen Abruf personenbezogener Daten gemäß § 4 Abs. 3 oder
   c) der Verwendung des Personalausweises zur automatischen Speicherung personenbezogener Daten gemäß § 4 Abs. 3

   verstößt.

(2) Die Ordnungswidrigkeit kann mit einer Geldbuße geahndet werden.

§ 6

Berliner behelfsmäßige Personalausweise

Die Berliner behelfsmäßigen Personalausweise gelten bis auf weiteres als Personalausweise im Sinne des § 1.

§ 7

(Inkrafttreten)

PrüfbV

Verordnung über die Prüfung der Jahresabschlüsse
und Zwischenabschlüsse der Kreditinstitute
und Finanzdienstleistungsinstitute und über die Prüfung
nach § 12 Abs. 1 Satz 3 des Gesetzes über Kapitalanlagegesellschaften
sowie die darüber zu erstellenden Berichte
(Prüfungsberichtsverordnung – PrüfbV)

vom 17. Dezember 1998, BGBl I, 3690

(Auszug)

Abschnitt 2
Allgemeiner Teil des Prüfungsberichts

Unterabschnitt 1
Vorschriften für alle Institute

§ 5
Darstellung der rechtlichen, wirtschaftlichen
und organisatorischen Grundlagen

Die rechtlichen, wirtschaftlichen und organisatorischen Grundlagen des Instituts sind darzustellen, wobei insbesondere zu berichten ist über

1. die Rechtsform und die Satzung oder den Gesellschaftsvertrag sowie ihre Änderungen,
2. die Kapitalverhältnisse und Gesellschaftsverhältnisse sowie ihre Änderungen,
3. die Geschäftsleitung sowie Änderungen ihrer personellen Zusammensetzung mit Angabe der jeweiligen Zuständigkeit der einzelnen Geschäftsleiter,
4. die anderen gesetzlichen und satzungsmäßigen Organe sowie Änderungen ihrer personellen Zusammensetzung,
5. die Besetzung der Positionen der leitenden Person im Sinne des § 14 Abs. 2 Nr. 1 des Geldwäschegesetzes und ihres Stellvertreters, ihre Stellung in der Aufbauorganisation des Instituts sowie über Änderungen bei diesen Personen,
6. die Struktur der Bankgeschäfte, der erbrachten Finanzdienstleistungen und der anderen Geschäfte, die im weiteren Sinne dem Finanzsektor zuzurechnen sind, sowie ihre Änderungen während des Berichtszeitraums, außergewöhnliche Geschäfte sowie die bevorstehende Aufnahme neuer Geschäftszweige,
7. die Einhaltung der Erlaubnis zum Betreiben von Bankgeschäften oder der Erbringung von Finanzdienstleistungen sowie die Erfüllung damit verbundener Auflagen,
8. die rechtlichen und geschäftlichen Beziehungen zu verbundenen Unternehmen sowie die bemerkenswerten Beziehungen zu anderen Unternehmen,

9. den organisatorischen Aufbau des Instituts und seine Änderungen,
10. die Entwicklung des Zweigstellen- und Zweigniederlassungsnetzes im In- und Ausland und des grenzüberschreitenden Dienstleistungsverkehrs nach § 24a KWG,
11. die Angemessenheit der Dokumentation von Geschäftsvorgängen und die Organisation des Rechnungswesens,
12. die Ausgestaltung und Angemessenheit des internen Überwachungssystems,
13. die Ausgestaltung der Innenrevision und deren Einbindung in das interne Überwachungssystem; die Berichterstattung muß die Beurteilung enthalten, ob die quantitative und qualitative Ausgestaltung der Innenrevision den besonderen Anforderungen des geprüften Geschäftsbetriebs entspricht.

[...]

§ 17

Bericht über die Beachtung der Pflichten nach dem Geldwäschegesetz

(1) [1]Es ist darzulegen, ob das Institut die Identifizierungspflichten nach § 2 Abs. 1 und 2 und § 6 des Geldwäschegesetzes und § 154 Abs. 2 der Abgabenordnung, die Feststellung des wirtschaftlich Berechtigten, die Aufzeichnungs- und Aufbewahrungspflichten, die Pflicht zur Anzeige von Verdachtsfällen im Sinne des § 11 Abs. 1 des Geldwäschegesetzes und die Schaffung eines institutsinternen Verdachtsmeldeverfahrens erfüllt worden sind. [2]Die im Berichtszeitraum erfolgten institutsinternen Verdachtsmeldungen, die Anzeigen nach § 11 Abs. 1 des Geldwäschegesetzes und die wegen Geldwäscheverdachts gekündigten Konten- und Kundenbeziehungen sind nach Anzahl und Fallgruppen darzustellen.

(2) Die internen Sicherungsmaßnahmen sind darzustellen und zu beurteilen, insbesondere:
1. die Tätigkeit des Geldwäschebeauftragten im Sinne des § 14 Abs. 2 Nr. 1 des Geldwäschegesetzes im Berichtszeitraum,
2. die Grundsätze, Verfahren und Sicherungssysteme zur Verhinderung der Geldwäsche nach § 14 Abs. 2 Nr. 2 des Geldwäschegesetzes, die das Institut für Transaktionen und die unter Geldwäschegesichtspunkten risikobehafteten Geschäftsarten geschaffen hat, und welche Änderungen hieran im Berichtszeitraum vorgenommen wurden,
3. die Art und Häufigkeit der Unterrichtung der Mitarbeiter des Instituts über bekannt gewordene Methoden der Geldwäsche,
4. die Vorkehrungen, welche die im Institut zuständige Stelle getroffen hat, um die Pflicht nach § 14 Abs. 2 Nr. 3 des Geldwäschegesetzes zu erfüllen,
5. die von der Innenrevision durchgeführten Prüfungshandlungen und deren Ergebnisse (Anzahl und Art der Feststellungen); dabei ist zu beurteilen, ob die auf die Einhaltung der Pflichten im Sinne von Absatz 1 und 2 Nr. 1 bis 4 gerichteten Prüfungshandlungen der Innenrevision in ausreichendem Maße vorgenommen, hierüber schriftliche Berichte erstellt und diese dem Vorstand vorgelegt wurden.

Einleitung

Literatur: *Artopoeus*, Soviel unternehmerische Freiheit wie möglich, ZKW 1994, 1085; *Bayer*, Geldwäsche – neue Herausforderung für Banken und Polizei, BI 12/1993, 31; *Bernasconi*, Schweizerische Erfahrungen bei der Untersuchung und strafrechtlichen Erfassung der Geldwäscherei, in: Bundeskriminalamt (BKA), Macht sich Kriminalität bezahlt?, 1987, S. 165; *Bockelmann*, Das Geldwäschegesetz – Zur Effizienz des GwG in der Praxis, Diss. Aachen, 2001; *Dahm/Hamacher*, Geldwäschebekämpfung und strafrechtliche Verfahrensgarantien, wistra 1995, 206; *Findeisen*, Prävention im Geldwäschegesetz, in: Sieber, ERA 1997, 5. Beitrag; *ders.*, Der Präventionsgedanke im Geldwäschegesetz, wistra 1997, 121; *Fülbier*, Eckpunkte für verbesserte Geldwäschebekämpfung, ZBB 1996, 72; *ders.*, Das Geldwäschegesetz – ein Überblick mit kritischen Anmerkungen, DStR 1994, 827; *ders.*, Geldwäscherei: Bankangestellte im Dienst der Ermittlungsbehörden, WM 1990, 2025; *Habetha*, Verwaltungsrechtliche Rasterfahndung mit strafrechtlichen Konsequenzen?, WM 1996, 2133; *Häde*, Das Bundesverfassungsgericht und der Vertrag von Maastricht, BB 1993, 2457; *ders.*, Initiativen zur Bekämpfung der Geldwäsche, EuZW 1991, 553; *Herzog*, Geldwäschebekämpfung – quo vadis? Rechtsstaatliche Grenzen der Geldwäschebekämpfung durch Aufsichtshandlungen des Bundesaufsichtsamtes für das Kreditwesen, WM 1999, 1905; *ders.*, Der Banker als Fahnder, WM 1996, 1753; *Herzog/Christmann*, Geldwäsche und „Bekämpfungsgesetzgebung" – Ein Plädoyer für rechtsstaatliche Sensibilität, WM 2003, 6; *Hetzer*, Der Geruch des Geldes – Ziel, Inhalt und Wirkung der Gesetze gegen Geldwäsche, NJW 1993, 3298; *ders.*, Bekämpfung der Organisierten Kriminalität durch Unterbindung der Geldwäsche, wistra 1993, 286; *Höche*, Entwurf einer dritten EU-Richtlinie zur Verhinderung der Nutzung des Finanzsystems zu Zwecken der Geldwäsche und der Finanzierung des Terrorismus, WM 2005, 8; *ders.*, Neue gesetzliche Regelungen zur Bekämpfung des Terrorismus und der Geldwäsche (I), Die Bank 2002, 196; *ders.*, Neues Instrumentarium zur Geldwäschebekämpfung, Die Bank 1998, 618; *Jarass*, Richtlinienkonforme bzw. EG-rechtskonforme Auslegung nationalen Rechts, EuR 1991, 211; *Karg/Lindemann*, Regierungsentwurf der 6. KWG-Novelle, Sparkasse 1997, 123; *Kern*, Geldwäsche und organisierte Kriminalität, Diss. Regensburg, 1993; *Kreß*, Das neue Recht der Geldwäschebekämpfung, wistra 1998, 121; *Kropholler*, Internationales Einheitsrecht, Allgemeine Lehren, 1975; *Leitner*, Eine Dekade der Geldwäschegesetzgebung, AnwBl 2003, 675; *Lutter*, Die Auslegung angeglichenen Rechts, JZ 1992, 593; *Melzer*, Reform der Geldwäschegesetzgebung, Die Bank 1996, 494; *Meyer/Hetzer*, Gewinnabschöpfung durch Besteuerung, ZRP 1997, 13; *dies.*, Schulterschluß gegen Organisierte Kriminalität, Kriminalistik 1997, 694; *Müller*, Die Neuregelung der gewerbsmäßigen oder bandenmäßigen Steuerhinterziehung, DStR 2002, 1641; *Nicolaysen*, Tabakrauch, Gemeinschaftsrecht und Grundgesetz, EuR 1989, 216; *Powis*, The Money Launderers, Chicago 1992; *Rabe*, Die neue Geldwäsche-Verlautbarung des Bundesaufsichtsamts für das Kreditwesen, Sparkasse 1998, 335; *Scherp*, Internationale Tendenzen in der Geldwäschebekämpfung, wistra 1998, 81; *Schneider*, Die aufsichtsrechtliche Inhaltskontrolle von Verträgen der Kreditinstitute und ihrer Mitarbeiter, WM 1996, 712; *Schork*, Die allgemeinen Maßnahmen des Bundesaufsichtsamts für das Kreditwesen, Bank-Betrieb 1964, 35; *Sieber*, Logistikstrukturen und neue Bekämpfungsansätze im Bereich der OK, in: Sieber, ERA 1997, 1. Beitrag; *Spatscheck/Wulf*, „Schwere Steuerhinterziehung" und Geldwäsche, DB 2002, 392; *dies.*, „Gewerbsmäßige Steuerhinterziehung" als Vortat zur Geldwäsche, DB 2001, 2572; *Steuer*, Bekämpfung der Geldwä-

Einleitung

sche aus Bankensicht, Die Bank 1991, 138; *Tormann*, Die Anordnungsbefugnisse des Bundesaufsichtsamts gegenüber den Kreditinstituten, ZKW 1977, 375; *Wagener*, Geldwäsche: „Die Banken werden gefordert", BI 6/1992, 58.

Übersicht

I. Vorbemerkung ... 1	VIII. Gesetzeszweck ... 86
II. Kriminalpolitischer Hintergrund ... 2	1. Überblick ... 86
	2. Spurensicherung ... 88
III. Funktionsweise der Geldwäsche ... 14	3. Zusätzliche Hinweise ... 90
IV. Das internationale Maßnahmenprogramm ... 21	4. Sicherstellung von Geldern ... 91
	5. Zielkonflikt ... 92
V. EG-Richtlinien zur Bekämpfung der Geldwäsche ... 31	6. Prävention ... 99
	IX. Auslegungsgrundsätze ... 100
1. Erste Geldwäscherichtlinie 1991 ... 31	X. Verhältnis zum Aufsichtsrecht ... 104
2. Zweite Geldwäscherichtlinie 2001 ... 44	1. Anknüpfungspunkt zum Kreditwesengesetz ... 104
3. Dritte Geldwäscherichtlinie 2005 ... 45	2. Aufsichtsrechtliches Instrumentarium ... 112
4. Nächste Schritte auf europäischer Ebene ... 54	3. Nichtbeachtung von Anforderungen aus der Verlautbarung . 120
VI. Geldwäschebekämpfung in Deutschland ... 55	4. Zweigniederlassungen ausländischer Banken ... 124
VII. Entstehungsgeschichte des Geldwäschegesetzes ... 67	5. Verhältnis zum Versicherungsaufsichtsrecht ... 125
	6. Aufsicht über die Finanzdienstleistungsinstitute ... 128

I. Vorbemerkung

1 Der deutsche Gesetzgeber hatte sich im Einklang mit einer Vielzahl anderer Staaten und internationalen Organisationen das Ziel gesetzt, die **organisierte Kriminalität** intensiver zu bekämpfen. Zur Umsetzung dieses Zieles wurden den Strafverfolgungsbehörden durch mehrmalige Änderung der Strafprozessordnung neue Ermittlungsinstrumente an die Hand gegeben, es wurde der Straftatbestand der Geldwäsche geschaffen, der seit dem Inkrafttreten am 22.9.1992 bereits vielfach ergänzt wurde, und es wurden zahlreiche Strafbestimmungen z. B. durch Erhöhung des Strafmaßes oder Erweiterung der Möglichkeiten zur Vermögenseinziehung verschärft. Schließlich hat der Gesetzgeber zu dem bislang sehr ungewöhnlichen, aber auch nicht einzigartigen Mittel der Inpflichtnahme Privater bei der Kriminalitätsbekämpfung gegriffen (vgl. z. B. § 138 StGB). Mit dem am 29.11.1993 wirksam gewordenen Geldwäschegesetz sind vor allem Kreditinstitute quasi als verlängerter Arm der Ermittlungsbehörden gehalten, bei der Kriminalitätsbekämpfung mitzuwirken. Seit dem 15.8.2002, dem Inkrafttreten des Geldwäschebekämpfungsgesetzes[1], fungieren u. a. auch Rechtsanwälte, Wirtschaftsprüfer und Steuerberater als private Ermittler.

---

1) Gesetz zur Verbesserung der Bekämpfung der Geldwäsche und der Bekämpfung der Finanzierung des Terrorismus (Geldwäschebekämpfungsgesetz) vom 8.8.2002, BGBl I, 3105.

Einleitung

II. Kriminalpolitischer Hintergrund

Anlass für die Bestrebungen zur Bekämpfung des organisierten Verbrechens in 2
Deutschland waren neben den Verpflichtungen aus internationalen Vereinbarungen
in erster Linie die sich in den 90er Jahren auch hierzulande verschärfenden Probleme
der **Drogenkriminalität**.[2] Weiterer Handlungsbedarf hat sich durch die Entwicklung der organisierten Kriminalität sowie die Ereignisse um den 11.9.2001 ergeben.
Die gesetzgeberischen Gegenmaßnahmen stoßen an die Grenzen des rechtsstaatlich
Zulässigen, in einigen Fällen sind sie überschritten.[3]

Der Rauschgiftkonsum, die Beschaffungskriminalität und nicht zuletzt die Zahl der 3
Drogentoten hatten sich in den 90er Jahren von Jahr zu Jahr erhöht. Von 992 Todesopfern im Jahre 1989 stieg die Zahl 1991 auf den bisherigen Höchststand 2 125
allein in Westdeutschland an. Seitdem war der „Wert" rückläufig (1992: 2 096; 1993:
1 653; 1994: 1 624; 1995: 1 565). 1996 gab es erstmals seit 1991 wieder eine Zunahme: Es waren 1 712 Tote zu beklagen. 1997 verringerte sich die Zahl auf 1 501
Tote.[4] 2000 waren es 1 923 Menschen, 2003 sank die Zahl auf 1 477, 2004 auf
1 344.

Die Zahl der **polizeilich registrierten Erstkonsumenten** harter Drogen war stetig 4
zunehmend. 1995 waren es 15 230, 1996 bereits 17 200. Davon entfielen 43,5 % auf
den Verbrauch von synthetischen Drogen.[5] 1997 wurden 20 594 Personen erstmals
wegen Gebrauchs harter Drogen auffällig. Diese Zahl war jedoch wegen geänderter
Erfassungskriterien nicht mit der Vorjahreszahl vergleichbar.[6] 2003 wurden 17 937
Personen erstmals durch den Konsum von Heroin, Kokain, Amphetamin oder
Ecstasy auffällig, 2004 steigerte sich die Zahl um 18 % auf 21 100.[7] Nach Angaben
des früheren Bonner Drogenbeauftragten *Lintner* (CSU) soll es in Deutschland
250 000 bis 300 000 **Konsumenten harter Drogen** gegeben haben, von denen
100 000 bis 150 000 als Abhängige einzustufen waren.[8] Dabei handelte es sich um
eine grobe Schätzung. Aktuelle Schätzungen sind nicht bekannt.

Nach den Erkenntnissen der Strafverfolgungsbehörden liegt der Geldbedarf eines 5
Abhängigen für den täglichen Drogenkonsum bei ca. 150 Euro. Dieses Geld beschaffen sich die Abhängigen fast ausschließlich durch Straftaten. Das täglich benötigte Kapital – und damit spiegelbildlich der Tageserlös der Dealer – beträgt bei geschätzten 100 000 bis 150 000 Abhängigen ca. 15 bis 22,5 Mio. Euro. An diesem Betrag wird zum einen in etwa das Ausmaß der im Zusammenhang mit dem Drogenkonsum stehenden so genannten indirekten Beschaffungskriminalität deutlich, zum
anderen auch die Mittel, die den organisierten Kriminellen unter anderem für die
Begehung weiterer Straftaten zur Verfügung stehen. Es muss an dieser Stelle aber

---

2) Siehe dazu BMJ, Bericht zur Umsetzung der Drogenkonvention, BT-Drucks. 11/5525;
   Begründung BRatE OrgKG, BT-Drucks. 12/989, S. 20; *Wagener*, BI 6/1992, 58.
3) *Fülbier*, § 10 Rz. 5 ff; *ders.*, § 11 Rz. 19 ff, 159 ff.
4) Frankfurter Allgemeine Zeitung vom 13.3.1998, S. 1.
5) Handelsblatt vom 18.2.1997, S. 6.
6) Frankfurter Allgemeine Zeitung vom 13.3.1998, S. 2.
7) BKA, Bundeslagebild Rauschgift 2004, S. 8 f, zu beziehen über www.bka.de.
8) Handelsblatt vom 18.2.1997, S. 6.

Einleitung

auch deutlich darauf hingewiesen werden, dass zum Umfang der durch die Rauschgiftkriminalität hervorgerufenen Schäden keine belastbaren Aussagen getroffen werden können. Das gilt auch für Umsatz- und Gewinnberechnungen.[9] Fest stehen indes folgende Zahlen: 2004 wurden allein 2 206 Delikte der direkten Beschaffung von Ersatzdrogen registriert. Die Zahl der mit dem Konsum und Handel von Drogen verbundenen Delikte wird mit 283 708 angegeben.[10]

6 Der Jahresumsatz der organisierten Kriminalität mit Drogen lässt sich erwartungsgemäß nicht exakt beziffern. Schätzungen zufolge soll er in Deutschland zwischen 0,75 und 2 Mrd. Euro liegen.[11] Der Gewinn der organisierten Kriminalität soll 2002 in Deutschland 1,5 Mrd. Euro betragen haben, 2003 in erster Linie wegen des Rückgangs von Steuer- und Zolldelikten nur noch 468 Mio. Euro.[12] Für 2004 gibt das Bundeskriminalamt den durch die organisierte Kriminalität verursachten Schaden mit ca. 759 Mio. Euro an. Die Gewinne sollen ca. 1,3 Mrd. Euro betragen haben.[13] Die „Gewinne" der organisierten Kriminalität sollen weltweit dreistellige Milliardenbeträge in US-Dollar ausmachen.[14]

7 Allein die zuvor genannten Werte zeigen **Handlungsbedarf** auf. Aber bereits an dieser Stelle ist deutlich darauf hinzuweisen, dass die Drogensituation in Deutschland nur den ersten Anlass zur Bekämpfung der organisierten Kriminalität gebildet hat. Auch auf anderen Betätigungsfeldern der organisierten Kriminalität und des Terrorismus bedarf es einschneidender Gegenmaßnahmen.

8 **Organisierte Kriminalität** ist nach den gemeinsamen „Richtlinien der Justizminister/-senatoren und der Innenminister/-senatoren der Länder über die Zusammenarbeit von Staatsanwaltschaft und Polizei bei der Verfolgung der Organisierten Kriminalität" von 1990 „die von Gewinn- und Machtstreben bestimmte planmäßige Begehung von Straftaten, die einzeln und in ihrer Gesamtheit von erheblicher Bedeutung sind, wenn mehr als zwei Beteiligte auf längere oder unbestimmte **Dauer arbeitsteilig**

a) unter Verwendung gewerblicher oder geschäftsähnlicher Strukturen,

b) unter Anwendung von Gewalt oder anderer zur Einschüchterung geeigneter Mittel oder

c) unter Einflussnahme auf Politik, Medien, öffentliche Verwaltung, Justiz oder Wirtschaft zusammenwirken".[15]

9 Der organisierten Kriminalität sind neben dem Rauschgifthandel beispielsweise zuzurechnen Menschenhandel (Schleuserkriminalität), Waffenhandel, Ausbeutung

---

9) Dazu im Einzelnen BKA, Bundeslagebild Rauschgift 2004, S. 47.
10) BKA, Bundeslagebild Rauschgift 2004, S. 18.
11) Begründung BRatE OrgKG, BT-Drucks. 12/989, S. 20; Handelsblatt vom 20.1.1993, S. 5; 1999 sollen es dem Bericht „Organisierte Kriminalität", Handelsblatt vom 4.7.2000, S. 9, zufolge 2 Mrd. DM gewesen sein.
12) BKA, Jahresbericht Organisierte Kriminalität 2003, S. 18.
13) BKA, Bundeslagebild Organisierte Kriminalität 2004, S. 10, 16, zu beziehen über www.bka.de.
14) BKA (FIU), Jahresbericht 2002, S. 3.
15) Zitiert nach *Meyer-Goßner*, StPO, Anhang 12 Anlage E, Nr. 2.1, S. 1986; vgl. *Hetzer*, wistra 1993, 286, 288 ff; *Sieber*, in: Sieber, ERA 1997, S. 5 f; *Kaufmann*, S. 113 f.

Einleitung

von Prostitution, Schutzgelderpressung, Kfz-Verschiebung, Eigentumskriminalität, Steuer- und Zolldelikte (Zigarettenschmuggel) sowie Subventionsbetrug.[16]

Die **Gewinne** im Bereich der organisierten Kriminalität können **mehrere tausend Prozent** des eingesetzten Kapitals betragen. Wie bereits gezeigt, kann der Tageserlös der Rauschgifthändler in Deutschland etwa 22,5 Mio. Euro betragen. Hinzu kommen Erlöse aus anderen „Branchen". Diese Gewinne stärken die Machtstellung der Hintermänner in der kriminellen Szene.[17]

Sie werden je nach Größe und Struktur der Organisation zu einem (in der Regel) kleineren Teil dazu benutzt, den eigenen **Lebensstandard zu erhöhen**, zum (in der Regel) größeren Teil für **neue Drogengeschäfte**, zur **Vorbereitung anderer Straftaten** und – im Rahmen der Geldwäsche – für **Investitionen in legale Bereiche**, um daraus scheinbar legale Erträge zu erzielen.

Investiert wird dabei nicht nur in klassische Vermögensanlagen, sondern auch in den Aufbau legaler Unternehmen wie z. B. solchen der Bau- oder Abfallwirtschaft oder auch des Kfz-Handels. Damit droht der legal arbeitenden Wirtschaft große Gefahr. Durch die Subvention mit inkriminierten Geldern kann der Mob seine Waren oder Dienstleistungen zu Dumpingpreisen anbieten und damit legal arbeitende Wettbewerber vom Markt verdrängen. Derartige Fälle gab es zunächst in den USA (Bauwirtschaft New York); aber auch im Rheinland (Kfz-Handel) und in den neuen Bundesländern sind ähnlich gelagerte Vorfälle aufgedeckt worden.

Schließlich werden die Mittel dazu benutzt, **Einfluss auf Staat, Politik und Gesellschaft** zu gewinnen. Die höhere Ebene der kriminellen Organisation versucht, sich durch den Aufbau eines oder mehrerer legaler Standbeine zu tarnen und gesellschaftliche Anerkennung zu finden. Dazu werden nicht selten großzügige, **öffentlichkeitswirksame Spenden** gegeben.[18]

III. Funktionsweise der Geldwäsche

Der **Begriff „Geldwäsche"** kann vereinfacht wie folgt definiert werden: die Einführung von illegal erworbenen Gegenständen in den legalen Finanzkreislauf unter Verschleierung ihrer wahren Herkunft.[19] Einen **Geldwäschevorgang** kann man sich wiederum vereinfacht am Beispiel der Arbeitsabläufe im Drogenhandel wie folgt vorstellen: Der Rauschgiftdeal mit dem „Endverbraucher" ist zwangsläufig ein Bargeschäft, das mit Banknoten in kleiner Stückelung abgewickelt wird. Der Kleindealer reicht seine Einnahmen an Zwischendealer, diese wiederum an „Großdealer" weiter. Die Erlöse nehmen dort einen solchen Umfang an, dass die Banknoten allein wegen ihres Gewichts und ihres Umfangs ein Transportproblem darstellen. Sie wer-

---

16) BKA, Bundeslagebild Rauschgift 2004, S. 10.
17) Begründung BRatE OrgKG, BT-Drucks. 12/989, S. 20; Begründung RegE GewAufspG, BT-Drucks. 12/2704, S. 10; *Sieber*, in: Sieber, ERA 1997, S. 11, 13.
18) *Sieber*, in: Sieber, ERA 1997, S. 13.
19) Vgl. auch RegE eines Gesetzes zur Verbesserung der Geldwäschebekämpfung, BT-Drucks. 13/6620, S. 6; die in dieser Definition enthaltenen auslegungsbedürftigen Begriffe („illegal", „erworben", „Gegenstand" etc.) werden unten (*Schröder/Textor*, § 261 StGB Rz. 1 ff) ausführlich behandelt.

Einleitung

den nicht mehr gezählt, sondern nur noch gewogen. Man versucht, diese Banknoten in möglichst vielen Stationen über möglichst viele Mittelsmänner, die den übernächsten Beteiligten in der Kette in der Regel nicht mehr kennen, von ihrer kriminellen Herkunft zu entfernen, so dass man diesen Weg selbst bei Entdeckung der Tat nicht mehr zurückverfolgen kann.

15 In einem nächsten Schritt wird versucht, das inkriminierte Geld in den legalen Finanzkreislauf einzuführen. Dazu werden von der organisierten Kriminalität die unterschiedlichsten Ansätze gewählt, für die wiederum je nach Größe und Struktur der Organisation sogar separate „Finanzabteilungen" zuständig sein können, die weder die Täter am Anfang der Kette noch die Mittelsmänner oder die Art der zugrunde liegenden Straftat kennen. Eine **Vorwäsche** kann z. B. über Unternehmen mit einem hohen Bargeldaufkommen wie Autohändler, Restaurants, Pizzerien, Bars, Kinos, Spielhallen und Gemüsehändler vorgenommen werden, bei denen im Nachhinein nicht nachweisbar ist, ob es sich bei ihren Umsätzen um echte oder nur um Scheinumsätze handelt. Auch Wechselstuben erfreuen sich bei Geldwäschern großer Beliebtheit. Hier sind Fälle bekannt, bei denen die organisierte Kriminalität **Wechselstuben** allein zu dem Zweck erworben hat, darüber Gelder zu waschen.[20]

16 Bei dieser Vorwäsche befindet sich das Geld aber immer noch im kriminellen Milieu. Die nächste und für die Geldwäscher gefährlichste Stufe ist die Einführung der Mittel in den legalen Finanzkreislauf, die als **„placement"** bezeichnet wird. Dabei handelt es sich im Regelfall um die Umwandlung von Bargeld in Buchgeld. Es ist das erste Mal, dass man gezwungen ist, Kontakt zu unbeteiligten Dritten aufzunehmen und damit zu riskieren, entdeckt zu werden. Auch für diesen Schritt sind die unterschiedlichsten Verfahren entwickelt worden.[21] Im Prinzip werden die Gelder entweder durch zahlreiche, kleinere Einzahlungen unterhalb der von § 2 Abs. 1 GwG vorgesehenen Betragsschwelle in den bargeldlosen Finanzkreislauf eingeführt oder durch als Geschäftseinnahmen getarnte größere Einzahlungen. Aufgefallen sind auch Zahlungsvorgänge unter Beteiligung der Repräsentanzen ausländischer Banken.[22] Eine umfassende Darstellung der bereits bekannt gewordenen Techniken würde den Rahmen dieses Kommentars sprengen. Es soll daher auf die sehr anschaulichen Beschreibungen in der Literatur verwiesen werden.[23]

17 **Klarstellend ist anzumerken, dass ein „placement" nicht nur bei Banken vorgenommen werden kann.** Aufgedeckt wurde auch schon der Erwerb von kostbaren Gegenständen wie Kfz, Schmuck, Immobilien oder Modeartikel im Rahmen von Bargeschäften. Durch den Weiterverkauf dieser Waren erhält man „sauberes" Geld.

---

20) *Bayer*, BI 12/1993, 31, 33; *Bernasconi*, in: BKA, S. 165, 173; *Körner*, BtMG, § 29 Rz. 1088 ff; *Sieber*, in: Sieber, ERA 1997, S. 22 ff; siehe auch *Schröder/Textor*, § 261 StGB Rz. 187; vgl. auch *EU-Kommission*, Zweiter Bericht über die Umsetzung der Geldwäscherichtlinie in den Mitgliedstaaten vom 4.11.1997, KOM (97) 16 endg., Nr. 3.1.
21) Einzelne aufgedeckte Fälle sind von *Schröder/Textor*, § 261 StGB Rz. 170 ff, dargestellt.
22) Vgl. BAKred, Schreiben vom 24.6.1996 (Z5-173-20/95-Ber) (unveröff.); *Sieber*, in: Sieber, ERA 1997, S. 24.
23) *Ackermann*, S. 18–75; *Carl/Klos*, S. 29–48; *Kern*, S. 41 ff; *Körner*, BtMG, § 29 Rz. 1088 ff; *Werner*, S. 19–99.

Einleitung

Ist das Geld erst einmal bei Dritten, in der Regel bei Kreditinstituten untergebracht, 18
wird es durch zahlreiche Überweisungen, teilweise aber auch durch komplizierte
Transaktionen weiterbewegt, mitunter um die Erlöse auf Zwischenkonten zu sammeln und sie ins Ausland zu transferieren.[24] Diese Transfers werden als „**layering**"
bezeichnet. Ist das Geld schließlich am Zielort angelangt, kann es für „legale" Geschäfte eingesetzt werden („**integration**"). Dafür kommen die klassischen Anlageformen in Frage (Wertpapiere, Immobilien) oder Investitionen in Unternehmen. In
dieser Phase der Geldwäsche ist der illegale Ursprung der Mittel kaum mehr auszumachen.

Aus dem Vorstehenden wird zum einen deutlich, dass Geldwäsche nicht nur mit 19
Bargeld, sondern auch mit **Buchgeld** betrieben werden kann. Zum anderen ist ersichtlich, dass Kreditinstitute ungewollt eine erhebliche Rolle bei Geldwäscheaktivitäten spielen. Betroffen sind aber z. B. auch Finanzdienstleistungsinstitute (z. B.
Wechselstuben), der Einzelhandel, Immobilienhandel, Spielbanken und rechtsberatende Berufe.

Dieser stark vereinfachenden Beschreibung eines Geldwäschevorgangs ist die recht- 20
liche Definition des Begriffs an die Seite zu stellen. Dabei soll einerseits auf die Definition in Art. 1 Geldwäscherichtlinie verwiesen werden, andererseits auf die strafrechtliche Definition des § 261 StGB.

IV. Das internationale Maßnahmenprogramm

Geldwäsche ist ein internationales Geschäft. Wird der Umtausch illegalen Geldes im 21
Herkunftsland erschwert, könnte es im Nachbarland eingezahlt und zurücküberwiesen werden. Nur ein international abgestimmtes Verhalten kann deshalb zum Erfolg führen. Die international ergriffenen Maßnahmen sind vielfältig:[25]

Schon am 27.6.1980 hat der **Ministerrat der Mitglieder des Europarats mit Emp-** 22
fehlung Nr. R (80) 10 den Mitgliedstaaten nahe gelegt, in ihre Bankensysteme Vorsichtsmaßnahmen gegen die Geldwäsche zu integrieren, wie z. B. durch die Verpflichtung der Banken zur Identifizierung ihrer Kunden und zur Einführung interner Sicherungsvorkehrungen.[26]

Einer der ersten maßgeblichen internationalen Schritte war die Verabschiedung des 23
Übereinkommens der UN gegen den unerlaubten Verkehr mit Suchtstoffen und
psychotropen Stoffen (**Wiener Drogenkonvention**) vom 20.12.1988, in dem die
Mitgliedstaaten u. a. zur Einführung des Straftatbestandes der Geldwäsche aufgefordert wurden.[27]

---

24) Siehe dazu die Beispielsfälle bei *Schröder/Textor*, § 261 StGB Rz. 172, 187.
25) Dazu ausführlich *Werner*, S. 39–63.
26) Dazu Schweizerischer Bundesrat, Botschaft über die Änderung des schweizerischen Strafgesetzbuches, in: BMJ, Bericht zur Umsetzung der Drogenkonvention, BT-Drucks. 11/5525, S. 30, 39.
27) Übereinkommen der Vereinten Nationen gegen den unerlaubten Verkehr mit Suchtstoffen und psychotropen Stoffen (Wiener Übereinkommen) vom 20.12.1988; BMJ, Bericht zur Umsetzung der Drogenkonvention, BT-Drucks. 11/5525, S. 2 ff; siehe auch Gesetz zur Ausführung des Übereinkommens der Vereinten Nationen vom 20.12.1988 gegen den

Einleitung

24 Nahezu zur gleichen Zeit, nämlich im **Dezember 1988**, wurde die **Baseler Grundsatzerklärung** der G-7-Staaten[28] verabschiedet. Adressat dieser Erklärung der Zentralbankgouverneure war das Bankgewerbe. Die Erklärung verlangt von den Banken u. a., ihre Kunden zu identifizieren (II) und bei verdächtigen Geschäften mit den Behörden zusammenzuarbeiten oder diese Geschäfte abzulehnen (III).

25 Am 8.11.1990 hat der **Europarat** eine **Konvention** über das Waschen und Aufspüren, die Beschlagnahme und Einziehung der Erträge aus Straftaten verabschiedet (Straßburger Konvention). Darin ist die Verpflichtung enthalten, die vorsätzliche Geldwäsche unter Strafe zu stellen.[29]

26 Auf dem Weltwirtschaftsgipfel in Paris wurde im Juni 1989 von den G-7-Staaten die Aktionsgruppe „finanzielle Maßnahmen gegen die Wäsche von Drogengeldern durch Banken" („Groupe d'Action Financière" – GAFI; „**Financial Action Task Force**" – **FATF**) eingesetzt, die am **19.4.1990** insgesamt 40 Empfehlungen veröffentlichte.[30] Die Arbeitsgruppe ist ein zwischenstaatliches Gremium, dessen Zweck es ist, Politiken zur Bekämpfung der Geldwäsche zu entwickeln und zu fördern. Sie bestand ursprünglich aus Vertretern von 26 Ländern und zwei internationalen Organisationen (EU-Kommission und Kooperationsrat der Golfstaaten). Heute sind es 33 Mitglieder, darunter Deutschland.[31] Die Geschäftsführung obliegt dem OECD-Generalsekretariat in Paris. 1996 und 2003 wurden die **40 Empfehlungen** aufgrund der vorliegenden Erfahrungen aktualisiert, die Bekämpfung der Terrorismusfinanzierung wurde integriert.[32] Die ursprünglichen 40 Empfehlungen waren die wesentliche Grundlage für den Vorschlag der Ersten Geldwäscherichtlinie der EG-Kommission (unten Rz. 31 ff). Die 40 Empfehlungen wurden von 130 Ländern angenommen.

27 Im Zusammenhang mit dem 11. September 2001 hat die FATF am 31.10.2001 zudem acht Sonderempfehlungen zur Bekämpfung der Terrorismusfinanzierung verabschiedet. Diese sind in das Geldwäschebekämpfungsgesetz vom 8.8.2002 eingeflossen.

28 Die FATF lässt von ihren Experten im Einverständnis mit den FATF-Ländern Prüfungen anhand ihrer Empfehlungen in einzelnen Staaten durchführen, die Vorzüge und Nachteile des nationalen Maßnahmenkatalogs herausstellen sollen. Die Berichte werden veröffentlicht. Australien z. B. wurde im Herbst 1992 geprüft. Deutschland stand für den Zeitraum vom 19.–21.10.1993 erstmals auf dem Prüfungsplan

---

unerlaubten Verkehr mit Suchtstoffen und psychotropen Stoffen (Ausführungsgesetz Suchtstoffübereinkommen 1988) vom 2.8.1993, BGBl I, 1407.
28) Baseler Grundsatzerklärung, abgedruckt in Anhang I.
29) Konvention des Europarates (Straßburger Konvention) über das Waschen und Aufspüren, die Beschlagnahme und Einziehung der Erträge aus Straftaten vom 8.11.1990, abgedruckt in: International Legal Materials 148 (1991); dazu Regierungsentwurf eines Gesetzes zu dem Übereinkommen vom 8.11.1990 über Geldwäsche sowie Ermittlung, Beschlagnahme und Einziehung von Erträgen aus Straftaten, BT-Drucks. 13/7954.
30) *GAFI/FATF*, Empfehlungen, abgedruckt als Bulletin der Eidgenössischen Bankenvereinigung (EBV), Nr. 20 (1990), S. 33; dazu auch *Carl/Klos*, S. 55 ff; *Werner*, S. 46 ff; zur FATF: http://www.fatf-gafi.org.
31) Handelsblatt vom 22.7.2004.
32) Die Neufassung ist verfügbar unter: www.fatf-gafi.org.

Einleitung

und hat dabei gerade mit Blick auf die Kreditwirtschaft gut abgeschnitten. Zu dieser positiven Beurteilung ist die FATF auch in ihrem 1998 vorgelegten Bericht gelangt (unten Rz. 59 f). In dem 2004 veröffentlichten Bericht hat die FATF Deutschland u. a. empfohlen, bei der Überprüfung von Banken die kleineren und mittleren Häuser stärker zu prüfen. Außerdem wird darin kritisiert, es fehle eine spezielle Bestimmung, die das Unterlassen von Verdachtsanzeigen unter Strafe stelle, und die Kompetenzen zwischen Bund und Ländern seien zersplittert. Insgesamt wurde ein gutes Urteil ausgestellt.[33]

Kommt es bei diesen Berichten zu Beanstandungen, kann dadurch das Ansehen des 29 betroffenen Staates beeinträchtigt und internationaler, politischer Druck ausgelöst werden. So haben z. B. die USA durch politische Maßnahmen erheblich zur Einführung des Straftatbestandes der Geldwäsche in der Schweiz beigesteuert.[34] Die Berichte können bei Mitgliedstaaten der Europäischen Union auch die EU-Kommission zum Einschreiten motivieren. Im Fall Österreich hatte die EU-Kommission ein Verfahren vor dem Europäischen Gerichtshof angestrengt, weil dort die Geldwäscherichtlinie nicht ausreichend umgesetzt gewesen sei. Kommt die FATF bei der Prüfung zu dem Ergebnis, dass ein Land nicht kooperiert, kann es auf die „Schwarze Liste" der Non-Cooperative Countries or Territories – NCCT – gesetzt werden. Diese Liste wird den Kredit- und Finanzdienstleistungsinstituten zur Verfügung gestellt. 2002 waren dies 10 Länder, 2003 noch 9; derzeit (Stand: 13.10.2005) sind es nur noch Myanmar und Nigeria.[35]

Darüber hinaus berichtet die FATF über Typologien der Geldwäsche, neue Erscheinungsformen und neue Gegenmaßnahmen. Im Bericht 1996–1997 kam die 30 Kommission zu dem Ergebnis, dass im Bankensektor keine neuen Tendenzen der Geldwäsche festzustellen waren und sich die Geldwäscheaktivitäten auf den Nicht-Bankensektor und neuartige elektronische Zahlungssysteme verlagern. In den letzten Jahren wurden die bestehenden Regularien unter dem Fokus Terrorismusbekämpfung erweitert.[36]

V. EG-Richtlinien zur Bekämpfung der Geldwäsche
1. Erste Geldwäscherichtlinie 1991

Am 23.3.1990 hat die Kommission der EG einen **Vorschlag für eine Richtlinie** des 31 Rates zur Verhinderung der Nutzung des Finanzsystems zum Zwecke der Geldwäsche vorgelegt.[37]

---

33) Bericht der FATF Deutschland, Handelsblatt vom 22.7.2004.
34) Im Einzelnen siehe 4. Aufl., Länderbericht Schweiz , Rz. 1.
35) BKA (FIU), Jahresbericht 2002, S. 36; BaFin, Rundschreiben 6/2003 vom 30.6.2003, und Rundschreiben 16/2005 vom 25.10.2005; der aktuelle Stand ist abrufbar unter: www.fatfgafi.org /NCCT; siehe auch *Langweg*, § 14 Rz. 86.
36) Siehe FATF, Bericht über Geldwäsche-Typologien und Typologien der Finanzierung des Terrorismus 2003–2004 vom 10.6.2005, abrufbar unter: http://www.bka.de/profil/zentralstellen/geldwaesche/pdf/FATF_Typology_2004-2005_deutsch.pdf.
37) Vorschlag der Kommission der EG vom 23.3.1990 für eine Richtlinie des Rates zur Verhinderung der Nutzung des Finanzsystems zum Zwecke der Geldwäsche, ABl C 106/6; dazu Beschluss des Bundesrates, BR-Drucks. 288/90, abgedruckt in: EuZW 1990, 368.

Einleitung

32 Dieser Vorschlag wurde aufgrund einer Stellungnahme des Wirtschafts- und Sozialausschusses auf EU-Ebene[38] und des Europäischen Parlaments[39] in einigen Punkten geändert. So wurde der Vorschlag z. B. um einen Artikel 8a ergänzt, dem zufolge die Mitgliedstaaten geeignete Maßnahmen zu ergreifen haben, um die Anwendung der Vorschriften der Richtlinie zu gewährleisten, insbesondere geeignete Sanktionen vorzusehen (Artikel 2 des Vorschlags). Hinzu kam auch Artikel 9a, der zu einer Berichterstattung über die Anwendung der Richtlinie im Dreijahresrhythmus verpflichtet (Artikel 17 der endgültigen Fassung).[40]

33 Zu diesem geänderten Vorschlag hat der Rat der EG-Finanzminister[41] Stellung genommen. Wesentlicher Inhalt der Stellungnahme war die Einführung einer Identifizierungspflicht bei der Vornahme von Finanztransaktionen ab einer Betragsschwelle von 15 000 ECU. Diesem Vorschlag hat sich der Rat in seinem Gemeinsamen Standpunkt[42] angeschlossen. Die Betragsschwelle ist daraufhin in den nochmals geänderten, „überprüften" Vorschlag der Kommission eingefügt worden.[43]

34 Das **Europäische Parlament** hat in der zweiten Lesung zum geänderten Vorschlag der Kommission am 17.4.1991 zusätzlich sieben Änderungsvorschläge verabschiedet,[44] die teilweise in den überprüften Vorschlag der Kommission eingeflossen sind. Eine der Änderungen betraf die Identifizierungspflicht beim Abschluss von Versicherungsverträgen (Artikel 3 Absatz 3), eine weitere die Identifizierungspflicht bei Gelegenheitskunden: Nach Artikel 3 Absatz 8 sollte die Feststellungspflicht entfallen, wenn die Zahlung über ein Konto abgewickelt wurde, dessen Inhaber sich bereits legitimiert hatte. Diese Regelung ist indes nicht in die endgültige Fassung der Richtlinie eingegangen. Sie ist nur in einer Protokollnotiz enthalten (unten Rz. 37).

35 Eine weitere Änderung betraf die Mitarbeiterschulung. Nunmehr sollten nicht mehr alle Mitarbeiter geschult werden, sondern nur noch die „zuständigen" (Artikel 11 Abs. 2).

---

38) Stellungnahme des Wirtschafts- und Sozialausschusses zum Vorschlag für eine Richtlinie des Rates zur Verhinderung der Nutzung des Finanzsystems zum Zwecke der Geldwäsche, ABl C 332/86.
39) Stellungnahme des Europäischen Parlaments zum Vorschlag für eine Richtlinie des Rates zur Verhinderung der Nutzung des Finanzsystems zum Zwecke der Geldwäsche, PE 146.824.
40) Geänderter Vorschlag der Kommission für eine Richtlinie des Rates zur Verhinderung der Nutzung des Finanzsystems zum Zwecke der Geldwäsche, ABl C 319/9, abgedruckt in: EuZW 1991, 132.
41) Vgl. ZIP-aktuell 1991, A 7 Nr. 17.
42) Gemeinsamer Standpunkt des Rates der EG-Minister zu einer Richtlinie zur Verhinderung der Nutzung des Finanzsystems zum Zwecke der Geldwäsche, Ratsprotokoll Nr. 4282/91.
43) Überprüfter Vorschlag der Kommission für eine Richtlinie des Rates zur Verhinderung der Nutzung des Finanzsystems zum Zwecke der Geldwäsche (KOM 91/182 endg/2 SYN 254); Artikel 3 Absatz 2 endgültige Fassung; zum Vergleich mit nationalen Schwellenwerten und zur Kritik der Bankwirtschaft in Deutschland siehe *Häde*, EuZW 1991, 553, 555; *Steuer*, Die Bank 1991, 138, 145.
44) Zweite Stellungnahme des Europäischen Parlaments zum Vorschlag für eine Richtlinie des Rates zur Verhinderung der Nutzung des Finanzsystems zum Zwecke der Geldwäsche, PE 150 653.

Einleitung

Am 10.6.1991 wurde die Richtlinie zur Verhinderung der Nutzung des Finanz- 36
systems zum Zwecke der Geldwäsche durch den Rat der Europäischen Gemeinschaften verabschiedet.[45] Die wesentlichen Änderungen gegenüber dem Richtlinienvorschlag betreffen folgende Punkte:

– Artikel 2 des Vorschlags verpflichtete die Mitgliedstaaten zum Erlass von Rechtsvorschriften, die die Geldwäsche unter Strafe stellen sollten. Dagegen wehrten sich einige Mitgliedstaaten, weil es der Europäischen Union an der Regelungskompetenz für Angelegenheiten der **Strafverfolgung** fehle.[46] Artikel 2 sieht deshalb nur noch die Pflicht vor, die Geldwäsche zu untersagen. Allerdings haben die im Rat vereinigten Vertreter der Regierungen in Nummer 6 der Protokollerklärung zur Richtlinie an die Unterzeichnung der UN-Drogenkonvention und des Übereinkommens des Europarates erinnert und sich verpflichtet, bis zum 31.12.1992 die nötigen Maßnahmen zu ergreifen, um die Strafvorschriften in Kraft zu setzen.[47]

– Es besteht nicht mehr, wie zunächst vorgesehen, die Pflicht, von verdächtigen Transaktionen Abstand zu nehmen (Artikel 4 des Vorschlags). Nach Artikel 7 der Richtlinie gilt die Abstinenzpflicht nur noch so lange, wie keine Anzeige an die zuständige Behörde erfolgt ist; in Eilfällen kann die Anzeige auch nachträglich vorgenommen werden.

– Die Regelung in Artikel 8 der endgültigen Fassung ist neu hinzugekommen. Informationen über die Anzeige oder über die Durchführung von Ermittlungen dürfen danach nicht an den Kunden weitergegeben werden.

Ergänzend sind der Rat und die Kommission in einer **Protokollerklärung**[48] unter 37
anderem darüber übereingekommen, dass

– der Begriff „zuständige Behörde" (z. B. nach Artikel 6) auch die Bankaufsichtsbehörden einschließt;

– die Mitgliedstaaten erwägen, ob es sinnvoll ist, Zahlungsströme und Bargeschäfte zu überprüfen, behördlich zu überwachen und aufzuzeichnen, ohne dass der freie Kapitalverkehr dadurch beeinträchtigt wird;

– es nicht erforderlich ist, die Identifizierungspflicht nach Artikel 3 auf Personen anzuwenden, die Geld auf ein Konto einzahlen, dessen Inhaber bereits identifiziert worden ist;

– bei Aufnahme einer Geschäftsbeziehung über einen Versicherungsmakler gestattet werden kann, dass dieser die Identität bekannt gibt, ohne dass dies die

---

45) Richtlinie 91/308/EWG des Rates vom 10.6.1991 zur Verhinderung der Nutzung des Finanzsystems zum Zwecke der Geldwäsche (Erste Geldwäscherichtlinie), ABl L 166/77, abgedruckt in Anhang II.1.
46) Bundesratsbeschluss zum Vorschlag für eine Richtlinie des Rates zur Verhinderung der Nutzung des Finanzsystems zum Zwecke der Geldwäsche, BR-Drucks. 288/90, abgedruckt in: EuZW 1990, 368; dazu auch *Fülbier*, WM 1990, 2025, 2031; *Häde*, EuZW 1991, 553, 555; *Schröder/Textor*, Vor § 261 StGB Rz. 24 ff.
47) Dazu *Häde*, EuZW 1991, 553, 555.
48) Protokollerklärung des Rates und der Kommission (Nr. 6578/91) vom 4.6.1991, S. 5, abgedruckt in Anhang II 1a.

Einleitung

Verantwortung der Versicherungsgesellschaft oder deren Verpflichtung zur rechtzeitigen Bekanntgabe der Identität berührt.[49]

38 Die Mitgliedstaaten mussten die erforderlichen Rechts- und Verwaltungsvorschriften bis zum 1.3.1993 erlassen. Frankreich z. B. ist dieser Verpflichtung bereits 1990 nachgekommen,[50] Belgien mit Gesetz vom 11.1.1993,[51] Großbritannien mit dem „Criminal Justice Act" 1993 und den „Money Laundering Regulations" 1993[52] sowie Luxemburg mit Gesetz v. 5.4.1993.[53] In Deutschland wurde die Richtlinie mit dem Geldwäschegesetz umgesetzt, das am 29.11.1993 in Kraft trat.

39 Parallel haben viele andere Länder außerhalb der Europäischen Union, wie z. B. die USA und die Schweiz, Maßnahmen zur Bekämpfung der Geldwäsche verabschiedet.[54]

40 **Die EU-Kommission** hatte am **3.3.1995** entsprechend Art. 17 der 1. Geldwäscherichtlinie einen **ersten Bericht über die Umsetzung der Geldwäscherichtlinie in den Mitgliedstaaten** vorgelegt. Der nebst Anlagen 35 Seiten lange Bericht bezieht sich auf zwölf Mitgliedstaaten. Er beschreibt, wie diese die wichtigsten Vorschriften der Richtlinie umgesetzt haben und versucht, Stärken und Schwächen des europäischen Systems zur Bekämpfung der Geldwäsche aufzuzeigen.

41 In sieben Tabellen, die dem Bericht als Anhang angefügt sind, werden die spezifischen Vorschriften zur Umsetzung der einzelnen Bestimmungen der Richtlinie in nationales Recht, der Stand der Umsetzung des Wiener[55] sowie des Straßburger Übereinkommens[56], der Anwendungsbereich der Straf- und Finanzgesetzgebung zur Bekämpfung der Geldwäsche, die Einbeziehung der nicht finanziellen Berufe (z. B. andere Gewerbetreibende oder rechtsberatende Berufe) sowie die von den Mitgliedstaaten verhängten Strafen dargestellt.

42 Zu dem Bericht hat das Europäische Parlament eine Resolution verabschiedet,[57] in der der EU-Kommission und den einzelnen Mitgliedstaaten Verpflichtungen aufer-

---

49) Eine ausführliche Darstellung der Pflichten, die sich aus der EG-Richtlinie ergeben, enthält *Carl/Klos*, S. 62–86.
50) Gesetz Nr. 90 – 614 vom 12.7.1990 relative à la participation des organismes financiers à la lutte contre le blanchiment des capitaux provenant du trafic des stupéfiants, Journal Officiel Nr. 162 vom 14.7.1990.
51) Loi relative à la prévention de l'utilisation du système financier aux fins du blanchiment de capitaux, vom 11.1.1993, Moniteur Belge vom 28.1.1993, 1564.
52) Statutory Instruments 1993, Nr. 1933.
53) Gesetz für den Finanzsektor vom 5.4.1993, ABl Nr. A 1993, S 461.
54) Maßnahmen einzelner Länder sind beispielhaft in den Länderberichten der 4. Aufl. dargestellt. Zu internationalen Tendenzen in der Geldwäschebekämpfung siehe *Scherp*, wistra 1998, 81.
55) Übereinkommen der Vereinten Nationen gegen den unerlaubten Verkehr mit Suchtstoffen und psychotropen Stoffen (Wiener Übereinkommen) vom 20.12.1988; siehe auch oben Rz. 23.
56) Konvention des Europarats (Straßburger Konvention) vom 8.11.1990, abgedruckt in: International Legal Materials 148 (1991), oben Rz. 25.
57) Resolution des Europäischen Parlaments zum Ersten Bericht der EU-Kommission über die Umsetzung der EG-Richtlinie 91/308/EWG über Geldwäsche, ABl C 198/245 vom 8.7.1996.

Einleitung

legt (unter anderem Berichtspflichten) oder Anregungen gegeben werden. Dazu und zur Stellungnahme des Rates hat die EU-Kommission ihren **zweiten Bericht** erstellt, der am 4.11.1997 vorgelegt wurde. Darin kommt sie zu dem Ergebnis, dass mittlerweile alle Mitgliedstaaten die Richtlinie umgesetzt haben. Lediglich bezüglich Österreich wurde eine unzureichende Umsetzung in einem einzelnen Punkt (anonyme Sparkonten)[58] festgestellt. Die Angelegenheit wurde vom Europäischen Gerichtshof zu Lasten Österreichs entschieden.

Im Bericht wurden einige Punkte besonders behandelt. So wurde nochmals hervorgehoben, auch Finanzdienstleistungsunternehmen, insbesondere Wechselstuben, in Sachen Geldwäschebekämpfung unter eine besondere Aufsicht zu stellen (Nummer 3).[59] Die Praxis der Identifizierung, einschließlich des „direct banking", war nach Auffassung der FATF und der EU-Kommission zufrieden stellend (Nummer 5). Der Bericht befasst sich schließlich ausführlich mit der Zusammenarbeit zwischen den für die Geldwäschebekämpfung zuständigen Behörden der Mitgliedstaaten, dem Informationsaustausch und Techniken der Geldwäsche (Nummer 6 und 7). Nummer 8 des Berichts stellt die makro-ökonomischen Auswirkungen der Geldwäsche dar. Abgeschlossen wird der Bericht durch die Beschreibung der Erfolge durch die bisherigen Maßnahmen. Dieser wird wohl nur gemessen an der Zahl der Verurteilungen und Vermögenseinziehungen. 43

2. Zweite Geldwäscherichtlinie 2001

Nach mehr als zweijährigen Beratungen wurde Ende 2001 die **Zweite Geldwäscherichtlinie**[60] verabschiedet. Sie ging u. a. zurück auf den Gemeinsamen Standpunkt des Rates zur Änderung der bestehenden Richtlinie vom 30.11.2000.[61] Kernpunkt der Änderungen der Zweiten Geldwäscherichtlinie war die Einbeziehung bestimmter freier Berufe (u. a. rechtsberatende Berufe, Steuer- und Wirtschaftsberater sowie Buchprüfer) und die Ausdehnung des Vortatenkatalogs der Geldwäsche von bislang fast ausschließlich Drogendelikten auf andere schwere Straftaten. Deutschland hat die Richtlinie mit dem Geldwäschebekämpfungsgesetz vom 8.8.2002 als erster Staat umgesetzt. Kritisch ist nach wie vor zu sehen, dass die Europäische Union mangels einer Regelung in den EU-Verträgen nicht über die rechtliche Kompetenz verfügt, den Mitgliedstaaten Vorgaben für das jeweils nationale Strafrecht zu machen.[62] 44

---

58) Frankfurter Allgemeine Zeitung vom 16.10.1997, S. 33.
59) Dies ist inzwischen zumindest in Deutschland geschehen.
60) Richtlinie 2001/97/EG des Europäischen Parlaments und des Rates vom 4.12.2001 zur Änderung der Richtlinie 91/308/EWG (Zweite Geldwäscherichtlinie), ABl L 344/76, abgedruckt in Anhang II.2.
61) Gemeinsamer Standpunkt des Rates vom 30.11.2000 zur Änderung der Richtlinie 91/308/EWG, ABl 2001 C 36/02.
62) Im Einzelnen siehe Stellungnahme des Wirtschafts- und Sozialausschusses zum Vorschlag für eine Richtlinie des Rates zur Verhinderung der Nutzung des Finanzsystems zum Zwecke der Geldwäsche, ABl C 332/86, und *Kaufmann*, S. 60 f m w. N.; *Schröder/Textor*, Vor § 261 StGB Rz. 24 ff, mit differenzierender Betrachtung und Bezug auf EuGH EuZW 2005, 632.

Einleitung

3. Dritte Geldwäscherichtlinie 2005

45 Die Kommission hat am 30.6.2004 einen Vorschlag zur Aktualisierung der geänderten Geldwäscherichtlinie vorgelegt, die in erster Linie der Umsetzung der neuesten Fassung der FATF-Empfehlungen dienen soll.[63] Dazu gehört die Neudefinition der für die Geldwäsche tauglichen Vortaten, die Aufnahme der Terrorismusbekämpfung, ein verbesserter Schutz der Institutsmitarbeiter und die Rückmeldung an Anzeigeverpflichtete. Der FATF und ihr folgend der EU-Kommission geht es zudem um die Einführung eines risikobezogenen Ansatzes bei der Geldwäschebekämpfung.[64]

46 Der Vorschlag wurde dem Europäischen Parlament und dem EU-Ministerrat im Rahmen des so genannten Mitentscheidungsverfahrens zur Annahme vorgelegt, obwohl noch nicht einmal alle Mitgliedstaaten die Zweite Geldwäscherichtlinie umgesetzt haben.[65] Die Richtlinie wurde schließlich am 20.9.2005 vom Rat verabschiedet. Sie trat am 15.12.2005, dem 20. Tag nach ihrer Veröffentlichung im Amtsblatt in Kraft (Art. 46 der Richtlinie).[66] Die Richtlinie ist innerhalb von 24 Monaten nach Inkrafttreten in den Mitgliedstaaten umzusetzen. Sie hebt die vorhergehenden Richtlinien auf.

47 In Anlehnung an die Empfehlung der FATF ist eine Erweiterung der Definition des Begriffs der Geldwäsche vorgenommen worden (Art. 1, 3). Hintergrund ist u. a. die Einbeziehung von Geldern, die **der Terrorismusfinanzierung dienen können** (Art. 1 Abs. 1, 4). Gegenstand der Geldwäsche sollen demnach nicht mehr nur inkriminierte Vermögensgegenstände sein, die aus bestimmten Straftaten stammen, sondern „sauberes" Geld, das für Straftaten verwandt werden soll. Eine derartige Regelung erscheint für das deutsche Recht aus rechtsdogmatischen Gründen nicht vorstellbar.[67] Mit Blick auf die mangelnde Rechtsetzungskompetenz der Europäischen Union für Strafrecht[68] ist zu erwarten, dass der deutsche Gesetzgeber die Regelung nicht in das nationale Recht übernimmt.

48 Darüber hinaus wurde der Begriff der **schweren Straftat** allgemein festgeschrieben und somit der Vortatenkatalog wiederum erweitert (Art. 3 Nr. 5). Damit erstreckt sich Geldwäsche auf alle Straftaten, die mit einer Freiheitsstrafe oder einer die Freiheit beschränkenden Maßregel der Sicherung und Besserung im Höchstmaß von

---

63) Vorschlag der Kommission vom 30.6.2004 zur Aktualisierung der geänderten Geldwäscherichtlinie, Begründung (5), abgedruckt in: ZBB 2004, 342.
64) *Höche*, WM 2005, 8, 9.
65) Mitteilung der Kommission an den Rat und das Europäische Parlament über Prävention und Bekämpfung der organisierten Kriminalität im Finanzbereich vom 16.4.2004, KOM 2004, 262 endg., S. 8; *Höche*, WM 2005, 8, 9 m. w. N.
66) Richtlinie 2005/60/EG des Europäischen Parlaments und des Rates vom 26.10.2005 zur Verhinderung der Nutzung des Finanzsystems zum Zwecke der Geldwäsche und der Terrorismusfinanzierung (Dritte Geldwäscherichtlinie), ABl L 309/15, abgedruckt in Anhang II.3.
67) *Höche*, WM 2005, 8, 9.
68) Im Einzelnen dazu *Kaufmann*, S. 60 f m. w. N.

Einleitung

mehr als einem Jahr, oder – in Staaten, deren Rechtssystem ein Mindeststrafmaß für Straftaten vorsieht – die mit einer Freiheitsstrafe oder einer die Freiheit beschränkenden Maßregel der Sicherung und Besserung von mindestens mehr als sechs Monaten belegt werden kann (Art. 3 Nr. 5 Buchst. f). Es ist zu beachten, dass die Europäische Union nicht über eine Rechtsetzungskompetenz auf dem Gebiet des Strafrechts verfügt (oben Rz. 36).[69]

Zudem wurde der **Adressatenkreis** erneut erweitert. Es sollen Anbieter von Dienstleistungen für Treuhandgesellschaften und Immobilienmakler erfasst werden (Art. 2 Abs. 1 Nr. 3 Buchst. c und d). Hinzu kommen auch Anbieter von Gütern oder Dienstleistungen, wenn die Bezahlung in bar erfolgt und mindestens 15 000 Euro beträgt (Art. 2 Abs. 1 Nr. 3 Buchst. e). 49

Bei der **Identifizierung** von Kunden sollen **risikoabhängig** bestimmte Informationen über den Zweck der angestrebten Geschäftsverbindung eingeholt werden (Art. 8 Abs. 2, Art. 11 ff). Dies soll nach Art. 8 Abs. 1 Buchst. d ein Monitoring mit laufender Aktualisierung einschließen. Weitere Sorgfaltspflichten sollen nach Art. 13 für Geschäftsverbindungen mit einem höheren Risikopotential gelten. Das beträfe z. B. politisch exponierte Persönlichkeiten (PEPs, Art. 3 Nr. 8), grenzüberschreitende Korrespondenzbankverbindungen und Kunden, die physisch nicht anwesend sind.[70] 50

Änderungen sieht die Dritte Geldwäscherichtlinie bei der Identifizierung und Feststellung des **wirtschaftlich Berechtigten** vor. Mit Art. 3 Nr. 6 wird dieser Begriff neu definiert. Darunter sollen künftig auch natürliche Personen fallen, die direkt oder indirekt 25 % Anteile bzw. Stimm- oder Kontrollrechte an juristischen Personen, Stiftungen, Trusts oder ähnlichen „Rechtsvereinbarungen" haben.[71] Die Identifizierung nach Art. 8 Abs. 1 Buchst. b dürfte in solchen Fällen ohne eine erhebliche Änderung des deutschen Registerrechts kaum möglich sein. 51

Zu begrüßen ist Art. 27 der 3. Geldwäscherichtlinie, dem zufolge Mitarbeiter vor Drohungen und Anfeindungen durch Personen zu schützen sind, die von **Verdachtsanzeigen** betroffen sind. 52

Schließlich ist auf Art. 22 der Geldwäscherichtlinie hinzuweisen, dem zufolge Kredit- und Finanzinstitute durch die Mitgliedstaaten zu verpflichten sind, **Anfragen der zuständigen Behörden** über Geschäftsbeziehungen umfassend und schnell zu beantworten. Die Form der Umsetzung bleibt den Mitgliedstaaten freigestellt. Es muss demnach nicht in Form eines Verfahrens sein, so wie es in § 24c KWG verankert ist. 53

---

69) Siehe auch *Schröder/Textor*, Vor § 261 StGB Rz. 24 ff, mit differenzierender Betrachtung.
70) Im Einzelnen *Höche*, WM 2005, 8, 11 ff.
71) Im Einzelnen *Höche*, WM 2005, 8, 10 f.

Einleitung

4. Nächste Schritte auf europäischer Ebene

54 Die EU-Kommission[72] hat nächste Schritte angekündigt. Dazu gehören u. a.:
- Verbesserung der Zusammenarbeit und des Informationsaustauschs auf allen Ebenen der nationalen und internationalen Zusammenarbeit,
- Erweiterung der staatlichen Einziehungsbefugnisse,
- Verschärfung der Strafbarkeit von Anzeigeverpflichteten bei Nichteinhaltung der Verpflichtungen,
- Einführung einer Datenbank für Währungstransaktionen,
- verstärkte Kontrolle der von EU-Mitgliedstaaten abhängigen Offshore-Finanzplätze sowie unabhängiger Finanzoasen,
- verstärkte Bekämpfung des „underground-banking",
- verstärkte Konzentration von Europol auf die Bekämpfung der Geldwäsche.

VI. Geldwäschebekämpfung in Deutschland

55 Aufgrund des Ermittlungsinstrumentariums, das bis zum Inkrafttreten des Gesetzes zur Bekämpfung der Organisierten Kriminalität (OrgKG) und des Geldwäschegesetzes vorhanden war, konnte der organisierten Kriminalität kaum Einhalt geboten werden. Zwar wurden immer wieder vereinzelt kleinere und größere Mengen Drogen beschlagnahmt,[73] auch wird hin und wieder ein Dealerring ausgehoben, nachhaltige Erfolge konnten indes nicht erzielt werden. Mit der Einführung des Gesetzes zur Bekämpfung der organisierten Kriminalität im Jahre 1992 und des Geldwäschegesetzes im Jahre 1993 sollte ein neues Instrumentarium geschaffen werden, von dem man sich mehr Erfolg erhoffte.

56 **Kernpunkt des Vorhabens** war es, durch Einschaltung Privater, zunächst vor allem der Kreditinstitute, neue Ermittlungsansätze zu gewinnen, Strukturen der organisierten Kriminalität zu erkennen und u. a. Drogengelder durch den neuen Straftatbestand der Geldwäsche und erleichterte Verfalls- und Einziehungsvorschriften abzuschöpfen. Auf diese Weise sollte der organisierten Kriminalität die finanzielle Grundlage für weitere Aktivitäten entzogen werden. Mit dem Geldwäschegesetz wurden zu diesem Zweck zum einen neue Identifizierungspflichten geschaffen, die potentielle Geldwäscher zwingen, ihre Identität bei der Einführung illegaler Gegenstände (vor allem Bargeld) in den Finanzkreislauf ab einem Schwellenbetrag (zurzeit 15 000 Euro) preiszugeben. Zum anderen sind unter anderem Kreditinstitute gezwungen, den Ermittlungsbehörden verdächtige Transaktionen anzuzeigen.

57 Der **Erfolg dieser gesetzlichen Maßnahmen**, die inzwischen vielfach nachgebessert wurden, wird äußerst unterschiedlich beurteilt. Dabei fällt auf, dass die **Kriterien**, anhand deren der Erfolg gemessen wird, nicht einheitlich sind. Als Ansatzpunkte

---

72) Mitteilung der Kommission an den Rat und das Europäische Parlament über Prävention und Bekämpfung der organisierten Kriminalität im Finanzbereich vom 16.4.2004, KOM 2004, 262 endg.
73) Begründung BRatE OrgKG, BT-Drucks. 11/7663, S. 19; Handelsblatt vom 20.1.1993, S. 5, und vom 18.2.1997, S. 6.

Einleitung

werden von der Presse, Politikern, teilweise sogar Ermittlern in erster Linie die **Höhe der sichergestellten oder beschlagnahmten Gelder**, die Zahl der Verhaftungen und **Verurteilungen wegen Geldwäsche** sowie die Menge der Verdachtsanzeigen gewählt.[74] Nach Art. 33 Abs. 2 der 3. Geldwäscherichtlinie sind in den von den Mitgliedstaaten zu erstellenden Statistiken u. a. die Zahl der wegen Geldwäsche oder Terrorismusfinanzierung verurteilten Personen und der Umfang der eingefrorenen, beschlagnahmten oder eingezogenen Vermögensgegenstände zu erfassen.

Dabei werden die Verhaftungen und **Verurteilungen wegen anderer Straftaten** 58 (z. B. Kapitalanlagebetrug), die auf Verdachtsanzeigen oder Ermittlungen in Sachen organisierte Kriminalität zurückzuführen sind, überwiegend nicht beachtet. Außerdem wurde dabei kurz nach Inkrafttreten des Geldwäschegesetzes übersehen, dass Ermittlungen im OK-Bereich viele Jahre in Anspruch nehmen und sich deshalb ein an Verhaftungen und Verurteilungen messbarer Erfolg erst Jahre später einstellt. Nachdem das Geldwäschegesetz nun gut zwölf Jahre besteht, müsste eine Steigerung der Verurteilungen erkennbar sein. Es lässt sich daran gemessen aber immer noch kein Erfolg feststellen.[75] Zu diesem Ergebnis gelangt auch *Bockelmann*.[76]

In ihren Jahresberichten 1993/1994 hat die „**Financial Action Task Force on** 59 **Money Laundering**" (**FATF**) (oben Rz. 26) dem deutschen Gesetzgeber bestätigt, dass er die Ziele der FATF ernsthaft und korrekt verfolgt habe und dass die Anti-Geldwäschebestimmungen eine exzellente Basis für die Bekämpfung der Geldwäsche darstellten.[77] Dieses Urteil wurde im Bericht, der auf einer Untersuchung verschiedener Einrichtungen in Deutschland im Herbst 1997 beruhte und Anfang Februar 1998 vorgelegt wurde, bekräftigt.[78] Danach schnitt Deutschland im internationalen Vergleich gut ab. Die im Bankensektor getroffenen Aufsichtsmaßnahmen und sonstigen Maßnahmen seien äußerst lobenswert und beispielhaft für andere Jurisdiktionen. Die Ausdehnung dieser Aufsicht auf den Finanzdienstleistungssektor wurde begrüßt. Es wurde lediglich angeregt, dass eine zentrale Datenbank für Verdachtsanzeigen errichtet wird, die für alle Bekämpfungsbehörden zugänglich ist. Dies ist inzwischen geschehen. Der Kommission war weiter aufgefallen, dass die überwiegende Zahl der Anzeigen von Banken stammte. Das System könne durch mehr Anzeigen von anderen Unternehmen verbessert werden.

Kritisiert wurde zudem die unnötige Identifizierung bei Barauszahlungen nach § 2 60 GwG und die Identifizierung von Dauerkunden.[79] Diese Vorgaben wurden inzwischen teilweise abgeschafft werden. Allerdings sollte die Identifizierung bei Aufnahme der Geschäftsbeziehung im Geldwäschegesetz geregelt werden. Schließlich regte

---

74) Kritisch dazu BAKred, Schreiben vom 24.1.1995 (I5-B102), abgedruckt in: *Consbruch/Möller u. a.*, KWG, Nr. 11.11, I 4; *Findeisen*, in: Sieber, ERA 1997, S. 1.
75) *Fülbier*, § 11 Rz. 25 ff.
76) *Bockelmann*, S. 152 f.
77) *FATF*, Report on money laundering typologies 1993–1994, S. 12, 44.
78) *FATF*, Report on money laundering typologies 1997–1998; ein Teil des Inhalts ist aufgrund der Kleinen Anfrage des Abgeordneten *Such* und der Fraktion Bündnis 90/Die Grünen in der BT-Drucks. 13/9973 vom 17.2.1998 und 13/10118 vom 12.3.1998 (Antwort der Bundesregierung) wiedergegeben.
79) Dazu bereits kritisch *Fülbier*, DStR 1994, 827, 829.

Einleitung

die FATF an, ein EDV-Research bei der Gewinnung von Verdachtsanzeigen einzuführen.[80]

61 Anders als erwartet hat sich die Änderung des Geldwäschegesetzes mit dem Gesetz zur Verbesserung der Bekämpfung der Organisierten Kriminalität vom 4.5.1998[81] ausgewirkt. Das Gesetz hat die Verwertungsmöglichkeiten der nach § 9 GwG aufzuzeichnenden Daten erheblich ausgedehnt (Verwertung im Besteuerungsverfahren) und die Strafverfolgungsbehörden verpflichtet, **Verdachtsanzeigen** nach § 11 GwG **an die Finanzbehörden** weiterzuleiten.

62 Mit der Einbeziehung der **Wechselstuben** in die Aufsicht durch die Bundesanstalt für Finanzdienstleistungsaufsicht ist ein bisher offenes Einfallstor für Geldwäscher – jedenfalls der Form nach – geschlossen worden. Es bleibt zu wünschen, dass die anderen Aufsichtsbehörden, insbesondere die örtlichen Gewerbeaufsichtsämter, sich intensiver um die Einhaltung der Vorschriften des Geldwäschegesetzes durch den Einzelhandel bemühen.

63 Mangels messbaren Erfolgs der bestehenden Regelungen sah sich der Gesetzgeber veranlasst, das Maßnahmenprogramm stetig zu verschärfen.[82] Die dahin gehende Entwicklung ab 2001 wird nachstehend skizziert. Die Rechtmäßigkeit der einzelnen Maßnahmen wird dabei zu Recht ebenso häufig bezweifelt wie deren Erfolg bei der Bekämpfung der organisierten Kriminalität oder des Terrorismus.[83]

64 Mit dem Steuerverkürzungsbekämpfungsgesetz vom 19.12.2001[84] wurde der Vortatenkatalog der Geldwäsche nochmals erweitert, dieses Mal um den Straftatbestand der banden- und gewerbsmäßigen Steuerhinterziehung nach § 370a AO.[85] Diese Vorschrift begegnet nach Auffassung des Bundesgerichtshofs erheblichen verfassungsrechtlichen Bedenken. Der Bundesgerichtshof schließt sogar eine verfassungskonforme Auslegung aus, weil die Norm nicht der Anforderung des Bundesverfassungsgerichts genüge, der zufolge die Strafnorm umso präziser sein muss, je schwerer die angedrohte Strafe ist.[86] Auch in der Literatur wird diese Neuregelung sehr kritisch gesehen.[87]

65 Am 1.1.2002 trat das Terrorismusbekämpfungsgesetz[88] in Kraft, das z. B. dem Bundeskriminalamt erweiterte Informationsrechte einräumt. Auch das Bundesamt für

---

80) Dazu im Einzelnen unten *Langweg*, § 14 Rz. 87 ff.
81) Gesetz zur Verbesserung der Bekämpfung der Organisierten Kriminalität vom 4.5.1998, BGBl I, 845.
82) Siehe auch Finanzausschuss RegE StVBG, BT-Drucks. 14/7471, S. 9; *Kaufmann*, S. 77 ff.
83) *Leitner*, AnwBl 2003, 675.
84) Gesetz zur Bekämpfung von Steuerverkürzungen bei der Umsatzsteuer und zur Änderung anderer Steuergesetze (Steuerverkürzungsbekämpfungsgesetz – StVBG) vom 19.12.2001, BGBl I, 3922.
85) Dazu *Spatscheck/Wulf*, DB 2002, 392; *Müller*, DStR 2002, 1641.
86) BGH WM 2004, 1892, 1893 = DStR 2004, 1604, dazu EWiR 2005, 371 *(Ahlbrecht)*, mit Hinweis auf BVerfGE 105, 135, 155 f; siehe auch *Schröder/Textor*, Vor § 261 StGB Rz. 10, mit Hinweis auf weitere BGH-Entscheidungen.
87) *Spatscheck/Wulf*, DB 2001, 2572; *Leitner*, AnwBl 2003, 675, 677; siehe auch *Schröder/Textor*, Vor § 261 StGB Rz. 10 m. w. N.
88) Gesetz zur Bekämpfung des internationalen Terrorismus (Terrorismusbekämpfungsgesetz) vom 9.1.2002, BGBl I, 361.

Einleitung

Verfassungsschutz, der Bundesnachrichtendienst sowie der Militärische Abschirmdienst können von Kredit- und Finanzdienstleistungsinstituten und Finanzunternehmen unentgeltlich Auskünfte zu Konten einholen. Diese Ämter haben zudem Zugriffsrechte auf bestimmte Teledienstnutzungsdaten.[89]

Zum 15.8.2002 wurde das Geldwäschegesetz durch das **Geldwäschebekämpfungs-** **66** **gesetz** in wesentlichen Teilen novelliert (unten Rz. 76 ff). Das Gesetz diente u. a. der Umsetzung der Zweiten Geldwäscherichtlinie. Hintergrund war auch der Anschlag vom 11.9.2001 und die damit verbundenen internationalen Verpflichtungen zur Terrorismusbekämpfung.[90]

VII. Entstehungsgeschichte des Geldwäschegesetzes

Das Geldwäschegesetz in seiner ursprünglichen Fassung diente der Umsetzung der **67** Ersten Geldwäscherichtlinie (oben Rz. 31). Es ist **am 29.11.1993 in Kraft getreten**. Das Geldwäschegesetz geht zurück auf eine ganze Reihe von Gesetzentwürfen und konnte erst nach Einschaltung des Vermittlungsausschusses am 24.9.1993 von Bundestag und Bundesrat verabschiedet werden. Diese Entwürfe stützen sich auf den Regierungsentwurf zum Gewinnaufspürungsgesetz vom 23.3.1992. Der Regierungsentwurf wiederum basiert im Wesentlichen auf dem Referentenentwurf vom 4.11.1991.[91]

Zu den einzelnen Entwürfen haben der Bundesrat[92] und unter anderen der Zentrale **68** Kreditausschuss (ZKA)[93] mehrfach Stellung genommen. Auf die Unterschiede zwischen den einzelnen Entwürfen und der Endfassung sowie auf die Stellungnahmen vom Zentralen Kreditausschuss und Bundesrat sowie die Gegenäußerung der Bundesregierung[94] wird bei der Behandlung der einzelnen Vorschriften eingegangen. Im Wesentlichen wurde über die **Schwellenbeträge**, die **Verwertungsmöglichkeiten** der Aufzeichnungen und Anzeigen, das **Anwaltsprivileg** und die **Stillhaltefrist** bei der Ausführung von Finanztransaktionen, für die eine Verdachtsanzeige abgegeben wurde, gestritten.

Bei der Umsetzung der Ersten Geldwäscherichtlinie hatte sich die damalige Bundes- **69** regierung, wie z. B. auch Belgien und Frankreich,[95] dazu entschlossen, die Regelungen in ein **Sondergesetz** zu integrieren. Von der Möglichkeit der **Verankerung im Kreditwesengesetz** hatte sie abgesehen.[96] Anders wurde dies z. B. in Luxemburg

---

89) Ausführlicher *Höche*, Die Bank 2002, 196, 197 f.
90) Begründung RegE Geldwäschebekämpfungsgesetz, BT-Drucks. 14/8739, S. 10.
91) Vermittlungsausschuss zum GwG, BT-Drucks. 12/5720; RefE GewAufspG, abgedruckt in: ZBB 1992, 67; RegE GewAufspG, BT-Drucks. 12/2704.
92) Stellungnahme BRat zum RegE GewAufspG, BT-Drucks. 12/2704, S. 23.
93) ZKA, Stellungnahmen.
94) Gegenäußerung BReg zu BRat RegE GewAufspG, BT-Drucks. 12/2747.
95) Gesetz Nr. 90–614 vom 12.7.1990, Journal Officiel Nr. 162 vom 14.7.1990; siehe auch 4. Aufl., Länderbericht Frankreich, Rz. 1.
96) Dazu *Fülbier*, WM 1990, 2025, 2031 ff.

Einleitung

und Österreich[97] gehandhabt; dort wurden die Regelungen im Bankaufsichtsrecht fixiert. Der Lösungsweg über ein Sondergesetz war auch schon damals für die Bundesrepublik Deutschland der bessere, weil nicht nur die Finanzwirtschaft Adressat der Regelungen war, sondern z. B. auch andere Gewerbetreibende, Rechtsanwälte und Spielbanken. Mit Blick auf die Zweite und Dritte Geldwäscherichtlinie hat sich diese Entscheidung als richtig erwiesen: Der Adressatenkreis der Regelungen wurde auch auf EU-Ebene über den Finanzdienstleistungssektor hinaus ausgedehnt.

70 Das gesetzliche Maßnahmenpaket zum Thema Bekämpfung der Geldwäsche war mit der Verabschiedung des Geldwäschegesetzes Ende 1993 für den damaligen Bundesrat noch nicht abgeschlossen. Er bezeichnete das Ergebnis des Vermittlungsausschusses nur als ersten Schritt und forderte die Regierung auf, weitere Gesetzentwürfe vorzulegen, die unter anderem „eine **Ersatzpflicht der Bankinstitute** begründen sollte, wenn diese (fahrlässig) ihrer Mitteilungspflicht bei Verdachtsfällen nicht nachkommen".[98] Die Diskussion über die Ersatzpflicht war zwischenzeitlich abgeschlossen. Diese Form der Bankenhaftung konnte sich damals nicht durchsetzen.[99] Die Diskussion wurde mit der Forderung der FATF, die von der EU-Kommission übernommen wurde, neu belebt. Es wird eine Strafbarkeit für die Nichterfüllung der Anzeigepflicht gefordert.[100] Diese ist nunmehr in Art. 39 der 3. Geldwäscherichtlinie sehr allgemein geregelt. Ob aufgrund dessen eine Umsetzung in das deutsche Recht erfolgen kann bzw. wird, bleibt abzuwarten.

71 Ein weiterer Streitpunkt im ursprünglichen Gesetzgebungsverfahren war die **Verwertung der Aufzeichnungen** und der Verdachtsanzeigen **zu steuerlichen Zwecken**. In diesem Punkt hat sich die Auffassung des damaligen Bundesrats letztendlich durchsetzen können. Mit dem Gesetz zur Verbesserung der Bekämpfung der Organisierten Kriminalität vom 4.5.1998[101] sind die Verwertungsmöglichkeiten ganz erheblich ausgedehnt worden. Seitdem können diese Daten nicht erst nach

---

97) Luxemburg: Art. 38–40 des Gesetzes für den Finanzsektor vom 5.4.1993, ABl 1993, S. 461; siehe hierzu auch 4. Aufl., Länderbericht Luxemburg, Rz. 1; Österreich: §§ 39 ff Bankwesengesetz, BGBl 1993, 3903 i. d. F. vom 1.8.1996, BGBl vom 22.8.1996, 3109, 3133 f; siehe auch 4. Aufl., Länderbericht Österreich, Rz. 1.
98) Beschluss des Bundestages zum GwG vom 24.9.1993, BR-Drucks. 672/93; Antrag de With, Wartenberg, Däubler Gmelin u. a. und der SPD-Fraktion, BT-Drucks. 12/6387; SPD-E 2. OrgKG, BT-Drucks. 12/6784; FrakE eines Verbrechensbekämpfungsgesetzes, BT-Drucks. 12/6853; zu weitergehenden Forderungen siehe auch *Hetzer*, NJW 1993, 3298.
99) Dazu *Melzer*, Die Bank 1996, 494, 496; *Dahm/Hamacher*, wistra 1995, 206, 212 f.
100) Mitteilung der Kommission an den Rat und das Europäische Parlament über Prävention und Bekämpfung der organisierten Kriminalität im Finanzbereich vom 16.4.2004, KOM 2004, 262 endg.
101) Das Gesetz ist ein Artikelgesetz, mit dem u. a. § 261 StGB (Art. 1), die StPO (u. a. Telefonüberwachung, Lauschangriff und vorläufige Sicherstellung, Art. 2), das GwG (Art. 3) und das Finanzverwaltungsgesetz (grenzüberschreitender Bargeldverkehr, Art. 4) geändert wurde; siehe auch FrakE eines Gesetzes zur Verbesserung der Bekämpfung der Organisierten Kriminalität, BT-Drucks. 13/8651, und zu teilweise weitergehenden Forderungen im Antrag des Abgeordneten Manfred Such und des Bündnis90/Die Grünen vom 25.9.1997 zu Maßnahmen zur verbesserten Bekämpfung der Geldwäsche sowie zur Einziehung kriminell erlangter Profite, BT-Drucks. 13/8590; vgl. zur Neuregelung *Kreß*, wistra 1998, 121; *Höche*, Die Bank 1998, 618.

Einleitung

einer Verurteilung wegen Geldwäsche oder einer der Vortaten zu steuerlichen Zwecken (Steuerstrafverfahren) verwendet werden, sondern schon bei Einleitung eines entsprechenden Verfahrens und dann im Besteuerungs- und Steuerstrafverfahren. Diese rechtlich äußerst bedenkliche Veränderung[102] musste als Opfer der Regierungspartei für die von ihr gewünschte Einführung des Lauschangriffs betrachtet werden, der in demselben Gesetzespaket enthalten und im Bundesrat auf erheblichen Widerstand gestoßen war. In den Eckpunkten zur Verbesserung der Geldwäschebekämpfung des Bundesinnenministeriums vom 20.11.1995 und im ersten Gesetzentwurf der Bundesregierung war jedenfalls diese Änderung noch nicht vorgesehen.[103] Das Gesetz ist am Tage nach seiner Verkündung im Bundesgesetzblatt, also am 9.5.1998 in Kraft getreten.

Diese Gesetzesänderung hatte zudem die von der Kreditwirtschaft seit langem angestrebte **Erhöhung des Schwellenbetrages** für Identifizierungen von 20 000 DM auf 30 000 DM herbeigeführt. Dadurch hatte sich die durch die Aufzeichnungspflicht nach § 9 hervorgerufene Papierflut erheblich verringert. 1994 wurden im Privatkundenbereich 10 Mio. Aufzeichnungen aufgrund von Bartransaktionen ab 20 000 DM erstellt. Durch die Anhebung war nach Angaben des Zentralen Kreditausschusses eine Reduzierung der erforderlichen Dokumentation um mindestens 25–35 % erwartet worden.[104] 72

Weiterhin wurde vom Gesetzgeber vorgeschrieben, dass hinsichtlich des **Ablaufs der Stillhaltefrist** bei der Anzeigepflicht aus § 11 der **Samstag** nicht mehr als Werktag gilt. Schließlich wurde durch eine Änderung des § 11 Abs. 5 die **Verwertung der Verdachtsanzeigen** auch für die Verfolgung von „Alltagskriminalität" ermöglicht. Dazu zählt seitdem auch die einfache Steuerhinterziehung nach § 370 Abs. 1 AO. 73

Noch vor dieser 1995 durch die **Eckpunkte zur Verbesserung der Geldwäschebekämpfung** initiierten Gesetzesänderung, nämlich zum 1.1.1998, ist die Änderung der §§ 1, 4 Abs. 1 Satz 1, 14 Abs. 1 Nr. 4 und 5 und 16 Nr. 2 durch Art. 9 des **Begleitgesetzes zur 6. KWG Novelle** vom 22.10.1997 wirksam geworden. Dadurch wurden im Wesentlichen Redaktionsversehen des Gesetzgebers korrigiert. Sie betrafen die Begriffsdefinitionen und die (klarstellende) Einschränkung des Anwendungsbereichs des Geldwäschegesetzes im Versicherungssektor auf Lebensversicherungen (im Einzelnen siehe bei den jeweiligen Vorschriften). Nur Versicherungsun- 74

---

102) Siehe dazu unten *Fülbier*, § 10 Rz. 2 ff.
103) Art. 3 Nr. 1 RegE eines Gesetzes zur Verbesserung der Geldwäschebekämpfung vom 14.6.1996 und Art. 3 Nr. 1 RegE eines Gesetzes zur Verbesserung der Geldwäschebekämpfung vom 16.8.1996, S. 4, 19 f, BT-Drucks. 13/6620, S. 4, 9, mit Stellungnahme BRat zur RegE eines Gesetzes zur Verbesserung der Geldwäschebekämpfung, S. 11, 13, und Gegenäußerung BReg, S. 14; dieser Vorschlag findet sich dann hingegen in Art. 3 Nr. 2 Buchst. b des FrakE eines Gesetzes zur Verbesserung der Bekämpfung der Organisierten Kriminalität, BT-Drucks. 13/8651, und geht u. a. zurück auf Art. 2 Nr. 3 des Diskussionsentwurfs eines Gesetzes zur Verhütung sowie Verfolgung Organisierter Kriminalität und zur steuerlichen Erfassung der Gewinne aus schweren Straftaten (OKVStG) vom 23.10.1996, für den *Jürgen Meyer* und *Wolfgang Hetzer* (SPD-Fraktion) verantwortlich zeichneten; dazu siehe auch *Meyer/Hetzer*, Kriminalistik 1997, 694, und *dies.*, ZRP 1997, 13.
104) Begründung FrakE eines Gesetzes zur Verbesserung der Bekämpfung der Organisierten Kriminalität, BT-Drucks. 13/8651, S. 43; *Höche*, Die Bank 1998, 618, 619.

Einleitung

ternehmen, die Unfallversicherungsverträge mit Prämienrückgewähr anbieten, galten seitdem neben den Lebensversicherungsunternehmen zusätzlich als Institut im Sinne des Geldwäschegesetzes. Mit Art. 1 der 6. KWG-Novelle vom 22.10.1997 wurde der Katalog der Bankgeschäfte erweitert (unten Rz. 129). Damit waren diese neuen Bankgeschäfte auch der Aufsicht des Bundesaufsichtsamtes für das Kreditwesen unterworfen. Dies war unter anderem zum Zwecke einer effektiven Geldwäschebekämpfung geschehen.[105]

75 Schließlich wurde mit Art. 2 Abs. 22 des **Begleitgesetzes zum Telekommunikationsgesetz** vom 17.12.1997[106] die Umstrukturierung der Deutschen Bundespost verarbeitet. Die **Deutsche Post AG** ist danach nicht mehr Institut i. S. d. § 1 Abs. 4. § 14 Nr. 8 wurde gestrichen.

76 Zum 15.8.2002 wurde das Geldwäschegesetz durch das **Geldwäschebekämpfungsgesetz** in wesentlichen Teilen novelliert. Erst mit diesem Gesetz wurde – den bis dahin überwiegenden Sprachgebrauch nachvollziehend – die Kurzbezeichnung „Geldwäschegesetz" amtlich festgelegt. Von der Änderung waren u. a. die Identifizierungspflichten, die Pflicht zur Feststellung des wirtschaftlich Berechtigten, die Anzeigepflicht sowie die Verpflichtung zu internen Sicherungsmaßnahmen betroffen. Die Anzeigepflicht wurde auf den Verdacht der Finanzierung des Terrorismus erweitert. Zudem wurde der Adressatenkreis u. a. auf einige freie Berufe ausgedehnt. Zu Erleichterungen ist es durch den Wegfall der Verpflichtung gekommen, bei Bargeldauszahlungen Identifizierungen vorzunehmen.[107] Das Gesetz diente u. a. der Umsetzung der Zweiten Geldwäscherichtlinie. Anlass war auch der Anschlag vom 11.9.2001 und die damit verbundenen internationalen Verpflichtungen zur Terrorismusbekämpfung.[108]

77 In § 1 Abs. 5 wurden durch die Neuregelung die Feststellungspflichten bei der Identifizierung erweitert. Seitdem müssen zusätzlich der Geburtsort und die Staatsangehörigkeit festgehalten werden. Neu hinzugekommen ist § 1 Abs. 7, dem zufolge sich die Identifizierungspflicht für Bartransaktionen auch auf Transaktionen mit elektronischem Geld i. S. d. § 1 Abs. 14 KWG bezieht.

78 Die Identifizierungspflicht nach § 2 Abs. 1 wurde zum 15.8.2002 von Bartransaktionen auf Abschlüsse von Verträgen zur Begründung einer auf Dauer angelegten Geschäftsbeziehung erweitert. Damit wurde die Regelung des § 154 Abs. 2 AO zusätzlich in das Geldwäschegesetz aufgenommen. Dank der Neuregelung ist endlich die Verpflichtung nach § 2 Abs. 1 (a. F.) entfallen, Kunden bei der Abgabe von Bargeld, Wertpapieren oder Edelmetallen zu identifizieren. Damit entspricht die Regelung den Vorgaben der Ersten Geldwäscherichtlinie, so wie dies in der Literatur seit 1996 gefordert wurde.[109] Durch die Änderung des § 3 sind weitere Berufsgruppen wie Rechtsanwälte, Patentanwälte, Notare, Wirtschaftsprüfer, vereidigte Buchprü-

---

105) Begründung RegE 6. KWG-Novelle, BT-Drucks. 13/7142, S. 57 f, abgedruckt in: ZBB 1997, 81, 82 f.
106) Begleitgesetz zum Telekommunikationsgesetz vom 17.12.1997, BGBl I, 3108.
107) Für die Abschaffung dieser überflüssigen Regelung siehe *Fülbier*, ZBB 1996, 72, 74 f.
108) Begründung RegE Geldwäschebekämpfungsgesetz, BT-Drucks. 14/8739, S. 10.
109) *Fülbier*, ZBB 1996, 72, 75 f .m. w. N.

Einleitung

fer, Steuerberater, Immobilienmakler und Vermögensverwalter verpflichtet, Identifizierungen vorzunehmen. Auch die Anzeigepflicht nach § 11 wurde auf diese Berufsgruppen ausgedehnt.

Mit § 5 wurde die Einrichtung einer zentralen Analyse- und Informationsstelle für 79
Verdachtsanzeigen geregelt. Auch damit werden Forderungen der FATF umgesetzt. Beim Bundeskriminalamt wurde zu diesem Zweck eine Financial Intelligence Unit (FIU) eingerichtet. Eine Verpflichtung der FIU zur Rückmeldung an die Erstatter von Verdachtsanzeigen ist leider immer noch nicht vorgesehen.[110] Diese Verpflichtung ergibt sich nunmehr ansatzweise aus Art. 35 Abs. 3 der 3. Geldwäscherichtlinie. Eine Rückmeldung soll danach indes nur dann erfolgen, wenn dies praktikabel ist.

Regelungen zur Bekämpfung der Terrorismusfinanzierung finden sich in §§ 6 und 80
11. Verdachtsidentifizierungen und Verdachtsanzeigen sind seit dem 15.8.2002 auch aus diesem Grund vorzunehmen, wenn entsprechende Verdachtsmomente bestehen.

Ergänzt wurde zudem § 8, dem zufolge die Identifizierungspflichtigen nun Nach- 81
forschungen anstellen müssen, wenn ein Institut im Rahmen einer bestehenden Geschäftsverbindung aufgrund der äußeren Umstände Zweifel haben muss, dass der Kunde für eigene Rechnung handelt.

Schließlich werden die Institute gehalten, Sicherungssysteme zur Verhinderung der 82
Geldwäsche einzurichten. Auf dieser Basis fordert die Bundesanstalt von den Kredit- und Finanzdienstleistungsinstituten, EDV-gestützte Research-Systeme vorzuhalten. Seit dem 15.8.2002 verfügt die Bundesanstalt flankierend über eine Anordnungsbefugnis (§ 14 Abs. 4 Satz 1).

Diese Novellierung wurde begleitet von Änderungen des Kreditwesengesetzes 83
durch das **Vierte Finanzmarktförderungsgesetz** vom 21.6.2002. Damit wurde u. a. das **Konten-Online-Abrufverfahren** nach § 24c KWG, das **Know-your-customer-Prinzip** nach § 25a Abs. 1 Satz 3 Nr. 6 KWG (auch: **EDV-Research**) sowie besondere organisatorische Pflichten im **grenzüberschreitenden bargeldlosen Zahlungsverkehr** nach § 25b KWG eingeführt.[111]

Das Geldwäschegesetz wurde sodann durch das **Investmentmodernisierungsgesetz** 84
vom 15.12.2003 geändert. Die danach zulässigen Investmentaktiengesellschaften wurden mit dem Gesetz den Kredit- und Finanzdienstleistungsinstituten i. S. d. § 1 Abs. 4 gleichgestellt. Sie unterliegen insofern der Aufsicht der Bundesanstalt nach § 16 Nr. 2. Weitere marginale Änderungen hat es mittelbar über die Bezugnahme des Geldwäschegesetzes auf § 1 KWG gegeben. So wurde das Pfandbriefgeschäft als weiteres Bankgeschäft definiert[112] und das Revolvinggeschäft neu gefasst.[113]

Im Rahmen der Terrorismusbekämpfung ist zudem die Einführung des § 6a KWG 85
zu nennen, der das **Einfrieren von Geldern** oder sonstigen Vermögenswerten durch

---

110) Dazu auch schon BMI, Eckpunkte zur Verbesserung der Geldwäschebekämpfung vom 20.11.1995, dazu *Fülbier*, ZBB 1996, 72, 74 m. w. N.
111) Siehe unten *Langweg*, § 24c KWG Rz. 1 ff und § 25b KWG Rz. 1 ff; *Stein*, in: Boos/Fischer/Schulte-Mattler, KWG, § 24c Rz. 1 ff und § 25b Rz. 1 ff, sowie *Braun*, ebenda, § 25a Rz. 161 ff; BaFin, Jahresbericht 2002, S. 19 f; *Höche*, Die Bank 2002, 196, 200 f.
112) Dazu *Fülbier*, § 1 Rz. 15.
113) Dazu *Fülbier*, § 1 Rz. 21.

Einleitung

die Bundesanstalt gestattet. Die Regelung geht auf Art. 2 des Zweiten Gesetzes zur Änderung des Zollverwaltungsgesetzes und anderer Gesetze vom 31.10.2003 zurück.[114]

VIII. Gesetzeszweck

1. Überblick

86 Das Geldwäschegesetz zielte ursprünglich darauf ab, die Einführung von Gewinnen aus Schwerstkriminalität, insbesondere aus Rauschgiftgeschäften, in den legalen Finanzkreislauf nachhaltig zu erschweren (zum kriminalpolitischen Hintergrund oben Rz. 2 ff). Wegen der fortdauernden Erweiterung des Vortatenkatalogs des § 261 StGB, der erweiterten Verwertungsmöglichkeiten nach § 11 Abs. 5 und der Weiterleitung der Verdachtsanzeigen an die Finanzbehörden nach § 10 Abs. 2 erstreckt sich das Ziel nun auch auf die Bekämpfung von Alltagskriminalität und Steuervergehen.[115] Infolge des Anschlags vom 11.9.2001 und der darauf folgenden Gesetzesänderung dient das Geldwäschegesetz zudem der Bekämpfung des Terrorismus. Bei der Geldwäsche spielen die Finanzwirtschaft, aber auch die anderen Adressaten des Gesetzes, ungewollt eine bedeutende Rolle. Ohne den tatsächlichen Ursprung der Gelder zu kennen, werden den Betroffenen Mittel mit der Weisung anvertraut, sie zu überweisen, zu verwalten oder anzulegen.

87 Das Geldwäschegesetz will die Geldwäsche dadurch erschweren, dass

– den Strafverfolgungsbehörden Anhaltspunkte für Geldwäschetransaktionen verfügbar gemacht werden,
– Strukturen organisierter Kriminalität erkannt werden,
– illegale Gelder sichergestellt werden.[116]

2. Spurensicherung

88 In der internationalen Praxis hat es sich bisher als äußerst schwierig erwiesen, einmal aufgedeckte Geldwäschetransaktionen im Nachhinein nachweisen zu können. Im Vordergrund dieses Gesetzes steht daher eindeutig das Ziel, Spuren von Geldwäschetransaktionen zu entdecken und festzuhalten sowie die Strafermittlung zu unterstützen.

89 Durch die Verpflichtungen zur Identifizierung und Aufzeichnung von Transaktionen soll den Ermittlungsbehörden der spätere Nachweis der Geldwäsche vor Gericht erleichtert werden. Es kommt darauf an, Zahlungsströme und die Namen der Beteiligten festzuhalten: derjenigen, die die Finanztransaktionen tatsächlich durchführen, derjenigen, die wirtschaftlich berechtigt sind (die **Geldquelle**) und teilweise

---

114) Zweites Gesetz zur Änderung des Zollverwaltungsgesetzes und anderer Gesetze vom 31.10.2003, BGBl I, 2146. Zu den entsprechenden internationalen Verpflichtungen zur Umsetzung dieser Regelung siehe BKA (FIU), Jahresbericht 2003, S. 6.

115) So auch *Höche*, Die Bank 1998, 618, 623 f; *Höche*, Die Bank 2002, 196, 201; *Kaufmann*, S. 229 ff.

116) Begründung RegE GewAufspG, BT-Drucks. 12/2704, S. 10; *Findeisen*, wistra 1997, 121, 122 f.

Einleitung

derjenigen, die die Gelder erhalten (**Papierspur**). Auf diese Weise lassen sich möglicherweise Strukturen der organisierten Kriminalität aufdecken. Sind die Ermittlungsbehörden von sich aus auf eine Spur gestoßen, können sie im Rahmen der strafprozessualen Möglichkeiten[117] auf die Aufzeichnungen der Institute zugreifen und Geldwäschetransaktionen im Nachhinein transparent machen.

3. Zusätzliche Hinweise

Darüber hinaus soll durch das Geldwäschegesetz vor allem die Mitwirkung der Finanzwirtschaft bei der Aufspürung verdächtiger Geschäfte herbeigeführt werden (Vorverlagerung von Ermittlungen in den privaten Bereich). Durch die Anzeigepflicht nach § 11 sollen den Strafverfolgungsbehörden Hinweise auf verdächtige Finanztransaktionen gegeben werden. Diese Hinweise können ein neuer Anknüpfungspunkt für Ermittlungen sein und Erkenntnisse über Strukturen krimineller Organisationen geben. Dieses Ziel wurde inzwischen entgegen anders lautenden Behauptungen[118] in mehreren spektakulären Fällen erreicht.[119]   90

4. Sicherstellung von Geldern

Ein weiteres Ziel des Geldwäschegesetzes ist es, zusätzliche Chancen für die Sicherstellung der gewaschenen Gelder (§§ 111b ff StPO), deren Beschlagnahme (§ 94 StPO) und Einziehung durch Vermögensstrafe oder durch erweiterten Verfall nach §§ 43a, 73d StGB zu schaffen.[120] Auf sie soll unter anderem aufgrund der Anzeigen der Institute zugegriffen werden können.   91

5. Zielkonflikt

Kommt es bei der Umsetzung des Geldwäschegesetzes durch die Institute zu einem Zielkonflikt zwischen Feststellung von Spuren (Namen) und der Sicherstellung von Geldern, hat die Feststellung von Spuren Vorrang. Diese Auffassung wird überwiegend von den Strafverfolgungsbehörden geteilt, wie z. B. dem LKA Nordrhein-Westfalen, das bisher am erfolgreichsten bei der Verwertung von Anzeigen der Kreditinstitute war, sowie den Landeskriminalämtern Hessen und Niedersachsen. Dort wird dieser Auffassung in der Form Rechnung getragen, dass angezeigte Finanztransaktionen in der Regel vor Ablauf der Zweitagesfrist mit Zustimmung der Staatsanwaltschaft freigegeben werden. Nach Angaben des LKA Nordrhein-Westfalen hat die Zweitagesfrist ohnehin keine große Bedeutung für polizeiliche Arbeitsergebnisse.[121] Für diese Auffassung spricht nicht zuletzt auch die Entwurfsbegründung. In der Gegenäußerung der Bundesregierung zur Stellungnahme des Bundesrates[122] heißt es: „Hauptzweck ... ist es dagegen nicht, ... Gelder... festzuhalten".   92

---

117) Vgl. *Fülbier*, § 10 Rz. 44 ff.
118) *Findeisen*, zit. nach *von der Ropp*, Handelsblatt vom 29.10.1998.
119) Siehe beispielhaft Fälle bei *Schröder/Textor*, § 261 StGB Rz. 170 ff.
120) *Schröder/Textor*, § 261 StGB Rz. 155 ff.
121) LKA NRW, Lagebild Finanzermittlungen 1995, S. 81.
122) Gegenäußerung BReg zu BRat RegE GewAufspG, BT-Drucks. 12/2747, S. 4.

Einleitung

93 Diese Auffassung ist jedoch nicht unumstritten. *Körner*[123)] hält die Sicherstellung für wichtiger. Er scheint aber auf die hier vertretene Linie eingeschwenkt zu sein.[124)] Diese wird jetzt auch von der **FATF** getragen, die in den Auslegungsbestimmungen zur Empfehlung den Mitgliedstaaten nahe legt, auf eine Beschlagnahme von Geld zu verzichten, um unter anderem Beweismittel zu sammeln.[125)]

94 Den angesprochenen Zielkonflikt kann es z. B. geben, wenn ein neuer Kunde auf die Bank zugeht und aus Sicht der Bank eine verdächtige Transaktion durchführen will. Würde der Geldwäscher bemerken, dass die Bank einen Verdacht hegt, nähme er entweder sofort Abstand von dem Geschäft, oder er würde es nur ein einziges Mal als Eilgeschäft tätigen. Bei beiden Alternativen wäre ein Zugriff auf die Gelder voraussichtlich nicht möglich. Bei der ersten kommt die Bank erst gar nicht in den Besitz des Vermögensgegenstandes; bei der zweiten Alternative wäre die Transaktion sofort auszuführen oder abzulehnen.

95 Für die organisierte Kriminalität ist die Geldwäsche unter anderem wegen der Einbeziehung außenstehender Personen mit erheblichen Risiken verbunden. Hat sich die Durchführung einer Finanztransaktion als vermeintlich gefahrlos erwiesen, wird dieser Weg mehrfach begangen, um nicht bei der Suche nach neuen Wegen neue Risiken einzugehen. Wenn die Gelder bei der ersten Transaktion auch nicht sichergestellt werden könnten, wäre jedoch ein Einblick in Strukturen sowie bei Folgegeschäften der Zugriff auf Täter und Vermögensgegenstände möglich.

96 Diese Vermutung deckt sich mit der Erfahrung und Vorgehensweise der **amerikanischen Drogenfahnder**. Durch Beschlagnahme von Kontounterlagen, die Aufschlüsse über Abhebungen und Begünstigte von Überweisungen ergaben, erhoffte man sich z. B. bei Ermittlungen gegen das kolumbianische Drogenkartell, Geldwäschetransaktionen auf die Spur zu kommen.[126)] Vor dem Zugriff waren nach Schätzungen der Polizei zwischen 1987 und 1989 bereits ca. 400 Mio. US-$ unter Einschaltung von 22 Banken gewaschen worden. Durch Beschlagnahme konnten nur noch 15 Mio. US-$ in New York und 20 Mio. US-$ in Miami sichergestellt werden. Den beschlagnahmten Kontounterlagen wurde dabei größere Bedeutung beigemessen. Diese Erfahrungen haben sich inzwischen auch in Deutschland eingestellt.[127)]

97 Relevant wird der Zielkonflikt auch bei der Dauer der Stillhaltepflicht nach § 11.[128)] Die hier vertretene Auffassung bestätigt **Art. 7 Satz 3 der 1. Geldwäscherichtlinie**. Danach ist eine verdächtige Transaktion, soweit sich darauf nicht verzichten lässt, ohne vorherige Anzeige durchzuführen, wenn durch die Anzeige die Verfolgung der Nutznießer einer mutmaßlichen Geldwäsche behindert werden könnte. Im Geldwäschegesetz kommt diese Wertung weniger deutlich zum Ausdruck. Sie lässt sich nur daran ablesen, dass **Eilgeschäfte** ohne vorherige Anzeige ausgeführt werden können. In der Begründung zum Gesetzentwurf der entsprechenden Regelung in Luxemburg

---

123) *Körner*, Capital 2/93, S. 30.
124) Vgl. *Körner*, in: Körner/Dach, S. 54.
125) FATF, Auslegungsbestimmungen zu Empfehlung Nr. 38.
126) Handelsblatt vom 19.4.1990, S. 11.
127) Rheinische Post vom 20.11.1996 und vom 3.10.1996.
128) *Fülbier*, § 11 Rz. 153 ff.

Einleitung

heißt es dazu ausdrücklich, dass das Geschäft ohne vorherige Anzeige ausgeführt werden soll, wenn sonst die Aufmerksamkeit des Kunden erregt werden würde.[129)]

Diese Regel darf allerdings nicht als Rechtfertigung missbraucht werden, jedes verdächtige Geschäft durchzuführen. Dies wäre schon strafrechtlich sehr bedenklich.[130)] 98

6. Prävention

Die Umsetzung der Verpflichtungen aus dem Geldwäschegesetz durch die Institute hat dazu geführt, dass Geldwäscher zunehmend auf andere Formen der Geldwäsche außerhalb der Institute ausweichen. Auch wenn dies in der Regierungsbegründung zum Geldwäschegesetz nicht deutlich zum Ausdruck kommt, wird man die Verhinderung des Missbrauchs von Instituten zur Geldwäsche als weiteres Ziel ansehen müssen.[131)] 99

IX. Auslegungsgrundsätze

Der zuvor beschriebene Zweck des Gesetzes setzt Leitlinien für die Auslegung. Darauf wird bei den einzelnen Vorschriften noch einzugehen sein. Zudem muss das Gesetz unter Berücksichtigung **seiner internationalen Entstehungsgeschichte** ausgelegt werden. Maßstab sind dabei einerseits die Geldwäscherichtlinien, andererseits die entsprechenden, in das nationale Recht umgesetzten Bestimmungen anderer EU-Mitgliedstaaten. Denn hinter dieser Regelung stand das Ziel der Rechtsvereinheitlichung. Daran muss sich auch die Rechtsprechung orientieren. Deren Auslegungsergebnis soll die Rechtseinheit fördern.[132)] 100

Es ist weiter zu berücksichtigen, dass der deutsche Gesetzgeber an den Vorgaben der Geldwäscherichtlinie nicht vorbeigehen konnte. Aus diesem Grunde lässt sich die Wirksamkeit einzelner Bestimmungen des Geldwäschegesetzes, insbesondere die Anzeigepflicht, nur in sehr begrenztem Umfang am Maßstab des deutschen Verfassungsrechts messen.[133)] 101

Nach „**Solange II**"[134)] war das Gemeinschaftsrecht selbst nur einer eingeschränkten Grundrechtskontrolle ausgesetzt. Dieser Rechtssatz musste in gleicher Weise für das Umsetzungsrecht gelten. Andernfalls wäre Gemeinschaftsrecht indirekt doch 102

---

129) Begründung zum Entwurf vom 27.2.1992 zu Art. 40 Abs. 3, Satz 8 des Gesetzes für den Finanzsektor (Luxemburg), Nr. 3600, Chambre des Députés, Session ordinaire 1991–1992 vom 3.4.1992; siehe auch 4. Aufl., Länderbericht Luxemburg, Rz. 37 f.
130) Siehe *Schröder/Textor*, § 261 StGB Rz. 132 ff.
131) Ausführlich *Findeisen*, wistra 1997, 121, 123 ff.
132) Zur Auslegung von Umsetzungsrecht *Jarass*, EuR 1991, 211; *Lutter*, JZ 1992, 593; allgemein zur rechtsvergleichenden Auslegung BGH WM 1976, 107; BGHZ 39, 124, 132; BGHZ 35, 363, 369; *Kötz-Zweigert*, S. 14 ff, 21; *Kropholler*, S. 258 ff, 278 ff, 298 ff.
133) *Fülbier*, WM 1990, 2025, 2030; allgemein BVerfGE 73, 339, 387 = WM 1987, 146 („Solange II"); siehe aber auch BVerfG ZIP 1993, 1636 = NJW 1993, 3047, dazu EWiR 1993, 1081 *(Kluth)* („Maastricht").
134) BVerfGE 73, 339, 387 („Solange II").

Einleitung

wieder vom deutschen Verfassungsrecht überprüft worden.[135] Diese Entscheidung wurde durch das **Maastricht-Urteil**[136] korrigiert. Dennoch lässt sich festhalten, dass – soweit sich das Umsetzungsrecht mit dem Gemeinschaftsrecht deckt – eine Grundrechtskontrolle nur in engen Grenzen stattfindet. Der Europäische Gerichtshof soll den Grundrechtsschutz EU-weit garantieren; das Bundesverfassungsgericht beschränkt sich auf die Gewährung unabdingbarer Grundrechtsstandards in Deutschland („**Kooperationsmodell**").[137]

103 Eine Angriffsfläche besteht bezüglich des Geldwäschegesetzes daher im Ergebnis nur dort, wo das Gesetz den Gestaltungsfreiraum, den die Geldwäscherichtlinie den Mitgliedstaaten belassen hat, nicht genutzt hat, aber nach den Vorgaben des deutschen Rechts hätte nutzen müssen. Als Beispiel mag hier die Feststellung des wirtschaftlich Berechtigten bei allen Finanztransaktionen (nicht nur im Verdachtsfall) dienen, die Verwertung der Daten und Anzeigen zu steuerlichen Zwecken nach § 10 Abs. 2 sowie die Stillhaltepflicht in § 11.[138]

X. Verhältnis zum Aufsichtsrecht

1. Anknüpfungspunkte zum Kreditwesengesetz

104 Das Pflichtenprogramm ist bei Kreditinstituten eng verwoben mit dem Bankaufsichtsrecht. Dies ergibt sich schon aus **§ 16 Nr. 2**, der früher das Bundesaufsichtsamt für das Kreditwesen (BAKred), heute die Bundesanstalt für Finanzdienstleistungsaufsicht (BaFin) als zuständige Behörde für die Durchführung des Gesetzes durch die Institute ausweist. Anknüpfungspunkte im **Kreditwesengesetz** werden von der Bundesanstalt zudem in **§ 6 Abs. 2 KWG (ordnungsgemäße Geschäftsführung)** und **§ 33 Abs. 1 Nr. 2 KWG (Zuverlässigkeit des Geschäftsleiters)** gesehen.

105 In der Bundesrepublik Deutschland ist die Zuverlässigkeitsprüfung überdies durch die 4. KWG-Novelle auf die Anteilseigner ausgedehnt worden, die mittelbar oder unmittelbar mit mindestens 10 % an der Bank beteiligt sind oder mindestens 10 % der Stimmrechte ausüben können (vgl. **§ 1 Abs. 9, §§ 2b, 32 Abs. 1 Satz 2 Nr. 6 c KWG**).[139] Durch diese Regelung soll z. B. auch verhindert werden, dass mit inkriminierten Geldern Kreditinstitute gekauft (vgl. Fall BCCI[140]) oder für Zwecke der Geldwäsche missbraucht werden. Eine entsprechende Regelung gilt z. B. in Luxemburg.

106 Die Verknüpfung mit dem Bankaufsichtsrecht wird auch durch **§ 29 Abs. 2 Satz 1 KWG** manifestiert. Danach hat der Prüfer bei der Prüfung des Jahresabschlusses auch festzustellen, ob das Institut seinen Verpflichtungen nach dem Geldwäschege-

---

135) *Nicolaysen*, EuR 1989, 216, 223 ff.
136) BVerfG ZIP 1993, 1636 („Maastricht").
137) Siehe auch *Häde*, BB 1993, 2457, 2461 f; *Schröder/Textor*, Vor § 261 StGB Rz. 24 ff.
138) Vgl. zum ähnlich gelagerten Problem des § 16 WpHG: *Habetha*, WM 1996, 2133, 2135 ff.
139) Begründung RegE 4. KWG-Novelle, BT-Drucks. 12/3377; siehe auch Finanzausschuss zum RegE 3. FMFG, BT-Drucks. 13/9874.
140) *Powis*, S. 1 ff.

Einleitung

setz nachgekommen ist.[141] Dessen Pflichten werden durch § 17 der Prüfungsberichtsverordnung (PrüfBV) und der Nummer 12 der Erläuterungen des Bundesaufsichtsamtes für das Kreditwesen zu dieser Verordnung weiter konkretisiert.[142]

Das **Prüfungsergebnis des Abschlussprüfers** ist in einem sehr umfangreichen Berichtsteil festzuhalten, der der Bundesanstalt zuzuleiten ist. Sind darin Beanstandungen festgehalten, wendet sich die Bundesanstalt unmittelbar an das betroffene Institut, um auf die Beseitigung der Mängel einzuwirken. In gravierenden Fällen kann es zu einer **Sonderprüfung nach § 44 KWG** kommen. Eine derartige Sonderprüfung wird nach dem Zufallsprinzip von der Bundesanstalt außerdem in Einzelfällen angeordnet, um die Einhaltung der Pflichten aus dem Geldwäschegesetz stichprobenweise unmittelbar zu kontrollieren. 2004 hat die Bundesanstalt 18 Sonderprüfungen durch externe Wirtschaftsprüfer veranlasst. Dabei wurde festgestellt, dass einige Kreditinstitute ihre Systeme nicht ausreichend an ihre Geschäfts- und Risikostruktur angepasst hatten.[143] 107

Aufgrund der letzten Änderungen des KWG stellen die §§ 6a, 24c und 25b KWG weitere Schnittstellen dar. 108

Schließlich sind die **Verlautbarungen und Schreiben des Bundesaufsichtsamtes für das Kreditwesen sowie der Bundesanstalt** zu nennen, die die aufsichtsrechtlichen Anforderungen an die Kredit- und Finanzdienstleistungsinstitute zur Umsetzung der Pflichten aus dem Geldwäschegesetz darlegen. Teilweise werden darin gesetzliche Pflichten lediglich beschrieben und präzisiert; teilweise werden neue Pflichten geschaffen (im Einzelnen siehe bei den jeweiligen Vorschriften). Die Verlautbarung dient der internen und externen Revision als **maßgebliche Prüfungsgrundlage**. 109

Die erste Verlautbarung datiert vom 4.11.1993. Sie wurde durch die Verlautbarung vom 26.10.1994 ersetzt, die zahlreiche neue Verpflichtungen für die Kreditinstitute enthielt. Diese Fassung wurde von der seit dem 1.6.1998 geltenden **Verlautbarung vom 30.3.1998** abgelöst.[144] Sie enthält neben den bisherigen Bestimmungen im Wesentlichen Regelungen oder Auslegungen zum Geldwäschegesetz, die das Bundesaufsichtsamt für das Kreditwesen laufend durch Schreiben oder Ergänzungen zur 110

---

141) Vor Inkrafttreten der 6. KWG-Novelle zum 1.1.1998 waren die Prüfer nach § 29 Abs. 1 KWG eigentlich nur verpflichtet, die Einhaltung des § 14 KWG zu prüfen; durch die Prüfungsberichtsverordnung vom 21.7.1994 (PrüfBV), BGBl I 1994, 1803, und die Anwendungspraxis des früheren BAKred waren die Prüfer aber auch schon zuvor gehalten, die Beachtung aller Pflichten aus dem GwG durch die Institute zu kontrollieren; materiell ergibt sich daher keine Änderung der Praxis; vgl. dazu: FN-IDW Nr. 9/1196, 402.
142) Prüfungsberichtsverordnung vom 17.12.1998, BGBl I, 3690, auszugsweise abgedruckt im Gesetzesteil; die Erläuterungen zu dieser Verordnung sind abrufbar unter www.bafin.de/verordnungen/prueftp.pdf; siehe dazu auch *Braun*, in: Boos/Fischer/Schulte-Mattler, KWG, PrüfBV. Im Einzelnen siehe unten *Langweg*, § 14 Rz. 111 ff.
143) BaFin, Jahresbericht 2004, S. 81.
144) BAKred, Verlautbarung für Kreditinstitute vom 30.3.1998, abgedruckt in Anhang III.1; lediglich Nr. 34 Buchst. d war erst ab dem 1.10.1998 anzuwenden; dazu *Höche*, Die Bank 1998, 618; *Rabe*, Sparkasse 1998, 335.

Einleitung

Verlautbarung bekannt gemacht hatte.[145] An dieser Stelle ist auch auf die Verlautbarung für Finanzdienstleistungsinstitute hinzuweisen, die das Bundesaufsichtsamt am 30.12.1997 veröffentlicht hat (unten Rz. 130).

111 Bezüglich einiger Verpflichtungen, die sich nicht aus dem Gesetz ergeben, ist fraglich, ob sie allein auf Basis der **Verlautbarung** vom 30.3.1998 eine hinreichende **rechtliche Grundlage** haben. Das Bundesaufsichtsamt für das Kreditwesen wollte diesbezüglich § 14 Abs. 2 Nr. 2 a. F. als Ermächtigungsgrundlage heranziehen.[146] Das erschien äußerst fraglich.[147] Mit dem Geldwäschebekämpfungsgesetz wurde in § 14 Abs. 4 Satz 1 eine neue Ermächtigunsgrundlage für die Aufsichtsbehörden geschaffen.

2. Aufsichtsrechtliches Instrumentarium

112 Die Gewerbeaufsicht für Finanzdienstleistungen wird im Kreditwesengesetz geregelt und nach § 6 Abs. 1 KWG von der Bundesanstalt für Finanzdienstleistungsaufsicht (bis zum 30.4.2002: Bundesaufsichtsamt für das Kreditwesen) ausgeübt. Nach § 6 Abs. 2 KWG hat die Bundesanstalt Missständen im Kredit- und Finanzdienstleistungswesen entgegenzuwirken, die die Sicherheit der den Instituten anvertrauten Vermögenswerte gefährden, die ordnungsgemäße Durchführung der Bankgeschäfte oder Finanzdienstleistungen beeinträchtigen oder erhebliche Nachteile für die Gesamtwirtschaft herbeiführen können.

113 Als Regelungsinstrumente nutzt die Bundesanstalt **Verordnungen** (vgl. §§ 22, 24 Abs. 4, § 29 Abs. 4 und § 31 Abs. 1 Satz 2 KWG; z. B. die Anzeigenverordnung und die Großkredit- und Millionenkreditverordnung[148]), Bekanntmachungen und Mitteilungen. **Bekanntmachungen** sind von allgemeiner Bedeutung und können als Sammelverwaltungsakte mit verbindlicher Wirkung für Kreditinstitute oder auch als unverbindliche Anordnung ausgestaltet sein.[149] Dem **VG Berlin** zufolge sind die Grundsätze zu § 10 KWG weder Rechtsnormen noch Verwaltungsakte, sondern **Programmsätze**.[150] Mit **Mitteilungen** werden Auslegungsgrundsätze zu Zweifels-

---

145) Die Schreiben sind teilweise über das Internet abrufbar (http://www.bafin.de) und überwiegend in *Consbruch/Möller u. a.* veröffentlicht.
146) Vgl. *Langweg*, § 14 Rz. 123 ff.
147) *Herzog/Christmann*, WM 2003, 6, 11; *Herzog*, WM 1996, 1753, 1758 f, 1762 f; *ders.*, WM 1999, 1905; *Höche*, Die Bank 1998, 618, 623 f; *ders.*, Die Bank 2002, 196, 201; *Kaufmann*, S. 229 ff, 239.
148) Verordnung über die Anzeigen und die Vorlage von Unterlagen nach dem Gesetz über das Kreditwesen (Anzeigenverordnung – AnzV) vom 29.12.1997, BGBl I, 3372; Verordnung über die Erfassung, Bemessung, Gewichtung und Anzeige von Krediten im Bereich der Großkredit- und Millionenkreditvorschriften des Gesetzes über das Kreditwesen (Großkredit- und Millionenkreditverordnung – GroMiKV) vom 29.12.1997, BGBl I, 3418, zuletzt geändert durch Gesetz vom 21.12.2000, BGBl I, 1857, 1871; dazu allgemein *Fülbier*, in: Boos/Fischer/Schulte-Mattler, KWG, § 6 Rz. 11 ff.
149) Z. B. Grundsätze über das Eigenkapital und die Liquidität der Kreditinstitute, BAKred, Bekanntmachung Nr. 1/69 vom 20.1.1969, zuletzt geändert durch Bekanntmachung vom 20.7.2000, BAnz. Nr. 160, abgedruckt in: *Consbruch/Möller u. a.*, KWG, Nr. 3.01.
150) VG Berlin WM 1996, 1309.

Einleitung

fragen des Kreditwesengesetzes verkündet.[151] Seit dem 1.1.1998 konnte das Bundesaufsichtsamt für das Kreditwesen, heute die Bundesanstalt, auf Basis des mit der 6. KWG-Novelle[152] eingeführten § 6 Abs. 3 KWG auch **Anordnungen** in Form von Verwaltungsakten erlassen (unten Rz. 117 ff).

Als weiteres Instrument, um das es im Bereich der Geldwäsche im Wesentlichen geht, ist die **Verlautbarung** zu nennen. Sie wird auf § 6 Abs. 2 KWG gestützt und von ihrem Rechtscharakter her zwischen Bekanntmachung und Mitteilung eingeordnet. Soweit es an einer spezialgesetzlichen Grundlage oder Ermächtigung fehlt, wird in Rechtsprechung und Literatur eine unmittelbare Verbindlichkeit für Kredit- und Finanzdienstleistungsinstitute abgelehnt.[153] Dennoch haben sie in der Praxis ein erhebliches Gewicht, weil an ihnen deutlich wird, welche Anforderungen die Bundesanstalt an die Ordnungsgemäßheit der Geschäftsführung stellt. Auch die Verlautbarung als „**informelle Maßnahme**" dient den Abschlussprüfern als Richtschnur für die Durchführung der jährlichen Prüfung.[154] Man leitet daher eine mittelbare Verbindlichkeit für die Banken aus § 6 KWG ab. 114

Das Bundesaufsichtsamt für das Kreditwesen vertrat eine strengere Auffassung, die an den Konsequenzen ablesbar ist, die das Amt an die Nichtbeachtung knüpfte. Es versäumte kaum eine Gelegenheit, darauf hinzuweisen: [155] 115

„Um den Inhalt der Vorschrift, deren Einhaltung in erster Linie im Interesse der Kreditinstitute liegt, zu verdeutlichen, füge ich in der Anlage eine zusammenfassende Darstellung der amtlichen Auslegung des § 18 KWG bei. **Ich möchte ausdrücklich darauf hinweisen, dass Verstöße gegen die Vorschrift des § 18 KWG sowohl Grundlage einer Verwarnung nach § 36 Abs. 2 KWG sein als auch die Einleitung eines Bußgeldverfahrens nach § 56 Abs. 1 Nr. 6 KWG begründen können.**" [Hervorhebungen durch den Verfasser]

Das Bundesaufsichtsamt für das Kreditwesen selbst bezeichnete die Verlautbarung als „**allgemeine Aufsichtshandlung**". Diese sei im Regelfall nur normkonkretisierend und norminterpretierend. Gelegentlich stützt es die Maßnahme auf spezialgesetzliche Ermächtigungsgrundlagen. Als solche versteht es z. B. § 14 Abs. 2 Nr. 2.[156] Die herrschende Meinung[157] wurde durch die Begründung zum Entwurf des Art. 1 des Gesetzes zur Umsetzung der Wertpapierdienstleistungs- und Kapi- 116

---

151) *Reischauer/Kleinhans*, KWG, § 6 Rz. 10a; *Fülbier*, in: Boos/Fischer/Schulte-Mattler, KWG, § 6 Rz. 17 ff, 24.
152) 6. KWG-Novelle, BGBl I 1997, 2518.
153) VG Berlin WM 1996, 1309; *Bähre/Schneider*, KWG, § 6 Anm. 3; *Reischauer/Kleinhans*, KWG, § 6 Rz. 10a; *Schork*, Bank-Betrieb 1964, 35, 36 f; *Tormann*, ZKW 1977, 375.
154) *Höche*, Die Bank 1998, 618, 620; *Rabe*, Sparkasse 1998, 335.
155) BAKred, Schreiben an die Spitzenverbände der Kreditinstitute vom 8.8.1995, (I 3–237–2/94), Überblick über die grundsätzliche Anforderungen an die Offenlegung der wirtschaftlichen Verhältnisse nach § 18 KWG, abgedruckt in: *Consbruch/Möller u. a.*, KWG, Nr. 4.267; die Verlautbarung zu § 18 KWG vom 8.8.1995 wurde inzwischen durch die vom 7.7.1998 abgelöst, BAKred, Rundschreiben 9/98 (I 3–237–2/94).
156) Siehe dazu im Einzelnen unten *Langweg*, § 14 Rz. 123 ff, mit abweichender Ansicht.
157) *Bähre/Schneider*, KWG, § 6 Anm. 3; *Reischauer/Kleinhans*, KWG, § 6 Rz. 10a; *Schork*, Bank-Betrieb 1964, 35, 36 f; *Tormann*, ZKW 1977, 375; vgl. auch *Artopoeus*, ZKW 1994, 1085, 1090.

Einleitung

taladäquanzrichtlinie sowie zur Änderung anderer bank- und wertpapieraufsichtsrechtlicher Vorschriften bekräftigt. Darin heißt es unter Nummer 9:[158]

> „Die Anordnungskompetenz besteht bisher nur bei den besonderen Maßnahmen der Gefahrenabwehr der §§ 45 ff und im Rahmen der Sachverhaltsermittlungskompetenzen der §§ 44 ff sowie im Rahmen der laufenden Aufsicht über die Beachtung der gesetzlichen Verbote und Gebote der §§ 10 ff. Eine Anordnungskompetenz des BAKred besteht bisher jedoch nicht in den aufsichtlich nicht weniger sensiblen Bereichen, welche die interne Organisation einer Bank – namentlich die internen Kontrollverfahren, die Ausgestaltung der Innenrevision, die Auslagerung von Geschäftsbereichen auf andere Unternehmen – im besonderen und die Einhaltung der Grundsätze ordnungsmäßiger Geschäftsführung sowie die Sicherstellung der Gesamtverantwortung der Geschäftsleiter im allgemeinen betreffen. Nur wenn und soweit ein entsprechender Mißstand zugleich einen Verstoß gegen die kodifizierten Normen der materiellen Bankenaufsicht beinhaltet, kann das BAKred bisher mit dem klassischen Eingriffsinstrumentarium des allgemeinen Verwaltungsrechts einschreiten. Andernfalls muß es sich noch damit behelfen, informellen Druck auf die verantwortlichen Geschäftsleiter auszuüben und in krassen Fällen deren Abberufung zu verlangen. Im übrigen kann das BAKred Mißständen in den Instituten bislang nur zu Lasten der verantwortlichen Geschäftsleiter über die Infragestellung ihrer fachlichen Eignung oder Zuverlässigkeit entgegenwirken."

117 Mit Art. 1 Nr. 9 der 6. KWG-Novelle vom 22.10.1997 wurde dem Bundesaufsichtsamt für das Kreditwesen durch Einführung des **§ 6 Abs. 3 KWG**[159] eine Anordnungskompetenz eingeräumt, die § 81 VAG für das Bundesaufsichtsamt für das Versicherungswesen, § 1a Abs. 2 BörsG für die Börsenaufsichtsbehörden der Länder und § 4 Abs. 1 WpHG für das Bundesaufsichtsamt für den Wertpapierhandel entsprach:

> „Das Bundesaufsichtsamt kann im Rahmen der ihm zugewiesenen Aufgaben gegenüber dem Institut und seinen Geschäftsleitern Anordnungen treffen, die geeignet und erforderlich sind, Mißstände in dem Institut zu verhindern oder zu beseitigen, welche die Sicherheit der dem Institut anvertrauten Vermögenswerte gefährden können oder die ordnungsgemäße Durchführung der Bankgeschäfte oder Finanzdienstleistungen beeinträchtigen."

118 Diese Anordnungskompetenz ermächtigte das Bundesaufsichtsamt für das Kreditwesen indes nur dazu, im Einzelfall gegenüber einem einzelnen Institut Verwaltungsakte zu erlassen. Eine allgemeine Rechtsetzungskompetenz ist darin nach wie vor nicht enthalten. Hinsichtlich des Rechtscharakters der Verlautbarung hat sich somit gegenüber dem alten Recht nichts geändert.[160] Soweit daher eine Verlautbarung nicht nur norminterpretierend oder normkonkretisierend ist, sondern neues Recht setzen will, ist dies lediglich als Empfehlung anzusehen, deren Nichtbeachtung sanktionslos ist.

---

158) Begründung RegE zur 6. KWG-Novelle, BT-Drucks. 13/7142, S. 74.
159) Neufassung des KWG vom 22.10.1997, BGBl I, 2518.
160) Vgl. *Karg/Lindemann*, Sparkasse 1997, 123, 127 f.

Einleitung

Es ist im Einzelfall zu prüfen, ob die Bestimmungen der Verlautbarung über die gesetzlichen Anforderungen hinausgehen. Bei den Sanktionen wäre die Bundesanstalt, wenn die Prüfung ein Überschreiten der gesetzlichen Vorgaben ergibt, wie bisher auf **informelle Maßnahmen** wie Belehrungen und Ähnliches beschränkt. Gerade im Bereich der Geldwäschebekämpfung erweckte das Bundesaufsichtsamt für das Kreditwesen mitunter den Eindruck, „Fehler" des Gesetzgebers korrigieren zu wollen. Es wollte anstelle des Gesetzgebers Recht setzen. Dies wurde z. B. deutlich in einem Schreiben des Bundesaufsichtsamtes für das Kreditwesen, in dem es heißt:[161]

119

„Da eine gesetzliche Regelung dieser Anforderungen des Art. 5 EG-Geldwäscherichtlinie unterblieben ist, stellt das Bundesaufsichtsamt die Einhaltung dieser Anforderungen über dessen Verwaltungspraxis im Rahmen des § 11 sicher. .... Im Rahmen seiner Aufsichtsbefugnisse hat das Bundesaufsichtsamt ... diese Pflicht [aus § 8] ... inhaltlich dahin gehend erweitert, dass ...".

3. Nichtbeachtung von Anforderungen aus der Verlautbarung

Kredit- und Finanzdienstleistungsinstitute werden im Grundsatz nicht umhinkommen, die in einer Verlautbarung festgelegten Pflichten zu beachten. Eine Nichtbeachtung entsprechender Verpflichtungen würde von den Abschlussprüfern im Prüfungsbericht bemängelt werden, weil diese die Verlautbarung quasi als Prüfungsleitfaden benutzen. Sodann war bislang eine „Beanstandung" oder Abmahnung der Geschäftsleitung durch das Bundesaufsichtsamt für das Kreditwesen – ob nun berechtigt oder nicht – unter Hinweis auf § 6 KWG zu erwarten, im Extremfall sogar eine Zwangsmaßnahme, die die **Abberufung des Geschäftsleiters** zur Folge haben konnte.[162] Seit Inkrafttreten der 6. KWG-Novelle und dem neuen § 6 Abs. 3 KWG ist mit einer individuellen Anordnung in Form eines Verwaltungsakts zu rechnen. Dagegen kann ein Rechtsmittel eingelegt und der Verwaltungsrechtsweg beschritten werden. Der Umweg über die Infragestellung der fachlichen Eignung oder Zuverlässigkeit von Geschäftsleitern erübrigt sich daher. Man muss die Frage, ob z. B. die Identifizierungspflicht bei Finanztransfergeschäften rechtens ist, nicht mehr im Abberufungsverfahren des Geschäftsleiters klären lassen.[163]

120

Kommt es zu Widersprüchen zwischen amtlicher Vorgabe und **zivilrechtlicher oder öffentlich-rechtlicher Zulässigkeit** der Umsetzung ins Rechtsverhältnis Institut-Kunde, muss das Kreditinstitut zudem abwägen, ob es eher das Risiko eines Prozesses mit dem Kunden oder einer Rüge der Bundesanstalt in Kauf nehmen will.[164]

121

Das Bundesaufsichtsamt hatte erklärt, die Nichtbeachtung der Anzeigepflicht aus § 11 unabhängig von etwaigen strafrechtlichen Konsequenzen mit den Instrumen-

122

---

161) BAKred, Schreiben vom 24.1.1995, (I5–B102), Maßnahmen zur Bekämpfung der Geldwäsche; Wirksamkeit des Geldwäschegesetzes und des § 261 StGB, abgedruckt in: *Consbruch/Möller u. a.*, KWG, Nr. 11.11, IV d V und IV c.
162) *Schneider*, WM 1996, 712, 713.
163) Vgl. RegE zur 6. KWG-Novelle, BT-Drucks. 13/7142, S. 74; *Fülbier*, in: Boos/Fischer/Schulte-Mattler, KWG, § 6 Rz. 17 ff, 59 ff.
164) *Fülbier*, in: Boos/Fischer/Schulte-Mattler, KWG, § 6 Rz. 30 f.

Einleitung

ten des Kreditwesengesetzes zu ahnden.[165] Der Rückgriff auf das Kreditwesengesetz ist in diesen Fällen entgegen der amtlichen Auffassung unzulässig. Der Sanktionskatalog des Geldwäschegesetzes ist abschließend. Wenn der Gesetzgeber eine Sanktion qua einschlägigem, speziellem Gesetz nicht vorsieht, kann dieser Wille nicht durch aufsichtsrechtliche Maßnahmen auf Basis eines allgemeinen Gesetzes „ersetzt" werden. Der Gesetzgeber hatte hier bewusst eine Pönalisierung unterlassen, weil die Nichterfüllung so vage formulierter Verpflichtungen wie derjenigen aus §§ 11, 14 wegen Verletzung des Bestimmtheitsgrundsatzes gar nicht sanktioniert werden darf.[166] Die nunmehr in Art. 39 der 3. Geldwäscherichtlinie vorgesehene Sanktion dürfte deshalb bei der Umsetzung in deutsches Recht auf erhebliche Probleme stoßen: Sie soll eingreifen, wenn verdächtige Transaktionen nicht gemeldet werden und dies zum Nutzen des Adressaten ist.

123 Zudem dürfen die Sanktionsnormen des Kreditwesengesetzes im Grundsatz nicht zur Disziplinierung von Verstößen gegen allgemeine Rechtsnormen wie z. B. des Geldwäschegesetzes herangezogen werden.[167]

4. Zweigniederlassungen ausländischer Banken

124 Das Geldwäschegesetz ist für Banken ein allgemeines Gesetz; es ist nicht „integrierter" Bestandteil des Kreditwesengesetzes. Aus diesem Grunde haben auch **Zweigniederlassungen**, deren Hauptniederlassung in einem EU-Mitgliedstaat liegt, dieses Gesetz zu befolgen, obwohl sie seit 1993 nur dem Bankaufsichtsrecht und der aufsichtsrechtlichen Kontrolle des Sitzlandes unterworfen sind.[168] Dabei kann es zu Kollisionen und Überschneidungen mit dem fremden Bankaufsichtsrecht kommen, wenn dieses die Regelungen zur Bekämpfung der Geldwäsche dem Aufsichtsrecht zuordnet. Das ist z. B. in Luxemburg der Fall.[169]

5. Verhältnis zum Versicherungsaufsichtsrecht

125 Das **Bundesaufsichtsamt für das Versicherungswesen** hatte ähnliche Maßnahmen, wenn auch weniger einschneidende, ergriffen. Zunächst hatte das Amt mit einer Verlautbarung vom 8.11.1993[170] reagiert, die an die Lebensversicherungsunternehmen gerichtet war. Im Dezember 1994 hatte es weitere Anordnungen und Verwal-

---

165) BAKred, Schreiben vom 24.1.1995, (I5–B102), Maßnahmen zur Bekämpfung der Geldwäsche; Wirksamkeit des Geldwäschegesetzes und des § 261 StGB, abgedruckt in: *Consbruch/Möller u. a.*, KWG, Nr. 11.11, IV f.
166) Gegenäußerung BReg zu BRat RegE GewAufspG, BT-Drucks. 12/2747, S. 5.
167) *Bähre/Schneider*, KWG, § 6 Anm. 2; *Tormann*, ZKW 1977, 375; *Fülbier*, in: Boos/Fischer/Schulte-Mattler, KWG, § 6 Rz. 8, 37 ff.
168) Vgl. *Fülbier*, § 1 Rz. 68 ff.
169) Vgl. *Fülbier*, § 15 Rz. 1 ff, und Art. 38–40 des Gesetzes für den Finanzsektor (Luxemburg) vom 5.4.1993, ABl 1993, S. 461; siehe hierzu auch 4. Aufl., Länderbericht Luxemburg Rz. 1 ff; BAKred, Verlautbarung für Kreditinstitute vom 30.3.1998, Nr. 6, abgedruckt in Anhang III.1.
170) BAV, Anordnungen und Verwaltungsgrundsätze 1993, VerBAV 1993, 355, abgedruckt in Anhang IV.1.

Einleitung

tungsgrundsätze erlassen.[171] Neue Entwicklungen sowie Ergebnisse aus ersten Prüfungen von Lebensversicherern hatten ergänzende Erläuterungen zum Geldwäschegesetz erforderlich gemacht. Diese waren in den **Anordnungen und Verwaltungsgrundsätzen** niedergelegt, die Anfang Februar 1996, im September 1997 und im Juli 1998 veröffentlicht wurden.[172] Die Maßnahmen betrafen in erster Linie Lebensversicherer.

Mit Art. 9 des Begleitgesetzes zur 6. KWG-Novelle vom 22.10.1997 hatte der Gesetzgeber ein Redaktionsversehen korrigiert, aufgrund dessen alle Versicherungsunternehmen als Institut definiert waren und eigentlich alle für Institute geltenden Vorschriften hätten anwenden müssen.[173] Nach zutreffender Ansicht des Bundesaufsichtsamtes für das Versicherungswesen sollten die Vorschriften schon in der Vergangenheit nur von Lebensversicherern angewandt werden. Dies zeigte sich deutlich an den Verwaltungsgrundsätzen von 1996.[174] Nunmehr ist in § 1 Abs. 1 und 4 klargestellt, dass als Institut im Sinne des Geldwäschegesetzes nur Versicherungsunternehmen gelten, die Lebensversicherungsverträge anbieten.[175] Hinzu gekommen sind mit der Gesetzesänderung vom 22.10.1997 auch Unfallversicherungen mit Prämienrückgewähr. Seit dem Inkrafttreten des Geldwäschebekämpfungsgesetzes am 15.8.002 gelten Versicherungsmakler, die Unfallversicherunsgverträge mit Prämienrückgewähr oder Lebensversicherungsverträge vermitteln, auch als Institut (§ 1 Abs. 4 Satz 2).

126

Zum 1.5.2002 wurde die Institutsaufsicht mit dem Gesetz über die Bundesanstalt für Finanzdienstleistungsaufsicht vom 22.4.2002 (FinDAG)[176] neu geordnet. Mit dem Gesetz wurden u. a. die Bundesaufsichtsämter für das Kreditwesen und das Versicherungswesen in der Bundesanstalt zusammengefasst (§ 1 Abs. 1 FinDAG). Eine neue Verlautbarung zur Geldwäschebekämpfung durch die Versicherungsunternehmen war für 2003 vorgesehen;[177] eine Veröffentlichung ist derzeit aber nicht absehbar.

127

6. Aufsicht über Finanzdienstleistungsinstitute

Nach Einführung des Geldwäschegesetzes hat sich gezeigt, dass Geld vielfach mit Hilfe von Geschäften gewaschen wurde, die üblicherweise von Finanzdienstleis-

128

---

171) BAV, Anordnungen und Verwaltungsgrundsätze 1994, VerBAV 1994, 408, 409, abgedruckt in Anhang IV.2.
172) BAV, Anordnungen und Verwaltungsgrundsätze 1996, VerBAV 1996, 3, abgedruckt in Anhang IV.3; Anordnungen und Verwaltungsgrundsätze 1997, VerBAV 1997, 243, 244, abgedruckt in Anhang IV.4; auf deren Inhalt wird bei den jeweiligen Vorschriften eingegangen; Anordnungen und Verwaltungsgrundsätze 1998, VerBAV 1998, 135, abgedruckt in Anhang IV.5.
173) Im Einzelnen siehe *Fülbier*, § 1 Rz. 31 f.
174) BAV, Anordnungen und Verwaltungsgrundsätze 1996, VerBAV 1996, 3, abgedruckt in Anhang IV.3.
175) Zu einem neuerlichen Redaktionsversehen siehe unten *Fülbier*, § 1 Rz. 31.
176) Gesetz über die Bundesanstalt für Finanzdienstleistungsaufsicht (FinDAG) vom 22.4.2002, BGBl I, 1310, zuletzt geändert durch Gesetz vom 22.9.2005, 2809; dazu *Schwirten*, in: Boos/Fischer/Schulte-Mattler, KWG, FinDAG.
177) BaFin, Jahresbericht 2002, S. 22.

Einleitung

tungsinstituten i. S. d. § 1 Abs. 1a KWG, insbesondere Wechselstuben, vorgenommen werden. Dies verdeutlichen einige aufsehenerregende Fälle, die teilweise aufgrund von Verdachtsanzeigen von Kreditinstituten aufgedeckt wurden,[178] sowie Erkenntnisse der Strafverfolgungsbehörden und der FATF.[179] Diese sind in die überarbeiteten Empfehlungen der FATF vom Juni 1996 eingeflossen. Deren Nummer 8 legt den einzelnen Staaten nahe, die 40 Empfehlungen nicht nur auf Kreditinstitute, sondern auch auf Finanzdienstleistungsunternehmen anzuwenden. Dieser Empfehlung war Deutschland mit der 6. KWG-Novelle vom 22.10.1997 nachgekommen.

129 In § 1 Abs. 1 KWG sind mit der 6. KWG-Novelle einige Tätigkeiten erstmals als Bankgeschäft definiert worden, um unter anderem eine wirksame Geldwäschebekämpfung sicherzustellen. Dazu zählt das E-Geld-Geschäft nach § 1 Abs. 1 Satz 2 Nr. 11 KWG (Geldkarten- und Netzgeldgeschäft).[180] Zudem wurden aus demselben Grund das Drittstaateneinlagenvermittlungsgeschäft, das Finanztransfergeschäft und der Umtausch von Sorten als Finanzdienstleistung nach § 1 Abs. 1a Satz 2 Nr. 5–7 KWG definiert und damit der Aufsicht des Bundesaufsichtsamtes für das Kreditwesen unterstellt. Mit dem Vierten Finanzmarktförderungsgesetz vom 21.6.2002 wurde mit demselben Ziel das Kreditkartengeschäft als Finanzdienstleistung nach § 1 Abs. 1a Nr. 8 KWG definiert.[181] Auch diese Gesetzesänderung ging auf Empfehlungen der FATF zurück. Bei einigen Verfahren des Kreditkartenprocessing können Kreditkarten und Kreditkartenkonten auch zur Kontoführung und zur Teilnahme am Zahlungsverkehr genutzt werden. Dabei sind Geldtransfers von einem Kartenkonto zum anderen möglich. Dieses Geschäft sollte daher der Aufsicht unterstellt werden.

130 Mit der 6. KWG-Novelle wurden **Finanzdienstleistungsinstitute**, für die bis dahin ausschließlich die örtlichen Gewerbeaufsichtsbehörden zuständig waren, durch die Neufassung des § 16 Nr. 2 in Sachen Geldwäschebekämpfung der **Gewerbeaufsicht des Bundesaufsichtsamts für das Kreditwesen, heute der Bundesanstalt**, unterstellt. Das Bundesaufsichtsamt für das Kreditwesen hatte die für diese Institute geltenden Pflichten aus dem Geldwäschegesetz in seiner Verlautbarung vom 30.12.1997 konkretisiert. Sie entspricht im Wesentlichen der Verlautbarung, die für die Kreditinstitute gilt. Abweichungen, wie z. B. die Befreiung von der Pflicht zur Bestellung eines Geldwäschebeauftragten nach § 14 Abs. 2 Nr. 1 bei kleinen Instituten (Nummer 35) oder die Verpflichtung zur Einrichtung eines Systems zur Gewinnung von Verdachtsfällen, werden bei den maßgeblichen Vorschriften behandelt.

---

178) Siehe *Schröder/Textor*, § 261 StGB Rz. 170 ff.
179) Begründung RegE eines Gesetzes zur Verbesserung der Geldwäschebekämpfung, BT-Drucks. 13/6620, S. 7, 9 f.
180) Dazu *Fülbier*, in: Boos/Fischer/Schulte-Mattler, KWG, § 1 Rz. 25 ff, 96.
181) Begründung RegE 4. FMFG, BT-Drucks. 14/8017, S. 112; *Fülbier*, in: Boos/Fischer/Schulte-Mattler, KWG, § 1 Rz. 121, 144 ff, 147 ff.

§ 1

Begriffsbestimmungen

(1) ¹Kreditinstitute sind Unternehmen im Sinne des § 1 Abs. 1 des Gesetzes über das Kreditwesen mit Ausnahme der in § 2 Abs. 1 Nr. 4, 7 und 8 des Gesetzes über das Kreditwesen erfassten Unternehmen. ²Die Bundesanstalt für Finanzdienstleistungsaufsicht kann im Einzelfall bestimmen, dass auf ein Unternehmen im Sinne dieser Vorschrift wegen der Art der von ihm betriebenen Geschäfte die Vorschriften dieses Gesetzes nicht anzuwenden sind.

(2) ¹Finanzdienstleistungsinstitute sind Unternehmen im Sinne des § 1 Abs. 1a des Gesetzes über das Kreditwesen mit Ausnahme der in § 2 Abs. 6 Satz 1 Nr. 3 und 5 bis 12 des Gesetzes über das Kreditwesen erfassten Unternehmen. ²Finanzunternehmen sind Unternehmen im Sinne des § 1 Abs. 3 des Gesetzes über das Kreditwesen. ³Absatz 1 Satz 2 gilt entsprechend.

(3) Eine im Inland gelegene Zweigstelle eines Kreditinstituts, Finanzdienstleistungsinstituts oder Finanzunternehmens mit Sitz im Ausland gilt als Kreditinstitut, Finanzdienstleistungsinstitut oder Finanzunternehmen im Sinne dieses Gesetzes.

(4) ¹Institute im Sinne dieses Gesetzes sind ein Kreditinstitut, ein Finanzdienstleistungsinstitut, eine Investmentaktiengesellschaft im Sinne des § 2 Abs. 5 des Investmentgesetzes, ein Finanzunternehmen und ein Versicherungsunternehmen, das Unfallversicherungsverträge mit Prämienrückgewähr oder Lebensversicherungsverträge anbietet. ²Als Versicherungsunternehmen gelten, außer in den Fällen des § 4 Abs. 4, des § 9 Abs. 3 und des § 14, auch Versicherungsmakler, die solche Verträge vermitteln.

(5) ¹Identifizieren im Sinne dieses Gesetzes ist das Feststellen des Namens aufgrund eines gültigen Personalausweises oder Reisepasses sowie des Geburtsdatums, des Geburtsortes, der Staatsangehörigkeit und der Anschrift, soweit sie darin enthalten sind, und das Feststellen von Art, Nummer und ausstellender Behörde des amtlichen Ausweises. ²Die Identifizierung kann auch anhand einer qualifizierten elektronischen Signatur im Sinne von § 2 Nr. 3 des Signaturgesetzes erfolgen.

(6) Finanztransaktion im Sinne dieses Gesetzes ist jede Handlung, die eine Geldbewegung oder eine sonstige Vermögensverschiebung bezweckt oder bewirkt.

(7) Dem Bargeld gleichgestelltes Zahlungsmittel ist elektronisches Geld im Sinne von § 1 Abs. 14 des Gesetzes über das Kreditwesen.

Literatur: *Baums*, Asset-Backed Finanzierungen im deutschen Wirtschaftsrecht, WM 1993, 1; *Borchert*, Cyber-Money – eine neue Währung, Sparkasse 1996, 41; *Escher*, Bankrechtsfragen des elektronischen Geldes im Internet, WM 1997, 1173; *Findeisen*, „Underground Banking" in Deutschland, WM 2000, 2125; *Hammen*, Zinsobergrenzen im letzten „Reservat" des Faustpfands, WM 1995, 185; *Jung/Schleicher*, Finanzdienstleister und Wertpapierhandelsbanken – Aufsichtsrechtliche Regelungen, 2. Aufl., 2001; *Karg/Lindemann*, Regierungsentwurf der 6. KWG-Novelle, Die Sparkasse 1997, 123; *König/*

GwG § 1 — Begriffsbestimmungen

van Aerssen, Das Rundschreiben des Bundesaufsichtsamtes für das Kreditwesen zur „Veräußerung von Kundenforderungen im Rahmen von Asset-Backed Securities-Transaktionen durch deutsche Kreditinstitute", WM 1997, 1777; *Kümpel*, Elektronisches Geld (cyber coins) als Bankgarantie, NJW 1999, 313; *ders.*, Rechtliche Aspekte des elektronischen Netzgeldes (Cybergeld), WM 1998, 365; *Mahler/Göbel*, Internetbanking: Das Leistungsspektrum, Die Bank 1996, 491; *Meister*, Elektronisches Geld und seine bankaufsichtliche Relevanz, ZgKW 2000, 762; *Mensching*, Holdinggesellschaft als Finanzunternehmen i. S. des § 1 Abs. 3 KWG?, DB 2002, 2347; *Mielk*, Die wesentlichen Neuregelungen der 6. KWG-Novelle (I), WM 1997, 2200; *Milatz*, Steuerfreiheit von Anteilsveräußerungen durch vermögensverwaltende Beteiligungsgesellschaften, BB 2001, 1066; *Moseschus*, Die Auswirkungen des Geldwäschegesetzes auf Leasing-Gesellschaften, Teil 1 und 2, FLF 2004, 212, 265; *Oelkers*, Der Begriff des „Eigenhandels für andere" im KWG, WM 2001, 340; *Ohler*, Aufsichtsrechtliche Fragen des electronic banking, WM 2002, 162; *Pfeiffer*, Die Geldkarte – Ein Problemaufriß, NJW 1997, 1036; *Schäfer*, Der Begriff des Emissionsgeschäfts im KWG, WM 2002, 361; *Schneider/Eichholz/Ohl*, Die aufsichtsrechtliche Bewertung von Asset Backed Securities, ZIP 1992, 1452; *Spallino*, Rechtsfragen des Netzgeldes, WM 2001, 231; *Tischbein*, Die Legitimationsprüfung bei der Kontoeröffnung, 2. Aufl., 2002; *Zenke/Ellwanger*, Handel mit Energiederivaten, 2003; *Zerwas/Hanten*, Abgrenzungsprobleme und Ausnahmen bei Handelsaktivitäten nach der Sechsten KWG-Novelle, ZBB 2000, 44; *dies.*, Outsourcing bei Kredit- und Finanzdienstleistungsinstituten, WM 1998, 1110.

Übersicht

I. Einführung 1
II. Kreditinstitute (Abs. 1) 4
1. Abgrenzung zum KWG-Begriff 4
2. Kreditinstitute nach dem Kreditwesengesetz 10
 a) Einlagengeschäft (§ 1 Abs. 1 Nr. 1 KWG) 13
 b) Pfandbriefgeschäft (§ 1 Abs. 1 Nr. 1a KWG) 15
 c) Kreditgeschäft (§ 1 Abs. 1 Nr. 2 KWG) 16
 d) Diskontgeschäft (§ 1 Abs. 1 Nr. 3 KWG) 17
 e) Finanzkommissionsgeschäft (§ 1 Abs. 1 Nr. 4 KWG) 18
 f) Depotgeschäft (§ 1 Abs. 1 Nr. 5 KWG) 19
 g) Investmentgeschäft (§ 1 Abs. 1 Nr. 6 KWG) 20
 h) Revolvinggeschäft (§ 1 Abs. 1 Nr. 7 KWG) 21
 i) Garantiegeschäft (§ 1 Abs. 1 Nr. 8 KWG) 22
 j) Girogeschäft (§ 1 Abs. 1 Nr. 9 KWG) 23
 k) Emissionsgeschäft (§ 1 Abs. 1 Nr. 10 KWG) 24
 l) E-Geld-Geschäft (§ 1 Abs. 1 Nr. 11 KWG) 25

III. Finanzdienstleistungsinstitute (Abs. 1a Satz 1) 28
1. Abgrenzung zum Kreditwesengesetz 28
2. Finanzdienstleistungsinstitute nach § 1 Abs. 1a KWG 34
 a) Einführung 34
 b) Anlagevermittlung (§ 1 Abs. 1a Satz 2 Nr. 1 KWG) 37
 c) Abschlussvermittlung (§ 1 Abs. 1a Satz 2 Nr. 2 KWG) 38
 d) Finanzportfolioverwaltung (§ 1 Abs. 1a Satz 2 Nr. 3 KWG) 39
 e) Eigenhandel für andere (§ 1 Abs. 1a Satz 2 Nr. 4 KWG) 40
 f) Drittstaateneinlagenvermittlung (§ 1 Abs. 1a Satz 2 Nr. 5 KWG) 41
 g) Finanztransfergeschäfte (§ 1 Abs. 1a Satz 2 Nr. 6 KWG) 43
 g) Sortengeschäft (§ 1 Abs. 1a Satz 2 Nr. 7 KWG) 48
 h) Ausgabe und Verwaltung von Kreditkarten und Reiseschecks (§ 1 Abs. 1a Satz 2 Nr. 8 KWG) 52

Begriffsbestimmungen § 1 GwG

IV. Finanzunternehmen
   (Abs. 2 Satz 2) 55
1. Begriff 55
2. Beteiligungserwerb
   (§ 1 Abs. 3 Satz 1 Nr. 1 KWG) 61
3. Erwerb von Geldforderungen
   (§ 1 Abs. 3 Satz 1 Nr. 2 KWG) 62
4. Leasinggeschäft
   (§ 1 Abs. 3 Satz 1 Nr. 3 KWG) 63
5. Eigenhandel für eigene
   Rechnung (§ 1 Abs. 3 Satz 1
   Nr. 5 KWG) 64
6. Anlageberatung
   (§ 1 Abs. 3 Satz 1 Nr. 6 KWG) 65
7. Unternehmensberatung
   (§ 1 Abs. 3 Satz 1 Nr. 7 KWG) 66
8. Geldmaklergeschäft (§ 1 Abs. 3
   Satz 1 Nr. 8 KWG) 67
V. Inländische Zweigstellen ausländischer Institute (Abs. 3) 68
1. Zweigstellen und Nieder-
   lassungen 68
2. Institute mit Sitz im Ausland 72
VI. Institute (Abs. 4) 79
VII. Identifizieren (Abs. 5) 81
VIII. Finanztransaktion (Abs. 6) 94
IX. Elektronisches Geld (Abs. 7) 96

I. Einführung

§ 1 enthält **Legaldefinitionen** für einige Begriffe, die für das Geldwäschegesetz 1
maßgeblich sind und an die in vielen GwG-Vorschriften angeknüpft wird. Die Voranstellung soll die Lesbarkeit des Geldwäschegesetzes erleichtern. Die Vorschrift wurde zuletzt mit dem **Geldwäschebekämpfungsgesetz** vom 8.8.2002 und mit dem Investmentmodernisierungsgesetz vom 15.12.2003[1]) geändert. Mit dem Gesetz sollte der Terrorismus bekämpft und die Zweite Geldwäscherichtlinie umgesetzt werden. Von der Änderung waren Absatz 4 (Erweiterung um Versicherungsmakler) und Absatz 5 (Identifizieren) betroffen. Absatz 7 (elektronisches Geld) wurde ergänzt. Über die Bezugnahme auf § 1 KWG sind auch die darin erfolgten Novellierungen in das Geldwäschegesetz eingeflossen. Dies betrifft die Umsetzung einiger EG-Richtlinien im Rahmen der 4. bis 6. KWG-Novelle, u. a. durch die 2. Bankrechtskoordinierungsrichtlinie, die Konsolidierungsrichtlinie, die Wertpapierdienstleistungsrichtlinie und die BCCI-Folgerichtlinie. Zuletzt wurde § 1 KWG durch das Vierte Finanzmarktförderungsgesetz geändert.[2])

Alle wesentlichen Pflichten des Geldwäschegesetzes gelten für **Institute.** Deswegen 2
kommt dem Begriff im Rahmen des Geldwäschegesetzes besondere Bedeutung zu. Er ist in Absatz 4 definiert. Darunter fallen u. a. Kreditinstitute, Finanzdienstleistungsinstitute und Finanzunternehmen. Absatz 1 bestimmt, unter welchen Voraussetzungen ein Kreditinstitut im Sinne des Geldwäschegesetzes anzunehmen ist, Absatz 2 Satz 1 definiert entsprechend den Begriff des Finanzdienstleistungsinstituts, der mit der 6. KWG-Novelle neu eingeführt wurde. Absatz 2 Satz 2 enthält die Definition des Finanzunternehmens. Nach Absatz 3 werden im Inland gelegene Zweigstellen dieser Unternehmensarten mit Sitz im Ausland als entsprechende Unternehmensarten im Sinne des Geldwäschegesetzes festgeschrieben. Absatz 5 definiert den Begriff „Identifizieren", Absatz 6 den der Finanztransaktion. Durch Absatz 7 wird elektronisches Geld dem Bargeld im Sinne des Geldwäschegesetzes gleichgestellt.

Das Geldwäschegesetz nimmt aber nicht nur Institute in die Pflicht, sondern auch 3
Rechtsanwälte, Notare, Wirtschaftsprüfer, Steuerberater, sonstige Gewerbetreiben-

---

1) Gesetz zur Modernisierung des Investmentwesens und zur Besteuerung von Investmentvermögen (Investmentmodernisierungsgesetz) vom 15.12.2003, BGBl I, 2676
2) *Fülbier*, in: Boos/Fischer/Schulte-Mattler, KWG, § 1 Rz. 1 ff.

de, Immobilienmakler und Spielbanken, Versteigerer sowie Edelmetallhändler. Es hätte sich aus systematischen Gründen angeboten, auch diese Adressaten in § 1 aufzunehmen.[3]

II. Kreditinstitute (Abs. 1)

1. Abgrenzung zum KWG-Begriff

4 Die **Reichweite der Definition** des Begriffs „Kreditinstitut" in Absatz 1 ist auf das Geldwäschegesetz beschränkt, während die Definition nach dem Kreditwesengesetz im Grundsatz gesetzesübergreifend gilt. Der Kreditinstitutsbegriff beider Gesetze ist heute aber weitgehend deckungsgleich. Die Definition des Begriffs „Kreditinstitut" im Geldwäschegesetz ist mit Art. 9 Nr. 1 des Begleitgesetzes zur 6. KWG-Novelle vom 22.10.1997 geändert worden. Mit der Änderung wurde der Kritik abgeholfen, die an dieser Stelle in der 1. bis 3. Auflage gegenüber der ursprünglichen Fassung des Gesetzestextes erhoben wurde. Der Begriff wurde im Geldwäschegesetz ursprünglich eigens neu definiert, statt auf die Vorschriften des Kreditwesengesetzes zu verweisen. So waren unnötige Abweichungen vorprogrammiert. Seit dem 1.1.1998 sind Kreditinstitute nach § 1 Abs. 1 GwG weitgehend auch solche i. S. d. § 1 Abs. 1 KWG.[4] Unter anderem bei den Instituten, die erst kraft Fiktion des § 2 Abs. 1 KWG nicht als Kreditinstitut gelten, gibt es Unterschiede. So gelten im Sinne des Geldwäschegesetzes und damit abweichend vom Kreditwesengesetz auch als Kreditinstitut:

– die **Deutsche Bundesbank** (§ 2 Abs. 1 Nr. 1 KWG),[5]

– die **Kreditanstalt für Wiederaufbau** (§ 2 Abs. 1 Nr. 2 KWG),

– die Sozialversicherungsträger und die Bundesanstalt für Arbeit (§ 2 Abs. 1 Nr. 3 KWG),

– die öffentliche **Schuldenverwaltung des Bundes**, eines seiner Sondervermögen, eines Landes oder eines anderen Staates des Europäischen Wirtschaftsraums und deren Zentralbanken, sofern diese nicht fremde Gelder als Einlagen oder andere rückzahlbare Gelder des Publikums annimmt oder Gelddarlehen oder Akzeptkredite gewährt (§ 2 Abs. 1 Nr. 3a KWG),

– Unternehmen des **Pfandleihgewerbes**, soweit sie dieses durch Gewährung von Darlehen gegen Faustpfand betreiben (§ 2 Abs. 1 Nr. 5 KWG)[6] und

– Unternehmen, die aufgrund des Gesetzes über Unternehmensbeteiligungsgesellschaften als **Unternehmensbeteiligungsgesellschaften** anerkannt sind (§ 2 Abs. 1 Nr. 6 KWG).[7]

---

3) Zu diesen Adressaten siehe *Langweg*, § 2 Rz. 10 f; § 3 Rz. 10 ff.
4) § 1 Abs. 1, § 2 Abs. 1 KWG sind im Gesetzesteil abgedruckt.
5) Die Deutsche Bundesbank ist bei der Einhaltung der Verpflichtungen aus dem Geldwäschegesetz allerdings nicht der Aufsicht durch die BaFin unterworfen (§ 16 Nr. 2).
6) Dazu *Fülbier*, in: Boos/Fischer/Schulte-Mattler, KWG, § 2 Rz. 13 ff; allgemein *Hammen*, WM 1995, 185.
7) Dazu *Fülbier*, in: Boos/Fischer/Schulte-Mattler, KWG, § 2 Rz. 19 ff.

Begriffsbestimmungen § 1 GwG

Als Kreditinstitut im Sinne des Geldwäschegesetzes gelten – wie nach dem Kreditwesengesetz – **nicht** die privaten und öffentlich-rechtlichen **Versicherungsunternehmen** (§ 2 Abs. 1 Nr. 4 KWG). Allerdings werden Versicherungsunternehmen, die Lebensversicherungsverträge oder Unfallversicherungsverträge mit Prämienrückgewähr anbieten, durch Absatz 4 als Institute definiert.[8] Der Gesetzgeber hat damit das in der ursprünglichen Fassung enthaltene Redaktionsversehen korrigiert, um entsprechend seiner Intention allen übrigen Versicherungsunternehmen nicht die Bürde der Pflichten eines Instituts im Sinne des Geldwäschegesetzes aufzuerlegen.[9]

Des Weiteren gelten wie nach § 2 Abs. 1 KWG **nicht** als Kreditinstitut:

– Unternehmen, die Bankgeschäfte ausschließlich mit ihrem Mutterunternehmen oder ihren Tochter- oder Schwesterunternehmen betreiben (§ 2 Abs. 1 Nr. 7 KWG),
– Unternehmen, die das Finanzkommissionsgeschäft ausschließlich an einer Börse, an der ausschließlich Derivate gehandelt werden, für andere Mitglieder dieser Börse betreiben und deren Verbindlichkeiten durch ein System zur Sicherung der Erfüllung der Geschäfte an dieser Börse abgedeckt sind (§ 2 Abs. 1 Nr. 8 KWG).

Darüber hinaus hat die Bundesanstalt für Finanzdienstleistungsaufsicht nach Absatz 1 Satz 2 die Kompetenz, im Einzelfall zu bestimmen, dass auf ein Kreditinstitut im Sinne des Geldwäschegesetzes wegen der Art der von ihm betriebenen Geschäfte die Vorschriften nicht anzuwenden sind. Dafür können z. B. Bürgschaftsbanken in Frage kommen, wenn sie besondere Umstände geltend machen können, die eine Freistellung rechtfertigen.[10] Diese Vorschrift ist § 2 Abs. 4 KWG nachgebildet.[11]

Die **Verlautbarung des Bundesaufsichtsamtes für das Kreditwesen** vom 30.3.1998[12] erweitert den Anwendungsbereich dieses Gesetzes für Kreditinstitute. Von ihnen wird erwartet, dass andere mit ihnen im Konzernverbund stehende **Tochterunternehmen**, insbesondere Finanzdienstleistungsinstitute und Finanzunternehmen im Sinne des Absatzes 2 und **Grundstücksgesellschaften**, die mit Immobilien Handel treiben, für die die Bundesanstalt nicht nach § 16 Nr. 2 die zuständige Behörde ist, die für sie geltenden Pflichten dieses Gesetzes beachten.

---

[8] Dazu Rechtsausschuss zu den Entwürfen zur verbesserten Geldwäschebekämpfung, BT-Drucks. 13/9661, S. 8.
[9] Dementgegen heißt es noch in der Begründung RegE Begleitgesetz zur 6. KWG-Novelle, BT-Drucks. 13/7143, S. 36: „Dagegen bleiben ... Versicherungsunternehmen ... Normadressaten des GwG." In diesem Punkt hat der Gesetzgeber indes seine Auffassung im Laufe des Gesetzgebungsverfahrens geändert; dies zeigt sich an der späteren Korrektur des Textes zu Absatz 4.
[10] BAKred, Schreiben vom 24.3.1994 (I 5 – B 203), „Bürgschaftsbanken als Adressaten des Geldwäschegesetzes (GwG)", abgedruckt in: *Consbruch/Möller u. a.*, KWG, Nr. 11.03.
[11] Siehe dazu auch *Langweg*, § 14 Rz. 171, 174; *Fülbier*, in: Boos/Fischer/Schulte-Mattler, KWG, § 2 Rz. 37 ff.
[12] BAKred, Verlautbarung für Kreditinstitute vom 30.3.1998, Nr. 5, abgedruckt in Anhang III.1.

9 Nach § 15 haben inländische Kreditinstitute zudem dafür zu sorgen, dass einige Verpflichtungen aus dem Geldwäschegesetz auch von ihren **ausländischen Zweigstellen** und von ihren abhängigen ausländischen Unternehmen eingehalten werden.[13] Eine weitere Abweichung vom KWG-Begriff resultiert aus der Fiktion in Absatz 3 (unten Rz. 68 ff).

2. Kreditinstitute nach dem Kreditwesengesetz

10 Nach § 1 Abs. 1 Satz 1 KWG sind Kreditinstitute Unternehmen, die Bankgeschäfte gewerbsmäßig oder in einem Umfang betreiben, der einen kaufmännisch eingerichteten Geschäftsbetrieb erfordert. Die Eigenschaft des Kreditinstituts besteht unabhängig davon, ob eine **Erlaubnis** für das Betreiben dieser Geschäfte vorliegt.[14] Allerdings ist der Betrieb von Bankgeschäften im Rahmen des Satzes 1 ohne Erlaubnis ein Straftatbestand (§ 54 Abs. 1 Nr. 1 KWG).

11 Der Systematik des § 1 KWG zufolge ist ein Unternehmen als Kreditinstitut zu qualifizieren, wenn es nur **ein Bankgeschäft** aus dem Katalog des § 1 Abs. 1 KWG betreibt. Anfang 1998 gab es ca. 3 700 Kreditinstitute, zum 31.12.2000 waren es 3 006. Ende 2001 wurden 2 726 Kreditinstitute, 828 Finanzdienstleistungsinstitute und 37 Wertpapierhandelsbanken beaufsichtigt.[15] Zum 31.12.2003 waren es nur noch 2 385 Kredit- und 773 Finanzdienstleistungsinstitute.[16]

12 Der **Katalog** der Bankgeschäfte ist **abschließend**. Eine Erweiterung ist nur durch eine Gesetzesänderung möglich. Kreditinstitute nach § 1 Abs. 1 KWG sowie die Deutsche Bundesbank haben hinsichtlich der Geldwäschebekämpfung neben den Vorschriften aus dem Geldwäschegesetz auch noch § 24c KWG zu beachten.[17]

a) Einlagengeschäft (§ 1 Abs. 1 Nr. 1 KWG)

13 Unter **Einlagengeschäft** ist die Annahme fremder Gelder als Einlagen oder anderer rückzahlbarer Gelder des Publikums zu verstehen, sofern der Rückzahlungsanspruch nicht in Inhaber- oder Orderschuldverschreibungen verbrieft wird. Auf die Vergütung von Zinsen kommt es dabei nicht an. Seit dem 1.1.1998 umfasst der Begriff des Einlagengeschäfts zwei Alternativen. Bis zum 31.12.1997 war darunter nur die „Annahme fremder Gelder als Einlagen" zu verstehen. Insofern bleibt es auch bei der alten Rechtslage. Mit Einführung der 6. KWG-Novelle zum 1.1.1998 ist der EU-rechtliche Ansatz der „Annahme rückzahlbarer Gelder des Publikums" als Auffangtatbestand hinzugekommen. § 1 Abs. 1 Nr. 1 KWG ist einschlägig, wenn eine der beiden Alternativen erfüllt ist.

---

13) Im Einzelnen siehe unten *Fülbier*, § 15 Rz. 7 f; zu inländischen Zweigstellen ausländischer Kreditinstitute siehe unten Rz. 68.
14) *Bähre/Schneider*, KWG, § 1 Anm. 2.
15) BaFin, Geschäftsbericht 2001, S. 39, 43.
16) BaFin, Jahresbericht 2003, im Internet abrufbar unter: http://www.bafin.de/Presse&Publikationen/Jahresberichte/Jahresbericht 2003, S. 9, 21
17) Siehe unten *Langweg*, § 24c KWG Rz. 1 ff.

Erlaubnisfrei sind die **Ausgabe von Inhaber- oder Orderschuldverschreibungen**. 14
Industrieunternehmen können sich also weiterhin durch die Ausgabe dieser Schuldverschreibungen über den Kapitalmarkt refinanzieren, ohne Kreditinstitut zu sein. Dabei sind die Schutzbestimmungen des Wertpapierverkaufsprospektgesetzes zu beachten. Von dieser Ausnahmeregelung sind **Namensschuldverschreibungen** nicht betroffen.

b) Pfandbriefgeschäft (§ 1 Abs. 1 Nr. 1a KWG)

Mit dem Gesetz zur Neuordnung des Pfandbriefrechts[18] wurde das Pfandbriefgeschäft in § 1 Abs. 1 Satz 2 Nr. 1a KWG als neues Bankgeschäft aufgenommen. 15
Pfandbriefe können seitdem von allen Banken und nicht mehr nur von Spezialinstituten ausgegeben werden.

c) Kreditgeschäft (§ 1 Abs. 1 Nr. 2 KWG)

Unter **Kreditgeschäft** i. S. d. § 1 Abs. 1 Nr. 2 KWG ist die Gewährung von Gelddarlehen und Akzeptkrediten zu verstehen. **Gelddarlehen** sind Verträge i. S. d. § 488 16
BGB, aufgrund deren der Darlehensgeber zur Hingabe von Geld verpflichtet ist, der Darlehensnehmer zur Rückzahlung von Geld. Anders als nach § 488 BGB ist der Geschäftsgegenstand nach § 1 Abs. 1 Nr. 2 KWG auf Geld beschränkt. Daher gehören z. B. Darlehen über Wertpapiere (**Wertpapierleihe**, § 607 BGB) **nicht** zu den Bankgeschäften. Die Gelder müssen zudem **rückzahlbar** sein. Auch die **Barauszahlung von Schecks**, seien es auch nur Spitzenbeträge, ist Kreditgeschäft.[19] Die **Gewährung** eines Kredits ist nur die erstmalige Hingabe von Geld, **nicht** die **Übernahme** schon bestehender Darlehen, z. B. im Rahmen einer offenen oder stillen Unterbeteiligung.[20] Wird eine Kaufpreisschuld gestundet und gegebenenfalls verzinst, ist dies ebenfalls kein Gelddarlehen nach § 1 Abs. 1 Nr. 2 KWG, sondern Warenkredit (**Absatzfinanzierung**).

d) Diskontgeschäft (§ 1 Abs. 1 Nr. 3 KWG)

Diskontgeschäft ist der Ankauf von Wechseln im Sinne des Wechselgesetzes und 17
Schecks im Sinne des Scheckgesetzes. Der Ankauf anderer Wertpapiere oder Forderungen erfüllt nicht den Tatbestand der § 1 Abs. 1 Nr. 3 KWG. Daher fällt z. B. auch das Factoringgeschäft nicht unter diesen Tatbestand. Der Kaufpreis für die anzukaufenden Wechsel oder Schecks entspricht dem Nominalwert dieser Wertpapiere abzüglich einer Provision und der Zwischenzinsen für die Zeit bis zum Fälligkeitszeitpunkt (**Diskont**). Der **Diskontsatz** war der vom früheren Zentralbankrat der Bundesbank festgelegte Zinssatz, den Kreditinstitute beim Verkauf von Wechseln an die Bundesbank zu entrichten hatten. Der Diskontsatz wurde zum 1. 1.1999 durch den jeweiligen **Basiszins** ersetzt (§ 1 DÜG[21]).

---

18) Gesetz zur Neuordnung des Pfandbriefrechts vom 22.5.2005, BGBl I, 1373, 1388.
19) VG Berlin WM 1994, 2238.
20) *Beck/Samm*, KWG, § 1 Rz. 50; *Reischauer/Kleinhans*, KWG, § 1 Rz. 61; *Szagunn/Haug/Ergenzinger*, KWG, § 1 Rz. 31.
21) Diskont-Überleitungs-Gesetz (DÜG) = Art. 1 des Euro-Einführungsgesetzes vom 9.6.1998, BGBl I, 1242.

GwG § 1

Begriffsbestimmungen

e) Finanzkommissionsgeschäft (§ 1 Abs. 1 Nr. 4 KWG)

18 Das **Finanzkommissionsgeschäft** nach § 1 Abs. 1 Nr. 4 KWG ist die Anschaffung und die Veräußerung von **Finanzinstrumenten** (§ 1 Abs. 11 KWG) im eigenen Namen für fremde Rechnung (verdeckte Stellvertretung, vgl. §§ 383 ff HGB). Dem Finanzkommissionär kommt es nicht auf einen Kursgewinn, sondern auf den Provisionsertrag an. Der Tatbestand war vor Inkrafttreten der 6. KWG-Novelle zum 1.1.1998 auf Wertpapiere und Wertpapierderivate beschränkt (Effektengeschäft). Nun erstreckt sich dieser Geschäftstyp z. B. auch auf Geldmarktinstrumente, Devisen und Derivate.

f) Depotgeschäft (§ 1 Abs. 1 Nr. 5 KWG)

19 Unter **Depotgeschäft** ist nach § 1 Abs. 1 Nr. 5 KWG die Verwahrung und die Verwaltung von Wertpapieren für andere zu verstehen. Es genügt zur Erlangung der Kreditinstitutseigenschaft, wenn das Unternehmen eine der beiden Tätigkeiten (Verwahrung oder Verwaltung) durchführt. Die Verwahrung im eigenen Namen für fremde Rechnung wird auch **für andere** vorgenommen und ist Depotgeschäft. Bei der **Verwahrung** sind verschiedene Formen zu unterscheiden. Von § 1 Abs. 1 Nr. 5 KWG wird das **offene Depot** erfasst, das eine offene Übergabe von Wertpapieren voraussetzt. Der Verwahrer hat Zugang zu den Werten, und das Eigentum des Hinterlegers muss erkennbar sein. § 1 Abs. 1 Nr. 5 KWG betrifft dagegen **nicht** die **Annahme von Verwahrstücken** (verschlossenes Depot). In diesem Fall erhält das Kreditinstitut in der Regel keine Kenntnis vom Inhalt des Depots. Unter **Verwaltung** i. S. d. § 1 Abs. 1 Nr. 5 KWG ist z. B. die Einlösung von Zins-, Gewinnanteil- und Ertragsscheinen, die Einlösung von rückzahlbaren Wertpapieren bei deren Fälligkeit, die Ausübung von Bezugsrechten oder Stimmrechten und die Überwachung von Verlosungen oder Kündigungen zu verstehen.

g) Investmentgeschäft (§ 1 Abs. 1 Nr. 6 KWG)

20 Unter **Investmentgeschäft** sind die in § 2 InvG bezeichneten Geschäfte zu verstehen. Die Aufnahme dieser Geschäfte in den Katalog des Absatzes 1 Satz 2 entspricht § 6 Abs. 1 InvG, dem zufolge alle Kapitalanlagegesellschaften Kreditinstitute sind. Dieses Unternehmen darf nur in der Rechtsform einer AG oder GmbH betrieben werden (§ 1 Abs. 1 Satz 2 InvG). **Zweck** des Unternehmens ist es, durch Ausgabe von Investmentanteilen Mittel zu beschaffen, die im eigenen Namen für gemeinschaftliche Rechnung der Einleger (Anteilsinhaber) nach dem Grundsatz der Risikomischung getrennt vom eigenen Vermögen angelegt werden. Anlagegegenstand können u. a. Geldmarktinstrumente, Wertpapiere, Investmentfondsanteile, Grundstücke und Erbbaurechte (§ 2 Abs. 4 InvG) sein.

h) Revolvinggeschäft (§ 1 Abs. 1 Nr. 7 KWG)

21 Nach § 1 Abs. 1 Nr. 7 KWG ist die Eingehung der Verpflichtung, zuvor veräußerte Darlehensforderungen vor Fälligkeit zurückzuerwerben, ein Bankgeschäft. Diese Geschäftsform wird allgemein als **Revolvinggeschäft** bezeichnet. Dabei verkauft ein Unternehmen eine langfristige Darlehensforderung an einen Dritten mit der Verpflichtung, sie nach kurzer Zeit (also weit vor Endfälligkeit des Darlehens) wieder

Begriffsbestimmungen § 1 GwG

zurückzukaufen, um sie dann an eine andere Person mit derselben Zielrichtung weiterzuveräußern. Maßgeblich ist die **Verpflichtung zum Erwerb**, nicht der Erwerb selbst.[22] Diese Vorschrift ist durch Art. 4a des Gesetzes vom 22.9.2005[23] redaktionell klarer gefasst worden. Nicht erfasst werden soll die Verpflichtung, Darlehensforderungen vor Fälligkeit zu erwerben, wie dies z. B. von Zweckgesellschaften (§ 1 Abs. 26 KWG) oder Refinanzierungsvermittlern (§ 1 Abs. 25 KWG) praktiziert wird.[24]

i) Garantiegeschäft (§ 1 Abs. 1 Nr. 8 KWG)

Als **Garantiegeschäft** gilt die Übernahme von Bürgschaften, Garantien und sonstigen Gewährleistungen für andere. Als sonstige Gewährleistungen kommen z. B. der Kreditauftrag (§ 778 BGB), die Schuldmitübernahme, die Patronatserklärung und Indossamentsverpflichtungen in Frage. Dieser Geschäftstyp gehört zu den traditionellen Bankgeschäften. Es handelt sich in allen Fällen um eine Eventualverbindlichkeit, die im Verhältnis zum Auftraggeber durch den **Avalkreditvertrag** geregelt wird. Die Aufnahme dieses Geschäfts in den Katalog der Bankgeschäfte soll durch die Verpflichtung zur Einhaltung von Liquiditäts- und Eigenkapitalstandards sicherstellen, dass Haftungszusagen gegenüber Privaten und Unternehmen eingelöst werden können. Die Gewährleistung muss **für einen anderen** übernommen werden. Zu den Gewährleistungen nach § 1 Abs. 1 Nr. 8 KWG gehören zunächst Bürgschaften und Garantien. Ob eine **Patronatserklärung** eine sonstige Gewährleistung ist, hängt vom Einzelfall ab.[25]

22

j) Girogeschäft (§ 1 Abs. 1 Nr. 9 KWG)

Girogeschäft ist die Durchführung des bargeldlosen Zahlungsverkehrs und des Abrechnungsverkehrs. Mit der Einbeziehung dieser Geschäftstypen in die Bankaufsicht soll die Sicherheit und Leichtigkeit des volkswirtschaftlich bedeutsamen bargeldlosen Zahlungs- und Abrechnungsverkehrs gewährleistet werden. Anders als bei den Geschäften nach § 1 Abs. 1 Nr. 7 und 8 KWG steht nicht der Schutz von Gläubigerinteressen im Vordergrund, sondern der Schutz der allgemeinen Ordnung in der Kreditwirtschaft.[26] Der **bargeldlose Zahlungsverkehr** wird durch Buchungen von Konto zu Konto durchgeführt. Für Institute, die dieses Geschäft betreiben, ist neben den GwG-Vorschriften und § 24c KWG auch noch § 25b KWG zu beachten, der besondere Pflichten im grenzüberschreitenden bargeldlosen Zahlungsverkehr auferlegt.

23

---

22) *Bähre/Schneider*, KWG, § 1 Anm. 13; siehe dazu auch Begründung Finanzausschuss zum RegE eines Gesetzes zur Neuorganisation der Bundesfinanzverwaltung, BT-Drucks. 15/5852, S. 16.
23) Gesetz zur Neuorganisation der Bundesfinanzverwaltung und zur Schaffung eines Refinanzierungsregisters vom 22.9.2005, BGBl I, 2809, 2813.
24) Begründung Finanzausschuss zum RegE eines Gesetzes zur Neuorganisation der Bundesfinanzverwaltung, BT-Drucks. 15/5852, S. 16.
25) Dazu BGH ZIP 1992, 338 = WM 1992, 501; *Fülbier*, in: Boos/Fischer/Schulte-Mattler, KWG, § 1 Rz. 86 f.
26) *Beck/Samm*, KWG, § 1 Rz. 152; *Reischauer/Kleinhans*, KWG, § 1 Rz. 139.

k) Emissionsgeschäft (§ 1 Abs. 1 Nr. 10 KWG)

24 Das **Emissionsgeschäft** ist die Übernahme von Finanzinstrumenten für eigene Rechnung zur Platzierung oder die Übernahme gleichwertiger Garantien. Allerdings ist nicht jede Form des Emissionsgeschäfts zugleich Bankgeschäft nach § 1 Abs. 1 Nr. 10 KWG. Erfasst ist nur das Emissionsgeschäft in der Form des so genannten **Übernahmekonsortiums**. Zum Emissionsgeschäft nach § 1 Abs. 1 Nr. 10 KWG gehört auch die **Übernahme einer Garantie** (Garantiekonsortium) für den Platzierungserfolg im Falle eines Begebungs- oder Vermittlungskonsortiums. Gelingt die Platzierung nicht (vollständig) und ist das Konsortium kraft Garantie verpflichtet, nicht verkaufte Finanzinstrumente in den Eigenbestand zu übernehmen, ist § 1 Abs. 1 Nr. 10 KWG einschlägig.

l) E-Geld-Geschäft (§ 1 Abs. 1 Nr. 11 KWG)

25 Der neue Tatbestand des § 1 Abs. 1 Nr. 11 KWG fasst die bisherigen Bankgeschäftstatbestände „**Geldkartengeschäft**" (zuvor Nr. 11) und „**Netzgeldgeschäft**" (zuvor Nr. 12) zum neuen E-Geld-Geschäft zusammen. Die Neufassung geht zurück auf die E-Geld-Richtlinie,[27] bedeutet aber keine materielle Änderung. Mit der Umsetzung der E-Geld-Richtlinie wird für E-Geld-Institute anderer Mitgliedstaaten der Marktzugang in Deutschland sichergestellt. Der Begriff **E-Geld** ist in § 1 Abs. 14 KWG definiert. Die Begriffe „Ausgabe" und „Verwaltung" berücksichtigen die Nebengeschäfte, die E-Geld-Institute betreiben dürfen (Art. 1 Abs. 5 der Richtlinie). Die verbraucherschützende Rücktauschbarkeit von E-Geld ist in § 22a KWG geregelt.

26 Unter **Geldkartengeschäft** ist die Ausgabe **vorausbezahlter, wieder aufladbarer Karten** zu verstehen.[28] Der Begriff vorausbezahlte Karte ist gleichbedeutend mit Geldkarte, elektronischer Geldbörse oder electronic cash, e-cash, auch unter der ursprünglichen Bezeichnung „Point-of-Sale" (POS) bekannt. Geldkarten sind mit einem Magnetstreifen oder einem elektronischen Chip ausgestattet. Damit wird die Speicherung von Geldbeträgen als elektronischer Werteinheit ermöglicht. Die Geldkarte ist **nicht** identisch mit der **Kreditkarte** und der früheren **Euro-Scheckkarte**.

27 Bei Netzgeld handelt es sich laut Regierungsbegründung wie beim Kartengeld um **vorausbezahlte elektronische Zahlungseinheiten**, die von einer Bank oder Nichtbank emittiert und als Zahlungsmittel anstelle von Bargeld oder Buchgeld verwendet werden können. Das Netzgeld wird dabei vom Benutzer auf PC-Festplatte gespeichert und einmalig oder auch mehrfach zur Abwicklung von Fernzahlungen durch Dialog zwischen den beteiligten Rechnern verwendet, wobei moderne kryptographische Verfahren vor Fälschungen oder Verfälschungen Schutz bieten sollen. Die Zahlungen werden in der Regel wie mit Bargeld anonym durchgeführt.[29] Ein in Deutschland bisher einmaliges Pilotprojekt, bei dem das **E-cash-System** von Digi

---

27) Richtlinie 2000/46/EG des Europäischen Parlaments und des Rates vom 18.9.2000 über die Aufnahme, Ausübung und Beaufsichtigung der Tätigkeit von E-Geld-Instituten (E-Geld-Richtlinie), ABl L 275/39.
28) *Neumann*, in: Kilian/Heussen, Rz. 110/78 ff; *Werner*, in: BuB, Rz. 6/1660 ff.
29) Begründung RegE zur 6. KWG-Novelle, BT-Drucks. 13/7142, S. 64 f.

Begriffsbestimmungen **§ 1 GwG**

Cash B.V. angewendet wurde, ist im Mai 2001 mangels Nachfrage eingestellt worden.[30)]

III. Finanzdienstleistungsinstitute (Abs. 2 Satz 1)

1. Abgrenzung zum Kreditwesengesetz

Mit Art. 9 Nr. 1 des Begleitgesetzes zur 6. KWG-Novelle vom 22.10.1997[31)] ist der 28
Begriff „**Finanzinstitut**" aus der ursprünglichen Fassung des Absatzes 2 einhergehend mit den entsprechenden Änderungen im Kreditwesengesetz weggefallen. An die Stelle dieses Begriffs ist im Rahmen der 6. KWG-Novelle der Begriff „Finanzunternehmen" getreten. Dadurch sollte auch sprachlich die Differenzierung deutlicher werden. Ein Teil der früheren Finanzinstitute ist nun als Finanzdienstleistungsinstitut definiert. Das gilt z. B. für Wechselstuben. Die Mehrzahl der ehemaligen Finanzinstitute ist nun Finanzunternehmen nach § 1 Abs. 3 KWG. In Absatz 2 wird auf die maßgeblichen Bestimmungen des Kreditwesengesetzes verwiesen, um Anpassungsbedarf bei künftigen Änderungen zu vermeiden.

Die Institute nach Absatz 2 unterliegen der Aufsicht der Bundesanstalt (§ 16 29
Nr. 2). Ursprünglich war deren Beaufsichtigung wie z. B. bei den **Wechselstuben** (heute Finanzdienstleistungsinstitute) unzureichend. Für sie gab es kein Zulassungsverfahren. Die früher zuständigen Gewerbeaufsichtsämter verfügten nicht über die notwendigen Auskunfts- und Nachschaurechte. Hinzu kam, dass Wechselstuben häufig als Einfallstor für Geldwäscher fungierten. Dies hatten Ermittlungen der Strafverfolgungsbehörden ergeben, die durch Aufklärung mehrerer spektakulärer Fälle bestätigt werden konnten.[32)] Dies war auch einer der tragenden Gründe dafür, dass die FATF gefordert hatte, diese und vergleichbare Finanzdienstleister einer schärferen Aufsicht zu unterwerfen.[33)] Dies ist mit der Gesetzesänderung durch die 6. KWG-Novelle vom 22.10.1997 geschehen.[34)] Für alle Finanzdienstleistungsinstitute im Sinne des Geldwäschegesetzes gilt das Rundschreiben Nr. 12/99 des Bundesaufsichtsamtes für das Kreditwesen vom 23.7.1999.[35)]

Finanzdienstleistungsinstitute sind Unternehmen i. S. d. § 1 Abs. 1a KWG. Der 30
Begriff ist daher so weit mit dem des Kreditwesengesetzes identisch.[36)] Lediglich

---

30) *Neumann*, in: Kilian/Heussen, Rz. 110/61. Zur technischen Ausgestaltung und Funktionsweise sowie zu rechtlichen Aspekten von Netz- oder Cybergeld siehe auch BAKred, Geldwäscherisiko; *Borchert*, Sparkasse 1996, 41; *Escher*, WM 1997, 1173; *Kümpel*, WM 1998, 365; *Mahler/Göbel*, Die Bank 1996, 491; *Werner*, in: BuB, Rz. 6/1516 ff, 19/14 ff.
31) Vgl. Begründung RegE Begleitgesetz zur 6. KWG-Novelle, BT-Drucks. 13/7143, S. 36.
32) Siehe unten *Schröder/Textor*, § 261 StGB Rz. 176, 187.
33) Begründung RegE eines Gesetzes zur Verbesserung der Geldwäschebekämpfung, BT-Drucks. 13/6620, S. 10; die entsprechenden Änderungen waren zunächst in diesem RegE enthalten; sie sind in etwas veränderter Form in die 6. KWG-Novelle übernommen worden.
34) Begründung RegE zur 6. KWG-Novelle, BT-Drucks. 13/7142, S. 67, abgedruckt in: ZBB 1997, 81, 90; diese Änderung ist zum 1.1.1998 in Kraft getreten.
35) BAKred, Rundschreiben Nr. 12/99 vom 23.7.1999, abgedruckt in Anhang III.3.
36) § 1 Abs. 1a, § 2 Abs. 6 KWG, abgedruckt im Gesetzesteil; im Übrigen wird auf die Kommentierungen zum KWG verwiesen, z. B. *Beck/Samm*, KWG; *Reischauer/Kleinhans*, KWG; *Fülbier*, in: Boos/Fischer/Schulte-Mattler, KWG.

GwG § 1   Begriffsbestimmungen

bei den Ausnahmefällen kraft gesetzlicher Fiktion gibt es einen Unterschied. Anders als nach dem Kreditwesengesetz sind auch folgende Unternehmen Finanzdienstleistungsinstitut, wenn sie Finanzdienstleistungen nach § 1 Abs. 1a KWG erbringen:
- Deutsche Bundesbank (§ 2 Abs. 6 Nr. 1 KWG),
- Kreditanstalt für Wiederaufbau (§ 2 Abs. 6 Nr. 2 KWG),
- private und öffentlich-rechtliche Versicherungsunternehmen (§ 2 Abs. 6 Nr. 4 KWG).

31 Damit wären eigentlich alle Versicherungsunternehmen, die Finanzdienstleistungsinstitut nach § 1 Abs. 1a KWG sind, Institute im Sinne des Geldwäschegesetzes. Das kann nicht gewollt sein. Dagegen spricht zunächst der Ansatz des Gesetzgebers, den er beim Begriff der Kreditinstitute gewählt hat. Dabei wurden Versicherungsunternehmen nicht einbezogen (oben Rz. 5). Zudem passt die Änderung des Absatzes 4 nicht in das Konzept, dem zufolge nur ganz bestimmte Versicherer als Institut definiert sind. Schließlich würde dieses Vorgehen nicht im Einklang mit der Geldwäscherichtlinie stehen. Diese ist nur auf Versicherer anzuwenden, die unter die 1. Lebensversicherungsrichtlinie[37] fallen.[38] Es muss sich daher um ein erneutes Redaktionsversehen handeln.

32 Abweichend zur Regelung in Absatz 1 sollen die öffentliche Schuldenverwaltung des Bundes, eines seiner Sondervermögen, eines Landes oder eines anderen Staates des Europäischen Wirtschaftsraums und deren Zentralbanken, sofern diese nicht fremde Gelder als Einlagen oder andere rückzahlbare Gelder des Publikums annehmen oder Gelddarlehen oder Akzeptkredite gewähren (§ 2 Abs. 6 Satz 1 Nr. 3 KWG), nicht unter das Geldwäschegesetz fallen, jedenfalls nicht als Finanzdienstleistungsinstitut. Die Differenzierung zu Absatz 1, dem zufolge diese Einrichtungen Kreditinstitute sein können, scheint ein weiteres Redaktionsversehen zu sein.

33 Die Bundesanstalt hat nach Absatz 2 Satz 3 i. V. m. Absatz 1 Satz 2 die Kompetenz, im Einzelfall zu bestimmen, dass auf ein Finanzdienstleistungsinstitut im Sinne des Geldwäschegesetzes wegen der Art der von ihm betriebenen Geschäfte die Vorschriften nicht anzuwenden sind. Diese Vorschrift ist § 2 Abs. 4 KWG nachgebildet.[39]

2. Finanzdienstleistungsinstitute nach § 1 Abs. 1a KWG
a) Einführung

34 Erbringt ein Unternehmen die im Katalog des § 1 Abs. 1a KWG beschriebenen Dienstleistungen **gewerbsmäßig** oder in einem Umfang, der einen **in kaufmänni-**

---

37) Erste Richtlinie 79/267/EWG des Rates vom 5.3.1979 zur Koordinierung der Rechts- und Verwaltungsvorschriften über die Aufnahme und Ausübung der Direktversicherung (1. EG-Lebensrichtlinie), ABl L 63/1.
38) Vgl. auch BAV, Anordnungen und Verwaltungsgrundsätze 1996, Nr. 7, VerBAV 1996, 3, 5, abgedruckt in Anhang IV.3.
39) Siehe dazu auch *Langweg*, § 14 Rz. 171, 174; *Fülbier*, in: Boos/Fischer/Schulte-Mattler, KWG, § 2 Rz. 37 ff.

scher Weise eingerichteten Geschäftsbetrieb erfordert, ist es Finanzdienstleistungsinstitut. Diese Qualifikation ist subsidiär zur Einordnung als Kreditinstitut. Ein Kreditinstitut kann nicht gleichzeitig Finanzdienstleistungsinstitut sein.[40] Allerdings kann ein Kreditinstitut Finanzdienstleistungen erbringen. Ende 2001 beaufsichtigte das frühere Bundesaufsichtsamt für das Kreditwesen 828 Finanzdienstleistungsinstitute; 953 Finanzdienstleister mit Sitz in einem anderen Staat des Europäischen Wirtschaftsraums waren zusätzlich durch eine Zweigniederlassung bzw. grenzüberschreitend tätig.[41] Zum 31.12.2003 gab es nur noch 773 Finanzdienstleistungsinstitute.[42]

Die Aufnahme der Geschäfte nach § 1 Abs. 1a Satz 2 Nr. 5–7 KWG in den Katalog der Finanzdienstleistungen ging nicht auf EU-Recht zurück. Mit der Maßnahme sollte die **Bekämpfung** des **grauen Kapitalmarkts** und der **Geldwäsche** verbessert werden. Diese Institute bedürfen einer Zulassung durch die Bundesanstalt und unterliegen hinsichtlich der KWG-Vorgaben deren Aufsicht. Die **Nummer 8** wurde mit dem Vierten Finanzmarktförderungsgesetz eingefügt. Zuvor war das Kreditkartengeschäft noch als Leistung von Finanzunternehmen eingestuft (§ 1 Abs. 3 Satz 1 Nr. 4 KWG a. F.). Ziel dieser Umstufung war ebenfalls die Verbesserung der Geldwäschebekämpfung. Nach den Feststellungen der FATF und der Bundesanstalt wurde diese Geschäftsform verstärkt für Geldwäschezwecke über die Nutzung von Kreditkartenkonten missbraucht (im Einzelnen unten Rz. 52 ff).

35

Die Bundesanstalt bemüht sich darum, bei diesen Instituten den Standard durchzusetzen, der bei Kreditinstituten flächendeckend angewandt wird.[43] 2002 ordnete die Bundesanstalt in 14 Fällen an, Mängel in der Geldwäscheprävention abzustellen.

36

b) Anlagevermittlung (§ 1 Abs. 1a Satz 2 Nr. 1 KWG)

Nach § 1 Abs. 1a Satz 2 Nr. 1 KWG ist **Anlagevermittlung** die Entgegennahme und Übermittlung der Aufträge von Anlegern, die sich auf die Anschaffung und Veräußerung von Finanzinstrumenten (§ 1 Abs. 11 KWG) beziehen.[44] Gleichgestellt ist der Nachweis derartiger Aufträge. Damit ist die Tätigkeit des **Nachweismaklers** i. S. d. § 34c GewO gemeint. Die Anlagevermittlung ist abzugrenzen von der **Anlageberatung**, die das Geschäftsfeld eines Finanzunternehmens nach § 1 Abs. 3 Satz 1 Nr. 6 KWG ist.

37

c) Abschlussvermittlung (§ 1 Abs. 1a Satz 2 Nr. 2 KWG)

Unter **Abschlussvermittlung** i. S. d. § 1 Abs. 1a Satz 2 Nr. 2 KWG ist die Anschaffung und Veräußerung von Finanzinstrumenten im fremden Namen für fremde Rechnung zu verstehen.[45] Die Regelung erfasst die offene Stellvertretung. Die Tä-

38

---

40) Begründung RegE zur 6. KWG-Novelle, BT-Drucks. 13/7142, S. 65.
41) BaFin, Geschäftsbericht 2001, S. 43.
42) BaFin, Jahresbericht 2003, S. 9, 21
43) BaFin, Geschäftsbericht 2002, S. 21.
44) Im Einzelnen: *Fülbier*, in: Boos/Fischer/Schulte-Mattler, KWG, § 1 Rz. 122 f.
45) *Zerwas/Hanten*, ZBB 2000, 44, 48 f, mit Beispielen und Kritik an der Erlaubnispraxis der BaFin. Im Einzelnen *Fülbier*, in: Boos/Fischer/Schulte-Mattler, KWG, § 1 Rz. 124.

tigkeit nach Nr. 2 deckt sich mit der des Maklers i. S. d. § 34c GewO, wenn der Dienstleister eine Partei bei Abschluss des Geschäfts vertritt.

d) Finanzportfolioverwaltung (§ 1 Abs. 1a Satz 2 Nr. 3 KWG)

39 Bei der **Finanzportfolioverwaltung** handelt es sich um die Verwaltung einzelner in Finanzinstrumenten angelegter Vermögen für andere mit **Entscheidungsspielraum**.[46] Wird die Entscheidung über die Anlage nicht vom Verwalter, sondern vom Kunden gefasst, liegt Anlageberatung vor oder – im Falle der Vermittlung – Anlagevermittlung. Im Falle der Anlageberatung wäre das Unternehmen Finanzunternehmen. Der Verwalter darf in dem Portfolio enthaltene Wertpapiere nicht selbst verwahren. Er ist verpflichtet, diese auf einem Depotkonto des Kunden bei einem Unternehmen verwahren zu lassen, das die Befugnis zum Betreiben des **Depotgeschäfts** i. S. d. § 1 Abs. 1 Satz 2 Nr. 5 KWG besitzt.

e) Eigenhandel für andere (§ 1 Abs. 1a Satz 2 Nr. 4 KWG)

40 **Eigenhandel für andere** i. S. d. § 1 Abs. 1a Satz 2 Nr. 4 KWG liegt vor, wenn ein Unternehmen Finanzinstrumente (§ 1 Abs. 11 KWG) im eigenen Namen für eigene Rechnung **für andere** mit dem Ziel anschafft und veräußert, bestehende oder erwartete Unterschiede zwischen dem Kauf- und Verkaufspreis oder anderen Preis- oder Zinsschwankungen auszunutzen.[47] Dabei tritt das Unternehmen gegenüber dem Kunden nicht als Kommissionär, sondern als Käufer oder Verkäufer auf. Das Preisrisiko und das Erfüllungsrisiko trägt der Eigenhändler.[48] Eigenhandel für andere ist stets anzunehmen, wenn der **Kundenauftrag vor Geschäftsabschluss** vorliegt. Besteht zunächst lediglich die Absicht, Finanzinstrumente für andere zu erwerben, handelt es sich noch nicht um Eigenhandel für andere, sondern um einen Erwerb im Eigeninteresse.[49] Der Bundesanstalt genügt es, wenn die Tätigkeit mit der Absicht unternommen wird, Gewinn zu erzielen, und sich als Beteiligung am allgemeinen Wirtschaftsverkehr darstellt.[50]

f) Drittstaateneinlagenvermittlung (§ 1 Abs. 1a Satz 2 Nr. 5 KWG)

41 Unter **Drittstaateneinlagenvermittlung** i. S. d. § 1 Abs. 1a Satz 2 Nr. 5 KWG ist die Vermittlung von Einlagengeschäften an Unternehmen mit Sitz außerhalb des Europäischen Wirtschaftsraums zu verstehen. Dieser Geschäftstyp bedarf einer **Abgrenzung** zum Betreiben einer **Zweigstelle** durch ein ausländisches Kreditinstitut (§ 53 KWG). Von einer Zweigstelle ist auszugehen, wenn ein „Treuhänder" offiziell auf Weisung des ausländischen Kreditinstituts Einlagen einsammelt und ins Ausland weiterleitet.

---

46) Im Einzelnen *Fülbier*, in: Boos/Fischer/Schulte-Mattler, KWG, § 1 Rz. 125 ff.
47) Im Einzelnen *Fülbier*, in: Boos/Fischer/Schulte-Mattler, KWG, § 1 Rz. 132 ff.
48) *Oelkers*, WM 2001, 340, 341 f; *Schäfer*, WM 2002, 361, 365.
49) Abgrenzung nach objektivem Kriterium; so auch: *Zerwas/Hanten*, ZBB 2000, 44, 46; *Jung/ Schleicher*, S. 56 f; *Reischauer/Kleinhans*, KWG, § 1 Rz. 194; a. A. *Karg/Lindemann*, Die Sparkasse 1997, 123, 125; *Mielk*, WM 1997, 2200, 2203.
50) *Oelkers*, WM 2001, 340, 345; *Puderbach*, in: Zenke/Ellwanger, Rz. 92 ff, 102.

Begriffsbestimmungen § 1 GwG

Einlagenvermittlung liegt vor, wenn das Unternehmen auf Weisung des Kunden 42
tätig wird. Tritt das Unternehmen z. B. als dessen Bote auf oder liegt ein Handeln
vor, das der Kundensphäre zuzurechnen ist, besteht keine Zweigstelle. Eine solche
Konstruktion kann missbräuchlich genutzt werden, um Gläubigerschutzvorschriften des Kreditwesengesetzes zu umgehen. Es ist durchaus vorstellbar, dass das Unternehmen die Gelder vom Inland aus verwaltet. Deshalb ist dieser Geschäftstyp der
Aufsicht der Bundesanstalt unterstellt. Der Aufsicht bedarf es aber nur, wenn die
Gelder in Drittstaaten vermittelt werden, die möglicherweise nicht den Einlegerschutz gewährleisten, den die harmonisierten Aufsichtsregeln innerhalb des Europäischen Wirtschaftsraums bieten[51] (zu Ausnahmeregelungen siehe § 2 Abs. 7
KWG).

g) Finanztransfergeschäfte (§ 1 Abs. 1a Satz 2 Nr. 6 KWG)

Unter **Finanztransfergeschäft** ist das Besorgen von Zahlungsaufträgen für andere 43
im bargeldlosen Zahlungsverkehr zu verstehen. Dieses Geschäft betrifft u. a. Aktivitäten, die in der Vergangenheit vielfach von **Repräsentanzen** ausländischer Banken
ausgeübt wurden.[52] Dieser Geschäftstyp wurde mit der 6. KWG-Novelle der Aufsicht der Bundesanstalt unterstellt. Es soll dadurch die Gefahr eingedämmt werden,
dass diese Geschäfte der **unerlaubten Ausübung von Bankgeschäften** und der
Geldwäsche Vorschub leisten können. Aus diesem Grunde hatte das Bundesaufsichtsamt für das Kreditwesen in seiner Verlautbarung vom 30.3.1998 zur Bekämpfung der Geldwäsche mit den Nummern 41 ff ergänzend eine besondere Identifizierungspflicht bei bestimmten Finanztransfergeschäften geschaffen. Diese Vorgabe
wurde indes mit Schreiben vom 8.11.1999 für Kreditinstitute wieder zurückgenommen.[53] Für Finanzdienstleistungsinstitute gilt sie aufgrund der Nummern 45 f der
Verlautbarung vom 30.12.1997 weiterhin.[54] Für diese Institute ist neben den GwG-Vorschriften auch noch § 25b KWG maßgeblich, der besondere organisatorische
Pflichten im grenzüberschreitenden Zahlungsverkehr verlangt.

Erkenntnissen der Strafverfolgungsbehörden zufolge sind derartige Geschäfte häufig 44
Bestandteil eines **Schattenbanksystems** gewesen. Früher waren diese Geschäfte auf
die unerlaubte Hereinnahme von Einlagen beschränkt. Das System wurde aber verstärkt auch zur internationalen Geldwäsche genutzt. Dazu heißt es in der Regierungsbegründung zur 6. KWG-Novelle:[55]

„Neben spezialisierten Finanzdienstleistern, sog. **Money Transmitter Agencies**, bieten auch ausländische Kreditinstitute Geldtransferdienste an. Der Geldtransfer erfolgt über **Sammelkonten**, die auf den Namen des ausländischen

---

51) Begründung RegE zur 6. KWG-Novelle, BT-Drucks. 13/7142, S. 66; im Einzelnen: *Fülbier*, in: Boos/Fischer/Schulte-Mattler, KWG, § 1 Rz. 132 ff.
52) Siehe dazu auch *Marwede*, in: Boos/Fischer/Schulte-Mattler, KWG, § 53a Rz. 5 ff.
53) BAKred, Schreiben vom 8.11.1999 (Z5-E100); *Langweg*, § 2 Rz. 95.
54) Diese Verpflichtung wurde von der BaFin nach Inkrafttreten des Geldwäschebekämpfungsgesetzes am 15.8.2002 noch einmal mit Rundschreiben Nr. 18/2002 vom 25.9.2002 (Q31-C669), abgedruckt in: *Consbruch/Möller u. a.*, KWG, Nr. 11.79, bestätigt.
55) Begründung RegE zur 6. KWG-Novelle, BT-Drucks. 13/7142, S. 66 (Hervorhebungen durch Verf.).

Kreditinstituts bei inländischen Kreditinstituten errichtet werden. Nach Erkenntnissen der Strafermittlungsbehörden werden über diese Sammelkonten auch inkriminierte Vermögenswerte ins Ausland transferiert. Für die technische Abwicklung dieser Geldtransferdienste bedienen sich die ausländischen Kreditinstitute vielfach auch der Mithilfe ihrer im Inland errichteten **Repräsentanzen**, die sich dadurch häufig zumindest am Rande der Legalität befinden.... Eine bankgeschäftliche Tätigkeit darf, auch auf Teilakte beschränkt, nicht ausgeübt werden; andernfalls ist die vermeintliche Repräsentanz als rechtlich unselbständige Zweigstelle zu qualifizieren und gemäß §§ 32, 53 KWG erlaubnispflichtig."

45 Der Tatbestand ist als Auffangtatbestand für das Einlagen- und Girogeschäft konzipiert. Er umfasst den **Transfer von Geld** als Dienstleistung für andere.[56] Deshalb können auch Tätigkeiten von **Geld- oder Werttransportunternehmen** darunter fallen, nicht aber der rein physikalische Transport von Bargeld im Rahmen einer Botentätigkeit.[57] Es werden vom Bundesaufsichtsamt für das Kreditwesen drei Fälle unterschieden.[58] Dabei ist es nach dessen Ansicht unerheblich, ob der Finanzdienstleister mit Bargeld in Berührung kommt oder nur unbare Transaktionen durchführt.

– Entgegennahme von Bargeld zum Zweck der Weiterleitung an den vom Kunden/Auftraggeber benannten Empfänger. Dabei kann der Dienstleister den rein physischen Transport des Bargelds übernehmen (z. B. Kuriersysteme ethnischer Minderheiten) oder aber anderweitig dafür sorgen, dass der Empfänger über den Betrag verfügen kann. Durch Ausnutzung des Kommunikationsnetzes des Dienstleisters kann es zu einer tagggleichen Auszahlung an den Empfänger in bar kommen. Dieses als „Hawala" bekannte System (auch **System der „Zwei Töpfe"**) wird neben Emigranten zur Übertragung legaler Gelder auch von korrupten Politikern, Drogenkartellen und Terroristen zur Überweisung inkriminierter Gelder genutzt. In Deutschland sollen mehrere Milliarden DM damit transferiert worden sein. Die Bundesanstalt ermittelte schon gegen etwa 485 Hawalas.[59]

– Entgegennahme von Bar- oder Buchgeld oder Schecks über Konten des Finanzdienstleisters u. a. auch bei anderen Kreditinstituten und Weiterleitung an den Empfänger über diese Konten. Auch hierbei können unter Ausnutzung des Kommunikationsnetzes des Dienstleisters (gegebenenfalls taggleiche) **Auszahlungen in bar** erfolgen. Dieser Zahlungsweg wurde von **Money Transmitter Agencies** mit eigenem Transfernetz (z. B. Western Union, MoneyGram oder VIGO) und teilweise von Repräsentanzen ausländischer Banken für Überweisungen von Gastarbeitern in ihre Heimatländer genutzt. Seinerzeit war es dabei

---

56) Ausführlich *Findeisen*, WM 2000, 2125.
57) Zu den Voraussetzungen für die Erteilung einer Erlaubnis zum Betreiben dieses Geschäfts siehe BAKred, Schreiben vom April 1999 sowie Merkblatt vom 4.5.2000 (Z5-C663), abgedruckt in: *Consbruch/Möller u. a.*, KWG, Nr. 1.04 und 11.68.
58) BAKred, Schreiben vom 6.3.1998 (Z5-C650/660), abgedruckt in Anhang III.4.
59) Im Einzelnen siehe *Findeisen*, WM 2000, 2125.

aber auch vermehrt zum Missbrauch zum Zwecke der Geldwäsche gekommen.[60]

– Entgegennahme von Bar- oder Buchgeld oder Schecks des Auftraggebers durch den Dienstleister und anschließender Transfer über Konten des Dienstleisters auf ein (bei einem Kreditinstitut geführten) **Konto des Empfängers**. In dem Schreiben heißt es dazu: „Wird hingegen von einem Kreditinstitut Bargeld von einem Kunden ohne Kontoverbindung bei diesem Institut mit dem Auftrag angenommen, diesen Betrag bei einem Drittinstitut oder einer ausländischen Filiale desselben Instituts in bar auszuzahlen oder auf ein Kundenkonto bei einem Drittinstitut weiterzuleiten (**Zahlscheingeschäft**), handelt es sich um ein Girogeschäft i. S. d. Abs. 1 Satz 2 Nr. 9 und **nicht** um ein **Finanztransfergeschäft**".[61]

Von § 1 Abs. 1a Satz 2 Nr. 6 KWG werden auch schon **Teilakte** von Bankgeschäften 46 erfasst, die im Geltungsbereich des Kreditwesengesetzes ausgeführt werden. Unter einem Teilakt ist ein rechtlich nicht unerheblicher Arbeitsschritt für die Erbringung dieser Dienstleistung zu verstehen. Teilakte stellen nach Ansicht der Bundesanstalt tatsächliche Arbeitsabläufe dar, die in ihrer Summe als Bankgeschäft zu qualifizieren sind.[62] Im Bereich der **Finanztransfergeschäfte** ist z. B. die Wahrnehmung der Funktion als Sende- bzw. Empfängerstelle als **Teilakt** anzunehmen. Es soll nach Auffassung der Bundesanstalt genügen, wenn Zahlungen per Fax, Modem oder Telefon an eine weitere Stelle avisiert werden. Es genügt auch schon das Bereithalten von Überweisungsträgern für die Nutzung von Girokonten des Dienstleisters bzw. die Hilfestellung bei deren Ausfüllen.[63] Ferner reiche auch schon die Vergabe von Transaktionsnummern oder Codewörtern, die die Zuordnung des Betrages zu einem bestimmten Absender/Empfänger ermöglichen.

Ziel der Bundesanstalt ist es, einzelne Transmitter zu lizenzieren, um die Geldströ- 47 me kanalisieren und kontrollieren zu können. Unerlaubt betriebene Geschäfte werden mit aufsichts- und strafrechtlichen Mitteln verfolgt.[64] 2002 ist dies in 120 Fällen geschehen; 2004 wurden 125 neue Verfahren eröffnet.[65] Am 15.9.2003 untersagte die Bundesanstalt z. B. den Betrieb des Finanztransfergeschäfts durch Zweigstellen der MoneyNett@Nationalbank.[66]

g) Sortengeschäft (§ 1 Abs. 1a Satz 2 Nr. 7 KWG)

Das Sortengeschäft i. S. d. § 1 Abs. 1a Satz 2 Nr. 7 KWG erfasst den Tausch von in- 48 ländischen in ausländische gesetzliche Zahlungsmittel in Form von Banknoten und

---

60) Im Einzelnen siehe BAKred, Schreiben vom 6.9.1994 (I5-B600), abgedruckt in: *Consbruch/Möller u. a.*, KWG, Nr. 11.09.
61) BAKred, Schreiben vom 4.6.1998 (Z5-C660), abgedruckt in: *Consbruch/Möller u. a.*, KWG, Nr. 11.01 e.
62) Vgl. auch *Zerwas/Hanten*, WM 1998, 1110, 1112 f.
63) BAKred, Schreiben vom 6.3.1998 (Z5-C650/660).
64) BaFin, Geschäftsbericht 2002, S. 22 f.
65) BaFin, Geschäftsbericht 2004, S. 82.
66) BaFin, Pressemitteilung vom 18.9.2003.

Münzen und umgekehrt sowie den **An- und Verkauf von Reiseschecks**.[67] Der Umtausch von nationalem Bargeld der jeweiligen Euro-Teilnehmerstaaten in Euro-Banknoten und -Münzen zum 1.1.2002 erfüllte diesen Tatbestand entgegen der Auffassung der Bundesanstalt nicht, weil dies kein Handel mit fremden gesetzlichen Zahlungsmitteln war. Entweder war das DM-Bargeld zeitgleich mit dem Euro gesetzliches Zahlungsmittel in Deutschland – dann fehlte das Merkmal fremd – oder die DM hatte zum Stichtag bereits die Eigenschaft des gesetzlichen Zahlungsmittels verloren – dann fehlte das Merkmal gesetzliches Zahlungsmittel. Außerdem war dieser Umtausch nicht als Handel zu betrachten. Diese Differenzierung war u. a. bedeutsam für die vom früheren Bundesaufsichtsamt in der Verlautbarung zur Geldwäschebekämpfung vom 30.3.1998 geschaffenen Identifizierungspflicht für Sortengeschäfte ab 5 000 DM. Mit der Einfügung dieses Geschäftstyps in das Kreditwesengesetz wurde der Betrieb von **Wechselstuben** der Aufsicht durch die Bundesanstalt unterstellt. Eine Ausnahme gilt allerdings für Hotels, Reisebüros und Kaufhäuser (siehe dazu § 2 Abs. 6 Nr. 12, Abs. 7 KWG).

49 Anlass für die Aufnahme dieses Geschäftsfeldes in den Katalog der Finanzdienstleistungen war die Tatsache, dass Wechselstuben häufig als Einfallstor für Geldwäscher fungiert haben. Dies sind jedenfalls die Erkenntnisse der FATF sowie die Ergebnisse von Ermittlungen der Strafverfolgungsbehörden. In Deutschland konnten bereits mehrere spektakuläre **Geldwäschefälle** aufgeklärt werden, an denen Wechselstuben maßgeblich beteiligt waren.

50 Aufgrund dieser Erkenntnisse haben die EU-Kommission sowie die FATF die Einbeziehung des Sortengeschäfts in die Institutsaufsicht gefordert. Die Bundesanstalt nimmt einen gewerbsmäßigen und damit erlaubnispflichtigen Betrieb bei 50 Transaktionen pro Monatsdurchschnitt an, sofern diese mit An- und Verkäufen 15 000 Euro übersteigen.[68]

51 Vor dieser Änderung war die Beaufsichtigung der **Wechselstuben** unzureichend. Für sie galten zwar auch einige Pflichten aus dem Geldwäschegesetz. Die zuständigen Gewerbeaufsichtsämter verfügten aber nicht über die notwendigen Auskunfts- und Nachschaurechte. Sie waren mit der Aufsicht über die Einhaltung der Vorschriften aus dem Geldwäschegesetz überfordert. Nunmehr gelten für diese Institute hinsichtlich der Pflichten aus dem Geldwäschegesetz dieselben Pflichten wie für Kreditinstitute. Zuständig für die Einhaltung der GwG-Vorschriften durch Wechselstuben ist seit dem 1.1.1998 die Bundesanstalt. Insbesondere die Institute nach § 1 Abs. 1a Satz 2 Nr. 5–8 KWG haben deshalb die Verlautbarung des Bundesaufsichtsamt für das Kreditwesen zur Bekämpfung der Geldwäsche vom 30.12.1997[69] anzuwenden. Für das Sortengeschäft hat die Bundesanstalt weitergehende Identifi-

---

67) *Fülbier*, in: Boos/Fischer/Schulte-Mattler, KWG, § 1 Rz. 144 ff.
68) BAKred, Schreiben ohne Datum (VII 4-71.50.01), abgedruckt in: *Reischauer/Kleinhans*, KWG, Kza 281 Nr. 42.
69) BAKred, Verlautbarung für Finanzdienstleistungsinstitute vom 30.12.1997, abgedruckt in Anhang III.2.

Begriffsbestimmungen § 1 GwG

zierungspflichten geschaffen, die weit über die Anforderungen des Geldwäschegesetzes hinausgehen und für die eine Rechtsgrundlage nicht vorliegt.[70]

h) Ausgabe und Verwaltung von Kreditkarten und Reiseschecks
 (§ 1 Abs. 1a Satz 2 Nr. 8 KWG)

Die Ausgabe oder Verwaltung von Kreditkarten oder Reiseschecks ist Finanz- 52
dienstleistung nach § 1 Abs. 1a Satz 2 Nr. 8 KWG. Die Kreditkarte ist ein technisches Hilfsmittel für Geldverfügungen und Inanspruchnahme von bereits eingeräumten Krediten. Rechtlich betrachtet liegt beim Kreditkartengeschäft stets ein Dreipersonenverhältnis vor, an dem der Kartenemittent, der Kunde und der Akzeptant (z. B. Einzelhändler) beteiligt sind. Beim Tatbestand nach Nr. 8 geht es um die reine Ausgabe oder Verwaltung von Kreditkarten. Dazu zählen auch sonstige Abwicklungssysteme wie etwa das Mobile Banking oder die WAP-Technologie.[71]

Dieser Geschäftstyp wurde mit dem Vierten Finanzmarktförderungsgesetz als Fi- 53
nanzdienstleistung definiert. Zuvor war er lediglich Dienstleistung eines Finanzunternehmens. Nach den Erkenntnissen der FATF und der Bundesanstalt wurde auch das Kreditkartengeschäft vermehrt für Geldwäsche missbraucht. Beim Kreditkartenprocessing können Kreditkarten und Kreditkartenkonten technisch nicht nur zur Autorisierung und Verrechnung der Bezahlung von Waren und Dienstleistungen genutzt werden. Es ist bei einigen Verfahren auch möglich, neben Spielräumen in der Liquiditätssteuerung eine Kontoführung und eine Teilnahme am Zahlungsverkehr zu ermöglichen wie beim Girogeschäft. Gelder können auf Kartenkonten eingezahlt und vom Ausland bzw. ins Ausland von einem Kreditkartenkonto zum anderen innerhalb derselben Kreditkartenorganisation transferiert werden. In diesen Fällen waren die Zahlungsströme bislang keiner Aufsicht unterstellt.[72] Schließlich arbeiten diese Unternehmen daran, alternative, günstigere Zahlungsverfahren im Auslandszahlungsverkehr anzubieten.

Nach § 2 Abs. 6 Nr. 12 KWG gelten Unternehmen, die dieses Geschäft als einzige 54
Finanzdienstleistung anbieten und dies als Neben- oder Hilfsgeschäft betreiben, nicht als Finanzdienstleistungsinstitut. Das trifft z. B. auf Hotels, Reisebüros und Kaufhäuser zu.[73]

IV. Finanzunternehmen (Abs. 2 Satz 2)
1. Begriff

Der bisherige Begriff **Finanzinstitut** wurde mit der 6. KWG-Novelle zum 1.1.1998 55
durch den Begriff Finanzunternehmen ersetzt. Die Neufassung hebt sich deutlicher von den Begriffen Kreditinstitut und Finanzdienstleistungsinstitut ab. Unter § 1 Abs. 3 KWG werden alle Unternehmen des Finanzsektors als Restgröße erfasst, die

---

70) BaFin, Rundschreiben Nr. 18/2002 vom 25.9.2002 (Q31-C669), abgedruckt in: *Consbruch/Möller u. a.*, KWG, Nr. 11.79.
71) Begründung RegE 4. FMFG, BT-Drucks. 14/8017, S. 112; siehe auch § 2 Abs. 7 KWG zu Ausnahmeregelungen; *Fülbier*, in: Boos/Fischer/Schulte-Mattler, KWG Rz. 147 ff.
72) Begründung RegE 4. FMFG, BT-Drucks. 14/8017, S. 112.
73) *Fülbier*, in: Boos/Fischer/Schulte-Mattler, KWG, § 2 Rz. 68.

Anknüpfungspunkt für verschiedene aufsichtsrechtliche Tatbestände sind. Sie sind nicht in die Solvenzaufsicht einbezogen und auch nicht erlaubnispflichtig. Die Zahl der Geschäftstypen, die ein Unternehmen zum Finanzunternehmen qualifizieren können, ist seit dem Vierten Finanzmarktförderungsgesetz auf sieben Einzelfälle beschränkt.

56 **Finanzunternehmen** sind Unternehmen i. S. d. § 1 Abs. 3 KWG. Der Begriff ist somit deckungsgleich mit dem des Kreditwesengesetzes.[74] Für diese Institute hat die Bundesanstalt nach Absatz 2 Satz 3 ebenfalls die Kompetenz, im Einzelfall zu bestimmen, dass auf eines dieser Institute im Sinne des Absatzes 2 wegen der Art der von ihnen betriebenen Geschäfte die Vorschriften des Geldwäschegesetzes nicht anzuwenden sind (oben Rz. 7).[75] Diese Vorschrift ist § 2 Abs. 4 KWG nachgebildet.[76]

57 Anders als bei Kreditinstituten wird bei den Instituten nach Absatz 2 Satz 2 der Anwendungsbereich des Gesetzes nicht durch die Verlautbarung des Bundesaufsichtsamtes für das Kreditwesen vom 30.12.1997[77] auf mit ihnen im Konzernverbund stehende Tochterunternehmen ausgedehnt.

58 Nach § 15 haben inländische Finanzdienstleistungsinstitute und Finanzunternehmen dafür zu sorgen, dass einige Verpflichtungen aus dem Geldwäschegesetz auch von ihren **ausländischen Zweigstellen** und von ihm abhängigen ausländischen Unternehmen eingehalten werden.[78]

59 Ein **Finanzunternehmen** nach § 1 Abs. 3 KWG ist ein Unternehmen, das nicht Institut nach § 1 Abs. 1b KWG ist und dessen Haupttätigkeit darin besteht, eines der im Katalog der § 1 Abs. 3 Satz 1 Nr. 1–8 KWG genannten Geschäfte zu betreiben. Das Bundesfinanzministerium kann nach Anhörung der Bundesbank durch Rechtsverordnung weitere Unternehmen, die künftig in die Liste im Anhang I der Bankenrichtlinie[79] aufgenommen werden, als Finanzunternehmen bestimmen (§ 1 Abs. 3 Satz 2 KWG).

60 Bei der Feststellung, ob die fragliche Tätigkeit die **Haupttätigkeit** des Finanzunternehmens darstellt, ist der Anteil am Geschäftsvolumen maßgeblich.[80] Es genügt, wenn dabei **mehr als die Hälfte** der fraglichen Aktivität auf das Volumen entfällt,

---

74) *Fülbier*, in: Boos/Fischer/Schulte-Mattler, KWG, Rz. 165 ff.
75) Siehe dazu *Langweg*, § 14 Rz. 170.
76) Siehe dazu auch *Langweg*, § 14 Rz. 171; *Fülbier*, in: Boos/Fischer/Schulte-Mattler, KWG, § 2 Rz. 37 ff.
77) BAKred, Verlautbarung für Finanzdienstleistungsinstitute vom 30.12.1997, abgedruckt in Anhang III.2.
78) Im Einzelnen siehe *Fülbier*, § 15 Rz. 7 ff; zu inländischen Zweigstellen ausländischer Kreditinstitute unten Rz. 68 ff.
79) Richtlinie 2000/12/EG vom 20.3.2000 über die Aufnahme und Ausübung der Tätigkeit der Kreditinstitute (Bankenrichtlinie), ABl L 126/1, zuletzt geändert durch die Richtlinie 2000/28/EG vom 18.9.2000 zur Änderung der Richtlinie 2000/12/EG über die Aufnahme und Ausübung der Tätigkeit der Kreditinstitute, ABl L 275/37.
80) *Fülbier*, in: Boos/Fischer/Schulte-Mattler, KWG, § 1 Rz. 165 ff; *Szagunn/Haug/Ergenzinger*, KWG, § 1 Rz. 81.

Begriffsbestimmungen § 1 GwG

diese Tätigkeit damit die anderen dominiert und neben einzelnen Nebentätigkeiten den Schwerpunkt der gesamten Tätigkeit bildet.[81]

2. Beteiligungserwerb (§ 1 Abs. 3 Satz 1 Nr. 1 KWG)

Unter **Beteiligungserwerb** ist nicht nur der **Erwerb**, sondern auch das Halten tatbestandsausfüllend.[82] Es genügt – trotz des im Wortlaut verwandten Plurals – die Beteiligung an nur einem Unternehmen, unabhängig davon, ob es dem Finanzdienstleistungssektor zuzurechnen ist oder nicht.[83] 61

3. Erwerb von Geldforderungen (§ 1 Abs. 3 Satz 1 Nr. 2 KWG)

Ein weiterer Geschäftstyp des Absatzes 3 ist der **Erwerb von Geldforderungen** z. B. in der Form des **Factoring** oder im Rahmen von **Asset-backed Transaktionen**.[84] 62

4. Leasinggeschäft (§ 1 Abs. 3 Satz 1 Nr. 3 KWG)

Zu den Finanzunternehmen gehören auch Unternehmen, deren Haupttätigkeit darin besteht, **Leasingverträge** abzuschließen. Dazu kann ein Geschäft genügen.[85] Finanzunternehmen ist der Leasinggeber, nicht der Leasingnehmer. Das gilt auch für Sale-and-lease-back-Verträge. Das Gefährdungspotential für Geldwäsche ist hier eher gering.[86] Leasinggesellschaften können sich an den Anwendungsempfehlungen orientieren, die vom Bundesverband Deutscher Lesing-Unternehmen in Zusammenarbeit mit dem Bundesministerium des Innern erstellt wurden.[87] 63

---

81) Begründung RegE zur 5. KWG-Novelle, BT-Drucks. 12/6957, S. 19; *Fülbier*, in: Boos/Fischer/Schulte-Mattler, KWG, § 1 Rz. 171; so auch *Milatz*, BB 2001, 1066, 1070.

82) BAKred, Rundschreiben Nr. 19/99 vom 23.12.1999 (I3-21-14/98), abgedruckt in: *Consbruch/Möller u. a.*, KWG, Nr. 4.324; *Reischauer/Kleinhans*, KWG, § 1 Rz. 252; a. A. *Mensching*, DB 2002, 2347, 2348.

83) BAKred, Rundschreiben Nr. 19/99 vom 23.12.1999 (I3-21-14/98), abgedruckt in: *Consbruch/Möller u. a.*, KWG, Nr. 4.324; *Beck/Samm*, KWG, § 1 Rz. 311, 314; *Milatz*, BB 2001, 1066, 1071. Zur Einstufung von Industrieholding-Gesellschaften siehe BAKred, Schreiben vom 28.12.1993 (I3-5-1/92) und vom 17.5.1995 (I3-21-78/95); BAKred, Rundschreiben Nr. 19/99 vom 23.12.1999 (I3-21-14/98), abgedruckt in: *Consbruch/Möller u. a.*, KWG, Nr. 4.324; *Szagunn/Haug/Ergenzinger*, KWG, § 1 Rz. 82.

84) *U. H. Schneider/Eichholz/Ohl*, ZIP 1992, 1452; *Baums*, WM 1993, 1; *König/van Aerssen*, WM 1997, 1777 m. w. N.; BAKred, Schreiben vom 19.3.1997, (I3-21-3/95), abgedruckt in: *Consbruch/Möller u. a.*, KWG, Nr. 4.293.

85) Ausführlich zum Leasing BAKred, Schreiben vom 10.3.1999 (I3-113-3/98), abgedruckt in: *Consbruch/Möller u. a.*, KWG, Nr. 4.315.

86) BAKred, Schreiben vom 5.3.1997 (I5-B402); *Moseschus*, FLF 2004, 212, und FLF 2004, 265.

87) Anwendungsempfehlung (des Bundesverbandes Deutscher Leasing-Unternehmen e.V. in Zusammenarbeit mit dem Bundesministerium des Innern vom 6.4.2005) zum Geldwäschegesetz bei Leasing-Gesellschaften, abgedruckt in Anhang V.5.

5. Eigenhandel für eigene Rechnung (§ 1 Abs. 3 Satz 1 Nr. 5 KWG)

64 Erlaubnisfrei ist auch der Handel mit Finanzinstrumenten für eigene Rechnung (§ 1 Abs. 3 Satz 1 Nr. 5 KWG). Dabei handelt ein Unternehmen nur mit eigenen Mitteln. Risiken für Anleger und Einleger bestehen nicht. Dazu gehört auch die Tätigkeit der so genannten GbR-Investmentclubs.[88]

6. Anlageberatung (§ 1 Abs. 3 Satz 1 Nr. 6 KWG)

65 Die Anlageberatung ist zunächst abzugrenzen von der Anlagevermittlung, die Finanzdienstleistung nach § 1 Abs. 1a Satz 2 Nr. 1 KWG ist. Bei der **Anlageberatung** erhält der Berater eine Provision vom Kunden, bei der Vermittlung erhält der Unternehmer sie vom Verkäufer der Finanzinstrumente. Bei der Beratung besteht ein Rechtsverhältnis nur zum Kunden, nicht zum Verkäufer der Finanzinstrumente.[89] Zudem ist die Beratung zu unterscheiden von der Finanzportfolioverwaltung (§ 1 Abs. 1a Satz 2 Nr. 3 KWG). Hier behält sich der Kunde die Entscheidung über die Maßnahme vor, bei der Finanzportfolioverwaltung trifft sie der Unternehmer. Im Gegensatz zur Anlagevermittlung beschafft sich der Kunde die Finanzinstrumente selbst.

7. Unternehmensberatung (§ 1 Abs. 3 Satz 1 Nr. 7 KWG)

66 Die **Unternehmensberatung** ist dann Tätigkeit eines Finanzunternehmens, wenn die Haupttätigkeit darin besteht, andere Unternehmen über die Kapitalstruktur, die industrielle Strategie und die damit verbundenen Fragen sowie bei Zusammenschlüssen und Übernahmen von Unternehmen zu beraten und ihnen Dienstleistungen anzubieten.

8. Geldmaklergeschäft (§ 1 Abs. 3 Satz 1 Nr. 8 KWG)

67 Die reine Vermittlung von Darlehen zwischen Kreditinstituten ist **Geldmaklergeschäft**. Sie ist zu trennen von der Kreditvermittlung.

V. Inländische Zweigstellen ausländischer Institute (Abs. 3)

1. Zweigstellen und Niederlassungen

68 Nach Absatz 3 gelten Zweigstellen und Niederlassungen von Kreditinstituten, Finanzdienstleistungsinstituten oder Finanzunternehmen mit Sitz im Ausland als entsprechendes Institut im Sinne der Absätze 1 und 2. Zweigstellen und Niederlassungen **ausländischer Lebensversicherungsunternehmen und Versicherungen**, die Unfallversicherungen mit Prämienrückgewähr anbieten (vgl. Absatz 4) werden so-

---

88) *Fülbier*, in: Boos/Fischer/Schulte-Mattler, KWG, § 1 Rz. 127 ff, 178 mit Hinweis auf die andere Ansicht der BaFin; a. A. auch *Reischauer/Kleinhans*, KWG, § 1 Rz. 192.

89) *Jung/Schleicher*, S. 45 ff; siehe auch BAKred, Informationsblatt 1/99, Abschnitt I.A., sowie Deutsche Bundesbank, Merkblatt über die Erteilung einer Erlaubnis zum Erbringen von Finanzdienstleistungen, Stand: 8/2002.

Begriffsbestimmungen § 1 GwG

mit offensichtlich nicht gleichgestellt. Möglicherweise handelt es sich hier erneut um ein Redaktionsversehen des Gesetzgebers.

Absatz 3 unterscheidet nicht zwischen **Instituten mit Sitz in einem EU-Mitgliedstaat** und solchen mit Sitz in einem Drittland. Da somit auch Kreditinstitute mit Sitz in einem EU-Mitgliedstaat keine Sonderbehandlung gegenüber anderen ausländischen Banken genießen, kann es für diese zu Konflikten mit ihrem jeweils nationalen Recht kommen. Das gilt insbesondere dann, wenn die Bestimmungen zur Bekämpfung der Geldwäsche im Sitzland im Bankaufsichtsrecht geregelt sind. Für die Überwachung der Einhaltung der jeweils nationalen Geldwäschevorschriften ist dann auch die Aufsichtsbehörde im Sitzland zuständig. Es kann daher sowohl zu Überschneidungen beim materiellen Recht als auch hinsichtlich der Beaufsichtigung kommen. 69

Das Bundesaufsichtsamt für das Kreditwesen ist in seiner Verlautbarung vom 30.3.1998[90] zutreffend der Auffassung, die Aufsicht über die Einhaltung der Pflichten aus dem deutschen Geldwäschegesetz obliege nicht der Sitzlandaufsicht, sondern der deutschen **Gastlandaufsicht**. Diese Auffassung wird durch Absatz 3 gestützt. Es wird damit klargestellt, dass das Geldwäschegesetz nicht unmittelbar dem Aufsichtsrecht für die jeweiligen Institute zuzurechnen ist. 70

Auch Zweigstellen und Niederlassungen von Banken, die ihren Sitz in einem EU-Mitgliedstaat haben und die deshalb der Bankaufsicht des Sitzlandes unterliegen, haben die Vorschriften dieses Gesetzes zu beachten. Das gilt selbst dann, wenn das nationale Recht des Sitzlandes die Vorschriften der Geldwäschebekämpfung dem Bankaufsichtsrecht zuordnet. 71

2. Institute mit Sitz im Ausland

Bis zur Änderung des Geldwäschegesetzes durch das Geldwäschebekämpfungsgesetz vom 8.8.2002 war weder im Gesetzestext noch in der Entwurfsbegründung ausdrücklich geregelt, ob Institute mit Sitz im Ausland solche im Sinne des Absatzes 4 und damit auch i. S. d. § 2 Abs. 4 sind. Unklar war deshalb auch, ob diese Unternehmen somit nach § 2 Abs. 4 von den Pflichten nach §§ 2, 3, 8 und 9 für Institute untereinander befreit waren. Außerdem war fraglich, ob Einzahlungen durch eine in den Niederlanden ansässige Wechselstube oder eine dort ansässige Bank bei einem Institut in Deutschland eine Identifizierungspflicht auslöst. 72

Eine Antwort ließ sich bis zur Gesetzesänderung zum 15.8.2002 nur durch Auslegung der Vorschrift ermitteln. Der Zweck des § 1 sprach vordergründig gegen eine **Gleichstellung mit inländischen Instituten**. Die Absätze 1 bis 4 dien(t)en dazu, den Adressatenkreis des Gesetzes zu definieren. Dazu gehören nur die Institute mit Sitz im territorialen Geltungsbereich des Geldwäschegesetzes, also Institute mit Sitz im Inland oder Zweigstellen und Niederlassungen, die in Deutschland liegen. 73

---

90) BAKred, Verlautbarung für Kreditinstitute vom 30.3.1998, Nr. 6, und für Finanzdienstleistungsinstitute vom 30.12.1997, Nr. 5, abgedruckt in Anhang III 1 und III.2.

74 Die Gleichstellung war und ist indes unter den nachfolgend dargestellten Aspekten vertretbar:

- **Sinn und Zweck** der §§ 2, 3 und 8 i. V. m. § 9 ist es in erster Linie, eine Papierspur zu schaffen.[91] Die Befreiungsregelung in § 2 Abs. 4 (vormals: Absatz 3) wurde geschaffen, weil die Institute ihrerseits auch der Identifizierungspflicht unterliegen und mithin eine Papierspur besteht. Unterliegt das ausländische Institut einer gleichwertigen Identifizierungspflicht wie inländische Institute, wäre dem Gesetzesziel Genüge getan.

- Bei der Auslegung von Bestimmungen des Geldwäschegesetzes ist stets auch die **EU-rechtliche Entstehungsgeschichte**, insbesondere die Geldwäscherichtlinie, zu berücksichtigen.[92] Nach Art. 3 Abs. 7 der 1. Geldwäscherichtlinie soll die Identifizierungspflicht immer dann entfallen, wenn das eigentlich zu identifizierende Institut gegenüber seinen Kunden zur Identifizierung aufgrund gleichwertiger Vorschriften verpflichtet ist. Eine solche Äquivalenz ist jedenfalls bei allen Instituten mit Sitz in einem EU-Mitgliedstaat gegeben, für die infolge der Umsetzung der Richtlinie in nationales Recht gleichwertige Vorschriften gelten.

- Unter dem Gesichtspunkt der EU-rechtlichen Entstehungsgeschichte ist bei der Auslegung auch zu berücksichtigen, wie die Rechtsquelle (Geldwäscherichtlinie) in **anderen Mitgliedstaaten** umgesetzt wurde.[93] Eine großzügigere Gleichstellung unter Einschluss von Drittstaaten hat z. B. der luxemburgische Gesetzgeber vorgenommen. Nach Art. 39 Abs. 5 des luxemburgischen Bankgesetzes vom 5.4.1993[94] sind von der Pflicht zur Legitimationsprüfung all diejenigen ausgenommen, die ihre Kunden nach Maßgabe des luxemburgischen Gesetzes identifizieren müssen oder einer vergleichbaren Identifizierungspflicht unterliegen. Eine entsprechende Regelung gilt in Großbritannien nach § 10 (1) (b) MLR.[95] Hierzu hat sich die EU-Kommission[96] kritisch geäußert, nationalen Lösungen aber keinen Riegel vorgeschoben. Danach würden z. B. auch Schweizer und US-amerikanische Institute als Institut im Sinne des Absatzes 3 gelten.

- Nach dem EU-rechtlichen **Grundsatz der Inländergleichbehandlung**, der auf die Niederlassungs- und Dienstleistungsfreiheit gerade im Finanzsektor zurückgeht, können für ausländische Institute keine strengeren Regelungen gelten als für inländische. Die Benachteiligung ausländischer Institute gegenüber inländischen ist danach untersagt. Die Pflicht zur Identifizierung ausländischer Institute mit Sitz in einem EU-Mitgliedstaat (z. B. durch Vorlage von Ausweispapieren der Angestellten) stellt eine Benachteiligung dar, für die kein Differenzierungsgrund ersichtlich ist.

---

91) Siehe *Fülbier*, Einleitung Rz. 88 f.
92) Siehe *Fülbier*, Einleitung Rz. 97 ff.
93) Siehe *Fülbier*, Einleitung Rz. 97.
94) Gesetz für den Finanzsektor vom 5.4.1993, ABl 1993, S. 461.
95) Money Laundering Regulations (MLR) von 1993, Statutory Instruments 1993, Nr. 1933.
96) EU-Kommission, Erster Bericht über die Umsetzung der Geldwäscherichtlinie in den Mitgliedstaaten vom 3.3.1995, KOM (95) 54 endg., S. 10.

Begriffsbestimmungen § 1 GwG

Demnach hatte vor der Gesetzesänderung zum 15.8.2002 als Institut im Sinne des 75
Absatzes 4 auch ein ausländisches Institut zu gelten, wenn dieses gleichwertigen
Identifizierungsvorschriften unterlag (**Äquivalenzprinzip**). Die Auffassung von
Dach,[97)] der eine pauschale Gleichstellung befürwortete, war abzulehnen.

Das **Bundesaufsichtsamt für das Kreditwesen** vertritt in seiner Verlautbarung vom 76
30.3.1998 unter Nummer 17 die Ansicht, dass § 2 Abs. 4 (vormals: Absatz 3) nur
solche Institute betreffe, die einer Aufsicht unterliegen, die der des § 16 Nr. 2 qualitativ entspricht. Auch für diese Auffassung fand sich keine sachgerechte Begründung. Die **Qualität der Aufsicht** ist einerseits kein Kriterium, das in der Geldwäscherichtlinie oder der Regierungsbegründung zum Geldwäschegesetz genannt ist;
zum anderen handelt es sich um einen auslegungsbedürftigen Begriff, der jedes inländische Institut vor unlösbare Probleme stellt. So hätte gegebenenfalls eine deutsche Bank beurteilen müssen, ob die italienische oder griechische Bankaufsicht der
deutschen entspricht. Vertretbar wäre es nur gewesen, die Gleichstellung dann abzulehnen, wenn bekanntermaßen keine Aufsicht besteht und deshalb die Einhaltung
der Verpflichtungen nicht sichergestellt war.[98)]

Seit Inkrafttreten des Geldwäschebekämpfungsgesetzes zum 15.8.2002 ist in diesem 77
Punkt Abhilfe geschaffen: Das Bundesinnen- und das Bundesfinanzministerium
können nach § 2 Abs. 4 Satz 2 zur Bekämpfung der Geldwäsche oder der Finanzierung terroristischer Vereinigungen durch Rechtsverordnung ohne Zustimmung des
Bundesrates Ausnahmen von Satz 1 im Hinblick auf Institute in solchen Drittländern bestimmen, die keine den Anforderungen dieses Gesetzes gleichwertigen Anforderungen an Institute stellen. Diese Neuregelung geht zurück auf Art. 3 Abs. 9
der 2. Geldwäscherichtlinie. Danach soll die Privilegierung nach § 2 Abs. 4 Satz 1
nicht gelten, wenn die nationalen Geldwäschevorschriften nicht dem EU-Niveau
entsprechen.[99)] Somit gelten auch die ausländischen Institute als solche im Sinne
von Absatz 4. Nur wenn dies in einer entsprechenden Rechtsverordnung anders geregelt ist, müssen auch die darin genannten Institute wie gewöhnliche Kunden
identifiziert werden. Von dieser Regelung haben das Bundesinnen- und das Bundesfinanzministerium bisher keinen Gebrauch gemacht.

Da nach niederländischem Recht auch Wechselstuben zur Identifizierung verpflich- 78
tet sind, sind sie als Institut i. S. d. § 2 Abs. 4 (vormals: Absatz 3) zu betrachten.
Eine Identifizierung der auftretenden Person kann daher unterbleiben. Von dieser
Möglichkeit sollte jedoch bei ausländischen Finanzinstituten, insbesondere **Wechselstuben** (oben Rz. 48), wegen der besonderen Geldwäscherelevanz nur sehr begrenzt Gebrauch gemacht werden.

---

97) *Dach*, in: Körner/Dach, S. 108; wohl auch *Lang/Schwarz/Kipp*, S. 299.
98) Siehe auch BAKred, Schreiben vom 6.11.2000 (Z5-C651), abgedruckt in: *Consbruch/ Möller u. a.*, KWG, Nr. 11.73.
99) Begründung RegE Geldwäschebekämpfungsgesetz, BT-Drucks. 14/8739, S. 12; siehe dazu auch Art. 11 Abs. 1 der 3. Geldwäscherichtlinie.

VI. Institute (Abs. 4)

79 Als Institut gelten nach Absatz 4

- Kreditinstitute nach Absatz 1,
- Finanzdienstleistungsinstitute nach Absatz 2 Satz 1,
- Investmentaktiengesellschaften nach § 2 Abs. 5 InvG,
- Finanzunternehmen nach Absatz 2 Satz 2,
- Versicherungsunternehmen, die Unfallversicherungsverträge mit Prämienrückgewähr oder Lebensversicherungsverträge anbieten.[100] Rückversicherungsunternehmen fallen nicht unter diese Regelung;
- Versicherungsmakler, die solche Verträge vermitteln. Diese haben indes nicht die Pflichten aus § 4 Abs. 4, § 9 Abs. 3 und § 14. Damit sind selbständig tätige Versicherungsmakler i. S. d. § 93 HGB gemeint.[101] Nicht darunter fallen Versicherungsagenten i. S. d. § 43 VVG oder Versicherungsvertreter nach § 92 HGB.

Die **Deutsche Post AG** zählt anders als in der ursprünglichen Fassung des Geldwäschegesetzes nicht mehr zu den Instituten.[102]

80 Für Institute untereinander gilt die Identifizierungspflicht nach § 2 Abs. 1 nicht (§ 2 Abs. 4). Aus diesem Grunde muss z. B. der Geldwechsler, der einen Sortenkauf bei der Bank vornimmt, nicht identifiziert werden, selbst wenn der umzutauschende Betrag weit über 15 000 Euro liegt. Dies ist insofern gerechtfertigt, als der Geldwechsler als Institut selbst der Identifizierungspflicht gegenüber seinen Kunden unterliegt. Damit entfällt auch die Feststellung des wirtschaftlich Berechtigten nach § 8 (siehe § 8 Abs. 2) und die Aufzeichnungs- und Aufbewahrungspflicht nach § 9.

VII. Identifizieren (Abs. 5)

81 Absatz 5 Satz 1 definiert das Identifizieren im Sinne des Geldwäschegesetzes. Die Definition geht zurück auf Art. 3 der 1. Geldwäscherichtlinie, wonach die Identität eines Kunden anhand eines beweiskräftigen Dokuments geklärt werden muss. Diese Regelung findet sich nun in Art. 8 Abs. 1 der 3. Geldwäscherichtlinie. In Deutschland bestand schon seit der Reichsabgabenordnung von 1913 eine Identifizierungspflicht, die heute noch in § 154 Abs. 2 AO normiert ist. Danach bestand und besteht für Kreditinstitute die Pflicht, sich Gewissheit über die Person und die Anschrift des Kontoverfügungsberechtigten zu verschaffen. Dazu sind Name, Vorname, Geburtsdatum, der im Ausweis angegebene Wohnort und die ständige Anschrift festzuhalten.[103] Diese Verpflichtung besteht unabhängig neben denen aus dem Geldwäschegesetz.

---

100) Diese Unternehmen werden inzwischen auch von der BaFin beaufsichtigt und erhalten die entsprechenden Rundschreiben, BaFin, Geschäftsbericht 2002, S. 22.
101) Begründung RegE Geldwäschebekämpfungsgesetz, BT-Drucks. 14/8739, S. 11.
102) Die Gesetzesänderung wurde durch Art. 2 Abs. 22 des Begleitgesetzes zum Telekommunikationsgesetz vom 17.12.1997, BGBl I, 3108, herbeigeführt.
103) Im Einzelnen siehe Anwendungserlass zu § 154 AO, abgedruckt im Gesetzesteil; *Tischbein*, S. 21 ff.

Begriffsbestimmungen § 1 GwG

Absatz 5 definiert das Identifizieren **natürlicher Personen**. In bestimmten Fällen 82
sind Erleichterungen oder eine Befreiung vorgesehen (vgl. § 7). Wichtig ist in diesem Zusammenhang auch die vom Bundesaufsichtsamt für das Kreditwesen eingeräumte so genannte Altfallregelung.[104] Absatz 5 enthält aber keinerlei Hinweise zur Identifizierung bzw. Legitimation **juristischer Personen**.[105] Dafür ist nach wie vor § 154 Abs. 2 AO einschlägig sowie dazu ergangenen Anwendungserlasse.

Der Begriff Identifizierung ist für die §§ 2, 3, 4, 6 und 7 relevant. Unter **Identifizieren** 83
im Sinne von Absatz 5 ist das Feststellen des Namens aufgrund eines gültigen Personalausweises oder Reisepasses zu verstehen sowie des Geburtsdatums, des Geburtsorts, der Staatsangehörigkeit und der Anschrift, soweit sie darin enthalten sind. Dazu gehört auch das Feststellen von Art, Nummer und ausstellender Behörde des amtlichen Ausweises. Die ursprünglich in Absatz 5 festgelegten Identifizierungsdaten sind mit dem Geldwäschebekämpfungsgesetz vom 8.8.2002 um die Merkmale Geburtsort und Staatsangehörigkeit erweitert worden (unten Rz. 88 ff). Eine **Nacherfassung** dieser Kriterien für Identifizierungen vor Inkrafttreten der Neuregelung ist nicht notwendig.[106] Nach § 7 kann in den darin genannten Fällen von der Identifizierung abgesehen werden.[107] Dabei sind die Voraussetzungen auch als erfüllt anzusehen, wenn die Identifizierung nach Maßgabe von zum Zeitpunkt der Identifizierung geltenden Bestimmungen durchgeführt wurde.

Mit der Bundesanstalt ist anzunehmen, dass der Identifizierungspflichtige neben 84
dem Feststellen der genannten Daten gehalten ist, die Übereinstimmung der äußeren Merkmale des zu Identifizierenden mit dem **Ausweisfoto** zu überprüfen.

Absatz 5 bezeichnet **Personalausweis und Reisepass** dem Wortlaut nach als allein 85
maßgebliche Ausweisdokumente. Diese amtlichen Ausweise sind im Passgesetz sowie im Gesetz über Personalausweise[108] geregelt. Als Ausweispapier im Sinne von Absatz 5 können aber auch all die amtlichen Dokumente gelten, die die Bundesanstalt/das BAKred in ihren Schreiben benannt hat, z. B. vorläufige Ausweise, Ersatzdokumente, Kinderausweise, Aufenthaltsgestattungen nach § 63 Abs. 1 AsylVfG sowie ausländische Legitimationspapiere, die dem deutschen Personalausweis und Reisepass entsprechen.[109]

Ausländische Ausweise werden dann anerkannt, wenn sie die Anforderungen an § 4 86
Abs. 1 PassG oder § 1 Abs. 2 PAuswG erfüllen.[110] Alle anderen Legitimationspapiere genügen nicht. Dazu zählen daher **nicht Dienstausweise oder der Führer-**

---

104) BAKred, Schreiben vom 7.10.1996 (I5-B207), abgedruckt in: *Consbruch/Möller u. a.*, KWG, Nr. 11.01 c; siehe *Langweg*, § 7 Rz. 3.
105) Dazu siehe *Langweg*, § 2 Rz. 27 ff; dazu *Tischbein*, S. 40 ff.
106) Gegenäußerung BReg zur Stellungnahme BRat zum RegE Geldwäschebekämpfungsgesetz, BT-Drucks. 14/9043, S. 8.
107) Siehe *Langweg*, § 7 Rz. 1 ff.
108) Das Pass- und das Personalausweisgesetz sind abgedruckt im Gesetzesteil.
109) Begründung RegE GewAufspG, BT-Drucks. 12/2704, S. 11; BAKred, Schreiben vom 11.2.1994 (I5-B400), und vom 31.3.1994 (I5-B400), abgedruckt in: Consbruch/Möller u. a., KWG, Nr. 11.04; siehe im Einzelnen Langweg, § 2 Rz. 53 ff.
110) Siehe im Einzelnen *Langweg*, § 2 Rz. 56 ff; BAKred, Schreiben vom 2.6.2000 (Z5-B400), abgedruckt in: *Consbruch/Möller u. a.*, KWG, Nr. 11.71; *Tischbein*, S. 35 ff.

schein[111)] oder die französische **carte de séjour** sowie **die carte de résident**.[112)] Eine Identifizierung aufgrund **persönlicher Bekanntschaft** erfüllt die Voraussetzungen des Absatzes 5 ebenso wenig.

87 Mit dem Geldwäschebekämpfungsgesetz vom 8.8.2002 wurde klargestellt, dass die Identifizierung anhand eines **gültigen** Ausweises zu erfolgen hat. Maßgeblich ist die Gültigkeit zum Zeitpunkt der Identifizierung. Der Identifizierungspflichtige ist nicht gehalten, die relevanten Kriterien erneut festzustellen, wenn der Personalausweis oder Reisepass z. B. während der Laufzeit einer bestehenden Geschäftsverbindung seine Gültigkeit verliert.[113)] Auch ein abgelaufener Ausweis kann über die Identität einer Person Auskunft geben.[114)] Die im Gesetzgebungsverfahren zwischenzeitlich vorgesehene Regelung, auch das Ende der Gültigkeitsdauer als Tatbestandsmerkmal des Identifizierens aufzunehmen,[115)] ist nicht Gesetz geworden.

88 Mit Inkrafttreten des Geldwäschebekämpfungsgesetzes am 15.8.2002 ist nunmehr auch der **Geburtsort** festzustellen. Diese Gesetzesänderung geht auf einen von Beginn an vorgetragenen Wunsch der Strafverfolgungsbehörden zurück. Dabei handelt es sich um ein unveränderliches Merkmal, das zu einer noch sichereren Identifizierung beitragen kann und zudem leicht feststellbar ist.[116)] Es verbessert die Analysemöglichkeiten des Bundeskriminalamtes sowie die Ermittlungsansätze der Landeskriminalämter. Wesentliche Grundlage sind dabei die Möglichkeiten der Zuordnung zu ethnischen, geografischen und nationalstaatlichen Gruppierungen.[117)]

89 Problematisch ist, dass der Geburtsort zwar in jedem deutschen Personalausweis und Reisepass angegeben ist, nicht aber in den entsprechenden Ausweispapieren anderer Länder. Deshalb ist Absatz 5 Satz 2 in diesem Punkt auch einschränkend formuliert. Der Tatbestand der Identifizierung und die damit verbundene, bußgeldbewehrte Pflicht sind auch ohne Feststellung des Geburtsorts erfüllt, wenn diese Angabe im vorgelegten Ausweis nicht enthalten ist. Der Identifizierungspflichtige soll dieses Datum dann aber nach den **Angaben des zu Identifizierenden** festhalten. Wegen der mit der Gesetzesänderung verbundenen Umstellungsprobleme hat die Bundesanstalt die Nichterfüllung der Pflicht bis zum 31.12.2002 nicht beanstandet.[118)] Das Kriterium Geburtsort ist nicht in der Parallelvorschrift des § 24c KWG enthalten.

---

111) BayObLG BB 1997, 2607, 2608 (LS).
112) BAKred, Schreiben vom 2.6.2000 (Z5-B400), abgedruckt in: *Consbruch/Möller u. a.*, KWG, Nr. 11.71.
113) In diesem Sinn auch BAKred, Schreiben vom 9.3.1999 (Z5-B400), abgedruckt in: *Consbruch/Möller u. a.*, KWG, Nr. 11.54.
114) OLG Düsseldorf ZAP EN-Nr. 912/94 (S); siehe auch BAKred, Schreiben vom 9.3.1999 (Z5-B400), abgedruckt in: *Consbruch/Möller u. a.*, KWG, Nr. 11.54.
115) Begründung RegE Geldwäschebekämpfungsgesetz, BT-Drucks. 14/8739, S. 11.
116) Innenausschuss zum RegE Geldwäschebekämpfungsgesetz, BT-Drucks. 14/9263, S. 9.
117) Stellungnahme BRat zum RegE Geldwäschebekämpfungsgesetz, BT-Drucks. 14/9043, S. 1.
118) BaFin, Schreiben vom 30.8.2002 (Q31-B107).

Das Merkmal **Staatsangehörigkeit** wurde mit dem Geldwäschebekämpfungsgesetz ebenfalls neu in die Definition aufgenommen, weil es in der Regel in den amtlichen Ausweisen enthalten ist und der Identifizierung aus den soeben genannten Gründen dienlich ist. 90

Auch die **Anschrift** ist anhand des Ausweises festzustellen, wenn sie darin genannt ist. Ist dies nicht der Fall, genügen wiederum die Angaben des zu Identifizierenden. Dabei ist die Angabe einer Postfachanschrift unzureichend. Nachforschungen bezüglich der Adresse oder Nachfragen zum Beruf sind nicht erforderlich. 91

Art, Nummer und ausstellende Behörde müssen dem Legitimationspapier entnommen werden. Bei der Nummer ist die neunstellige Nummer maßgeblich, auf die Prüfziffer (10. Stelle) kommt es nicht an. Ohne Feststellung dieser Daten ist die Identifizierung nicht vollständig, und die bußgeldbewehrten Pflichten nach §§ 2, 9 sind nicht erfüllt. 92

Die Identifizierung kann nach Satz 2 auch anhand einer qualifizierten **elektronischen Signatur** i. S. d. § 2 Nr. 3 SigG erfolgen. Die Signatur muss auf einem bei ihrer Erzeugung gültigen qualifizierten Zertifikat (§ 2 Nr. 6, 7 i. V. m. § 7 SigG) beruhen und mit einer sicheren Signaturerstellungseinheit hergestellt worden sein. Laut Entwurfsbegründung bietet eine solche Signatur eine weitaus höhere Fälschungssicherheit, als sie bei papiergebundenen schriftlichen Urkunden gegeben ist.[119)] 93

VIII. Finanztransaktion (Abs. 6)

Absatz 6 definiert den grundlegenden Begriff der Finanztransaktion: Es ist jede Handlung, die eine Geldbewegung oder eine sonstige Vermögensverschiebung bezweckt oder bewirkt. Darin enthalten sind sowohl Bar- und Buchgeldzahlungen als auch Vertragsabschlüsse.[120)] Dieser weite Begriff ist nur bei §§ 6 und 11 (Identifizierung im Verdachtsfall, Anzeigeverpflichtung) von Bedeutung. Die allgemeine Identifizierungspflicht nach § 2 ist auf die dort genannten Fälle begrenzt. 94

Ziel war es, mit dieser Definition nicht nur Bartransaktionen im Geldwäschegesetz zu erfassen, sondern den Anwendungsbereich auch auf andere Transaktionen, z. B. Bewegungen von Buchgeld oder elektronischem Geld zu erstrecken. Anlass dafür ist die Feststellung, dass Bartransaktionen stark rückläufig sind und das Internet es mit Netzgeldsystemen erleichtert, größere Vermögenswerte anonym im nationalen und internationalen Zahlungsverkehr zu transportieren und damit auch die Herkunft inkriminierter Vermögenswerte zu verschleiern. Erhöhtes Missbrauchspotential wird auch in der Möglichkeit gesehen, große Summen von Werteinheiten, die auf einer Chipkarte gespeichert sind, unauffällig zu transportieren. Dies gilt insbesondere dann, wenn die Werteinheiten von einer elektronischen Geldbörse auf die andere übertragen werden können.[121)] 95

---

119) Begründung RegE Geldwäschebekämpfungsgesetz, BT-Drucks. 14/8739, S. 11.
120) *Langweg*, § 6 Rz. 5.
121) Begründung RegE Geldwäschebekämpfungsgesetz, BT-Drucks. 14/8739, S. 12.

IX. Elektronisches Geld (Abs. 7)

96 Elektronisches Geld i. S. d. § 1 Abs. 14 KWG ist dem Bargeld nach Absatz 7 gleichstellt. Die Regelung wurde mit dem Geldwäschebekämpfungsgesetz vom 14.8.2002 in das Geldwäschegesetz aufgenommen.[122] Diese Vorschrift ist für die Identifizierungspflichten nach §§ 2, 6, 7 relevant. Die Definition des Begriffs **E-Geld** geht auf Art. 1 Abs. 3 Buchst. b E-Geld-Richtlinie (oben Rz. 25) zurück. Diese Regelung ist derzeit wohl eher theoretischer Natur. Rein tatsächlich dürfte elektronisches Geld und damit diese Regelung für die Geldwäschebekämpfung keine Bedeutung haben, auch wenn man die Bundesanstalt das anders zu sehen scheint. Geldkartenumsätze sind auf 200 Euro beschränkt und werden nur für Kleinumsätze eingesetzt. Netzgeld hat in Deutschland keine nennenswerte Bedeutung.

97 Nach § 1 Abs. 14 KWG sind unter elektronischem Geld Werteinheiten in Form einer Forderung gegen die ausgebende Stelle zu verstehen, die

– auf elektronischen Datenträgern gespeichert sind,
– gegen Entgegennahme eines Geldbetrags ausgegeben werden und
– von Dritten als Zahlungsmittel angenommen werden, ohne gesetzliches Zahlungsmittel zu sein.

98 Mit diesem Oberbegriff werden hardwaregestützte Geldbörsensysteme (Geldkarte) und softwaregestützte Netzgeldsysteme zusammengefasst. Die Rechtsnatur des E-Geldes ist noch umstritten. Beim **Netzgeld** wird u. a. ein Forderungskauf (durch Karteninhaber vom kartenemittierenden Institut), kombiniert mit einer Zahlungsgarantie oder einem Zahlungsversprechen (des Kartenemittenten) angenommen.[123] Es wird aber auch die Ansicht vertreten, es handele sich um eine auftragsrechtliche Weisung nach §§ 665 ff BGB des Netzgeldverwenders an die Bank, die vorgelegten Münzen in Buchgeld einzulösen.[124] Auch die Qualifizierung als digitalisierte Inhaberschuldverpflichtung analog §§ 793 ff BGB wird angenommen.[125] Daneben wird Netzgeld auch als wertpapierähnliche Anweisung i. w. S. analog §§ 783 ff BGB beurteilt.[126] Diese Bewertung wird der Tatsache gerecht, dass die Innehabung des Netzgeldkontos erforderlich ist, um dessen Einlösung verlangen zu können.

99 Bei der **Geldkarte** wird u. a. vertreten, es handele sich um ein Bargeldsurrogat, das eine Sache darstelle.[127] Teils wird es als ein Verfahren sui generis gesehen,[128] teils als eine wertpapierähnliche Urkunde ohne Wertpapiercharakter.[129] Auf die kontogebundene Geldkarte sei § 793 Abs. 1 Satz 1 BGB analog anzuwenden.

---

122) Zur Gleichstellung mit Bargeld auch schon vor Inkrafttreten der Neuregelung siehe BAKred, Verlautbarung für Kreditinstitute vom 30.3.1998, Rz. 13, abgedruckt in Anhang III.1.
123) *Fülbier*, in: Boos/Schulte-Mattler, KWG, § 1 Rz. 245 ff; *Werner*, in: BuB, Rz. 6/1757.
124) *Kümpel*, WM 1998, 365; *ders.*, NJW 1999, 313.
125) *Escher*, WM 1997, 1173, 1180.
126) *Neumann*, in: Kilian/Heussen, Rz. 110/72.
127) *Pfeiffer*, NJW 1997, 1036, 1037.
128) *Werner*, in: BuB, Rz. 6/1756.
129) *Neumann*, in: Kilian/Heussen, Rz. 110/92.

Begriffsbestimmungen § 1 GwG

Rein tatsächlich ersetzen die digitalen Werteinheiten in erster Linie Münzen und 100
kleinere Banknoten bei der Abwicklung von Kleinstbetragszahlungen (z. B. öffentlicher Nahverkehr, Parkhäuser, Automatenbetrieb). Inzwischen werden die auf Karten abgespeicherten Werteinheiten anhand von Chipkartenlesern auch für Bezahlvorgänge im Internet genutzt.[130] Diese Variante verdrängt damit das Netzgeld, das von deutschen Kreditinstituten zurzeit nicht angeboten wird.[131] Der Gesamtumfang der E-Geld-Transaktionen am Bargeldumlauf in Deutschland (126 Mrd. Euro) war im April 2000 mit nur 60 Mio. Euro sehr gering. Die verbraucherschützende **Rücktauschbarkeit** von E-Geld ist in § 22a KWG geregelt.

---

130) *Meister*, ZgKW 2000, 762, 763.
131) *Palandt/Sprau*, BGB, § 675 Rz. 11.

§ 2
Allgemeine Identifizierungspflichten für Institute

(1) ¹Ein Institut hat bei Abschluss eines Vertrages zur Begründung einer auf Dauer angelegten Geschäftsbeziehung den Vertragspartner zu identifizieren. ²Eine auf Dauer angelegte Geschäftsbeziehung besteht insbesondere bei der Führung eines Kontos und bei den sonstigen in § 154 Abs. 2 Satz 1 der Abgabenordnung genannten Geschäften. ³Für Versicherungsunternehmen richten sich die Identifizierungspflichten bei Abschluss eines Vertrages nach § 4.

(2) Ein Institut hat bei Annahme von Bargeld, Wertpapieren im Sinne des § 1 Abs. 1 des Depotgesetzes oder Edelmetallen im Wert von 15 000 Euro oder mehr zuvor denjenigen zu identifizieren, der ihm gegenüber auftritt.

(3) Absatz 2 gilt auch, wenn das Institut mehrere Finanztransaktionen im Sinne des Absatzes 2 durchführt, die zusammen einen Betrag im Wert von 15 000 Euro oder mehr ausmachen, sofern tatsächlich Anhaltspunkte dafür vorliegen, dass zwischen ihnen eine Verbindung besteht.

(4) ¹Die Absätze 1 und 2 gelten nicht im Verhältnis von Instituten untereinander. ²Das Bundesministerium des Innern und das Bundesministerium der Finanzen können zur Bekämpfung der Geldwäsche oder der Finanzierung terroristischer Vereinigungen durch Rechtsverordnung ohne Zustimmung des Bundesrates Ausnahmen von Satz 1 im Hinblick auf Institute in solchen Drittländern bestimmen, die keine den Anforderungen dieses Gesetzes gleichwertigen Anforderungen an Institute stellen.

(5) ¹Absatz 2 gilt nicht, wenn Inhaber oder Mitarbeiter eines Unternehmens auf das Konto des Unternehmens regelmäßig Gelder bar einzahlen oder wenn Bargeld in einem Nachttresor deponiert wird. ²Unterhält ein nach Absatz 2 verpflichtetes Institut einen Nachttresor, so hat es dessen Benutzer zu verpflichten, darüber nur Geld für eigene Rechnung einzuzahlen.

Literatur: *Rabe*, Die neue Geldwäsche-Verlautbarung des Bundesaufsichtsamtes für das Kreditwesen, Sparkasse 1998, 335; Rechtsanwaltskammer Berlin, Empfehlungen zur Anwendung des Gesetzes zur Verbesserung der Geldwäsche und der Bekämpfung der Finanzierung des Terrorismus vom 8.8.2002, Berliner Anwaltsblatt 2004, 291

Übersicht

I. Entwicklung und Hintergrund der Identifizierungspflichten des Geldwäschegesetzes 1	1. Allgemeines 12
II. Zur Identifizierung Verpflichtete 10	2. Verhältnis zu den Pflichten des § 154 Abs. 2 AO 17
III. Identifizierungspflicht bei Begründung einer auf Dauer angelegten Geschäftsbeziehung, insbesondere bei Konto- und Depoteröffnung (Abs. 1) 12	3. Beschränkung auf geschäftsspezifische Leistungen 22
	4. Feststellung des wirtschaftlich Berechtigten 24
	5. Kontoeröffnung an Serviceterminals 26
	6. Kontoeröffnung für juristische Personen 27

Langweg

7.	Eröffnung von Kreditkonten 31	d)	Anforderungen an Ausweispapiere und Identifikation 60
8.	Identifizierung von Abwesenden 32		
9.	Identifizierung durch zuverlässige Dritte 35	IV.	**Identifizierungspflicht bei der Annahme von Barmitteln (Abs. 2)** 70
	a) Kreis der „per se" zuverlässigen Dritten 35	1.	Aufzeichnungspflichtige Geschäftsvorfälle 72
	b) Identifizierung durch die Deutsche Post AG 41		a) Bargeld 85
	aa) Identifizierung durch die Zusteller der Deutschen Post AG (Postident Comfort) 42		b) Wertpapiere i. S. d. § 1 Abs. 1 DepotG 105
			c) Edelmetalle 112
	bb) Identifizierung in den Filialen und Agenturen der Deutschen Post AG (Postident Basic) 45	2.	Mehrere Finanztransaktionen (Verdacht auf Smurfing; Abs. 3) ... 114
		V.	**Wegfall der Identifizierungspflichten für Institute untereinander/Verordnungsermächtigung (Abs. 4)** 123
	c) Identifizierung durch sonstige zuverlässige Dritte 49		
10.	Identifizierung anhand einer qualifizierten elektronischen Signatur 52	VI.	**Identifizierungserleichterungen (Abs. 5)** 128
		1.	Regelmäßige Einzahlungen auf Unternehmenskonten (Satz 1) 129
11.	Ausweisdokumente 53		
	a) Inländische Ausweispapiere 54	2.	Einzahlung in den Nachttresor (Satz 1 und 2) 138
	b) Ausweispapiere ausländischer Staatsangehöriger 56		
	c) Zur Identifikation nicht geeignete Ausweispapiere 59	3.	Identifizierungserleichterung des § 7 148

I. Entwicklung und Hintergrund der Identifizierungspflichten des Geldwäschegesetzes

1   Die **Erste Geldwäscherichtlinie** sieht eine Identifizierungspflicht bei Finanztransaktionen mit Gelegenheitskunden ab einem **Schwellenbetrag von 15 000 Euro** (ursprünglich 15 000 ECU) vor. Sie berücksichtigt dabei die Protokollerklärung der Kommission zu Art. 3 der 1. Geldwäscherichtlinie.[1] Danach ist es nicht erforderlich, die in Art. 3 der 1. Geldwäscherichtlinie vorgesehenen Identifizierungsanforderungen bei Personen anzuwenden, die Geld auf ein Konto einzahlen, das von einem Kunden eröffnet wurde, für den die in diesem Artikel vorgesehenen Identifizierungsanforderungen bereits erfüllt wurden. Letzteres war in Deutschland wegen § 154 Abs. 2 AO, der bei der Eröffnung eines Kontos zur Verschaffung von Gewissheit über die Person des Verfügungsberechtigten verpflichtet, bereits seit der Reichsabgabenordnung von 1913 regelmäßig der Fall. Somit hätte der **praktische Anwendungsbereich** der Identifizierungspflichten auf die Geschäfte beschränkt werden können, in denen das Institut mit dem Kunden **Bargeschäfte** tätig (z. B. Tafelgeschäfte, Verkauf von Edelmetallen, Bareinzahlungen auf Auslandskonten, **die keiner Identifizierungspflicht unterliegen**, Sortengeschäft, Verkauf von Beteiligungen, Wechseleinlösung).

2   Das Geldwäschegesetz geht jedoch über die Vorgaben der Ersten Geldwäscherichtlinie hinaus, weil es vorschreibt, dass eine Identifizierung bei der Annahme von Bar-

---

1) Protokollerklärung des Rates und der Kommission zu Art. 3 RL 91/308/EWG, S. 5, abgedruckt in Anhang II.1a.

geld und der anderen genannten Werte ab dem Schwellenbetrag auch dann erfolgen muss, wenn ein identifiziertes Konto berührt ist und somit ohnehin eine „Papierspur" vorliegt.

Im Gegensatz zu anderen EU-Ländern normierte die erste Fassung des deutschen Geldwäschegesetzes, die am 29.11.1993 in Kraft getreten ist, mit 20 000 DM einen niedrigeren Schwellenwert, als Art. 3 der 1. Geldwäscherichtlinie vorsah (15 000 ECU/Euro). Erst mit Änderung des Geldwäschegesetzes durch das Gesetz zur Verbesserung der Bekämpfung der Organisierten Kriminalität vom 4.5.1998 ist der Schwellenbetrag für identifizierungspflichtige Transaktionen auf seinerzeit 30 000 DM und damit auf die nach der Geldwäscherichtlinie zulässige Höhe angehoben worden. Hiermit wurde einem dringenden Petitum der Kreditwirtschaft entsprochen.

Die übrigen zum 9.5.1998 in Kraft getretenen Gesetzesänderungen waren jedoch kritisch zu beurteilen. Denn diese Gesetzesänderungen sahen z. B. vor, die Finanzbehörden gemäß § 10 Abs. 2 bereits bei Einleitung eines Strafverfahrens wegen Geldwäscheverdachts über steuerrelevante Erkenntnisse aus Schwellenwertidentifizierungen und Verdachtsanzeigen zu informieren, um illegales Vermögen wirksam im Wege der Besteuerung abschöpfen zu können. Bislang war die Information der Finanzbehörden erst nach rechtskräftiger strafrechtlicher Verurteilung möglich. Darüber hinaus wurden die Geldwäsche-Verdachtsanzeigen durch Änderung des § 11 Abs. 5 auch für Steuerstraftaten mit einer Straferwartung von über drei Jahren heranziehbar gemacht. Zusammen mit der Aufnahme weiterer Straftatbestände in den Vortatenkatalog des § 261 StGB, die wie der Diebstahl nicht zwingend als typische Erscheinungsformen der Organisierten Kriminalität anzusehen sind, wurde damit der insgesamt zu beobachtende Trend, die hauptsächlich aus Anzeigen der Kreditinstitute gewonnenen Erkenntnisse auch für die Bekämpfung der allgemeinen Kriminalität einzusetzen, auch gesetzlich manifestiert. Dies steht eindeutig im Widerspruch zu dem bei Inkrafttreten des Geldwäschegesetzes gefundenen allgemeinen Konsens, dass die im Wesentlichen von privaten Wirtschaftsunternehmen übermittelten Informationen ausschließlich für die Bekämpfung der Organisierten Schwerstkriminalität zu verwenden sind.[2]

In unmittelbarem zeitlichem Zusammenhang mit dem Inkrafttreten des auf 30 000 DM angehobenen gesetzlichen Schwellenbetrages hat das Bundesaufsichtsamt für das Kreditwesen in seiner Verlautbarung für Kreditinstitute vom 30.3.1998 nachdrücklich eine Absenkung des Schwellenbetrages für **Sortengeschäfte** auf 5 000 DM empfohlen. Trotz des insoweit eindeutigen Gesetzeswortlauts wurde damit die gesetzgeberische Intention, die bürokratischen Pflichten des Geldwäschegesetzes zurückzudrängen, nahezu zeitgleich konterkariert (unten Rz. 96 f).

Durch das 6. Euro-Einführungsgesetz vom 3.12.2001[3] sind sämtliche im Geldwäschegesetz vorkommenden, auf Deutsche Mark lautenden Beträge im Verhältnis

---

2) Vgl. auch *Fülbier*, Einleitung Rz. 71.
3) Gesetz zur Umstellung von Vorschriften des Dienst-, allgemeinen Verwaltungs-, Sicherheits-, Ausländer- und Staatsangehörgkeitsrechts auf Euro (Sechstes Euro-Einführungsgesetz – 6. Euro-EG) vom 3.12.2001, BGBl I, 3306.

2:1 mit Wirkung zur **Einführung des Euro-Bargeldes** am 1.1.2002 auf Euro umgestellt worden.

7 Mit dem Geldwäschebekämpfungsgesetz vom 8.8.2002 ist die bis dahin auf Bartransaktionen beschränkte Identifizierungspflicht des § 2 durch Einfügung eines neuen Absatzes 1 um den Tatbestand des „Abschlusses eines Vertrages zur Begründung einer auf Dauer angelegten Geschäftsbeziehung" erweitert worden. Hiermit sollten insbesondere die Fälle des § 154 Abs. 2 AO in das Geldwäschegesetz einbezogen werden. Des Weiteren ist mit dieser Gesetzesänderung die **Identifizierungspflicht bei der „Abgabe" von Bargeld, Wertpapieren und Edelmetallen** entfallen. Mit Ausnahme der Abgabe von Sorten, die nicht über Kundenkonten abgewickelt werden,[4] können seither z. B. Barauszahlungen vorgenommen werden, ohne dass eine Identifizierungspflicht ausgelöst wird. Der Gesetzgeber führte damit den Pflichtenkatalog des Geldwäschegesetzes an dieser Stelle zurück auf die Vorgaben der Ersten Geldwäscherichtlinie. Begründet wurde dies mit einer sorgfältigen Abwägung zwischen dem Interesse der Strafverfolgungsbehörden an möglichst vollständiger Dokumentation der ‚papertrails' verbunden mit hieraus resultierenden Ermittlungsansätzen und dem Ausmaß der Belastung der Kreditwirtschaft. Darüber hinaus sei nach Kenntnis der Bundesregierung eine Identifizierungspflicht bei der Abgabe von Bargeld in keinem anderen EU-Land praktiziert worden.[5]

8 Die Identifizierungspflicht bei der „Annahme" von Barmitteln ab 15 000 Euro (Sorten: 2 500 Euro) bleibt dagegen unberührt. Schließlich sind neben den Instituten nach § 1 Abs. 4 durch § 3 weitere Berufsgruppen wie Rechtsanwälte, Patentanwälte, Notare, Wirtschaftsprüfer, vereidigte Buchprüfer, Steuerberater und Immobilienmakler in den Pflichtenkreis des Geldwäschegesetzes mitsamt den allgemeinen Identifizierungspflichten des § 2 aufgenommen worden.

9 Aufgrund eines Redaktionsversehens des Gesetzgebers blieb es jedoch zunächst bei der Aufzeichnungspflicht des Namens der handelnden Person bei der **Abgabe von Barmitteln an regelmäßige Einzahler/Abheber** gemäß § 9 Abs. 1 Satz 4 i. V. m. § 2 Abs. 5. Dieses Redaktionsversehen ist schließlich durch Investmentmodernisierungsgesetz vom 15.12.2003 mit Wirkung zum 1.1.2004 behoben worden. Damit ist die Aufzeichnungspflicht des Namens der handelnden Person bei der Abgabe von Barmitteln an regelmäßige Abheber gemäß § 9 Abs. 1 Satz 4 i. V. m. § 2 Abs. 5 entfallen.

II. Zur Identifizierung Verpflichtete

10 Zur Identifizierung Verpflichtete haben bei Abschluss eines Vertrages zur Begründung einer auf Dauer angelegten Geschäftsbeziehung den Vertragspartner (Absatz 1) und bei der Annahme von Bargeld, Wertpapieren i. S. v. § 1 Abs. 1 DepotG oder Edelmetallen im Wert von 15 000 Euro oder mehr denjenigen, der ihnen gegenüber auftritt (Absatz 2) zu identifizieren. Verpflichtet werden durch § 2 in erster

---

4) BaFin, Rundschreiben Nr. 18/2002 vom 25.9.2002 (Q31-C669), abgedruckt in: *Consbruch/Möller u. a.*, KWG, Nr. 11.79.
5) Gegenäußerung BReg zur Stellungnahme BRat zum RegE Geldwäschebekämpfungsgesetz, BT-Drucks. 14/9043, S. 8.

Linie „Institute" nach § 1 Abs. 4.[6] Danach sind Institute im Sinne des Geldwäschegesetzes Kreditinstitute nach § 1 Abs. 1, Finanzdienstleistungsinstitute nach § 1 Abs. 2 Satz 1, Investmentaktiengesellschaften i. S. d. § 2 Abs. 5 InvG, Finanzunternehmen nach § 1 Abs. 2 Satz 2 und Versicherungsunternehmen, die Unfallversicherungsverträge mit Prämienrückgewähr oder Lebensversicherungsverträge anbieten oder solche Verträge vermitteln.

Gleichermaßen unterliegen jedoch die nach § 3 Abs. 1 Nr. 1–4 Verpflichteten[7] bei Ausübung ihrer beruflichen Tätigkeit den Identifizierungspflichten der Absätze 1 und 2 auch in Verbindung mit Absatz 3. Sowohl bei Begründung einer auf Dauer angelegten Geschäftsbeziehung als auch bei der Annahme von Bargeld, Wertpapieren i. S. v. § 1 Abs. 1 DepotG oder Edelmetallen im Wert von 15 000 Euro oder mehr trifft sie somit die Pflicht zur Identifizierung des Vertragspartners (Absatz 1) bzw. desjenigen, der ihnen gegenüber auftritt (Absatz 2), nach § 1 Abs. 5, wie sie nachstehend insbesondere für Kreditinstitute und Finanzdienstleistungsinstitute beschrieben werden. Dabei sind jedoch die konkretisierenden bzw. interpretierenden Vorgaben der Bankenaufsicht für die nach § 3 Verpflichteten nicht unmittelbar bindend. Ausschlaggebend sind vielmehr die Anwendungsempfehlungen der jeweils zuständigen Aufsichtsbehörde des Verpflichteten (§ 16 Nr. 4).[8]   11

III. Identifizierungspflicht bei Begründung einer auf Dauer angelegten Geschäftsbeziehung, insbesondere bei Konto- und Depoteröffnung (Abs. 1)

1. Allgemeines

Bei der Anknüpfung von Geschäftsbeziehungen, insbesondere bei der Eröffnung von Konten oder Depots für ihre Kunden, haben Institute nach Art. 3 Abs. 1 der **1. Geldwäscherichtlinie** die Bekanntgabe ihrer Identität durch ein beweiskräftiges Dokument zu verlangen. Hierauf fußend bestimmt Absatz 1, dass Institute bei Abschluss eines Vertrages zur Begründung einer auf Dauer angelegten Geschäftsbeziehung den Vertragspartner zu identifizieren haben. Dies soll insbesondere bei Führung eines Kontos und bei sonstigen in § 154 Abs. 2 Satz 1 AO genannten Geschäften gelten. Lediglich für Versicherungsunternehmen richten sich die Identifizierungspflichten ausschließlich nach § 4.   12

Nach § 1 Abs. 5 bedeutet **Identifizieren** das Feststellen des Namens aufgrund eines gültigen Personalausweises oder Reisepasses sowie des Geburtsdatums, des Geburtsortes, der Staatsangehörigkeit und der Anschrift, soweit sie darin enthalten sind. Darüber hinaus sind Art, Nummer und ausstellende Behörde des amtlichen Ausweises festzustellen.   13

Bis 2002 enthielt das Geldwäschegesetz keine Bestimmungen über Identifizierungspflichten bei der Konto- oder Depoteröffnung. Hierauf wurde verzichtet, weil die **Abgabenordnung** in § 154 Abs. 2 diese Verpflichtungen bereits enthielt.   14

---

6) Siehe *Fülbier*, § 1 Rz. 79.
7) Vgl *Langweg*, § 3 Rz. 23 ff.
8) Siehe *Langweg*, § 16.

15 Mit dem Geldwäschebekämpfungsgesetz vom 8.8.2002 ist die bis dahin auf Bartransaktionen beschränkte Identifizierungspflicht des § 2 um den Tatbestand des „Abschlusses eines Vertrages zur **Begründung einer auf Dauer angelegten Geschäftsbeziehung**" erweitert worden. Hiermit sollten insbesondere die Fälle des § 154 Abs. 2 AO in das Geldwäschegesetz einbezogen werden. Nach der Regierungsbegründung[9] soll die Ausdehnung der Identifizierungspflicht nach dem Geldwäschegesetz auf die Konto- und Depoteröffnung „der Prävention durch eine Verankerung des ‚Know your customer-Prinzips' im Geldwäschegesetz dienen, welches in Erfüllung der Vorgaben der Geldwäscherichtlinie beispielsweise auch für nicht kontoführende Finanzdienstleister Basis eines effektiven Sicherungssystems ist".

16 Wann eine „auf Dauer angelegte Geschäftsbeziehung" vorliegt, ist, soweit kein Konto i. S. v. § 154 Abs. 2 AO eröffnet wird, nicht geregelt. Auch die Gesetzesmaterialien enthalten keinerlei Hinweis darauf, wann von einer auf Dauer angelegten Geschäftsbeziehung auszugehen ist. Diese Frage dürfte jedoch insbesondere für die in § 3 Abs. 1 Satz 1 genannten Berufsgruppen von Bedeutung sein, die bei Ausübung ihrer beruflichen Tätigkeit ebenfalls zur Identifizierung nach Absatz 1 verpflichtet sind.[10] Unzweifelhaft stellen z. B. **Leasingverträge** als über viele Monate laufende Mietverträge besonderer Art eine auf Dauer angelegte Geschäftsverbindung dar.[11]

2. Verhältnis zu den Pflichten des § 154 Abs. 2 AO

17 Im Ergebnis wird damit – jedenfalls für Institute – eine Duplizierung der Identifizierungspflichten bei der Kontoeröffnung erreicht, was die Gefahr einander widersprechender Ausführungsbestimmungen durch die Finanzverwaltung einerseits und die Bundesanstalt andererseits in sich birgt; namentlich könnte hierdurch das bewährte Regelungsgefüge des Anwendungserlasses zu § 154 AO (AEAO) durch anders lautende Verwaltungsvorschriften der Bundesanstalt in Frage gestellt werden.

18 Entsprechend forderte auch der Bundesrat in seiner Stellungnahme zum Entwurf des Geldwäschebekämpfungsgesetzes,[12] die Formulierung des Absatzes 1 dahin gehend zu ändern, „dass für Kreditinstitute die Identifizierungspflicht sich einheitlich nicht nur bei der Führung von Konten, sondern auch bei anderen dauerhaften Geschäftsbeziehungen nach § 154 Abs. 2 Satz 1 der Abgabenordnung richtet". Nach zustimmungswürdiger Auffassung des Bundesrates müssen die Identifizierungen gemäß Abgabenordnung und Geldwäschegesetz „aus rechtlichen und organisatorischen Gründen nach einheitlichen Auslegungsregelungen vorgenommen werden".

---

9) Begründung RegE Geldwäschebekämpfungsgesetz, BT-Drucks. 14/8739, S. 12.
10) Siehe *Langweg*, § 14 Rz. 7 ff.
11) Anwendungsempfehlung (des Bundesverbandes Deutscher Leasing-Unternehmen e.V. in Zusammenarbeit mit dem Bundesministerium des Innern vom 6.4.2005) zum Geldwäschegesetz bei Leasing-Gesellschaften, B, abgedruckt in Anhang V.5.
12) Stellungnahme BRat zum RegE Geldwäschebekämpfungsgesetz, BT-Drucks. 14/9043, S. 1.

In ihrer Gegenäußerung[13] zur Stellungnahme des Bundesrates vertrat auch die 19
Bundesregierung die Auffassung, „den Kreditinstituten im Hinblick auf die Führung eines Kontos und bei den sonstigen in § 154 Abs. 2 Satz 1 AO genannten Geschäften nicht völlig neue Identifizierungspflichten aufzuerlegen". Die Bundesregierung geht jedoch davon aus, dass nach der gewählten Formulierung, „die z. B. keine näheren Vorgaben für die Identifizierung juristischer Personen, enthält, die vom Bundesministerium der Finanzen und der Bundesanstalt für Finanzdienstleistungsaufsicht zu § 154 Abs. 2 Satz 1 AO entwickelten Auslegungsregeln grundsätzlich auch auf die neue Identifizierungspflicht nach § 2 Abs. 1 GwG-E Anwendung finden".

Absatz 1 fordert dementsprechend bei Abschluss eines Vertrages zur Begründung 20
einer auf Dauer angelegten und zum geschäftsspezifischen Betrieb gehörenden Geschäftsbeziehung eine dokumentenmäßige Identifizierung des Vertragspartners nach § 1 Abs. 5. Eine **auf Dauer angelegte Geschäftsbeziehung** soll dabei insbesondere bei der **Führung eines Kontos** und bei den sonstigen in § 154 Abs. 2 Satz 1 AO genannten Geschäften bestehen. Dabei ist davon auszugehen, dass jedenfalls für die in § 154 Abs. 2 Satz 1 AO genannten Sachverhalte wie Konto- und Depotführung, Verwahrung oder Empfangnahme von Wertsachen sowie Überlassung von Schließfächern weiterhin allein die Vorgaben von § 154 AO und insbesondere die Vorgaben des AEAO maßgeblich sind.[14]

Unter „**Konto**" ist dabei die buch- und rechnungsmäßige Feststellung einer dauern- 21
den Geschäftsverbindung in ihrem jeweiligen Stand zu verstehen.[15]

3. Beschränkung auf geschäftsspezifische Leistungen

In Bezug auf die auf Dauer angelegten Geschäftsbeziehungen bei **Dienstleistungs-** 22
branchen forderte der Bundesrat[16] darüber hinaus eine Beschränkung auf „die von ihnen erbrachten Dienstleistungen", um nicht Verträge zu erfassen, die dem allgemeinen Geschäftsbetrieb dienen. Hierzu führte die Bundesregierung aus,[17] dass ihrer Auffassung nach bereits die beispielhafte Aufzählung in Absatz 1 Satz 2 hinreichend deutlich mache, „dass der Begriff der ‚auf Dauer angelegten Geschäftsbeziehung' nur die vom Identifizierungspflichtigen erbrachten **geschäftsspezifischen Leistungen** erfasst, nicht aber Verträge, die lediglich – wie z. B. der Vertrag mit einem Gebäudereinigungsunternehmen – der Aufrechterhaltung des allgemeinen Geschäftsbetriebs dienen". Ausgenommen von der Identifizierungspflicht gemäß Absatz 1 ist somit etwa das gesamte Beschaffungswesen von Instituten, wie beispielsweise Pachtverträge mit Kantinenbetreibern, Dienstverträge mit Catering-Unternehmen sowie andere Dauerschuldverhältnisse (z. B. Wartungsverträge mit IT-

---

13) Gegenäußerung BReg zur Stellungnahme BRat zum RegE Geldwäschebekämpfungsgesetz, BT-Drucks. 14/9043, S. 8.
14) So auch *Höche*, S. 15.
15) Definition nach RFHE 24, 203.
16) Stellungnahme BRat zum RegE Geldwäschebekämpfungsgesetz, BT-Drucks. 14/9043, S. 2.
17) Gegenäußerung BReg zur Stellungnahme BRat zum RegE Geldwäschebekämpfungsgesetz, BT-Drucks. 14/9043, S. 8.

Dienstleistern, Dauerschuldverträge mit Lieferanten über die Büro- und Geschäftsausstattung oder Dienstverträge mit Kfz-Werkstätten für die Wartung des Fuhrparks).[18] Hierzu hat die Bundesanstalt zwischenzeitlich bestätigt,[19] dass „sich der Terminus einer ‚auf Dauer angelegten Geschäftsbeziehung' in § 2 Abs. 1 GwG lediglich auf finanzbranchenspezifische Geschäftsbeziehungen bzw. auf solche, die im Zusammenhang mit typischen Bank- und Finanzgeschäften stehen", beziehe. „Geschäftsbeziehungen, die nicht finanzbranchenspezifisch sind (beispielsweise EDV-Wartungsverträge, Mietverträge, Reinigungsverträge etc.) werden auch weiterhin nicht von diesem Terminus umfasst."

23 Für nach § 3 Abs. 1 Satz 1 Verpflichtete sind die oben genannten konkretisierenden Ausführungen der Bundesanstalt nicht unmittelbar anwendbar, können jedoch bei der Auslegung herangezogen werden. Ausschlaggebend sind in diesen Fällen die Anwendungsempfehlungen der gemäß § 16 Nr. 4 zuständigen Aufsichtsbehörde des Verpflichteten.

4. Feststellung des wirtschaftlich Berechtigten

24 § 8 Abs. 1 Satz 1 enthält im Zusammenhang mit der Begründung einer auf Dauer angelegten Geschäftsbeziehung darüber hinaus die Verpflichtung, sich bei dem zu Identifizierenden zu **erkundigen**, ob dieser für eigene Rechnung handelt. Handelt der Geschäftspartner nicht für eigene Rechnung, so hat der zur Identifizierung Verpflichtete nach den Angaben des Geschäftspartners Namen und Anschrift des Dritten festzustellen und aufzuzeichnen.

25 Ferner fordert § 8 Abs. 1 Satz 3, **angemessene Maßnahmen** zur Feststellung der Identität des wirtschaftlich Berechtigten zu ergreifen, wenn ein Institut im Rahmen einer bestehenden Geschäftsbeziehung aufgrund der äußeren Umstände Zweifel daran hegen muss, dass der Kunde für eigene Rechnung handelt. Dies soll ausweislich der Entwurfsbegründung insbesondere für Konten gelten, die sich für Strohmanngeschäfte besonders eignen (Treuhand-, Sammel- oder Anderkonten).[20]

5. Kontoeröffnung an Serviceterminals

26 Zu der geplanten Eröffnung von Sparkonten **an Serviceterminals** hat die Bankenaufsicht ausgeführt, dass durch diese Kontoeröffnung wesentliche Teilaspekte, welche nach den Vorstellungen des Gesetzgebers in persönlichem Kontakt zwischen Kunde und Bankangestellten abgewickelt werden, auf die manuelle Eingabe von Daten am Terminal verlagert werden. Sowohl der Wesensgehalt des § 154 Abs. 2 AO als auch der des Geldwäschegesetzes erforderten in diesem Fall die Gewährleistung der Personenidentität, d. h., es müsse ausgeschlossen werden, dass nicht ordnungsgemäß identifizierte Dritte auf diese Weise missbräuchlich ein Konto errichten. Das Bundesaufsichtsamt für das Kreditwesen hat dazu ausgeführt, es müsse technisch si-

---

18) *Höche*, S. 15 f.
19) BaFin, Ergebnisprotokoll über das Gespräch mit Vertretern des Zentralen Kreditausschusses (ZKA) im Hause der BaFin am 29.3.2004 (unveröff.).
20) Begründung RegE Geldwäschebekämpfungsgesetz, BT-Drucks. 14/8739, S. 14.

chergestellt werden, dass die Kontoeröffnung auf elektronischem Wege nur solchen Kunden ermöglicht wird, die bereits unter den strengen Voraussetzungen des § 1 Abs. 5 anlässlich einer früheren Kontoeröffnung identifiziert worden sind, und diese Identifizierungsdaten i. S. d. § 1 Abs. 5 im Institut auch bei der erneuten Kontoeröffnung auf elektronischem Wege tatsächlich verfügbar sind.[21]

6. Kontoeröffnung für juristische Personen

Eine Identifizierung nach § 1 Abs. 5 kann jedoch nicht in allen Fällen des § 154 Abs. 2 AO wortlautgetreu praktiziert werden. Denn bei der Kontoeröffnung für juristische Personen kann die Legitimationsprüfung nicht anhand eines Dokuments i. S. d. § 1 Abs. 5 vorgenommen werden. Ist allerdings vorhersehbar, dass die für die juristische Person auftretenden natürlichen Personen künftig Bartransaktionen i. S. d. § 2 für die juristische Person durchführen werden, empfiehlt es sich im Hinblick auf die Erleichterungen des § 7, diese Personen – trotz der Privilegierung in Nummer 7 Satz 4 Buchst. h–k des Anwendungserlasses zu § 154 AO – um die Vorlage eines Ausweises zu bitten.

Eröffnet eine juristische Person ein Konto oder ein Depot oder mietet sich ein Schließfach, ist nach den Verlautbarungen des Bundesaufsichtsamtes für das Kreditwesen[22] eine Legitimationsprüfung der juristischen Person sowie ihrer Verfügungsberechtigten gemäß § 154 Abs. 2 AO in Verbindung mit dem Erlass zur Abgabenordnung in seiner jeweils aktuellen Fassung durchzuführen. Nummer 7 Satz 4 Buchstaben i, j und k des Anwendungserlasses zur Abgabenordnung sehen Erleichterungen vor, denen zufolge nach dem Grundsatz der Verhältnismäßigkeit auf die Legitimationsprüfung und die Herstellung der Auskunftsbereitschaft verzichtet werden kann

– bei Vertretung von Kreditinstituten und Versicherungsnehmern (Buchst. i),
– bei den als Vertretern eingetragenen Personen, die in öffentlichen Registern (Handelsregister, Vereinsregister) eingetragene Firmen oder Personen vertreten (Buchst. j),
– bei Vertretung von Unternehmen, sofern schon mindestens fünf Personen, die in öffentliche Register eingetragen sind oder bei denen eine Legitimationsprüfung stattgefunden hat, Verfügungsbefugnis haben (Buchst. k).[23]

Durch die Verwendung des Begriffs „**öffentliche Register**" ist klargestellt, dass auch ausländische Register dieser Regelung unterfallen, so dass die Identifizierung ausländischer juristischer Personen in gleicher Weise vorgenommen werden kann wie die deutscher juristischer Personen.[24]

---

21) BAKred, Schreiben vom 6.8.1996 (I5-B402), Kontoeröffnung von Sparkonten auf elektrischem Wege: Serviceterminal, abgedruckt in: *Consbruch/Möller u. a.*, KWG, Nr. 11.27.
22) Vgl. BAKred, Verlautbarung für Kreditinstitute vom 30.3.1998, Nr. 11, und für Finanzdienstleistungsinstitute vom 30.12.1997, Nr. 13, abgedruckt in Anhang III.1 und III.2.
23) Vgl. BAKred, Verlautbarung für Kreditinstitute vom 30.3.1998, Nr. 11, , und für Finanzdienstleistungsinstitute vom 30.12.1997, Nr. 13, abgedruckt in Anhang III.1 und III.2.
24) *Rabe*, Sparkasse 1998, 335.

GwG § 2 Allgemeine Identifizierungspflichten für Institute

30 Mit der Begründung, dass das Geldwäschegesetz selbst keine Regelung darüber enthalte, wie eine juristische Person zu identifizieren sei und damit eine Regelungslücke aufweise, vertritt der Vorstand der Rechtsanwaltskammer Berlin sogar die Auffassung, dass das **Unterlassen der Identifizierung von juristischen Personen durch Rechtsanwälte** wegen der insoweit bestehenden Regelungslücke berufsrechtlich nicht als Verstoß gegen die allgemeine Berufspflicht i. S. d. § 43 BRAO zu ahnden sei. Darüber hinaus erscheine fraglich, ob das Unterlassen der Identifizierung juristischer Personen als Ordnungswidrigkeit geahndet werden könne, da das Geldwäschegesetz insoweit den Akt der Identifizierung nicht vorschreibe.[25]

7. Eröffnung von Kreditkonten

31 In der Vergangenheit ist wiederholt die Frage gestellt worden, ob eine Legitimationsprüfung auch bei der Eröffnung von **Kreditkonten** durchgeführt werden muss, es sich also bei Kreditkonten um Konten i. S. v. § 154 AO handelt. Auf eine entsprechende Anfrage hat das Bundesfinanzministerium gegenüber den im Arbeitskreis „Steuern" vertretenen kreditwirtschaftlichen Spitzenverbänden mit Schreiben vom 22.4.1996 klargestellt, dass auch Kreditkonten Konten i. S. v. § 154 AO sind. Infolgedessen muss das Institut vor Eröffnung eines Kreditkontos eine Legitimationsprüfung i. S. v. § 1 Abs. 5 durchführen. Zusätzlich muss sich das Institut nach § 8 Abs. 1 erkundigen, ob der Kunde für eigene Rechnung handelt. Erklärt der Kunde, für fremde Rechnung zu handeln, sind Name und Anschrift desjenigen aufzuzeichnen, für dessen Rechnung er handelt.[26]

8. Identifizierung von Abwesenden

32 Begründet ein **Rechtsanwalt** eine auf Dauer angelegte Geschäftsbeziehung in Form eines so genannten **Fernmandats**, bei dem der Mandant nicht in der Kanzlei des Rechtsanwalts erscheint, sondern die Kontaktaufnahme auf anderem Wege erfolgt, kann die Identifizierung nach Auffassung der Berliner Rechtsanwaltskammer durch Übersendung der erforderlichen Unterlagen erfolgen. Bei natürlichen Personen ist in diesen Fällen die Übersendung einer Kopie eines Personaldokuments i. S. v. § 1 Abs. 5 zu verlangen.[27]

33 Demgegenüber weist das BAV[28] hierzu darauf hin, dass das Übersenden einer Ausweiskopie keine wirksame Identifizierung i. S. v. § 1 Abs. 5 darstellt. Dass das Übersenden einer Ausweiskopie nicht als Identifizierung angesehen werden könne, ergebe sich schon daraus, dass ein **Versicherer** nicht kontrollieren könne, ob es sich bei der übersandten Kopie tatsächlich um eine Kopie des Versicherungsnehmers und nicht einer anderen Person handelt, weil auf Kopien von Personalausweisen

---

25) Rechtsanwaltskammer Berlin, Berliner Anwaltsblatt 2004, 291.
26) BMF, Schreiben vom 22.4.1996, abgedruckt in Anhang VI.
27) Rechtsanwaltskammer Berlin, Berliner Anwaltsblatt 2004, 291.
28) BAV, Verlautbarung zum Geldwäschegesetz vom September 1997 (I6-178/97, VerBAV 1997, 243), abgedruckt in Anhang IV.4.

Allgemeine Identifizierungspflichten für Institute § 2 GwG

bzw. Reisepässen eventuell vorgenommene Verfälschungen des Ausweises nicht mehr erkennbar seien. Anders zu beurteilen sei jedoch die Übersendung einer amtlich oder notariell beglaubigten Kopie, mit der eine wirksame Identifizierung i. S. v. § 1 Abs. 5 vorgenommen werden kann. Dies gilt auch für die Nutzung des so genannten Postident-Services (unten Rz. 41 ff).

Gemäß den Verlautbarungen des Bundesaufsichtsamtes für das Kreditwesen[29] sollen briefliche Konto- oder Depoteröffnungen von **Kreditinstituten** grundsätzlich nicht vorgenommen werden. Sofern jedoch ein zur Identifizierung Verpflichteter die Identifizierung nicht selbst vornehmen kann, kann die Identifizierung durch zuverlässige Dritte (z. B. Korrespondenzbanken, Notare) nach Maßgabe des § 1 Abs. 5 erfolgen. 34

9. Identifizierung durch zuverlässige Dritte

a) Kreis der „per se" zuverlässigen Dritten

Die zur Identifizierung eingeschalteten zuverlässigen Dritten sind nach Auffassung der Bankenaufsicht lediglich als **Erfüllungsgehilfen** des weiterhin pflichtigen Instituts tätig. Die Verantwortung für die ordnungsgemäße und in Bezug auf die Anforderungen des § 1 Abs. 5 vollständige Durchführung der Identifizierung obliegt daher dem pflichtigen Institut.[30] 35

Das Bundesaufsichtsamt für das Kreditwesen hat in Nummer 10 Abs. 1 Buchst. a der Verlautbarung vom 30.3.1998[31] klargestellt, wen es als zuverlässigen Dritten anerkennt. Hierbei handelt es sich um **Banken, Versicherungsunternehmen**, die Lebensversicherungsverträge anbieten, **Notare** oder die **Deutsche Post AG** (Postident-Service: Identifizierung am Schalter der Deutschen Post AG oder über den Postzustelldienst) oder eine **Botschaft/Konsulat der EU-Staaten**. Eine besondere Zuverlässigkeitsprüfung ist deshalb bei diesen nicht erforderlich. Die **Aufzählung** der „zuverlässigen Dritten" in Nummer 10 Abs. 1 Buchst. a der Verlautbarung ist grundsätzlich als **abschließend** zu verstehen. Damit besteht lediglich für die dort genannten Dritten die Vermutung der Zuverlässigkeit. 36

Gleiches gilt gemäß Nummer 12 Abs. 1 Buchst. a der Verlautbarung für **Finanzdienstleistungsinstitute** vom 30.12.1997,[32] die darüber hinaus andere Finanzdienstleistungsinstitute auch als zuverlässige Dritte zulässt. 37

Eine Behandlung von **Finanzdienstleistungsinstituten** als per se zuverlässige Dritte für Kreditinstitute im Sinne von Nummer 10 Abs. 1 Buchst. a der Verlautbarung für Kreditinstitute hat das Bundesaufsichtsamt für das Kreditwesen mit Schreiben vom 38

---

29) Vgl. BAKred, Verlautbarung für Kreditinstitute vom 30.3.1998, Nr. 9 Abs. 4, und für Finanzdienstleistungsinstitute vom 30.12.1997, Nr. 11, abgedruckt in Anhang III.1 und III.2.
30) BAKred, Verlautbarung für Kreditinstitute vom 30.3.1998, Nr. 10, abgedruckt in Anhang III.1.
31) BAKred, Verlautbarung für Kreditinstitute vom 30.3.1998, abgedruckt in Anhang III.1.
32) BAKred, Verlautbarung für Finanzdienstleistungsinstitute vom 30.12.1997, Nr. 12 Abs. 1 Buchst. a, abgedruckt in Anhang III.2.

6.12.1999[33]) mit der Begründung abgelehnt, dass diese Institute – obwohl sie schon seinerzeit der Aufsicht des Amtes unterlagen – das „Know your customer-Prinzip" nicht wirksam umsetzen könnten, weil keine gesetzliche Verpflichtung zur Kundenidentifizierung bei der Anbahnung von Geschäftsbeziehungen gegeben sei. Obwohl dieser Grund mit der Schaffung des Absatzes 1, der ausweislich der Regierungsbegründung zum Geldwäschebekämpfungsgesetz[34]) gerade diesen Zustand ändern sollte, weggefallen ist, hat die Bankenaufsicht ihre seinerzeit geäußerte Auffassung bislang nicht revidiert.

39 Schaltet z. B. ein Kreditinstitut ein anderes Kreditinstitut als zuverlässigen Dritten ein, kann das beauftragte Kreditinstitut auf bereits vorgenommene Identifikationen nach § 1 Abs. 5 zurückgreifen, wenn der zu identifizierende Kunde persönlich bekannt ist. Sollte sich demzufolge nach Übersendung der Identifizierungsdaten bei dem Institut, das das Neukonto oder -depot eröffnet, herausstellen, dass das Identifikationspapier des Kunden inzwischen abgelaufen sein muss, oder lässt sich aus den übersandten Unterlagen nicht ersehen, ob inzwischen eine Neuausstellung des Passes oder Personalausweises erfolgt ist, führt dies grundsätzlich nicht zu einer Fehlerhaftigkeit der Identifizierung im Rahmen der Eröffnung dieses Neukontos.[35]) Voraussetzung ist lediglich, dass die ursprüngliche Identifizierung aufgrund eines zum damaligen Zeitpunkt gültigen Passes oder Ausweises vorgenommen wurde.

40 Sofern bei der Legitimationsprüfung von Kunden im Ausland auf ein unter Nummer 10 Abs. 1 Buchst. a der Verlautbarung vom 30.3.1998[36]) fallendes Kreditinstitut als zuverlässiger Dritter zurückgegriffen wird, reicht es aus, dass die Vornahme der Legitimationsprüfung durch Unterschrift eines Mitarbeiters dieses Instituts und dem Namensstempel des Unternehmens bestätigt wird. Dies gilt nach Ansicht des Bundesaufsichtsamtes für das Kreditwesen jedenfalls dann, wenn das als zuverlässiger Dritter eingeschaltete Kreditinstitut seinen Sitz in einem so genannten FATF-Land hat.[37])

b) Identifizierung durch die Deutsche Post AG

41 Seit Oktober 1996 bietet die Deutsche Post AG im Wesentlichen zwei verschiedene Verfahren (Postident-Services) zur Identifizierung im Auftrag an: die Legitimationsprüfung per Einschreiben/Rückschein/Eigenhändig verbunden mit einer Identifizierung durch den Postmitarbeiter sowie die Identifizierung am Postschalter. Es handelt sich um folgende zwei alternative Verfahrensweisen:

---

33) BAKred, Schreiben vom 6.12.1999 (Z5-B407), abgedruckt in: *Consbruch/Möller u. a.*, KWG, Nr. 11.62.
34) Begründung RegE Geldwäschebekämpfungsgesetz, BT-Drucks. 14/8739, S. 12.
35) BAKred, Schreiben vom 2.12.1999 (Z5-B402), abgedruckt in: *Consbruch/Möller u. a.*, KWG, Nr. 11.61.
36) BAKred, Verlautbarung für Kreditinstitute vom 30.3.1998, Nr. 10, abgedruckt in Anhang III.1.
37) BAKred, Schreiben vom 2.11.1999 (Z5-B407), abgedruckt in: *Consbruch/Möller u. a.*, KWG, Nr. 11.59.

aa) Identifizierung durch die Zusteller der Deutschen Post AG (Postident Comfort)

Um Postident Comfort zu nutzen, erstellt das Institut einen Kundenbrief mit den Unterlagen, die der Kunde erhalten soll, und kuvertiert ihn. Der Briefumschlag wird mit der Kundenanschrift und dem Absender des Instituts versehen und zusammen mit einem Postident-Formular, das von der Deutschen Post AG gestellt wird, in den ebenfalls von der Deutschen Post AG zur Verfügung gestellten speziellen Postident-Umschlag gelegt. Auf dem Postident-Formular wird vom Kreditinstitut dessen Firmenbezeichnung und Anschrift zur Rücksendung eingetragen. Anstelle des speziellen Postident-Umschlags kann auch ein eigener Umschlag verwendet werden, auf dem ein Postident-Aufkleber aufgebracht wird und der an den Zustellstützpunkt der Deutschen Post AG mit der Postleitzahl und dem Wohnort des Kunden adressiert wird. Über den Postweg gelangt der Brief zu dem jeweiligen Zustellstützpunkt der Deutschen Post AG. Dort wird er geöffnet und registriert und der Kundenbrief wird samt Identifizierungsformblatt an den Zusteller der Deutschen Post AG weitergeleitet. Es empfiehlt sich, den Kunden frühzeitig über die anstehende Identifikation zu informieren. 42

Die Zustellung des Briefes erfolgt nur an den Empfänger persönlich, und zwar gegen Unterschrift und Identifizierung anhand des Personalausweises oder Reisepasses. Der Zusteller leitet das ausgefüllte Formblatt an den Innendienst weiter, wo der Eingang wiederum registriert wird. Dieses interne Qualitätscontrolling ermöglicht es der Deutschen Post AG, das gesamte Identifizierungsverfahren lückenlos zu dokumentieren. Die Unterlagen werden dann ohne Zeitverzug an das Institut weitergeleitet. 43

Wird der Empfänger nicht angetroffen, erhält er eine Benachrichtigung darüber, in welcher Postfiliale er die Unterlagen zur Identifizierung persönlich abholen kann. Dort wird die Identifizierung durch Mitarbeiter der Deutschen Post AG anhand des Personalausweises oder Reisepasses durchgeführt. Nach der Identifizierung gehen die Unterlagen dann umgehend an das Institut zurück. 44

bb) Identifizierung in den Filialen und Agenturen der Deutschen Post AG (Postident Basic)

Um Postident Basic zu nutzen, erstellt das Institut als ersten Schritt einen Brief an den Kunden. Dieser Kundenbrief enthält die Unterlagen, die der Kunde erhalten soll. Außerdem gehört ein Coupon in den Kundenbrief, den der Kunde zwecks Identifizierung bei seiner Postfiliale vorlegt. Auf dem Coupon müssen die Adresse und die Post-Kundennummer des Instituts und die Referenznummer des Kunden eingetragen sein. Der Coupon kann mit gängigen PC-Programmen erstellt werden. 45

Wenn der Kunde statt über den Postweg per Internet zum Postident-Verfahren gebeten werden soll, können die benötigten Unterlagen inklusive Coupon auch auf der Internetseite des Instituts zur Verfügung gestellt werden. 46

Der (Neu-)Kunde kommt dann zu seiner Postfiliale und bringt den Coupon und seinen amtlichen Personalausweis oder Reisepass mit. Ein Mitarbeiter der Deut- 47 schen Post AG überprüft unter Vorlage des Personalausweises oder Reisepasses die Personalien. Außerdem wird per EDV die Kundennummer des Instituts übertragen.

48 Die Ausweisdaten und die Referenznummer des Kunden werden per EDV auf das Postident-Formular übertragen. Diese Daten werden nicht bei der Deutschen Post AG gespeichert. Der Kunde bestätigt die Angaben durch seine eigenhändige Unterschrift, die mit der seines Ausweises verglichen wird. Der Mitarbeiter der Deutschen Post AG verifiziert die Identifizierung per Unterschrift und Computeraufdruck. Das ausgefüllte und unterschriebene Postident-Formular gelangt umgehend per Brief an das Institut zurück.

c) Identifizierung durch „sonstige zuverlässige Dritte"

49 Andere als die in Nummer 10 Abs. 1 Buchst. a bzw. 12 Abs. 1 Buchst. a[38] der Verlautbarung genannten Dritten können nach Maßgabe der Nummer 10 Abs. 1 Buchst. b bzw. 12 Abs. 1 Buchst. b als „sonstige zuverlässige Dritte" zur Identifizierung herangezogen werden. Der Dritte, der im Auftrag des identifizierungspflichtigen Instituts tätig wird, muss auch **geeignet** sein, die Identifizierung für das Institut vorzunehmen. Das Bundesaufsichtsamt hat in diesem Zusammenhang ausgeführt, dass nicht jede Institution, die befugt sei, amtliche Beglaubigungen vorzunehmen, d. h. die Übereinstimmung der Fotokopie des Personalausweises oder Reisepasses mit dem Original zu bezeugen (vgl. § 65 BeurkG), hierfür als geeignet angesehen werden könne, da sich der Identifizierungsvorgang i. S. d. § 1 Abs. 5 nicht in der Beglaubigung erschöpfe.

50 Nach dem Wortlaut der Verlautbarung können daher **„Siegelführer"** lediglich „sonstige zuverlässige Dritte" im Sinne von Nummer 10 Abs. 1 Buchst. b bzw. 12 Abs. 1 Buchst. b unter Beachtung der nachfolgend dargestellten Voraussetzungen sein. Die mit der Identifizierung beauftragten zuverlässigen Dritten müssen die Aufzeichnungen über die erfolgte Identifizierung an das identifizierungspflichtige Institut übermitteln.

51 Bei der Heranziehung „sonstiger zuverlässiger Dritter" hat sich das Institut gemäß Nummer 10 bzw. 12 der Verlautbarung bei Beginn der Zusammenarbeit von der Zuverlässigkeit dieses Dritten und des von diesem geschaffenen Systems der Mitarbeiterinformation und Überprüfung der Mitarbeiterzuverlässigkeit für die interne und externe Revision nachvollziehbar zu überzeugen. Darüber hinaus muss sich das Institut vergewissern, dass der eingeschaltete „sonstige zuverlässige Dritte" seine Mitarbeiter über die gesetzlichen Pflichten der Kundenidentifizierung unterrichtet hat und die Aufzeichnungen über die erfolgten Identifizierungen dem Institut unmittelbar übermittelt werden. Dabei ist die Überprüfung einzelner Mitarbeiter des „sonstigen zuverlässigen Dritten" nicht gefordert. Die Überprüfungspflicht bezieht sich vielmehr allein auf die von dem „zuverlässigen Dritten" getroffenen Maßnahmen im Hinblick auf die Sicherstellung ordnungsgemäßer Identifikationen. Die Zuverlässigkeitsprüfung erstreckt sich auf die sorgfältige Auswahl des eingeschalteten

---

[38] BAKred, Verlautbarung für Kreditinstitute vom 30.3.1998, Nr. 10 Abs. 1 Buchst a, und für Finanzdienstleistungsinstitute vom 30.12.1997, Nr. 12 Abs. 1 Buchst a, abgedruckt in Anhang III.1 und III.2.

sonstigen zuverlässigen Dritten und auf die Kontrolle der ordnungsgemäßen Erfüllung des Geschäftsbesorgungsauftrags.

10. Identifizierung anhand einer qualifizierten elektronischen Signatur

Seit der zum 15.8.2002 in Kraft getretenen Änderung des Geldwäschegesetzes kann 52 die Identifizierung auch anhand einer qualifizierten elektronischen Signatur i. S. v. § 2 Nr. 3 SigG[39] erfolgen. Hierbei handelt es sich um eine elektronische Signatur nach § 2 Nr. 2 SigG, die auf einem bei ihrer Erzeugung gültigen qualifizierten Zertifikat (§ 2 Nr. 6, 7 i. V. m. § 7 SigG) beruht und mit einer sicheren Signaturerstellungseinheit hergestellt wurde.[40] Hiermit soll auf technologische Entwicklungen reagiert werden, ohne dass eine Festlegung auf bestimmte Identifizierungsmedien erfolgt. Die bisherigen Verfahren wie z. B. die Erstellung einer Ausweiskopie oder die handschriftliche Aufzeichnung der Ausweisdaten bestehen daher fort, zumal die praktische Relevanz dieser Identifizierungsart – mit Ausnahme eines in Abstimmung mit der Bundesanstalt durchgeführten Pilotprojekts – bislang als eher gering erscheint.

11. Ausweisdokumente

Nach der in § 1 Abs. 5 enthaltenen Legaldefinition bedeutet Identifizieren das Fest- 53 stellen des Namens aufgrund eines gültigen Personalausweises oder Reisepasses sowie des Geburtsdatums, des Geburtsortes, der Staatsangehörigkeit und der Anschrift, soweit sie darin enthalten sind, und das Feststellen von Art, Nummer und ausstellender Behörde des amtlichen Ausweises. Daraus ergibt sich, dass andere Legitimationspapiere (Führerschein usw.) **keine geeigneten Identifikationsmittel** sind.[41] Eine **Ausnahme** von der Identifikationspflicht anhand eines Personalausweises oder Reisepasses lässt das Bundesaufsichtsamt für das Kreditwesen nur bei **Kindern** zu, die über kein derartiges Dokument verfügen.

a) Inländische Ausweispapiere

Folgende inländische Ausweispapiere sind neben Personalausweis und Reisepass zur 54 Identifikation nach § 1 Abs. 5 geeignet:

- vorläufig ausgestellte Personalausweise und Reisepässe,
- Kinderausweise mit Lichtbild,
- Dienst-, Ministerial- und Diplomatenpässe (amtliche Pässe gemäß § 4 Abs. 5 PassG i. V. m. § 1 der Verordnung über amtliche Pässe vom 2.1.1988, § 2 Nr. 2 der Allgemeinen Verwaltungsvorschriften über das Ausstellen amtlicher Pässe),
- Aufenthaltsgestattung gemäß § 63 AsylVfG.

---

39) Gesetz über Rahmenbedingungen für elektronische Signaturen (Signaturgesetz – SigG) vom 16.5.2001, BGBl I, 876.
40) Begründung RegE Geldwäschebekämpfungsgesetz, BT-Drucks. 14/8739, S. 11; *Fülbier*, § 1 Rz. 93.
41) So auch BGH ZIP 1997, 1832 = BB 1997, 2607, 2608 = Datenschutz-Berater 9/97, S. 20, dazu EWiR 1997, 995 *(von Manteuffel/Evers)*.

GwG § 2 Allgemeine Identifizierungspflichten für Institute

- Ausweis- oder Passersatz für Ausländer nach § 48 AufenthG[42], d. h.
- Bescheinigung über einen Aufenthaltstitel oder die Aussetzung der Abschiebung, wenn sie mit den Angaben zur Person versehen und als Ausweisersatz bezeichnet ist, und
- durch deutsche Behörden ausgestellte Passersatzpapiere für Ausländer gemäß § 4 AufenthaltsV (z. B. Reiseausweis für Ausländer, Grenzgängerkarte, Notreiseausweis, Reiseausweis für Flüchtlinge (§ 1 Abs. 3 AufenthV), Reiseausweis für Staatenlose (§ 1 Abs. 4 AufenthV[43])).

55 Soll z. B. ein Konto für ein Kind eröffnet werden, kann die **Identifizierung anhand der Geburtsurkunde** erfolgen. Darüber hinaus empfiehlt sich jedoch auch eine Legitimationsprüfung der gesetzlichen Vertreter, obwohl nach Nummer 7 Satz 4 Buchst. a AEAO eigentlich keine Legitimationsprüfung vorzunehmen ist: Zum einen verlangt das Bundesministerium der Finanzen in einem Schreiben zur Verwaltungspraxis zu § 24c KWG (automatisierter Abruf von Kontoinformationen)[44] abweichend von den Aussagen im Anwendungserlass, dass die Namen und Geburtsdaten von Eltern, die Konten oder Depots als gesetzliche Vertreter für Ihre Kinder eröffnen, in die Dateien nach § 24c KWG einzustellen sind. Zum anderen kann im Hinblick auf § 7 die Identifizierung der gesetzlichen Vertreter ohnehin empfehlenswert sein, da diese möglicherweise Transaktionen im Sinne des Absatzes 1 über das Konto vornehmen.

b) Ausweispapiere ausländischer Staatsangehöriger

56 Auch die nationalen Ausweispapiere, Personalausweise und Reisepässe ausländischer Staatsangehöriger werden anerkannt, wenn sie den Anforderungen des § 1 Abs. 2 PAuswG und des § 4 Abs. 1 PassG entsprechen. Anerkannt werden ferner die nach § 48 Abs. 1 AufenthG i. V. m. § 3 AufenthV zugelassenen Passersatzpapiere (internationale Reisedokumente). Hierzu gehören:

- Reiseausweise für Flüchtlinge (§ 1 Abs. 3, § 3 Abs. 3 Nr. 1 AufenthV) ausgestellt aufgrund
  - des Londoner Abkommens betreffend Reiseausweise an Flüchtlinge vom 15.10.1946[45] oder
  - des Art. 28 des Abkommens über die Rechtsstellung der Flüchtlinge vom 28.7.1951[46],

---

42) Gesetz über den Aufenthalt, die Erwerbstätigkeit und die Integration von Ausländern im Bundesgebiet (Aufenthaltsgesetz – AufenthG) vom 30.7.2004, BGBl I, 1950, zuletzt geändert durch Gesetz vom 21.6.2005, BGBl I, 1818.
43) Aufenthaltsverordnung (AufenthV) vom 25.11.2004, BGBl I, 2945, zuletzt geändert durch Verordnung vom 14.10.2005, BGBl I, 2982.
44) BMF, Schreiben vom 4.11.2002 (VII B7-Wk5023-1031/02), abgedruckt in: *Consbruch/Möller u. a.*, KWG, Nr. 11.80 a; vgl. unten *Langweg*, § 24c KWG Rz. 51 f.
45) Londoner Abkommen betreffend Reiseausweise an Flüchtlinge vom 15.10.1946, BGBl II 1951, 160.
46) Abkommen über die Rechtsstellung der Flüchtlinge vom 28.7.1951, BGBl II 1953, 559.

Allgemeine Identifizierungspflichten für Institute   § 2 GwG

- Reiseausweise für Staatenlose aufgrund des Übereinkommens über die Rechtsstellung der Staatenlosen vom 28.9.1954[47] (§ 1 Abs. 4, § 3 Abs. 3 Nr. 2 AufenthV),
- Ausweise für Mitglieder und Bedienstete der Europäischen Gemeinschaften (§ 3 Abs. 3 Nr. 3 AufenthV),
- Ausweise für Abgeordnete der parlamentarischen Versammlung des Europarates (§ 3 Abs. 3 Nr. 4 AufenthV).
- amtliche Personalausweise der Mitgliedstaaten der Europäischen Union, der anderen Vertragsstaaten des Abkommens über den Europäischen Wirtschaftsraum und der Schweiz für deren Staatsangehörige (§ 3 Abs. 3 Nr. 5 AufenthV).

Probleme werfen jedoch vielfach **ausländische Personalausweise** auf, da sie überwiegend in der jeweiligen Landessprache abgefasst sind und die Erfüllung der im Personalausweisgesetz gestellten Anforderungen für die Institute regelmäßig nicht überprüfbar ist. Bei Reisepässen entstehen diese Probleme grundsätzlich nicht, da sie im Regelfall mehrsprachig beschriftet sind und Ausländer, die in das Bundesgebiet einreisen, nach § 3 AufenthG einen gültigen Reisepass oder Passersatz besitzen müssen.   57

Für Ausländer, die aufgrund zwischenstaatlicher Vereinbarungen von der Passpflicht befreit sind (§ 3 Abs. 3 Nr. 3 AufenthV), gilt jedoch Besonderes. Beispielsweise ist den **Staatsangehörigen der Europäischen Union** die Einreise auch mit einem amtlichen Personalausweis erlaubt (vgl. § 10 des Gesetzes über Einreise und Aufenthalt von Staatsangehörigen der Mitgliedstaaten der Europäischen Union). In diesem Fall kann das Institut nicht die Vorlage eines Reisepasses verlangen. Die europäischen Ausweispapiere entsprechen zwar nicht den Anforderungen des § 1 Abs. 2 PAuswG, da nicht regelmäßig die Erfassung von Merkmalen wie Doktorgrad, Künstlername oder Augenfarbe vorgesehen ist. Gleichwohl kann bei EU-Bürgern nicht auf der Vorlage eines Reisepasses bestanden werden. Es ist daher in solchen Fällen ausreichend, die **Anforderungen** des § 1 Abs. 2 PAuswG auf die nach § 1 Abs. 5 maßgeblichen Erfordernisse zu **beschränken**. Für europäische Staaten, in denen es unüblich ist, das Ausweispapier befristet auszustellen, muss Entsprechendes gelten.   58

c) Zur Identifikation nicht geeignete Ausweispapiere

Zur Identifikation nach dem Geldwäschegesetz sind **nicht** geeignet: 59
- British Visitor Passport,
- Carte de sejour, carte de resident[48]
- Registrierscheine für Aussiedler, denn nach Auskunft des Bundesverwaltungsamtes verfügen Ausländer regelmäßig über einen ausländischen Pass,
- Dienstausweise.
- Führerscheine.

---

47) Übereinkommen über die Rechtsstellung der Staatenlosen vom 28.9.1954, BGBl II 1976, 473.
48) BAKred, Schreiben vom 2.6.2000 (Z5-B400), abgedruckt in: *Consbruch/Möller u. a.*, KWG, Nr. 11.71.

d) Anforderungen an Ausweispapiere und Identifikation

60 Das Bundesaufsichtsamt entnimmt aus dem Zweck des § 1 Abs. 5, die wahre Identität des Kunden festzustellen, die **Verpflichtung des Instituts** zu prüfen, ob die äußeren Merkmale der zu identifizierenden Person mit ihrem Foto im Legitimationsdokument oder mit der Unterschrift im Pass oder Personalausweis übereinstimmen. Darüber hinaus sind gemäß § 1 Abs. 5 Satz 1 grundsätzlich nur ein **gültiger Reisepass** oder ein **gültiger Personalausweis** taugliche Identifikationsdokumente. Pässe oder Personalausweise, deren Gültigkeitsdauer abgelaufen ist, sind formal ungültig (vgl. § 11 Nr. 3 PassG). Nach § 1 Abs. 1 PAuswG ist jeder Deutsche verpflichtet, nach Vollendung des 16. Lebensjahres einen **Personalausweis** zu besitzen.

61 Kann der Kunde im Einzelfall bei der Kontoeröffnung kein **gültiges Ausweisdokument** vorlegen, sondern beispielsweise nur einen abgelaufenen Personalausweis oder Reisepass, so ist das Institut nicht in jedem Fall gezwungen, die Kontoeröffnung abzulehnen. Insbesondere bei einem älteren Kunden kann auf die Vorlage eines Ausweisdokuments in **begründeten** und besonders risikoarmen **Ausnahmefällen** – etwa weil er den Aufwand der Verlängerung oder der erneuten Beantragung eines Ausweispapiers ablehnt – verzichtet werden, vorausgesetzt, das Institut verschafft sich in anderer Weise Gewissheit über die Person des Kontoinhabers. In diesen Fällen sollte jedoch sorgfältig vorgegangen und beispielsweise in einem Vermerk festgehalten werden, warum ein gültiges Ausweispapier nicht vorgelegt werden konnte.[49] Dann erscheint es sogar vertretbar, im weiteren Verlauf der Geschäftsbeziehung von der Erleichterungsregelung des § 7 Gebrauch zu machen.

62 Auch ein Beschluss des OLG Düsseldorf,[50] der allerdings in anderem Zusammenhang ergangen ist, spricht dafür, ein bereits **abgelaufenes Ausweisdokument** zumindest für einen gewissen Zeitraum nach seinem Ablauf als akzeptabel anzusehen. In diesem Fall war dem Verurteilten die Aushändigung eines gerichtlichen Schreibens mit der Begründung verweigert worden, sein Personalausweis sei bereits seit zwei Monaten abgelaufen. Das Oberlandesgericht hat jedoch die Auffassung vertreten, auch dieser ungültige Personalausweis sei geeignet, die Identität des Empfängers des gerichtlichen Schreibens zu beweisen.

63 Aus dem Personalausweis lässt sich die **Anschrift**, d. h. der tatsächliche Wohnort oder der ständige Aufenthaltsort des zu Identifizierenden, entnehmen. Im Reisepass ist die Anschrift des Inhabers hingegen nicht enthalten. Das zur Vornahme der Identifizierung verpflichtete Institut genügt bei Vorlage des Reispasses der Identifizierungspflicht, wenn es diese Angabe durch bloße Nachfrage ermittelt und der Richtigkeit der angegebenen Adresse keine Zweifel entgegenstehen, etwa weil sich an den Vertragspartner adressierte Post als unzustellbar erweist.

64 Handelt ein **Betreuer** für die von ihm betreute Person, ist es ausreichend, wenn der Betreuerausweis und die von der Gemeinde für den Betreuten ausgestellte Meldebe-

---

49) Zur Legitimation anhand ungültiger Ausweispapiere vgl. auch BAKred, Schreiben vom 9.3.1999 (Z5-B400), abgedruckt in: *Consbruch/Möller u. a.*, KWG, Nr. 11.54.
50) OLG Düsseldorf ZAP EN-Nr. 912/94 (S).

scheinigung vorgelegt werden und der Betreuer erklärt, die Begründung der Geschäftsbeziehung nicht für eigene Rechnung vorzunehmen.

Diese amtlichen Ausweise müssen nach dem Sinn des Geldwäschegesetzes jedoch **zur Identifizierung des Inhabers bestimmt und geeignet** sein. 65

Keine zulässigen Ersatzpapiere sind weiterhin **Dienstausweise** von „öffentlich Bediensteten" (z. B. Sozialarbeitern oder Gerichtsvollziehern). Auch wenn sie dem Institut gegenüber im Rahmen ihrer Dienstpflichten auftreten, muss die Identifizierung anhand eines Personalausweises oder Reisepasses vorgenommen werden. Es empfiehlt sich aber in diesem Fall zu vermerken, dass die auftretende Person in ihrer dienstlichen Eigenschaft z. B. als Gerichtsvollzieher handelt. 66

Das Gesetz enthält keine Regelung darüber, wie zu verfahren ist, wenn ein Kunde (z. B. ein Ausländer, ein Asylbewerber) ein Konto errichten will, aber weder einen Personalausweis noch einen Reisepass hat. § 1 Abs. 5 kann nicht dahin verstanden werden, dass ohne Vorlage der genannten Dokumente die Begründung der Geschäftsbeziehung abzulehnen wäre. In diesem Fall muss es vielmehr ausreichend sein, dass entsprechende Dokumente vorgelegt werden. Denn auch anhand der aus diesen Dokumenten entnommenen und festgehaltenen Angaben kann gegebenenfalls die **auftretende Person ermittelt** werden. Damit ist der Zielsetzung des Gesetzes Genüge getan. Für Ausländer ist in der Begründung zum Gesetzentwurf ausdrücklich ausgeführt, dass zur Identifizierung „ausländische amtliche Ausweise" verwendet werden können.[51] 67

Die Bankenaufsicht hat zur Identifizierung von Asylbewerbern nach § 154 AO oder nach dem Geldwäschegesetz folgende Auffassung vertreten:[52] 68

„Asylbewerber sind nach § 15 Abs. 2 Nr. 4 und 5 i. V. m. Abs. 3 Nr. 1 Asylverfahrensgesetz – AsylVfG – verpflichtet, ihren Pass oder Passersatz sowie sonstige Urkunden und Unterlagen, die neben dem Pass oder Passersatz für die Feststellung der Identität und Staatszugehörigkeit von Bedeutung sein könnten, der mit der Ausführung des AsylVfG betrauten Behörde zu überlassen. Sie können sich daher häufig nicht mit einem Ausweis legitimieren.

Polizeirechtlich genügen sie ihrer Ausweispflicht durch Vorlage einer Bescheinigung über die Aufenthaltsgestattung nach § 64 AsylVfG. Diese Bescheinigungen sind gemäß § 63 Abs. 1 AsylVfG mit Angaben zur Person und einem Lichtbild zu versehen.

Nach meiner Verwaltungspraxis können diese befristeten Bescheinigungen, soweit sie noch nicht erloschen sind, auch zur Identifizierung nach § 154 AO bzw. nach dem Geldwäschegesetz herangezogen werden, wenn die zu identifizierende Person zurzeit über keinen Ausweis verfügt."

---

51) Begründung RegE GewAufspG, BT-Drucks. 12/2704, S. 11.
52) BAKred, Schreiben an den Zentralen Kreditausschuss (ZKA) vom 11.2.1994 (I5-B400).

GwG § 2 Allgemeine Identifizierungspflichten für Institute

69 In einem weiteren Schreiben hat die Bankenaufsicht diese Ausführungen wie folgt ergänzt und klargestellt:[53]

„Zur Identifizierung im Rahmen des Geldwäschegesetzes können grundsätzlich bei Ausländern ausländische Ausweise verwendet werden.

Aufenthaltsgenehmigungen (Aufenthaltserlaubnis, Aufenthaltsberechtigung, Aufenthaltsbewilligung, Aufenthaltsbefugnis) und Duldungen werden regelmäßig in den ausländischen amtlichen Ausweis gestempelt oder geklebt. Neben dem jeweiligen Nationalpass werden nach Auskunft des Bundesministeriums des Innern lediglich in den nachfolgend geschilderten Fällen eigenständige Bescheinigungen über die Aufenthaltsgenehmigung, Aufenthaltsgestattung und Duldung erteilt. Eigenständige Bescheinigungen, die als geeignetes Legitimations- und Identifikationspapier (§ 1 Abs. 5) angesehen werden können, sind:

1. Die bereits erwähnte Bescheinigung über die Aufenthaltsgestattung gemäß § 63 Abs. 1 AsylVfG

2. Ausländern, die weder einen Pass besitzen noch in zumutbarer Weise erlangen können, wird gemäß § 39 AuslG [jetzt: § 48 Abs. 2 AufenthG] eine Bescheinigung über die Aufenthaltsgenehmigung oder Duldung, die mit Angaben zur Person und einem Lichtbild versehen ist, als Ausweisersatz erteilt.

Dieser Ausweisersatz entspricht der Bescheinigung nach § 63 AsylVfG und kann deshalb nach meiner Verwaltungspraxis ebenfalls als geeignetes Legitimations- und Identifikationspapier i. S. d. § 1 Abs. 5 anerkannt werden.

EG-Bürger sind trotz ihrer Freizügigkeit gemäß § 10 AufenthG/EWG verpflichtet, sich bei Einreise und Aufenthalt durch einen Pass oder amtlichen Personalausweis auszuweisen. Ihnen kann aber als Ausweisersatz eine Bescheinigung gemäß § 39 AuslG [jetzt: § 48 Abs. 2 AufenthG] ausgestellt werden.

Sofern in Deutschland aufgenommene Flüchtlinge oder Staatenlose nach Art. 27 bzw. 28 der Genfer Konvention bzw. nach Art. 27 oder 28 des Übereinkommens über die Rechtsstellung der Staatenlosen über keinen deutschen Personalausweis bzw. Reisepass verfügen, kann ihnen gemäß § 39 AuslG [jetzt: § 48 Abs. 2 AufenthG] bzw. gemäß § 63 AsylVfG ebenfalls ein Ausweisersatz ausgestellt werden.

Aussiedler verfügen nach Auskunft des Bundesverwaltungsamtes regelmäßig über einen ausländischen Pass. Zusätzlich erhalten sie einen Registrierschein, aufgrund dessen ihnen bei Nachweis der deutschen Staatsangehörigkeit ein vorläufiger Personalausweis durch die Gemeinde, in der sie ihren Wohnsitz haben, ausgestellt wird. Die ausländischen Nationalpässe werden erst mit der Bestätigung der deutschen Staatsangehörigkeit ungültig. Es besteht also kein Bedürfnis, die vom Bundesverwaltungsamt ausgegebenen Registrierscheine als ausreichendes Legitimationspapier anzuerkennen."

---

[53] BAKred, Schreiben vom 31.3.1994 (I5-B400), Legitimationsprüfung und Identifizierung von Asylbewerbern, Ausländern und Aussiedlern nach § 154 Abs. 2 AO und dem Geldwäschegesetz, abgedruckt in: *Consbruch/Möller u. a.*, KWG, Nr. 11.04; vgl. auch Begründung RegE GewAufspG, BT-Drucks. 12/2704, S. 11.

IV. Identifizierungspflicht bei der Annahme von Barmitteln (Abs. 2)

Nach Absatz 2 hat ein Institut „denjenigen zu identifizieren, der ihm gegenüber auftritt". Das ist diejenige natürliche Person, die dem Mitarbeiter des Instituts gegenüber erscheint. Dies gilt auch z. B. für Boten und Bevollmächtigte. Wenn mehrere Personen gegenüber dem Institut auftreten, ist es ausreichend, dass diejenige Person identifiziert wird, die die Vermögensgegenstände für sich annimmt. Dies gilt gleichermaßen für die nach § 3 Abs. 1 Nr. 1–4 Verpflichteten.[54] 70

Auch im Zusammenhang mit der Annahme von Barmitteln gemäß Absatz 2 fordert das Gesetz eine dokumentenmäßige Identifizierung des Auftretenden nach § 1 Abs. 5. Nach der in § 1 Abs. 5 enthaltenen Legaldefinition bedeutet Identifizieren das Feststellen des Namens aufgrund eines gültigen Personalausweises oder Reisepasses sowie des Geburtsdatums, des Geburtsortes, der Staatsangehörigkeit und der Anschrift, soweit sie darin enthalten sind, und das Feststellen von Art, Nummer und ausstellender Behörde des amtlichen Ausweises (zu den Ausweisdokumenten oben Rz. 53 ff). 71

1. Aufzeichnungspflichtige Geschäftsvorfälle

Mit dem Geldwäschebekämpfungsgesetz vom 8. 8. 2002 ist die **Identifizierungspflicht bei der Abgabe von Barmitteln entfallen**. Mit Ausnahme der Abgabe von Sorten, die nicht über Kundenkonten abgewickelt werden,[55] können seither z. B. Barauszahlungen vorgenommen werden, ohne dass eine Identifizierungspflicht ausgelöst wird. Der Gesetzgeber führte damit den Pflichtenkatalog des Geldwäschegesetzes an dieser Stelle zurück auf die Vorgaben der Ersten Geldwäscherichtlinie. Begründet wurde dies mit einer sorgfältigen Abwägung zwischen dem Interesse der Strafverfolgungsbehörden an möglichst vollständiger Dokumentation der „papertrails", verbunden mit hieraus resultierenden Ermittlungsansätzen, und dem Ausmaß der Belastung der Kreditwirtschaft. Darüber hinaus sei nach Kenntnis der Bundesregierung eine Identifizierungspflicht bei der Abgabe von Bargeld in keinem anderen Mitgliedstaat praktiziert worden.[56] Hinzu tritt, dass bereits aus zivilrechtlichen Gründen Verfügungen z. B. über bei Banken verwahrte Vermögenswerte nur von hierzu berechtigten Personen vorgenommen werden. Dieser Personenkreis wird entweder als Kontoinhaber oder als Bevollmächtigter bei der Kontoeröffnung generell nach Maßgabe von § 1 Abs. 5 identifiziert. Es ist somit sichergestellt, dass ausschließlich identifizierte Personen Kontoauszahlungen, Verfügungen über Wertpapiere etc. treffen können. 72

Bei der **Annahme** von Bargeld, Wertpapieren i. S. v. § 1 Abs. 1 DepotG und Edelmetallen im Wert von 15 000 Euro oder mehr haben die nach Absatz 1 Verpflichteten jedoch nach wie vor die Identität desjenigen festzustellen, der ihnen gegenüber auftritt (Absatz 2). Sofern gegenüber dem Verpflichteten mehrere Personen auftre- 73

---

54) Vgl. *Langweg*, § 3 Rz. 21 ff.
55) BaFin-Rundschreiben Nr. 18/2002 vom 25.9.2002.
56) Gegenäußerung der Bundesregierung zur Stellungnahme des Bundesrates zum RegE Geldwäschebekämpfungsgesetz, BT-Drucks. 14/9043, S. 8.

ten, genügt die Identifizierung desjenigen, der die Vermögenswerte tatsächlich übergibt.[57] Unter Umständen greifen neben dieser Verpflichtung Vorschriften der Abgabenordnung ein, die zur Aufzeichnung beim Ankauf von Waren (z. B. von Gold) verpflichten. Die in einigen ausländischen Staaten eingeführten niedrigeren Schwellenbeträge sind nur bedingt vergleichbar, da die Zahlungsgewohnheiten und das Verhältnis zum Datenschutz unterschiedlich entwickelt sind.

74 Obwohl Art. 3 der 1. Geldwäscherichtlinie den Mitgliedstaaten die Möglichkeit einräumt, die Pflicht zur Feststellung der Identität bei Bartransaktionen als erfüllt anzusehen, wenn festgestellt wird, dass die Zahlung über ein nach den Vorgaben der Richtlinie identifiziertes Konto des Kunden abgewickelt wird, knüpft die Identifizierungspflicht nach Absatz 2 allein an den Vorgang der **Annahme von Barmitteln** an.

75 Erforderlich ist eine **körperliche Annahme** dieser Gegenstände, die bei dem Verpflichteten zu einer faktischen Gewahrsamsbegründung führt. Damit einher geht die Aufgabe des Gewahrsams durch denjenigen, der gegenüber dem Verpflichteten auftritt. Es handelt sich also in erster Linie um Geschäfte, die über den Schalter getätigt werden.

76 Zwar besteht die Identifizierungspflicht erst ab einem Schwellenbetrag von 15 000 Euro, jedoch muss eine Identifizierung bereits dann erfolgen, wenn der Kunde im Bankgeschäft beispielsweise je 7 500 Euro auf zwei verschiedene Konten zeitgleich einzahlt, denn der Gesetzesbegriff „Annahme" stellt nicht darauf ab, welche vertraglichen Vereinbarungen (im Beispielsfall zwei Konten) zugrunde liegen, sondern dass ein Betrag in der maßgeblichen Höhe „über den Schalter gereicht" wird.

77 **Beispiele** für die „Annahme" von Geld, Wertpapieren i. S. v. § 1 Abs. 1 DepotG und Edelmetallen **im Bankgeschäft** sind:

- Bareinzahlung;
- Geldwechselgeschäft;
- Sortenankauf/-verkauf (wegen einer Sonderregelung (unten Rz. 89 ff) des Bundesaufsichtsamtes für das Kreditwesen ist auch der Sortenverkauf identifizierungspflichtig);
- Edelmetallankauf;
- Reisescheckankauf/-verkauf (wegen einer Sonderregelung (unten Rz. 90) ist auch der Reisescheckverkauf identifizierungspflichtig);
- Couponankauf;
- Wertpapier-Tafelgeschäft (Ankauf);
- Wertpapier-Einlieferung.

78 Eine „Annahme" der genannten Werte liegt aber für Kreditinstitute beispielsweise dann nicht vor, wenn der Kunde Wertpapiere in seinem **Schließfach** deponiert, da es sich nicht um eine für das Institut **„erkennbare"** Annahme handelt. Ebenso wenig ist für das Kreditinstitut erkennbar, ob eine „Annahme" der im Gesetz genannten Gegenstände erfolgt, wenn Verwahrstücke eingeliefert werden, da deren Inhalt

---

57) *Bruchner*, in: Schimansky/Bunte/Lwowski, § 42 Rz. 65.

regelmäßig nicht bekannt ist. Unabhängig davon kann jedoch eine Pflicht zur Legitimation nach § 154 Abs. 2 AO bestehen.

Nicht maßgeblich für die Frage, ob eine Identifizierungspflicht bei der „Annahme" 79
der genannten Werte besteht, ist der Umstand, ob die auftretende Person bereits eine Geschäftsbeziehung, insbesondere ein Konto oder Depot, bei dem Institut unterhält oder ob es sich um einen **Gelegenheitskunden** handelt. Selbst wenn bei der Abwicklung des Geschäftsvorfalls ein Kundenkonto berührt wird und damit der Vorgang sowie die Beteiligten aus den Buchungsunterlagen erkennbar sind, richtet sich die Pflicht zur Identifikation allein danach, ob die **Leistung und/oder Gegenleistung eine „Annahme" der genannten Werte** darstellt. Erfasst sind damit beispielsweise Bareinzahlungen auf ein Konto oder die Einlieferung effektiver Stücke in ein Wertpapierdepot. Zahlt ein Dritter Bargeld mindestens in Höhe des Schwellenbetrages zugunsten eines Kundenkontos ein, misslingt aber seine Identifizierung, weil er sich dieser physisch entzieht, muss sich das Institut zum Zwecke der Identifizierung an den begünstigten Kontoinhaber wenden. Dieser ist aufgrund der vertraglichen Beziehungen verpflichtet, bei der dem Institut obliegenden Identifizierung mitzuwirken. Eine Verweigerung an der Aufklärung würde eine Verletzung vertraglicher Verhaltenspflichten darstellen. Im Einzelfall können darüber hinaus die Voraussetzungen einer Verdachtsanzeige durch das Institut nach § 11 vorliegen.[58]

Regelmäßig besteht eine Identifizierungspflicht bei reinen „Buchtransaktionen" 80
nicht, weil keine **körperliche „Annahme"** damit verbunden ist. Als reine Buchtransaktion in diesem Sinne ist beispielsweise der Erwerb von Wertpapieren zu Lasten eines Kontos und die wertpapiermäßige Verwahrung auf dem Depot des Kunden anzusehen. Anders ist jedoch der Fall zu beurteilen, wenn der Kunde zu Gunsten eines bei dem Kreditinstitut unterhaltenen Depots effektive Wertpapiere einliefert.

Werden Wertgegenstände, die nicht Bargeld, Wertpapiere oder Edelmetalle sind, als 81
Pfand in ein so genanntes **Pfanddepot** eingeliefert, ergibt sich eine Legitimationspflicht aus § 154 Abs. 2 AO. Danach hat derjenige, der ein Konto führt, Wertsachen verwahrt oder als Pfand annimmt, sich zuvor Gewissheit über die Person und Anschrift des Verfügungsberechtigten zu verschaffen und die entsprechenden Angaben in geeigneter Form festzuhalten. „Wertsachen" i. S. v. § 154 Abs. 1 AO sind Geld, Wertpapiere und Kostbarkeiten. Als Kostbarkeiten werden Sachen angesehen, deren Wert im Verhältnis zu ihrer Größe und ihrem Gewicht nach der Verkehrsauffassung besonders groß ist (z. B. Schmuckstücke, Edelsteine, Gegenstände aus Metall, alte Münzen, Kunstgegenstände; im Allgemeinen nicht Bücher oder Pelze).[59]

Da nach Auffassung des Bundesaufsichtsamtes für das Kreditwesen auch die Ver- 82
pfändung von Wertgegenständen, die nicht Bargeld, Wertpapiere oder Edelmetalle im Sinne von Absatz 2 sind, der Geldwäsche dienen kann, wird empfohlen, auch bei der Annahme von Wertgegenständen wie z. B. Kunst, Edelsteinen und Schmuck als

---

58) So bezogen auf Kreditinstitute *Bruchner,* in: Schimansky/Bunte/Lwowski, § 42 Rz. 69.
59) *Seer,* in: Tipke/Kruse, AO, § 154 Rz. 2.

Pfand eine Identifizierung in der in § 1 Abs. 5 beschriebenen Art und Weise durchzuführen.[60]

83 Werden **selbständige Handelsvertreter** (§ 84 HGB) als Vermittler für Institute tätig und nehmen von einem Kunden Bargeld im Wert von 15 000 Euro oder mehr zur Einzahlung auf ein Konto des „Unternehmens" entgegen, so sind sie als „Gewerbetreibende" i. S. v. § 3 Abs. 1 Satz 2 selbst zur Identifizierung verpflichtet. Denn der selbständige Handelsvertreter wird nicht als Vertreter oder Bote des „Unternehmens", das den Geldbetrag letztlich erhalten soll, tätig. Nimmt der selbständige Handelsvertreter dann bei dem Institut die Einzahlung vor, so hat dieses ihn als „auftretende Person" im Sinne von Absatz 2 zu identifizieren. Wird gemäß § 8 Abs. 1 Satz 2 die Frage nach dem wirtschaftlich Berechtigten der Einzahlung gestellt,[61] muss der selbständige Handelsvertreter dann den Kunden benennen, von dem er die Gelder zur Weiterleitung an das „Unternehmen" erhalten hat.

84 Die Verpflichtung zur Identifizierung besteht nicht im Verhältnis von **Instituten** – Kreditinstitute, Finanzdienstleistungsinstitute und Versicherungsunternehmen, die Unfallversicherungsverträge mit Prämienrückgewähr oder Lebensversicherungsverträge anbieten – untereinander (Absatz 4). Diese Freistellungsregelung gilt grundsätzlich für alle inländischen und ausländischen Institute.[62] Dabei spielt es keine Rolle, ob das Institut bei dem anderen Institut (z. B. Landeszentralbank) mit eigenen Mitarbeitern auftritt oder sich eines gewerblichen Geldtransportunternehmens bedient (unten Rz. 123 ff).

a) Bargeld

85 Nach dem Geldwäschegesetz knüpft die Identifizierungspflicht allein an den Vorgang der **Annahme von Bargeld** an. Es begrenzt diese Verpflichtung nicht auf die Annahme von inländischer Währung, so dass auch **Fremdwährungen** zweifelsfrei die Identifizierungspflicht auslösen. Wegen einer Sonderregelung der Bankenaufsicht für das Sortengeschäft gelten hier sogar erweiterte Identifizierungspflichten (unten Rz. 89 ff).

86 Nehmen Institute Bargeld im Wert von 15 000 Euro oder mehr an, so müssen sie die Person identifizieren, die ihnen gegenüber auftritt, selbst wenn der Betrag auf ein Konto eingezahlt wird, dessen Inhaber bereits nach § 1 Abs. 5 identifiziert worden ist. Erfasst werden mit dieser Regelung insbesondere **Bareinzahlungen sowohl auf eigene als auch auf fremde Konten**. Ob das Konto, dem der Barbetrag gutgebracht werden soll, bei dem „annehmenden" oder einem dritten Institut geführt wird, ist dabei unerheblich.

---

60) BAKred, Schreiben vom 2.12.1996 (I5-B400), Identzifizierungspflichten bei der Einlieferung von Wertgegenständen (Edelmetalle, Schmuck etc.) in so genannte Pfanddepots, abgedruckt in: *Consbruch/Möller u. a.*, KWG, Nr. 11.30.
61) Siehe *Langweg*, § 8 Rz. 1.
62) Vgl. hierzu aber *Fülbier*, § 1 Rz. 72 ff.

Allgemeine Identifizierungspflichten für Institute § 2 GwG

Unter dem Merkmal „Annahme von Bargeld" ist jede Form der **Gewahrsamsbegründung** gemeint, die für das Institut erkennbar ist. Die Deponierung von Bargeld in einem Bankschließfach fällt demzufolge nicht hierunter.[63] 87

Gemäß Absatz 3 besteht eine **Verpflichtung zur Zusammenrechnung** von mehreren Transaktionen im Sinne von Absatz 2, die zusammen einen Betrag von 15 000 Euro oder mehr ausmachen, sofern tatsächliche Anhaltspunkte dafür vorliegen, dass zwischen ihnen eine Verbindung besteht. Werden demnach Bareinzahlungen künstlich so aufgeteilt, dass die einzelnen Einzahlungen den Schwellenbetrag von 15 000 Euro nicht überschreiten werden, werden damit die Identifizierungs- und Aufzeichnungspflichten des Absatzes 2 ausgelöst (unten Rz. 114 ff). 88

Nach den Verlautbarungen des Bundesaufsichtsamtes für das Kreditwesen sollten Kreditinstitute und Finanzdienstleistungsinstitute, die das **Sortengeschäft** betreiben, „bereits ab einem Transaktionsbetrag von 2 500 Euro den auftretenden Kunden nach Maßgabe des § 1 Abs. 5 GwG identifizieren und die Feststellungen gemäß § 9 GwG aufzeichnen. In diesem Zusammenhang sollte auch die Frage nach dem wirtschaftlich Berechtigten gestellt und diese Angaben dokumentiert werden. Dies gilt nicht, sofern der Sortenverkauf/-ankauf über ein beim Institut geführtes Konto abgewickelt wird."[64] Damit bezieht sich die Handlungsempfehlung für das Sortengeschäft sowohl auf die **Annahme** als auch auf die **Abgabe** von Sorten. 89

Unter **Sortengeschäft** ist gemäß § 1 Abs. 1a Satz 2 Nr. 7 KWG der Handel mit fremden gesetzlichen Zahlungsmitteln sowie mit Reiseschecks (Euro-Reiseschecks sowie Fremdwährungs-Reiseschecks) zu verstehen. 90

Die Empfehlung des Bundesaufsichtsamtes für das Kreditwesen gilt nicht, wenn die angetragene Sortentransaktion über ein bei dem Institut geführtes Konto des Kunden abgewickelt werden soll oder es sich bei dem Kunden unzweifelhaft um einen **Bestandskunden** – d. h. einen Kunden, der in laufender Geschäftsbeziehung zu dem Institut steht – handelt. Soweit das Sortengeschäft über ein Konto des Kunden abgewickelt wird, ist demnach bis zur Erreichung des allgemeinen Schwellenbetrages gemäß Absatz 2 überhaupt keine geldwäschespezifische Dokumentation erforderlich, es sei denn, es liegt ein Verdachtsfall vor, so dass § 6 eingreift. 91

Tätigt ein Bestandskunde ein Sortengeschäft, ohne hierbei ein Kundenkonto anzusprechen, so sollte nach Auffassung des Bundesaufsichtsamtes für das Kreditwesen zur prüfungsfähigen Unterscheidung dieser Kundengruppe von den Gelegenheitskunden, die in keiner Geschäftsbeziehung zu dem Institut stehen, eine Dokumentation in der Weise vorgenommen werden, dass auf dem Sortenbeleg der Vermerk „persönlich bekannt" oder ein ähnlicher Hinweis auf die bestehende Geschäftsverbindung aufgebracht wird. 92

---

63) Begründung RegE GewAufspG, BT-Drucks. 12/2704, S. 13.
64) BAKred, Verlautbarung für Kreditinstitute vom 30.3.1998, geändert am 8.11.1999, Nr. 41 Abs. 2 und 3, und für Finanzdienstleistungsinstitute vom 30.12.1997, Nr. 45 Abs. 2, abgedruckt in Anhang III.1 und III.2.

93 Nummern 42 und 46 der Verlautbarungen[65] fordern darüber hinaus für Sortengeschäfte eine stichprobenartige **Smurfing-Kontrolle** im Sinne von Nummer 18 der Verlautbarungen. Praktisch dürfte eine solche im Regelfall jedoch nicht möglich sein, da bei reinen Bargeschäften unterhalb der Schwellenwerte Kundendaten regelmäßig nicht vorliegen. Eine nachträgliche Kontrollmöglichkeit ist daher mangels Zuordnungsmöglichkeit zum einzelnen „Gelegenheitskunden" im Gegensatz zu Bareinzahlungen von Kunden mit Kontoverbindung zu dem betroffenen Institut nicht gegeben.

94 Für Finanzdienstleistungsinstitute erstreckt sich die Vorgabe zum Sortengeschäft darüber hinaus gemäß Nummer 45 Abs. 2 der Verlautbarung vom 30.12.1997[66] auf das **Finanztransfergeschäft**.[67]

95 Da das **Finanztransfergeschäft** von **Kreditinstituten** regelmäßig nicht betrieben wird, hat das Bundesaufsichtsamt für das Kreditwesen mit Schreiben vom 8.11.1999[68] diesbezügliche Vorgaben in Nummer 41 der Verlautbarung für Kreditinstitute in Bezug auf das Finanztransfergeschäft zurückgenommen. Hintergrund war nach Angaben des Bundesaufsichtsamtes für das Kreditwesen, dass zwischenzeitlich bankaufsichtlich sichergestellt wurde, dass die Verträge mit den Kreditinstituten, die das Finanztransfergeschäft zuvor unter Nutzung von Vertriebswegen international operierender Finanzdienstleistungsinstitute im eigenen Namen betrieben, so umgestellt wurden, dass die in die Abwicklung eingeschalteten Kreditinstitute lediglich als unselbständige Zweigstellen der ohnehin der Aufsicht des Bundesaufsichtsamtes für das Kreditwesen unterliegenden Finanzdienstleistungsinstitute anzusehen sind.

96 Die Empfehlung der Bankenaufsicht zur besonderen Behandlung des Sorten- und Finanztransfergeschäfts ist erstmals in der Verlautbarung vom 30.3.1998 und damit in unmittelbarer zeitlicher Nähe zum Inkrafttreten des Gesetzes zur Verbesserung der Bekämpfung der Organisierten Kriminalität vom 4.5.1998, mit dem unter anderem der Schwellenbetrag für identifizierungspflichtige Transaktionen von 20 000 DM auf seinerzeit 30 000 DM angehoben wurde, formuliert worden. Trotz des insoweit eindeutigen Gesetzeswortlauts wurde durch diese bereichsspezifische Absenkung des gesetzlich normierten Schwellenbetrages die gesetzgeberische Intention, die bürokratischen Pflichten des Geldwäschegesetzes zurückzudrängen, nahezu zeitgleich konterkariert.

---

65) BAKred, Verlautbarung für Kreditinstitute vom 30.3.1998, Nr. 42, geändert am 8.11.1999, und für Finanzdienstleistungsinstitute vom 30.12.1997, Nr. 46, abgedruckt in Anhang III.1 und III.2.
66) BAKred, Verlautbarung für Finanzdienstleistungsinstitute vom 30.12.1997, Nr. 45 Abs. 2, abgedruckt in Anhang III.2.
67) Zu dem Begriff des Finanztransfergeschäfts, der durch die 6. KWG-Novelle in das KWG eingefügt wurde, vgl. BAKred, Vermerk vom 6.3.1998 (Z5-C650/660), abgedruckt in Anhang III.4, und *Fülbier*, § 1 Rz. 43 ff.
68) BaKred, Schreiben vom 8.11.1999 (Z5-E100).

§ 2 GwG

Nach Ansicht des Bundesaufsichtsamtes für das Kreditwesen sowie der Bundesregierung[69] ist die Absenkung des Schwellenwertes auf den Betrag von 2 500 Euro für das Sortengeschäft sowie die Ausdehnung der Identifizierungspflicht auf die Abgabe von Sorten eine Aufsichtsmaßnahme, die auf § 14 Abs. 2 Nr. 2 gestützt ist, wonach Kreditinstitute und Finanzdienstleistungsinstitute ganz allgemein über angemessene geschäfts- und kundenbezogene Sicherungssysteme gegen Geldwäsche zu verfügen haben. Der Verweis auf die vermeintliche „Generalklausel"[70] des § 14 Abs. 2 Nr. 2 begegnet jedoch erheblichen Bedenken, weil Absatz 2 eine insoweit eindeutige und abschließende spezialgesetzliche Regelung enthält, die einen einheitlichen Schwellenwert von 15 000 Euro lediglich für die Annahme von Barmitteln jeglicher Art statuiert. In der Praxis hat sich die Empfehlung zur besonderen Behandlung des Sorten- und Finanztransfergeschäfts jedoch nicht zuletzt aufgrund der Prüfungsvorgaben der Bankenaufsicht zwischenzeitlich durchgesetzt. Für den Fall der Nichtbeachtung hat die Bankenaufsicht einzelnen Kreditinstituten darüber hinaus eine förmliche Anordnung im Rahmen der Missstandsaufsicht nach § 6 Abs. 3 KWG angedroht. 97

Bereits 1998 wurden in die Verlautbarung die Ausführungen zur so genannten „white card" und zum „elektronischen Geld" aufgenommen.[71] Danach kann elektronisches Geld, das auf Karten oder Rechnernetze geladen werden kann, die **Funktion von Bargeld** haben. Falls die Ausgabe von elektronischem Geld und dessen Umwandlung in Giralgeld nicht unmittelbar kontenbezogen (so genannte „white card", „e-cash" usw.) ist, müssen nach Ansicht des Bundesaufsichtsamtes für das Kreditwesen die Identifizierungspflichten der Absätze 2 und 3 eingehalten werden. Darüber hinaus seien spezifische auf das Geldkarten- und Netzgeldgeschäft abgestimmte **Sicherungsmaßnahmen** gemäß § 14 Abs. 2 Nr. 2 zu entwickeln. Flankierend ist mit dem Geldwäschebekämpfungsgesetz vom 8.8.2002 § 1 Abs. 7 in das Geldwäschegesetz eingefügt worden. Danach ist **elektronisches Geld**[72] i. S. v. § 1 Abs. 14 KWG dem Bargeld gleichgestelltes Zahlungsmittel. § 1 Abs. 7 erstreckt die Identifizierungspflicht bei Bartransaktionen damit auch auf elektronisches Geld i. S. v. § 1 Abs. 14 KWG. 98

Begründet[73] wird diese Regelung mit dem Rückgang der Bedeutung von Bartransaktionen. Das Internet erleichtere die Geldwäsche, indem es als weitgehend anonymes Medium schon die Planung von Geldwäscheaktivitäten, aber auch das Verschleiern der Herkunft und Eigentumsverhältnisse von inkriminierten Vermögenswerten vereinfache. Netzgeldsysteme eignen sich nach der Entwurfsbegründung insbesondere dazu, im nationalen und internationalen Zahlungsverkehr größere Geldbeträge zu transportieren. Damit könnten die traditionellen Elemente des Zahlungsverkehrs ersetzt werden. Dass das Internet die Geldwäsche erleichtere, wie 99

---

69) Antwort der Bundesregierung auf eine Kleine Anfrage zur Bürokratie im Kreditgewerbe, BT-Drucks. 15/1864, S. 4.
70) Siehe *Langweg*, § 14 Rz. 123 ff.
71) BAKred, Verlautbarung für Kreditinstitute vom 30.3.1998, Nr. 13, abgedruckt in Anhang III.1.
72) Siehe auch *Fülbier*, § 1 Rz. 96 ff.
73) Begründung RegE Geldwäschebekämpfungsgesetz, BT-Drucks. 14/8739, S. 11 f.

die Entwurfsbegründung anführt, begegnet jedoch durchaus Zweifeln. Eine Untersuchung des Bayerischen Landeskriminalamtes vom 18.10.2001[74)] kommt diesbezüglich zum gegenteiligen Ergebnis. Dort wird ausgeführt, dass mit dem Homebanking kein erhöhtes Geldwäscherisiko einhergehe, weil hiermit ausschließlich herkömmliche Bankgeschäfte getätigt werden können.

100 Ohnehin erscheinen diese Regelungen zum elektronischen Geld derzeit angesichts des teilweise noch in der Erprobung befindlichen Netzgeldgeschäftes verfrüht. Auch ist eine besondere Geldwäscherelevanz dieser Zahlungsmittel aufgrund der betraglichen Begrenzung und beschränkten Nutzungsmöglichkeiten nicht erkennbar. Praktisch betreffen diese Regelung und der geschilderte Hintergrund derzeit einen lediglich theoretischen Sachverhalt, da die Ausgabe elektronischen Geldes in Form von „Cybermoney" und „GeldKarten" bislang nur weit unterhalb der Schwellenwerte des Geldwäschegesetzes angeboten wird. Der maximale Ladebetrag der „GeldKarte" zum Beispiel ist auf 200 Euro beschränkt, da es sich um ein Instrument für die Bezahlung von Kleinbeträgen handelt. Insofern dürfte es sich bei diesen Regelungen um reine Vorsichtsmaßnahmen handeln. Es besteht demnach kein Bedarf an der Entwicklung spezieller Sicherungsmaßnahmen, solange die realisierten Formen des elektronischen Geldes Betragsgrenzen von weit unter dem Schwellenbetrag aufweisen. Eine Identifizierungspflicht bei der Ausgabe von „white cards" besteht nur dann, wenn der Gesamtbetrag des gespeicherten Guthabens den Schwellenbetrag des Absatzes 2 überschreitet.[75)] Dennoch dürfte es sich empfehlen, die Belange der Geldwäschebekämpfung grundsätzlich bereits bei der Projektierung derartiger Leistungsangebote zu berücksichtigen.

101 Das Bundesaufsichtsamt für das Kreditwesen[76)] hat gegenüber einer Industrie- und Handelskammer die Auffassung vertreten, dass prinzipiell auch der **Umtausch** von Banknoten und Münzen einer anderen nationalen Währungseinheit eines anderen Teilnehmerstaates in der Zeit vom 1.1.1999 bis zum 1.1.2002 aus seiner Sicht – auch wenn die nationalen Währungseinheiten der Euro-Teilnehmerstaaten mit Beginn der dritten Stufe der Europäischen Wirtschafts- und Währungsunion am 1.1.1999 nur noch als Untereinheiten des Euro galten – ein klassisches **Sortengeschäft** i. S. d. § 1 Abs. 1a Satz 2 Nr. 7 KWG darstellte. Durch diese rechtliche Fiktion sollten die Euro-Einheit und die nationalen Währungseinheiten rechtlich gleichwertig werden.[77)] Da vor dem 1.1.2002 noch keine Euro-Banknoten und Euro-Münzen zur Verfügung standen, behielten die auf eine **nationale Währungseinheit** lautenden Banknoten und Münzen bis zum Ablauf der ersten Phase der Währungsumstellung **weiterhin ihre Gültigkeit** als gesetzliches Zahlungsmittel, wobei diese Gültigkeit sich jedoch auf das jeweilige nationale Gültigkeitsgebiet beschränkte. Hierbei handelte es sich nach Auffassung des Bundesaufsichtsamtes für das Kreditwesen um ausländische Banknoten und Münzen, deren Gültigkeit – auch wenn es sich um Untereinheiten des Euro handelt – auf das jeweilige nationale Territorium beschränkt

---

74) LKA Bayern, Geldwäsche, Untersuchung vom 18.10.2001 (unveröff.).
75) *Rabe*, Sparkasse 1998, 336.
76) BAKred, Schreiben vom 5.8.1998 (Z5-B224).
77) Siehe Verordnung (EG) Nr. 974/98 des Rates vom 3.5.1998 über die Einführung des Euro (EuroVO II), ABl L 139/1, Erwägungsgrund 8.

sei (vgl. Art. 6 EuroVO II). Nationales Währungsrecht gelte während dieser Übergangszeit weiter (vgl. Art. 6 EuroVO II.

Der Umtausch von DM-Noten und -Münzen in auf Euro lautendes Bargeld unterfiel dagegen nicht den besonderen Vorgaben für Sortengeschäfte in Nummer 41 bzw. 45 der Verlautbarungen. Die Euro-Banknoten und -Münzen sind seit dem 1.1.2002 alleiniges gesetzliches Zahlungsmittel in allen Teilnehmerstaaten (vgl. Art. 10 EuroVO II). Daneben befanden sich die auf nationale Währungseinheiten lautenden Geldzeichen für eine kurze Zeit weiterhin im Umlauf (**Phase des doppelten Bargeldumlaufs**). Diese verloren ihre Eigenschaft als gesetzliche Zahlungsmittel jedoch spätestens am 30.6.2002 (vgl. Art. 15 EuroVO II). Da die Bundesrepublik Deutschland von der Möglichkeit Gebrauch gemacht hat, diese Übergangsfrist nach Art. 15 EuroVO II zu verkürzen, verloren die von der Deutschen Bundesbank ausgegebenen auf Deutsche Mark lautenden Banknoten sowie die auf Deutsche Mark oder Pfennig lautenden Münzen nach dem 3. Euro-Einführungsgesetz[78] mit Ablauf des 31.12.2001 ihre Eigenschaft als gesetzliche Zahlungsmittel. Alleiniges gesetzliches Zahlungsmittel ist seitdem in Deutschland ausschließlich das ab diesem Zeitpunkt verfügbare Euro-Bargeld. Der Umtausch in DM-Banknoten und -Münzen bezog sich daher juristisch auf Geldzeichen, denen die Eigenschaft als gesetzliche Zahlungsmittel bereits fehlten.

102

Durch das 6. Euro-Einführungsgesetz (oben Rz. 6) sind sämtliche im Geldwäschegesetz vorkommenden, auf Deutsche Mark lautenden Beträge im Verhältnis 2:1 mit Wirkung zur **Einführung des Euro-Bargeldes** am 1.1.2002 auf Euro umgestellt worden. Durch diese betraglichen Anpassungen im Geldwäschegesetz und der Verlautbarung des Bundesaufsichtsamtes für das Kreditwesen hätte z. B. eine Identifikation gemäß Absatz 2 in der Phase des doppelten Bargeldumlaufs vom 1.1.2002 bis 28.2.2002, in der die DM noch als Zahlungsmittel angenommen wurde, folglich bereits ab einem Transaktionsbetrag von 29 337,45 DM bzw. 4 889,57 DM bei Sortengeschäften erfolgen müssen. Hierzu hat das Bundesaufsichtsamt für das Kreditwesen jedoch mit Schreiben an den Zentralen Kreditausschuss[79] mitgeteilt, dass es bankaufsichtlich nicht beanstandet wird, wenn eine Identifizierung bzw. Feststellung des abweichend wirtschaftlich Berechtigten bei Entgegennahme von DM-Bargeld bis zum 28.2.2002 aufgrund der den Bankmitarbeitern noch bekannten Schwellenbeträge von 30 000 DM bzw. 5 000 DM bei Sortengeschäften erfolgte.

103

Um dem in der Hochphase des physischen DM-Euro-Bargeldumtauschs erwarteten Anstieg von Geldwäschehandlungen zu begegnen, hat eine Arbeitsgruppe, bestehend aus Vertretern der Geldwäschebekämpfungsbehörden, der Deutschen Bundesbank sowie des Zentralen Kreditausschusses, unter Federführung des Bundesministeriums des Innern „**Bundeseinheitliche Handlungsempfehlungen** zur Bekämpfung und Verhinderung der Geldwäsche im Zusammenhang mit der Einfüh-

104

---

[78] Gesetz über die Änderung währungsrechtlicher Vorschriften infolge der Einführung des Euro-Bargeldes (Drittes Euro-Einführungsgesetz – 3. Euro-EG) vom 16.12.1999, BGBl I, 2402.
[79] BAKred, Schreiben vom 12.12.2001 (Z5-B224).

rung des Euro-Bargeldes"[80] entwickelt, die über die kreditwirtschaftlichen Verbände an die Institute geleitet wurden. Darin wurde ein Orientierungsrahmen für spezifische Geldwäsche-Präventionsmaßnahmen im Zusammenhang mit der Euro-Bargeldeinführung gegeben. Flankierend hierzu hat das Bundesaufsichtsamt für das Kreditwesen Vorgaben für „Sicherungsmaßnahmen gegen Geldwäsche bei der Einführung des Euro-Bargeldes in Niederlassungen und Tochterunternehmen deutscher Institute im Ausland sowie ausländischen Korrespondenzbanken" gemacht.[81]

b) Wertpapiere i. S. d. § 1 Abs. 1 DepotG

105 Der Innenausschuss des Bundestages hat den Gesetzentwurf der Bundesregierung zur ersten Fassung des Geldwäschegesetzes in wesentlichen insbesondere die Kreditwirtschaft betreffenden Punkten verändert.[82] Es war zunächst vorgesehen, in Absatz 2 – ganz allgemein – von **„Wertpapieren"** zu sprechen. Die Einschränkung auf Wertpapiere i. S. d. § 1 Abs. 1 DepotG[83] wurde erst auf Betreiben der Kreditwirtschaft in das Gesetz aufgenommen. Die Kreditwirtschaft hat darauf hingewiesen, dass der Begriff „Wertpapier" in der deutschen Rechtssprache nicht einheitlich verwendet wird. Zu den Wertpapieren zählen im weiteren Sinne auch schlichte Zahlungs- und Inkassopapiere, wie z. B. Schecks.

106 Ohne die Einschränkung hätte bei entsprechender Auslegung des Gesetzes bereits das Einreichen von Schecks zur Gutschrift auf einem ordnungsgemäß identifizierten Konto oder die Hereinnahme von Wechseln die Pflichten nach dem Gesetz ausgelöst. Damit wäre das Mengengeschäft in weiten Bereichen des Zahlungsverkehrs erfasst worden, obwohl gerade durch die Abwicklung über das Konto, sowohl des Scheck- oder Wechseleinreichers als auch über das des Zahlungspflichtigen, die angestrebte „Papierspur" in jedem Falle angelegt ist und ohne Problem verfolgt werden kann. Erfasst wären z. B. die täglichen Scheckeinreichungen der mittleren und größeren Unternehmen gewesen. Nahezu der gesamte Scheck- und Wechselverkehr eines großen Teils der deutschen Wirtschaft wäre mit überflüssigen, täglich gleichförmig sich wiederholenden Identifikations- und Dokumentationspflichten belastet worden. Letztlich wäre die Zahl der identifizierungspflichtigen Vorgänge, flankiert durch die in die erste Gesetzesfassung zusätzlich aufgenommene Pflicht zur Erfassung von Barauszahlungen, explosionsartig gestiegen. Für die Kreditwirtschaft und ihre Kunden wären damit die Grenzen der Zumutbarkeit eindeutig überschritten gewesen.

---

80) Bundeseinheitliche Handlungsempfehlungen zur Bekämpfung und Verhinderung der Geldwäsche im Zusammenhang mit der Einführung des Euro-Bargeldes, abgedruckt in: *Consbruch/Möller u. a.*, KWG, Anhang zu Nr. 11.76.
81) BAKred, Rundschreiben Nr. 10/2001 an alle Kreditinstitute und Finanzdienstleistungsinstitute der Gruppe IV in der Bundesrepublik Deutschland vom 12.10.2001 (Z5-B224), abgedruckt in: *Consbruch/Möller u. a.*, KWG, Nr. 11.76.
82) Innenausschuss zum RegE GewAufspG, BT-Drucks. 12/4795.
83) § 1 Abs. 1 DepotG lautet: „(1) Wertpapiere im Sinne dieses Gesetzes sind Aktien, Kuxe, Zwischenscheine, Reichsbankanteilscheine, Zins-, Gewinnanteil- und Erneuerungsscheine, auf den Inhaber lautende oder durch Indossament übertragbare Schuldverschreibungen, ferner andere Wertpapiere, wenn diese vertretbar sind, mit Ausnahme von Banknoten und Papiergeld."

Die Identifizierungspflicht wird auch ausgelöst durch die **Annahme sowie Einlösung und Tausch** von Wertpapieren i. S. d. § 1 Abs. 1 DepotG ab dem Schwellenbetrag, wobei unter Tausch von Wertpapieren nicht nur die rein technische Ersetzung oder Erneuerung von Wertpapieren, sondern z. B. auch die Einlösung und der Tausch von Coupons und Zwischenscheinen. 107

Für die Wertberechnung bei Wertpapiertransaktionen ist der **Gegenwert des Wertpapiers** maßgeblich. Grundsätzlich sind Stückzinsen zu berücksichtigen, da das Wertpapier insoweit auch den Zinsanspruch verkörpert. Gebühren und Provisionen, die bei diesen Geschäften anfallen können, müssen ausweislich Nummer 13 Abs. 3 der Verlautbarung der Bankenaufsicht[84] nicht berücksichtigt werden. Dies bezieht sich jedoch ausdrücklich nur auf Gebühren und Provisionen, „die die Kreditinstitute unter Umständen bei der Annahme oder Abgabe erheben". Die Umsatzsteuer ist somit nicht herausrechenbar. Werden hingegen Wertpapiere in ein Depot eingeliefert, könnte auch hier daran gedacht werden, für die Wertberechnung den Betrag zugrunde zu legen, der bei einem Verkauf erzielt würde. Dies würde bedeuten, dass dann auch die bis zu diesem Zeitpunkt aufgelaufenen Zinsen im Falle der Einlieferung der Wertpapiere in ein Depot zu berücksichtigen wären. Diese Betrachtungsweise lässt aber außer acht, dass diese Zinsen bei der Einlieferung in ein Depot nicht realisiert werden. Mithin sind bei der Einlieferung von Wertpapieren in ein Depot für die Wertberechnung des Schwellenbetrages nach Absatz 1 die bis zu diesem Zeitpunkt **aufgelaufenen Stückzinsen** nicht zu berücksichtigen. Dies ergibt sich auch aus den §§ 11 und 12 BewG, wonach bei **börsennotierten Wertpapieren der Kurswert** und bei allen **anderen Wertpapieren der Nennwert** maßgeblich ist. Werden die effektiven Stücke dagegen nicht auf einem Konto oder Depot verbucht, sondern wird gegen Bargeld verrechnet, so wirkt sich die Realisierung der aufgelaufenen Stückzinsen erhöhend auf die Wertberechnung aus. 108

Falls Zinsbögen getrennt vom Mantel vorgelegt werden, ist für die Wertberechnung nicht der Nominalwert der Bögen (Zinsabschnitte) maßgeblich, weil der Zinsanspruch noch nicht fällig und damit nicht realisierbar ist. Es ist vielmehr auf den realisierbaren Wert abzustellen. Bei den so genannten „stripped bonds" hingegen kann der Zinscoupon getrennt gehandelt werden und hat deshalb einen Kurswert. 109

Obwohl es sich bei Erneuerungsscheinen (Talons) um Wertpapiere i. S. v. § 1 Abs. 1 DepotG handelt, folgt daraus nicht, dass sie eigenständig bewertet werden können. Vielmehr ergibt sich daraus nur die Depotfähigkeit und Wertpapiereigenschaft, nicht aber die Bewertbarkeit des verbrieften Rechts. Die Erneuerungsscheine dienen der Legitimation zum Empfang neuer Zinsbögen oder Dividendenscheine und verkörpern selbst keinen messbaren Wert. Sie entziehen sich deshalb einer eigenständigen Bewertung. 110

Entgelte, welche das Institut im Einzelfall bei der Annahme von Wertpapieren berechnet, mindern den Wert.[85] 111

---

84) BAKred, Verlautbarung für Kreditinstitute vom 30.3.1998, Nr. 13 Abs. 3, abgedruckt in Anhang III.1.
85) BAKred, Verlautbarung für Kreditinstitute vom 30.3.1998, Nr. 13 Abs. 3, abgedruckt in Anhang III.1.

GwG § 2   Allgemeine Identifizierungspflichten für Institute

c) Edelmetalle

112 Weder im Geldwäschegesetz noch in den Gesetzesmaterialien ist der Begriff „Edelmetalle" näher definiert. Das Bundesaufsichtsamt für das Kreditwesen[86] greift daher auf die **gewerberechtliche Definition** des Begriffs zurück. Die Gewerbeordnung (§ 56 Abs. 1 Nr. 2 Buchst. a, § 147a Abs. 1 Nr. 1 GewO) sieht als Edelmetalle Gold, Silber, Platin und die so genannten Platinbeimetalle an. In § 2 sind anders als in der Gewerbeordnung (§ 38 Abs. 1 Nr. 1 Buchst. c, § 56 Abs. 1 Nr. 2 Buchst. a, § 147a Abs. 1 Nr. 1, § 148b GewO) edelmetallhaltige Legierungen sowie Waren aus Edelmetall oder edelmetallhaltige Legierungen nicht aufgeführt. Deshalb geht auch das Bundesaufsichtsamt für das Kreditwesen davon aus, dass edelmetallhaltige Legierungen sowie Waren aus Edelmetall oder aus edelmetallhaltigen Legierungen grundsätzlich nicht unter Absatz 2 fallen. Da der Handel mit Schmuckstücken zudem auch nicht zu den von Kredit- und Finanzinstituten i. S. d. § 1 Abs. 1 und 2 getätigten Geschäften zählt, versteht das Bundesaufsichtsamt für das Kreditwesen den Begriff „Edelmetalle" i. S. v. § 2 so, dass er Edelmetalle in Form von Barren und Sammlermünzen jedoch nicht in Form von Schmuckstücken umfasst.[87]

113 Unter der Annahme von Edelmetallen ist die **körperliche Entgegennahme** des Edelmetalls (z. B. Gold- oder Silberbarren) vom Kunden aufgrund eines „An-"Kaufvertrages sowie die Einlieferung in ein Depot zu verstehen.

2. Mehrere Finanztransaktionen (Verdacht auf Smurfing; Abs. 3)

114 Führt das Institut mehrere Finanztransaktionen im Sinne von Absatz 2 durch, die zusammen einen Betrag im Wert von 15 000 Euro oder mehr ausmachen, besteht eine Identifizierungspflicht nach Absatz 3, wenn „**tatsächliche Anhaltspunkte**" dafür vorliegen, dass zwischen ihnen eine **Verbindung besteht**.

115 Die Identifizierungspflicht nach Absatz 2 bei einem Schwellenbetrag von 15 000 Euro birgt die Gefahr der Umgehung: Geldwäscher werden versuchen, ihrer Identifizierung dadurch zu entgehen, dass sie einen Geldbetrag in mehrere Einheiten von jeweils weniger als 15 000 Euro stückeln und somit Instituten **mehrere Finanztransaktionen unterhalb des Schwellenbetrages** antragen (so genanntes Smurfing, das aus dem Englischen übersetzt etwa „Schlumpfen" bedeutet – vom englischen „smurf" = „Schlumpf").

116 In der Regel wird eine Verbindung zwischen Finanztransaktionen zu bejahen sein, wenn sich eine **signifikante Anzahl von Transaktionen innerhalb eines begrenzten Zeitraumes** durch ihre Gleichartigkeit im Hinblick auf den Geschäftsabschluss, den Geschäftsgegenstand oder die Geschäftsabwicklung auszeichnet. Die Arten der

---

86) BAKred, Schreiben vom 2.12.1996 (I5-B400), Identzifizierungspflichten bei der Einlieferung von Wertgegenständen (Edelmetalle, Schmuck etc.) in so genannte Pfanddepots, abgedruckt in: *Consbruch/Möller u. a.*, KWG, Nr. 11.30.

87) BAKred, Schreiben vom 2.12.1996 (I5-B400), Identzifizierungspflichten bei der Einlieferung von Wertgegenständen (Edelmetalle, Schmuck etc.) in so genannte Pfanddepots, abgedruckt in: *Consbruch/Möller u. a.*, KWG, Nr. 11.30.

Verbindung zwischen den Finanztransaktionen können vielgestaltig sein, eine umfassende abstrakte Definition des Begriffes ist daher nicht möglich. Ebenso wenig kann der Begriff durch eine abschließende Auflistung der möglichen Verbindungsformen konkretisiert werden. Letzteres verbietet sich auch deshalb, weil Geldwäscher ansonsten dem Gesetz sichere Anhaltspunkte dafür entnehmen könnten, wie sie sich der gesetzlich vorgeschriebenen Identifizierung entziehen können. Dies gilt auch für den Zeitraum, in dem eine Verbindung festzustellen ist. Das Bestehen einer Verbindung zwischen Finanztransaktionen kann deshalb immer nur im Wege einer Gesamtschau aller Einzelfallumstände festgestellt werden.[88] Bei der Bewertung dieser Umstände steht dem Institut ein Beurteilungsspielraum zu.[89]

Da die Fälle des so genannten Smurfing aufgrund des arbeitsteiligen Geschäftsablaufs in den Instituten nur schwer zu erkennen sind, sollen die Institute nach Auffassung des Bundesaufsichtsamtes für das Kreditwesen Bareinzahlungen nachträglich zumindest stichprobenartig daraufhin überprüfen, ob in diesen Fällen eine möglicherweise geldwäscherelevante künstliche Aufsplittung eines einheitlichen Betrages anzunehmen ist (allgemeine Überwachungspflicht). In Fällen, in denen sich derartige Anhaltspunkte ergeben, soll das Institut, sofern es sich bei dem betreffenden Kunden um einen Dauerkunden (Kunde, der in einer laufenden Geschäftsbeziehung zum Institut steht) handelt, prüfen, ob die Voraussetzungen für die Erstattung einer Verdachtsanzeige gemäß § 11 gegeben sind. Ebenfalls soll die Geschäftsbeziehung gemäß Nummer 30 bzw. 32 der Verlautbarungen des Bundesaufsichtsamtes einer längerfristigen Überwachung unterworfen werden. Die Ergebnisse der Smurfing-Kontrolle seien zu dokumentieren.[90] 117

Für das Bestehen der Verbindung müssen tatsächliche Anhaltspunkte vorliegen, d. h. die Verbindung muss sich den mit den Finanztransaktionen befassten Angestellten **aufdrängen**. Dies folgt aus der Begründung zu dem im Regierungsentwurf verwandten Begriff der Offenkundigkeit zwischen den einzelnen Finanztransaktionen.[91] 118

Kein hinreichendes Kriterium ist ein bloßer zeitlicher oder örtlicher Zusammenhang. Es muss sich vielmehr um eine **künstliche Aufsplittung** einer an sich **einheitlichen Finanztransaktion** handeln, die letztlich dem Ziel dienen soll, den für die Identifizierung vorgeschriebenen **Schwellenbetrag zu unterlaufen**. Werden beispielsweise Zinsscheine zu ihrer jeweiligen Fälligkeit eingelöst, handelt es sich nicht um eine künstliche Aufsplittung. Erfolgen mehrere Transaktionen zeitgleich oder innerhalb eines begrenzten Zeitraumes, werden mit ihnen aber unterschiedliche Zwecke verfolgt, so besteht eine Identifizierungspflicht nicht (beispielsweise beim Ankauf von Wertpapieren und Sorten). 119

---

88) Begründung RegE GewAufspG, BT-Drucks. 12/2704, S. 12.
89) BAKred, Verlautbarung für Kreditinstitute vom 30.3.1998 und für Finanzdienstleistungsinstitute vom 30.12.1997, jeweils Nr. 18, abgedruckt in Anhang III.1 und III.2.
90) BAKred, Verlautbarung für Kreditinstitute vom 30.3.1998 und für Finanzdienstleistungsinstitute vom 30.12.1997, jeweils Nr. 18, abgedruckt in Anhang III.1 und III.2.
91) Begründung RegE GewAufspG, BT-Drucks. 12/2704, S. 12.

120 Tatsächliche Anhaltspunkte können jedoch in folgenden Fällen vorliegen, wenn

- mehrere Personen gleichzeitig gleichartige Transaktionen vornehmen;
- eine Person eine signifikante Anzahl gleichartiger Transaktionen innerhalb eines begrenzten Zeitraumes tätigt.

121 Das Bundesaufsichtsamt für das Kreditwesen[92]) fordert für **Einzahlungsautomaten**, also Automaten, die mit oder ohne manuelle Nachbearbeitung der Einzahlung Bargeld von Kunden entgegennehmen und bei denen mittels eines Einzahlungsvorgangs nur Beträge unterhalb 15 000 Euro eingezahlt werden können, eine spezifische Überwachungspflicht. Um einem Smurfing entgegenzuwirken, sollen mindestens Bareinzahlungen, die innerhalb von 24 Stunden getätigt wurden, über gesonderte Primanoten auf Umsatzlisten überprüft werden. Dies gelte insbesondere auch für Bareinzahlungsautomaten, die offline betrieben werden und daher eine Kontrolle der Einhaltung des Schwellenwertes für alle Geräte bei der Einzahlung nicht zulassen. Ist technisch sichergestellt, dass der Automat pro Konto Einzahlungen von 15 000 Euro oder mehr innerhalb von 24 Stunden nicht akzeptiert, entfällt diese spezifische Überwachungspflicht.

122 Bei der täglichen Bareinzahlung der Einnahmen eines Unternehmens handelt es sich regelmäßig nicht um Smurfing; dies dürfte auch bei den aus Sicherheitsgründen mehrmals am Tag erfolgenden **Einzahlungen der Tageseinnahmen** gelten. Denn hierbei handelt es sich nicht um eine „künstliche Aufspaltung" eines an sich einheitlichen Vorgangs mit der Absicht, durch Unterschreiten des Schwellenbetrages der Identifizierung zu entgehen. Ein Smurfing dürfte um so weniger anzunehmen sein, je größer die **Zeitabstände** zwischen den einzelnen Geschäftsvorgaben sind.[93])

V. Wegfall der Identifizierungspflichten für Institute untereinander; Verordnungsermächtigung (Abs. 4)

123 Gemäß Absatz 4 Satz 1 gilt die Identifizierungspflicht der Absätze 1 und 2 nicht im Verhältnis von Instituten (zum Begriff des Instituts siehe oben Rz. 10) untereinander. Demnach besteht keine Identifizierungspflicht, wenn als Kunde eines Instituts ebenfalls ein Institut auftritt. Weder aus Absatz 4 noch aus den Gesetzesmaterialien lässt sich entnehmen, dass dieser Ausnahmetatbestand nur für den Fall gelten soll, dass **eigene Mitarbeiter** der Institute einschließlich der Deutschen Bundesbank tätig sind. Bei dieser Auslegung der Norm würde die Regelung – jedenfalls in Bezug auf die Identifizierungspflicht des Absatzes 2 – in der Praxis kaum zur Anwendung kommen können, da sich Institute bereits aus versicherungstechnischen Gründen in der Regel gewerblicher Geldtransportunternehmen bedienen. Nach der Begründung zum Entwurf des Geldwäschegesetzes[94]) soll die Ausnahmeregelung des Absatzes 4 dem Umstand Rechnung tragen, dass als Ermittlungstätigkeit der Strafverfolgungs-

---

92) BAKred, Verlautbarung für Kreditinstitute vom 30.3.19998, Nr. 16 und 18, abgedruckt in Anhang III.1; zu Besonderheiten für den Betrieb von Einzahlungsautomaten siehe unten Rz. 142 ff.
93) Hinsichtlich einer etwa bestehenden Verpflichtung zum „Zusammenrechnen" durch andere Unternehmen und Personen i. S. v. § 3 Abs. 1; vgl. hierzu *Langweg*, § 3 Rz. 21 und 41.
94) Begründung RegE GewAufspG, BT-Drucks. 12/2704, S. 12.

Allgemeine Identifizierungspflichten für Institute § 2 GwG

behörden wegen Geldwäsche der Ort gewählt werden muss, an dem Gelder von außerhalb des Finanzsystems stehenden Personen oder Institutionen in das Finanzsystem eingebracht werden. Im Verkehr zwischen Instituten befindet sich das Bargeld, die Wertpapiere oder die Edelmetalle bereits im Finanzsystem, so dass zwischen der „Beförderung" durch eigene Mitarbeiter der Institute oder der durch Institute beauftragten Geldtransportunternehmen hinsichtlich des Ansatzpunktes für die Ermittlung kein Unterschied besteht. Bei Transporten von Geldbeförderungsunternehmen im Auftrag eines Instituts wird das Transportgut weder aus dem Finanzsystem herausgenommen noch eingebracht, so dass nach der Ratio der Identifizierungspflicht im Sinne des Absatzes 2 kein Bedürfnis für eine Identifizierung nach dem Geldwäschegesetz besteht.

Die Einschaltung eines gewerblichen Transportunternehmens bei Bargeld-, Wertpapier- und Edelmetalltransporten zwischen Filialen eines Instituts oder im Verkehr zwischen Instituten führt damit nicht zur Identifizierungspflicht nach dem Geldwäschegesetz. 124

Befördert das Geldtransportunternehmen die übergebenen Werte nicht in einem verschlossenen/verplombten Behältnis oder einem in Folie verschweißten Päckchen, muss das Institut sich die Frage stellen, ob die Gefahr besteht, dass auf dem Transportweg die Werte ausgetauscht werden können, und welche Maßnahmen ergriffen werden können, um dies zu verhindern.[95] Gegebenenfalls kann es empfehlenswert sein, sich der Zuverlässigkeit des Werttransportunternehmens durch Kontaktaufnahme und **Information über die Arbeitsablauforganisation** zu vergewissern. Bei Wertpapier- und Edelmetalltransporten dürfte insoweit weniger Gefahr bestehen, weil die Wertpapierkennnummern, Stückelungen, Edelmetallgewichte und -nummern festgehalten werden. Somit dürfte das Problem auf den Transport von Geld beschränkt sein. Allerdings dürfte hierbei die Wahrscheinlichkeit des Austausches der Gelder bei der Einlieferung oder bei der Anforderung bestimmter Stückelungen unwahrscheinlich sein. 125

Über die Geldtransporte durch Geldtransportunternehmen im Verkehr zwischen Instituten erstellen die Institute im Übrigen im eigenen Interesse Aufzeichnungen, die entgegengenommene und abgelieferte Geldbeträge sowie Absender und Empfänger des Geldtransports dokumentieren. Es besteht in diesem Zusammenhang nach dem Geldwäschegesetz keine Notwendigkeit, den für das Geldtransportunternehmen handelnden Mitarbeiter zu ermitteln.[96] 126

Des Weiteren ermächtigt Absatz 4 Satz 2 das Bundesministerium des Innern und das Bundesministerium der Finanzen zur Bekämpfung der Geldwäsche oder der Finanzierung terroristischer Vereinigungen durch Rechtsverordnung ohne Zustimmung des Bundesrates Ausnahmen von Satz 1 im Hinblick auf Institute in solchen Drittländern zu bestimmen, die keine den Anforderungen des Geldwäschegesetzes gleichwertigen Anforderungen an Institute stellen. Damit soll entsprechend Art. 3 Abs. 9 der 2. Geldwäscherichtlinie die Möglichkeit eröffnet werden, Ausnahmen 127

---

95) Vgl. BAKred, Verlautbarung für Kreditinstitute vom 30.3.1998 und für Finanzdienstleistungsinstitute vom 30.12.1997, jeweils Nr. 17, abgedruckt in Anhang III.1 und III.2
96) BAKred, Schreiben vom 27.12.1993 (I5-B401-Fi).

von der Privilegierung des Satzes 1 für Institute vorzusehen, die in Drittstaaten ansässig sind und deren Geldwäschevorschriften nicht dem EU-Niveau entsprechen. Ausweislich der Entwurfsbegründung wird es sich dabei vorrangig um Ausnahmen für Drittstaaten handeln, die nicht Mitglied der FATF sind. Wird von der Verordnungsermächtigung Gebrauch gemacht, gelten auch für das Interinstitutsgeschäft die Identifizierungsanforderungen, die im Verhältnis des Instituts zu seinen Kunden Anwendung finden.[97]

VI. Identifizierungserleichterungen (Abs. 5)

128 Wird vom Inhaber oder einem Mitarbeiter eines Unternehmens regelmäßig Bargeld auf das Unternehmenskonto eingezahlt oder wird Bargeld in einem Nachttresor deponiert, gelten Identifizierungserleichterungen gemäß Absatz 5. Darüber hinaus ermöglicht § 7 eine erleichterte Identifizierung, wenn der zu Identifizierende bei einer früheren Gelegenheit bereits identifiziert wurde und dem Verpflichteten persönlich bekannt ist.

1. Regelmäßige Einzahlungen auf Unternehmenskonten (Satz 1)

129 Mit dem Geldwäschebekämpfungsgesetz ist die Identifizierungspflicht bei der „Abgabe" von Barmitteln entfallen. Aufgrund eines Redaktionsversehens des Gesetzgebers blieb es jedoch zunächst bei der Aufzeichnungspflicht des Namens der handelnden Person bei der **Abgabe von Barmitteln an regelmäßige Einzahler/Abheber** gemäß § 2 Abs. 5 i. V. m. § 9 Abs. 1 Satz 4 a. F. Dieses Redaktionsversehen ist schließlich durch das Investmentmodernisierungsgesetz vom 15.12.2003 behoben worden. Damit ist folgerichtig auch die Aufzeichnungspflicht des Namens der handelnden Person bei der Abgabe von Barmitteln an regelmäßige Abheber gemäß § 9 Abs. 4 i. V. m. § 2 Abs. 5 Satz 1 entfallen.

130 Eine erleichterte Form der Identifizierung besteht nach Absatz 5 Satz 1 dann, wenn der Inhaber oder **Mitarbeiter eines Unternehmens** auf das Konto des Unternehmens regelmäßig Gelder bar einzahlen. In diesem Fall hat das Unternehmen zuvor dem Institut die Namen der einzahlenden Personen zusammen mit der Erklärung bekannt zu geben, dass diese Personen in Zukunft wiederholt für das Unternehmen Bargeld einzahlen werden (§ 9 Abs. 1 Satz 5). Regelmäßig Einzahlende sind bei der ersten Einzahlung anhand von Ausweisdokumenten (§ 1 Abs. 5) zu identifizieren (§ 9 Abs. 1 Satz 6). Der Name des Einzahlenden ist sodann bei jedem Einzahlungsvorgang auf dem entsprechenden Beleg aufzuzeichnen (§ 9 Abs. 1 Satz 4). Ist der Einzahlende jedoch persönlich bekannt und bereits bei früherer Gelegenheit identifiziert worden, kann von einer erneuten Identifizierung gemäß § 7 abgesehen werden.

131 **Privatpersonen** können auch dann, wenn sie wiederholt Gelder auf ihr Konto einzahlen, von dieser Erleichterung keinen Gebrauch machen. Denn insoweit dürfte es sich regelmäßig nicht um eine Einzahlung auf das „Unternehmenskonto" im Sinne des Gesetzes handeln.

---

97) Vgl. Begründung RegE Geldwäschebekämpfungsgesetz, BT-Drucks. 14/8739, S. 12.

Allgemeine Identifizierungspflichten für Institute § 2 GwG

Trotz der Wichtigkeit des Unternehmens in Wirtschaft und Recht existiert **kein einheitlicher Rechtsbegriff** des Unternehmens. Vielmehr ist der Begriff Unternehmen nach dem Willen und Zweck des Gesetzes und der Norm zu bestimmen, die ihn verwendet.[98] 132

Aufgrund dessen liegt Absatz 5 nicht der enge handelsrechtliche oder gewerberechtliche Unternehmensbegriff zugrunde, sondern ein Unternehmensbegriff, der sich an der **Funktion des „Unternehmens" im Rechtsverkehr** orientiert. Von Absatz 5 soll jedes Unternehmen umfasst sein, zu dessen Tätigkeit in verstärktem Maße regelmäßige Einzahlungen bei Instituten gehören. Eine Beschränkung des Unternehmensbegriffs auf kaufmännische Unternehmen würde dem Ziel des Absatzes 5 zuwiderlaufen, Identifizierungserleichterungen im Alltagsgeschäft zu ermöglichen. Von den Erleichterungen des Absatzes 5 können beispielsweise auch **öffentliche Kassen** und **öffentliche Unternehmen** Gebrauch machen;[99] darüber hinaus fallen auch **freiberuflich tätige Personen**, die im Rahmen ihrer beruflichen Tätigkeit immer wieder diese Geschäfte tätigen, unter diese Regelung.[100] 133

Der Wortlaut von Absatz 5 lässt auch eine regelmäßige Bargeldeinzahlung auf solche Konten des Unternehmens zu, die in Form eines zentralen Unternehmenskontos bei Drittinstituten geführt werden. Diese Praxis ist insbesondere bei großen Einzelhandelsketten zu beobachten. Diese arbeiten verstärkt mit einem zentralen Konto anstelle einer Vielzahl von Konten an den einzelnen Filialstandorten. Auf diesem Zentralkonto werden die Einnahmen der jeweiligen Einzelmärkte mittels Barüberweisung zusammengeführt. Im Hinblick auf die Einhaltung der Identifizierungspflichten besteht ein qualitativer Unterschied zu den regelmäßigen Einzahlungen auf die beim eigenen Institut geführten Konten nicht. Der regelmäßig Einzahlende wird in jedem Fall auf der Grundlage von § 9 Abs. 1 Satz 6 bei der ersten Einzahlung identifiziert. Die nach § 9 Abs. 1 Satz 5 erforderliche Erklärung des Unternehmens, wonach in Zukunft wiederholt Bargeld auf ein eigenes Konto eingezahlt wird, wird in der Praxis durch das kontoführende Institut eingeholt. 134

Die Erleichterungen des Absatzes 5 gelten auch für **Geldbeförderungsunternehmen**, die für Unternehmen Gelder bei Kreditinstituten einzahlen. Dem hat das Bundesaufsichtsamt für das Kreditwesen ausdrücklich zugestimmt. Unerheblich ist dabei, ob der Kunde oder die Bank das Geldbeförderungsunternehmen beauftragt. 135

Da Absatz 5 nur für die Bargeldeinzahlung Erleichterungen vorsieht, kann die Erleichterung nach dem Gesetzeswortlaut beispielsweise nicht bei der regelmäßigen **Einlieferung von** Gold oder sonstigen **Edelmetallen** in Anspruch genommen werden, obwohl hierfür im Einzelfall ein Bedürfnis besteht. Insoweit muss das Gesetz analog angewandt werden, oder es bedarf insoweit in Zukunft einer ausdrücklichen gesetzlichen Regelung. 136

Liegen die Beträge, die auf das Unternehmenskonto regelmäßig bar eingezahlt werden, unter dem Schwellenbetrag von 15 000 Euro und ist nicht damit zu rechnen, 137

---

98) Vgl. statt vieler *Baumbach/Hopt*, HGB, Einl. Rz. 31.
99) BAKred, Schreiben vom 27.12.1993 (I5-B401-Fi).
100) Vgl. BAKred, Verlautbarung für Kreditinstitute vom 30.3.1998, Nr. 16 Buchst. c, abgedruckt in Anhang III.1; *Bruchner*, in: Schimansky/Bunte/Lwowski, § 42 Rz. 73.

dass dieser Schwellenbetrag in Zukunft überschritten wird, kann es sich empfehlen, von einer Vereinbarung über regelmäßige Einzahlungen abzusehen, da in diesen Fällen eine Verfahrenserleichterung durch die Anwendung des Absatzes 5 nicht erzielt werden kann.

2. Einzahlung in den Nachttresor (Satz 1 und 2)

138 Die Identifizierungspflicht nach § 1 Abs. 5 gilt nicht, wenn Inhaber oder Mitarbeiter eines Unternehmens auf das Konto des Unternehmens regelmäßig Bargeld bei einem Institut deponieren, indem ein Behälter („Geldbombe") in den **Nachttresor** eingeworfen wird. Eine Identifizierung des Zahlenden in der in § 1 Abs. 5 bestimmten Weise wäre hier nicht durchführbar. Zum Ausgleich muss das Institut, das einen Nachttresor unterhält, dessen **Benutzer (vertraglich) verpflichten**, auf diesem Wege nur **Geld für eigene Rechnung einzuzahlen**.[101] Die Verpflichtung, unter Nutzung des Nachttresors nur Einzahlungen für eigene Rechnung vorzunehmen, ist regelmäßig Bestandteil der Nachttresor-Nutzungsverträge.

139 Werden über eine Nachttresoranlage Einzahlungen zugunsten von Konten einer Zentrale oder einer Muttergesellschaft des Benutzers vorgenommen, erfolgt die Einzahlung regelmäßig **für eigene Rechnung** im Sinne dieser Vorschrift. Die Zentrale oder Muttergesellschaft lässt durch ihre Mitarbeiter eine Einzahlung für eigene Rechnung vornehmen; sie ist bereits wirtschaftlich Berechtigte des Geldes. Mit der Zentrale oder Muttergesellschaft ist auch der Nachttresor-Nutzungsvertrag geschlossen und auf deren Namen wird auch das Konto unterhalten.

140 Zulässig sind darüber hinaus Nachttresoreinzahlungen auf so genannte **Tankstellenkonten**. Hier zahlt der Tankstellenpächter eigene Gelder auf das auf seinen Namen lautende Konto ein, für das regelmäßig eine Verfügungsbeschränkung zugunsten der Mineralölgesellschaft besteht. Entsprechendes gilt für so genannte **Sonderkonten für Lottogesellschaften**, auf die Nachtresoreinzahlungen ebenfalls zulässig sind.

141 Nach Mitteilung der Bundesanstalt[102] kann unter engen Voraussetzungen auf die Verpflichtung verzichtet werden, bei Nutzung des Nachttresors nur Einzahlungen für eigene Rechnung vorzunehmen. Diesbezügliche Ausnahmen hat die Bundesanstalt für **Gerichtsvollzieher-Dienstkonten** sowie **Konten von Insolvenzverwaltern** zugelassen, da in diesen Fällen die Möglichkeit eines Missbrauchs zu Zwecken der Geldwäsche als sehr gering angesehen werden könne. Gleichwohl hält es die Bundesanstalt für erforderlich, dass sich das kontoführende Institut davon überzeugt, dass es sich bei dem Konto tatsächlich um ein entsprechend genutztes Konto handelt, und die ordnungsgemäße Nutzung anhand einer regelmäßigen Beobachtung sicherstellt.[103]

---

101) Begründung RegE GewAufspG, BT-Drucks. 12/2704, S. 13.
102) BaFin, Schreiben an die Westdeutsche Genossenschafts-Zentralbank e. G. vom 21.7.2004 (unveröff.); BaFin, Ergebnisprotokoll über das Gespräch mit Vertretern des Zentralen Kreditausschusses (ZKA) im Hause der BaFin am 29.3.2004 (unveröff.).
103) BaFin, Ergebnisprotokoll über das Gespräch mit Vertretern des Zentralen Kreditausschusses (ZKA) im Hause der BaFin am 29.3.2004 (unveröff.).

Besonderheiten bestehen für den Betrieb von **Einzahlungsautomaten**, also Automaten, die mit oder ohne manuelle Nachbearbeitung der Einzahlung Bargeld von Kunden entgegennehmen. Diese dürfen nach Auffassung der Bankenaufsicht nur von Kunden genutzt werden, die über ein Konto bei dem betreffenden Kreditinstitut verfügen und bei Kontoeröffnung nach Maßgabe des § 1 Abs. 5 identifiziert worden sind sowie eine vertragliche Verpflichtungserklärung gegenüber dem Kreditinstitut abgegeben haben, entsprechend Absatz 5 nur für eigene Rechnung einzuzahlen. Darüber hinaus sind mittels Einzahlungsautomaten nur Einzahlungen zugunsten des jeweiligen Kontos, das bei dem automatenbetreibenden Institut geführt wird, zulässig. Nicht zulässig ist die direkte Überweisung auf Konten bei einem Drittinstitut über SB-Automaten gegen Einzahlung von Bargeld.[104] Wegen des besonders geringen Geldwäscherisikos sind jedoch Automateneinzahlungen auf Konten bestimmter öffentlicher Stellen (z. B. Konten von Finanzämtern und der Gemeindekassen/Stadtkämmereien) zulässig. Ebenfalls nicht zu beanstanden ist es, eine Automateneinzahlung auf ein eigenes Konto des Einzahlers vorzunehmen und im Anschluss hieran eine Überweisung des eingezahlten Betrages auf beliebige Konten zu veranlassen, denn bei dieser Vorgehensweise werden die Einzahlung und die Überweisung als zwei separate Vorgänge veranlasst und verbucht. 142

Ist technisch sichergestellt, dass über den **Einzahlungsautomaten** mittels eines Einzahlungsvorganges nicht 15 000 Euro oder mehr eingezahlt werden können, kann auf die Einholung der vertraglichen Verpflichtungserklärung, nur für eigene Rechnung einzuzahlen, verzichtet werden.[105] Dies gilt auch für Einzahlungsautomaten, die zwar grundsätzlich auch Beträge von 15 000 Euro und mehr annehmen, wenn die Gutschrift eines solchen Betrages jedoch erst nach erfolgter Identifizierung nach § 1 Abs. 5 des Kunden am Schalter erfolgt. Auf eine solche Handhabung sollte der Kunde über die Menüführung des Automaten oder in den Nutzungsbedingungen hingewiesen werden. 143

Ohne eine solche technische Beschränkung des Einzahlungsbetrages ist die **vertragliche Verpflichtungserklärung** des Kunden, nur für eigene Rechnung einzuzahlen, erforderlich. Dies kann auch im Wege von Allgemeinen Nutzungsbedingungen geschehen. Eine wirksame vertragliche Einbeziehung von Allgemeinen Nutzungsbedingungen verlangt gemäß § 305 Abs. 2 BGB, dass der Kunde auf die Geltung der Nutzungsbedingungen hingewiesen wird. Der Inhalt der Regelungen muss dabei so bekannt gegeben werden, dass der Kunde in zumutbarer Weise davon Kenntnis nehmen kann, zum Beispiel durch Aushang am Automaten oder in der Menüführung. Ferner muss der Kunde sich mit der Geltung der Bedingungen – explizit oder konkludent – einverstanden erklären. 144

Soweit Nummer 16 der Verlautbarung für Kreditinstitute die Identifizierung des Kunden nach Maßgabe des § 1 Abs. 5 für die Nutzer von Einzahlungsautomaten 145

---

104) BAKred, Verlautbarung für Kreditinstitute vom 30.3.1998, Nr. 16, abgedruckt in Anhang III.1.
105) BAKred, Verlautbarung für Kreditinstitute vom 30.3.1998, Nr. 16, abgedruckt in Anhang III.1.

fordert, findet hierfür die so genannte **Altfallregelung**[106] Anwendung: Kunden die vor Inkrafttreten des Geldwäschegesetzes lediglich gemäß § 154 Abs. 2 AO identifiziert wurden und seither kein weiteres Konto eröffnet haben, können gleichwohl Einzahlungsautomaten nutzen, wenn die übrigen genannten Voraussetzungen erfüllt sind. Eine „Nachidentifizierung" ist somit auch für die Nutzung von Einzahlungsautomaten nicht erforderlich.

146 Des Weiteren fordert das Bundesaufsichtsamt für das Kreditwesen für Einzahlungsautomaten eine **spezifische Smurfing-Überwachungspflicht** (oben Rz. 121).

147 Soweit Einzahlungsautomaten auch die **Nachttresorfunktion** übernehmen, gilt allein die Regelung des Absatzes 4.[107] Allerdings kann in diesen Fällen auf die Einholung einer Verpflichtungserklärung im Sinne von Absatz 4, nur für eigene Rechnung einzuzahlen, nicht verzichtet werden.

3. Identifizierungserleichterung des § 7

148 Eine Identifizierungserleichterung nach § 7 besteht, wenn der zu Identifizierende persönlich bekannt ist und wenn er bereits bei früherer Gelegenheit identifiziert worden ist. Dies umfasst sowohl Identifizierungen nach § 1 Abs. 5 als auch solche nach § 154 AO, die anlässlich einer Konto- oder Depoteröffnung vorgenommen wurden. Diese „Altfallregelung" gilt jedoch nach der Verwaltungspraxis des Bundesaufsichtsamtes für das Kreditwesen nur für diejenigen Altkunden eines Kreditinstituts, die nach Inkrafttreten des Geldwäschegesetzes am 29.11.1993 entweder kein weiteres Konto eröffnet haben oder bei einer weiteren Kontoeröffnung anhand eines Ausweisdokuments i. S. d. § 1 Abs. 5 identifiziert worden sind.[108]

---

106) Siehe *Langweg*, § 7 Rz. 3 ff.
107) BAKred, Verlautbarung für Kreditinstitute vom 30.3.1998, Nr. 16, abgedruckt in Anhang III.1.
108) Siehe *Langweg*, § 7 Rz. 3 ff.

§ 3
Allgemeine Identifizierungspflichten für andere Unternehmen und Personen

(1) ¹Den allgemeinen Identifizierungspflichten des § 2 Abs. 1 und 2, auch in Verbindung mit Abs. 3, unterliegen bei Ausübung ihrer beruflichen Tätigkeit auch:

1. Rechtsanwälte, Rechtsbeistände, die Mitglied einer Rechtsanwaltskammer sind, Patentanwälte und Notare, wenn sie für ihre Mandanten an der Planung oder Durchführung von folgenden Geschäften mitwirken:

   a) Kauf und Verkauf von Immobilien oder Gewerbebetrieben,

   b) Verwaltung von Geld, Wertpapieren oder sonstigen Vermögenswerten ihres Mandanten,

   c) Eröffnung oder Verwaltung von Bank-, Spar- oder Wertpapierkonten,

   d) Beschaffung der zur Gründung, zum Betrieb oder zur Verwaltung von Gesellschaften erforderlichen Mittel,

   e) Gründung, Betrieb oder Verwaltung von Treuhandgesellschaften, Gesellschaften oder ähnlichen Strukturen,

   oder wenn sie im Namen und auf Rechnung ihrer Mandanten Finanz- oder Immobilientransaktionen durchführen,

2. Wirtschaftsprüfer, vereidigte Buchprüfer, Steuerberater und Steuerbevollmächtigte,

3. Immobilienmakler und

4 Spielbanken gegenüber Kunden, die Spielmarken im Wert von 1 000 Euro oder mehr kaufen oder verkaufen; der Identifizierungspflicht kann auch dadurch nachgekommen werden, dass die Kunden bereits beim Betreten der Spielbank identifiziert werden.

²Sonstige Gewerbetreibende, soweit sie in Ausübung ihres Gewerbes handeln und nicht den Pflichten zur Identifizierung nach § 2 unterliegen, sowie Personen, die entgeltlich fremdes Vermögen verwalten und nicht der Pflicht zur Identifizierung nach Satz 1 in Verbindung mit § 2 unterliegen, in Ausübung dieser Verwaltungstätigkeit, haben bei Annahme von Bargeld im Wert von 15 000 Euro oder mehr denjenigen zu identifizieren, der ihnen gegenüber auftritt. ³Dies gilt auch für die von diesen Unternehmen und Personen zur Entgegennahme von Bargeld Beauftragten, soweit sie in Ausübung ihres Berufes handeln.

(2) Absatz 1 Satz 2 und 3 findet auf gewerbliche Geldbeförderungsunternehmen keine Anwendung.

Literatur: *Große-Wilde*, Verpflichtungen der Rechtsanwälte und Steuerberater nach dem Geldwäschegesetz, KammerForum der Rechtsanwaltskammer Köln 2002, 333; *Müller*, Der Pflichtenkatalog für Steuerberater und andere Freiberufler nach dem Geldwäschebekämpfungsgesetz. DStR 2004, 1313; Rechtsanwaltskammer Berlin, Empfehlungen der Rechtsanwaltskammer Berlin zur Anwendung des Gesetzes zur Verbesserung der Geldwäsche und der Bekämpfung der Finanzierung des Terrorismus vom 8.8.2002, Berliner Anwaltsblatt 2004, 291; *Wenzel*, Die Pflichten des Rechtsanwalts nach dem Geldwäschegesetz, ZAP 1994, Fach 21, 95.

Übersicht

I. **Andere Unternehmen und Personen als Adressaten von Identifzierungspflichten (Abs. 1)** 1
1. Entwicklung und Hintergrund der Identifizierungspflichten des § 3 1
2. Verpflichtete nach Absatz 1 6
3. Identifizierungspflichten nach Absatz 1 Satz 1 16
   a) Rechtsanwälte, Rechtsbeistände, Patentanwälte und Notare (Abs. 1 Satz 1 Nr. 1) 23
   b) Wirtschaftsprüfer, vereidigte Buchprüfer, Steuerberater und Steuerbevollmächtigte (Abs. 1 Satz 1 Nr. 2) 34
   c) Immobilienmakler (Abs. 1 Satz 1 Nr. 3) 37
   d) Spielbanken (Abs. 1 Satz 1 Nr. 4) 39
4. Identifizierungspflichten nach Absatz 1 Satz 2 und 3 (Sonstige Gewerbetreibende und Treuhänder) 40

II. **Ausnahme für gewerbliche Geldbeförderungsunternehmen (Abs. 2)** 44

I. Andere Unternehmen und Personen als Adressaten von Identifzierungspflichten (Abs. 1)

1. Entwicklung und Hintergrund der Identifizierungspflichten des § 3

1 Bereits die Erstfassung des Geldwäschegesetzes, die am 29.11.1993 in Kraft getreten ist, statuierte für Gewerbetreibende, soweit sie nicht bereits von der Pflicht zur Identifizierung nach § 2 Abs. 2, auch in Verbindung mit Absatz 3, erfasst werden, sowie für Personen, die entgeltlich fremdes Vermögen verwalten, und für Spielbanken eine dem § 2 Abs. 2 vergleichbare Identifizierungspflicht. Gewerbetreibende sind alle Personen, die ein Gewerbe im Sinne der Gewerbeordnung betreiben, z. B. Juweliere, Kürschner, Auktionatoren. Von Absatz 1 Satz 2 sind Gewerbetreibende jedoch nur dann erfasst, wenn sie beruflich tätig sind. Nimmt also der Gewerbetreibende als „Privatmann" einen Betrag oberhalb des Schwellenbetrages an, z. B. wenn er sein privates Auto verkauft, so besteht eine Identifizierungspflicht nach dem Geldwäschegesetz für ihn nicht.[1]

2 Mit dem Geldwäschebekämpfungsgesetz sind durch den neu eingefügten Absatz 1 Satz 1 zusätzlich weitere Berufsgruppen wie Rechtsanwälte, Patentanwälte, Notare, Wirtschaftsprüfer, vereidigte Buchprüfer, Steuerberater und Immobilienmakler in den Pflichtenkreis des Geldwäschegesetzes aufgenommen worden. Damit wird die Verpflichtung zur Identifizierung i. S. v. § 2 auf die von Art. 2a der 2. Geldwäscherichtlinie zwingend vorgegebenen Berufsgruppen erweitert. Wie die Begründung zum Entwurf des Geldwäschebekämpfungsgesetzes[2] ausführt, sollen damit diejenigen Berufe und Tätigkeiten in den Pflichtenkreis des Gesetzes einbezogen werden,

---

1) Begründung RegE GewAufspG, BT-Drucks. 12/2704, S. 13, 14.
2) Begründung RegE Geldwäschebekämpfungsgesetz, BT-Drucks. 14/8739, S. 12, unter Bezugnahme auf die Begründung der Richtlinie.

bei denen erfahrungsgemäß ein erhöhtes Risiko besteht, dass ihre Dienste zu Geldwäschezwecken missbraucht werden. Dabei stellt Absatz 1 Satz 1 auf den einzelnen Berufsträger ab und verzichtet auf eine Benennung von Anwalts-, Steuerberatungs-, Wirtschaftsprüfungs- und Buchprüfungsgesellschaften, um eine Verdoppelung der Mitwirkungspflichten bzw. die Frage nach dem Konkurrenzverhältnis zwischen den Pflichten des einzelnen Berufsträgers und der Gesellschaft zu vermeiden. Lediglich bezüglich der internen Sicherungsmaßnahmen gemäß § 14 Abs. 1 Nr. 8 wird entsprechend den Vorgaben der Zweiten Geldwäscherichtlinie auch auf die Unternehmen abgestellt.

Leider beruht die Inpflichtnahme insbesondere dieser weiteren Berufsgruppen weniger auf empirischen Untersuchungen als vielmehr auf der Annahme eines erhöhten Gefährdungspotentials sowie eines daraus abzuschöpfenden Erkenntnispotentials durch deren Einbeziehung in die Verdachtsanzeigepflicht des § 11. So kommt die einzige bislang bekannt gewordene Studie zur Gefährdung rechtsberatender Berufe durch Geldwäsche des Max-Planck-Instituts[3] unter anderem zu dem Ergebnis, dass „sich das abstrakte Gefährdungsszenario [...] in der Strafverfolgungswirklichkeit bislang nicht widerspiegelt. Die Analyse der hier ausgewerteten Ermittlungsverfahren hat nämlich ergeben, dass fast drei Viertel der Verfahren nach Abschluss der Ermittlungen von der Staatsanwaltschaft gemäß § 170 Abs. 2 StPO eingestellt wurden. [...] Wenn man unterstellt, dass die einschlägigen Fälle von den Landeskriminalämtern einigermaßen systematisch erhoben wurden, führen die vorliegenden Fallzahlen im Vergleich zu der Gesamtzahl der polizeilich registrierten Geldwäscheverdächtigen – bis Ende 2002 mehr als 5 850 Personen – zu dem Schluss, dass weder die Anwaltschaft noch die rechtsberatenden Berufe insgesamt in dem untersuchten Zeitraum besonders häufig auffällig wurden. Dies gilt jedenfalls für Ermittlungen auf der Grundlage eines qualifizierten Tatverdachts auf eine aktive Beteiligung an bzw. Verstrickung in strafrechtlich relevante Geldwäscheaktivitäten. [...] Schließlich ergibt sich aus den Variablen zum Tatbild, dass in den untersuchten Fällen vorsätzliche Handlungsweisen eindeutig vorherrschend waren. Fast 85 Prozent der Verdächtigen handelten gemäß der Fallanalyse vorsätzlich-aktiv. Typische Missbrauchsszenarien, die durch leichtfertige oder sogar nichtwissentliche Verwicklung gekennzeichnet wären, waren hingegen die absolute Ausnahme."

Insbesondere für die nach Absatz 1 Satz 1 Neuverpflichteten hat die Financial Intelligence Unit (FIU) Deutschland auf ihrer Homepage[4] **Hinweise zur Erfüllung der gesetzlichen Pflichten** eingestellt.

Mit dem Geldwäschebekämpfungsgesetz wurden auch die in Absatz 1 angesprochenen Berufsträger und Gewerbetreibenden verpflichtet, gemäß § 11 **Verdachtsfälle** auf Geldwäschehandlungen **anzuzeigen**. Aus dieser Gruppe bestand zuvor lediglich für Spielbanken die Anzeigepflicht nach § 11. Die in Absatz 1 Satz 1 Nr. 1 und 2 genannten Personen sind jedoch nicht zur Anzeige verpflichtet, wenn dem Geld-

---

3) Endbericht des Max-Planck-Instituts für ausländisches und internationales Strafrecht vom Oktober 2004 zur „Gefährdung von Rechtsanwälten, Steuerberatern, Notaren und Wirtschaftsprüfern durch Geldwäsche", S. 83 ff.
4) BKA (FIU), Informationsangebot für Neuverpflichtete, abrufbar unter: www.bka.de/profil/zentralstellen/geldwaesche/neuverpflichtete/fiu3.htm.

GwG § 3 Allgemeine Identifizierungspflichten für andere Unternehmen und Personen

wäscheverdacht Informationen von dem oder über den Mandanten zugrunde liegen, die sie im Rahmen der Rechtsberatung oder der Prozessvertretung dieses Mandanten erhalten haben. Dagegen bleibt die Anzeigepflicht bestehen, wenn die Berufsträger wissen, dass der Mandant ihre Rechtsberatung bewusst für den Zweck der Geldwäsche in Anspruch nimmt.[5]

2. Verpflichtete nach Absatz 1

6 Durch Absatz 1 Satz 1 werden folgende Berufsträger verpflichtet:
- Rechtsanwälte und Rechtsbeistände, die Mitglied einer Rechtsanwaltskammer sind,
- Patentanwälte und Notare,
- Wirtschaftsprüfer, vereidigte Buchprüfer, Steuerberater und Steuerbevollmächtigte,
- Immobilienmakler und
- Spielbanken.

7 Dem Begriff der **Rechtsanwälte** unterfallen auch die niedergelassenen europäischen Rechtsanwälte (§ 2 EuRAG[6]) sowie die ausländischen Rechtsanwälte, die gemäß § 206 BRAO Mitglied der Rechtsanwaltskammer sind, dem Begriff der **Patentanwälte** auch die ausländischen Patentanwälte, die gemäß § 154a PatAnwO Mitglied der Patentanwaltskammer sind.[7]

8 Absatz 1 Satz 2 statuiert eine Identifizierungspflicht für sonstige Gewerbetreibende sowie Personen, die entgeltlich fremdes Vermögen verwalten, soweit sie in Ausübung ihres Gewerbes bzw. ihrer Vermögensverwaltungstätigkeit handeln und soweit sie nicht bereits der Pflicht zur Identifizierung nach § 2 bzw. nach Absatz 1 Satz 1 in Verbindung mit § 2 unterliegen.

9 Nach Absatz 1 Satz 3 gilt die Identifizierungspflicht auch für die von diesen Unternehmen und Personen zur Entgegennahme von Bargeld **Beauftragten**, soweit sie in Ausübung ihres Berufes handeln.

10 **Gewerbetreibende nach § 1 GewO** sind all die Personen, die ein Gewerbe im Sinne der Gewerbeordnung betreiben. Ein solches Gewerbe ist „jede nicht sozial unwertige (generell nicht verbotene – erlaubte) auf Gewinnerzielung gerichtete und auf Dauer angelegte selbständige Tätigkeit, ausgenommen Urproduktion, freie Berufe (freie wissenschaftliche, künstlerische und schriftstellerische Tätigkeit höherer Art sowie persönliche Dienstleistungen höherer Art, die eine höhere Bildung erfordern) und bloße Verwaltung eigenen Vermögens".[8]

---

5) Vgl. *Fülbier*, § 11 Rz. 207.
6) Gesetz über die Tätigkeit europäischer Rechtsanwälte in Deutschland (EuRAG) vom 9.3.2000, BGBl I, 182, 1349, zuletzt geändert durch Gesetz vom 26.10.2003, 2074.
7) Begründung RegE Geldwäschebekämpfungsgesetz, BT-Drucks. 14/8739, S. 12.
8) BVerwG GewA 76, 293, 294.

Die Definition ist nicht deckungsgleich mit Gewerbebegriffen anderer Gesetze. Derjenige der Gewerbeordnung hat unter dem wirtschaftsbezogenen Ordnungsrecht eine eigenständige Bedeutung. Die Gewerbeordnung findet auf alle Gewerbe Anwendung, abgesehen von denen, die in § 6 GewO aufgeführt sind. Dazu zählt unter anderem die Fischerei, die Erziehung von Kindern gegen Entgelt, das Unterrichtswesen. Unter den Begriff fallen damit insbesondere Einzelhandelsgeschäfte wie Kaufhäuser, Pelzhändler, Auto- und Antiquitätenhändler sowie Juweliere. Auch Versicherungsunternehmen und Pensionskassen sind Gewerbebetriebe im Sinne der Gewerbeordnung (vgl. § 6 GewO), auch wenn deren Bestimmungen für sie überwiegend nicht zur Anwendung kommen.[9]

In den ersten Gesetzentwürfen war vorgesehen, dass die Gewerbetreibenden nicht nur im Rahmen ihrer beruflichen Tätigkeiten und Eigenschaften aus dem Geldwäschegesetz verpflichtet sein sollten, sondern auch als Privatperson.[10] Auf diese Weise sollte dem Gewerbetreibenden die Möglichkeit abgeschnitten werden, die Verpflichtung durch die Behauptung zu umgehen, er habe das Bargeld nicht in seiner beruflichen Eigenschaft, sondern als Privatperson angenommen. Der Gesetzgeber hat sich letztendlich entschlossen, die Verpflichtung nur eingreifen zu lassen, wenn er **in Ausübung seines Gewerbes** handelt.

Unternehmen, die nicht Institute im Sinne des Geldwäschegesetzes sind oder nach § 1 Abs. 1 Satz 2 von der Anwendung des Geldwäschegesetzes befreit sind, haben, sofern sie Gewerbetreibende im Sinne der Gewerbeordnung sind, die Vorschriften aus dem Geldwäschegesetz zu beachten, die für Gewerbetreibende gelten. Das gilt z. B. für Versicherungsunternehmen, die nicht ohnehin Institut sind. Dazu zählen auch Pensionskassen.[11]

Unter den Begriff **Person, die entgeltlich fremdes Vermögen verwaltet**, ist jede Form der **entgeltlichen Treuhänderschaft** zu verstehen. Er umfasst sowohl die Verwaltung von Kapital als auch die Immobilienverwaltung.

Vermögensverwalter sind teilweise schon als Finanzdienstleistungsinstitut nach § 1 Abs. 2 (§ 1 Abs. 1a Nr. 3 KWG) erfasst. Die Abgrenzung zwischen dem Vermögensverwalter nach § 1 Abs. 1a Nr. 3 KWG und nach § 3 liegt in der Beschaffenheit des verwalteten Vermögens. Soweit es sich beim verwalteten Vermögen um Finanzinstrumente nach § 1 Abs. 11 KWG (also z. B. Wertpapiere, Devisen, Derivate) handelt und dieses gewerbsmäßig oder in einem Umfang verwaltet wird, der einen in kaufmännischer Weise eingerichteten Geschäftsbetrieb erfordert, handelt es sich um ein Institut nach § 1 Abs. 2. § 3 will jede weitere Form der Vermögensverwaltung erfassen, insbesondere die Verwaltung von Kapital sowie die Immobilienverwaltung.[12]

---

9) *Tettinger*, in: Tettinger/Wank, GewO, § 6 Rz. 28; so auch BAV, Anordnungen und Verwaltungsgrundsätze 1996, Nr. 7, VerBAV 1996, 3, abgedruckt in Anhang IV.3.
10) Begründung RegE GewAufspG, BT-Drucks. 12/2704, S. 13.
11) BAV, Anordnungen und Verwaltungsgrundsätze 1996, Nr. 7, VerBAV 1996, 3, 5, abgedruckt in Anhang IV.3.
12) Begründung RegE GewAufspG, BT-Drucks. 12/2704, S. 14.

3. Identifizierungspflichten nach Absatz 1 Satz 1

16 Bei Ausübung ihrer beruflichen Tätigkeit sind die in Absatz 1 Satz 1 genannten Berufsgruppen verpflichtet, bei Abschluss eines Vertrages zur Begründung einer auf Dauer angelegten Geschäftsbeziehung den Vertragspartner (§ 2 Abs. 1 Satz 1) und bei der Annahme von Bargeld, Wertpapieren oder Edelmetallen im Wert von 15 000 Euro oder mehr zuvor denjenigen zu identifizieren, der ihnen gegenüber auftritt (§ 2 Abs. 2).[13] Für Rechtsanwälte, Rechtsbeistände, Patentanwälte und Notare gelten diese **Identifizierungspflichten** nur, soweit sie an der Planung oder Durchführung der unter Absatz 1 Satz 1 Nr. 1 genannten Geschäfte mitwirken. Die Identifizierungspflicht trifft dabei stets den jeweiligen Berufsträger persönlich, auch wenn dieser für eine Anwalts-, Buchprüfungs-, Steuerberatungs- oder Wirtschaftsprüfungsgesellschaft handelt. Die Gesellschaft wird dagegen nicht verpflichtet.[14]

17 Wann eine „auf Dauer angelegte Geschäftsbeziehung" vorliegt, ist, soweit kein Konto i. S. v. § 154 AO eröffnet wird, nicht geregelt. Auch die Gesetzesmaterialien enthalten keinerlei Hinweise darauf, wann von einer auf Dauer angelegten Geschäftsbeziehung auszugehen ist. Allerdings wird man bei der Mitwirkung an der Planung oder Durchführung der in Absatz 1 Satz 1 Nr. 1 genannten Geschäfte regelmäßig von einer solchen ausgehen müssen. Buchhaltungsmandate und dauerhafte Beratungstätigkeiten dürften ebenso darunter fallen.[15] Einzelberatungen, soweit sie nicht Jahr für Jahr erfolgen, dürften dagegen ausgenommen sein.[16]

18 Einen Anhaltspunkt können die Ausführungen zu § 2[17] geben, die im Wesentlichen auf Vorgaben der Bankenaufsicht für Kreditinstitute beruhen. Dabei sind jedoch die konkretisierenden bzw. interpretierenden Anforderungen der Bankenaufsicht nicht unmittelbar für die nach § 3 Verpflichteten bindend. Ausschlaggebend sind vielmehr die Anwendungsempfehlungen der jeweils zuständigen Aufsichtsbehörde des Verpflichteten (§ 16 Nr. 4).[18]

19 Nach dem Gesetzeswortlaut löst auch die erneute Beauftragung innerhalb eines bereits bestehenden „Dauermandates" die Identifizierungspflicht aus. Damit muss auch bei bestehenden Mandatsbeziehungen eine Identifizierung im Rahmen einer erneuten Beauftragung erfolgen.[19] Dagegen besteht keine generelle Verpflichtung, **Altmandanten** „nachzuidentifizieren", ohne dass eine erneute Beauftragung nach Inkrafttreten des Geldwäschebekämpfungsgesetzes am 15.8.2002 stattgefunden hätte.[20]

---

13) Siehe *Langweg*, § 2 Rz. 11.
14) Begründung RegE Geldwäschebekämpfungsgesetz, BT-Drucks. 14/8739, S. 12; *Müller*, DStR 2004, 1313.
15) Rechtsanwaltskammer Berlin, Berliner Anwaltsblatt 2004, 291.
16) *Große-Wilde*, KammerForum 2002, 333.
17) *Langweg*, § 2 Rz. 20 ff.
18) Siehe *Langweg*, § 16 Rz. 1.
19) So auch *Müller*, DStR 2004, 1313; Verhaltensempfehlungen für Rechtsanwälte im Hinblick auf die Vorschriften des Geldwäschebekämpfungsgesetzes (GwG) und die Geldwäsche, § 261StGB, II 2, BRAK-Nr. 84/2005, abgedruckt in Anhang V.1.
20) So auch Wirtschaftsprüferkammer, Anwendungshinweise zum Geldwäschegesetz, B I 1 e, S. 5, WPK Magazin 4/2004, Beilage, abgedruckt in Anhang V.3.

Die Identifizierungspflicht „bei Abschluss eines Vertrages zur Begründung einer auf 20
Dauer angelegten Geschäftsbeziehung" gemäß § 2 Abs. 1 greift jedoch nur dann,
wenn ein Vertrag über die Tätigkeit des nach Absatz 1 Satz 1 verpflichteten Berufsträgers mit dem Mandanten tatsächlich abgeschlossen wird. Bleibt es dagegen bei
der **Anbahnungsphase** und kommt das Mandatsverhältnis nicht zustande, besteht
die Identifizierungspflicht nicht.[21]

Unabhängig von der Begründung einer auf Dauer angelegten Geschäftsbeziehung ist 21
die **Annahme von Barmitteln** z. B. als Honorar, Gebühren- oder Auslagenvorschüsse in Höhe von 15 000 Euro oder mehr durch einen der genannten Berufsträger identifizierungspflichtig. Dies gilt auch bei der Annahme mehrerer Teilbeträge,
die zusammen 15 000 Euro oder mehr ausmachen, wenn zwischen ihnen eine Verbindung besteht (§ 2 Abs. 3). Für Rechtsanwälte, Rechtsbeistände, Patentanwälte
und Notare gilt auch dies jedoch nur, soweit die Entgegennahme der Barmittel im
Zusammenhang mit den in Absatz 1 Satz 1 Nr. 1 genannten Geschäften erfolgt.

Selbst wenn der Schwellenbetrag von 15 000 Euro (für Spielbanken 1 000 Euro) 22
nicht erreicht wird, haben auch nach § 3 Verpflichtete den Auftretenden gemäß § 6
zu identifizieren, wenn sich der **Verdacht** ergibt, dass eine vereinbarte Finanztransaktion **einer Geldwäsche** oder der Finanzierung einer terroristischen Vereinigung
dient. Nach § 6 besteht jedoch keine Identifizierungspflicht, wenn es sich um den
Fall der Begründung einer Geschäftsbeziehung handelt, die nicht auf Dauer angelegt
ist, und keine Barmittelannahme erfolgt. In diesen Fällen sollte jedoch die Geschäftsbeziehung umgehend beendet werden, um nicht in die Nähe einer Teilnahmehandlung zur Geldwäsche oder Terrorismusfinanzierung zu geraten. Darüber
hinaus ist eine Verdachtsanzeige nach § 11 zu erstatten. Etwas anderes gilt nur für
die in Absatz 1 Satz 1 Nr. 1 und 2 genannten (rechts-, wirtschafts- und steuerberatenden) Personen, wenn dem Geldwäscheverdacht Informationen von dem oder
über den Mandanten zugrunde liegen, die sie im Rahmen der Rechtsberatung oder
Prozessvertretung dieses Mandanten erhalten haben. Die Anzeigepflicht bleibt hingegen bestehen, wenn diese Personen wissen, dass der Mandant ihre Rechtsberatung
bewusst für den Zweck der Geldwäsche in Anspruch nimmt.

a) Rechtsanwälte, Rechtsbeistände, Patentanwälte und Notare (Abs. 1 Satz 1 Nr. 1)

Rechtsanwälte, Rechtsbeistände, Patentanwälte und **Notare** unterliegen den allge- 23
meinen Identifizierungspflichten des § 2 Abs. 1 und 2 nur, wenn sie für ihre Mandanten an der Planung oder Durchführung von folgenden Geschäften mitwirken:

– Kauf und Verkauf von Immobilien oder Gewerbebetrieben,
– Verwaltung von Geld, Wertpapieren oder sonstigen Vermögenswerten ihres Mandanten,
– Eröffnung oder Verwaltung von Bank-, Spar- oder Wertpapierkonten,
– Beschaffung der zur Gründung, zum Betrieb oder zur Verwaltung von Gesellschaften erforderlichen Mittel,

---

21) So auch Rechtsanwaltskammer Berlin, Berliner Anwaltsblatt 2004, 291.

GwG § 3 Allgemeine Identifizierungspflichten für andere Unternehmen und Personen

- Gründung, Betrieb oder Verwaltung von Treuhandgesellschaften, Gesellschaften oder ähnlichen Strukturen
- oder wenn sie im Namen und für Rechnung ihrer Mandanten Finanz- oder Immobilientransaktionen durchführen.

24 Unter Verwaltung von Geld, Wertpapieren, sonstigen Vermögenswerten sowie Bank-, Spar- oder Wertpapierkonten ist jede Form der **Treuhänderschaft** zu verstehen. Umfasst ist beispielsweise die Verwaltung von Kapital und die Immobilienverwaltung. Die von den Angehörigen dieser Berufe geführten Anderkonten sind für die Abwicklung von Geldwäschetransaktionen nach Meinung des Gesetzgebers besonders geeignet, da die genannten Berufe in Bezug auf ihre Tätigkeit einer beruflichen Verschwiegenheitspflicht unterliegen, die sich auch auf die Anderkontenführung erstreckt. Geldwäscher könnten daher gerade durch Einschaltung solcher Personen ihre Aktivitäten vor staatlicher Strafverfolgung nachhaltig abschotten.[22] Unter einer **Finanz- oder Immobilientransaktion** ist jede Handlung zu verstehen, die eine Vermögensverschiebung bezweckt oder bewirkt.

25 Die Mitwirkung an anderen als den aufgeführten Geschäften führt bei Rechtsanwälten, Rechtsbeiständen, Patentanwälten und Notaren nicht zu einer Identifizierungspflicht des § 2 Abs. 1 und 2. Damit ist insbesondere der gesamte Bereich der **Strafverteidigung** durch Rechtsanwälte vom Anwendungsbereich des Geldwäschegesetzes ausgenommen.

26 **Nicht umfasst** von Absatz 1 Satz 1 Nr. 1 sind außerdem Schenkungen, sämtliche Vorgänge, die auf die Begründung, Änderung oder Löschung eines Rechtes an einem Grundstück gerichtet sind, familienrechtliche Angelegenheiten, Testamente und Erbverträge. Nachlassauseinandersetzungen, die Grundstücke oder Gewerbebetriebe betreffen, werden nach dem Wortlaut von Absatz 1 Satz 1 Nr. 1 Buchst. a, der insoweit ausschließlich auf den Kauf oder Verkauf abstellt, ebenfalls nicht erfasst.[23]

27 Die Mitwirkung an **Vollmachten** führt immer dann zur Identifizierungspflicht, wenn sie die in Absatz 1 Satz 1 Nr. 1 Buchst. a–e genannten Gegenstände unmittelbar betreffen, also z. B. bei der Mitwirkung an Vollmachten zur Veräußerung bestimmter Grundstücke. Das Tatbestandsmerkmal der Mitwirkung an der Planung oder Durchführung einer der Katalogtatbestände ist in einem solchen Fall bereits erfüllt. Allgemeine Vollmachten, wie General- und Vorsorgevollmachten, die bloß geeignet sind, entsprechende Geschäfte abzuschließen, unterliegen hingegen nicht dem Anwendungsbereich, da in diesen Fällen die Tätigkeit des Berufsträgers gerade nicht in der Mitwirkung an der Planung und Durchführung der Kataloggeschäfte besteht. Eine Identifizierungspflicht besteht allerdings dann, wenn bei der Mitwirkung an der Vollmacht bereits der spätere konkrete Gebrauch für einen der Katalogfälle des Absatzes 1 Satz 1 Nr. 1 erkennbar ist.[24]

---

22) Vgl. Begründung RegE GewAufspG, BT-Drucks. 12/2704, S. 14.
23) Bundesnotarkammer, Rundschreiben Nr. 48/2003 vom 19.11.2003, B I 2, abgedruckt in Anhang V.2.
24) Bundesnotarkammer, Rundschreiben Nr. 48/2003 vom 19.11.2003, B I 2, abgedruckt in Anhang V.2.

Insbesondere für **Notare** ist es nicht erst die Wahrnehmung der Interessenvertretung für einen Mandanten, die die Identifizierungspflicht nach Absatz 1 Satz 1 Nr. 1 auslöst. Vielmehr ist schon die unabhängige und unparteiliche Beratung des Notars in dieser Angelegenheit geeignet, den Anwendungsbereich des Geldwäschegesetzes zu eröffnen. Dem Anwendungsbereich des Geldwäschegesetzes unterliegen daher im Grundsatz alle Tätigkeiten des Notars, soweit er bezüglich des Inhalts des Rechtsgeschäftes berät oder belehrt.[25] Entsprechendes dürfte auch für Rechtsanwälte, Rechtsbeistände und Patentanwälte gelten. 28

Zumindest in den Fällen, in denen der Notar Entwurfs-, Beratungs- oder Vollzugstätigkeiten übernommen hat, ist nach den Ausführungen der Bundesnotarkammer von einer **auf Dauer angelegten Geschäftsbeziehung** i. S. d. § 2 Abs. 1 auszugehen.[26] 29

Zu identifizieren ist stets der formell Beteiligte, in Vertretungsfällen also der Vertreter. Eine Identifizierungspflicht auch des Vertretenen besteht nicht, gleichwohl liegt entsprechend § 8 ein Fall des Handelns für fremde Rechnung vor, und Name und Anschrift des Vertretenen sind nach Angabe des Vertreters festzustellen. Im Falle der Beurkundung wird dies bereits durch das Beurkundungsverfahren sichergestellt.[27] 30

Die **Beglaubigung** durch einen Notar **ohne Entwurfstätigkeit** löst hingegen keine Pflichten nach dem Geldwäschegesetz aus. Zwar muss der Notar nach § 40 Abs. 2 BeurkG vom Inhalt des Textes, unter dem die Unterschrift beglaubigt werden soll, Kenntnis nehmen, um zu beurteilen, ob Gründe bestehen, die Amtstätigkeit zu versagen. Eine Beratung oder Belehrung über den Inhalt findet aber nicht statt. Die Amtstätigkeit des Notars beschränkt sich auf die Beglaubigung der Unterschrift. Eine Mitwirkung an der Planung und Durchführung im Sinne einer Begleitung des Geschäftes liegt damit nicht vor.[28] 31

Die Pflichten des Notars nach dem Beurkundungsgesetz und dem Geldwäschegesetz stehen dabei nebeneinander. Kollidiert die Identifizierungspflicht nach dem Geldwäschegesetz in der Praxis mit dem **Urkundsgewährungsanspruch** nach § 10 Abs. 2 BeurkG i. V. m. § 15 BNotO, ist die Beurkundung durchzuführen und die Identifizierung nach dem Geldwäschegesetz unverzüglich nachzuholen.[29] Dies gilt grundsätzlich auch für die betreuende Tätigkeit nach § 24 BNotO, wo eine Amts- 32

---

25) Bundesnotarkammer, Rundschreiben Nr. 48/2003 vom 19.11.2003, B I 1, abgedruckt in Anhang V.2.
26) Bundesnotarkammer, Rundschreiben Nr. 48/2003 vom 19.11.2003, B II 1 a, abgedruckt in Anhang V.2.
27) Bundesnotarkammer, Rundschreiben Nr. 48/2003 vom 19.11.2003, B II 1 b, abgedruckt in Anhang V.2.
28) Bundesnotarkammer, Rundschreiben Nr. 48/2003 vom 19.11.2003, B I 1, abgedruckt in Anhang V.2.
29) Begründung RegE Geldwäschebekämpfungsgesetz, BT-Drucks. 14/8739, S. 12; Bundesnotarkammer, Rundschreiben Nr. 48/2003 vom 19.11.2003, B VII, abgedruckt in Anhang V.2.

verweigerung nach Übernahme nur noch in den Grenzen von § 15 Abs. 1 Satz 1 BNotO zulässig ist.[30]

33 § 54a Abs. 1 BeurkG bestimmt, dass der Notar Bargeld zur Aufbewahrung und Ablieferung an Dritte nicht entgegennehmen darf. Dieses Verbot der **Bargeldannahme** soll den Notar insbesondere vor der missbräuchlichen Inanspruchnahme für Geldwäschezwecke bewahren[31]. Weitere Voraussetzung ist, dass der Notar Geld zur Verwahrung nur dann annehmen darf, wenn hierfür ein berechtigtes Sicherungsinteresse der am Verwahrungsgeschäft beteiligten Personen besteht (§ 54a Abs. 2 Nr. 1 BeurkG). Durch diese Vorschriften ist die Einschaltung des Notars zur Einbringung von Bargeld in den Wirtschaftskreislauf ebenso unterbunden wie beispielsweise sein Missbrauch als bloße Kapitalsammelstelle. Eine Pflicht zur Identifizierung nach § 2 Abs. 2 und 3 bei der Annahme von Barmitteln dürfte daher in der notariellen Praxis – auch angesichts der weiten Auslegung des § 2 Abs. 1, nach der Verwahrungstätigkeiten i. S. d. § 23 BNotO in der Regel eine eigenständige Identifizierungspflicht nach Absatz 1 Satz 1 Nr. 1 Buchst. b i. V. m. § 2 Abs. 1 auslösen – kaum eine Rolle spielen. Bei der Annahme anderer Wertgegenstände als Bargeld könnte der Identifizierungspflicht nach § 2 Abs. 2 und 3 jedoch eine Auffangtatbestandsfunktion zukommen, wenn eine gewisse Dauer der Tätigkeit des Notars von vornherein nicht erkennbar ist. Ferner sind Fälle denkbar, in denen Bargeld zur Begleichung von Kostenforderungen angenommen wird.[32]

b) Wirtschaftsprüfer, vereidigte Buchprüfer, Steuerberater und Steuerbevollmächtigte (Abs. 1 Satz 1 Nr. 2)

34 Nach den Anwendungshinweisen der Wirtschaftsprüferkammer zum Geldwäschegesetz werden bei einer **Abschlussprüfung** oder bei einem **Steuerberatungsvertrag**, welche/r für ein Geschäftsjahr bzw. für ein Veranlagungsjahr in Auftrag gegeben wird, die Voraussetzungen für die Begründung einer **auf Dauer angelegten Geschäftsbeziehung** noch nicht vorliegen. Formal könne man sich aber im Falle der Abschlussprüfung nicht auf den für jedes Geschäftsjahr zu erfolgenden handelsrechtlichen Akt der Bestellung gemäß § 318 HGB und die nachfolgende zivilrechtliche Einzelbeauftragung berufen, da eine derart formalisierte Betrachtungsweise nicht dem Zweck des § 2 Abs. 1 entsprechen würde. Wenn tatsächlich eine längere Mandantenbeziehung, d. h. über ein Geschäftsjahr hinaus, beabsichtigt ist und dies den Gesamtumständen bei der Erstbeauftragung zu entnehmen ist, muss bereits bei der Erstbeauftragung identifiziert werden. Da in der Praxis eine Beauftragung zur Abschlussprüfung oder zur Steuerberatung regelmäßig für mehr als ein Geschäfts- bzw. Veranlagungsjahr beabsichtigt sein dürfte, wird überwiegend bereits bei der Erteilung des erstmaligen Auftrages eine Identifizierung des Vertragspartners erfol-

---

30) Bundesnotarkammer, Rundschreiben Nr. 48/2003 vom 19.11.2003, B VII, abgedruckt in Anhang V.2; *Eylmann-Vaasen/Frenz*, BNotO, § 15 Rz. 29.
31) Vgl. Begründung RegE eines Dritten Gesetzes zur Änderung der Bundesnotarordnung und anderer Gesetze, BT-Drucks. 13/4184, S. 37.
32) Bundesnotarkammer, Rundschreiben Nr. 48/2003 vom 19.11.2003, A II und B II 2, abgedruckt in Anhang V.2.

gen müssen.³³⁾ Nach Ansicht der Bundessteuerberaterkammer liegt eine auf Dauer angelegte Geschäftsbeziehung vor, wenn es sich um einen unbefristeten Vertrag mit der Verpflichtung des Steuerberaters zur fortlaufenden Erstellung der Buchführung, der Jahresabschlüsse etc. handelt und sich der Vertrag nicht in einmaligen Erfüllungshandlungen erschöpft.³⁴⁾

Wurde eine Abschlussprüfung für ein Geschäftsjahr oder eine Steuerberatung für 35 ein Veranlagungsjahr beauftragt, ohne dass der Wille des Mandanten erkennbar war, dass eine **Folgebeauftragung** erfolgen soll, und ist aus diesem Grunde bei der Erstbeauftragung nicht identifiziert worden, ist spätestens zum Zeitpunkt der Folgebeauftragung zu identifizieren.³⁵⁾ Weil aus einem Einzelfall leicht ein Dauermandat werden kann und um Zweifelsfragen bei der Abgrenzung aus dem Weg zu gehen, empfiehlt die Bundessteuerberaterkammer, grundsätzlich alle Auftraggeber zu identifizieren.³⁶⁾

Nach den Anwendungshinweisen der Wirtschaftsprüferkammer zum Geldwäschegesetz geht es bei der Prüfung von Jahresabschlüssen – anders als bei der Tätigkeit einer Bank und insbesondere bei dem Regelfall einer Kontoeröffnung – um die Erfüllung der Kontroll-, Informations- und Beglaubigungsfunktion zum Schutz der Gesellschafter, der Gläubiger und der Öffentlichkeit und letztlich um eine Verpflichtung des zu prüfenden Unternehmens nach § 316 HGB. Im Rahmen dieser beruflichen Aufgabe des Wirtschaftsprüfers geht es also weder um die Bewegung von Geldern noch um Verfügungsbefugnisse über Konten, die von einem Berufsträger verwaltet werden. Daher reicht es bei Vertragsabschluss über eine Abschlussprüfung im Rahmen der **Identifizierung nach § 2 Abs. 1** aus, den Vertragspartner, sprich das zu prüfende Unternehmen, anhand des Handelsregisterauszuges unter Angabe der Registernummer zu identifizieren und so Auskunft über die hinter dem Unternehmen stehenden juristischen und natürlichen Personen zu erhalten. Dies gilt auch im Rahmen eines Steuerberatungsvertrages, der die Erstellung des Jahresabschlusses für ein Unternehmen zum Gegenstand hat, der in direktem Zusammenhang mit der Erfüllung der gesetzlichen Pflicht nach §§ 242, 264 HGB steht. Etwaige Verfügungsberechtigte über ein Konto, die der Anwendungserlass zur Abgabenordnung anspricht, kommen auch hier nicht vor. Auch bei Abschluss eine Treuhandvertrages gilt nichts anderes, wenn es sich bei dem Vertragspartner um eine juristische Person oder um eine Personengesellschaft handelt.³⁷⁾ Natürliche Personen sind nach den Vorgaben des § 1 Abs. 5 zu identifizieren. 36

---

33) Wirtschaftsprüferkammer, Anwendungshinweise zum Geldwäschegesetz, B I 1, S. 3, WPK Magazin 4/2004, Beilage, abgedruckt in Anhang V.3.
34) Bundessteuerberaterkammer, Darstellung der Rechts- und Pflichtenlage nach In-Kraft-Treten des Geldwäschegesetzes vom 15.8.2002, 1, abgedruckt in Anhang V.4.
35) Wirtschaftsprüferkammer, Anwendungshinweise zum Geldwäschegesetz, B I 1, S. 3, WPK Magazin 4/2004, Beilage, abgedruckt in Anhang V.3.
36) Bundessteuerberaterkammer, Darstellung der Rechts- und Pflichtenlage nach In-Kraft-Treten des Geldwäschegesetzes vom 15.8.2002, 1, abgedruckt in Anhang V.4.
37) Wirtschaftsprüferkammer, Anwendungshinweise zum Geldwäschegesetz, B I 2, S. 5 f, WPK Magazin 4/2004, Beilage, abgedruckt in Anhang V.3.

GwG § 3 Allgemeine Identifizierungspflichten für andere Unternehmen und Personen

c) Immobilienmakler (Abs. 1 Satz 1 Nr. 3)

37 Zum 15.8.2002 wurden auch Immobilienmakler durch das Geldwäschebekämpfungsgesetz in den Pflichtenkreis des Geldwäschegesetzes aufgenommen. Spezielle Vorgaben hinsichtlich der Pflichten nach dem Geldwäschegesetz sind für diese Berufsgruppe bislang jedoch nicht ersichtlich. In Anlehnung an die Regelungen für andere nach Absatz 1 Satz 1 Verpflichtete dürfte eine **auf Dauer angelegte Geschäftsbeziehung** jedenfalls im Falle der Beauftragung (z. B. durch einen Bauträger) zur Vermittlung von mehr als einem Objekt, gegebenenfalls auch bei einer Exklusivbeauftragung vorliegen.

38 Die Identifizierungspflicht bei der **Annahme von Barmitteln** in Ausübung der Maklertätigkeit dürfte im Wesentlichen bei der Annahme des Maklerlohns eine Rolle spielen.

d) Spielbanken (Abs. 1 Satz 1 Nr. 4)

39 Die in Absatz 1 Satz 1 Nr. 4 geregelte Identifizierungspflicht für Spielbanken entspricht den Vorgaben von Art. 3 Abs. 5 der 2. Geldwäscherichtlinie. Nach Art. 3 Abs. 6 der Richtlinie können Spielbanken ihrer Identifizierungspflicht auch dadurch nachkommen, dass sie die Identifizierung und Registrierung ihrer Kunden unabhängig von der Höhe der Wechslungen bereits beim Betreten der Spielbank vornehmen. Satz 1 Nr. 4 ist insofern datenschutzrechtliche Ermächtigungsgrundlage gemäß § 4 BDSG zur Erhebung der personenbezogenen Identifizierungsdaten sowohl bei Verkauf/Ankauf von Spielmarken im Wert von 1 000 Euro oder mehr als auch bereits beim Betreten der Spielbank.

4. Identifizierungspflichten nach Absatz 1 Satz 2 und 3 (Sonstige Gewerbetreibende und Treuhänder)

40 Absatz 1 Satz 2 statuiert eine Identifizierungspflicht für sonstige Gewerbetreibende sowie Personen, die entgeltlich fremdes Vermögen verwalten, bei der **Annahme von Bargeld** im Wert von 15 000 Euro oder mehr. Dies gilt jedoch nur, soweit sie in Ausübung ihres Gewerbes bzw. der Vermögensverwaltungstätigkeit handeln und soweit sie nicht bereits der Pflicht zur Identifzierung nach § 2 bzw. nach Absatz 1 Satz 1 in Verbindung mit § 2 unterliegen. Keine Identifizierungspflicht besteht bei der Annahme von Wertpapieren und Edelmetallen. Nimmt also ein Gewerbetreibender, z. B. ein Juwelier, von der Scheideanstalt Edelmetalle im Wert von 15 000 Euro oder mehr entgegen, so hat nach dem Gesetzeswortlaut eine Identifizierung der auftretenden Person nicht zu erfolgen.

41 Das Geldwäschegesetz sieht in verschiedenen Tatbeständen Identifizierungspflichten vor, die selbständig nebeneinander stehen (§§ 2–4). Obwohl § 2 und § 3 jeweils den gleichen Schwellenbetrag von 15 000 Euro vorsehen, wird lediglich in § 2 Abs. 3 die Identifizierungspflicht nach § 2 Abs. 2 auf die Fälle des so genannten **Smurfing**[38] erweitert. In § 3 ist eine Anwendung des § 2 Abs. 3 nur für die in Absatz 1 Satz 1 genannten Berufsträger vorgesehen. Absatz 1 Satz 2 regelt sogar ausdrücklich,

---

38) Siehe *Langweg*, § 2 Rz. 114 ff.

dass die Vorschrift nur für solche Gewerbetreibende gilt, die nicht der Pflicht zur Identifizierung nach § 2 unterliegen. Aus dieser ausdrücklichen Erwähnung des § 2 bei der Festlegung der Normadressaten des § 3 Abs. 1 Satz 2 und 3 und der Nichterwähnung bei der Regelung des Umfangs der Identifizierungspflicht ist zu schließen, dass § 2 Abs. 3 im Rahmen des § 3 Abs. 1 Satz 2 und 3 nicht gilt. Eine Identifizierungspflicht im Falle des Smurfing für sonstige Gewerbetreibende und Personen, die entgeltlich fremdes Vermögen verwalten, im Sinne des Absatzes 1 Satz 2 und 3 besteht daher nicht.[39]

Aus dem Kreis der sonstigen Gewerbetreibenden dürften in der Praxis insbesondere Autohändler und Juweliere sowie Kürschner und Auktionatoren von Absatz 1 Satz 2 und 3 betroffen sein, die als Gewerbetreibende höherwertige Sachen gegen Bezahlung verkaufen. 42

Einige Gewerbetreibende, nämlich die **Versteigerer** und **Edelmetallhändler**, sind – ebenso wie bestimmte Institute – nach § 14 Abs. 1 Nr. 3 und 6 zusätzlich verpflichtet, **interne Sicherungsmaßnahmen** zu treffen, um dem Missbrauch zur Geldwäsche entgegenzutreten. Diese Unternehmen müssen nach § 15 dafür sorgen, dass die ihnen obliegenden Verpflichtungen auch von ihren Zweigstellen und Tochtergesellschaften im Ausland erfüllt werden.[40] 43

II. Ausnahme für gewerbliche Geldbeförderungsunternehmen (Abs. 2)

Gewerbliche Geldbeförderungsunternehmen sind aus dem Anwendungsbereich des Absatzes 1 Satz 2 und 3 ausgenommen. Soweit diese verplombte oder versiegelte Geldbehälter übernehmen, befördern und beim Empfänger abliefern, wäre ihnen die Erfüllung der sich aus Absatz 1 Satz 2 und 3 ergebenden Pflichten unmöglich. Im anderen Fall führen sie in eigenem Interesse Aufzeichnungen über entgegengenommene und abgelieferte Geldbeträge sowie über Absender und Empfänger des Geldtransports. Außerdem werden die Transporte durch Quittungen dokumentiert. Der Gesetzgeber sah daher keine Notwendigkeit, gewerbliche Geldtransportunternehmen den Regelungen des Absatzes 1 Satz 2 und 3 zu unterwerfen.[41] 44

Darüber hinaus braucht der Mitarbeiter eines gewerblichen Geldbeförderungsunternehmens nicht gemäß § 2 Abs. 2 identifiziert zu werden, da § 7 insoweit eine **Ausnahmeregelung** enthält. Da § 7 jedoch nur das „Absehen von Identifizierung" gestattet, muss auch bei der Annahme von Bargeld, Wertpapieren i. S. v. § 1 Abs. 1 DepotG oder Edelmetallen ab dem Schwellenbetrag von 15 000 Euro der wirtschaftlich Berechtigte nach § 8 Abs. 1 festgestellt werden.[42] Der wirtschaftlich Berechtigte dürfte stets der jeweilige Auftraggeber sein. 45

---

39) So auch *Wenzel*, ZAP 1994, Fach 21, 95, 98.
40) Vgl. *Fülbier*, § 15 Rz. 7 ff.
41) Begründung RegE GewAufspG, BT-Drucks. 12/2704, S. 14.
42) Siehe *Langweg*, § 7 Rz. 1.

§ 4
Identifizierung beim Abschluss von Lebensversicherungsverträgen

(1) ¹Schließt ein in § 1 Abs. 4 genanntes Versicherungsunternehmen einen Lebensversicherungsvertrag oder einen Unfallversicherungsvertrag mit Prämienrückgewähr ab, so hat es zuvor den Vertragspartner zu identifizieren, wenn die Höhe der im Laufe des Jahres zu zahlenden periodischen Prämien 1 000 Euro übersteigt, wenn bei Zahlung einer einmaligen Prämie diese mehr als 2 500 Euro beträgt oder wenn mehr als 2 500 Euro auf ein Beitragsdepot gezahlt werden. ²Dies gilt auch, wenn der Betrag der im Laufe des Jahres zu zahlenden periodischen Prämien auf 1 000 Euro oder mehr angehoben wird.

(2) Absatz 1 gilt nicht für Versicherungsverträge, die zur betrieblichen Altersversorgung aufgrund eines Arbeitsvertrages oder der beruflichen Tätigkeit des Versicherten abgeschlossen worden sind, sofern weder bei einer vorzeitigen Beendigung ein Rückkaufswert fällig wird noch diese Versicherungen als Sicherheit für ein Darlehen dienen können.

(3) ¹Kommt in den in Absatz 1 genannten Fällen der Vertrag über einen Versicherungsvertreter zustande oder wird er über einen solchen abgewickelt, so kann die Identifizierung auch durch den Versicherungsvertreter erfolgen. ²Kommt der Vertrag über einen Versicherungsmakler zustande oder wird er über einen solchen abgewickelt, so ist dieser zur Identifizierung verpflichtet. ³Der Versicherungsmakler hat die Aufzeichnungen über die Identifizierung des Kunden an das Versicherungsunternehmen weiterzuleiten.

(4) ¹Die Pflicht zur Identifizierung nach Absatz 1 gilt als erfüllt, wenn das Unternehmen bei Vertragsabschluss feststellt, dass der Vertragspartner ihm die Befugnis eingeräumt hat, die vereinbarte Prämie im Wege des Lastschrifteinzugs von einem Konto des Vertragspartners, dessen Eröffnung der Pflicht zur Feststellung der Identität nach Artikel 3 Absatz 1 der Richtlinie 91/308/EWG unterliegt, oder über ein in einer Rechtsverordnung nach Absatz 5 bezeichnetes Konto einzuziehen. ²Ist der Einzug der Prämie von dem vom Versicherungsnehmer benannten Konto nicht möglich, hat das Unternehmen die Identifizierung gemäß Absatz 1 nachzuholen. ³Wird in einem Versicherungsvertrag, der zur betrieblichen Altersversorgung aufgrund eines Arbeitsvertrages oder einer beruflichen Tätigkeit des Versicherten abgeschlossen wird, vereinbart, dass die Prämienzahlung über ein im Vertrag bezeichnetes Konto des Vertragspartners erfolgen soll, gilt die Identifizierung nach Absatz 1 als erfüllt, wenn das Unternehmen feststellt, dass die Prämienzahlung tatsächlich über das vereinbarte Konto erfolgt.

(5) Der Bundesminister des Innern wird ermächtigt, im Einvernehmen mit dem Bundesminister der Finanzen durch Rechtsverordnung weitere Konten zu bestimmen, bei deren Einschaltung in die Abwicklung der Prämienzahlung Absatz 4 Anwendung findet, wenn deren Eröffnung einer Pflicht zur Feststellung der Identität des Verfügungsberechtigten unterliegt.

Übersicht

I. Identifizierungspflicht bei Abschluss von Lebens- oder Unfallversicherungen mit Prämienrückgewähr (Abs. 1 und 4) 1
II. Ausnahme für bestimmte Versicherungsverträge (Abs. 2) 14
III. Einschaltung von Versicherungsvertretern oder Versicherungsmaklern (Abs. 3) 15
IV. Verordnungsermächtigung (Abs. 5) 21

I. Identifizierungspflicht bei Abschluss von Lebens- oder Unfallversicherungen mit Prämienrückgewähr (Abs. 1 und 4)

1 Gemäß § 4 treffen **Versicherungsunternehmen** besondere geschäftsspezifische Identifizierungspflichten. Diese gelten – mit Ausnahme der in Absatz 4 geregelten Sachverhalte – gemäß § 1 Abs. 4 gleichermaßen **Versicherungsmakler**, die die aufgeführten Verträge vermitteln.

2 Eine Identifizierungspflicht nach Absatz 1 besteht bei Abschluss eines Lebensversicherungsvertrages oder eines Unfallversicherungsvertrages mit Prämienrückgewähr dann, wenn

– die Höhe der im Laufe des Jahres zu zahlenden periodischen Prämien 1 000 Euro übersteigt,
– bei Zahlung einer einmaligen Prämie diese mehr als 2 500 Euro beträgt,
– mehr als 2 500 Euro in ein Beitragsdepot gezahlt werden,
– der Betrag der im Laufe des Jahres zu zahlenden periodischen Prämien auf 1 000 Euro oder mehr angehoben wird.

3 Da Absatz 1 keine Ausnahmeregelungen für bestimmte Arten von Verträgen enthält, ist z. B. auch bei Risiko-Lebensversicherungsverträgen eine Identifizierung des Versicherungsnehmers erforderlich und der wirtschaftlich Berechtigte festzustellen.[1]

4 Maßgeblich ist jeweils die Brutto-Prämie, d. h., einschließlich der Versicherungssteuer in der jeweiligen gesetzlichen Höhe und gegebenenfalls des Ratenzahlungszuschlags. Es ist unerheblich, ob die Prämie in bar oder bargeldlos bezahlt wird.

5 Nach Absatz 4 gilt die Pflicht zur Identifizierung beim Abschluss von Lebens- oder Unfallversicherungen mit Prämienrückgewähr (Absatz 1) als erfüllt, wenn bei Vertragsabschluss, d. h. auf dem Versicherungsantrag, festgestellt wird, dass der Vertragspartner dem Versicherungsunternehmen die Befugnis eingeräumt hat, die vereinbarte Prämie im Wege des **Lastschrifteinzugs** von einem Konto des Vertragspartners, dessen Eröffnung der Pflicht zur Feststellung der Identität nach Art. 3 Abs. 1 der 1. Geldwäscherichtlinie unterliegt, oder von einem in einer Rechtsverordnung nach Absatz 5 bezeichneten Konto einzuziehen. Gemäß Absatz 4 Satz 2 ist das Versicherungsunternehmen verpflichtet, die Identifizierung gemäß Absatz 1 nachzuholen, falls sich herausstellt, dass der Einzug der Prämie (hierbei kann es sich sinnvollerweise nur um die „Erst"-Prämie handeln) von dem vom Versicherungs-

---

1) BAV, Verlautbarung zum Geldwäschegesetz vom Dezember 1994 (VerBAV 1994, 408, Ziff. 1), abgedruckt im Anhang IV.2.

nehmer genannten eigenen Konto nicht möglich ist und der Vertrag nicht nach § 38 VVG storniert wird. Nach Absatz 4 muss es sich um ein **eigenes Konto des Versicherungsnehmers** handeln, eine bloße Verfügungsbefugnis des Versicherungsnehmers reicht insoweit nicht aus. Entscheidend ist vielmehr, wer Inhaber des Kontos ist.

Für den Bereich der betrieblichen Altersversorgung gilt nach Absatz 4 Satz 3 eine Identifizierung auch dann als erfolgt, wenn im Versicherungsvertrag vereinbart wird, dass die Versicherungsprämie von einem im Vertrag benannten Konto des Versicherungsnehmers überwiesen wird. Der zur Identifizierung Verpflichtete hat in derartigen Fällen zu überprüfen, ob die erste Versicherungsprämie tatsächlich von dem angegebenen Konto überwiesen wird.[2]   6

Auch in den Fällen, in denen die Identifizierung des Kunden gemäß Absatz 4 als erfüllt gilt, ist nach der Verlautbarung des BAV der **wirtschaftlich Berechtigte** festzustellen, da § 8 Abs. 1 lediglich das Bestehen einer Identifizierungspflicht nach Absatz 1 und insofern ungeachtet der Fiktion des Absatzes 4 voraussetze.[3]   7

Gibt der Kunde bei Abschluss des Versicherungsvertrages an, er werde die fälligen Prämien von seinem Konto **überweisen**, muss eine Identifizierung nach Absatz 1 erfolgen, da die Fiktion nach Absatz 4 Satz 1 die Vereinbarung des Lastschrifteinzugs voraussetzt. Überdies kann weder die Versicherungsgesellschaft noch ihr kontoführendes Kreditinstitut feststellen, ob die Überweisungsgutschrift möglicherweise durch eine Bareinzahlung beim erstbeauftragten Kreditinstitut unter Verwendung eines Überweisungs-Zahlscheinvordrucks erfolgt ist. Nur wenn die Prämienzahlung, wie in der weit überwiegenden Zahl der Fälle, per Lastschrift zu Lasten des Kontos des Versicherungsnehmers erfolgt, ergeben sich im Regelfall keine Probleme.   8

Sollte ein Versicherungsnehmer seine mit dem Versicherungsunternehmen vertraglich vereinbarte Zahlungsweise (Lastschrifteinzug oder Dauerauftrag) ändern und zahlt er beispielsweise künftig seine Prämien bar ein, so besteht ein Handlungsbedarf zur Identifizierung für das Versicherungsunternehmen nur dann, wenn es den Verdacht schöpft, dass es sich um eine Geldwäsche handelt (§ 6) oder der Schwellenbetrag der Bareinzahlung 15 000 Euro erreicht (§ 2 Abs. 2).   9

Hat ein Versicherungsnehmer bei einem Versicherer bereits einen Vertrag oder mehrere Verträge abgeschlossen und schließt er nunmehr weitere Verträge ab, so kann auf eine Identifizierung nach Absatz 1 verzichtet werden, wenn er nach Inkrafttreten des Geldwäschegesetzes bei Abschluss eines früheren Vertrages bereits identifiziert worden ist.[4] Gemäß § 7 muss der Versicherungsnehmer dem zur Identifizierung Verpflichteten zusätzlich persönlich bekannt sein.   10

---

2) BAV, Verlautbarung zum Geldwäschegesetz vom Juli 1998 (I6-214/98, VerBAV 1998, 135, Ziff. 2), abgedruckt im Anhang IV.5.
3) BAV, Verlautbarung zum Geldwäschegesetz vom Dezember 1994 (VerBAV 1994, 408, Ziff. 8), abgedruckt im Anhang IV.2.
4) BAV, Verlautbarung zum Geldwäschegesetz vom Dezember 1994 (VerBAV 1994, 408, Ziff. 4), abgedruckt im Anhang IV.2.

11 In den Fällen, in denen ein nach Absatz 1 zur Identifizierung Verpflichteter bei Abschluss weiterer Verträge gemäß § 7 auf die Identifizierung des Kunden verzichtet, hält es das BAV zusätzlich für erforderlich, dass Kopien der Angaben zur Identität des Kunden, die bei Abschluss des ersten Vertrages festgestellt worden sind, zu den Unterlagen aller später abgeschlossenen Verträge genommen und mit den übrigen Vertragsunterlagen aufbewahrt werden.[5]

12 Schließt jedoch ein Bezugsberechtigter eine Anschlussversicherung ab, ist nach der Verlautbarung des BAV stets eine Identifizierung nach dem Geldwäschegesetz vorzunehmen.[6]

13 Besitzt ein **minderjähriger Versicherungsnehmer** keinen Personalausweis oder Reisepass, so ist nach der Verlautbarung des BAV[7] statt seiner Person eine Identifikation des gesetzlichen Vertreters, also regelmäßig der Eltern, zumindest eines Elternteils bzw. der Person vorzunehmen, welche die elterliche Sorge allein ausübt. Im Rahmen dieser Identifizierungspflicht sieht das BAV die Voraussetzungen des Absatzes 4 in analoger Anwendung als erfüllt an, wenn der gesetzliche Vertreter für das minderjährige Kind handelt und die Prämienzahlung über ein im Antrag angegebenes Konto eines Elternteils (gesetzlichen Vertreters) erfolgt.

II. Ausnahme für bestimmte Versicherungsverträge (Abs. 2)

14 Sind die Versicherungsverträge zur **betrieblichen Altersversorgung** aufgrund eines Arbeitsvertrages oder der beruflichen Tätigkeit des Versicherten abgeschlossen worden, besteht eine Pflicht zur Identifizierung nicht, sofern weder bei einer vorzeitigen Beendigung ein Rückkaufswert fällig wird, noch diese Versicherungen als Sicherheit für ein Darlehen dienen können. Nach Mitteilung des BAV hat diese Regelung, die auf Art. 3 Abs. 4 der 1. Geldwäscherichtlinie zurückgeht, für den deutschen Versicherungsmarkt keine praktische Bedeutung, da im Rahmen der betrieblichen Altersversorgung in Deutschland regelmäßig kapitalbildende Lebensversicherungen abgeschlossen würden, bei denen es einen Rückkaufswert gebe bzw. eine Beleihung möglich sei.[8] Durch die Gesetzesnovelle von 1998 wurde in Absatz 4 als Satz 3 die Regelung aufgenommen, dass die Identifizierung nach Absatz 1 beim Abschluss eines Versicherungsvertrages, der zur betrieblichen Altersversorgung aufgrund eines Arbeitsvertrages oder einer beruflichen Tätigkeit des Versicherten abgeschlossen wird, als erfüllt gilt, wenn das Versicherungsunternehmen feststellt, dass die Prämienzahlung über das im Vertrag bezeichnete Konto des Vertragspartners erfolgt.

---

5) BAV, Verlautbarung zum Geldwäschegesetz vom Januar 1996 (I 6-230/95, VerBAV 1996, 3 ff, Ziff. 3), abgedruckt im Anhang IV.3.
6) BAV, Verlautbarung zum Geldwäschegesetz vom 8.11.1993 (Z 6-14/93, Rundschreiben R 1/93, zu Ziff. 1.1), abgedruckt im Anhang IV.1.
7) BAV, Verlautbarung zum Geldwäschegesetz vom Dezember 1994 (VerBAV 1994, 408, Ziff. 5), abgedruckt im Anhang IV.2.
8) BAV, Verlautbarung zum Geldwäschegesetz vom Dezember 1994 (VerBAV 1994, 408, Ziff. 2), abgedruckt im Anhang IV.2.

III. Einschaltung von Versicherungsvertretern oder Versicherungsmaklern (Abs. 3)

Absatz 3 regelt das **Verhältnis des Versicherungsunternehmens zu** etwaig eingeschalteten **Versicherungsvertretern** oder -maklern. Kommt in den in Absatz 1 genannten Fällen der Versicherungsvertrag über einen Versicherungsvertreter zustande oder wird er über einen solchen abgewickelt, so trifft die Identifizierungspflicht allein das Versicherungsunternehmen. Allerdings kann das Versicherungsunternehmen den Versicherungsvertreter beauftragen, die Identifizierung durchzuführen. Kommt dagegen ein Versicherungsvertrag über einen **Versicherungsmakler** zustande oder wird er über einen solchen abgewickelt, so ist der Versicherungsmakler selbst zur Identifizierung in den in Absatz 1 genannten Fällen verpflichtet. Damit soll ausweislich der Entwurfsbegründung bei einer Vertragsvermittlung oder -abwicklung über einen Versicherungsmakler eine unmittelbare Identifizierung seitens des gegenüber dem Versicherungsunternehmen nicht weisungsgebundenen Versicherungsmaklers sichergestellt werden. Hierzu stellt Absatz 3 Satz 3 allerdings klar, dass damit eine Ausdehnung der dem Versicherungsunternehmen als Vertragspartner des Kunden obliegenden Dokumentationspflicht i. S. d. § 9 auf den Versicherungsmakler nicht gewollt ist. Hier genügt die Pflicht zur Weiterleitung der Unterlagen an das Versicherungsunternehmen.[9]

Im Ergebnis ist der Versicherungsmakler nach Absatz 3 verpflichtet, die Kundenidentifizierung für das Versicherungsunternehmen durchzuführen und die Aufzeichnungen über die Identifizierung an das Versicherungsunternehmen weiterzuleiten. Dagegen trifft den Versicherungsvertreter keine eigenständige Identifizierungspflicht. Er kann vielmehr vom Versicherungsunternehmen beauftragt werden, die dem Unternehmen anheim fallende Identifizierung nach dessen Vorgaben zu übernehmen.

Versicherungsmakler sind alle Personen oder Unternehmen, die gemäß § 93 HGB gewerbsmäßig für Auftraggeber (Kunden) die Vermittlung von Versicherungsverträgen übernehmen, ohne von Versicherungsunternehmen im Rahmen eines Vertrages oder einer ständigen Geschäftsbeziehung mit der Vermittlung von Versicherungsverträgen betraut zu sein.[10]

Versicherungsvertreter sind alle Personen oder Unternehmen, die gemäß § 92 HGB i. V. m. §§ 84 ff HGB ständig damit betraut sind, für ein oder mehrere Versicherungsunternehmen Versicherungsverträge zu vermitteln oder abzuschließen.[11]

Kommt ein Lebensversicherungsvertrag beispielsweise über ein **Kreditinstitut als Versicherungsvertreter** zustande oder wird er über ein Kreditinstitut als Versicherungsvertreter abgewickelt, so kann das Kreditinstitut von dem Versicherungsunternehmen zur Identifizierung des Versicherten (vertraglich) verpflichtet werden. Im Regelfall wird jedoch die Pflicht zur Identifizierung in einem solchen Fall bereits deshalb entfallen, weil diese Pflicht als erfüllt gilt, wenn bei Vertragsabschluss eine

---

9) Begründung RegE Geldwäschebekämpfungsgesetz, BT-Drucks. 14/8739, S. 13.
10) Begründung RegE Geldwäschebekämpfungsgesetz, BT-Drucks. 14/8739, S. 13.
11) Begründung RegE Geldwäschebekämpfungsgesetz, BT-Drucks. 14/8739, S. 13.

Einzugsermächtigung erteilt wird und der Prämieneinzug über das angegebene Konto des Versicherungsnehmers erfolgt, bei dessen Errichtung eine Legitimationsprüfung nach Art. 3 Abs. 1 der 1. Geldwäscherichtlinie durchgeführt wurde oder es sich um ein in einer Rechtsverordnung nach Absatz 5 bezeichnetes Konto handelt. In der Bundesrepublik Deutschland werden die Kunden bei der Errichtung von Konten einer Legitimationsprüfung nach § 2 Abs. 1 sowie § 154 Abs. 2 AO richtlinienkonform unterzogen. Entsprechende Vorschriften haben die übrigen EU-Mitgliedstaaten erlassen. Damit werden Prämienzahlungen, die über in der Europäischen Union unterhaltene Konten erfolgen, nicht zu einer Identifizierungspflicht führen. Aus Praktikabilitätsgründen muss es genügen, wenn bei Vertragsabschluss ein in der Bundesrepublik Deutschland oder in der Europäischen Union unterhaltenes Konto angegeben wird, über das die Prämienzahlung erfolgt. Es ist nicht erforderlich, dass sich das Lebensversicherungsunternehmen oder der Vermittler Gewissheit darüber verschafft, wer Kontoinhaber ist. Eine Identifizierungspflicht für Beitragsdepots von Lebensversicherungsunternehmen besteht dann, wenn diese Depots keiner Legitimationsprüfung unterliegen.

20 Nach Mitteilung des BAV findet Absatz 3 bei **Personenidentität von Versicherungsnehmer und Vermittler** keine Anwendung; in derartigen Fällen ist stets eine Identifizierung des Versicherungsnehmers durch das Versicherungsunternehmen vorzunehmen.[12] Dies dürfte nach der Ergänzung des Absatzes 3 um Bestimmungen zu Versicherungsmaklern durch das Geldwäschebekämpfungsgesetz vom 8.8.2002 entsprechend für **Versicherungsmakler als Versicherungsnehmer** gelten.

IV. Verordnungsermächtigung (Abs. 5)

21 Absatz 5 enthält eine Verordnungsermächtigung, nach der der Bundesminister des Innern berechtigt ist, im Einvernehmen mit dem Bundesminister der Finanzen durch Rechtsverordnung weitere Konten zu bestimmen, bei deren Einschaltung in die Abwicklung der Prämienzahlung die Pflicht zur Identifizierung als erfüllt gilt, wenn deren Eröffnung einer Pflicht zur Feststellung der Identität des Verfügungsberechtigten unterliegt. Hiervon ist bislang jedoch kein Gebrauch gemacht worden.

---

12) BAV, Verlautbarung zum Geldwäschegesetz vom 8.11.1993 (Z 6-14/93, Rundschreiben R 1/93, zu Ziff. 1.1), abgedruckt im Anhang IV.1.

§ 5
Zentrale Analyse- und Informationsstelle für Verdachtsanzeigen

(1) ¹Das Bundeskriminalamt – Zentralstelle für Verdachtsanzeigen – unterstützt als Zentralstelle im Sinne des § 2 Abs. 1 des Bundeskriminalamtgesetzes die Polizeien des Bundes und der Länder bei der Verhütung und Verfolgung der Geldwäsche und der Finanzierung terroristischer Vereinigungen. ²Das Bundeskriminalamt – Zentralstelle für Verdachtsanzeigen – hat

1. die nach § 11 übermittelten Verdachtsanzeigen zu sammeln und auszuwerten, insbesondere Abgleiche mit bei anderen Stellen gespeicherten Daten zu veranlassen,
2. die Strafverfolgungsbehörden des Bundes und der Länder unverzüglich über die sie betreffenden Informationen und die in Erfahrung gebrachten Zusammenhänge von Straftaten zu unterrichten,
3. die Geldwäsche-Verdachtsanzeigen in einer Statistik zu erfassen, die insbesondere anonymisierte Angaben über die Anzahl der Meldungen, die einzelnen zugrunde gelegten Vortaten und über die Art der Behandlung durch die Zentralstelle enthält,
4. einen Jahresbericht zu veröffentlichen und
5. die nach diesem Gesetz Meldepflichtigen regelmäßig über Typologien und Methoden der Geldwäsche zu informieren.

(2) ¹Das Bundeskriminalamt – Zentralstelle für Verdachtsanzeigen – arbeitet mit den für die Verhütung und Verfolgung der Geldwäsche und der Finanzierung terroristischer Vereinigungen zuständigen Zentralstellen anderer Staaten zusammen. ²Es ist zentrale Meldestelle im Sinne des Artikels 2 Abs. 3 des Beschlusses des Rates der Europäischen Union (2000/642/JI) über Vereinbarungen für eine Zusammenarbeit zwischen den zentralen Meldestellen der Mitgliedstaaten beim Austausch von Informationen vom 17. Oktober 2000 (ABl. EG Nr. L 271 S. 4).

(3) ¹Soweit es zur Erfüllung seiner Aufgaben nach den Absätzen 1 und 2 erforderlich ist, kann das Bundeskriminalamt – Zentralstelle für Verdachtsanzeigen – personenbezogene Daten nach Maßgabe der §§ 7 bis 14 und 27 bis 37 des Bundeskriminalamtgesetzes erheben, verarbeiten und nutzen; für den Fall der Datenerhebung gilt § 7 Abs. 2 Satz 3 des Bundeskriminalamtgesetzes entsprechend. ²In § 7 Abs. 2 des Bundeskriminalamtgesetzes treten an die Stelle der Aufgabe als Zentralstelle nach § 2 Abs. 2 Nr. 1 des Bundeskriminalamtgesetzes die Aufgaben nach den Absätzen 1 und 2. ³§ 14 Abs. 1 des Bundeskriminalamtgesetzes findet mit der Maßgabe Anwendung, dass auch eine Übermittlung an Zentralstellen anderer Staaten (Absatz 2 Satz 1) zulässig ist. ⁴Das Bundeskriminalamt – Zentralstelle für Verdachtsanzeigen – kann die Bundesanstalt für Finanzdienstleistungsaufsicht um Auskünfte nach § 24c Abs. 3 Satz 1 Nr. 2 des Gesetzes über das Kreditwesen ersuchen, soweit dies zur Erfüllung seiner Aufgaben nach den Absätzen 1 und 2 erforderlich ist.

(4) ¹Das Bundeskriminalamt – Zentralstelle für Verdachtsanzeigen – darf die von einer Zentralstelle eines anderen Staates übermittelten Daten nur zu den durch die übermittelnde Zentralstelle vorgegebenen Bedingungen verwenden. ²Es kann seinerseits bei der Übermittlung von Daten an eine Zentralstelle eines anderen Staates Einschränkungen und Auflagen für die Verwendung der übermittelten Daten festlegen.

Übersicht

I.	Anpassung von Schwellenbeträgen gemäß § 5 a. F. 1	III.	Organisatorische Stellung und Aufgaben (Abs. 1 und 2) 10
II.	Einrichtung einer zentralen Analyse- und Informationsstelle für Verdachtsanzeigen 3	IV.	Befugnisse (Abs. 3 und 4) 17

I. Anpassung von Schwellenbeträgen gemäß § 5 a. F.

1 Um zu verhindern, dass bei Änderungen des ECU-Leitkurses der DM die betreffenden DM-Schwellenbeträge ihre Bezugswerte in Art. 3 Abs. 1 und 2 der 1. Geldwäscherichtlinie unter- oder überschreiten, sah § 5 bis zum 15.8.2002 vor, dass die in § 2 Abs. 1 Satz 1, Abs. 2 und § 4 Abs. 1 GWG a. F. genannten Schwellenbeträge durch Rechtsverordnung angepasst werden können. Um nur unwesentliche Kursschwankungen der Deutschen Mark gegenüber dem ECU für die Neuberechnung der Schwellenbeträge unberücksichtigt zu lassen, wurde auf Änderungen des ECU-Leitkurses der Deutschen Mark abgestellt.[1]

2 Diese Regelung war mit der zum Januar 1999 erfolgten Festlegung des Umrechnungskurses der nationalen Währungen zum Euro gegenstandslos geworden. Durch das 6. Euro-Einführungsgesetz vom 3.12.2001[2] waren bereits sämtliche im Geldwäschegesetz vorkommenden, auf Deutsche Mark lautenden Beträge im Verhältnis 2:1 mit Wirkung zur **Einführung des Euro-Bargeldes** am 1.1.2002 auf Euro umgestellt worden.

II. Einrichtung einer zentralen Analyse- und Informationsstelle für Verdachtsanzeigen

3 Aufgrund der föderalen Struktur der Strafverfolgungsbehörden in Deutschland werden Finanzermittlungen infolge einer Geldwäsche-Verdachtsanzeige grundsätzlich dezentral in den jeweiligen Landeskriminalämtern eingeleitet. Gemäß § 2 BKAG[3] ist jedoch das **Bundeskriminalamt** vorrangig zuständig für die international organisierte Geldwäsche, d. h. insbesondere für Ermittlungen aufgrund von Geldwäsche-Verdachtsanzeigen, die Bezüge in das Ausland aufweisen oder aus dem

---

1) Begründung RegE GewAufspG, BT-Drucks. 12/2704, S. 14.
2) Gesetz zur Umstellung von Vorschriften des Dienst-, allgemeinen Verwaltungs-, Sicherheits-, Ausländer- und Staatsangehörigkeitsrechts auf Euro (Sechstes Euro-Einführungsgesetz – 6. Euro-EG) vom 3.12.2001, BGBl I, 3306.
3) Gesetz über das Bundeskriminalamt und die Zusammenarbeit des Bundes und der Länder in kriminalpolizeilichen Angelegenheiten (Bundeskriminalamtgesetz – BKAG) vom 7.7.1997, BGBl I, 1650, zuletzt geändert durch Gesetz vom 21.6.2005, BGBl I, 1818.

Ausland eingehen. Nach § 12a Satz 1 Finanzverwaltungsgesetz[4)] sind darüber hinaus die Zollfahndungsämter für die Verfolgung der international organisierten Geldwäsche zuständig.

Mit der durch das Geldwäschebekämpfungsgesetz eingeführten Neufassung des § 5 wird die bereits zuvor erfolgte Einrichtung einer Zentralstelle zur Entgegennahme und Auswertung von Geldwäsche-Verdachtsanzeigen (so genannte Financial Intelligence Unit – FIU) beim Bundeskriminalamt im Geldwäschegesetz aufgegriffen und deren Aufgaben entsprechend **internationalen Vorgaben** erweitert. Nicht zuletzt sollen mit der Vorschrift die Vorgaben der im Jahre 1989 durch die G-7-Staaten initiierten FATF in Nummer 23 ihrer 40 Empfehlungen umgesetzt werden. Die Zentralstelle für Verdachtsanzeigen soll die Polizeien des Bundes und der Länder bei der Verhütung und Verfolgung der Geldwäsche und der Finanzierung terroristischer Vereinigungen unterstützen. Unter anderem soll sie die nach dem Geldwäschegesetz Meldepflichtigen regelmäßig über Typologien und Methoden der Geldwäsche informieren.

Die Notwendigkeit der Einrichtung von FIUs ist auch auf europäischer Ebene konsentiert und wird fortlaufend weiterentwickelt. Am 17.10.2000 hatte der Rat der Europäischen Union einen verbindlichen Beschluss zur Zusammenarbeit der zentralen Meldestellen der Mitgliederstaaten verabschiedet. In Umsetzung dieses Ratsbeschlusses ist für Deutschland die im Bundeskriminalamt bestehende Gemeinsame Finanzermittlergruppe Bundeskriminalamt/Zollkriminalamt benannt worden, die seitdem ihre Zusammenarbeit mit anderen FIUs auf EU- und internationaler Ebene ausgeweitet hat. Handlungsgrundlage der Zentralstelle ist die im September 2000 im Bundeskriminalamt eingerichtete Verbunddatei, in der Verdachtsanzeigen nach dem Geldwäschegesetz über die Fachdienststellen für Finanzermittlungen bei den Landeskriminalämtern und andere Hinweise auf Geldwäsche gespeichert werden.[5)] Um dies zu ermöglichen, verpflichtet § 11 Abs. 1 Satz 1 die Meldepflichtigen seit dem 15.8.2002, jeweils eine Kopie der Verdachtsanzeige dem Bundeskriminalamt – Zentralstelle für Verdachtsanzeigen – zu übermitteln.

Gleichwohl soll durch die Neufassung von §§ 5 und 11 keine Kompetenzausweitung zugunsten des Bundeskriminalamtes erfolgen und damit die Strafverfolgungskompetenz der Länder unberührt bleiben. Insbesondere durch § 5 werden die Aufgaben und Befugnisse der beim Bundeskriminalamt bereits bestehenden Finanzermittlergruppe gesetzlich eindeutig geregelt sowie deren Zuständigkeiten im Hinblick auf die internationale Zusammenarbeit festgeschrieben. Die Regelungen ergänzen für den Bereich der Geldwäschebekämpfung die bereits bestehenden Befugnisse des Bundeskriminalamtes als Zentralstelle für das polizeiliche Auskunfts- und Nachrichtenwesen bei der Verhütung und Verfolgung von Straftaten mit länderübergreifender, internationaler und erheblicher Bedeutung. Die Neuregelungen sollen darüber hinaus Deutschland in die Lage versetzen, den Vorgaben der FATF zur Errichtung einer Zentralstelle zur Entgegennahme und Auswertung von Geldwä-

---

4) Finanzverwaltungsgesetz vom 30.8.1971, BGBl I, 1426, 1427, zuletzt geändert durch Gesetz vom 22.9.2005, 2809.
5) Begründung RegE Geldwäschebekämpfungsgesetz, BT-Drucks. 14/8739, S. 13.

sche-Verdachtsanzeigen zu entsprechen. Die FATF-Vorgaben sehen als wesentlichen Bestandteil die unmittelbare Zulieferung aller Verdachtsanzeigen an die Zentralstelle vor.[6]

7 Nicht zuletzt ist mit der Einrichtung der Zentralstelle für Verdachtsanzeigen auch eine Forderung der Kreditwirtschaft aufgegriffen worden. So dürften zukünftig wesentliche Verbesserungen bei der **statistischen Erfassung** empirischer Daten zur Geldwäschebekämpfung zu erwarten sein, die bislang unter anderem wegen der föderalen Organisation des deutschen Polizeiwesens und der Justiz nur unvollkommen erfolgte. So sind zurzeit Informationen über auf Geldwäsche-Verdachtsanzeigen zurückgehende Beschlagnahmungen und Verurteilungen wegen Geldwäsche kaum oder nur sehr verklausuliert vorhanden; Zahlen über die durch Geldwäsche-Verdachtsanzeigen erwirkten Verurteilungen und Beschlagnahmungen bezüglich Geldwäsche-Vortaten fehlen ganz. Auch die verstärkte und verbesserte Aufbereitung empirischer Daten könnte einen wirkungsvollen Beitrag zur Effizienzsteigerung der Instrumentarien zur Bekämpfung der Geldwäsche und der Finanzierung des Terrorismus leisten.[7] Mit dem Bundeslagebild „Organisierte Kriminalität 2003" sowie dem „Jahresbericht 2003"[8] des Bundeskriminalamtes – Zentralstelle für Verdachtsanzeigen – ist das erste Gesamtjahr von der FIU statistisch aufbereitet worden, wenngleich nach wie vor auch eine justiell nachgewiesene deliktische Zuordnung mangels entsprechender Rückmeldung der zuständigen Staatsanwaltschaften gemäß dem zum 15.8.2002 neu eingefügten § 11 Abs. 9 fehlt. Zwischenzeitlich liegen auch die Berichte für 2004 vor. Nach Auskunft der Bundesregierung[9] soll § 11 Abs. 9 jedoch künftig den „Erfolg" einer Geldwäsche-Verdachtsanzeige insbesondere in den Fällen nachvollziehbar machen, in denen Informationen aus Verdachtsanzeigen für andere Straftaten als § 261 StGB verwertet werden.

8 Nicht aufgegriffen hat der Gesetzgeber die bereits seit langem insbesondere von der Kreditwirtschaft vorgetragene Forderung nach einem spezifischen **Feedback** an den Erstatter einer Geldwäsche-Verdachtsanzeige, das heißt einer konkreten Rückmeldung über die Ergebnisse der Ermittlungen im Einzelfall. Erst ein solches spezifisches Feedback, das bislang lediglich auf der Grundlage von § 475 StPO in der Praxis uneinheitlich und insgesamt nur sehr unzureichend gewährt wird, würde die Anzeigeerstatter in die Lage versetzen, zum einen über den weiteren Umgang mit dem von der Anzeige Betroffenen zu entscheiden und zum anderen die Aufmerksamkeit auf diejenigen Sachverhalte zu konzentrieren, die nach dem Kenntnisstand der Ermittlungsbehörden wirklich geldwäscheverdächtig sind. Ohne eine solche Rückmeldung besteht nach wie vor die Gefahr, dass die nach § 11 Verpflichteten letztlich ständig ihr eigenes Anzeigeverhalten perpetuieren.

9 Seit Juli 2003 ist die Zentralstelle für Verdachtsanzeigen als deutsche FIU offizielles Mitglied der **Egmont-Group**. Die Egmont-Group ist ein inoffizielles internationa-

---

6) Innenausschuss zum RegE Geldwäschebekämpfungsgesetz, BT-Drucks. 14/9263, S. 14 f.
7) So auch *Höche*, S. 23 f.
8) BKA, Bundeslagebild Organisierte Kriminalität 2003 und Jahresbericht 2003; beide werden unter www.bka.de zum Download bereitgestellt.
9) Antwort der Bundesregierung auf eine Kleine Anfrage zur Bürokratie im Kreditgewerbe, BT-Drucks. 15/1864, S. 5.

les Gremium von nationalen FIUs, das den Informationsaustausch zwischen den nationalen Zentralstellen unterstützt und koordiniert auf internationaler Ebene deren Anstrengungen zur Geldwäschebekämpfung. Benannt ist die Egmont-Group nach dem Egmont-Arenberg Palast in Brüssel, wo sich 1995 auf Initiative der belgischen und amerikanischen FIUs mehrere nationale FIUs zu einer informellen Gruppe zum Zwecke der Förderung der internationalen Zusammenarbeit bei der Geldwäschebekämpfung gegründet haben. Derzeit umfasst die Egmont-Group 101 nationale FIUs.[10]

III. Organisatorische Stellung und Aufgaben (Abs. 1 und 2)

Die beim Bundeskriminalamt eingerichtete Zentralstelle für Verdachtsanzeigen ist gemäß Absatz 1 Satz 1 **Zentralstelle** i. S. d. § 2 Abs. 1 BKAG und unterstützt als solche die Polizeien des Bundes und der Länder bei der Verhütung und Verfolgung der Geldwäsche und der Finanzierung terroristischer Vereinigungen. 10

Nach Absatz 1 Satz 2 Nr. 1–5 umfassen die Aufgaben der Zentralstelle 11

- das Sammeln und Auswerten der nach § 11 übermittelten Verdachtsanzeigen, insbesondere den Abgleich mit bei anderen Stellen gespeicherten Daten (Nr. 1),
- die unverzügliche Unterrichtung der Strafverfolgungsbehörden des Bundes und der Länder über die sie betreffenden Informationen und die in Erfahrung gebrachten Zusammenhänge von Straftaten (Nr. 2),
- die Erfassung der Geldwäsche-Verdachtsanzeigen in einer Statistik, die insbesondere anonymisierte Angaben über die Anzahl der Meldungen, die einzelnen zugrunde gelegten Vortaten und über die Art der Behandlung durch die Zentralstelle enthält (Nr. 3),
- die Veröffentlichung eines Jahresberichts (Nr. 4) und
- die regelmäßige Information der nach dem Geldwäschegesetz Meldepflichtigen über Typologien und Methoden der Geldwäsche (Nr. 5).

Im Gesamtprozess der Informationsauswertung hebt Absatz 1 Satz 2 Nr. 1 die Aufgabe der Mitwirkung am Abgleich der Daten der Verdachtsanzeigen mit bei dritten Stellen erhobenen Daten, dem so genannten Clearing, hervor: Erkenntnisse aus diesem Datenabgleich sollen insbesondere in die zu erstellenden Lagebilder und Typologien einfließen.[11] 12

Mit der Aufgabe der Zentralstelle, die nach § 11 übermittelten Geldwäsche-Verdachtsanzeigen zu sammeln und auszuwerten, korrespondiert die zeitgleich in das Gesetz aufgenommene Verpflichtung der Meldepflichtigen gemäß § 11 Abs. 1 Satz 1, jeweils eine **Kopie der Verdachtsanzeige** dem Bundeskriminalamt – Zentralstelle für Verdachtsanzeigen – zu übermitteln.[12] Die Anschrift der Zentralstelle lautet wie folgt: 13

---

10) Seit der Plenarsitzung der Egmont Group in Washington/USA im Juni 2005.
11) Begründung RegE Geldwäschebekämpfungsgesetz, BT-Drucks. 14/8739, S. 13 f.
12) Siehe *Fülbier*, § 11 Rz. 125 ff.

Bundeskriminalamt
Referat OA 14
Zentralstelle für Verdachtsanzeigen
65173 Wiesbaden
Telefon-Nr.: 0611 / 55 14545
Telefax-Nr.: 0611 / 55 45300
E-Mail: oa14fiu@bka.bund.de

14 Die in Absatz 1 Satz 2 Nr. 3–5 beschriebenen Aufgaben sollen sich ausweislich der Entwurfsbegründung[13] ausschließlich auf die Auswertung der Geldwäsche-Verdachtsanzeigen beziehen.

15 Als erster Tätigkeitsbericht der Zentralstelle nach Absatz 1 Satz 2 Nr. 4 wurde am 7.5.2003 der **Jahresbericht** 2002 veröffentlicht. Auch die Jahresberichte 2003 und 2004 liegen zwischenzeitlich vor. Sie stehen unter der Internetadresse des Bundeskriminalamtes (www.bka.de) zum Abruf bereit.

16 Absatz 2 betraut die Zentralstelle für Verdachtsanzeigen im Sinne der Vorgaben auf EU- und internationaler Ebene mit der Zusammenarbeit mit den zuständigen Zentralstellen anderer Staaten. Dabei verankert Absatz 2 Satz 2 die vom Bundeskriminalamt ausgeübte Funktion als Zentralstelle im Sinne des EU-Ratsbeschlusses vom 17.10.2001 ausdrücklich im Gesetz.

IV. Befugnisse (Abs. 3 und 4)

17 Absatz 3 nennt die Regelungen des Bundeskriminalamtgesetzes, die auf die Zentralstelle Anwendung finden. Insbesondere die für den Datenabgleich im Sinne von Absatz 1 Satz 2 Nr. 1 vorausgesetzte Möglichkeit der **Informationserhebung durch das Bundeskriminalamt** „bei anderen Stellen", das heißt anderen öffentlichen (z. B. Einwohnermeldeämtern, Bundeszentralregister, Ausländerzentralregister) und nichtöffentlichen (z. B. Kreditinstitute) Stellen, ist durch die Neufassung des § 7 Abs. 2 BKAG durch Art. 10 des Terrorismusbekämpfungsgesetzes wesentlich vereinfacht und beschleunigt worden. Absatz 3 Satz 2 stellt insoweit sicher, dass die Verweisung über § 7 Abs. 2 BKAG auch für die Zentralstelle für Verdachtsanzeigen gilt.[14]

18 Gemäß § 7 Abs. 2 Satz 1 BKAG kann das Bundeskriminalamt, soweit dies zur Erfüllung seiner Aufgabe als Zentralstelle nach § 2 Abs. 2 Nr. 1 BKAG erforderlich ist, Daten zur Ergänzung vorhandener Sachverhalte oder sonst zu Zwecken der Auswertung mittels Auskünften oder **Anfragen bei öffentlichen oder nichtöffentlichen Stellen** erheben. Nach § 7 Abs. 2 Satz 2 BKAG kann das Bundeskriminalamt unter den gleichen Voraussetzungen bei Polizei- und Justizbehörden sowie sonstigen für die Verhütung oder Verfolgung von Straftaten zuständigen öffentlichen Stellen anderer Staaten, bei zwischen- und überstaatlichen Stellen sowie bei internationalen Organisationen, die mit der Verfolgung und Verhütung von Straftaten befasst sind, Daten erheben. In anhängigen Strafverfahren steht dem Bundeskriminalamt

---

13) Begründung RegE Geldwäschebekämpfungsgesetz, BT-Drucks. 14/8739, S. 14.
14) Begründung RegE Geldwäschebekämpfungsgesetz, BT-Drucks. 14/8739, S. 14.

diese Befugnis jedoch nur im Einvernehmen mit der zuständigen Strafverfolgungsbehörde zu.

Vor der Neufassung des § 7 Abs. 2 BKAG war das Bundeskriminalamt darauf beschränkt, solche Informationen bei den Polizeien des Bundes und der Länder zu erheben. Nur wenn diese über die erforderlichen Daten nicht verfügten, konnte das Bundeskriminalamt bei anderen öffentlichen und nichtöffentlichen Stellen Daten erheben. Die Feststellung dieser Voraussetzung für die Datenerhebung bei nichtpolizeilichen Stellen und ausländischen Stellen setzte ausweislich der Entwurfsbegründung zeitaufwendige Abfragen bei den Polizeien des Bundes und der Länder voraus. Mit der Neuregelung entfiel dieses Erfordernis. Damit wurde das Bundeskriminalamt ermächtigt, die erforderlichen personenbezogenen Daten in Zukunft ohne vorherige Anfrage bei den Ländern durch die Einholung von Auskünften und durch Anfragen bei allen öffentlichen oder nichtöffentlichen Stellen, den in § 14 Abs. 1 BKAG genannten Behörden und Stellen anderer Staaten sowie internationalen Organisationen, die mit der Verfolgung und Verhütung von Straftaten befasst sind, zu erheben.[15] 19

Absatz 3 Satz 3 enthält die zur Aufgabe der internationalen Zusammenarbeit korrespondierende Befugnis zur **Übermittlung personenbezogener Daten** an die Zentralstellen anderer Staaten. Unberührt bleiben die Übermittlungsregelungen im Rahmen der internationalen Rechtshilfe in Strafsachen und bei laufenden Strafverfahren. Absatz 3 Satz 4 stellt ergänzend klar, dass die Zentralstelle auch zum Kreis der **Auskunftsberechtigten nach § 24c Abs. 3 KWG** gehört.[16] 20

Absatz 4 verpflichtet in Übereinstimmung mit Art. 5 Abs. 2 des EU-Ratsbeschlusses vom 17.10.2000 das Bundeskriminalamt – Zentralstelle für Verdachtsanzeigen – als entgegennehmende Stelle zur Beachtung von etwaigen **Verwendungsbeschränkungen** der übermittelnden Stelle und räumt der Zentralstelle die entsprechende Befugnis ein, seinerseits bei der Übermittlung von Daten an die Zentralstelle eines anderen Staates Einschränkungen und Auflagen für die Verwendung der übermittelten Daten festzulegen. Gemäß § 14 Abs. 7 BKAG hat die Übermittlung zu unterbleiben, wenn die Beachtung der Beschränkungen nicht gewährleistet ist.[17] 21

---

15) Begründung RegE Terrorismusbekämpfungsgesetz, BT-Drucks. 14/7386, S. 52.
16) Begründung RegE Geldwäschebekämpfungsgesetz, BT-Drucks. 14/8739, S. 14; vgl. unten *Langweg*, § 24c KWG Rz. 58 ff.
17) Begründung RegE Geldwäschebekämpfungsgesetz, BT-Drucks. 14/8739, S. 14.

§ 6
Identifizierung in Verdachtsfällen

Stellt ein Institut oder ein Unternehmen oder eine Person in den Fällen von § 3 Abs. 1 Tatsachen fest, die darauf schließen lassen, dass die vereinbarte Finanztransaktion einer Geldwäsche nach § 261 des Strafgesetzbuches oder der Finanzierung einer terroristischen Vereinigung nach § 129a, auch in Verbindung mit § 129b des Strafgesetzbuches, dient oder im Fall ihrer Durchführung dienen würde, so besteht die Pflicht zur Identifizierung nach § 2 Abs. 2, auch in Verbindung mit Abs. 3, § 3 Abs. 1 Satz 1 Nr. 4, Satz 2 und 3, § 4 Abs. 1 und 3 auch, wenn die dort genannten Beträge unterschritten werden.

Literatur: *Findeisen*, Der Präventionsgedanke im Geldwäschegesetz, wistra 1997, 121; *Herzog/Christmann*, Geldwäsche und „Bekämpfungsgesetzgebung", WM 2003, 6; *Löwe-Krahl*, Das Geldwäschegesetz – ein taugliches Instrumentarium zur Verhinderung der Geldwäsche?, wistra 1994, 121; *Otto*, Geldwäsche und das strafrechtliche Risiko von Bankmitarbeitern, ZKW 1994, 63; *Ungnade*, Rechtliche Aspekte bei der Umsetzung des OrgKG und des Geldwäschegesetzes in der Kreditwirtschaft, Teil I und II, WM 1993, 2069 und 2105.

I. Verdacht auf Geldwäsche oder Finanzierung einer terroristischen Vereinigung

Auch wenn der Schwellenbetrag von 15 000 Euro nicht erreicht wird, muss gemäß § 6 dennoch eine Identifizierung des Auftretenden erfolgen, wenn sich der Verdacht ergibt, dass eine **vereinbarte Finanztransaktion** einer Geldwäsche nach § 261 StGB oder der Finanzierung einer terroristischen Vereinigung dient. Diese Verpflichtung trifft sowohl Institute i. S. d. § 1 Abs. 4[1] als auch Unternehmen und Personen in den Fällen des § 3 Abs. 1[2]. 1

Mit dem Geldwäschebekämpfungsgesetz ist die Identifizierungspflicht des § 6 zum 15.8.2002 zum einen dahin gehend erweitert worden, dass sich diese nunmehr – neben den Instituten nach § 1 Abs. 4 – auf alle nach § 3 Abs. 1 Verpflichteten bezieht und somit neben den in § 3 Abs. 1 Satz 1 genannten Berufsträgern auch sonstige Gewerbetreibende sowie Personen, die entgeltlich fremdes Vermögen verwalten, trifft. Zum anderen wird seither die Identifizierungspflicht nicht nur durch den Verdacht auf Geldwäsche, sondern auch bei Verdacht der **Finanzierung einer terroristischen Vereinigung** gemäß §§ 129a, 129b StGB ausgelöst. Die Erweiterung auf den Verdacht der Terrorismusfinanzierung in § 6 entspricht der gleichzeitigen Erweiterung der Verdachtsanzeigepflicht des § 11 Abs. 1 Satz 2. Mit ihr wurde den internationalen Vorgaben der FATF entsprochen, die Pflicht aller im Finanzsektor 2

---

1) Siehe *Fülbier*, § 1 Rz. 79 f.
2) Siehe *Langweg*, § 3 Rz. 6 ff.

aktiven Institute zur Erstattung von Verdachtsanzeigen auf die Finanzierung des Terrorismus auszuweiten.[3]

3 § 129b StGB wurde durch das 34. Strafrechtsänderungsgesetz[4] in das Strafgesetzbuch eingefügt. Hintergrund der Bestimmung ist die Ausdehnung des Anwendungsbereichs der §§ 129, 129a StGB auf **kriminelle oder terroristische Vereinigungen**, die nicht in Deutschland, sondern in einem **ausländischen Staat** gegründet worden sind oder dort bestehen. Zuvor setzte die Strafbarkeit der Bildung einer kriminellen oder terroristischen Vereinigung nach §§ 129, 129a StGB der Rechtsprechung des Bundesgerichtshofs[5] zufolge voraus, dass diese Vereinigungen zumindest in Form einer Teilorganisation im Bundesgebiet bestanden.

4 Allerdings verpflichtete bereits die Gemeinsame Maßnahme der Europäischen Union vom 21.12.1998 betreffend die Strafbarkeit der Beteiligung an einer kriminellen Vereinigung in den Mitgliedstaaten der Europäischen Union[6] die Mitgliedstaaten, dafür zu sorgen, dass die Beteiligung an einer kriminellen Vereinigung in ihrem Hoheitsgebiet strafrechtlich geahndet werden kann, und zwar „unabhängig von dem Ort im Hoheitsgebiet der Mitgliedstaaten, an dem die Vereinigung ihre Operationsbasis hat oder ihre strafbaren Tätigkeiten ausübt". Die terroristischen Anschläge in den Vereinigten Staaten von Amerika vom 11.9.2001 ließen eine Erstreckung der genannten Vorschriften über die Europäische Union hinaus generell auf im Ausland tätige kriminelle oder terroristische Vereinigungen erforderlich erscheinen, um den internationalen Terrorismus effektiv zu bekämpfen.[7]

5 Nach § 1 Abs. 6 ist unter **Finanztransaktion** jede Handlung zu verstehen, die eine Geldbewegung oder eine sonstige Vermögensverschiebung bezweckt oder bewirkt. Der Begriff „Finanztransaktion" geht damit über die „Annahme" von Bargeld, Wertpapieren und Edelmetallen (vgl. § 2 Abs. 2) hinaus. Vielmehr sind als Finanztransaktion auch sonstige Geschäfte anzusehen, wie die Abgabe von Barmitteln, Überweisungen, Depotüberträge, die Rückführung oder die Zusage eines Kredits.[8]

6 Lehnt ein **Kredit- oder Finanzdienstleistungsinstitut** die Durchführung einer angetragenen Transaktion gleichgültig aus welchem Grunde ab, so ist der Kunde nach Auffassung des Bundesaufsichtsamtes für das Kreditwesen[9] gleichwohl zu identifizieren. Dabei dürfte jedoch zu berücksichtigen sein, dass eine Kundenidentifizierung nur dann vorgenommen werden kann, wenn der Geschäftsablauf die Möglichkeit hierzu bietet. Lehnt das Institut eine verdächtige Transaktion von vornherein ab, so wird eine Identifikation des Auftretenden bereits aus praktischen Gründen in

---

3) Begründung RegE Geldwäschebekämpfungsgesetz, BT-Drucks. 14/8739, S. 14.
4) Vierunddreißigstes Strafrechtsänderungsgesetz – § 129b StGB (34. StRÄndG) vom 22.8.2002, BGBl I, 3390.
5) BGHSt 30, 328, 329 f.
6) Gemeinsame Maßnahme der EU vom 21.12.1998 betreffend die Strafbarkeit der Beteiligung an einer kriminellen Vereinigung in den Mitgliedstaaten der Europäischen Union, ABl L 351/1.
7) RegE 34. StRÄndG, BT-Drucks. 14/7025, S. 1.
8) So auch *Löwe-Krahl*, wistra 1994, 121, 123; *Otto*, ZKW 1994, 63, 64.
9) BAKred, Verlautbarung für Kreditinstitute vom 30.3.1998 und für Finanzdienstleistungsinstitute vom 30.12.1997, jeweils Nr. 25, abgedruckt in Anhang III.1 und III.2.

Identifizierung in Verdachtsfällen **§ 6 GwG**

aller Regel nicht möglich sein. Ergibt sich jedoch der Verdacht einer Geldwäsche, so ist trotz Ablehnung der Transaktion **Anzeige nach § 11** zu erstatten, selbst wenn dies im Fall fehlender Identifikationsdaten des Auftretenden kaum sinnvoll erscheint.

Nach § 6 besteht jedoch **keine Identifizierungspflicht**, wenn es sich um den Fall 7 der Begründung einer Geschäftsbeziehung handelt, die nicht auf Dauer angelegt ist, und keine Barmittel angenommen werden. In diesen Fällen sollte jedoch die Geschäftsbeziehung umgehend beendet werden, um nicht in die Nähe einer Teilnahmehandlung zur Geldwäsche oder Terrorismusfinanzierung zu geraten. Darüber hinaus ist eine Verdachtsanzeige nach § 11 zu erstatten. Etwas anderes gilt nur für die in § 3 Abs. 1 Nr. 1 und 2 genannten (rechts-, wirtschafts- und steuerberatenden) Personen, wenn dem Geldwäscheverdacht Informationen von dem oder über den Mandanten zugrunde liegen, die sie im Rahmen der Rechtsberatung oder Prozessvertretung dieses Mandanten erhalten haben. Die Anzeigepflicht bleibt hingegen bestehen, wenn diese Personen wissen, dass der Mandant ihre Rechtsberatung bewusst für den Zweck der Geldwäsche in Anspruch nimmt.

In der Praxis wirft die Erkennung und Behandlung von Verdachtsfällen große Pro- 8 bleme auf, weil Geldwäschevorgänge regelmäßig nur sehr schwer erkennbar sind. Dies gilt erst recht für Vorgänge, die der Finanzierung terroristischer Vereinigungen dienen könnten. Es müssen schon **besondere Umstände** vorliegen, um einen „Verdachtsfall" annehmen zu können. Der gewonnene Verdacht muss einen **konkreten Anhaltspunkt** haben. Bloße Vermutungen ohne jeden realen Hintergrund oder einen konkreten Bezug zur Wirklichkeit reichen dagegen nicht aus.

II. Anhaltspunkte für Geldwäsche und Finanzierung terroristischer Vereinigungen

Der Begriff „Tatsachen" im Sinne dieser Vorschrift ist nach der Entwurfsbegrün- 9 dung[10] weit auszulegen und umfasst allgemein alle **Auffälligkeiten** bei der Abwicklung von Finanztransaktionen und alle Abweichungen vom gewöhnlichen Geschäftsgebaren der Wirtschaftsbeteiligten, sofern in ihnen ein Bezug zu Geldwäscheaktivitäten oder der Finanzierung terroristischer Vereinigungen erkennbar wird.

Weder eine enumerative Aufzählung der Konstellationen, in denen ein Verdacht 10 einer Geldwäsche zu bejahen ist, noch die beispielhafte Aufzählung von verdachtsbegründenden Tatsachen im Gesetz hält der Gesetzgeber für möglich, weil die Erscheinungsformen der Geldwäsche und erst recht der Finanzierung des Terrorismus derart zahlreich und vielgestaltig sind und sich die Methoden der Begehung in Reaktion auf gegen sie ergriffene Bekämpfungsmaßnahmen rasch wandeln. Der Gesetzgeber hält auch die nur beispielhafte Aufzählung für schädlich, weil sich die Täter hieran orientieren könnten.

Da sowohl die Institute nach § 1 Abs. 4 als auch die durch § 3 Abs. 1 Verpflichteten 11 in aller Regel nicht über die erforderlichen kriminalistischen Erfahrungen verfügen,

---

10) Begründung RegE GewAufspG, BT-Drucks. 12/2704, S. 15.

möglicherweise verdächtige Transaktionen aufzulisten, wird es zur erfolgreichen Anwendung des Gesetzes darauf ankommen, dass diesen Instituten **von den Strafverfolgungsbehörden und neuerdings der Zentralstelle für Verdachtsanzeigen**[11] **aktuelle Informationen** über Methoden der Geldwäsche und der Finanzierung terroristischer Vereinigungen zur Verfügung gestellt werden. Bei den vom Bundeskriminalamt veröffentlichten **„Anhaltspunkten"**, die auf eine **Geldwäsche** hindeuten können, handelt es sich um eine erste Auflistung, die zur Sensibilisierung der Beschäftigten der Kreditinstitute dienen.[12] Keinesfalls handelt es sich um ein Raster, an das unmittelbar Handlungspflichten oder Sanktionen geknüpft werden. Jeweils für sich allein reichen die Anhaltspunkte kaum aus, um bereits den Verdacht für Geldwäsche nahe zu legen. Das Zusammentreffen mehrerer Anhaltspunkte verstärkt allerdings die Vermutung, dass eine Geldwäschehandlung vorliegen könnte. Dabei können die oben genannten Anhaltspunkte nur als Hilfsmittel zur Verdachtsgewinnung verwendet werden.

12 Auch das Bundeskriminalamt erachtet die Erkenntnislage hinsichtlich der Möglichkeiten der **Terrorismusfinanzierung** im Jahresbericht 2002 der deutschen FIU[13] nicht als befriedigend. Sie basiere noch sehr auf Vermutungen, weniger auf Fakten und konkreten polizeilich verwertbaren Hinweisen. Bei der Betrachtung der Finanzierungsmöglichkeiten zeige sich, dass im Bereich der Bekämpfung der Terrorismusfinanzierung – im Gegensatz zur Organisierten Kriminalität – das Problem nicht so sehr inkriminiertes, sondern legales Vermögen darstelle, da nur Teile des „terroristischen Vermögens" durch kriminelle Handlungen gewonnen werde. So werden als Beispiele für Finanzquellen terroristischer Vereinigungen sowohl legale Spendensammlungen als auch Unterstützungszahlungen durch „terrorismusverdächtige" Staaten sowie die Begehung (allgemein) krimineller Delikte genannt.[14] Dies erschwert die Erkennbarkeit derartiger Transaktionen für die nach dem Geldwäschegesetz Verpflichteten und die Strafverfolgungsbehörden erheblich.

13 *Ungnade*[15] schildert in der Bankpraxis denkbare Sachverhaltsdarstellungen, bei denen der Verdacht einer Geldwäsche bestehen kann. Das Gesetz umschreibt diese mit „Tatsachen, die darauf schließen lassen, dass die vereinbarte Finanztransaktion einer Geldwäsche nach § 261 StGB dient oder im Falle ihrer Durchführung dienen würde". Daraus ergibt sich, dass die **verdachtsbegründenden Tatsachen** vom Identifizierungspflichtigen als solche **erkannt** worden sein müssen. Durch die Gesetzesformulierung wird klargestellt, dass die Identifizierungspflicht auf solche Fälle beschränkt ist, in denen der Zusammenhang zwischen der vereinbarten Finanztransaktion und der Geldwäsche bzw. Terrorismusfinanzierung ein **unmittelbar**er ist und nicht durch Verdachtsmomente ausgelöst wird, die lediglich bei Gelegenheit des jeweiligen Geschäftsbetriebs festgestellt werden.

---

11) Siehe *Langweg*, § 5 Rz. 4 ff.
12) Begründung RegE GewAufspG, BT-Drucks. 12/2704, S. 15.
13) Siehe *Langweg*, § 5 Rz. 15.
14) BKA (FIU), Jahresbericht 2002, S. 23.
15) *Ungnade*, WM 1993, 2069, 2072; *ders.*, WM 1993, 2105.

§ 6 GwG

Nach den Verlautbarungen des Bundesaufsichtsamtes für das Kreditwesen[16] soll das Kredit- bzw. Finanzdienstleistungsinstitut in diesem Zusammenhang das **gesamte aus einer Geschäftsbeziehung vorhandene Wissen** heranziehen, um zu beurteilen, ob ein Verdachtsfall vorliegt. Um dieser Anforderung zu genügen, müssen jedoch nicht im Vorfeld einer Verdachtsgewinnung Akten über die Kunden angelegt werden. Nur wenn sich ohnehin Anhaltspunkte für eine Geldwäsche ergeben, müssen die vorhandenen Unterlagen daraufhin überprüft werden, ob diese den Verdacht erhärten. 14

Die – nicht näher konkretisierten – Voraussetzungen zur Bejahung eines Verdachts auf Geldwäsche oder Terrorismusfinanzierung sind in § 6 und § 11 identisch.[17] 15

Es muss ein **Anfangsverdacht** nach § 152 Abs. 2 StPO vorliegen, denn nur dieser berechtigt zur Aufnahme strafprozessualer Ermittlungen, die die Verdachtsanzeigepflicht des § 11 ermöglichen soll.[18] Diese Verdachtsschwelle ist erreicht, wenn **konkrete Anhaltspunkte** vorliegen, die es nach kriminalistischen Erfahrungen möglich erscheinen lassen, dass eine verfolgbare Straftat begangen wurde.[19] Das bedeutet, dass die Richtigkeit der verdachtsbegründenden Umstände nicht festzustehen braucht. Vielmehr ist eine gewisse Wahrscheinlichkeit ausreichend. Dem Beurteilenden steht ein Bewertungsspielraum nach Maßgabe seiner eigenen kriminalistischen Erfahrung zu.[20] 16

Weder für einen Verdacht nach § 152 Abs. 2 StPO[21] noch für einen Verdacht im Sinne des Geldwäschegesetzes reichen Erfahrungswerte aus, die sich lediglich auf bestimmte, typisierte Kundenkreise oder Geschäftsarten beziehen, ohne dass im Einzelfall **zusätzliche Indizien** zu diesen allgemeinen Erfahrungen hinzutreten. Die „Anhaltspunkte für Geldwäsche" enthalten Geschäftsvorfälle und Geschäftsverhalten, die bei unzähligen Bankgeschäften vorkommen, jedoch nichts mit Geldwäsche zu tun haben. Es müssen **besondere Auffälligkeiten** hinzukommen, um den Verdacht nahe zu legen, dass es sich bei diesem Geschäft um eine Geldwäsche handelt. Die Bankmitarbeiter müssen deshalb bei Anwendung dieser Anhaltspunkte große Sorgfalt walten lassen, um nicht zahlreiche Kunden unberechtigt in den Verdacht der Geldwäsche zu bringen. Liegt bei einer einzelnen Finanztransaktion oder bei mehreren nacheinander durchgeführten Finanztransaktionen eine signifikante Häufung der Anhaltspunkte vor, kann der notwendige Verdacht auf das Vorliegen von Geldwäsche begründet sein. 17

Wichtig ist, dass sich der gewonnene **Verdacht auf eine Geldwäsche** nach § 261 StGB richten muss. Der Verdacht kann sich einerseits auf das Verhalten des zu Identifizierenden, andererseits aber auch darauf beziehen, dass die Durchführung 18

---

16) BAKred, Verlautbarung für Kreditinstitute vom 30.3.1998 und für Finanzdienstleistungsinstitute vom 30.12.1997, jeweils Nr. 24, abgedruckt in Anhang III.1 und III.2.
17) Siehe ausführlich hierzu *Fülbier*, § 11 Rz. 50 ff.
18) So auch *Herzog/Christmann*, WM 2003, 6, 13; anders aber *Findeisen*, wistra 1997, 121, 123, mit dem Argument, dass es sich um eine gewerberechtliche Meldepflicht handele.
19) BVerfG NStZ 1982, 430.
20) BVerfG NStZ 1982, 430; BVerfG NStZ 1984, 228.
21) BVerfG WM 1989, 1623.

GwG § 6   Identifizierung in Verdachtsfällen

der vereinbarten Finanztransaktion durch den zur Identifizierung Verpflichteten eine Geldwäsche darstellen könnte. Nicht erforderlich ist es, dass der zur Identifizierung Verpflichtete das Vorliegen sämtlicher Tatbestandsmerkmale einschließlich der der Geldwäsche zugrunde liegenden Vortat prüft. Es liegt im Wesen der Verdachtsschöpfung, dass zu diesem Zeitpunkt eine exakte Beurteilung der Situation in der Regel noch nicht möglich ist.[22]

19 Ein Verstoß gegen die in § 6 geregelte Identifizierungspflicht ist im Geldwäschegesetz **nicht sanktioniert**.

---

22) Begründung RegE GewAufspG, BT-Drucks. 12/2704, S. 15.

§ 7
Absehen von Identifizierung

Von einer Identifizierung nach § 2 Abs. 1 und 2, auch in Verbindung mit Abs. 3, § 3 Abs. 1, § 4 Abs. 1 und 3 sowie nach § 6 Satz 1 kann abgesehen werden, wenn der zu Identifizierende bei dem zur Identifizierung Verpflichteten persönlich bekannt und wenn er bei früherer Gelegenheit identifiziert worden ist oder wenn der zu Identifizierende für ein gewerbliches Geldbeförderungsunternehmen auftritt.

I. Absehen von einer Identifizierung bei persönlichem Bekanntsein

Ist der zu Identifizierende dem zur Identifizierung Verpflichteten **persönlich bekannt und bei früherer Gelegenheit identifiziert**, so kann gemäß § 7 von einer Identifizierung abgesehen werden. Voraussetzung für das Tatbestandsmerkmal des persönlichen Bekanntseins ist, dass die konkret tätige Person den zu Identifizierenden persönlich kennt. Ist in einem zur Identifizierung verpflichteten Unternehmen der Kunde dem konkret tätig werdenden Mitarbeiter nicht bekannt, sondern einem hinzugezogenen weiteren Mitarbeiter, sollte dieser an der Identifizierung mitwirken. Gleichwohl ist in diesen Fällen – jedenfalls nach den für Kreditinstitute maßgeblichen Vorgaben der Bankenaufsicht – durch geeignete organisatorische Maßnahmen zu gewährleisten, dass auf Name und Adresse der betreffenden Person im Bedarfsfall zugegriffen werden kann. Zu diesem Zweck sind gemäß § 9 Abs. 1 Satz 3[1] der Name des Kunden sowie die Tatsache aufzuzeichnen, dass er persönlich bekannt und in der Vergangenheit identifiziert worden ist. Der Name des Mitarbeiters des Kreditinstituts, der die Identifizierung nach § 2 Abs. 1 und 2 und § 6 durchgeführt hat, muss ebenfalls feststellbar sein.[2] Da folglich auch in den Fällen des § 7 die Identität des Kunden festgestellt und dokumentiert wird, handelt es sich tatsächlich weniger um ein „Absehen von Identifizierung", wie der Gesetzestext suggeriert, sondern vielmehr um eine erleichterte Form der Identifizierung. Auch in den Anwendungsfällen des § 7 besteht die Pflicht zur Feststellung des wirtschaftlich Berechtigten bei Abschluss eines Vertrages zur Begründung einer auf Dauer angelegten Geschäftsbeziehung nach § 8 Abs. 1 Satz 1 i. V. m. § 2 Abs. 1.[3]

Zweifelhaft erscheint jedoch, ob das persönliche Bekanntsein auch in den Fällen einer Identifizierung nach § 2 Abs. 1 bei Begründung einer (weiteren) auf Dauer angelegten Geschäftsbeziehung, insbesondere einer **Folgekontoeröffnung**, notwendig ist. Ursprünglich bezog sich § 7 ausschließlich auf Bartransaktionen nach § 2 Abs. 2 heutiger Fassung, weil bis zum 15.8.2002 nach § 2 keine Identifizierungspflicht bei Abschluss eines Vertrages zur Begründung einer auf Dauer angelegten Geschäftsbeziehung bestand. Erst seit der entsprechenden Erweiterung der Identifizierungs-

---

1) Siehe *Langweg*, § 9 Rz. 2.
2) BAKred, Verlautbarung für Kreditinstitute vom 30.3.1998, Nr. 14 Abs. 2, abgedruckt in Anhang III.1.
3) Vgl. *Langweg*, § 8 Rz. 6, 8 ff.

pflichten des § 2 bezieht sich § 7 auch auf die Fälle des heutigen § 2 Abs. 1. Dies ist jedoch insbesondere im Direktgeschäft problematisch und im Ergebnis auch unnötig. Während sich die persönliche Anwesenheit des Einzahlenden im Falle von Bargeschäften aus der Natur der Sache ergibt, können Kontoeröffnungen auch in Abwesenheit erfolgen. In beiden Fällen ist nach Sinn und Zweck der Identifizierungsvorschriften entscheidend, dass die Personenidentität zwischen dem nunmehr auftretenden Vertragspartner und dem bereits bei früherer Gelegenheit Identifizierten festgestellt wird. Bei brieflichen, telefonischen oder über das Internet vorgenommenen Folgekontoeröffnungen kann die Identität des Vertragspartners aber nicht über das persönliche Bekanntsein des Kunden, wohl aber z. B. durch Abfrage einer persönlichen Identifikationsnummer (PIN), den Abgleich der Unterschrift oder andere Maßnahmen überprüft werden. Diese Kontrollmaßnahmen müssen gerade nicht von einem Mitarbeiter vorgenommen werden, der den Kunden tatsächlich kennt. Somit erscheint die Bezugnahme auf § 2 Abs. 1 in § 7 eher als unreflektierte Folge der Ergänzung des § 2 um Absatz 1 denn als willentliche Regelung des Gesetzgebers, der hierauf auch in der Begründung zum Regierungsentwurf des Geldwäschebekämpungsgesetzes nicht eingeht. Soweit demnach die Personenidentität in den Fällen der Begründung weiterer Geschäftsbeziehungen nach § 2 Abs. 1 festgestellt wird, kommt es nach dem Sinn und Zweck des § 7 auf das persönliche Bekanntsein des Kunden nicht an. Bei Zweifeln an der Identität des Kunden ist jedoch erneut gemäß § 1 Abs. 5 zu identifizieren.

3 Von einer „Identifizierung" nach § 7 ist regelmäßig nur dann auszugehen, wenn diese nach Maßgabe des § 1 Abs. 5 unter Vorlage eines Ausweisdokuments und Aufzeichnung der festzuhaltenden Daten geschehen ist. Vor Inkrafttreten des Geldwäschegesetzes war ausschließlich § 154 AO für die Legitimation der Kunden bei Kontoeröffnungen maßgebend. Daher kann nach dem Inkrafttreten des Geldwäschegesetzes gemäß § 7 auf eine erneute Identifizierung verzichtet werden, wenn die Legitimationsprüfung bei einer Kontoeröffnung vor dem 29.11.1993 (Inkrafttreten des Geldwäschegesetzes) nach früheren, ausschließlich auf dem Recht der Abgabenordnung basierenden Kriterien vorgenommen wurde. Danach bestand keine Pflicht zur Identifizierung anhand eines Ausweisdokuments, wenn in anderer Weise Gewissheit über die Person des Auftretenden, z. B. über die Feststellung, der Auftretende sei „persönlich bekannt" bestand. Nach Meinung der Bankenaufsicht gilt § 7 jedoch nur für diejenigen Altkunden eines Kreditinstituts, die nach Inkrafttreten des Geldwäschegesetzes entweder kein weiteres Konto eröffnet haben oder bei einer weiteren Kontoeröffnung mit einem Ausweisdokument i. S. v. § 1 Abs. 5 identifiziert wurden. Ansonsten behält diese so genannte **Altfallregelung** trotz Nummer 8 der Verlautbarung[4] weiterhin Gültigkeit. Für „Alt"-Konten – d. h. für Konten, die vor dem Inkrafttreten des Geldwäschegesetzes eröffnet worden sind – ist eine „Nachidentifizierung" somit nicht erforderlich.

4 Teilweise wird in der Praxis die Auffassung vertreten, eine erleichterte Identifizierung als persönlich bekannt nach § 7, z. B. bei der Eröffnung von weiteren Konten

---

4) BAKred, Verlautbarung für Kreditinstitute vom 30.3.1998, Nr. 8, abgedruckt in Anhang III.1.

Absehen von Identifizierung § 7 GwG

und Depots, sei nur dann zulässig, wenn zu diesem Zeitpunkt das anlässlich der Erstidentifizierung vorgelegte Ausweisdokument noch gültig ist. Dieser Auffassung kann nicht zugestimmt werden. Zum einen findet sich hierfür im Gesetz keine rechtliche Stütze und zum anderen hat sich infolge des Ablaufs der **Gültigkeit des Ausweisdokuments** an der Identität des Kunden nichts geändert. Letztlich würde diese Auffassung, falls man ihr folgen wollte, es erforderlich machen, dass die zur Identifzierung Verpflichteten die Ablaufdaten der vorgelegten Ausweisdokumente speichern müssten, um prüfen zu können, ob das Dokument in dem Zeitpunkt, in dem man von der erleichterten Identifizierung nach § 7 Gebrauch machen will, noch gültig ist.

Durch das Geldwäschebekämpfungsgesetz wurden die bei der Identifizierung einer 5 auftretenden Person zu erhebenden Angaben gemäß § 1 Abs. 5 um den **Geburtsort** und die **Staatsangehörigkeit** der zu identifizierenden Person ergänzt.[5] Da der in § 7 verwendete Begriff der Identifizierung durch § 1 Abs. 5 legaldefiniert wird, stellt sich in der Praxis vielfach die Frage, ob § 7 weiterhin auch auf solche Identifizierungen anwendbar ist, die nach § 1 Abs. 5 a. F. vorgenommen wurden und somit die vorgenannten zusätzlichen Angaben nicht enthalten. Da jedoch auch bei einer Identifizierung nach alter Fassung des § 1 Abs. 5 die Identität des zu Identifizierenden zweifelsfrei festgestellt wurde und die zusätzliche Erhebung des Geburtsortes und der Staatsangehörigkeit keine qualitativ verbesserte Identitätsfeststellung mit sich bringt, dürfte § 7 sowohl auf Identifizierungen nach alter als auch nach neuer Fassung des § 1 Abs. 5 anzuwenden sein. § 7 verweist insoweit jeweils auf die bei Anlass der „früheren Identifizierung" gültige Fassung des § 1 Abs. 5. Dies gilt entsprechend für die „Erstidentifizierung" regelmäßiger Einzahler gemäß § 9 Abs. 1 Satz 6.

II. Tätigwerden für ein gewerbliches Geldbeförderungsunternehmen

Die **Identifizierungspflicht entfällt**, wenn Mitarbeiter von **gewerblichen Geldbe-** 6 **förderungsunternehmen** für ihre Auftraggeber Bargeld einzahlen. In diesen Fällen ist gemäß § 9 Abs. 1 Satz 3[6] lediglich der Name des betreffenden Mitarbeiters sowie der Umstand aufzuzeichnen, dass er für ein gewerbliches Geldbeförderungsunternehmen tätig geworden ist.

---

5) Siehe *Fülbier*, § 1 Rz. 88 ff.
6) Siehe *Langweg*, § 9 Rz. 2.

§ 8
Feststellung der Identität des wirtschaftlich Berechtigten

(1) ¹Ein nach § 2 Abs. 1, § 3 Abs. 1, § 4 Abs. 1 und 3 und § 6 Satz 1 zur Identifizierung Verpflichteter hat sich beim zu Identifizierenden zu erkundigen, ob dieser für eigene Rechnung handelt. ²Gibt der zu Identifizierende an, nicht für eigene Rechnung zu handeln, so hat der zur Identifizierung Verpflichtete nach dessen Angaben Namen und Anschrift desjenigen festzustellen, für dessen Rechnung dieser handelt. ³Muss ein Institut im Rahmen einer bestehenden Geschäftsbeziehung oder bei der Durchführung einer Transaktion im Sinne des § 2 Abs. 2, auch in Verbindung mit Abs. 3, aufgrund der äußeren Umstände Zweifel daran hegen, dass der Kunde für eigene Rechnung handelt, hat dieses angemessene Maßnahmen zur Feststellung der Identität des wirtschaftlich Berechtigten zu ergreifen. ⁴Handelt der zu Identifizierende für eine nicht rechtsfähige Vereinigung, so ist deren Name und der Name und die Anschrift von einem ihrer Mitglieder festzustellen.

(2) ¹Absatz 1 gilt nicht im Verhältnis von Instituten untereinander. ²Das Bundesministerium des Innern und das Bundesministerium der Finanzen können zur Bekämpfung der Geldwäsche oder der Finanzierung terroristischer Vereinigungen durch Rechtsverordnung ohne Zustimmung des Bundesrates Ausnahmen von Satz 1 im Hinblick auf Institute in solchen Drittländern bestimmen, die keine den Anforderungen dieses Gesetzes gleichwertigen Anforderungen an Institute stellen.

Literatur: *Höche*, Der Entwurf einer dritten EU-Richtlinie zur Verhinderung der Nutzung des Finanzsystems zu Zwecken der Geldwäsche und der Finanzierung des Terrorismus, WM 2005, 8; *ders.*, Neues Instrumentarium zur Geldwäschebekämpfung, Die Bank 1998, 618; *Wenzel*, Die Pflichten des Rechtsanwalts nach dem Geldwäschegesetz, ZAP 1994, Fach 21, S. 95.

Übersicht

I. Erkundigungspflicht (Abs. 1 Satz 1) 1	1. Sammelanderkonten von Rechtsanwälten und Gerichtsvollziehern 25
II. Aufzeichnung der Angaben des zu Identifizierenden (Abs. 1 Satz 2) 8	2. Anderkonten auf „Vorrat" 32
	3. Mietkautionskonten 35
III. Angemessene Maßnahmen bei Zweifeln am Handeln für eigene Rechnung (Abs. 1 Satz 3) 14	4. Insolvenzverwalterkonten 38
	VI. Gesetzliche Vertreter und Kontobevollmächtigte 39
IV. Handeln für eine nicht rechtsfähige Vereinigung (Abs. 1 Satz 4) 19	VII. Institute als Treuhänder (Abs. 2) 43
V. Eröffnung von Anderkonten 21	VIII. Neuregelungen der Dritten Geldwäscherichtlinie 45

I. Erkundigungspflicht (Abs. 1 Satz 1)

Gemäß Absatz 1 Satz 1 müssen sich zur Identifizierung Verpflichtete **bei Abschluss** 1
eines Vertrages zur Begründung einer auf Dauer angelegten Geschäftsbeziehung

GwG § 8   Feststellung der Identität des wirtschaftlich Berechtigten

(§ 2 Abs. 1) bzw. bei Abschluss eines Lebensversicherungsvertrages oder eines Unfallversicherungsvertrages mit Prämienrückgewähr oberhalb der Schwellenwerte des § 4 Abs. 1 bei dem zu Identifizierenden **erkundigen, ob er für eigene Rechnung**, also nicht für einen anderen, z. B. als Treuhänder oder Vertreter, **handelt**. Die Frage nach dem wirtschaftlich Berechtigten bei Abschluss der in § 4 Abs. 1 genannten Versicherungsverträge ist auch dann zu stellen, wenn die Fiktion des § 4 Abs. 4 greift.[1]

2 Nach Auffassung der Bundesnotarkammer[2] kann auf die gesonderte Nachfrage hinsichtlich des wirtschaftlich Berechtigten bei allen in den Anwendungsbereich des Geldwäschegesetzes nach § 3 Abs. 1, § 2 Abs. 1, § 6 Satz 1 einbezogenen Handlungen verzichtet werden, wenn zur Überzeugung des Notars feststeht, dass der Beteiligte für eigene Rechnung handelt. So genüge der **Notar** der Erkundigungspflicht nach § 8, wenn ihm im Rahmen von Besprechungen oder bei Beurkundung bekannt wird oder es offensichtlich ist, dass die Beteiligten auf eigene Rechnung handeln. Dies gelte z. B. für den Fall, dass ein junges Ehepaar mit Kind ein Einfamilienhaus oder eine Eigentumswohnung kauft, um selbst dort zu wohnen.

3 Im Falle der **Abschlussprüfung** entfällt nach den Anwendungshinweisen der Wirtschaftsprüferkammer die ausdrückliche Frage nach dem wirtschaftlich Berechtigten generell, da es dort einen wirtschaftlich Berechtigten nicht gibt. Auch im Bereich der **Steuerberatung** wird in den überwiegenden Fällen eine ausdrückliche Frage nach dem wirtschaftlich Berechtigten unsinnig sein. Beispiel hierfür ist der im Rahmen der steuerberatenden Tätigkeit häufig erteilte Auftrag zur Erstellung des Jahresabschlusses. Die Abschlussprüfung sowie die Erstellung eines Jahresabschlusses für einen Mandanten stehen im Zusammenhang mit der Erfüllung von gesetzlichen Pflichten (§§ 242, 264, 316 HGB) des Mandanten und können nicht Gegenstand eines Strohmanngeschäftes sein. Deshalb haben Wirtschaftsprüfer und vereidigte Buchprüfer nach der Art der Beauftragung im Einzelfall zu beurteilen, ob im beratenden Bereich die ausdrückliche Frage nach der wirtschaftlichen Berechtigung einen Sinn hat.[3] Für Steuerberater und Steuerbevollmächtigte kann nichts anderes gelten.

4 Im Rahmen der **Treuhandtätigkeit** ist die Feststellung, ob der Mandant für eigene oder für fremde Rechnung handelt, dagegen regelmäßig notwendig.[4]

5 Bereits seit 1998 forderte die Bankenaufsicht in ihrer Verlautbarung[5] im Falle von **Bartransaktionen** nicht mehr in jedem Einzelfall ausdrücklich die Frage nach dem wirtschaftlich Berechtigten. Sofern sich aus der Transaktion oder aus den äußeren

---

1) BAV, Verlautbarung zum Geldwäschegesetz vom Dezember 1994, Nr. 8 Abs. 1, abgedruckt in Anhang IV.2.
2) Bundesnotarkammer, Rundschreiben Nr. 48/2003 vom 19.11.2003 (B VI), abgedruckt in Anhang V.2.
3) Wirtschaftsprüferkammer, Anwendungshinweise zum Geldwäschegesetz, B III, S. 8, WPK Magazin 4/2004, Beilage, abgedruckt in Anhang V.3.
4) Wirtschaftsprüferkammer, Anwendungshinweise zum Geldwäschegesetz, B III, S. 8, WPK Magazin 4/2004, Beilage, abgedruckt in Anhang V.3.
5) BAKred, Verlautbarung für Kreditinstitute vom 30.3.1998, Nr. 20 Abs. 2, abgedruckt in Anhang III.1.

Umständen im Einzelfall ergab, dass der Kunde für eigene Rechnung handelte, konnte auf eine gesonderte Nachfrage hinsichtlich des wirtschaftlich Berechtigten verzichtet werden. Mit der Änderung des Geldwäschegesetzes durch das Geldwäschebekämpfungsgesetz zum 15.8.2002 ist die generelle Verpflichtung zur Feststellung des wirtschaftlich Berechtigten bei Bartransaktionen entfallen. Die Feststellungspflicht nach Absatz 1 Satz 1 bezieht sich seither nicht mehr auf die Identifizierungspflicht des § 2 Abs. 2 bei der Annahme von Barmitteln. Hierzu hat auch die Bundesanstalt zwischenzeitlich bestätigt, dass es in den Fällen des § 2 Abs. 2 keine schematische Pflicht zur Nachfrage nach dem wirtschaftlich Berechtigten mehr gibt. Entsprechend entfällt nach Auskunft der Bundesanstalt für diese Fälle auch die schematische Pflicht zur Dokumentation des Ergebnisses der Frage nach dem „Handeln für eigene Rechnung".[6] Somit besteht die Pflicht zur obligatorischen Feststellung des wirtschaftlich Berechtigten nur noch in den Fällen von § 2 Abs. 1, § 4 Abs. 1 und § 6. Allerdings lebt nach Absatz 1 Satz 3 die Pflicht zur Feststellung des wirtschaftlich Berechtigten aus Anlass von Bartransaktionen inklusive der Fälle des so genannten Smurfing gemäß § 2 Abs. 3 bei Zweifeln an den von dem zu Identifizierenden gemachten Angaben wieder auf, verbunden mit der Verpflichtung zu angemessenen Maßnahmen zur Feststellung der Identität des wirtschaftlich Berechtigten (unten Rz. 14 ff).

Die Pflicht zur Feststellung des wirtschaftlich Berechtigten gilt auch dann, wenn nach § 7 von einer Identifizierung abgesehen werden kann.[7] 6

Die Pflicht zur Erkundigung nach dem wirtschaftlich Berechtigten gemäß Absatz 1 gilt grundsätzlich nicht im Verhältnis von Instituten i. S. v. § 1 Abs. 4 untereinander (Absatz 2 Satz 1). 7

II. Aufzeichnung der Angaben des zu Identifizierenden (Abs. 1 Satz 2)

Gibt der zu Identifizierende an, nicht für eigene Rechnung zu handeln, so sind nach dessen Angaben Name und Anschrift desjenigen aufzuzeichnen, für dessen Rechnung er handelt. Maßgeblich für die Beantwortung der Frage, ob jemand **für eigene oder für fremde Rechnung** handelt, ist der Umstand, wer zum Zeitpunkt der Begründung der auf Dauer angelegten Geschäftsbeziehung nach wirtschaftlicher Betrachtungsweise als Vertragspartner anzusehen ist. Im Zusammenhang mit einer Kontoeröffnung steht damit beispielsweise im Mittelpunkt des Interesses, ob die auf dem Konto zu verwaltenden Vermögenswerte zum Zeitpunkt der Kontoeröffnung dem Kontoinhaber oder einem Dritten zuzuordnen sind. Die tatsächlich gegenüber dem zur Identifizierung Verpflichteten auftretende Person ist hingegen im Falle der Begründung einer auf Dauer angelegten Geschäftsbeziehung nicht maßgeblich. 8

Die Bankenaufsicht hat erklärt, sie habe nichts dagegen einzuwenden, wenn in den Fällen, in denen sich der wirtschaftlich Berechtigte bereits eindeutig aus den Kre- 9

---

6) BaFin, Ergebnisprotokoll über das Gespräch mit Vertretern des Zentralen Kreditausschusses (ZKA) im Hause der BaFin am 29.3.2004 (unveröff.).
7) BAKred, Verlautbarung für Kreditinstitute vom 30.3.1998, Nr. 19 Abs. 3, abgedruckt in Anhang III.1.

ditgesprächen/-anträgen durch die Frage nach dem Kreditzweck ergebe, ausnahmsweise davon abgesehen werde, die Frage nach dem wirtschaftlich Berechtigten bei Kontoeröffnung erneut ausdrücklich an den zu Identifizierenden zu stellen.[8] Es müsse in diesen Fällen allerdings sichergestellt werden, dass aufgezeichnet werde, wer aufgrund des Kreditgespräches/-antrages als wirtschaftlich Berechtigter der Kreditgewährung festgestellt wurde. Durch die bloße Dokumentation des Kreditzweckes wird diesem Erfordernis nach Auffassung der Bankenaufsicht nicht genügt. Vielmehr sei es erforderlich, gesondert aufzuzeichnen, wer anhand des Kreditgespräches/-antrages als wirtschaftlich Berechtigter festgestellt wurde, um zu dokumentieren, dass die Verpflichtung aus § 8 erfüllt wurde. Darüber hinaus müsse gewährleistet sein, dass in den Fällen, in denen ausnahmsweise ein anderer als der Kreditnehmer wirtschaftlich berechtigt sei, dieser in die Datei mit abweichend wirtschaftlich Berechtigten aufgenommen werde. Sofern Zweifel daran bestehen, wer tatsächlich wirtschaftlich berechtigt ist, muss nach Auffassung des Amtes die Frage nach dem wirtschaftlich Berechtigten ausdrücklich an den zu Identifizierenden gestellt und dokumentiert werden.

10 Dagegen erkennt die **Bundesnotarkammer** an, dass nach dem Wortlaut des Absatzes 1 keine Pflicht zur Aufzeichnung der Einhaltung der Erkundigungspflicht nach § 8 Satz 1 besteht, wenn der Beteiligte angibt, auf eigene Rechnung zu handeln. Um die Erfüllung der Erkundigungspflicht zu dokumentieren, empfiehlt aber auch die Bundesnotarkammer, hierzu einen kurzen Vermerk anzufertigen.[9]

11 Auch bei der Eröffnung von **Unterkonten** ist grundsätzlich der wirtschaftlich Berechtigte festzustellen. Ein Verzicht auf die Feststellung des wirtschaftlich Berechtigten ist aus Sicht des Bundesaufsichtsamtes für das Kreditwesen mit § 8 nicht vereinbar und kann ein ordnungswidriges Verhalten i. S. d. § 17 Abs. 2 Nr. 1 darstellen.[10] Lediglich in den Fällen, in denen Geld von einem Konto auf ein so genanntes **unselbständiges Unterkonto** umgebucht wird, kann auf die erneute Feststellung des wirtschaftlich Berechtigten verzichtet werden, wenn sichergestellt ist, dass das Guthaben wieder auf das ursprüngliche Konto zurückfließt.[11] Insbesondere Festgeldkonten werden vielfach in der Weise geführt, dass Gelder für eine bestimmte Zeit vom Kontokorrentkonto auf ein Unterkonto umgebucht und für einen bestimmten Zeitraum höher verzinst werden. Nach Ablauf der Laufzeit fließt das Guthaben wieder auf das Kontokorrentkonto zurück; eine direkte Verfügungsmöglichkeit des Kunden gegenüber der Bank hinsichtlich des Unterkontos besteht nicht, vielmehr laufen alle Buchungen über das Kontokorrent als Hauptkonto. Das Unterkonto kann damit nicht direkt, sondern lediglich über das Kontokorrentkonto, durch den Kunden angesprochen werden. Werden Konten in dieser Art und

---

8) BAKred, Schreiben vom 15.8.1996 (I5–B410), Feststellung des wirtschaftlich Berechtigten (§ 8 GwG) bei Kreditgewährung, abgedruckt in: *Consbruch/Möller u. a.*, KWG, Nr. 11.28.
9) Bundesnotarkammer, Rundschreiben Nr. 48/2003 vom 19.11.2003 (B VIII), abgedruckt in Anhang V.2.
10) BAKred, Schreiben vom 20.7.1995 (I5–B410), Feststellung des wirtschaftlich Berechtigten (§ 8 GwG) bei der Eröffnung von so genannten Unterkonten, abgedruckt in: *Consbruch/Möller u. a.*, KWG, Nr. 11.14a.
11) BAKred, Verlautbarung für Kreditinstitute vom 30.3.1998, Nr. 19, abgedruckt in Anhang III.1.

Weise geführt, handelt es sich um so genannte unselbständige Unterkonten und die Feststellung des wirtschaftlich Berechtigten bei Eröffnung des Kontos ist somit nicht erforderlich.

§ 8 soll **Strohmanngeschäften entgegenwirken** und denjenigen sichtbar machen, in dessen wirtschaftlichen oder rechtlichen Interessen die Kontoeröffnung erfolgt. Dem zur Identifizierung Verpflichteten obliegt es deshalb festzustellen, ob der zu Identifizierende für sich oder einen anderen handelt. Die **Frage** danach reicht aus. Die Identifikation des „Hintermannes" braucht nicht anhand eines amtlichen Ausweises vorgenommen zu werden. Die einfache Auskunft des zu Identifizierenden genügt. Nachforschungen werden vom zur Identifizierung Verpflichteten nicht verlangt. Er darf davon ausgehen, dass die Angaben des zu Identifizierenden richtig sind, es sei denn, er erkennt, dass der zu Identifizierende unrichtige Angaben macht.[12]

12

Auf der Grundlage der ursprünglich nach § 8 Abs. 1 Satz 1 a. F. bestehenden Verpflichtung zur obligatorischen Erkundigung nach dem wirtschaftlich Berechtigten einer Bartransaktion hat das OLG Hamburg[13] die Frage, ob die Auszahlung von 50 000 DM von der Beantwortung der Frage, ob der Kunde für eigene oder für fremde Rechnung handelt, abhängig gemacht werden konnte, bejaht. Im entschiedenen Fall hatte der Kunde bei der Abhebung von 50 000 DM von seinem Konto bei einem Kreditinstitut die von diesem gestellte Frage, ob er für eigene oder für fremde Rechnung handele, zunächst nicht beantwortet, sondern stattdessen eine einstweilige Verfügung beantragt, um die Auszahlung zu erreichen. Das OLG Hamburg hat ausgeführt, der Antragsteller habe seinen Verfügungsanspruch nicht ausreichend dargetan und glaubhaft gemacht. Vielmehr sei davon auszugehen, dass das Kreditinstitut als Antragsgegnerin die Auskehrung der 50 000 DM an den Antragsteller zu Recht gemäß § 8 von der Beantwortung der Frage abhängig gemacht habe, ob er für eigene oder fremde Rechnung handele. Die Fragepflicht des Kreditinstituts gemäß § 8 korrespondiere mit einer Pflicht des zu Identifizierenden, die Frage zu beantworten. Andernfalls würde es sich um eine leerlaufende Vorschrift handeln.

13

III. Angemessene Maßnahmen bei Zweifeln am Handeln für eigene Rechnung (Abs. 1 Satz 3)

Seit 1998 verlangt das Bundesaufsichtsamt für das Kreditwesen[14] von Kreditinstituten unter Verweis auf Art. 3 Abs. 5 der 1. Geldwäscherichtlinie anstelle der lediglich schematischen Frage nach der wirtschaftlichen Berechtigung der auftretenden Person „angemessene Maßnahmen" zur Feststellung der tatsächlichen Identität der auftretenden Person zu treffen, falls zweifelhaft ist oder die Gewissheit besteht, dass der zu Identifizierende entgegen seinen Angaben nicht für eigene Rechnung handelt.

14

---

12) Begründung RegE GewAufspG, BT-Drucks. 12/2704, S. 16.
13) OLG Hamburg ZIP 1995, 1578, dazu EWiR 1995, 1003 (*Dach*).
14) BAKred, Verlautbarung für Kreditinstitute vom 30.3.1998, Nr. 20 Abs. 3 und 4, und für Finanzdienstleistungsinstitute vom 30.12.1997, Nr. 14 Abs. 5, abgedruckt in Anhang III.1 und III.2.

GwG § 8   Feststellung der Identität des wirtschaftlich Berechtigten

15 Mit der Änderung des Geldwäschegesetzes durch das Geldwäschebekämpfungsgesetz ist auch § 8 um die Verpflichtung ergänzt worden, „**angemessene Maßnahmen zur Feststellung der Identität des wirtschaftlich Berechtigten** zu ergreifen", wenn ein Institut im Rahmen einer bestehenden Geschäftsbeziehung oder bei Durchführung einer identifizierungspflichtigen Transaktion aufgrund der äußeren Umstände Zweifel daran hegen muss, dass der Kunde für eigene Rechnung handelt. Ausweislich der Entwurfsbegründung[15] soll dies insbesondere für Konten gelten, die sich für Strohmanngeschäfte besonders eignen (Treuhand-, Sammel- oder Anderkonten). Die Art der zu treffenden Maßnahmen soll sich zum einen an der Intensität und Bedeutung der Geschäftsbeziehung bzw. Transaktion, bei deren Abwicklung diese Zweifel aufgekommen sind, und zum anderen an den tatsächlich gegebenen Erkenntnismöglichkeiten, die dem Institut zur Klärung des Sachverhaltes zur Verfügung stehen, ausrichten.

16 Zu den vorgenannten angemessenen Maßnahmen bei Zweifeln an der wirtschaftlichen Berechtigung werden durch Absatz 1 Satz 3 „**Institute**" nach § 1 Abs. 4[16] verpflichtet. Danach sind Institute im Sinne des Geldwäschegesetzes Kreditinstitute, Finanzdienstleistungsinstitute, Investmentaktiengesellschaften i. S. d. § 2 Abs. 5 InvG, Finanzunternehmen und Versicherungsunternehmen, die Unfallversicherungsverträge mit Prämienrückgewähr oder Lebensversicherungsverträge anbieten oder solche Verträge vermitteln. Von dieser Nachforschungspflicht in Zweifelsfällen sind damit nach § 3 Abs. 1 Verpflichtete nicht betroffen.

17 In der Praxis dürften den Nachforschungsmöglichkeiten eines Instituts bei Zweifeln an der wirtschaftlichen Berechtigung einer auftretenden Person enge Grenzen gesetzt sein. Beispielsweise ist die Feststellung der Identität eines im Ausland lebenden wirtschaftlich Berechtigten in der Praxis schwierig und aufwendig. Des Weiteren ist die Einholung von Informationen bei Dritten (z. B. Drittbanken) oftmals in rechtlicher Hinsicht problematisch, weil für diese Dritten keine Auskunftsverpflichtung besteht und bei Kreditinstituten sogar eine Verschwiegenheitspflicht einer solchen Mitteilung entgegensteht. Die von der Entwurfsbegründung[17] als Informationsquelle benannten Drittbanken dürften somit den nach Absatz 1 Satz 3 verpflichteten Instituten in der Praxis regelmäßig nicht zur Verfügung stehen. Art und Umfang etwaig zu treffender angemessener Maßnahmen zur Feststellung des wirtschaftlich Berechtigten sind daher im Einzelfall abzuwägen.

18 Für den Fall, dass sich die Zweifel nicht ausräumen lassen, sollen Kredit- und Finanzdienstleistungsinstitute nach Auffassung des Bundesaufsichtsamts für das Kreditwesen[18] die Durchführung der Transaktion oder die Eröffnung des Kontos ablehnen. Dies gilt auch, wenn sich der Kunde weigert, die Frage nach dem wirtschaftlich Berechtigten zu beantworten.[19]

---

15) Begründung RegE Geldwäschebekämpfungsgesetz, BT-Drucks. 14/8739, S. 14
16) Siehe *Fülbier*, § 1 Rz. 79 f.
17) Begründung RegE Geldwäschebekämpfungsgesetz, BT-Drucks. 14/8739, S. 14.
18) BAKred, Verlautbarung vom 30.3.1998, Nr. 20 Abs. 4, und für Finanzdienstleistungsinstitute vom 30.12.1997, Nr. 14 Abs. 6, abgedruckt in Anhang III.2.
19) Vgl. *Höche*, Die Bank 1998, 618, 621.

IV. Handeln für eine nicht rechtsfähige Vereinigung (Abs. 1 Satz 4)

Erklärt der zu Identifizierende auf eine entsprechende Frage, dass er für eine **nicht** 19 **rechtsfähige Vereinigung** handelt, so ist es ausreichend, deren Namen und den Namen und die Anschrift eines ihrer Mitglieder festzuhalten. Beispiele für nicht rechtsfähige Personenvereinigungen sind Schulklassengemeinschaften, nicht eingetragene Kegelvereine und ähnliche lose Personenzusammenschlüsse.

Soll ein Konto für eine nicht rechtsfähige Vereinigung als Treuhandkonto eröffnet 20 werden und ist der Kontoinhaber und Treuhänder zugleich Mitglied der treugebenden nicht rechtsfähigen Vereinigung, können auch der Name und die Anschrift des Kontoinhabers hierfür verwendet werden. Eine Erkundigung nach Angaben zu einem weiteren Mitglied der nicht rechtsfähigen Vereinigung ist in diesen Fällen somit nicht erforderlich.

V. Eröffnung von Anderkonten

Nach dem Fortfall des so genannten Anwaltsprivilegs müssen auch Rechtsanwälte 21 und Notare[20] sowie Angehörige sonstiger Berufsgruppen, die Anderkonten führen dürfen, den wirtschaftlich Berechtigten des jeweiligen Anderkontos bekannt geben. Damit gilt die Pflicht zur Feststellung des wirtschaftlich Berechtigten auch in den Fällen, in denen so genannte Berufsgeheimnisträger (Rechtsanwälte, Notare, Wirtschaftsprüfer, Steuerberater etc.) gegenüber dem Kredit- oder Finanzdienstleistungsinstitut auftreten bzw. wenn Treuhänder oder Vermögensverwalter auf Rechnung verschiedener Kunden Sammelkonten oder -depots einrichten.[21] Die Sonderbedingungen der Kreditinstitute für Anderkonten und Depots sind infolgedessen entsprechend abgeändert worden. Der Kontoinhaber verpflichtet sich nunmehr, dem Kreditinstitut unverzüglich Name und Anschrift des neuen wirtschaftlich Berechtigten schriftlich mitzuteilen, wenn das Anderkonto für einen anderen als den zunächst benannten wirtschaftlich Berechtigten wiederverwendet wird. Damit ist der Anforderung der Bankenaufsicht Genüge getan.

Auch nach den Ausführungen der Bundesnotarkammer setzt das Geldwäschegesetz 22 eine der Erkundigungspflicht der Bank entsprechende **Auskunftspflicht** des Notars voraus. Die Verschwiegenheitspflicht des Notars ist insoweit durchbrochen. Daneben besteht eine Mitteilungspflicht des Notars auch dann, wenn die Bank Anderkonten ohne schriftlichen Kontoeröffnungsantrag errichtet.[22]

Wirtschaftlich Berechtigte eines Notaranderkontos sind nach den Ausführungen 23 der Bundesnotarkammer[23] diejenigen Personen, die dem Notar die zur Errichtung

---

20) Vgl. DNotZ 1993, 705.
21) BAKred, Verlautbarung für Kreditinstitute vom 30.3.1998, Nr. 21, und für Finanzdienstleistungsinstitute vom 30.12.1997, Nr. 14 Abs. 8, abgedruckt in Anhang III.1 und III.2; Bundesnotarkammer, Rundschreiben Nr. 48/2003 vom 19.11.2003 (C), abgedruckt in Anhang V.2.
22) Bundesnotarkammer, Rundschreiben Nr. 48/2003 vom 19.11.2003 (C I), abgedruckt in Anhang V.2.
23) Bundesnotarkammer, Rundschreiben Nr. 48/2003 vom 19.11.2003 (C II), abgedruckt in Anhang V.2.

des Notaranderkontos führenden Verwahrungsanweisungen gegeben haben. Hieraus ergibt sich für den häufigsten Fall der Einrichtung eines Notaranderkontos, der Kontoerrichtung zum Zweck der Kaufpreisabwicklung, dass die in Bezug auf den zu hinterlegenden Kaufpreis Anweisungsberechtigten nach Absatz 1 Satz 2 vom Notar anzugeben sind. Das sind in der Regel Verkäufer und Käufer. Im Falle der einseitigen Hinterlegung (z. B. durch einen Finanzierungsgläubiger zum Zwecke der Umschuldung) ist wiederum nur derjenige anzugeben, der zum Zeitpunkt der Anderkontoeröffnung hinsichtlich des zu hinterlegenden Geldbetrages anweisungsberechtigt ist, in der Regel folglich nur der ablösende Gläubiger.

24 Nach der Verlautbarung des Bundesaufsichtsamtes für das Kreditwesen für Kreditinstitute[24] ist bei der Eröffnung von Sammelanderkonten und -depots schuldrechtlich sicherzustellen, dass eine vollständige Liste der wirtschaftlich Berechtigten eingereicht und jede Veränderung dem Institut unverzüglich mitgeteilt wird. Eine Ausnahme gelte nur in den Fällen, in denen der Treuhänder seinerseits ein Institut sei (Absatz 2) und daher selbst zur Identifizierung der Kunden sowie zur Aufzeichnung und Aufbewahrung der festgestellten Daten verpflichtet sei. Sofern das Institut jedoch keiner Aufsicht unterliege, die i. S. d. § 16 Nr. 2 qualitativ vergleichbar sei, gelte Nr. 17 Abs. 2 der Verlautbarung für Kreditinstitute entsprechend. Es könne also im Einzelfall angezeigt sein, das Institut wie einen gewöhnlichen Kunden zu behandeln. Weitere Besonderheiten gelten für Rechtsanwälte, Gerichtsvollzieher, Insolvenzverwalter und bei der Führung von Mietkautionskonten auf den Namen des Vermieters.

1. Sammelanderkonten von Rechtsanwälten und Gerichtsvollziehern

25 Probleme ergeben sich, wenn über so genannte **Sammelanderkonten** Vorgänge abgewickelt werden, die mehrere wirtschaftlich Berechtigte betreffen. **Rechtsanwälte** richten häufig solche Sammelanderkonten als Fremdgeldkonten ein und geben diese neben dem Geschäftskonto auf dem Briefbogen an. Im Zeitpunkt der Eröffnung dieser Konten stehen die (künftigen) wirtschaftlich Berechtigten für diese Konten noch nicht fest, so dass die bei der Kontoeröffnung geforderte Benennung desjenigen, für dessen Rechnung der Rechtsanwalt handelt, (noch) nicht erfolgen kann.[25]

26 Da die **Pflicht** zur Feststellung des wirtschaftlich Berechtigten **bei der Eröffnung des Kontos** und nicht später besteht, ist es in diesem Fall ausreichend, dass bei der Eröffnung des Kontos in dem Kontoeröffnungsformular oder aber in dem von den Kreditinstituten verwandten „Identifizierungsbogen" vermerkt wird, dass es sich um ein Sammelanderkonto handelt, bei dem ausnahmsweise ein wirtschaftlich Berechtigter nicht vermerkt wurde. Sollte für das Kreditinstitut allerdings feststehen (wobei eine Pflicht zur gezielten Überprüfung nicht besteht), dass für einen Mandanten entgegen den üblichen Gepflogenheiten, die von den Rechtsanwaltskammern zu definieren sind, auf diesem Konto größere Beträge über einen längeren

---

24) BAKred, Verlautbarung für Kreditinstitute vom 30.3.1998, Nr. 21, abgedruckt in Anhang III.1.

25) Zur Feststellung des wirtschaftlich Berechtigten bei der Eröffnung von Sammelanderkonten durch Rechtsanwälte vgl. *Wenzel*, ZAP 1994, Fach 21, S. 95.

Zeitraum verwahrt werden, was unüblich wäre, weil dann regelmäßig ein separates Anderkonto eingerichtet wird, müsste der Rechtsanwalt angesprochen und ihm nahe gelegt werden, für diesen Mandanten ein separates Anderkonto einzurichten. Käme der Rechtsanwalt dieser Aufforderung nicht nach, ohne dies plausibel zu begründen, empfiehlt es sich zu prüfen, ob Anhaltspunkte für den Verdacht einer Geldwäsche gegeben sind.

Entsprechendes gilt auch für ein von einem **Gerichtsvollzieher** als Dienstkonto 27 eingerichtetes Sammelanderkonto. Nach einem Schreiben des Bundesministeriums der Justiz vom 5.9.2002, das die Zulässigkeit von derartigen Konten voraussetzt, stehen Guthaben auf Sammelanderkonten von Gerichtsvollziehern nach übereinstimmender Auffassung der Justizverwaltungen des Bundes und der Länder sowie der Bundesministerien des Innern und der Finanzen wirtschaftlich weder dem Gerichtsvollzieher noch dem Land, sondern Dritten zu.[26] Hierzu hat die Bundesanstalt zwischenzeitlich bestätigt,[27] dass Gerichtsvollzieher grundsätzlich die Möglichkeit haben, ihre Dienstkonten als so genannte Sammelanderkonten einzurichten. In diesen Fällen ist nach Auskunft der Bundesanstalt bei der Eröffnung des Kontos sowie bei Einzahlungen von gepfändeten Beträgen über 15 000 Euro oder mehr die Feststellung des wirtschaftlich Berechtigten nicht erforderlich, sofern der Gerichtsvollzieher den Hinweis „Sammelanderkonto" angibt. Dabei sei von den Instituten jedoch zu überwachen, ob ein solches Konto auch tatsächlich dem Zweck entsprechend als Gerichtsvollzieherkonto genutzt wird.

Aufgrund der Vielzahl von einzelnen durchlaufenden Posten, die diese Konten 28 kennzeichnen, ist es für das Kreditinstitut unverhältnismäßig und praktisch kaum durchführbar, den Eingang oder die Abverfügung von einzelnen Beträgen auf dem Konto zu kontrollieren. Die Bankenaufsicht[28] geht davon aus, dass insbesondere Sammel- und Fremdgeldkonten häufig bei der Verschleierung von Geldwäschetransaktionen eine nicht unbedeutende Rolle spielen. Sie sollten daher einer besonderen Beobachtung durch das Kreditinstitut unterliegen. Die unübliche oder missbräuchliche Nutzung dieser Konten (insbesondere die Verwendung größerer Beträge für einzelne Mandanten über einen längeren Zeitraum) kann nach Meinung des Amtes einen Verdacht i. S. d. § 11 begründen.

Bei der vom Kreditinstitut vorzunehmenden „besonderen Beobachtung" der Sam- 29 melanderkonten ist zu berücksichtigen, ob die Bewegungen auf diesen Konten im Bereich des Üblichen bleiben oder ob Abweichungen vorkommen, wie z. B. die Verwaltung größerer Beträge für einzelne Mandanten über einen längeren Zeitraum, die auf eine Geldwäsche schließen lassen.

Im Falle von **Sammelanderkonten von Gerichtsvollziehern** erscheint die Gefahr 30 einer missbräuchlichen Nutzung zu Zwecken der Geldwäsche jedoch besonders gering. Bei Gerichtsvollziehern handelt es sich um Beamte, die der unmittelbaren

---

26) BMJ, Schreiben vom 5.9.2002 (II A3-4070/4-1-25 702/2001) (unveröff.).
27) BaFin, Ergebnisprotokoll über das Gespräch mit Vertretern des Zentralen Kreditausschusses (ZKA) im Hause der BaFin am 29.3.2004 (unveröff.).
28) BAKred, Verlautbarung für Kreditinstitute vom 30.3.1998, Nr. 21 Abs. 2, abgedruckt in Anhang III.1.

Dienstaufsicht des aufsichtsführenden Amtsrichters der jeweiligen Dienstbehörde unterstehen. Die Geschäftsführung der Gerichtsvollzieher wird vierteljährlich, auch ohne vorherige Ankündigung, behördlich überprüft. Dabei sind gemäß §§ 96 ff GVO insbesondere die Kontoauszüge über das Dienstkonto vorzulegen und in die Prüfung der Ordnungsmäßigkeit der Dienstgeschäfte einzubeziehen. Eine missbräuchliche Verwendung ist daher kaum denkbar, weshalb insbesondere in Anbetracht des von der Bankenaufsicht verfolgten risikoorientierten Ansatzes für Geldwäschepräventionsmaßnahmen ein Anlass für die besondere Beobachtungspflicht der Nummer 21 der Verlautbarung für Kreditinstitute[29] in der Regel nicht besteht.

31 Die oben beschriebenen Ausnahmeregelungen für Sammelanderkonten beziehen sich nach Aussage des Bundesaufsichtsamtes für das Kreditwesen[30] lediglich auf Sammelanderkonten von Rechtsanwälten und Gerichtsvollziehern. **Sammelanderkonten anderer Berufsgeheimnisträger** wie Steuerberater oder Wirtschaftsprüfer sollen hiervon nicht erfasst sein. Insbesondere für Rechtsanwälte zähle die Einrichtung von Sammelanderkonten zum Grundbestand ihrer Berufsausübung, so dass eine allein dem Wortlaut des § 8 verpflichtete Auslegung zu einer unverhältnismäßigen Behinderung der Berufsausübung führen könne. Im Gegensatz zu anderen Berufsgruppen sei ein Rechtsanwalt auf die Führung solcher Sammelanderkonten bereits deshalb angewiesen, weil er häufig im Rahmen der Forderungsbeitreibung, die er für einen Mandanten durchführt, Gelder erhalte, in die häufig auch eigene Gebühren des Anwalts eingeschlossen seien. Aufgabe des Rechtsanwalts-Anderkontos sei insofern lediglich für die Trennung des Fremdvermögens vom Eigenvermögen des Anwalts zu sorgen. Für Sammelanderkonten anderer Berufe, insbesondere für Angehörige der öffentlich bestellten wirtschaftsprüfenden und wirtschafts- und steuerberatenden Berufe würden diese Gründe dagegen nicht gelten.

2. Anderkonten auf „Vorrat"

32 Bei **Notaren** stellt sich das Problem der Sammelanderkonten nicht, weil der Notar nach § 54b Abs. 2 Satz 3 BeurkG verpflichtet ist, für jede Masse ein gesondertes Anderkonto zu führen; Sammelanderkonten (objektbezogen o. Ä.) sind nicht statthaft. Es stellt sich jedoch auch bei Notaren das Problem der **Anderkonteneröffnung auf Vorrat**, wenn ein Notar sich von dem Kreditinstitut im Voraus eine Reihe von Kontonummern reservieren lässt, die er dann später einem bestimmten Vorgang zuordnet. Ein wirtschaftlich Berechtigter kann selbstverständlich bei der Zuteilung der Kontonummern noch nicht genannt werden, da die Konten zu diesem Zeitpunkt lediglich vorsorglich für spätere Geschäftsvorfälle angelegt sind. Maßgeblicher Zeitpunkt für die Benennung des wirtschaftlich Berechtigten muss hier der Zeitpunkt der **Zuordnung der Kontonummer** zu einem bestimmten Abwicklungsvor-

---

29) BAKred, Verlautbarung für Kreditinstitute vom 30.3.1998, Nr. 21, abgedruckt in Anhang III.1.
30) BAKred, Schreiben vom 21.1.2000 (Z5-B410), abgedruckt in: *Consbruch/Möller u. a.*, KWG, Nr. 11.64.

gang sein.[31] Diesen Zeitpunkt wird man als Zeitpunkt der Kontoeröffnung i. S. v. § 154 Abs. 2 AO, § 2 Abs. 1 GwG anzusehen haben.

Nach Ziffer 2 Satz 3 der Bedingungen für Anderkonten und Anderdepots von Notaren besteht darüber hinaus die Pflicht, wenn das Anderkonto vom Notar für einen anderen als den bei der Kontoeröffnung benannten wirtschaftlich Berechtigten wieder verwendet wird, unverzüglich Name und Anschrift des neuen wirtschaftlich Berechtigten schriftlich mitzuteilen.[32]

Mit Schreiben vom 27.8.1997 hat das Bundesaufsichtsamt für das Kreditwesen gegenüber dem Zentralen Kreditausschuss in diesem Zusammenhang ausgeführt, dass im Gegensatz zu so genannten Rechtsanwalts-Sammelanderkonten, die für eine Vielzahl wirtschaftlich Berechtigter geführt werden und in der Regel lediglich der Verwaltung kleinerer Beträge dienen, diese auf Vorrat errichteten Notaranderkonten (nacheinander) für einzelne wirtschaftlich Berechtigte genutzt würden und auch der Verwaltung größerer Beträge dienten. Die Ratio des § 8, Strohmanngeschäften entgegenzuwirken und denjenigen sichtbar zu machen, in dessen „Auftrag" eine Kontoführung erfolgt, gebiete es in diesen Fällen, sobald das Konto erstmalig aktiviert wird und bei jeder neuen Belegung für einen anderen wirtschaftlich Berechtigten, diesen gemäß § 8 festzustellen. Dies entspreche auch Art. 3 Abs. 5 der 1. Geldwäscherichtlinie, dessen Umsetzung § 8 diene. Dort sei gerade für Fälle, in denen die Kreditinstitute die Gewissheit haben, dass der Kunde nicht selbst wirtschaftlich berechtigt sei, die Feststellung des wirtschaftlich Berechtigten vorzusehen.[33]

3. Mietkautionskonten

Eine vergleichbare Problematik ergibt sich bei **Mietkautionskonten**, die auf den Namen des Vermieters (hierbei handelt es sich in aller Regel um Wohnungsgesellschaften) errichtet und auf denen die Mietkautionen vieler Mieter eingezahlt und verwaltet werden. Dabei ist der Bestand der Mieter immer wieder einem Wechsel unterworfen. Auch bei der Eröffnung eines derartigen Mietkautionskontos können die wirtschaftlich Berechtigten (Mieter), deren Gelder auf diesem Konto treuhänderisch verwaltet werden, nicht endgültig angegeben werden. Ebenso wie beim Sammelanderkonto für Rechtsanwälte ist dieses **Sammelmietkautionskonto** besonders zu beobachten. Insbesondere dann, wenn dieses Konto eine ungewöhnlich hohe Anzahl von Bewegungen aufweist, müssen geeignete Maßnahmen ergriffen werden. Diese können von einer Nachfrage beim Kontoinhaber bis zur Verdachtsanzeige reichen. Die geforderte Beobachtung des Kontos und der Kontoführung ist jedoch nur möglich, wenn dem Kreditinstitut bekannt ist, für wie viele Mietobjekte die Mietkautionen auf diesem Konto verwaltet werden.

Legt der Vermieter die einzelnen Mietkautionen auf **getrennten Konten** auf seinen Namen an, muss das Kreditinstitut den Namen und die Anschrift des jeweils wirt-

---

31) So auch Bundesnotarkammer, Rundschreiben Nr. 48/2003 vom 19.11.2003 (C I), abgedruckt in Anhang V.2.
32) Bundesnotarkammer, Rundschreiben Nr. 48/2003 vom 19.11.2003 (C III), abgedruckt in Anhang V.2.
33) BAKred, Schreiben vom 27.8.1997 (I5-B410-Me) (unveröff.).

schaftlich berechtigten Mieters erfragen. Allerdings ist aufgrund einer Vereinbarung der Bankenaufsicht mit dem Zentralen Kreditausschuss in diesen Fällen die Ablage bzw. Erfassung der Daten unter dem Namen des abweichend wirtschaftlich berechtigten Mieters – sowie die Einstellung dieser Daten in die nach § 24c KWG zu führende Datei – verzichtbar, denn der Missbrauch dieser Gelder zu Zwecken der Geldwäsche ist unwahrscheinlich. Ausreichend ist deshalb die Feststellung seines Namens auf dem Kontoeröffnungsvordruck, auch wenn so die Auskunftsfähigkeit nicht in vollem Umfang gewährleistet ist.

37 Soweit eine **Hausverwaltung** vom Vermieter beauftragt wurde, das Mietkautionskonto stellvertretend für diesen zu führen, ist abweichend wirtschaftlich Berechtigter der auf diesem Konto verwahrten Vermögenswerte auch in diesem Fall der Mieter. Sowohl die wirtschaftliche Betrachtungsweise als auch die Einschätzung des von einem solchen Konto ausgehenden Risikos entsprechen ganz wesentlich der des in der oben genannten Ausnahmeregelung genannten Mietkautionskontos auf den Namen des Vermieters. Daher dürften die beschriebenen Erleichterungen für Mietkautionskonten auf den Namen des Vermieters entsprechend auf Mietkautionskonten auf den Namen einer Hausverwaltung anzuwenden sein.

4. Insolvenzverwalterkonten

38 Eröffnet ein Insolvenzverwalter im Rahmen eines Insolvenzverfahrens ein Konto, geschieht dies stets für fremde Rechnung, nämlich für die Masse. Die von ihm eingegangenen Verbindlichkeiten sind solche der Masse, ebenso wie er für diese erwirbt. Wirtschaftlich Berechtigter wäre mithin nach insolvenzrechtlicher Betrachtung die Masse. Da Absatz 1 jedoch die Feststellung von Namen und Anschrift des wirtschaftlich Berechtigten verlangt, soll nach Auffassung des Bundesaufsichtsamtes für das Kreditwesen der Insolvenzschuldner/Vollstreckungsschuldner angegeben werden.[34] Denn unter geldwäscherechtlichen Gesichtspunkten ist allein entscheidend, für wessen Rechnung der Zwangsverwalter handelt.

VI. Gesetzliche Vertreter und Kontobevollmächtigte

39 Aus der Praxis ist die Frage aufgeworfen worden, ob auch bei der Legitimationsprüfung der **gesetzlichen Vertreter** und **Kontobevollmächtigten** der wirtschaftlich Berechtigte nach § 8 festgestellt werden muss. Im Oktober 1991 hat der Bundesminister der Finanzen den Anwendungserlass zur Abgabenordnung (AEAO) vom 24.9.1987 in mehreren Punkten ergänzt und Folgendes ausgeführt:[35]

„Die Finanzverwaltung hält an ihrer Auffassung fest, dass ‚Verfügungsberechtigter' im Sinne des § 154 AO sowohl der Gläubiger der Forderung als auch seine gesetzlichen Vertreter sind und alle Personen, die zur Verfügung über das Konto bevollmächtigt sind (Kontovollmacht). Diese Auffassung der Finanz-

---

34) BAKred, Schreiben vom 10.5.1999, (Z5-B410), abgedruckt in: *Consbruch/Möller u. a.*, KWG, Nr. 11.55.
35) BMF, Schreiben vom 8.10.1991; vgl. Anwendungserlass zu § 154 AO, abgedruckt im Gesetzesteil.

verwaltung hat zur Folge, dass sich die Legitimationsprüfungspflicht der Kreditinstitute nach § 154 Abs. 2 AO grundsätzlich auch auf gesetzliche Vertreter und Kontobevollmächtigte bezieht und dass daher auch eine so genannte Bevollmächtigtenkartei angelegt werden muss."

Die Pflicht zur Legitimationsprüfung und zur Errichtung einer Bevollmächtigtenkartei bezieht sich bei gesetzlichen Vertretern und bei Bevollmächtigten **nicht** auf so genannte Altfälle, d. h. auf vor dem 1.1.1992 begründete, noch bestehende oder bereits erloschene Befugnisse. Nur bei den **ab 1.1.1992** neu begründeten Vertretungsverhältnissen müssen Legitimationsprüfungen durchgeführt werden. Darüber hinaus ist eine Legitimationsprüfung auch künftig in gewissen in dem Anwendungserlass zur Abgabenordnung festgelegten Fällen entbehrlich. 40

Die wörtliche Auslegung des Gesetzes ist jedoch in der Praxis kaum umsetzbar. Denn bei der Kontoeröffnung ist nach dem Geldwäschegesetz entscheidend, ob die Vermögenswerte dem Kontoinhaber selbst (handeln auf eigene Rechnung) oder aber einem Dritten (handeln für fremde Rechnung) zustehen. Der Kontobevollmächtigte müsste eine entsprechende Frage stets dahingehend beantworten, dass wirtschaftlich Berechtigter des Guthabens auf dem Konto der vom Kontoinhaber angegebene „Berechtigte" ist. Infolgedessen erübrigt sich die Frage nach dem wirtschaftlich Berechtigten an den Kontobevollmächtigten bei der Kontoeröffnung. 41

Der Bundesgerichtshof hat in seinem Urteil vom 18.10.1994,[36] u. a. Folgendes ausgeführt: 42

„In Übereinstimmung mit der weit überwiegenden Meinung in Literatur und Rechtsprechung ist davon auszugehen, dass § 154 AO allein die formale Kontenwahrheit schützt .... Ihr ist bereits dann Genüge getan, wenn denjenigen, die gegenüber der Bank auftreten, dies unter ihrem richtigen Namen tun .... § 154 AO verlangt nur, dass keine falschen oder erdichteten Namen verwendet, nicht aber, dass die zugrunde liegenden wirtschaftlichen Beziehungen erkennbar gemacht werden ....

Die Vorschrift verbietet in Absatz 1 nicht den Missbrauch richtiger Namen, sondern allein die Verwendung eines falschen oder erdichteten Namens. Ein Name ist nach einhelliger Meinung nur falsch, wenn er einen anderen als den Verfügungsberechtigten bezeichnet .... Wer Verfügungsberechtigter ist, bestimmt sich aber nicht nach den zugrunde liegenden Beziehungen im Innenverhältnis oder den wirtschaftlichen Verhältnissen, sondern allein nach der formalen Rechtsposition des Kontoinhabers gegenüber der Bank ...."

VII. Institute als Treuhänder (Abs. 2)

Die Pflicht zu Erkundigung nach dem wirtschaftlich Berechtigten gemäß Absatz 1 gilt grundsätzlich nicht im Verhältnis von Instituten i. S. v. § 1 Abs. 4 untereinander, da diese selbst zur Identifizierung der Kunden sowie zur Aufzeichnung und Aufbewahrung der festgestellten Daten verpflichtet sind. Sofern ein Institut jedoch 43

---

36) BGH ZIP 1994, 1926 = WM 1994, 2270, dazu EWiR 1995, 111 *(Philipowski)*.

keiner Aufsicht unterliegt, die der i. S. d. § 16 Nr. 2 qualitativ vergleichbar ist, gilt nach Auffassung des Bundesaufsichtsamtes für das Kreditwesen[37] Nummer 17 Abs. 2 der Verlautbarung für Kreditinstitute entsprechend, d. h., es kann im Einzelfall angezeigt sein, das Institut wie einen gewöhnlichen Kunden zu behandeln.

44 Entsprechend Art. 3 Abs. 9 der 2. Geldwäscherichtlinie eröffnet Absatz 2 Satz 2 seit dem 15.8.2002 zusätzlich die Möglichkeit, allgemeine **Ausnahmen von der Privilegierung** von Instituten gemäß Absatz 2 Satz 1 vorzusehen. Danach können das Bundesministerium des Innern und das Bundesministerium der Finanzen durch Rechtsverordnung ohne Zustimmung des Bundesrates Ausnahmen von Absatz 2 Satz 1 im Hinblick auf Institute bestimmen, die in Drittstaaten ansässig sind, deren Geldwäschevorschriften nicht dem deutschen Niveau entsprechen.[38] Dabei soll es sich vorrangig um Ausnahmen für Drittstaaten handeln, die nicht Mitglied der FATF sind.[39] Liegt eine solche Ausnahmeregelung vor, gelten auch für das Interbankengeschäft die Anforderungen des Absatzes 1. Bislang wurde jedoch von der **Verordnungsermächtigung** des Absatzes 2 Satz 2 kein Gebrauch gemacht.

VIII. Neuregelungen der Dritten Geldwäscherichtlinie

45 Nach Art. 3 Nr. 6 der am 26.11.2005 bekannt gegebenen 3. Geldwäscherichtlinie vom 26.10.2005 wird der Begriff des im deutschen Geldwäschegesetz im Wesentlichen sachgerecht geregelten „wirtschaftlich Berechtigten" neu definiert.[40] Wirtschaftlich Berechtigte oder (nach dem – missglückten – Wortlaut der deutschen Fassung der Richtlinie) „wirtschaftliche Eigentümer" sind danach die natürlichen Personen, in deren Eigentum oder unter deren Kontrolle der Kunde letztlich steht und/oder die natürliche Person, in deren Auftrag eine Transaktion oder Tätigkeit ausgeführt wird. Im Einzelnen umfasst der Begriff nach der Richtlinie „mindestens":

– die natürliche Person, die direkt oder indirekt mehr als 25 % der Aktien oder Stimmrechte einer Gesellschaft letztlich hält oder kontrolliert. Ausgenommen sind auf einem geregelten Markt notierte Gesellschaften, die dem Gemeinschaftsrecht entsprechenden Offenlegungsanforderungen bzw. gleichwertigen internationalen Standards unterliegen. Wirtschaftlicher Eigentümer ist ferner, wer „auf andere Weise" die Kontrolle über die Geschäftsleitung einer Rechtsperson ausübt.

– den Begünstigten von mehr als 25 % des Vermögens einer Rechtsvereinbarung (z. B. Trust) oder Rechtsperson (z. B. Stiftung), die Gelder verwaltet oder verteilt. Sofern die Einzelpersonen, die Begünstigte der Rechtsvereinbarung oder Rechtsperson sind, noch nicht benannt wurden, die Gruppe von Personen, in deren Interesse sie hauptsächlich wirksam ist oder errichtet wurde. Wirtschaftlicher Eigentümer ist ferner die natürliche Person, die eine Kontrolle über 25 % oder mehr des Vermögens einer Rechtsvereinbarung oder Rechtsperson ausübt.

---

37) BAKred, Verlautbarung für Kreditinstitute vom 30.3.1998, Nr. 21, abgedruckt in Anhang III.1.
38) Die Begründung RegE Geldwäschebekämpfungsgesetz, BT-Drucks. 14/8739, S. 15, stellt dagegen auf EU-Niveau ab.
39) Begründung RegE Geldwäschebekämpfungsgesetz, BT-Drucks. 14/8739, S. 15.
40) Siehe auch – zum Richtlinienentwurf – *Höche*, WM 2005, 8, 10.

Im Ergebnis knüpft der Begriff des wirtschaftlichen Eigentümers nach der neuen 46
Richtlinie bei juristischen Personen, die nicht an einer amtlichen Börse zugelassen
sind, an die Frage an, ob eine natürliche Person über mehr als 25 % der Stimm- oder
Kapitalanteile verfügt.

Gerade aber für nicht börsennotierte Unternehmen bestehen in Deutschland keine 47
Mitteilungs- oder Veröffentlichungspflichten bezüglich solcher Beteiligungen. Die
Mitteilungs- oder Veröffentlichungspflichten der §§ 21, 25 und 26 WpHG und § 29
WpÜG wenden sich beispielsweise ausschließlich an börsennotierte Unternehmen.
Die Mitteilungspflichten der §§ 20, 21 AktG verpflichten nur Unternehmen, nicht
jedoch natürliche Personen, auf die der Begriff des wirtschaftlichen Eigentümers
zielt. Das GmbH-Gesetz sieht zwar die Pflicht zur Anmeldung der Gesellschafter
und ihrer jeweiligen Stammeinlage vor (§ 8 Abs. 1 Nr. 3 GmbHG), kennt jedoch
keine zusätzlichen schwellenbetragsrelevanten Pflichten.[41] Auch für die übrigen
juristischen Personen sind Mitteilungs- und Veröffentlichungspflichten, die den
Vorgaben der neuen Richtlinie genügen würden, nicht ersichtlich.

Bereits aus dieser exemplarischen Betrachtung folgt, dass den Verpflichteten des 48
Geldwäschegesetzes die von der Richtlinie geforderten Informationen zum wirtschaftlichen Eigentümer in der Regel nicht zur Verfügung stehen. Nach dem Geldwäschegesetz Verpflichtete sind damit in einem Großteil der Fälle faktisch nicht in
der Lage, die Identität der Anteilseigner aus öffentlich zugänglichen Registern,
Dokumenten oder Veröffentlichungen zu entnehmen. Sie sind vielmehr regelmäßig
ausschließlich auf die Auskünfte des Vertreters der zu identifizierenden juristischen
Person angewiesen. Die durch die Richtlinie bezweckte Transparenz der Anteilsverhältnisse an juristischen Personen lässt sich jedoch auf diese Weise nicht gewährleisten, da die Identifizierungspflichtigen insoweit keine Überprüfungsmöglichkeit haben.

Will der deutsche Gesetzgeber sich hinsichtlich der Beteiligungsverhältnisse juris- 49
tischer Personen nicht auf die bloße – und vom Verpflichteten nicht verifizierbare –
Auskunft des Vertreters der juristischen Person verlassen, wären massive Änderungen des deutschen Gesellschafts- und Registerrechts notwendig. Scheut der
Gesetzgeber diesen Aufwand, wird er akzeptieren müssen, dass den nach dem Geldwäschegesetz Verpflichteten keine Mittel zur Überprüfung der auf die Frage nach
dem wirtschaftlichen Eigentümer gemachten Angaben zur Verfügung stehen.

Nach Art. 45 der 3. Geldwäscherichtlinie müssen die Mitgliedstaaten der Europäi- 50
schen Union sie bis zum 15.12.2007 in nationales Recht umsetzen. Nach ersten Einlassungen des Bundesministeriums der Finanzen ist eine Umsetzung in deutsches
Recht für Ende 2006 geplant.

---

41) Zum Richtlinienentwurf *Höche*, WM 2005, 8, 11.

§ 9
Aufzeichnungs- und Aufbewahrungspflicht

(1) ¹Die nach § 2 Abs. 1 und 2, auch in Verbindung mit Abs. 3, § 3 Abs. 1, § 4 Abs. 1 und 3, § 6 Satz 1 und § 8 Abs. 1 Satz 2 bis 4, getroffenen Feststellungen sind aufzuzeichnen. ²Die Feststellungen nach § 1 Abs. 5 sind durch Aufzeichnung der dort genannten Angaben oder durch Anfertigung einer Kopie der Seiten des zur Feststellung der Identität vorgelegten Ausweises, die diese Angaben enthalten, aufzuzeichnen. ³Wird nach § 7 von einer Identifizierung abgesehen, so sind der Name des zu Identifizierenden sowie der Umstand aufzuzeichnen, dass er dem zur Identifizierung Verpflichteten persönlich bekannt ist oder dass der zu Identifizierende für ein gewerbliches Geldbeförderungsunternehmen aufgetreten ist. ⁴Besteht eine Pflicht zur Identifizierung nach § 2 Abs. 5 Satz 1 erste oder zweite Alternative nicht, so hat das Institut den Namen des Einzahlenden auf dem Einzahlungsbeleg aufzuzeichnen. ⁵Der Einzahlende muss dem Institut zuvor namentlich zusammen mit der Erklärung des Unternehmens bekannt gegeben worden sein, dass das Unternehmen durch ihn in Zukunft wiederholt Bargeld auf ein eigenes Konto einzahlen wird. ⁶Der Einzahlende ist bei der ersten Einzahlung oder Abhebung zu identifizieren.

(2) ¹Die Aufzeichnungen können auch als Wiedergaben auf einem Bildträger oder auf anderen Datenträgern gespeichert werden. ²Es muss sichergestellt sein, dass die gespeicherten Daten

1. mit den festgestellten Angaben übereinstimmen,
2. während der Dauer der Aufbewahrungsfrist verfügbar sind und jederzeit innerhalb angemessener Frist lesbar gemacht werden können.

(3) ¹Die Aufzeichnungen sind sechs Jahre aufzubewahren. ²Die Aufbewahrungsfrist im Falle des § 4 Abs. 1 beginnt mit dem Schluss des Kalenderjahres, in dem die Geschäftsbeziehung mit dem Vertragspartner endet. ³In den übrigen Fällen beginnt sie mit dem Schluss des Kalenderjahres, in dem die jeweilige Angabe festgestellt worden ist.

Übersicht

I.	Aufzeichnungspflicht (Abs. 1) 1		III.	Art der Aufbewahrung (Abs. 2) 12
II.	Art der Aufzeichnung (Abs. 1 Satz 2) 8		IV.	Beginn und Dauer der Aufbewahrung (Abs. 3) 20

I. Aufzeichnungspflicht (Abs. 1)

Nach dieser Vorschrift sind die 1

– bei Abschluss eines Vertrages zur Begründung einer auf Dauer angelegten Geschäftsbeziehung (§ 2 Abs. 1),
– bei der **Annahme von Bargeld, Wertpapieren** i. S. v. § 1 Abs. 1 DepotG oder Edelmetallen im Wert von 15 000 Euro oder mehr (§ 2 Abs. 2),

- bei der **Durchführung mehrerer Finanztransaktionen** i. S. v. § 2 Abs. 2, die zusammen einen Betrag von 15 000 Euro oder mehr ausmachen, sofern tatsächliche Anhaltspunkte dafür vorliegen, dass zwischen ihnen eine Verbindung besteht (§ 2 Abs. 3),
- beim Abschluss von Lebensversicherungsverträgen **oder Unfallversicherungsverträgen mit Prämienrückgewähr** nach § 4 Abs. 1 (Jahresprämie mehr als 1 000 Euro, einmalige Prämie von mehr als 2 500 Euro, Einzahlung auf ein Beitragsdepot von mehr als 2 500 Euro; dies gilt auch, wenn der Betrag der im Laufe des Jahres zu zahlenden periodischen Prämien auf 1 000 Euro oder mehr angehoben wird),
- bei Verdachtsfällen nach § 6 (Feststellung von Tatsachen, die darauf schließen lassen, dass die vereinbarte Finanztransaktion einer Geldwäsche oder der Finanzierung einer terroristischen Vereinigung dient oder im Falle ihrer Durchführung dienen würde) und
- bei der Feststellung des wirtschaftlich Berechtigten nach § 8 Abs. 1 Satz 2–4 (Handeln für fremde Rechnung)

getroffenen Feststellungen aufzuzeichnen und sechs Jahre aufzubewahren. Dies gilt für alle nach dem Geldwäschegesetz zur Identifizierung Verpflichteten einschließlich Versicherungsmakler und der in § 3 Abs. 1 genannten Berufsträger, sonstigen Gewerbetreibenden und deren Beauftragte nach § 3 Abs. 1 Satz 3.

2 Sämtliche **festgestellten Angaben** wie Art, Nummer und ausstellende Behörde des Ausweispapiers, das zur Identifizierung vorgelegt wurde, sind aufzuzeichnen. Die Aufzeichnung der hierbei getroffenen Feststellungen ist unmittelbar im Anschluss an die Feststellung vorzunehmen und ist so durchzuführen, dass ein Dritter die Daten einem bestimmten Geschäftsvorgang zuordnen kann.[1] Wird nach § 7 auf die Vorlage eines Ausweises verzichtet, muss gemäß Absatz 1 Satz 3 außer dem Namen vermerkt werden, dass auf die Vorlage eines Ausweises verzichtet wurde, weil der Kunde persönlich bekannt ist und in der Vergangenheit identifiziert wurde. Gleiches gilt auch, wenn der zu Identifizierende für ein gewerbliches **Geldbeförderungsunternehmen** auftritt. Ist der zu Identifizierende nicht persönlich bekannt, genügt in diesem Fall die Vorlage eines Dienstausweises.

3 Handelt es sich bei der auftretenden Person um einen „**regelmäßigen Einzahler**" (§ 2 Abs. 5 Satz 1 Alt. 1), bei dem eine Pflicht zur Identifizierung nicht besteht, reicht es gemäß Absatz 1 Satz 4 aus, wenn das Institut den Namen des Einzahlenden auf dem Einzahlungsbeleg aufzeichnet. Zuvor muss der Einzahlende (Inhaber oder Mitarbeiter eines Unternehmens) dem Institut namentlich mit der Erklärung bekannt gegeben worden sein, dass das Unternehmen durch ihn in Zukunft wiederholt Bargeld auf ein eigenes Konto (Firmenkonto) einzahlen wird. Bei der ersten Einzahlung oder Abhebung ist der „regelmäßige Einzahler" zu identifizieren.[2]

---

1) BGH ZIP 1997, 1832 = BB 1997, 2607, 2608 = Datenschutz-Berater 9/1997, S. 20, dazu EWiR 1997, 995 *(von Manteuffel/Evers)*.
2) Vgl. im Einzelnen die Erläuterungen *Langweg*, § 2 Rz. 129 ff.

Aufzeichnungs- und Aufbewahrungspflicht § 9 GwG

Durch das Geldwäschebekämpfungsgesetz wurden die bei der Identifizierung einer 4
auftretenden Person zu erhebenden Angaben gemäß § 1 Abs. 5 um den **Geburtsort
und die Staatsangehörigkeit** der zu identifizierenden Person ergänzt.[3)] Da der in
Absatz 1 Satz 6 verwendete Begriff der Identifizierung durch § 1 Abs. 5 legal definiert wird, stellt sich in der Praxis vielfach die Frage, ob die erleichterte Identifizierung „regelmäßiger Einzahler" durch Aufzeichnung des Namens weiterhin auch auf solche Identifizierungen anwendbar ist, die anlässlich der ersten Einzahlung nach § 1 Abs. 5 a. F. vorgenommen wurden und somit die vorgenannten zusätzlichen Angaben nicht enthalten. Da jedoch auch bei einer Identifizierung nach § 1 Abs. 5 a. F. die Identität des „regelmäßigen Einzahlers" zweifelsfrei festgestellt wurde und die zusätzliche Erhebung des Geburtsortes und der Staatsangehörigkeit keine qualitativ verbesserte Identitätsfeststellung mit sich bringt, dürfte Absatz 1 Satz 4 sowohl auf Identifizierungen nach alter als auch nach neuer Fassung des § 1 Abs. 5 anzuwenden sein. Absatz 1 Satz 6 verweist insoweit jeweils auf die bei Anlass der Erstidentifizierung gültige Fassung des § 1 Abs. 5.

Soweit Absatz 1 Satz 4 die für „regelmäßige Einzahler" geltende Regelung auch auf 5
§ 2 Abs. 5 Satz 1 Alt. 2 und damit auf die **Deponierung von Bargeld im Nachttresor** (!) erstreckt, handelt es sich hierbei ganz offensichtlich um ein Redaktionsversehen des Gesetzgebers. Hierfür spricht bereits die praktische Unmöglichkeit bzw. Sinnwidrigkeit, vor der Deponierung von Bargeld im Nachttresor den Namen des Einzahlenden auf dem (in der Geldkassette liegenden) Einzahlungsbeleg aufzuzeichnen. Hierzu hat auch die Bundesanstalt für Finanzdienstleistungsaufsicht zwischenzeitlich klargestellt,[4)] dass nach Absatz 1 Satz 4 keine Pflicht zur Identifizierung bei jeder Deponierung von Bargeld in einem Nachttresor besteht. Entstanden ist der Verweisungsfehler, als ein Redaktionsversehen, das durch das Geldwäschebekämpfungsgesetz entstanden war, mit dem Investmentmodernisierungsgesetz behoben wurde. Danach blieb es auch nach dem Wegfall der Identifizierungspflicht bei der Abgabe von Barmitteln zum 15.8.2002 zunächst bei der Aufzeichnungspflicht des Namens der handelnden Person bei der Abgabe von Barmitteln an regelmäßige Einzahler/Abheber.

Eine ausreichende Dokumentation im Sinne von Absatz 1 Satz 1 und 2 liegt bei **Ta- 6
felgeschäften** nur vor, wenn eine zweifelsfreie Zuordnung zwischen dem einzelnen Geschäftsvorfall oder dem einzelnen Tafelbeleg und den zugehörigen Identifizierungsunterlagen ebenso wie in umgekehrter Weise möglich ist.[5)]

Nach Absatz 1 besteht keine Aufzeichnungs- und Aufbewahrungspflicht für **Ver- 7
dachtsanzeigen** nach § 11. Die vom Bundesaufsichtsamt für das Kreditwesen in seiner Verlautbarung[6)] vertretene Auffassung, Aufzeichnungs- und Aufbewahrungspflichten würden sowohl für hausinterne Meldungen als auch für die bei den Ermitt-

---

3) Siehe *Fülbier*, § 1 Rz. 83, 88 ff.
4) BaFin, Ergebnisprotokoll über das Gespräch mit Vertretern des Zentralen Kreditausschusses (ZKA) im Hause der BaFin am 29.3.2004, Ziffer 3 (unveröff.).
5) BAKred, Verlautbarung für Kreditinstitute vom 30.3.1998, Nr. 22, abgedruckt in Anhang III.1.
6) BAKred, Verlautbarung für Kreditinstitute vom 30.3.1998, Nr. 25 f, abgedruckt in Anhang III.1.

Langweg

lungsbehörden erstatteten Verdachtsanzeigen gelten, entbehrt zwar einer gesetzlichen Grundlage. Die Beachtung dieser Forderung insbesondere in den Fällen, in denen der Anzeigepflichtige nach sorgfältiger Abwägung der vorliegenden Erkenntnisse zu dem Ergebnis gekommen ist, der Verdacht einer Geldwäsche bestehe nicht und es sei deshalb keine Anzeige bei den Ermittlungsbehörden zu erstatten, ermöglicht jedoch unter Umständen den späteren Nachweis, nicht leichtfertig von einer Anzeige abgesehen zu haben. Darüber hinaus könnten aus hausinternen Meldungen Erkenntnisse zur Beurteilung weiterer Verdachtsmomente gewonnen werden. Allerdings besteht nach der in der Verlautbarung vertretenen Auffassung eine Aufzeichnungs- und Aufbewahrungspflicht selbst dann, wenn die Ermittlungsbehörden zu dem Ergebnis gekommen sind, es bestehe kein Anfangsverdacht für eine Geldwäsche. Sachgerecht erscheint vielmehr eine vermittelnde Auffassung, nach der der Anzeigepflichtige zwar nicht verpflichtet, jedoch vor dem Hintergrund der Regelung des § 11 berechtigt ist, Angaben aus hausinternen Verdachtsmeldungen vorzuhalten. Auch für die nach den Anforderungen der Verlautbarung gefertigten Aufzeichnungen gelten die Verwertungsbeschränkungen des § 10 entsprechend. Nach der Verlautbarung des Bundesaufsichtsamtes für das Kreditwesen[7] müssen auch die Fälle, in denen eine Geschäftsbeziehung aufgrund eines „verdächtigen Kontos" abgebrochen wird, zur Überprüfung durch die interne und die externe Revision dokumentiert werden.

II. Art der Aufzeichnung (Abs. 1 Satz 2)

8 Bis zur am 15.8.2002 in Kraft getretenen Änderung des Geldwäschegesetzes durch das Geldwäschebekämpfungsgesetz sollte „die Aufzeichnung, soweit möglich, durch Kopie der zur Feststellung der Identität vorgelegten Dokumente erfolgen". Zumindest an der Kasse (Kassen-Box) bestehen Kopiermöglichkeiten jedoch regelmäßig nicht und können auch nicht geschaffen werden. Dagegen hat das Bundesaufsichtsamt für das Kreditwesen noch in seiner Verlautbarung vom 30.3.1998[8] ausgeführt aus dem Gesetz habe sich ergeben, dass im Schalterbereich die Erstellung einer Fotokopie stets möglich sei. Daher hätten die Kreditinstitute technische und organisatorische Vorkehrungen zu treffen, dass diese Kopien bei allen Geschäften, bei denen nach dem Betriebsablauf eine Identifizierung am Schalter erfolgen kann, erstellt werden können. Längerfristig solle, soweit möglich, die Aufzeichnung durch Erstellung einer Kopie auch bei Geschäften geschehen, bei denen eine Identifizierung im Kassenbereich stattfindet.

9 Wegen der teilweise schlechten Qualität und der geringen Ermittlungsrelevanz der gefertigten Ausweiskopien nimmt das Bundesaufsichtsamt für das Kreditwesen allerdings in Teilbereichen Abstand vom Erfordernis der Ausweiskopie. So wird unter Nummer 22 Abs. 4 der Verlautbarung ausgeführt, dass es bei Kontoeröffnungen von Personen, die über einen in der Europäischen Union ausgestellten Personalausweis

---

[7] BAKred, Verlautbarung für Kreditinstitute vom 30.3.1998, Nr. 30, abgedruckt in Anhang III.1.
[8] BAKred, Verlautbarung für Kreditinstitute vom 30.3.1998, Nr. 22 Abs. 2, abgedruckt in Anhang III.1.

Aufzeichnungs- und Aufbewahrungspflicht § 9 GwG

oder Reisepass verfügen, ausreiche, wenn die bei der erstmaligen Identifizierung gemäß § 1 Abs. 5 festgestellten Angaben entweder durch Kopie der zur Feststellung der Identität vorgelegten Dokumente oder insbesondere mittels EDV aufgezeichnet wurden.[9]

Seit Inkrafttreten des Geldwäschebekämpfungsgesetz es am 15.8.2002 sind die Feststellungen nach § 1 Abs. 5 „durch **Aufzeichnung** der dort genannten Angaben **oder** durch **Anfertigung einer Kopie** der Seiten des zur Feststellung der Identität vorgelegten Ausweises, die diese Angaben enthalten, aufzuzeichnen" (Absatz 1 Satz 2). Dieser Wortlaut stellt klar, dass neben der Anfertigung einer Fotokopie zur Aufzeichnung der Identifikationsdaten gleichrangig auch andere Möglichkeiten der Dokumentation, wie **Niederschrift oder EDV-Erfassung**, zulässig sind. Demgemäß besteht die ehemalige Beschränkung, dass eine EDV-mäßige Aufzeichnung lediglich bei „Dauerkunden" mit EU-Ausweispapieren zulässig ist, nicht mehr. Vielmehr können nunmehr generell alternativ zur Anfertigung einer Kopie des zur Identifizierung vorgelegten Ausweises auch andere Möglichkeiten der Dokumentation wie Niederschrift oder insbesondere eine EDV-Erfassung genutzt werden.[10]

10

Die Gesetzesformulierung stellt darüber hinaus eine eindeutige **Ermächtigungsgrundlage** für die Anfertigung von Fotokopien der zur Identifizierung herangezogenen Ausweisdokumente gemäß § 4 Abs. 1 Alt. 2 BDSG dar, weshalb das Einverständnis des Kunden mit der Anfertigung einer Kopie keiner ausdrücklichen – schriftlichen – Einwilligung gemäß § 4a BDSG bedarf. Das Einverständnis kann vielmehr auch konkludent z. B. durch Hingabe des Ausweisdokuments erklärt werden.[11]

11

III. Art der Aufbewahrung (Abs. 2)

Absatz 2 gestattet es auch, die Aufzeichnungen als **Wiedergabe auf einem Bildträger** oder **auf anderen Datenträgern** zu speichern. Eine konkrete Form der Aufbewahrung ist somit nicht vorgeschrieben. Dabei muss jedoch sichergestellt sein, dass die gespeicherten Daten

12

– mit den festgestellten Angaben übereinstimmen,
– während der Dauer der Aufbewahrungsfrist verfügbar sind und jederzeit innerhalb angemessener Frist lesbar gemacht werden können.

Lesbarmachung **innerhalb angemessener Frist** bedeutet, dass durch die Herstellung der visuellen Lesbarkeit die Ermittlungen nicht behindert werden dürfen.

13

Da die nach dem Geldwäschegesetz aufzubewahrenden Unterlagen auch der Innenrevision, dem Geldwäschebeauftragten, dem Jahresabschlussprüfer und dem mit einer Prüfung nach § 44 Abs. 1 KWG beauftragten Prüfer ungehindert verfügbar sein müssen, sind an die „Lesbarkeit" dieser Unterlagen hohe Anforderungen zu

14

---

9) BAKred, Verlautbarung für Kreditinstitute vom 30.3.1998, Nr. 22 Abs. 4, abgedruckt in Anhang III.1.
10) So auch BaFin, Ergebnisprotokoll über das Gespräch mit Vertretern des Zentralen Kreditausschusses (ZKA) im Hause der BaFin am 29.3.2004, Ziffer 6 (unveröff.).
11) Begründung RegE Geldwäschebekämpfungsgesetz, BT-Drucks. 14/8739, S. 15.

Langweg

stellen. Aus der **EDV-mäßigen Aufzeichnung** muss ersichtlich sein, welcher Mitarbeiter des Instituts die Identifizierung vorgenommen hat. Außerdem bedarf es nach Nummer 22 der Verlautbarung[12] eines **Zugriffsschutzes** auf das EDV-Programm zur Erfassung dieser Daten, um die erforderliche Datensicherheit zu gewährleisten. Dadurch soll sichergestellt werden, dass nur besonders bevollmächtigte und mit entsprechender „security" versehene Mitarbeiter die Daten bei Vorliegen bestimmter Voraussetzungen ändern oder löschen können.

15 Findet zusätzlich zur computergestützten Aufzeichnung eine **papierhafte Aufbewahrung** der Daten statt, werden dadurch die sich aus § 9 ergebenden Pflichten erfüllt, so dass die EDV-Aufzeichnung als „zusätzliche Zugriffsmöglichkeit" eines besonderen Schutzes vor unberechtigter Änderung oder Löschung nicht bedarf.

16 Den Anforderungen der Nummer 22 der Verlautbarung genügt auch ein **Dokumentationssystem**, bei dem eine fortlaufende Aufzeichnung sämtlicher Zugriffe auf die Datenbanken sowie aller darin vorgenommenen Änderungen erfolgt, die jederzeit lückenlos rückverfolgbar ist und erkennen lässt, welche Person konkret welche Daten geändert hat.[13] Einer besonderen Zugriffsbeschränkung auf bestimmte Mitarbeiter bedarf es in diesen Fällen mithin nicht.

17 Sonstige Vorschriften, wie die Daten abzulegen und zu sortieren sind, enthält das Gesetz nicht. Es empfiehlt sich jedoch, die Aufzeichnungen zumindest **chronologisch** zu **sortieren**, um die aufgezeichneten Daten nicht über die vorgeschriebene Frist hinaus lagern zu müssen. Die Aufbewahrung in **Alphalisten** ist ebenfalls zulässig und aus ermittlungstaktischen Ansätzen zu begrüßen.

18 Zur Erleichterung der Beantwortung von Ermittlungsersuchen und um den Zugriff auf die gespeicherten Daten nach dem Namen zu gewährleisten, bietet es sich an, die erhobenen Daten alphabetisch zu sortieren und getrennt nach der identifizierten Person und einem eventuell abweichenden wirtschaftlich Berechtigten jahrgangsweise aufzuzeichnen. Nach der Verlautbarung des Bundesaufsichtsamtes für das Kreditwesen[14] soll durch die Aufzeichnung jedoch lediglich sichergestellt werden, dass die Daten während der Dauer der Aufbewahrungsfrist jederzeit verfügbar sind und auf Nachfrage eine Auskunft unverzüglich erteilt werden kann. Deshalb ist eine gesonderte Ablage in den Fällen verzichtbar, in denen die diesbezüglichen Aufzeichnungen wegen der geringen Stückzahl ohnehin zu überblicken ist. Darüber hinaus bestehen Erleichterungsregelungen betreffend die Aufzeichnung der bzw. der abweichend wirtschaftlich Berechtigten insbesondere bei Sammelanderkonten von Rechtsanwälten und Gerichtsvollziehern[15] sowie Mietkautionskonten auf den Namen des Vermieters.[16]

---

12) BAKred, Verlautbarung für Kreditinstitute vom 30.3.1998, Nr. 22, abgedruckt in Anhang III.1.
13) BaFin, Ergebnisprotokoll über das Gespräch mit Vertretern des Zentralen Kreditausschusses (ZKA) im Hause der BaFin am 29.3.2004, Ziffer 5 (unveröff.).
14) BAKred, Verlautbarung für Kreditinstitute vom 30.3.1998, Nr. 22 Abs. 7, abgedruckt in Anhang III.1.
15) Siehe *Langweg*, § 8 Rz. 25 ff.
16) Siehe *Langweg*, § 8 Rz. 36 ff.

Der Geldwäschebeauftragte muss zur Erfüllung der ihm obliegenden Pflichten **jederzeit Zugang** zu den nach § 9 aufzubewahrenden Unterlagen haben.[17]

IV. Beginn und Dauer der Aufbewahrung (Abs. 3)

Die gefertigten Aufzeichnungen sind **sechs Jahre** aufzubewahren. Die Aufbewahrungsfrist beginnt mit dem Schluss des Kalenderjahres, in dem die jeweilige Angabe festgestellt wurde. Etwas anderes gilt gemäß Absatz 3 Satz 2 lediglich für Lebensversicherungsverträge und Unfallversicherungsverträge mit Prämienrückgewähr, bei denen die Aufbewahrungsfrist mit dem Schluss des Kalenderjahres beginnt, in dem die Geschäftsbeziehung mit dem Vertragspartner endet. Dagegen beträgt die Aufbewahrungsfrist z. B. für Buchungsbelege nach § 257 Abs. 1 HGB zehn Jahre, beginnend mit dem Schluss des Kalenderjahres, in dem der Buchungsbeleg entstanden ist.

---

17) BAV, Verlautbarung zum Geldwäschegesetz vom Januar 1996 (I6-230/95, VerBAV 1996, 3 ff, Ziff. 6.2), abgedruckt in Anhang IV.3.

§ 10
Heranziehung und Verwendung von Aufzeichnungen

(1) Die nach § 9 Abs. 1 gefertigten Aufzeichnungen dürfen nur zur Verfolgung einer Straftat nach § 261 des Strafgesetzbuches und der in § 261 Abs. 1 Satz 1 Nr. 1 bis 5 des Strafgesetzbuches genannten Straftaten für Zwecke eines Strafverfahrens herangezogen und verwendet werden.

(2) [1]Soweit ein Strafverfahren wegen einer in Absatz 1 bezeichneten Straftat eingeleitet wird, ist dieser Umstand zusammen mit den zugrunde liegenden Tatsachen der Finanzbehörde mitzuteilen, sobald eine Finanztransaktion im Sinne von § 1 Abs. 6 festgestellt wird, die für die Finanzverwaltung für die Einleitung oder Durchführung von Besteuerungs- oder Steuerstrafverfahren Bedeutung haben könnte. [2]Zieht die Strafverfolgungsbehörde im Strafverfahren Aufzeichnungen nach § 9 Abs. 1 heran, dürfen auch diese der Finanzbehörde übermittelt werden. [3]Die Mitteilungen und Aufzeichnungen dürfen für Besteuerungsverfahren und für Strafverfahren wegen Steuerstraftaten verwendet werden.

Literatur: *Ackermann*, Geldwäscherei – Money Laundering, 1992; *Carl/Klos*, Geldwäschegesetz und Datenweitergabe zu Besteuerungszwecken, DStZ 1994, 68; *Dahm*, Banken im Spannungsfeld zwischen Staat und Kunden, WM 1996, 1285; *Dahm/Hamacher*, Geldwäschebekämpfung und strafrechtliche Verfahrensgarantien, wistra 1995, 206; *Eberlein*, Zugriff der Finanzverwaltung auf Daten und Datenverarbeitungssysteme im Rahmen der steuerlichen Außenprüfung, DStZ 2002, 249; *Findeisen*, Die Effektivierung des bankinternen Sicherungssystems zur Verhinderung der Geldwäsche, Juni 1996; *Fülbier*, Geldwäscherei: Bankangestellte im Dienst der Ermittlungsbehörden, WM 1990, 2025; *Gradowski/Ziegler*, Geldwäsche, Gewinnabschöpfung, Bd. 39 der BKA-Forschungsreihe, 1996/1997; *Habetha*, Verwaltungsrechtliche Rasterfahndung mit strafrechtlichen Konsequenzen?, WM 1996, 2133; *Hamacher*, Gibt es noch ein steuerliches Bankgeheimnis?, WM 1997, 2149; *Hamacher/Spitz*, Auskunftsbegehren der Finanzbehörden, 1988; *Herzog*, Der Banker als Fahnder?, WM 1996, 1753; *Hetzer*, Steuer und Strafe, Kriminalistik 1998, 234; *ders.*, Vermögenseinziehung, Geldwäsche, Wohnraumüberwachung, wistra 1994, 176; *Höche*, Neues Instrumentarium zur Geldwäschebekämpfung, Die Bank 1998, 618; *Hund*, Der Entwurf für ein Gesetz zur Verbesserung der Geldwäschebekämpfung, ZRP 1997, 181; *Johnigk*, Anwaltstätigkeit unter dem Geldwäschegesetz, BRAK-Mitt. 1994, 58; *Kaligin*, Steuerfahndung bei Banken, WM 1996, 2267; *Kuhsel/Kaeser*, Bemerkungen zum BMF-Schreiben betreffend den Datenzugriff der Finanzverwaltung ab 1.1.2002, DB 2001, 1583; *Meyer/Hetzer*, Gewinnabschöpfung durch Besteuerung, ZRP 1997, 13; *dies.*, Schulterschluß gegen Organisierte Kriminalität, Kriminalistik 1997, 694; *Müller-Brühl*, Die Stellung der Kreditinstitute in Steuerverfahren ihrer Kunden, 1988; *Papier/Dengler*, Verfassungsrechtliche Fragen im Zusammenhang mit Steuerfahndungsmaßnahmen bei Banken (I und II), BB 1996, 2541 und 2593; *Pfannenschmidt*, Finanzermittlungen, Kriminalistik 1994, 399; *Raeschke-Kessler*, Grenzen der Dokumentationspflicht nach § 31 Abs. 2 Nr. 1 WpHG, WM 1996, 1764; *Sichtermann u. a.*, Bankgeheimnis und Bankauskunft, 1984; *Starke*, Zur Einbeziehung der Anwaltschaft in ein Gewinnaufspürungsgesetz, BRAK-Mitt. 1992, 178; *Wabnitz/Müller*, Wirtschaftskriminalität, 1993; *Weinreich*, Die Verwertung von Ermittlungsergebnissen des Steuerstrafverfahrens für Besteuerungsverfahren der Bankkunden, DStR 2002, 1925; *Wöß*, Geldwäscherei und Banken, 1994; *Zentraler Kreditausschuss (ZKA)*, Leitfaden zur Bekämpfung der Geldwäsche, 1995 (zit.: ZKA, Leitfaden); *ders.*, Positionspapier der Kreditwirtschaft zur Geldwäschegesetzgebung vom 14.9.1995 (zit.: ZKA, Positionspapier).

Übersicht

I. **Einführung** 1	1. Einführung 39
1. Überblick und Entstehung 1	2. Zulässige Zugriffs- und Herausgabemöglichkeiten 44
2. Verfassungsrechtliche Rahmenbedingungen 5	a) Beschlagnahme 47
a) Das Recht auf informationelle Selbstbestimmung 5	b) Sicherstellung 50
	c) Durchsuchung 55
b) Verhältnismäßigkeitsprinzip 13	d) Zeugenvorladung 57
II. **Verwertung der Daten aus Aufzeichnungen** 15	e) Freiwillige Herausgabe 59
1. Verwertung im Strafverfahren (Abs. 1) 15	f) Keine Rechtsgrundlage aus dem Geldwäschegesetz 63
2. Mitteilungspflicht gegenüber den Finanzbehörden (Abs. 2 Satz 1) 17	2. Verhalten bei anderen Maßnahmen der Behörden 64
	a) Kein Zugriff bei Auskunftsersuchen im Besteuerungsverfahren 64
3. Verwertung in Besteuerungs- und Steuerstrafverfahren (Abs. 2 Satz 3) 28	b) Steuerstrafverfahren 68
4. Kritik 32	c) Außenprüfung/Betriebsprüfung 76
III. **Herausgabe von Unterlagen nach § 9 (Abs. 2 Satz 2)** 39	d) Verwertung von anderweitig aufgezeichneten Daten 78

I. Einführung

1. Überblick und Entstehung

1 § 10 regelt die Verwertung von Aufzeichnungen nach § 9 und die Mitteilungspflicht der Ermittlungsbehörden für Anzeigen nach § 11 gegenüber Finanzbehörden. Dem Wortlaut nach bezieht sich Absatz 2 auf die Einleitung eines Strafverfahrens. Da nahezu jede Verdachtsanzeige nach § 11 zur Einleitung eines Strafverfahrens führt, ist das der Weiterleitung der Verdachtsanzeige selbst gleichzusetzen. Heikel ist dabei die Verwendung zu steuerlichen Zwecken. Die **ursprüngliche Fassung** des Geldwäschegesetzes enthielt in § 10 nach damals einhelliger Auffassung eine vertretbare Verwertungsbeschränkung.[1] Sie ließ eine Verwertung zu steuerlichen Zwecken zu, wenn eine rechtskräftige Verurteilung wegen einer Tat nach Absatz 1 vorlag. Auch die alte Regelung stellte einen Eingriff in Grundrechte dar. Sie war jedoch durch die im Interesse des Allgemeinwohls liegende Strafverfolgung noch gedeckt. Diese Auffassung vertrat bis zur Gesetzesänderung auch die Bundesregierung, was bis dahin stets in den Begründungen zu deren Gesetzentwürfen recht deutlich zum Ausdruck kam. So heißt es in der Gegenäußerung der Bundesregierung zur Stellungnahme des Bundesrats vom 4.6.1992:

„Wie in der Entwurfsbegründung bereits ausführlich dargelegt, besteht der Zweck der verbesserten Erkenntnisquellen für die Strafverfolgungsbehörden in

---

1) *Werner*, S. 162 ff; ZKA, Leitfaden, Rz. 89.

einer Effektivierung der Geldwäschebekämpfung. Nur insoweit lässt sich die hierfür erforderliche Einbindung Privater in die – an sich dem Staat obliegende – Aufgabe der Strafverfolgung rechtfertigen."[2]

Im Entwurf der Bundesregierung eines Gesetzes zur Verbesserung der Geldwäschebekämpfung[3] war daher keine Änderung des Absatzes 2 vorgesehen. Dennoch hatte sie der damaligen **Neufassung** letztendlich zugestimmt. Danach war und ist eine Verwertung zu steuerlichen Zwecken schon nach Einleitung eines Strafverfahrens wegen einer Tat nach Absatz 1 zulässig. Diese Neuregelung entsprach den schon von Beginn an vorgetragenen Wünschen der damaligen SPD-Opposition bzw. des Bundesrats und eines Teils der Literatur.[4] Der plötzliche Sinneswandel der damaligen Bundesregierung stand im Zusammenhang mit der Einführung des **Lauschangriffs**. Die Positionen der Bundesregierung gingen hier erheblich weiter als die Vorstellungen der Opposition. Die ursprüngliche Haltung der Bundesregierung zur Verwertung der Daten nach § 9 zu steuerlichen Zwecken ist dem Nachgeben der Opposition bzw. des Bundesrates beim Lauschangriff als Gegenleistung zum Opfer gefallen.[5] Das Kompromisspaket vom Herbst 1997 ist dann aber im Frühjahr 1998 wieder von der SPD aufgeschnürt worden. Der Lauschangriff wurde abgeschwächt, ohne dass die weitgehende Verwertungsregelung des § 10 im Rahmen der Verhandlungen zur Disposition gestellt wurde. Das Endergebnis ist deshalb zu Recht als Niederlage für die damalige Koalition gewertet worden.[6]

2

Infolge des 11.9.2001 hat es mit der Einführung der §§ 24c und 25b KWG weit einschneidendere gesetzliche Veränderungen gegeben, die die Verwertungsbeschränkung und die Regelungen des § 10 nahezu obsolet erscheinen lassen (unten Rz. 31, 40).

3

Es ist zu begrüßen, wenn der organisierten Kriminalität (OK) die finanzielle Grundlage entzogen wird. Dazu hat es inzwischen zahlreiche Ansätze gegeben, die sich aber größtenteils nicht mit dem Grundgesetz vereinbaren ließen.[7] Der Entzug des Vermögens über die Besteuerung ist ein Weg, der z. B. in den USA und den Niederlanden beschritten wurde. Er wurde 1998 auch in Deutschland über die Regelung in Absatz 2 eingeschlagen. In der derzeitigen Ausgestaltung, die eine leichte Abmilderung gegenüber der 1998 verabschiedeten Fassung darstellt (unten Rz. 17 ff), ist die Regelung verfassungswidrig (Rz. 5 ff). Die in der Vorauflage dargestellten ermittlungspraktischen Probleme sind durch die Neuregelung teilweise abgestellt worden.

4

---

2) Gegenäußerung BReg zu BRat RegE GewAufspG, BT-Drucks. 12/2747, S. 3.
3) RegE eines Gesetzes zur Verbesserung der Geldwäschebekämpfung, BT-Drucks. 13/6620.
4) BRat zum RegE GewAufspG, BT-Drucks. 12/2704, S. 23; Stellungnahme BRat zum RegE eines Gesetzes zur Verbesserung der Geldwäschebekämpfung, BT-Drucks. 13/6620, S. 13; *Carl/Klos*, S. 223 f; *dies.*, DStZ 1994, 68, 71, 72; *Hetzer*, wistra 1994, 183.
5) Vgl. „Länder schwanken beim Lauschangriff", Handelsblatt vom 1.9.1997, S. 6, vom 26.8.1997, S. 5, und vom 19.1.1998, S. 5; *Goffart*, Der Lauschangriff ist nicht alles, Handelsblatt vom 19.1.1998, S. 5.
6) Handelsblatt vom 6./7.3.1998, S. 1; Frankfurter Allgemeine Zeitung vom 6.3.1998, S. 1.
7) Dazu vor allem *Meyer/Hetzer*, ZRP 1997, 13, 20, sowie deren FrakE OKVStG; dazu Handelsblatt vom 12.11.1996, S. 6; siehe auch den Gesetzesantrag des Landes Baden-Württemberg zur Änderung des Grundgesetzes, BR-Drucks. 694/95 vom 24.10.1995, sowie SPD-E 2. OrgKG, BT-Drucks. 12/6784 vom 4.2.1994.

2. Verfassungsrechtliche Rahmenbedingungen
a) Das Recht auf informationelle Selbstbestimmung

5 In seinem Volkszählungsurteil vom 15.12.1983 hat das Bundesverfassungsgericht[8] auf der Basis des allgemeinen Persönlichkeitsrechts Grundsätze zum Recht auf informationelle Selbstbestimmung herausgearbeitet. Eine Informationserhebung auf Vorrat zu im Einzelfall unbestimmten oder noch nicht bestimmbaren Zwecken stellt danach einen Eingriff in dieses Grundrecht dar.[9]

6 Das Geldwäschegesetz verpflichtet zur Erhebung von Informationen über Privatpersonen zu im Einzelfall unbestimmten oder noch nicht bestimmbaren Zwecken, um diese Informationen staatlichen Stellen zugänglich zu machen. Die Informationserhebung dient ausschließlich staatlichen Zwecken.[10] Das Institut wird als Privater in die Pflicht genommen; es wird dadurch nicht zur öffentlichen Stelle.[11]

7 Erst im Nachhinein wird sich im Einzelfall zeigen, ob die Daten zum Nachweis einer Geldwäsche dienen können. Schon diese Datenerhebung ist vor dem Hintergrund des Grundrechts auf informationelle Selbstbestimmung sehr bedenklich. Sie mag jedoch mit dem ebenfalls verfassungsrechtlich verankerten, im Allgemeininteresse liegenden Rechtsgut der Strafverfolgung und Verbrechensbekämpfung gerechtfertigt werden.[12] Das gilt jedenfalls dann, wenn es um die Bekämpfung der organisierten Kriminalität geht, der mit anderen, weniger einschneidenden Mitteln nicht beizukommen ist.

8 Diese Bedenken im Hinblick auf die informationelle Selbstbestimmung müssen darüber hinaus weitgehend zurückgestellt werden, weil die Bundesregierung zur Einführung der in Absatz 1 vorgesehenen Maßnahmen aufgrund des europäischen Gemeinschaftsrechts gezwungen war. Soweit sich diese Maßnahmen an die Vorgaben der Geldwäscherichtlinie halten, können sie nur eingeschränkt am Maßstab des deutschen Verfassungsrechts gemessen werden.[13]

9 Nach Maßgabe der Geldwäscherichtlinie (Präambel und Art. 6 Abs. 3) dürfen die Informationen nur zur Bekämpfung der Geldwäsche genutzt werden. Dem entspricht Absatz 1. Die Mitgliedstaaten können jedoch vorsehen, dass diese Informationen auch für andere Zwecke verwandt werden. Dazu bedarf es aufgrund dieser

---

8) BVerfGE 65, 1 = DB 1984, 36.
9) BVerfGE 65, 1, 46; BVerfG WM 1989, 1623, dazu WuB X 86 AO 1.89 *(Hamacher)*.
10) Begründung RegE GewAufspG, BT-Drucks. 12/2704, S. 10; *Gradowski/Ziegler*, S. 106; *Herzog*, WM 1996, 1753, 1762; siehe *Fülbier*, Einleitung Rz. 83 ff.
11) *Findeisen*, S. 4; *Herzog*, WM 1996, 1753, 1758; a. A. *Dahm/Hamacher*, wistra 1995, 206, 214; *Dahm*, WM 1996, 1285, 1286, 1288.
12) BVerfGE 57, 250, 284; BVerfGE 77, 65, 76; BVerfG NJW 1990, 563, 564 f; *Reiß*, in: BuB, Rz. 16/121.
13) Dazu siehe *Fülbier*, Einleitung Rz. 97.

Vorgabe der Geldwäscherichtlinie einer ausdrücklichen, nationalen gesetzlichen Regelung, die die anderweitige Nutzung gestattet.[14] Davon hat der deutsche Gesetzgeber mit Absatz 2 Gebrauch gemacht.

Aufgrund der EG-Vorgaben ist die Grundrechtskontrolle nur für den EU-rechtlich 10 gedeckten Bereich des Geldwäschegesetzes reduziert.[15] Da die Verwertung zu steuerlichen Zwecken den Mitgliedstaaten freigestellt ist, ist die Regelung in Absatz 2 nicht von der Geldwäscherichtlinie gedeckt. Eine etwaige Nutzung der Daten zu steuerlichen Zwecken kann und muss daher am deutschen Verfassungsrecht gemessen werden.[16]

Wenn das Strafverfolgungsinteresse bezüglich des organisierten Verbrechens nach 11 einer Güterabwägung noch eine Rechtfertigung darstellt, muss dies bei der Datenerhebung auf Vorrat zu steuerlichen Zwecken abgelehnt werden. Wo schon Daten zu einem bestimmten legitimen Zweck in legitimer Weise erhoben sind, dürfen die Daten nicht darüber hinaus zu weiteren (hier: steuerlichen) Zwecken herangezogen werden. In diesem Punkt hat das Bundesverfassungsgericht schon mehrfach entschieden, dass das Interesse an der Besteuerung vor diesem Grundrecht zurückzutreten hat und damit keinen Eingriff in dieses Grundrecht rechtfertigt.[17] Die Erhebung dieser Informationen zu steuerlichen Zwecken ist deshalb unzulässig. Dies muss in gleichem Maße für die Verwertung der Daten gelten.

Aus diesem Grunde stellt es einen Verstoß gegen das Recht auf informationelle 12 Selbstbestimmung der (unschuldig) Betroffenen dar, wenn den Finanzbehörden die auf Vorrat gesammelten Daten zur Verfügung gestellt werden. Ein Eingriff in dieses Recht wäre dann noch tolerierbar, wenn davon **ausschließlich** Personen tangiert wären, die im illegalen Rauschgifthandel und anderen Erscheinungsformen der organisierten Kriminalität tätig sind. Von dieser Annahme ging offenbar der Bundesrat in seiner Stellungnahme zum Gesetzentwurf der ursprünglichen Fassung aus.[18] Von dem Eingriff sind aber tatsächlich in der Mehrzahl Unschuldige betroffen (unten Rz. 22 f).

b) Verhältnismäßigkeitsprinzip

Bei der Einbeziehung Privater in den staatlichen Ermittlungsdienst ist das Verhält- 13 nismäßigkeitsprinzip zu wahren. Insbesondere stößt diese Pflicht an die Grenzen der Zumutbarkeit für die Adressaten des Gesetzes. Hier ist das besondere Vertrauensverhältnis zwischen Bank und Kunde zu berücksichtigen, das durch das Bankge-

---

14) *Wöß*, S. 251.
15) Dazu *Fülbier*, Einleitung Rz. 98 ff.
16) Zustimmend *Reiß*, in: BuB, Rz. 16/121; vgl. zum ähnlich gelagerten Problem des § 16 WpHG: *Habetha*, WM 1996, 2133, 2136.
17) Vgl. BVerfGE 65, 1, 45; BVerfG WM 1989, 1623; BFH ZIP 1990, 710 = WM 1990, 346, 350, dazu EWiR 1990, 433 *(Feuerborn)*; wohl a. A. *Werner*, S. 164.
18) BRat zu RegE GewAufspG, BT-Drucks. 12/2704, S. 27.

heimnis geschützt ist. Dieses Vertrauensverhältnis hat u. a. in § 30a AO Anerkennung gefunden und geht im Rang dem Interesse an der Besteuerung vor.[19]

14 Gegen den **Grundsatz der Verhältnismäßigkeit** verstößt auch eine Ermittlung ohne jeglichen konkreten Anhaltspunkt, die den Anfangsverdacht erst zutage fördern soll.[20] Verdachtsanzeigen nach § 11 durch ein Institut werden in aller Regel ohne einen strafrechtlich relevanten Verdacht, nämlich auf Basis von Auffälligkeiten erstattet. Die Initiative geht dabei von Privaten aus. Den Finanzbehörden fällt die Anzeige daher zu, ohne dass sie selbst einen konkreten Anhaltspunkt für Ermittlungen hatten. Die Anzeige löst den Anfangsverdacht dort erst aus. Dies mag bei Schwerstkriminellen gerechtfertigt sein, nicht aber bei anderen als den in Absatz 1 genannten Taten, insbesondere Steuervergehen. Da bei über 90 % der Verdachtsanzeigen ein Zusammenhang mit der organisierten Kriminalität nicht erkennbar oder nachweisbar ist, ist die Regelung in dieser Form verfassungswidrig. Kann nur ein Steuerdelikt nachgewiesen werden, ist der Vorwurf einer Tat aus dem Bereich der organisierten Kriminalität nicht aufrechtzuerhalten.[21]

II. Verwertung der Daten aus Aufzeichnungen
1. Verwertung im Strafverfahren (Abs. 1)

15 Die nach § 9 Abs. 1 gefertigten Aufzeichnungen dürfen nur zur Verfolgung der in Absatz 1 genannten Straftaten und nach Einleitung eines entsprechenden Strafverfahrens für ein Besteuerungs- oder Steuerstrafverfahren verwandt werden. Absatz 1 beschränkt die Verwertungsmöglichkeiten auf die Verfolgung der Geldwäsche (§ 261 StGB) und tauglicher Vortaten der Geldwäsche nach § 261 Abs. 1 Satz 1 Nr. 1– 5 StGB.[22]

16 Diese Verwertungsmöglichkeit war so lange nicht angreifbar, wie die tauglichen Vortaten auf Schwerstkriminalität beschränkt waren und § 10 dem Ziel der Bekämpfung dieser Kriminalität entsprach. Nach den inzwischen zahlreichen Erweiterungen des Vortatenkatalogs ist dies nicht mehr gewährleistet. Von dem Katalog ist auch Kleinstkriminalität (z. B. gewerbsmäßiger Ladendiebstahl)[23] erfasst. Selbstverständlich ist auch diese Kriminalität zu bekämpfen. Dabei sind aber die Inpflicht-

---

19) Vgl. auch BVerfGE 65, 1, 45; BFH ZIP 1990, 710; BFH WM 1997, 1233; *Hamacher*, WM 1997, 2149; siehe auch BFH DB 1998, 172; vgl. auch *Starke*, BRAK-Mitt. 1992, 178, 180, zur Belastung des Vertrauensverhältnisses zwischen Rechtsanwalt und Mandant durch Eingriff in das Schweigerecht; vgl. BFH DStR 2004, 452; siehe aber auch *Eberlein*, DStZ 2002, 249; *Kuhsel/Kaeser*, DB 2001, 1583; *Weinreich*, DStR 2002, 1925, 1927, mit Hinweis auf die Wechselwirkungen mit § 30a AO; BFH ZIP 2001, 1453 = BStBl II 2001, 624 und BFH BStBl II 2001, 665, auch abrufbar unter: http://www.bundesfinanzhof.de/www/ entscheidungen/2001.8.02/7B1100.html und /2001.9.13/7B29099.html.
20) BVerfG NJW 1995, 3110; BVerfG WM 1995, 1602 = NJW 1996, 114; BFH BStBl II 1968, 365; BFH BStBl II 1991, 277; *Hamacher*, WM 1997, 2149, 2151.
21) *Werner*, S. 165.
22) Dazu *Schröder/Textor*, § 261 StGB Rz. 1 ff.
23) Antrag des Abgeordneten *Manfred Such* und des Bündnis90/Die Grünen vom 25.9.1997 zu Maßnahmen zur verbesserten Bekämpfung der Geldwäsche sowie zur Einziehung kriminell erlangter Profite, BT-Drucks. 13/8590.

nahme Privater für die Ermittlungen und der massive Eingriff in Grundrechte nicht mehr vertretbar.

2. Mitteilungspflicht gegenüber den Finanzbehörden (Abs. 2 Satz 1)

Absatz 2 hat seit dem Inkrafttreten am 29.11.1993 eine wechselvolle Geschichte erlitten. In der ursprünglichen Fassung lautete die Vorschrift: 17

„Soweit in einem Strafverfahren nach Absatz 1 eine rechtskräftige Verurteilung wegen einer dort bezeichneten Straftat erfolgt, ist § 116 der Abgabenordnung mit der Maßgabe anwendbar, daß die Mitteilungen allein im Besteuerungsverfahren verwendet werden dürfen."

Diese Regelung galt vom Inkrafttreten des Geldwäschegesetzes am 29.11.1993 bis zur Änderung durch das Gesetz zur Verbesserung der Bekämpfung der Organisierten Kriminalität vom 4.5.1998 am 9.5.1998. Sie hatte seitdem folgenden Wortlaut: 18

„Soweit ein Strafverfahren wegen einer in Absatz 1 bezeichneten Straftat eingeleitet wird, ist dieser Umstand zusammen mit den zugrunde liegenden Tatsachen der Finanzbehörde mitzuteilen. Zieht die Strafverfolgungsbehörde im Strafverfahren Aufzeichnungen nach § 9 Abs. 1 heran, dürfen auch diese der Finanzbehörde übermittelt werden. Die Mitteilungen und Aufzeichnungen dürfen für Besteuerungsverfahren und für Strafverfahren wegen Steuerstraftaten verwendet werden."

Diese Regelung galt bis zum Inkrafttreten des Geldwäschebekämpfungsgesetzes am 15.8.2002. Seitdem ist die Regelung dahin gehend eingeschränkt worden, dass die Mitteilungspflicht gegenüber der Finanzverwaltung nur noch eingreift, wenn die Finanztransaktion Bedeutung für die Einleitung oder Durchführung von Besteuerungs- oder Steuerstrafverfahren haben könnte. Die Mitteilungspflicht trifft die Strafverfolgungsbehörden, also die zuständigen Stellen i. S. d. § 11[24)] einschließlich der Staatsanwaltschaft. Hinsichtlich der betroffenen Straftaten ist auf Absatz 1 zu verweisen. 19

Auslöser für die **Mitteilungspflicht** war seit Inkrafttreten des Gesetzes zur Verbesserung der Bekämpfung der Organisierten Kriminalität am 9.5.1998 bis zum 14.8.2002 die Einleitung eines Strafverfahrens. Damit war zum einen der Zeitpunkt für die Weitergabe der Unterlagen von der Verurteilung (ursprüngliche Rechtslage) auf die Einleitung des Strafverfahrens zeitlich vorverlagert worden. Zum anderen stieg die Quantität und sank die Qualität der Fälle. Von der Weitergabemöglichkeit auf Basis der ursprünglichen Rechtslage waren nur ca. 4 % der angezeigten Fälle betroffen. Seit der Gesetzesänderung vom 4.5.1998 sind es über 90 % (unten Rz. 22). Anknüpfungspunkt war der „unprofessionelle" Anfangsverdacht Privater, wobei ein Bezug zur organisierten Kriminalität im Nachhinein nur in ca. 4 % der Fälle bewiesen werden konnte; zuvor war es eine rechtskräftige Verurteilung wegen einer Tat nach Absatz 1. 20

---

24) Siehe *Fülbier*, § 11 Rz. 121 ff.

21 Mit dem Geldwäschebekämpfungsgesetz vom 8.8.2002 sollte die Flut der weitergeleiteten Anzeigen eingedämmt werden. Dazu wurde die Verpflichtung zur Weiterleitung auf die Fälle beschränkt, die für die Finanzverwaltung von Interesse sein können.[25] Rein tatsächlich hat sich aber keine Änderung der Verfahrensweise ergeben: Es werden immer noch alle Verdachtsanzeigen weitergeleitet, allerdings zu einem späteren Zeitpunkt.

22 Unter einem **Strafverfahren** im Sinne des Absatzes 2 Satz 1 ist ein strafprozessuales Ermittlungsverfahren nach § 160 StPO zu verstehen, nicht etwa die Eröffnung des Hauptverfahrens (§ 199 StPO) durch Erhebung einer Klage nach § 151 StPO. Das Strafverfahren wird derzeit in aller Regel infolge der Verdachtsanzeige z. B. eines Instituts nach § 11 eingeleitet. Hier gibt es zwar von Bundesland zu Bundesland geringfügig abweichende Auffassungen darüber, welche Qualität eine Anzeige nach § 11 haben muss, um ein Ermittlungsverfahren auszulösen. In Nordrhein-Westfalen führt nach Angaben des Landeskriminalamtes jede Verdachtsanzeige zur Einleitung eines Verfahren. Bundesweit sind seit Inkrafttreten des Geldwäschegesetzes zum 29.11.1993 bis Ende 1997 12 643 Verdachtsanzeigen erstattet worden. Daraus wurden 11 471 staatsanwaltliche Ermittlungsverfahren eröffnet. 1997 gab es 3 137 Verdachtsanzeigen nach § 11 (zuzüglich 283 sonstigen Hinweisen), die zu 2 930 Ermittlungsverfahren führten.[26] Die Zahl der Anzeigen ist 2004 auf 8 062 angestiegen.[27] In allen Fällen ist von der Einleitung eines Verfahrens auszugehen. Lediglich bei ca. 30 % wurde eine Fortführung der Ermittlungen angeregt, weil ein Verdacht auf eine Straftat festgestellt wurde.[28] 2004 wurden in Nordrhein-Westfalen 18 Ermittlungsverahren nach § 261 StGB durchgeführt. Bei insgesamt über 2 000 anfänglichen Verfahren sind dies ca. 0,9 %.[29]

23 Nach der Rechtslage bis zum 14.8.2002, aber auch aufgrund der aktuellen Handhabung war bzw. ist damit zu rechnen, dass eine Verdachtsanzeige an die Finanzbehörden weitergeleitet wird. Mithin führte der von einem Institut allein aufgrund von Auffälligkeiten gehegte Verdacht[30] zu einer verfassungsrechtlich bedenklichen Weiterleitung an Finanzbehörden. Dies obwohl Ermittlungen aufgrund dieser Anzeigen zu einem sehr hohen Prozentsatz schon im Anfangsstadium, also nach wenigen Tagen seit Eingang der Anzeige wieder eingestellt wurden bzw. werden.

24 Zur **Begründung der zeitlichen Vorverlagerung** auf die Einleitung eines Verfahrens hieß es, dass beim Abwarten einer Verurteilung steuerliche Konsequenzen kaum durchgesetzt werden könnten. Die für ein Besteuerungsverfahren relevanten Fakten wären danach zum einen kaum noch nachweisbar. Zum anderen hätte der Steuerschuldner sein Vermögen dem Zugriff der Finanzbehörden entzogen. Schließ-

---

25) Stellungnahme BRat und Gegenäußerung BReg zum RegE Geldwäschebekämpfungsgesetz, BT-Drucks. 14/9043, S. 4, 10.
26) Erklärung des BMI vom 17.9.1998, Handelsblatt vom 18./19.9.1998, S. 4; *Höche*, Die Bank 1998, 618, 619; Polizeiliche Kriminalstatistik 1997, Schlussbemerkung V.
27) BKA (FIU), Jahresbericht 2004, S. 6.
28) LKA NRW, Lagebild Finanzermittlungen 2004, S. 6 f.
29) LKA NRW, Lagebild Finanzermittlungen 2004, S. 5, 28.
30) Dazu *Fülbier*, § 11 Rz. 50 ff.

lich wäre ein Steueranspruch im Regelfall nach der langen Verfahrensdauer verjährt.[31] Die Begründung ist nach wie vor stichhaltig. Die Notwendigkeit derartiger Maßnahmen wird durch den klassischen Fall „Al Capone" anschaulich belegt.[32] Die Erfahrung zeigt, dass derartigen Tätern häufig Straftaten aufgrund der arbeitsteiligen Vorgehensweise[33] nicht nachgewiesen werden können. Dann soll zumindest ein Zugriff über Steuerstraftaten oder im Besteuerungsverfahren weiterhelfen.[34]

Allerdings darf das Besteuerungsverfahren ein Verfahren gegen den organisierten 25 Kriminellen nicht generell ersetzen. Das zuvor genannte Ziel kann auch auf andere Weise erreicht werden. Es würde bereits eine Vorverlagerung auf den **Zeitpunkt der Anklageerhebung** genügen.[35] Damit ist die Durchführbarkeit des Besteuerungsverfahrens ausreichend gewährleistet. Die Verfolgung würde sich nicht mehr auf Fälle erstrecken können, die auf einen vagen, unprofessionellen Anfangsverdacht von Institutsmitarbeitern zurückgeht. Sie wäre auf Fälle beschränkt, bei denen sich der Verdacht bereits so erhärtet hat, dass es für eine Anklageerhebung ausreicht.

Der **Inhalt der Mitteilungspflicht** bezieht sich dem Gesetzeswortlaut zufolge auf 26 den Verdacht einer in Absatz 1 bezeichneten Straftat. Dabei soll es sich um Straftaten der organisierten Kriminalität handeln.[36] Rein tatsächlich sind aber seit den zahllosen Erweiterungen des Straftatbestandes auch vielfach Taten außerhalb der organisierten Kriminalität betroffen, die nicht als Schwerstkriminalität zu bezeichnen sind.[37] Schwerer wiegt aber noch, dass die Anzeigen der Institute in aller Regel auf Sachverhalten beruhen, die keinerlei konkrete Hinweis auf Taten nach Absatz 1 zulassen.[38] Sie stützen sich nur auf Auffälligkeiten im Geschäftsgebaren. Falsch ist daher die von *Hetzer*[39] vertretene Ansicht, die Mitteilungspflicht beschränke sich auf die in Absatz 1 bezeichneten Straftaten, betreffe also nur Fälle der organisierten Kriminalität.

Die Änderung durch das Geldwäschebekämpfungsgesetz hat formal eine Verbesse- 27 rung in diesem Punkt bewirkt, die indes in der Praxis keine Änderung des Verfahrens zur Folge hatte. Die verfassungsrechtlichen Bedenken sind mit der Gesetzesänderung nicht ausgeräumt. Bislang hatten die Ermittlungsbehörden lediglich aufgrund des Eingangs einer Verdachtsanzeige ein Strafverfahren eingeleitet und die

---

31) Begründung FrakE eines Gesetzes zur Verbesserung der Bekämpfung der Organisierten Kriminalität, BT-Drucks. 13/8651, S. 17.
32) *Mundorf*, Auch Al Capone wurde ein Opfer der Steuerfahndung, Handelsblatt vom 19.1.1998, S. 4.
33) Vgl. hierzu *Fülbier*, Einleitung Rz. 14 ff.
34) *Werner*, S. 165; *Mundorf*, Handelsblatt vom 19.1.1998, S. 4.
35) So auch Bundesverband deutscher Banken und das BMWi im Rahmen der Beratungen über den Gesetzentwurf, zitiert nach *Hetzer*, Kriminalistik 1998, 234, 240; a. A. *ders.*, Kriminalistik 1998, 234, 240; auch der RefE GewAufspG, abgedruckt in: ZBB 1992, 66, 68, sah eine Mitteilungspflicht der Staatsanwaltschaft gegenüber den Finanzbehörden bei Erhebung der öffentlichen Klage vor.
36) *Hetzer*, Kriminalistik 1998, 234, 237.
37) Siehe dazu *Schröder/Textor*, § 261 StGB Rz. 3.
38) Zu den seltenen Ausnahmen siehe *Schröder/Textor*, § 261 StGB Rz. 132 f.
39) *Hetzer*, Kriminalistik 1998, 234, 237; *Mundorf*, Handelsblatt vom 19.1.1998, S. 4.

Anzeige weitergeleitet[40] (oben Rz. 20). Nunmehr haben sie die Möglichkeit, vor der Weiterleitung eine Plausibilitätsprüfung vorzunehmen. Derzeit werden wohl aber dennoch alle Verdachtsanzeigen weitergeleitet, wenn auch verzögert. Wenn man von dieser Möglichkeit Gebrauch machte, könnte ein Teil der Verdachtsanzeigen vor diesem Verfahrensschritt erledigt werden. Die Anzeige eines Instituts beruht überwiegend lediglich auf Auffälligkeiten und indiziert nicht das Vorliegen einer Straftat. Insbesondere rechtfertigt der dargestellte Sachverhalt in der Regel kaum die Annahme, man habe „Kenntnis von einer Straftat" (vgl. § 160 StPO). Nicht einmal die Art der Straftat hat man angeben können. Voraussetzung für die Einleitung des Verfahrens ist aber, dass sich daraus der Verdacht einer Straftat schlüssig ergibt.[41]

3. Verwertung im Besteuerungs- und Steuerstrafverfahren (Abs. 2 Satz 3)

28 Die Verdachtsanzeigen nach § 11 sind von den Finanzbehörden hoch geschätzt. Sie erhalten auf diese Weise besonders gefilterte, hoch sensible Daten. Bei deren **Verwendung zu steuerlichen Zwecken** wird ein Abgleich mit vorhandenen Daten aus Steuerakten erfolgen. Dies erlaubt im Idealfall eine Feststellung über bislang unbekannte steuererhebliche Tatsachen.[42]

29 Die Regelung in der derzeit gültigen Fassung birgt jedoch eine erhebliche **Missbrauchsgefahr**. Der Regierungsbegründung zufolge können die Daten auch als Beweismittel für Taten verwandt werden, die außerhalb der organisierten Kriminalität liegen. Die bei Gelegenheit der Ermittlungen nach Absatz 1 aufgedeckten steuererheblichen Tatsachen können danach unabhängig vom Fortbestehen des strafrechtlichen Verdachts verwertet werden.[43] Deshalb und eingedenk der Tatsache, dass über 90 % der Anzeigen ohne OK-Relevanz sind, liegt der Verdacht nahe, das Geldwäschegesetz sei zum **Instrument der Steuerfahndung** umfunktioniert worden.

30 Abweichend vom ursprünglichen Recht ist die Weitergabe von Unterlagen nicht mehr an das Bestehen des Verdachts einer Steuerstraftat i. S. d § 116 AO gebunden. Damit wird abweichend vom alten Recht und nicht lediglich klarstellend auch eine Verwertung im **Steuerstrafverfahren** ermöglicht.[44] Auf die Schwere der Tat

---

40) BayObLG NJW 1986, 441; *Rieß*, in: Löwe/Rosenberg, § 158 StPO Rz. 20; *Meyer-Goßner*, StPO, § 158 Rz. 2, 9, § 160 Rz. 9; *Werner*, S. 143; gerade für Anzeigen nach § 11 ist dies auch vom Gesetzgeber so vorgesehen gewesen: Begründung RegE GewAufspG, BT-Drucks. 12/2704, S. 18; *Hund*, ZRP 1997, 181, 182; *Lang/Schwarz/Kipp*, S. 713 ff; a. A. *Pfannenschmidt*, Kriminalistik 1994, 399, 401.
41) *Meyer-Goßner*, StPO, § 158 Rz. 2, 9 m. w. N., § 160 Rz. 9; so auch *Werner*, S. 143 f; *Hetzer*, wistra 1994, 183.
42) *Hetzer*, Kriminalistik 1998, 234, 237.
43) Begründung FrakE eines Gesetzes zur Verbesserung der Bekämpfung der Organisierten Kriminalität, BT-Drucks. 13/8651, S. 17.
44) Ebenso zum alten Recht: *Reiß*, in: BuB, Rz. 16/122; ZKA, Leitfaden, Rz. 90 f; a. A. Begründung FrakE eines Gesetzes zur Verbesserung der Bekämpfung der Organisierten Kriminalität, BT-Drucks. 13/8651, S. 17.

kommt es nicht an. Zulässig ist aufgrund der Vorschrift auch die Einleitung eines Besteuerungs- oder Nachbesteuerungsverfahrens, selbst wenn der angezeigte Sachverhalt nichts mit Geldwäsche oder organisierter Kriminalität zu tun hat.[45]

Die Verwertungsbeschränkung des Absatzes 2 hat durch § 24c KWG, insbesondere i. V. m. § 93 AO, an Bedeutung verloren. Danach können die Behörden auf elektronischem Weg auf anderweitig aufgezeichnete Daten zugreifen, deren Informationsgehalt den der nach § 9 aufgezeichneten Daten weitgehend abdeckt. Zwar muss die Verwertungsbeschränkung des § 10 auch bei diesem Verfahren beachtet werden (unten Rz. 40).[46] Dies ist indes nach bisherigen Erkenntnissen nicht der Fall. Selbst wenn man dies täte, wäre die Restmenge der durch § 10 noch geschützten Daten gering. Betroffen sind in erster Linie die Daten zu den (abweichend) wirtschaftlich Berechtigten nach § 8. 31

4. Kritik

Die Weiterleitung einer Verdachtsanzeige an die Finanzbehörden nach Maßgabe der bis zum 14.8.2002 geltenden Regelung verhinderte eine erfolgreiche Ermittlung gegen organisierte Kriminelle und ließ sich nicht mit dem ursprünglichen Ziel des Geldwäschegesetzes in Einklang bringen. Gegen die bis dahin geltende Regelung sprachen neben den verfassungsrechtlichen Bedenken folgende, rein praktische Überlegungen: 32

– Die Ermittlungen aufgrund von Verdachtsanzeigen eines Instituts sollen Strukturen der organisierten Kriminalität aufdecken. In aller Regel führt die Verdachtsanzeige nicht dazu, dass der Täter wegen der angezeigten Tat überführt werden kann. Es gelingt so gut wie nie, die konkrete Vortat nachzuweisen, die mit der angezeigten Transaktion zusammenhängt. Erst aufgrund **verdeckter Ermittlungen und laufender Beobachtung** wird man die Täter wegen neuer Vergehen auf „frischer Tat" überführen können.[47] Die spektakuläre Aufdeckung von großen Geldwäscheorganisationen ist erst aufgrund jahrelanger Beobachtung gelungen. Das hat den Ermittlungsbehörden teilweise den unberechtigten Vorwurf der „Geldwäsche unter Polizeiaufsicht" eingebracht.[48] Es ist daher insbesondere aufgrund der bisher gemachten Erfahrungen essentiell für den Erfolg des Gesetzes, die Ermittlungen teilweise jahrelang verdeckt zu führen. Das ist indes bei Einschaltung der Finanzbehörden zu Beginn der Ermittlungen ausgeschlossen. 33

– Die Finanzbehörden sollen nach § 93 Abs. 1 Satz 3 AO zunächst beim Betroffenen selbst um Aufklärung nachsuchen, bevor Dritte um Auskunft angehalten werden. Vor dem Erlass eines Verwaltungsakts ist der Betroffene nach § 91 AO anzuhören. Daher muss die Finanzbehörde zunächst Kontakt mit ihm aufnehmen, sobald ihr eine Verdachtsanzeige nach Absatz 2 übermittelt wurde. Da es 34

---

45) *Reiß*, in: Bub, Rz. 16/125.
46) Siehe dazu auch *Langweg*, § 24c Rz. 88.
47) Vgl. *Fülbier*, Einleitung Rz. 89 ff.
48) Dazu *Schröder/Textor*, § 261 StGB Rz. 135 ff.

sich um eine Sollvorschrift handelt, könnte in begründeten Ausnahmefällen davon abgewichen werden.[49] Die Ermittler der Finanzbehörden machen nicht zuletzt mit Blick auf das Steuergeheimnis und das Recht auf informationelle Selbstbestimmung[50] davon keinen Gebrauch und gehen direkt auf den Betroffenen zu.[51] Das warnt den Geldwäscher und neutralisiert die verdeckten Ermittlungen. Strukturen der organisierten Kriminalität können dann nicht mehr aufgedeckt werden. Auch eine Überführung der Kriminellen auf frischer Tat ist dann grundsätzlich ausgeschlossen. Diese Ansicht wird von den Ermittlern im OK-Bereich, also den Kennern der Materie, geteilt, hatte bei Politikern bis zur Gesetzesänderung am 15.8.2002 aber offensichtlich kein Gehör gefunden.

35 – Die Staatsanwaltschaften geben bei Eingang von Verdachtsanzeigen nach § 11 in aller Regel ihre Zustimmung zur Ausführung der Transaktion, bevor die Zweitagesfrist abläuft.[52] Es wird daher eher auf eine (voreilige und vorläufige) **Sicherstellung von Geldern** verzichtet, um gegebenenfalls verdeckt ermitteln zu können und Erkenntnisse über die Struktur einer Organisation zu gewinnen.[53] Demgegenüber wollen die Finanzbehörden eher sofort zugreifen und nach Möglichkeit Gelder innerhalb der Zweitagesfrist „einfrieren". Damit ist der Ermittlungserfolg in Sachen organisierter Kriminalität von vornherein gefährdet. Die Ziele der Ermittler stehen mit denen der Finanzbehörden im Widerspruch. Mit der Gesetzesänderung zum 15.8.2002 ist dieser Kritik nur zum Teil abgeholfen. Es liegt im **Ermessen der Ermittlungsbehörde**, geeignete Fälle und den dazu geeigneten Zeitpunkt der Weitergabe zu wählen. Die Weitergabe erfolgt nunmehr wohl erst dann, wenn die Mitteilung an die Finanzbehörden den Erfolg verdeckter Ermittlungen nicht mehr gefährden kann.

36 – Die Verwertung der Anzeigedaten im Besteuerungsverfahren wird eher selten zur Bekämpfung der Geldwäsche beitragen können. Die These, Geldwäsche gehe stets mit Steuerhinterziehung einher, ist nicht uneingeschränkt haltbar.[54] Bei der Steuerhinterziehung werden im Regelfall legal erzielte Erträge zu „Schwarzgeld", weil sie nicht ordnungsgemäß versteuert werden. Das **Ziel der Geldwäsche** ist im Grundsatz entgegengesetzt: Aus illegal erwirtschafteten Erträgen (Schwarzgeld) soll sauberes Geld entstehen, das nach erfolgreicher Wäsche auch ordnungsgemäß versteuert wird.[55] Daher wird das vorgegebene Ziel des Al-Capone-Effekts nur in wenigen Fällen erreicht werden können. Nach Erfahrungen in den USA gibt es nur ein geringfügiges Übergewicht der Fälle, bei denen Geldwäsche mit Steuerhinterziehung einhergeht, gegenüber solchen,

---

49) *Klein/Brockmeyer*, AO, § 93 Rz. 7 f; *Tipke*, in: Tipke/Kruse, AO, § 93 Rz. 4a.
50) Tätigkeitsbericht 1993 und 1994 des Bundesbeauftragten für den Datenschutz, BT-Drucks. 13/1150, S. 42; *Tipke*, in: Tipke/Kruse, AO, § 93 Rz. 4a.
51) So auch *Höche*, Die Bank 1998, 618, 619.
52) Dazu *Fülbier*, § 11 Rz. 178 ff.
53) Dazu *Fülbier*, § 11 Rz. 2 f.
54) So aber *Hetzer*, Kriminalistik 1998, 234, 237; Begründung FrakE eines Gesetzes zur Verbesserung der Bekämpfung der Organisierten Kriminalität, BT-Drucks. 13/8651, S. 16 f.
55) *Fülbier*, Einleitung Rz. 14 ff.

bei denen das nicht der Fall ist.[56] Gelingt der Nachweis der „reinen" Geldwäsche, kann der relevante Betrag insgesamt beschlagnahmt werden, nicht nur der steuerlich hinterzogene. Daher sollte das vorrangige Ziel die Aufdeckung der organisierten Kriminalität sein, nicht der Steuerhinterziehung.

– Die Institute hatten stets ihre Bereitschaft erklärt, bei der Bekämpfung der organisierten Kriminalität mitwirken zu wollen. Diese Bereitschaft wurde bislang auch in die Tat umgesetzt. Dies zeigten die zahlreichen Verdachtsanzeigen. Es stand zu befürchten, dass die Institute nicht bereit wären, den Missbrauch dieses Instruments zum Zwecke der Steuerfahndung hinzunehmen, und **mangels Akzeptanz** weniger Anzeigen erstatten würden. Diese Befürchtung hat sich indes nicht bestätigt. Die Verdachtsanzeigen haben seit 1998 sogar deutlich zugenommen. Die Zahl ist bundesweit von 3 735 im Jahr 1999 auf 7 284 im Jahr 2001 gestiegen. 2003 waren es 6 602; 2004 gab es einen Anstieg auf 8 062[57]. 37

– Der wesentliche Teil der Anzeigen hat keine OK-Relevanz (oben Rz. 22). 38

III. Herausgabe von Unterlagen nach § 9 (Abs. 2 Satz 2)

1. Einführung

Um die Verwertungsbeschränkungen in der Praxis sicherzustellen, sind besondere Vorkehrungen bei der Aufbewahrung der Daten zu treffen. Darauf darf weder bei der Beantwortung von Auskunftsersuchen zugegriffen werden, die sich nicht auf Ermittlungen nach § 261 StGB oder der Vortaten beziehen, noch durch die Steuerfahndung oder im Rahmen der steuerlichen Betriebsprüfung. Das gilt auch für die Heranziehung der Aufzeichnungen auf Wunsch eines Kunden oder Dritter zur **Durchsetzung zivilrechtlicher Ansprüche** oder zur Vorbereitung eines Ermittlungsverfahrens. Die Vorschrift beschränkt indes nicht die Verwertung von (identischen) Aufzeichnungen, die aufgrund anderer Regelungen angefertigt wurden, z. B. aufgrund der §§ 9, 15, 16 und 34 WpHG oder § 24c KWG (dazu auch unten Rz. 78 ff). Eine Nichtbeachtung der Verwertungsbeschränkung aus § 10 ist grundsätzlich als Verletzung des Bankgeheimnisses zu betrachten (zu Ausnahmen unten Rz. 59).[58] 39

Die Verwertungsbeschränkung des § 10 muss auch im Lichte des § 24c KWG gesehen werden. Sie verliert mit den darin enthaltenen Zugriffsmöglichkeiten der Bundesanstalt und damit der Ermittlungsbehörden und der Finanzverwaltung weitgehend ihre Bedeutung. Eine noch weitergehende Regelung geht zurück auf das Gesetz zur Förderung der Steuerehrlichkeit vom 23.12.2003. Danach können die Finanzbehörden zudem nach § 93 Abs. 7 und 8, § 93b AO unmittelbar auf Kundendaten zugreifen.[59] Dieses Recht steht Finanzbehörden, Gerichten, Arbeits-. Sozial- und Wohnungsämtern seit dem 1.4.2005 zu. Sie haben damit Zugang zu den Daten 40

---

56) *Ackermann*, S. 35 ff.
57) BKA (FIU), Jahresbericht 2004, S. 6.
58) *Bruchner*, in: Schimansky/Bunte/Lwowski, § 42 Rz. 93; *Reiß*, in: BuB, Rz. 16/122.
59) In der Presse wurde dieses Instrument als „Rüsselverfahren" bzw. „Zasterfahndung" tituliert, Börsen-Zeitung vom 12.2.2005.

von 500 Mio. Konten. So können die Finanzbehörden ohne Wissen des Betroffenen und des kontoführenden Instituts Daten (u. a. Name, Adresse, Kontoverbindungen) abrufen. In einem zweiten Schritt können dann Kontostand und Kontobewegungen beim Institut abgefragt werden. Gegen diese zu weitgehende Regelung sind derzeit zwei Verfahren vor dem Bundesverfassungsgericht anhängig.[60]

41 Einzelne Vertreter der Finanzverwaltung sind der Ansicht, sie dürften die Aufzeichnungen nach § 9 einsehen und beschlagnahmen. Diesem Ansinnen hat das **LG Koblenz** mit Beschluss vom 29.7.1996[61] eine Absage erteilt und klargestellt, dass diese Unterlagen kein Beweismaterial darstellen, das im Steuerstrafverfahren beschlagnahmt werden könnte. Das Verbot der Heranziehung und Verwendung schließt ein **Beschlagnahmeverbot** und das Verbot der Einsichtnahme ein (siehe auch unten Rz. 47 ff).[62]

42 Dem Beschluss kommt vor allem für die Fälle eine praktische Bedeutung zu, in denen Finanzbeamte im Institut erscheinen und Einsicht in die nach § 9 angefertigten Unterlagen begehren. Das gilt für die routinemäßige Betriebsprüfung ebenso wie für Auskunftsersuchen nach §§ 93, 97, 208 AO und für steuerstrafrechtliche Ermittlungen der Steuerfahndung gegen einzelne Kunden oder Mitarbeiter einer Bank, insbesondere wenn **sämtliche Geschäftsunterlagen** der Bank **beschlagnahmt** werden.[63] Darüber hinaus ist er relevant bei Ermittlungsmaßnahmen der Strafverfolgungsbehörden, die sich nicht auf § 261 StGB oder eine der Katalogtaten beziehen.[64]

43 Die Separierung der Daten wird aus geschäftspolitischen Gründen sehr wichtig. Wenn der Kunde befürchten muss, dass die Finanzbehörden auf seine Daten zugreifen könnten, würde das zu einer erheblichen Verunsicherung führen. Insofern wird die **Erklärung der Bank** weiterhelfen, **sie könne den Zugriff der Finanzbeamten auf diese Daten im Rahmen des rechtlich Möglichen ausschließen**. Diese Erklärung kann sie natürlich nur dann abgeben, wenn institutsintern dahin gehend Vorsorge getroffen worden ist und die Steuerfahnder sich an die rechtlichen Vorgaben halten. In rechtlicher Hinsicht ist die Nutzung der Aufzeichnung für steuerliche Zwecke zwar erheblich eingeschränkt; der Kunde wird aber befürchten, die Steuerbehörden setzten sich in tatsächlicher Hinsicht über die Verwertungsbeschränkung hinweg. Dieses Bedenken ist wegen der im Übrigen geltenden Rechtslage auch nicht ganz von der Hand zu weisen. Nach § 30a Abs. 3 AO dürfen die Finanzbeamten bei der Prüfung der Bank zwar keine Abschriften anfertigen. Die Versendung von Kontrollmitteilungen und damit die Verwertung von Zufallserkenntnissen ist aber bei begründetem Verdacht einer Steuerverfehlung zulässig. Diese Möglichkeit wird durch § 10 für die nach dem Geldwäschegesetz erhobenen Daten ausgeschlossen.

---

60) BVerfG, Beschl. v. 22.3.2005 – 1 BvR 2357/04, 1 BvQ 2/05, WM 2005, 641 (Ablehnung der Anträge auf Erlass einer einstweiligen Anordnung); siehe auch *Langweg*, § 24c KWG Rz. 129.
61) LG Koblenz WM 1997, 63, dazu WuB I D 6-1.97 *(Fülbier)*.
62) ZKA, Leitfaden, Rz. 122.
63) Vgl. BVerfG ZIP 1994, 610 = NJW 1994, 2079, vgl. dazu EWiR 1994, 573 *(Ransiek)*; BVerfG ZIP 1995, 101 = NJW 1995, 2839, dazu EWiR 1995, 149 *(Ransiek)*.
64) *Carl/Klos*, S. 208 f; *dies.*, DStZ 1994, 68, 70 ff.

Auch wenn den Kunden diese Botschaft übermittelt wird, wird vielen der Glaube daran fehlen. Die zuvor zitierte Erklärung des Instituts kann dem vielleicht abhelfen. Eine Pflicht zur Separierung der Daten besteht jedoch nicht.

2. Zulässige Zugriffs- und Herausgabemöglichkeiten

Bis zur Anhebung des Schwellenbetrages von 20 000 DM auf 30 000 DM im Jahr 1998 sind seit 1994 jährlich Aufzeichnungen in zweistelliger Millionenhöhe angefertigt worden. 1994 wurden allein im Privatkundenbereich über 10 Mio. Vorgänge aufgezeichnet. Nur in 0,0036 % der Fälle, also 360 Mal, wurde darauf in zulässiger Weise von den Ermittlungsbehörden zugegriffen.[65] 44

Der Nutzen der Aufzeichnungen nach § 9 ist sehr eingeschränkt. Dies zeigen zunächst die geringen Zugriffszahlen. Wesentlich ist aber der schon mehrfach angesprochene Gesichtspunkt, dass Ermittlungserfolge in der Regel nur bei Beobachtung laufender Transaktionen und Geschäftsverbindungen erzielt werden, nicht bei der Rückbetrachtung. 45

Eine Herausgabe der nach § 9 angefertigten Unterlagen ist nur im Rahmen der nachfolgend dargestellten Möglichkeiten zulässig, soweit diese zur Verfolgung einer in Absatz 1 aufgeführten Straftat dienen. Zunächst kommen dazu die strafprozessualen Instrumente der **Beschlagnahme** (unten Rz. 47), **Sicherstellung** (unten Rz. 50) und **Durchsuchung** (unten Rz. 55) in Frage. Unterlagen können zudem eingeschränkt zur **Abwendung einer Zeugenvorladung** (unten Rz. 57) ausgehändigt werden. Das Geldwäschegesetz selbst bietet jedenfalls keine Rechtsgrundlage (unten Rz. 63). Das LKA Nordrhein-Westfalen hat in Sachen Geldwäsche 1996 in 6 Fällen Kontounterlagen aufgrund eines richterlichen Beschlusses beschlagnahmt (1994: 9). Zur Abwendung einer Zeugenvorladung erhielt es 1996 in 120 Fällen Kontounterlagen (1994: 20). Schließlich gaben Kreditinstitute 1996 in 167 Fällen Aufzeichnungen **freiwillig** (unten Rz. 59) heraus (1994: 2).[66] Seit 1997 werden die Zahlen der Herausgabeverlangen – vermutlich auch wegen der geringen praktischen Bedeutung – nicht mehr aufgezeichnet. 46

a) Beschlagnahme

Eine Beschlagnahme nach §§ 94, 98 StPO kann nur durch den Richter oder bei Gefahr im Verzug durch die Staatsanwaltschaft oder Polizei angeordnet werden.[67] Sie darf gegenüber dem Institut oder Mitarbeitern von Instituten nur dann angeordnet werden, wenn dem Institut die Möglichkeit gegeben wird, die Maßnahme durch die Herausgabe von Unterlagen zu ersetzen (**Abwendungsbefugnis**). Die Abwendungsbefugnis kann z. B. lauten: „Die Beschlagnahme kann durch die sofortige Herausgabe der Originalunterlagen oder mit Billigung der Ermittlungsbeamten durch die Übergabe übereinstimmender Ablichtungen ersetzt werden". 47

---

65) ZKA, Positionspapier.
66) LKA NRW, Lagebild Finanzermittlungen 1996, S. 22.
67) LG Düsseldorf WM 1995, 576 = wistra 1993, 199; allgemein BVerfG ZIP 1995, 101.

48 Im Übrigen kann ein Herausgabeverlangen bezüglich Kontounterlagen ohne vorherige Beschlagnahmeanordnung nur von einem Richter oder bei **Gefahr im Verzug** von einem Staatsanwalt gestellt werden. Etwas anderes gilt nur, wenn gegen den Mitarbeiter selbst strafrechtlich ermittelt wird.[68]

49 Eine Gefahr im Verzug dürfte bezüglich der nach dem Geldwäschegesetz angefertigten Unterlagen nur in seltenen Ausnahmefällen vorliegen. Im Regelfall ist daher ein richterlicher Beschluss notwendig.[69] Eine Beschlagnahme durch Beamte der Steuerfahndung im Steuerstrafverfahren oder Besteuerungsverfahren wäre rechtswidrig, weil die nach § 9 angefertigten Unterlagen wegen des Verwertungsverbots insoweit kein nach § 94 StPO beschlagnahmefähiges Beweismaterial darstellen.[70]

b) Sicherstellung

50 Mitunter stützen die Strafverfolgungbehörden ihr Herausgabeverlangen auch auf § 95 Abs. 1 StPO. Danach ist derjenige verpflichtet, der einen Gegenstand in seinem Gewahrsam hat, der als Beweismittel von Bedeutung sein kann, diesen auf Verlangen des zuständigen Strafverfolgungsorgans herauszugeben. Die Zuständigkeit für das Herausgabeverlangen ist umstritten. Nach der zutreffenden, überwiegenden Meinung richtet sie sich nach § 98 Abs. 1 StPO.[71]

51 Daher ist bei derartigen Herausgabeverlangen entsprechend den Ausführungen zu § 98 StPO zu verfahren. Eine Herausgabe ohne richterliche Anordnung ist abgesehen von Fällen der Gefahr im Verzug nur aufgrund richterlicher Anordnung vorzunehmen. Andernfalls bestünde auch die Gefahr, dass die zum Zwecke des Grundrechtsschutzes vorgesehenen Verfahrensgarantien der §§ 94, 98 StPO durch Rückgriff auf § 95 StPO umgangen werden könnten. Auch von *Kleinknecht/Meyer*[72] scheint diese Ansicht vertreten worden zu sein. Zwar wurde der Staatsanwaltschaft und der Polizei die Zuständigkeit für das Herausgabeverlangen auch ohne Gefahr im Verzug zugestanden; eine Sicherstellung wäre dieser Ansicht zufolge aber nur dann formlos möglich gewesen, wenn die Herausgabe freiwillig erfolgt wäre. Wäre sie verweigert worden, wäre eine Beschlagnahme notwendig gewesen. Damit wären in diesem Fall auch nach dieser Auffassung §§ 94, 98 StPO zum Zuge gekommen. *Meyer-Goßner* meint, bei einer Weigerung könnten Ordnungs- und Zwangsmitteln angedroht werden.[73]

52 Im Übrigen ist § 95 StPO nach verbreiteter Ansicht nur einschlägig, wenn feststeht, dass sich ein Beweismittel im Gewahrsam einer Person befindet, bei einer Durchsuchung aber nicht gefunden werden konnte oder der Ort des Gewahrsams nicht zu

---

68) LG Düsseldorf WM 1995, 576; LG Saarbrücken WM 1982, 885; LG München WM 1989, 79.
69) Vgl. LG Düsseldorf WM 1995, 576.
70) LG Koblenz WM 1997, 63.
71) LG Bonn ZIP 1982, 1432 = WM 1982, 1371 = NStZ 1983, 327 mit abl. Anm. von *Kurth*; LG Berlin WM 1984, 772; LG Stuttgart NJW 1992, 2646; LG Düsseldorf WM 1995, 576; *Pfeiffer/Nack*, StPO, § 95 Rz. 3; *Schäfer*, in: Löwe/Rosenberg, § 95 StPO Rz. 20; a. A. LG Koblenz wistra 2002, 359; LG Halle NStZ 2001, 276.
72) *Kleinknecht/Meyer*, StPO, 43. Aufl., 1997, § 95 Rz. 2.
73) *Meyer-Goßner*, StPO, § 95 Rz. 2.

ermitteln ist.[74)] Demnach käme diese Regelung für die Sicherstellung von Kontounterlagen ohnehin nicht zur Anwendung.[75)]

Falls die Strafverfolgungsbehörden dennoch ohne Gefahr im Verzug und ohne 53
richterlichen Beschluss auf der Herausgabe der Unterlagen bestehen, sollte die Bank unter Hinweis auf die herrschende Meinung schriftlich ihre Bereitschaft erklären, sie bei Vorliegen einer richterlichen Anordnung herauszugeben. Damit kann zumindest die Verhängung eines Bußgeldes abgewehrt werden, wenn das Gericht sich nicht dieser Auffassung, sondern der Mindermeinung anschließt.[76)] Aus diesem Grunde wurde ein solches Verhalten auch vom Bundesaufsichtsamt für das Kreditwesen als aufsichtsrechtlich unbedenklich angesehen.[77)]

Auch an dieser Stelle ist nochmals darauf hinzuweisen, dass die neu geschaffenen 54
Instrumente zu § 93 Abs. 7, § 93b AO, §§ 24c, 25b KWG die Schutzvorschriften des § 10 sowie die der Strafprozessordnung unterlaufen können.

c) Durchsuchung

Eine weitere Möglichkeit des Zugriffs besteht in Form der **Durchsuchung** nach 55
§ 103 StPO. Auch die Durchsuchung kann nur durch den Richter oder bei Gefahr im Verzug durch die Staatsanwaltschaft oder Polizei angeordnet werden. Auch hier wird nur selten eine Gefahr im Verzug vorliegen. Nach § 110 Abs. 1 StPO darf die Staatsanwaltschaft die Unterlagen eines von der Durchsuchung betroffenen Kreditinstituts nur durchsehen.[78)]

Mitunter werden die Anforderungen an den für eine Durchsuchung notwendigen 56
Verdachtsgrad zu niedrig angesetzt.[79)] Einen Grenzfall bildet der vom LG Saarbrücken entschiedene Fall,[80)] bei dem ein für eine Durchsuchung ausreichender Verdacht angenommen wurde, weil ein Angestellter, der als Schleuser von Türken auffällig und deswegen auch schon verurteilt worden war, zahlreiche Schecks, die zugunsten des Arbeitgebers ausgestellt waren, seinem Konto gutschreiben ließ. Soweit nicht gegen das Institut selbst ermittelt wird, darf die Durchsuchung nur mit einer Abwendungsbefugnis angeordnet werden (oben Rz. 47).

d) Zeugenvorladung

Darüber hinaus kann die Staatsanwaltschaft, nicht aber die Polizei, Mitarbeiter eines 57
Kreditinstituts nach § 161a StPO als Zeugen laden. Die **Vorladung als Zeuge** kommt naturgemäß nur dann in Frage, wenn dieser den Sachverhalt wahrgenommen hat, bezüglich dessen er als Zeuge gehört werden soll. Dies erscheint bei einigen bislang in der Praxis vorgekommenen Vorladungen zumindest fraglich. Insbeson-

---

74) LG Bonn ZIP 1982, 1432; LG Berlin WM 1984, 772.
75) ZKA, Leitfaden, Rz. 124; a. A. LG Lübeck NJW 2000, 3148.
76) AG München vom 16.7.1996 – 1 Gs 3057/96 (unveröff.); vgl. auch LG Köln WM 2003, 1766.
77) BAKred, Schreiben vom 2.1.1997 (I5-D404) (unveröff.).
78) Vgl. LG Saarbrücken wistra 1995, 32; siehe zum Sachverhalt *Schröder/Textor*, § 261 StGB Rz. 190 f.
79) Vgl. LG Saarbrücken wistra 1995, 32.
80) LG Saarbrücken wistra 1996, 189, 190.

dere wenn es um typische Geschäftsvorfälle geht, die mehrere Jahre zurückliegen oder an denen der betroffene Mitarbeiter nicht beteiligt war, kann keine Aussage erwartet werden. Es besteht zwar eine Verpflichtung zur Auffrischung des Gedächtnisses. Zur Einsichtnahme in Aufzeichnungen ist der Mitarbeiter aber nicht verpflichtet. Sind Aufzeichnungen vorhanden, ist darauf mittels Beschlagnahme zuzugreifen.[81]

58 Die Vorladung als Zeuge muss durch eine schriftliche Auskunft abgewendet werden können. Dabei können auch Unterlagen herausgegeben werden, wenn die darin enthaltenen Daten nicht über das hinausgehen, was der Zeuge bekunden müsste.

e) Freiwillige Herausgabe

59 Eine Herausgabe von Unterlagen, ohne dazu durch eine der zuvor genannten Maßnahmen verpflichtet zu sein, würde grundsätzlich das Bankgeheimnis verletzen.[82] Daher ist z. B. eine Herausgabe von Unterlagen auf Anforderung lediglich durch die Polizei, auch wenn ihr Befugnisse von der Staatsanwaltschaft „übertragen" wurden, als Verletzung des Bankgeheimnisses zu betrachten. Auch die Androhung von den zuvor besprochenen Maßnahmen reicht nicht aus.[83] Etwas anderes gilt allerdings, wenn die Herausgabe der Wahrnehmung eigener berechtigter Interessen dient. In diesem Fall ist die Durchbrechung des Bankgeheimnisses gerechtfertigt.[84]

60 Ein **berechtigtes Interesse** an der Herausgabe ist dann zu bejahen, wenn die Unterlagen an die Strafverfolgungsbehörden herausgegeben werden, um sich selbst vor Strafe für ein Handeln zu schützen, zu dem der betroffene Kunde die Bank veranlasst hat, oder um bei der Verhinderung eines schweren Verbrechens mitzuwirken. Vorstellbar ist es auch, dass die Bank aufgrund einer Anfrage bei der Behörde **im Nachhinein** einen **Verdacht** i. S. d. § 11 schöpft und eine Anzeige erstattet. Diese wirkt zwar nicht mehr strafbefreiend, sondern allenfalls strafmildernd; die Bank erstattet eine Anzeige nach § 261 Abs. 9 StGB, um Mitarbeiter vor Strafe zu schützen, und kommt in den Genuss der Regelung aus § 12.[85] Danach ist die Haftung wegen Verletzung des Bankgeheimnisses ausgeschlossen und Unterlagen können in dem Umfang ausgehändigt werden, in dem sie im Zusammenhang mit dem Geldwäscheverdacht stehen.[86]

61 Von dieser Fallgestaltung sind Sachverhalte abzugrenzen, bei denen die Strafverfolgungsbehörde im Zusammenhang mit einer bereits durch das Institut selbst erstatteten Anzeige weitere Unterlagen anfordert. Eine solche **Nachforderung** ist dann noch von §§ 11, 12 abgedeckt, wenn Kontounterlagen herausgegeben werden, die im unmittelbaren Zusammenhang mit der Anzeige stehen. Anstelle langer Ausführungen können diese herausgegeben werden. Sie dienen lediglich der Komplettie-

---

81) Vgl. BGHSt 15, 253, 255; ZKA, Leitfaden, Rz. 127 f.
82) *Bruchner*, in: Schimansky/Bunte/Lwowski, § 42 Rz. 93; *Reiß*, in: BuB Rz. 16/122.
83) *Wabnitz/Müller*, S. 105.
84) Vgl. BGH, Urt. v. 17.11.1992 – VI ZR 352/91, ZIP 1993, 107 = WM 1993, 69, dazu EWiR 1993, 139 *(Schiemann)*; BGH WM 1978, 999; OLG Köln WM 1993, 289, dazu EWiR 1993, 443 *(Feuerborn)*; *Sichtermann u. a.*, S. 180 f.
85) Siehe unten *Fülbier*, § 12 Rz. 1 f.
86) Siehe unten *Fülbier*, § 11 Rz. 117 f.

rung der Verdachtsanzeige, zu der das Institut verpflichtet ist. Gegen das Bankgeheimnis wird in diesem Fall nicht verstoßen.[87]

Daher kann je nach Einzelfall auch eine freiwillige Herausgabe der Unterlagen an Polizei oder Staatsanwaltschaft mit Blick auf das Bankgeheimnis nicht zu beanstanden sein. Nach Angaben des LKA Nordrhein-Westfalen hatten Kreditinstitute in Nordrhein-Westfalen 1996 in 167 Fällen von dieser Möglichkeit Gebrauch gemacht.[88]

f) Keine Rechtsgrundlage aus dem Geldwäschegesetz

Das Geldwäschegesetz enthält keine Rechtsgrundlage, auch nicht für die Polizei, auf Unterlagen zuzugreifen, die nach dem Geldwäschegesetz angelegt worden sind. Der Zugriff darauf muss unter Einsatz der oben geschilderten Instrumente erfolgen.[89] Die Pflicht nach Absatz 2 Satz 1 beschränkt sich auf die Weitergabe der Anzeige selbst. Nach Absatz 2 Satz 2 dürfen zwar auch Unterlagen nach § 9 weitergegeben werden. Dies kann aber nur dann geschehen, wenn die Strafverfolgungsbehörde sich die Unterlagen mittels der zuvor beschriebenen Instrumente beschafft hat.

2. Verhalten bei anderen Maßnahmen der Behörden

a) Kein Zugriff bei Auskunftsersuchen im Besteuerungsverfahren

Nach §§ 92 f AO sind die Finanzbehörden berechtigt, im Besteuerungsverfahren eines Kunden Auskünfte von Dritten (z. B. Kreditinstituten) einzuholen. Der Dritte ist dann nicht nur zur Erteilung der Auskunft verpflichtet; vielmehr muss er auf Verlangen auch Bücher, Aufzeichnungen und Geschäftspapiere zur Einsicht und Prüfung vorlegen (§ 97 Abs. 1 Satz 1 AO).[90]

Bei der Beantwortung derartiger Auskunftsersuchen darf nur auf die nach den allgemeinen Vorschriften angelegten Bücher und Unterlagen zurückgegriffen werden, nicht aber auf die nach dem Geldwäschegesetz angefertigten.[91] Gegen ein Auskunftsersuchen, das sich auf diese Daten bezieht, sollte Beschwerde eingelegt werden (unten Rz. 67).

Bei den **Auskunftsersuchen** unterscheidet man solche der Finanzbehörden **im Besteuerungsverfahren** und im Steuerstrafverfahren sowie Auskunftsersuchen der Staatsanwaltschaft (dazu oben Rz. 50, unten Rz. 68, 71). Die Auskunftsersuchen im Besteuerungsverfahren nach § 93 Abs. 2 Satz 2 AO bereiten regelmäßig keine Probleme. Das Kreditinstitut ist hier berechtigt, ein schriftliches Auskunftsersuchen einzufordern. Die Auskunft kann schriftlich, mündlich oder telefonisch erteilt werden (§ 93 Abs. 4 Satz 1 AO). Etwas anderes gilt nur dann, wenn die Finanzbehörde

---

87) ZKA, Leitfaden, Rz. 83; BAKred, Schreiben vom 2.1.1997 (I5-D404) (unveröff.).
88) LKA NRW, Lagebild Finanzermittlungen 1996, S. 22.
89) *Carl/Klos*, DStZ 1994, 68, 70; BAKred, Schreiben vom 2.1.1997 (I5-D404) (unveröff.); ZKA, Leitfaden Rz. 121; zur Heranziehung und Verwendung von Aufzeichnungen, die von Rechtsanwälten angefertigt wurden siehe *Johnigk*, BRAK-Mitt. 1994, 58, 62 f.
90) *Müller-Brühl*, S. 7 f.
91) Siehe dazu auch BFH NJW 2001, 2118.

eine schriftliche Auskunft verlangt (§ 93 Abs. 4 Satz 2 AO). Nach § 208 Abs. 1 Satz 2 AO hat auch die Steuerfahndung diese Befugnis, wenn sie im Besteuerungsverfahren tätig ist.

67 Gegen das Auskunftsersuchen ist der **Rechtsbehelf der Beschwerde** nach § 349 AO zulässig; gleichzeitig kann die Aussetzung der Vollziehung beantragt werden (§ 361 AO). Der Rechtsbehelf kann bei der Finanzbehörde „angebracht" werden, deren Verwaltungsakt angefochten wird oder bei der Finanzbehörde, die zur Entscheidung befugt ist (§ 357 Abs. 2 AO). Bei einer Weigerung der Bank ohne Zuhilfenahme des Rechtsbehelfs könnte das Ersuchen mit Zwangsmitteln (Verhängung eines Zwangsgeldes) durchgesetzt werden (§ 328 AO).

b) Steuerstrafverfahren

68 Kritischer ist die Situation im Steuerstrafverfahren der Finanzbehörden und der Staatsanwaltschaft. Das Steuerstrafverfahren der Finanzbehörden richtet sich nach § 399 Abs. 1 AO. Außerdem können die Finanzbehörden als Hilfsbeamte der Staatsanwaltschaft eingesetzt werden (§ 402 Abs. 1, 404 Satz 1 AO). In diesem Rahmen ist auch die Tätigkeit der Steuerfahndung zu sehen, die im Wesentlichen im Steuerstrafverfahren tätig wird (§ 397 AO), d. h. dann, wenn schon ein Steuerstrafverfahren eingeleitet ist. Sie hat nach § 404 Satz 2 AO die Stellung von Hilfsbeamten der Staatsanwaltschaft.[92] Neben den in § 404 Satz 2 AO eingeräumten Befugnissen stehen ihr auch die Rechte der Finanzbehörden im Besteuerungsverfahren und bei der Außenprüfung zu.

69 Im Rahmen des Steuerstrafverfahrens müssen die Institute gegenüber der Staatsanwaltschaft oder gegenüber den Finanzbehörden, soweit diese im Steuerstrafverfahren selbst ermitteln, Aussagen machen. Dazu kann die Staatsanwaltschaft um mündliche und schriftliche Auskunft ersuchen, Angestellte zur **Vernehmung** laden (§§ 161a, 136 StPO) oder im Institut erscheinen und um Auskunft ersuchen. Die Angestellten sind dabei zur Aussage verpflichtet. Bei Gefahr im Verzug kann die Staatsanwaltschaft die Papiere selbst durchsehen (§ 110 StPO). Dagegen gibt es keinerlei Rechtsmittel.[93]

70 Häufig wird den Kreditinstituten jedoch die Möglichkeit eingeräumt, Maßnahmen wie eine Vernehmung oder Durchsuchung abzuwenden, indem es von sich aus die gewünschten Auskünfte erteilt (**Abwendungsbefugnis**, oben Rz. 47). Die überwiegende Mehrzahl der Banken macht von diesem Recht Gebrauch. Aus diesem Grunde sind auch nur relativ wenige Fälle bekannt, bei denen Räumlichkeiten in Kreditinstituten durchsucht wurden. Im Zusammenhang mit Geldtransfers nach Luxemburg hatte es eine ganze Reihe von Fällen gegeben.[94] Dabei richtete sich der Verdacht gegen die Institute selbst.

---

92) *Hamacher/Spitz*, S. 93.
93) *Müller-Brühl*, S. 34 ff, 42.
94) BVerfG ZIP 1994, 610; BVerfG ZIP 1995, 101; dazu auch *Kaligin*, WM 1996, 2267; *Raeschke-Kessler*, WM 1996, 1764; siehe aber auch BFH ZIP 2001, 455, dem zufolge eine Kontrollmitteilung unzulässig ist, wenn Daten nicht anonymisiert wurden; dazu EWiR 2001, 529 *(Steiner)*.

Heranziehung und Verwendung von Aufzeichnungen § 10 GwG

Bei **Auskunftsersuchen im Steuerstrafverfahren** handelt es sich um so genannte 71
Justizverwaltungsakte, über deren Rechtmäßigkeit auf Antrag durch die ordentlichen Gerichte entschieden wird (§ 23 Abs. 1 EGGVG).[95] Von diesem Recht sollte Gebrauch gemacht werden, wenn die Steuerbehörden im Steuerstrafverfahren oder die Staatsanwaltschaft ohne nähere Angaben zum Grund für die Ermittlungen auf die nach dem Geldwäschegesetz erhobenen Daten zugreifen will. Etwas anderes gilt nur dann, wenn die Staatsanwaltschaft um Auskunft ersucht und im Auskunftsersuchen ausdrücklich auf Ermittlungen im Rahmen des § 261 StGB oder einer der in § 261 Abs. 1 Nr. 1–5 StGB genannten Katalogtaten Bezug genommen wird.

Halten sich die Steuerfahnder nicht an dieses Verbot, sollte gegen die Maßnahme 72
Beschwerde eingelegt werden, selbst wenn die Unterlagen – vermutlich nach Anfertigung von Kopien – wieder zurückgegeben wurden. Den Steuerfahndern ist sowohl die Einsicht als auch die Beschlagnahme der Unterlagen verwehrt.[96]

Diese Auffassung kann sich auf folgende Überlegungen stützen. **Absatz 1** untersagt 73
nicht nur die **Verwendung** zu anderen als den genannten Zwecken, sondern auch die **Heranziehung**. Demnach ist sowohl die Beschlagnahme als auch die Durchsuchung einschließlich einer Durchsicht zu anderen als den in Absatz 1 genannten Zwecken unzulässig. Die einzige Möglichkeit der Steuerfahndung, im Besteuerungsverfahren oder Steuerstrafverfahren an derartige Unterlagen heranzukommen, ist eine Mitteilung der Ermittlungsbehörden nach Absatz 2 Satz 1. Die Unterlagen erhält sie von diesen, nicht vom Institut. Ein eigenes Zugriffsrecht der Steuerfahndung besteht nicht.

Dies zeigt auch ein Vergleich mit **§ 97 StPO**. Dieser verbietet die Beschlagnahme 74
der darin bestimmten Gegenstände, z. B. der schriftlichen Mitteilungen zwischen Verteidiger und Beschuldigtem. Das Verbot gilt nach § 97 Abs. 2 Satz 3 StPO nicht, wenn der Verteidiger einer Teilnahme an der Tat verdächtig ist. Derartige Beschränkungen enthält das Heranziehungsverbot des § 10 nicht. Daher besteht selbst dann kein Recht zur Durchsicht, wenn die Bank der Teilnahme an der zugrunde liegenden Tat (z. B. Beihilfe zur Steuerhinterziehung) verdächtig ist. Vertretbar wäre allenfalls, dass beschlagnahmefreie Gegenstände – nach **Versiegelung durch Ermittler im Beisein des Betroffenen – vom Richter** daraufhin **durchgesehen** werden,[97] ob darin andere als die nach § 9 angefertigten Unterlagen enthalten sind. Eine Auslegung, die eine weitergehende Datenverwertung zuließe, wäre verfassungswidrig (oben Rz. 5 ff).[98]

Im Verfahren, das Gegenstand der Entscheidung des LG Koblenz[99] war, meinten 75
die Steuerfahnder, sie könnten ihre Maßnahme auf die Geldwäscherichtlinie und die Entstehungsgeschichte des Geldwäschegesetzes stützen. Ein Blick in die Geldwä-

---

95) BVerwGE 47, 255; BFHE 138, 164 = ZIP 1983, 988; *Müller-Brühl*, S. 44; *Hamacher/Spitz*, S. 96.
96) Vgl. LG Koblenz WM 1997, 63.
97) Vgl. AG Hanau NJW 1989, 1493, 1494.
98) Vgl. BVerfGE 65, 1; BVerfG WM 1989, 1623; *Papier/Dengler*, BB 1996, 2541; *dies.*, BB 1996, 2593; *Habetha*, WM 1996, 2133.
99) LG Koblenz WM 1997, 63.

Fülbier

scherichtlinie und auf den Werdegang des Geldwäschegesetzes macht indes gerade das Gegenteil deutlich. Nach **Art. 6 Abs. 3 Geldwäscherichtlinie** dürfen Informationen, die von Behörden mitgeteilt werden, nur zur Bekämpfung der Geldwäsche benutzt werden. Die Mitgliedstaaten können vorsehen, dass diese Informationen auch für andere Zwecke verwendet werden können. Eine Verwendung zu steuerlichen Zwecken ist danach vom Grundsatz her ausgeschlossen.[100] Etwas Abweichendes müsste auf nationaler Ebene ausdrücklich erlaubt werden.[101]

c) Außenprüfung/Betriebsprüfung

76 Die Verwertungsbeschränkung greift auch bei der externen Betriebsprüfung (Außenprüfung) durch die Finanzämter ein.[102] Insofern ist durch die Bank nach Möglichkeit zu gewährleisten, dass die Betriebsprüfer nicht zufällig auf die Unterlagen zugreifen können. Die Wahrscheinlichkeit eines direkten Zugriffs von Finanzbeamten auf die Unterlagen ist gerade bei großen Unternehmen sehr gering. Hier lassen sich die Beamten die Unterlagen regelmäßig von den Angestellten zur Verfügung stellen. Ein Einblick in die besonders angelegten Daten durch die Finanzbehörden erscheint daher grundsätzlich ausgeschlossen. Selbst wenn die Finanzbeamten sich die Unterlagen selbst heraussuchen sollten, z. B. bei kleineren Betrieben, wäre ihnen der Zugriff auf diese Dateien verwehrt. Seit dem 1.1.2002 haben die Betriebsprüfer anlässlich einer Außenprüfung nach §§ 146, 147 AO zudem das Recht, EDV-gestützte Buchführungen durch Datenzugriff auf das DV-System des Steuerpflichtigen zu prüfen.[103] Ihnen stehen Leserechte zu. Außerdem können sie bestimmte Auswertungen verlangen. § 30a AO bleibt indes unberührt. Legitimationsgeprüfte Konten und Depots sind von diesem Recht ausgeschlossen.

77 Aus den zuvor erwähnten Gründen sollten die ausschließlich nach dem Geldwäschegesetz aufzuzeichnenden Daten von anderen Buchungsunterlagen separiert werden. Die Herausgabe der Daten aus der besonders angelegten Datei wäre allein vom Geldwäschebeauftragten vorzunehmen. Andere Mitarbeiter, mit Ausnahme der Mitarbeiter der Revision, sollten nach Möglichkeit keinen Zugriff auf diese Daten haben. Andernfalls wären die Mitarbeiter zumindest im Rahmen der Schulung auf das Verwertungsverbot hinzuweisen.[104] Neben diesen Mitarbeitern des Instituts müssen auch der externe Prüfer (vgl. § 29 Abs. 2 KWG) sowie die nach § 44 Abs. 1 KWG beauftragten Prüfer im Rahmen einer Sonderprüfung Zugang zu den Unterlagen haben.

---

100) *Carl/Klos*, DStZ 1994, 68, 71.
101) *Wöß*, S. 251.
102) Vgl. BFH DStR 2004, 452; siehe aber auch *Eberlein*, DStZ 2002, 249; *Kuhsel/Kaeser*, DB 2001, 1583; *Weinreich*, DStR 2002, 1925, 1927, mit Hinweis auf die Wechselwirkungen mit § 30a AO.
103) Die Änderung geht auf das Steuersenkungsgesetz vom 23.10.2000, BGBl I, 1433, 1460 f, zurück.
104) Dazu *Langweg*, § 14 Rz. 153 ff.

d) Verwertung von anderweitig aufgezeichneten Daten

Das Verwertungsverbot aus § 10 verliert in dem Maße seine Bedeutung, wie auf (teil-)deckungsgleiche Datenhaushalte zugegriffen werden kann, die aufgrund anderer Rechtsvorschriften angefertigt werden und für die kein Verwertungsverbot besteht. Aufmerksamkeit verdienen in diesem Zusammenhang die §§ 24c, 25b KWG sowie §§ 9, 15, 16 und 34 WpHG.[105]

Nach § 24c Abs. 1 KWG sind seit dem 1.4.2003

- Konto- bzw. Depotnummer,
- Tag der Errichtung des Kontos oder Depots,
- Tag der Auflösung,
- Name des/der Kontoinhaber(s),
- Name des/der Verfügungsberechtigten,
- Geburtsdatum des/der Kontoinhaber und Verfügungsberechtigten,
- Namen und Anschrift der abweichend wirschaftlich Berechtigten nach § 8 GwG und
- Änderungsdaten

in eine so genannte Abrufdatei einzustellen.[106] Diese Daten kann die Bundesanstalt nach § 24c Abs. 2 KWG abrufen, ohne dass dies dem Institut oder dem Betroffenen bekannt wird. Die Bundesanstalt ist zudem berechtigt, den Strafverfolgunsbehörden auf Ersuchen Auskunft über diese Daten zu geben (§ 24c Abs. 3 Satz 3 KWG). Dieses Recht besteht in engen Grenzen auch zugunsten der Finanzbehörden.[107]

Mit dem Gesetz zur Förderung der Steuerehrlichkeit vom 23.12.2003 können die Finanzbehörden zudem nach § 93 Abs. 7 und 8, § 93b AO unmittelbar auf diese Dateien zugreifen.[108] Die Vorschrift soll die Besteuerungsgerechtigkeit in der Praxis verbessern.[109] Der Zugriff wird auch anderen Behörden, wie z. B. den Arbeitsagenturen und den Sozialämtern eröffnet.[110] Damit kann die Verwertungsbeschränkung des § 10 zumindest in Teilbereichen umgangen werden, nicht aber für die Daten zu den abweichend wirtschaftlich Berechtigten.[111]

Nach § 9 WpHG haben u. a. Kreditinstitute und Finanzdienstleistungsinstitute jedes Geschäft in dort näher bestimmten Wertpapieren und Derivaten der Bundesanstalt zu melden, wenn sie das Geschäft im Zusammenhang mit einer Wertpapierdienstleistung oder als Eigengeschäft abschließen. Die Vorschrift dient dazu, die geschäftlichen Aktivitäten am Markt für die Bundesanstalt transparent zu halten und

---

105) Bezüglich der Auskunftsrechte des Bundeskriminalamt gemäß § 5 Abs. 3 auch unter Hinweis auf § 7 BKAG siehe *Langweg*, § 24c Rz. 88.
106) Im Einzelnen siehe unten *Langweg*, § 24c KWG Rz. 15 ff.
107) Dazu unten *Langweg*, § 24c KWG Rz. 11 ff.
108) In der Presse wurde dieses Instrument als „Rüsselverfahren" bzw. „Zasterfahndung" tituliert, Börsen-Zeitung vom 12.2.2005.
109) Begründung RegE Gesetz zur Förderung der Steuerehrlichkeit, BT-Drucks. 15/1521, S. 14.
110) Im Einzelnen siehe unten *Langweg*, § 24c KWG Rz. 11 ff.
111) *Langweg*, § 24c KWG Rz. 4, 28, 39 ff, 88.

eine effiziente Aufsicht zu gewährleisten.[112] Diese Daten unterliegen keiner Verwertungsbeschränkung.

82 § 34 WpHG verpflichtet u. a. Wertpapierdienstleistungsunternehmen (vorwiegend Banken), Wertpapiertransaktionen unter Angabe u. a. des Kundennamens aufzuzeichnen. Nach Ansicht der Bundesanstalt ergibt sich aus § 34 Abs. 1 Nr. 1 WpHG auch die Verpflichtung, den Namen des Auftraggebers eines **Tafelgeschäfts**[113] – unabhängig von einer Betragsgrenze – aufzuzeichnen.[114] Dies gilt für den An- und Verkauf von Wertpapieren, Geldmarktinstrumenten, Derivaten und Dividenden-, Zins- oder Ertragsscheine seit dem 1.10.2002. Ausgenommen sind die Einlösung fälliger Wertpapiere. Sollten Tafelgeschäfte mit Kunden vorgenommen werden, die im Institut selbst über ein legitmationsgeprüftes Konto verfügen, so wird darin der Anfangsverdacht einer Steuerstraftat gesehen. Die Institutsmitarbeiter, die ein solches Geschäft durchführen, sind dem Anfangsverdacht einer Beihilfehandlung ausgesetzt.[115]

83 Nach § 34 WpHG sind Daten über die Ausführung des Auftrags und die Auftragserteilung aufzuzeichnen. Dazu gehört auch der Name des Auftraggebers, Betrag sowie Bezeichnung des Wertpapiers[116]. Die Bank soll diese Daten auf Anforderung der Bundesanstalt an diese herausgeben. Im Gesetz ist keinerlei Verwertungsbeschränkung enthalten. Daher könnten Finanzbeamte Einsicht in diese Unterlagen verlangen und diese unter Umständen auch beschlagnahmen. Damit wird die Verwertungsbeschränkung des Absatzes 2 in einem maßgeblichen Teilbereich unterlaufen. Die Aushöhlung des Bankgeheimnisses durch § 34 WpHG gilt es auf das Notwendigste zu beschränken. Auch hier bedürfte es eines Verwertungsverbots.[117]

---

112) *Dreying*, in: Assmann/Schneider, WpHG, § 9 Rz. 1.
113) Ein Tafelgeschäft ist ein Wertpapierverkauf Zug um Zug gegen Barzahlung des Kaufpreises ohne Einschaltung eines legitimationsgeprüften Kontos oder Depots i. S. d. § 154 Abs. 2 AO, BFH ZIP 2001, 1453 = BStBl II 2001, 624.
114) BaFin, Rundschreiben Nr. 1/2002 vom 1.2.2002, Nr. 3, abrufbar unter www.bafin.de/rundschreiben/92_2002/wa_020201.htm.
115) BFH ZIP 2001, 1453 = BStBl II 2001, 624; BFH BStBl II 2001, 665.
116) *Koller*, in: Assmann/Schneider, WpHG, § 34 Rz. 2.
117) Vgl. *Habetha*, WM 1996, 2133.

§ 11
Anzeige von Verdachtsfällen

(1) ¹Ein Institut oder ein Unternehmen oder eine Person in den Fällen von § 3 Abs. 1, auch wenn die Beträge im Sinne des § 6 Satz 1 unterschritten werden, hat bei Feststellung von Tatsachen, die darauf schließen lassen, dass eine Finanztransaktion einer Geldwäsche nach § 261 des Strafgesetzbuches dient oder im Falle ihrer Durchführung dienen würde, diese unverzüglich mündlich, fernmündlich, fernschriftlich oder durch elektronische Datenübermittlung den zuständigen Strafverfolgungsbehörden und in Kopie dem Bundeskriminalamt – Zentralstelle für Verdachtsanzeigen – anzuzeigen. ²Ein Institut ist darüber hinaus zur Anzeige im Sinne von Satz 1 auch verpflichtet, wenn Tatsachen darauf schließen lassen, dass eine Finanztransaktion der Finanzierung einer terroristischen Vereinigung nach § 129a, auch in Verbindung mit § 129b des Strafgesetzbuches, dient oder im Fall ihrer Durchführung dienen würde. ³Eine angetragene Finanztransaktion darf frühestens durchgeführt werden, wenn dem Institut, dem Unternehmen oder der Person im Sinne des § 3 Abs. 1 Satz 1 Nr. 3 und 4, Satz 2 und 3 die Zustimmung der Staatsanwaltschaft übermittelt ist oder wenn der zweite Werktag nach dem Abgangstag der Anzeige verstrichen ist, ohne dass die Durchführung der Transaktion strafprozessual untersagt worden ist; hierbei gilt der Sonnabend nicht als Werktag. ⁴Ist ein Aufschub der Finanztransaktion nicht möglich, so darf diese durchgeführt werden; die Anzeige ist unverzüglich nachzuholen.

(2) Eine Anzeige nach Absatz 1 ist schriftlich zu wiederholen, sofern sie nicht bereits fernschriftlich oder durch elektronische Datenübermittlung erfolgt ist.

(3) ¹Abweichend von Absatz 1 Satz 1 sind die in § 3 Abs. 1 Satz 1 Nr. 1 und 2 genannten Personen nicht zur Anzeige verpflichtet, wenn dem Geldwäscheverdacht Informationen von dem oder über den Mandanten zugrunde liegen, die sie im Rahmen der Rechtsberatung oder der Prozessvertretung dieses Mandanten erhalten haben. ²Die Anzeigepflicht bleibt bestehen, wenn die in Satz 1 genannten Personen wissen, dass der Mandant ihre Rechtsberatung bewusst für den Zweck der Geldwäsche in Anspruch nimmt.

(4) ¹Abweichend von Absatz 1 Satz 1 übermitteln die in § 3 Abs. 1 Satz 1 Nr. 1 und 2 genannten Personen die Anzeige an die für sie zuständige Bundesberufskammer. ²Die Kammer kann zur Anzeige Stellung nehmen. ³Sie leitet die Anzeige mit ihrer Stellungnahme entsprechend Absatz 1 Satz 1 an die dort genannten Stellen weiter. ⁴Für Notare, die nicht Mitglied einer Notarkammer sind, tritt an die Stelle der Bundesnotarkammer die für die Berufsaufsicht zuständige oberste Landesbehörde.

(5) Ein Institut oder ein Unternehmen oder eine Person im Sinne von § 3 Abs. 1 darf den Auftraggeber der Finanztransaktion oder einen anderen als staatliche Stellen nicht von einer Anzeige nach Absatz 1 oder Absatz 2 oder von einem daraufhin eingeleiteten Ermittlungsverfahren in Kenntnis setzen.

(6) Die Pflicht zur Anzeige nach den Absätzen 1 und 2 schließt die Freiwilligkeit der Anzeige im Sinne des § 261 Abs. 9 des Strafgesetzbuches nicht aus.

(7) Der Inhalt einer Anzeige nach Absatz 1 darf nur für die in § 10 Abs. 1 und 2 Satz 3 bezeichneten Strafverfahren und für Strafverfahren wegen einer Straftat, die im Höchstmaß mit einer Freiheitsstrafe von mehr als drei Jahren bedroht ist, für Besteuerungsverfahren und für die Aufsichtsaufgaben der zuständigen Behörden nach § 16 Nr. 1 bis 4 verwendet werden.

(8) ¹Das Bundesministerium des Innern und das Bundesministerium der Finanzen können zur Bekämpfung der Geldwäsche oder der Finanzierung terroristischer Vereinigungen durch Rechtsverordnung mit Zustimmung des Bundesrates einzelne typisierte Finanztransaktionen bestimmen, die als verdächtig im Sinne von Absatz 1 Satz 1 gelten und die die Institute nach den Absätzen 1, 2 und 5 anzuzeigen haben. ²Die Rechtsverordnung soll befristet werden.

(9) In Strafverfahren, zu denen eine Anzeige nach Absatz 1 erstattet wurde, teilt die zuständige Staatsanwaltschaft dem Bundeskriminalamt – Zentralstelle für Verdachtsanzeigen – die Erhebung der öffentlichen Klage und den Ausgang des Verfahrens entsprechend § 482 Abs. 2 der Strafprozessordnung mit.

Literatur: *Ackermann*, Geldwäscherei – Money Laundering, 1992; *Baumann*, EG-Kommission nimmt die Banken in die Pflicht, BI 7/1990, 49; *Bayer*, Geldwäsche neue Herausforderung für Banken und Polizei, BI 12/1993, 32; *Bergles/von Schirnding*, Geldwäschebekämpfung durch unterstützende Research-Systeme – Umsetzung in der Bankenpraxis, ZBB 1999, 58; *Bittmann/Rosner*, Beweiserhebung zum Vergessen?, wistra 1995, 166; *Bockelmann*, Das Geldwäschegesetz – Zur Effizenz des GwG in der Praxis, Diss. Aachen, 2001; *Burger*, Die Einführung der gewerbs- und bandenmäßigen Steuerhinterziehung sowie aktuelle Änderungen im Bereich der Geldwäsche, wistra 2002, 1; *Canaris*, Bankvertragsrecht, 2. Aufl. 1981; *Carl/Klos*, Verdachtsmeldepflicht und Strafaufhebung in Geldwäschefällen, wistra 1994, 161; *dies.*, Geldwäschegesetz und Datenweitergabe zu Besteuerungszwecken, DStZ 1994, 68; *Dahm*, Banken im Spannungsfeld zwischen Staat und Kunden, WM 1996, 1285; *Dahm/Hamacher*, Geldwäschebekämpfung und strafrechtliche Verfahrensgarantien, wistra 1995, 206; *Findeisen*, Der Präventionsgedanke im Geldwäschegesetz, wistra 1997, 121; *ders.*, Die Effektivierung des bankinternen Sicherungssystems zur Verhinderung der Geldwäsche, Juni 1996 und Oktober 1996; *Frank*, Die Bekämpfung der Geldwäsche in den USA, 2002; *von Galen*, Die reduzierte Anwendung des Geldwäschetatbestands auf die Entgegennahme von Strafverteidigerhonorar – Drahtseilakt oder Rechtssicherheit?, NJW 2004, 3304; *dies.*, Bekämpfung der Geldwäsche – Ende der Freiheit der Advokatur?, NJW 2003, 117; *Gradowski/Ziegler*, Geldwäsche, Gewinnabschöpfung, Bd. 39 der BKA-Forschungsreihe, 1996/1997; *Guderlei*, Effiziente Research-Systeme zur Vermeidung von Geldwäsche, Sparkasse 2001, 520; *Haynes*, Recent Developments in Money Laundering Legislation in the UK, JIBankL 1994, 58; *Herzog*, Geldwäschebekämpfung – quo vadis? Rechtsstaatliche Grenzen der Geldwäschebekämpfung durch Aufsichtshandlungen des Bundesaufsichtsamtes für das Kreditwesen, WM 1999, 1905; *ders.*, Der Banker als Fahnder?, WM 1996, 1753; *Herzog/Christmann*, Geldwäsche und „Bekämpfungsgesetzgebung" – Ein Plädoyer für rechtsstaatliche Sensibilität – WM 2003, 6; *Hetzer*, wistra 1994, 183; *Höche*, Entwurf einer dritten EU-Richtlinie zur Verhinderung der Nutzung des Finanzsystems zu Zwecken der Geldwäsche und der Finanzierung des Terrorismus, WM 2005, 8; *ders.*, Neue gesetzliche Regelungen zur Bekämpfung des Terrorismus und der Geldwäsche (I), Die Bank 2002, 196; *ders.*, Neues Instrumentarium zur Geldwäschebekämpfung, Die Bank 1998, 618; *Hund*, Der Entwurf der Bundesregierung für ein Gesetz zur Verbesserung der Geldwäschebekämpfung, ZRP 1997, 180; *Joecks*, Steuerstrafrechtliche Risiken in der Praxis, DStR 2001, 2184; *Kaiser*, Geldwäsche – Maßnahmen, Zahlen, Fälle, BI 8/1996, 26; *Kreß*, Das neue Recht der Geldwäschebekämpfung, wistra 1998, 121; *Krüger*, Das Geldwäschegesetz, Kriminalistik 1994, 37; *Leitner*, Eine Dekade der Geldwäschegesetzgebung, AnwBl 2003, 675; *Löwe-Krahl*, Das Geldwäschegesetz – ein taugliches Instrumentarium zur Verhinderung der Geldwäsche?, wistra 1994, 121; *Melzer*, Reform der Geldwäschegesetzgebung, Die Bank 1996, 494; *Moscow*, Those damned, elusive beneficiaries, Money Laundering Bulletin, November 1996, S. 8; *Müller*, Der Pflichtenkatalog für Steuerberater und andere Freiberufler nach dem Geldwäschebekämpfungsgesetz, DStR 2004, 1313; *ders.*, Die Neuregelung der gewerbsmäßigen oder bandenmäßigen Steuerhinterziehung, DStR 2002, 1641; *Müller-Brühl*, Die Stellung der Kreditinstitute in Steuerverfahren ihrer Kunden, 1988; *Obermüller*, Neue Pflichten für Banken und Kunden, Bankkaufmann 6/1992, 50; *Oswald*, Die Implementation gesetzlicher Maßnahmen zur Bekämpfung der Geldwäsche in der Bundesrepublik Deutschland, 1997; *Otto*, Geldwäsche und das strafrechtliche Risiko von Bankmitarbeitern, ZKW 1994, 8; *Pfannenschmidt*, Finanzermittlungen, Kriminalistik 1994, 399; *Pieth*, Die Aufspürung illegaler Gewinne, Kriminalistik 1994, 442; *Powis*, The Money Launderers, Chicago 1992; *Rabe*, Die neue Geldwäsche-Verlautbarung des Bundesaufsichtsamts für das Kreditwesen, Sparkasse 1998, 335; *Reifner*, Das Recht auf ein Girokonto, ZBB 1995, 243; *Schroeter*, Gesetze gegen Geldwäsche (II), Sparkasse 1992, 373; *Schwob*, Anzeigerecht oder Anzeigepflicht der Banken bei Verdacht auf Straftaten, in: Festschrift Kleiner, 1993, S. 441; *Spatscheck/Wulf*, „Schwere Steuerhinterziehung" und Geldwäsche, DB 2002, 392; *dies.*, „Gewerbsmäßige Steuerhinterziehung" als Vortat zur Geldwäsche, DB 2001, 2572; *Stellpflug*, Die Umsetzung der EG-Richtlinie 91/308/EWG zur Bekämpfung der Geldwäsche in Großbritannien, wistra 1994, 257; *Suendorf, Ulrike*, Geldwäsche, Eine kriminologische Untersuchung, Diss. Neuwied, 2001; *Swienty*, Was tun bei Geldwäscheverdacht?, DStR 2003, 803; *Ungnade*, Rechtliche Aspekte bei der Umsetzung des OrgKG und des Geldwäschegesetzes in der Kreditwirtschaft (II), WM 1993, 2105; *Vasseur*, Blanchiment de l'argent, Banque et Droit 1990, numéro spécial, S. 32; *Wittig*, Die staatliche Inanspruchnahme des Rechtsanwalts durch das neue Geldwäschegesetz, AnwBl 2004, 193; *Wolf*, Die Verwendung eines Fernkopierers zur Dokumentenübermittlung, NJW 1989, 2592; *Zentraler Kreditausschuss (ZKA)*, Leitfaden zur Bekämpfung der Geldwäsche, 1995 (zit.: ZKA, Leitfaden); *ders.*, Positionspapier der Kreditwirtschaft zur Geldwäschegesetzgebung vom 14.9.1995 (zit.: ZKA, Positionspapier).

Übersicht

I.	Einführung 1		II.	Anzeigepflicht 28
1.	Zweck der Vorschrift 1		1.	Adressaten der Anzeigepflicht und Verhältnis zu § 261 Abs. 9 StGB 28
2.	Handlungsalternativen des Gesetzgebers 5			
3.	EG-rechtliche Vorgaben und Entwicklung der Vorschrift 12		2.	Relevante Finanztransaktionen 36
4.	Verfassungsrechtliche Rahmenbedingungen 19			a) Bare und unbare Transaktionen; Schwellenwert 36
5.	Statistik und Erfolgsbilanz 22			b) Abgelehnte Transaktionen 38

c) Laufende und bevorstehende Transaktionen ... 43	a) Inhalt der Regelung/Fristberechnung ... 153
d) Abgeschlossene Transaktionen ... 44	b) Verfassungsrechtliche Rahmenbedingungen ... 159
3. Rechtsnatur der Anzeigepflicht/Sanktion bei Verletzung ... 46	aa) Eingriff in Grundrechte ... 162
4. Verdachtsfälle ... 50	bb) Verhältnismäßigkeit ... 164
a) Verdacht der Geldwäsche ... 50	c) Zivilrechtliche Probleme ... 171
b) Verdachtsgewinnung ... 61	d) Betroffene Geschäfte/Eilgeschäfte (Abs. 1 Satz 3) ... 173
c) Verdacht der Finanzierung terroristischer Vereinigungen (Abs. 1 Satz 2) ... 72	2. Ausführung der Finanztransaktion ... 176
d) Prüfung von Verdachtsfällen durch den Geldwäschebeauftragten ... 75	a) Verstreichen der Frist (Fristfälle) ... 177
	b) Zustimmung der Staatsanwaltschaft ... 178
e) Entscheidung über die Anzeigeerstattung ... 79	c) Eilgeschäfte (Abs. 1 Satz 3) ... 181
f) Innerbetriebliche Organisation ... 84	d) Nachträgliche Kenntniserlangung ... 183
g) Einzelne Anhaltspunkte ... 99	e) Dringender Verdacht auf Geldwäsche ... 184
h) Wiederholungsfälle ... 102	f) Untersagung der Ausführung ... 186
5. Formelle Anforderungen an die Anzeige ... 104	3. Abbruch der Geschäftsverbindung/Kontrollierte Transaktionen ... 187
a) Absender der Anzeige ... 104	a) Bankaufsichtsrecht ... 188
b) Zeitpunkt, Form und Inhalt der Anzeige ... 108	b) Zivilrechtliche Aspekte ... 191
6. Empfänger der Anzeige ... 121	c) Fazit ... 199
a) Zuständige Behörde ... 121	IV. Befreiung von der Anzeigepflicht bei Rechtsberatung und Prozessvertretung (Abs. 3) ... 204
b) Kopie für das Bundeskriminalamt (Financial Intelligence Unit, FIU) ... 125	V. Übermittlung von Anzeigen an Bundesberufskammern (Abs. 4) ... 209
c) Behandlung der Anzeige durch die Strafverfolgungsbehörden . 129	VI. Hinweisverbot (Abs. 5) ... 212
aa) Eingang der Anzeige und Eingangsbestätigung ... 133	1. Einführung ... 212
bb) Aufnahme von Ermittlungen ... 138	2. Adressatenkreis ... 214
	3. Inhalt ... 216
cc) Kenntniserlangung des von der Anzeige Betroffenen ... 140	4. Ausnahmen ... 219
	VII. Freiwilligkeit der Anzeige (Abs. 6) ... 223
dd) Feedback ... 146	VIII. Verwertung der Daten aus Anzeigen (Abs. 7) ... 224
7. Weiterleitung einer Kopie der Anzeige an die Aufsichtsbehörde ... 151	IX. Rechtsverordnungsermächtigung (Abs. 8) ... 230
III. Verhalten des Instituts nach Abgabe einer Verdachtsanzeige ... 153	X. Information des Bundeskriminalamtes durch Staatsanwaltschaften (Abs. 9) ... 231
1. Stillhaltepflicht (Abs. 1 Satz 3) ... 153	

I. Einführung

1. Zweck der Vorschrift

1 Ohne die Mitwirkung Privater sehen sich die Ermittlungsbehörden kaum noch in der Lage, das organisierte Verbrechen wirksam zu bekämpfen. Sie scheinen dabei u. a. auf zusätzliche Hinweise der Institute[1)] und der in § 3 Abs. 1 genannten Unter-

---

1) *Fülbier*, § 1 Rz. 79

nehmen und Personen[2] angewiesen zu sein. § 11 ist daher eine zentrale Vorschrift des Geldwäschegesetzes und verkörpert eine der Hauptpflichten nach diesem Gesetz. Zweck des § 11 soll es laut Regierungsbegründung sein, die Strafverfolgungsbehörden in die Lage zu versetzen, die Ermittlungen in Sachen Geldwäsche bei Ausführung verdächtiger Finanztransaktionen[3] schnellstmöglich aufnehmen zu können[4]. Dieses Ziel war hinsichtlich der Schnelligkeit bei der Aufnahme von Ermittlungen von Beginn an sehr fragwürdig.

Diese Befürchtungen haben sich bewahrheitet. Außerdem hat sich erwartungsgemäß herausgestellt, dass sich Ermittlungen weder innerhalb der Stillhaltefrist von zwei Werktagen noch innerhalb von zwei Wochen so weit vorantreiben lassen, dass eine Sicherstellung oder gar Beschlagnahme der Gelder möglich wäre. Nur in Ausnahmefällen, nämlich dann, wenn bereits Erkenntnisse vorliegen, könnten die Ermittler aufgrund der Anzeige vielleicht sofort mit einer Sicherstellung oder Beschlagnahme „zuschlagen". Der Wunsch nach einer Verlängerung der Stillhaltefrist, der überwiegend von Politikern vorgetragen wurde, ging daher an den Bedürfnissen der Ermittlerpraxis vorbei.[5] Dahin gehende Bestrebungen sind inzwischen eingestellt worden. Schließlich führen Verdachtsanzeigen nur in ganz wenigen Ausnahmefällen zur Überführung des Täters wegen einer Tat, die in Zusammenhang mit der angezeigten Transaktion steht. Es gelingt nämlich kaum, dem Täter die konkrete Vortat, aus der das Geld stammt, und die Kenntnis davon nachzuweisen.[6]

Der **Hauptzweck** des § 11 liegt nicht darin, in jedem Einzelfall möglicherweise inkriminierte Gelder festzuhalten,[7] sondern darin, Strukturen der organisierten Kriminalität aufzudecken und die Täter aufgrund verdeckter Ermittlungen auf frischer Tat zu ertappen. Dies erfordert eine Beobachtung über Jahre hinweg. Dieses Ziel konnte mit § 11 bereits in einigen spektakulären Fällen erreicht werden. Erfolgreich waren hier allerdings nur die Ermittler in den Bundesländern, die Personal in ausreichender Qualität und Quantität eingesetzt haben, um Verdachtsanzeigen effizient auszuwerten. Das gilt für Bayern, Bremen, Nordrhein-Westfalen[8] und Niedersachsen.

Einen unangenehmen Beigeschmack hat die Vorschrift durch die Änderungen des Gesetzes zur Verbesserung der Bekämpfung der Organisierten Kriminalität vom 4.5.1998 bekommen. Danach dürfen Verdachtsanzeigen nicht mehr nur zur Bekämpfung der Schwerstkriminalität verwandt werden, sondern auch für Besteuerungs- und Steuerstrafverfahren. Es drängt sich der Verdacht auf, dass das Geldwä-

---

2) *Langweg*, § 3 Rz. 1 ff.
3) *Fülbier*, § 1 Rz. 94.
4) Begründung zum RegE GewAufspG, BT-Drucks. 12/2704, S. 17.
5) So heißt es im LKA NRW, Lagebild Finanzermittlungen 1996, Anhang A, S. 2, dass eine deutliche Ausdehnung der Anhaltefrist zu keiner Beschlagnahme geführt hätte; die Fristfallregelung habe eine sehr geringe polizeiliche Bedeutung; siehe auch unten Rz. 177.
6) So genannter „doppelter Anfangsverdacht", *Schröder/Textor*, § 261 StGB Rz. 68.
7) Gegenäußerung BReg zu BRat RegE GewAufspG, BT-Drucks. 12/2747, S. 4.
8) Eine ausführliche Beschreibung der Maßnahmen in NRW gibt *Pfannenschmidt*, Kriminalistik 1994, 399; siehe auch LKA NRW, Lagebild Finanzermittlungen 2004, abrufbar unter www.lka.nrw.de/lagebilder/fe2004.pdf.

schegesetz für Zwecke der Steuerfahndung missbraucht wird.[9] Diese Tendenz hat sich durch die Verabschiedung des Geldwäschebekämpfungsgesetzes so fortgesetzt (im Einzelnen unten Rz. 22 ff).

2. Handlungsalternativen des Gesetzgebers

5 In Deutschland hat sich der Gesetzgeber entschieden, den zuvor beschriebenen Gesetzeszweck mit Hilfe einer Anzeigepflicht in Verdachtsfällen zu erreichen. Die Praxis hat gezeigt, dass dieser Weg im Vergleich zu den bestehenden Handlungsalternativen der beste Weg ist.

6 Ursprünglich war von der Kreditwirtschaft die Einführung eines **Melderechts** angeregt worden. Banken sollten auf freiwilliger Basis verdächtige Geschäfte an die Strafverfolgungsbehörden melden. Das Melderecht hätte rechtlich von der Pflicht zur Einhaltung des Bankgeheimnisses befreit, dessen Verletzung mit zivilrechtlichen Abwehr- und Schadensersatzansprüchen bewehrt ist. Ein solches Melderecht gibt es seit August 1994 in der Schweiz. Dort hat es sich als unzureichend erwiesen und ist 1998 um eine Meldepflicht ergänzt worden.[10] Erwartungsgemäß haben die Banken das Melderecht kaum genutzt. Auf Druck der Ermittlungsbehörden wurde die Pflicht zur Anzeige in Verdachtsfällen gesetzlich verankert.

7 Ein Melderecht hätte den Vorgaben der Ersten Geldwäscherichtlinie nicht genügt. Nach Art. 6 der 1. Geldwäscherichtlinie besteht eine Pflicht zur Unterrichtung der Behörden bei auffälligen Transaktionen. Ohne vorherige Anzeige darf die betroffene Transaktion nicht ausgeführt werden (Art. 7 der 1. Geldwäscherichtlinie).

8 Die zweite Alternative bestünde in der Einführung einer **generellen Anzeigepflicht** für alle Transaktionen ab einem festgelegten Schwellenwert unabhängig von einem Verdacht. Für diese Lösung hat man sich in den USA entschieden.[11] Danach haben u. a. Banken die Pflicht, alle Bartransaktionen über 10 000 US-$ innerhalb von 15 Tagen an die Bundessteuerverwaltung („Inland Revenue") zu melden.

9 Die Einführung einer entsprechenden Meldepflicht in Deutschland wäre mehreren rechtlichen Bedenken begegnet. Darin läge ein eklatanter Verstoß gegen das Recht auf **informationelle Selbstbestimmung** der betroffenen Bareinzahler. Durch sie würden Informationen auf Vorrat zu unbestimmten oder im Einzelfall noch nicht bestimmbaren Zwecken unmittelbar von staatlichen Stellen erhoben und zur Verdachtsgewinnung ausgewertet. Eine solche **Datenrasterfahndung** ist unzulässig.[12]

10 Diese **Ermittlungen ins Blaue hinein** stellten zudem einen einschneidenden und kostenintensiven Eingriff in die Rechte der Meldepflichtigen dar. Sie wären vor dem Hintergrund der Strafverfolgung nur dann gerechtfertigt gewesen, wenn sie verhältnismäßig, d. h. geeignet, erforderlich und zumutbar in dem Sinne wären, dass sie im angemessenen Verhältnis zum Gewicht und der Bedeutung des betroffenen

---

9) Siehe im Einzelnen *Fülbier*, § 10 Rz. 28 ff; *Höche*, Die Bank 1998, 618, 623 f.
10) Siehe 4. Aufl., Länderbericht Schweiz, Rz. 2, 31 ff; Art. 305ter Abs. 2 StGB/Schweiz; Art. 9 Abs. 1 GwG/Schweiz.
11) Siehe 4. Aufl., Länderbericht USA, Rz. 6 f; Bank Secrecy Act 1970; *Frank*, passim.
12) BVerfGE 65, 1, 46; BVerfG WM 1989, 1623, dazu WuB X. § 86 AO 1.89 *(Hamacher)*.

Grundrechts stünden. Hier hätte es schon an der Geeignetheit gemangelt. Bargeldtransaktionen sind im europäischen Geschäftsverkehr unauffällig. In den elf führenden Industrieländern werden noch 80 % aller Zahlungsvorgänge in bar abgewickelt. Deren Wert beläuft sich in der Bundesrepublik auf 5 %, in den USA auf 0,4 % aller Geldbewegungen.[13] Die Trefferquote bei einer allgemeinen Meldepflicht in Deutschland wäre gegenüber den ohnehin schlechten Erfahrungen in den USA noch geringer.[14] Dieser Alternative musste daher in Deutschland die Effizienz abgesprochen werden.[15]

Zwischenzeitlich hat sich trotz besserer Rahmenbedingungen auch in den USA herausgestellt, dass die generelle Anzeigepflicht keine nennenswerten Erfolge vorzuweisen hat. Die bisherigen positiven Ergebnisse in den USA sind auf die dort parallel bestehende Anzeigepflicht in Verdachtsfällen zurückzuführen. Aus diesem Grunde wurde dort die Abschaffung der generellen Anzeigepflicht erwogen.[16]

3. EG-rechtliche Vorgaben und Entwicklung der Vorschrift

Mit § 11 werden **Art. 6 und 7** der 1. Geldwäscherichtlinie umgesetzt.[17] Darüber besteht allgemein Einigkeit. Streitig ist, ob mit § 11 auch eine Umsetzung des **Art. 5** der Richtlinie erfolgt ist. Darin ist die so genannte **Aufklärungspflicht** (auch Abklärungspflicht oder Pflicht zu erhöhter Aufmerksamkeit) niedergelegt, die von den Instituten verlangt, jede Transaktion sorgfältig zu prüfen, deren Art es ihres Erachtens besonders nahe legt, dass sie mit einer Geldwäsche zusammenhängen könnte. Diese Verpflichtung ist nach hier vertretener Auffassung bereits in § 11 enthalten. Danach ist ein Institut ohnehin verpflichtet, auffällige Transaktionen auf ihre mögliche Verbindung mit einer Geldwäsche zu prüfen. Im Schreiben des Bundesaufsichtsamtes für das Kreditwesen vom 24.1.1995[18] heißt es dazu zutreffend:

„Sinn dieser sog. Abklärungspflicht ist es, aktiv Unklarheiten und Ungewöhnlichkeiten bei Finanztransaktionen im Kreditinstitut nachzugehen und deren wirtschaftlichen Hintergrund abzuklären, wobei diese Nachfrage und Abklärung in geschäftsmäßige Routine eingebettet werden kann. ...

Es handelt sich dabei nicht um Routinekontrollen, sondern um die erste ‚simple' Stufe der Verdachtsabklärung im Rahmen des § 11 GwG, für die der Bankmitarbeiter Kenntnisse und Erfahrung besitzt, ohne dass auf polizeiliche Ausforschungsmittel und Zwangsmaßnahmen zurückgegriffen werden muss."

---

13) „Meldungen und Meinungen", Die Bank 1990, 482; Handelsblatt vom 20.8.1990, S. 10.
14) *Carl/Klos*, S. 97 f.
15) BMJ, Bericht zur Umsetzung der Drogenkonvention, BT-Drucks. 11/5525, S. 16; *Baumann*, BI 7/1990, 49, 50.
16) *Ackermann*, S. 124; *Moscow*, Money Laundering Bulletin, November 1996, S. 8, 9.
17) Diese Regelungen sind nun in Art. 22 f der 3. Geldwäscherichtlinie eingegangen, Art. 5 wurde in Art. 20 übernommen.
18) BAKred, Schreiben vom 24.1.1995 (I5-B102), Maßnahmen zur Bekämpfung der Geldwäsche: Wirksamkeit des Geldwäschegesetzes und des § 261 StGB, abgedruckt in: *Consbruch/Möller u. a.*, KWG, Nr. 11.11.

13 Aus diesem Zitat wird deutlich, dass die Aufklärungspflicht notwendiger Bestandteil des § 11 ist. Diese Verfahrensweise entspricht auch der Handhabung in der Praxis. In dem zitierten Schreiben an anderer Stelle und in einem späteren Schreiben[19] meint das Bundesaufsichtsamt für das Kreditwesen dann aber, der Gesetzgeber habe die Aufklärungspflicht noch nicht umgesetzt. Im Schreiben vom 24.1.1995 heißt es:

> „Da eine gesetzliche Regelung dieser Anforderungen des Art. 5 EG-Geldwäscherichtlinie unterblieben ist, stellt das Bundesaufsichtsamt die Einhaltung dieser Anforderungen über dessen Verwaltungspraxis im Rahmen des § 11 sicher".

14 Diese Ansicht zur fehlenden Umsetzung, die auch von einem Teil der Literatur geteilt wird,[20] ist nicht zutreffend. Auch nach Auffassung der EU-Kommission ist Art. 5 Geldwäscherichtlinie im Geldwäschegesetz umgesetzt.[21] Im Ersten Bericht der EU-Kommission wird dazu festgestellt, dass Dänemark, Deutschland, Italien, die Niederlande und Großbritannien diese Pflicht zwar nicht gesondert, aber immerhin umgesetzt haben. Die EU-Kommission geht davon aus, dass die Einhaltung des Art. 5 Geldwäscherichtlinie über die in § 14 geregelten internen Grundsätze zu steuern ist. Diese mittelbare Umsetzung sei zulässig, sofern die zuständigen Behörden vorschriftsmäßig darüber wachten, dass die internen Kontrollverfahren angemessen seien.

15 Für die Annahme, dass die Aufklärungspflicht lediglich eine Vorstufe der Anzeigepflicht ist, sprechen folgende Gründe:

- systematisch gesehen ist die Aufklärungspflicht (Art. 5 Geldwäscherichtlinie) im unmittelbaren Zusammenhang mit der Anzeigepflicht (Art. 6 und 7 Geldwäscherichtlinie) und vor dieser geregelt;
- Der Regelungsinhalt ist deckungsgleich mit der Anzeigepflicht: Art. 5, 6 und 7 Geldwäscherichtlinie betreffen nur laufende und künftige Finanztransaktionen, nicht den Altbestand.[22] Prüfungsgegenstand sind auffällige Transaktionen, nicht jegliches Geschäft. Die Aufklärungspflicht hat also keine über die Anzeigepflicht hinausgehende Funktion;
- ein Rechtsvergleich[23] mit den Ländern, die Art. 5 Geldwäscherichtlinie gesondert umgesetzt haben, zeigt, dass auch dort die Aufklärungspflicht lediglich als Vorstufe für die Anzeigepflicht gesehen wird. Sowohl in Luxemburg als auch in Frankreich ist dies an den Rechtsfolgen abzulesen, die an eine Aufklärung geknüpft sind: Ausführung falls kein Verdacht, empfohlene Ablehnung, falls die Hintergründe unklar bleiben, Anzeige im Verdachtsfall.[24] In der praktischen

---

19) BAKred, Schreiben vom 24.8.1995 (I5-B105-Fi), Für eine effektivere Bekämpfung der Geldwäsche im Bankensektor.
20) *Pieth*, Kriminalistik 1994, 442, 446.
21) EU-Kommission, Erster Bericht über die Umsetzung der Geldwäscherichtlinie in den Mitgliedstaaten vom 3.3.1995, KOM (95) 54 endg., S. 12 f.
22) Vgl. dazu *Pieth*, Kriminalistik 1994, 442, 446.
23) Zur rechtsvergleichenden Auslegung siehe *Fülbier*, Einleitung Rz. 100 ff.
24) Siehe Association Française des Banques, Lutte contre le blanchiment de l'argent de la drogue, 1991, S. 30; *Vasseuer*, Blanchiment de l'argent, Banque et Droit 1990, numéro spécial, S. 32; Art. 39 Abs. 7 des Gesetzes für den Finanzsektor vom 5.4.1993, ABl, S. 461.

Handhabung unterscheiden sich die Regelungen in diesen Ländern kaum von der in Deutschland. Dies ist auch an den Erfolgen abzulesen, die in Deutschland eher noch besser ausfallen (unten Rz. 22 ff).

§ 11 ist in einigen Punkten durch das **Geldwäschebekämpfungsgesetz** geändert bzw. ergänzt worden. Der Großteil der Änderungen geht auf die **Zweite Geldwäscherichtlinie** vom 4.12.2001 zurück. Kernpunkt der Änderungen der Zweiten Geldwäscherichtlinie war die Einbeziehung bestimmter freier Berufe in die Anzeigepflicht. Deutschland hat die Richtlinie als erster Staat umgesetzt. Im Rahmen dieses Gesetzes wurden aber auch Regelungen zur Anzeige bei Verdacht auf Terrorismus, zur besseren Zusammenarbeit zwischen Strafverfolgungs- und Aufsichtsbehörden (Absatz 7), die Pflicht zur Weiterleitung einer Kopie der Verdachtsanzeige an das Bundeskriminalamt, Informationspflichten der Strafverfolgungsbehörden gegenüber dem Bundeskriminalamt (Absatz 9) sowie eine Rechtsverordnungsermächtigung bezüglich typisierter Verdachtsfälle (Absatz 8) eingeführt.

16

Diese Änderungen wurden begleitet von der Einführung des **§ 25a Abs. 1 Satz 3 Nr. 6 KWG** im Rahmen des **Vierten Finanzmarktförderungsgesetzes** vom 21.6.2002. Danach waren interne, EDV-gestützte Sicherungssysteme gegen Geldwäsche und betrügerische Handlungen zu installieren. Dies diente der Umsetzung des Know-your-customer-Prinzips, verbunden mit der Pflicht, sich über die Herkunft der Vermögenswerte Kenntnis zu verschaffen und risikobehaftete Konten laufend zu überwachen.[25] Abgerundet wurde das Gesetzgebungspaket durch die Einführung des § 24c KWG mit dem so genannten **Rüsselverfahren**, das erheblichen rechtlichen Bedenken begegnet, die gegenwärtig vom Bundesverfassungsgericht geprüft werden.[26]

17

Mit Art. 3 Abs. 5 Buchst. f der **3. Geldwäscherichtlinie** will die Europäische Union neuerlich den Vorschlägen der FATF folgen und zudem den Vortatenkatalog noch weiter ausdehnen. Danach sollen alle Straftaten als Vortaten gelten, die mit einer Freiheitsstrafe von mehr als sechs Monaten bedroht sind. An eine weitere Ausdehnung des Vortatenkatalogs in § 261 StGB scheint derzeit dennoch nicht gedacht zu sein.[27] Der FATF geht es insbesondere um die Einführung eines risikobezogenen Ansatzes bei der Geldwäschebekämpfung. Darüber hinaus soll der Adressatenkreis erneut erweitert werden. Es sollen Anbieter von Dienstleistungen für Treuhandgesellschaften und Versicherungsvermittler erfasst werden (Art. 2 Abs. 1 Nr. 3 Buchst. c, d und e). Zu begrüßen ist Art. 27 der 3. Geldwäscherichtlinie, dem zufolge Mitarbeiter vor Repressalien durch Personen zu schützen sind, die von Verdachtsanzeigen betroffen sind. Der Entwurf war am 30.6.2004 von der Europäischen

18

---

25) BaFin, Jahresbericht 2002, S. 19.
26) BVerfG, Beschl. v. 22.3.2005 – 1 BvR 2357/04, 1 BvQ 2/05, WM 2005, 641, 644; dazu auch *Langweg*, § 24c KWG Rz. 129; siehe auch *Herzog/Christmann*, WM 2003, 6, 10; *Stein*, in: Boos/Fischer/Schulte-Mattler, KWG, § 24c Rz. 1 ff
27) Siehe dazu *Schröder/Textor*, Vor § 261 StGB Rz. 23, 30 ff; hinzuweisen ist auch auf die fehlende Rechtsetzungskompetenz der EU auf dem Gebiet des Strafrechts, *Fülbier*, Einleitung Rz. 36; *Schröder/Textor*, Vor § 261 StGB Rz. 24 ff.

Kommission vorgelegt worden, obwohl noch nicht alle Mitgliedstaaten die Zweite Geldwäscherichtlinie umgesetzt hatten.[28]

4. Verfassungsrechtliche Rahmenbedingungen

19 Die Anzeigepflicht nach § 11 greift in das informationelle Selbstbestimmungsrecht der Gemeldeten ein. Dieser Eingriff ist unter Berücksichtigung des verfassungsrechtlich geschützten Interesses der Strafverfolgung und Verbrechensbekämpfung nur dann gerechtfertigt,[29] wenn im Einzelfall ein **hinreichender Anlass** zur Weitergabe der Daten vorliegt. Dem ist bei der Beschränkung der Anzeigepflicht auf verdächtige Finanztransaktionen im Grundsatz Genüge getan. Zudem ist eine Überprüfung des in § 11 umgesetzten EU-Rechts anhand des deutschen Verfassungsrechts nur eingeschränkt möglich.[30]

20 Die Rechtslage ist aber dann anders zu beurteilen, wenn die Daten nicht nur zur Strafverfolgung genutzt werden dürfen, sondern auch zu steuerlichen Zwecken. Einerseits entfällt der Prüfungsvorbehalt, weil das EU-Recht die Nutzung zu steuerlichen Zwecken nicht vorgibt, andererseits rechtfertigt das steuerliche Interesse nicht den Eingriff in die Grundrechte.[31]

21 Aufgrund der aktuell bestehenden Verpflichtung zur Weiterleitung der Anzeigen an die Finanzbehörden nach § 10 Abs. 2 ist die Regelung insofern nicht mit dem Grundgesetz vereinbar.[32]

5. Statistik und Erfolgsbilanz

22 In Deutschland wurden von 1994 bis 1999 jährlich ca. 3 000 Anzeigen erstattet.[33] Im Bundesdurchschnitt hatte sich nur bei 4 % der Anzeigen der Verdacht auf Geldwäsche konkretisiert.[34] Dabei war zu berücksichtigen, dass die Trefferquote in Nordrhein-Westfalen – gemessen an den weiterführenden Ermittlungen – 1994 und 1995 zwischen 15 und 20 % lag.[35] Infolgedessen reduzierte sich der Erfolg in den anderen Bundesländern auf eine Quote erheblich unterhalb von 4 %. Mit diesem Anzeigenaufkommen und der Trefferquote liegt Deutschland soweit ersichtlich mit in der Spitzengruppe unter den EU-Mitgliedstaaten. Deutlich mehr Anzeigen wurden zwar in den Niederlanden (1997: ca. 17 000) und Großbritannien (1997: 14 148) registriert.[36] Da in Großbritannien die Trefferquote bisher bei nur 0,4 %

---

28) *Höche*, WM 2005, 8, 9 m. w. N.
29) BVerfGE 57, 250, 284; BVerfG NJW 1990, 563, 564 f.
30) Siehe oben *Fülbier*, Einleitung Rz. 100 ff.
31) Im Einzelnen siehe *Fülbier*, § 10 Rz. 5 ff.
32) Siehe *Fülbier*, § 10 Rz. 17 ff.
33) EU-Kommission, Zweiter Bericht über die Umsetzung der Geldwäscherichtlinie in den Mitgliedstaaten vom 4.11.1997, KOM (97) 16 endg., Anlage 8; 1997 waren es 3 137 Anzeigen, Erklärung des BMI vom 17.9.1998, Handelsblatt vom 18./19.9.1998, S. 4.
34) BKA, Bundeslagebild 1995; *Kaiser*, BI 8/1996, 26, 29.
35) LKA NRW, Lagebild Finanzermittlungen 1996, S. 9.
36) EU-Kommission, Zweiter Bericht über die Umsetzung der Geldwäscherichtlinie in den Mitgliedstaaten vom 4.11.1997, KOM (97) 16 endg., Anlage 8.

lag, hat das höhere Aufkommen keine besseren Ermittlungserfolge erbracht. In den Niederlanden beträgt diese Quote 0,5 %.

In den letzten Jahren haben sich die Zahlen der Verdachtsanzeigen wie folgt ent- 23
wickelt:[37]

Jahr	bundesweit	Bayern	NRW
2000:	4 401	777	1 517
2001:	7 284	1 319	1 949
2002:	8 261	1 611	2 281
2003:	6 602	1 387	2 072
2004:	8 062	1 595	1 714

Die enorme Steigerung im Jahr 2001 wird auf die damals bevorstehende Euro- 24
Einführung und den Terroranschlag vom 11.9.2001 zurückgeführt. Dem Bundeskriminalamt zufolge wurden 2004 40 % (2003: 38 %) der Verfahren eingestellt, 33 % (2003: 26 %) an Fachdienststellen abgegeben, 4 % (2003: 6 %) an Finanzbehörden und bei 23 % (2003: 26 %) ist das Verfahren noch nicht abgeschlossen.[38]

Man kann darüber streiten, woran der **Erfolg des § 11** zu messen ist. Es kommen 25
viele Kriterien in Frage: die Zahl der Verdachtsanzeigen, auch weil diese so leicht messbar ist, oder die Zahl der daraufhin eingeleiteten, weiterführenden Ermittlungsverfahren, die Summe der vorläufig sichergestellten Gelder, die aufgrund von Anzeigen erfolgten Verurteilungen oder der Rückgang der organisierten Kriminalität.[39] Gemessen an den Verdachtsanzeigen kann man sicher von Erfolg sprechen. Das gilt auch für die Zahl der weitergeführten Ermittlungsverfahren, die vom Bundeskriminalamt mit 85 % angegeben wird. Erhärtet hat sich der Verdacht in 37 % der Fälle.[40] Für den Erfolg letztendlich maßgeblich sollten aber die Verurteilungen wegen Geldwäsche oder einer der Vortaten sein.[41] Diesen Maßstab legt die Europäische Union an. Nach Art. 33 Abs. 2 und 3 der 3. Geldwäscherichtlinie sollen die von den Mitgliedstaaten zu erstellenden Statistiken die Zahl der untersuchten Fälle, der verfolgten Personen, der wegen Geldwäsche oder Terrorismusfinanzierung verurteilten Personen und den Umfang der eingefrorenen, beschlagnahmten oder eingezogenen Vermögensgegenstände erfassen.

Bezüglich der Verurteilungen gibt es laut BKA-Bericht 2003 nur 13 Meldungen der 26
Staatsanwaltschaften an die FIU nach Absatz 9.[42] Dies entspräche 0,2 % der Anzeigen. Im Umkehrschluss wären demnach über **99 % der Anzeigen unberechtigt**

---

37) BKA (FIU), Jahresbericht 2003, S. 7.
38) BKA (FIU), Jahresbericht 2004, S. 8.
39) So auch *Tröndle/Fischer*, StGB, § 261 Rz. 4b.
40) BKA (FIU), Jahresbericht 2004, S. 4, 8.
41) *Kaufmann*, S. 46 f.
42) BKA (FIU), Jahresbericht 2003, S. 20. Der Jahresbericht 2004 enthält dazu keine Zahlenangabe, eine Aussage fehlt deshalb, siehe Jahresbericht 2004, S. 5; siehe auch unten Rz. 231.

erstattet worden.[43)] Ausweislich der Lagedarstellung des Bayerischen LKA ist es in Bayern 2003 bei 1 387 Verdachtsanzeigen zu 9 Verurteilungen gekommen.[44)] Das sind unter 1 % der Fälle. Bezieht man die Verurteilungsquote wegen des Zeitverzugs auf das Anzeigevolumen der Vorjahre, fällt der Prozentsatz ähnlich niedrig oder noch niedriger aus. Das Instrument des § 11 erscheint daher als wenig geeignet.

27 Der Erfolg des Geldwäschegesetzes, insbesondere der des § 11, wird selbst in den Reihen der Ermittlungsbehörden als zumindest fraglich beurteilt: „In der Geldwäschebekämpfung ist es bisher in Deutschland aufgrund von Verdachtsanzeigen der Banken noch zu keiner Verurteilung wegen Geldwäsche gekommen. Die in der Vergangenheit ergangenen Urteile beruhen auf so genannten verfahrensintegrierten Ermittlungen, d. h. auf Erkenntnissen, über die die Polizei bereits ohnehin verfügt".[45)] In der strafrechtlichen Fachliteratur wird das gesamte Konzept als **rechtspolitisch zweifelhaft** bzw. **erfolglos** bewertet.[46)] Ein Beleg für den Erfolg des Gesetzes – gemessen an anderen Kriterien wie einer höheren Aufklärungsquote bei Straftaten oder einem Rückgang der organisierten Kriminalität – ist nicht erkennbar.

II. Anzeigepflicht

1. Adressaten der Anzeigepflicht und Verhältnis zu § 261 Abs. 9 StGB

28 Absatz 1 Satz 1 verpflichtete ursprünglich nur Institute und Spielbanken zur Anzeige. Mit dem Geldwäschebekämpfungsgesetz sind seit dem 15.8.002 zusätzlich zu den Instituten Unternehmen und Personen nach § 3 Abs. 1 von der Anzeigepflicht betroffen. Diese Änderung geht auf die Zweite Geldwäscherichtlinie zurück. Deren wesentliches Ziel war die Einbeziehung einiger freier Berufe in die Geldwäschebekämpfung.

29 Der Begriff **Institut** ist in § 1 Abs. 4 definiert.[47)] 2003 haben die Kreditinstitute 5 221 Verdachtsanzeigen erstattet, das waren 85,1 % des Gesamtaufkommens (2004: 79,5 %), Finanzdienstleistungsinstitute haben 746 Anzeigen erstattet (2004: 1 574), Versicherungsunternehmen 31 (2004: 48) und Finanzunternehmen 4 (2004: 4).[48)]

30 **Spielbanken** sind mit der Änderung des Absatzes 1 durch das Geldwäschebekämpfungsgesetz nicht mehr ausdrücklich als Adressat der Anzeigepflicht bezeichnet. Sie gehören aber über die Bezugnahme auf § 3 Abs. 1 weiterhin zu den Verpflichteten: Nach § 3 Abs. 1 Nr. 4 zählen sie nunmehr zu den anderen **Unternehmen** und Per-

---

43) *Fischer*, FAZ vom 16.10.2002, S. 19, zit. nach *Leitner*, AnwBl 2003, 675, geht von 98 % unberechtigten Anzeigen aus.
44) LKA Bayern, Lagedarstellung Finanzermittlungen 2003, S. 4, 21 ff.
45) Oberstaatsanwalt *Günter Wittig* (FaM), zit. nach *Ruh*, Welt am Sonntag vom 11.5.2003, S. 43; siehe auch Antwort der Bundesregierung auf eine Große Anfrage zur Organisierten Kriminalität in der Bundesrepublik Deutschland, BT-Drucks. 13/4942, und auf die Kleine Anfrage zur Bürokratie im Kreditgewerbe, BT-Drucks. 15/1864.
46) *Tröndle/Fischer*, StGB, § 261 Rz. 4b; *Kaufmann*, S. 46 f m. w. N.; *Herzog/Christmann*, WM 2003, 6, 7, 13 m. w. N.; so auch *Bockelmann*, S. 152 f.
47) Vgl. hierzu *Fülbier*, § 1 Rz. 79.
48) BKA (FIU), Jahresbericht 2003, S. 12; Jahresbericht 2004, S. 11.

sonen, denen besondere Pflichten, u. a. auch die Anzeigepflicht, obliegen. Von Spielbanken wurde 2003 eine einzige Anzeige erstattet (2004: 5).[49] Unternehmen nach § 3 Abs. 1 sind z. B. Einzelhandelsunternehmen und Hotels.

Andere Personen sind z. B. **Rechtsanwälte, Notare, Steuerberater und Wirtschaftsprüfer**[50] sowie **Gewerbetreibende.**[51] Die Einbeziehung der Rechtsanwälte, und damit insbesondere der **Strafverteidiger**, sowie der Notare, Wirtschaftsprüfer und Steuerberater in die Anzeigepflicht ist – auch unter Berücksichtigung der Einschränkungen nach Absatz 3 – sehr kritisch zu sehen (unten Rz. 204 ff). Die „neuen" Berufsgruppen haben 2003 6 Anzeigen erstattet (2004: 24). Bei 141 Verdachtsanzeigen waren Rechtsanwälte und Notare selbst von Verdachtsanzeigen betroffen.[52] 31

Daraus sollte nicht der Schluss gezogen werden, dass Vertreter dieser Berufsgruppen in 141 Fällen einer Geldwäsche verdächtigt wurden. Sie waren allerdings an verdächtigen Transaktionen beteiligt, die Anlass zur Anzeige bei einem Institut gegeben haben, mangels entsprechender Sensibilisierung aber wohl nicht bei den Juristen. Die Daten geben leider keinen Aufschluss darüber, ob die Institute möglicherweise Geldwäsche bei Transaktionen gesehen haben, bei denen vom juristischen Experten – vielleicht zu Recht – keine erkannt werden konnte.[53] Das Bundeskriminalamt bietet insbesondere diesen Berufsgruppen mit seinem Informationsportal im Internet Hilfe an. Die Einrichtung ist Mitte 2005 auf der Homepage des Bundeskriminalamtes unter der Rubrik Geldwäsche erfolgt.[54] 32

Die Adressaten des Absatzes 1 sind häufig **juristische Personen**. Diese Eigenschaft ist bei der Wechselwirkung zwischen § 11 und § 261 StGB von besonderer Bedeutung. Nach § 261 StGB kann sich nur eine **natürliche Person** strafbar machen, also z. B. der Angestellte des Instituts, der eine verdächtige Transaktion ausführt. Dieser kann selbst eine Anzeige nach § 261 Abs. 9 StGB vornehmen und sich damit von Strafe befreien. Die Strafbefreiung tritt aber auch dann ein, wenn er eine Anzeige durch seinen Arbeitgeber (z. B. eine Bank) veranlasst. Mit einer Anzeige erfüllt das Institut daher nicht nur die ihm obliegende Anzeigepflicht nach Absatz 1 Satz 1; die Anzeige dient zugleich der Strafbefreiung der Mitarbeiter, die die Transaktion durchgeführt haben. Führen Mitarbeiter eine Transaktion arbeitsteilig aus, sollten sie die Anzeige gemeinsam veranlassen. 33

Der Adressat der Anzeigepflicht kann seinem Mitarbeiter nicht rechtlich bindend untersagen, selbst eine Finanztransaktion nach § 261 Abs. 9 StGB anzuzeigen. Davon wird der Mitarbeiter sich stets abhalten lassen, wenn das Unternehmen selbst eine Anzeige erstattet. Mit einer standardisierten Anzeige ist der Strafverfolgungs- 34

---

49) BKA (FIU), Jahresbericht 2003, S. 12; Jahresbericht 2004, S. 11.
50) Dazu allgemein *Müller*, DStR 2004, 1313; *Swienty*, DStR 2003, 803.
51) Im Einzelnen siehe *Langweg*, § 3 Rz. 10 ff.
52) BKA (FIU), Jahresbericht 2003, S. 12, 18; Jahresbericht 2004, S. 12.
53) *Leitner*, AnwBl 2003, 675, 678.
54) BKA (FIU), Informationsangebot für Neuverpflichtete, abrufbar unter: www.bka.de/profil/zentralstellen/geldwaesche/neuverpflichtete/fiu3.htm.

behörde auch mehr gedient. Sobald der Adressat aber eine Transaktion entgegen der Auffassung des Mitarbeiters als unverdächtig beurteilt, können sich Probleme ergeben. In diesen Fällen können organisatorische Vorkehrungen und Überzeugungsarbeit helfen, Angestellte vor voreiligen Anzeigen zu bewahren. Der Mitarbeiter soll darauf vertrauen können, dass eine Geldwäsche (oder ein verdächtiges Geschäft) nicht vorliegt, wenn das Unternehmen keine Anzeige vornimmt. Im Grundsatz wird eine Bestrafung des Mitarbeiters hier auch ausgeschlossen sein,[55] wenn der Mitarbeiter dem Geldwäschebeauftragten vor Ausführung der Transaktion den Sachverhalt vollständig mitgeteilt und dieser grünes Licht für die Durchführung gegeben hat. Der Mitarbeiter hätte zu berücksichtigen, dass er bei einer eigenen Anzeige anders als bei der durch das Institut erstatteten Anzeige nicht anonym bleiben könnte (unten Rz. 104, 143 ff).

35 **Behörden** sind nicht zur Verdachtsanzeige nach § 11 verpflichtet, obwohl sich das in einigen Fällen, z. B. bei Gerichtskassen (Zwangsversteigerungen), durchaus aufdrängen würde.[56] **Finanzbehörden** sind nach § 31b AO zur Anzeige verpflichtet. Davon wurde 2003 in 124 Fällen Gebrauch gemacht, 2004 in 336 Fällen.[57]

2. Relevante Finanztransaktionen

a) Bare und unbare Transaktionen; Schwellenwert

36 Anzuzeigen sind alle Tatsachen, die darauf schließen lassen, dass eine **bare oder unbare Finanztransaktion**[58] einer Geldwäsche nach § 261 StGB dient oder im Falle ihrer Durchführung dienen würde. Damit sind zunächst all die Finanztransaktionen betroffen, die ein Adressat des § 11 beabsichtigt durchzuführen. Die Anzeigepflicht betrifft auch solche Finanztransaktionen, die **bereits** von anderen Instituten oder Adressaten **angezeigt** wurden oder von denen dem betroffenen Adressaten bekannt ist, dass die Ermittlungsbehörden selbst einen Verdacht hegen.[59]

37 Auf einen bestimmten **Betrag** kommt es nicht an. Insofern sind die in §§ 2–4 genannten Schwellenwerte ebenso wenig relevant wie die in § 6. Dies ist seit dem 15.8.2002 mit der Änderung des Absatzes 1 Satz 1 durch das Geldwäschebekämpfungsgesetz klargestellt worden: „... auch wenn die Beträge i. S. d. § 6 Satz 1 unterschritten werden". Gemeint sind die Beträge, die in §§ 2–4 genannt sind, § 6 verweist lediglich darauf. Auf diese Änderung hätte im Interesse einer besseren Lesbarkeit der Norm verzichtet werden können. Es soll den neuen Adressaten verdeutlicht werden, dass es bei der Anzeigepflicht anders als bei den anderen Pflichten nicht auf einen Schwellenwert ankommt.

---

55) Siehe dazu im Detail *Schröder/Textor*, § 261 StGB Rz. 117 ff.
56) So auch *Bockelmann*, S. 107 f, 115 ff.
57) BKA (FIU), Jahresbericht 2003, S. 12; Jahresbericht 2004, S. 12; siehe auch OFD Frankfurt/M. vom 2.2.2004, DStR 2004, 506.
58) Siehe oben *Fülbier*, § 1 Rz. 94.
59) BAKred, Verlautbarung für Kreditinstitute vom 30.3.1998 und für Finanzdienstleistungsinstitute vom 30.12.1997, jeweils Nr. 23, abgedruckt in Anhang III.1 und III.2.

b) Abgelehnte Transaktionen

Aus dem Gesetzeswortlaut geht nicht eindeutig hervor, ob auch die von einem 38
Adressaten **abgelehnten Finanztransaktionen** angezeigt werden müssen. Diese
Frage ist zu bejahen.[60]

Ein Argument für diese Auffassung ist der unterschiedliche Wortlaut der Rege- 39
lungen in § 6 („vereinbarte Finanztransaktion") und § 11 („eine Finanztransaktion"). Nach § 6 soll daher nur dann identifiziert werden, wenn die Transaktion
zwischen Kunde und z. B. Institut bereits vertraglich fixiert ist;[61] bei § 11 genügt
allein der Antrag des Kunden. Eine Einigung zwischen Institut und Kunde
(Vereinbarung) wird bei § 11 nicht mehr gefordert. Zu diesem Ergebnis gelangt man
auch über eine Auslegung der Vorschrift im Lichte des Art. 6 Geldwäscherichtlinie.
Danach hat das Institut von sich aus den Behörden alle Tatsachen mitzuteilen, die
auf eine Geldwäsche hindeuten. Eine Anzeigepflicht besteht unabhängig davon, ob
es zur Durchführung der Transaktion kommt. Schließlich ist der Gesetzeszweck zu
berücksichtigen: Es gilt zu verhindern, dass die verdächtige Transaktion unentdeckt
bleibt, weil der Geldwäscher zu einem anderen Institut geht, das die Transaktion
vielleicht nicht anzeigt. Diese Auffassung wird auch durch einen Blick über die
Grenzen bestätigt: z. B. besteht in Frankreich eine Anzeigepflicht auch für nicht
durchgeführte Transaktionen.[62]

Die Verpflichtung zur Anzeige nicht durchgeführter Transaktionen bereitet aller- 40
dings in der Praxis Schwierigkeiten. Maßgebliches Kriterium für eine Anzeige ist der
Name des Kunden. Bei einer nur angetragenen Finanztransaktion wird man den
Namen des Kunden häufig nicht kennen. Dann könnten nur Anhaltspunkte über
Art und Weise der Transaktion weitergegeben werden. Diese wären für die Strafverfolgung nahezu wertlos. Es ist daher von Fall zu Fall zu entscheiden, ob der Sachverhalt den Strafverfolgungsbehörden mitgeteilt wird.[63]

Das Unterlassen einer Anzeige nach § 11 bei abgewiesenen Transaktionen führt 41
nicht zu einer Bestrafung nach § 261 StGB. Der Adressat der Anzeigepflicht oder
sein Mitarbeiter kann sich grundsätzlich nur dann strafbar nach § 261 StGB machen,
wenn er sich an der Geldwäschetransaktion beteiligt, indem er sie ausführt. Wird die
Transaktion hingegen zurückgewiesen, liegt keine Beteiligung vor; eine Bestrafung
kommt nicht in Frage. Deshalb kann aus strafrechtlicher Sicht eine strafbefreiende
Anzeige unterbleiben.[64]

Anders ist die Unterlassung der Anzeigeerstattung unter Berücksichtigung der 42
Verwaltungspraxis der Bundesanstalt zu beurteilen. Danach zählt die Verpflichtung
aus § 11 zur Ordnungsgemäßheit der Geschäftsführung nach § 6 Abs. 2 KWG und

---

60) BAKred, Verlautbarung für Kreditinstitute vom 30.3.1998 und für Finanzdienstleistungsinstitute vom 30.12.1997, jeweils Nr. 25, abgedruckt in Anhang III.1 und III.2.
61) A. A. *Dach*, in: Körner/Dach, S. 104 ff.
62) Association Française des Banques, Lutte contre le blanchiment de l'argent de la drogue, 1991, S. 26.
63) BAKred, Verlautbarung für Kreditinstitute vom 30.3.1998 und für Finanzdienstleistungsinstitute vom 30.12.1997, jeweils Nr. 25, abgedruckt in Anhang III.1 und III.2: in jedem Fall; so auch *Lang/Schwarz/Kipp*, S. 547.
64) Siehe *Schröder/Textor*, § 261 StGB Rz. 57 ff.

zur Zuverlässigkeit des Geschäftsleiters nach § 33 Abs. 1 Nr. 2 KWG.[65] Bei Nichtbeachtung dieser Verpflichtung kann es zu Beanstandungen durch die Aufsichtsbehörde kommen.

c) Laufende und bevorstehende Transaktionen

43 Absatz 1 betrifft nur laufende und bevorstehende Finanztransaktionen.[66] Dies ergibt sich aus dem Wortlaut und aus den Rechtsfolgen, die § 11 vorsieht. Danach sind Transaktionen für die vorgesehene Frist anzuhalten. Unaufschiebbare Geschäfte können zunächst ausgeführt werden. Bereits abgeschlossene Geschäfte werden weder im Tatbestand noch in der Rechtsfolge des § 11 genannt.

d) Abgeschlossene Transaktionen

44 Anders als z. B. in Österreich sind abgeschlossene Transaktionen (**Altbestand**) **nicht erfasst**.[67] Eine Anzeigepflicht wird bezüglich bereits durchgeführter Transaktionen erst dann ausgelöst, wenn weitere Transaktionen bevorstehen, indem z. B. ein relevanter Betrag ausgezahlt werden soll. Damit wird auch deutlich, dass keine Verpflichtung besteht, einmalig oder wiederholt den gesamten Altbestand zu durchforsten oder insofern nachzuforschen. Eine solche Verpflichtung ist auch nicht in Art. 5 Geldwäscherichtlinie enthalten (oben Rz. 12 ff).

45 Losgelöst von der Anzeigepflicht nach Absatz 1 sollte ein Institut freiwillig auch dann eine Anzeige erstatten, wenn es von sich aus oder im Rahmen einer freiwilligen Recherche im Nachhinein einen Verdachtsfall feststellt. Ansatzpunkt ist in diesem Fall § 261 Abs. 9 StGB. Mit der Anzeige kann das Institut zum einen Mitarbeiter vor Strafe schützen. Zum anderen können damit Erklärungsprobleme vermieden werden, wenn es z. B. bei einer späteren Prüfung oder bei Ermittlungen darum geht festzustellen, warum keine Verdachtsanzeige erstattet wurde, obwohl bestimmte, auffällige Anhaltspunkte vor oder nach Ausführung der Transaktion bekannt waren oder hätten bekannt sein müssen.

3. Rechtsnatur der Anzeigepflicht/Sanktion bei Verletzung

46 Die Anzeigepflicht ist wie das Geldwäschegesetz insgesamt dem **Gewerberecht** zuzuordnen. Bei der Anzeige selbst handelt es sich um eine **Strafanzeige** i. S. d. § 158 Abs. 1 StPO (unten Rz. 108 ff). Die Anforderungen an den Inhalt müssen sich daher an § 158 StPO ausrichten. Das frühere Bundesaufsichtsamt für das Kreditwesen vertrat demgegenüber die Auffassung, es gelte der von ihm im Rahmen des § 16 Nr. 2 vorgegebene Pflichtinhalt.[68]

---

65) Siehe einschränkend oben *Fülbier*, Einleitung Rz. 104 ff, 112, 120.
66) *Pieth*, Kriminalistik 1994, 442, 446; *Werner*, S. 139.
67) Zu Österreich, siehe § 41 Abs. 1 Bankwesengesetz; zur nachträglichen Kenntniserlangung allgemein siehe *Schröder/Textor*, § 261 StGB Rz. 112 ff.
68) BAKred, Schreiben vom 24.2.1998 (I5-B600), abgedruckt in: *Consbruch/Möller u. a.*, KWG, Nr. 11.43 a.

Die **pflichtwidrige Unterlassung einer Verdachtsanzeige** führt nicht zur **Er-** 47 **satzpflicht** für das betroffene Kreditinstitut. Die ehemals von der SPD geforderte Haftung der Banken für Gelder, die trotz eines Anfangsverdachts weitergeleitet wurden, hat keinen Eingang in das Geldwäschegesetz gefunden.[69]

Eine solche Regelung würde denn auch gegen den verfassungsrechtlichen **Be-** 48 **stimmtheitsgrundsatz** verstoßen. Aus diesem Grunde hatte der Gesetzgeber entgegen den vom Bundesrat vorgetragenen Wünschen eine Sanktion unterlassener Verdachtsanzeigen mit dem Instrument des Bußgelds (Aufnahme in den Ordnungswidrigkeitenkatalog des § 17 abgelehnt.[70] Das Vorhaben stünde zudem im Widerspruch zum ebenfalls verfassungsrechtlich gesicherten **Schuldprinzip**.[71]

Allerdings kann nicht ausgeschlossen werden, dass sich ein Institutsangestellter 49 einer leichtfertigen Geldwäsche strafbar macht, wenn er eine im Sinne des Absatzes 1 verdächtige Transaktion ausführt, ohne eine strafbefreiende Anzeige zu veranlassen.[72] Eine unterlassene Anzeige führt aber keinesfalls automatisch zur Strafbarkeit.[73] Die Anforderungen des § 261 Abs. 5 StGB sind hinsichtlich des „doppelten" Anfangsverdachts erheblich strenger. Dieses Risiko der Strafbarkeit erfüllt die Anforderung des Art. 39 Abs. 1 der 3. Geldwäscherichtlinie, der eine Sanktion auch für unterlassene Anzeigen verlangt.[74] Die Anforderung aus Art. 39 Abs. 2 der 3. Geldwäscherichtlinie, Sanktionen gegen Kredit- und Finanzinstitute vorzusehen, ist damit nicht erfüllt. Sie dürfte im deutschen Recht auch kaum erfüllbar sein.[75]

4. Verdachtsfälle

a) Verdacht der Geldwäsche

Die Identifizierungs- und Aufzeichnungspflichten können im Wesentlichen sche- 50 matisch erfüllt werden (Ausnahme: Verdachtsidentifizierung). Bei der Anzeigepflicht hingegen wird der kriminalistische Spürsinn der Adressaten des § 11 gefordert. Es ist eine Verpflichtung, die nicht leicht zu erfüllen ist und deren Verletzung strafrechtliche Konsequenzen haben kann.

Nach § 11 sind **Tatsachen** anzuzeigen, die darauf schließen lassen, dass die Fi- 51 nanztransaktion einer Geldwäsche dient oder bei ihrer Durchführung dienen würde. Unter Tatsachen sind alle **Auffälligkeiten bei der Abwicklung von Finanztransaktionen oder Abweichungen vom gewöhnlichen Geschäftsgebaren** der Wirt-

---

69) Vgl. Antrag de With, Wartenberg, Däubler Gmelin u. a. und der SPD-Fraktion, BT-Drucks. 12/6387, S. 2, und SPD-E 2. OrgKG, BT-Drucks. 12/6784, S. 14, 45, sowie Beschluss des Bundestages zum GwG vom 24.9.1993, BR-Drucks. 672/93; *Melzer*, Die Bank 1996, 494, 496.
70) Gegenäußerung BReg zu BRat RegE GewAufspG, BT-Drucks. 12/2747, S. 5.
71) *Dahm/Hamacher*, wistra 1995, 206, 212; ZKA, Positionspapier, S. 13 f.
72) Im Einzelnen siehe *Schröder/Textor*, § 261 StGB Rz. 117 ff.
73) Unzutreffend: *Reiß*, in: BuB, Rz. 16/91; BAV, Anordnungen und Verwaltungsgrundsätze 1997, VerBAV 1997, S. 244, Nr. 3, abgedruckt in Anhang IV.4.
74) Dazu auch *Höche*, WM 2005, 8.
75) *Schröder/Textor*, Vor § 261 StGB Rz. 36.

schaftsbeteiligten zu verstehen, sofern in ihnen ein Bezug zu Geldwäschetransaktionen i. S. d. § 261 StGB erkennbar wird.[76)]

52 Es muss keinesfalls Gewissheit über den Bezug zu einer Geldwäsche bestehen. Daher sind die Voraussetzungen des § 261 StGB[77)] nicht im Einzelnen zu prüfen. Andererseits reicht eine bloße Vermutung nicht aus. Es müssen **konkrete (objektiv erkennbare) Anhaltspunkte** z. B. für den Verdacht vorliegen, die Transaktion verschleiere die Tatsache, dass der fragliche Gegenstand aus einem Verbrechen, einem Drogengeschäft oder einer anderen Katalogtat des § 261 StGB stammt.[78)]

53 In strafprozessualer Hinsicht handelt es sich um einen **Anfangsverdacht** i. S. d. § 152 Abs. 2 StPO.[79)] Dieser lässt einen **Beurteilungsspielraum** zu: Nach der (eigenen) kriminalistischen Erfahrung muss es als möglich erscheinen (gewisse Wahrscheinlichkeit), dass eine verfolgbare Straftat (hier: Geldwäsche) vorliegt.[80)] Die Einräumung eines Beurteilungsspielraums im verwaltungsrechtlichen Sinn ist hier geboten, weil es u. a. auch auf die subjektive Einschätzung in der konkreten, nicht wiederholbaren Situation ankommt. Gerichtlich kann diese Entscheidung nur daraufhin geprüft werden, ob von falschen Tatsachen ausgegangen wurde, sachfremde Erwägungen angestellt oder allgemein gültige Bewertungsmaßstäbe nicht angewandt wurden.[81)]

54 Der Verdacht kann sich auf das Verhalten des zu Identifizierenden beziehen oder auf die Eigenheiten der Transaktion. Maßgebliche Kriterien sind daher Ungewöhnlichkeiten und Auffälligkeiten, die sich z. B. in der Undurchschaubarkeit der angetragenen Transaktion äußern können, in Besonderheiten der Person des Kunden, dessen finanziellen und geschäftlichen Verhältnissen und der Herkunft der einzubringenden Vermögenswerte.[82)]

55 Das Bundesaufsichtsamt für das Kreditwesen nennt dazu in Nummer 24 seiner Verlautbarungen vom 30.12.1997 sowie vom 30.3.1998 beispielhaft drei Kategorien, bei denen eine gesteigerte Aufmerksamkeit des Institutsmitarbeiters gefordert ist:

– Die Transaktion lässt keinen wirtschaftlichen Hintergrund erkennen und deren Umstände sind undurchsichtig; das betrifft insbesondere die Identität der an der Transaktion beteiligten Personen und den Zweck der Transaktion;

---

76) Begründung RegE GewAufspG, BT-Drucks. 12/2704, S. 15.
77) Siehe *Schröder/Textor*, § 261 StGB Rz. 1 ff.
78) *Kaufmann*, S. 138 ff, zur Abgrenzung zwischen Verdacht und Vermutung, S. 158 ff, zu den Anforderungen an die Konkretheit des Verdachts; BAKred, Schreiben vom 21.2.2000, abgedruckt in: *Consbruch/Möller u. a.*, KWG, Nr. 11.66, sowie BaFin, Rundschreiben Nr. 25/2002 vom 6.11.2002 (Q31-B590), abgedruckt in: *Consbruch/Möller u. a.*, KWG, Nr. 11.81.
79) *Carl/Klos*, wistra 1994, 161, 162; *Kaufmann*, S. 150 ff, mit detaillierter Begründung; ZKA, Leitfaden, S. 14 f; a. A. *Werner*, S. 141.
80) Vgl. BVerfG NStZ 1984, 228; BVerfG WM 1989, 1623; *Meyer-Goßner*, StPO, § 152 Rz. 4; *Kaufmann*, S. 137 ff; *Werner*, S. 134.
81) Vgl. BVerwGE 26, 65, 77; BVerfGE 39, 291, 299; *Maurer*, § 7 III.
82) BAKred, Verlautbarung für Kreditinstitute vom 30.3.1998 und für Finanzdienstleistungsinstitute vom 30.12.1997, jeweils Nr. 24, abgedruckt in Anhang III.1 und III.2; siehe auch oben *Langweg*, § 6 Rz. 8, 18.

Anzeige von Verdachtsfällen § 11 GwG

- die Art und Höhe, die Herkunft der Vermögenswerte oder der Empfänger der Transaktion passen nicht zu den dem Institut bekannten Lebensumständen oder zur Geschäftstätigkeit des Auftraggebers;[83]
- die Transaktion wird über Umwege abgewickelt, die kostenintensiv und wirtschaftlich sinnlos erscheinen.

Nach Auffassung des Bundesaufsichtsamtes für das Kreditwesen hat das Kreditinstitut bei der Verdachtsanzeige nach § 11 nicht das Vorliegen sämtlicher Tatbestandsmerkmale des § 261 StGB einschließlich der der Geldwäsche zugrunde liegenden Vortat zu prüfen. Ein so genannter **doppelter Anfangsverdacht**[84] im Sinne der Strafprozessordnung als Vorbedingung für eine Verdachtsanzeige nach § 11 sei somit nicht erforderlich.[85] Diese Auffassung des Bundesaufsichtsamtes für das Kreditwesen ist umstritten. Gegen sie spricht der Wortlaut des § 11, dem zufolge eine Anzeigepflicht nur dann besteht, wenn ein Institut Tatsachen feststellt, die darauf schließen lassen, dass eine Finanztransaktion einer Geldwäsche nach § 261 StGB dient.[86] Der Bundesanstalt zufolge soll nur dann auf die Anzeige verzichtet werden können, wenn eine Straftat auszuschließen ist. 56

Der Streit scheint sich jedoch nur an der Bezeichnung „doppelter Anfangsverdacht" zu entzünden. Einigkeit muss darüber bestehen, dass es ausreicht, wenn „objektiv erkennbare Anhaltspunkte für das Vorliegen einer Geldwäschetransaktion" sprechen. Die Anforderungen an den Verdacht auf eine Vortat sind bei einem Institutsangestellten reduziert. Es kann daher schon ausreichen, wenn ein oder mehrere Anhaltspunkte aus der Liste vorliegen, die vom Bundeskriminalamt, dem LKA Nordrhein-Westfalen und dem Zentralen Kreditausschuss erarbeitet wurde (unten Rz. 68, 99). 57

Beispielhaft mag in diesem Zusammenhang auf den Sachverhalt hingewiesen werden, über den das LG Saarbrücken bezüglich einer Durchsuchung zu befinden hatte.[87] Dem Landgericht zufolge besteht ein Verdacht auf Geldwäsche im strafprozessualen Sinn schon dann, wenn Ein- und Auszahlungen stets im Beisein eines weiteren Italieners vorgenommen werden, keine Kontobewegungen im unbaren Zahlungsverkehr vorkommen und regelmäßig größere Bareinzahlungen sofort durch Vorlage von Barschecks verfügt werden. Dem Landgericht ist darin zu widersprechen, dass dieser Sachverhalt schon eine Durchsuchung rechtfertigt; er bildet aber 58

---

83) Siehe dazu die von *Schröder/Textor*, § 261 StGB Rz. 174, 190, dargestellten Beispielsfälle sowie die in AG Essen ZIP 1994, 699, LG Saarbrücken wistra 1995, 32, AG München vom 16.12.1995 – ER 11 Gs 380/95-330a Js 11804/95 (unveröff.) („Asylberechtigter"), LG Saarbrücken wistra 1997, 236 („Asylbewerber") dargestellten Sachverhalte.
84) *Kaufmann*, S. 151 f; siehe *Schröder/Textor*, § 261 StGB Rz. 69 ff
85) BAKred, Verlautbarung für Kreditinstitute vom 30.3.1998 und für Finanzdienstleistungsinstitute vom 30.12.1997, jeweils Nr. 24 a. E., abgedruckt in Anhang III.1 und III.2, *Werner*, S. 135 f; zur Abgrenzung zwischen Verdacht und Vermutung siehe *Kaufmann*, S. 137 ff.
86) *Körner*, in: Körner/Dach, S. 54; *Dach*, in: Körner/Dach, S. 127; vgl. auch BKA, Schwachstellenanalyse der Gesetzgebung zur Geldwäsche vom 11.11.1994, S. 13; *Krüger*, Kriminalistik 1994, 37, 39; *Ungnade*, WM 1993, 2105, 2111; a. A. *Werner*, S. 135 f; *Lang/Schwarz/Kipp*, S. 503; ZKA, Leitfaden, Rz. 75 ff.
87) LG Saarbrücken wistra 1995, 32.

hinreichend Anlass für eine Verdachtsanzeige nach § 11. Der doppelte Anfangsverdacht wäre nur im Falle der Bösgläubigkeit erfüllt.

59 Zu den Katalogtaten gehören inzwischen auch **Steuerstraftaten** wie die gewerbs- oder bandenmäßige Steuerhinterziehung nach § 370a AO.[88] Eine Abgrenzung zwischen ungewöhnlichem Verhalten, einer einfachen Steuerhinterziehung und einem verdächtigen Handeln i. S. d. § 370a AO ist z. B. aus Sicht eines Bankmitarbeiters nahezu unmöglich.[89] Mit Blick auf die Empfehlungen der FATF und der daran angelehnten Aufforderung der Bankenaufsicht ist eine Verdachtsanzeige zu erstatten, wenn ein krimineller Hintergrund i. S. d. § 261 StGB nicht ausgeschlossen werden kann.[90] Demnach dürfte kein Kunde eine auffällige Transaktionen mit dem Hinweis entkräften können, sie diene der steuerlichen Optimierung. § 370a AO begegnet nach Auffassung des Bundesgerichtshofs allerdings erheblichen verfassungsrechtlichen Bedenken. Er schließt sogar eine verfassungskonforme Auslegung aus, weil die Norm nicht der Anforderung des Bundesverfassungsgerichts genüge, der zufolge die Strafnorm umso präziser sein muss, je schwerer die angedrohte Strafe ist.[91]

60 Vor Veröffentlichung der zitierten BGH-Entscheidung wurde vertreten, für die Gewerbsmäßigkeit i. S. d. § 370a AO reiche es aus, wenn der Täter über mehrere Veranlagungszeiträume hinweg unversteuerte Einnahmen erziele, indem er z. B. Kapitalerträge aus einem Wertpapierdepot in erheblichem Umfang nicht angebe.[92] Diese weite Auslegung wurde – losgelöst von den verfassunsgrechtlichen Bedenken – schon den Zielen der Gesetzesänderung nicht gerecht. Dabei ging es darum, Erträge organisierter Krimineller zu erfassen.[93] Die Abgabe unrichtiger Steuererklärungen erfüllt diesen Tatbestand nicht.

b) Verdachtsgewinnung

61 Die Anzeigepflicht des § 11 greift ein, wenn ein Institutsmitarbeiter Tatsachen feststellt, die auf Geldwäsche hindeuten. Bis zum Inkrafttreten der §§ 25a, 25b KWG am 1.4. bzw. 1.7.2003 (siehe § 64 f Abs. 6 KWG, Art. 4 Abs. 2 Geldwäschebekämpfungsgesetz) bestand entgegen der Ansicht des früheren Bundesaufsichtsamts für das Kreditwesen keine gesetzlich normierte **Verpflichtung zur Nachforschung** oder Suche nach Verdachtsfällen. Weder § 11 noch § 14 bot bzw. bietet dafür eine Rechtsgrundlage.[94] Es gab auch keine andere Rechtsgrundlage für die „Research-

---

88) Dazu *Spatscheck/Wulf*, DB 2002, 392; *Müller*, DStR 2002, 1641.
89) *Höche*, Die Bank 2002, 196, 200.
90) BAKred, Schreiben vom 20.12.1999 (Z5-B600), abgedruckt in: *Consbruch/Möller u. a.*, KWG, Nr. 11.63, und Schreiben vom 21.2.2000, abgedruckt in: *Consbruch/Möller u. a.*, KWG, Nr. 11.66; BaFin, Rundschreiben Nr. 25/2002 vom 6.11.2002 (Q31-B590), abgedruckt in: *Consbruch/Möller u. a.*, KWG, Nr. 11.81.
91) BGH WM 2004, 1892, 1893 = DStR 2004, 1604 mit Hinweis auf BverfGE 105, 135, 155 f; dazu EWiR 2005, 371 *(Ahlbrecht)*, siehe auch *Schröder/Textor*, Vor § 261 Rz. 10.
92) *Spatscheck/Wulf*, DB 2001, 2572, mit scharfer Kritik an der Regelung; *Burger*, wistra 2002, 1; zur Gewerbsmäßigkeit: BGH wistra 1999, 300.
93) Finanzausschuss zum RegE StVBG, BT-Drucks. 14/7471, S. 9; *Joecks*, DStR 2001, 2184.
94) *Herzog*, WM 1996, 1753, 1758; *ders.*, WM 1999, 1905; *Kaufmann*, S. 225 ff, 241.

Tätigkeit" des Geldwäschebeauftragten oder der Institutsmitarbeiter. Das gilt insbesondere für das so genannte EDV-Research.

Ziel der mit dem Vierten Finanzmarktförderungsgesetz vom 21.6.2002 eingeführten 62 Regelung der §§ 24c, 25a KWG war es insbesondere, den verstärkten Einsatz von softwarebasierten **Researchsystemen** zu ermöglichen bzw. zu rechtfertigen und dadurch zusätzliche Verdachtsmomente für Geldwäsche herauszufiltern.[95] Zur Begründung wurde ausgeführt, dass – anders als bei Einführung des Geldwäschegesetzes angenommen – bei der Geldwäsche nicht nur Bargeldgeschäfte im Fokus stehen sollen, sondern im Wesentlichen Buchgeldtransaktionen. Diese Annahme ist richtig, aber auch nicht neu. Denn auch ohne EDV-Research wurden von Beginn an Buchgeldgeschäfte beleuchtet. Dies belegen damals wie heute die Verdachtsanzeigen: 2003 gaben nur in 23 % der Fälle Barzahlungen Anlass dazu, 2004 waren es 24 %.[96] 2003 wurden in Bayern 579 unbare Geschäfte als verdächtig angezeigt und 1098 Bargeschäfte. Jedenfalls sollen die bestehenden und die neuen Systeme durch die Gesetzesänderungen auf eine rechtliche Grundlage gestellt werden. Dagegen bestehen erhebliche rechtliche Bedenken (unten Rz. 64), die auch vom Bundesrat geltend gemacht wurden.[97] Der Eingriff ist nicht dadurch zu rechtfertigen, dass das Researchsystem auch dem Schutz der Bank bzw. der Mitarbeiter vor dem Missbrauch zu Straftaten dienen soll.

Unter **EDV-Research** ist die Analyse und Kontrolle von Datenbeständen (Kunden, 63 Konten, Transaktionen) auf EDV-Basis zu verstehen.[98] Dazu sollten nach dem Wunsch des Bundesaufsichtsamtes für das Kreditwesen technische Systeme geschaffen werden, mit deren Hilfe der Datenbestand des Instituts anhand bestimmter, vom Institut zu schaffender Raster durchforstet wird, um zusätzliche Anhaltspunkte für Verdachtsanzeigen ausfindig zu machen.[99] Dazu sind inzwischen viele Verfahren auf dem Markt, die institutsbezogen, teilweise sogar institutsübergreifend arbeiten.[100]

Derartige Verfahren sind zunächst unter rein praktischen Gesichtspunkten wenig 64 erfolgversprechend. Das haben jedenfalls Erfahrungen in den USA gezeigt.[101] In Deutschland sind derartige Systeme seit ca. drei Jahren im Einsatz. Es erscheint fraglich, ob die Kosten-Nutzen-Relation in einem angemessenen Verhältnis steht. Diesem Vorhaben stehen aber auch erhebliche datenschutzrechtliche und verfassungsrechtliche Bedenken entgegen. Insbesondere würde durch diese Form der „Rasterfahndung" in das Grundrecht auf informationelle Selbstbestimmung des

---

95) Begründung RegE 4. FMFG, BT-Drucks. 14/8017, S. 10; Begründung RegE Geldwäschebekämpfungsgesetz, BT-Drucks. 14/8739, S. 10; *Herzog/Christmann*, WM 2003, 6, 11.
96) BKA (FIU), Jahresbericht 2003, S. 14, und Jahresbericht 2004, S. 14.
97) Bundesrat, Anrufung des Vermittlungsausschusses zum 4. FMFG, BT-Drucks. 14/8958, S. 2.
98) Zur Abgrenzung zwischen EDV-Research und EDV-Monitoring siehe *Langweg*, § 14 Rz. 101 ff.
99) *Findeisen*, Oktober 1996.
100) Dazu *Bergles/von Schirnding*, ZBB 1999, 58; *Guderlei*, Sparkasse 2001, 520; *Suendorf*, S. 332 ff.
101) *Ackermann*, S. 124 f m. w. N.; *Moscow*, Money Laundering Bulletin, November 1996, S. 8 f; *Herzog*, WM 1996, 1753, 1756.

Kunden eingegriffen.[102] Nach Ansicht von *Kaufmann* werden durch das **EDV-Research** u. a. Art, Umfang und Zielrichtung der Summe der Finanztransaktionen eines Kunden, seine Vermögenswerte und sein finanzieller Handlungsspielraum erforscht, so dass sich daraus ein wirtschaftliches Tätigkeits- und Leistungsprofil ergebe. Dieses sei vom Recht auf informationelle Selbstbestimmung umfasst. Sobald die derart gesammelten Daten zur Grundlage einer Verdachtsanzeige würden, handele es sich um einen hoheitlichen Eingriff, der einer Ermächtigungsgrundlage bedürfe. Diese sei aber weder durch § 14 Abs. 2 Nr. 2 noch durch § 11 gegeben.[103] An diesem Zustand habe sich auch durch das Inkrafttreten des § 25a KWG im Rahmen des Vierten Finanzmarktförderungsgesetzes zum 1.4.2003 nichts geändert, weil auch das neue Gesetz keine klare Ermächtigungsgrundlage darstelle, wie sie bei Grundrechtseingriffen gefordert sei.[104] *Kaufmann* kommt zu der zutreffenden Feststellung, dass das EDV-Research **rechtswidrig** ist. Aufgrund des § 25a KWG sind Institute dennoch formal verpflichtet, EDV-gestützte Früherkennungssysteme einzuführen.[105]

65 Einem Geschäftsvorfall kann man in der Regel nicht ansehen, ob er einer Geldwäsche nach § 261 StGB dient. Anhaltspunkte werden sich daher grundsätzlich nur im Zusammenhang mit der Abwicklung eines Geschäfts ergeben. Aus diesem Grunde hatte man in Zusammenarbeit mit dem Bundeskriminalamt und der Zollverwaltung erfolglos versucht, **Verdachtsraster** zu entwickeln. Dies kann auch künftig nicht gelingen, weil die Erscheinungsformen der Geldwäsche sehr unterschiedlich sind und einem ständigen Wandel unterliegen. Deshalb muss auch vor einer Schematisierung gewarnt werden.[106] Ein Raster wäre zudem kriminalpolitisch schädlich gewesen, weil der Geldwäscher sein Verhalten daran hätte ausrichten können. Außerdem könnte es nicht lückenlos sein; es würde den Angestellten dazu verleiten, nur die Geschäfte mit den angesprochenen Merkmalen als verdächtige in eine nähere Untersuchung einzubeziehen. Aus diesem Grunde ist auch eine beispielhafte Aufnahme von Anhaltspunkten in den gesetzlichen Tatbestand unterblieben.

66 Häufig stellen Mitarbeiter von sich aus verdächtige Transaktionen fest. Darauf darf man sich jedoch schon mit Blick auf § 14 nicht verlassen. Es gehört daher zu den wesentlichen Aufgaben des Geldwäschebeauftragten nach § 14 Abs. 2 Nr. 2 und 4, die Mitarbeiter so zu schulen und zu unterrichten, dass sie „sensibilisiert" sind, um auffällige Transaktionen sofort zu erkennen, diese besonders aufmerksam zu behandeln und an ihn zu melden. Den Mitarbeitern muss aufgrund der **Sensibilisierung** bekannt sein, welche Arten von Transaktionen aufgrund von eigenen und fremden Erfahrungen im Grundsatz als auffällig anzusehen sind.

---

102) *Dahm*, WM 1996, 1285, 1290; *Herzog*, WM 1996, 1753, 1758 f, 1762 f; *ders.*, WM 1999, 1905; *Herzog/Christmann*, WM 2003, 6, 10; *Melzer*, Die Bank 1996, 494, 498; *Lang/Schwarz/Kipp*, S. 631 ff; *Kaufmann*, S. 239; im Einzelnen siehe *Langweg*; § 14 Rz. 109 f.
103) *Kaufmann*, S. 222 ff, mit Bezug auch auf *Herzog*, WM 1999, 1905.
104) *Kaufmann*, S. 229 ff; so auch *Höche*, Die Bank 2002, 196, 201; *Herzog/Christmann*, WM 2003, 6, 11.
105) Dazu auch BaFin, Rundschreiben Nr. 25/2002 vom 6.11.2002 (Q31-B590), abgedruckt in: *Consbruch/Möller u. a.*, KWG, Nr. 11.81.
106) Diese Erkenntnis hat das BKA (FIU), Jahresbericht 2003, S. 31, bestätigt.

Dazu gehören zunächst die Fälle, die aus Sicht des Instituts einen Verdacht auf 67 Geldwäsche besonders nahe legen.[107] Dabei ist an Transaktionen zu denken, die abstrakt betrachtet ihrer Art nach bereits in der Vergangenheit einen Verdacht im Institut ausgelöst haben, insbesondere dann, wenn die Anzeige auch zu einem Ermittlungserfolg geführt hat. **Eigene Erkenntnisse** werden insofern bei kleineren Instituten nur selten vorliegen. Ein Anlass zum Handeln besteht aber bei **Presseveröffentlichungen** über Gerichtsentscheidungen, die die Verurteilung eines Kunden wegen einer geldwäscherelevanten Tat betreffen, oder bei personenbezogenen Hinweisen von Strafverfolgungsbehörden. Diesbezüglich ist das Schreiben des Bundesaufsichtsamtes für das Kreditwesen vom 3.12.1996[108] aufschlussreich:

„Regelmäßig wird das Institut seine Kenntnis über verdachtsbegründende Tatsachen primär innerhalb eines Geschäftsbetriebes, d. h. bei Kreditinstituten im Rahmen ihrer bankgeschäftlichen Tätigkeiten, erwerben. Gleichwohl können entsprechende Informationen über Kunden und Geschäftsbeziehungen auch von Dritten an das Kreditinstitut herangetragen werden. Werden seitens einer Ermittlungsbehörde Informationen an das Institut herangetragen, die geeignet sind, vormals als ‚unauffällig' angesehene Kunden und Transaktionen in einen konkreten Bezug zu Geldwäschehandlungen nach § 261 StGB zu bringen und eine Geschäftsbeziehung in einem neuen Licht erscheinen zu lassen, kann sich das Kreditinstitut diesem Wissen nicht entziehen. Die Informationen werden damit Bestandteil seines Wissensfundus und sind bei der Beurteilung, ob ein konkreter Sachverhalt als Verdachtsfall im Sinne der §§ 11, 6 anzusehen ist, mit zu berücksichtigen.

Derartige Informationen müssen also zur Kenntnis genommen, soweit erforderlich in zumutbarem Umfang verifiziert, richtig gewichtet und sodann entschieden werden, ob ein Verdachtsfall vorliegt, an den das Gesetz eine Handlungspflicht knüpft. Dabei besitzt das Institut grundsätzlich einen Beurteilungsspielraum. ... .

Allerdings besteht das Ziel des gewerberechtlich geprägten Geldwäschegesetzes nicht darin, eine schrankenlose und umfassende Verbesserung der Erkenntnismöglichkeiten der Strafverfolgungsbehörden durch die Aktivitäten von privaten Unternehmen zu bewirken. Das in den §§ 6, 11 angelegte Kooperationsprinzip zwischen Ermittlungsbehörden und Privaten bietet damit keine Grundlage für eine Verpflichtung eines Instituts, gewissermaßen ‚im Auftrag' der Ermittlungsbehörden Identifizierungen durchzuführen und Verdachtsanzeigen zu erstatten.

Die Beurteilung eines verdachtsrelevanten Sachverhalts soll nach den Vorstellungen des Gesetzgebers allein bei dem pflichtigen Kreditinstitut liegen. Die Datenübermittlung seitens der Ermittlungsbehörde kann deshalb nur dem Zweck dienen, das betroffene Kreditinstitut in die Lage zu versetzen, diesen Beurteilungsvorgang mit Fakten anzureichern und geeignete Maßnahmen zu er-

---

107) BAKred, Verlautbarung für Kreditinstitute vom 30.3.1998, Nr. 34 Buchst. d, und für Finanzdienstleistungsinstitute vom 30.12.1997, Nr. 35, abgedruckt in Anhang III.1 und III.2.
108) BAKred, Schreiben vom 3.12.1996 (I5-B403) (unveröff.).

greifen, um nicht zu Geldwäscheaktivitäten missbraucht zu werden sowie seine Pflichten aus dem Geldwäschegesetz adäquat wahrzunehmen."

68 Wesentlich für die Verdachtsgewinnung sind die vom Zentralen Kreditausschuss in Zusammenarbeit mit dem Bundeskriminalamt, dem LKA Nordrhein-Westfalen und dem Bundesaufsichtsamt für das Kreditwesen erstellten **Anhaltspunkte für Geldwäsche** Stand Juli 1996.[109] Diese Anhaltspunkte spiegeln die Erkenntnisse wider, die aus Verdachtsanzeigen von Instituten gewonnen werden konnten, die zu erfolgreichen Ermittlungen in Sachen Geldwäsche geführt hatten. Sie können von Zeit zu Zeit durch Mitteilungen des Zentralen Kreditausschusses oder der Bundesanstalt[110] ergänzt werden. Dazu ist es durch Rundschreiben 19/98 des früheren Bundesaufsichtsamtes gekommen, das als **Geldwäsche-Typologienpapier** über die Spitzenverbände und Landeszentralbanken veröffentlicht wurde.[111] Mit Rundschreiben des Bundesaufsichtsamtes Nr. 4/2000 vom 5.7.2000 wurden weitere Anhaltspunkte in Form der Angabe von nicht kooperierenden Ländern und Territorien veröffentlicht. Dieses Rundschreiben wurde durch das Rundschreiben Nr. 4/2001 vom 10.7.2001 ersetzt, dieses wiederum wurde durch Rundschreiben Nr. 6/2003 vom 30.6.2003 aktualisiert.[112] In all diesen Fällen ist indes vor einer Pauschalierung zu warnen. Es ist stets ein risikoorientierter Ansatz zu wählen. Eine zu umfangreiche Liste wirkt kontraproduktiv. Sie würde unübersichtlich werden und den Blick für das Wesentliche verlieren lassen. Außerdem kann sie den Mitarbeitern in strafrechtlicher Hinsicht gefährlich werden. Für die **Berufsgruppen nach § 3 Abs. 1** hat das Bundeskriminalamt in Zusammenarbeit mit den Bundesberufskammern ebenfalls Anhaltspunkte erstellt und den Kammern im Jahr 2003 übersandt.[113]

69 Des Weiteren soll nach Auffassung des Bundesaufsichtsamtes für das Kreditwesen auf die **Typologienpapiere** der FATF[114] oder auch „**Geldwäsche-Informationsblätter**" zurückgegriffen werden.[115] Dabei handelt es sich um Mitteilungen der Landeskriminalämter auf regionaler Ebene an einzelne oder eine Vielzahl von Insti-

---

109) Diese Anhaltspunkte liegen jedem Institut vor; auf einen Abdruck kann daher verzichtet werden. Derzeit wird von der FIU ein neues Anhaltspunktepapier vorbereitet, das Ende 2005 veröffentlicht werden sollte; BKA (FIU), Jahresbericht 2004, S. 36.
110) BAKred, Schreiben vom 18.1.1996 (I5-K127), Seychellen, abgedruckt in: *Consbruch/Möller u. a.*, KWG, Nr. 11.20, und Schreiben vom 11.2.1997 (I5-C650), Sammelkonten, (unveröff.).
111) BAKred, Rundschreiben Nr. 19/1998 vom 2.11.1998 (Z5-B212), abgedruckt in Anhang III.5.
112) BaFin, Rundschreiben Nr. 6/2003 vom 30.6.2003 (GW1–G701), abgedruckt in: *Consbruch/Möller u. a.*, KWG, Nr. 11.75; BaFin, Jahresbericht 2002, S. 20.
113) BKA (FIU), Jahresbericht 2003, S. 38.
114) Siehe dazu FATF, Bericht über Geldwäsche-Typologien und Typologien der Finanzierung des Terrorismus 2004–2005 vom 10.6.2005, abrufbar unter: http://www.bka.de/profil/zentralstellen/geldwaesche/pdf/FATF_Typology_2004-2005_deutsch.pdf.
115) BAKred, Verlautbarung für Kreditinstitute vom 30.3.1998, Nr. 34 Buchst. d, und für Finanzdienstleistungsinstitute vom 30.12.1997, Nr. 35, abgedruckt in Anhang III.1 und III.2; BAKred, Schreiben vom 13.1.1997 (I5-B600), Handlungspflichten eines Kreditinstituts nach Übermittlung sog. Geldwäsche-Infoblätter der Landeskriminalämter – § 14 Abs. 2 Nr. 2 GwG, abgedruckt in: *Consbruch/Möller u. a.*, KWG, Nr. 11.34.

tuten, in denen neue Techniken der Geldwäsche oder aktuelle Fälle abstrakt dargestellt werden.

Für alle Fallvarianten hat der Geldwäschebeauftragte sicherzustellen, dass für die 70 maßgeblichen Mitarbeiter **Schulungen und Unterrichtungen nach § 14 Abs. 2 Nr. 2 und 4** durchgeführt werden.[116] In der entsprechenden hausinternen Mitteilung ist deutlich zu machen, dass aktuelle und künftige Finanztransaktionen dahin gehend zu prüfen sind. Darüber hinaus können die Mitarbeiter angehalten werden, bereits durchgeführte Transaktionen anzuzeigen, die die aufgezeigten Kriterien erfüllen. Eine Nachforschung durch Mitarbeiter oder Geldwäschebeauftragte ist vom Gesetz nicht gefordert. Eine Ausdehnung auf Altfälle ist nicht zwingend, weil Absatz 1 diese nicht erfasst (oben Rz. 44). Die Anzeige von Altfällen ist aber mit Blick auf § 261 Abs. 9 StGB hilfreich. Empfehlenswert ist es daher, die Mitarbeiter bei der Unterrichtung anzuhalten, auch solche Transaktionen mitzuteilen, die bereits abgeschlossen sind, ihnen aber durch diese Mitteilung in Erinnerung gerufen werden und deswegen nun verdächtig erscheinen.

Die Verlautbarung des Bundesaufsichtsamtes für das Kreditwesen lässt den Institu- 71 ten bei der Umsetzung dieser Pflicht einen angemessenen Spielraum.[117] Darin ist von einer **Untersuchung** die Rede. Deren Art und Weise ist freigestellt. Sie kann sich mit Blick auf die Anzeigepflicht nach Absatz 1 eigentlich nur auf laufende oder bevorstehende Fälle beziehen (oben Rz. 43). Bei der Untersuchung, so das Bundesaufsichtsamt für das Kreditwesen, könne auch auf „vorhandene Systeme" zurückgegriffen werden. Soweit damit eine **Research-Tätigkeit auf EDV-Basis** gemeint ist, begegnet dies auch nach Einführung des § 24c KWG erheblichen verfassungsrechtlichen und datenschutzrechtlichen Bedenken (oben Rz. 62 ff).[118]

c) Verdacht der Finanzierung terroristischer Vereinigungen (Abs. 1 Satz 2)

Mit dem Geldwäschebekämpfungsgesetz ist die Anzeigepflicht zum 15.8.2002 auf 72 Verdachtsfälle erweitert worden, die die **Finanzierung des Terrorismus** im Inland (§ 129a StGB) und im Ausland (§ 129b StGB) betreffen. Die Erweiterung geht zurück auf Vorgaben der FATF vom Oktober 2001 an die Mitgliedstaaten, die Pflicht aller im Finanzsektor aktiven Institute zur Erstattung von Verdachtsanzeigen auf die Finanzierung des Terrorismus auszudehnen.[119]

Diese Pflicht gilt nur für **Institute**, nicht aber für Unternehmen und Personen nach 73 § 3 Abs. 1. Rein tatsächlich werden sich aber Tatsachen, die auf Geldwäsche hindeuten, und solche, die auf Terrorismus hindeuten, vom Anzeigeerstatter häufig kaum

---

[116] Im Einzelnen *Langweg*, § 14 Rz. 144 ff.
[117] BAKred, Verlautbarung für Kreditinstitute vom 30.3.1998, Nr. 34, und für Finanzdienstleistungsinstitute vom 30.12.1997, Nr. 35, abgedruckt in Anhang III.1 und III.2; eine Nachforschungspflicht wird vom BAKred, Schreiben vom 13.1.1997 (I5-B600), Handlungspflichten eines Kreditinstituts nach Übermittlung sog. Geldwäsche-Infoblätter der Landeskriminalämter – § 14 Abs. 2 Nr. 2 GwG, abgedruckt in: *Consbruch/Möller u. a.*, KWG, Nr. 11.34, zu so genannten Geldwäsche-Infoblättern gefordert.
[118] Dazu *Langweg*, § 14 Rz. 109 f.
[119] FATF, Sonderempfehlungen gegen die Finanzierung von Terroristen vom 31.10.2001, abgedruckt in: *Consbruch/Möller u. a.*, KWG, Nr. 11.77a.

unterscheiden lassen.[120] Unverständlich ist deshalb, warum in den Fällen des Satzes 2 nur Institute zur Anzeige verpflichtet sind.

74 Tatsachen i. S. d. Satzes 2 liegen nach § 6a Abs. 2 KWG in der Regel dann vor, wenn es sich beim Inhaber eines Kontos oder Depots, dessen Verfügungsberechtigten oder dem Kunden eines Instituts um eine natürliche oder juristische Person oder eine nicht rechtsfähige Personenvereinigung handelt, deren Name in die im Zusammenhang mit der Bekämpfung des Terrorismus angenommene Liste des Rates der Europäischen Union[121] aufgenommen wurde.[122] 2003 wurden 127 Verdachtsanzeigen erstattet, davon 83 mit Bezug auf die Liste; 2004 waren es 114, davon 68 „Listentreffer".[123] Anhaltspunkte können sich auch im Zusammenhang mit dem Sammeln von Spendengeldern im Umfeld islamischer Vereine und Stiftungen ergeben.[124]

d) Prüfung von Verdachtsfällen durch den Geldwäschebeauftragten

75 Wird dem Geldwäschebeauftragten eine verdächtige Transaktion angezeigt, hat er den Sachverhalt sorgsam daraufhin zu prüfen, ob eine Verdachtsanzeige gegenüber einer der zuständigen Behörden zu erfolgen hat (zur Zuständigkeit für die Prüfung unten Rz. 79). Dabei ist im Interesse des Kunden zu berücksichtigen, dass Anzeigen aufgrund der Mitteilungspflicht nach § 10 Abs. 2 an die Finanzbehörden weitergeleitet werden. Es sollte insbesondere deshalb eine sorgfältige Prüfung dahin gehend vorgenommen werden, ob Tatsachen erkennbar sind, die einen Bezug der Transaktion zur Geldwäsche nahe legen.[125]

76 Der erste Schritt des Geldwäschebeauftragten muss darin bestehen, eine **gründliche Sachverhaltsaufklärung** vorzunehmen. Dazu sollte er sich den Sachverhalt vom anzeigenden Mitarbeiter auch mündlich schildern lassen und alle Informationen berücksichtigen, die im Institut über den Kunden und die weiteren beteiligten Personen (z. B. wirtschaftlich Berechtigter, Begünstigter) vorliegen. Soweit eine Geschäftsverbindung besteht, sind alle vorhandenen Geschäftsunterlagen, Wahrnehmungen und Kenntnisse anderer Mitarbeiter einzubeziehen.[126] Es kann sich durchaus anbieten, offene Punkte im Gespräch mit dem Kunden selbst zu klären. Ein Hinweis auf den Verdacht hat mit Blick auf Absatz 5 zu unterbleiben. Einem dazu beauftragten Kundenbetreuer kann es aber gelingen, Auskünfte zu bekommen, die im Zusammenhang mit der betroffenen Transaktion stehen und den Verdacht ent-

---

120) So auch BKA (FIU), Jahresbericht 2003, S. 32.
121) Gemeinsamer Standpunkt des Rates vom 27.12.2001 über die Anwendung besonderer Maßnahmen zur Bekämpfung des Terrorismus, ABl L 344/93.
122) Im Einzelnen *Stein*, in: Boos/Fischer/Schulte-Mattler, KWG, § 6a Rz. 1 ff, sowie BAKred, Rundschreiben Nr. 8/2001 vom 28.9.2001 (Z5-G952) an alle Kredit- und Finanzdienstleistungsinstitute, abgedruckt in: *Consbruch/Möller u. a.*, KWG, Nr. 11.74.
123) BKA (FIU), Jahresbericht 2003, S. 32; Jahresbericht 2004, S. 33.
124) BKA (FIU), Jahresbericht 2002, S. 23.
125) *Schroeter*, Sparkasse 1992, 373, 375; *Lang/Schwarz/Kipp*, S. 502.
126) BAKred, Verlautbarung für Kreditinstitute vom 30.3.1998 und für Finanzdienstleistungsinstitute vom 30.12.1997, jeweils Nr. 24, abgedruckt in Anhang III.1 und III.2.

Anzeige von Verdachtsfällen § 11 GwG

kräften können. Mit dieser Maßnahme kommt der Geldwäschebeauftragte der in § 11 integrierten **Aufklärungspflicht** aus Art. 5 Geldwäscherichtlinie nach.

Häufig wird sich lediglich aufgrund einer einzelnen Transaktion noch nicht abschließend feststellen lassen, ob ein Verdachtsfall vorliegt. Es ist daher zulässig und mitunter notwendig, die Geschäfte des Kunden über einen gewissen Zeitraum zu beobachten. Diese Beobachtung wurde vom Bundesaufsichtsamt für das Kreditwesen auch als „**Monitoring**" bezeichnet.[127] Ein Monitoring verbietet sich allerdings, wenn dringender Verdacht auf Geldwäsche besteht. Dann ist die Geschäftsbeziehung nach vorheriger Information der Strafverfolgungsbehörden abzubrechen oder gegebenenfalls mit deren schriftlichem Einverständnis „kontrolliert" fortzuführen (unten Rz. 187 ff). In Fällen, bei denen Verdacht auf Kapitalanlagebetrug besteht, ist besondere Vorsicht geboten, weil das Institut möglicherweise auf Schadensersatz von den betroffenen Anlegern in Anspruch genommen werden kann, wenn die Gelder nicht mehr sichergestellt werden können (Beispiel unten Rz. 198). 77

Bestehen nach dieser Prüfung noch Zweifel auf der Sachverhaltsebene, können – auch im Interesse des Kunden zur Ermittlung entlastender Tatsachen und je nach Lage des Falles – die Geldwäschebeauftragten anderer an der Transaktion beteiligter Institute (**z. B. Korrespondenzbank**) angesprochen werden. Eine Verpflichtung dazu besteht nicht. So ist z. B. daran zu denken, das Institut anzusprechen, das die verdächtige Überweisung auf das Konto des betroffenen Kunden ausgeführt hat. Das ist unverfänglich, weil nach Nummer 3 Abs. 1 des Abkommens zum Überweisungsverkehr (Stand: 1.1.2002) bei Zahlungseingängen ab 15 000 Euro eine Rückfrage bei der Bank des Auftraggebers „erwartet" wird, wenn die Überweisung nicht im Rahmen des normalen Geschäftsverkehrs mit dem Zahlungsempfänger liegen oder gegen deren Ordnungsgemäßheit Bedenken bestehen. Das Bundesaufsichtsamt für das Kreditwesen sieht bei einem derartigen Informationsaustausch keinen Verstoß gegen das Hinweisverbot aus Absatz 5.[128] Art. 28 Abs. 5 der 3. Geldwäscherichtlinie erlaubt dies ausdrücklich. 78

e) **Entscheidung über die Anzeigeerstattung**

Ist die Sachverhaltsaufklärung abgeschlossen, ist eine Entscheidung des Geldwäschebeauftragten dahin gehend gefordert, ob ein anzeigepflichtiger Verdachtsfall vorliegt oder nicht. Ein wichtiges Hilfsmittel dafür sind wiederum die unter Rz. 68 beschriebenen Anhaltspunkte für Geldwäsche. 79

Soweit der Geldwäschebeauftragte nach Aufklärung des Sachverhalts und Abgleich mit den Anhaltspunkten für Geldwäsche immer noch **Zweifel** hat und sich nicht in der Lage sieht, eine vertretbare Entscheidung zu treffen, könnte der Fall anonym mit der nach § 11 zuständigen Stelle, vorzugsweise den Vertretern des jeweiligen Landeskriminalamtes, telefonisch erörtert werden. Die bisherigen Erfahrungen mit 80

---

127) BAKred, Verlautbarung für Kreditinstitute vom 30.3.1998, Nr. 30, und für Finanzdienstleistungsinstitute vom 30.12.1997, Nr. 32, abgedruckt in Anhang III.1 und III.2; dazu auch *Höche*, Die Bank 1998, 618; *Rabe*, Sparkasse 1998, 335, 336.
128) BAKred, Verlautbarung für Kreditinstitute vom 30.3.1998, Nr. 31, abgedruckt in Anhang III.1.

solchen **vertrauensbildenden Gesprächen** haben gezeigt, dass beide Seiten davon profitiert haben.[129] Die Zentralstellen bei den Landeskriminalämtern verfügen über umfangreiche Erfahrungen mit Verdachtsanzeigen der Kreditinstitute, die sie aus der Ermittlungstätigkeit der ersten Jahre nach Inkrafttreten des Geldwäschegesetzes gesammelt haben. Diese können sie bei derartigen Gesprächen weitergeben. So wird je nach Einzelfall auch von der Erstattung einer Anzeige abgeraten. Dadurch steigt zum einen die Qualität der beim Landeskriminalamt eingehenden Anzeigen. Zum anderen gibt der Rat dem Geldwäschebeauftragten mehr Sicherheit bei seiner Entscheidung. Diese Form des Erfahrungsaustausches und des Feedback ist von den Geldwäschebeauftragten und den Ermittlern einhellig positiv aufgenommen worden. Gerade den Geldwäschebeauftragten ist dadurch in aller Regel eine fundierte Entscheidung möglich.

81 Insofern wundert es, wenn das Bundesaufsichtsamt für das Kreditwesen in seinem Schreiben vom 10.10.1995 zu einem anderen Ergebnis kommt:[130]

„Mir ist bekannt, dass Kreditinstitute bzw. deren ‚leitende Personen' bankinterne Verdachtsfälle gerade in Zweifelsfällen mit Vertretern von Ermittlungsbehörden in anonymisierter Form ‚vordiskutieren', um für den im Rahmen von § 11 Abs. 1 GwG durchzuführenden Beurteilungs- und Abwägungsprozess ‚Sicherheit für die richtige Entscheidung' zu finden bzw. sich die ‚Richtigkeit' des eigenen Urteils bestätigen zu lassen. Eine Einbeziehung der Verbände der Kreditwirtschaft halte ich bei einer solchen Konstellation unter denselben Voraussetzungen ebenfalls für völlig legitim, wobei allerdings offen bleibt, ob die Verbände hier in der Vielzahl der Fälle eine wirksame Hilfestellung geben können.

Für die Implementierung des Geldwäschegesetzes ist die Beratungs- und Schulungstätigkeit der Verbände über den Inhalt der einzelnen Pflichten des Geldwäschegesetzes und die Information über verbreitete Verdachtstypologien unverzichtbar. Bei der Würdigung eines konkreten, bankinternen Verdachtsfalls durch die institutsintern damit betraute Person stehen allerdings selten Rechtsfragen über den Pflichteninhalt des § 11 Abs. 1 GwG bzw. eindeutige Subsumtionsprobleme im Vordergrund.

Es geht vielmehr in den meisten Fällen um die allein vom Institut zu entscheidende Frage, ob die festgestellten Tatsachen und Umstände nicht nur als ‚ungewöhnlich' zu beurteilen sind, sondern bereits die Verdachtsschwelle des § 11 Abs. 1 GwG überschritten haben.

Die bisherige Praxis hat m. E. gezeigt, dass von den Ermittlungsbehörden oder Verbänden im Rahmen der konkreten Verdachtswürdigung erteilter ‚Rechtsrat' im konkreten Fall insoweit kaum zur Entscheidungsfindung beitragen kann."

---

129) Die positiven Erfahrungen des Verfassers werden auch von *Lang/Schwarz/Kipp*, S. 555, bestätigt.
130) BAKred, Schreiben vom 10.10.1995 (I5-B600), Zur bankinternen Handhabung des Verdachtsmeldewesens gemäß § 11 GwG, abgedruckt in: *Consbruch/Möller u. a.*, KWG, Nr. 11.15 a. E, Stand Juni 2005: weggefallen.

Anzeige von Verdachtsfällen §11 GwG

Für einen **Gedankenaustausch** auf anonymer Basis bieten sich auch Gespräche mit 82
den **Regional- und Spitzenverbänden** an. Dabei ist insbesondere mit Blick auf Absatz 5 (Hinweisverbot) auf eine Weitergabe des Namens des betroffenen Kunden zu verzichten.

Nach § 11 ist die Anzeige vom Institut oder der Spielbank in der Eigenschaft als juristische Person zu erstatten. Im Gesetz selbst ist anders als z. B. in § 4f Abs. 3 83
BDSG oder §§ 53–58 BImSchG nichts über die internen **Entscheidungszuständigkeiten und -kompetenzen** und die Vertretung nach außen gesagt. Es gelten daher die allgemeinen **gesellschaftsrechtlichen Regelungen**. Danach obliegt die Entscheidung den gesetzlichen Vertretungsorganen, soweit diese Kompetenz nicht delegiert wurde.[131] Bei Kreditinstituten ist dabei zusätzlich das **Vieraugenprinzip** zu berücksichtigen. Eine davon abweichende, interne Regelung dürfte im Bereich der Geldwäschebekämpfung zulässig sein, ist aber hausintern zu dokumentieren. An der Entscheidungsfindung sollte der Geldwäschebeauftragte zumindest beteiligt sein. Im Regelfall ist ihm die alleinige Entscheidungskompetenz übertragen worden. Abweichend von der hier vertretenen Auffassung bestimmte das Bundesaufsichtsamt für das Kreditwesen, dass der Geldwäschebeauftragte für die Entscheidung über die Weiterleitung der Anzeige an die Ermittlungsbehörden zuständig ist.[132] Eine rechtliche Grundlage für diese Vorgabe besteht nicht. Sie kann daher nur als Empfehlung zu verstehen sein. Das Institut ist bei der Gestaltung der internen Regelung frei.[133]

f) Innerbetriebliche Organisation

Die zuvor beschriebenen Regelungen bedürfen der innerbetrieblichen Umsetzung 84
durch **Arbeits- und Organisationsrichtlinien**. Darin ist festzulegen, dass alle institutsinternen Verdachtsfälle, also auch angetragene, aber abgelehnte Finanztransaktionen, von den Mitarbeitern schriftlich an die dafür vorgesehene Stelle (in der Regel an den Geldwäschebeauftragten) gemeldet werden. Für die **hausinterne Verdachtsmitteilung** sollen sich die Mitarbeiter eines Vordrucks bedienen können.[134] Eine telefonische, vom Geldwäschebeauftragten protokollierte Mitteilung des Mitarbeiters genügt nicht den Anforderungen der Verlautbarung.[135]

Nach Ansicht des Bundesaufsichtsamtes für das Kreditwesen liegt ein **Verdachtsfall** 85
schon dann vor, wenn der Vorgang nach den Unterlagen der Bank von irgendeinem Mitarbeiter (z. B. vom Kassierer) als Verdachtsfall behandelt wird.[136]

---

131) Im Einzelnen siehe *Langweg*, § 14 Rz. 25 ff.
132) BAKred, Verlautbarung für Kreditinstitute vom 30.3.1998, Nr. 34, und für Finanzdienstleistungsinstitute vom 30.12.1997, Nr. 35, abgedruckt in Anhang III.1 und III.2; siehe dazu auch BAKred, Schreiben vom 22.4.1996, (I5-B210), Weisungs- und Vertretungsrecht der Geldwäschebeauftragten, abgedruckt in: *Consbruch/Möller u. a.*, KWG, Nr. 11.25.
133) Zu Risiken der Nichtbeachtung von derartigen informellen Maßnahmen siehe *Fülbier*, Einleitung Rz. 116 ff.
134) BAKred, Verlautbarung für Kreditinstitute vom 30.3.1998, Nr. 26, und für Finanzdienstleistungsinstitute vom 30.12.1997, Nr. 26 f, abgedruckt in Anhang III.1 und III.2.
135) BAKred, Schreiben vom 28.5.1999 (Z5-B600), abgedruckt in: *Consbruch/Möller u. a.*, KWG, Nr. 11.01 l.
136) BAKred, Verlautbarung vom 18.7.1994, Erläuterungen zur PrüfbV, Nr. 22 (zu § 39 PrüfbV) (unveröff.).

86 Bei Zweifeln des Mitarbeiters kann im Gespräch mit dem Geldwäschebeauftragten oder der Rechtsabteilung geklärt werden, ob überhaupt ein Verdachtsfall vorliegt. Wird eine dahin gehende Vorüberlegung des Mitarbeiters ohne weiteres ausgeräumt, kann eine schriftliche Fixierung entfallen. Es liegt kein Verdachtsfall vor. Bleiben dem Mitarbeiter oder dem Geldwäschebeauftragten indes Zweifel, ist eine interne schriftliche Verdachtsmitteilung vorzunehmen.

87 Gewöhnliche Transaktionen, die den Verdacht auf Geldwäsche auslösen, müssen zunächst dem Geldwäschebeauftragten **und** möglicherweise einem Abteilungs- oder Bereichsleiter mitgeteilt werden. Auf dieser Ebene wird nach Maßgabe der bankinternen Richtlinien zumindest unter Einbeziehung des Geldwäschebeauftragten entschieden, ob es sich um ein verdächtiges Geschäft handelt. Wird dies verneint, hat der Angestellte die Transaktion entsprechend den Weisungen des Entscheidungsträgers sofort durchzuführen. Abweichend von der hier vertretenen Auffassung schreibt das Bundesaufsichtsamt für das Kreditwesen vor, dass die Entscheidung vom Geldwäschebeauftragten zu treffen ist (oben Rz. 83).

88 Von der **Vorbesprechung** eines Verdachtsfalles **nur mit** einem **Vorgesetzten** ist abzuraten. Dazu heißt es im Schreiben des Bundesaufsichtsamtes für das Kreditwesen vom 10.4.1995:[137]

„Wenn ein Mitarbeiter einen solchen Verdacht schöpft und aus seiner Sicht Tatsachen feststellt, die auf eine Geldwäsche im Sinne des § 261 StGB schließen lassen, muss dieser die im Kreditinstitut hierfür geschaffene Stelle, d. h. in der Regel den Geldwäschebeauftragten, in schriftlicher Form darüber informieren .... Hierfür muss sichergestellt sein, dass jeder bankintern entstandene Verdachtsfall dem Geldwäschebeauftragten zur weiteren Verdachtsprüfung und Entscheidung vorgelegt und dort auch dokumentiert wird. Ein selektierender Eingriff dahin gehend, dass bankintern meldende Mitarbeiter einen Verdachtsfall zunächst einer zwischengeschalteten Stelle, d. h. in der Regel dem Vorgesetzten, zu melden haben und diese Stelle die Verdachtsmeldung nur dann weitergibt, wenn sie den Verdacht des Mitarbeiters teilt, ist mit diesen Grundsätzen nicht vereinbar.

Im Sinne der Verfolgung und der Abwehr der Geldwäsche ist es zwar durchaus sinnvoll, wenn sich der Mitarbeiter, der Verdacht geschöpft hat, offenbart und seine Feststellungen mit dem Vorgesetzten oder anderen Mitarbeitern diskutiert. Dabei ist es diesen beigezogenen Personen durchaus freigestellt, gegenüber dem Geldwäschebeauftragten im Zusammenhang mit der Weitergabe der Verdachtsmeldung auf Gründe hinzuweisen, die für oder gegen einen solchen Verdacht sprechen.

Für die abschließende Verdachtswürdigung und die Entscheidung darüber, ob im konkreten Fall die Voraussetzungen des § 11 vorliegen, ist jedoch in jedem

---

137) BAKred, Schreiben vom 10.4.1995 (I5-B600), Bankinterne Behandlung von Verdachtsfällen, abgedruckt in: *Consbruch/Möller u. a.*, KWG, Nr. 11.12 b; BAKred, Verlautbarung für Kreditinstitute vom 30.3.1998, Nr. 26, und für Finanzdienstleistungsinstitute vom 30.12.1997, Nr. 26 f, abgedruckt in Anhang III.1 und III.2.

Fall allein die gemäß § 14 Abs. 2 Nr. 1 im Institut eingerichtete Stelle berufen, weil sie hierfür die fachliche Kompetenz besitzt und auch imstande ist, sämtliche für die Entscheidung unter Umständen erforderlichen Informationen aus dem gesamten Unternehmen heranzuziehen."

In Großbritannien wird diese Form der Vorbesprechung großzügig gehandhabt. Dort ist die Einschaltung des Vorgesetzten zulässig.[138] Das **Bundesaufsichtsamt für das Versicherungswesen** überließ es dem Institut zu entscheiden, wer die Prüfung vornimmt. Zulässig ist daher auch die Prüfung durch den Vorgesetzten und Berichterstattung an den Geldwäschebeauftragten.[139] 89

Wird bei einem internen Verdachtsfall ein „hinreichender" Verdacht bejaht, ist eine Anzeige vorzunehmen; das Geschäft darf erst nach Ablauf der Stillhaltefrist oder nach Zustimmung durch die Staatsanwaltschaft durchgeführt werden. Bei „dringendem" Verdacht wäre das Geschäft zurückzuweisen (unten Rz. 184). 90

Soweit von einer Verdachtsanzeige trotz einer internen Verdachtsmitteilung abgesehen wird, sollten die Gründe dafür wiederum schriftlich niedergelegt und dem Mitarbeiter bekannt gegeben werden, der die Verdachtsmitteilung abgegeben hat. Dies soll dem Mitarbeiter erlauben zu prüfen, ob er es für erforderlich hält, entgegen der Einschätzung des Geldwäschebeauftragten eine eigene Verdachtsanzeige nach § 261 Abs. 9 StGB abzugeben.[140] 91

Bei **Eilgeschäften** ist zu differenzieren: Grundsätzlich dürfte der Angestellte diese Geschäfte zwar sofort ausführen, ohne den Geldwäschebeauftragten oder den Abteilungs- oder Bereichsleiter zuvor zu informieren. Unter Berücksichtigung strafrechtlicher Aspekte ist es jedoch ratsam, den Geldwäschebeauftragten auch bei Eilgeschäften einzuschalten, bevor die Transaktion ausgeführt wird. Entscheidend ist dies, wenn nach dessen Ansicht kein Verdachtsfall vorliegt. 92

Bei der Beurteilung der Frage, ob ein Institutsangestellter sich an einer Geldwäschetransaktion (unfreiwillig) beteiligt hat, kommt es auf den Tatzeitpunkt an. Dies gilt insbesondere für die Kenntnis oder leichtfertige Unkenntnis der illegalen Herkunft des Gegenstandes. Ist das Geschäft einmal ausgeführt, kann das Unrechtsbewusstsein des Angestellten im Nachhinein nicht mehr beeinflusst werden. Etwaige Unsicherheiten ließen sich nur durch eine Anzeige beseitigen. 93

Anders sieht es dagegen aus, wenn der Geldwäschebeauftragte zuvor einen „Anfangsverdacht" ausräumen kann. Sollte sich nämlich ex post herausstellen, dass entgegen der Annahme des Geldwäschebeauftragten eine Geldwäsche vorlag, könnte der Angestellte auf dessen Auskunft hinweisen. Nach Einholung dieser Auskunft 94

---

138) *Haynes*, J.I.B.L. 1994, 58, 63.
139) BAV, Anordnungen und Verwaltungsgrundsätze 1996, VerBAV 1996, 3, 4, Nr. 4, abgedruckt in Anhang IV.3. Nach der Zusammenführung der Bundesaufsichtsämter für Kreditwesen und Versicherungswesen in der BaFin wurde die Verwaltungspraxis für die Geldwäsche- und Terrorismusbekämpfung nicht vereinheitlicht. Eine neue Verlautbarung war für 2003 vorgesehen; BaFin, Jahresbericht 2002, S. 22.
140) BAKred, Verlautbarung für Kreditinstitute vom 30.3.1998, Nr. 26, und für Finanzdienstleistungsinstitute vom 30.12.1997, Nr. 27, abgedruckt in Anhang III.1 und III.2.

hat er zumindest nicht mehr leichtfertig gehandelt.[141] Aus diesem Grund ist auch eine interne Dokumentation (hausinterne Verdachtsmitteilung) empfehlenswert.

95 Um das Institut bei Eilgeschäften vor einer ungewollten Verwicklung in Geldwäschetransaktionen zu schützen, könnte hausintern eine Betragsschwelle vorgesehen werden, oberhalb deren der Mitarbeiter den Geldwäschebeauftragten vor Ausführung des Geschäfts zu befragen hat. Die Betragsschwelle wäre so festzusetzen, dass dem Kunden eine kurze Verzögerung bei der Ausführung plausibel ist (zu besonders krassen Verdachtsfällen unten Rz. 184).[142] Diese Verfahrensweise darf jedoch nicht dazu führen, dass Verzögerungen eintreten, durch die beim Kunden oder Dritten **Schäden** entstehen können. Denn die Haftungsbefreiung nach § 12 wird nur eingreifen bei Schäden, die auf die Abgabe einer Anzeige zurückzuführen sind, nicht aber auf anderweitig verursachte Verzögerungen.

96 Die Frage der hausinternen Mitteilung ist zu trennen von der Abgabe einer Anzeige an die Behörden. Auch nach der vorgeschlagenen Verfahrensweise **kann** eine Anzeige erst nach Ausführung des Geschäfts erfolgen.

97 Die **hausinternen Verdachtsmitteilungen** der Mitarbeiter sind aufgrund der Verlautbarung des Bundesaufsichtsamtes für das Kreditwesen[143] sechs Jahre lang **aufzubewahren**, damit sie für die Innenrevision, den Geldwäschebeauftragten und den mit der Jahresabschlussprüfung oder mit einer Prüfung nach § 44 Abs. 1 KWG beauftragten Prüfer ungehindert verfügbar sind. Sie sind unabhängig davon aufzubewahren, ob später eine Verdachtsanzeige erstattet wurde oder nicht. Diese Aufzeichnungs- und Aufbewahrungspflichten haben keine gesetzliche Grundlage. Sie gehen allein auf die Verlautbarung des Bundesaufsichtsamtes zurück. Ob dieses sich dabei, wie es selbst meint, auf § 14 Abs. 2 Nr. 2 als Ermächtigungsgrundlage stützen kann, erscheint fraglich.[144] Diese Pflichten sind rechtlich u. a. unter Berücksichtigung des Bundesdatenschutzgesetzes bedenklich. Die Institute sollen damit zur Aufzeichnung von Daten gezwungen werden, deren Verwertung zumindest nicht ausdrücklich durch das Geldwäschegesetz (vgl. §§ 10, 11 Abs. 2) beschränkt ist. Sofern die Institute derartige Aufzeichnungen anfertigen, ist § 10 Abs. 2 entsprechend anzuwenden. Die vom Bundesaufsichtsamt geschaffene Aufbewahrungspflicht wird im Schreiben vom 3.2.1995[145] wie folgt begründet:

„1. Der Innenrevision des Kreditinstituts, aber auch dem Jahresabschlussprüfer bzw. einem mit einer Prüfung gemäß § 44 Abs. 1 KWG beauftragten Prüfer, ist es nur anhand vollständiger Unterlagen möglich, die ordnungsgemäße Erfüllung der Pflichten nach § 11 zu kontrollieren. Insbesondere die Beurteilung der Frage, ob die Handhabung des bankinternen Verdachtsmeldeverfahrens ordnungs-

---

141) Im Einzelnen siehe *Schröder/Textor*, § 261 StGB Rz. 125.
142) Kritisch *Reiß*, in: BuB, Rz. 16/110.
143) BAKred, Verlautbarung für Kreditinstitute vom 30.3.1998, Nr. 25, und für Finanzdienstleistungsinstitute vom 30.12.1997, Nr. 27, abgedruckt in Anhang III.1 und III.2; BAV, Anordungen und Verwaltungsgrundsätze 1997, Nr. 3, VerBAV 1997, 243, 244, abgedruckt in Anhang IV.4.
144) Siehe dazu *Langweg*, § 14 Rz. 123 ff.
145) BAKred, Schreiben vom 3.2.1995 (I5-B600), Bankinterne Behandlung von Verdachtsfällen (§ 11 GwG), abgedruckt in: *Consbruch/Möller u. a.*, KWG, Nr. 11.12 a.

gemäß ist, kann nur dann vorgenommen werden, wenn nicht ein Teil der internen Verdachtsfälle aufgrund fehlender schriftlicher Fixierung in einer ersten Verfahrensstufe ausgefiltert wird, bevor diese die für die Anzeige gemäß § 11 intern zuständige Stelle erreicht.

2. Mit der von mir geforderten Transparenz des bankinternen Anzeigeverhaltens wird zugleich ein möglicher Missbrauch des Kreditinstituts erschwert.

3. Darüber hinaus sollten die Unterlagen zum Zweck einer möglichen Entlastung beim Vorwurf der Beteiligung von Bankmitarbeitern an Geldwäschetransaktionen vorbehalten werden.

Die eine verdächtige Transaktion ausführenden Mitarbeiter des Kreditinstituts können sich unter Umständen selbst der Geldwäsche gemäß § 261 StGB strafbar machen, zumal bereits leichtfertiges Nichterkennen der kriminellen Herkunft von Vermögenswerten zur Strafbarkeit führen kann. In einem diesbezüglichen Strafverfahren könnten Unterlagen über bankintern gebliebene Verdachtsfälle der Entlastung der betreffenden Mitarbeiter dienen, da diesen Unterlagen die Gründe für ein berechtigtes Absehen von einer Anzeige zu entnehmen sind und sie somit ein grob fahrlässiges Verhalten der betreffenden Mitarbeiter widerlegen können.

4. Auch dem bankintern meldenden Mitarbeiter ist es auf diesem Wege möglich, zu seiner Entlastung auf die von ihm erstattete und an die in der Bank zuständige Stelle weitergeleitete Meldung zu verweisen."

Diese Aufzeichnungs- und Aufbewahrungspflichten gelten auch für den Fall, dass eine verdächtige Transaktion abgelehnt und nicht durchgeführt wurde (vgl. §§ 6, 9 Abs. 1).[146]

g) Einzelne Anhaltspunkte

Nachfolgend sind beispielhaft einzelne Anhaltspunkte aus der unter Rz. 57, 68 genannten Liste aufgeführt:[147]

- Errichtung mehrerer Konten mit unterschiedlichen Stammnummern ohne plausiblen Grund;
- Kontoinhaber ist ohne Wohnsitz in der Bundesrepublik;
- Kunde nimmt ungewöhnlich hohe Bartransaktionen vor;
- Konto wird nach Eröffnung kaum genutzt;
- Dritter wird als Verfügungsberechtigter genannt;
- undurchsichtige Transaktionen mit Auslandsberührung.

---

146) BAKred, Verlautbarung für Kreditinstitute vom 30.3.1998, Nr. 26, und für Finanzdienstleistungsinstitute vom 30.12.1997, Nr. 25, abgedruckt in Anhang III.1 und III.2.
147) Vgl. dazu *Obermüller*, Bankkaufmann 6/1992, 50, 52; BAV, Anordnungen und Verwaltungsgrundsätze 1993, Anm. 4.2, VerBAV 1993, 355, abgedruckt in Anhang IV 1, sowie BAV, Anordnungen und Verwaltungsgrundsätze 1994, Nr. 9, VerBAV 1994, 408, abgedruckt in Anhang IV.2; BAV, Anordnungen und Verwaltungsgrundsätze 1996, Nr. 4, VerBAV 1996, 3, abgedruckt in Anhang IV.3; Ende 2005 sollte von der FIU ein neues Anhaltspunktepapier veröffentlicht werden.

GwG § 11

100 Die in der Liste des Bundeskriminalamtes, des LKA Nordrhein-Westfalen und des Zentralen Kreditausschusses aufgeführten **Anhaltspunkte** dienen vorrangig dazu, eine erhöhte Aufmerksamkeit beim Mitarbeiter auszulösen. Die beispielhaft aufgeführten Anhaltspunkte bieten, soweit sie allein auftreten, keinen Anlass zur Annahme, es handele sich um eine Geldwäschetransaktion. Denn all diesen Fällen ist gemeinsam, dass sie täglich vorkommen und für sich allein betrachtet nichts so Ungewöhnliches an sich haben, das einen Verdacht nach § 261 StGB auslöst. Daher ist ein Verdacht in der Regel erst dann indiziert, wenn mehrere der zuvor aufgezählten Merkmale zusammentreffen und individuelle Anhaltspunkte hinzukommen. In diesen Fällen sollte der Geldwäschebeauftragte konsultiert werden. Ein Verdachtsfall kann allerdings auch dann bestehen, wenn keiner der Anhaltspunkte vorliegt.[148] Ergänzend ist das **Geldwäsche-Typologiepapier** zu beachten, das vom Bundesaufsichtsamt für das Kreditwesen mit Rundschreiben 19/98 vom 2.11.1998 über die Spitzenverbände und Landeszentralbanken veröffentlicht wurde, sowie die **FATF-Geldwäschetypologien** (oben Rz. 69).

101 Im Bereich der **Lebensversicherungen** waren Geldwäscheaktivitäten nach Auffassung des Bundesaufsichtsamtes für das Versicherungswesen[149] vor allem im Zusammenhang mit der Zahlung hoher Einmalbeiträge oder der Einrichtung von Beitragsdepots mit hohen Summen zu befürchten. Die Lebensversicherer müssen daher in diesen Bereichen besondere Vorsicht walten lassen, um einen Missbrauch zu Geldwäscheaktivitäten zu vermeiden. Eine eingehende Prüfung derartiger Verträge auf Geldwäschehinweise ist daher geboten. Im Rahmen dieser Prüfung wird u. a. festzustellen sein, ob der angetragene Vertrag den wirtschaftlichen Verhältnissen des Kunden entspricht. Wenn der Versicherer mit dem Kunden bereits andere Verträge abgeschlossen hat, lassen sich oft aus dem Verlauf der bisherigen Verträge Hinweise über die wirtschaftlichen Verhältnisse des Versicherungsnehmers gewinnen. Neueren Erkenntnissen zufolge wurden im angrenzenden europäischen Ausland angelegte Vermögenswerte nach Deutschland transferiert, um diese im Versicherungsbereich anzulegen.[150]

h) Wiederholungsfälle

102 In der Praxis kommt es häufiger vor, dass ein „verdächtiger Kunde" mehrmals am Schalter erscheint oder mehrmals verdächtige Transaktionen beauftragt werden. Sofern bereits beim ersten Erscheinen eine Anzeige erstattet wurde und diese keine Resonanz seitens der Strafverfolgungsbehörden gebracht hat, stellt sich die Frage, ob der Kunde erneut angezeigt werden soll. Denn man könnte meinen, die Staatsanwaltschaft habe keinen Anlass zum Einschreiten gesehen und deshalb liege keine Geldwäsche und erst recht kein dahin gehender Verdacht vor. Dieser Schluss wäre

---

148) Einzelne Fallstudien, die auf Verdachtsanzeigen zurückgehen, sind bei *Schröder/Textor*, § 261 StGB Rz. 170 ff, dargestellt.
149) BAV, Anordnungen und Verwaltungsgrundsätze 1996, Nr. 4, VerBAV 1996, 3, abgedruckt in Anhang IV.3.
150) BKA (FIU), Jahresbericht, 2003, S. 12; nach der Zusammenführung der Bundesaufsichtsämter für die Kredit- und das Versicherungswesen in der BaFin wurde die Verwaltungspraxis für die Geldwäsche- und Terrorismusbekämpfung nicht vereinheitlicht. Eine neue Verlautbarung war für 2003 vorgesehen.

jedoch voreilig. Die Ermittlungen in Sachen Geldwäsche können sich lange hinziehen. Außerdem kann die erneute Anzeige einer sich wiederholenden Transaktion, die dem Institut verdächtig erscheint, einen Anfangsverdacht der Behörden auslösen. Auch befreit die erste Anzeige nicht von der Strafe, die für die Ausführung des zweiten Geschäfts drohen könnte. Daher kann für Wiederholungsfälle nur die **Vornahme einer Folgeanzeige** empfohlen werden.[151]

Dies ist umso mehr seit der Entscheidung des Großen Strafsenats[152] geboten, mit der die Rechtsprechung zur fortgesetzten Handlung weitgehend aufgegeben wurde. Dennoch reicht es aus, wenn bei **einer** Verdachtsanzeige Angaben über jede einzelne, bisher vorgekommene Transaktion gemacht werden. Dabei ist deutlich hervorzuheben, um wie viele Einzelgeschäfte es sich gehandelt hat. Weitere Geschäfte sind erneut anzuzeigen. Sofern die Geschäfte völlig gleichartig bleiben, dürfte es ausreichen, wenn in der Anzeige darauf hingewiesen wird, dass der Kunde ständig derartige Geschäfte vornimmt. Erst wenn sich ein neues Muster ergibt, wäre erneut anzuzeigen.[153] Es empfiehlt sich, diese Verfahrensweise mit einem Vertreter der Stelle, der die Anzeige übermittelt wurde, abzusprechen. 103

5. Formelle Anforderungen an die Anzeige

a) Absender der Anzeige

Adressat der Anzeigepflicht sind Institute und Unternehmen, aber auch natürliche Personen. Bei **Unternehmen** muss dieses der Absender der Anzeige sein, **nicht der betroffene Mitarbeiter**. Sinnvollerweise wird es verdächtige Transaktionen durch den Geldwäschebeauftragten anzeigen lassen.[154] 104

Allerdings bleibt es jedem Mitarbeiter, der ein nach seiner Auffassung verdächtiges Geschäft ausführt, unbenommen, die strafbefreiende Anzeige nach § 261 Abs. 9 StGB selbst vorzunehmen.[155] Wegen der besonderen Bedeutung der Anzeigenerstattung (Vertrauensverhältnis zum Kunden, Risiko der grob fahrlässig unwahr erstatteten Anzeige) sollten bei Instituten stets die **Geldwäschebeauftragten** die Anzeige vornehmen. Dabei ist schließlich auch zu berücksichtigen, dass aufgrund des weiten Beurteilungsspielraums bei der Verdachtsschöpfung (oben Rz. 53) die Gefahr einer ungerechtfertigten Belastung des Kunden besteht. Wegen der erweiterten Verwertungsmöglichkeiten bei Anzeigedaten (unten Rz. 224 ff) wiegt dies umso schwerer. 105

Die Abgabe der Anzeige durch das Institut hat einen zusätzlichen Vorteil für den Mitarbeiter: Er kann, anders als bei einer eigenen Anzeige, anonym bleiben. In Nordrhein-Westfalen ist 1994, wenn überhaupt, nur in sehr begrenztem Umfang 106

---

151) So auch *Lang/Schwarz/Kipp*, S. 551 f.
152) BGH JZ 1994, 1016.
153) Vgl. BAKred, Verlautbarung für Kreditinstitute vom 30.3.1998, Nr. 28 a. E., und für Finanzdienstleistungsinstitute vom 30.12.1997, Nr. 29, abgedruckt in Anhang III.1 und III.2.
154) Vgl. BAKred, Verlautbarung für Kreditinstitute vom 30.3.1998 und für Finanzdienstleistungsinstitute vom 30.12.1997, jeweils Nr. 27, abgedruckt in Anhang III.1 und III.2.
155) Siehe auch *Fülbier*, § 12 Rz. 2 f.

von dieser Möglichkeit Gebrauch gemacht worden. Von 561 Anzeigen stammten nur sechs von Privatpersonen, 535 von Kreditinstituten,[156] 2003 von 1 479 nur eine, 2004 von 1 714 zehn.[157]

107 Der Mitarbeiter soll dem Geldwäschebeauftragten einen Verdachtsfall auf einem Vordruck unter Angabe der Tatsachen und Anhaltspunkte mitteilen, die den Verdacht ausgelöst haben (**hausinterne Verdachtsmitteilung**, im Einzelnen oben Rz. 84).

b) Zeitpunkt, Form und Inhalt der Anzeige

108 Form und Inhalt der Anzeige müssen den Anforderungen einer Strafanzeige i. S. d. § 158 StPO genügen. Das Bundesaufsichtsamt für das Kreditwesen meint mit Bezug auf § 16 Nr. 2, für Institute gelte der von ihm als zuständige Behörde festgelegte Pflichtinhalt.[158] Daher werden dessen Anforderungen nachfolgend besonders berücksichtigt. Die FIU empfiehlt die Verwendung des Musterformulars „Verdachtsanzeige nach § 11 GwG."[159]

109 Die Anzeige muss **unverzüglich** (ohne schuldhaftes Zögern, § 121 BGB) mündlich, fernmündlich, fernschriftlich oder durch elektronische Datenübermittlung erfolgen. Dabei steht dem Institut eine angemessene Überlegungsfrist zu. Falls die Anzeige nicht sofort fernschriftlich oder durch elektronische Datenübermittlung abgegeben wurde – **Telefax** genügt dieser Form –, ist diese unverzüglich schriftlich nachzuholen (Absatz 2).[160] Nach Ansicht des früheren Bundesaufsichtsamtes für das Kreditwesen stellt die briefliche Übermittlung regelmäßig keine unverzügliche Übermittlung dar.[161] Dem kann schon wegen des insoweit klaren Wortlauts des Absatzes 1 nicht zugestimmt werden. Andererseits liegt es auch im Interesse des Instituts, das Verfahren zu beschleunigen, allein schon um möglichst frühzeitig eine Zustimmung der Staatsanwaltschaft zur vorzeitigen Ausführung des Geschäfts zu erhalten. Telefax-Anzeigen sollten der Regelfall, nicht die Ausnahme sein.[162]

110 Beim LKA in Nordrhein-Westfalen wurden 1994 von 561 Anzeigen 461 per Telefax erstattet (82,1 %; 1995: 80 %); nur 75 (13,4 %; 1995: 20 %) wurden schriftlich, 21

---

156) Vgl. LKA NRW, Lagebild Finanzermittlungen 1994, S. 24.
157) LKA NRW, Lagebild Finanzermittlungen 2003, Anhang A, S. 5, und Lagebild Finanzermittlungen 2004, S. 8.
158) BAKred, Schreiben vom 24.2.1998 (I5-B600), abgedruckt in: *Consbruch/Möller u. a.*, KWG, Nr. 11.43 a, und Rundschreiben Nr. 12/1999 an die Finanzdienstleistungsinstitute vom 23.7.1999 (Z5-B599), abgedruckt in: *Consbruch/Möller u. a.*, KWG, Nr. 11.57. In letzterem Rundschreiben sind die Formalien noch einmal zusammengefasst; *Findeisen*, wistra 1997, 121, 122.
159) Musterformular „Verdachtsanzeige nach § 11 GwG", verfügbar unter: www.bka.de/Profil/Zentralstelle-Einrichtungen/Financial Intelligence Unit, nebst Verwendungshinweisen.
160) Begründung RegE GewAufspG, BT-Drucks. 12/2704, S. 18; vgl. auch BGH ZIP 1991, 1629 = NJW 1992, 244; OLG Düsseldorf WM 1992, 1293 = NJW 1992, 1050.
161) BAKred, Verlautbarung für Kreditinstitute vom 30.3.1998, Nr. 27, abgedruckt in Anhang III.1.
162) A. A. *Reiß*, in: BuB, Rz. 16/94.

Anzeige von Verdachtsfällen § 11 GwG

(3,8 %) telefonisch und 4 (0,7 %) persönlich abgegeben.[163] Auch heute wird die Anzeige per Telefax nahezu ausnahmslos von allen Beteiligten einer E-Mail vorgezogen.

Für die Anzeige sollte ein einheitliches Formular verwendet werden. Dieses kann 111
per Telefax an die Behörde weitergeleitet werden. Der Inhalt der Anzeige ist weder vom Geldwäschegesetz noch von § 158 StPO vorgegeben.[164] Das Bundeskriminalamt hat dazu u. a. in Zusammenarbeit mit einigen Landeskriminalämtern eine standardisierte Verdachtsanzeige entwickelt (oben Rz. 108), die indes nicht verpflichtend ist.[165] In einer Verdachtsanzeige müssen – auch mit Blick auf die Verlautbarung des Bundesaufsichtsamtes für das Kreditwesen – folgende **Angaben** enthalten sein:

– Absender der Anzeige (Institut, nicht zwingend: Name des Geldwäschebeauftragten, aber: Telefonnummer, Telefax-Anschluss);
– Name und Vorname der auftretenden Person sowie dessen Adresse, Geburtsdatum, Geburtsort, Ausweisnummer, Art des Ausweises, ausstellende Behörde; soweit die Transaktion über ein Kundenkonto abgewickelt wird und die auftretende Person nicht mit dem Kontoinhaber identisch ist, sind die vorstehenden Angaben auch zum Kontoinhaber zu machen;
– Name und Vorname des abweichend wirtschaftlich Berechtigten (soweit vorhanden) sowie dessen Anschrift nach den Angaben der auftretenden Person;
– Art der Transaktion (Betrag, Datum, Begünstigter, sonstige Beteiligte, Geschäftsvorfall), Nummern der verdachtsrelevanten Konten, betroffene Filiale;
– Tatsachen, die auf Geldwäsche schließen lassen;
– Angabe, ob das Geschäft bereits ausgeführt, noch nicht ausgeführt oder ob es abgelehnt wurde;
– Erstanzeige oder Wiederholung einer fernmündlichen Anzeige (wann gegenüber wem?); erneute Anzeige eines Wiederholungsfalls;
– Hinweis auf die Verwertungsbeschränkung nach Absatz 7;
– Aufforderung zur schriftlichen Bestätigung der Anzeige (unten Rz. 133).

Bei den an Lebensversicherungsunternehmen gestellten Anforderungen sind auch 112
nach der Zusammenführung der Bundesaufsichtsämter für das Kredit- und das Versicherungswesen in der Bundesanstalt für Finanzdienstleistungsaufsicht die Anordnungen und Verwaltungsgrundsätze des Bundesaufsichtsamtes für das Versicherungswesen maßgeblich.[166] Die unter Rz. 111 beschriebenen Anforderungen entsprachen bis auf die nachfolgend dargestellten Ausnahmen denjenigen des Bundesaufsichtsamtes für das Kreditwesen.[167] Zusätzlich verlangte das Bundesaufsichts-

---

163) LKA NRW, Lagebild Finanzermittlungen 1994, S. 28; Lagebild Finanzermittlungen 1995, S. 18.
164) *Reiß*, in: BuB, Rz. 16/98.
165) BKA (FIU), Jahresbericht 2003, S. 39 f.
166) BAV, Anordnungen und Verwaltungsgrundsätze 1996 Nr. 4 f, VerBAV 1996, 3, abgedruckt in Anhang IV.3.
167) BAKred, Verlautbarung für Kreditinstitute vom 30.3.1998 und für Finanzdienstleistungsinstitute vom 30.12.1997, jeweils Nr. 28, abgedruckt in Anhang III.1 und III.2.

GwG § 11 Anzeige von Verdachtsfällen

amt für das Kreditwesen bezüglich der auftretenden Person die Angabe des **Geburtsortes**, soweit er dem Institut bekannt ist. Seit Inkrafttreten des Geldwäschebekämpfungsgesetzes zum 15.8.2002 ist dieses Datum ohnehin nach § 1 Abs. 5 festzuhalten und damit auch in der Anzeige weiterzugeben. Darüber hinaus wünscht das Bundesaufsichtsamt für das Kreditwesen die namentliche Nennung des Ansprechpartners in der Bank sowie eine Unterschrift unter der Anzeige (dazu im Einzelnen unten Rz. 119 f). Mit der Zusammenlegung der Ämter wurde die Verwaltungspraxis für die Geldwäsche- und Terrorismusbekämpfung nicht vereinheitlicht. Eine neue Verlautbarung war für 2003 vorgesehen, ist aber bisher nicht veröffentlicht.[168]

113 Lösen mehrere einzelne Transaktionen für sich allein oder die Gesamtbetrachtung mehrerer Transaktionen den Verdacht einer Geldwäsche aus, so das Bundesaufsichtsamt für das Kreditwesen,[169] sind die geforderten Angaben für jede einzelne Transaktion gesondert zu machen. Dies kann im Rahmen einer Anzeige geschehen (auch oben Rz. 102 f zu den entsprechenden strafrechtlichen Konsequenzen).

114 Der Mitarbeiter, der die Anzeige veranlasst hat, sollte nicht namentlich benannt werden.[170] Auf diese Weise kann vorerst ausgeschlossen werden, dass dieser Name dem Geldwäscher über das Akteneinsichtsrecht seines Anwalts zur Kenntnis gebracht wird (unten Rz. 140 ff). Diese Überlegung gilt für den Namen des Geldwäschebeauftragten entsprechend.

115 Anderer Ansicht in diesem Punkt war das Bundesaufsichtsamt für das Kreditwesen, das die **namentliche Benennung** eines konkreten **Ansprechpartners** verlangte.[171] Von dieser Auffassung ist es in seiner Verlautbarung vom 26.10.1994 abgerückt. Die geänderte Ansicht wurde in seinen Verlautbarungen vom 30.3.1998 und 30.12.1997 beibehalten.[172] Nach Nummer 28 der Verlautbarungen bedarf es zwar immer noch der Benennung eines konkreten Ansprechpartners, d. h. im Regelfall des Geldwäschebeauftragten, nunmehr aber nur noch dann, wenn den Ermittlungsbehörden nicht bereits auf anderem Wege ein Ansprechpartner namentlich bekannt gegeben worden ist. Dies entspricht der hier vertretenen Auffassung. Die Benennung kann z. B. durch eine Mitteilung der Bestellung des Geldwäschebeauftragten, durch einen vorherigen Telefonanruf oder durch Angabe auf dem so genannten Fax-Vorblatt erfolgen.

116 Der Name des Mitarbeiters, dem die Transaktion aufgefallen ist, muss hausintern festgehalten werden, um ihm später die strafbefreiende Wirkung der Anzeige zurechnen zu können. Auch dazu dient die **hausinterne Verdachtsmitteilung** an den

---

168) BaFin, Jahresbericht 2002, S. 22.
169) BAKred, Verlautbarung für Kreditinstitute vom 30.3.1998, Nr. 28 a. E., und für Finanzdienstleistungsinstitute vom 30.12.1997, Nr. 29, abgedruckt in Anhang III.1 und III.2.
170) So auch *Bayer*, BI 12/1993, 32.
171) BAKred, Schreiben vom 8.4.1994 (I5-B 600-Fi) (unveröff.).
172) BAKred, Verlautbarung für Kreditinstitute vom 30.3.1998 und für Finanzdienstleistungsinstitute vom 30.12.1997, abgedruckt in Anhang III.1 und III.2; vgl. auch BAV, Anordnungen und Verwaltungsgrundsätze 1996 Nr. 4, VerBAV 1996, 3, abgedruckt in Anhang IV.3; siehe aber auch BAKred, Rundschreiben Nr. 12/1999 an die Finanzdienstleistungsinstitute vom 23.7.1999 (Z5-B599), abgedruckt in: *Consbruch/Möller u. a.*, KWG, Nr. 11.57, in dem dies als Sollvorschrift niedergelegt ist.

Geldwäschebeauftragten (oben Rz. 84). Probleme können hinsichtlich der Strafbefreiung auftreten, wenn mehrere Mitarbeiter eine Transaktion arbeitsteilig ausgeführt haben. In solchen Fällen sollten diese Mitarbeiter die Anzeige gemeinsam veranlassen.[173]

Unterlagen dürfen im Zusammenhang mit der Anzeige nur in einem sehr begrenzten Umfang **herausgegeben** werden. Von dieser Möglichkeit kann ohne Verletzung des Bankgeheimnisses Gebrauch gemacht werden, wenn die Unterlagen an die Stelle von umfangreichen Ausführungen treten und nur Daten zu den Angaben enthalten, die ohnehin in einer Anzeige mitgeteilt werden müssten. Im Übrigen ist die Herausgabe von Unterlagen nur unter Einsatz der in der Strafprozessordnung dafür vorgesehenen Instrumente zulässig.[174] 117

Diese Auffassung teilt auch das Bundesaufsichtsamt für das Kreditwesen, wie aus dem Schreiben vom 2.1.1997[175] deutlich wird: 118

„Sofern die Ermittlungsbehörden hier im Einzelfall um Übersendung weiterer Unterlagen bitten, um einen bislang noch nicht schlüssig dargelegten Sachverhalt zu komplettieren, handelt es sich um eine bloße Nachforderung im Hinblick auf die Erfüllung der Verdachtsanzeigepflicht, für die es nach meiner Auffassung ausnahmsweise keiner speziellen strafprozessualen Eingriffsnorm bedarf.

Einer Herausgabe von Unterlagen steht in diesen Fällen das privatrechtliche Bankgeheimnis nicht entgegen. Nach Sinn und Zweck der Freistellungsregelung des § 12 können nämlich keine unterschiedlichen Rechtsfolgen aus der bloßen Mitteilung verdachtsbegründender Tatsachen einerseits und der Übersendung von entsprechenden Unterlagen andererseits hergeleitet werden."

Trotz des Schriftformerfordernisses bedarf die Anzeige keiner **Unterschrift**. Zivilrechtlich ist dies zwar grundsätzlich erforderlich nach § 126 Abs. 1 BGB. Strafrechtlich sind die Anforderungen jedoch weniger streng. Schließlich ist eine Strafanzeige auch keine zivilrechtliche Willenserklärung. So ist z. B. der Begriff „beurkunden" i. S. d. § 158 Abs. 1 Satz 2 StPO nur dahin gehend zu verstehen, die Anzeige registermäßig zu erfassen.[176] 119

Die Anzeige muss jedoch das absendende Institut zweifelsfrei erkennen lassen. Das ist zumindest dann der Fall, wenn die Anzeige auf dem Briefbogen des Instituts unter dem Absender „Der Geldwäschebeauftragte" ohne Namensangabe erfolgt. Denn wer Geldwäschebeauftragter zum Zeitpunkt der Anzeigenerstattung war und die Anzeige für das Institut abgegeben hat, ist den Ermittlungsbehörden ohnehin 120

---

173) Vgl. *Löwe-Krahl*, wistra 1994, 121, 126.
174) Siehe oben *Fülbier*, § 10 Rz. 39 ff; ZKA, Leitfaden, Rz. 83; wohl anders: BAKred, Schreiben vom 24.2.1998 (I5-B600), abgedruckt in: *Consbruch/Möller u. a.*, KWG, Nr. 11.43 a.
175) BAKred, Schreiben vom 2.1.1997 (I5-D404-Bk) (unveröff.).
176) Gegen das Unterschriftsbedürfnis: OLG Oldenburg NJW 1952, 1309; OLG Düsseldorf NJW 1982, 2566; OLG Hamm MDR 1990, 847; OLG Hamm NJW 1986, 734; *Rieß*, in: Löwe/Rosenberg, § 158 StPO Rz. 4, 14, 29; *Pfeiffer/Wache*, StPO, § 158 Rz. 16; a. A. KG NStZ 1990, 144; *Meyer-Goßner*, StPO, § 158 Rz. 11; *Körner*, in: Körner/Dach, S. 63, ohne Begründung.

bekannt oder lässt sich unschwer feststellen. Maßgeblich ist die Angabe des Instituts als Absender. Zumindest einem Teil der Ermittlungsbehörden kommt es auf eine Unterschrift nicht an. Der Ansicht des früheren Bundesaufsichtsamtes für das Kreditwesen, das eine **Unterschrift** verlangt,[177] kann nicht gefolgt werden. Die Pflicht zur Namensnennung und zur Unterschrift ist eine Forderung des Bundesaufsichtsamtes für das Kreditwesen, die weder sachlich noch rechtlich zu begründen ist. Sie baut für die Institute eine zusätzliche, unnötige **psychologische Hemmschwelle** bei der Abgabe von Verdachtsanzeigen auf. Da die Entscheidung zur Abgabe einer Anzeige im Regelfall eine Beurteilungsfrage ist, kann diese Anforderung zu einer restriktiveren Handhabung führen, was sicherlich nicht im Interesse der Strafverfolgungsbehörden liegt. Das frühere Bundesaufsichtsamt für das Versicherungswesen bestand nicht auf der Unterschrift; ihm zufolge „sollte" die schriftliche Anzeige in der Regel unterschrieben sein. Bei Anzeigen von **natürlichen Personen** ist diese Frage weniger bedeutsam, weil der Anzeigeerstatter seine Identität nicht hinter einer Institution verbergen kann und darf.[178]

6. Empfänger der Anzeige

a) Zuständige Behörde

121 Die Anzeige muss den zuständigen Strafverfolgungsbehörden **unverzüglich** übermittelt werden. Zuständige Behörde in Sachen Geldwäschegesetz ist in der Regel eine spezialisierte Einheit auf Landesebene **(Zentralstelle)**, wobei überwiegend die Landeskriminalämter gegenüber den Staatsanwaltschaften favorisiert wurden (z. B. Bremen, Hessen, Niedersachsen, Nordrhein-Westfalen und Rheinland-Pfalz).[179] Besondere Zuständigkeiten gelten gemäß Absatz 4 für die Verdachtsanzeigen, die von den in § 3 Abs. 1 genannten Personen (**u. a. Rechtsanwälte**) erstattet werden (unten Rz. 204).

122 Die Ansiedlung auf **Landesebene** hat den Vorzug, dass die Ermittlungen bezüglich der Vortat durch die örtlich zuständigen Behörden vor Ort vorgenommen werden können. Insbesondere kann auf bereits laufende Ermittlungen schneller zurückgegriffen werden. Da organisierte Kriminelle in der Regel bundesweit und international operieren, ist ergänzend auch eine Bundesbehörde als Zentralstelle geeignet.[180]

---

177) BAKred, Verlautbarung für Kreditinstitute vom 30.3.1998 und für Finanzdienstleistungsinstitute vom 30.12.1997, jeweils Nr. 28, abgedruckt in Anhang III.1 und III.2.
178) BAV, Anordnungen und Verwaltungsgrundsätze 1996 Nr. 5, VerBAV 1996, 3, abgedruckt in Anhang IV.3; zur hausinternen Behandlung von Verdachtsfällen siehe oben Rz. 84. Nach der Zusammenführung der Bundesaufsichtsämter für Kreditwesen und Versicherungswesen in der BaFin wurde die Verwaltungspraxis für die Geldwäsche- und Terrorismusbekämpfung nicht vereinheitlicht. Eine neue Verlautbarung war für 2003 vorgesehen.
179) Runderlass des Innenministeriums, IV D 1–6517, und des Justizministeriums, 4000 3 A. 155 vom 17.2.1993 (NW); zu Aufbau, Struktur und Ausstattung der Zentralstelle in NRW siehe *Pfannenschmidt*, Kriminalistik 1994, 399.
180) Siehe dazu *Langweg*, § 5 Rz. 3 ff.

Anzeige von Verdachtsfällen § 11 GwG

Die **bundesweite Koordination** der Ermittlungen ist durch eine beim Bundeskriminalamt eingerichtete Datenbank verbessert worden.[181] In der Vergangenheit (Stand 1999) wurden laut Bericht des Bundesministeriums des Innern nur 53,5 % der Verdachtsanzeigen in die Datei APOK (Arbeitsdatei PIOS – Organisierte Kriminalität) eingestellt, 2002 sollen es 60–65 % gewesen sein.[182] Seit Inkrafttreten des Geldwäschebekämpfungsgesetzes am 15.8.2002 sind die Adressaten der Anzeigepflicht gehalten, eine Kopie der Anzeige an die Zentralstelle für Verdachtsanzeigen des Bundeskriminalamtes, die Financial Intelligence Unit (FIU) zu senden (unten Rz. 125). Damit sollte die schnellstmögliche Verfügbarkeit auch auf Bundesebene sichergestellt werden. Dies ist im Jahr 2003 gelungen: Die FIU-Datenbank besteht seit August 2002 und bietet einen bundesweiten Überblick. Daneben besteht im Verbund mit den Landeskriminalämtern eine Verbunddatei. Aufgrund der Zentralisierung konnte auch die internationale Zusammenarbeit verbessert werden.[183] 123

In den regionalen Zentralstellen (in der Regel der Landeskriminalämter) kann das notwendige Fachwissen konzentriert werden, das zur Verwertung der Anzeigen erforderlich ist. Das gilt vor allem unter Berücksichtigung der Frist des Absatzes 1 Satz 2. Soweit diese Stellen nicht eingerichtet sind, sind die nach §§ 142 ff GVG örtlich zuständigen Strafverfolgungsbehörden anzusprechen. Das können in sachlicher Hinsicht die Staatsanwaltschaften, die Kriminalpolizei[184] oder die Zollfahndung sein, in örtlicher Hinsicht vorrangig die jeweiligen Behörden am Ort der Transaktion (kontoführende Stelle; **Tatortprinzip**), unter Umständen aber auch am Wohnsitz des Verdächtigen oder am Sitz des Instituts. Als Strafverfolgungsbehörde kommen zudem die Landeskriminalämter und das Bundeskriminalamt (hier: FIU) in Frage. Auch zur Vermeidung von Zuständigkeitsproblemen bietet sich daher eine Zentralstelle auf Landesebene an. In Nordrhein-Westfalen wurden seit 1994 ca. 95 % aller Anzeigen unmittelbar an das Landeskriminalamt erstattet. Der Rest war – wohl irrtümlich – an Kreispolizeibehörden, Staatsanwaltschaften, andere Landeskriminalämter und das Bundeskriminalamt gerichtet.[185] Ausreichend ist jedenfalls die Anzeige bei einer der zuständigen Stellen, vorzugsweise bei der regionalen Zentralstelle. 124

---

181) Bericht des BMI, Handelsblatt vom 18./19.9.1998, S. 4; Antwort der Bundesregierung auf die Kleine Anfrage des Abgeordneten *Manfred Such* und der Fraktion Bündnis 90/Die Grünen, BT-Drucks. 13/10118 vom 12.3.1998; *Höche*, Die Bank 1998, 618, 624; Stellungnahme BRat zum RegE Geldwäschebekämpfungsgesetz, BT-Drucks. 14/9043, S. 4.
182) BKA (FIU), Jahresbericht 2002, S. 13 Fußn. 11.
183) BKA (FIU), Jahresbericht 2003, S. 37.
184) Verordnung zur Änderung der Verordnung über die Bestimmung von Kreispolizeibehörden zu Kriminalhauptstellen vom 18.2.1993, GVBl NW Nr. 14 vom 8.4.1993, S. 106.
185) LKA NRW, Lagebild Finanzermittlungen 1994, S. 28; zu Aufbau, Struktur und Ausstattung der Zentralstelle in NRW siehe *Pfannenschmidt*, Kriminalistik 1994, 399.

b) Kopie für das Bundeskriminalamt (Financial Intelligence Unit, FIU)

125 Seit Inkrafttreten des Geldwäschebekämpfungsgesetzes zum 15.8.2002 müssen Verdachtsanzeigen in Kopie an das

Bundeskriminalamt, Zentralstelle für Verdachtsanzeigen,

gesandt werden (zur Weiterleitung einer Kopie an die Aufsichtsbehörde unten Rz. 151). Für diese Stelle hat sich die Bezeichnung FIU (Financial Intelligence Unit) etabliert. Dabei können alle zuvor beschriebenen Übermittlungswege gewählt werden. Der Gesetzgeber geht davon aus, dass dazu überwiegend das Telefax oder elektronische Post genutzt wird.[186] Letzterer Weg wird allerdings als unsicher bezeichnet, so dass eine schlichte Aufnahme in den E-Mail-Verteiler nicht angeraten ist. Dazu werden vom Bundeskriminalamt folgende Daten genannt:

Telefon: 06 11 / 55 – 1 45 45
Fax: 06 11 / 55 – 4 53 00
E-Mail: OA14FIU@bka.bund.de

126 Mit der Neuregelung soll der Entwurfsbegründung zufolge die raschest mögliche Verfügbarkeit der Verdachtsanzeigen bei der Zentralstelle sichergestellt werden – unter Anerkennung der originären Zuständigkeit der Strafverfolgungsbehörden der Länder.[187] Die Regelung wird mit den Vorgaben der FATF und internationalen Standards begründet. Es ist anzuerkennen, dass mit Blick auf eine effiziente internationale Zusammenarbeit entsprechende Informationen zeitnah bei einer Zentralstelle auf Bundesebene vorliegen müssen. Dieses Ziel ist äußerst sinnvoll, lässt sich indes auch auf anderem Weg erreichen.

127 Diese Neuregelung ist sehr kritisch zu sehen. Sie schafft wiederum zusätzlichen Verwaltungsaufwand bei den für die Strafverfolgung in die Pflicht genommenen natürlichen und juristischen Personen. Ein Mehrwert für die erfolgreiche Strafverfolgung ist darin nicht zu erkennen, allenfalls ein Misstrauen der Bundes- gegenüber den Landesbehörden. Dem Bundesrat ist daher zuzustimmen, wenn er in seiner Stellungnahme zum Gesetzentwurf der Bundesregierung ausführt, dass die noch nicht von der Landeszentralstelle bewertete Verdachtsanzeige keinerlei Mehrwert für das Bundeskriminalamt verspricht.[188] Sehr häufig können die von der Anzeige Betroffenen erst im Clearingverfahren der Landeszentralstelle zweifelsfrei identifiziert und deren Tatbeteiligung konkretisiert werden. Seit September 2000 sollen Verdachtsanzeigen von den Landeszentralstellen unverzüglich in die Bundesdatei Geldwäsche eingestellt werden. Das Bundeskriminalamt hätte also die gewünschte Information im Zugriff.[189] Eine Kopie der Anzeige für die FIU sollte daher nicht vom Anzeigeverpflichteten auf den Weg gebracht werden, sondern von den Landes-

---

186) RegE Geldwäschebekämpfungsgesetz, BT-Drucks. 14/8739, S. 15.
187) RegE Geldwäschebekämpfungsgesetz, BT-Drucks. 14/8739, S. 15.
188) Stellungnahme BRat zum RegE Geldwäschebekämpfungsgesetz, BT-Drucks. 14/9043, S. 4.
189) Dem BKA (FIU), Jahresbericht 2002, S. 13 Fußn. 11, zufolge soll dies aber nur in 60–65 % der Fälle geschehen sein.

zentralstellen. Die Regelung ist daher überflüssig. Deren Streichung könnte zur Verschlankung des Geldwäschegesetzes beitragen.

Die **FIU** wurde im August 2002 eingerichtet. Sie hat nach § 5 Abs. 1 folgende Aufgaben: 128

- Verdachtsanzeigen nach dem Geldwäschegesetz zu sammeln und auszuwerten,
- diesbezüglich statistische Analysen durchzuführen,
- Informationen an die anderen Strafverfolgungsbehörden des Bundes und der Länder weiterzuleiten,
- die Adressaten des § 11 über Typologien und Methoden der Geldwäsche zu informieren,
- mit anderen ausländischen FIU zusammenzuarbeiten.[190]

Zudem hat sie einen Jahresbericht zu veröffentlichen. Inzwischen liegen drei Jahresberichte vor.[191]

c) Behandlung der Anzeige durch die Strafverfolgungsbehörden

Verdachtsanzeigen nach Absatz 1 Satz 1 werden von den Strafverfolgungsbehörden zutreffend als **Strafanzeige** i. S. d. § 158 Abs. 1 StPO angesehen.[192] Eine solche Anzeige ist die Mitteilung eines Sachverhalts, der nach Meinung des Anzeigenden Anlass für eine Strafverfolgung bietet. Sie stellt eine Anregung dar, die die Behörde zur Prüfung des Sachverhalts verpflichtet.[193] Diese Qualifikation ist unabhängig davon vorzunehmen, ob eine Pflicht zur Anzeige aufgrund eines Gesetzes besteht.[194] 129

Andernteils wird die Anzeige nach § 11 als bloße Mitteilung ohne strafrechtliche Wertung des Anzeigenden betrachtet. Es fragt sich jedoch, ob nicht in jeder Anzeige nach § 11 zumindest indirekt eine solche Wertung enthalten ist.[195] 130

Das Bundesaufsichtsamt für das Kreditwesen ist der Auffassung, dass es sich bei der Anzeige nach Absatz 1 um eine **öffentlich-rechtliche Verpflichtung** handele, die im Gegensatz zu einer Strafanzeige nach § 158 StPO einem bestimmten Formzwang 131

---

190) Siehe auch Art. 5 Abs. 4 des Ratsbeschlusses vom 17.10.2000 über Vereinbarungen für eine Zusammenarbeit zwischen den zentralen Meldestellen der Mitgliedstaaten beim Austausch von Informationen, ABl L 271/4.
191) BKA (FIU), Jahresbericht 2003, S. 4; Aufgaben und Tätigkeiten sind auf der Internetseite des BKA, unter: www.bka.de, ausführlich dargestellt. Dort finden sich auch die Jahresberichte 2002–2004.
192) So auch *Herzog/Christmann*, WM 2003, 6, 13.
193) BayObLG NJW 1986, 441; *Kaufmann*, S. 175; *Rieß*, in: Löwe/Rosenberg, § 158 StPO, Rz. 20; *Meyer-Goßner*, StPO, § 158 Rz. 2.
194) Vgl. *Meyer-Goßner*, StPO, § 158 Rz. 6; *Gradowski/Ziegler*, S. 110; *Werner*, S. 142; *Lang/Schwarz/Kipp*, S. 556 f; *Körner*, in: Körner/Dach, S. 60, deutlicher: S. 70; a. A. BAKred, Schreiben vom 8.4.1994 (I5-B600-Fi) (unveröff.); BAKred, Verlautbarung für Kreditinstitute vom 30.3.1998, Nr. 28, abgedruckt in Anhang III.1; *Findeisen*, wistra 1997, 121, 122.
195) Vgl. *Schwob*, in: Festschrift Kleiner, S. 441, 443 f.

unterliege (oben Rz. 108).[196] Dass die Verdachtsanzeige bestimmte Mindestangaben enthalten muss, ist unstreitig. Der vom Bundesaufsichtsamt vorgeschriebene Formzwang lässt sich indes aus keiner Vorschrift herleiten. Die Verpflichtung zur Erstattung einer Anzeige ändert nichts an deren strafprozessualem Charakter. Für die Form sind daher allein die Formvorschriften der Strafprozessordnung maßgeblich.

132 Teilweise wird die Anzeige auch als **Verwaltungsakt** angesehen, weil der Adressat in einen öffentlich-rechtlichen Mechanismus eingebunden sei und unmittelbar Regelungswirkungen mit Regelungscharakter von ihr ausgingen.[197] Zumindest aber handele es sich um einen normgeleiteten **Realakt** mit regelungsvorbereitendem Ziel. Der Adressat sei daher im Regelungsbereich des Geldwäschegesetzes ein **Beliehener**, der staatliche Aufgaben wahrnehme.[198] Diese Auffassung ist abzulehnen. Allenfalls ist an eine **Inpflichtnahme Privater** zu denken. Denn dem Adressaten werden „nur" bestimmte Handlungs- und Leistungspflichten auferlegt. In deren Rahmen hat er Entscheidungen zu treffen; hoheitliche Befugnisse hat er indes nicht. Der Adressat ist also nicht Beliehener, die Anzeige nicht Verwaltungsakt.[199]

aa) Eingang der Anzeige und Eingangsbestätigung

133 Die Verdachtsanzeigen nach § 11 werden von der Strafverfolgungsbehörde in einem Tagebuch registriert. Eine Verpflichtung zur Eingangsbestätigung besteht nach Nummer 9 der Richtlinien für das Strafverfahren und das Bußgeldverfahren (RiStBV) nur dann, wenn aufgrund der Anzeige (i. S. d. § 158 StPO) ein Ermittlungsverfahren eingeleitet wird und die Bestätigung nicht nach den Umständen entbehrlich ist. Von dieser Ausweichmöglichkeit scheint bisher mit Ausnahme des LKA in Nordrhein-Westfalen stets Gebrauch gemacht worden zu sein.

134 Nach Maßgabe des Geldwäschegesetzes sind die zuständigen Behörden anders als in Frankreich[200] und Belgien[201] nicht verpflichtet, den Eingang der Anzeige schriftlich zu bestätigen. Deshalb wäre die Behörde um eine solche **schriftliche Bestätigung** zu ersuchen. Diese wird vom Anzeigeerstatter, mehr noch vom betroffenen Mitarbeiter benötigt, um später den **Nachweis** der „freiwilligen" Anzeige erbringen zu können. Denn für das Vorliegen der Voraussetzungen einer Strafbefreiung ist der Betroffene beweispflichtig. Das gilt in gleichem Maße für die Haftungsfreistellung

---

196) BAKred, Verlautbarung für Kreditinstitute vom 30.3.1998 und für Finanzdienstleistungsinstitute vom 30.12.1997, jeweils Nr. 28, abgedruckt in Anhang III.1 und III.2; *Findeisen*, wistra 1997, 121, 122.
197) *Dahm/Hamacher*, wistra 1995, 206, 214; *Dahm*, WM 1996, 1285, 1288.
198) *Dahm*, WM 1996, 1285, 1288; im Einzelnen, auch zur Frage des Bankangestellten als Amtsträger im strafrechtlichen Sinne, siehe *Kaufmann*, S. 198 ff. *Kaufmann* rechnet das Handeln des Anzeigeerstatters dem staatlichen Strafverfahren zu, S. 208 f.
199) *Herzog*, WM 1996, 1753, 1759; *Findeisen*, Juni 1996, S. 4; zur Einordnung im strafrechtlichen Sinn *Kaufmann*, S. 198 ff, 208 f.
200) Art. 6 des Gesetzes Nr. 90–614 vom 12.7.1990 relative à la participation des organismes financiers à la lutte contre le blanchiment des capitaux provenant du trafic des stupéfiants, Journal Officiel Nr. 162 vom 14.7.1990.
201) Art. 12 § 1 Abs. 2 des Gesetzes vom 11.1.1993, Loi relative à la prévention de l'utilisation du système financier aux fins du blachiment des capitaux, Moniteur Belge vom 28.1.1993.

nach § 12, wenn z. B. ein angezeigter Kunde das Institut auf Schadensersatz in Anspruch nimmt. Dann wäre gegenüber dem Gericht die Erstattung der Anzeige nachzuweisen, um den Anspruch zu Fall zu bringen. Weniger bedeutsam ist die Eingangsbestätigung für den Fristlauf bezüglich der Stillhaltefrist. Dafür ist allein der Abgang der Anzeige maßgeblich; bei einer vorab fernmündlich erstatteten Anzeige läuft die Frist mit deren Abgabe.

Die Bestätigung ist darüber hinaus noch wesentlich für die **bankinterne Kontrolle**. 135
So hat es in den USA Fälle gegeben, bei denen die Meldeformulare zwar ausgefüllt und die Durchschriften zu den Akten genommen wurden. Die für die Behörden bestimmten Originale hatte man indes vernichtet.[202] Inzwischen haben sich nahezu alle Ermittlungsbehörden der Praxis des LKA Nordrhein-Westfalen angeschlossen und bestätigen den Eingang von Anzeigen.

Die Anzeigen werden fast ausschließlich per Telefax erstattet (oben Rz. 109 f). **Das** 136
Sendeprotokoll des Telefax-Geräts ist dabei kein geeignetes Mittel, den Zugang der Anzeige zu beweisen. Manipulationen und technische Störungen können nicht ausgeschlossen werden. Der Beweis des Zugangs per Telefax kann nicht durch den Beweis des Absendens geführt werden.[203] Das Sendeprotokoll ist jedoch zumindest ein Indiz. Wird aber der Zugang der Nachricht vom Empfänger bestritten, ist es ohne Beweiswert. Es bildet nicht einmal einen Anscheinsbeweis.

Da das Sendeprotokoll als solches zudem wenig aussagekräftig ist, kann nur dazu 137
geraten werden, die Strafverfolgungsbehörden um eine schriftliche Bestätigung der Anzeige zu ersuchen.

bb) Aufnahme von Ermittlungen

Nach Eingang der Anzeige wird zunächst eine Überprüfung der in der Anzeige ge- 138
nannten Person veranlasst. Sofern die Überprüfung einen Anfangsverdacht hinsichtlich Geldwäsche oder einer schweren Straftat auslöst, wird die Anzeige an die Staatsanwaltschaft übermittelt und ein Ermittlungsverfahren eingeleitet.[204] Somit sollte eine Verdachtsanzeige nach Absatz 1, anders als es die bisherige Praxis zeigt, nicht automatisch ein Ermittlungsverfahren herbeiführen. Die Anzeige kann gerade in diesen Fällen nur als **Anregung** dienen, die **Einleitung eines Ermittlungsverfahrens zu prüfen**.[205] Denn die Institute stützen ihre Anzeige bislang überwiegend nur auf Auffälligkeiten, die einen konkreten Bezug zu einer Straftat nicht erkennen lassen. In Nordrhein-Westfalen sind nach eigenen Angaben des Landeskriminalamtes aus allen Verdachtsanzeigen Ermittlungsverfahren eingeleitet worden. Bundesweit sind seit Inkrafttreten des Geldwäschegesetzes zum 29.11.1993 bis Ende 1997 12 643 Verdachtsanzeigen erstattet worden. Daraus wurden 11 471 staatsanwaltliche Ermittlungsverfahren eröffnet. 1997 gab es 3 137 Verdachtsanzeigen nach § 11

---

202) *Powis*, S. 52.
203) BGH WM 1995, 341 = BB 1995, 221; KG NJW 1994, 3172; OLG München NJW 1993, 2447; LG Darmstadt WM 1993, 1653; *Wolf*, NJW 1989, 2592, 2593 f.
204) Begründung RegE GewAufspG, BT-Drucks. 12/2704, S. 18; *Reiß*, in: BuB, Rz. 16/107; siehe im Einzelnen auch *Lang/Schwarz/Kipp*, S. 579; *Hund*, ZRP 1997, 180, 181; a. A. *Pfannenschmidt*, Kriminalistik 1994, 399, 401.
205) So auch *Werner*, S. 143.

(zuzüglich 283 sonstigen Hinweisen), die zu 2 930 Ermittlungsverfahren führten.[206] 2004 wurden bei 8 062 Anzeigen in 85 % der Fälle die Ermittlungen weitergeführt, in 37 % der Fälle hat sich der Verdacht erhärtet.[207] Die Praxis ist in den einzelnen Bundesländern unterschiedlich. Teilweise wird auch ein doppelter Anfangsverdacht gefordert.[208] Bei den Ermittlungen wird von den im Bereich der organisierten Kriminalität üblichen Ermittlungsmethoden Gebrauch gemacht. Äußerst ungeschickt wäre es, wenn die betroffene Person in unmittelbarem zeitlichem Zusammenhang mit der angezeigten Finanztransaktion befragt würde.

139 Wenn sich der Anfangsverdacht erhärtet hat, kommen mit Blick auf die Geschäftsverbindung des Instituts zum Kunden und inkriminierte Gegenstände als weitere (Ermittlungs-)Maßnahmen die Sicherstellung, die Durchsuchung und die Vorladung von Zeugen (mit Abwendungsbefugnis) in Frage.[209]

cc) Kenntniserlangung des von der Anzeige Betroffenen

140 Ursprünglich lösten über 95 % der Anzeigen kein (weitergehendes) Ermittlungsverfahren aus. Dies hatten die Zahlen für das Bundesgebiet bestätigt (oben Rz. 22). Der Betroffene erfuhr also in 95 % der Fälle mit großer Sicherheit nichts von der Anzeige.[210] Dies hat sich infolge der **Weiterleitungspflicht** aus § 10 Abs. 2 **an die Finanzbehörden** geändert, wenn Letztere die Betroffenen über die Verdachtsanzeige informiert haben. Geändert hat sich inzwischen auch die Zahl der weiterführenden Ermittlungen: 2003 waren es in Nordrhein-Westfalen 552 von 1 651 Verfahren.[211]

141 Bei weitergehenden Ermittlungen war es Anfang der 90er Jahre unwahrscheinlich, dass der Kunde der Anzeige gewahr wurde. Die weitergehenden Ermittlungen wurden in der Regel verdeckt geführt. Von diesen Ermittlungen wurde wiederum ein Großteil eingestellt. Auch hiervon wurde der Betroffene nicht in Kenntnis gesetzt (vgl. § 170 Abs. 2 StPO).

142 Aufgrund der Treffer-Anzeigen gelingt es nur selten, den Betroffenen einer Geldwäschevortat oder einer anderen Straftat zu überführen. Von 1 109 Anzeigen im Jahre 1993 haben zwei zu einer Verurteilung wegen Geldwäsche geführt.[212] Die Verurteilungsquote hat sich bis heute nicht verbessert (oben Rz. 26). Selbst in diesen Fällen spielt der Geldwäscheverdacht bzw. die Verdachtsanzeige eine absolut untergeordnete Rolle. Für die Ermittlungen und das anstehende Verfahren ist die Verdachtsanzeige ohne Belang. Im Idealfall wird durch die Anzeige die Struktur einer kriminellen Vereinigung erkennbar und der Täter auf frischer Tat überführt. Dies müsste anhand einer höheren Aufklärungsquote bei Straftaten oder einem Rückgang der organisierten Kriminalität messbar sein.

---

206) BMI, Erklärung vom 17.9.1998, Handelsblatt 18./19.9.1998, S. 4.
207) BKA (FIU), Jahresbericht 2004, S. 4, 8.
208) *Hetzer*, wistra 1994, 183; im Einzelnen *Werner*, S. 143 ff.
209) Im Einzelnen siehe *Fülbier*, § 10 Rz. 39 ff, 47, mit Hinweisen auf Gerichtsentscheidungen.
210) *Bayer*, BI 12/1993, 32, 33.
211) LKA NRW, Lagebild Finanzermittlungen 2003, S. 5; siehe auch oben Rz. 138.
212) AG Essen ZIP 1994, 699; LG Mönchengladbach WM 1995, 910, dazu WuB I D 6.-2.95 (*Fülbier*); zu den Tatbeständen siehe *Schröder/Textor*, § 261 StGB Rz. 190, 192.

Nur wenn die Ermittlungen in Sachen Geldwäsche Erfolg hatten, wird der Rechtsanwalt des Betroffenen über das Akteneinsichtsrecht von der Anzeige erfahren können. Dieses Risiko ließe sich nur in extremen Ausnahmefällen ausschließen. Dazu wäre es erforderlich, die Anzeige des Instituts unter dem **Vorbehalt der Vertraulichkeit** zu erstatten. Sofern die Strafverfolgungsbehörde Vertraulichkeit zusichert, dürfte der Name (Firma) des Anzeigenden nicht dem Betroffenen bekannt gegeben werden. Die Anzeige würde nicht zu den Ermittlungsakten genommen, sondern zu den Handakten, auf die sich das **Akteneinsichtsrecht** nicht erstreckt. Die Zusicherung der **Vertraulichkeit** ist jedoch nur unter engen Voraussetzungen zulässig. Etwa wenn die Anzeige Schwerkriminalität wie z. B. § 261 StGB oder Vortaten betrifft und bei Bekanntwerden der Zusammenarbeit mit den Behörden der Anzeigende erheblich an Leib und Leben gefährdet wäre oder vergleichbare unzumutbare Nachteile zu erwarten hätte.[213] 143

Diese Voraussetzung wird bei Institutsmitarbeitern in der Regel nicht gegeben sein. Kommt es zu einer **Sicherstellung** oder **Beschlagnahme** der Gelder, die Gegenstand der angezeigten Finanztransaktion sind, wird sich kaum verheimlichen lassen, wer die Anzeige abgegeben hat. Zu derartigen Sicherstellungen oder Beschlagnahmen kam es anfangs nur selten.[214] 144

Dem Lagebericht des LKA in Nordrhein-Westfalen 1995 zufolge sind im Berichtszeitraum 1. 7. bis 15.12.1995 in 73 Einzelmaßnahmen insgesamt 18 721 000 DM beschlagnahmt worden. In 11 Fällen (2 274 000 DM) wurde die Maßnahme anschließend aufgehoben. Nur vier dieser Fälle gingen auf eine Verdachtsanzeige zurück. Dies entspricht 1,9 % der angezeigten Fristfälle.[215] 1996 wurden 5 932 000 DM Bargeld und Forderungen beschlagnahmt.[216] 2003 wurden in Nordrhein-Westfalen aufgrund von zwei Verdachtsanzeigen 243 385 Euro vorläufig sichergestellt. 2004 waren es in drei Verfahren 1 552 971 Euro.[217] 145

dd) Feedback

Vielfach wurde gefordert, den Strafverfolgungsbehörden eine Rückmeldung gegenüber den anzeigenden Instituten qua Gesetz zu verordnen.[218] Das Bundesministerium des Innern wollte eine Verpflichtung der Staatsanwaltschaften schaffen, den Kreditinstituten eine Rückmeldung darüber zu geben, ob auf ihre Verdachtsanzeige hin ein Ermittlungsverfahren eröffnet wurde oder nicht. Die Bundesregierung hat diesen Vorschlag nicht in den Gesetzentwurf zur Verbesserung der Geldwäschebekämpfung aufgenommen, obwohl sie eine Rückmeldung der Staatsanwaltschaften 146

---

213) Vgl. Runderlass des Justizministers, 4110–III A.33, und des Innenministers, IV A4–6450 vom 17.2.1986, Ministerialblatt NW Nr. 14 vom 3.3.1986, S. 203; *Meyer-Goßner*, StPO, § 158 Rz. 16 f; *Rieß*, in: Löwe/Rosenberg, § 158 StPO Rz. 12; *Pfeiffer/Wache*, StPO, § 158 Rz. 18 ff.
214) LG Stuttgart ZIP 1994, 1766, dazu EWiR 1994, 1129 *(Ransiek)*.
215) LKA NRW, Lagebild Finanzermittlungen 1995, S. 18, 33 f.
216) LKA NRW, Lagebild Finanzermittlungen 1996, S. 20 f.
217) LKA NRW, Lagebild Finanzermittlungen 2003, S. 5, und Lagebild Finanzermittlungen 2004, S. 10.
218) BMI, Eckpunkte zur Verbesserung der Geldwäschebekämpfung vom 20.11.1995, Nr. 7; *Melzer*, Die Bank 1996, 494, 498.

für wünschenswert hält.[219] Einen entsprechenden Ansatz enthält nun Art. 35 Abs. 2 und 3 der 3. Geldwäscherichtlinie. Ein allgemeines Feedback, z. B. in Form von Statistiken, wäre zwar nützlich, aber unzureichend.[220] Von der Bankenseite wird nach wie vor bemängelt, man erfahre nichts über den (Miss-)Erfolg einer Anzeige und deshalb schwinde die Bereitschaft, überhaupt Anzeigen zu erstatten.

147 Den Ermittlern fällt es naturgemäß schwer, Dritten mitzuteilen, dass ihre Recherchen einen Anfangsverdacht begründet haben, also ein Ermittlungsverfahren eingeleitet wurde. Eine entsprechende **Mitteilungspflicht** im laufenden Verfahren wird sich daher kaum durchsetzen lassen. Eine Mitteilung nach Abschluss der Ermittlungen ist demgegenüber nicht zu beanstanden. Vielfach verfahren die Behörden schon auf diese Weise. Da die Ermittlungen in Sachen organisierte Kriminalität mehrere Jahre in Anspruch nehmen, wird hingegen eine positive Rückmeldung den gewünschten Effekt erst erheblich verspätet erzielen können.

148 Das Ziel der Sensibilisierung der Institutsmitarbeiter und die Qualitätssteigerung bei den Anzeigen lässt sich besser durch einen **Erfahrungsaustausch** zwischen Geldwäschebeauftragten und Ermittlern erreichen. Eine solche Zusammenarbeit scheint in Bremen, Hessen und Nordrhein-Westfalen zu funktionieren. Hilfreich sind dabei Berichte wie das von den Landeskriminalämtern in Nordrhein-Westfalen und Bayern erstellte **Lagebild Finanzermittlungen**.

149 Beide Maßnahmen haben gegenüber dem angestrebten Vorhaben den Vorteil, nicht nur punktuell, also auf eine konkrete Anzeige eines Geldwäschebeauftragten zu wirken, sondern auf breiter Basis, und dies verbunden mit der Analyse einer Vielzahl von Anzeigen. Hier entfalten die wenigen Treffer unter den Anzeigen qualitätssteigernde Wirkung, während die Fehlanzeigen vernachlässigt werden können. Die vorgesehene Rückmeldung von Fall zu Fall hätte demgegenüber zur Folge, dass in den meisten Fällen das Feedback gegenüber dem einzelnen Anzeigenerstatter negativ ausfiele, was diesen eher demotivierte. Die unter Rz. 148 beschriebene Form des Feedbacks wird auch von den Ermittlern favorisiert.[221]

150 Darüber hinaus ist ein individueller, fallbezogener Erfahrungsaustausch sehr hilfreich. Er bietet sich z. B. an, wenn der Geldwäschebeauftragte Zweifel hat, ob die Erstattung einer Verdachtsanzeige sinnvoll und notwendig ist.

7. Weiterleitung einer Kopie der Anzeige an die Aufsichtsbehörde

151 Das Bundesaufsichtsamt für das Versicherungswesen verlangte in seiner Verlautbarung vom 8.11.1993 vom Versicherer, ihm die **Kopie** einer gegenüber den Strafver-

---

219) RegE eines Gesetzes zur Verbesserung der Geldwäschebekämpfung, BT-Drucks. 13/6620, S. 6.
220) *Höche*, WM 2005, 8, 13, mit Bezug auf die FATF-Best Practice Guidelines „Provoding Feedback to Reporting Financial Institutions and to other Persons" vom 2.6.1998, abrufbar unter: www.fatf-gafi.org/pdf/FEEDB_eng.pdf; vgl. auch § 475 Abs. 1 Satz 1 StPO i. d. F. des Entwurfs eines Strafrechtsänderungsgesetzes 1996, BT-Drucks. 13/9718, S. 7, der aber nicht Gesetz wurde; *Kreß*, wistra 1998, 121, 130.
221) *Gradowski/Ziegler*, S. 122.

Anzeige von Verdachtsfällen § 11 GwG

folgungsbehörden erstatteten Anzeige zuzusenden.[222] Das Bundesaufsichtsamt für das Kreditwesen verlangte dies nur von Finanzdienstleistungsinstituten.[223] Nach der Zusammenführung der Bundesaufsichtsämter für das Kredit- und das Versicherungswesen in der Bundesanstalt für Finanzdienstleistungsaufsicht wurde die Verwaltungspraxis für die Geldwäsche- und Terrorismusbekämpfung nicht vereinheitlicht. Eine neue Verlautbarung war für 2003 vorgesehen, ist aber bisher nicht erschienen.[224]

Diese Verpflichtung ist unter Berücksichtigung des § 4 BDSG bedenklich. Auch 152
fragt sich, welcher Behandlung die Anzeige bei der Aufsichtsbehörde zugeführt wird. Die Einforderung einer Kopie der Verdachtsanzeige seitens der Aufsichtsbehörden gegenüber den Adressaten der Anzeigepflicht wird vom Bundesrat als unzulässig angesehen.[225]

III. Verhalten des Instituts nach Abgabe einer Verdachtsanzeige
1. Stillhaltepflicht (Abs. 1 Satz 3)
a) Inhalt der Regelung/Fristberechnung

Sofern ein Verdachtsfall vorliegt, darf eine angetragene Finanztransaktion grund- 153
sätzlich frühestens dann ausgeführt werden, wenn dem Institut die Zustimmung der Staatsanwaltschaft übermittelt wurde oder wenn der **zweite Werktag nach dem Abgangstag der Anzeige** verstrichen ist, ohne dass die Durchführung der Transaktion strafprozessual untersagt worden ist. Adressaten der „Handlungssperre" waren bislang nur Institute. Mit der Änderung durch das Geldwäschebekämpfungsgesetz gilt diese auch für alle Unternehmen und Personen nach § 3 Abs. 1 Satz 1 Nr. 3 und 4, Satz 2 und 3. Die Ausdehnung der Transaktionssperre auf diese neu verpflichteten Gewerbetreibenden und Berufsgruppen geht zurück auf Art. 7 der 2. Geldwäscherichtlinie. Die Verankerung einer Handlungssperre für die Personen nach § 3 Abs. 1 Satz 1 Nr. 1 und 2 (u. a. Rechtsanwälte, Notare, Wirtschaftsprüfer und Steuerberater) ist laut Regierungsbegründung nicht erforderlich, weil diese sich ansonsten – bei der nach Absatz 3 vorausgesetzten positiven Kenntnis – einer vorsätzlichen Geldwäsche bzw. Beihilfe daran strafbar machen würden.[226] Eine Anzeige allein hätte in diesen Fällen keine strafbefreiende Wirkung. Es verbleibt daher – bei Konstellationen nach Absatz 3 – nur die Möglichkeit, die Transaktion nicht auszuführen.

Wird dem Institut eine verdächtige Transaktion z. B. am Montagabend angetragen 154
und meldet sie diese am Dienstag, darf das Geschäft ohne vorherige Zustimmung

---

222) BAV, Anordnungen und Verwaltungsgrundsätze 1993, Anm. 4.1, VerBAV 1993, 355, abgedruckt in Anhang IV.1.
223) BAKred, Verlautbarung für Finanzdienstleistungsinstitute vom 30.12.1997, Nr. 31, sowie Rundschreiben Nr. 12/1999 an die Finanzdienstleistungsinstitute vom 23.7.1999 (Z5-B599), abgedruckt in: *Consbruch/Möller u. a.*, KWG, Nr. 11.57.
224) BaFin, Jahresbericht 2002, S. 22.
225) Stellungnahme BRat zum RegE Geldwäschebekämpfungsgesetz, BT-Drucks. 14/9043, S. 4.
226) Begründung RegE Geldwäschebekämpfungsgesetz, BT-Drucks. 14/8739, S. 15.

der Staatsanwaltschaft erst am Freitag, also ca. 84 Stunden später, ausgeführt werden. Liegt innerhalb der Frist ein **Sonn- oder Feiertag**, verlängert sich die Frist um diesen Zeitraum.

155 Der **Sonnabend** gilt nach Satz 3 nicht als Werktag. Diese Regelung ist mit dem Geldwäschebekämpfungsgesetz geändert worden und am 15.8.2002 in Kraft getreten. Bis dahin galt folgende Regelung: Fiel der zweite Werktag auf einen **Sonnabend**, so endete die Frist mit Ablauf des nächsten Werktages (Absatz 1 Satz 2 Halbs. 2 a. F.). Diese Regelung war mit dem Gesetz zur Verbesserung der Bekämpfung der Organisierten Kriminalität vom 4.5.1998 eingeführt worden. Auch nach der Änderung blieb es dabei, dass der **Sonnabend ein Werktag** war.[227] Fiel also der erste Werktag auf einen Sonnabend, endete die Frist ebenfalls mit dem Ablauf des nächsten Werktages. Die Begründung zum Fraktionsentwurf[228] war insofern in zwei Punkten zumindest missverständlich. Zunächst wurde mit der Gesetzesänderung entgegen der Regierungsbegründung die bis dahin geltende Rechtslage geändert, nicht klargestellt. Des Weiteren wurde darin die Auffassung vertreten, der Sonnabend sei bei der Fristberechnung nicht mitzuzählen. Das traf indes nur zu, wenn der zweite Werktag auf einen Sonnabend fiel, nicht aber, wenn der erste Werktag dies tat. Das zeigte auch der Verweis auf § 193 BGB und § 43 Abs. 2 StPO.[229] Offensichtlich handelte es sich bei der damaligen Gesetzesänderung um einen Fehler, der mit dem Geldwäschebekämpfungsgesetz am 15.8.2002 korrigiert wurde. Gegen diese durch die Gesetzesänderung neuerlich herbeigeführte Fristverlängerung sprechen die allgemein für diese Frist geltenden Bedenken. Sie ist kriminalpolitisch verfehlt.[230]

156 Bei einer vorab **(fern-)mündlich erstatteten Anzeige** beginnt die Frist mit Abgabe der (fern-)mündlichen Anzeige. Die Zustimmungsregelung kann diese Frist verkürzen. Davon wird zumindest in einigen Bundesländern nach Möglichkeit Gebrauch gemacht (unten Rz. 178).

157 Wird eine **verdächtige Transaktion** bereits zu dem Zeitpunkt angezeigt, zu dem sie dem Institut **avisiert** wird, ohne dass ein Auftrag zur konkreten Ausführung der Transaktion vorliegt, hat das keinen Einfluss auf den Fristlauf. Bei Vornahme der angekündigten Transaktion ist daher erneut eine Anzeige abzugeben. Erst mit Abgabe dieser Anzeige beginnt die Zweitagesfrist. Bezüglich nur angetragener oder avisierter Finanztransaktionen ist der Fristlauf ohnehin unerheblich, weil ein Einschreiten der Strafverfolgungsbehörden durch Beschlagnahme oder Sicherstellung

---

227) Zum alten Recht: BAKred, Verlautbarung vom 26.10.1994, Nr. 24 (unveröff.): „. ... Der Samstag ist ein Werktag. Er ist deshalb bei der Fristberechnung mitzuzählen. Da die Fristenregelung des § 11 GwG nach dem Wortlaut und der Entstehungsgeschichte dieser Norm eine abschließende Regelung darstellt, läuft die Frist bei Abgang der Verdachtsanzeige an einem Donnerstag am darauf folgenden Samstag, 24.00 Uhr, ab. ... "; OLG München DAR 1974, 166; OLG Hamburg DAR 1984, 157; OLG Hamburg VRS 66 (1984), 379.
228) FrakE eines Gesetzes zur Verbesserung der Bekämpfung der Organisierten Kriminalität, BT-Drucks. 13/8651, S. 17.
229) Wohl a. A. *Kreß*, wistra 1998, 121, 129.
230) *Oswald*, S. 304; *Gradowski/Ziegler*, S. 129; *Lang/Schwarz/Kipp*, S. 588 ff; a. A. *Hund*, ZRP 1997, 180, 182.

nicht in Frage kommt. Erst wenn Geld fließt, können die Strafverfolgungsbehörden konkrete Maßnahmen ergreifen.

Die Stillhalteregelung begegnet erheblichen rechtlichen Bedenken. Zum einen ist 158 die Regelung verfassungsrechtlich äußerst fragwürdig; zum anderen steht sie in unmittelbarem Widerspruch zu Sinn und Zweck der Regelung in Absatz 5. Danach darf der Auftraggeber einer Transaktion nicht von der Abgabe einer Anzeige unterrichtet werden. Hält das Institut jedoch die Ausführung einer Transaktion für zwei Werktage an, wird jedem Auftraggeber klar sein, dass die Verzögerung auf die Erstattung einer Anzeige zurückzuführen ist.

b) Verfassungsrechtliche Rahmenbedingungen

Die Wirksamkeit dieser Stillhalteverpflichtung der Bank ist verfassungsrechtlich 159 fraglich. Bei dieser Verpflichtung, die einer Beschlagnahme sehr nahe kommt, handelt es sich um eine **Zwangsmaßnahme**, die in Grundrechte eingreift, insbesondere in das allgemeine Freiheitsrecht der betroffenen Kunden und des Instituts. Sie dürfte nur unter Wahrung des Verhältnismäßigkeitsgrundsatzes für den Einzelfall durch den Richter oder bei Gefahr im Verzug durch die Staatsanwaltschaft angeordnet oder vorgenommen werden (vgl. § 98 Abs. 1 StPO).[231]

Die Verpflichtung ist nicht einzelfallbezogen, sondern abstrakt für eine Vielzahl von 160 Fällen angeordnet. Ein Rechtsmittel ist nicht vorgesehen. Wenn solch eine Anordnung überhaupt zulässig ist, dann muss der Verhältnismäßigkeitsgrundsatz hier strenger gehandhabt werden als ohnehin schon bei derartigen Grundrechtseingriffen.[232]

Im vorliegenden Fall ist der Eingriff nicht verhältnismäßig: Er verletzt das Recht am 161 eingerichteten und ausgeübten Gewerbebetrieb des Instituts und das Freiheitsrecht unschuldig betroffener Kunden. Er ist weder geeignet noch erforderlich, die gesetzliche Zielvorgabe (Aufspürung von Gewinnen) zu erreichen. Vor dem Hintergrund, dass Art. 7 Geldwäscherichtlinie Derartiges nicht verlangt, sollte von dieser Regelung Abstand genommen werden. Als Beispiel mag die in Großbritannien geltende Regelung dienen.[233] Ist dort eine ordnungsgemäße Anzeige erstattet worden, kann die Transaktion sofort ausgeführt werden. Zumindest müsste die deutsche Fassung abgemildert werden.

aa) Eingriff in Grundrechte

Die Geschäftsbeziehung zwischen Institut und Kunde lebt im Wesentlichen vom 162 besonderen Vertrauensverhältnis zwischen den Parteien. Dem Kunden ist sehr daran gelegen, dass die Daten, die er dem Institut anvertraut hat, nicht an Dritte weitergeleitet werden. Dieses Interesse des Kunden findet z. B im Bankgeheimnis eine rechtliche Grundlage. Dem Vertrauensverhältnis Institut/Kunde kommt auch gesamtwirtschaftliche Bedeutung zu.[234]

---

231) *Meyer-Goßner*, StPO, vor § 94 Rz. 1.
232) BVerfGE 20, 162, 186.
233) *Stellpflug*, wistra 1994, 257.
234) Vgl. BFH ZIP 1990, 710, 713, dazu EWiR 1990, 433 *(Feuerborn)*.

163 Die Ausführung von Finanztransaktionen sowie das Vertrauensverhältnis Institut/ Kunde sind Bestandteil des Rechts am ausgeübten und eingerichteten Gewerbebetrieb des Instituts. Durch die Stillhaltepflicht wird darin eingegriffen. Das Stillhalten birgt in hohem Maße die Gefahr, dass der Kunde der Anzeige gewahr wird. Der zu Unrecht verdächtigte Kunde verlöre das Vertrauen zum Institut, das Institut diesen Kunden. Das gilt erst recht, wenn Verdachtsanzeigen gemäß § 10 Abs. 2 an Finanzbehörden in den Fällen weitergeleitet werden, in denen sich ein Verdacht auf Beteiligung an einer Tat nach § 10 Abs. 1 nicht erhärtet hat. Die vorstehenden Überlegungen gelten entsprechend bei den anderen Adressaten des § 11, insbesondere für das Mandatsverhältnis.

bb) Verhältnismäßigkeit

164 Dem Grundrechtseingriff ist im Rahmen der Verhältnismäßigkeitsprüfung der Gesetzeszweck gegenüberzustellen. Dieser erfordert nicht zwingend die Stillhaltepflicht, jedenfalls aber keine Frist von zwei Werktagen. Das Geldwäschegesetz zielt darauf ab, den Strafverfolgungsbehörden Anhaltspunkte für Geldwäschetransaktionen verfügbar zu machen, die Geldwäsche zu erschweren und das Erkennen von Strukturen organisierter Kriminalität zu ermöglichen.[235]

165 Im Vordergrund dieses Gesetzes steht das Ziel, Spuren zu entdecken und die Strafermittlung zu unterstützen.[236] Erst in zweiter Linie soll die Sicherstellung von Geldern ermöglicht werden. Die Verpflichtung zum Stillhalten dient nur dem sekundären Zweck; sie torpediert in der derzeitigen Fassung das erste Ziel. Der Eingriff ist schon deshalb ungeeignet. Diese Auffassung wird durch die ersten Erkenntnisse der Ermittlungsbehörden unterstützt. So kommt das LKA in Nordrhein-Westfalen zu dem Ergebnis, dass die Zweitagesfrist keine nennenswerte Bedeutung für die Ermittlungsarbeit habe.[237] So wurden nur 3,1 % des Gesamtbetrages aller angezeigten und durchgeführten Finanztransaktionen beschlagnahmt; in fünf Fällen davon erfolgte der Zugriff innerhalb der Frist. Nur 2,1 % aller Fristfälle führten zum Anhalten der Transaktion. Auch die aktuellen Werte zeigen, dass die Stillhaltefrist überflüssig ist: In 84 % aller Anzeigen erfolgte die Verdachtsschöpfung nach Ausführung der Transaktion, 3 % der Anzeigen lagen Eilfälle zugrunde, bei 8 % führten die Meldenden das Geschäft nicht aus. Nur bei 4 % wäre die Frist relevant geworden.[238]

166 Die Stillhaltepflicht erscheint auch aus praktischen Gründen sehr bedenklich. Wie soll den Kunden mit Blick auf das Hinweisverbot nach Absatz 5 die Verzögerung der Transaktion im Extremfall um über 100 Stunden plausibel gemacht werden? Es ist zu befürchten, dass der Geldwäscher die Verzögerung der Transaktion sofort bemerkt.[239]

---

235) Begründung RegE GewAufspG, BT-Drucks. 12/2704, S. 19; Gegenäußerung BReg zu BRat RegE GewAufspG, BT-Drucks. 12/2747, S. 4.
236) Siehe oben *Fülbier*, Einleitung Rz. 86 ff; a. A. *Werner*, S. 148 f.
237) LKA NRW, Lagebild Finanzermittlungen 1994, S. 81.
238) BKA (FIU), Jahresbericht 2004, S. 7.
239) Vgl. *Powis*, S. 109.

Anzeige von Verdachtsfällen § 11 GwG

Eine erstattete Anzeige wäre den Ermittlern dann wenig hilfreich. Zudem dürften die Ermittlungsbehörden kaum in der Lage sein, die Stillhaltefrist von zwei Werktagen für die Einleitung von Ermittlungen zu nutzen. Dazu sind sie weder personell noch materiell (Ausstattung) in der Lage. Aus diesem Grunde wird von den Staatsanwaltschaften einiger Länder die Zustimmung innerhalb der Frist erteilt, auch wenn Ermittlungen noch nicht abgeschlossen sind. Daher liegt es nahe, die Stillhalteverpflichtung aufzugeben oder zumindest abzumildern. Aus den vorstehenden Gründen wird eine Verlängerung der Frist von den Landeskriminalämtern abgelehnt.[240] 167

Dies ist vor dem Hintergrund des Art. 7 Geldwäscherichtlinie auch unproblematisch. Dieser verlangt von den Mitgliedstaaten lediglich, vor Ausführung des verdächtigen Geschäfts eine Anzeige zu erstatten. Von einer Nichtvornahme der Transaktion oder einer Zustimmungspflicht ist jedenfalls nicht in dem derzeit geltenden Umfang die Rede. Vielmehr dürfte danach die Transaktion sofort ausgeführt werden, wenn die Anzeige erstattet ist. Eine Wartepflicht ist nicht daran geknüpft. Dies zeigen auch die gesetzlichen Regelungen in Großbritannien und in Luxemburg, die keine oder keine nennenswerte Stillhaltepflicht vorsehen.[241] 168

Ein weiteres Beispiel, das für die Praxis erheblich verträglicher ist, findet sich in **Frankreich**. Nach Art. 6 des Gesetzes Nr. 90–614[242] hat der Anzeigepflichtige seine Anzeige mit der Angabe zu versehen, innerhalb welcher Frist die Transaktion spätestens ausgeführt werden muss. Die zuständige Behörde bestätigt den Eingang der Anzeige schriftlich innerhalb der angegebenen Frist. Diese Bestätigung kann sie mit einer „opposition" versehen. Die Ausführung der Transaktion muss dann von der Bank um maximal zwölf Stunden aufgeschoben werden. Die Frist von zwölf Stunden soll der Behörde die Möglichkeit verschaffen, eine gerichtliche Verfügung einzuholen, um die Mittel zu blockieren. In **Belgien** gilt eine entsprechende Regelung mit einer Frist von 24 Stunden.[243] 169

Diese Regelungen entsprechen eher den Anforderungen an den Verhältnismäßigkeitsgrundsatz als die Regelung im Geldwäschegesetz. Sie sind unter Berücksichtigung der 12- oder 24-Stunden-Frist im Vergleich zu den bis zu über 100 Stunden des Geldwäschegesetzes tragbar. Der Kunde wird die Verzögerung im Regelfall nicht bemerken. Zudem geht die Verpflichtung zum Stillhalten, anders als beim Geldwäschegesetz, auf eine hoheitliche Entscheidung zurück, die für den Einzelfall getroffen wurde. 170

---

240) *Gradowski/Ziegler*, S. 137.
241) Luxembourg: Art. 40 Abs. 3 des Gesetzes für den Finanzsektor vom 5.4.1993, ABl, S. 461, und zu Großbritannien: *Stellpflug*, wistra 1994, 257, 258.
242) Gesetz Nr. 90–614 vom 12.7.1990 relative à la participation des organismes financiers à la lutte contre le blanchiment des capitaux provenant du trafic des stupéfiants, Journal Officiel Nr. 162 vom 14.7.1990.
243) Art. 12 § 2 Abs. 3 Gesetz vom 11.1.1993, Loi relative à la prévention de l'utilisation du système financier aux fins du blachiment de capitaux, Moniteur Belge vom 28.1.1993 und 9.2.1993, S. 2828.

c) Zivilrechtliche Probleme

171 Die Stillhaltepflicht ist zivilrechtlich sehr problematisch. Die Verzögerung der Finanztransaktion kann zu erheblichen Verzögerungen bei der Ausführung von Geschäften führen, die **Vermögensschäden** zur Folge haben können. Über deren Regulierung werden sich Institut und Kunde streiten müssen.[244] Der Gesetzgeber hat sich nicht bereit erklärt, den Staat dafür einstehen zu lassen.[245] Die Verlängerung der ursprünglich vorgesehenen Frist von einem Tag auf zwei Werktage verschärfte diese Problematik erheblich.

172 Das Institut ist nach § 12 von jeder Haftung freigestellt. Daher hat der Kunde den Schaden zu tragen. Der Hinweis der Bundesregierung,[246] Verzögerungen von einem Tag nach Auftragserteilung würden von der Rechtsprechung toleriert, löst dieses Problem nicht.[247]

d) Betroffene Geschäfte/Eilgeschäfte (Abs. 1 Satz 3)

173 Von der Stillhaltepflicht sind nach dem Gesetzeswortlaut im Grundsatz alle verdächtigen Geschäfte betroffen. Eine (in der Praxis vermutlich die Regel bildende) Ausnahme sind unaufschiebbare Transaktionen. Eine Definition für **unaufschiebbare Transaktionen** (Eilgeschäfte) ist im Gesetz nicht enthalten. Auch die Entwurfsbegründung gibt wenig Aufschluss darüber. Unter Berücksichtigung der Regelungen in der Geldwäscherichtlinie und vergleichbarer Bestimmungen in anderen EU-Mitgliedstaaten sind unter unaufschiebbaren Transaktionen solche zu verstehen, die sich für den Kunden wahrnehmbar verzögern, wenn eine Anzeige vor Durchführung der Transaktion vorgenommen werden würde.[248]

174 Aus diesem Grunde fallen unter den Begriff „**Eilgeschäfte**" unbar zu erledigende Eilaufträge (Blitzgiro) und Geschäfte, die der Kunde entsprechend seiner Verpflichtung zum dahin gehenden Hinweis nach Nummer 11 (3) AGB-Banken (Fassung April 2002) eilbedürftig macht (unverzügliche Ausführung wird vom Kunden verlangt),[249] sowie nahezu alle Bargeschäfte, die Zug um Zug abgewickelt werden (z. B. Geldwechsel, Wertpapiertafelgeschäfte). Wenn der Kunde z. B. Sorten oder Reiseschecks kaufen will, wird diese Transaktion sofort durchgeführt. Der Kunde ist regelmäßig nicht bereit, sich auf den nächsten Tag vertrösten zu lassen. Diese Ansicht wird durch die Begründung zum Regierungsentwurf bestätigt.[250] Danach ist das Wechseln von Geld in Jetons und umgekehrt als Eilgeschäft anzusehen.

175 Zum Kreis der von der Stillhaltepflicht berührten Geschäfte gehören deshalb im Wesentlichen nur verdächtige unbare Finanztransaktionen sowie Bargeschäfte, die

---

244) Siehe dazu unten *Fülbier*, § 12 Rz. 9 ff.
245) Vgl. Innenausschuss zum RegE GewAufspG, BT-Drucks. 12/5298, S. 26.
246) Gegenäußerung BReg zu BRat RegE GewAufspG, BT-Drucks. 12/2747, S. 4.
247) Im Einzelnen siehe *Fülbier*, § 12 Rz. 10; *Werner*, S. 149.
248) Art. 7 Geldwäscherichtlinie; Begründung zum Gesetzentwurf Nr. 3600 Luxemburg zu Art. 40, S. 8.
249) So auch BAKred, Schreiben vom 24.1.1995 (I5–B102), Maßnahmen zur Bekämpfung der Geldwäsche; Wirksamkeit des Geldwäschegesetzes und des § 261 StGB, abgedruckt in: *Consbruch/Möller u. a.*, KWG, Nr. 11.10, III 3.
250) Begründung RegE GewAufspG, BT-Drucks. 12/2704, S. 18.

naturgemäß nicht sofort abgewickelt werden können wie z. B. größere Tafel- und Sortengeschäfte, wenn die Wertpapiere oder Sorten nicht in ausreichender Menge bei der Bank vorrätig sind.

2. Ausführung der Finanztransaktion

Eine angetragene, verdächtige Transaktion darf vom Adressaten der Anzeigepflicht nur in den nachfolgend aufgeführten Fällen ausgeführt werden: 176

a) Verstreichen der Frist (Fristfälle)

Die Transaktion darf erst ausgeführt werden, wenn der zweite Werktag nach dem Abgangstag der Anzeige verstrichen ist, ohne dass die Durchführung der Transaktion strafprozessual untersagt worden ist. In Nordrhein-Westfalen waren 1994 von insgesamt 2 307 angezeigten Transaktionen nur 238 Fristfälle (1995: 97 von 2 181; 1996: 99 von 3387). Davon wurden fünf Transaktionen angehalten (1995: 4; 1996: 4). Bundesweit waren 2004 nur 4 % der Anzeigen Fristfälle.[251] Die Nichtbeachtung dieser Frist ist zwar nicht strafbewehrt,[252] würde aber bankaufsichtsrechtliche Konsequenzen haben. Die SPD hatte sich jedoch – bisher ohne Erfolg – für eine Schadensersatzpflicht der Banken für den Fall eingesetzt, dass diese Pflicht schuldhaft nicht erfüllt wird.[253] 177

b) Zustimmung der Staatsanwaltschaft

Die Staatsanwaltschaft wird damals wie heute kaum in der Lage sein, innerhalb von zwei Werktagen zu entscheiden, ob ein angezeigtes Geschäft eine Geldwäsche darstellt. Die Ermittlungen in Sachen organisierte Kriminalität lassen sich eben nicht in zwei Werktagen anstellen, insbesondere dann, wenn es um internationale Zusammenhänge geht.[254] Die Staatsanwaltschaft war anfangs vorsichtig mit einer Zustimmung, weil sie damit ein vielleicht strafbares Geschäft „erlaubt" haben würde, obwohl sie bei der Kürze der Frist eine endgültige Entscheidung nicht hätte treffen können.[255] 178

Ein Problem stellt immer noch das Auseinanderfallen von Empfänger der Anzeige (Strafverfolgungsbehörde, zumeist das Landeskriminalamt) und der Behörde dar, die die Zustimmung zur Ausführung erteilen soll (Staatsanwaltschaft). Die erforderliche Kommunikation beansprucht zusätzliche Zeit. Dennoch gelang es in der Vergangenheit häufig, die Zustimmung zu erteilen. Das LKA Nordrhein-Westfalen hatte 1994 bei 238 Fristfällen in 231 Fällen eine Zustimmung erwirken können (1995: 93 von 97; 1996: 90 von 99).[256] 179

---

251) BKA (FIU), Jahresbericht 2004, S. 7.
252) Gegenäußerung BReg zu BRat RegE GewAufspG, BT-Drucks. 12/2747, S. 5.
253) Vgl. Antrag de With, Wartenberg, Däubler Gmelin u. a. und der SPD-Fraktion, BT-Drucks. 12/6387, S. 2; SPD-E 2. OrgKG, BT-Drucks. 12/6784, S. 14, 45.
254) Vgl. den von *Otto*, ZKW 1994, 8, 13, geschilderten Fall.
255) Innenausschuss zum RegE GewAufspG, BT-Drucks. 12/5298, S. 23.
256) LKA NRW, Lagebild Finanzermittlungen 1994, S. 23, sowie Lagebild Finanzermittlungen 1995, Anhang, und Lagebild Finanzermittlungen 1996, Anhang.

180 Sollte eine kurzfristige Reaktion erfolgen, kann diese eine Zustimmung zur Vornahme des Geschäfts bedeuten oder die Untersagung der Ausführung. Die Untersagung müsste in eine förmliche **Beschlagnahme** oder **Sicherstellung** durch richterlichen Beschluss oder staatsanwaltliche Eilanordnung nach §§ 94 ff, 111b ff StPO gekleidet sein. Andernfalls ist die Untersagung ohne Relevanz.

c) Eilgeschäfte (Abs. 1 Satz 3)

181 Eilgeschäfte (oben Rz. 173 ff) dürfen sofort ausgeführt werden. Die Anzeige ist unverzüglich nachzuholen (Absatz 1 Satz 5 Halbs. 2). Von der Möglichkeit zur **sofortigen Ausführung** sollte im Regelfall Gebrauch gemacht werden. Andernfalls sind Schäden vorprogrammiert. Von deren Ersatz sind die Adressaten zwar nach § 12 freigestellt; der Ärger mit der eventuell unzutreffend angezeigten Kundschaft bleibt jedoch davon unberührt.

182 Zumindest missverständlich ist die Formulierung des Bundesaufsichtsamtes für das Kreditwesen, der zufolge Transaktionen, bei denen sich der Verdacht für eine Geldwäschehandlung geradezu aufdrängen muss, nicht nach der Eilfallregelung auszuführen sind.[257] Daraus kann der Adressat nur schließen, dass die Transaktion nach Abwarten der Stillhaltefrist wie ein gewöhnliches Geschäft ausgeführt werden kann. Wenn ein Eilfall vorliegt, dann bestehen bei einem Verdachtsfall aus geschäftspolitischer Sicht nur zwei Alternativen: Entweder wird das Geschäft als Eilfall ausgeführt oder es wird abgelehnt. Bei **dringendem** Verdacht bleibt nur die zweite Alternative. Insofern kann der Empfehlung des Bundesaufsichtsamtes für das Kreditwesen zugestimmt werden, in den Fällen, in denen sich ein Verdacht auf Geldwäsche geradezu aufdrängt, das Geschäft nicht auszuführen.[258] Bei der Formulierung in Nummer 29 kann es sich daher nur um ein Redaktionsversehen handeln.

d) Nachträgliche Kenntniserlangung

183 Bei den 1994 beim LKA Nordrhein-Westfalen angezeigten 2 307 Transaktionen hatten die Anzeigenerstatter den Verdacht in 1 565 Fällen erst nach Ausführung des Geschäfts (1995: 1 697 von 2 121; 1996: 2 993 von 3 387).[259] Diese Relation besteht auch bei den aktuellen Werten: Von 8 062 Anzeigen ist bei 84 % der Verdacht erst nachträglich entstanden.[260]

e) Dringender Verdacht auf Geldwäsche

184 Geschäfte, die einen dringenden Verdacht auslösen, sollten zurückgewiesen werden. Die Vornahme derartiger Geschäfte ließe sich mit der Geschäftspolitik eines Instituts nicht vereinbaren. Außerdem käme ein Institut mit dem Aufsichtsrecht in

---

257) BAKred, Verlautbarung für Kreditinstiute vom 30.3.1998, Nr. 29, und für Finanzdienstleistungsinstitute vom 30.12.1997, Nr. 30, abgedruckt in Anhang III.1 und III.2.
258) BAKred, Verlautbarung für Kreditinstiute vom 30.3.1998, Nr. 30, und für Finanzdienstleistungsinstitute vom 30.12.1997, Nr. 32, abgedruckt in Anhang III.1 und III.2; so auch *Reiß*, in: BuB, Rz. 16/110.
259) LKA NRW, Lagebild Finanzermittlungen 1994, S. 23, sowie Lagebild Finanzermittlungen 1995, Anhang A, 1.1, und Lagebild Finanzermittlungen 1996, Anhang A.
260) BKA (FIU), Jahresbericht 2004, S. 7.

Konflikt.[261] Schließlich ist eine Bestrafung der betroffenen Mitarbeiter nach § 257 StGB (Begünstigung) in diesen Fällen nicht auszuschließen, selbst wenn eine Anzeige vorgenommen wurde.[262] Hinzu kommt, dass bei einem dringenden Verdacht die Grenze zwischen Leichtfertigkeit und bedingtem Vorsatz überschritten sein könnte. Bei Vorsatztaten reicht eine Anzeige allein zur Strafbefreiung nicht aus. Es muss die Sicherstellung des Gegenstands erfolgen.[263]

Bei Eilgeschäften stellt Absatz 1 Satz 5 **keinen** zusätzlichen **Strafausschließungsgrund** dar.[264] Daher ist auch hier Vorsicht geboten. Als Begründung für die Abweisung eines Geschäfts kann angegeben werden, dass das Institut keine Geschäfte mache, deren Hintergrund ihm nicht bekannt sei. 185

f) Untersagung der Ausführung

Die Ausführung von Transaktionen kann strafprozessual mit einer **Beschlagnahme** oder **Sicherstellung** durch richterlichen Beschluss oder staatsanwaltliche Eilanordnung nach §§ 94 ff, 111b ff StPO untersagt werden. Dies ist 2003 in Nordrhein-Westfalen zweimal geschehen, 2004 dreimal.[265] Eine weitere Möglichkeit besteht für die **Bundesanstalt** seit dem 6.11.2003 nach § 6a KWG darin, 186

1. der Geschäftsführung eines Instituts Anweisungen zu erteilen,
2. ihm Verfügungen von einem bei ihm geführten Konto oder Depot zu untersagen,
3. ihm die Durchführung von sonstigen Finanztransaktionen zu untersagen,

wenn Tatsachen vorliegen, die darauf schließen lassen, dass von einem Institut angenommene Einlagen, sonstige dem Institut anvertraute Vermögenswerte oder eine Finanztransaktion der Finanzierung einer terroristischen Vereinigung nach § 129a auch in Verbindung mit § 129b StPO dienen oder im Falle der Durchführung einer Finanztransaktion dienen würden.[266] Diese Befugnis erstreckt sich nicht auf Verdachtsfälle nach § 261 StGB. Die Regelung des § 6a KWG ist im Zusammenhang mit der EU-Verordnung Nr. 2580/2001[267] zu sehen, die der Umsetzung der Antiterrorismus-Resolution 1373/2001 des UN-Sicherheitsrates diente. Danach konnten schon vor Inkrafttreten des § 6a KWG Finanzsanktionen gegen mutmaßliche Terroristen mit Sitz außerhalb der Europäischen Union verhängt werden.

---

261) §§ 6, 33 Abs. 1 Nr. 2 KWG; siehe oben *Fülbier*, Einleitung Rz. 120 ff.
262) Siehe *Schröder/Textor*, § 261 StGB Rz. 133.
263) Siehe *Schröder/Textor*, § 261 StGB Rz. 131; Innenausschuss zum RegE GewAufspG, BT-Drucks. 12/4795, S. 18 f
264) Innenausschuss zum RegE GewAufspG, BT-Drucks. 12/4795, S. 18 f; *Carl/Klos*, DStZ 1994, 68, 70 f; *Löwe-Krahl*, wistra 1994, 121, 126; *Werner*, S. 153 f.
265) LKA NRW, Lagebild Finanzermittlungen 2003, S. 7; Lagebild Finanzermittlungen 2004, S. 10.
266) Zu § 6a KWG: *Stein*, in: Boos/Fischer/Schulte-Mattler, KWG, § 6a Rz. 1 ff.
267) Verordnung (EG) Nr. 2580/2001 des Rates vom 27.12.2001 über spezifische, gegen bestimmte Personen und Organisationen gerichtete restriktive Maßnahmen zur Bekämpfung des Terrorismus, ABl 344/70.

3. Abbruch der Geschäftsverbindung/Kontrollierte Transaktionen

187 Nach Nummer 30 und 32 der Verlautbarungen des Bundesaufsichtsamtes für das Kreditwesen vom 30.3.1998 bzw. 30.12.1997 soll das Institut nach Erstattung einer Verdachtsanzeige prüfen, ob die Geschäftsbeziehung abzulehnen oder abzubrechen ist. Das Bundesaufsichtsamt empfiehlt dies sogar schon dann, wenn das Institut lediglich begründete Zweifel hat, ob eine Geldwäschehandlung vorliegt. Andererseits werden die Institute gelegentlich von den Strafverfolgungsbehörden gebeten, die Geschäftsverbindung mit dem verdächtigen Kunden fortzusetzen, um zusätzliche Anhaltspunkte zu gewinnen. Bei der Vornahme solcher „kontrollierter" **Transaktionen** sind neben strafrechtlichen Aspekten[268] auch bankaufsichtsrechtliche und zivilrechtliche Aspekte zu prüfen.

a) Bankaufsichtsrecht

188 Die Verlautbarung überlässt es dem Institut zu entscheiden, ob dem Wunsch der Strafverfolgungsbehörde entsprochen werden soll. Die maßgeblichen Aspekte sind im Schreiben des Bundesaufsichtsamtes für das Kreditwesen vom 29.1.1996[269] dargestellt, das auf die Anfrage einer Strafverfolgungsbehörde zurückgeht. Darin heißt es auszugsweise:

> „Die von Ihnen kritisierte Verfahrensweise eines Kreditinstituts, das infolge einer Verdachtsanzeige nach Ablauf der Wartefrist des § 11 Abs. 1 Satz 2 GwG die Geschäftsbeziehung zum verdächtigen Kunden löst, ist aus bankaufsichtsrechtlicher Sicht **nicht** zu beanstanden. ... .
>
> Die Weiterführung verdächtiger Konten zum Zwecke der Strafermittlung gehört nicht zu den Aufgaben der Kreditinstitute im Rahmen der vom Geldwäschegesetz normierten Kooperation von Ermittlungsbehörden und Privaten. Vorrangiges Ziel der Kreditinstitute muss es vielmehr sein, den Missbrauch des eigenen Instituts zur Geldwäsche zu unterbinden (vgl. § 14 GwG). Hierzu gehört gegebenenfalls auch der Abbruch der Geschäftsbeziehung.
>
> Kreditinstitute behalten sich in ihren Allgemeinen Geschäftsbedingungen grundsätzlich das Recht vor, eine Geschäftsbeziehung unter Einhaltung einer Kündigungsfrist wieder aufzulösen. Die Kündigungserklärung bedarf insoweit nach ständiger Rechtsprechung keiner Begründung. Eine von Ihnen befürchtete Warnung des Verdächtigen kann sich daher in der Regel nur aus dem Umstand der Kündigung der Geschäftsbeziehung ergeben. Es ist jedoch anzumerken, dass der Verdächtige schon durch die gesetzlich vorgeschriebene Verzögerung der Ausführung von verdächtigen Transaktionen gemäß § 11 Abs. 1 Satz 2 [heute: Satz 3] GwG gewarnt ist. Insbesondere Geldwäscher achten auf eine schnelle und fristgemäße Ausführung ihrer Finanztransaktionen. Die durch die

---

[268] Dazu *Schröder/Textor*, § 261 StGB Rz. 135 ff; *Kaufmann*, S. 242 ff, 257, der hierin ein Strafbarkeitsrisiko für Bankmitarbeiter sieht.

[269] BAKred, Schreiben vom 29.1.1996 (I5-B600), Kündigung der Geschäftsbeziehungen nach Abgabe einer Verdachtsanzeige gemäß § 11 GwG, abgedruckt in: *Consbruch/Möller u. a.*, KWG, Nr. 11.21.

Erstattung von Verdachtsanzeigen bedingten Verzögerungen lassen sich von Kreditinstituten in der Praxis häufig nur schwer rechtfertigen.

Die von Ihnen kritisierte Verfahrensweise ließe sich m. E. allenfalls dann beanstanden, wenn das Kreditinstitut die in § 11 Abs. 1 Satz 2 [heute: Satz 3] GwG vorgeschriebene Wartefrist nicht beachtet hätte. Nach Ablauf dieser Wartefrist obliegt aber die Entscheidung über die Fortführung oder Abwicklung der Geschäftsbeziehung allein dem Kreditinstitut, sofern die Strafermittlungsbehörden keine Beschlagnahme der betroffenen Vermögenswerte angeordnet haben.

Die von Ihnen angeregte Empfehlung, eine Kündigung der Geschäftsbeziehung mit Kunden, die der Geldwäsche verdächtigt werden, in Hinblick auf die Ermittlungstätigkeit der Strafverfolgungsbehörden zu unterlassen, ist daher aus bankaufsichtsrechtlicher Sicht abzulehnen."

Bei der Entscheidung über die Durchführung kontrollierter Transaktionen sind insbesondere folgende Überlegungen anzustellen, die das Bundesaufsichtsamt für das Kreditwesen im Schreiben vom 5.12.1996[270)] zutreffend wiedergegeben hat:

„... Zu den in die Entscheidung einzubeziehenden Überlegungen gehört es m. E., dass durch die Fortführung der Geschäftsbeziehung regelmäßig eine permanente Kontoüberwachung (Monitoring) und damit Kosten im Institut verursacht werden. Diese Mehrarbeit fällt in erster Linie bei dem Geldwäschebeauftragten an, der dafür sorgen muss, dass die Kundenbeziehung überwacht und eventuelle weitere Verdachtsmomente den zuständigen Strafverfolgungsbehörden gemäß § 11 Abs. 1 GwG angezeigt werden.

Zudem kann die Fortführung einer ‚verdächtigen' Geschäftsbeziehung und die Durchführung so genannter kontrollierter Transaktionen für ein Kreditinstitut zum Imageverlust führen. Auch durch die (öffentlich bekannt gewordene) Beteiligung von Kreditinstituten an derartigen Transaktionen kann negative Publizität und damit ein Imageverlust entstehen, der sehr schnell auch in materiellen Schaden umschlagen kann."

Das Bundesaufsichtsamt für das Kreditwesen soll ausweislich der Stellungnahme des Bundesrates zum Regierungsentwurf eines Geldwäschebekämpfungsgesetzes verschiedene Institute angewiesen haben, derartige Transaktionen abzubrechen.[271)] Die geforderte Prüfungspflicht (Nummer 30 und 32 der Verlautbarung für Kreditinstitute bzw. Finanzdienstleistungsinstitute) soll selbst dann weitergelten, wenn die Staatsanwaltschaft nach einer Verdachtsanzeige die Ermittlungen einstellt und dies dem Institut mitgeteilt hat.[272)] Auch in diesem Zusammenhang ist auf § 6a KWG hinzuweisen (oben Rz. 186).

---

270) BAKred, Schreiben vom 5.12.1996 (I5-B630-Me) (unveröff.). Diese Auffassung hat das BAKred mit Schreiben vom 6.7.1999 (Z5-B630), abgedruckt in: *Consbruch/Möller u. a.*, KWG, Nr. 11.56, nochmals bestätigt.
271) Stellungnahme BRat zum RegE Geldwäschebekämpfungsgesetz, BT-Drucks. 14/9043, S. 5; siehe unten Rz. 228 f.
272) BAKred, Schreiben vom 11.5.1999 (Z5-B630), abgedruckt in: *Consbruch/Möller u. a.*, KWG, Nr. 11.01 j.

b) Zivilrechtliche Aspekte

191 Das Bundesaufsichtsamt für das Kreditwesen empfiehlt, im Zweifel die **Geschäftsverbindung** abzubrechen.[273] Zivilrechtlich stelle dies wegen der in den AGB-Banken geregelten Kündigungsmöglichkeiten kein Problem dar. Der Aussage in dieser pauschalen Form muss widersprochen werden.

192 Zunächst ist bei einer Kündigung zwischen ordentlicher (unter Einhaltung einer Frist) und außerordentlicher (ohne Einhaltung einer Frist) zu unterscheiden. Eine **fristlose Kündigung** ist nach Nr. 19 Abs. 3 AGB-Banken (Fassung April 2002) nur bei Vorliegen eines wichtigen Grundes zulässig. Da die Bank wegen des Verbots aus Absatz 5 (Ordnungswidrigkeit, Strafvereitelung, unten Rz. 212 ff) nicht unter Hinweis auf einen Geldwäscheverdacht kündigen darf, müsste sie schon einen anderen wichtigen Grund vorweisen können. Dieser wird im Regelfall fehlen, so dass eine fristlose Kündigung im Grundsatz ausscheidet. Der Kündigungsgrund kann zwar auch später noch, also selbst noch während des gegen die Kündigung gerichteten Verfahrens nachgeschoben werden; der Grund muss nur schon zum Zeitpunkt der Kündigung vorgelegen haben. Zu welchem Zeitpunkt der Kunde davon Kenntnis erhält, ist unerheblich.[274]

193 Ohne Angabe eines Grundes wird z. B. eine Bank mit einem Gerichtsverfahren rechnen müssen, wie dies im Fall des OLG München[275] geschehen ist. Das ist der Bank nicht zumutbar, auch wenn sie im Gerichtsverfahren den Geldwäscheverdacht als Kündigungsgrund noch nachschieben könnte. Denn gegenüber dem Gericht als staatlicher Stelle darf das Kreditinstitut (unten Rz. 219 ff) den Verdacht mitteilen.

194 Die **ordentliche Kündigung** der Geschäftsverbindung ohne Vorliegen eines Grundes ist mit einer angemessenen Frist zulässig, bei laufenden Konten von mindestens sechs Wochen (Nr. 19 Abs. 1 AGB-Banken, Fassung April 2002). Daher wird die Bank gezwungen sein, (verdächtige) Transaktionen auch nach einer ordentlichen Kündigung, dann gegebenenfalls verbunden mit einer Anzeige nach § 11, bis zum Ablauf der Kündigungsfrist auszuführen. Ob der Kunde die Kündigung ohne Einleitung rechtlicher Schritte hinnimmt, bleibt im Einzelfall abzuwarten. Die Rechtsprechung jedenfalls gestattet den privaten Banken eine Kündigung ohne Angabe oder Vorliegen eines Grundes.[276]

195 Aber auch bei der ordentlichen Kündigung ist das **Verbot der Kündigung zur Unzeit** zu beachten. Daher ist vor der Kündigung eine Angemessenheitsprüfung durchzuführen, die in Extremfällen zur Beibehaltung der Geschäftsverbindung für einen gewissen Zeitraum (längere Frist) führen kann.[277] Bei einer Kündigung ist im

---

273) BAKred, Verlautbarung für Kreditinstiute vom 30.3.1998, Nr. 30, und für Finanzdienstleistungsinstitute vom 30.12.1997, Nr. 32, abgedruckt in Anhang III.1 und III.2.
274) OLG München WM 1996, 1623.
275) OLG München WM 1996, 1623.
276) BGH WM 1985, 1136, dazu EWiR 1985, 533 *(Krohn)*; BGH ZIP 1991, 435 = WM 1991, 317, dazu EWiR 1991, 557 *(Pfister/Hohl)*; LG Stuttgart ZIP 1996, 1698 = WM 1996, 1770; *Baumbach/Hopt*, HGB, (8) AGB-Banken 19 Rz. 1 ff; *Canaris*, Rz. 489.
277) Vgl. Nachweise wie zuvor; *Gößmann*, in: BuB, Rz. 1/556.

Falle eines **Verbraucherdarlehensvertrages** § 498 BGB (früher: § 12 VerbrKrG) zu beachten.

Eine Besonderheit gilt für die **Sparkassen**, die einem landesrechtlich vorgegebenen **Kontrahierungszwang** unterliegen (z. B. § 8 SpKVO/NW). Hier ist streitig, ob eine Kündigung ohne Angabe von Gründen auf Basis der Nummer 26 Abs. 1 AGB-Sparkassen erfolgen darf, wenn die Sparkasse im Gegenzug gezwungen wäre, eine neue Geschäftsverbindung zu begründen.[278] Noch weitergehend hat der Bundesgerichtshof entschieden, dass die Sparkassen als Anstalten des öffentlichen Rechts im Bereich der Daseinsvorsorge unmittelbar an die Grundrechte gebunden sind. Eine ohne sachgerechten Grund erklärte Kündigung eines Girovertrages durch eine Sparkasse nach Nummer 26 Abs. 1 AGB-Sparkassen verstößt gegen das aus Art. 3 Abs. 1 GG resultierende Willkürverbot und ist nach § 134 BGB nichtig.[279] Das Bundesaufsichtsamt für das Kreditwesen meint, es handele sich auch unter Berücksichtigung der zivilrechtlichen Aspekte um eine geschäftspolitische Entscheidung.[280]

Dieselbe Problematik stellt sich den privaten Banken und den vom gesetzlichen Kontrahierungszwang nicht betroffenen Sparkassen seit geraumer Zeit in ähnlicher Form. Aufgrund der von vielen Seiten erhobenen Forderung nach einem „**Girokonto für jedermann**"[281] hat der **Zentrale Kreditausschuss** aufgrund eines Beschlusses vom 20.6.1995[282] den angeschlossenen Instituten **empfohlen**, allen Kunden auf Wunsch ein Girokonto einzurichten. Dieses darf der Empfehlung zufolge nur gekündigt werden, wenn die Aufrechterhaltung der Geschäftsbeziehung aus näher bestimmten Gründen unzumutbar ist. Bei der Kündigung wegen eines Geldwäscheverdachts sollte kein Grund angegeben werden.

Neben diesen eher formalen Aspekten ist auch auf **Haftungsrisiken** hinzuweisen. Beispielhaft soll dazu auf einen vom LG Würzburg[283] entschiedenen Fall eingegangen werden. Der Geldwäschebeauftragte eines Kreditinstituts hatte Anzeige erstattet, weil der Verdacht auf unerlaubtes Betreiben von Bankgeschäften und Kapitalanlagebetrug bestand. Entgegen seiner Ankündigung gegenüber den Strafverfolgungsbehörden wurde die Geschäftsverbindung jedoch nicht abgebrochen, und es kam zu weiteren Einzahlungen von Kunden zugunsten des Betrügers. Deren Einlagen sind verloren gegangen. Die Zivilkammer des LG Würzburg hat das Kreditinstitut zur Leistung von Schadensersatz gegenüber den Kunden verurteilt, die nach Anzeigeerstattung noch Einzahlungen vorgenommen hatten. Als Basis für den Schadensersatzanspruch ist Beihilfe zum Anlagebetrug angenommen worden. Zur Klarstellung

---

278) Gegen Kündigung: AG Düsseldorf WM 1995, 1314; LG Stuttgart ZIP 1996, 1698; AG Essen WM 1994, 333; *Hadding*, WuB I B 6 1.94; offen: BGH ZIP 1991, 435.
279) BGH ZIP 2003, 714 = ZVI 2004, 288 = WM 2003, 823, dazu EWiR 2003, 501 *(Reiff)*.
280) BAKred, Schreiben vom 7.9.1999 (Z5-B630), abgedruckt in: *Consbruch/Möller u. a.*, KWG, Nr. 11.21 c.
281) Dazu allgemein *Reifner*, ZBB 1995, 243; ein Kontrahierungszwang besteht aber nicht: LG Saarbrücken WM 2001, 1807.
282) ZKA, Beschluss vom 20.6.1995.
283) LG Würzburg, zit. nach Hildesheimer Allgemeine Zeitung vom 13. und 14.7.1998; Der Spiegel 29/1998, S. 57.

ist zu ergänzen, dass es sich im vorliegenden Fall nicht um eine kontrollierte Transaktion (oben Rz. 187 ff) handelte. In derartigen Fällen werden die Strafverfolgungsbehörden auch nur dann um Aufrechterhaltung der Geschäftsverbindung bitten, wenn die Gefährdung fremden Vermögens ausgeschlossen ist. Das dürfte im Bereich des Kapitalanlagebetrugs kaum zu gewährleisten sein.

c) Fazit

199 Wird dem Absender einer Verdachtsanzeige von der Strafverfolgungsbehörde nahe gelegt, weitere (verdächtige) Transaktionen auszuführen, stehen ihm **drei Handlungsalternativen** zur Wahl, zwischen denen er sich nach eigenem Ermessen entscheiden kann. Bei Instituten ist dabei allerdings die Verwaltungspaxis der Aufsichtsbehörden zu beachten. Unter Berücksichtigung der zitierten Entwurfsbegründung (Rz. 190, 228) und bei Vorliegen einer schriftlichen Aufforderung der Strafverfolgungsbehörden ist die Vornahme „**kontrollierter Transaktionen**" unter strafrechtlichen Gesichtspunkten vertretbar.[284] Ein solches Verhalten z. B. der Bank setzt eine vertrauensvolle Zusammenarbeit mit den Strafverfolgungsbehörden voraus, die den Interessen der Bank (u. a. Diskretion, Beschränkung der Ermittlungen auf Schwerstkriminalität) in besonderem Maße Rechnung tragen müssen. Vorsichtshalber sollte von allen an der Transaktion beteiligten Mitarbeitern eine Verdachtsanzeige veranlasst werden, die vom Geldwäschebeauftragten für die Bank ausgeführt wird. Dies ist entsprechend den aufsichtsrechtlichen Vorgaben zu dokumentieren.

200 Entscheidet sich das Institut aus geschäftspolitischen Gründen gegen die Fortführung der Geschäftsverbindung (**Gefahr der Imagebeeinträchtigung**), sollten die Strafverfolgungsbehörden davon vorab unterrichtet werden. Vorzugsweise sollte **ordentlich gekündigt** werden, um zumindest nicht rechtlich zur Begründung dieses Schritts gezwungen zu sein. Bis zum Wirksamwerden der Frist sind Weisungen des Kunden zu beachten. Es ist wie unter Rz. 181 ff zu verfahren.

201 Eine **fristlose Kündigung** wird nur dann in Frage kommen, wenn neben dem Geldwäscheverdacht ein weiterer wichtiger Grund vorliegt. Andernfalls – und dies gilt im Wesentlichen für die Sparkassen mit Kontrahierungszwang – bleibt nur die Möglichkeit, fristlos zu kündigen und den Grund erst gegenüber dem Gericht als staatlicher Stelle anzugeben.

202 Dem LKA Nordrhein-Westfalen ist bei den 1994 ihm gegenüber erstatteten 567 Verdachtsanzeigen kein Fall bekannt geworden, in dem ein Kreditinstitut die Geschäftsverbindung im Nachhinein abgebrochen hat. Das gilt insbesondere für die Anzeigen, bei denen um Fortführung der Geschäfte gebeten wurde.[285] 1995 hat das LKA Nordrhein-Westfalen 554 Verdachtsanzeigen von Kreditinstituten entgegengenommen. In 17 Fällen hatte dies die Kündigung der Geschäftsbeziehung zur Folge.[286]

---

284) Dazu *Schröder/Textor*, § 261 StGB Rz. 135 ff, mit Hinweis auf die Notwendigkeit einer schriftlichen Aufforderung durch die Staatsanwaltschaft; a. A. *Kaufmann*, S. 243 ff, der ein Strafbarkeitsrisiko nicht ausschließt.
285) LKA NRW, Lagebild Finanzermittlungen 1994, S. 82.
286) LKA NRW, Lagebild Finanzermittlungen 1995, S. 21.

Die an diesen Zahlen abzulesende Tendenz, eine Geschäftsverbindung in Einzelfällen abzubrechen, könnte mit der Aufweichung des Vortatenkatalogs aus § 261 erklärt werden. Für ein Kreditinstitut ist es eher vertretbar, bei der Bekämpfung der Schwerstkriminalität aktiv mitzuwirken als bei der Bekämpfung gewöhnlicher Kriminalität. Die erste Fassung des Vortatenkatalogs konnte für sich noch die Bezeichnung Schwerstkriminalität in Anspruch nehmen. Inzwischen wurde der Katalog jedoch so weit ausgedehnt, dass diese Klassifizierung nicht mehr in allen Fällen zutrifft. An der Bekämpfung dieser Kriminalität ist den Instituten freilich auch gelegen; nur lässt man sich dafür nicht in die Ermittlungen einspannen. 203

IV. Befreiung von der Anzeigepflicht bei Rechtsberatung und Prozessvertretung (Abs. 3)

Seit dem 15.8.2002 gehören auch Rechtsanwälte, Notare, Wirtschaftsprüfer und Steuerberater zu den Adressaten der Anzeigepflicht nach § 11. Diese Erweiterung geht zurück auf das Geldwäschebekämpfungsgesetz, dieses in diesem Punkt wiederum auf Art. 6 Abs. 3 der 2. Geldwäscherichtlinie. Die Richtlinie hat den Mitgliedstaaten die Option eingeräumt, die in § 3 Abs. 1 Nr. 1 und 2 genannten Berufe von der Anzeigepflicht freizustellen, wenn dem Verdacht gegenüber Mandanten Angaben zugrunde liegen, die im Rahmen der Rechtsberatung oder der gerichtlichen Vertretung offenkundig geworden sind. Von der Möglichkeit des Art. 6 Abs. 3 Unterabs. 2 der 2. Geldwäscherichtlinie hat der deutsche Gesetzgeber mit dem am 15.8.2002 eingefügten Absatz 3 Gebrauch gemacht. 204

Von der Anzeigepflicht sind alle in § 3 Abs. 1 Nr. 1 und 2 genannten Personen befreit. Dazu gehören also nicht nur **Rechtsanwälte**, insbesondere **Strafverteidiger**, sondern u. a. auch **Wirtschaftsprüfer** und **Steuerberater**.[287)] Dies versteht sich nicht von selbst. Mit dieser weitgehenden Freistellung wollte der Gesetzgeber dem rechtlich besonders geschützten und für die effektive Rechtsberatung und Vertretung zentralen Vertrauensverhältnis zwischen Berater und Mandant Rechnung tragen.[288)] Die außergerichtliche Rechtsberatung umfasst daher z. B. auch die Steuer- und Wirtschaftsberatung.[289)] 205

Die Freistellung nach Absatz 3 greift ein, wenn dem Geldwäscheverdacht **Informationen von dem oder über den Mandanten** zugrunde liegen. Die Befreiung setzt somit ein **bestehendes Mandat** voraus. Sowohl der Begriff der **Rechtsberatung** als auch der **Prozessvertretung** sind in einem umfassenden Sinn zu verstehen. Entsprechend Art. 6 Abs. 3 der 2. Geldwäscherichtlinie ist nicht nur der Zeitraum eines Verfahrens selbst erfasst, sondern auch die Informationserlangung vor oder nach einem Verfahren, einschließlich der Beratung über dessen Betreiben oder Vermeiden.[290)] Ohne Belang ist es, von wem die maßgeblichen Informationen stammen. Diese Regelung steht im Einklang mit den für die genannten Berufsgruppen gelten- 206

---

287) Dazu allgemein *Müller*, DStR 2004, 1313; *Swienty*, DStR 2003, 803.
288) Begründung RegE Geldwäschebekämpfungsgesetz, BT-Drucks. 14/8739, S. 15.
289) Begründung RegE Geldwäschebekämpfungsgesetz, BT-Drucks. 14/8739, S. 15; Innenausschuss zum RegE Geldwäschebekämpfungsgesetz, BT-Drucks. 14/9263, S. 8.
290) Begründung RegE Geldwäschebekämpfungsgesetz, BT-Drucks. 14/8739, S. 15.

den Zeugnisverweigerungsrechten und deren Folgeregelungen. Sie deckt sich auch mit der Entscheidung des Bundesverfassungsgerichts zur Anwendbarkeit des § 261 StGB bei der Annahme von Strafverteidigerhonorar.[291]

207 Die **Freistellung entfällt** nach Absatz 3 Satz 2 dann, wenn die genannten Personen wissen, dass der Mandant ihre Rechtsberatung bewusst für den Zweck der Geldwäsche in Anspruch nimmt. Dies setzt zum einen voraus, dass die Geldwäsche beabsichtigt, also noch nicht begonnen oder vollzogen ist. Es geht also ausschließlich um künftige Geldwäschehandlungen.[292] Zum anderen muss dem Rechtsberater diese Absicht bekannt sein. Es soll damit verhindert werden, Rechtsberater zu missbrauchen, eine strafbare Geldwäschehandlung zu begehen.[293] Der Begründung des Innenausschusses zum Entwurf des Geldwäschebekämpfungsgesetzes zufolge soll die Anzeigepflicht dann nicht (mehr) bestehen, wenn der Mandant nach der Beratung über die Strafbarkeit Abstand von der geplanten Handlung nimmt. Dann bestehe die Absicht nicht mehr, den Berater zum Zwecke der Geldwäsche zu missbrauchen.[294] Dies widerspricht indes dem Ziel der Regelung, Strukturen organisierter Kriminalität aufzudecken (oben Rz. 38). Die Ansicht des Innenausschusses allein wird nicht als Rechtfertigungsgrund herhalten können.[295]

208 Gegen diese eingeschränkte Anzeigepflicht des Absatzes 3 bestehen erhebliche **Bedenken**, insbesondere soweit davon Rechtsanwälte betroffen sind. Es wird die Verletzung der durch Art. 12 GG geschützten Berufsfreiheit des Rechtsanwalts und des Grundrechts auf informationelle Selbstbestimmung des Mandanten gerügt, die Verletzung des verfassungsrechtlich geschützten Vertrauensverhältnisses zwischen Anwalt und Mandant[296], die Verletzung von § 139 Abs. 3 Satz 2, § 203 StGB und § 43a Abs. 4 BRAO. Schließlich werden rechtsstaatliche Bedenken geltend gemacht, wenn der Anwalt als „Spitzel des Staates" zum verlängerten Arm der Ermittlungsbehörden wird.[297] Die Prüfung am deutschen Verfassungsrecht ist bezüglich der Anzeigepflicht der Rechtsanwälte zulässig und nicht etwa durch EU-Recht eingeschränkt (oben Rz. 19 f). Denn Art. 6 Abs. 3 der 2. Geldwäscherichtlinie lässt den Mitgliedstaaten die Option, die freien Berufe vollständig von der Anzeigepflicht auszunehmen.

V. Übermittlung von Anzeigen an Bundesberufskammern (Abs. 4)

209 Die in § 3 Abs. 1 Satz 1 Nr. 1 und 2 genannten Personen übermitteln Verdachtsanzeigen nicht nach Absatz 1 Satz 1 den zuständigen Strafverfolgungsbehörden, sondern an die für sie zuständige Bundesberufskammer. Dabei handelt es sich um die

---

291) BVerfG NJW 2004, 1305; dazu auch *von Galen*, NJW 2004, 3304; *Schröder/Textor*, § 261 Rz. 185.
292) Innenausschuss zum RegE Geldwäschebekämpfungsgesetz, BT-Drucks. 14/9263, S. 8.
293) Begründung RegE Geldwäschebekämpfungsgesetz, BT-Drucks. 14/8739, S. 15.
294) Innenausschuss zum RegE Geldwäschebekämpfungsgesetz, BT-Drucks. 14/9263, S. 8.
295) *von Galen*, NJW 2003, 117, 118; *Müller*, DStR 2004, 1313, 1316 Fußn. 29.
296) Dazu BVerfG NJW 2003, 1305; BVerfG NJW 2002, 2458; BGHSt 47, 68; OLG Hamburg, NJW 2000, 673; *von Galen*, NJW 2004, 3304, 3305.
297) *von Galen*, NJW 2003, 117; *Wittig*, AnwBl 2004, 193, 195 ff.

Bundesrechtsanwaltskammer, die Bundesnotarkammer, Patentanwaltskammer, Wirtschaftsprüferkammer und die Bundessteuerberaterkammer. Nach Absatz 4 Satz 4 tritt bei Notaren, die nicht Mitglied einer Notarkammer sind, die für die Berufsaufsicht zuständige oberste Landesbehörde an die Stelle der Bundesnotarkammer.

Die Einschaltung der Kammern soll zu einer Qualitätsverbesserung der Verdachtsanzeigen beitragen. Deswegen können diese eine **Stellungnahme zur Anzeige** abgeben (Absatz 4 Satz 2) und dazu auch Rücksprache mit dem Anzeigeerstatter nehmen. Der größere Überblick und Erfahrungsschatz der Kammern mit anderen Verdachtsanzeigen soll diese in die Lage versetzen, die tatsächliche Bedeutung der Anzeige besser einzuschätzen.[298] Ermittlungen sollen indes nicht durchgeführt werden. Der Gesetzgeber verspricht sich davon eine bessere, auch präventive Information der Mitglieder durch die Kammern. Diese Überlegungen hätten denn auch auf alle übrigen Adressaten angewendet werden können. Bei diesen ist aber im Interesse einer unverzüglichen Erstattung von Anzeigen und damit unverzüglichen Kenntnisnahme der Strafverfolgungsbehörden davon Abstand genommen worden. Die Differenzierung zugunsten dieser Berufsgruppen ist daher nicht überzeugend, auch wenn sie mit der Ausübung einer Option begründet werden kann, die Art. 6 Abs. 3 der 2. Geldwäscherichtlinie gibt (siehe auch Art. 23 der 3. Geldwäscherichtlinie. 210

Die Kammern sind nach Absatz 4 Satz 3 stets zur **Weiterleitung der Anzeige** an die zuständige Strafverfolgungsbehörde sowie in Kopie an die FIU (Bundeskriminalamt) verpflichtet. Das gilt auch dann, wenn sie die Anzeigeerstattung nicht für richtig halten.[299] Damit wird von der in Art. 6 Abs. 1 Buchst. a der 2. Geldwäscherichtlinie vorgesehenen Option nicht vollständig Gebrauch gemacht. Danach könnten die Kammern eine Filterfunktion wahrnehmen. Dies wäre laut Richtlinie indes nur bei einigen der betroffenen Berufsgruppen zulässig. Im Interesse der Gleichbehandlung aller Berufsgruppen wurde darauf verzichtet. Dabei war auch maßgeblich, dass viele Berufsträger zugleich Anwalt und Steuerberater oder Wirtschaftsprüfer sind oder diese Berufsgruppen mitunter eng zusammenarbeiten.[300] 211

VI. Hinweisverbot (Abs. 5)

1. Einführung

Absatz 5 soll verhindern, dass der Geldwäscher über laufende Ermittlungsverfahren informiert wird und damit Gelegenheit erhält, die Gelder in Sicherheit zu bringen. Verletzt der Adressat der Anzeigepflicht dieses Hinweisverbot, wird eine Ordnungswidrigkeit begangen, die nach § 17 Abs. 2 Nr. 2 i. V. m. Abs. 3 mit einer **Geldbuße bis zu 50 000 Euro** geahndet werden kann. Zugleich kann dadurch der Tatbestand der **Strafvereitelung** erfüllt werden. Ein Kölner Bankangestellter, der einen Heroinhändler und Geldwäscher über eine Kontobeschlagnahme informiert 212

---

298) Begründung RegE Geldwäschebekämpfungsgesetz, BT-Drucks. 14/8739, S. 16.
299) Begründung RegE Geldwäschebekämpfungsgesetz, BT-Drucks. 14/8739, S. 16.
300) Begründung RegE Geldwäschebekämpfungsgesetz, BT-Drucks. 14/8739, S. 16.

hatte, musste sich mit diesem Vorwurf auseinander setzen.[301] Der Bankangestellte hatte in einem Brief an einen Drogenhändler mitgeteilt, dass dessen Kontounterlagen eingesehen wurden. Er teilte dem Betroffenen sogar das Aktenzeichen der Strafverfolgungsbehörde mit. In dem Beschlagnahmebeschluss hatte die Strafverfolgungsbehörde ausdrücklich auf Verschwiegenheit bestanden. Dies war dem Bankmitarbeiter jedoch von seinem Arbeitgeber nicht mitgeteilt worden. Die Staatsanwaltschaft hat letztendlich die Ermittlungen wegen des Verdachts auf **Strafvereitelung** gegen den Bankmitarbeiter eingestellt, weil ihm die Kenntnis der Schweigeverpflichtung nicht nachgewiesen werden konnte.

213 Das Hinweisverbot ist ungewohnt für die Adressaten des § 11, insbesondere für Banken. Bei Auskunftsersuchen der Finanzbehörden ist ihnen die Unterrichtung des Kunden selbst dann gestattet, wenn die Finanzbehörde das Kreditinstitut um Stillschweigen ersucht hat. Es gibt keine Rechtsgrundlage, aufgrund deren dem Kreditinstitut dieses Verhalten untersagt werden könnte. Vielmehr wäre der Kunde ohnehin nach **§ 93 Abs. 1 Satz 3 AO** zuerst zu befragen (Subsidiaritätsgrundsatz).[302] Bei der Bekämpfung der organisierten Kriminalität ist demgegenüber ein Hinweisverbot angebracht.

2. Adressatenkreis

214 Absatz 5 verbietet es dem **Institut** und – seit dem Inkrafttreten des Geldwäschebekämpfungsgesetzes am 15.8.2002 – den **Unternehmen oder Personen nach § 3 Abs. 1**, den Auftraggeber der Transaktion oder einen Dritten von der Anzeige oder einem Ermittlungsverfahren zu unterrichten. Diese Regelung geht zurück auf Art. 8 Geldwäscherichtlinie, der erst sehr spät in die Richtlinie aufgenommen wurde.[303] Die Umsetzung ins deutsche Recht erfolgte nicht vollständig: Das Verbot gilt nicht, wie in der Geldwäscherichtlinie vorgesehen, für den Angestellten. Ein entsprechender Hinweis des Angestellten dürfte dem Institut allerdings im Regelfall zugerechnet werden.[304] Aus diesem Grunde sollten die Mitarbeiter von Instituten im Rahmen der Schulungsmaßnahmen nach § 14 eindringlich auf das Verbot hingewiesen werden. Das Verbot greift indes nicht, wenn der Angestellte die Anzeige nach § 261 Abs. 9 StGB für sich selbst abgibt, weil das Institut von einer Anzeige abgesehen hat. All diejenigen, die nicht der Anzeigepflicht nach § 11 unterliegen, sind nicht verpflichtet, das Hinweisverbot zu beachten.

215 Die Erweiterung des Adressatenkreises des Absatzes 5 durch das Geldwäschebekämpfungsgesetz geht einher mit der der Adressaten für die Anzeigepflicht. Beides basiert auf der Inpflichtnahme der in § 3 Abs. 1 genannten Berufsgruppen infolge der Zweiten Geldwäscherichtlinie. Der deutsche Gesetzgeber hat nicht von der Möglichkeit des Art. 8 Abs. 2 der 2. Geldwäscherichtlinie Gebrauch gemacht, die **rechts- und wirtschaftsberatenden Berufsgruppen** von dem Hinweisverbot

---

301) Kölner Stadtanzeiger vom 28.8.1994.
302) *Müller-Brühl*, S. 23 f.
303) Siehe *Fülbier*, Einleitung Rz. 36.
304) Zur Wissenszurechnung siehe BGH ZIP 1990, 918 = WM 1990, 98, dazu EWiR 1990, 233 *(Reuter)*; OLG München EWiR 1992, 979 *(Hadding)*.

freizustellen. Die Freistellung wird damit begründet, dass diese Berufsgruppen überhaupt nur dann der Anzeigepflicht unterliegen, wenn sie positive Kenntnis von der beabsichtigten Geldwäsche haben und die Rechtsberatung für diese Zwecke genutzt werden soll.[305] In diesen Fällen ist das Interesse des Mandanten nicht schützenswert und deshalb ein Hinweisverbot angezeigt. Allerdings ist es der Entwurfsbegründung zufolge statthaft, den Mandanten auch in diesen Fällen über die allgemein bestehende Rechtslage (Anzeigepflicht und Hinweisverbot) zu informieren, insbesondere zu Beginn einer Beratung. Der Berater ist durch das Hinweisverbot nicht gehindert, das Mandat niederzulegen.[306] Dies wird wegen der drohenden Strafbarkeit nach § 261 StGB sogar geboten sein.

3. Inhalt

Das Verbot betrifft zunächst **ausdrückliche und stillschweigende Hinweise** nach 216
Abgabe einer Anzeige. Darüber hinaus darf der von einer Anzeige Betroffene nicht über die Absicht zur Erstattung einer Anzeige informiert werden. Daraus kann sich ein Problem im Zusammenhang mit Fragen an den Betroffenen im Vorfeld der Ausführung einer Transaktion ergeben, die aufgrund eines Anfangsverdachts gestellt werden. Hier könnte der potentielle Geldwäscher argwöhnisch werden. Ein Hinweis an den Kunden ist in diesem Verhalten des Mitarbeiters jedoch nicht zu sehen. Etwaige Konfliktfälle sind zugunsten der Aufklärung des Sachverhalts zu lösen. Aus Sicht des Betroffenen bleibt es offen, ob die Beantwortung der Fragen einen etwaigen Verdacht des Angestellten ausgeräumt hat.

Die Verpflichtung macht so lange keine Probleme, wie es nicht zu einer **Ver-** 217
zögerung bei der Ausführung der Finanztransaktion infolge der Stillhaltepflicht kommt. Liegt eine Verzögerung vor und fragt der Kunde nach, wird der Angestellte zum Lügen gezwungen. Absatz 5 bringt ihn in eine sehr missliche Situation. Auch die Argumentationshilfe der Bundesregierung, Verzögerungen von einem Tag nach Auftragserteilung seien (sogar laut Rechtsprechung) tolerierbar,[307] kann einem Bankangestellten nicht weiterhelfen, zumal die Frist zwei Werktage beträgt. Er kann nur auf ein menschliches Versehen oder die Tücken der EDV Zuflucht nehmen.

Eine Besonderheit gilt bei **Eilgeschäften**. Die Anzeige soll deshalb nachträglich vor- 218
genommen werden können, weil andernfalls die Verfolgung der Nutznießer einer mutmaßlichen Geldwäsche gefährdet werden könnte (Art. 7 Geldwäscherichtlinie). Der Gesetzgeber will damit auch konkludente Hinweise an den potentiellen Geldwäscher auf einen Verdacht des Angestellten ausschließen. Noch deutlicher ergibt sich dies aus der Begründung zu Art. 40 des luxemburgischen Gesetzentwurfs.[308] Danach soll das Geschäft deshalb sofort ausgeführt werden, damit nicht die Aufmerksamkeit des Kunden erregt wird.

---

305) Begründung RegE Geldwäschebekämpfungsgesetz, BT-Drucks. 14/8739, S. 16.
306) Begründung RegE Geldwäschebekämpfungsgesetz, BT-Drucks. 14/8739, S. 16.
307) Gegenäußerung BReg zu BRat RegE GewAufspG, BT-Drucks. 12/2747, S. 4.
308) Siehe 4. Aufl., Länderbericht Luxemburg, Rz. 37; Begründung zum Gesetzentwurf vom 27.2.1992 zu Art. 40 Abs. 3, Satz 8 bezüglich des Finanzsektors vom 3.4.1992, Nr. 3600, Chambre des Députés, Session ordinaire 1991–1992.

Fülbier

4. Ausnahmen

219 Die Unterrichtung **anderer staatlicher Stellen** als der zuständigen Strafverfolgungsbehörde ist zulässig. So müssen z. B. die Aufsichtsbehörden im Rahmen einer Prüfung informiert werden können, wenn es um den Nachweis einer ordnungsgemäßen Befolgung des Geldwäschegesetzes geht. Auch im Rahmen von **Schadensersatzklagen** der Kunden gegen das Institut, z. B. wegen Verzögerungsschäden, muss dieses auf den haftungsbefreienden Tatbestand der Anzeige hinweisen dürfen.

220 Unbefriedigend ist dabei allerdings, dass erst das **Gericht** als staatliche Stelle von der haftungsausschließenden Anzeige unterrichtet werden darf. Der betroffene Kunde muss daher erst eine (vergebliche) Klage anstrengen, bevor er die Aussichtslosigkeit seiner Ansprüche erkennen kann. Zu dem ohnehin erlittenen Verzögerungsschaden kommen unter Umständen noch unnütz aufgewandte Prozesskosten für ihn hinzu. Vermeiden lässt sich dieses Ergebnis nur dann, wenn das Institut den Kunden entgegen dem Hinweisverbot unterrichtet. Dieses dürfte dann keinen Bußgeldtatbestand oder den Straftatbestand der **Strafvereitelung** (§ 258 StGB) erfüllen, wenn die Strafverfolgungsbehörden (auf Anfrage) mitgeteilt haben, dass keine Ermittlungen aufgenommen oder diese bereits eingestellt wurden.[309]

221 Diese Auffassung wurde vom Bundesaufsichtsamt für das Kreditwesen geteilt. Dazu heißt es im Schreiben vom 20.12.1994:[310]

„Mir ist bekannt, dass entgegen dem eindeutigen Wortlaut des Absatzes 3 [heute: 5] in der Kreditwirtschaft teilweise die Auffassung vertreten wird, dass im Rahmen einer Schadensersatzklage des Kunden gegen die Bank, z. B. wegen Verzögerungsschäden, die beklagte Bank auf den haftungsbefreienden Tatbestand der Anzeige hinweisen darf (vgl. dazu *Fülbier/Aepfelbach*, Das Geldwäschegesetz, 2. Auflage 1994 § 11 7c) ...

Nach dem Sinn und Zweck des Absatzes 3 [heute: 5] soll aufgrund dieser Norm verhindert werden, dass der potentielle Geldwäscher über laufende Ermittlungen informiert wird und damit Gelegenheit erhält, zu beschlagnahmende Gelder in Sicherheit zu bringen.

Sobald an den Beschuldigten die schriftliche oder mündliche amtliche Mitteilung ergeht, dass gegen ihn ein Ermittlungsverfahren wegen Geldwäsche (§ 261 StGB) eingeleitet ist, wird das in § 11 Abs. 3 [heute: 5] geschützte Untersuchungs- und Geheimhaltungsinteresse der Ermittlungsbehörden nach der Ratio Legis grundsätzlich hinter den Interessen der Bank zurücktreten, sich gegen außergerichtlich oder gerichtlich geltend gemachte Schadensersatzansprüche des potentiellen Geldwäschers unter Hinweis auf § 12 zur Wehr zu setzen und damit auch auf den haftungsbefreienden Tatbestand der Verdachtsanzeige gemäß § 11 hinweisen zu dürfen.

Ein Ende des Hinweisverbots gemäß Absatz 3 [heute: 5] wird regelmäßig auch dann eintreten, wenn die Ermittlungsbehörden auf Anfrage des Kreditinstituts

---

309) So im Ergebnis auch *Reiß*, in: BuB, Rz. 16/106.
310) BAKred, Schreiben vom 20.12.1994 (I5-B603), Unterrichtungsverbot gemäß § 11 Abs. 3 GwG, abgedruckt in: *Consbruch/Möller u. a.*, KWG, Nr. 11.10.

diesem mitgeteilt haben, dass keine Ermittlungen aufgenommen bzw. diese bereits eingestellt worden sind.

Sofern diese geschilderten Voraussetzungen nicht vorliegen, wird es dem Kreditinstitut immer noch möglich sein, im anhängigen Zivilprozess, in dem der Verzögerungsschaden geltend gemacht wird, sich vor Gericht auf die Haftungsbefreiung des § 12 zu berufen, da das Unterrichtsverbot nach dem Wortlaut des § 11 Abs. 3 [heute: 5] nicht gegenüber staatlichen Stelle gilt. Das erkennende Gericht ist insoweit als ‚staatliche Stelle' anzusehen."

Diese Bestimmung muss dahin gehend einschränkend ausgelegt werden, dass das 222 Institut den eigenen **Rechtsanwalt** über die Abgabe einer Anzeige informieren darf. Dies ist im englischen Recht ausdrücklich so geregelt.[311] Schließlich ist die Kommunikation zwischen **Geldwäschebeauftragten anderer Institute** zur Klärung eines verdächtigen Geschäfts zulässig sowie die Warnung eines dritten Instituts.[312] Die Unterrichtung anderer Institute und Berufsgruppenangehöriger wird durch die noch umzusetzende Dritte Geldwäscherichtlinie ausdrücklich gestattet (Art. 28 Abs. 5).

VII. Freiwilligkeit der Anzeige (Abs. 6)

Die Pflicht zur Anzeige nach Absatz 1 steht dem Erfordernis der Freiwilligkeit der 223 Anzeige für die Strafbefreiung nach § 261 Abs. 9 StGB nicht entgegen (Absatz 6).

VIII. Verwertung der Daten aus Anzeigen (Abs. 7)

Absatz 7 regelt die **Verwertungsmöglichkeiten** der Verdachtsanzeigen nach Ab- 224 satz 1. Die Bestimmung wurde mit dem Gesetz zur Verbesserung der Bekämpfung der Organisierten Kriminalität vom 4.5.1998 erheblich erweitert. Danach darf der Inhalt der Anzeige nicht nur in **Strafverfahren** wegen Geldwäsche oder einer tauglichen Vortat verwandt werden. Zulässig ist dies auch in allen übrigen Strafverfahren, wenn die maßgebliche Straftat im Höchstmaß mit mehr als drei Jahren Freiheitsstrafe bedroht ist. Schließlich ist auch eine Verwertung in **Besteuerungsverfahren** vorgesehen und über den Verweis auf § 10 Abs. 2 Satz 3 zudem in **Steuerstrafverfahren**.

In der **ursprünglichen Fassung** war eine Verwertung für Strafverfahren, die nicht 225 der Verfolgung der Geldwäsche oder einer Vortat dienten, dann unzulässig, wenn der Strafrichter nach § 25 GVG zuständig gewesen wäre. Das war der Fall, wenn eine Straferwartung von nicht mehr als zwei Jahren gegeben war. Die Zulässigkeit der Verwertung war somit an eine Prognoseentscheidung der Staatsanwaltschaft geknüpft. Da sich die konkrete Straferwartung zu Beginn der Ermittlungen nur schwer absehen lässt, bestand die Gefahr, dass oftmals erst nach aufwendiger Ermittlungsarbeit beurteilt werden konnte, ob das Verwertungsverbot einer Strafverfolgung

---

311) § 26 C (4), (5) Criminal Justice Act 1993/Großbritannien.
312) BAKred, Verlautbarung für Kreditinstiute vom 30.3.1998, Nr. 31 a. E., abgedruckt in Anhang III.1.

entgegensteht.[313)] Die Verwertungsmöglichkeiten können nunmehr an objektiven Kriterien gemessen werden.

226 Dem zuvor beschriebenen Vorteil stehen erhebliche Nachteile gegenüber. Anders als früher können Verdachtsanzeigen nicht mehr ausschließlich zur Verfolgung von **Schwerstkriminalität** verwandt werden, sondern auch zur Verfolgung von Kleinst- und **Alltagskriminalität** sowie uneingeschränkt im Besteuerungs- und Steuerstrafverfahren.[314)] Durch die Neuregelung wurden mehr als 120 Tatbestände des StGB erfasst sowie die einfache Steuerhinterziehung nach § 370 AO. Durch das **Steuerverkürzungsbekämpfungsgesetz** ist mit § 370a AO der neue Straftatbestand der **gewerbs- oder bandenmäßigen Steuerhinterziehung** geschaffen worden. Die Regelung trat am 28.12.2001 in Kraft. Sie ist als Verbrechen mögliche Vortat einer Geldwäsche. Dabei kann schon eine einmalige Begehung ausreichen.[315)] Diese Erweiterungen der Verwertungsmöglichkeiten haben nichts mehr mit dem ursprünglichen Ziel des Geldwäschegesetzes, der Bekämpfung des organisierten Verbrechens, gemeinsam. Die Erweiterungen sind insbesondere wegen der Einbeziehung Privater in die Ermittlungen verfassungsrechtlich unzulässig.[316)]

227 Mit dem Geldwäschebekämpfungsgesetz wurde Absatz 7 mit Wirkung vom 15.8.2002 dahin gehend ergänzt, dass eine Verwendung der Anzeigedaten auch für die **Wahrnehmung von Aufsichtsaufgaben** der nach § 16 Nr. 1–4 zuständigen Behörden zulässig ist. Dadurch soll die Zusammenarbeit zwischen Strafverfolgungs- und Aufsichtsbehörden verbessert werden. Dies verbessert die Möglichkeiten der Aufsichtsbehörden, unter Geldwäschegesichtspunkten z. B. gegen Untergrundbanken vorzugehen.[317)] Die Weitergabe der Anzeigen durch die Strafverfolgungsbehörden an die Aufsicht ist daher zulässig, aber für die Strafverfolgungsbehörden nicht verpflichtend. Unzulässig ist – nach Ansicht des Bundesrats – die Einforderung der Kopien von Verdachtsanzeigen seitens der Aufsichtsbehörden gegenüber den Adressaten der Anzeigepflicht.[318)]

228 Damit ist die Zusammenarbeit nur einseitig zugunsten der Aufsichtsbehörden gesetzlich befördert worden: Dem Wunsch des Bundesrates, erforderliche Aufsichtsmaßnahmen zwischen Bundeskriminalamt und Aufsichtsbehörde abzustimmen, um Strafverfolgungsmaßnahmen nicht zu gefährden, ist der Gesetzgeber nicht gefolgt. Anlass für den Vorschlag waren Erfahrungen des Bundeskriminalamtes, insbesondere im Zusammenhang mit den Anschlägen vom 11.9.2001, denen zufolge das Bundesaufsichtsamt für das Kreditwesen dem Kooperationsgedanken nur unzureichend Rechnung getragen haben soll. Das Bundesaufsichtsamt soll mehrfach versucht haben, anzeigende Kreditinstitute zur Kontokündigung zu veranlassen. Dies, obwohl

---

313) Begründung RegE eines Gesetzes zur Verbesserung der Geldwäschebekämpfung, BT-Drucks. 13/6620, S. 9.
314) Zum alten Recht siehe *Bittmann/Rosner*, wistra 1995, 166, 168.
315) *Tröndle/Fischer*, StGB, vor § 52 Rz. 37.
316) Siehe dazu oben *Fülbier*, § 10 Rz. 5; kritisch auch *Dahm*, WM 1996, 1285, 1289 f; *Oswald*, S. 304 f; a. A. *Hund*, ZRP 1997, 180, 182.
317) Begründung RegE Geldwäschebekämpfungsgesetz, BT-Drucks. 14/8739, S. 17.
318) Stellungnahme BRat zum RegE Geldwäschebekämpfungsgesetz, BT-Drucks. 14/9043, S. 5.

es wusste, dass operative Ermittlungen der Strafverfolgungsbehörden durch diese Maßnahme erheblich erschwert wurden.[319]

Namenslisten verdächtiger Personen wurden unabgestimmt an alle Kreditinstitute versandt, um dadurch Verdachtsanzeigen zu veranlassen. Darin wurde eine Kompetenzüberschreitung des Bundesaufsichtsamtes für das Kreditwesen gesehen.[320] Schließlich wurde zu Recht bemängelt, dass das Bundesaufsichtsamt von den Instituten ohne Rechtsgrundlage Kopien der Verdachtsanzeigen einfordert. Der Vorschlag wurde nicht umgesetzt, weil die gegenseitige Abstimmung, um erforderliche Strafverfolgungsmaßnahmen nicht zu gefährden, sich bereits aus der selbstverständlichen Verpflichtung der Behörden zu gesetzestreuem Handeln ergebe.[321] Außerdem sei die Zusammenarbeit der Behörden nach Kenntnis der Bundesregierung durchaus effektiv. Schließlich ist dieser „Kompetenzstreit" in Sachen Terrorismusbekämpfung vom Gesetzgeber zugunsten der Bundesanstalt entschieden worden: Nach § 6a KWG kann diese Institute z. B. anweisen, bei entsprechenden Verdachtsfällen bestimmte Geschäfte nicht auszuführen. 229

IX. Rechtsverordnungsermächtigung (Abs. 8)

Absatz 8 ermächtigt das Bundesministerium des Innern und das Bundesministerium der Finanzen, durch Rechtsverordnung mit Zustimmung des Bundesrates einzelne typisierte Finanztransaktionen zu bestimmen, die die Institute anzuzeigen haben. Die Ermächtigung wurde mit dem Geldwäschebekämpfungsgesetz am 15.8.2002 wirksam. Adressat und damit Verpflichtete können nur Institute, nicht aber die Unternehmen und Personen nach § 3 Abs. 1 sein. Mit der Regelung wollte der Gesetzgeber flexibel auf die stetige Fortentwicklung der Nutzung neuer Medien und das Auftreten neuer Formen verdächtiger Transaktionen reagieren können.[322] Die Rechtsverordnung soll, muss aber nicht befristet sein (Absatz 8 Satz 2). Sie soll der Dauer des tatsächlichen Regelungsbedarfs angepasst sein. Bisher wurde von dieser Möglichkeit kein Gebrauch gemacht. 230

X. Information des Bundeskriminalamtes durch Staatsanwaltschaften (Abs. 9)

Nach Absatz 9 werden die zuständigen Staatsanwaltschaften verpflichtet, der Zentralstelle für Verdachtsanzeigen des Bundeskriminalamtes entsprechend § 482 Abs. 2 StPO die Erhebung der öffentlichen Klage in Strafverfahren mitzuteilen, zu denen eine Anzeige nach Absatz 1 erstattet wurde. Das gilt entsprechend für den Ausgang der Verfahren. Diese Vorschrift ist auch im Zusammenhang mit Art. 33 Abs. 2 und 3 der 3. Geldwäscherichtlinie zu sehen (oben Rz. 25). Mit der Regelung soll der Erfolg einer Verdachtsanzeige für das Bundeskriminalamt nachvollziehbar 231

---

319) Stellungnahme BRat zum RegE Geldwäschebekämpfungsgesetz, BT-Drucks. 14/9043, S. 5.
320) Stellungnahme BRat zum RegE Geldwäschebekämpfungsgesetz, BT-Drucks. 14/9043, S. 5.
321) Gegenäußerung BReg zum RegE Geldwäschebekämpfungsgesetz, BT-Drucks. 14/9043, S. 10.
322) Begründung RegE Geldwäschebekämpfungsgesetz, BT-Drucks. 14/8739, S. 17.

gemacht werden. Das soll gerade auch für Verfahren gelten, in denen es nicht um Straftaten nach § 261 StGB geht. Damit wird das Bundeskriminalamt in die Lage versetzt, die Bedeutung der Verdachtsanzeigen für die Strafverfolgung in Deutschland verlässlich darzustellen sowie Methoden und Typologien der Geldwäsche zu erkennen.[323] 2003 ist dies in 13 Fällen geschehen.[324] Im Folgejahr war das Meldeverhalten der Staatsanwaltschaften immer noch nicht gesetzeskonform und damit wenig aussagekräftig.[325] An diesem Ergebnis gemessen ist das Geldwäschegesetz sicher nicht als erfolgreich zu bezeichnen (oben Rz. 25 ff). Der Erfolg des Geldwäschegesetzes und der Anzeigepflicht ist aber nicht nur an diesem Kriterium festzumachen. Denn mit den Anzeigen sollen Strukturen der organisierten Kriminalität erkennbar werden sowie potentielle Täter abgeschreckt werden.

---

323) Begründung RegE Geldwäschebekämpfungsgesetz, BT-Drucks. 14/8739, S. 17.
324) BKA (FIU), Jahresbericht 2003, S. 20.
325) BKA (FIU), Jahresbericht 2004, S. 5.

§ 12
Freistellung von der Verantwortlichkeit

Wer den Strafverfolgungsbehörden Tatsachen anzeigt, die auf eine Straftat nach § 261 des Strafgesetzbuches oder der Finanzierung einer terroristischen Vereinigung nach § 129a, auch in Verbindung mit § 129b des Strafgesetzbuches, schließen lassen, kann wegen dieser Anzeige nicht verantwortlich gemacht werden, es sei denn, die Anzeige ist vorsätzlich oder grob fahrlässig unwahr erstattet worden.

Literatur: *Denzer/Niehoff*, Die Grundlagen der EG-Rechtsakte und deren Wirkung in den Mitgliedstaaten, Sparkasse 1992, 486; *Jarass*, Folgen der innerstaatlichen Wirkung von EG-Richtlinien, NJW 1991, 2665; *ders.*, Voraussetzungen der innerstaatlichen Wirkung des EG-Rechts, NJW 1990, 2420; *Johnigk*, Anwaltstätigkeit unter dem Geldwäschegesetz, BRAK-Mitt. 1994, 58; *Krumm*, Aussagegenehmigung bei Vernehmungen als Zeuge und für Anzeigen nach § 261 Abs. 9 StGB?, Sparkasse 1993, 441; *Löwe-Krahl*, Die Strafbarkeit von Bankangestellten wegen Geldwäsche nach § 261 StGB, wistra 1993, 123; *Melzer*, Reform der Geldwäschegesetzgebung, Die Bank 1996, 494; *Obermüller*, Neue Pflichten für Banken und Kunden, Bankkaufmann 6/1992, 50; *Schrader*, 12. Tätigkeitsbericht des Hamburgischen Datenschutzbeauftragten, Januar 1994; *Starke*, Zur Einbeziehung der Anwaltschaft in ein Gewinnaufspürungsgesetz, BRAK-Mitt. 1992, 178; *Ungnade*, Rechtliche Aspekte bei der Umsetzung des OrgKG und des Geldwäschegesetzes in der Kreditwirtschaft (II), WM 1993, 2105; *Wittig*, Die staatliche Inanspruchnahme des Rechtsanwalts durch das neue Geldwäschegesetz, AnwBl 2004, 193.

Übersicht

I.	Einführung 1		V.	Ausnahmen 15
II.	Persönlicher Anwendungsbereich („wer") 1		VI.	Haftung für Anzeigen vor Inkrafttreten des Geldwäschegesetzes 17
III.	Anzeige von Tatsachen 5			
IV.	Befreiung von Verantwortlichkeit 8			

I. Einführung

§ 11 verpflichtet zur Anzeige bestimmter Tatsachen aufgrund eines vagen Verdachts. Damit geht in besonderem Maße das Risiko einher, einen anderen falsch zu verdächtigen. § 12 soll dieses Risiko beseitigen. Mit dieser Regelung soll Art. 9 der 1. Geldwäscherichtlinie umgesetzt werden. Die ursprüngliche Regelung vom 25.10.1993 wurde mit dem Geldwäschebekämpfungsgesetz vom 8.8.2002 dahingehend erweitert, dass nicht nur die Anzeige von Tatsachen, die auf § 261 StGB schließen lassen, sondern auch solche, die der Finanzierung einer terroristischen Vereinigung nach § 129a, auch in Verbindung mit § 129b StGB dienen, von Haftung befreit ist.

II. Persönlicher Anwendungsbereich („wer")

2 Es kann nicht verantwortlich gemacht werden, **wer** die genannten Tatsachen anzeigt. Diese Freistellungsregelung gilt für **jedermann**. Aufgrund der systematischen Einordnung dieser Bestimmung ist dies nicht ganz zweifelsfrei: Das Geldwäschegesetz, in das die Regelung eingebettet ist, hat einen genau definierten Adressatenkreis. Deshalb läge die Annahme nahe, die Freistellung komme nur diesen Adressaten zugute. Auch Art. 9 der 1. Geldwäscherichtlinie bestärkt diesen Eindruck. Danach wurden (nur) das Kredit- oder Finanzinstitut, sein leitendes Personal und seine Angestellten von Nachteilen infolge einer Anzeigenerstattung freigestellt.

3 Die weitergehende Wirkung, die § 12 schon seinem Wortlaut nach hat, wird durch die Entwurfsbegründung bestätigt. Danach sind nicht nur diejenigen von der Verantwortung freigestellt, die nach § 11 zur Anzeigenerstattung verpflichtet sind, sondern jeder, der eine verdächtige Geldbewegung i. S. d. § 261 StGB feststellt und anzeigt. Darin eingeschlossen sind auch Personen, die nicht vom Adressatenkreis des § 11 erfasst sind. Sie gilt auch für den Bankangestellten, der eine nach seiner Einschätzung verdächtige Transaktion gegenüber den Strafverfolgungsbehörden selbst anzeigt, obwohl die Bank, z. B. vertreten durch ihren Geldwäschebeauftragten, diese Auffassung nicht geteilt und von einer Anzeige nach § 11 abgesehen hat.[1]

4 Von der Verantwortlichkeit ist der Absender der Anzeige befreit. Bei einem **Institut** sind es sowohl die juristische Person als auch derjenige oder diejenigen, die die Anzeige für das Institut abgegeben bzw. veranlasst haben. Diese Auslegung steht im Einklang mit Art. 9 der 1. Geldwäscherichtlinie, in der dies ausdrücklich so beschrieben ist. Eine entsprechend klare Fassung des § 12 ist wünschenswert. Eine entsprechende Gelegenheit ergäbe sich bei Umsetzung des Art. 26 der 3. Geldwäscherichtlinie.

III. Anzeige von Tatsachen

5 § 12 befreit dann von der Verantwortung, wenn jemand **Tatsachen** anzeigt, die auf § 261 StGB oder §§ 129a, 129b StGB schließen lassen. Die Anzeige von anderen Tatsachen, die z. B. auf einen Betrug hindeuten, befreit daher nicht von Haftung. Diese Einschränkung könnte zur Verunsicherung bei der Abgabe von Anzeigen nach § 11 Abs. 1 führen. Ein Anlass dazu besteht letztendlich jedoch nicht.

6 Grundlage für eine Anzeige nach § 11 Abs. 1 kann nur ein subjektiver Anfangsverdacht sein.[2] Es reicht deshalb für die **Haftungsfreistellung** aus, wenn nach der kriminalistischen Erfahrung des Angestellten die Tatsache auf § 261 StGB oder §§ 129a, 129b StGB hindeutet. Da die eigenen Erfahrungen in der Regel nicht sehr umfangreich sein dürften, müssen die Anforderungen an die Prognose sehr niedrig angesetzt werden. So genügt es z. B., wenn der Angestellte seine Beurteilung auf die Anhaltspunkte für Geldwäsche stützt, die ursprünglich vom Bundeskriminalamt in Zusammenarbeit mit dem Zentralen Kreditausschuss und dem LKA Nordrhein-

---

1) So auch *Carl/Klos*, S. 221; *Lang/Schwarz/Kipp*, S. 705 f.
2) Siehe oben *Fülbier*, § 11 Rz. 50 ff.

Westfalen erstellt wurden. Liegt zumindest eines der dort genannten Merkmale vor, kann die Voraussetzung des § 12 für die Haftungsfreistellung erfüllt sein.

Aus diesem Ergebnis darf indes nicht der Schluss gezogen werden, dass immer dann, wenn einer der Anhaltspunkte vorliegt, dies eine Geldwäsche indiziert.[3] Beispielhaft sei auf folgenden Fall hingewiesen, der dem früheren Bundesaufsichtsamt unter dem Vorwurf einer Verletzung des Bankgeheimnisses vom angezeigten Kunden vorgetragen wurde. Auf diese Beschwerde hat das Amt mit Schreiben vom 19.12.1996[4] unter Hinweis auf den der Bank zustehenden **Beurteilungsspielraum** wie folgt geantwortet:

„... Selbstverständlich rechtfertigt allein die Tatsache, dass es sich bei dem Kontoinhaber um einen Ausländer handelt, keinesfalls die Erstattung einer Verdachtsanzeige. Hinzukommen müssen vielmehr weitere Anhaltspunkte, die in den Augen des Kreditinstituts für das Vorliegen einer Geldwäschetransaktion sprechen.

Den mir vorliegenden Unterlagen entnehme ich, dass die beschuldigte [Kundin] – ohne einen Wohnsitz in der Bundesrepublik zu besitzen – ein Konto bei der [Bank] in ... eröffnet hat. Nicht zuletzt ihre Aussage, dieses für ‚kleinere private Angelegenheiten' benutzen zu wollen, stand offenbar nach der Einschätzung des Instituts im Widerspruch zu dem kurze Zeit später auf dem Konto eingehenden hohen Betrag, der angabegemäß aus dem Verkauf ihrer Wohnung resultierte. Die Gesamtumstände der Geschäftsbeziehung, deren wirtschaftlicher Hintergrund sich dem Kreditinstitut auf der Basis seines Kenntnisstands letztlich nicht erschloss, führten nach Abwägung aller Umstände zu der Verdachtsanzeige gegen die [Kundin].

Einen Beurteilungsfehler seitens der [Bank] vermag ich im konkreten Fall nicht zu erkennen. Das Verhalten des Instituts ist aus meiner Sicht nicht zu beanstanden, da das Institut pflichtgemäß handelte. Im Übrigen hat offensichtlich auch die zuständige Staatsanwaltschaft nach Auswertung der Verdachtsanzeige einen ausreichenden Tatverdacht für die Einleitung eines Ermittlungsverfahrens gesehen und ist insoweit der Einschätzung der Bank hinsichtlich der Verdachtsmomente gefolgt. ..."

IV. Befreiung von Verantwortlichkeit

Die Freistellungsregelung ist umfassend. Es handelt sich um einen der Regelung in § 839 Abs. 2 Satz 1 BGB vergleichbaren **Haftungsausschlusstatbestand**, nicht um einen Rechtfertigunsrund. Anders als beim Letzteren kommt es auf die Kenntnis und die Existenz des (rechtfertigenden) Tatbestands zum Zeitpunkt der Vornahme der schädigenden Handlung nicht an. Es genügt für die Haftungsfreistellung, wenn der Ausschlusstatbestand zum Zeitpunkt der Gerichtsentscheidung in Kraft ist.[5]

---

3) Siehe oben *Fülbier*, § 11 Rz. 50, 99 ff.
4) BAKred, Schreiben vom 19.12.1996 (unveröff.).
5) Entsprechend für § 261 Abs. 9 StGB *Tröndle/Fischer*, StGB, § 261 Rz. 51.

GwG § 12   Freistellung von der Verantwortlichkeit

Die Freistellung erstreckt sich auf alle denkbaren **zivilrechtlichen Ansprüche** und alle **Straftatbestände**. Danach kann eine Haftung weder aus **Verletzung des Bankgeheimnisses** oder der Pflicht zur Verschwiegenheit bei Sparkassenangestellten resultieren[6] noch aus Schäden, die auf eine Verzögerung der Transaktion zurückzuführen sind. Darin eingeschlossen sind auch arbeitsrechtliche Schadensersatz- und Unterlassungsansprüche sowie andere arbeitsrechtliche Konsequenzen. Das kann z. B. dann bedeutsam werden, wenn der Angestellte entgegen den Weisungen des Arbeitgebers eine Anzeige vornimmt. Ebenso ausgeschlossen sind Disziplinarmaßnahmen.

9 Diese Regelung hat zur Konsequenz, dass unberechtigt angezeigte Kunden auf ihren Schäden zuzüglich etwaiger, vergeblich aufgewandter Prozesskosten[7] sitzen bleiben. Hier wäre es entsprechend der Regelung in Frankreich[8] angezeigt gewesen, den Staat in die Haftung einspringen zu lassen. In diese Richtung ging auch die Forderung von *Burkhard Hirsch*, die Staatsanwaltschaft für verzögerte Überweisungen haften zu lassen.[9]

10 Die Bundesregierung[10] hatte diesbezüglich in ihrer Gegenäußerung zur Stellungnahme des Bundesrates Folgendes erklärt:

> „Wäre der Aufschub von Finanztransaktionen über einen längeren Zeitraum (als einen Tag nach Auftragserteilung, d. V.) möglich, so müsste für die daraus unter Umständen entstehenden Verzögerungsschäden von Betroffenen, bei denen sich der Verdacht auf Geldwäsche im Ergebnis nicht bestätigt, eine Entschädigung vorgesehen werden."

11 Diese Stellungnahme bezog sich auf den Wunsch des Bundesrats, die ursprünglich beabsichtigte Eintagesfrist auf eine Zweitagesfrist auszudehnen. Dieser Wunsch wurde u. a. mit der zitierten Begründung abgelehnt. Bei der nun geltenden, verlängerten Frist sollte die „versprochene" **Entschädigungsregelung** von der Bundesregierung eingefordert werden.

12 Eine Entschädigung nach den Grundsätzen des **Strafrechtsentschädigungsgesetzes**[11] dürfte nicht zum Zuge kommen, weil die infolge der Anzeige entstandenen Schäden (Verzögerungsschäden) nicht durch „Strafverfolgungsmaßnahmen" verursacht wurden.

13 Die Haftungsfreistellung nach § 12 wirkt auch bei einem Verstoß gegen **Straftatbestände**. Im Falle einer Verdachtsanzeige ist eine **falsche Verdächtigung** (§ 164 StGB) oder die **Vortäuschung einer Straftat** (§ 145d StGB) durch § 12 erfasst. Unter die Freistellung fällt auch die Verletzung der **Verschwiegenheitspflicht nach**

---

6) *Körner*, in: Körner/Dach, S. 70; *Krumm*, Sparkasse 1993, 441, 443 f; *Ungnade*, WM 1993, 2105, 2112; zum Postgeheimnis: *Schrader*, S. 118 f.
7) Dazu *Fülbier*, § 11 Rz. 220.
8) Siehe 4. Aufl., Länderbericht Frankreich, S. 24.
9) Handelsblatt vom 9.2.1993, S. 4; *Melzer*, Die Bank 1996, 494, 498; *Werner*, S. 148 f.
10) Gegenäußerung BReg zu BRat RegE GewAufspG, BT-Drucks. 12/2747, S. 4.
11) So wohl *Körner*, in: Körner/Dach, S. 71; *Werner*, S. 149 f; *Reiß*, in: BuB, Rz. 16/89; *Bruchner*, in: Schimansky/Bunte/Lwowski, § 42 Rz. 125.

§ 203 StGB durch einen **Rechtsanwalt**.[12] Das gilt unabhängig von einer etwaig bestehenden Anzeigepflicht. Nach § 11 Abs. 3 wird der Rechtsanwalt von der Anzeigepflicht nach § 11 Abs. 1 befreit, wenn eine Rechtsberatung oder Prozessvertretung zugrunde liegt, es sei denn, die dort genannte Gegenausnahme ist einschlägig. Er kann daher aufgrund von § 12 selbst im Falle einer Prozessvertretung nicht wegen Verletzung des § 203 StGB zur Verantwortung gezogen werden. Dieses Ergebnis ist mit Blick auf Wertungswidersprüche zu § 203 StGB, der Verletzung von Privatgeheimnissen (§ 139 Abs. 3 Satz 2 StGB) und dem Verbot der Wahrnehmung widerstreitender Interessen (§ 43a Abs. 4 BRAO) kritisch zu sehen.[13] Durch die Kollision der eigenen Interessen des Rechtsanwalts (Vermeidung einer Strafdrohung aus § 261 StGB) mit denen des Mandanten kann das berufliche Leitbild des Strafverteidigers beeinträchtigt werden.[14] Unterliegt der Rechtsanwalt der Anzeigepflicht nach § 11, ist diese – neben der Haftungsfreistellung aus § 12 – als Rechtfertigungsgrund anzusehen. Bei einer gesetzlichen Offenbarungspflicht ist ein Verstoß gegen § 203 StGB gerechtfertigt.[15]

Wenn der Anwalt sich selbst der Strafdrohung des § 261 Abs. 5 StGB ausgesetzt 14 sieht, kann der etwaige Verstoß gegen die Verschwiegenheitspflicht aus § 203 StGB – unabhängig von der Regelung des § 12 und der des § 261 Abs. 9 StGB – mit der **Wahrnehmung berechtigter Interessen** gerechtfertigt werden (siehe auch unten Rz. 17).[16]

V. Ausnahmen

Die Freistellungsregelung ist nicht einschlägig bei **vorsätzlich oder grob fahrlässig** 15 **unwahr** erstatteten Anzeigen. Die Betonung liegt dabei auf „unwahr".[17]

Es sollte deshalb sorgfältig darauf geachtet werden, dass nur den Tatsachen entspre- 16 chend angezeigt wird. Andernfalls droht nicht nur eine zivilrechtliche Haftung, sondern auch eine Strafverfolgung wegen falscher Verdächtigung (§ 164 StGB) oder Vortäuschung einer Straftat (§ 145d StGB). Die Einschränkung soll missbräuchliche oder unüberlegte Anzeigen verhindern. Sie führt zur weiteren Verunsicherung des Angestellten, der schon genug damit zu tun hat, eine verdächtigte Transaktion überhaupt als solche festzustellen.[18] Die Beschränkung auf Vorsatz hätte genügt.

VI. Haftung für Anzeigen vor Inkrafttreten des Geldwäschegesetzes

Seit Inkrafttreten des Geldwäschegesetzes zum 29.11.1993 ist die Haftung bei der 17 Vornahme einer Verdachtsanzeige nach § 11 klar geregelt. Unsicher war die

---

12) Gegen eine Rechtfertigung sprechen sich *Starke*, BRAK-Mitt. 1992, 178, 192, und *Johnigk*, BRAK-Mitt. 1994, 58, 64, aus.
13) *Wittig*, AnwBl 2004, 193, 195, 198 f.
14) BVerfG NJW 2004, 1305, 1308, zur Strafdrohung des § 261 Abs. 2 Nr. 1 StGB für Strafverteidiger; siehe auch *Schröder/Textor*, § 261 StGB Rz. 55 f, 185.
15) *Tröndle/Fischer*, StGB, § 203 Rz. 38.
16) *Körner*, in: Körner/Dach, S. 26.
17) So auch *Körner*, in: Körner/Dach, S. 46.
18) Dazu auch *Obermüller*, Bankkaufmann 6/1992, 50, 52 f.

Rechtslage hingegen bei der Haftung für Anzeigen, die nach Inkrafttreten des § 261 Abs. 9 StGB zum 28.2.1994, aber vor Inkrafttreten von § 12 abgegeben wurden. Dabei war die Haftung u. a. wegen der **Wahrnehmung berechtigter Interessen** ausgeschlossen. Diese konnte einen Rechtfertigungsgrund darstellen.[19] Das berechtigte Interesse des Anzeigenden bestand darin, dass die Anzeige (möglicherweise das einzige) Instrument war, um sich selbst vor Strafe für ein Handeln zu schützen, zu dem der Angezeigte den Anzeigenden „veranlasst" hat. Zu einem entsprechenden Ergebnis gelangt *Schrader* bezüglich der Durchbrechung des **Postgeheimnisses**, wenn dies zur Verfolgung einer im Zusammenhang mit dem Postdienst begangenen Straftat erforderlich war.[20]

18 Schließlich konnte man sich auf die **unmittelbare Geltung des Art. 9 der 1. Geldwäscherichtlinie** berufen. Danach zieht es keine nachteiligen Folgen für Kredit- oder Finanzinstitute, deren leitendes Personal oder Angestellte nach sich, wenn Angestellte oder Leiter eines solchen Instituts gutgläubig eine Anzeige nach Art. 6 oder 7 der 1. Geldwäscherichtlinie erstatten. Die Anzeige nach diesen Bestimmungen entspricht derjenigen nach § 11 Abs. 1. Der Europäische Gerichtshof und das Bundesverfassungsgericht haben eine unmittelbare Geltung der Bestimmungen von EG-Richtlinien bejaht, wenn die **Umsetzungsfrist** für die Richtlinie abgelaufen ist, der Mitgliedstaat die Richtlinie nicht umgesetzt hat, die Richtlinie Einzelne begünstigt und die Vorschrift so genau formuliert ist, dass der Einzelne hieraus unmittelbar seine Rechte ableiten kann.[21]

19 All diese Voraussetzungen treffen auf Art. 9 der 1. Geldwäscherichtlinie zu. Die Umsetzungsfrist war am 1.1.1993 verstrichen, ohne dass diese Richtlinie einschließlich der Freistellungsregelung in Deutschland umgesetzt war. Art. 9 Geldwäscherichtlinie 1991 begünstigt einen ganz klar umrissenen Personenkreis in der Weise, dass die daraus resultierenden Rechte deutlich aus der Vorschrift abgelesen werden können.[22]

---

19) Vgl. BGH ZIP 1993, 107 = WM 1993, 69, dazu EWiR 1993, 139 (*Schiemann*); BGH WM 1978, 999; OLG Köln WM 1993, 289, dazu EWiR 1993, 443 (*Feuerborn*).
20) *Schrader*, S. 118 f.
21) BVerfGE 75, 223; vgl. *Denzer/Niehoff*, Sparkasse 1992, 486, 488 f; *Jarass*, NJW 1991, 2665; *ders.*, NJW 1990, 2420, 2421.
22) So auch *Löwe-Krahl*, wistra 1993, 123, 127.

§ 13
Anzeige von Verdachtsfällen durch die zuständige Behörde

Stellt die zuständige Behörde (§ 16) Tatsachen fest, die auf eine Straftat nach § 261 des Strafgesetzbuches oder der Finanzierung einer terroristischen Vereinigung nach § 129a, auch in Verbindung mit § 129b des Strafgesetzbuches, schließen lassen, so hat sie diese unverzüglich den zuständigen Strafverfolgungsbehörden anzuzeigen.

§ 13 dient der Umsetzung von Art. 10 der 1. Geldwäscherichtlinie. Die in § 16 genannten Behörden (z. B. die Bundesanstalt für Finanzdienstleistungsaufsicht) können im Rahmen ihrer Aufsichtsfunktion (z. B. einer Betriebsprüfung nach § 44 KWG) auf Anhaltspunkte stoßen, die auf eine Geldwäsche hindeuten. In derartigen Fällen sind sie verpflichtet, die Strafverfolgungsbehörden unverzüglich zu unterrichten.

Die ursprüngliche Regelung vom 25.10.1993 wurde mit dem **Geldwäschebekämpfungsgesetz** vom 8.8.2002 dahin gehend erweitert, dass nicht nur Tatsachen, die auf § 261 StGB schließen lassen, sondern auch solche, die der Finanzierung einer terroristischen Vereinigung nach § 129a, auch in Verbindung mit § 129b StGB, dienen, gegenüber der zuständigen Strafverfolgungsbehörde anzuzeigen sind.

Der **praktische Wert** dieser Regelung ist denkbar gering. Dem Jahresbericht des Bundeskriminalamtes – FIU – 2003 zufolge wurde keine einzige Anzeige erstattet.[1] 2004 wurde die Vorschrift ein Mal angewendet.[2] Dies legt die Anregung nahe, ganz auf § 13 zu verzichten und das Geldwäschegesetz dadurch schlanker zu gestalten.

Unter rechtlichen Gesichtspunkten erscheint es nicht geboten, das Bundesministerium der Finanzen oder die Bundesanstalt zu verpflichten, Verdachtsanzeigen zu erstatten. Einerseits dürften – wie die Praxis belegt – die Aufsichtsbehörden kaum in die Verlegenheit kommen, maßgebliche Sachverhalte festzustellen. Andererseits hätten sie andere Möglichkeiten, diese gegebenenfalls den zuständigen Behörden zur Kenntnis zu bringen. Dazu ist bezüglich des Bundesministeriums der Finanzen an Art. 35 GG zu denken. Für die Bundesanstalt käme zunächst § 6 Abs. 3 KWG in Frage. Danach kann die Bundesanstalt gegenüber den Instituten Anordnungen treffen, wenn z. B. die Regelung des § 11 GwG von diesem nicht eingehalten wurde.[3] Die Anordnung könnte dahin gehen, das betroffene Institut zu verpflichten, eine Verdachtsanzeige zu erstatten. Alternativ könnte die Bundesanstalt den Verdacht auch selbst kommunizieren. Ein Verstoß gegen die Verschwiegenheitspflicht des § 9 KWG wäre darin nicht zu sehen. Denn nach § 9 Abs. 1 Satz 4 KWG liegt ein unbefugtes Offenbaren dann nicht vor, wenn Tatsachen an Strafverfolgungsbehörden weitergegeben werden.

---

1) BKA (FIU), Jahresbericht 2003, S. 46.
2) BKA (FIU), Jahresbericht 2004, S. 48.
3) *Fülbier*, in: Boos/Fischer/Schulte-Mattler, KWG, § 6 Rz. 57 ff, 62.

§ 14
Interne Sicherungsmaßnahmen

(1) Folgende Unternehmen oder Personen müssen Vorkehrungen dagegen treffen, dass sie zur Geldwäsche missbraucht werden können:

1. Kreditinstitute,
2. Versicherungsunternehmen im Sinne des § 1 Abs. 4,
3. Versteigerer,
4. Finanzdienstleistungsinstitute,
4a. Investmentaktiengesellschaften,
5. Finanzunternehmen im Sinne des § 1 Abs. 3 Satz 1 Nr. 2 bis 5 des Gesetzes über das Kreditwesen,
6. Edelmetallhändler,
7. Spielbanken,
8. Unternehmen und Personen in den Fällen von § 3 Abs. 1 Satz 1 Nr. 2 und 3, und, wenn sie die dort genannten Geschäfte regelmäßig ausführen, in den Fällen von § 3 Abs. 1 Satz 1 Nr. 1 und Satz 2 und 3.

(2) Vorkehrungen im Sinne des Absatzes 1 sind

1. die Bestimmung eines der Geschäftsleitung unmittelbar nachgeordneten Geldwäschebeauftragten, der Ansprechpartner für die Strafverfolgungsbehörden und das Bundeskriminalamt – Zentralstelle für Verdachtsanzeigen – sowie die nach § 16 zuständigen Behörden ist,
2. die Entwicklung interner Grundsätze, angemessener geschäfts- und kundenbezogener Sicherungssysteme und Kontrollen zur Verhinderung der Geldwäsche und der Finanzierung terroristischer Vereinigungen,
3. die Sicherstellung, dass die Beschäftigten, die befugt sind, bare oder unbare Finanztransaktionen durchzuführen, zuverlässig sind, und
4. die regelmäßige Unterrichtung dieser Beschäftigten über die Methoden der Geldwäsche und die nach diesem Gesetz bestehenden Pflichten.

(3) [1]Falls eine Person im Sinne von Absatz 1 Satz 1 Nr. 3, 6 oder 8 ihre berufliche Tätigkeit im Rahmen eines Unternehmens ausübt, obliegt die Verpflichtung nach Absatz 1 diesem Unternehmen. [2]Die nach Absatz 1 verpflichteten Unternehmen und Personen dürfen die Vorkehrungen nach Absatz 2 mit vorheriger Zustimmung der nach § 16 zuständigen Behörde durch andere Unternehmen oder Personen treffen lassen. [3]Die Zustimmung darf nur erteilt werden, wenn die anderen Unternehmen oder Personen die Gewähr dafür bieten, dass die Vorkehrungen ordnungsgemäß getroffen werden.

(4) [1]Die nach § 16 zuständige Behörde kann im Einzelfall Anordnungen treffen, die geeignet und erforderlich sind, um Vorkehrungen im Sinne des § 14 Abs. 2 Nr. 2 zu schaffen. [2]Sie kann bestimmen, dass auf einzelne oder auf Gruppen der

in Absatz 1 Nr. 3 bis 6 und 8 genannten Unternehmen und Personen wegen der Art der von diesen betriebenen Geschäfte und der Größe des Geschäftsbetriebs die Vorschriften der Absätze 1 und 2 ganz oder teilweise nicht anzuwenden sind. [3]Für die in § 3 Abs. 1 Satz 1 Nr. 1 und 2, auch in Verbindung mit Absatz 3 Satz 1 dieser Vorschrift, genannten Personen und Unternehmen treffen diese Anordnungen die zuständige Bundesberufskammer oder die zuständige oberste Landesbehörde nach § 11 Abs. 4 Satz 4.

Literatur: *Bergles/Eul*, „Rasterfahndung" zur Geldwäschebekämpfung – ein Konflikt mit dem Datenschutz?, BKR 2002, 556; *Bödecker*, Prüfungen nach § 44 Abs. 1 KWG, Verfahren und Kosten, 1987; *Böhmke/Schäfer*, Geldwäschebeauftragter: Auslagerung der Funktion auf die WGZ-Bank, BI/GF 11/1998, 20; *Herzog*, Geldwäschebekämpfung – quo vadis? Rechtsstaatliche Grenzen der Geldwäschebekämpfung durch Aufsichtshandlungen des Bundesaufsichtsamtes für das Kreditwesen, WM 1999, 1905; *ders.*, Der Banker als Fahnder? Von der Verdachtsanzeige zur systematischen Verdachtsgewinnung – Entwicklungstendenzen der Geldwäschebekämpfung, WM 1996, 1753; *Höche*, Der Entwurf einer dritten EU-Richtlinie zur Verhinderung der Nutzung des Finanzsystems zu Zwecken der Geldwäsche und der Finanzierung des Terrorismus, WM 2005, 8; *Rabe*, Die neue Geldwäsche-Verlautbarung des Bundesaufsichtsamts für das Kreditwesen, Sparkasse 1998, 335; *Schneider*, Die aufsichtsrechtliche Inhaltskontrolle von Verträgen der Kreditinstitute und ihrer Mitarbeiter, WM 1996, 712.

Übersicht

I. Überblick 1	e) Ansprechbarkeit/Stellvertretung 41
1. Zweck der Regelung 1	f) Delegation 46
2. Adressaten der Norm (Abs. 1) 7	4. Persönliche Anforderungen an den Geldwäschebeauftragten 47
3. Zusätzliche aufsichtsrechtliche Maßnahmen 11	a) Kompetenz in Sachen Geldwäsche 47
II. **Bestellung eines Geldwäschebeauftragten (Abs. 2 Nr. 1)** 13	b) Sachkompetenz für die maßgeblichen Geschäfte 48
1. Vorbemerkung 13	c) Führungskompetenz 49
2. Aufgaben des Geldwäschebeauftragten 17	d) Keine Interessenkollision 50
a) Allzuständigkeit in Sachen Geldwäsche 17	e) Einzelne Fachbereiche 52
b) Bearbeitung von Verdachtsfällen 19	aa) Innenrevision 53
c) Organisatorische Maßnahmen 21	bb) Datenschutzbeauftragter ... 58
d) Schulung und Unterrichtung 22	cc) Bereiche mit Kundenkontakt 59
e) Durchführung von Kontrollen 23	dd) Rechnungswesen/Marktfolgeseite/Organisation 60
3. Stellung des Geldwäschebeauftragten im Unternehmen 25	ee) Vorstandsmitglieder 61
a) Vertretungsberechtigung 25	ff) Leiter ausländischer Niederlassungen 67
b) Hierarchische Stellung im Unternehmen 30	5. Kompetenzen und Ausstattung 68
c) Weisungsgebundenheit gegenüber dem Vorstand 33	6. Mitteilung an die Aufsichtsbehörde 70
d) Weisungsbefugnis gegenüber den Mitarbeitern und Entscheidungskompetenz 35	III. **Interne Grundsätze, Sicherungssysteme und Kontrollen (Abs. 2 Nr. 2)** 74
	1. Vorbemerkung 74

2. Organisatorische Vorkehrungen 75
   a) Organisationsrichtlinie und Arbeitsablaufbeschreibung 75
   b) Art der Verbreitung 77
   c) Know-your-customer-Prinzip 78
   d) Korrespondenzbankbeziehungen 79
   e) Nicht kooperierende Länder und Territorien (NCCT) 86
3. Sicherungssysteme 87
   a) Gefährdungsanalyse 87
   b) Research/Monitoring 101
4. Kontrollen und Prüfungen 111
   a) Kontrollen durch den Geldwäschebeauftragten 111
   b) Prüfungen durch die Innenrevision bei Kreditinstituten und Finanzdienstleistungsinstituten 113
   c) Prüfungen durch die Innenrevision im Versicherungswesen 115
5. Ausnahmen von den Pflichten des Absatzes 2 Nr. 2 116
6. Feststellungen der Abschlussprüfers bei Kredit- und Finanzdienstleistungsinstituten 117
7. Sonderprüfungen nach § 44 KWG 122
8. Keine Ermächtigungsgrundlage in Absatz 2 123

IV. **Zuverlässigkeit der Mitarbeiter (Abs. 2 Nr. 3)** 126
1. Zuverlässigkeit 126
2. Prüfung der Zuverlässigkeit 130
3. Konsequenzen bei Unzuverlässigkeit 142
V. **Unterrichtung/Schulung der Mitarbeiter über Methoden der Geldwäsche und die gesetzlichen Pflichten (Abs. 2 Nr. 4)** 144
1. Unterrichtung über Methoden der Geldwäsche 147
2. Schulung über die gesetzlichen Pflichten 153
3. Relevante Mitarbeiter 157
4. Form der Schulung 158
5. Dokumentation 161
VI. **Berufsausübung im Rahmen eines Unternehmens (Abs. 3 Satz 1)** 162
VII. **Externe als Geldwäschebeauftragte – Outsourcing (Abs. 3 Satz 2 und 3)** 163
VIII. **Anordnungs- und Befreiungsbefugnis im Einzelfall (Abs. 4)** 170
1. Allgemeine Bestimmungen 170
2. Einzelne Anordnungen zur Befreiung von internen Sicherungsmaßnahmen 177
IX. **Sanktionen** 182
X. **Neuregelungen der Dritten Geldwäscherichtlinie** 185

I. Überblick

1. Zweck der Regelung

Dem Adressatenkreis dieser Regelung wird die **Einführung von Präventivmaß- 1 nahmen** zur Bekämpfung der Geldwäsche auferlegt. Dies geschah zunächst, um der in einer regelmäßig arbeitsteiligen Unternehmensstruktur erblickten Gefährdungssituation zu begegnen. Bei einzelnen Geschäften kann der Überblick über den Gesamtzusammenhang einer Finanztransaktion fehlen. Dies erleichtert den Geldwäschern erheblich die Durchführung von Geldwäschetransaktionen.

Mit dem Geldwäschebekämpfungsgesetz vom 8.8.2002 ist dem in Absatz 1 genann- 2 ten Adressatenkreis die Nummer 8 und damit zusätzlich weitere Berufsgruppen des § 3 Abs. 1 wie Rechtsanwälte, Patentanwälte, Notare, Wirtschaftsprüfer, vereidigte Buchprüfer, Steuerberater, Immobilienmakler, Vermögensverwalter und sonstige Gewerbetreibende hinzugefügt worden. Die Erweiterung des Adressatenkreises fußt auf Art. 11 Abs. 1 der 2. Geldwäscherichtlinie, der die in Nummer 8 genannten Berufsgruppen grundsätzlich in die Verpflichtung zu internen Sicherungsmaßnahmen sowie – darauf aufbauend – zur Erstattung von Verdachtsanzeigen nach § 11 einbeziht. Damit werden diejenigen Berufe und Tätigkeiten in den Pflichtenkreis des Gesetzes einbezogen, bei denen erfahrungsgemäß ein erhöhtes Risiko besteht, dass ihre Dienste zu Geldwäschezwecken missbraucht werden.[1] Um diesem Missbrauch entgegenzuwirken, sind in Absatz 2 vier Maßnahmen vorgesehen, die miteinander in Wechselwirkung stehen.

3 Bedauerlicherweise führt die nunmehr sehr große und heterogene Gruppe der Adressaten dieser Regelung dazu, dass die sehr holzschnittartigen einzelnen gesetzlichen Pflichten, die im Wesentlichen einmal mit Blick auf die Kreditwirtschaft formuliert wurden, den nunmehr nach § 14 Verpflichteten allenfalls noch eine **grobe Richtschnur** liefern können; teilweise laufen sie auch völlig leer. Soweit keine konkretisierenden Vorgaben der jeweils nach Absatz 4 zuständigen Behörde oder Berufskammer vorliegen, erscheinen die formulierten Pflichten des Absatzes 2 für einzelne Adressaten mangels Normenklarheit kaum umsetzbar. Vorgaben gewerbefremder Behörden nach Absatz 4 vermögen diese Lücke wegen der Besonderheiten der einzelnen Adressaten allenfalls in Einzelfragen auszufüllen. Erschwerend wirkt auch, dass selbst die Vorgaben für Kreditinstitute, Finanzdienstleistungsinstitute und Versicherungen, die noch die homogenste Teilgruppe der nach § 14 Verpflichteten bilden und allesamt der Aufsicht der Bundesanstalt für Finanzdienstleistungsaufsicht unterliegen, stark voneinander abweichen.

4 Die Bundesanstalt betrachtet Absatz 2 als eine der **zentralen Vorschriften des Geldwäschegesetzes**. Im Gegensatz zu zahlreichen formalen Pflichten des Geldwäschegesetzes normiert Absatz 2 die Pflicht zu aktiven Maßnahmen der Adressaten, sich – und damit den Finanzstandort Deutschland – vor Geldwäschetransaktionen zu schützen. Der Missbrauch an sich legaler Unternehmungen zu Zwecken der Geldwäsche und Terrorfinanzierung soll durch geeignete individuelle – und damit auf das jeweilige Unternehmen zugeschnittene – Präventionsmaßnahmen erschwert werden. Dies könne durch staatliche Überwachung und Kontrolle des Geldverkehrs allein nicht erreicht werden.[2]

5 Teilweise wird in Absatz 2 eine Generalklausel oder gar eine Ermächtigungsgrundlage für den Erlass von aufsichtsrechtlichen Maßnahmen wie etwa der Herabsetzung der Identifizierungsschwelle bei Sorten-Bargeschäften[3] gesehen. Diese Ansichten bedürfen einer kritischen Analyse, die in einem besonderen Abschnitt vorgenommen wird (unten Rz. 123 ff).

6 Die Verantwortung für die Funktionsfähigkeit und Wirksamkeit der internen Regelungen obliegt sämtlichen Geschäftsleitern gemeinsam. Das gilt auch dann, wenn einzelnen Geschäftsleitern bestimmte Aufgabenbereiche zugewiesen sind.[4] Für Leiter von Zweigniederlassungen ausländischer Institute gilt dies entsprechend.

---

1) Begründung RegE Geldwäschebekämpfungsgesetz, BT-Drucks. 14/8739, S. 12 mit Hinweis auf die Begründung der Richtlinie.
2) Vgl. Begründung RegE GewAufspG, BT-Drucks. 12/2704, S. 19.
3) Siehe dazu *Langweg*, § 2 Rz. 96 ff.
4) BAKred, Verlautbarung für Kreditinstitute vom 30.3.1998, Nr. 33, abgedruckt in Anhang III.1.

2. Adressaten der Norm (Abs. 1)

Adressaten des § 14 sind   7

- Kreditinstitute i. S. d. § 1 Abs. 1 (Abs. 1 Nr. 1),[5]
- Versicherungsunternehmen, die Unfallversicherungsverträge mit Prämienrückgewähr oder Lebensversicherungsverträge anbieten, § 1 Abs. 4 GwG (Abs. 1 Nr. 2)
- Versteigerer (Abs. 1 Nr. 3),
- Finanzdienstleistungsinstitute i. S. d. § 1 Abs. 2 (Abs. 1 Nr. 4),[6]
- Investmentaktiengesellschaften i. S. d. § 2 Abs. 5 InvG (Abs. 1 Nr. 4a),
- Finanzunternehmen i. S. d. § 1 Abs. 3 Satz 1 Nr. 2–5 KWG (Abs. 1 Nr. 5), also Unternehmen, deren Haupttätigkeit darin besteht, Geldforderungen entgeltlich zu erwerben, Leasingverträge abzuschließen, Kreditkarten oder Reiseschecks auszugeben oder zu verwalten und mit Finanzinstrumenten für eigene Rechnung zu handeln,[7]
- Edelmetallhändler (Abs. 1 Nr. 6),
- Spielbanken (Abs. 1 Nr. 7),
- Wirtschaftsprüfer, vereidigte Buchprüfer, Steuerberater, Steuerbevollmächtigte und Immobilienmakler (Abs. 1 Nr. 8 Halbs. 1),
- Rechtsanwälte, Rechtsbeistände, die Mitglied einer Rechtsanwaltskammer sind, Patentanwälte und Notare, wenn sie für ihre Mandanten regelmäßig an der Planung und Durchführung von folgenden Geschäften mitwirken (Abs. 1 Nr. 8 Halbs. 2):
    - Kauf und Verkauf von Immobilien oder Gewerbebetrieben,
    - Verwaltung von Geld, Wertpapieren und sonstigen Vermögenswerten ihres Mandanten,
    - Eröffnung oder Verwaltung von Bank-, Spar- oder Wertpapierkonten,
    - Beschaffung der zur Gründung, zum Betrieb oder zur Verwaltung von Gesellschaften erforderlichen Mittel,
    - Gründung, Betrieb oder Verwaltung von Treuhandgesellschaften, Gesellschaften oder ähnlichen Strukturen,
    - oder wenn sie im Namen und auf Rechnung ihrer Mandanten Finanz- oder Immobilientransaktionen durchführen,
- sonstige Gewerbetreibende, soweit sie im Rahmen ihres regelmäßig ausgeübten Gewerbes handeln und nicht bereits den Pflichten zur Identifizierung nach § 2 unterliegen (Abs. 1 Nr. 8 Halbs. 2),
- Personen, die entgeltlich fremdes Vermögen verwalten und nicht bereits nach § 3 Abs. 1 Satz 1 Nr. 1–4 i. V. m. § 2 der Pflicht zur Identifizierung unterliegen, soweit sie im Rahmen ihrer regelmäßig ausgeübten Verwaltungstätigkeit handeln (Abs. 1 Nr. 8 Halbs. 2), sowie

---

5) Siehe dazu *Fülbier*, § 1 Rz. 10 ff.
6) Dazu *Fülbier*, § 1 Rz. 30 ff.
7) Im Einzelnen dazu *Fülbier*, in: Boos/Fischer/Schulte-Mattler, KWG, § 1 Rz. 165 ff.

- von den genannten Unternehmen und Personen zur Entgegennahme von Bargeld Beauftragte, soweit sie im Rahmen ihres regelmäßig ausgeübten Berufes handeln.

8 Dem Begriff der **Rechtsanwälte** unterfallen auch die niedergelassenen europäischen Rechtsanwälte (§ 2 EuRAG) sowie die ausländischen Rechtsanwälte, die gemäß § 206 BRAO Mitglied der Rechtsanwaltskammer sind, dem Begriff der **Patentanwälte** auch die ausländischen Patentanwälte, die gemäß § 154a PatAnwO Mitglied der Patentanwaltskammer sind.[8]

9 Unter Verwaltung von Geld, Wertpapieren, sonstigen Vermögenswerten sowie Bank-, Spar- oder Wertpapierkonten ist jede Form der **Treuhänderschaft** zu verstehen. Umfasst ist beispielsweise die Verwaltung von Kapital und die Immobilienverwaltung. Die von den Angehörigen dieser Berufe geführten Anderkonten sind für die Abwicklung von Geldwäschetransaktionen nach Meinung des Gesetzgebers besonders geeignet, da die genannten Berufe in Bezug auf ihre Tätigkeit einer beruflichen Verschwiegenheitspflicht unterliegen, die sich auch auf die Anderkontenführung erstreckt. Geldwäscher könnten daher gerade durch Einschaltung solcher Personen ihre Aktivitäten vor staatlicher Strafverfolgung nachhaltig abschotten.[9]

10 Unter den Begriff der **Person, die entgeltlich fremdes Vermögen verwaltet,** ist jede Form der **entgeltlichen Treuhänderschaft** zu verstehen. Er umfasst sowohl die Verwaltung von Kapital als auch die Immobilienverwaltung.

3. Zusätzliche aufsichtsrechtliche Maßnahmen

11 Insbesondere die Bundesanstalt hat ihre Vorstellungen über den Inhalt der Pflichten aus Absatz 2 in **Verlautbarungen, Anordnungen und Verwaltungsgrundsätzen** sowie Schreiben verdeutlicht. Auf diese (informellen) Maßnahmen wird nachfolgend im Einzelnen eingegangen. Die aufsichtsrechtlichen Bestimmungen gelten jedoch unmittelbar nur für die jeweils darin angesprochenen Institute. Man wird aber davon ausgehen müssen, dass diese im Kern verallgemeinerungsfähig sind und daher sinngemäß auch für die Adressaten des Absatzes 1 zu berücksichtigen sind oder zumindest gewisse Anhaltspunkte auch für die Verpflichteten geben können, die nicht der Aufsicht der Bundesanstalt unterstehen. Teilweise gehen die aufsichtsrechtlichen Anforderungen weit über die gesetzlichen hinaus. In vielen dieser Fälle sind die „Anforderungen" daher nach hier vertretener Auffassung lediglich als Empfehlung zu verstehen, auch wenn dies nicht so formuliert ist.[10]

12 Darüber hinaus hat die Financial Intelligence Unit (FIU) Deutschland insbesondere für die nach § 3 Abs. 1 Satz 1 Neuverpflichteten auf ihrer Homepage[11] **Hinweise**

---

8) Begründung RegE Geldwäschebekämpfungsgesetz, BT-Drucks. 14/8739, S. 12.
9) Vgl. Begründung RegE GewAufspG, BT-Drucks. 12/2704, S. 14.
10) Zur Problematik, den Risiken der Nichtbeachtung von derartigen informellen Maßnahmen und Reaktionsmöglichkeiten, siehe *Fülbier*, Einleitung Rz. 109, 120 ff.
11) BKA (FIU), Informationsangebot für Neuverpflichtete, abrufbar unter: www.bka.de/profil/zentralstellen/geldwaesche/neuverpflichtete/fiu3.htm.

zur Erfüllung der gesetzlichen Pflichten eingestellt. Berufs- bzw. branchenspezifische Empfehlungen haben ferner die Bundesrechtsanwaltskammer, die Bundesnotarkammer, die Wirtschaftsprüferkammer, die Bundessteuerberaterkammer sowie der Bundesverband Deutscher Leasing-Unternehmen e. V. veröffentlicht.[12]

II. Bestellung eines Geldwäschebeauftragten (Abs. 2 Nr. 1)

1. Vorbemerkung

Nach dem Wortlaut des Absatzes 2 Nr. 1 müssen Unternehmen und Personen (!) nach Absatz 1 einen „der Geschäftsleitung unmittelbar nachgeordneten Geldwäschebeauftragten" bestimmen, der Ansprechpartner für die Strafverfolgungsbehörden und das Bundeskriminalamt – Zentralstelle für Verdachtsanzeigen –[13] bei der Verfolgung der Geldwäsche nach § 261 StGB sowie für die zuständige Behörde nach § 16 ist. Damit soll eine Beschleunigung und Erleichterung der Kommunikation zwischen Ermittlungsbehörden und den Adressaten des Geldwäschegesetzes bezweckt werden. Gleichzeitig soll eine Konzentration der notwendigen Sachkompetenz in einer Person erreicht werden.[14]

13

Bis zur Änderung des Geldwäschegesetzes durch das Geldwäschebekämpfungsgesetz vom 8.8.2002 sah Absatz 2 Nr. 1 noch die Bestimmung einer **leitenden Person** vor. Wie die Entwurfsbegründung ausführt, hat dieser Begriff sich jedoch in der Praxis als zu unpräzise erwiesen, weil er zu Unrecht eine Verbindung zum Geschäftsleiter i. S. v. § 36 KWG eines Kredit- und Finanzdienstleistungsinstituts hergestellt hat. Diese Stellung werde jedoch vom Gesetzgeber nicht vorgesehen.[15]

14

Das Bundesaufsichtsamt für das Kreditwesen hat es in Nummer 35 seiner Verlautbarung vom 30.12.1997 für **Finanzdienstleistungsinstitute** zugelassen, dass diese Institute bei einer **kleinen Betriebsgröße**, d. h. in der Regel bei weniger als zehn Mitarbeitern, von dieser Pflicht freigestellt sind. Die Ausnahme dürfte nicht auf Absatz 4 gestützt sein (unten Rz. 170 ff), sondern auf die fehlende Anwendbarkeit der Norm. So begründet das Bundesaufsichtsamt die Regelung damit, dass bei dieser Betriebsgröße die Gefahr des Informationsverlustes durch arbeitsteilige Vorgehensweise nicht gegeben ist. Weitere Ausnahmen können auf besonderen Antrag zugelassen werden.

15

Es genügt, wenn pro Unternehmen ein Geldwäschebeauftragter und ein Stellvertreter bestellt werden. Das gilt insbesondere für Unternehmen, die über eine Vielzahl von Zweigstellen verfügen. Bei **Zweigniederlassungen** kann sich je nach deren Größe und Grad der Selbständigkeit eine andere Beurteilung ergeben.

16

---

12) Die Empfehlungen sind sämtlich abgedruckt in Anhang V.1–V.5.
13) Siehe *Langweg*, § 5 Rz. 3 ff.
14) Begründung RegE GewAufsPG, BT-Drucks. 12/2704, S. 19.
15) Begründung RegE Geldwäschebekämpfungsgesetz, BT-Drucks. 14/8739, S. 17.

2. Aufgaben des Geldwäschebeauftragten

a) Allzuständigkeit in Sachen Geldwäsche

17 Der Geldwäschebeauftragte muss mit sämtlichen Angelegenheiten zur Einhaltung des Geldwäschegesetzes innerhalb des Unternehmens befasst sein. Er ist als **zentrale Stelle** für die Durchführung und Umsetzung des Geldwäschegesetzes und der aufsichtsrechtlichen Vorgaben zuständig.[16] Im Einzelnen ist er jedenfalls nach Ansicht der Bundesanstalt neben seiner Funktion als **Ansprechpartner** für Mitarbeiter, Aufsichtsbehörde und Ermittlungsbehörden für die nachfolgend aufgeführten Aufgaben verantwortlich.

18 Häufig wird von den externen Prüfern eine **Stellenbeschreibung** verlangt, in der die Aufgaben und Kompetenzen des Geldwäschebeauftragte beschrieben sind.

b) Bearbeitung von Verdachtsfällen

19 Der Geldwäschebeauftragte soll die bankinternen Verdachtsanzeigen bearbeiten und entscheiden, ob eine Anzeige nach § 11 gegenüber den Ermittlungsbehörden zu erstatten ist und ob gegebenenfalls eine Geschäftsverbindung abzubrechen ist.[17] Mit Bezug auf die **Bearbeitung** ist der Ansicht des Bundesaufsichtsamtes für das Kreditwesen zuzustimmen.[18] Bezüglich der **Entscheidungskompetenz** genießt jedes Institut – abweichend von der Auffassung des Bundesaufsichtsamtes für das Kreditwesen – freien Gestaltungsspielraum (unten Rz. 36 ff). Bei großen Instituten ist eine entsprechende Kompetenz des Geldwäschebeauftragten empfehlenswert. Bei Finanzdienstleistungsinstituten mit kleiner Betriebsgröße, die nicht zur Bestellung einer leitenden Person verpflichtet sind, wird dieser Aufgabenbereich regelmäßig von einem Mitglied der Geschäftsleitung zu übernehmen sein.[19]

20 Zu der Bearbeitung von Verdachtsfällen zählt auch das so genannte **Monitoring** (unten Rz. 108).[20] Darunter ist die laufende Überwachung einer auffälligen Geschäftsbeziehung zu verstehen, anhand deren im Rahmen einer Sachverhaltsaufklärung noch festgestellt werden soll, ob ein anzeigepflichtiger Verdachtsfall vorliegt.

c) Organisatorische Maßnahmen

21 Zu den Aufgaben des Geldwäschebeauftragten gehört auch die Entwicklung interner Grundsätze, angemessener geschäfts- und kundenbezogener Sicherungssysteme und Kontrollen zur Verhinderung der Geldwäsche und der Finanzierung terroristischer Vereinigungen gemäß Absatz 2 Nr. 1. Damit sind zum einen die Schaffung interner **Organisationsanweisungen** und **Arbeitsablaufbeschreibungen** gemeint,

---

16) BAKred, Verlautbarung für Kreditinstitute vom 30.3.1998, Nr. 34, abgedruckt in Anhang III.1; BAV, Anordnungen und Verwaltungsgrundsätze, 1996, Nr. 6, VerBAV 1996, 3, 4, abgedruckt in Anhang IV.3.
17) BAKred, Verlautbarung für Kreditinstitute vom 30.3.1998, Nr. 34 Buchst. a, d und e, Nr. 35, abgedruckt in Anhang III.1.
18) Zur Gestaltung des Verfahrens im Einzelnen siehe *Fülbier*, § 11 Rz. 75 ff.
19) BAKred, Verlautbarung für Finanzdienstleistungsinstitute vom 30.12.1997, Nr. 26, abgedruckt in Anhang III.2.
20) Dazu *Fülbier*, § 11 Rz. 77.

Interne Sicherungsmaßnahmen § 14 GwG

die bei Änderungen der Rechts- oder Sachlage vom Geldwäschebeauftragten zu aktualisieren sind. Schulungen, Unterrichtungen und Kontrollen sind ein Bestandteil dieser Maßnahmen (dazu unten Rz. 22 ff). Die Schaffung **technischer Systeme** zum Auffinden von Verdachtsfällen, wie sie beispielsweise vom Bundesaufsichtsamt für das Kreditwesen in Nummer 34 Buchst. d seiner Verlautbarung vom 30.12.1997 für Finanzdienstleistungsinstitute gefordert wird, wird zwischenzeitlich von Absatz 2 Nr. 2 sowie § 25a Abs. 1 Satz 3 Nr. 6 KWG – wenn auch wenig konkret – aufgegriffen (unten Rz. 101 ff).

d) Schulung und Unterrichtung

Der Geldwäschebeauftragte ist nach den Verlautbarungen des Bundesaufsichtsamtes 22 für das Kreditwesen[21] gehalten, dafür zu sorgen, dass die Institutsmitarbeiter ausreichend über den Pflichtenkatalog des Geldwäschegesetzes, die aufsichtsrechtlichen Anforderungen und internen Verfahren geschult (unten Rz. 153 ff) sind und zeitnah über neue Methoden der Geldwäsche unterrichtet werden (unten Rz. 147 ff).

e) Durchführung von Kontrollen

Das Bundesaufsichtsamt für das Kreditwesen verlangt in den Verlautbarungen[22] für 23 Kreditinstitute und Finanzdienstleistungsinstitute, dass der Geldwäschebeauftragte neben den Prüfungen der Innenrevision selbst **Kontrollen** durchführt, um die Einhaltung der internen Grundsätze zu prüfen. Die Durchführung der Kontrollen soll dokumentiert werden. Eine entsprechende Verpflichtung hat das Bundesaufsichtsamt für das Versicherungswesen mit seinen Anordnungen und Verwaltungsgrundsätzen geschaffen.[23]

Gegen die pauschale Auferlegung dieser Pflicht durch das Bundesaufsichtsamt für 24 das Kreditwesen, wie sie in den Verlautbarungen zum Ausdruck kommt, sind **Bedenken** angebracht. Sie erscheint insbesondere deshalb zu weitreichend, weil die Einhaltung der internen Grundsätze auch von der Innenrevision und dem externen Prüfer zu prüfen ist. Die wortlautgetreue Umsetzung der Verlautbarungen würde somit einen unnötig hohen Verwaltungsaufwand verursachen. Dieser könnte auch nicht durch Delegation behoben werden. Die Kontrollpflichten können zwar auf andere Mitarbeiter **delegiert** werden,[24] jedoch nicht auf die Innenrevision. Allerdings hat das Bundesaufsichtsamt zwischenzeitlich anerkannt, dass durch die in den Verlautbarungen zum Ausdruck kommende „Kontrollpflicht" keine Duplizierung der Tätigkeit der Innenrevision angestrebt wird; vielmehr beziehe sich die Kon-

---

21) BAKred, Verlautbarung für Kreditinstitute vom 30.3.1998, Nr. 34 Buchst. c, und für Finanzdienstleistungsinstitute vom 30.12.1997, Nr. 35 Buchst. c, abgedruckt in Anhang III.1 und III.2.
22) BAKred, Verlautbarung für Kreditinstitute vom 30.3.1998, Nr. 34 Buchst. b und f, und für Finanzdienstleistungsinstitute vom 30.12.1997, Nr. 35 Buchst. b und f, abgedruckt in Anhang III.1 und III.2.
23) BAV, Anordnungen und Verwaltungsgrundsätze, 1996, Nr. 6.2, VerBAV 1996, 3, abgedruckt in Anhang IV.3.
24) So auch BAV, Anordnungen und Verwaltungsgrundsätze 1996, Nr. 6.2, VerBAV 1996, 3, 4, abgedruckt in Anhang IV.3.

trollpflicht auf die Überprüfung der Einhaltung der gesetzlichen Bestimmungen und institutsinternen Leitsätze **im Einzelfall**, etwa wenn die Abstellung bestimmter Mängel durch den Geldwäschebeauftragten angewiesen worden ist und dies im Wege der Erfolgskontrolle nachvollzogen werden soll.

3. Stellung des Geldwäschebeauftragten im Unternehmen

a) Vertretungsberechtigung

25 Der Geldwäschebeauftragte muss berechtigt sein, das Unternehmen im Rahmen seines Aufgabengebietes nach außen hin zu vertreten und verbindliche Erklärungen für das Unternehmen abzugeben. Es ist davon auszugehen, dass dieser Anforderung schon dann Genüge getan wird, wenn der Geldwäschebeauftragte Gesamtvollmacht hat und deshalb Erklärungen nur zusammen mit einem weiteren Mitarbeiter der Bank abgeben darf. Eine **Alleinvertretungsberechtigung** ist dagegen **nicht** erforderlich, auch wenn die Entwurfsbegründung dies nahe legt.[25]

26 Einer Alleinvertretung z. B. bei der Anzeigenerstattung steht entgegen, dass das durch das Geldwäschegesetz verpflichtete Unternehmen zur Abgabe der Anzeige verpflichtet ist und nicht dessen Geldwäschebeauftragter. Ein zwingendes Erfordernis für eine Alleinvertretungsberechtigung, die beispielsweise für Kreditinstitute völlig unüblich ist, ist nicht gegeben. Vielmehr spricht die besondere Bedeutung der Anzeige (Gefährdung der Kundenbeziehung, Haftung) für die Beibehaltung des **Vier-Augen-Prinzips**.[26] Dagegen kann auch nicht eingewandt werden, dass in strafrechtlicher Hinsicht der betroffene Mitarbeiter die Anzeige allein abgeben können muss. Diese Frage hat nichts mit der Verpflichtung des Unternehmens zur Anzeigenerstattung nach § 11 zu tun. Für die hier vertretene Auffassung spricht auch, dass der Gesetzgeber den Geldwäschebeauftragten nicht mit der gleichen Stellung im Unternehmen ausgestattet hat wie z. B. den Datenschutz- (unten Rz. 58) und Immissionsschutzbeauftragten (§§ 53–58 BImSchG). Das Bundesaufsichtsamt für das Kreditwesen lässt die hier favorisierte **Gesamtvertretungsberechtigung** für **Kreditinstitute** und **Finanzdienstleistungsinstitute** zu.[27]

27 Schon mit der Verlautbarung vom 26.10.1994 hat sich das Bundesaufsichtsamt für das Kreditwesen von der anfänglichen zumindest unklaren Formulierung „... ist die Erteilung von Einzelprokura nicht zwingend notwendig" gelöst. Für die Wahrnehmung der Aufgaben des Geldwäschebeauftragten (insbesondere seines Stellvertreters) reicht eine gewöhnliche **Bevollmächtigung** aus. In aller Regel werden die für die Position des Geldwäschebeauftragten vorzusehenden Mitarbeiter jedoch ohnehin **Prokura** innehaben. Das Bundesaufsichtsamt für das Versicherungswesen verlangt diesen Titel für **Versicherungen** als Mindestanforderung.[28]

---

25) Begründung RegE Geldwäschebekämpfungsgesetz, BT-Drucks. 14/8739, S. 17.
26) So auch *Dach*, in: Körner/Dach, S. 132 f; *Reiß*, in: BuB, Rz. 16/129; a. A. *Lang/Schwarz/ Kipp*, S. 739 f.
27) BAKred, Verlautbarung für Kreditinstitute vom 30.3.1998, Nr. 35, und für Finanzdienstleistungsinstitute vom 30.12.1997, Nr. 37, abgedruckt in Anhang III.1 und III.2.
28) BAV, Anordnungen und Verwaltungsgrundsätze 1993, Anm. 5.1, VerBAV 1993, 355, abgedruckt in Anhang IV.1.

Hinsichtlich der Zulässigkeit einer Gesamtvertretung macht das Bundesaufsichts- 28
amt für das Kreditwesen im Schreiben vom 22.4.1996[29)] eine **Einschränkung**, die
rechtlich und sachlich nicht begründet ist:

> „Zur Stärkung der Stellung des Geldwäschebeauftragten und damit auch der
> Geldwäschebekämpfung im jeweiligen Kreditinstitut ist es erforderlich, von
> einer gemeinsamen Vertretung durch einen Geldwäschebeauftragten und einem
> Vorstandsmitglied abzusehen".

Wie zuvor gezeigt, liegt es im Ermessen des Instituts, die Vertretungsberechtigung 29
zu regeln. Zulässig ist aber auch danach eine Gesamtvertretung. Die Einschränkung
betrifft nur die Kombination mit einem Vorstandsmitglied. Bei großen Instituten ist
es sinnvoll, auf eine Einbeziehung des Vorstands zu verzichten; bei kleineren kann
es demgegenüber durchaus notwendig sein (ergänzend siehe Rz. 30 ff).

b) Hierarchische Stellung im Unternehmen

§ 14 verlangt nicht, dass der Geldwäschebeauftragte sich ausschließlich mit der Be- 30
kämpfung der Geldwäsche befasst. In seiner Verlautbarungen für **Kreditinstitute**
und **Finanzdienstleistungsinstitute** stellt das Bundesaufsichtsamt für das Kreditwesen
jedoch klar, dass zusätzliche Funktionen die Wahrnehmung der Tätigkeit als
Geldwäschebeauftragter nicht beeinträchtigen dürfen.[30)]

Nach Absatz 2 Nr. 1 soll der Geldwäschebeauftragte der Geschäftsleitung unmit- 31
telbar nachgeordnet sein. Diese Vorgabe bezieht sich indes lediglich auf dessen Tätigkeit
als Geldwäschebeauftragter, in deren Rahmen er unmittelbar der Geschäftsleitung
berichtet. Übt die Person noch andere Funktionen in dem Unternehmen
aus, müssen diese hierarchisch nicht zwangsläufig auch in der zweiten **Hierarchieebene**
angesiedelt sein. Es reicht nach der für die Kreditinstitute maßgeblichen Verlautbarung
des Bundesaufsichtsamtes für das Kreditwesen[31)] aus, wenn dem Geldwäschebeauftragen
eine **leitende Stellung in seinem Fachbereich** eingeräumt wird
und er nur insofern eine leitende Tätigkeit ausübt. Damit ist auch der gesetzlichen
Anforderung Genüge getan.

Verlangte die bis August 2002 gültige Gesetzesfassung, der Geldwäschebeauftragte 32
solle eine **leitende Person** sein, war auch dieser Begriff nicht dem Begriff „leitender
Angestellter" im Sinne des Arbeitsrechts gleichzusetzen. Vielmehr war es stets ausreichend,
wenn es sich um einen Mitarbeiter handelte, der (auch sonst) berechtigt
war, das Unternehmen (zusammen mit einem weiteren Mitarbeiter) nach außen hin
zu vertreten und unternehmensintern Weisungen zu erteilen. Welche Stellung der
Geldwäschebeauftragte innerhalb des Unternehmens hat, richtet sich nach Größe
und struktureller Gliederung des Unternehmens. Nach ursprünglicher Ansicht des
Bundesaufsichtsamtes für das Kreditwesen sollte der Geldwäschebeauftragte grund-

---

29) BAKred, Schreiben vom 22.4.1996 (I5-B210), Weisungs- und Vertretungsrecht der Geldwäschebeauftragten,
abgedruckt in: *Consbruch/Möller u. a.*, KWG, Nr. 11.25.
30) BAKred, Verlautbarung für Kreditinstitute vom 30.3.1998, Nr. 36, und für Finanzdienstleistungsinstitute
vom 30.12.1997, Nr. 38, abgedruckt in Anhang III.1 und III.2.
31) BAKred, Verlautbarung für Kreditinstitute vom 30.3.1998, Nr. 36, abgedruckt in Anhang III.1.

sätzlich ausschließlich als „leitende Person" tätig sein. Diese Position hat sich jedoch geändert:[32)

„Sofern davon abgesehen wird, einen ausschließlich als Geldwäschebeauftragten i. S. d. § 14 Abs. 2 Nr. 1 GwG tätigen Mitarbeiter einzusetzen, kann diese Funktion von einem **Geschäftsleiter** [heute indes nur noch in Ausnahmefällen, vgl. Rz. 61 ff] oder einer **Person** erfüllt werden, **die eine leitende Tätigkeit unterhalb der Geschäftsleiterebene ausübt**". [Hervorhebungen durch den Verfasser]

c) Weisungsgebundenheit gegenüber dem Vorstand

33 Bereits der Wortlaut des Absatzes 2 Nr. 1, wonach der Geldwäschebeauftragte „der Geschäftsleitung unmittelbar nachgeordnet" sein soll, deutet an, dass er seinerseits an Weisungen der Geschäftsleitung gebunden ist. Da die Verpflichtungen dem Institut oder Unternehmen selbst obliegen, muss letztendlich der gesetzliche Vertreter die Möglichkeit haben, im Rahmen seines **Direktionsrechts** abschließend zu entscheiden. Das gilt für die Umsetzung und Erfüllung aller im Geldwäschegesetz genannten Pflichten, also auch für die Abgabe von Anzeigen nach § 11.

34 Soweit die Verlautbarungen des Bundesaufsichtsamtes für das Kreditwesen[33)] für Kreditinstitute und Finanzdienstleistungsinstitute fordern, der Geldwäschebeauftragte müsse im Hinblick auf die Kündigung einer Geschäftsbeziehung sowie auf die Bearbeitung von Verdachtsmeldungen und die Entscheidung über die Weiterleitung dieser Meldungen an die zuständigen Ermittlungsbehörden uneingeschränkt weisungsbefugt und darüber hinaus befugt sein, das Unternehmen in Angelegenheiten der Geldwäschebekämpfung und -prävention nach außen zu vertreten und verbindliche Erklärungen abzugeben, widerspricht diese Vorgabe der Regelung des § 11, die vom Gesetzgeber als Institutpflicht ausgestaltet wurde. Die Ausschaltung der Geschäftsleitung als für alle Geschäftsvorfälle letztlich verantwortliches Organ erscheint daher nicht nur angesichts des Wortlauts und des Zweckes des Geldwäschegesetzes problematisch, sondern begegnet im Übrigen auch gesellschaftsrechtlichen Bedenken, da etwa der Vorstand als Organ einer Aktiengesellschaft oder Genossenschaft seine Aufgaben nach allgemeiner Auffassung weisungsfrei ausübt.[34)] Nach hier vertretener Ansicht kann es daher allenfalls sachgerecht sein, von einer im Einvernehmen mit der Geschäftsleitung ausgeübten Weisungsbefugnis des Geldwäschebeauftragten auszugehen.

d) Weisungsbefugnis gegenüber den Mitarbeitern und Entscheidungskompetenz

35 Der Geldwäschebeauftragte soll berechtigt sein, unternehmensintern Weisungen zu erteilen. Dabei spielt es keine Rolle, ob er diese Kompetenz aufgrund seiner Stellung

---

32) BAKred, Verlautbarung für Kreditinstitute vom 30.3.1998, Nr. 36, abgedruckt in Anhang III.1.
33) BAKred, Verlautbarung für Kreditinstitute vom 30.3.1998, Nr. 35, und für Finanzdienstleistungsinstitute vom 30.12.1997, Nr. 37, abgedruckt in Anhang III.1 und III.2.
34) Siehe für viele MünchKomm-*Hefermehl/Spindler*, AktG, § 76 Rz. 21; *Schaffland*, in: *Lang/Weidmüller*, GenG, § 27 Rz. 1, 10.

Interne Sicherungsmaßnahmen § 14 GwG

innerhalb des Instituts hat oder ob ihm diese Kompetenz in seiner Funktion als Geldwäschebeauftragter besonders eingeräumt wird. Inhaltlich wird sich die Weisungsbefugnis insbesondere auf **Maßnahmen zur Umsetzung des Pflichtenprogramms** im Unternehmen erstrecken, das sich aus dem **Geldwäschegesetz** und den aufsichtsrechtlichen Anforderungen ergibt (Vornahme der gebotenen Identifizierungen durch die Mitarbeiter der Bank; ordnungsgemäße Aufzeichnung; Schulung der Mitarbeiter; Erarbeitung interner Grundsätze und Durchführung von Kontrollen; besondere Bedeutung bei der Erstattung von Anzeigen nach § 11).

Die Weisungsbefugnis muss sich nicht notwendigerweise darauf erstrecken zu entscheiden, ob ein bestimmter Sachverhalt einen **Verdachtsfall** bildet und eine Anzeige erfolgen muss oder ob eine Geschäftsverbindung abzubrechen ist.[35] Die Frage der Entscheidungshoheit sollte vielmehr aufgrund der jeweiligen Struktur und Größe des Unternehmens beantwortet werden. Letztendlich kann sich der Vorstand das Recht vorbehalten, selbst zu entscheiden, ob eine Anzeige erstattet oder eine Geschäftsverbindung abgebrochen wird. Das Gesetz, nicht aber die Verlautbarungen, lässt dazu Freiraum.   36

Weder im Gesetz noch in der Begründung wird ausdrücklich zu der Frage Stellung genommen, ob der Geldwäschebeauftragte selbst über die Vornahme einer Anzeige entscheiden soll. In der Begründung zum Gesetzentwurf der Bundesregierung[36] heißt es: „Bei der Erstattung von Verdachtsanzeigen nach § 12 [jetzt § 11] wird ihr [der Person] in der Regel eine besondere Bedeutung zukommen". Gesetz und Begründung lassen den durch Absatz 1 Verpflichteten damit bewusst **Spielraum**, diese Fragen **unternehmensintern zu regeln**. Wie bereits ausgeführt, obliegt die Verpflichtung zur Anzeige dem Unternehmen, nicht etwa dem Geldwäschebeauftragten. Aufgrund der besonderen Bedeutung der Anzeige (Haftungsrisiko; Gefährdung des Vertrauensverhältnisses zum Kunden) ist in besonderen Einzelfällen sogar eine Entscheidung auf Vorstandsebene gerechtfertigt. Der besonderen Bedeutung wird man schon gerecht, wenn der Geldwäschebeauftragte den Entscheidungsträger berät und die Anzeige gegenüber den Behörden ausführt. Besondere Bedeutung hat er ferner, wenn er zentrale Anlaufstelle für die Mitarbeiter im Hause und Ansprechpartner für die Behörden ist.   37

Für diese Auffassung spricht auch, dass dem **Mitarbeiter** das Recht erhalten bleibt, eine **eigene Anzeige** abzugeben. Zudem entstünden z. B. dem Geschäftsleiter strafrechtliche Risiken, falls der Geldwäschebeauftragte sich für eine Anzeige aussprechen würde und er sich gegen dieses Votum stellte.[37] Dieses Risiko bietet Gewähr für eine gewissenhafte Ausübung des Direktionsrechts, schließt aber Missbrauchsfälle nicht aus.   38

---

35) Anders aber die Vorgabe des BAKred, Verlautbarung für Kreditinstitute vom 30.3.1998, Nr. 35, und für Finanzdienstleistungsinstitute vom 30.12.1997, Nr. 37, abgedruckt in Anhang III.1 und III.2; zu den Risiken bei Nichtbeachtung siehe *Fülbier*, Einleitung Rz. 109, 120 ff.
36) Begründung RegE GewAufspG, BT-Drucks. 12/2704, S. 19.
37) Vgl. *Schröder/Textor*, § 261 StGB Rz. 121.

39 Das **Bundesaufsichtsamt für das Kreditwesen** vertritt dazu die Auffassung, der Geldwäschebeauftragte könne seine Funktion nicht erfüllen, wenn er nur Weisungen des Vorstands ausführe und selbst keine eigene Befugnis im Rahmen der Geldwäschebekämpfung habe.[38] Dem kann nur eingeschränkt gefolgt werden. Der Geldwäschebeauftragte kann an Weisungen des Vorstands gebunden sein, muss aber ergänzend eigene Kompetenzen haben. So könnte er z. B. bei den auch unternehmenspolitisch sehr wichtigen Entscheidungen über die Anzeigeerstattung oder über den Abbruch einer Geschäftsverbindung an Weisungen gebunden sein, im Übrigen aber selbständig entscheiden.[39]

40 Im Ergebnis muss für jedes Unternehmen gesondert entschieden werden, wer Entscheidungsträger ist. Dieser sollte dann auch berechtigt sein, die Ausführung von Transaktionen (zeitweise) zu unterbinden, Geschäfte abzulehnen oder auch eine Geschäftsverbindung zu kündigen.

e) Ansprechbarkeit/Stellvertretung

41 Der Geldwäschebeauftragte muss für die Mitarbeiter des Unternehmens und die zuständigen Behörden während der üblichen Geschäftszeiten **ansprechbar** sein. Eine Stellvertretungsregelung ist somit zwingend erforderlich. Diese kann eine reine **Verhinderungsvertretung** vorsehen, aber auch eine darüber hinausgehende **permanente Unterstützung** des Geldwäschebeauftragten, z. B. bei Schulungsmaßnahmen. Die Ansprechbarkeit ist auch dann gewährleistet, wenn z. B. während des Urlaubs des Stellvertreters der Geldwäschebeauftragte für Mitarbeiter und Behörden vorübergehend nur telefonisch erreichbar ist und die kurzfristige Erteilung von Auskünften gegenüber der Behörde möglich ist. Bei unvorhersehbarer Abwesenheit sowohl des Geldwäschebeauftragten (z. B. Urlaub) als auch des Stellvertreters (z. B. Erkrankung) muss vorübergehend ein anderer Mitarbeiter (Recht, Revision) oder ein Vorstandsmitglied als **Notvertreter** einspringen.

42 Vor allem bei mittleren und kleinen Unternehmen, bei denen der Geldwäschebeauftragte nicht ausschließlich in dieser Funktion tätig ist und noch weitere Aufgaben wahrnimmt, ergibt sich die Frage, ob der Stellvertreter demselben Bereich entstammen soll wie der Geldwäschebeauftragte. Für eine Berufung aus demselben Bereich sprechen folgende Gründe:

- problemloser Informationsaustausch aufgrund räumlicher Nähe;
- Unterlagen müssen nur einmal angelegt werden, nicht mehrfach;
- die Funktion der zentralen Anlaufstelle (Telefon, Telefax) kann besser gewährleistet werden;
- die Abstimmung bei der Vertretung (Urlaub, Seminare) ist besser innerhalb eines Bereichs zu regeln.

---

38) BAKred, Schreiben vom 22.4.1996 (I5-B210), Weisungs- und Vertretungsrecht der Geldwäschebeauftragten, abgedruckt in: *Consbruch/Möller u. a.*, KWG, Nr. 11.25.
39) A. A. BAKred, Verlautbarung für Kreditinstitute vom 30.3.1998, Nr. 35, und für Finanzdienstleistungsinstitute vom 30.12.1997, Nr. 37, abgedruckt in Anhang III.1 und III.2; diese Auffassung ist nicht vom GwG gedeckt; zum Risiko der Nichtbeachtung siehe *Fülbier*, Einleitung Rz. 109, 120 ff.

Die Vorteile einer Berufung aus verschiedenen Bereichen sind dagegen: 43

- Bei der Beratung über einzelne Verdachtsfälle wird das Wissen zweier Bereiche/Abteilungen kombiniert;
- die Personalbelastung eines jeden Bereichs ist geringer; bei der Gesamtunternehmensbetrachtung wird dieser Aspekt neutralisiert.

Im Grundsatz dürfte eine Rekrutierung aus demselben Bereich vorteilhafter sein. 44
Aber auch diese Frage muss je nach Einzelfall abhängig von Struktur, Größe und Organisation des Unternehmens beurteilt werden.

Ist ein Geschäftsleiter eines **Kreditinstituts** Geldwäschebeauftragter, dann darf sein 45
Stellvertreter nicht ebenfalls Geschäftsleiter sein. Andernfalls wäre das Kontrollsystem aus Vorstand, leitender Person und Innenrevision nicht erfüllt.[40]

f) Delegation

Bei der Ausführung seiner Aufgaben kann sich der Geldwäschebeauftragte der Hilfe 46
weiterer Mitarbeiter des Unternehmens bedienen. Die Prüfungspflicht darf allerdings nicht an Mitarbeiter der Innenrevision delegiert werden. Seine Verantwortlichkeit bleibt davon unberührt. Er hat sich daher über den Ablauf und die Ergebnisse der delegierten Tätigkeit in regelmäßigen Abständen berichten zu lassen.[41]

4. Persönliche Anforderungen an den Geldwäschebeauftragten

a) Kompetenz in Sachen Geldwäsche

Der Geldwäschebeauftragte muss mit den Vorschriften des Geldwäschegesetzes, 47
aufsichtsrechtlichen Anforderungen sowie typischen Verdachtsfällen vertraut sein. Diese Sachkompetenz wird er durch Schulungen und laufende Informationen seitens der Verbände, der Financial Intelligence Unit (FIU) beim Bundeskriminalamt[42] und der Strafverfolgungsbehörden erhalten. Er kann sie dadurch festigen, dass er selbst Schulungen der Institutsmitarbeiter vornimmt.[43]

b) Sachkompetenz für die maßgeblichen Geschäfte

Der Geldwäschebeauftragte soll alle betroffenen Unternehmensmitarbeiter und den 48
Vorstand in der Frage beraten, ob eine bestimmte Finanztransaktion ein verdächtiges Geschäft darstellt. Nach Ansicht des Bundesaufsichtsamtes für das Kreditwesen[44] soll er diese Frage sogar allein entscheiden. Dazu wird er nur dann in der Lage

---

40) BAKred, Verlautbarung für Kreditinstitute vom 30.3.1998, Nr. 36, abgedruckt in Anhang III.1.
41) BAKred, Verlautbarung für Kreditinstitute vom 30.3.1998, Nr. 34, und für Finanzdienstleistungsinstitute vom 30.12.1997, Nr. 35, abgedruckt in Anhang III.1 und III.2.
42) Siehe *Langweg*, § 5 Rz. 3 ff.
43) BAKred, Verlautbarung für Kreditinstitute vom 30.3.1998, Nr. 34 Buchst. c, und für Finanzdienstleistungsinstitute vom 30.12.1997, Nr. 35 Buchst. c, abgedruckt in Anhang III.1 und III.2.
44) BAKred, Verlautbarung für Kreditinstitute vom 30.3.1998, Nr. 34 Buchst. a, und für Finanzdienstleistungsinstitute vom 30.12.1997, Nr. 35 Buchst. a, abgedruckt in Anhang III.1 und III.2.

sein, wenn er selbst mit den gewöhnlichen Finanztransaktionen eines jeden Fachbereichs vertraut ist und Auffälligkeiten analysieren kann. Er sollte deshalb einem Bereich entstammen, dessen Aufgabengebiet es ihm ermöglicht, die Geschäftsabläufe möglichst aller, mindestens aber einiger Fachbereiche zu kennen.

c) Führungskompetenz

49 Der Geldwäschebeauftragte sollte nach Möglichkeit schon vor „Amts"-Übernahme eine verantwortungsvolle Position innegehabt haben, um für die Aufgaben, die mit dem Amt verbunden sind, die notwendige (Verantwortungs-)Erfahrung und das Durchsetzungsvermögen mitzubringen. Ein Mitarbeiter, der eine derartige Position innehat, bietet die Gewähr, dass die Maßnahmen mit Nachdruck umgesetzt werden können. Außerdem ist ein verantwortungsvoller Umgang mit Anzeigen notwendig. Werden sie (zumindest auf seine Beratung hin) zu großzügig abgegeben, können zivilrechtliche Haftungsrisiken entstehen; der zu sparsame Umgang kann strafrechtliche Konsequenzen auslösen. Diese Risiken und das Risiko einer **Haftung** nach § 17[45)] als **Beauftragter** sollten nur von einem Mitarbeiter eingegangen werden müssen, der schon vor seiner Ernennung eine leitende Tätigkeit ausgeübt hat.

d) Keine Interessenkollision

50 Jedes Geschäft, das aufgrund von Verdachtsmomenten zurückgewiesen oder zur Anzeige gebracht wird, beeinträchtigt eine Geschäftsverbindung und scheint daher grundsätzlich geeignet zu sein, Interessenkollisionen hervorzurufen, soweit der Geldwäschebeauftragte neben dieser Tätigkeit auch in einem Geschäftsbereich mit intensivem Kundenkontakt tätig ist. Demgegenüber vertritt das Bundesaufsichtsamt für das Kreditwesen die Auffassung, dass eine Tätigkeit mit intensivem Kundenkontakt die gleichzeitige Tätigkeit eines Geldwäschebeauftragten nicht beeinträchtigt. Vielmehr schaffe eine „Tätigkeit mit Marktverantwortung ... eine gesteigerte Sensibilität, Einfallstore für den Missbrauch des Kreditinstituts zum Zwecke der Geldwäsche zu erkennen und diesen Gefahren präventiv zu begegnen".[46)]

51 Das Bundesaufsichtsamt für das Kreditwesen sieht jedoch dann eine Interessenkollision, wenn Mitarbeiter der Innenrevision oder – in bestimmten Fällen – Vorstandsmitglieder zum Geldwäschebeauftragten bestellt werden (unten Rz. 53 ff).

e) Einzelne Fachbereiche

52 Ein in der Praxis schwieriges Problem betrifft die **Auswahl des Geldwäschebeauftragten** aus einem bestimmten Fachbereich, insbesondere dann, wenn der Geldwäschebeauftragte nicht ausschließlich in dieser Funktion tätig ist und er seine bisherigen Aufgaben (in verringertem Umfang) weiter wahrnehmen soll. Nachfolgend sind die Vor- und Nachteile einzelner Bereiche aufgeführt:

---

45) Siehe *Langweg*, § 17 Rz. 5 ff.
46) BAKred, Schreiben vom 3.6.1994 (I5-B210), Bestellung von Geschäftsleitern eines Kreditinstituts zu „leitenden Personen" i. S. d. § 14 Abs. 2 Nr. 1 GwG, abgedruckt in: *Consbruch/Möller u. a.*, KWG, Nr. 11.02b.

aa) Innenrevision

Der Geldwäschebeauftragte darf nach Auffassung des Bundesaufsichtsamtes für das 53 Kreditwesen **nicht Mitarbeiter der Innenrevision** bzw. mit diesem Bereich beauftragter externer Stellen sein[47]. Der Bereich könne nicht seine eigene Tätigkeit überprüfen. Auch das Bundesaufsichtsamt für das Versicherungswesen teilt diesen Standpunkt.[48] Dieser Auffassung ist in gewissem Umfang zuzustimmen.

Dennoch ist der strikte Ausschluss dieses Bereichs nicht sachgerecht und stellt 54 zahlreiche kleine Kreditgenossenschaften, Sparkassen und Finanzdienstleistungsinstitute vor kaum lösbare Probleme. Ein Mitarbeiter der Innenrevision wäre für diese Aufgabe in vielen Fällen besonders geeignet. Zu Interessenkonflikten kommt es auch in anderen Fällen (unten Rz. 56 und Rz. 59).[49]

Der Bereich Revision ist bereichsübergreifend tätig. Die Mitarbeiter kennen alle 55 Fachbereiche und sind als Kontrollinstanz der Bank anerkannt. Häufig bestehen zudem schon Kontakte zu den Strafverfolgungsbehörden (z. B. wegen Scheckbetrugs). Aus diesen Gründen sind vor Inkrafttreten des Gesetzes mehrfach die Leiter der Innenrevision zum Geldwäschebeauftragten bestellt worden.

Zu einer Interessenkollision kommt es auch, wenn z. B. der Vorstand einer kleinen 56 Bank die Funktion des Geldwäschebeauftragten ausübt. Diese Konstellation hat das Bundesaufsichtsamt für das Kreditwesen[50] selbst in Erwägung gezogen. Ursprünglich sollte dies sogar der Regelfall sein (unten Rz. 61 ff). Auch hier ist kaum vorstellbar, dass der Innenrevisor ein Vorstandsmitglied prüfen kann. Der angesprochene Konflikt wäre im Falle des Revisors, der zugleich Geldwäschebeauftragter ist, behoben, wenn die interne Prüfung der Tätigkeit des Geldwäschebeauftragten auf Externe verlagert würde. Dagegen dürften seitens des Bundesaufsichtsamtes für das Kreditwesen eigentlich keine Bedenken bestehen, weil in besonderen Fällen die Aufgaben der Innenrevision vollständig von Externen wahrgenommen werden dürfen.[51]

Schließlich müssen sowohl die Tätigkeit des Geldwäschebeauftragten als auch die 57 der Revision vom externen Prüfer untersucht (unten Rz. 117 ff) und etwaige Missstände im Prüfungsbericht vermerkt werden. Es müssten daher zumindest in besonders gelagerten Fällen Ausnahmen zugelassen werden.

bb) Datenschutzbeauftragter

Das Anforderungsprofil eines Geldwäschebeauftragten unterscheidet sich deutlich 58 von dem eines Datenschutzbeauftragten. In manchen Fällen mag auch der Daten-

---

47) BAKred, Verlautbarung für Kreditinstitute vom 30.3.1998, Nr. 36 a. E., und für Finanzdienstleistungsinstitute vom 30.12.1997, Nr. 39, abgedruckt in Anhang III.1 und III.2.
48) BAV, Anordnungen und Verwaltungsgrundsätze 1993, Anm. 5.1, VerBAV 1993, 355, und Anordnungen und Verwaltungsgrundsätze 1996, Nr. 6.1, VerBAV 1996, 3, abgedruckt in Anhang IV.1 und IV.3.
49) So auch *Lang/Schwarz/Kipp*, S. 742 f.
50) BAKred, Verlautbarung für Kreditinstitute vom 30.3.1998, Nr. 36, und für Finanzdienstleistungsinstitute vom 30.12.1997, Nr. 39, abgedruckt in Anhang III.1 und III.2.
51) Vgl. BAKred, Schreiben vom 12.6.1990 (unveröff.).

schutzbeauftragte diesem genügen. Eine **Doppelfunktion** ist demnach nicht ausgeschlossen. Sie wird zwar vereinzelt von „Datenschützern" kritisiert, weil der Geldwäschebeauftragte im Regelfall die Daten nach § 9 sammelt und damit eine Datei führt, sich somit in diesem Punkt selbst überwachen müsste. Dieser Interessenkonflikt erscheint jedoch hinnehmbar.

cc) Bereiche mit Kundenkontakt

59 Bei Mitarbeitern einzelner Markt- oder Geschäftsbereiche mit Kundenkontakt ist der Aspekt möglicher **Interessenkollisionen** (oben Rz. 50) in die Entscheidung mit einzubeziehen. Nach Auffassung des Bundesaufsichtsamtes für das Kreditwesen steht dem jedoch eine gesteigerte Sensibilität, Einfallstore für den Missbrauch des Kreditinstituts zum Zwecke der Geldwäsche zu erkennen, gegenüber.[52] Allerdings dürfte die Funktion als Ansprechpartner bei einem Mitarbeiter, der permanent im Kundenkontakt steht, Schwierigkeiten logistischer Art nach sich ziehen.

dd) Rechnungswesen/Marktfolgeseite/Organisation

60 Der Bereich Rechnungswesen weist ebenso wie andere Bereiche der Marktfolgeseite und der Organisation einige Vorzüge auf. Die Bereiche haben kaum Kundenverkehr; es bestehen **keine Interessenkollisionen**. Vielfach sind diese Bereiche fachübergreifend tätig. Sie haben Einblick in eine Vielzahl von Finanztransaktionen der einzelnen Markt- oder Geschäftsbereiche und verfügen über ein ausreichendes Kontrollinstrumentarium. Ein Nachteil mag darin bestehen, dass die Mitarbeiter teilweise zu weit vom Geschäft entfernt sind. Dies gilt insbesondere für den Bereich der Organisation.

ee) Vorstandsmitglieder

61 Bei kleinen Unternehmen kann es sich empfehlen, einen **Geschäftsleiter** als Geldwäschebeauftragten einzusetzen. Dieser darf – jedenfalls im Falle von Kredit- und Finanzdienstleistungsinstituten – nach Auffassung des Bundesaufsichtsamtes für das Kreditwesen nicht gleichzeitig für den Bereich Revision zuständig sein.[53] Die Verlautbarung für Kreditinstitute bleibt in diesem Punkt jedoch missverständlich. Absatz 2 der Nummer 36 erweckt den Eindruck, die Bestellung des Geschäftsleiters zum Geldwäschebeauftragten sei der Regelfall, wenn der Geldwäschebeauftragte zusätzliche Aufgaben wahrnimmt. Im folgenden Absatz wird das Regel-Ausnahme-Verhältnis umgekehrt: Die Bestellung zum Geldwäschebeauftragten ist danach nur in Ausnahmefällen, nämlich bei kleinen Kreditinstituten zugelassen oder bei Spezialinstituten wie **Kapitalanlagegesellschaften**.[54]

---

52) BAKred, Schreiben vom 3.6.1994 (I5-B210), Bestellung von Geschäftsleitern eines Kreditinstituts zu „leitenden Personen" i. S. d. § 14 Abs. 2 Nr. 1 GwG, abgedruckt in: *Consbruch/Möller u. a.*, KWG, Nr. 11.02b.

53) BAKred, Verlautbarung für Kreditinstitute vom 30.3.1998, Nr. 36, und für Finanzdienstleistungsinstitute vom 30.12.1997, Nr. 39, abgedruckt in Anhang III.1 und III.2.

54) BAKred, Schreiben vom 3.6.1994 (I5-B210), Bestellung von Geschäftsleitern eines Kreditinstituts zu „leitenden Personen" i. S. d. § 14 Abs. 2 Nr. 1 GwG, abgedruckt in: *Consbruch/Möller u. a.*, KWG, Nr. 11.02b.

Interne Sicherungsmaßnahmen § 14 GwG

Das Bundesaufsichtsamt für das Kreditwesen zieht die Grenze bei Kreditinstituten 62
mit einer **Bilanzsumme von 100 Mio. DM**.[55] Darüber hinaus könne (entgegen der
in der ursprünglichen Verlautbarung vertretenen Auffassung) ein Geschäftsleiter
nur dann als Geldwäschebeauftragter in Frage kommen, wenn besondere Umstände
dies rechtfertigten.[56]

Diese Grenzziehung wird sowohl für Kredit- als aus Finanzdienstleistungsinstitute 63
damit begründet, dass die Wahrnehmung der (übrigen) Vorstandsaufgaben die Tätigkeit als Geldwäschebeauftragten nicht beeinträchtigen dürfe.[57] Oberhalb dieser
Grenze sei im Falle von Kreditinstituten **grundsätzlich** von einer **Beeinträchtigung**
auszugehen. Insbesondere könne die Ansprechbarkeit nicht gewährleistet werden
(oben Rz. 41).

Dem muss jedoch entgegen gehalten werden, dass dieser Pflicht auch Genüge getan 64
ist, wenn der **Stellvertreter** ansprechbar ist. Daher dürfte auch bei Kreditinstituten
mit einer größeren Bilanzsumme jedenfalls **allein wegen Überschreitens** der Grenze
grundsätzlich noch **keine Pflichtenkollision** vorliegen. Dabei ist zu berücksichtigen, dass gerade bei den kleineren Instituten der Aufwand, den die Tätigkeit als
Geldwäschebeauftragter erfordert, erheblich geringer ist. So sind weniger Mitarbeiter zu schulen, und die Zahl der identifizierungspflichtigen Finanztransaktionen ist
kleiner als bei größeren Instituten. Die Frage, ob eine Pflichtenkollision vorliegt,
muss daher der Entscheidung im Einzelfall vorbehalten bleiben. Ob das Unternehmen von seinem Ermessen sachgemäß Gebrauch macht, wäre vom Abschlussprüfer
festzustellen (unten Rz. 117 ff). Die Bankenaufsicht lässt **Ausnahmen jedoch** dann
zu, wenn die Bank darlegen kann, dass eine Kollision der Funktionen im konkreten
Fall nicht vorliegt.

Das Bundesaufsichtsamt für das Versicherungswesen sieht diesbezüglich keine 65
Probleme. Nach dessen Anordnung und Verwaltungsgrundsätzen 1993[58] sind als
Geldwäschebeauftragter nur Vorstandsmitglieder oder Mitarbeiter mit Prokura zugelassen.

Zuzustimmen ist dem Bundesaufsichtsamt für das Kreditwesen darin, dass ein Ge- 66
schäftsleiter Geldwäschebeauftragter oder dessen Stellvertreter sein kann, dass aber
nicht beide Positionen mit Geschäftsleitern besetzt werden können.[59] Dies wäre
mit dem beabsichtigten internen Kontrollsystem nicht in Einklang zu bringen.

---

55) Die Grenze von 100 Mio. DM ist bislang nicht – auch nicht durch das BAKred-Rundschreiben Nr. 4/2002 vom 4.3.2002 – auf Euro umgestellt worden.
56) BAKred, Schreiben vom 9.2.1994 (I5-B210), Bestellung von Geschäftsleitern eines Kreditinstituts zu „leitenden Personen" i. S. d. § 14 Abs. 2 Nr. 1 GwG, abgedruckt in: *Consbruch/Möller u. a.*, KWG, Nr. 11.02a; BAKred, Verlautbarung für Kreditinstitute vom 30.3.1998, Nr. 36, abgedruckt in Anhang III.1.
57) BAKred, Verlautbarung für Kreditinstitute vom 30.3.1998, Nr. 36, und für Finanzdienstleistungsinstitute vom 30.12.1997, Nr. 39, abgedruckt in Anhang III.1 und III.2.
58) BAV, Anordnungen und Verwaltungsgrundsätze 1993, Anm. 5.1, VerBAV 1993, 355, abgedruckt in Anhang IV.1.
59) BAKred, Schreiben vom 9.2.1994 (I5-B210), Bestellung von Geschäftsleitern eines Kreditinstituts zu „leitenden Personen" i. S. d. § 14 Abs. 2 Nr. 1 GwG, abgedruckt in: *Consbruch/Möller u. a.*, KWG, Nr. 11.02a; BAKred, Verlautbarung für Kreditinstitute vom

ff) Leiter ausländischer Niederlassungen

67 Bei **Niederlassungen von Kreditinstituten mit Hauptsitz in einem EU-Mitgliedstaat** gelten bei der Bestellung des Geldwäschebeauftragten nach Auffassung des Bundesaufsichtsamtes für das Kreditwesen[60] folgende Besonderheiten:

„... Sofern die EU-Zweigniederlassung mindestens zwei Niederlassungsleiter besitzt, habe ich grundsätzlich keine Bedenken, den für Kreditinstitute allgemein geltenden o. g. Schwellenbetrag [100 Mio. DM d. V.] auch bei der Zweigniederlassung anzuwenden. Da der wesentliche Anknüpfungspunkt der Bilanzsumme des letzten Bilanzstichtages bei Zweigniederlassungen entfällt, halte ich es für sachgerecht, das Datenmaterial, das dem Bundesaufsichtsamt nach § 25 Abs. 1 KWG zur Liquiditätskontrolle zur Verfügung steht, zur Beurteilung des Geschäftsumfangs heranzuziehen.

Von einer Zweigniederlassung mit kleiner Betriebsgröße kann nach meiner Auffassung dann ausgegangen werden, wenn die in der Monatlichen Bilanzstatistik ausgewiesene monatliche Bilanzsumme innerhalb eines Jahreszeitraumes im Durchschnitt den Wert von 100 Mio. DM Bilanzsumme nicht überschreitet.

Überschreitet die Zweigniederlassung diese Größenordnung, so kann analog Ziffer 29 Abs. 2 Satz 4 meiner Verlautbarung vom 26. Oktober 1994 gleichwohl auf eine Funktionstrennung verzichtet werden, wenn das Institut im Einzelnen darlegt, dass keine geeigneten Mitarbeiter unterhalb der Vorstandsebene vorhanden sind und eine Kollision der Funktionen im konkreten Fall nicht vorliegt. ... .

Bei Zweigniederlassungen mit nur einem Niederlassungsleiter hingegen sollte dieser nicht gleichzeitig in der Funktion des Geldwäschebeauftragten tätig sein. Ein arbeitsteiliges Kontrollsystem aus Geschäftsleitung, ‚leitender Person' und Innenrevision, wie durch Absatz 2 vorgesehen, wäre in diesem Fall nicht gewährleistet.

Bei großen Zweigniederlassungen mit nur einem Niederlassungsleiter dürfte nach meiner Einschätzung eine Notwendigkeit für eine solche Lösung im Übrigen ohnehin nicht bestehen, da dort regelmäßig geeignete Mitarbeiter unterhalb der Leitungsebene zur Verfügung stehen werden."

5. Kompetenzen und Ausstattung

68 Damit der Geldwäschebeauftragte die dargestellten Aufgaben erfüllen kann, müssen ihm hausintern die entsprechenden **Kompetenzen** eingeräumt werden, die insbesondere einen jederzeitigen, ungehinderten Zugang zu allen Unterlagen einschließen müssen (im Einzelnen unten Rz. 111 f).

30.3.1998, Nr. 36, und für Finanzdienstleistungsinstitute vom 30.12.1997, Nr. 35, abgedruckt in Anhang III.1 und III.2.

60) BAKred, Schreiben vom 9.12.1996 (I5-B210), Bestellung von Geldwäschebeauftragten gemäß § 14 Abs. 2 Nr. 1 GwG bei Auslandsbanken, abgedruckt in: *Consbruch/Möller u. a.*, KWG, Nr. 11.33.

Der Geldwäschebeauftragte muss vom Unternehmen die für die Erfüllung seiner 69
Aufgaben erforderliche sachliche **Ausstattung** und zeitliche Kapazität zur Verfügung gestellt bekommen. Diese Anforderung ist auch in die Verlautbarung für Kreditinstitute des Bundesaufsichtsamtes für das Kreditwesen aufgenommen worden.[61] Dies ergibt sich aber unter dem Gesichtspunkt Zeitfaktor bereits aus der für Kreditinstitute und Finanzdienstleistungsinstitute formulierten Vorgabe, dass die Übernahme anderer Aufgaben die Funktion des Geldwäschebeauftragten nicht beeinträchtigen darf.[62]

6. Mitteilung an die Aufsichtsbehörde

Finanzdienstleistungsinstitute, Kreditinstitute und **Versicherungen** haben der 70
Bundesanstalt die Bestellung und Abberufung des Geldwäschebeauftragten und seines Stellvertreters mit Angabe des Vor- und Zunamens sowie des Datums mitzuteilen.[63] Bei der Entpflichtung sind die Gründe dafür anzugeben.

Darüber hinaus haben Finanzdienstleistungsinstitute, Kreditinstitute und Versicherungen der Bundesanstalt zudem **Angaben zu etwaigen weiteren Funktionen** des 71
Geldwäschebeauftragten (z. B. Leiter Finanzbereich, Vorstand, nicht: Revisionstätigkeit) und zu seiner Stellung in der Aufbauorganisation des Unternehmens (leitende Funktion; Vertretungs- und Weisungsbefugnisse) zu machen.[64] Diese Angaben sollen es der Aufsichtsbehörde ermöglichen zu prüfen, ob die von ihr gestellten Voraussetzungen in jedem Einzelfall erfüllt sind. Während die Verpflichtung zur namentlichen Benennung nachvollziehbar ist, weil so die Ansprechbarkeit des Geldwäschebeauftragten gewährleistet ist, erscheint die weitergehende Verpflichtung obsolet. Denn die ordnungsgemäße Bestellung des Geldwäschebeauftragten auch unter Berücksichtigung der Vorgaben der Aufsicht ist schon durch den Abschlussprüfer festzustellen und im Prüfungsbericht zu vermerken (vgl. für Kreditinstitute und Finanzdienstleistungsinstitute § 29 Abs. 2 Satz 1 KWG) (unten Rz. 117).[65]

Die Feststellung des Abschlussprüfers gelangt der Aufsichtsbehörde durch die 72
Vorlagepflicht bezüglich des Prüfungsberichts nach § 26 Abs. 1 KWG zur Kenntnis. Bei Kreditgenossenschaften, die einem regionalen Prüfungsverband angeschlossen sind, hat das Bundesaufsichtsamt für das Kreditwesen die Kenntniserlangung durch sein Schreiben vom 1.3.1994 sichergestellt, in dem die Verbände zur Vorlage der

---

61) BAKred, Verlautbarung für Kreditinstitute vom 30.3.1998, Nr. 36 Abs. 1, abgedruckt in Anhang III.1.
62) BAKred, Verlautbarung für Kreditinstitute vom 30.3.1998, Nr. 36 Abs. 2, und für Finanzdienstleistungsinstitute vom 30.12.1997, Nr. 38, abgedruckt in Anhang III.1 und III.2.
63) Vgl. BAKred, Verlautbarung für Kreditinstitute vom 30.3.1998, Nr. 34, und für Finanzdienstleistungsinstitute vom 30.12.1997, Nr. 35, abgedruckt in Anhang III.1 und III.2; BAV, Anordnungen und Verwaltungsgrundsätze 1993, S. 7, VerBAV 1993, 355, abgedruckt in Anhang IV.1.
64) Vgl. BAKred, Verlautbarung für Kreditinstitute vom 30.3.1998, Nr. 34, und für Finanzdienstleistungsinstitute vom 30.12.1997, Nr. 35, abgedruckt in Anhang III.1 und III.2; BAV, Anordnungen und Verwaltungsgrundsätze 1998, VerBAV 1998, 135, abgedruckt in Anhang IV.1.
65) Siehe auch § 5 Abs. 1 Nr. 5 PrüfbV, abgedruckt im Gesetzesteil.

maßgeblichen Passagen aus dem Prüfungsbericht aufgefordert werden. Durch eine erweiterte Mitteilungspflicht wird lediglich ein Zeitvorteil gewonnen.

73 Aus diesem Grund ist es auch verzichtbar, der Bundesanstalt mitzuteilen, wenn sich die nebenbei ausgeübte Funktion des Geldwäschebeauftragten später verändert. Bei einer Veränderung ist allerdings stets zu prüfen, ob sich die Tätigkeit noch mit den Anforderungen an die Stellung des Geldwäschebeauftragten vereinbaren lässt.

III. Interne Grundsätze, Sicherungssysteme und Kontrollen (Abs. 2 Nr. 2)

1. Vorbemerkung

74 Nach Absatz 2 Nr. 2 haben die angesprochenen Personen und Unternehmen interne **Grundsätze**, angemessene geschäfts- und kundenbezogene **Sicherungssysteme und Kontrollen** zur Verhinderung der Geldwäsche und der Finanzierung terroristischer Vereinigungen zu entwickeln. Diese Regelung ist im Zusammenhang mit den drei weiteren Bestimmungen des Absatzes 2 zu sehen, insbesondere aber mit Absatz 2 Nr. 4, der zur Unterrichtung der Mitarbeiter über die Methoden der Geldwäsche verpflichtet. Nach Absatz 2 Nr. 4 sind die Mitarbeiter zudem über die einzelnen Pflichten nach dem Geldwäschegesetz zu schulen (unten Rz. 133 ff). Einzelheiten zu den internen Grundsätzen sind **nicht gesetzlich geregelt**. Die internen Maßnahmen müssen sich an der Größe und Struktur des Unternehmens sowie dessen Geschäftsschwerpunkten und Kundenstruktur orientieren. Insofern haben die verpflichteten Personen und Unternehmen einen Ermessensspielraum, der in den Verlautbarungen des Bundesaufsichtsamtes für das Kreditwesen den Kreditinstituten und Finanzdienstleistungsinstituten ausdrücklich eingeräumt wurde. Danach ist die interne Regelung des Sicherungssystems schriftlich niederzulegen.[66]

2. Organisatorische Vorkehrungen

a) Organisationsrichtlinie und Arbeitsablaufbeschreibung

75 Interne Grundsätze können durch die Schaffung einer **internen Organisationsrichtlinie**, die Leitsätze zur Bekämpfung der Geldwäsche festlegt und verbindliche Verhaltensrichtlinien für Mitarbeiter vorgibt, verwirklicht werden. Diese ist bei den in Absatz 1 Nr. 2 genannten **Versicherern** der Bundesanstalt unverzüglich zuzusenden.[67] Die Organisationsrichtlinien können um **Arbeitsablaufbeschreibungen** für Legitimationsprüfung und Anzeigenerstattung ergänzt werden. Dabei ist den Geschäftsarten oder Betriebsbereichen (Bereiche mit Kundenkontakt, Dokumentation etc.) Rechnung zu tragen. Der Geldwäschebeauftragte ist für die Aktualisierung der Richtlinie verantwortlich.

---

66) BAKred, Verlautbarung für Kreditinstitute vom 30.3.1998, Nr. 37, und für Finanzdienstleistungsinstitute vom 30.12.1997, Nr. 35 Buchst. d, abgedruckt in Anhang III.1 und III.2.
67) BAV, Anordnungen und Verwaltungsgrundsätze 1993, Anm. 5.2., VerBAV 1993, 355, abgedruckt in Anhang IV.1.

Nach den Verlautbarungen des Bundesaufsichtsamtes für das Kreditwesen für Kreditinstitute und Finanzdienstleistungsinstitute[68] ist durch die **Organisationsanweisung** zu gewährleisten, dass diejenigen Transaktionen mit besonderer Aufmerksamkeit behandelt werden, die bereits in der Vergangenheit unter Geldwäschegesichtspunkten auffällig geworden sind.[69] Entsprechend haben Kreditinstitute und Finanzdienstleistungsinstitute die Ausgestaltung der nunmehr gemäß Absatz 2 Nr. 2 geforderten **Sicherungssysteme** zur Verhinderung der Geldwäsche und der Finanzierung terroristischer Vereinigungen (unten Rz. 101 ff), die unter anderem an das Erfahrungswissen der Vergangenheit anknüpfen sollen, in ihrer Organisationsrichtlinie festzulegen.

76

b) Art der Verbreitung

Das Bundesaufsichtsamt für das Kreditwesen verlangt in seiner Verlautbarung von den **Kreditinstituten**, dass die Organisationsanweisung und Arbeitsablaufbeschreibungen an die Mitarbeiter ausgegeben werden.[70] Bei der **Ausgabe** kann man sich zunächst der klassischen Papierform bedienen. Dabei kann entweder jedem Mitarbeiter ein Exemplar gegen Empfangsbestätigung ausgehändigt oder das Umlaufverfahren mit „Lesebestätigung" gewählt werden, wenn die Mitarbeiter jederzeit Zugriff auf die Richtlinie haben. Alternativ könnte die Richtlinie gegebenenfalls über das Intranet an die Mitarbeiter versandt werden. Dabei ist wegen der notwendigen **Dokumentation** ein Verfahren zu wählen, anhand dessen der Geldwäschebeauftragte erkennen kann, ob die Nachricht vom Empfänger abgerufen wurde.

77

c) Know-your-customer-Prinzip

Das so genannte Know-your-customer-Prinzip ist einer der tragenden Pfeiler der Geldwäscheprävention. Es fußt auf Empfehlung 5 der 40 Empfehlungen der FATF aus dem Jahr 2003. Wurde das Know-your-customer-Prinzip ursprünglich als Verpflichtung zur Feststellung der Identität eines Neukunden begriffen (§ 2 Abs. 1), wird es zunehmend als prozesshaftes Verfahren begriffen, das – im deutschen Recht gestützt auf Absatz 2 Nr. 2 – **Kundensorgfaltspflichten** für die gesamte Dauer der Geschäftsbeziehung zum Kunden begründet. So soll es die Pflege und Aktualisierung der Kundendaten beinhalten, um auf signifikante Änderungen in der Geschäftsbeziehung reagieren zu können. Insgesamt sollen sich die Adressaten des Geldwäschegesetzes ein möglichst umfassendes und fortlaufendes Bild über den Kunden machen, insbesondere insoweit, als diese Informationen auf den Inhalt und Zweck der Geschäftsbeziehung Einfluss haben können. Nach der Empfehlung 5 der FATF, die sich ausschließlich an **Kreditinstitute** wendet, schließen diese Sorgfaltspflichten die Kundenidentifizierung (§§ 2, 4, 6), die Feststellung des wirtschaftlich Berechtigten (§ 8) sowie die Einholung von Informationen zum Zweck

78

---

68) BAKred, Verlautbarung für Kreditinstitute vom 30.3.1998, Nr. 34 Buchst. d, und für Finanzdienstleistungsinstitute vom 30.12.1997, Nr. 35 Buchst. d, abgedruckt in Anhang III.1 und III.2.
69) *Rabe*, Sparkasse 1998, 335, 337 f; im Einzelnen siehe dazu *Fülbier*, § 11 Rz. 66 ff.
70) BAKred, Verlautbarung für Kreditinstitute vom 30.3.1998, Nr. 38, abgedruckt in Anhang III.1.

und zur beabsichtigten Natur der Geschäftsbeziehung ein. Darüber hinaus wird die fortlaufende Sorgfalt in der Geschäftsbeziehung einschließlich der Überprüfung der unternommenen Transaktionen zwecks Verifizierung der gesammelten Kundeninformationen im Hinblick auf die Geschäfte des Kunden, sein Risikoprofil und, falls geboten, die Quelle seines Vermögens, gefordert.

d) Korrespondenzbankbeziehungen

79 Nach Auffassung des Bundesaufsichtsamtes für das Kreditwesen[71] gehört zum Pflichtenkreis des Absatzes 2 Nr. 2 die Entwicklung interner Grundsätze, Verfahren und Kontrollen, die auch für die Tätigkeit eines **Kreditinstituts** als Korrespondenzbank dessen Geldwäscherisiken im Rahmen des technisch Möglichen minimieren. Gewöhnliche, d. h. auf dem so genannten Know-your-customer-Prinzip (oben Rz. 78) und damit auf der Geschäftsbeziehung Bank-Kunde aufbauende Sicherungsmaßnahmen gegen Geldwäsche könnten hier nicht greifen, weil für die Korrespondenzbank regelmäßig kein unmittelbarer Kontakt zum Auftraggeber bzw. Empfänger einer Auslandszahlung bestehe und sie lediglich als durchleitende Stelle tätig sei.

80 Die Bankenaufsicht fordert daher die Einhaltung bestimmter **Sorgfaltspflichten** im Rahmen der Korrespondenzbankbeziehung sowie bezüglich weitergeleiteter Transaktionen als adäquate Sicherungsmaßnahmen gegen Geldwäsche in diesem Geschäftsbereich:

81 **Vor Beginn einer** auf einem Kontovertrag beruhenden und die Führung von Verrechnungskonten beinhaltenden **Geschäftsbeziehung** hat das Kreditinstitut nach Auffassung des Amtes bei der Auswahl der Korrespondenzbank größte Sorgfalt walten zu lassen sowie

– bei Kreditinstituten, die ihren Sitz in einem EU-Staat haben oder einem Staat, der Mitgliedstaat des Baseler Ausschusses für Bankenaufsicht ist, sich über das Bestehen einer für diese Korrespondenzbank von der jeweils örtlich zuständigen Aufsichtsbehörde erteilten Lizenz zur Abwicklung des Zahlungsverkehrs zu vergewissern;
– bei den übrigen Kreditinstituten sich zusätzlich einen Eindruck zu verschaffen über die personelle Struktur der Organe und Eigentümer der Korrespondenzbank auf der Grundlage der für das Institut landesüblichen Unterlagen und sich gegebenenfalls zusätzlich Bilanzen und Statuten durch dieses Institut vorlegen zu lassen.

82 Die Art und Weise, wie sich das Kreditinstitut einen Eindruck über die personelle Struktur der Organe und Eigentümer der Korrespondenzbank verschafft, ist freigestellt.

83 Bei bestehenden **Korrespondenzbankbeziehungen** zu Kreditinstituten mit Sitz außerhalb der EU-Staaten, der Mitgliedstaaten des Baseler Ausschusses für Bankenaufsicht und der Mitgliedstaaten der FATF sind nach Überprüfung bei begründeten Zweifeln am Vorliegen der notwendigen Lizenz oder der personellen Struktur der

---

[71] BAKred, Schreiben vom 6.11.2000 (Z5-C651), abgedruckt in: *Consbruch/Möller u. a.*, KWG, Nr. 11.73.

Organe und/oder Eigentümer entsprechende Maßnahmen wie bei Begründung einer Korrespondenzbankbeziehung zu ergreifen.

Zusätzliche Sorgfaltspflichten gelten nach Auffassung des Bundesaufsichtsamtes für das Kreditwesen während der bestehenden Korrespondenzbankbeziehung dann, wenn die Korrespondenzbank ihren Sitz in einem Land hat, das nicht Mitglied der FATF ist und von dieser in öffentlichen Erklärungen als mit dem internationalen Anti-Geldwäschestandard „nicht kooperierendes Land" (unten Rz. 86) bezeichnet worden ist. Dabei werden die geforderten „zusätzlichen Sorgfaltspflichten" nicht näher konkretisiert. Je nach Lage des Einzelfalles kann es sich bei erkannten Auffälligkeiten z. B. anbieten, vor Ort weitere Informationen über die Korrespondenzbank einzuholen, Informationen mit anderen Kreditinstituten und/oder kreditwirtschaftlichen Verbänden auszutauschen, die Korrespondenzbankbeziehung einer Beobachtung zu unterziehen oder gar das Korrespondenzbankverhältnis zu kündigen. 84

Nach Auffassung des Amtes können auffällige bzw. ungewöhnliche, über Korrespondenzbanken **weitergeleitete Transaktionen** im Einzelfall Recherchemaßnahmen im Sinne der Nummer 34 Buchst. d der Verlautbarung erforderlich machen. Diesbezügliche Recherchen über durchgeleitete Transaktionen und deren Auftraggeber bzw. Empfänger sollen sich primär auf die Auswertung der Medien, Informationen der Ermittlungs- und Aufsichtsbehörden und auf den Informationsaustausch (Warnmeldungen etc.) mit anderen Kreditinstituten stützen, wobei dem Informationsaustausch mit den Instituten, mit denen eine Korrespondenzbankbeziehung besteht, besondere Bedeutung zukommen soll. Derartige Maßnahmen sind jedoch nur im Einzelfall und bei Vorliegen eines Anlasses, z. B. einer hinreichend konkreten Pressemeldung, einer Warnmeldung eines anderen Kreditinstitutes oder einer Mitteilung der Bankenaufsicht oder der kreditwirtschaftlichen Verbände erforderlich. 85

e) Nicht kooperierende Länder und Territorien (NCCT)

Unter nicht kooperierenden Ländern und Territorien (*non-cooperative countries and territories* – NCCT) werden diejenigen Staaten bzw. staatenähnlichen Rechtsgebilde verstanden, die mit ihrer Gesetzgebung oder der praktischen Durchführung von Maßnahmen, die der Bekämpfung der Geldwäsche dienen, nicht die internationalen, von der FATF festgelegten Standards erfüllen. Die FATF veröffentlicht regelmäßig eine Liste mit diesen als nicht kooperierend qualifizierten Ländern und Territorien. Die Kreditinstitute in Deutschland werden über die Maßnahmen der FATF regelmäßig durch die Bundesanstalt gesondert unterrichtet. Dabei gibt die Bankenaufsicht regelmäßig Hinweise zum Umgang mit betroffenen Geschäftsbeziehungen. So hält es die Bundesanstalt für erforderlich, dass **Kreditinstitute** und **Finanzdienstleistungsinstitute** im Rahmen der nach Absatz 2 Nr. 2 zu schaffenden Geldwäschebekämpfungssysteme **besondere Aufmerksamkeit** auf Geschäftsbeziehungen und Transaktionen mit Personen, einschließlich Gesellschaften und Instituten, aus diesen nicht kooperierenden Ländern und Territorien richten und ihre Mitarbeiter entsprechend sensibilisieren. Zum Zeitpunkt des Redaktionsschlusses enthielt die ak- 86

tuelle NCCT-Liste[72)] der FATF Myanmar und Nigeria. Allerdings sollen nach Auffassung der Bundesanstalt auch Geschäftsbeziehungen zu Ländern und Territorien, die sich nur vorübergehend auf dieser Liste befanden, seitens der Institute mit besonderer Sorgfalt beobachtet werden.

3. Sicherungssysteme
a) Gefährdungsanalyse

87 Gemäß Absatz 2 Nr. 2 haben die nach Absatz 1 Verpflichteten angemessene geschäfts- und kundenbezogene Sicherungssysteme und Kontrollen zur Verhinderung der Geldwäsche, der Terrorismusfinanzierung sowie des Betruges zu Lasten der Institute zu schaffen (unten Rz. 101 ff). Flankiert wird Absatz 2 Nr. 2 von § 25a Abs. 1 Satz 3 Nr. 6 KWG, der nahezu wortgleiche Anforderungen an Kreditinstitute und Finanzdienstleistungsinstitute stellt. „Angemessen" sind nach Auffassung der Bundesanstalt[73)] dabei solche Maßnahmen und Systeme, die der jeweiligen Risikosituation des einzelnen Instituts entsprechen und diese hinreichend abdecken. Die Sicherungssysteme haben sich insbesondere an der Größe, Organisation und Gefährdungssituation des einzelnen Instituts, insbesondere dessen Geschäfts- und Kundenstruktur, auszurichten. Zur Ermittlung dessen, was „angemessen" ist, ist nach Auffassung der Bundesanstalt eine eigene Gefährdungsanalyse des Institutes bezüglich der Risikostruktur der von dem Institut angebotenen Dienstleistungen zu erstellen. Dabei beziehen sich die bisher bekannten Ausführungen der Bundesanstalt ausdrücklich lediglich auf Kreditinstitute. Vorgaben für Finanzdienstleistungsinstitute, Versicherungen und weitere nach Absatz 1 Verpflichtete sind dagegen bisher nicht veröffentlicht.

88 Nach Auffassung der Bundesanstalt[74)] ist es das **Ziel** der institutsinternen Gefährdungsanalyse, die institutsspezifischen Risiken, zu Zwecken der Geldwäsche, Terrorismusfinanzierung sowie Betrug zu Lasten des (Kredit-)Institutes missbraucht zu werden, zu erfassen, zu identifizieren, zu kategorisieren, zu gewichten sowie darauf aufbauend geeignete Geldwäsche-Präventionsmaßnahmen zu treffen.

89 Weil bezüglich der Bekämpfung der Geldwäsche, Terrorismusfinanzierung sowie des Betruges zu Lasten der Institute in hohem Maße **gemeinsame Risiken** bestehen, die ungeachtet ihrer unterschiedlichen Struktur ähnliche Präventionsmaßnahmen erfordern, ist es nach Auffassung der Bundesanstalt nicht notwendig, für die einzelnen Bereiche getrennte Gefährdungsanalysen zu erstellen.

90 Andererseits ist nicht ersichtlich, dass die Gefährdungsanalyse zum Zwecke der Verhinderung der Geldwäsche zwingend mit der Gefährdungsanalyse zur Verhinderung des Betruges zu Lasten der Institute inhaltlich zusammengefasst werden müsste. Teilweise kann es sich aus sachlichen oder organisatorischen Gründen anbieten,

---

72) Informationen zur aktuellen sowie zu früheren NCCT-Listen finden sich auf der englischsprachigen Homepage der FATF unter: www.fatf-gafi.org/NCCT.
73) BaFin, Rundschreiben Nr. 8/2005 an alle Kreditinstitute in der Bundesrepublik Deutschland vom 24.3.2005, Nr. 1, abrufbar unter www.bafin.de/rundschreiben/89_2005/050324.htm.
74) BaFin, Rundschreiben Nr. 8/2005, Nr. 2.

zwei **getrennte Analysen** anzufertigen, z. B. um die spezifischen Betrugsrisiken gesondert und detaillierter behandeln zu können oder weil für die Betrugsprävention im Institut eine andere Stelle zuständig ist als für die Geldwäschebekämpfung.

Soweit nach den Ausführungen der Bundesanstalt geeignete Geldwäsche-**Präventionsmaßnahmen speziell zur Verhinderung der Finanzierung terroristischer Vereinigungen** gefordert werden, erscheint der Hinweis angebracht, dass die Erkenntnisse, die über das finanzielle Gebaren von Terroristengruppen vorliegen, eine Konzeption von speziell hierauf abgestellten Präventionsmaßnahmen der Institute wegen der vielfältigen Möglichkeiten der Finanzierung aus legalen wie illegalen Quellen bislang kaum ermöglichen. 91

So lassen sich auch nach den Untersuchungen der „National Commission on Terrorist Attacks Upon the United States" von Ende August 2004[75] die Regelungen zur Bekämpfung der Geldwäsche – und namentlich die Pflicht zur Erstattung von Verdachtsanzeigen gegenüber den zuständigen Behörden – gerade nicht auf die Bekämpfung der Finanzierung des Terrorismus übertragen. So gaben die Finanzströme der Terroristengruppe, die für die Attentate in New York und Washington vom September 2001 verantwortlich war, zwar in Einzelfällen Anlass für Nachprüfungen, enthielten jedoch keinen Hinweis auf Verstrickungen in terroristische Aktivitäten. Im Ergebnis führt der Bericht aus: „Zwar mag die US-Regierung über Hinweise zur Aufdeckung von Terroristen und ihrer Finanziers verfügen; die Finanzwirtschaft hat solche Informationen im Allgemeinen nicht. Die 9/11-Operation bietet hierfür das perfekte Beispiel."[76] 92

Die einleitenden Sätze des Rundschreibens der Bundesanstalt zur Anfertigung der institutsinternen Gefährdungsanalyse, das sich an alle Kreditinstitute der Bundesrepublik Deutschland wendet, kündigen sachgerecht an, mit dem Rundschreiben auf „**grundlegende Leitlinien**" einzugehen. Vor dem Hintergrund der äußerst heterogenen Struktur der deutschen Kreditwirtschaft erscheint die Fokussierung auf grundlegende Leitlinien auch geradezu zwingend. Insbesondere die höchst unterschiedlichen Größen und Geschäftsbereiche deutscher Kreditinstitute erfordern eine weitgehend individuelle Gestaltung der institutsinternen Gefährdungsanalyse. Dagegen dürfte die Formulierung von Mindeststandards in diesem Zusammenhang wenig zielführend sein. 93

Bei der **Anfertigung** der institutsinternen Gefährdungsanalyse sollen nach Auffassung der Bundesanstalt[77] gleichwohl insbesondere folgende Schritte „notwendig" sein: 94

– die vollständige Bestandsaufnahme der institutsspezifischen Situation,
– die Erfassung und Identifizierung der kunden-, produkt- und transaktionsbezogenen Risiken,

---

[75] National Commission on Terrorist Attacks Upon the United States, Untersuchungen vom August 2004, abrufbar unter: http://www.9-11commission.gov/staff_statements/911_TerrFin_Monograph.pdf abrufbar.
[76] Zitiert nach: *Höche*, WM 2005, 8, 9 f; National Commission on Terrorist Attacks Upon the United States, Monograph on Terrorist Financing, S. 56.
[77] BaFin, Rundschreiben Nr. 8/2005, Nr. 3.

- die Kategorisierung, d. h. Einteilung in Risikogruppen, und gegebenenfalls zusätzliche Gewichtung, d. h. Bewertung, der identifizierten Risiken,
- die Entwicklung geeigneter Parameter für die erforderlichen Researchmaßnahmen (vor allem für EDV-Researchsysteme) aufgrund des Ergebnisses der institutsinternen Risikoanalyse,
- die Überprüfung und Weiterentwicklung der bisher getroffenen Präventionsmaßnahmen unter Berücksichtigung des Ergebnisses der Gefährdungsanalyse.

95 Für die **Bestandsaufnahme** soll es nach Auffassung der Bundesanstalt insbesondere auf die Erfassung der im (Kredit-)Institut vorhandenen grundlegenden Kundenstruktur, der Geschäftsbereiche und -abläufe, der Produkte, darunter des Volumens und der Struktur des nationalen und internationalen Zahlungsverkehrs, der Vertriebswege sowie der Organisationssituation des (Kredit-)Institutes ankommen. Dabei dürfte eine „vollständige Bestandsaufnahme der institutsspezifischen Situation", wie sie von der Bankenaufsicht gefordert wird, kaum zu leisten sein. Ausreichend erscheint vielmehr, in der Gefährdungsanalyse die maßgeblichen Risiken für das jeweilige Kreditinstitut herauszufiltern. Zur Förderung einer effektiven und risikoadäquaten Geldwäschebekämpfung sollte auf die Darstellung von geringen Restrisiken, wie sie beispielsweise Verträge über vermögenswirksame Leistungen mit sich bringen könnten, verzichtet werden können.

96 Die **Identifizierung und Kategorisierung der Risiken** soll nach den Ausführungen der Bundesanstalt mit Hilfe des über Geldwäschetechniken im Bankensektor inzwischen vorhandenen Erfahrungswissens durchführbar sein. Das hierfür erforderliche Erfahrungswissen könne aufgrund nationaler und internationaler Typologiepapiere und Verdachtskataloge, dem im (Kredit-)Institut vorhandenen bzw. zu gewinnenden Wissen, der allgemeinen Analyse von Verdachtsfällen, die das Institut in der Vergangenheit tangierten, oder dem Erfahrungsaustausch mit Geldwäschebeauftragten anderer (Kredit-)Institute gewonnen bzw. aktualisiert werden.

97 Die **Ergebnisse** der Identifizierung, Kategorisierung und Gewichtung der Risiken sollen nach Angaben der Bundesanstalt im Rahmen der einzelnen Präventionsmaßnahmen umgesetzt werden, insbesondere sollen die Parameter für die erforderlichen Researchmaßnahmen hieraus hergeleitet werden. Des Weiteren soll überprüft werden, ob die bereits bestehenden Systeme die identifizierten Risiken abdecken und ob Optimierungen vorzunehmen oder zusätzliche Maßnahmen zu treffen sind.

98 Zum Zwecke der **gruppenweiten Umsetzung** des Geldwäsche-Risikomanagements gemäß § 25a Abs. 1 Satz 3 Nr. 6, Abs. 1a KWG sowie § 15 GwG hält es die Bundesanstalt[78] zudem für erforderlich, die Gefährdungsanalyse gruppenweit anzufertigen und auf alle gruppenangehörigen Unternehmen im In- und Ausland zu erstrecken. Dabei seien auch solche gruppenangehörigen Unternehmen in die Gefährdungsanalyse aufzunehmen, die – wie z. B. die reine Vermögensberatung oder Vermögensbetreuung – selbst keine Finanztransaktionen durchführen oder Dienstleistungen anbieten, die das Risiko bergen, für die Nutzung zur Geldwäsche geeignet zu sein.

---

78) BaFin, Rundschreiben Nr. 8/2005, Nr. 4.

Nach den Vorgaben der Bundesanstalt[79] ist die institutsinterne Gefährdungsanaly- 99
se für die interne bzw. externe Revision nachvollziehbar **schriftlich** zu fixieren.
Hierdurch soll der Geldwäschebeauftragte auch in die Lage versetzt werden, die
Gefährdungsanalyse zumindest einmal jährlich dem Vorstand vorzulegen. Dies kann
auch zusammen mit einem etwaig erstellten Tätigkeitsbericht des Geldwäschebeauftragten für den Vorstand erfolgen. Eine Verpflichtung zur Erstellung eines jährlichen Tätigkeitsberichts besteht jedoch nicht.

Im Hinblick auf den fortlaufenden Wandel der angebotenen Dienstleistungen sowie 100
der Durchführung von Finanzgeschäften, den technischen Fortschritt sowie nicht
zuletzt die sich laufend ändernden Methoden der Geldwäsche sollte die Gefährdungsanalyse nach den Ausführungen der Bundesanstalt[80] regelmäßig, zumindest
einmal im Jahr, einer Überprüfung unterzogen und – soweit erforderlich – **aktualisiert** werden. Sofern sich bei der Überprüfung der Gefährdungsanalyse kein Ände-
rungsbedarf ergibt, genügt es, wenn der Geldwäschebeauftragte die Überprüfung
auf der unveränderten Gefährdungsanalyse dokumentiert.

b) Research/Monitoring

Nach den Verlautbarungen des Bundesaufsichtsamtes für das Kreditwesen für **Kre-** 101
ditinstitute und **Finanzdienstleistungsinstitute**[81] sind diejenigen Transaktionen
mit besonderer Aufmerksamkeit zu behandeln, die bereits in der Vergangenheit
unter Geldwäschegesichtspunkten auffällig geworden sind.[82] Darüber hinaus haben
Kreditinstitute und Finanzdienstleistungsinstitute die nunmehr gemäß Absatz 2
Nr. 2 geforderten Sicherungssysteme zur Verhinderung der Geldwäsche und der Finanzierung terroristischer Vereinigungen in ihrer Organisationsrichtlinie festzulegen. Während Nummer 34 Buchst. d der Verlautbarung für Kreditinstitute die Art
und Weise der Untersuchung den Kreditinstituten freigestellt hat, hat diese Anforderung durch den durch das Geldwäschebekämpfungsgesetz zum 15.8.2002 verän-
derten Absatz 2 Nr. 2 und mit § 25a Abs. 1 Satz 3 Nr. 6 KWG eine gewisse Konkretisierung erfahren. Letztere Vorschrift ist mit dem Vierten Finanzmarktförderungsgesetz vom 21.6.2002 – und damit gemeinsam mit § 24c KWG (automatisierter Abruf von Kontoinformationen) in das Kreditwesengesetz eingefügt worden und verpflichtet Kreditinstitute und Finanzdienstleistungsinstitute, über angemessene ge-
schäfts- und kundenbezogene Sicherungssysteme gegen Geldwäsche und gegen betrügerische Handlungen zu Lasten des Instituts oder der Gruppe zu verfügen; bei
Sachverhalten, die aufgrund des Erfahrungswissens über die Methoden der Geldwäsche zweifelhaft oder ungewöhnlich sind, haben die Kreditinstitute diesen vor dem
Hintergrund der laufenden Geschäftsbeziehung und einzelner Transaktionen nachzugehen. Sie flankiert die Neufassung des Absatzes 2 Nr. 2, nach dem interne
Grundsätze, angemessene geschäfts- und kundenbezogene Sicherungssysteme und

---

[79] BaFin, Rundschreiben Nr. 8/2005, Nr. 5.
[80] BaFin, Rundschreiben Nr. 8/2005, Nr. 6.
[81] BAKred, Verlautbarung für Kreditinstitute vom 30.3.1998, Nr. 34 Buchst. d, und für Finanzdienstleistungsinstitute vom 30.12.1997, Nr. 35 Buchst. d, abgedruckt in Anhang III.1 und III.2.
[82] *Rabe*, Sparkasse 1998, 335, 337 f; hierzu siehe auch *Fülbier*, § 11 Rz. 66 ff.

Kontrollen zur Verhinderung der Geldwäsche und der Finanzierung terroristischer Vereinigungen von den verpflichteten Personen und Unternehmen zu entwickeln sind. Einzelheiten zu den geforderten internen Sicherungsmaßnahmen regeln jedoch weder das Kreditwesengesetz noch das Geldwäschegesetz, weil – wie die Entwurfsbegründung[83] hierzu ausführt – sich diese an der Größe und an der jeweiligen Geschäfts- und Kundenstruktur orientieren müssen. Eine diesbezügliche Konkretisierung durch die nach § 16 zuständige Behörde ermöglicht jedoch Absatz 4 (unten Rz. 170 ff).

102 Die **Pflicht zur Entwicklung** angemessener geschäfts- und kundenbezogener Sicherungssysteme trifft grundsätzlich alle nach Absatz 1 Verpflichteten, soweit sie nicht über eine Anordnung nach Absatz 4 Satz 2 (unten Rz. 177 ff) oder andere verbindliche Ausnahmeregelungen hiervon befreit sind. Dabei hängen der Umfang und die Ausgestaltung der Sicherungssysteme maßgeblich von der Geschäftstätigkeit und dem Geschäftsumfang des jeweiligen Verpflichteten ab.

103 Dabei wird im Allgemeinen zwischen dem so genannten **Research** und Monitoring unterschieden. Unter Research versteht man ständige Untersuchungsmaßnahmen im Verdachtsvorfeld, also die Suche nach auffälligen Transaktionen, deren Hintergrund eine Geldwäsche-, Betrugshandlung oder die Finanzierung des Terrorismus sein könnte. Dabei besteht insbesondere im Bereich der Finanztransaktionen die Schwierigkeit darin, aus der Masse der Transaktionen diejenigen mit einschlägigem Hintergrund herauszufiltern. So kann eine Geschäftsbeziehung trotz unauffälliger Zahlungsgewohnheiten dennoch zur Geldwäsche etc. missbraucht werden, während umgekehrt Transaktionen, die zunächst „ungewöhnlich" erscheinen, einen vollkommen legalen Hintergrund haben können.

104 Nach den Erläuterungen des Bundesaufsichtsamtes für das Kreditwesen zu Nummer 34 Buchst. d der Verlautbarung für Kreditinstitute sind Researchmaßnahmen vornehmlich im Massengeschäft, d. h. im Bereich des nationalen und internationalen Zahlungsverkehrs erforderlich. Im Kernbereich der **Hypothekenbanken** sind solche Maßnahmen nach Auskunft der Bankenaufsicht[84] entbehrlich. Dies gilt ebenso für das Kerngeschäft der **Bausparkassen**. Soweit darüber hinaus im **Firmenkundengeschäft** die individuelle Beobachtung der Kundenbeziehung durch Kundenbetreuer erfolgt, sind auch in diesem Bereich Maßnahmen nach Nr. 34 d) der Verlautbarung für Kreditinstitute nicht gefordert. Da die Pflicht zur Entwicklung geschäfts- und kundenbezogener Sicherungssysteme nach Absatz 2 Nr. 2 und § 25a Abs. 1 Satz 3 Nr. 6 KWG letztlich auf Nummer 34 Buchst. d der Verlautbarung zurückgeht und Auslegungshinweise der Bankenaufsicht zu der seit 2002 geltenden aktuellen Gesetzeslage nicht vorliegen, kann nach wie vor von der Anwendbarkeit dieser **Ausnahmeregelungen** ausgegangen werden.

105 Um aus der Masse der unbaren und automatisierten Geschäfte Verdachtsmomente für Geldwäsche, Terrorismusfinanzierung und Betrugshandlungen herauszufiltern, setzen Kreditinstitute vielfach bereits EDV-Programme ein, wie sie von der Ban-

---

83) Begründung RegE Geldwäschebekämpfungsgesetz, BT-Drucks. 14/8739, S. 17.
84) BAKred, Schreiben an den Verband deutscher Hypothekenbanken vom 21.5.1999 (Z5-B590) (unveröff.).

Interne Sicherungsmaßnahmen § 14 GwG

kenaufsicht bereits seit 1998 propagiert werden. Diese **EDV-Researchsysteme** arbeiten größtenteils nach dem gleichen Prinzip. Anhand von Parametern sucht das System nach Regelverstößen, also Auffälligkeiten, und gewichtet diese durch die Vergabe von so genannten Score-Punkten. Erreicht eine Geschäftsverbindung eine bestimmte, vom Kreditinstitut individuell vorgegebene, Anzahl an Punkten, muss der Geldwäschebeauftragte entscheiden, ob die festgestellten Auffälligkeiten bereits so deutlich in Richtung einer Geldwäschehandlung oder Terrorismusfinanzierung weisen, dass eine Verdachtsanzeige nach § 11 zu erstatten ist oder ob zunächst eine Überwachung der auffällig gewordenen Geschäftsbeziehung (so genanntes Monitoring) durchgeführt werden soll, um die bestehenden Zweifel an der Legalität der Transaktionen auszuräumen oder zu untermauern.

Sowohl die Bundesanstalt als auch die Entwurfsbegründung[85] zu § 25a Abs. 1 Satz 3 Nr. 6 KWG fordern im Zusammenhang mit der Entwicklung angemessener geschäfts- und kundenbezogener Sicherungssysteme von **Kreditinstituten** und **Finanzdienstleistungsinstituten** den verstärkten Einsatz softwarebasierter Research- und Monitoringsysteme, um aus der Masse der unbaren automatisierten Geschäfte – computergestützt – Verdachtsmomente für Geldwäsche, Betrug und Terrorismusfinanzierung herauszufiltern. Insbesondere bei mittelständischen und Spezialinstituten kann die Anschaffung solcher Systeme zu unverhältnismäßigen Belastungen führen. Vor diesem Hintergrund hat die Bundesanstalt in einem Schreiben an das Institut der Wirtschaftsprüfer[86] eine Ausnahme für kleinere Institute formuliert. Danach können kleinere Institute bezüglich der Durchführung von aktiven Researchmaßnahmen **auf die Installierung eines EDV-Researchsystems verzichten**, wenn sie über eine so geringe Anzahl von Vertragsparteien und wirtschaftlich Berechtigten oder Transaktionen verfügen, dass sie diese im Hinblick auf die darin liegenden Risiken auch ohne ein EDV-Researchsystem wirksam von Hand überwachen können. Hiervon könne in der Regel bei Instituten mit einer **Bilanzsumme von unter 250 Mio. Euro** ausgegangen werden. Die Wirksamkeit der Überwachung und die Erfüllung der vorgenannten Voraussetzungen sind vom Jahresabschlussprüfer detailliert zu überprüfen; der Prüfer hat hierüber zu berichten. 106

Nach ergänzender Ausführung der Bundesanstalt sei die genannte Bilanzsummengrenze **keine absolute Grenze**, was aus der Formulierung folge, dass die Voraussetzungen für einen Verzicht auf EDV-Researchsysteme „in der Regel" bei einer Bilanzsumme von unter 250 Mio. Euro vorliegen. Institute, die über dieser Grenze liegen, könnten dann auf ein EDV-Researchsystem verzichten, wenn der Abschlussprüfer die Angemessenheit des manuellen Researchs bestätigt. Ein gesonderter Dispens der Bundesanstalt sei jedoch nicht erforderlich. Bei **Spezialinstituten** sei der mögliche Verzicht auf ein EDV-Research abhängig von der Gefährdungsanalyse. 107

Während unter Research allgemeine Untersuchungsmaßnahmen aller Geschäftsverbindungen verstanden wird, stellt das so genannte **Monitoring** die Überwachung einer bestimmten, durch Researchmaßnahmen auffällig gewordenen Geschäftsbe- 108

---

85) Begründung RegE 4. FMFG, BT-Drucks. 14/8017, S. 124.
86) BaFin, Schreiben an das Institut der Wirtschaftsprüfer in Deutschland e. V. (IDW) vom 8.11.2005 (GW1-B590).

ziehung dar. Die Verlautbarungen des Bundesaufsichtsamtes für das Kreditwesen[87] verpflichten **Kredit- und Finanzdienstleistungsinstitute** ausdrücklich zu dieser Form der Überwachung. Bestehen – vor allem bei Kunden, mit denen das Institut in einer dauerhaften Geschäftsbeziehung steht – zwar Anhaltspunkte für einen Verdacht auf Geldwäsche bzw. Terrorismusfinanzierung, so soll die Geschäftsbeziehung einer gegebenenfalls auch längerfristigen Überwachung unterworfen werden, bis eine Entscheidung über das weitere Verfahren, also Anzeigeerstattung oder Abbruch der Überwachung wegen der Zerstreuung der Verdachtsmomente, getroffen werden kann.[88] Nach den Verlautbarungen sind die Ergebnisse des Monitoring zu dokumentieren.

109 Fraglich erscheint zunächst, inwieweit die durch Absatz 2 Nr. 2 Verpflichteten durch aufsichtsbehördliche Äußerungen wie Verlautbarungen verpflichtet werden können, den kundenbezogenen Datenbestand unabhängig von einem Geldwäscheverdacht – bzw. ohne entsprechende Anhaltspunkte hierfür – systematisch auf „Auffälligkeiten" zu überprüfen, um auf diesem Wege einen Geldwäscheverdacht überhaupt erst zu erzeugen. So sieht die Literatur[89] im EDV-Research einen Eingriff in das Grundrecht auf informationelle Selbstbestimmung der betroffenen Bankkunden, der einer hinreichend bestimmten gesetzlichen Grundlage bedarf. So werden nach Ansicht von *Kaufmann* durch das EDV-Research u. a. Art, Umfang und Zielrichtung der Summe der Finanztransaktionen eines Kunden, seine Vermögenswerte und sein finanzieller Handlungsspielraum erforscht, so dass sich daraus ein wirtschaftliches Tätigkeits- und Leistungsprofil ergibt.[90] Dabei wird zu Recht darauf hingewiesen, dass dazu weder die Generalklausel des Absatzes 2 Nr. 2 aus dem Jahr 1993 noch die Verlautbarungen des Bundesaufsichtsamtes für das Kreditwesen geeignet sind. Auch sei § 28 Abs. 1 Nr. 2 BDSG nicht einschlägig, weil ein Researchsystem primär Zielen der Strafverfolgung und damit einer staatlichen Aufgaben diene. Das eigene Interesse der Verpflichteten an der Geldwäscheverhinderung stelle sich dabei lediglich als Reflex dar.[91]

110 Ob nunmehr die neuen Begrifflichkeiten des Absatzes 2 Nr. 2 und § 25a Abs. 1 Satz 3 Nr. 6 KWG geeignet sind, diese Bedenken auszuräumen, erscheint kaum weniger fraglich. Jedenfalls ergibt sich aus den neuen Gesetzesformulierungen keine weitergehende Konkretisierung der **strittigen Datenschutzfrage** als bisher. Dem Vernehmen nach beabsichtigt jedoch das Bundesministerium der Finanzen, diesen Bedenken im Rahmen der für das Jahr 2006 erwarteten Umsetzung der Dritten Geldwäscherichtlinie in nationales Recht Rechnung zu tragen.

---

87) BAKred, Verlautbarung für Kreditinstitute vom 30.3.1998, Nr. 34 Buchst. e, und für Finanzdienstleistungsinstitute vom 30.12.1997, Nr. 35 Buchst. e, abgedruckt in Anhang III.1 und III.2.
88) BAKred, Verlautbarung für Kreditinstitute vom 30.3.1998, Nr. 30, und für Finanzdienstleistungsinstitute vom 30.12.1997, Nr. 32, abgedruckt in Anhang III.1 und III.2.
89) Zusammenfassend *Bergles/Eul*, BKR 2002, 556, 561 ff.
90) *Kaufmann*, S. 222 ff, mit Bezug auch auf *Herzog*, WM 1999, 1905; siehe auch *Fülbier*, § 11 Rz. 64.
91) *Herzog*, WM 1996, 1753, 1758 ff; *ders.*, WM 1999, 1905, 1917 f.

4. Kontrollen und Prüfungen

a) Kontrollen durch den Geldwäschebeauftragten

Nach Maßgabe der Verlautbarungen des Bundesaufsichtsamtes für das Kreditwesen für Kreditinstitute und Finanzdienstleistungsinstitute[92] hat der Geldwäschebeauftragte u. a. die Aufgabe, ein **internes Kontrollverfahren** zu entwickeln und Kontrollen durchzuführen. Art und Häufigkeit der Kontrollen durch den Geldwäschebeauftragten stehen in seinem Ermessen. Er ist nicht verpflichtet, die Kontrollen selbst durchzuführen. Denkbar ist es z. B., einem bestimmten Mitarbeiter in einer Zweigstelle (nicht: der Innenrevision) Kontrollaufgaben bezüglich der von den Schaltermitarbeitern zu erfüllenden Verpflichtungen zuzuweisen. Die Delegation der Prüfungspflicht ändert nichts an der Verantwortlichkeit des Geldwäschebeauftragten.

Der Geldwäschebeauftragte sollte seine Kontrollen auf **Stichproben** beschränken.[93] Nur dann, wenn sich bei diesen Stichproben herausstellen sollte, dass die Verpflichtungen nicht beachtet wurden, sind häufigere und umfangreichere Prüfungen anzuraten. Die Prüfung aller relevanten Umsätze/Belege ist nur in absoluten Ausnahmefällen notwendig, z. B. in einem Teilbereich, in dem ein Mitarbeiter die Pflichten nachlässig erfüllt hat. Diese Verpflichtung des Geldwäschebeauftragten besteht unabhängig von den Prüfungspflichten der Innenrevision. Allerdings wird mit dieser Kontrollpflicht das Geldwäschebeauftragten keine Duplizierung der Tätigkeit der Innenrevision angestrebt. Die Kontrollpflicht des Geldwäschebeauftragten bezieht sich vielmehr auf die Überprüfung der Einhaltung der gesetzlichen Bestimmungen und unternehmensinternen Organisationsrichtlinien und Arbeitsablaufbeschreibungen im Einzelfall, z. B. wenn die Abstellung bestimmter Mängel durch den Geldwäschebeauftragten angewiesen worden ist und dies im Wege der Erfolgskontrolle nachgewiesen werden soll.

b) Prüfungen durch die Innenrevision bei Kreditinstituten und Finanzdienstleistungsinstituten

Zu den Grundsätzen gehört es, die Umsetzung der Pflichten des Geldwäschegesetzes zusätzlich durch die Innenrevision überprüfen zu lassen. Diese Prüfungen müssen sich auf die **ordnungsgemäße Erfüllung aller Verpflichtungen aus dem Geldwäschegesetz** erstrecken. Die Innenrevision muss insbesondere feststellen, ob die bisherigen Sicherungsmaßnahmen ausreichen und wie die Mitarbeiter unterrichtet worden sind. Die Innenrevision wird darüber hinaus die **Tätigkeit des Geldwäschebeauftragten** untersuchen, beurteilen und der Geschäftsleitung darüber mindestens einmal im Jahr schriftlich berichten.[94]

---

92) BAKred, Verlautbarung für Kreditinstitute vom 30.3.1998, Nr. 34 Buchst. f, und für Finanzdienstleistungsinstitute vom 30.12.1997, Nr. 35 Buchst. f, abgedruckt in Anhang III.1 und III.2.
93) So auch: BAV, Anordnungen und Verwaltungsgrundsätze 1996, Nr. 6.2, VerBAV 1996, 3, abgedruckt in Anhang IV.3.
94) Zu den Mindestanforderungen an den Inhalt des Berichts im Einzelnen BAKred, Verlautbarung für Kreditinstitute vom 30.3.1998, Nr. 40, und für Finanzdienstleistungsinstitute vom 30.12.1997, Nr. 44, abgedruckt in Anhang III.1 und III.2, sowie Schreiben vom

114 Die Innenrevision hat damit vom **Prüfungsumfang** her den gesamten Pflichtenkatalog des Geldwäschegesetzes umfassend zu prüfen. Die Prüfung kann sich im Übrigen nach dem Ermessen des Innenrevisors auf **Zufallsstichproben** beschränken. Diese müssen nach Auffassung des Bundesaufsichtsamtes für das Kreditwesen in einem angemessenen Verhältnis zur Gesamtzahl derjenigen Geschäftsvorfälle stehen, die der jeweils geprüften Pflicht aus dem Geldwäschegesetz unterliegen und nach § 9 aufgezeichnet worden sind. Das Verhältnis des Stichprobenumfangs zur Grundgesamtheit der geprüften Geschäftsvorfälle ist im Prüfungsbericht anzugeben.[95] Es erscheint sinnvoll, einzelne **Buchungstage** komplett (und damit auch das System) zu prüfen und die Zahl der geprüften Tage anzugeben. Auf diese Weise kann mehr Zeit mit der Prüfung verbracht werden als mit dem Auszählen der Geschäftsvorfälle, die der jeweils geprüften Pflicht aus dem Geldwäschegesetz unterliegen. Der **Bericht** ist sechs Jahre **aufzubewahren**. Die **Häufigkeit** der internen Kontrollen kann dem in den vorangegangenen Prüfungen festgestellten Grad der Professionalität bei der Umsetzung der Verpflichtungen aus dem Geldwäschegesetz angepasst werden. Nachdem sich die Umsetzungsmaßnahmen in einem Unternehmen erst einmal eingespielt haben und regelmäßig keinen Anlass mehr zu gravierenden Beanstandungen geben, dürfte entsprechend der Berichtspflicht eine Prüfung pro Jahr genügen.

c) Prüfungen durch die Innenrevision im Versicherungswesen

115 Die **Anforderungen des Bundesaufsichtsamtes für das Versicherungswesen** an interne Revisionsberichte sind weniger streng als die des Bundesaufsichtsamtes für das Kreditwesen. Aus Berichten der Revision soll sich ergeben, wer Geldwäschebeauftragter des Unternehmens und wer Stellvertreter ist. Es soll auch daraus hervorgehen, ob die Innenrevision die internen Grundsätze des Unternehmens als geeignet und ausreichend zur Geldwäschebekämpfung ansieht. Darüber hinaus müssen Feststellungen zur Erfüllung einzelner Pflichten aus dem Geldwäschegesetz vorhanden sein sowie zur Zuverlässigkeit der Mitarbeiter.[96] Das Bundesaufsichtsamt für das Versicherungswesen erwartet mindestens eine Prüfung pro Jahr.[97]

5. Ausnahmen von den Pflichten des Absatzes 2 Nr. 2

116 Bei **Notaren** sind interne Grundsätze und angemessene geschäfts- und kundenbezogene Sicherungssysteme angesichts der Pflicht zur persönlichen Amtsausübung und der damit einhergehenden eingeschränkten Möglichkeiten zur Delegierung von

---

9.2.1994 (I5-B210), Bestellung von Geschäftsleitern eines Kreditinstituts zu „leitenden Personen" i. S. d. § 14 Abs. 2 Nr. 1 GwG, abgedruckt in: *Consbruch/Möller u. a.*, KWG, Nr. 11.02a.

95) BAKred, Verlautbarung für Kreditinstitute vom 30.3.1998, Nr. 40, und für Finanzdienstleistungsinstitute vom 30.12.1997, Nr. 44, abgedruckt in Anhang III.1 und III.2.
96) Im Einzelnen siehe BAV, Anordnungen und Verwaltungsgrundsätze 1994, VerBAV 1994, 408, abgedruckt in Anhang IV.2.
97) BAV, Anordnungen und Verwaltungsgrundsätze 1993, Anm. 5.2, VerBAV 1993, 355, abgedruckt in Anhang IV.1.

Aufgaben nach Mitteilung der Bundesnotarkammer[98] schon durch die Konzentration aller entscheidenden Tätigkeiten auf die Person des Notars vorhanden.

6. Feststellungen des Abschlussprüfers bei Kredit- und Finanzdienstleistungsinstituten

Nach § 29 Abs. 2 Satz 2 KWG hat der Abschlussprüfer die internen Sicherungsmaßnahmen nach Absatz 2 darzustellen, zu beurteilen und einen entsprechenden **Prüfungsvermerk** abzugeben. Dieser Vermerk wird der Bundesanstalt über die Vorlagepflicht für den Prüfungsbericht nach § 26 Abs. 1 KWG oder über die regionalen Prüfungsverbände z. B. der Kreditgenossenschaften zur Kenntnis gelangen.[99] Nach § 29 Abs. 2 Satz 1 KWG muss sich der Prüfungsvermerk auf die Beachtung der Vorschriften des Geldwäschegesetzes insgesamt erstrecken; obligatorisch ist die Beurteilung der Funktionsfähigkeit der Innenrevision und deren Prüfungshandlungen bezüglich der unter Rz. 113 ff angesprochenen Verpflichtungen. Der Prüfungsbericht muss entsprechende Angaben enthalten.

117

Die Auffassung des Amtes über den Umfang der Prüfung spiegelt sich wider in der **Prüfungsberichtsverordnung**. Sie sieht in § 17 vor, dass der Abschlussprüfer darlegt, ob alle Pflichten (u. a. Identifizierung, Aufzeichnung, Aufbewahrung, Anzeigen) eingehalten wurden. Darüber hinaus sind die internen Sicherungsmaßnahmen darzustellen und zu beurteilen, insbesondere

118

– die Tätigkeit des Geldwäschebeauftragten im Sinne des Absatzes 2 Nr. 1 im Berichtszeitraum,
– die Grundsätze, Verfahren und Sicherungssysteme zur Verhinderung der Geldwäsche nach Absatz 2 Nr. 2, die das Institut für Transaktionen und die unter Geldwäschegesichtspunkten risikobehafteten Geschäftsarten geschaffen hat, und welche Änderungen hieran im Berichtszeitraum vorgenommen wurden,
– die Art und Häufigkeit der Unterrichtung der Mitarbeiter des Instituts über bekannt gewordene Methoden der Geldwäsche,
– die Vorkehrungen, welche die im Institut zuständige Stelle getroffen hat, um die Pflicht nach Absatz 2 Nr. 3 (Zuverlässigkeit) zu erfüllen,
– die von der Innenrevision durchgeführten Prüfungshandlungen und deren Ergebnisse (Anzahl und Art der Feststellungen); dabei ist zu beurteilen, ob die auf die Einhaltung der Pflichten im Sinne von Absatz 1 und 2 Nr. 1–4 gerichteten Prüfungshandlungen der Innenrevision in ausreichendem Maße vorgenommen, hierüber schriftliche Berichte erstellt und diese dem Vorstand vorgelegt wurden,
– die Besetzung der Positionen des Geldwäschebeauftragten im Sinne des Absatzes 2 Nr. 1 und seines Stellvertreters, ihre Stellung in der Aufbauorganisation des Instituts sowie über Änderungen bei diesen Personen (§ 5 Abs. 1 Nr. 5 PrüfbV).

---

98) Bundesnotarkammer, Rundschreiben Nr. 48/2003 vom 19.11.2003 (B X 2), abgedruckt in Anhang V.2.
99) *Braun*, in: Boos/Fischer/Schulte-Mattler, KWG, § 26 Rz. 17.

119 Die Prüfungsberichte werden anhand von Checklisten vorgenommen, die den Wirtschaftsprüfern und den Prüfungsverbänden vorliegen. Diese dürfen indes nicht immer ungeprüft übernommen werden. So wurde z. B. teilweise in Checklisten gefordert, es bedürfe eines „uneingeschränkten unternehmensinternen Weisungsrechts und alleiniger Vertretungsbefugnis" des Geldwäschebeauftragten.

120 Mit Schreiben vom 25.4.1994[100]) hat das Bundesaufsichtsamt für das Kreditwesen die von ihm erwarteten Angaben bezüglich der Systemprüfung wie folgt präzisiert:

„Was die Systemprüfung im Rahmen des Absatzes 2 anbelangt, erwarte ich im Prüfungsbericht neben einem **Gesamturteil** über die gemäß Absatz 2 Nr. 1–4 getroffenen Maßnahmen insbesondere folgende Ausführungen:

Absatz 2 Nr. 1:

Der Name, das Datum der Bestellung und die Funktion des Geldwäschebeauftragten und seines Stellvertreters bzw. deren Stellung in der Aufbauorganisation des Instituts sind immer anzugeben (vgl. § 5 Abs. 1 Nr. 5 PrüfbV). Die Tätigkeit des Geldwäschebeauftragten und seines Vertreters ist zu beurteilen.

Absatz 2 Nr. 2:

Bankinternen Grundsätzen und Verfahren zur Verhinderung der Geldwäsche kommt bei der Geldwäscheprävention eine maßgebliche Bedeutung zu (vgl. § 29 Abs. 2 Nr. 1 PrüfbV [jetzt: § 17 Abs. 2 Nr. 2]).

Die bestehenden Dienst- bzw. Arbeitsanweisungen, die darin enthaltenen Grundsätze, die das Verfahren und die Kontrollen zur Verhinderung der Geldwäsche in den verschiedenen Bereichen (Kassenbereich, Wertpapierbereich etc.) festlegen, sind zu beschreiben und die Ordnungs- und Zweckmäßigkeit der getroffenen aufbau- und ablauforganisatorischen Regelungen und der Einsatz technischer Hilfsmittel (etwa bei der Identifizierung und der Aufbewahrung der Identifikationsunterlagen) zur Erfüllung der Identifizierungspflichten, der Dokumentationspflicht und der Verdachtsanzeigepflicht zu beurteilen. Was die Verdachtsanzeigepflicht gemäß § 11 anbelangt, ist zu beschreiben, wie Vorgänge, die innerhalb des Kreditinstituts als Verdachtsfälle angesehen werden, organisatorisch behandelt werden.

In diesem Zusammenhang hat die Darstellung und Beurteilung der Tätigkeit der Innenrevision besondere Bedeutung. Über deren spezifische Prüfungshandlungen, die von der Innenrevision gegebenen Hinweise und deren Prüfungsergebnisse ist im Zusammenhang mit der Prüfung der Funktionsfähigkeit der Innenrevision im Prüfungsbericht zu berichten und eine Beurteilung zu treffen (vgl. § 29 Abs. 2 Nr. 2 PrüfbV [jetzt: § 5 Abs. 1 Nr. 13]). Auf Ziffer 21 meiner oben angegebenen Verlautbarung vom 4. November 1993 weise ich ausdrücklich hin.

---

100) BAKred, Schreiben vom 25.4.1994 (I5-C400), Prüfung des Jahresabschlusses per 31.12.1993 bei Kreditinstituten; Gesetz über das Aufspüren von Gewinnen aus schweren Straftaten (GwG) vom 25.10.1993, abgedruckt in: *Consbruch/Möller u. a.*, KWG, Nr. 11.05.

Absatz 2 Nr. 3 [jetzt: Absatz 2 Nr. 4]:

Die Art und Häufigkeit der Schulung bzw. Unterrichtung von Mitarbeitern über Erscheinungsformen (Methoden und Techniken) der Geldwäsche ist darzustellen und zu bewerten. In diesem Zusammenhang ist auch darzulegen, welche Mitarbeiter in die Schulungsmaßnahmen einbezogen worden sind bzw. auf welche Art und Weise sichergestellt wird, dass Schulungsmaßnahmen alle Adressaten im Sinne des Absatzes 2 Nr. 3 [jetzt: Absatz 2 Nr. 4] einschließen.

Absatz 2 Nr. 4 [jetzt: Absatz 2 Nr. 3]:

Die Handhabung der Zuverlässigkeitsprüfung ist darzustellen und zu beschreiben. Dies setzt auch Angaben darüber voraus, in welcher Art und Weise neben der Zuverlässigkeitsprüfung bei der Einstellung von Mitarbeitern auch periodische Überprüfungen erfolgen bzw. welche Stelle mit dieser Aufgabe institutsintern betraut ist.

Sonstige Pflichten nach dem Geldwäschegesetz:

Hinsichtlich der Identifikationspflichten, der Pflicht zur Feststellung des wirtschaftlich Berechtigten, der Aufzeichnungs- und Aufbewahrungspflicht und der Pflichten, die Kreditinstitute mit Zweigstellen und Unternehmen im Ausland zu erfüllen haben (§ 15), soll der Abschlussprüfer stichprobenweise deren Einhaltung überprüfen und hierüber berichten (vgl. § 29 Abs. 12 PrüfbV [jetzt: § 12 Abs. 2 Nr. 3, Abs. 3]).

Es liegt m. E. im Interesse der Institute selbst, dass der Jahresabschlussprüfung unter dem Gesichtspunkt der Geldwäscheprävention von Prüferseite zukünftig die notwendige Aufmerksamkeit entgegengebracht wird."

Nach § 57 Abs. 1 Satz 1 VAG haben die Prüfer bei den in Absatz 1 Nr. 2 genannten **Versicherungen** festzustellen, ob ein Versicherer den Pflichten aus § 14 nachgekommen ist. Dabei sind insbesondere die von der Versicherung anzufertigenden Aufzeichnungen über Verdachtsfälle einzusehen. Es ist zu prüfen, ob die Versicherung ihre Pflichten beim Erkennen und Anzeigen von Verdachtsfällen beachtet hat.[101]

7. Sonderprüfungen nach § 44 KWG

Die Bundesanstalt kann anlassbezogen, aber auch ohne besonderen Anlass Prüfungen nach § 44 Abs. 1 Nr. 1 KWG anordnen.[102] Mit dieser Maßnahme kann auch geprüft werden, ob das Institut die Vorschriften des Geldwäschegesetzes ordnungsgemäß umgesetzt hat. Leitlinie werden dabei auch die Verlautbarungen des Bundesaufsichtsamtes für das Kreditwesen sein. Leider ist es in der Praxis häufig vorgekommen, dass diese Prüfungen einen enormen Umfang erreicht haben. Dies führte zu einer entsprechend hohen Gebührenfestsetzung (vgl. § 50 Abs. 1 Satz 1, § 51 Abs. 3 KWG). Auch bei derartigen Prüfungen ist der **Verhältnismäßigkeitsgrundsatz** zu

---

101) BAV, Anordnungen und Verwaltungsgrundsätze 1997, Nr. 4, VerBAV 1997, 243, 244, abgedruckt in Anhang IV.4.
102) *Szagunn/Haug/Ergenzinger*, KWG, § 44 Rz. 14.

wahren. Eine unangemessen umfangreiche und lange Prüfung kann es rechtfertigen, **Widerspruch gegen die Gebührenfestsetzung** einzulegen. Insbesondere kann bei einer Überprüfung der Vorschriften des Geldwäschegesetzes die Einschaltung von Wirtschaftsprüfern fraglich sein, soweit es hierbei nur um Routineprüfungen hinsichtlich der Einhaltung von Ordnungsvorschriften geht, die nicht die Kenntnisse eines Wirtschaftsprüfers erfordern.[103]

8. Keine Ermächtigungsgrundlage in Absatz 2

123 Die Finanzdienstleistungsaufsicht sieht Absatz 2 Nr. 2 als Ermächtigungsgrundlage für die Durchsetzung derjenigen in der Verlautbarung aufgeführten Maßnahmen, die nicht explizit im Gesetz geregelt sind.[104] Dieser Meinung kann nicht gefolgt werden. Diese Norm mag zwar als Generalklausel verstanden werden. Es gibt aber keinerlei Anhaltspunkt, der dafür spricht, dass diese Norm eine Ermächtigungsgrundlage bildet. Der Wortlaut enthält keinen dahin gehenden Hinweis. Außerdem fehlt das Instrumentarium, die Nichtbeachtung mit Sanktionen zu erzwingen. § 17 sieht jedenfalls keine Geldbuße für die Nichtbeachtung des § 14 vor. Die Bundesanstalt kann sich in diesen Fällen schwerlich mit den Instrumenten des Kreditwesengesetzes behelfen (unten Rz. 182 ff). Das gilt insbesondere dann, wenn ihre Anweisungen im Widerspruch zum Zivilrecht oder öffentlichen Recht stehen. Dazu gibt es bereits mehrere Beispiele (Kontosperre bei Verweigerung der Angabe des wirtschaftlich Berechtigten, Anerkennung von abgelaufenen Personalausweisen, Anerkennung der Kontofähigkeit von Gesellschaften bürgerlichen Rechts).

124 Darüber hinaus liegt es ganz grundsätzlich **nicht** in der **Kompetenz der Aufsichtsbehörden**, anstelle des Gesetzgebers EU-Recht in deutsches Recht umzusetzen oder überhaupt Recht zu setzen, wenn dies nicht durch Rechtsverordnung oder Gesetz ausdrücklich so vorgegeben ist.[105] Dies gilt erst recht, wenn – wie im Falle der Statuierung eines besonderen Schwellenbetrages für das Sortengeschäft[106] – trotz einer insoweit eindeutigen und abschließenden Regelung im Gesetz mit Verweis auf die vermeintliche „Ermächtigungsgrundlage" des Absatzes 2 Nr. 2 über die Verlautbarungen des Bundesaufsichtsamtes für das Kreditwesen[107] zusätzliche Pflichten statuiert werden.

125 Soweit sich Aufsichtsbehörden auf die vermeintliche „Ermächtigungsgrundlage" des Absatzes 2 Nr. 2 berufen, sollte mithin geprüft werden, ob die Grenzen einer zulässigen Norminterpretation oder Normkonkretisierung nicht überschritten sind und die Maßnahme einer Rechtsgrundlage entbehrt. Bei derartigen Maßnahmen, insbe-

---

103) Vgl. BVerwG NJW 1982, 2681; *Bödecker*, S. 53 ff, 88 f.
104) BAKred, Schreiben vom 24.1.1995 (I5-B102), Maßnahmen zur Bekämpfung der Geldwäsche; Wirksamkeit des Geldwäschegesetzes und des § 261 StGB, abgedruckt in: *Consbruch/Möller u. a.*, KWG, Nr. 11.11, I 5; ähnlich auch *Dach*, in: Körner/Dach, S. 93, 134 f, dem zufolge diese Norm eine **Generalklausel** darstellt.
105) Dazu siehe *Fülbier*, Einleitung Rz. 121 f.
106) Siehe *Langweg*, § 2 Rz. 96 f.
107) BAKred, Verlautbarung für Kreditinstitute vom 30.3.1998, Nr. 41 f, und für Finanzdienstleistungsinstitute vom 30.12.1997, Nr. 45 Buchst. f, abgedruckt in Anhang III.1 und III.2.

sondere wenn sie in Form von Schreiben (meist informelle Maßnahmen) oder Anordnungen gegenüber einzelnen Verpflichteten des Geldwäschegesetzes ergehen, sollten die Interessenverbände informiert werden. Diese können geeignete Maßnahmen ergreifen oder dem Verpflichteten empfehlen, wie er sich im konkreten Fall verhalten sollte. Gleichermaßen ist zu verfahren, wenn von externen Prüfern auf Veranlassung von Aufsichtsbehörden Verhaltensweisen beanstandet oder Maßnahmen gefordert werden.

IV. Zuverlässigkeit der Mitarbeiter (Abs. 2 Nr. 3)

1. Zuverlässigkeit

Absatz 2 Nr. 3 will das Eindringen von Mittelsmännern in die angesprochenen Unternehmen verhindern. Das Erfordernis der Zuverlässigkeit nach Absatz 2 Nr. 3 bezieht sich nur auf die Angestellten, die befugt sind, bare oder unbare Finanztransaktionen auszuführen. Darin eingeschlossen sind Personen, derer sich das Unternehmen als Vermittler bedient, bei Versicherungen insbesondere der Außendienst.[108] In die Prüfung sind auch die zuverlässigen Dritten einzubeziehen, derer sich das Unternehmen bei der Identifizierung bedient und die nicht generell von der Aufsichtsbehörde als zuverlässig anerkannt sind. 126

Nach den Anwendungshinweisen der Wirtschaftsprüferkammer zum Geldwäschegesetz[109] ist die Sicherstellung der Zuverlässigkeit bei allen Mitarbeitern des **Wirtschaftprüfers/vereidigten Buchprüfers** aufgrund der sensiblen Berufstätigkeit mit Blick auf das Mandantengeheimnis eine berufsrechtliche Selbstverständlichkeit und wird bereits von § 5 BS WP/vBP i. V. m. § 43 Abs. 1 Satz 1 WPO sichergestellt. 127

Der Begriff der Zuverlässigkeit lehnt sich an den des Gewerberechts an.[110] Es handelt sich um einen **unbestimmten Rechtsbegriff** ohne Beurteilungsspielraum, der gerichtlich überprüfbar ist.[111] Die Zuverlässigkeit bezieht sich nicht auf die Person insgesamt, sondern auf die von ihr auszuübende (Gewerbe-)Tätigkeit. Dazu ist eine fachliche Eignung allein nicht ausreichend. Die angesprochenen Mitarbeiter müssen zusätzlich nach ihrer Persönlichkeit **Gewähr dafür bieten, dass sie die Vorschriften des Geldwäschegesetzes und die internen Grundsätze zur Bekämpfung der Geldwäsche beachten und dass sie sich nicht selbst aktiv oder passiv an derartigen Geschäften beteiligen.** Dabei ist auch das bisherige Verhalten maßgeblich.[112] 128

---

108) BAV, Anordnungen und Verwaltungsgrundsätze 1993, Anm. 5.3, VerBAV 1993, 355, abgedruckt in Anhang IV.1.
109) Wirtschaftsprüferkammer, Anwendungshinweise zum Gesetz über das Aufspüren von Gewinnen aus schweren Straftaten, WPK-Magazin 4/2004, Beilage, S. 11, abgedruckt in Anhang V.3.
110) Begründung RegE GewAufspG, BT-Drucks. 12/2704, S. 20.
111) *Maurer*, § 7 III; *Tettinger*, in: Tettinger/Wank, GewO, § 35 Rz. 26.
112) BAKred, Verlautbarung für Kreditinstitute vom 30.3.1998, Nr. 39, und für Finanzdienstleistungsinstitute vom 30.12.1997, Nr. 43, abgedruckt in Anhang III.1 und III.2; allgemein *Tettinger*, in: Tettinger/Wank, GewO, § 35 Rz. 26 ff; vgl. auch *Szagunn/Haug/Ergenzinger*, KWG, § 33 Rz. 8 ff; *Fischer*, in: Boos/Fischer/Schulte-Mattler, KWG, § 33 Rz. 29 ff.

129 Zuverlässig ist im Allgemeinen nicht, wer **Straftaten** begangen hat, die einen **Bezug zur auszuübenden Gewerbetätigkeit** haben. Deshalb ist unzuverlässig nach § 35 GewO, wer **Eigentums- und Vermögensdelikte** begangen hat. Dazu reichen auch kleinere Gesetzesverstöße, wenn deren Häufung einen Hang zur Nichtbeachtung geltender Vorschriften erkennen lässt.[113]

2. Prüfung der Zuverlässigkeit

130 Es sind zwei Fallgestaltungen zu unterscheiden. Zum einen ist hinsichtlich des **dienstlichen Verhaltens** zu prüfen, ob der Mitarbeiter die ihm obliegenden Pflichten aus dem Geldwäschegesetz und aus den internen Organisationsrichtlinien ordnungsgemäß erfüllt hat. Zweifel an der Zuverlässigkeit bestehen hier nur dann, wenn der Mitarbeiter trotz Belehrung und Abmahnung wiederholt Pflichten nicht erfüllt. Einzelne Verstöße gegen eine Verpflichtung geben keinen Anlass, die Zuverlässigkeit in Zweifel zu ziehen.

131 Zum anderen ist zu prüfen, ob der Mitarbeiter im **persönlichen Bereich** auffällige Verhaltensweisen zeigt. Diesbezüglich sind **keine Nachforschungen** anzustellen, insbesondere keine systematischen Prüfungen, z. B. von Kontoüberziehungen. Anlass zu Zweifeln besteht hier nur dann, wenn dem Vorgesetzten etwas Außergewöhnliches auffällt, wie z. B. Kontakte zur Drogenszene. In derartigen Fällen ist zumindest eine gesteigerte Aufmerksamkeit gefordert. Kontoüberziehungen eines Mitarbeiters sind insofern nichts Außergewöhnliches.

132 Mit der Verlautbarung vom 30.3.1998[114] erkennt das Bundesaufsichtsamt für das Kreditwesen an, dass die **Personalkontrollsysteme der Kreditinstitute** grundsätzlich eine regelmäßige, die Zuverlässigkeit betreffende Überprüfung der Mitarbeiter gewährleisten. Ob eine Person bei Begründung oder während des Dienst- und Arbeitsverhältnisses als zuverlässig angesehen werden kann, ist darüber hinaus – so das Amt – unter Berücksichtigung des Schutzzwecks des Geldwäschegesetzes zu beurteilen. **Die für das Personal zuständige Stelle** muss daher Vorkehrungen für eine solche regelmäßige Überprüfung, deren Ergebnis auch in Form eines **Negativtestats** festgehalten werden kann, treffen.

133 Im Einzelnen führt das Bundesaufsichtsamt für das Kreditwesen wie folgt aus:[115]

„Die Zuverlässigkeitsprüfung kann **bei Begründung des Dienst- und Arbeitsverhältnisses** beispielsweise durch Heranziehung des Lebenslaufes, der Zeugnisse und/oder Referenzen erfolgen …. **Während des Dienst- und Arbeitsverhältnisses** lässt sich die Zuverlässigkeit der Mitarbeiter einerseits laufend durch die Beurteilung des Vorgesetzten, andererseits durch **Arbeitszeugnisse** und sonstige Kontrollinstrumente überprüfen." [Hervorhebungen durch den Verfasser]

---

113) *Tettinger*, in: Tettinger/Wank, GewO, § 35 Rz. 37 f.
114) BAKred, Verlautbarung für Kreditinstitute vom 30.3.1998, Nr. 39, abgedruckt in Anhang III.1.
115) BAKred, Verlautbarung für Kreditinstitute vom 30.3.1998, Nr. 39, abgedruckt in Anhang III.1.

Interne Sicherungsmaßnahmen § 14 GwG

Sinnvoll erscheint auch die Hereinnahme eines **polizeilichen Führungszeugnisses**. 134
Dies empfiehlt sich auch unter Haftungsgesichtspunkten.[116]

Als **sonstige Kontrollinstrumente** kommen die vom Geldwäschebeauftragten (mit- 135
telbar oder unmittelbar) vorzunehmenden Kontrollen sowie die Prüfungen der Revision in Frage. Bei diesen Prüfungen dürfte sich regelmäßig auch offenbaren, ob einzelne oder mehrere Mitarbeiter die ihnen obliegenden Verpflichtungen in einem Maße nicht erfüllen, das deren Zuverlässigkeit in Frage stellt. Das vom Bundesaufsichtsamt für das Kreditwesen vorgeschlagene **Arbeitszeugnis** wird weniger hilfreich sein, weil es im Regelfall erst nach dem Ausscheiden eines Mitarbeiters ausgestellt wird.

Nach der Anwendungsempfehlung zum Geldwäschegesetz bei **Leasing-Gesell-** 136
schaften,[117] die der Bundesverband Deutscher Leasing-Unternehmen e. V. in Abstimmung mit dem Bundesministerium des Innern veröffentlicht hat, hat bei Leasing-Gesellschaften der Fachvorgesetzte mindestens jährlich zu dokumentieren, dass die in Absatz 2 Nr. 3 genannten Beschäftigten nach wie vor zuverlässig sind.

Die Überprüfung der Mitarbeiter ist nicht mitbestimmungspflichtig im Sinne des 137
Betriebsverfassungsgesetzes. Insbesondere liegt **kein Mitbestimmungsrecht** nach § 87 Abs. 1 Nr. 1 oder 6 BetrVG vor. Ein Mitbestimmungsrecht kann nur dort bestehen, wo der Arbeitgeber einen Gestaltungsfreiraum bei der Festlegung von Arbeitsbedingungen oder z. B. bei der Einführung von Personalkontrollsystemen hat. Im vorliegenden Fall sind jedenfalls Kreditinstitute und Finanzdienstleistungsinstitute als Adressaten der Verlautbarungen des Bundesaufsichtsamtes für das Kreditwesen zur Überprüfung der Mitarbeiter gezwungen. Die Verlautbarungen sind als „gesetzliche Regelung" i. S. d. § 87 BetrVG zu sehen.[118]

Im Schreiben des Bundesaufsichtsamtes für das Kreditwesen vom 30.1.1997[119] 138
heißt es dazu:

„Die Frage der Dokumentation der Zuverlässigkeitsbeurteilung der Mitarbeiter i. S. v. Ziffer 32 meiner Verlautbarung stellt m. E. keinen mitbestimmungspflichtigen Sachverhalt dar (i. E. ebenso *Fülbier/Aepfelbach*, Das Geldwäschegesetz. 3. Aufl. 1995, § 14 Rz. 75). Insbesondere sind die Tatbestände von § 94 Abs. 2 Alt. 2 BetrVG, § 87 Abs. 1 Nr. 1 oder Nr. 6 des Betriebsverfassungsgesetzes (BetrVG) vom 23. Dezember 1988 (BGBl. 1, S. 902), zuletzt geändert durch Gesetz vom 25. September 1996 (BGBl. 1, 476), m. E. nicht erfüllt ... .

---

116) OLG Düsseldorf VersR 1995, 685.
117) Bundesverband Deutscher Leasing-Unternehmen e. V., Anwendungsempfehlung zum Geldwäschegesetz (GwG) bei Leasing-Gesellschaften, D 3, abgedruckt in Anhang V.5.
118) Vgl. *Fitting/Engels/Schmidt/Trebinger/Linsenmaier*, BetrVG, § 87 Rz. 4, 31 f; vgl. zum Parallelfall Mitarbeiterleitsätze ArbG Hannover EWiR 1996, 293 *(Allmendinger)*; ArbG München vom 1.2.1995 – GZ 25 B VGa 0002/95 (unveröff.).
119) BAKred, Schreiben vom 30.1.1997, Mitbestimmungsrecht des Betriebsrats bei der Frage der Dokumentation der Zuverlässigkeitsbeurteilung der Mitarbeiter nach Ziff. 32 Abs. 3 der Verlautbarung über „Maßnahmen der Kreditinstitute zur Bekämpfung und Verhinderung der Geldwäsche" vom 26.10.1994, abgedruckt in: *Consbruch/Möller u. a.*, KWG, Nr. 11.36.

"Bei der Zuverlässigkeitsprüfung handelt es sich um eine Einzelfallprüfung. Eine abstrakte, allgemeinverbindliche Festlegung von Kriterien, die Zweifel an der Zuverlässigkeit eines Bankmitarbeiters begründen, ist nicht ohne weiteres möglich. Vielmehr ist bei der Beurteilung der Zuverlässigkeit eines Mitarbeiters immer eine sorgfältige Abwägung aller Einzelfallumstände erforderlich (unten Rz. 104 des mit mir abgestimmten Leitfadens des Zentralen Kreditausschusses zur Bekämpfung der Geldwäsche).

Insoweit geht es bei der Überprüfung der Zuverlässigkeit der Mitarbeiter und der anschließenden Dokumentation der Beurteilungsergebnisse weder um die Aufstellung allgemeiner Beurteilungsgrundsätze (§ 94 Abs. 2 Alt. 2 BetrVG) noch werden technische Einrichtungen, die dazu bestimmt sind, das Verhalten oder die Leistung der Arbeitnehmer zu überwachen, eingeführt oder angewendet (§ 87 Abs. 1 Nr. 6 BetrVG) oder die Ordnung für das Zusammenleben und Zusammenwirken der Arbeitnehmer im Betrieb gestaltet (§ 87 Abs. 1 Nr. 1 BetrVG).

Für eine Mitbestimmung des Betriebsrats ist daher m. E. kein Platz. Die Dokumentation der Zuverlässigkeitsbeurteilung ist in Ziffer 32 Abs. 3 meiner Verlautbarung zwingend vorgesehen. Diese Regelung ist – folgt man einschlägigen Urteilen von Arbeitsgerichten in vergleichbaren Fällen (vgl. u. a. ArbG Hannover, EWiR, § 87 BetrVG 2/96, 293f.) – als gesetzliche Regelung i. S. d. § 87, einleitender Satz BetrVG anzusehen."

139 Kredit- und Finanzdienstleistungsinstitute haben die **Ergebnisse der Zuverlässigkeitsprüfung** zu **dokumentieren** und müssen sowohl für die Innenrevision als auch für den Geldwäschebeauftragten, den Abschlussprüfer und den mit einer Prüfung nach § 44 Abs. 1 KWG beauftragten Prüfer umgehend verfügbar sein. Dazu reicht ein **Negativtestat**, das für jeden einzelnen Mitarbeiter, der zum relevanten Kreis zählt, zu erstellen ist. Zur Arbeitsvereinfachung kann dieses Testat von einem Gruppen- oder Abteilungsleiter für mehrere Mitarbeiter zusammengefasst werden. Der Abschlussprüfer ist nach § 17 Abs. 2 Nr. 4 PrüfbV verpflichtet zu beurteilen, ob die Vorkehrungen, die die im Institut zuständige Stelle getroffen hat, um die Pflicht nach Absatz 2 Nr. 3 des Geldwäschegesetzes zu erfüllen, ausreichend sind.

140 Nach den Anwendungsempfehlungen der Bundesnotarkammer zum Geldwäschegesetz[120] findet Absatz 2 Nr. 3 nur eine geringe unmittelbare Anwendung auf **Notare**. Vor diesem Hintergrund können die Pflichten aus Absatz 2 Nr. 3 als deckungsgleich mit den Amtspflichten aus § 14 BNotO und vergleichbar mit denen der Ziffer VIII der Richtlinienempfehlungen der Bundesnotarkammer[121] angesehen werden.

---

120) Bundesnotarkammer, Rundschreiben Nr. 48/2003 vom 19.11.2003 (B X 2), abgedruckt in Anhang V.2.
121) Richtlinienempfehlungen der Bundesnotarkammer vom 29.1.1999, abgedruckt in: DNotZ 1999, 258, geändert durch Beschluss vom 4.4.2003, abgedruckt in: DNotZ 2003, 393.

Auch die Bundessteuerberaterkammer[122]) hat festgestellt, dass die Vorgaben des 141
Absatzes 2 Nr. 3 für die Auswahl der Beschäftigten nicht für die in Absatz 1 Nr. 8
genannten Personen, also die **Angehörigen der rechts- und steuerberatenden sowie wirtschaftsprüfenden Berufe**, passen, da sie mit dem Grundsatz der eigenverantwortlichen Berufsausübung kollidieren.

3. Konsequenzen bei Unzuverlässigkeit

Führt die Überprüfung in einem Einzelfall dazu, dass die Personalabteilung zur 142
Auffassung gelangt, der Mitarbeiter sei **unzuverlässig**, darf er seine bisherige Tätigkeit im geldwäschesensiblen Bereich nicht weiter ausüben. Daher müssen **arbeitsrechtliche Konsequenzen** bedacht werden, wenn dieses Urteil ausgesprochen wird. Im Vorfeld sollte eine Belehrung vorgenommen oder eine **Ermahnung** ausgesprochen werden. Fruchtet dies nicht, ist in diesem vom Verhalten gesteuerten Bereich als erste arbeitsrechtliche Maßnahme eine **Abmahnung** notwendig. Sie muss im Regelfall einer **verhaltensbedingten Kündigung** vorausgehen. Soweit möglich muss dem Arbeitnehmer eine andere, unsensible Tätigkeit übertragen werden (Vorrang der Änderungskündigung vor der Kündigung).

Aus dem Vorstehenden wird deutlich, dass eine Personalabteilung erst dann das 143
Urteil „unzuverlässig" fällen sollte, wenn auch in arbeitsrechtlicher Hinsicht genügend Anhaltspunkte vorliegen, die eine ausreichende Grundlage für eine Abmahnung oder eine Änderungskündigung/Kündigung bilden. Denn sowohl die Abmahnung als auch die Kündigung müssen notfalls vor den Arbeitsgerichten Stand halten können. Solange kein Negativurteil gefällt wird, ist das Prüfungsergebnis nicht zu den **Personalakten** zu nehmen.

V. Unterrichtung/Schulung der Mitarbeiter über Methoden der Geldwäsche und die gesetzlichen Pflichten (Abs. 2 Nr. 4)

Die Zweite Geldwäscherichtlinie sieht in Art. 11 Abs. 1 Buchst. b vor, die jeweils 144
zuständigen Mitarbeiter mit den auf der Richtlinie fußenden gesetzlichen Bestimmungen vertraut zu machen und über die Methoden der Geldwäsche zu informieren. Dem entspricht Absatz 2 Nr. 4, der dazu verpflichtet, diejenigen Mitarbeiter, die befugt sind, bare oder unbare Finanztransaktionen durchzuführen, über die Methoden der Geldwäsche sowie die nach dem Geldwäschegesetz bestehenden Pflichten zu unterrichten. Zusätzlich müssen die Mitarbeiter des Bereichs Innenrevision informiert werden, um die Überwachungsaufgaben wahrnehmen zu können. Das Bundesaufsichtsamt für das Kreditwesen differenziert insoweit in seinen Verlautbarungen für Kreditinstitute und Finanzdienstleistungsinstitute[123]) zwischen Schulung und Unterrichtung. Unter **Schulung** ist vorrangig die Information über die internen Grundsätze und die Pflichten aus dem Geldwäschegesetz sowie die aufsichts-

---

122) Bundessteuerberaterkammer, Darstellung vom 12.1.2005 der Rechts- und Pflichtenlage nach In-Kraft-Treten des Geldwäschegesetzes vom 15.8.2002, S. 8, abgedruckt in Anhang V.4.
123) BAKred, Verlautbarung für Kreditinstitute vom 30.3.1998, Nr. 38, und für Finanzdienstleistungsinstitute vom 30.12.1997, Nr. 42, abgedruckt in Anhang III.1 und III.2.

rechtlichen Anforderungen zu verstehen. Die **Unterrichtung** bezieht sich ausschließlich auf Methoden der Geldwäsche.

145 Nach den Anwendungsempfehlungen der Bundesnotarkammer zum Geldwäschegesetz[124] findet Absatz 2 Nr. 4 nur eine geringe unmittelbare Anwendung auf **Notare**. Vor diesem Hintergrund können die Pflichten aus Absatz 2 Nr. 4 als deckungsgleich mit den Amtspflichten aus § 14 BNotO und vergleichbar mit denen der Ziffer VIII der Richtlinienempfehlungen der Bundesnotarkammer angesehen werden.

146 Im Ergebnis entspricht dies auch den Feststellungen der Bundessteuerberaterkammer,[125] nach denen für **Angehörige der rechts- und steuerberatenden sowie wirtschaftsprüfenden Berufe** die gesetzlichen Pflichten des Absatzes 2 Nr. 4 wegen des Grundsatzes der eigenverantwortlichen Berufsausübung nicht einschlägig sind.

1. Unterrichtung über Methoden der Geldwäsche

147 Zum Zweck der Unterrichtung über neue aktuelle Methoden und Techniken der Geldwäsche sollen die Mitarbeiter schriftliche Informationen ausgehändigt bekommen. Dabei kann auf die **Anhaltspunkte für Geldwäsche** vom Juni 1996 zurückgegriffen werden, die vom Zentralen Kreditausschuss in Zusammenarbeit mit dem LKA Nordrhein-Westfalen und dem Bundeskriminalamt erstellt wurden,[126] sowie das **Geldwäsche-Typologienpapier** des Bundesaufsichtsamtes für das Kreditwesen aus dem Jahr 1998.[127] Darüber hinaus hat das Bundeskriminalamt erste Anhaltspunkte, die auf Geldwäsche gemäß § 261 StGB hindeuten können, für die Berufsgruppen nach § 3 Abs. 1 Nr. 1 und 2 GwG vorgelegt.[128]

148 Eine Unterrichtung über neue Methoden kommt naturgemäß nur dann in Frage, wenn tatsächlich neue Erscheinungsformen bekannt geworden sind. Hinweise hierauf enthalten sowohl der Jahresbericht der Financial Intelligence Unit (FIU) beim Bundeskriminalamt[129] sowie die Jahresberichte der Landeskriminalämter.

149 Auf **eigene Erkenntnisse** – wie es z. B. das Bundesaufsichtsamt für das Kreditwesen wünscht – kann und sollte nur in Ausnahmefällen zurückgegriffen werden. Denn der Verpflichtete hat in aller Regel nur Anhaltspunkte für einen Verdacht. Ob sich dieser Verdacht letztendlich bestätigt und der angezeigte Kunde tatsächlich ein Geldwäscher ist, ist äußerst fraglich. Diesbezüglich kann im Wesentlichen nur auf

---

124) Bundesnotarkammer, Rundschreiben Nr. 48/2003 vom 19.11.2003 (B X 2), abgedruckt in Anhang V.2.
125) Bundessteuerberaterkammer, Darstellung vom 12.1.2005 der Rechts- und Pflichtenlage nach In-Kraft-Treten des Geldwäschegesetzes vom 15.8.2002, S. 8, abgedruckt in Anhang V.4.
126) BAKred, Verlautbarung für Kreditinstitute vom 30.3.1998, Nr. 38, abgedruckt in Anhang III.1; dazu *Fülbier*, § 11 Rz. 68, 99.
127) BAKred, Rundschreiben Nr. 19/1998 an alle Kredit- und Finanzdienstleistungsinstitute in der Bundesrepublik Deutschland vom 2.11.1998 (Z5-B214), abgedruckt in Anhang III.5.
128) BKA, Anhaltspunkte für Geldwäsche vom Oktober 2003, abgedruckt in: WPK Magazin 1/2004, 12.
129) Jahresberichte der Financial Intelligence Unit (FIU) beim Bundeskriminalamt, abrufbar unter: www.bka.de.

die Erfahrungen der Strafverfolgungsbehörden abgestellt werden. Diese müssten den nach § 11 Verpflichteten eine Auswertung der „Treffer" bereitstellen. Daher können „Eigenerkenntnisse" nur aus den Fällen gewonnen werden, bei denen die Strafverfolgungsbehörden Ermittlungen weitergeführt und dies dem Anzeigeerstatter mitgeteilt haben.

Allgemein erscheint eine möglichst zeitnahe Information an die Erstatter von 150 Geldwäsche-Verdachtsanzeigen sowohl zur Verbesserung der Mitarbeiterunterrichtung als auch zur Optimierung des Anzeigeverhaltens unverzichtbar. Abstrakte Typologiepapiere reichen hierzu nicht aus. Nur durch ein aktuelles **spezifisches Feedback** erhalten die Verpflichteten des Geldwäschegesetzes verlässliche Informationen, die sie in die Lage versetzen, zum einen über den weiteren Umgang mit dem von der Anzeige Betroffenen zu entscheiden und zum anderen die Aufmerksamkeit auf diejenigen Sachverhalte zu konzentrieren, die nach dem Kenntnisstand der Ermittlungsbehörden auch wirklich geldwäscheträchtig sind. Andernfalls besteht die Gefahr, dass die Verpflichteten letztlich ihr eigenes Anzeigeverhalten lediglich perpetuieren, anstatt zu verfeinern. Darüber hinaus erlangt ein spezifisches Feedback auch vor dem Hintergrund der Verpflichtung zu Folgeanzeigen im Falle von auf die angezeigte Transaktion folgenden weiteren verdächtigen Transaktionen eminente Bedeutung. Leider hat der Gesetzgeber bislang von der Regelung eines obligatorischen spezifischen Feedback mit Verweis auf § 475 StPO abgesehen. Diese Norm eröffnet jedoch lediglich die Möglichkeit einer Auskunftserteilung, soweit ein berechtigtes Interesse dargelegt wird und ist insofern keine hinreichende Rechtsgrundlage. Auch wenn es am Vorliegen des berechtigten Interesses bereits aus den genannten Gründen keine Zweifel geben dürfte, wird das Feedback in der Praxis bislang leider uneinheitlich und insgesamt nur sehr unzureichend gewährt.

Die **Dritte Geldwäscherichtlinie** vom 26.10.2005 greift die Forderung nach einem 151 spezifischen Feedback in Art. 35 Abs. 3 auf und schreibt den Mitgliedstaaten vor, für eine zeitgerechte Rückmeldung in Bezug auf die Wirksamkeit von Verdachtsmeldungen bei Geldwäsche oder Terrorismusfinanzierung und die daraufhin getroffenen Maßnahmen zu sorgen. Leider stellt die Richtlinie diese Vorgabe gleichzeitig unter den Vorbehalt der Praktikabilität. So bleibt also zu hoffen, dass der deutsche Gesetzgeber im Rahmen der Richtlinienumsetzung gleichwohl ein obligatorisches spezifisches Feedback vorsieht. Auf eine solche für alle Verpflichteten und den Erfolg der Geldwäscheprävention insgesamt elementare Regelung sollte jedenfalls nicht unter – dem kaum überzeugenden – Verweis auf eine vermeintlich mangelnde Praktikabilität verzichtet werden. Vor dem Hintergrund der zwischenzeitlich sehr hohen Anforderungen, die der Staat seinerseits an alle Verpflichteten des Geldwäschegesetzes stellt, dürfen etwaige Umsetzungsschwierigkeiten in der Justizverwaltung nicht zu einem fortgesetzten Verzicht auf das spezifische Feedback führen.

Bezüglich der **Art und Weise der Unterrichtung** kann auf die Einführung der Or- 152 ganisationsrichtlinie verwiesen werden (oben Rz. 77 ff). Bei den von der Unterrichtung betroffenen Mitarbeitern könnte mehr noch als bei Nachschulungen (unten Rz. 159) nach einzelnen betroffenen Geschäftsbereichen differenziert werden. Die Unterrichtung ist zu **dokumentieren**.

2. Schulung über die gesetzlichen Pflichten

153 Die Mitarbeiter sind hinreichend bezüglich der nach dem Geldwäschegesetz und den aufsichtsrechtlichen Bestimmungen für die internen Sicherheitsmaßnahmen einzuhaltenden Pflichten zu schulen. Dem Erfordernis der Schulung dürfte dann Genüge getan sein, wenn alle betroffenen Mitarbeiter z. B. anlässlich der Neueinstellung durch mündliche Einweisung, ergänzt durch schriftliche Unterlagen, geschult sind. Diese **Grundschulung** (auch Erstschulung) genügt so lange, wie es keine Ergänzungen der zu vermittelnden Kenntnisse gibt und solange sich z. B. im Rahmen von Stichproben nicht herausstellt, dass eine Auffrischung der Kenntnisse geboten erscheint. Eine **Nachschulung** (auch Auffrischungsschulung) erscheint z. B. im Zusammenhang mit einer neuen Verlautbarung der Finanzdienstleistungsaufsicht, neuen Anwendungshinweisen einer Bundesberufskammer oder einer relevanten Gesetzesänderung bezüglich der durch die Neuerungen betroffenen Mitarbeiter sinnvoll und notwendig. Nachschulungen sind deshalb nur **anlassbezogen** (bei neuen Bestimmungen oder Wissenslücken bei Mitarbeitern) vorzunehmen. Eine regelmäßige Schulung, wie dies vom Gesetz für die Unterrichtung bestimmt ist, ist nicht geboten.

154 Durch die Grundschulung sollten die Mitarbeiter auch in die Lage versetzt werden, verdächtige Geschäfte festzustellen. Für diese Schulung können insbesondere Banken die von dem Zentralen Kreditausschuss in Zusammenarbeit mit dem Bundeskriminalamt und dem LKA Nordrhein-Westfalen entwickelten und zuletzt 1996 aktualisierten **„Anhaltspunkte für Geldwäsche"** sowie das mit Rundschreiben 19/98 vom 2.11.1998 über die Verbände und Landeszentralbanken veröffentlichte **Geldwäsche-Typologiepapier** des Bundesaufsichtsamtes für das Kreditwesen einsetzen. Dabei ist stets darauf hinzuweisen, dass es sich bei den darin aufgeführten Punkten nur um Beispielsfälle handelt, nicht aber um einen abschließenden Katalog. Andererseits muss den Mitarbeitern verdeutlicht werden, dass nicht jedes Geschäft, das eines der im Katalog aufgeführten Merkmale aufweist, eine Geldwäschetransaktion ist, sondern ein ganz gewöhnliches Geschäft sein kann.

155 Bei der Schulung sollten die Mitarbeiter auch mit der Verwendung von Formularen vertraut gemacht und insbesondere auf Folgendes hingewiesen werden:

– Herausgabe der nach § 9 aufgezeichneten Daten nur durch den Geldwäschebeauftragten;
– kein Hinweis an den Kunden oder Dritte, wenn eine Anzeige nach § 11 vorgenommen wurde oder gegen den Kunden ermittelt wird.[130]

156 Ob und in welchem Umfang Schulungen von Beschäftigten von **Wirtschaftsprüfern** und **vereidigten Buchprüfern** notwendig sind, ist nach Auffassung der Wirtschaftsprüferkammer[131] von der Struktur der beruflichen Einheit und der Struktur der Mandate abhängig. Die Maßstäbe der Kreditwirtschaft seien in diesem Bereich nicht übertragbar, weil die hohe Qualifikation der Berufsträger den Schluss zulasse,

---

130) Siehe *Fülbier*, § 11 Rz. 212 ff.
131) Wirtschaftsprüferkammer, Anwendungshinweise zum Geldwäschegesetz, B V 4, S. 11, WPK-Magazin 4/2004, Beilage, abgedruckt in Anhang V.3.

dass auch eine autodidaktische Befassung mit der Materie ausreichend sein kann. Inwieweit einzelne Mitarbeiter von Wirtschaftsprüfern und vereidigten Buchprüfern, die nicht selbst Berufsträger sind, fortzubilden sind, hänge von ihrer Tätigkeit ab.

3. Relevante Mitarbeiter

Die Bekämpfung der Geldwäsche ist für die verpflichteten Unternehmen ein so bedeutendes Thema, dass jeder Mitarbeiter über die wesentlichen Bestimmungen informiert sein sollte. Nicht nur das Unternehmen, sondern jeder Mitarbeiter ist vor dem Missbrauch zur Geldwäsche durch Dritte zu warnen und damit zu schützen (**Fürsorgepflicht**). Auch soll kein Mitarbeiter zum Beispiel ahnungslos sein Konto Dritten zur Verfügung stellen können, um darüber Geschäfte abwickeln zu lassen. Geschieht dies dennoch, könnte auch der Mitarbeiter zumindest arbeitsrechtlich zur Verantwortung gezogen werden, der die Organisationsrichtlinie nachweisbar zur Kenntnis genommen und sich an einer Geldwäsche beteiligt hat. Er könnte sich jedenfalls nicht mehr auf Unkenntnis berufen. 157

4. Form der Schulung

Die Form der Schulung ist weitestgehend freigestellt. Lediglich bei der **Erstschulung** von Mitarbeitern der Kreditinstitute und Finanzdienstleistungsinstitute soll es sich nach den Vorstellungen des Bundesaufsichtsamtes für das Kreditwesen[132] um eine **Präsenzschulung** handeln, bei der die Mitarbeiter in Vortrags- oder Unterrichtsform informiert werden. Die Schulungen müssen nicht vom Geldwäschebeauftragten selbst durchgeführt werden. Dieser kann sie wie andere Tätigkeiten auch auf andere Mitarbeiter oder – nach Abstimmung mit dem Bundesaufsichtsamt für das Kreditwesen – auf Externe delegieren. Daher können insbesondere **Multiplikatoren** eingesetzt werden, was gerade bei großen Instituten unausweichlich ist. Als Instrument kommen auch **EDV-Programme** in Frage. Von den kreditwirtschaftlichen Verlagen wird ein EDV-Trainingsprogramm angeboten, das im Einvernehmen mit dem Bundesaufsichtsamt für das Kreditwesen auch bei Erstschulungen verwendet werden kann. Es ist modular aufgebaut und enthält einen Videoteil (Reality-TV), ein juristisches Modul, ein Lexikon, eine interaktive Game-Show sowie elf Fallstudien. 158

Bei Nachschulungen oder auch begleitend bei Erstschulungen kann **schriftliches Material** eingesetzt werden. Bei der Erstschulung von Bankmitarbeitern bietet sich als Begleitmaterial die vom Zentralen Kreditausschuss erstellte „**Information für Mitarbeiter**" sowie die Aushändigung der **Organisationsrichtlinie** und der **Arbeitsablaufbeschreibungen** an. Bei Nachschulungen kann z. B. die überarbeitete Organisationsanweisung ausgegeben werden, bei der Änderungen kenntlich gemacht sind und gegebenenfalls in einem Begleitschreiben auf Besonderheiten hingewiesen wird (zur Art der Verbreitung oben Rz. 77). 159

---

132) BAKred, Verlautbarung für Kreditinstitute vom 30.3.1998, Nr. 38, und für Finanzdienstleistungsinstitute vom 30.12.1997, Nr. 42, abgedruckt in Anhang III.1 und III.2.

160 Bei großen Unternehmen ist der Einsatz von **internen Rundschreiben** mit Warnhinweisen in konkreten Einzelfällen, insbesondere wenn zu befürchten ist, dass der kritische „Kunde" auch bei anderen Niederlassungen oder Zweigstellen vorsprechen wird, eine mögliche Maßnahme. Dieses Instrument ist nicht frei von Risiken. Denn interne Rundschreiben sind nicht nur „Selbstinformation", sondern haben auch Außenwirkung. Sie können Gegenstand einer Unterlassungsklage auf der Grundlage von §§ 1004, 823 Abs. 2 BGB sein, die vom Betroffenen angestrengt werden kann. Daneben kann je nach Gestaltung der Straftatbestand der Verleumdung erfüllt sein. Das Unternehmen kann seine Vorgehensweise zwar mit der **Wahrnehmung berechtigter Interessen** verteidigen. Ob dies als Rechtfertigungsgrund durchgreift, ist im Einzelfall zu prüfen. Grundsätzlich ist dabei vom Unternehmen die Wahrheit der rufbeeinträchtigenden Behauptung zu beweisen. In besonderen Fällen kann es zu einer Beweislastumkehr zugunsten des Unternehmens kommen, weil die Möglichkeit bestehen muss, interne Warnungen auszusprechen, bevor ihr Verdacht zur Gewissheit geworden ist. Dazu muss ein Mindestbestand an Beweisen für die Begründetheit des Verdachts vorliegen. Vor der „Veröffentlichung" eines Rundschreibens muss daher gründlich recherchiert werden.[133]

5. Dokumentation

161 Nach der Verlautbarung für **Kreditinstitute** des Bundesaufsichtsamtes für das Kreditwesen[134] sind **Schulungsablauf, -inhalt und Teilnahme** zu dokumentieren. Bei Präsenzschulungen reicht es, wenn zur Dokumentation des Ablaufs die Gliederung des Vortrags oder des Unterrichts (Angabe der Themenschwerpunkte), deren Art und Dauer festgehalten werden. Keinesfalls ist ein Protokoll der Schulung anzufertigen, wie es teilweise ohne rechtliche Basis von externen Prüfern verlangt wurde. Insbesondere sind Wortmeldungen von Teilnehmern nicht festzuhalten. Die Fassung der Verlautbarung ist insofern missverständlich. Die Teilnehmer sind namentlich am besten durch Gegenzeichnung auf einer Teilnehmerliste zu vermerken.

VI. Berufsausübung im Rahmen eines Unternehmens (Abs. 3 Satz 1)

162 Mit dem Geldwäschebekämpfungsgesetz vom 8.8.2002 ist dem in Absatz 1 genannten Adressatenkreis die Nummer 8 und damit zusätzlich weitere Berufsgruppen des § 3 Abs. 1 wie Rechtsanwälte, Patentanwälte, Notare, Wirtschaftsprüfer, vereidigte Buchprüfer, Steuerberater, Immobilienmakler, Vermögensverwalter und sonstige Gewerbetreibende hinzugefügt worden. Dies fußt auf Art. 11 Abs. 1 der 2. Geldwäscherichtlinie, der die in Absatz 1 Nr. 8 genannten Berufsgruppen grundsätzlich in die Verpflichtung zu internen Sicherungsmaßnahmen einbezieht. Gleichzeitig legt Art. 11 Abs. 1 Unterabs. 2 der 2. Geldwäscherichtlinie fest, dass die internen Sicherungsmaßnahmen, die sich an natürliche Personen wenden, in den Fäl-

---

133) Zu Kreditinstituten siehe im Einzelnen siehe BGH ZIP 1993, 107 = WM 1993, 69, dazu EWiR 1993, 139 *(Schiemann)*; BGH WM 1978, 999; OLG Köln WM 1993, 289, dazu EWiR 1993, 443 *(Feuerborn)*.
134) BAKred, Verlautbarung für Kreditinstitute vom 30.3.1998, Nr. 38, abgedruckt in Anhang III.1.

len, in denen eine verpflichtete Person ihre berufliche Tätigkeit als Angestellte einer juristischen Person ausübt, für die juristische Person gelten. Entsprechend regelt Absatz 3 Satz 1 eine Ausnahme vom Prinzip der Verpflichtung des einzelnen Berufsträgers, indem er stattdessen das Unternehmen verpflichtet. Der Begriff „Unternehmen" bezieht sich für die in § 3 Abs. 1 Satz 1 Nr. 1 und 2 genannten Personen (also Rechtsanwälte, Rechtsbeistände, Patentanwälte, Notare, Wirtschaftsprüfer, vereidigte Buchprüfer, Steuerberater und Steuerbevollmächtigte) auf die freiberuflichen Berufsausübungsgesellschaften.[135]

VII. Externe als Geldwäschebeauftragte – Outsourcing (Abs. 3 Satz 2 und 3)

Im Grundsatz trifft die Verpflichtung zur Bestellung eines Geldwäschebeauftragten jedes Unternehmen nach Absatz 1 unabhängig von Größe und Konzernzugehörigkeit. Gemäß Absatz 3 Satz 2 können jedoch alle nach Absatz 1 verpflichteten Personen und Unternehmen die nach Absatz 2 erforderlichen Vorkehrungen durch andere Unternehmen oder Personen treffen lassen, soweit die nach § 16 zuständige Behörde zustimmt. Die Zustimmung darf nach Absatz 3 Satz 3 jedoch nur erteilt werden, wenn die beauftragten anderen Personen oder Unternehmen die Gewähr dafür bieten, dass die Vorkehrungen ordnungsgemäß erfüllt werden. Dadurch soll insbesondere die von kleineren Kreditinstituten bereits praktizierte und bewährte Möglichkeit des so genannten Outsourcing[136] (also der teilweisen oder vollumfänglichen Auslagerung der Funktion des Geldwäschebeauftragten) ausdrücklich vom Gesetz eingeräumt werden. Gleichzeitig soll durch das Zustimmungserfordernis gewährleistet werden, dass bei der Aufgabenerfüllung neben den gesetzlichen Vorgaben auch die aufsichtsbehördlichen Anordnungen beachtet werden.[137] 163

Das Bundesaufsichtsamt für das Kreditwesen ging noch in seinen Verlautbarungen für Kreditinstitute und Finanzdienstleistungsinstitute von 1997 und 1998 prinzipiell davon aus, dass der Geldwäschebeauftragte Mitarbeiter des Instituts ist.[138] Gleichzeitig hat es jedoch bereits erste Schritte in Richtung der Zulässigkeit des Outsourcings unternommen. Für die Erfüllung der Pflichten der **Kreditinstitute** aus Nummer 34 Buchst. a, b und c der Verlautbarung[139] konnte – in Ausnahmefällen – in Abstimmung mit der Bankenaufsicht die Mithilfe von Externen in Anspruch genommen werden. Danach konnte ein Externer ein Kreditinstitut z. B. bei der Bearbeitung von und der Entscheidung über Verdachtsfälle zumindest beraten. Es konnten vom Externen interne Grundsätze entwickelt und vorgeschlagen werden. Darin eingeschlossen war das Erstellen einer Organisationsanweisung. Zudem konnte die externe Stelle z. B. Schulungen, Unterrichtungen und Kontrollen durchführen. Das Bundesaufsichtsamt für das Kreditwesen hat es unter bestimmten Voraussetzungen bereits vor Inkrafttreten der durch das Geldwäschebekämpfungs- 164

---

35) Begründung RegE Geldwäschebekämpfungsgesetz, BT-Drucks. 14/8739, S. 17.
36) Zum Outsourcing bei Kredit- und Finanzdienstleistungsinstituten siehe *Braun*, in: Boos/Fischer/Schulte-Mattler, KWG, § 25a Rz. 550 ff.
37) Begründung RegE Geldwäschebekämpfungsgesetz, BT-Drucks. 14/8739, S. 17.
38) BAKred, Verlautbarung vom 30.3.1998, Nr. 34, und für Finanzdienstleistungsinstitute vom 30.12.1997, Nr. 36, abgedruckt in Anhang III.1 und III.2.
39) BAKred, Verlautbarung vom 30.3.1998, Nr. 34, abgedruckt in Anhang III.1.

gesetz zum 15.8.2002 in das Geldwäschegesetz eingefügten Regelung des Absatzes 3 Satz 2 und 3 sogar zugelassen, die Funktion vollständig auf den Geldwäschebeauftragten eines großen Kreditinstituts zu übertragen. Als Verbindungsperson zum auslagernden Institut kam danach auch ein Mitarbeiter der Innenrevision in Frage.[140] Bei **Finanzdienstleistungsinstituten** sollte eine vollumfängliche Auslagerung der Funktion des Geldwäschebeauftragten zulässig sein, wenn dargelegt werden konnte, dass im Institut selbst hierfür kein geeigneter Mitarbeiter vorhanden war. Soweit die Funktion bislang von einem **Externen** wahrgenommen wurde, war darzulegen, dass dieser seine Aufgabe ordnungsgemäß erfüllt hat.

165 Auch die Zulässigkeit der Bestellung eines **Konzerngeldwäschebeauftragten** wurde bereits vom Bundesaufsichtsamt für das Kreditwesen anerkannt, soweit dessen Bestellung mit dem Bundesaufsichtsamt für das Kreditwesen abgestimmt war. Die Bestellung eines einzigen Geldwäschebeauftragten für mehrere rechtlich selbständige Tochterunternehmen setzt jedoch voraus, dass der Konzernbeauftragte etwa im Wege der Beauftragung oder eines Geschäftsbesorgungsvertrages auch die rechtliche Befugnis erlangt, unternehmensübergreifend Regelungen zur Umsetzung des Geldwäschegesetzes verbindlich zu treffen und Weisungen zu erteilen. Aus Sicht des Tochterunternehmens ist die leitende Person damit ein Externer oder auch „ausgelagerter" Geldwäschebeauftragter. Auch das Bundesaufsichtsamt für das Versicherungswesen hat dagegen unter den in seinen Anordnungen und Verwaltungsgrundsätzen genannten Voraussetzungen keine Einwände.[141]

166 Gerade bei Kreditinstituten als Obergesellschaft bietet sich diese Lösung an, weil diese ohnehin verpflichtet sind, für die Einhaltung der Bestimmungen des Geldwäschegesetzes durch die Tochterunternehmen zu sorgen, soweit diese Verpflichtungen für das Tochterunternehmen einschlägig sind.[142]

167 **Vorteile** der Auslagerung dürften sich insbesondere bei kleineren Instituten ergeben, da hier der Geldwäschebeauftragte neben dieser Funktion in der Regel noch andere Aufgaben innehat. Auch wird er wegen der relativ geringen Anzahl der relevanten Geschäftsvorfälle und der zu betreuenden Mitarbeiter weniger intensiv mit der Materie vertraut sein als der Geldwäschebeauftragte größerer Institute. Dem Kreditinstitut selbst und auch dem Ziel des Geldwäschegesetzes wird daher häufig mehr gedient sein, wenn zumindest ein Teil der Aufgaben auf einen Externen, z. B. den Geldwäschebeauftragten eines größeren Instituts ausgelagert wird. Dieser ist allein aufgrund der Tatsache, dass er sich täglich intensiv mit der Thematik auseinander zu setzen hat, als Spezialist auf diesem Gebiet in besonderem Maße mit der Materie vertraut.

168 Werden auf den Externen Tätigkeiten und Kompetenzen übertragen, die für die Durchführung der Bankgeschäfte oder auch Finanzdienstleistungen wesentlich sind, ist § **25a Abs. 2 KWG** (Besondere organisatorische Pflichten von Instituten) zu be-

---

140) *Böhnke/Schäfer*, BI/GF 11/1998, 20.
141) BAV, Anordnungen und Verwaltungsgrundsätze 1998, VerBAV 1998, 135, Nr. 1, abgedruckt in Anhang IV.5.
142) BAKred, Verlautbarung für Kreditinstitute vom 30.3.1998, Nr. 5, abgedruckt in Anhang III.1.

achten. Danach darf die Auslagerung weder die Ordnungsgemäßheit der Geschäfte noch die Steuerungs- oder Kontrollmöglichkeiten der Geschäftsleitung oder die Prüfungsrechte und Kontrollmöglichkeiten der Bundesanstalt beeinträchtigen. Das Institut muss sich Weisungsrechte gegenüber dem Externen vorbehalten und den ausgelagerten Bereich in seine internen Kontrollverfahren einbeziehen können. Die Absicht der Auslagerung und der Vollzug sind der Bundesanstalt anzuzeigen.

Nach Auffassung der Bundessteuerberaterkammer[43] passt die Möglichkeit des Outsourcings nicht für die in Absatz 1 Nr. 8 genannten Personen, also die **Angehörigen der rechts- und steuerberatenden sowie wirtschaftsprüfenden Berufe**, da sie nicht nur im Widerspruch zur eigenverantwortlichen Berufsausübung, sondern auch zur Pflicht zur Verschwiegenheit stehe. Danach würde die Verschwiegenheitspflicht verletzt, wenn ein Steuerberater mit der Funktion des Geldwäschebeauftragten etwa eine externe Firma beauftragen würde, die ungehinderten Zugang zu allen den Praxisbetrieb und die Berufsausübung betreffenden Daten haben müsste. Diese Hürde erscheint indes nicht unüberwindlich. So steht beispielsweise die Verschwiegenheitsverpflichtung der Rechtsanwälte nach § 2 Abs. 2 ihrer Berufsordnung unter dem ausdrücklichen Vorbehalt, dass andere Rechtsvorschriften Ausnahmen hiervon zulassen. § 9 Abs. 3 der Berufsordnung der Bundessteuerberaterkammer lässt dagegen Ausnahmen zu, soweit der Steuerberater von seinem Auftraggeber von seiner Verschwiegenheitspflicht entbunden worden ist. Durch entsprechende vertragliche Vereinbarungen erscheint daher auch für diese Berufsträger ein Outsourcing grundsätzlich möglich. Es stellt sich aber in der Tat die Frage der Sinnhaftigkeit jedenfalls einer vollumfänglichen Auslagerung. Unproblematisch sind dagegen in jedem Fall beispielsweise die Bereiche der Schulung und Unterrichtung sowie die Beratung hinsichtlich der Erstellung einer Organisationsrichtlinie und Arbeitsablaufbeschreibung. Die Kreditwirtschaft, die ihrerseits dem Bankgeheimnis unterliegt, kann insoweit durchaus als Beispiel dienen.

VIII. Anordnungs- und Befreiungsbefugnis im Einzelfall (Abs. 4)

1. Allgemeine Bestimmungen

Absatz 4 Satz 1 eröffnet der nach § 16 zuständigen Behörde die Möglichkeit zur **Konkretisierung** der nach Absatz 2 Nr. 2 geforderten Sicherungsmaßnahmen, also der „Entwicklung interner Grundsätze, angemessener geschäfts- und kundenbezogener Sicherungssysteme und Kontrollen zur Verhinderung der Geldwäsche und der Finanzierung terroristischer Vereinigungen". Zu diesem Zwecke wird sie dazu ermächtigt, im Einzelfall **Anordnungen** zu treffen, die geeignet und erforderlich sind, die nach Absatz 2 Nr. 2 geforderten Vorkehrungen zu treffen.

Absatz 1 verpflichtet eine Vielzahl in ihrer geschäftlichen Tätigkeit höchst unterschiedlich organisierter Personen und Unternehmen zu internen Sicherungsmaßnahmen. Dies wird insbesondere im Falle der nach Absatz 1 Nr. 8 Verpflichteten

---

43) Bundessteuerberaterkammer, Darstellung vom 12.1.2005 der Rechts- und Pflichtenlage nach Inkrafttreten des Geldwäschegesetzes vom 15.8.2002, S. 8, abgedruckt in Anhang V.4.

deutlich. Grundsätzlich zielt die Verpflichtung auf den einzelnen Berufsträger; übt die verpflichtete Person ihre berufliche Tätigkeit jedoch als Angestellte einer juristischen Person aus, gilt die Verpflichtung nach Absatz 3 Satz 1 der juristischen Person. Damit zielt die Pflicht zu internen Sicherungsmaßnahmen gleichermaßen auf Einzelpersonen wie auf Unternehmen mit einer großen Zahl an angestellten Berufsträgern. Darüber hinaus werden z. B. durch die sehr weitreichenden Definitionen der Begriffe Finanzdienstleistungsinstitut (§ 1 Abs. 2) und Finanzunternehmen (§ 1 Abs. 3 KWG) viele Unternehmen erfasst, für die auch aus Sicht der Aufsichtsbehörde kein Interesse an einer vollumfänglichen Unterwerfung unter die Vorschriften des § 14 besteht. Absatz 4 Satz 2 soll der nach § 16 zuständigen Behörde daher die Möglichkeit geben, im Einzelfall **Ausnahmen** zuzulassen. Es können allerdings **mehrere Parallelentscheidungen** ergehen. Damit wird eine flexible Handhabung des Geldwäschegesetzes ermöglicht, die dem betroffenen Verpflichteten und der zuständigen Behörde hilft, Kosten zu sparen. Die Vorschrift entspricht ihrer Art und Wirkung nach § 2 Abs. 4 KWG.[144] Sie wurde zusammen mit der Änderung des Absatzes 1 Nr. 4 und 5 mit dem Begleitgesetz zur 6. KWG-Novelle vom 22.10.1997 eingefügt und mit dem Geldwäschebekämpfungsgesetz vom 8.8.2002 an die zusätzlich Verpflichteten angepasst.

172 Die nach § 16 zuständige Behörde kann nach **pflichtgemäßem Ermessen** entscheiden, ob der Verpflichtete von der Einhaltung der Bestimmungen des § 14 **ganz oder teilweise** freigestellt wird. Dabei hat die nach § 16 zuständige Behörde zu prüfen, ob das Unternehmen hinsichtlich jeder einzelnen Vorschrift der Absätze 1 und 2 der Verpflichtung unterworfen werden soll. Hierzu ist eine differenzierte Betrachtung der jeweiligen Anforderungen an die internen Sicherungsmaßnahmen in Abhängigkeit von der Art der betriebenen Geschäfte und der Größe des Geschäftsbetriebs geboten.[145]

173 **Maßgebliche Kriterien** bei der Entscheidungsfindung sind damit die **Art der Geschäfte**, die von den Verpflichteten betrieben werden, sowie die **Größe des Geschäftsbetriebs**. Dies umfasst beispielsweise den Kundenkreis (z. B. nur eigene Gesellschafter) sowie konkrete Risiken für den Missbrauch zur Geldwäsche oder Terrorismusfinanzierung. Dabei dürfte § 14 nach Sinn und Zweck der Regelung erst gar nicht zur Anwendung kommen, wenn die Betriebsgröße so gering ist, dass ein erhöhtes Risiko zum Missbrauch zur Geldwäsche oder Terrorismusfinanzierung durch arbeitsteilige Struktur des Geschäfts nicht besteht. Das Bundesaufsichtsamt für das Kreditwesen zieht hier eine Grenze bei Finanzdienstleistungsinstituten mit weniger als zehn Mitarbeitern, für die zumindest die Notwendigkeit der Bestellung eines Geldwäschebeauftragten nicht besteht.[146]

174 In ihrer bankaufsichtlichen **Verwaltungspraxis** hat die Bundesanstalt eine **Freistellung nach § 2 Abs. 4 KWG** im Allgemeinen eingeräumt, wenn das Unternehmen

---

144) Dazu *Fülbier*, in: Boos/Fischer/Schulte-Mattler, KWG, § 2 Rz. 25 ff.
145) Begründung RegE Geldwäschebekämpfungsgesetz, BT-Drucks. 14/8739, S. 17.
146) BAKred, Verlautbarung für Finanzdienstleistungsinstitute vom 30.12.1997, Nr. 35, abgedruckt in Anhang III.2.

Bankgeschäfte nur als Hilfs- oder Nebengeschäft von untergeordneter Bedeutung betreibt. Weitere Ausnahmen wurden zugelassen, wenn die Bankgeschäfte eine notwendige Verbindung zur sonstigen Geschäftstätigkeit aufweisen.[147]

Die Entscheidung ergeht als Verwaltungsakt auf Antrag oder von Amts wegen. Eine Befreiung kann nicht nur mit **Auflagen** erteilt werden, sondern auch mit einem **Widerrufsvorbehalt**. Außerdem ist die **Rücknahme** der Entscheidung möglich, wenn gegen Auflagen verstoßen wird oder der der Entscheidung zugrunde liegende Sachverhalt sich z. B. durch Aufnahme weiterer Geschäfte geändert hat. Alle übrigen Vorschriften des Geldwäschegesetzes hat der Verpflichtete einzuhalten. 175

Durch Absatz 4 Satz 3 werden für die in § 3 Abs. 1 Satz 1 Nr. 1 und 2 genannten Berufsgruppen grundsätzlich die **Bundesberufskammern** oder die nach § 11 Abs. 4 Satz 4 zuständige **oberste Landesbehörde** mit der Erteilung von Anordnungen und Befreiungen betraut. 176

2. Einzelne Anordnungen zur Befreiung von internen Sicherungsmaßnahmen

Die **Bundesrechtsanwaltskammer,**[148] die **Bundessteuerberaterkammer**[149] sowie die **Wirtschaftsprüferkammer**[150] haben von der Möglichkeit der Anordnung zur Befreiung von internen Sicherungsmaßnahmen nach Absatz 2 inhaltlich abgestimmt Gebrauch gemacht, um einheitliche Maßstäbe zu schaffen. Vor dem Hintergrund der Bündelung mehrfacher Berufsqualifikationen in einer natürlichen Person, der interdisziplinären Zusammenarbeit in Einzelpraxen, Sozietäten und Partnerschaftsgesellschaften sowie der Mehrfachanerkennung von Berufsgesellschaften ermöglicht dieses parallele Vorgehen den betroffenen Berufsträgern eine praktikable Umsetzung der neuen Anforderungen. Diesem Ziel dient auch die Entscheidung der beteiligten Kammern, eine Befreiung an eine Gesamtkopfzahl der in der jeweiligen Einheit tätigen Berufsträger aller sozietätsfähigen Berufe anzuknüpfen. Gegenüber dem auch denkbaren Weg, getrennt nach den einzelnen Berufen vorzugehen, bedeutet diese „Gesamtlösung" einen geringeren Aufwand für die Berufsangehörigen aller beteiligten Berufsstände, da anderenfalls pro Berufsstand in der beruflichen Einheit beispielsweise jeweils ein Geldwäschebeauftragter zu bestellen wäre. 177

Im Einzelnen befreien die zitierten Anordnungen der Bundesberufskammern 178

- **Rechtsanwälte** und **verkammerte Rechtsbeistände**, die die in § 3 Abs. 1 Satz 1 Nr. 1 genannten Geschäfte regelmäßig ausführen,
- **Wirtschaftsprüfer und vereidigte Buchprüfer** sowie
- **Steuerberater,**

---

147) *Schneider*, WM 1996, 712.
148) Bundesrechtsanwaltskammer, Anordnung nach § 14 Abs. 4 GwG vom 31.7.2003, BRAK-Mitteilungen 5/2003, 229.
149) Bundessteuerberaterkammer, Anordnung nach § 14 Abs. 4 S. 2 GwG vom 15.5.2003, DStR 2003, 955.
150) Wirtschaftsprüferkammer, Anordnung zur Befreiung von internen Sicherungsmaßnahmen nach § 14 Abs. 2 GwG, WPK-Mitteilungen 2003, 184.

die in eigener Praxis tätig sind, von den Pflichten, interne Sicherungsmaßnahmen wie

- die Bestimmung eines Geldwäschebeauftragten,
- die Entwicklung interner Grundsätze zu Sicherungssystemen und Kontrollen zur Verhinderung der Geldwäsche,
- die Sicherstellung der Zuverlässigkeit von Mitarbeitern sowie
- die Unterrichtung der Mitarbeiter über die Pflichten nach dem Geldwäschegesetz und über die Methoden der Geldwäsche

vorzusehen, wenn in der eigenen Praxis nicht mehr als insgesamt zehn Berufsangehörige oder Berufsträger sozietätsfähiger Berufe gemäß § 59a BRAO, § 44b Abs. 1 WPO oder § 56 StBerG tätig sind. Entsprechendes gilt für die genannten Berufsträger, soweit sie ihren Beruf gemäß § 59a BRAO, § 44b Abs. 1 WPO oder § 56 StBerG in **Gesellschaften bürgerlichen Rechts (Sozietäten)** gemeinsam ausüben oder in einer **Partnerschaftsgesellschaft** tätig sind. Gleiches gilt für die genannten Berufsträger im Falle der Kundmachung einer Sozietät, auch wenn die Voraussetzungen nach § 59a BRAO, § 44b Abs. 1 WPO oder § 56 StBerG nicht vorliegen, und im Falle der Kundmachung einer Partnergesellschaft, auch wenn die Voraussetzungen nach § 1 PartGG nicht vorliegen. Entsprechendes gilt darüber hinaus für **Rechtsanwaltsgesellschaften, Wirtschaftsprüfungsgesellschaften/Buchprüfungsgesellschaften** und **Steuerberatungsgesellschaften** mit dem Unterschied, dass die Pflichten zu den internen Sicherungsmaßnahmen grundsätzlich die Berufsgesellschaft und nicht die natürlichen Personen des Berufsstandes treffen.

179 Damit werden diejenigen Berufsangehörigen von der Verpflichtung zu den in Absatz 2 genannten Sicherungsvorkehrungen befreit, die in beruflichen Einheiten tätig sind, die nicht mehr als insgesamt zehn Berufsangehörige oder Angehörige sozietätsfähiger Berufe umfassen. Dies gilt unabhängig davon, in welcher Funktion oder Stellung die Berufsträger dort tätig sind. Die Befreiungsanordnungen beziehen auch die so genannte „**Außensozietät**" und „**Scheinpartnerschaftsgesellschaft**" mit ein.

180 Die Bundesberufskammern begründen diese Befreiungsanordnungen sachgerecht und im Einklang mit der Zielrichtung der Vorschrift damit, dass bis zu einer „Gesamtkopfzahl" von zehn Berufsträgern die Gefahr eines Informationsverlustes, die durch arbeitsteiliges Vorgehen in größeren Unternehmensstrukturen vorhanden sein kann, nicht bestehe. Die Gefahr eines Informationsverlustes könne sogar als so gering angesehen werden, dass die zu treffenden Sicherungsvorkehrungen unverhältnismäßig hohen Aufwand verursachen würden.

181 Die Befreiungsanordnungen entbinden die unter die Anordnung fallenden Einheiten jedoch weder davon, entsprechende, auf die Größe der Einheit abgestimmte Vorkehrungen zur Erkennbarkeit von Geldwäsche zu treffen, noch die in den betreffenden Einheiten tätigen Berufsträger davon, die weiteren Pflichten nach dem Geldwäschegesetz, wie die Identifizierungspflichten, die Pflicht zur Feststellung des wirtschaftlich Berechtigten, die Dokumentations- und Aufbewahrungspflichten sowie die Verdachtsanzeigepflicht, einzuhalten. Darüber hinaus weist die Wirtschaftsprü

ferkammer[151]) darauf hin, dass als Einheit im Sinne der Anordnung die **handelsrechtliche Unternehmenseinheit** gemeint sei und damit die in den **Zweigniederlassungen** tätigen Berufsträger insgesamt mitzuzählen sind. Zweigniederlassungen sind demnach nicht gesondert zu betrachten.

IX. Sanktionen

Die Einhaltung der Bestimmungen des § 14 ist **nicht straf- oder bußgeldbewehrt.** 182 Die Nichtbeachtung kann nach Auffassung des **Bundesaufsichtsamtes für das Kreditwesen** allerdings aufsichtsrechtliche Konsequenzen haben (ordnungsgemäße Geschäftsführung). Die Verantwortung für die Vorkehrungen nach Absatz 2 obliegt sämtlichen Geschäftsleitern eines Kreditinstituts oder Finanzdienstleistungsinstituts gemeinsam. Das gilt selbst dann, wenn diese Aufgabe nach dem Ressortprinzip einem Dezernenten zugewiesen wurde.[152])

Der Ansicht des Bundesaufsichtsamtes für das Kreditwesen kann jedoch nur einge- 183 schränkt gefolgt werden. Grundsätzlich können **Verstöße gegen allgemeine Gesetze nicht mit den Instrumenten des Kreditwesengesetzes** geahndet werden.[153]) Das gilt im konkreten Fall umso mehr, als § 17 als die speziellere Norm mit Bedacht keine Sanktion für die Nichtbeachtung des § 14 vorsieht, weil die darin enthaltenen Verpflichtungen nicht bestimmt genug sind und der Adressat daher nicht erkennen kann, welches Verhalten zu einer Sanktion führt (Verletzung des Bestimmtheitsgrundsatzes).[154])

Eine **Sanktion auf Basis der Generalklauseln des Kreditwesengesetzes** für die 184 Verletzung von Verpflichtungen, die das Bundesaufsichtsamt für das Kreditwesen unter Rückgriff auf § 14 als Ermächtigungsgrundlage selbst geschaffen hat, ist daher **unzulässig**. Auch die mit der 6. KWG-Novelle in § 6 Abs. 3 KWG und dem Geldwäschebekämpfungsgesetz in Absatz 4 eingefügte Anordnungskompetenz enthält nicht die Befugnis, neues Recht zu schaffen, sondern nur die, bestehendes durchzusetzen.[155])

X. Neuregelungen der Dritten Geldwäscherichtlinie

Am 26.11.2005 wurde die Dritte Geldwäscherichtlinie vom 26.10.2005 bekannt ge- 185 geben, die nach Art. 45 bis zum 15.12.2007 von den Mitgliedstaaten der Europäischen Union in nationales Recht umzusetzen ist. Nach ersten Einlassungen des Bundesministeriums der Finanzen ist eine Umsetzung in deutsches Recht bereits für Ende 2006 geplant. In Anlehnung an die 40 Empfehlungen der FATF und in Ansehung der Tatsache, dass die Gefahr der Geldwäsche und der Terrorismusfinan-

---

151) Wirtschaftsprüferkammer, Anwendungshinweise zum Geldwäschegesetz, WPK-Magazin 4/2004, Beilage, S. 10, abgedruckt in Anhang V.3.
152) BAKred, Verlautbarung für Kreditinstitute vom 30.3.1998, Nr. 33, und für Finanzdienstleistungsinstitute vom 30.12.1997, Nr. 34, abgedruckt in Anhang III.1 und III.2.
153) Siehe oben *Fülbier*, Einleitung Rz. 123.
154) Gegenäußerung BReg zu BRat RegE GewAufspG, BT-Drucks. 12/2747, S. 5.
155) Im Einzelnen siehe *Fülbier*, Einleitung Rz. 117 ff; *ders.*, in: Boos/Fischer/Schulte-Mattler, KWG, § 6 Rz. 57 ff.

zierung nicht in allen Fällen gleich hoch ist, folgt die Dritte Geldwäscherichtlinie einem **risikoorientierten Ansatz.** Danach soll in den Gemeinschaftsvorschriften der Grundsatz eingeführt werden, dass in bestimmten Fällen einerseits vereinfachte Sorgfaltspflichten gegenüber Kunden zugelassen werden, in Situationen mit einem erhöhten Risiko der Geldwäsche oder Terrorismusfinanzierung andererseits verstärkte Sorgfaltspflichten (Erwägungsgründe 22 und 24). Leider lässt die Richtlinie den hiernach gebotenen durchgehenden, je nach Risikosituation differenzierenden Ansatz an einigen wichtigen Stellen mit dem Ergebnis vermissen, dass einige Bestimmungen zu einer erheblichen Bürokratisierung der Geldwäschebekämpfung führen dürften.[156] Als Beispiele seien hier insbesondere die Definition des „wirtschaftlichen Eigentümers" nach Art. 3 Nr. 6[157] und die Behandlung von so genannten PEPs (politically exposed persons – politisch exponierte Personen) genannt.

186 So soll nach Art. 13 Abs. 4 der 3. Geldwäscherichtlinie eine verstärkte Sorgfaltspflicht bei Kunden oder Geschäftsbeziehungen mit hohem Risiko gelten, wobei durch angemessene Verfahren zunächst festgestellt werden soll, ob es sich bei einer Person um eine **politisch exponierte Person** handelt. Dies sollen nach Art. 3 Nr. 8 der Richtlinie natürliche Personen sein, die wichtige öffentliche Ämter ausüben oder ausgeübt haben, sowie deren unmittelbare Familienmitglieder oder ihnen bekanntermaßen nahe stehende Personen. Hinsichtlich Transaktionen oder Geschäftsbeziehungen zu politisch exponierten Personen, die in einem anderen Mitgliedstaat oder in einem Drittland ansässig sind, sollen angemessene Maßnahmen ergriffen werden, mit denen die Herkunft des Vermögens und die **Herkunft der Gelder** bestimmt werden kann, die im Rahmen der Transaktion oder Geschäftsbeziehung eingesetzt werden. Vor Aufnahme der Geschäftsbeziehung zu diesem Personenkreis soll außerdem **die Zustimmung der Führungsebene** des verpflichteten Unternehmens eingeholt werden. Schließlich soll die Geschäftsbeziehung insgesamt einer **verstärkten fortlaufenden Überwachung** unterzogen werden.

187 Stellt noch der Erwägungsgrund 25 der 3. Geldwäscherichtlinie heraus, die erhöhten Sorgfaltspflichten bezögen sich auf politisch exponierte Personen, die insbesondere aus Ländern stammen, in denen Korruption weit verbreitet ist, so lässt der Richtlinientext eine Einschränkung lediglich bezüglich inländischer PEPs zu. Für das europäische Recht wäre jedoch – wegen des durch eben diese Richtlinie harmonisierten Geldwäschestandards innerhalb der Europäischen Union – eine Beschränkung auf PEPs aus Staaten der Europäischen Union – wenn nicht gar aus den Mitgliedstaaten der FATF – wünschenswert und risikoadäquat.

188 Logisch und praktisch nicht nachvollziehbar erscheint die Vorgabe des Art. 13 Abs. 4 Buchst. a der 3. Geldwäscherichtlinie, wonach „über angemessene, risikobasierte Verfahren ... bestimmt werden ... [soll], ob es sich bei dem Kunden um eine politisch exponierte Person handelt oder nicht". Ein Risikomanagementsystem kann Risiken in Kundenbeziehungen nur dann feststellen, wenn risikoerhöhende Faktoren, wie z. B. Zuge-hörigkeit zu einem politisch exponierten Personenkreis,

---

156) So bereits zum Richtlinienentwurf *Höche,* WM 2005, 8, 9.
157) Hierzu siehe *Langweg,* § 8 Rz. 45 ff.

Interne Sicherungsmaßnahmen § 14 GwG

vorher bekannt sind. Nur auf der Grundlage dieser Daten, die im Rahmen unternehmensinterner Know-your-customer-Maßnahmen festgestellt werden müssen, können anschließend im laufenden Research Risiken bewertet und eingeschätzt werden. Hieraus folgt, dass eine weite Definition des Begriffes der PEPs zwangsläufig zu einer Ergänzung der Kundenidentifizierungsmaßnahmen der Verpflichteten in Bezug auf nicht inländische Kunden führt, also zu einer schematischen Nachfrage nach einer etwaigen politischen Betätigung. Ungeklärt erscheint darüber hinaus, auf welche Weise die Verpflichteten von Veränderungen des PEP-Status eines Kunden Kenntnis erlangen können.

Im Ergebnis wird mit der Definition des Art. 3 Nr. 8 der 3. Geldwäscherichtlinie der an sich verfolgte Zweck der Gewährleistung besonderer Maßnahmen in Bezug auf eine von der FATF als besonders risikoreich eingestufte Kundengruppe durch eine unnötig weite Definition der Gruppe der PEPs erheblich gefährdet. Formale bürokratische Tätigkeiten wie die formularmäßig – weil für die Aufsichtsbehörden prüffähig – zu dokumentierende Differenzierung der Kundschaft in PEPs und Non-PEPs drohen die angestrebten materiellen Maßnahmen zur Prävention von Geldwäsche und Terrorfinanzierung zu überlagern.[158] Nicht zuletzt erscheint auch das äußerst vage gehaltene Abgrenzungskriterium der Ausübung wichtiger öffentlicher Ämter problematisch, lässt es die Verpflichteten doch weitgehend darüber im Unklaren, welche Funktionsträger hiervon erfasst werden und welche nicht. Sind der Bürgermeister oder Parteivorsitzende einer kleinen Gemeinde bereits PEPs, oder bedarf es einer Funktion auf Nationalstaatsebene – und wären in diesem Fall z. B. Staatssekretäre betroffen? Abhilfe könnte in vielfacher Hinsicht die Einführung einer offiziellen, von der EU-Kommission aktuell geführten Namensliste schaffen, die zur Rechtssicherheit beitrüge und ein effizientes Instrument zur Umsetzung der von der Richtlinie geforderten Maßnahmen in Bezug auf die Kundengruppe der PEPs darstellen würde.

189

Positive Erwähnung verdient dagegen Art. 27 der 3. Geldwäscherichtlinie, nach dem die Mitgliedstaaten verpflichtet sind, „alle angemessenen Maßnahmen zu ergreifen, um Mitarbeiter der Verpflichteten, die einen Verdacht auf Geldwäsche oder Terrorismusfinanzierung intern oder der zentralen Meldestelle melden, vor Bedrohungen oder Anfeindungen zu schützen". Wünschenswert zum **Schutz der Mitarbeiter** wäre z. B. eine Regelung im Geldwäschegesetz, die die Anonymität der an einer Verdachtsanzeige nach § 11 beteiligten Mitarbeiter dadurch gewährleistet, dass in den Verdachtsanzeigen regelmäßig nur noch der Name des verpflichteten Unternehmens genannt wird. Hierdurch könnte vermieden werden, dass Mitarbeiternamen in den Akten der Strafverfolgungsbehörden nachzulesen sind, zu denen nach den einschlägigen Vorschriften der Strafprozessordnung unter bestimmten Voraussetzungen auch der Beschuldigte Zugang hat.

190

---

158) So auch – zum Richtlinienentwurf – *Höche*, WM 2005, 8, 12.

§ 15
Zweigstellen und Unternehmen im Ausland

¹Ein Unternehmen im Sinne des § 14 Abs. 1 Nr. 1 bis 6 hat dafür zu sorgen, dass die Verpflichtungen der §§ 2 bis 4, 6, 8, 9 und 14 auch von seinen Zweigstellen im Ausland erfüllt werden; das Gleiche gilt für die von ihm abhängigen Unternehmen im Ausland, die mit ihm unter einheitlicher Leitung zusammengefasst sind (§ 18 des Aktiengesetzes). ²Soweit dies nach dem Recht des anderen Staates nicht zulässig ist, ist die zuständige Behörde innerhalb von sechs Monaten nach dem Inkrafttreten dieses Gesetzes zu unterrichten. ³Erfolgt die Eröffnung der Zweigstelle oder die Zusammenfassung unter der einheitlichen Leitung nach dem Inkrafttreten dieses Gesetzes, so ist die zuständige Behörde innerhalb von drei Monaten nach der Eröffnung oder Zusammenfassung unter der einheitlichen Leitung zu unterrichten.

Literatur: *Carl/Klos*, Aktuelle Probleme der Europäischen Rechts- und Amtshilfe in Steuersachen, EuZW 1990, 214; *Knecht*, Extraterritorial Jurisdiction and the Federal Money Laundering Offense, Stanford Journal of International Law 1986, 389; *Storck*, Das Bankgeheimnis in Luxemburg, Die Bank 1993, 364; *ders.*, Das Bankgeheimnis in Luxemburg, Die Bank 1990, 518; *Zentraler Kreditausschuss (ZKA)*, Leitfaden zur Bekämpfung der Geldwäsche, 1995 (zit.: ZKA, Leitfaden).

Übersicht

I.	Zweck der Regelung und Territorialitätsprinzip 1	3.	Weitergehende aufsichtsrechtliche Anforderungen 18
II.	Inhalt der Regelung 7	III.	Ausnahmen 19
	1. Adressatenkreis 7	IV.	Sanktionen 23
	2. Pflichtenkreis aus dem Geldwäschegesetz 10		

I. Zweck der Regelung und Territorialitätsprinzip

Diese Vorschrift will verhindern, dass Geldwäscher auf ausländische Zweigstellen 1 oder Tochterunternehmen eines inländischen Instituts ausweichen können, ohne den Verpflichtungen dieses Gesetzes zu unterliegen.[1]

Die Geldwäscherichtlinie gibt keine Veranlassung zu einer derartigen Regelung. 2 Dennoch haben auch andere Mitgliedstaaten vergleichbare Bestimmungen eingeführt. Das trifft z. B. auf Frankreich (dort ohne Sanktion) und Luxemburg zu.[2]

Die Verpflichtung des § 15 ist **rechtlich und politisch bedenklich**. In rechtlicher 3 Hinsicht wird durch sie das **Territorialitätsprinzip** umgangen. Dem Territorialitätsprinzip zufolge gilt öffentliches Recht grundsätzlich nur auf dem Territorium des Staates, der die jeweilige Maßnahme erlassen hat.[3]

---

1) Begründung RegE GewAufspG, BT-Drucks. 12/2704, S. 20.
2) Siehe 4. Aufl., Länderbericht Frankreich, Rz. 4, und Länderbericht Luxemburg, Rz. 3.
3) BVerfGE 31, 58; BVerfGE 63, 369; BGHZ 31, 367, 372; BGHZ 94, 268, 271 f = WM 1985, 830 = NJW 1985, 2405; BGH ZIP 1984, 452 = NJW 1984, 1746.

Fülbier

4 Eine unmittelbare Verletzung des Territorialitätsprinzips liegt hier nicht vor. Denn es wird nicht etwa die ausländische Zweigstelle oder das Tochterunternehmen von der Regelung angesprochen, sondern die Hauptniederlassung oder Muttergesellschaft, die ihren Sitz im Geltungsbereich dieses Gesetzes hat. Erst in einem **Reflex** wirkt das Gesetz über die Grenzen hinweg. Die öffentlich-rechtliche Verpflichtung des Mutterunternehmens wird dabei in eine schuldrechtliche des Tochterunternehmens gegenüber dem Mutterunternehmen umgesetzt („dafür sorgen"). Gegen eine derartige Umleitung einer öffentlich-rechtlichen Pflicht auf schuldrechtlichem Wege ins Ausland ist aus juristischer Sicht nichts einzuwenden, zumal eine Ausnahme dann eingreift, wenn das ausländische Recht der Erfüllung der Verpflichtungen entgegensteht. Es ist allerdings politisch sehr bedenklich, wenn fremde Staaten versuchen, auf diesem Wege ihr öffentliches Recht auf andere Staaten auszudehnen.[4]

5 Die Ausdehnung dieser Regelung auf eine Auslandsniederlassung mag dann gerechtfertigt sein, wenn es sich um ein Institut handelt, das seinen Sitz (Hauptniederlassung) in einem EG-Mitgliedstaat hat und die Regelung dem Bankaufsichtsrecht zuzuordnen ist. Dann kommt die seit dem 1.1.1993 geltende **Sitzlandkontrolle** bei der Beaufsichtigung von Kreditinstituten zum Tragen. Eindeutig ist dies z. B. in Luxemburg,[5] wo die dem Geldwäschegesetz entsprechenden Bestimmungen im Bankaufsichtsrecht verankert sind. Im deutschen Recht gehört die Regelung zu den allgemeinen Gesetzen; deren Befolgung ist nach Auffassung des Bundesaufsichtsamtes für das Kreditwesen „nur" Bestandteil der ordnungsgemäßen Geschäftsführung nach § 6 Abs. 2 KWG und der Zuverlässigkeit der Geschäftsleiter nach § 33 Abs. 1 Nr. 2 KWG.[6] Insoweit werden die Inhalte des Geldwäschegesetzes bei deutschen Zweigniederlassungen nicht über das Bankaufsichtsrecht ins EU-Ausland transferiert, sondern nur über Weisungen der Hauptniederlassung. Inländische Zweigniederlassungen von Banken mit Sitz in einem EU-Mitgliedstaat unterliegen trotz Sitzlandkontrolle ebenfalls den Regelungen des Geldwäschegesetzes (§ 1 Abs. 3 Satz 1).

6 Die Regelung in § 15 ist in vielen Fällen **überflüssig**. Zumindest dann, wenn der ausländische Staat selbst vergleichbare Maßnahmen zur Bekämpfung der Geldwäsche erlassen hat, wäre eine Ausnahme sinnvoll gewesen. Dies trifft auf jeden Fall für alle Mitgliedstaaten der Europäischen Union zu, die aufgrund der Geldwäscherichtlinie nahezu identische Regelungen erlassen haben.[7]

II. Inhalt der Regelung

1. Adressatenkreis

7 § 15 verpflichtet die in § 14 Abs. 1 Nr. 1–6 genannten Unternehmen (im Einzelnen siehe dort), dafür zu sorgen, dass einige der Verpflichtungen des Geldwäschegeset-

---

4) Siehe auch Innenausschuss zum RegE GewAufspG, BT-Drucks. 12/4795, S. 18, mit weitergehenden Bedenken; dazu *Knecht*, Stanford Journal of International Law 1986, 389, 419 f, zu §§ 1956 ff Money Laundering Control Act; *Reiß*, in: BuB Rz. 16/143; *Lang/Schwarz/Kipp*, S. 314 ff.
5) Siehe 4. Aufl., Länderbericht Luxemburg, Rz. 1; Art. 30–40 des Gesetzes für den Finanzsektor vom 5.4.1993, ABl, S. 461.
6) Im Einzelnen siehe *Fülbier*, Einleitung Rz. 101 ff.
7) So auch Innenausschuss zum RegE GewAufspG, BT-Drucks. 12/4795, S. 18.

zes auch von **Zweigstellen** und **Tochtergesellschaften** im Ausland erfüllt werden. Bei den Auslandstöchtern gilt das nur insoweit, als sie mit dem Mutterunternehmen unter einheitlicher Leitung zusammengefasst sind (§ 18 AktG). Davon ist auszugehen, wenn eine einheitliche Leitung in der verbundweiten Koordination des finanziellen Bereichs besteht. In Betracht kommen hierbei Mehrheitsbeteiligungen, personelle Verflechtungen (Vorstandsmitglied der Konzernspitze zugleich Vorstand im Tochterunternehmen), Weisungen im Rahmen eines Beherrschungsvertrages, gemeinsame Beratungen und Ähnliches.[8]

Wenn Institute mit Sitz in Deutschland von dort aus **grenzüberschreitend Dienstleistungen**[9] erbringen, gelten die Verpflichtungen des Geldwäschegesetzes insgesamt, also nicht nur die in § 15 zitierten Pflichten. Wird z. B. einem Kunden mit Wohnsitz und Aufenthalt in Großbritannien ein Darlehen von einem deutschen Kreditinstitut gewährt, ohne dass eine Niederlassung oder Tochter des Instituts in diesem Land eingeschaltet ist, sind die Vorschriften des deutschen Geldwäschegesetzes einschließlich z. B. der Identifizierungs- und Anzeigepflichten anzuwenden.[10] Bei der Identifizierung können die landestypischen Besonderheiten berücksichtigt werden. So kann sich die Legitimationsprüfung z. B. auch an den englischen Vorgaben orientieren, die durch die lokalen Regelungen zur Geldwäschebekämpfung festgelegt sind. Die Beachtung dieser Vorschriften ist anders als für Tochterunternehmen oder Niederlassungen nicht zwingend. Die Einhaltung dieser Bestimmungen wird aber – jedenfalls bei EU-Mitgliedstaaten – im Regelfall den Anforderungen des Geldwäschegesetzes an eine Identifizierung genügen. Bei der Identifizierung kann sich das Institut zuverlässiger Dritter im Sinne der Nummer 10 der Verlautbarung des Bundesaufsichtsamtes für das Kreditwesen vom 30.3.1998 bedienen.

Letztendlich beruhen die Bestimmungen des Geldwäschegesetzes auf der Geldwäscherichtlinie und diese wiederum auf den 40 Empfehlungen der FATF. Damit gilt in den EU-Mitgliedstaaten und vielen Industriestaaten ein einheitlicher Standard. Es ist davon auszugehen, dass in den übrigen Staaten keine schärferen Anforderungen anzutreffen sind. Selbst wenn also ein Staat auch bei **grenzüberschreitenden Dienstleistungen** wider Erwarten auf Einhaltung seiner Bestimmungen zur Bekämpfung der Geldwäsche bestehen sollte, dürften diese durch die Vorschriften des Geldwäschegesetzes abgedeckt sein.

2. Pflichtenkreis aus dem Geldwäschegesetz

Nach § 15 sind die Identifizierungspflichten (§§ 2–4, 6), die Pflicht zur Feststellung des wirtschaftlich Berechtigten (§ 8), zur Aufzeichnung und Aufbewahrung (§ 9) und zur Schaffung interner Grundsätze (§ 14) in den unter Rz. 7 genannten Fällen anzuwenden.

---

8) Im Einzelnen siehe *Koppensteiner*, in: Kölner Komm. zum AktG, § 18 Rz. 20 ff, 29.
9) Siehe dazu *Braun*, in: Boos/Fischer/Schulte-Mattler, KWG, § 24a Rz. 1.
10) Siehe auch EU-Kommission, Grundsätze für die Feststellung der Identität von Kunden (natürlichen Personen) bei Nichtpräsenz-Finanzgeschäften (XV/1170/95-Rev.1-De) von Oktober 1996.

11 Aufgrund massiver Einwände der Bankenverbände hat das Bundesaufsichtsamt für das Kreditwesen hinsichtlich der Anwendung der Verpflichtungen aus dem deutschen Geldwäschegesetz im Ausland eine Erleichterung geschaffen. Aufgrund der Verlautbarung können **landestypische Besonderheiten** bei der Einhaltung der deutschen Regelung berücksichtigt werden, sofern hierdurch der wesentliche Inhalt der in § 15 genannten Pflichten nicht berührt wird.[11] Dies ist z. B. anzunehmen, wenn der Schwellenbetrag im Ausland nur geringfügig über dem deutschen Wert liegt oder wenn das fremde Recht z. B. vorsieht, dass der Geldwäschebeauftragte anders als in Deutschland unabhängig von einer bestimmten Größe des Instituts der Geschäftsleitung angehören soll.[12]

12 Die Regelung stößt dennoch auf **zahlreiche praktische Probleme**. Deutsche Institute im Ausland oder ausländische Institute in Deutschland unterliegen **zweierlei Recht zur Bekämpfung der Geldwäsche**. Sie müssen die Identifizierung nach unterschiedlichen Regelungen vornehmen. Insofern wären sie verpflichtet, die jeweils strengeren Bestimmungen anzuwenden. Etwas anderes gilt nur dann, „wenn ein Fall unmittelbarer Kollision einer der genannten Rechtsnormen mit Rechtsnormen des jeweiligen Staates vorliegt und der Wesensgehalt der dort geregelten Pflichten betroffen wäre".[13]

13 Probleme können auch dann entstehen, wenn im Gastland z. B. keine **Identifizierung** nach deutschen Maßstäben möglich ist, weil es dort schlicht keine Ausweispflicht gibt, wie dies z. B. in Großbritannien[14] und den USA der Fall ist. Das Bundesaufsichtsamt für das Kreditwesen gibt sich in diesen Fällen damit zufrieden, dass die **Pflichten unter Berücksichtigung landestypischer Besonderheiten eingehalten** werden.[15] Demnach könnte in den USA die Vorlage des Sozialversicherungsausweises genügen.

14 Ursprünglich sollten die in Satz 1 genannten Institute auch verpflichtet sein, **Anzeigen** gegenüber den Behörden des Sitzlandes der Muttergesellschaft oder der Hauptniederlassung vorzunehmen. Von dieser Regelung wurde im Laufe der Beratungen über das Gesetz wieder Abstand genommen.[16]

---

11) BAKred, Verlautbarung für Kreditinstitute vom 30.3.1998, Nr. 4, abgedruckt in Anhang III.1; BAV, Anordnungen und Verwaltungsgrundsätze 1997, Nr. 2, VerBAV 1997, 243, abgedruckt in Anhang IV.4. Nach der Zusammenführung der Bundesaufsichtsämter für Kreditwesen und Versicherungswesen in der BaFin wurde die Verwaltungspraxis für die Geldwäsche- und Terrorismusbekämpfung nicht vereinheitlicht. Eine neue Verlautbarung war für 2003 vorgesehen.
12) ZKA, Leitfaden, Rz. 106; Institut Monétaire Luxembourgeois, Rundschreiben vom 25.11.1994, Nr. 94/112, S. 5.
13) BAKred, Verlautbarung für Kreditinstitute vom 30.3.1998, Nr. 4 Abs. 3, abgedruckt in Anhang III.1.
14) In Großbritannien liegt ein Gesetzentwurf zur Wiedereinführung der Ausweispflicht vor: UK Identify Cards Bill; dazu www.lse.ac.uk/collections/pressAndInformationOffice/PDF/IDReport.pdf.
15) BAKred, Verlautbarung für Kreditinstitute vom 30.3.1998, Nr. 4 Abs. 2, abgedruckt in Anhang III.1.
16) Innenauschuss zum RegE GewAufspG, BT-Drucks. 12/4795, S. 18.

Neben völkerrechtlichen Bedenken hätte hier häufig ein Verstoß gegen nationale **Datenschutzbestimmungen** und das jeweils nationale Bankgeheimnis im Raum gestanden. Dies zeigen jedenfalls die Beispiele Schweiz und Luxemburg. Aber auch in vielen anderen Ländern ist die Weitergabe der Daten untersagt. Dies hat eine Erhebung der „Association Française des Banques" (AFB)[17] ergeben.

In der Schweiz und in Luxemburg ist die Einhaltung des **Bankgeheimnisses** strafrechtlich geschützt. Sofern dort nicht nationale (!) Vorschriften die Weitergabe von Daten gestatten, die durch das Bankgeheimnis geschützt sind, ist die Weitergabe unzulässig. So dürfen nach luxemburgischem Recht keine Daten über Privatkunden an die Muttergesellschaft oder Hauptniederlassung weitergegeben werden, sofern dies Einlagen betrifft. Übermittelt werden dürfen die Daten, die erforderlich sind, um den bankaufsichtsrechtlichen Melde- und Berichtspflichten des Sitzlandes Genüge zu tun.[18]

Die besonders strenge Handhabung des Bankgeheimnisses in Luxemburg zeigt sich auch daran, dass Auskünfte grundsätzlich weder an luxemburgische noch an deutsche Steuerbehörden (im Wege des Amtshilfeverfahrens) erteilt werden. In der Praxis werden Anfragen der deutschen Steuerbehörden nicht beantwortet.[19] Daher war es unverständlich, dass der Bundesrat weiter an der Forderung festgehalten hatte, auch ausländische Filialen deutscher Banken wie inländische Institute in die Anzeigepflicht einzubeziehen.[20]

3. Weitergehende aufsichtsrechtliche Anforderungen

In seiner Verlautbarung vom 30.3.1998 verlangt das Bundesaufsichtsamt für das Kreditwesen von den Instituten, gewissenhaft zu **prüfen**, ob sie nach Inkrafttreten des Geldwäschegesetzes noch **Zweigstellen in Nicht-EU-Staaten errichten**, deren Rechtssystem einer Beachtung der deutschen Vorschriften zur Bekämpfung der Geldwäsche entgegensteht oder vergleichbare Vorschriften nicht kennt oder die Befolgung näher bezeichneter Empfehlungen der FATF nicht zulässt.[21] Eine rechtliche Basis für diese Prüfungspflicht ist nicht erkennbar. Die Vorgabe kann daher rechtlich betrachtet nur als Empfehlung verstanden werden. Den Instituten steht es daher frei, eine solche Prüfung vorzunehmen.[22] Das Bundesaufsichtsamt verlangte zudem, weitere, eigentlich nur für das Inland bestimmte Vorgaben aus seiner Verlautbarung vom 30.3.1998 auf diese Weise anzuwenden. Dies soll insbesondere für deren Nummer 32 gelten, in der Vorschriften zum internationalen Zahlungsverkehr

---

17) Association Francaise des Banques, Lutte contre le blanchiment de l'argent de la drogue, März 1991, S. 33.
18) Vgl. *Storck*, Die Bank 1990, 518; *ders.*, Die Bank 1993, 364.
19) *Carl/Klos*, EuZW 1990, 214, 216.
20) Beschluss des Bundestages zum GwG vom 24.9.1993, BR-Drucks. 672/93; Antrag de With, Wartenberg, Däubler Gmelin u. a. und der SPD-Fraktion, BT-Drucks. 12/6387, S. 2; sehr kritisch auch *Lang/Schwarz/Kipp*, S. 318 f m. w. N.
21) BAKred, Verlautbarung für Kreditinstitute vom 30.3.1998, Nr. 4 Abs. 6, abgedruckt in Anhang III.1.
22) *Lang/Schwarz/Kipp*, S. 313; *Dach*, in: Körner/Dach, S. 138.

Fülbier

enthalten sind. Diese entsprechen dem FATF-Standard.[23] Eingefordert wurde ferner die Einhaltung der Vorschrift zum internen Verdachtsmeldeverfahren (Nummer 26 der Verlautbarung). Das Bundesaufsichtsamt ging davon aus, dass hinsichtlich der Verdachtsanzeigen auch im Ausland der gegebenenfalls weitere Geldwäschebegriff des deutschen Rechts anzuwenden sei.

III. Ausnahmen

19 § 15 ist nicht anzuwenden, wenn dessen **Erfüllung nach dem Recht des jeweiligen Staates nicht zulässig** ist. Die zuständige Behörde (bei Instituten nach § 16 Nr. 2 heute die Bundesanstalt für Finanzdienstleistungsaufsicht) war sechs Monate nach dem Inkrafttreten dieses Gesetzes **über derartige Hindernisse zu unterrichten**. Wird eine Zweigstelle oder eine Tochter (im Sinne des Satzes 1) nach dem Inkrafttreten dieses Gesetzes eröffnet oder danach unter einheitlicher Leitung zusammengefasst, ist die Behörde schon drei Monate nach Eröffnung zu informieren. Das Institut hat insoweit seine Rechtsauffassung unter Angabe der Bestimmungen des ausländischen Rechts, mit denen die Erfüllung der Pflichten nach § 15 kollidiert, zu begründen.[24]

20 Die **Verpflichtung zur Anzeige von entgegenstehenden Vorschriften des jeweiligen Landes an die zuständige Behörde** ist aus praktischer Sicht anzugreifen. Anstatt jedes einzelne Institut in die Pflicht zu nehmen, wäre es erheblich einfacher gewesen, eine Erhebung von der zuständigen Behörde vornehmen zu lassen. Diese müsste ohnehin die Rechtslage prüfen. Nach der derzeitig gültigen Regelung muss eine kaum zu ermessende Anzahl von Unternehmen die Behörden unterrichten. Das Bundesaufsichtsamt für das Kreditwesen empfahl sogar, vor der Unterrichtung des Amtes die Stellungnahme eines Rechtsexperten für das Recht des jeweiligen Staats einzuholen.[25]

21 Die „Association Française des Banques" (AFB) hatte eine Arbeitsgruppe eingesetzt, die die ausländischen Vorschriften auf entgegenstehende Bestimmungen durchleuchtet hat.[26] In Deutschland hat es entgegen anfänglicher Überlegungen leider keine derartige Erhebung gegeben.

22 Hinsichtlich der Identifizierung, Feststellung des wirtschaftlich Berechtigten, der Aufzeichnung der Daten sowie der Einführung interner Grundsätze bestehen soweit ersichtlich keine wesentlichen Unterschiede aus dem örtlich anzuwendenden

---

23) BAKred, Schreiben vom 12.5.1998 (Z5-B100), abgedruckt in: *Consbruch/Möller u. a.*, KWG, Nr. 11.46.
24) BAKred, Verlautbarung für Kreditinstitute vom 30.3.1998, Nr. 4, abgedruckt in Anhang III.1; BAV, Anordnungen und Verwaltungsgrundsätze 1997, Nr. 2, VerBAV 1997, 243, abgedruckt in Anhang IV.3. Nach der Zusammenführung der Bundesaufsichtsämter für Kreditwesen und Versicherungswesen in der BaFin wurde die Verwaltungspraxis für die Geldwäsche- und Terrorismusbekämpfung nicht vereinheitlicht. Eine neue Verlautbarung war für 2003 vorgesehen.
25) BAKred, Verlautbarung für Kreditinstitute vom 30.3.1998, Nr. 4, abgedruckt in Anhang III.1.
26) Siehe 4. Aufl., Länderbericht Frankreich, Rz. 5; Association Francaise des Banques, Lutte contre le blanchiment de l'argent de la drogue, März 1991, S. 33.

Recht, die sich als Hindernis der Geschäftstätigkeit darstellen.[27] Das ist jedenfalls das Ergebnis der Nachforschungen der „Association Française des Banques".

IV. Sanktionen

Die Verletzung der nach dem deutschen Geldwäschegesetz vorgegebenen Identifizierungs- und Aufzeichnungspflichten durch die Zweigniederlassung oder Tochter stellt im Ausland keine Ordnungswidrigkeit dar. Weder dem in Deutschland ansässigen Institut noch der Dependance im Ausland wird bei deren Nichtbeachtung eine Sanktion nach dem Geldwäschegesetz angedroht. Nur dann, wenn die zuständige Behörde nicht oder nicht rechtzeitig über entgegenstehendes Recht nach § 15 unterrichtet wird, handelt es sich um eine Ordnungswidrigkeit nach § 17 Abs. 2 Nr. 3, die mit einer Geldbuße von bis zu 50 000 Euro geahndet werden kann (§ 17 Abs. 3). 23

---

[27] So auch *Dach*, in: Körner/Dach, S. 137 f, allenfalls bei der Pflicht aus §§ 8, 9 könnten Probleme entstehen.

§ 16
Zuständige Behörde

Zuständige Behörde für die Durchführung dieses Gesetzes ist

1. für die Kreditanstalt für Wiederaufbau der Bundesminister der Finanzen,
2. für die übrigen Kreditinstitute, mit Ausnahme der Deutschen Bundesbank, die Finanzdienstleistungsinstitute und Investmentaktiengesellschaften die Bundesanstalt für Finanzdienstleistungsaufsicht,
3. für Versicherungsunternehmen die jeweils zuständige Aufsichtsbehörde für das Versicherungswesen, für Versicherungsmakler die Bundesanstalt für Finanzdienstleistungsaufsicht,
4. im Übrigen die jeweils nach Bundes- oder Landesrecht zuständige Stelle.

§ 16 zählt die für die Durchführung des Geldwäschegesetzes zuständigen Behörden 1 für die jeweiligen Verpflichteten auf. Für die Kreditanstalt für Wiederaufbau (KfW) ist dies der Bundesminister der Finanzen, für die übrigen Kreditinstitute – mit Ausnahme der Deutschen Bundesbank –, für Finanzdienstleistungsinstitute, Investmentaktiengesellschaften und Versicherungsmakler die Bundesanstalt für Finanzdienstleistungsaufsicht. Zuständige Behörde für Versicherungsunternehmen ist die jeweils zuständige Aufsichtsbehörde für das Versicherungswesen. Die übrigen Verpflichteten unterstehen der jeweils nach Bundes- oder Landesrecht zuständigen Stelle. Dies ist z. B. für Spielbanken die Oberfinanzdirektion, für Rechtsanwälte die örtliche Rechtsanwaltskammer und für Notare die sich aus § 92 BNotO ergebende Aufsichtsbehörde.

Zum 1.5.2002 ist das Bundesaufsichtsamt für das Kreditwesen (BAKred) mit den 2 damaligen Bundesaufsichtsämtern für den Wertpapierhandel (BAWe) und das Versicherungswesen (BAV) zur Bundesanstalt für Finanzdienstleistungsaufsicht (BaFin) verschmolzen worden.

Grundlage für die – nach wie vor geltenden – Verlautbarungen des Bundesaufsichts- 3 amtes für das Kreditwesen über „Maßnahmen der Finanzdienstleistungsinstitute/Kreditinstitute zur Bekämpfung und Verhinderung der Geldwäsche" vom 30.12.1997[1]) und 30.3.1998[2]) ist damit § 16 Nr. 2.

Grundlage der Verlautbarung des ehemaligen BAV an die der Aufsicht des Bundes- 4 aufsichtsamtes unterstehenden Lebensversicherungsunternehmen betreffend „Hinweise zur Anwendung des Gesetzes über das Aufspüren von Gewinnen aus

---

1) BAKred, Verlautbarung für Finanzdienstleistungsinstitute vom 30.12.1997, abgedruckt in Anhang III.2.
2) BAKred, Verlautbarung für Kreditinstitute vom 30.3.1998, abgedruckt in Anhang III.1.

schweren Straftaten" vom 8.11.1993[3] ist entsprechend § 16 Nr. 3. Sie wurde in den Jahren 1994,[4] 1995[5], 1997[6] und zuletzt 1998[7] ergänzt.

---

[3] BAV, Anordnungen und Verwaltungsgrundsätze 1993, VerBAV 1993, 355, abgedruckt in Anhang IV.1.
[4] BAV, Anordnungen und Verwaltungsgrundsätze 1994, VerBAV 1994, 408, abgedruckt in Anhang IV.2.
[5] BAV, Anordnungen und Verwaltungsgrundsätze 1996, VerBAV 1996, 3, abgedruckt in Anhang IV.3.
[6] BAV, Anordnungen und Verwaltungsgrundsätze 1997, VerBAV 1997, 243, 244, abgedruckt in Anhang IV.4.
[7] BAV, Anordnungen und Verwaltungsgrundsätze 1998, VerBAV 1998, 135, abgedruckt in Anhang IV.5.

§ 17
Bußgeldvorschriften

(1) Ordnungswidrig handelt, wer vorsätzlich oder leichtfertig

1. entgegen

    a) § 2 Abs. 1 Satz 1 oder Abs. 2, auch in Verbindung mit Abs. 3, jeweils auch in Verbindung mit § 3 Abs. 1 Satz 1 oder

    b) § 3 Abs. 1 Satz 2 oder § 4 Abs. 1 eine Person nicht identifiziert,

2. entgegen § 9 Abs. 1 Satz 1, 3 und 4 eine Feststellung nicht, nicht richtig oder nicht vollständig aufzeichnet oder

3. entgegen § 9 Abs. 3 Satz 1 Aufzeichnungen nicht aufbewahrt.

(2) Ordnungswidrig handelt, wer

1. entgegen § 8 Abs. 1 Satz 1 sich nicht erkundigt oder entgegen § 8 Abs. 1 Satz 2 oder 4 Namen und Anschrift nicht feststellt,

2. entgegen § 11 Abs. 5 den Auftraggeber oder einen anderen als staatliche Stellen in Kenntnis setzt oder

3. entgegen § 15 Satz 2 oder Satz 3 die zuständige Behörde nicht oder nicht rechtzeitig unterrichtet.

(3) Die Ordnungswidrigkeit kann in den Fällen des Absatzes 1 mit einer Geldbuße bis zu hunderttausend Euro, in den Fällen des Absatzes 2 mit einer Geldbuße bis zu fünfzigtausend Euro geahndet werden.

(4) [1]Die jeweils in § 16 Nr. 2 und 3 bezeichnete Behörde ist auch Verwaltungsbehörde im Sinne des § 36 Abs. 1 Nr. 1 des Gesetzes über Ordnungswidrigkeiten. [2]Für Steuerberater und Steuerbevollmächtigte ist Verwaltungsbehörde im Sinne des § 36 Abs. 1 Nr. 1 des Gesetzes über Ordnungswidrigkeiten das Finanzamt. [3]Soweit nach § 16 Nr. 4 die jeweils nach Bundes- oder Landesrecht zuständige Stelle zuständig ist, ist sie auch Verwaltungsbehörde im Sinne des § 36 Abs. 1 Nr. 1 des Gesetzes über Ordnungswidrigkeiten; dies gilt nicht für die in § 3 Abs. 1 Satz 1 Nr. 1 genannten Personen.

(5) Soweit nach Absatz 4 Satz 2 das Finanzamt Verwaltungsbehörde ist, gelten § 387 Abs. 2, § 410 Abs. 1 Nr. 1, 2, 6 bis 11, Abs. 2 und § 412 der Abgabenordnung sinngemäß.

Literatur: *Otto*, Zum strafrechtlichen Risiko der gesetzlichen Vertreter und Geldwäschebeauftragten der Kreditinstitute nach dem Geldwäschegesetz, wistra 1995, 323; *ders.*, Geldwäsche und das strafrechtliche Risiko von Bankmitarbeitern, ZKW 1994, 63.

Übersicht

I.	Verstoß gegen die Pflichten des Geldwäschegesetzes 1	III.	Gesetz über Ordnungswidrigkeiten 4
II.	Normadressaten 3		

GwG § 17

I. Verstoß gegen die Pflichten des Geldwäschegesetzes

1 Die Verletzung der meisten im Geldwäschegesetz enthaltenen Pflichten wird als Ordnungswidrigkeit geahndet. Nach Absatz 1 wird der vorsätzliche oder leichtfertige (grob fahrlässige) Verstoß gegen folgende Pflichten mit Geldbuße bis zu 100 000 Euro geahndet.[1]

a) Pflicht zur Identifizierung
   - bei Abschluss eines Vertrages zur Begründung einer auf Dauer angelegten Geschäftsbeziehung (§ 2 Abs. 1 Satz 1),
   - bei der Annahme von Bargeld, Wertpapieren i. S. v. § 1 Abs. 1 DepotG oder Edelmetallen im Wert von 15 000 Euro oder mehr (§ 2 Abs. 2),
   - bei der Durchführung mehrerer Finanztransaktionen, die zusammen einen Betrag im Wert von 15 000 Euro oder mehr ausmachen, sofern tatsächliche Anhaltspunkte dafür vorliegen, dass zwischen ihnen eine Verbindung besteht (§ 2 Abs. 3),
   - durch Kreditinstitute, Finanzdienstleistungsinstitute, Investmentaktiengesellschaften und Finanzunternehmen,
   - durch Rechtsanwälte und Rechtsbeistände, die Mitglied in einer Rechtsanwaltskammer sind, Patentanwälte und Notare, wenn sie bei Ausübung ihrer beruflichen Tätigkeit für ihre Mandanten an der Planung oder Durchführung von in § 3 Abs. 1 Satz 1 Nr. 1 aufgeführten Geschäften mitwirken,
   - durch Wirtschaftsprüfer, vereidigte Buchprüfer, Steuerberater, Steuerbevollmächtigte und Immobilienmakler bei Ausübung ihrer beruflichen Tätigkeit (§ 3 Abs. 1 Satz 1 Nr. 2 und 3),
   - durch Gewerbetreibende in Ausübung ihres Gewerbes sowie durch Personen, die entgeltlich fremdes Vermögen verwalten, in Ausübung dieser Verwaltungstätigkeit, bei Annahme von Bargeld im Wert von 15 000 Euro oder mehr (§ 3 Abs. 1 Satz 2),
   - durch Spielbanken bei Verkauf oder Ankauf von Spielmarken gegenüber Kunden im Wert von 1 000 Euro oder mehr (§ 3 Abs. 1 Satz 1 Nr. 4),
   - durch Versicherungsunternehmen und Versicherungsmakler bei Abschluss von Lebensversicherungen oder Unfallversicherungsverträgen mit Prämienrückgewähr in bestimmten Fällen (§ 4 Abs. 1).

b) Verletzung der Aufzeichnungspflicht (§ 9 Abs. 1 Satz 1, 3 und 4).

c) Verletzung der Aufbewahrungspflicht (§ 9 Abs. 3 Satz 1).

2 Bei vorsätzlichen Verstößen gegen eine der nachfolgend aufgeführten Pflichten können nach Absatz 2 **Geldbußen bis zu 50 000 Euro** verhängt werden:

a) Pflicht zur Erkundigung nach dem wirtschaftlich Berechtigten (§ 8 Abs. 1 Satz 1),

b) Pflicht zur Feststellung des Namens und der Anschrift der Person, für deren Rechnung gehandelt wird (§ 8 Abs. 1 Satz 2 oder 4),

---

1) Vgl. BayObLG NJW 1998, 2461, 2462.

Bußgeldvorschriften § 17 GwG

c) Verbot der Unterrichtung des Auftraggebers oder einer nicht staatlichen Stelle über die Erstattung einer Anzeige (§ 11 Abs. 5),
d) Pflicht zur rechtzeitigen Unterrichtung der zuständigen Behörde über Vorschriften, die ausländische Zweigstellen oder Töchter an der Befolgung der §§ 2–4, 6, 8, 9 und 14 hindern (§ 15 Satz 2 und 3).

II. Normadressaten

Adressaten des Geldwäschegesetzes und der darin enthaltenen Verhaltenspflichten 3 sowie der Bußgeldvorschriften sind neben Instituten (Kreditinstituten, Finanzdienstleistungsinstituten, Investmentaktiengesellschaften, Finanzunternehmen und Versicherungsunternehmen, die Unfallversicherungsverträge mit Prämienrückgewähr oder Lebensversicherungsverträge anbieten, vgl. § 1) Rechtsanwälte und Rechtsbeistände, die Mitglied in einer Rechtsanwaltskammer sind, Patentanwälte, Notare, Wirtschaftsprüfer, vereidigte Buchprüfer, Steuerberater, Steuerbevollmächtigte, Immobilienmakler und Spielbanken sowie Personen, die entgeltlich fremdes Vermögen verwalten, und sonstige Gewerbetreibende (vgl. § 3 Abs. 1). Soweit die vorstehend genannten Normadressaten juristische Personen des Privatrechts oder des öffentlichen Rechts sind, handeln sie typischerweise durch ihre vertretungsberechtigten Organe. Es stellt sich die Frage, gegen wen gegebenenfalls ein Bußgeld verhängt werden könnte (dazu unten Rz. 4).

III. Gesetz über Ordnungswidrigkeiten

Nach § 9 Abs. 1 Nr. 1 OWiG ist, soweit jemand vertretungsberechtigtes Organ 4 einer juristischen Person ist oder als Mitglied eines solchen Organs handelt, ein Gesetz, nach dem besondere persönliche Eigenschaften, Verhältnisse oder Umstände die Möglichkeit der Ahndung begründen, auch auf den Vertreter anzuwenden, wenn diese Merkmale zwar nicht bei ihm, aber bei dem Vertretenen vorliegen. Diese Vorschrift schließt die Lücke, die dadurch entsteht, dass Adressat vieler Normen nicht eine natürliche Person, sondern eine juristische Person ist, und hat zur Folge, dass derjenige im Bußgeldverfahren zur Verantwortung gezogen werden kann, der verantwortlich für die juristische Person handelt. Daraus folgt, dass bei Verstößen gegen das Geldwäschegesetz sowohl die Geschäftsleitung oder der Vorstand als auch die einzelnen Geschäftsleiter oder Vorstandsmitglieder zur Verantwortung gezogen werden können, wobei grundsätzlich der Aufgabenkreis eines Organs Berücksichtigung finden dürfte. Darüber hinaus könnte eine Strafe oder Geldbuße über die Geschäftsleitung oder den Vorstand der juristischen Person auch wegen Verletzung der Aufsichtspflicht gemäß § 130 OWiG verhängt werden.[2]

Aber auch der Geldwäschebeauftragte oder einzelne Mitarbeiter könnten gegebe- 5 nenfalls nach dem Gesetz über Ordnungswidrigkeiten zur Verantwortung gezogen werden. Denn gemäß § 9 Abs. 2 Nr. 2 OWiG ist ein Gesetz, nach dem besondere persönliche Merkmale die Möglichkeit der Ahndung begründen, auch auf den Beauftragten anzuwenden, wenn diese Merkmale nicht bei ihm, aber bei dem Inhaber

---

[2] Vgl. *Otto*, wistra 1995, 323.

des Betriebes vorliegen. Voraussetzung hierfür ist nach § 9 Abs. 2 Nr. 2 OWiG, dass der Betreffende von dem Inhaber des Betriebes oder einem sonst dazu Befugten ausdrücklich beauftragt wurde, in eigener Verantwortung Pflichten zu erfüllen, die den Inhaber des Betriebes betreffen. Dem Betrieb im Sinne dieser Vorschrift steht das Unternehmen gleich. Handelt jemand aufgrund eines entsprechenden Auftrages für eine Stelle, die Aufgaben der öffentlichen Verwaltung wahrzunehmen hat, so ist diese Vorschrift sinngemäß anzuwenden.

6 Da beispielsweise Kreditinstitute, Versicherungsunternehmen oder Spielbanken regelmäßig den Geldwäschebeauftragten mit der Erfüllung der nach dem Geldwäschegesetz bestehenden Pflichten beauftragen und diesen als eine der Geschäftsleitung unmittelbar nachgeordnete Person (§ 14 Abs. 2 Nr. 1) auch die Verantwortlichkeit für die Pflichterfüllung trifft, ist auch der Geldwäschebeauftragte als Normadressat des Geldwäschegesetzes anzusehen. Darüber hinaus kann aber auch der einzelne Bankmitarbeiter nach dieser Vorschrift als verantwortlich Handelnder anzusehen sein, wobei die Frage ausschlaggebend sein dürfte, inwieweit bei diesem noch Entscheidungsbefugnis und somit Verantwortlichkeit gegeben ist.

7 Nach *Otto*[3] ist wichtig, dass die Pflichten die Unternehmen wie beispielsweise Kreditinstitute treffen und damit gemäß § 9 OWiG Sonderpflichten für die gesetzlichen Vertreter der Unternehmen und besonderer mit bestimmten Leistungsfunktionen beauftragter Personen begründen. Nur dieser Personenkreis komme als Täter einer Ordnungswidrigkeit in Betracht, nicht aber der unterhalb dieser Position stehende Unternehmensmitarbeiter, der unmittelbar Kontakt zum Kunden hat. Diese – aus der Position des kundenbetreuenden Unternehmensmitarbeiters gesehene – Wohltat des Gesetzes erweise sich jedoch im Hinblick auf die erheblich gravierendere strafrechtliche Verantwortlichkeit unter dem Gesichtspunkt der Geldwäsche gemäß § 261 StGB als Plage. Verlässt er sich nämlich in zu hohem Maße auf die Verantwortung der leitenden Personen seines Unternehmens, könne er schnell zum Beschuldigten des Geldwäschedeliktes werden.

8 Nach den vorgenannten Regelungen ist die Verantwortlichkeit eines jeden mit der Durchführung der Verhaltenspflichten nach dem Geldwäschegesetz Betrauten im Wege eines Bußgeldverfahrens denkbar. In diesem Zusammenhang ist auch zu berücksichtigen, dass nach § 17 Abs. 1 bereits der leichtfertige Verstoß gegen eine der bußgeldbewehrten Pflichten geahndet wird.

---

3) *Otto*, ZKW 1994, 63, 64.

Strafgesetzbuch
(StGB)
in der Fassung der Bekanntmachung
vom 13. November 1998, BGBl I, 3322,
zuletzt geändert durch
Gesetz vom 1. September 2005, BGBl I, 2674

Vor § 261

Vorbemerkungen

Literatur: *Ambos*, Internationalisierung des Strafrechts: das Beispiel „Geldwäsche", ZStW 114 (2002), 236; *Arzt*, Geldwäscherei – eine neue Masche zwischen Hehlerei, Strafvereitelung und Begünstigung, NStZ 1990, 1; *Bittmann*, Die gewerbs- oder bandenmäßige Steuerhinterziehung und die Erfindung des gegenständlichen Nichts als geldwäscherelevante Infektionsquelle, wistra 2003, 161; *Burger*, Die Einführung der gewerbs- und bandenmäßigen Steuerhinterziehung sowie aktuelle Änderungen im Bereich der Geldwäsche, wistra 2002, 1; *Busch/Teichmann*, Das neue Geldwäscherecht, 2003; *Dahs*, Das Verbrechensbekämpfungsgesetz vom 28.10.1994 – ein Produkt des Superwahljahres, NJW 1995, 553; *Dannecker* Die Entwicklung des Strafrechts unter dem Einfluss des Gemeinschaftsrechts, Jura 1998, 79; *ders.*, Strafrecht in der Europäischen Gemeinschaft, JZ 1996, 869; *Danwitz*, Wege zu besserer Gesetzgebung in Europa, JZ 2006, 1; *Forthauser*, Geldwäscherei de lege lata et ferenda, 1992; *Gentzik*, Die Europäisierung des deutschen und englischen Geldwäschestrafrechts, 2002; *Häde*, Initiativen zur Bekämpfung der Geldwäsche, EuZW 1991, 553; *Hetzer*, Europäische Strategien gegen Geldwäsche und Terror, Kriminalistik 2004, 596; *Höche*, Der Entwurf einer dritten EU-Richtlinie zur Verhinderung der Nutzung des Finanzsystems zu Zwecken der Geldwäsche und der Finanzierung des Terrorismus, WM 2005, 8; *ders.*, Neues Instrumentarium zur Geldwäschebekämpfung, Die Bank 1998, 618; *Hund*, Der Entwurf für ein Gesetz zur Verbesserung der Geldwäschebekämpfung, ZRP 1997, 180; *Jescheck/Weigend*, Lehrbuch des Strafrechts, Allgemeiner Teil, 5. Aufl., 1996; *Kreß*, Das neue Recht der Geldwäschebekämpfung, wistra 1998, 121; *Krey/Dierlamm*, Gewinnabschöpfung und Geldwäsche, JR 1992, 353; *Löwe-Krahl*, Die Verantwortung von Bankangestellten bei illegalen Geschäften, 1990; *Meyer/Hetzer*, Neue Gesetze gegen die Organisierte Kriminalität, NJW 1998, 1017; *dies.*, Schulterschluß gegen Organisierte Kriminalität, Kriminalistik 1997, 694; *Oswald*, Die Implementation gesetzlicher Maßnahmen zur Bekämpfung der Geldwäsche in der Bundesrepublik Deutschland, 1997; *Rüping*, Der Steuerberater als „Organ der Steuerrechtspflege" im System staatlicher Kontrollen, in: Festschrift Kohlmann, 2003, S. 499; *Salditt*, Die Schlingen des neuen Steuerstrafrechts, StV 2002, 214; *ders.*, Der Tatbestand der Geldwäsche, StraFo 1992, 121; *Samson*, Geldwäsche nach Steuerhinterziehung?, in: Festschrift Kohlmann, 2003, S. 263; *Satzger*, Internationales und Europäisches Strafrecht, 2005; *Scherp*, Internationale Tendenzen in der Geldwäschebekämpfung, wistra 1998, 81; *Schröder*, Europäische Richtlinien und deutsches Strafrecht, 2002; *Sommer*, Geldwäschemeldungen und Strafprozess, StraFo 2005, 327; *Vogel*, Geldwäsche – ein europaweit harmonisierter Straftatbestand?, ZStW 109 (1997), 335.

Übersicht

I. Regelungsbedarf und Entstehungsgeschichte 1
1. Regelungsbedarf 2
2. Schaffung des § 261 StGB durch das OrgKG 5
3. Änderungen des Tatbestandes 7
II. Die Entwicklung des europäischen und internationalen Rechts 15
1. Überblick über die wichtigsten Vorgaben 16

2. Ausblick 23
a) Kompetenz der Europäischen Gemeinschaft? 24
b) Richtlinienkonforme Auslegung? 29
c) Mögliche Auswirkungen für die nationale Gesetzgebung auf dem Gebiet des Strafrechts 30

I. Regelungsbedarf und Entstehungsgeschichte

1 Dass eine der Sicherung des Erlöses aus schwersten Straftaten dienende Geldwäsche grundsätzlich bekämpft werden muss, ist heute weitgehend unumstritten. Die Pönalisierung entsprechender Handlungen war und ist rechtspolitisch geboten, und die Bundesrepublik hatte sich zu Recht durch die Unterzeichnung mehrerer internationaler Abkommen verpflichtet, die Geldwäsche unter Strafe zu stellen (zu den Abkommen unten Rz. 15 ff). Andere Staaten hatten schon früher vergleichbare Maßnahmen ergriffen. Die übrigen Strafvorschriften des StGB reichten nicht aus, die Geldwäsche strafrechtlich zu erfassen.[1] Seit seiner Einführung im Jahre 1992 wurde der Tatbestand durch 13 Gesetze geändert. Davon war insbesondere der Katalog der Vortaten betroffen.

1. Regelungsbedarf

2 Die **Hehlerei** (§ 259 StGB) erfasst Geldwäsche nicht, weil sie nur an konkreten körperlichen Gegenständen möglich ist, nicht an Bankguthaben und sonstigen Forderungen oder Rechten. Unter den Tatbestand der **Strafvereitelung** (§ 258 StGB) lässt sich Geldwäsche nur dann subsumieren, wenn der Geldwäscher in der Absicht handelt, die Bestrafung des Vortäters oder Maßnahmen des Verfalls zu vereiteln.[2] Geldwäsche richtet sich hingegen nicht darauf, die Bestrafung des Vortäters zu vereiteln. Im Regelfall wird der Geldwäscher bemüht sein, sich selbst Vorteile zu sichern.

3 Die **Begünstigung** (§ 257 StGB) setzt voraus, dass dem Vortäter die unmittelbaren Vorteile seiner Tat gesichert werden, die er zur Zeit der Begünstigungshandlung noch innehaben muss.[3] Diese auf den Vortäter bezogene Vorteilssicherungsabsicht fehlt hier zumeist. Daher kann § 257 StGB insbesondere dann nicht eingreifen, wenn das Geld über mehrere Stationen hinweg gewaschen wird.[4]

---

1) Begründung BRatE OrgKG, BT-Drucks. 12/989, S. 26; *Häde*, EuZW 1991, 553, 554; *Krey/Dierlamm*, JR 1992, 353; vgl. *Löwe-Krahl*, S. 55; einschränkend: *Arzt*, NStZ 1990, 1, 6; *Forthauser*, S. 46–86.
2) *Arzt*, NStZ 1990, 1, 6.
3) Vgl. nur *Tröndle/Fischer*, StGB, § 257 Rz. 6.
4) Begründung BRatE OrgKG, BT-Drucks. 12/989, S. 26; *Häde*, EuZW 1991, 553, 554; einschränkend: *Arzt*, NStZ 1990, 1, 6.

Vorbemerkungen Vor § 261 StGB

Bis zur Einführung des § 261 StGB sind Versuche, Drogengelder mittels des bis dahin vorhandenen Instrumentariums zu beschlagnahmen, gescheitert. Illustrativ ist der Versuch der Hamburger Staatsanwaltschaft, auf 20 Mio. US-$ zuzugreifen, die nachweislich aus Drogengeschäften stammten und auf das Konto einer Hamburger Bank überwiesen wurden. Die Gelder mussten wieder freigegeben werden.[5] 4

2. Schaffung des § 261 StGB durch das OrgKG

Der Tatbestand der Geldwäsche wurde durch Art. 1 Nr. 19 des **Gesetzes zur Bekämpfung des illegalen Rauschgifthandels und anderer Erscheinungsformen der organisierten Kriminalität** (OrgKG)[6] vom 15.7.1992, in Kraft getreten am 22.9.1992, in das Strafgesetzbuch eingefügt. Der heutige § 261 StGB unterscheidet sich vor allem im Umfang der in Frage kommenden Vortaten der Geldwäsche von der ursprünglichen Fassung. Damals nannte das Gesetz Verbrechen, das Vergehen nach § 29 Abs. 1 Nr. 1 BtMG und die von einem Mitglied einer kriminellen Vereinigung begangenen Vergehen als mögliche Vortaten. 5

Die Einführung des Tatbestandes ist vor dem Hintergrund internationaler Bestrebungen zu sehen, die das Ziel einer möglichst breit angelegten und damit grenzübergreifend effektiven Bekämpfung der Geldwäsche verfolgten. Im Zusammenhang mit der Schaffung des § 261 StGB sind folgende internationale Verpflichtungen und Abreden zu nennen: 6

- das Übereinkommen der Vereinten Nationen gegen den unerlaubten Verkehr mit Suchtstoffen und psychotropen Stoffen vom 20.12.1988,[7] das die Strafbarkeit der Geldwäsche aus Drogendelikten verlangt,[8]
- das Übereinkommen des Europarates über Geldwäsche sowie Ermittlung, Beschlagnahme und Einziehung von Erträgen aus Straftaten vom 8. November 1990,[9]
- sowie die (erste) Geldwäscherichtlinie vom 10.6.1991.[10]

---

5) AG Hamburg, Beschl. v. 11.4.1989 – 161 Gs 771/89 (unveröff.), zitiert nach *Körner*, BtMG, 4. Aufl., § 29 Rz. 736; zum ähnlich gelagerten Fall „Jurado" siehe Capital 2/1993, S. 29 f.
6) Gesetz zur Bekämpfung des illegalen Rauschgifthandels und anderer Erscheinungsformen der organisierten Kriminalität (OrgKG) vom 15.7.1992, BGBl I, 1302.
7) Übereinkommen der Vereinten Nationen gegen den unerlaubten Verkehr mit Suchtstoffen und psychotropen Stoffen (Wiener Übereinkommen) vom 20.12.1988, ratifiziert durch Gesetz vom 22.7.1993, BGBl II 1993, 1163.
8) Der Gesetzgeber fasste „im Interesse einer wirksamen Bekämpfung der Organisierten Kriminalität" den Vortatenkatalog weiter, vgl. Begründung BRatE OrgKG, BT-Drucks. 12/989, S. 26.
9) Vgl. Art. 6 des Übereinkommens des Europarates über Geldwäsche sowie Ermittlung, Beschlagnahme und Einziehung von Erträgen aus Straftaten vom 8.11.1990, ratifiziert durch Gesetz vom 8.4.1998, BGBl II, 519, im Internet abrufbar unter: www.coe.int.
10) Zur Umsetzung europäischer Vorgaben im Strafrecht vgl. *Schröder*, S. 190 f; *Dannecker*, JZ 1996, 869, 873; *ders.*, Jura 1998, 79, 81 ff.

3. Änderungen des Tatbestandes

7 Die ersten, allerdings nur geringfügigen Veränderungen erfuhr der Vortatenkatalog des Tatbestandes durch Art. 1 des **Ausführungsgesetzes zum Suchtstoffübereinkommen 1988**[11] vom 2.8.1993 und durch das **Grundstoffüberwachungsgesetz**[12] vom 7.10.1994. Durch § 35 GÜG wurde Absatz 1 Nr. 2 des § 261 StGB insofern geändert, als die Strafvorschrift des § 29 GÜG als Katalogtat aufgenommen wurde. Die Vorschrift trat am 1.3.1995 in Kraft.

8 Eine umfangreiche Erweiterung des Vortatenkatalogs brachte das **Verbrechensbekämpfungsgesetz**[13] vom 28.10.1994, das bereits am 1.12.1994 in Kraft trat. Durch die Änderung wurden die Vergehen Unterschlagung, Betrug, Subventionsbetrug, Untreue, Urkundenfälschung, Bestechlichkeit und Bestechung als taugliche Vortaten qualifiziert, sofern sie banden- *und* gewerbsmäßig begangen wurden. Vor dieser Veränderung konnten solche Vergehen, also Delikte, die im Mindestmaß mit einer geringeren als einer einjährigen Freiheitsstrafe bestraft werden (§ 12 Abs. 2 StGB), nur dann Vortaten der Geldwäsche sein, wenn sie von einem Mitglied einer kriminellen Vereinigung begangen wurden. Der Gesetzgeber stellte fest, dass „diese Beschränkung des Katalogs der Vortaten ... sich in der Praxis als zu eng erwiesen"[14] habe. Den Strafverfolgungsbehörden sollte der oft schwierige Nachweis der Voraussetzungen des § 129 StGB erspart bleiben.[15] Mit der Neufassung des Absatzes 1 wurde außerdem die zuvor umstrittene Frage klargestellt, dass die **Vortat nur tatbestandsmäßig und rechtswidrig** begangen sein muss und nicht etwa schuldhaft.

9 Die bislang umfangreichste Änderung des Tatbestandes ist mit dem **Gesetz zur Verbesserung der Bekämpfung der Organisierten Kriminalität**[16] vom 4.5.1998 eingeführt worden. Insbesondere wurde der Vortatenkatalog abermals erheblich erweitert. In den Katalog wurden einige für die organisierte Kriminalität typische Straftaten aufgenommen. Damit werden z. B. Zigarettenschmuggel, Rotlichtkriminalität, Schutzgelderpressung und illegale Abfallentsorgung erfasst.[17] Aufgrund der Änderungen können nun aber nicht mehr nur schwere Straftaten Gegenstand einer Vortat sein, sondern auch Alltagskriminalität. Die ursprüngliche Zielsetzung der Geld-

---

11) Ausführungsgesetz zum Suchtstoffübereinkommen vom 2.8.1993, BGBl I 1993, 1407.
12) Gesetz zur Überwachung des Verkehrs mit Grundstoffen, die für die unerlaubte Herstellung von Betäubungsmitteln missbraucht werden können (Grundstoffüberwachungsgesetz – GÜG) vom 7.10.1994, BGBl I, 2835, 2843.
13) Verbrechensbekämpfungsgesetz vom 28.10.1994, BGBl I, 3188.
14) Begründung FrakE eines Verbrechensbekämpfungsgesetzes, BT-Drucks. 12/6853, S. 27.
15) Außerdem wurde die Überschrift der Norm um die Bezeichnung „Verschleierung unrechtmäßiger Vermögenswerte" ergänzt. So sollte deutlich werden, dass Gegenstand des Delikts nicht nur Geld, sondern jeder andere Vermögenswert sein kann; vgl. Begründung FrakE eines Verbrechensbekämpfungsgesetzes, BT-Drucks. 12/6853, S. 27; zum Verbrechensbekämpfungsgesetz im Übrigen siehe *Dahs*, NJW 1995, 553, 554–557.
16) Gesetz zur Verbesserung der Bekämpfung der Organisierten Kriminalität vom 4.5.1998, BGBl I, 845, in Kraft getreten am 9.5.1998.
17) Begründung FrakE eines Gesetzes zur Verbesserung der Bekämpfung der Organisierten Kriminalität, BT-Drucks. 13/8651, S. 12.

wäschebekämpfung wurde damit aus dem Auge verloren.[18] So genügt es seitdem, dass die Taten banden- *oder* gewerbsmäßig begangen werden. Damit wird auch Kleinkriminalität wie Ladendiebstahl zur tauglichen Vortat, wenn der Täter sich durch wiederholte Begehung eine Einnahmequelle von einigem Umfang und einiger Dauer erschließen möchte und damit gewerbsmäßig handelt. Ziel der Änderung in diesem Punkt war allerdings auch die Erleichterung des Tatnachweises.[19] Für die Delikte der Bestechung und Bestechlichkeit wurde das Erfordernis der gewerbs- oder/und bandenmäßigen Begehung gänzlich gestrichen. Zudem ist das Merkmal „Vortat eines anderen" entfallen.[20] Schließlich wurde Absatz 8 dahin gehend geändert, dass nunmehr bei Auslandstaten nur noch Vortaten nach Absatz 1 taugliche Vortat sein können und nicht mehr jedwede im Ausland begangene Straftat.[21] Darüber hinaus wurde der Strafrahmen erhöht. Die weniger einschneidende Geldstrafe ist nunmehr für die vorsätzlich begangene Geldwäsche nicht mehr vorgesehen,[22] es kommt nur noch Freiheitsstrafe bis zu fünf Jahren in Betracht. Außerdem beträgt die Mindestfreiheitsstrafe seither drei Monate.[23]

Eine nur kurzzeitig geltende Änderung des § 261 StGB führte das **Steuerverkürzungsbekämpfungsgesetz**[24] vom 19.12.2001 ein. Das Gesetz schuf einen neuen Tatbestand in der Abgabenordnung, nämlich § 370a AO. Danach sollte mit mindestens einem Jahr Freiheitsstrafe bestraft werden, wer gewerbsmäßig oder als Mitglied einer Bande, die sich zur fortgesetzten Begehung solcher Taten verbunden hat, Steuern verkürzt oder für sich oder einen anderen nicht gerechtfertigte Steuervorteile erlangt. Das Delikt war folglich als Verbrechen (Mindeststrafe ein Jahr Freiheitsstrafe) ausgestaltet. Damit war es taugliche Vortat einer Geldwäsche (§ 261 Abs. 1 Satz 2 Nr. 1 StGB). Zugleich wurde Satz 3 des § 261 StGB neu gefasst. Die Änderungen wurden in der Literatur[25] zum Teil scharf kritisiert und nach nur sieben Monaten ihrerseits novelliert. Das **Fünfte Gesetz zur Änderung des Steuerbe-** 10

---

18) Siehe allgemein zur Ausdehnung des Vortatenkatalogs: *Kreß*, wistra 1998, 121, 123; kritisch auch *Höche*, Die Bank 1998, 618, 619; *Oswald*, S. 290 ff; Antrag des Abgeordneten Manfred Such und des Bündnis90/Die Grünen vom 25.9.1997 zu Maßnahmen zur verbesserten Bekämpfung der Geldwäsche sowie zur Einziehung kriminell erlangter Profite, BT-Drucks. 13/8590, S. 8; zum internationalen Vergleich *Scherp*, wistra 1998, 81.
19) Begründung FrakE eines Gesetzes zur Verbesserung der Bekämpfung der Organisierten Kriminalität, BT-Drucks. 13/8651, S. 12.
20) Vgl. *Schröder/Textor*, § 261 StGB Rz. 5 ff.
21) Vgl. *Schröder/Textor*, § 261 StGB Rz. 4.
22) Da kurze Freiheitsstrafen nur in Ausnahmefällen verhängt werden dürfen, kommen über § 47 Abs. 2 StGB dennoch Geldstrafen in Betracht.
23) Im Einzelnen und zu weiteren Änderungen siehe Begründung FrakE eines Gesetzes zur Verbesserung der Bekämpfung der Organisierten Kriminalität, BT-Drucks. 13/8651, insbesondere S. 10 ff; *Kreß*, wistra 1998, 121; *Hund*, ZRP 1997, 180; *Meyer/Hetzer*, Kriminalistik 1997, 694; *dies.*, NJW 1998, 1017.
24) Gesetz zur Bekämpfung von Steuerverkürzungen bei der Umsatzsteuer und zur Änderung anderer Steuergesetze (Steuerverkürzungsbekämpfungsgesetz – StVBG) vom 19.12.2001, BGBl I, 3922, in Kraft getreten am 28.12.2001.
25) Vgl. nur *Burger*, wistra 2002, 1; *Salditt*, StV 2002, 214, sowie die Nachweise bei *Tröndle/Fischer*, StGB, § 261 Rz. 16a ff.

StGB Vor § 261 Vorbemerkungen

amten-Ausbildungsgesetzes und zur Änderung von Steuergesetzen[26)] vom 23.7.2002 ergänzte den gerade neu geschaffenen § 370a AO um das Erfordernis der Steuerhinterziehung „in großem Ausmaß". Daneben sieht das Gesetz nunmehr einen geringeren Strafrahmen für minder schwere Fälle vor. § 261 Abs. 1 Satz 3 StGB erhielt seine heutige Fassung. Damit hat der Gesetzgeber auf die Kritik der Unverhältnismäßigkeit der Normen jedenfalls reagiert, aber zugleich zusätzliche Probleme geschaffen.[27)]

11 Durch Art. 1 Nr. 7 des **34. Strafrechtsänderungsgesetzes**[28)] vom 22.8.2002 wurde § 261 Abs. 1 Satz 2 Nr. 5 um Vergehen krimineller und terroristischer Vereinigungen im Ausland ergänzt. So fand der mit diesem Gesetz neu geschaffene § 129b Berücksichtigung im Tatbestand der Geldwäsche.

12 Das **35. Strafrechtsänderungsgesetz**[29)] vom 22.12.2003 ergänzte den Vortatenkatalog in § 261 Abs. 1 Satz 2 Nr. 4 Buchst. a um die Verweisung auf § 152a (Fälschung von Zahlungskarten, Schecks und Wechseln). Das **Gesetz** vom gleichen Tag **zur Umsetzung des Rahmenbeschlusses des Rates vom 13. Juni 2002 zur Terrorismusbekämpfung und zur Änderung anderer Gesetze**[30)] führte zu einer bloß redaktionellen Änderung des § 261 StGB durch die Änderung der Bezugsnorm des § 129a StGB.

13 Das **Bundesverfassungsgericht**[31)] hat sich im Jahr 2004 mit der Frage beschäftigt, ob sich Strafverteidiger durch die Annahme bemakelten Honorars wegen Geldwäsche strafbar machen können.[32)] Die folgende Entscheidungsformel hat gemäß § 31 Abs. 2 BVerfGG Gesetzeskraft erlangt: „§ 261 Absatz 2 Nummer 1 des Strafgesetzbuches ist mit dem Grundgesetz vereinbar, soweit Strafverteidiger nur dann mit Strafe bedroht werden, wenn sie im Zeitpunkt der Annahme des Honorars sichere Kenntnis von dessen Herkunft hatten."[33)] Das Bundesverfassungsgericht schloss

---

26) Fünftes Gesetz zur Änderung des Steuerbeamten-Ausbildungsgesetzes und zur Änderung von Steuergesetzen vom 23.7.2002, BGBl I, 2715, 2722, in Kraft getreten am 27.7.2002.
27) Vgl. etwa *Bittmann*, wistra 2003, 161; *Rüping*, in: Festschrift Kohlmann, S. 499, 505 ff; mit gutem Überblick zu den Änderungen *Samson*, in: Festschrift Kohlmann, S. 263, der den „begründete(n) Verdacht der Verfassungswidrigkeit" gegen § 261 Abs. 1 Satz 3 StGB hegt (S. 278); dem 5. Strafsenat des BGH erscheint § 370a AO im Hinblick auf das Bestimmtheitsgebot als verfassungsrechtlich bedenklich, vgl. BGH NJW 2004, 2990 = wistra 2004, 393, dazu EWiR 2005, 371 *(Ahlbrecht)*; im Anschluss daran BGH NJW 2005, 374 = wistra 2005, 30: „ …begegnet erheblichen verfassungsrechtlichen Bedenken … "; BGH wistra 2005, 145; „ … fortbestehende Bedenken gegen die Verfassungsmäßigkeit … "; vgl. hierzu *Schröder/Textor*, § 261 StGB Rz. 22 ff.
28) 34. Strafrechtsänderungsgesetz (34. StrÄndG) vom 22.8.2002, BGBl I, 3390, in Kraft getreten am 30.8.2002.
29) 35. Strafrechtsänderungsgesetz zur Umsetzung des Rahmenbeschlusses des Rates der Europäischen Union vom 28. Mai 2001 zur Bekämpfung von Betrug und Fälschung im Zusammenhang mit unbaren Zahlungsmitteln (35. StrÄndG) vom 22.12.2003, BGBl I, 2838 (Art. 1 Nr. 9), in Kraft getreten am 28.12.2003.
30) Gesetz zur Umsetzung des Rahmenbeschlusses des Rates vom 13. 6.2002 zur Terrorismusbekämpfung und zur Änderung anderer Gesetze vom 22.12.2003, BGBl I, 2836 (Art. 1 Nr. 2), in Kraft getreten am 28.12.2003.
31) BVerfGE 110, 226 = NJW 2004, 259 = wistra 2004, 217.
32) Vgl. hierzu *Schröder/Textor*, § 261 StGB Rz. 55 f.
33) Entscheidung des Bundesverfassungsgericht, BGBl I 2004, 715.

damit die Strafbarkeit sowohl für leichtfertiges Verkennen der Herkunft des Geldes als auch für den Fall aus, in dem der Strafverteidiger im Zeitpunkt der Honorarannahme mit bedingtem Vorsatz handelt.

Nur redaktionelle Änderungen führten die dann folgenden und vorerst letzten für das Delikt der Geldwäsche relevanten Gesetze ein.[34] 14

II. Die Entwicklung des europäischen und internationalen Rechts

Auch die deutsche *Straf*gesetzgebung zur Geldwäsche ist mannigfaltig beeinflusst von zahlreichen Rechtsakten auf europäischer und internationaler Ebene.[35] Hier soll zum besseren Gesamtverständnis ein kurzer Überblick über die wichtigsten supranationalen Vorgaben zur Bekämpfung der Geldwäsche mit Mitteln des Strafrechts in chronologischer Reihenfolge gegeben werden.[36] 15

1. Überblick über die wichtigsten Vorgaben

Das **Wiener Übereinkommen** vom 20.12.1988 (oben Rz. 6), das durch die Bundesrepublik erst am 22.7.1993 ratifiziert wurde,[37] verpflichtete die Mitgliedstaaten in Art. 3 Abs. 1, die vorsätzliche Geldwäsche bezüglich der Vermögensgegenstände aus Drogendelikten unter Strafe zu stellen. Der deutsche Gesetzgeber ging mit § 261 StGB über diese Vorgaben hinaus. Gemäß § 261 Abs. 5 StGB ist die Geldwäsche nicht nur vorsätzlich begangen strafbar, sondern auch dann, wenn der Täter leichtfertig nicht erkennt, dass ein Vermögensgegenstand aus einer der in Absatz 1 genannten Vortaten herrührt. Daneben sah auch schon die erste Fassung des § 261 StGB einen sehr viel umfangreicheren Vortatenkatalog vor, als die internationale Vorgabe es verlangte. 16

Nach Art. 6 des **Übereinkommens des Europarates** über Geldwäsche sowie Ermittlung, Beschlagnahme und Einziehung von Erträgen aus Straftaten vom 8.11.1990 (oben Rz. 6; zum aktuellen Übereinkommen des Europarates unten Rz. 21) sollen die Mitgliedstaaten ebenfalls Geldwäsche unter Strafe stellen. Die Beschränkung auf Drogendelikte als Vortaten, wie sie das Wiener Übereinkommen vorsieht, ist hier 17

---

34) Im Einzelnen: Durch Art. 6 Nr. 2 des Gesetzes zur Umsetzung der Reform der gemeinsamen Argrarpolitik (AgrRefUmsG) wurde in § 261 Abs. 1 Satz 2 Nr. 3 StGB hinter „Gemeinsame Marktorganisationen" die Worte „und der Direktzahlungen" eingefügt. Aufgrund der Änderung der Bezugsnorm durch das Gesetz zur Steuerung und Begrenzung der Zuwanderung und zur Regelung des Aufenthalts und der Integration von Unionsbürgern und Ausländern (Zuwanderungsgesetz) vom 30.7.2004 wurde der Verweis in § 261 Abs. 2 Nr. 4 Buchst. b auf das Ausländergesetz ersetzt durch den Verweis auf § 96 Aufenthaltsgesetz. Durch die Änderung der Tatbestände des Menschenhandels im Strafgesetzbuch mit dem 37. Strafrechtsänderungsgesetz (37. StRÄndG) vom 11.2.2005 mussten auch die Verweise im Vortatenkatalog in § 261 Abs. 1 Satz 2 Nr. 4 Buchst. a StGB angepasst werden.

35) Vgl. zur Entwicklung des Geldwäschegesetzes vor diesem Hintergrund *Fülbier*, Einleitung Rz. 21 ff.

36) Ausführlicher speziell zum Strafrecht *Kaufmann*, S. 53 ff; vgl. auch den Überblick bei *Busch/Teichmann*, Rz. 13; siehe auch zur Rechtslage in anderen europäischen Staaten *Ambos*, ZStW 114 (2002), 236, 249 ff.

37) Durch Gesetz vom 22.7.1993, BGBl II, 1163.

aufgegeben. Den Vertragsparteien wird nahe gelegt, die Geldwäsche auch dann als Straftat zu definieren, wenn der Täter „annehmen musste, dass es sich bei dem Vermögenswert um einen Ertrag handelt" (Art. 6).[38]

18 Die so genannte **Erste Geldwäscherichtlinie** vom 10.6.1991 zur Verhinderung der Nutzung des Finanzsystems zum Zwecke der Geldwäsche[39] „verpflichtet" die Mitgliedstaaten, die vorsätzlich begangene Geldwäsche im Sinne der in Art. 1 genannten Definition strafrechtlich „zu untersagen" (vgl. Art. 2 i. V. m. den zu Beginn genannten Erwägungsgründen. Bezüglich der Vortaten verhält sich die Richtlinie zurückhaltend und legt die Entscheidung in die Hände der einzelnen Mitgliedstaaten. Zu ihnen sollen gemäß Art. 1 der Richtlinie die Drogendelikte nach dem Wiener Übereinkommen „sowie alle anderen kriminellen Tätigkeiten, die für die Zwecke der Richtlinie von den einzelnen Mitgliedstaaten als solche definiert werden" gehören.[40]

19 Diese Freiräume wurden dann zu der als notwendig angesehenen Harmonisierung der einzelnen nationalen Rechtsvorschriften zunächst durch die Gemeinsame Maßnahme vom 3.12.1998 und weiterführend durch den **Rahmenbeschluss des Rates vom 26.6.2001 über Geldwäsche sowie Ermittlung, Einfrieren, Beschlagnahme und Einziehung von Tatwerkzeugen und Erträgen aus Straftaten**[41] eingeschränkt. Danach sollen als Vortaten jedenfalls solche Straftaten erfasst sein, „die mit einer Freiheitsstrafe [...] im Höchstmaß von mehr als einem Jahr, oder – in Staaten, deren Rechtssystem ein Mindeststrafmaß für Straftaten vorsieht – die mit einer Freiheitsstrafe [...] von mindestens mehr als sechs Monaten belegt werden können" (Art. 1 Buchst. b). Diese Maßnahmen sollten bis Ende 2002 umgesetzt werden.

20 Noch vor Ablauf dieser Umsetzungsfrist wurde am 4.12.2001 die so genannte **Zweite Geldwäscherichtlinie** erlassen. Die Definition der Geldwäsche mit Bezug zu Drogendelikten wurde hier aufgegeben. Es wurden weitere Vortaten aufgenommen. Ein nennenswerter Umsetzungsbedarf für die Bundesrepublik im Bereich des Strafrechts ergab sich hieraus nicht, da § 261 StGB bereits den neuen europarechtlichen Vorschlägen entsprach.[42]

21 Auf völkerrechtlicher Ebene ist das Übereinkommen der Vereinten Nationen gegen die grenzüberschreitende organisierte Kriminalität vom 15.11.2000 (so genannte

---

38) Ob damit leichtfertiges Handeln gemeint war, kann bezweifelt werden, siehe *Kaufmann* S. 58; jedenfalls war die Vorgabe nicht zwingend. Vgl. auch *Schröder/Textor*, § 261 StGB Rz. 81 ff.

39) Der insbesondere von der EG-Kommission unternommene Versuch, der EG mittels dieser Richtlinie gegenüber den Mitgliedstaaten auf strafrechtlichem Gebiet eine imperative Anweisungskompetenz anzumaßen, musste als gescheitert gelten, dazu *Schröder*, S. 190 ff vgl. nunmehr aber unten Rz. 24 ff.

40) Vgl. zu den Empfehlungen der bei der OECD angesiedelten Financial Action Task Force on Money Laundering (FATF) vom 7.2.1990 *Fülbier*, Einleitung Rz. 26 ff.

41) Rahmenbeschluss des Rates über Geldwäsche sowie Ermittlung, Einfrieren, Beschlagnahme und Einziehung von Tatwerkzeugen und Erträgen aus Straftaten vom 26.6.2001 ABl L 182/1.

42) Vgl. *Burger*, wistra 2002, 1, 7. Zu weiteren Maßnahmen der EU-Organe vgl. etwa *Tröndle/Fischer*, StGB, § 261 Rz. 1b.

Palermo-Konvention) zu nennen.[43] Darüber hinaus wurde die Konvention des Europarates aus dem Jahr 1990 im Mai 2005 aktualisiert (**Konvention des Europarates über Geldwäsche, Terrorismusfinanzierung sowie Ermittlung, Beschlagnahme und Einziehung von Erträgen aus Straftaten**).[44] Sie ist noch nicht in Kraft getreten.

Ebenfalls in aktualisierter Form liegen seit 2003 die **40 Empfehlungen der Financial Action Task Force** (FATF) vor.[45]

22

2. Ausblick

Am 6.6.2005 wurde die Richtlinie des Europäischen Parlaments und des Rates zur Verhinderung der Nutzung des Finanzsystems zum Zwecke der Geldwäsche einschließlich der Finanzierung des Terrorismus (so genannte **Dritte Geldwäscherichtlinie**) erlassen. Die Mitgliedstaaten sollen den Vorgaben der Richtlinie bis zum 15.12.2007 nachkommen. Soweit der Gesetzgeber die Richtlinie umsetzt, sind aus strafrechtlicher Sicht nur wenige Änderungen zu erwarten (unten Rz. 30 ff).

23

a) Kompetenz der Europäischen Gemeinschaft?

Aus strafrechtlicher Sicht stoßen die teilweise detaillierten Vorgaben der Dritten Geldwäscherichtlinie unter kompetenzrechtlichen Gesichtspunkten auf erhebliche Bedenken. Nach herrschender und zutreffender Meinung hat die Europäische Gemeinschaft **keine Kompetenz zur Setzung von Vorschriften auf dem Gebiet des Kriminalstrafrechts**.[46] Bei einer Richtlinie besteht freilich die Besonderheit, dass diese nur die Mitgliedstaaten verpflichtet und selbst kein unmittelbar anwendbares Strafrecht darstellt. Die auf einer Richtlinie fußende Strafnorm begegnet dem Bürger regelmäßig als nationales Recht. Allerdings strahlt die grundsätzliche Kompetenzverteilung auch auf die Frage aus, inwieweit eine Richtlinie detaillierte Vorgaben auf dem Gebiet des Strafrechts treffen darf. Dabei ist eine imperative Anweisungskompetenz der Gemeinschaft abzulehnen, weil im Lichte einer solchen Kompetenz die notwendige kriminalpolitische Willensbildung bei der Schaffung einer Strafnorm durch das zuständige nationale Parlament nicht mehr stattfindet. Das Für und Wider einer strafrechtlichen Regelung kann angesichts der Ultima-Ratio-Funktion des Strafrechts von einem Parlament schwerlich diskutiert werden, wenn das Resultat von vornherein feststeht.[47] Der ganze Gesetzgebungsakt käme einem blin-

24

---

[43] Übereinkommen der Vereinten Nationen gegen die grenzüberschreitende organisierte Kriminalität vom 15.11.2000 (Resolution 55/25 – Palermo-Konvention), in deutscher Übersetzung im Internet unter: www.un.org/Depts/german/gv-55/band1/a5549_anh2.pdf.

[44] Council of Europe Convention on Laundering, Search, Seizure and Confiscation of the Proceeds from Crime and on the Financing of Terrorism, im Internet abrufbar unter: http://conventions.coe.int.

[45] Siehe hierzu *Fülbier*, Einleitung Rz. 26.

[46] BGHSt 25, 190, 193 f; BGHSt 27, 181, 182; BGHSt 41, 127, 131 f; *Jescheck/Weigend*, § 18 VII; *Satzger*, S. 92 ff, 143 f; ausführlich *Schröder*, S. 103 ff m. w. N.

[47] Zu diesen Problemen ausführlich *Schröder*, S. 184 ff.

den Umsetzungsautomatismus ohne eine kriminalpolitische Willensbildung des an sich zuständigen Gesetzgebers gleich.

25 Indes weist eine jüngere Entscheidung des Europäischen Gerichtshofs in diese Richtung.[48] Das Gericht erklärte einen Rahmenbeschluss für nichtig, der Teilbereiche des Umweltstrafrechts harmonisieren sollte. Nach dieser Entscheidung fällt das Strafrecht zwar nicht grundsätzlich in die Kompetenz der Gemeinschaft, aber dies könne den Gemeinschaftsgesetzgeber nicht daran hindern, „Maßnahmen in Bezug auf das Strafrecht der Mitgliedstaaten zu ergreifen, die seiner Meinung nach erforderlich sind, um die volle Wirksamkeit der von ihm zum Schutz der Umwelt erlassenen Rechtsnormen zu gewährleisten, wenn die Anwendung wirksamer, verhältnismäßiger und abschreckender Sanktionen durch die zuständigen nationalen Behörden eine zur Bekämpfung schwerer Beeinträchtigungen der Umwelt unerlässliche Maßnahme darstellt".[49] Damit scheint der Europäische Gerichtshof die Möglichkeit zu sehen, dass über EG-Richtlinien detaillierte Vorgaben auch auf strafrechtlichem Gebiet denkbar sind, wenn nur der eigentliche Regelungsgegenstand der Richtlinie (Umweltrecht etc.) in die Kompetenz der Gemeinschaft fällt.

26 Bisher wurde nur auf der Grundlage eines so genannten **Rahmenbeschluss**es nach Art. 31, 34 Abs. 2 Buchst. b EUV die Möglichkeit gesehen, Strafrahmen und Tatbestandsmerkmale recht präzise anzugleichen. Indes handelt es sich bei der Dritten Geldwäscherichtlinie um ein Regelwerk, das sich auf Art. 47 Abs. 2 Satz 1 und Satz 3, Art. 95 EGV stützt. Die **Dritte Geldwäscherichtlinie** enthält einige Passagen, in denen **äußerst präzise Vorgaben** gemacht werden. Als Beispiel sei die Definition der „schweren Straftaten" in Art. 3 Satz 1 Nr. 5 Buchst. f genannt. Diese Definition ist bedeutend, weil die dort genannten schweren Straftaten grundsätzlich als Vortaten des § 261 StGB in das Gesetz aufzunehmen sind. Bei richtiger Deutung der Vorschrift sind dies alle Taten, die im Mindestmaß mit einer Freiheitsstrafe von mehr als sechs Monaten bedroht sind (unten Rz. 30 ff). Diese Vorgabe ist sehr detailliert, liegt aber im Sinne der neueren EuGH-Rechtsprechung noch im Rahmen der EG-Kompetenzen. Das ist freilich zu kritisieren, denn es ist zur Verwirklichung der Richtlinienziele keineswegs erforderlich, alle Delikte mit einem Strafrahmen von mindestens sechs Monaten Freiheitsstrafe als Vortaten der Geldwäsche einzustufen. Die darin ruhende Kompetenzanmaßung der Europäischen Gemeinschaft erscheint auf den ersten Blick im Ergebnis nicht weiter beunruhigend, weil es in Art. 1 Buchst. b des Rahmenbeschlusses des Rates vom 26.6.2001 eine entsprechende Formulierung gibt. Allerdings ist die Geldwäsche seit jeher dasjenige Gebiet, auf dem die EG-Organe unter Federführung der Kommission versuchen, explizite Vorgaben für das Strafrecht zu treffen.[50] Bei der Dritten Geldwäscherichtlinie ist das nun offenbar gelungen, und in Verbindung mit der jüngeren EuGH-Rechtsprechung wird hier das Tor zu einer Art strafrechtlichen Annexkompetenz geöffnet.

27 Freilich gibt es ein unabweisbares gemeinschaftliches Interesse, auch auf dem Gebiet des Strafrechts rechtsangleichend tätig zu werden. Unter dem Gesichtspunkt

---

48) EuGH, Urt. v. 13.9.2005 – Rs C-176/03, EuZW 2005, 632.
49) EuGH, Urt. v. 13.9.2005 – Rs C-176/03, EuZW 2005, 632.
50) Siehe das Beispiel bei *Schröder*, S. 190 f.

der in Art. 10 EGV verankerten Gemeinschaftstreue ist der nationale Gesetzgeber bei der Umsetzung von Richtlinien daher auch zur Prüfung aufgerufen, ob und inwieweit das Strafrecht zur Durchsetzung der Richtlinienziele in Betracht kommt. Die grundsätzliche Freiheit der Wahl der Rechtsfolgen kann dabei im Lichte des Regelungsziels einer Richtlinie so reduziert werden, dass im Ergebnis auch Freiheitsstrafen vorzusehen sind. Beispielhaft kann hier die Geldwäsche genannt werden. Wenn es z. B. das erklärte Ziel der Harmonisierung ist, das Waschen der Erlöse aus Drogengeschäften zu unterbinden, dann liegt es auf der Hand, dass die Androhung von Geldbuße oder Geldstrafe nicht genügt, um gegen tatbestandsmäßige Handlungen strafrechtlichen Schutz zu gewähren.[51]

In der Rechtspraxis gibt es indes keine effektiven Möglichkeiten, den Mangel an kriminalpolitischer Willensbildung zu rügen. Zum einen erfüllt § 261 StGB im Wesentlichen schon heute die Richtlinienvorgaben. Zum anderen ist zu bedenken, dass dann, wenn der deutsche Gesetzgeber detaillierte Vorgaben umsetzt, das für die Gesetzgebung zuständige nationale Organ gehandelt hat. Die Grundlage einer Bestrafung bildet ein formell ordnungsgemäß zustande gekommenes Strafgesetz. Die Frage, ob das Parlament in dem zugrunde liegenden Gesetzgebungsverfahren die Erforderlichkeit einer strafrechtlichen Regelung hinreichend reflektiert hat, ist praktisch nicht justitiabel. Insgesamt handelt es sich aber um einen unbefriedigenden Rechtszustand. Der beschriebene Mechanismus ist geeignet, die gebotene kriminalpolitische Willensbildung zu ersticken. Es ist nämlich durchaus fraglich, ob eine stete Ausweitung des Vortatenkatalogs notwendig ist oder ob man sich nicht endlich auf das Wesen der Geldwäsche als Anschlusstat zu wirklich schweren Straftaten konzentrieren sollte. Eine solche Diskussion findet allenfalls noch in der Literatur statt, weil sich der Gesetzgeber durch detaillierte EG–Richtlinien gebunden fühlt.[52]

b) Richtlinienkonforme Auslegung?

Der Grundsatz richtlinienkonformer Auslegung nationalen Rechts gilt nicht nur für das unmittelbare Umsetzungsrecht, sondern für das gesamte nationale Recht und nimmt das Strafrecht nicht aus.[53] Allerdings setzt diese Auslegungsregel immer die Auslegungsfähigkeit des nationalen Rechts voraus. In diesem Sinne birgt der Grundsatz der **richtlinienkonformen Auslegung** eine Vorzugsregel, nach der bei mehreren möglichen Auslegungsvarianten die richtlinienkonforme Interpretation zu wählen ist.[54] Dabei gelten im Strafrecht die von Art. 103 Abs. 2 GG vorgegebenen Auslegungsgrenzen, also insbesondere die Wortlautgrenze und das Analogieverbot, auch im Fall der richtlinienkonformen Auslegung.[55] Dem Ergebnis dieser Auslegungsmethode wird insbesondere nicht der Anwendungsvorrang des Gemein-

---

1) *Schröder*, S. 195; ähnlich *Vogel*, ZStW 109 (1997), 335, 342, mit zutreffendem Hinweis in Fußn. 32 auf das Mais-Urteil des EuGH, EuGH, Urt. v. 21.9.1989 – Rs 68/88, Slg 1989, 2965.
2) Vgl. zum ähnlich gelagerten Problem beim Rahmenbeschluss die Entscheidung zum Europäischen Haftbefehlsgesetz: BVerfG NJW 2005, 2289; zur „Vortäuschung" bestimmter Umsetzungsverpflichtungen seitens der Regierung vgl. *Danwitz*, JZ 2006, 1, 8.
3) *Schröder*, S. 339 ff.
4) *Schröder*, S. 353.
5) *Schröder*, S. 355 ff.

schaftsrechts zuteil, weil der Anwendungsvorrang immer die unmittelbare Anwendbarkeit einer Norm des nationalen und des EG-Rechts auf einen konkreten Sachverhalt voraussetzt und erst dann greift, wenn sich die Rechtsfolgen des EG-Rechts und des nationalen Rechts widersprechen.[56] Nur für diesen Fall der Normenkollision im Einzelfall steht der Begriff des Anwendungsvorrangs, der den Normenkonflikt zugunsten des EG-Rechts auflöst. Richtlinien sind aber regelmäßig gerade nicht unmittelbar anwendbar,[57] weshalb es an einer entscheidenden Voraussetzung für die Anwendung dieser Rechtsregel fehlt.

c) **Möglche Auswirkungen für die nationale Gesetzgebung auf dem Gebiet des Strafrechts**

30 Fraglich ist, welche Vorgaben die Dritte Geldwäscherichtlinie bezüglich der **Vortaten** einer Geldwäschehandlung macht. Die Ausführungen sind hier jedenfalls missverständlich. In Art. 1 Nr. 2 wird zunächst die Geldwäsche definiert. Sie soll sich auf Gegenstände beziehen, die aus einer „kriminellen Tätigkeit" stammen. Der Begriff „kriminelle Tätigkeit" wiederum ist in Art. 3 Nr. 4 der Richtlinie legal definiert. Danach soll unter krimineller Tätigkeit im Sinne dieser Richtlinie „jede Form der kriminellen Beteiligung an der Begehung einer schweren Straftat" zu verstehen sein. Unter „schwerer Straftat" wiederum sind nach Art. 3 Nr. 5 Buchst. f „alle Straftaten, die mit einer Freiheitsstrafe oder einer die Freiheit beschränkenden Maßregel der Besserung und Sicherung im Höchstmaß von mehr als einem Jahr oder – in Staaten, deren Rechtssystem ein Mindeststrafmaß für Straftaten vorsieht – die mit einer Freiheitsstrafe oder einer die Freiheit beschränkenden Maßregel der Sicherung und Besserung von mindestens mehr als sechs Monaten belegt werden können" gemeint. Folglich sollen zukünftig nach der Vorstellung des Europäischen Rates und des Europäischen Parlaments taugliche Vortaten einer Geldwäsche alle schweren Straftaten in diesem Sinne sein.

31 In ersten Stellungnahmen zur Dritten Geldwäscherichtlinie wird für die Bundesrepublik die erste Alternative dieser Definition für maßgeblich gehalten. So geht der Deutsche Anwaltverein in einer Stellungnahme von Januar 2005[58] ohne weitere Begründung davon aus, dass die Bundesrepublik künftig alle Taten, die mit einer Freiheitsstrafe im Höchstmaß von mehr als einem Jahr belegt werden können, als taugliche Vortaten der Geldwäsche definieren müsste. Wie in der Stellungnahme zu Recht geschlossen wird, wäre dann „nahezu jede Straftat", „jeder Kaugummidiebstahl und andere Bagatellen"[59] betroffen. Ebenso sieht dies *Sommer*.[60]

32 Dem kann nicht gefolgt werden. Denn das **deutsche Rechtssystem sieht ein Mindeststrafmaß für Straftaten vor**. Folglich gilt hier die zweite Alternative der Definition der „schweren Straftat". § 38 Abs. 2 StGB bestimmt, dass das Mindestmaß

---

56) *Schröder*, S. 89 ff.
57) Zum Ausnahmefall der unmittelbaren Wirkung von Richtlinien *Schröder*, S. 5 ff, 209 ff 249 ff.
58) Deutscher Anwaltverein, Stellungnahme Nr. 3/2005, S. 4 f.
59) Deutscher Anwaltverein, Stellungnahme Nr. 3/2005, S. 5.
60) *Sommer*, StraFo 2005, 327, 328, mit Bezugnahme auf die genannte Stellungnahme.

der zeitigen Freiheitsstrafe ein Monat beträgt.[61)] Der Richter kann also gerade nicht die untere Grenze einer Strafe selbst bestimmen. § 38 Abs. 2 StGB gilt als Norm des Allgemeinen Teils des Strafgesetzbuches, in dem Regelungen quasi vor die Klammer gezogen sind, für alle Delikte des Besonderen Teils. Sie sind gleichsam in diese „hineinzulesen". Über Art. 1 EGStGB gelten die Normen des Allgemeinen Teils auch für alle im Nebenstrafrecht geregelten Delikte, also etwa die Steuerhinterziehung gemäß § 370 AO. Solange der Strafrahmen des Delikts keine speziellere Regelung, also ein höheres Mindeststrafmaß, bestimmt, gilt folglich für alle Straftaten, die Freiheitsstrafe androhen, das Mindeststrafmaß von einem Monat.

Jedes andere Verständnis würde einen Vortatenkatalog faktisch überflüssig machen, von dessen Existenz die Richtlinie – wie die der genannten Definition vorgelagerte Aufzählung bestimmter anderer Delikte zeigt – aber gerade ausgeht. Denn in diesen Katalog müssten in Deutschland nur vereinzelte Bagatelldelikte *nicht* aufgenommen werden (etwa Fahren ohne Fahrerlaubnis, Hausfriedensbruch, das Erschleichen von Leistungen oder die unterlassene Hilfeleistung).

Für das hier gefundene Ergebnis spricht auch der Wortlaut der Richtlinie selbst. Die Definition soll doch gerade „schwere Straftaten" beschreiben. Die Subsumtion eines einfachen Diebstahls oder Betruges, noch dazu ausgeführt im Bagatellbereich, unter diesen Begriff ist schlicht nicht möglich.

Im Ergebnis ergibt sich hieraus folglich für die Bundesrepublik ein recht **geringer Umsetzungsbedarf**.[62)] Wollte man hier die Vorgaben beachten (zur beschränkten Gemeinschaftskompetenz oben Rz. 24 ff), müsste etwa der Diebstahl mit Waffen gemäß § 244 StGB in den Vortatenkatalog aufgenommen werden. Auf eine genaue Prüfung einzelner Strafrahmen soll hier verzichtet werden. Angemerkt sei aber, dass bloße Strafzumessungsregeln nicht zu den „schweren Straftaten" im Sinne der Richtlinie gehören. Sie stellen gerade keine eigenen Tatbestände dar, sondern ermöglichen dem Gericht, zwingen es aber nicht, im Einzelfall und bei Vorliegen bestimmter, im Gesetz beispielhaft genannter Umstände der Tat den Strafrahmen des Delikts zu erhöhen. Relevant wäre dies z. B. für schwere Fälle des Betrugs gemäß § 263 Abs. 1, 3 Nr. 2 StGB.

Weiterer Umsetzungsbedarf dürfte sich bei § 261 StGB nicht ergeben. Insbesondere verlangt Art. 39 der Richtlinie nicht nach *straf*rechtlichen Sanktionen gegen juristische Personen,[63)] die nach derzeitiger Rechtslage in der Bundesrepublik nicht möglich sind.[64)] Die Wortwahl „Sanktion" und „verantwortlich gemacht werden können" macht vielmehr deutlich, dass auch die Sanktionen des Ordnungswidrigkeitenrechts ausreichen (vgl. §§ 30, 130 OWiG).

---

61) Das Mindestmaß der Geldstrafe beträgt gemäß § 40 Abs. 1 Satz 2 StGB fünf Tagessätze.
62) Unentschieden *Höche*, WM 2005, 8, 10: „ ... wenngleich noch offen ist, ob hierdurch Änderungen des Vortatenkatalogs der deutschen Geldwäsche-Strafnorm § 261 StGB erforderlich werden."
63) Anders offenbar *Hetzer*, Kriminalistik 2004, 596, 599, 602.
64) Anders zum Teil in den übrigen Mitgliedstaaten, vgl. zur Rechtslage in Großbritannien: *Gentzik*, S. 100.

37 Der ursprüngliche Entwurf der Richtlinie sah vor, dass unter den Begriff der Geldwäsche auch die „Bereitstellung oder Sammlung rechtmäßig erworbener Vermögensgegenstände in der Absicht, diese ganz oder teilweise für terroristische Zwecke zu verwenden, oder in Kenntnis der Tatsache, dass diese ganz oder teilweise für terroristische Zwecke verwendet werden sollen" (Art. 1 Nr. 2 Buchst. d des Kommissionsentwurfs der Dritten Geldwäscherichtlinie[65]) zu fassen sei. Dies hätte einen nicht aufzulösenden Widerspruch bedeutet. Denn die **„Wäsche" legal erworbener Gegenstände** in legal erscheinende ist schon begrifflich nicht möglich.[66] Das Europäische Parlament hat dies erkannt und die Norm entsprechend geändert.[67]

---

[65] Vorschlag für eine Richtlinie des Europäischen Parlaments und des Rates zur Verhinderung der Nutzung des Finanzsystems zum Zwecke der Geldwäsche einschließlich der Finanzierung des Terrorismus vom 30.6.2004, KOM (2004) 448, 2004/0137 (COD) von 30.6.2004.
[66] Vgl. die berechtigte Kritik von *Höche*, WM 2005, 8, 9; vgl. freilich zu dem bereits vollzogenen Systembruch bezüglich der Einbeziehung der Steuerstraftaten nur *Tröndle/Fischer* StGB, § 261 Rz. 8a f.
[67] Vgl. nur *Sommer*, StraFo 2005, 327, 328.

§ 261
Geldwäsche; Verschleierung unrechtmäßig erlangter Vermögenswerte

(1) ¹Wer einen Gegenstand, der aus einer in Satz 2 genannten rechtswidrigen Tat herrührt, verbirgt, dessen Herkunft verschleiert oder die Ermittlung der Herkunft, das Auffinden, den Verfall, die Einziehung oder die Sicherstellung eines solchen Gegenstandes vereitelt oder gefährdet, wird mit Freiheitsstrafe von drei Monaten bis zu fünf Jahren bestraft. ²Rechtswidrige Taten im Sinne des Satzes 1 sind

1. Verbrechen,
2. Vergehen nach
    a) § 332 Abs. 1, auch in Verbindung mit Abs. 3, und § 334,
    b) § 29 Abs. 1 Satz 1 Nr. 1 des Betäubungsmittelgesetzes und § 29 Abs. 1 Nr. 1 des Grundstoffüberwachungsgesetzes,
3. Vergehen nach § 373 und, wenn der Täter gewerbsmäßig handelt, nach § 374 der Abgabenordnung, jeweils auch in Verbindung mit § 12 Abs. 1 des Gesetzes zur Durchführung der Gemeinsamen Marktorganisationen und der Direktzahlungen,
4. Vergehen
    a) nach den §§ 152a, 181a, 232 Abs. 1 und 2, § 233 Abs. 1 und 2, §§ 233a, 242, 246, 253, 259, 263 bis 264, 266, 267, 269, 284, 326 Abs. 1, 2 und 4 sowie § 328 Abs. 1, 2 und 4,
    b) nach § 96 des Aufenthaltsgesetzes und § 84 des Asylverfahrensgesetzes,
    die gewerbsmäßig oder von einem Mitglied einer Bande, die sich zur fortgesetzten Begehung solcher Taten verbunden hat, begangen worden sind, und
5. Vergehen nach §§ 129 und 129a Abs. 3 und 5, jeweils auch in Verbindung mit § 129b Abs. 1, sowie von einem Mitglied einer kriminellen oder terroristischen Vereinigung (§§ 129, 129a, jeweils auch in Verbindung mit § 129b Abs. 1) begangene Vergehen.

³Satz 1 gilt in den Fällen der gewerbsmäßigen oder bandenmäßigen Steuerhinterziehung nach § 370a der Abgabenordnung für die durch die Steuerhinterziehung ersparten Aufwendungen und unrechtmäßig erlangten Steuererstattungen und -vergütungen sowie in den Fällen des Satzes 2 Nr. 3 auch für einen Gegenstand, hinsichtlich dessen Abgaben hinterzogen worden sind.

(2) Ebenso wird bestraft, wer einen in Absatz 1 bezeichneten Gegenstand

1. sich oder einem Dritten verschafft oder
2. verwahrt oder für sich oder einen Dritten verwendet, wenn er die Herkunft des Gegenstandes zu dem Zeitpunkt gekannt hat, zu dem er ihn erlangt hat.

(3) Der Versuch ist strafbar.

(4) ¹In besonders schweren Fällen ist die Strafe Freiheitsstrafe von sechs Monaten bis zu zehn Jahren. ²Ein besonders schwerer Fall liegt in der Regel vor, wenn der Täter gewerbsmäßig oder als Mitglied einer Bande handelt, die sich zur fortgesetzten Begehung einer Geldwäsche verbunden hat.

(5) Wer in den Fällen des Absatzes 1 oder 2 leichtfertig nicht erkennt, dass der Gegenstand aus einer in Absatz 1 genannten rechtswidrigen Tat herrührt, wird mit Freiheitsstrafe bis zu zwei Jahren oder mit Geldstrafe bestraft.

(6) Die Tat ist nicht nach Absatz 2 strafbar, wenn zuvor ein Dritter den Gegenstand erlangt hat, ohne hierdurch eine Straftat zu begehen.

(7) ¹Gegenstände, auf die sich die Straftat bezieht, können eingezogen werden. ²§ 74a ist anzuwenden. ³Die §§ 43a, 73d sind anzuwenden, wenn der Täter als Mitglied einer Bande handelt, die sich zur fortgesetzten Begehung einer Geldwäsche verbunden hat.*⁾ ⁴§ 73d ist auch dann anzuwenden, wenn der Täter gewerbsmäßig handelt.

(8) Den in den Absätzen 1, 2 und 5 bezeichneten Gegenständen stehen solche gleich, die aus einer im Ausland begangenen Tat der in Absatz 1 bezeichneten Art herrühren, wenn die Tat auch am Tatort mit Strafe bedroht ist.

(9) ¹Nach den Absätzen 1 bis 5 wird nicht bestraft, wer

1. die Tat freiwillig bei der zuständigen Behörde anzeigt oder freiwillig eine solche Anzeige veranlasst, wenn nicht die Tat in diesem Zeitpunkt ganz oder zum Teil bereits entdeckt war und der Täter dies wusste oder bei verständiger Würdigung der Sachlage damit rechnen musste, und

2. in den Fällen des Absatzes 1 oder 2 unter den in Nummer 1 genannten Voraussetzungen die Sicherstellung des Gegenstandes bewirkt, auf den sich die Straftat bezieht.

²Nach den Absätzen 1 bis 5 wird außerdem nicht bestraft, wer wegen Beteiligung an der Vortat strafbar ist.

(10) Das Gericht kann in den Fällen der Absätze 1 bis 5 die Strafe nach seinem Ermessen mildern (§ 49 Abs. 2) oder von Strafe nach diesen Vorschriften absehen, wenn der Täter durch die freiwillige Offenbarung seines Wissens wesentlich dazu beigetragen hat, dass die Tat über seinen eigenen Tatbeitrag hinaus oder eine in Absatz 1 genannte rechtswidrige Tat eines anderen aufgedeckt werden konnte.

Literatur: *Achenbach*, Zurechnung unternehmensbezogenen Handelns, in: Achenbach/Ransiek, Handbuch des Wirtschaftsstrafrechts, 2004; *Ackermann*, Geldwäscherei – Money Laundering, 1992; *Ambos*, Annahme bemakelten Verteidigerhonorars als Geldwäsche?, JZ 2002, 70; *Arzt*, Das mißglückte Strafgesetz – am Beispiel der Geldwäschegesetzgebung, in: Diederichsen/Dreier (Hrsg.), Das mißglückte Gesetz, 1997, S. 17; Geldwäscherei – eine neue Masche zwischen Hehlerei, Strafvereitelung und Begünstigung NStZ 1990, 1; *ders.*, Das schweizerische Geldwäschereiverbot im Lichte amerikanischer

---

*) Hinweis zu Absatz 7 Satz 3: Die Vermögensstrafe nach § 43a StGB ist nach der Entscheidung BVerfGE 105, 135 verfassungswidrig, vgl. unten Rz. 156.

§ 261 StGB

Erfahrungen, Züricher Studien zum Strafrecht 106 (1989), 160; *Arzt/Weber,* Strafrecht, Besonderer Teil, Lehrbuch, 2000; *Barton,* Das Tatobjekt der Geldwäsche: Wann rührt ein Gegenstand aus einer der im Katalog des § 261 I Nr. 1–3 StGB bezeichneten Straftaten her?, NStZ 1993, 159; *Bauer,* Der Geldwäschetatbestand gem. § 261 StGB einschließlich der Probleme seiner Anwendung, in: Festschrift Maiwald, 2003, S. 127; *Bernsmann,* Geldwäsche (§ 261 StGB) und Vortatkonkretisierung, StV 1998, 46; *Beulke,* Gedanken zur Diskussion über die Strafbarkeit des Verteidigers, in: Festschrift Rudolphi, 2004, S. 391; *Bittmann,* Die gewerbs- oder bandenmäßige Steuerhinterziehung und die Erfindung des gegenständlichen Nichts als geldwäscherelevante Infektionsquelle, wistra 2003, 161; *Bottermann,* Untersuchungen zu den grundlegenden Problematiken des Geldwäschetatbestandes, auch in seinen Bezügen zum Geldwäschegesetz, Diss. Bochum, 1995; *Bottke,* Teleologie und Effektivität der Normen gegen Geldwäsche, wistra 1995, 121; *Burr,* Geldwäsche – eine Untersuchung zu § 261 StGB, 1995; *Bussenius,* Geldwäsche und Strafverteidigerhonorar, 2003; *Carl/Klos,* Geldwäschegesetz und Datenweitergabe zu Besteuerungszwecken, DStZ 1994, 68; *dies.,* Verdachtsmeldepflicht und Strafaufhebung in Geldwäschefällen, wistra 1994, 161; *Cebulla,* Gegenstand der Geldwäsche, wistra 1999, 281; *Dionyssopoulu,* Der Tatbestand der Geldwäsche, 1999; *Dittrich/Trinkaus,* Die gesetzlichen Regelungen der Geldwäsche und ihre Reform – eine Praxisanalyse, DStR 1998, 342; *Fabel,* Geldwäsche und tätige Reue, 1997; *Fahl,* Grundprobleme der Geldwäsche, Jura 2004, 160; *Fischer,* Ersatzhehlerei als Beruf und rechtsstaatliche Verteidigung, NStZ 2004, 473; *Flatten,* Zur Strafbarkeit von Bankangestellten bei der Geldwäsche, Diss. Frankfurt/M., 1996; *Fülbier,* Eckpunkte für verbesserte Geldwäschebekämpfung, ZBB 1996, 72; *von Galen,* Die reduzierte Anwendung des Geldwäschetatbestands auf die Entgegennahme von Strafverteidigerhonorar – Drahtseilakt oder Rechtssicherheit?, NJW 2004, 3304; *dies.,* Der Verteidiger – Garant eines rechtsstaatlichen Verfahrens oder Mittel zur Inquisition? Der Beschuldigte – verteidigt oder verkauft?, StV 2000, 575; *Gentzik,* Die Europäisierung des deutschen und englischen Geldwäschestrafrechts, 2002; *Gradowski/Ziegler,* Geldwäsche, Gewinnabschöpfung, Bd. 39 der BKA-Forschungsreihe, 1996/1997; *Häde,* Initiativen zur Bekämpfung der Geldwäsche, EuZW 1991, 553; *Hamm,* Geldwäsche durch die Annahme von Strafverteidigerhonorar, NJW 2000, 636; *Harms,* § 370a AO – Optimierung des steuerstrafrechtlichen Sanktionssystems oder gesetzgeberischer Fehlgriff?, in: Festschrift Kohlmann, 2003, S. 413; *Hefendehl,* Kann und soll der Allgemeine Teil bzw. das Verfassungsrecht missglückte Regelungen des besonderen Teils retten?, in: Festschrift Roxin, 2001, S. 145; *Herzog/Christmann,* Geldwäsche und „Bekämpfungsgesetzgebung" – ein Plädoyer für rechtsstaatliche Sensibilität, WM 2003, 6; *Hillmann-Stadtfeld,* Die strafrechtlichen Neuerungen nach dem Steuerverkürzungsbekämpfungsgesetz (StVBG), NStZ 2002, 242; *Hombrecher,* Der Tatbestand der Geldwäsche (§ 261 StGB) – Inhalt, Aufbau und Problemstellungen, JA 2005, 67; *Höreth,* Die Bekämpfung der Geldwäsche, 1996; *Hund,* Der Entwurf für ein Gesetz zur Verbesserung der Geldwäschebekämpfung, ZRP 1997, 180; *ders.,* Der Geldwäschetatbestand – mißglückt oder mißverstanden?, ZRP 1996, 163; *Kaiser,* Geldwäsche – Maßnahmen, Zahlen, Fälle, BI 8/1996, 26; *Kargl,* Probleme des Tatbestands der Geldwäsche (§ 261 StGB), NJ 2001, 57; *Knorz,* Der Unrechtsgehalt des § 261 StGB, 1996; *Körner,* Die Strafrechtspraxis im Labyrinth neuer Betäubungsmittelrechtsbestimmungen, NJW 1993, 233; *Krack,* Die tätige Reue im Wirtschaftsstrafrecht, NStZ 2001, 505; *Kraushaar,* Die „kontrollierte Weiterleitung" inkriminierter Gelder, wistra 1996, 168; *Kreß,* Das neue Recht der Geldwäschebekämpfung, wistra 1998, 121; *Krey/Dierlamm,* Gewinnabschöpfung und Geldwäsche, JR 1992,

StGB § 261 Geldwäsche; Verschleierung unrechtmäßig erlangter Vermögenswerte

353; *Krumm*, Aussagegenehmigung bei Vernehmungen als Zeuge und für Anzeigen nach § 261 Abs. 9 StGB?, Sparkasse 1993, 441; *Kudlich*, Die Unterstützung fremder Straftaten durch berufsbedingtes Verhalten, 2004; *ders.*, Geldwäscheverdacht und Überwachung der Telekommunikation, JR 2003, 453; *Lampe*, Der neue Tatbestand der Geldwäsche (§ 261 StGB), JZ 1994, 123; *Leip*, Der Straftatbestand der Geldwäsche, 2. Aufl., 1999; *Leip/Hardtke*, Der Zusammenhang von Vortat und Gegenstand der Geldwäsche unter besonderer Berücksichtigung der Vermengung von Giralgeld, wistra 1997, 281; *Leipold*, Der große Lauschangriff, NJW-Spezial 2005, 135; *Lewisch*, Geldwäscher, Geldhäscher und reuige Täter, RdW (Österreich) 1994/1, 3; *Löwe-Krahl*, Geldwäsche, in: Achenbach/Ransiek, Handbuch des Wirtschaftsstrafrechts, 2004; *ders.*, § 31b AO – Meldepflicht der Finanzämter bei typischen Feststellungen der Außenprüfung, PStR 2004, 262; *ders.*, Das Geldwäschegesetz – ein taugliches Instrumentarium zur Verhinderung der Geldwäsche?, wistra 1994, 121; *ders.*, Die Strafbarkeit von Bankangestellten wegen Geldwäsche nach § 261 StGB, wistra 1993, 123; *ders.*, Die Verantwortung von Bankangestellten bei illegalen Geschäften, 1990; *Maiwald*, Auslegungsprobleme im Tatbestand der Geldwäsche, in: Festschrift Hirsch, 1999, S. 631; *Matt*, Verfassungsrechtliche Beschränkungen der Strafverfolgung von Strafverteidigern, JR 2004, 321; *ders.*, Strafverteidigerhonorar und Geldwäsche, in: Festschrift Riess, 2002, S. 739; *ders.*, Geldwäsche durch Honorarannahme eines Strafverteidigers, GA 2002, 137; *Melzer*, Reform der Geldwäschegesetzgebung, Die Bank 1996, 494; *Müther*, Verteidigerhonorar und Geldwäsche, Jura 2001, 318; *Nachreiner*, Geldwäsche – ein Delikt im kriminalistischen „Versuchsstadium", Kriminalistik 1995, 407; *Obermüller*, Neue Pflichten für Banken und Kunden, Bankkaufmann 6 (1992), 50; *Oswald*, Die Maßnahmen zur Bekämpfung der Geldwäsche (§ 261 StGB i. V. m. dem GwG) – eine kriminologisch-empirische Untersuchung, wistra 1997, 328; *dies.*, Die Implementation gesetzlicher Maßnahmen zur Bekämpfung der Geldwäsche in der Bundesrepublik Deutschland, 1997; *Otto*, Das Strafbarkeitsrisiko berufstypischen, geschäftsmäßigen Verhaltens, JZ 2001, 436; *ders.*, Das strafrechtliche Risiko der gesetzlichen Vertreter und Geldwäschebeauftragten der Kreditinstitute nach dem Geldwäschegesetz, wistra 1995, 323; *ders.*, Geldwäsche und das strafrechtliche Risiko von Bankmitarbeitern, ZKW 1994, 63; *Reich*, Geldwäsche und Organisierte Wirtschaftskriminalität, in: Wabnitz/Janovsky, Handbuch des Wirtschafts- und Steuerstrafrechts, 2. Aufl., 2004; *Salditt*, Die Schlingen des neuen Steuerstrafrechts, StV 2002, 214; *ders.*, Der Tatbestand der Geldwäsche, StraFo 1992, 121; *Samson*, Geldwäsche nach Steuerhinterziehung?, in: Festschrift Kohlmann, 2003, S. 263; *Sauer*, Zur Leichtfertigkeit i. S. v. § 261 V StGB bei der Annahme von Mandantengeldern durch Strafverteidiger, StV 2004, 89; *Schittenhelm*, Alte und neue Probleme der Anschlussdelikte im Lichte der Geldwäsche, in: Festschrift Lenckner, 1998, S. 519; *Schröder*, Die strafrechtliche Haftung des Notars als Gehilfe bei der Entsorgung einer insolvenzreifen GmbH außerhalb des Insolvenzverfahrens, DNotZ 2005, 596; *Schroeter*, Gesetze gegen die Geldwäsche, Sparkasse 1992, 327; *ders.*, Gesetze gegen die Geldwäsche Teil II, Sparkasse 1992, 373; *Sethe*, Anlegerschutz im Recht der Vermögensverwaltung, 2005; *Sommer*, Geldwäschemeldungen und Strafprozess, StraFo 2005, 327; *Spiske*, Pecunia olet? Der neue Geldwäschetatbestand § 261 StGB im Verhältnis zu den §§ 257, 258, 259 StGB, insbesondere zur straflosen Ersatzhehlerei, 1998; *Steuer*, Bekämpfung der Geldwäsche aus Bankensicht, Die Bank 1991, 138; *Stolpe*, Strategien gegen das Organisierte Verbrechen, 2004; *Ungnade*, Rechtliche Aspekte bei der Umsetzung des OrgKG und des Geldwäschegesetzes in der Kreditwirtschaft, WM 1993, 2069; *Vest*, Probleme des Herkunftsprinzips bei der Geldwäscherei, in: Festschrift Schmid, 2001, S. 417; *Vogel*, Geldwäsche – ein europa-

Geldwäsche; Verschleierung unrechtmäßig erlangter Vermögenswerte § 261 StGB

weit harmonisierter Straftatbestand?, ZStW 109 (1997), 335; *Wegner*, Zum Anwendungsbereich des § 370a AO, wistra 2002, 205; *Wessels/Hillenkamp*, Strafrecht Besonderer Teil/2, Straftaten gegen Vermögenswerte, 28. Aufl., 2005.

Übersicht

I. **Die Tatbestandsmerkmale** 1
1. Illegale Herkunft 1
   a) Vortatenkatalog 1
   b) Auslandsstraftaten 4
   c) Beteiligung an der Vortat 5
   d) Nachweis der Vortat 9
2. Tatgegenstand 10
3. Herrühren 11
   a) Begriffsbestimmung 12
      aa) Der Ursprungsgegenstand 14
      bb) Surrogate 16
   b) Besonderheiten bei § 370a AO als Vortat 22
4. Tathandlung 27
   a) Tathandlungen nach Absatz 1 29
      aa) Die Tatbestandsvarianten im Einzelnen 30
      bb) Beispiele 35
      cc) Angehörigenprivileg 40
   b) Tathandlungen nach Absatz 2 41
      aa) Voraussetzungen 42
      bb) Ausschluss der Strafbarkeit nach Abs. 6 49
      cc) Einschränkung der Anwendbarkeit des Absatzes 2 53
II. **Geldwäsche durch Unterlassen** 57
III. **Die subjektive Tatseite** 68
1. Vorsätzliche Geldwäsche 69
   a) Vorsatz bezüglich der Herkunft des Gegenstandes 70
   b) Vorsatz bezüglich der Geldwäschehandlung 71
   c) Nachweisschwierigkeiten 73
   d) Anwendung der Grundsätze der BGH-Rechtsprechung zur so genannten neutralen Beihilfe 75
2. Vorsatz-Leichtfertigkeit-Kombinationen (Absatz 5) 81
3. Irrtümer 96
IV. **Strafaufhebung und Strafmilderung** 99
1. Strafbefreiung durch Anzeige bei Leichtfertigkeit (Abs. 9) 105
   a) Freiwilligkeit der Anzeige 105
   b) Absender der Anzeige 106
   c) Notwendiger Inhalt der Anzeige 110
   d) Zeitlicher Rahmen 111
   e) Sonderfall: Nachträgliche Kenntniserlangung 112
2. Enthaftung ohne strafbefreiende Anzeige 117
   a) Kein Vorwurf der Leichtfertigkeit 118
   b) Weisung und Leichtfertigkeit 119
   c) Strafbarkeit des Vorgesetzten .. 121
   d) Ausführung von Eilgeschäften 125
   e) Kritik 128
3. Strafbefreiung bei Vorsatztaten 131
4. Praxishinweis 132
5. „Kontrollierte Transaktionen" 135
6. Strafmilderung (Abs. 10) 143
7. Strafbarer Geheimnisverrat durch tätige Reue? 145
V. **Strafbarkeit des Versuchs (Abs. 3)** 147
VI. **Geldwäsche im besonders schweren Fall (Abs. 4)** 150
VII. **Bedeutung für die Praxis** 151
VIII. **Prozessuales** 155
1. Vermögensstrafe und erweiterter Verfall 156
2. Ermittlungsmaßnahmen der Strafprozessordnung 165
3. § 12a Zollverwaltungsgesetz 169
IX. **Beispielsfälle und Rechtsprechungsübersicht** 170
1. Postamt-Fall 170
2. Bargeldhandel-Fall 171
3. Geldwäsche mit Schweizer Drogengeld 172
4. Arbeitslosenfall 174
5. Geldwäsche in München 176
6. European Kings Club (EKC) 177
   a) Berater der EKC-Führungsspitze 180
   b) Annahme von EKC-Geldern durch Dritte 182
   c) Honorarannahme durch Strafverteidiger 185
7. Geldwäsche durch Wechselstube ... 187
8. Verdacht der Geldwäsche durch Erwerbslose 190
   a) LG Saarbrücken 190
   b) AG München 192
9. Vorsatz und Katalogtat 193
10. Kautionshinterlegung als Geldwäsche? 194

StGB § 261 Geldwäsche; Verschleierung unrechtmäßig erlangter Vermögenswerte

I. Die Tatbestandsmerkmale

1. Illegale Herkunft

a) Vortatenkatalog

1 Nur das Einschleusen illegal erworbener Vermögenswerte in den legalen Finanzkreislauf ist Geldwäsche (vgl. aber auch unten Rz. 22 ff). Zwischen den Bundestagsparteien war zunächst streitig, ob jeder illegal erworbene Gegenstand erfasst werden sollte oder nur der, der aus ganz bestimmten Vortaten stammt, wie z. B. Drogengeschäften. Der Gesetzentwurf der SPD-Fraktion wollte jede rechtswidrige Tat erfassen.[1]

2 Auf der anderen Seite wäre die Bundesrepublik zum Zeitpunkt der Einführung des § 261 StGB aufgrund der internationalen Abkommen nur verpflichtet gewesen, die Weiterverwendung von Gewinnen aus Drogengeschäften unter Strafe zu stellen.[2] § 261 StGB geht darüber weit hinaus.[3] Nach Absatz 1 werden Gegenstände erfasst, die aus den folgenden Vortaten herrühren.

- **Nummer 1: Verbrechen** (Mindeststrafmaß ein Jahr Freiheitsstrafe, § 12 Abs. 1 StGB), wie z. B. Geldfälschung (§ 146 StGB), (bezahlter) Mord (§ 211 StGB), qualifizierter Menschenhandel zum Zweck der sexuellen Ausbeutung (§ 232 Abs. 3, 1 StGB), qualifizierter Menschenhandel zum Zwecke der Ausbeutung der Arbeitskraft (§ 233 Abs. 3, 1 StGB i.V. m. § 232 Abs. 3 StGB), Geiselnahme (§ 239b StGB), schwerer Bandendiebstahl (§ 244a StGB), Raub (§ 249 StGB), gewerbsmäßige Bandenhehlerei (§ 260a StGB), gewerbsmäßiger Betrug durch ein Mitglied einer Bande (§ 263 Abs. 5, 1 StGB), gewerbsmäßige oder bandenmäßige Steuerhinterziehung (§ 370a AO) (unten Rz. 22 ff), Waffenhandel (§ 51 Waffengesetz, §§ 19 ff Kriegswaffenkontrollgesetz), Verbrechen des Rauschgifthandels nach §§ 29a, 30, 30a BtMG.

- **Nummer 2 Buchst. a:** Vergehen nach § 332 Abs. 1 StGB (**Bestechlichkeit**), auch in Verbindung mit Abs. 3, und § 334 StGB (**Bestechung**).

- **Nummer 2 Buchst. b:** Vergehen nach § 29 Abs. 1 Satz 1 Nr. 1 BtMG und § 29 Abs. 1 Nr. 1 GÜG; Herstellung, Handel, Verkauf, sonstiges Verschaffen von **Betäubungsmitteln** oder Grundstoffen (Stoffe im Sinne des Art. 1 Abs. 2a in Verbindung mit dem Anhang der Verordnung des Rates über Maßnahmen gegen die Abzweigung bestimmter Stoffe zur unerlaubten Herstellung von Suchtstoffen und psychotropen Substanzen)[4].

- **Nummer 3:** Vergehen nach § 373 AO (gewerbsmäßiger, gewaltsamer und bandenmäßiger **Schmuggel**) und, wenn der Täter gewerbsmäßig handelt, nach

---

1) Entwurf der Abgeordneten Dr. de With, Singer u. a. sowie der SPD-Fraktion eines Strafrechtsänderungsgesetzes – Abschöpfung von Gewinnen, Geldwäsche, BT-Drucks. 11/5313, S. 3; *Häde*, EuZW 1991, 553, 556.
2) Vgl. hierzu *Schröder/Textor*, Vor § 261 StGB Rz. 15 ff.
3) Zur Entwicklung des stetig größer werdenden Vortatenkatalogs vgl. *Schröder/Textor*, Vor § 261 StGB Rz. 7 ff.
4) Anhang der Verordnung (EWG) Nr. 3677/90 des Rates vom 13.12.1990 über Maßnahmen gegen die Abzweigung bestimmter Stoffe zur unerlaubten Herstellung von Suchtstoffen und psychotropen Substanzen, ABl L 357/1; vgl. §§ 1, 2 GÜG.

§ 374 AO (**Steuerhehlerei**), jeweils auch in Verbindung mit dem Gesetz zur Durchführung der Gemeinsamen Marktorganisationen und der Direktzahlungen.

- **Nummer 4:** Gegenstände aus den folgenden Delikten nur, sofern sie gewerbsmäßig oder von einem Mitglied einer Bande, die sich zur fortgesetzten Begehung solcher Taten verbunden hat, begangen worden sind. **Gewerbsmäßig** handelt, wer sich durch wiederholte Tatbegehung eine Einnahmequelle von einigem Umfang, die nicht nur vorübergehend ist, verschaffen möchte.[5] Die Haupteinnahmequelle des Täters muss sich daraus aber nicht ergeben. Die Gewerbsmäßigkeit stellt also ein subjektives Merkmal dar.[6] Eine **Bande** ist nach der Rechtsprechung des Bundesgerichtshofs der ausdrücklich oder stillschweigend vereinbarte Zusammenschluss von mindestens drei Personen, die sich zur fortgesetzten Begehung mehrerer, im Einzelnen noch ungewisser Taten verbunden haben.[7]

- **Nummer 4 Buchst. a:** Vergehen nach § 152a StGB (Fälschung von Zahlungskarten, Schecks und Wechseln), § 181a StGB (Zuhälterei), § 232 Abs. 1 (Menschenhandel zum Zweck der sexuellen Ausbeutung) und Abs. 2 StGB (Versuch des Delikts), § 233 Abs. 1 (Menschenhandel zum Zweck der Ausbeutung der Arbeitskraft) und Abs. 2 StGB (Versuch des Delikts), § 233a StGB (Förderung des Menschenhandels), § 242 StGB (Diebstahl), § 246 StGB (Unterschlagung), § 253 StGB (Erpressung), § 259 StGB (Hehlerei), § 263 StGB (Betrug), § 263a StGB (Computerbetrug), § 264 StGB (Subventionsbetrug), § 266 StGB (Untreue), § 267 StGB (Urkundenfälschung), § 269 StGB (Fälschung beweiserheblicher Daten), § 284 StGB (Unerlaubte Veranstaltung eines Glücksspiels), § 326 Abs. 1, 2 und 4 StGB (Unerlaubter Umgang mit gefährlichen Abfällen), § 328 Abs. 1, 2 und 4 StGB (Unerlaubter Umgang mit radioaktiven Stoffen und anderen gefährlichen Stoffen und Gütern).

- **Nummer 4 Buchst. b:** Vergehen nach § 96 des AufenthG (Einschleusen von Ausländern) und § 84 des AsylVfG (Verleitung zur missbräuchlichen Asylantragstellung).

- **Nummer 5:** Vergehen nach § 129 (Bildung krimineller Vereinigungen) und § 129a Abs. 3 und 5 StGB (Bildung terroristischer Vereinigungen), jeweils auch in Verbindung mit § 129b Abs. 1 StGB (Kriminelle und terroristische Vereinigungen im Ausland), sowie von einem Mitglied einer kriminellen oder terroristischen Vereinigung (§§ 129, 129a, jeweils auch in Verbindung mit § 129a Abs. 1 StGB) begangene Vergehen (rechtswidrige Taten, die im Mindestmaß mit einer geringeren Freiheitsstrafe als ein Jahr oder die mit Geldstrafe bedroht sind, § 12 Abs. 2 StGB, d. h. alle Taten, die keine Verbrechen sind, denn dann gilt bereits Nummer 1).

---

5) Ständige Rechtsprechung, vgl. nur BGHSt 1, 383; RGSt 58, 19.
6) Vgl. nur *Tröndle/Fischer*, StGB, Vor § 52 Rz. 62 m. w. N. zur Rechtsprechung.
7) BGHSt 46, 321; vgl. den Überblick bei *Tröndle/Fischer*, StGB, § 244 Rz. 17 ff.

3 Der Katalog, der seit Einführung des § 261 StGB im Jahr 1992 zahlreiche Weiterungen erfahren hat, soll nach Ansicht des Gesetzgebers Delikte aus dem Bereich der organisierten Kriminalität erfassen.[8] Diese Extension des Vortatenkatalogs ist bedenklich. Freilich ist es richtig, die wirtschaftliche Nutzung des Ertrags aus schwersten Straftaten zu unterbinden oder zu erschweren. Die Erfassung von Straftatbeständen wie § 246 StGB schießt aber über das Ziel hinaus. Eine Konzentration auf wirklich schwere Taten wie den organisierten Drogen- oder Menschenhandel wäre besser gewesen. Die sukzessive Erweiterung des Vortatenkatalogs birgt auch nicht zu unterschätzende Unsicherheiten für den potentiellen Täter der Geldwäsche hinsichtlich der Erkennbarkeit einer Vortat. Ist die Einordnung und Qualifizierung eines tatsächlichen Geschehens als Straftat schon für den Juristen unter Umständen schwierig, gestaltet sich die Orientierung für den juristischen Laien hier unter Umständen als nahezu unmöglich. Dies gilt insbesondere dann, wenn die Geldwäsche an ein gewerbsmäßiges Handeln des Vortäters anknüpft. Da die Auslegungskriterien des Merkmals der Gewerbsmäßigkeit überwiegend subjektiver Natur sind, sind diese für den außen stehenden Dritten oftmals nicht erkennbar.

b) Auslandsstraftaten

4 Zu beachten ist, dass die zuvor genannten Straftaten auch dann taugliche Vortaten einer Geldwäsche gemäß **Absatz 8** sein können, wenn sie im Ausland begangen wurden, sofern sie sowohl den Tatbestand einer Katalogtat des Absatzes 1 ausfüllen als auch am Tatort mit Strafe bedroht sind (**Auslandsstraftaten**). Mit der Klarstellung des Gesetzgebers durch die Änderung des Absatzes 8 durch das Gesetz zur Verbesserung der Bekämpfung der Organisierten Kriminalität vom 4.5.1998 ist der dazu entstandene Streit,[9] ob eine dem Absatz 1 entsprechende Katalogtat vorliegen muss, obsolet geworden.

c) Beteiligung an der Vortat

5 Mit der Gesetzesänderung vom 4.5.1998 ist das Tatbestandsmerkmal „**eines anderen**" entfallen. Diese Voraussetzung hatten sich einzelne Verdächtige zunutze gemacht, indem sie behaupteten, an der Vortat beteiligt gewesen zu sein oder diese begangen zu haben. Danach war eine Bestrafung nach § 261 StGB nach einem Teil der Literaturmeinung jedenfalls ausgeschlossen, wenn der Verdächtige die Vortat allein begangen haben wollte.[10]

6 Die Beteiligung an der Vortat konnte aber im Regelfall nicht bewiesen werden, so dass der Verdächtige straffrei ausging.[11] Dies führte zur Kritik der Ermittler und

---

8) Begründung FrakE eines Gesetzes zur Verbesserung der Bekämpfung der Organisierten Kriminalität, BT-Drucks. 13/8651, S. 9, 12.
9) Vgl. 4. Auflage, § 261 StGB Rz. 16; Begründung FrakE eines Gesetzes zur Verbesserung der Bekämpfung der Organisierten Kriminalität, BT-Drucks. 13/8651, S. 12.
10) *Lackner/Kühl*, StGB, § 261 Rz. 10; *Melzer*, Die Bank 1996, 494, 496.
11) *BMI*, Eckpunkte zur Verbesserung der Geldwäschebekämpfung vom 20.11.1995, Nr. 3; *Körner*, wistra 1995, 311; *Fülbier*, ZBB 1996, 72; vgl. auch Begründung FrakE eines Gesetzes zur Verbesserung der Bekämpfung der Organisierten Kriminalität, BT-Drucks. 13/8651, S. 10 f.

zur Änderung der bestehenden Regelung. Ob die Neuregelung tatsächlich erforderlich war, erscheint mit Blick auf die Ausführungen des Bundesgerichtshofs[12] fraglich. Darin heißt es:

> „Die Verurteilung des Angeklagten wegen Geldwäsche ist nicht zu beanstanden. Sie scheitert nicht daran, dass der Angeklagte möglicherweise am erpresserischen Menschenraub als Mittäter oder Gehilfe beteiligt war. Er hatte in Kenntnis der Vortat die tatsächliche Verfügungsgewalt über einen Teilbetrag des Lösegelds und hat diesen bei einer Bank eingetauscht, wobei er wusste, dass er hiermit das inkriminierte Geld unter Verdeckung seiner Herkunft in den Wirtschaftskreislauf einschleuste. Damit steht ein Sachverhalt fest, der die Verurteilung wegen der auf den erpresserischen Menschenraub folgenden Nachtat der Geldwäsche rechtfertigt. Ungewiss ist lediglich, ob der Angeklagte (auch) an der Vortat beteiligt war. In derartigen Fällen ist eine eindeutige Verurteilung – so genannte Postpendenzfeststellung – geboten (BGHSt 35, 86 m. w. N.; BGH NStZ 1989, 266, 1989, 574)".

Einhergehend mit dieser Änderung durch das Gesetz vom 4.5.1998 wurde **Absatz 9** in Anlehnung an § 257 Abs. 3 Satz 1 StGB ergänzt. Danach kann nicht gemäß § 261 StGB bestraft werden,[13] wer wegen Beteiligung (Täterschaft oder Teilnahme) an der Vortat strafbar ist (persönlicher Strafausschließungsgrund[14]). Auf diese Weise wird eine Bestrafung wegen Beteiligung an der Vortat *und* § 261 StGB ausgeschlossen. 7

In Einzelfällen kann es problematisch sein, die **Beteiligung an der Vortat** und eine Geldwäsche voneinander abzugrenzen. Je nach Tatbeitrag kann z. B. die Beteiligung an Aktivitäten einer Drogen- und Geldwäscheorganisation als Handeltreiben mit Betäubungsmitteln betrachtet werden, obwohl der Täter unmittelbar gar nicht mit Betäubungsmitteln in Berührung gekommen ist. Dazu heißt es im Urteil des Bundesgerichtshofs vom 17.7.1997:[15] 8

> „Greifen im Rahmen der Betätigung internationaler Drogenhändler in einem organisierten Absatz- und Finanzsystem ein Warenverteilungs- und ein diesen unmittelbar unterstützender Finanzzyklus ineinander, so sind Handlungen zur Förderung des Geldkreislaufs bis zur Übergabe der Erlöse aus den Drogengeschäften an den Verkäufer der Gesamtmenge der Betäubungsmittel Formen der Beteiligung am Handeltreiben im Rahmen der Organisation. Der Aufbau und die Betätigung einer Sammelstelle für im Straßenhandel eingenommene Drogengelder, das Veranlassen oder die Durchführung des Transports der gesammelten Gelder durch Kuriere über Landesgrenzen hinweg, der Umtausch in die gewünschte Währung zur Bezahlung von Drogenlieferungen oder die Umwand-

---

12) BGH WM 1995, 2084 = wistra 1995, 310, 311, dazu WuB ID6-I.96 *(Melzer)*; vgl. auch *Kreß*, wistra 1998, 121, 125; BGH wistra 1998, 26.
13) Dies wird dem Charakter des § 261 als Anschlussdelikt gerecht. Allerdings kann sich der Teilnehmer der Vortat wegen Hehlerei strafbar machen, vgl. zu diesem Problem *Schittenhelm*, in: Festschrift Lenckner, S. 519, 520, 537 f.
14) BGH, wistra 2000, 464; zu Einschränkungen bei der Telefonüberwachung in diesen Fällen vgl. BGHSt 48, 240 = wistra 2003, 305.
15) BGHSt 43, 158, 162 f = NJW 1997, 3323 = wistra 1998, 22.

lung in Buchgeld und die Weiterleitung der Geldbeträge in Richtung auf den Drogenlieferanten oder dessen Zahlstelle sind dann zum unerlaubten Handeltreiben mit Betäubungsmitteln zu rechnen. Dies gilt ebenso für das Führen eines bankmäßig betriebenen Kontokorrentsystems mit Vorabstimmung über die sofortige Verfügbarkeit von bereits gewaschenen Drogengeldern. Solche Handlungen schaffen in einem Distanzgeschäft die Voraussetzung dafür, dass ein beschleunigter Geldfluss entsteht, damit den Lieferanten rasch Finanzmittel zur Verfügung stehen."

d) Nachweis der Vortat

9 In der denknotwendigen Struktur des Delikts der Geldwäsche als Anschlusstat liegt auch das wohl größte Problem der Strafverfolgungsbehörden in der Praxis. Es muss nachgewiesen werden, dass der Gegenstand aus einer Vortat herrührt.[16] Das heißt, auch der Richter, der über die Strafbarkeit nach § 261 StGB zu entscheiden hat, muss den Nachweis der Vortat und das Herrühren des fraglichen Gegenstandes aus dieser führen.[17] Die Vortat ist nach der Rechtsprechung des Bundesgerichtshofs hinreichend konkretisiert festzustellen, d. h., es müssen Tatsachen vorliegen, die zur Überzeugung des Gerichts die Herkunft des Gegenstandes aus einer Katalogtat beweisen. Im konkreten Fall konnte danach „nicht ohne vernünftige Zweifel ausgeschlossen werden, dass der Geldbetrag aus einer Nichtkatalogtat stammt, die keine taugliche Vortat für Geldwäsche darstellt".[18] Dagegen steht einer Verurteilung wegen Geldwäsche aber nicht entgegen, dass die Feststellung, ob der Gegenstand etwa aus einem Raub oder einem gewerbsmäßig begangenen Diebstahl stammt, misslingt, aber nach Überzeugung des Gerichts jedenfalls feststeht, dass eine von beiden tauglichen Vortaten Ursprung des Gegenstandes ist.[19] Die Verurteilung wegen Geldwäsche setzt auch nicht voraus, dass ihr eine (rechtskräftige) Verurteilung wegen der Vortat vorausgegangen ist.[20] Gleichwohl ist dies jedoch in der Praxis, angesichts der Schwierigkeiten der Vortatfeststellungen für den Richter im Verfahren wegen Geldwäsche, von Vorteil.[21]

2. Tatgegenstand

10 Gegenstand i. S. d. § 261 StGB können alle beweglichen und unbeweglichen Sachen sowie alle Rechte sein wie z. B. Bargeld, Schecks, Reiseschecks, Kontoguthaben, Sparbriefe, Inhaberschuldverschreibungen, Aktien und Edelmetalle, Grundstücke

---

16) Vgl. dazu und zu Lösungsansätzen mittels der Einführung einer (u. E. verfassungswidrigen) Beweislastumkehr *Kreß*, wistra 1998, 121, 124; vgl. auch *Körner*, in: Körner/Dach, S. 17 f; *Oswald*, S. 140: „Nach Ansicht aller Befragten [Staatsanwälte, Anm. d. Verf.] komme es regelmäßig zur Einstellung des Verfahrens, da eine konkrete Vortat im Sinne des § 261 Abs. 1 StGB eben nicht nachgewiesen werden könne."
17) Vgl. detailliert *Bernsmann*, StV 1998, 46, Ergebnis auf S. 51.
18) BGH wistra 2000, 67.
19) *Löwe-Krahl*, in: Achenbach/Ransiek, XIII Rz. 17; *Schönke/Schröder/Stree*, StGB, § 261 Rz. 4a.
20) *Schönke/Schröder/Stree*, StGB, § 261 Rz. 4a; *Spiske*, S. 106.
21) So auch *Spiske*, S. 106 f.

und Unternehmensbeteiligungen, Antiquitäten und Schmuck.[22] Das Merkmal Gegenstand meint also über seinen eigentlichen Wortsinn hinaus nicht nur Gegenständliches.

3. Herrühren

Der Gegenstand muss nicht identisch sein mit dem, der unmittelbar aus der Vortat stammt. Es genügt vielmehr ein „**Herrühren**". Ein Zusammenhang mit der Geldwäsche muss zwar bestehen; er muss aber nicht – anders als bei der Begünstigung – **unmittelbar** sein.[23] Anderes gilt für die Gegenstände, die durch eine Steuerhinterziehung großen Ausmaßes gemäß § 370a AO erlangt wurden. Hier ist § 261 Abs. 1 Satz 3 StGB zu beachten (unten Rz. 22). 11

a) Begriffsbestimmung

Nach dem Willen des Gesetzgebers soll der Begriff des Herrührens „bewusst auch eine Kette von Verwertungshandlungen, bei welcher der ursprüngliche Gegenstand unter Beibehaltung seines Wertes durch einen anderen ersetzt wird",[24] erfassen. Die nähere Auslegung hat er dabei aber der Praxis überlassen.[25] Er hat lediglich **die äußeren Grenzen** festgelegt. Danach soll der Begriff einerseits verhindern, dass der „Zugriff nicht schon nach einem ‚Waschvorgang'" verloren ist. Andererseits sei ein Rückgriff jedenfalls dann ausgeschlossen, wenn „der Wert des hier in Betracht kommenden Gegenstandes durch Weiterverarbeitung im Wesentlichen auf eine selbständige Leistung Dritter zurückzuführen ist".[26] Er hat auch die Gefahr aufgezeigt, die bei einem zu weiten Verständnis des Herrührens droht. Dies würde dazu führen, „dass der legale Wirtschaftsverkehr in kürzester Zeit mit einer Vielzahl inkriminierter Gegenstände belastet wird".[27] 12

Die Zurückhaltung des Gesetzgebers hat dazu beigetragen, dass ein breit gefächertes Meinungsspektrum zum Begriff des Herrührens entstanden ist.[28] Eine Ent- 13

---

22) *Kreß*, wistra 1998, 121, 126; *Lampe*, JZ 1994, 123, 126; für eine Erweiterung z. B. auf Know-how oder Computerprogramme *Cebulla*, wistra 1999, 281; vgl. zum weiten Begriff des Vermögensgegenstandes auch Art. 3 Nr. 3 der 3. Geldwäscherichtlinie; zum Handel mit wieder aufgeladenen Telefonkarten als Geldwäsche vgl. AG Regensburg NJW 2001, 2897.
23) Begründung BRatE OrgKG, BT-Drucks. 12/989, S. 27.
24) Begründung BRatE OrgKG, BT-Drucks. 12/989, S. 27; Begründung RegE AusführungsG Suchtstoffübereinkommen 1988, BT-Drucks. 12/3533, S. 12; so werden bisherige Strafbarkeitslücken geschlossen, vgl. zur vorher straflosen Ersatzhehlerei *Schröder/Textor*, Vor § 261 StGB Rz. 2.
25) Zur Kritik an diesem Begriff und dem Versuch einer Annäherung vgl. etwa *Barton*, NStZ 1993, 159, der im Ergebnis keinen Verstoß gegen das verfassungsrechtliche Bestimmtheitsgebot erkennt; ausführlich zum Streitstand *Spiske*, S. 110 ff.
26) Begründung BRatE OrgKG, BT-Drucks. 12/989, S. 27; Begründung RegE AusführungsG Suchtstoffübereinkommen 1988, BT-Drucks. 12/3533, S. 12.
27) Begründung BRatE OrgKG, BT-Drucks. 12/989, S. 27; Begründung RegE AusführungsG Suchtstoffübereinkommen 1988, BT-Drucks. 12/3533, S. 12.
28) Zu den Einschränkungsversuchen vgl. die Nachweise bei NK-*Altenhain*, StGB, § 261 Rz. 58; *Schönke/Schröder/Stree*, StGB, § 261 Rz. 8; siehe auch den Überblick bei *Fahl*, Jura 2004, 160, 161 ff.

scheidung des Bundesgerichtshofs hierzu fehlt bislang.[29)] Es können folgende Fallgruppen unterschieden werden, die hier nur kurz dargestellt werden sollen.[30)]

aa) Der Ursprungsgegenstand

14 Fest steht, dass die **unmittelbar durch die Straftat erlangten Vermögensgegenstände** aus dieser „herrühren", z. B. der Verbrecherlohn oder die Beute aus der Tat (etwa das Bargeld aus dem Drogenverkauf).[31)] Wie sich aus § 261 Abs. 6 StGB ergibt, ist der Ursprungsgegenstand auch dann geldwäschetauglich, wenn er nicht mehr in den Händen des Vortäters ist.

15 Der Gegenstand kann aber die Bemakelung verlieren. Das ist etwa für eine Strafbarkeit nach Absatz 2 der Fall, wenn er zuvor straflos erworben wurde (unten Rz. 49 ff). Die **Verjährung der Vortat** ändert an der Bemakelung jedoch nach zutreffender Ansicht nichts.[32)] Zweck des § 261 StGB ist unter anderem, die Straftäter in wirtschaftlicher Hinsicht zu isolieren.[33)] Dieses Ziel würde unterlaufen, wenn die Verjährung der Vortat die Bemakelung entfallen ließe.

bb) Surrogate

16 Anerkannt ist weiterhin, dass auch Surrogate des Ursprungsgegenstandes geldwäschetauglich sein können.[34)] Die Einzelheiten sind aber sehr umstritten. Nach vorzugswürdiger Ansicht ist von einer wirtschaftlichen Betrachtungsweise auszugehen. Danach sind solche Gegenstände geldwäschetauglich, die wirtschaftlich betrachtet infolge auch mehrerer Umwandlungsprozesse an die Stelle des ursprünglichen Gegenstandes getreten sind.[35)] Erlangt der Vortäter durch ein **Austauschgeschäft**, also z. B. durch einen Kauf, einen Gegenstand für den aus der Vortat erlangten Vermögensgegenstand, rührt auch dieser „Tauschgegenstand" aus der Vortat her. Beispielsweise ist auch der vom Drogenerlös gekaufte Schmuck tauglicher Gegenstand der Geldwäsche. Ebenso verhält es sich etwa mit Unternehmensanteilen, die der Täter mit dem aus der Vortat erlangten Geld erwirbt. Anderes gilt für die in

---

29) Dies könnte sich in naher Zukunft ändern, vgl. die Ausführungen des OLG Karlsruhe wistra 2005, 189, 193.
30) Vgl. ausführlicher NK-*Altenhain*, StGB, § 261 Rz. 51 ff; *Leip*, S. 66 ff, 92 ff; *Gentzik*, S. 102 ff.
31) Die durch die rechtswidrige Tat hervorgebrachten Sachen rühren ebenfalls aus der Straftat her, z. B. das Falschgeld bei der Geldfälschung, vgl. ausführlicher *Lackner/Kühl*, StGB, § 261 Rz. 5; nicht darunter fallen nach richtiger Ansicht die Tatmittel, also etwa die zur Tat benutzten Werkzeuge, vgl. nur NK-*Altenhain*, StGB, § 261 Rz. 63 m. w. N.
32) So *Leip*, S. 90 f; MünchKomm-*Neuheuser*, StGB, § 261 Rz. 59; *Schönke/Schröder/Stree*, StGB, § 261 Rz. 9 a. E.; a. A. NK-*Altenhain*, StGB, § 261 Rz. 66, 33 m. w. N. Allerdings kann die Verjährung bei der Beurteilung der Tathandlung nach Absatz 1 relevant sein, vgl. nur MünchKomm-*Neuheuser*, StGB, § 261 Rz. 63.
33) Vgl. nur NK-*Altenhain*, StGB, § 261 Rz. 7.
34) A. A. aber *Bottermann*, S. 23, 30.
35) OLG Karlsruhe wistra 2005, 189, 190; OLG Frankfurt/M. NJW 2005, 1727, 1732; NK-*Altenhain*, StGB, § 261 Rz. 67; *Schönke/Schröder/Stree*, StGB, § 261 Rz. 8; *Wessels/Hillenkamp*, Rz. 896.

diesem Unternehmen hergestellten Produkte.[36] Diese sind auf die Leistungen Dritter zurückzuführen und nicht mehr auf die Begehung der Vortat.

Problematischer sind die Fälle der **Vermischung** von legal mit deliktisch erlangten 17 Mitteln.

Beispiele: Auf ein Konto mit einem Guthaben von 8 000 Euro aus legalen Quellen wird ein Betrag von 2 000 Euro aus dem Verkauf illegaler Drogen eingezahlt. T erhält davon in Kenntnis der Umstände von dem Kontoinhaber D 1 000 Euro.

Oder der Täter kauft ein Auto im Wert von 10 000 Euro. 1 000 Euro davon sind illegaler, 9 000 Euro legaler Herkunft.

Das zuletzt genannte Beispiel ist nach dem Willen des Gesetzgebers wie folgt zu lö- 18 sen: Das Auto rühre „insoweit aus der Vortat her".[37] Gemeint ist hiermit, dass das Auto nur zu einem Zehntel aus der Vortat herrühre. Es sollen die Grundsätze des Bundesgerichtshofs für die Hehlerei übertragen werden. In dem in den Gesetzesmaterialien genannten Urteil[38] wird ausgeführt, das bei aus legalen und illegalen Quellen stammenden Geldern „an Beträgen, die dem Gesamtbestand entnommen sind, Hehlerei insoweit begangen werden (kann), als die empfangene Summe den Miteigentumsanteil des Vortäters überschreitet". Dieser so genannten Lehre von der **Teilkontamination**,[39] die dem ausdrücklichen Willen des Gesetzgebers entspricht, ist zuzustimmen. Andernfalls würde sich durch Vermischung usw. der Wert des im Umlauf befindlichen kontaminierten Vermögens potenzieren. So wäre die Gefahr, die der Gesetzgeber aufgezeigt und als Grenze der Auslegung des Begriffs gesehen hat (oben Rz. 12) verwirklicht. Die Konsequenz hieraus, dass § 261 StGB unterwandert werden kann, ist hinzunehmen. Denn es ist in diesen Fällen gerade nicht ausgeschlossen, dass der Gegenstand „sauberes" Vermögen darstellt.[40]

Für die Beispiele bedeutet das: Sowohl das Guthaben, als auch das Auto stammen, 19 soweit sie aus Erträgen aus einer der Vortaten gespeist wurden, aus der Vortat. Da die Überweisung an T den „gedachten" Miteigentumsanteil des D nicht übersteigt, macht sich T nicht wegen Geldwäsche strafbar.

Eine andere Frage ist, ob eine Mindestgrenze zu beachten ist, ab der der Gegenstand 20 erst bemakelt sein soll, ob also etwa das Auto aus dem oben genannten Beispiel auch dann noch tauglicher Gegenstand einer Geldwäsche wäre, wenn nur 100 Euro der Kaufsumme bemakelt gewesen wären. In der Literatur werden hier bestimmte **Ma-**

---

36) Vgl. Begründung RegE AusführungsG Suchtstoffübereinkommen 1988, BT-Drucks. 12/3533, S. 12.
37) Begründung RegE AusführungsG Suchtstoffübereinkommen 1988, BT-Drucks. 12/3533, S. 12.
38) BGH NJW 1958, 1244.
39) *Burr*, S. 76; MünchKomm-*Neuheuser*, StGB, § 261 Rz. 53; *Schönke/Schröder/Stree*, StGB, § 261 Rz. 9; zur umstrittenen Frage, wann Teile dieser vermischten Gegenstände geldwäschetauglich sind, vgl. die Darstellung bei NK-*Altenhain*, StGB, § 261 Rz. 75.; sowie OLG Karlsruhe wistra 2005, 189, 192 (Teile rühren danach mit demselben Anteil aus den Vortaten her wie der aufgeteilte, vermischte Ersatzgegenstand); a. A. NK-*Altenhain*, StGB, § 261 Rz. 76: Lehre von der Totalkontamination, danach rührt auch jeder Teil aus dem vermischten Gegenstand aus der Vortat her.
40) *Gentzik*, S. 120 f; *Schönke/Schröder/Stree*, StGB, § 261 Rz. 9.

kelquoten diskutiert. Sie reichen von jedenfalls mehr als 1 % bis über 50 %.[41] Das OLG Karlsruhe verwendet die Formulierung, der bemakelte Teil dürfe „aus wirtschaftlicher Sicht nicht völlig unerheblich" sein.[42] Nach wiederum anderer Ansicht gilt der Gegenstand unabhängig von der Höhe des bemakelten Teils als infiziert.[43]

21 Die **Bemakelung des Surrogats endet** jedenfalls – im Unterschied zum Ursprungsgegenstand –, wenn es durch ein anderes ersetzt wird (Beispiel: der Vortäter tauscht das von den Taterlösen gekaufte Auto gegen eine Luxusjacht, das Auto in den Händen des Dritten ist dann nicht mehr bemakelt).[44]

b) Besonderheiten bei § 370a AO als Vortat

22 Besonderheiten sind zu beachten, soweit es um Gegenstände geht, die aus einer Steuerhinterziehung gemäß § 370a AO[45] stammen.[46] Diese ist ein Verbrechen und damit taugliche Vortat nach § 261 Abs. 1 Satz 2 Nr. 1 StGB. Im Hinblick auf die geldwäschetauglichen Gegenstände, die aus der Vortat herrühren, gilt dann § 261 Abs. 1 Satz 3 StGB.[47] Danach sind auch die durch die Steuerhinterziehung ersparten Aufwendungen sowie die unrechtmäßig erlangten Steuererstattungen und Steuervergütungen geldwäschetauglich.

23 Diese Bestimmung wirft **kaum lösbare Abgrenzungsprobleme** auf, soweit es um die Hinterziehung von Ertragssteuern geht. Denn dann erlangt der Täter, anders als etwa bei der Umsatzsteuerhinterziehung, bei der er Vorsteuerbeträge aufgrund einer Täuschung des Finanzamtes ausgezahlt und damit eine „Steuererstattung bzw. –vergütung" bekommt, nichts. Indem er bestimmte Erträge gegenüber dem Finanzamt verschweigt, erspart er lediglich einen Betrag, den er andernfalls an das Amt über-

---

41) *Wessels/Hillenkamp*, Rz. 901, wonach ein Prozent nicht ausreichen soll; *Barton*, NStZ 1993, 159, 163: je nach Gegenstand und Höhe des Gesamtwertes zwischen 1 und 5 %; *Leip*, S. 109, und *Leip/Hardtke*, wistra 1997, 281, 285: in Anlehnung an § 74 Abs. 1 AO 25 %; für ein wesentliches Überwiegen etwa *Salditt*, StraFo 1992, 121, 124; ebenso: *Löwe-Krahl*, in: Achenbach/Ransiek, XIII Rz. 24.
42) OLG Karlsruhe wistra 2005, 189, 192.
43) NK-*Altenhain*, StGB, § 261 Rz. 77; MünchKomm-*Neuheuser*, StGB, § 261 Rz. 54; dessen Argument, einer Begrenzung bedürfe es nicht, da die weiteren Tatbestandsmerkmale den Straftatbestand ausreichend begrenzen, erscheint allerdings angesichts der Probleme bei der Auslegung des § 261 StGB fraglich.
44) NK-*Altenhain*, StGB, § 261 Rz. 79 m. w. N.; ausführlich *Gentzik*, S. 116 f; *Vest*, in: Festschrift Schmid, S. 417, 431; unentschieden OLG Karlsruhe wistra 2005, 189, 191.
45) Die Vorschrift lautet: „Mit Freiheitsstrafe von einem Jahr bis zu zehn Jahren wird bestraft, wer in den Fällen des § 370 (1.) gewerbsmäßig oder (2.) als Mitglied einer Bande, die sich zur fortgesetzten Begehung solcher Taten verbunden hat, in großem Ausmaß Steuern verkürzt oder für sich oder einen anderen nicht gerechtfertigte Steuervorteile erlangt. In minder schweren Fällen ist die Strafe Freiheitsstrafe von drei Monaten bis zu fünf Jahren. Ein minder schwerer Fall liegt insbesondere vor, wenn die Voraussetzungen des § 371 erfüllt sind."
46) Zur Gesetzgebungsgeschichte und den verfassungsrechtlichen Bedenken gegen § 370a AO vgl. bereits *Schröder/Textor*, Vor § 261 StGB Rz. 10 m. w. N.; zu Absatz 1 Satz 3 Halbs. 2 (Vortaten nach Satz 2 Nr. 3) vgl. die Ausführungen bei NK-*Altenhain*, StGB, § 261 Rz. 83 f.
47) Vgl. zum Strafbarkeitsrisiko von Bankangestellten bei der Anlage von „Schwarzgeld" *Hillmann-Stadtfeld*, NStZ 2002, 242, 244.

Geldwäsche; Verschleierung unrechtmäßig erlangter Vermögenswerte § 261 StGB

wiesen hätte. Aus welchen Vermögensteilen der Steuerschuldner aber seine Schuld begleicht, ist seine Entscheidung. Hinzu kommt, dass diese Ersparnis erst zukünftig, nämlich erst dann, wenn die Steuerbescheide ergehen, entsteht. Diese ersparten Aufwendungen sollen nun aber nach dem Wortlaut des Absatzes 1 Satz 3 tauglicher Gegenstand einer Geldwäsche sein. Wie diese Aufwendungen in dem Gesamtvermögen des Täters konkretisiert werden sollen, bleibt fraglich.[48] Problematisch ist auch, dass damit legal erworbenes Vermögen geldwäschetauglich wird. Die Kontamination ist eine bloße gesetzliche Fiktion.[49]

Die **Begründung des Finanzausschusses** zum Regierungsentwurf des Steuerverkürzungsbekämpfungsgesetzes[50] zeigt, dass das Problem der Untrennbarkeit vom Gesamtvermögen des Täters erkannt wurde. Der Gesetzgeber geht allerdings in diesem Zusammenhang von einer „gesetzlichen Klarstellung des Tatbestandsmerkmals ‚Gegenstand' im Sinne des § 261 Abs. 1 Satz 1" aus. So werde sichergestellt, „dass auch die Vermögensbestandteile erfasst werden, die zwar nicht aus der Steuerstraftat selbst hervorgegangen sind, jedoch in einem klaren Zusammenhang mit dieser stehen". Von einer Klarstellung kann jedoch angesichts der hierdurch hervorgerufenen Probleme der Bestimmung des Gegenstandes mitnichten gesprochen werden. 24

Eine Strafbarkeit nach § 261 StGB ist in diesen Fällen aufgrund der mangelnden Konkretisierbarkeit des fraglichen Gegenstandes nach hier vertretener Ansicht abzulehnen.[51] Gegen § 261 Abs. 1 Satz 3 StGB werden zu Recht **verfassungsrechtliche Bedenken** erhoben.[52] 25

In der Literatur wird vertreten, dass eine Geldwäschehandlung in den Fällen des § 370a AO aber dann vorgenommen werden kann, wenn der Täter sich einen so großen Teil des Vermögens des Steuerhinterziehers verschafft, dass zwingend auch Teile der ersparten Aufwendungen darunter sind.[53] Für die **Praxis** der Institute bedeutet die Einbeziehung der Steuerhinterziehung nach § 370a AO in den Vortatenkatalog grundsätzlich eine nicht unerhebliche Risikosteigerung. Der Tatbestand ist seinerseits nur schwer bestimmbar. So ist insbesondere fraglich, wann eine Steuerverkürzung in großem Ausmaß vorliegt. Die zutreffende Einschätzung etwaiger Verdachtsmerkmale wird so schwierig. Dass § 370a AO allerdings Bestand haben wird, ist eher unwahrscheinlich. Der Bundesgerichtshof hat in mehreren Entschei- 26

---

48) *Löwe-Krahl*, in: Achenbach/Ransiek, XIII Rz. 28.
49) *Salditt*, StV 2002, 214, 216; *Tröndle/Fischer*, StGB, § 261 Rz. 8a f.
50) Finanzausschuss zum RegE StVBG, BT-Drucks. 14/7471, S. 9; zu den Besonderheiten des Gesetzgebungsverfahrens vgl. nur *Salditt*, StV 2002, 214; *Wegner*, wistra 2002, 205; sowie die Nachweise bei *Tröndle/Fischer*, StGB, § 261 Rz. 8a.
51) NK-*Altenhain*, StGB, § 261 Rz. 83, der seltene Ausnahmefälle anerkennen möchte; ähnlich auch *Bittmann*, wistra 2003, 161, 168.
52) Lesenswert: *Samson*, in: Festschrift Kohlmann, S. 263, 268 ff, 277 f; *Tröndle/Fischer*, StGB, § 261 Rz. 8b; zu dem Versuch einer verfassungskonformen Auslegung vgl. *Bittmann*, wistra 2003, 161.
53) Vgl. etwa wohl NK-*Altenhain*, StGB, § 261 Rz. 83; *Bittmann*, wistra 2003, 161, 168; *Löwe-Krahl*, in: Achenbach/Ransiek, XIII Rz. 29.

dungen seine verfassungsrechtlichen Bedenken mit guten Argumenten deutlich gemacht.[54]

4. Tathandlung

27 Die durch § 261 StGB unter Strafe gestellten Handlungen lassen sich in den so genannten Verschleierungstatbestand (Verbergen und Verschleiern) und den Vereitelungs- und Gefährdungstatbestand, jeweils nach Absatz 1, sowie den Erwerbs-, Besitz- und Verwendungstatbestand nach Absatz 2 unterteilen.[55] Während die Handlungen des Verschleierungstatbestandes als illegal erkennbar sind, sind die in Absatz 2 genannten Varianten äußerlich unauffällig. Denn im ersten Fall geht es um zielgerichtete, täuschende Manipulationen, die, besonders durch Ortsveränderungen, z. B. den behördlichen Zugriff auf den inkriminierten Gegenstand erschweren sollen. Die Tathandlungen sind also in der Regel als strafrechtlich relevante Sachverhalte erkennbar.[56] Bei den in Absatz 2 unter Strafe gestellten Sachverhalten ist dies gerade nicht der Fall. Hierunter fallen ganz alltägliche Tätigkeiten. Auf subjektiver Seite reicht nicht nur Vorsatz, sondern gemäß Absatz 5 auch leichtfertiges Nichterkennen der illegalen Herkunft des Tatgegenstandes. Diese Weite des § 261 StGB, insbesondere im Fall des Absatzes 2, birgt ein Risiko etwa für Angestellte im Bankenbereich,[57] die täglich mit Finanztransaktionen zu tun haben (zu Einschränkungsversuchen unten Rz. 53 ff).

28 Absatz 1 und auch Absatz 2 knüpfen an Verhaltensweisen an, die sich schon in der Theorie kaum voneinander abgrenzen lassen; umso größer sind die Probleme bei der praktischen Anwendung.

a) Tathandlungen nach Absatz 1

29 Als Tathandlung im Sinne des Absatzes 1 kommen in Frage:
– das Verbergen,
– die Verschleierung der Herkunft,
– die Vereitelung oder Gefährdung der Ermittlung der Herkunft, des Auffindens, des Verfalls, der Einziehung oder der Sicherstellung eines aus einer Vortat herrührenden Gegenstands.

aa) Die Tatbestandsvarianten im Einzelnen

30 Unter die Varianten des **Verbergens des Gegenstandes** und der **Verschleierung seiner Herkunft** fallen die typischen Geldwäschehandlungen. Diese Tatbestandsvarianten implizieren die Tendenz des Täters, bewusst den für § 261 StGB tauglichen

---

54) Vgl. *Schröder/Textor*, Vor § 261 StGB Rz. 10 m. w. N.; zusammenfassend: *Harms*, in: Festschrift Kohlmann, S. 413.
55) Vgl. zu diesen Begriffen nur die Begründung RegE AusführungsG Suchtstoffübereinkommen 1988, BT-Drucks. 12/3533, S. 11.
56) *Löwe-Krahl*, in: Achenbach/Ransiek, XIII Rz. 31; *Otto*, wistra 1995, 323, 325; *Salditt*, StraFo 1992, 121, 127.
57) *Otto*, ZKW 1994, 63, 64; *ders.*, wistra 1995, 323, 325 f.

Gegenstand dem staatlichen Zugriff zu entziehen.[58] Verbergen ist beispielsweise das Verstecken oder Ablegen an einem ungewöhnlichen Ort.[59] Die Herkunft eines Gegenstandes wird verschleiert, wenn durch irreführende Machenschaften der Anschein erweckt werden soll, er stamme nicht aus einer tauglichen Vortat der Geldwäsche. Dem Täter muss dies nicht gelungen sein.[60] **Typische Beispiele für ein Verschleiern der Herkunft sind:** Falschbuchungen, Falschbeschriftungen und das Machen sonstiger unrichtiger Angaben, das Vermischen illegal erworbener Gelder mit legal erworbenen[61] (etwa das „Aufstocken" der Einnahmen eines Geschäftes oder Unternehmens mit hohem Bargeldaufkommen[62]).

Der Tatbestand des **Verbergens** oder **Verschleierns** kann durch den Kunden einer Bank z. B. verwirklicht werden durch den **Umtausch von „Gegenständen"**, also z. B die Einzahlung von Geld auf Konten, sofern dabei wissentlich falsche Angaben gemacht werden, z. B. **falscher Name** des Einzahlers oder des wirtschaftlich Berechtigten oder über die **Herkunft der Mittel**. Ein Umtausch von Sorten kann auch darunter fallen. Der Bankangestellte wird davon nur dann betroffen sein, wenn er sich vorsätzlich oder leichtfertig an der Tathandlung beteiligt (zur Veranschaulichung siehe folgende Beispiele unter Rz. 35 ff). 31

Daneben ist in Absatz 1 das **Vereiteln** oder die Gefährdung der Ermittlung der Herkunft, des Auffindens, des Verfalls (vgl. §§ 73 ff StGB), der Einziehung (vgl. §§ 74 ff StGB) oder der Sicherstellung (vgl. §§ 111b ff StPO) eines aus einer Vortat herrührenden Gegenstands unter Strafe gestellt. Der Begriff „Vereitelung" ist § 258 StGB entlehnt; er ist **erfolgsbezogen**;[63] der Täter muss zumindest teilweise im Sinne der Vorschrift besser gestellt worden sein, d. h., es muss gelungen sein, etwa die Sicherstellung eines Gegenstandes durch die Strafverfolgungsbehörden zu verhindern (so genanntes Erfolgsdelikt). Ob eine Verzögerung auf geraume Zeit, wie bei § 258 StGB, ausreicht, ist in der Literatur umstritten und erscheint zweifelhaft, da es sonst der Aufnahme der Variante des Gefährdens nicht bedurft hätte. Für die Praxis spielt diese Frage jedoch keine Rolle, da im Zweifel ohnehin jedenfalls eine Gefährdung vorliegt.[64] 32

Die **Gefährdung** ist demgegenüber **handlungsbezogen**; die Handlung muss geeignet sein, den Täter besser zu stellen (konkretes Gefährdungsdelikt[65]), d. h., der Täter muss eine *konkrete* Gefahr zur Verhinderung der Ermittlung der Herkunft usw. geschaffen haben.[66] Allein der Eintritt der Gefahr genügt für die Vollendung 33

---

58) LK-*Ruß*, StGB, § 261 Rz. 12.
59) Vgl. *Schönke/Schröder/Stree*, StGB, § 261 Rz. 11.
60) *Schönke/Schröder/Stree*, StGB, § 261 Rz. 11.
61) *Schönke/Schröder/Stree*, StGB, § 261 Rz. 11.
62) *Hund*, ZRP 1996, 163, 165; *Tröndle/Fischer*, StGB, § 261 Rz. 21.
63) Begründung BRatE OrgKG, BT-Drucks. 12/989, S. 27.
64) Für § 258 StGB: BGH NJW 1984, 135; *Tröndle/Fischer*, StGB, § 258 Rz. 5; für § 261 verneinend vgl. etwa *Lackner/Kühl*, StGB, § 261 Rz. 7 m. w. N.
65) Begründung BRatE OrgKG, BT-Drucks. 12/989, S. 27.
66) BGH NJW 1999, 436, 437; OLG Hamm wistra 2004, 73, 74; OLG Frankfurt/M. NJW 2005, 1727, 1733; im Zeitpunkt der Handlung müssen noch keine Ermittlungen begonnen haben, so NK-*Altenhain*, StGB, § 261 Rz. 95 m. N. zur a. A.

des Delikts. Da die Gefährdung somit in einem früheren Stadium der Tat eingreift als die Vereitelung, hätte Letztere in der Aufzählung des § 261 auch weggelassen werden können.[67]

34 **Beispielsfälle zu den Varianten des Vereitelns oder Gefährdens sind:** der Umtausch von Geld in eine andere Währung; Kauf von Schmuck oder Grundstücken, um nicht in Besitz der gesuchten Vermögensgegenstände zu sein und so die Ermittlung usw. zu verhindern; rasche Überweisung von Drogengeldern auf ein Konto im Ausland (Gefährdung).[68] Mangels Erfolgseintritts – es fehlt sowohl an einem Vereiteln, als auch an der Schaffung einer konkreten Gefahr – liegt bei einer Übergabe des inkriminierten Gegenstandes an einen verdeckten Ermittler der Polizei nur Versuch vor[69] (unten Rz. 147 ff).

bb) Beispiele

35 **Beispiel 1:** Der Bankangestellte weiß, dass sein Kunde sich im Rauschgiftmilieu betätigt. Dieser zahlt oft hohe Bargeldbeträge ein und überweist sie ins Ausland. Für einen Teil des Geldes kauft er Wertpapiere über die Tafel.

36 Führt der Angestellte die Transaktionen dennoch aus, nimmt er einerseits die illegale Herkunft und andererseits die Vereitelung oder Gefährdung des Auffindens oder der Sicherstellung des Gegenstands billigend in Kauf. Er handelt damit bedingt vorsätzlich. Das ist für eine Bestrafung nach Absatz 1 ausreichend. Je nach Einzelfall könnte zudem eine Bestrafung nach § 257 (Begünstigung) oder § 259 (Hehlerei) in Frage kommen.[70]

37 **Beispiel 2:** Der Angestellte lehnt beim Beispiel 1 die Durchführung des Geschäfts ab, sieht aber entgegen der Verpflichtung aus § 11 GwG von einer Anzeige ab, obwohl er den Namen des Kunden kennt. Hier macht sich der „Kunde" einer versuchten Geldwäsche nach Absatz 3 strafbar. Eine strafbare Handlung des Bankangestellten liegt nicht darin. Insbesondere stellt die Zurückweisung keine „Gefährdung der Sicherstellung des Gegenstandes" dar.

38 In Beispiel 2 hat der Angestellte keine Tathandlung begangen. Durch die Zurückweisung des Geschäfts wird die Stellung des Täters nicht verändert.

39 Bei **zurückgewiesenen Geschäften** kann aus Sicht des Strafrechts eine Anzeige nach Absatz 9 (unten Rz. 60 ff) unterbleiben. Eine Straftat, von deren Strafdrohung man sich mit der Anzeige befreien müsste, liegt nicht vor. Die Pflicht zur Anzeige nach § 11 GwG besteht jedoch unabhängig davon. Wenn auch die Verletzung dieser Pflicht bei zurückgewiesenen Geschäften ohne strafrechtliche Sanktion oder Sanktion nach dem Geldwäschegesetz bleibt, ist bei Instituten noch das Aufsichtsrecht zu bedenken.[71]

---

67) *Tröndle/Fischer*, StGB, vor § 13 Rz. 13, 13a, § 261 Rz. 22.
68) *Körner*, in: Körner/Dach, S. 21 f.
69) BGH NJW 1999, 436, 437.
70) Vgl. *Löwe-Krahl*, S. 55 f; BGH NStZ 1987, 22.
71) Siehe dazu *Fülbier*, Einleitung Rz. 104 ff.

cc) Angehörigenprivileg

Der Tatbestand der Geldwäsche kennt keine Privilegierung von Angehörigen des Vortäters, die die Tat begehen, um diesen vor Bestrafung zu schützen. Anders sieht dies bei einer Strafvereitelung zugunsten eines Angehörigen aus. Gemäß § 258 Abs. 6 StGB ist derjenige, der die Tat zugunsten eines Angehörigen begeht, straffrei. Der persönliche Strafausschließungsgrund soll der notstandsähnlichen Lage Rechnung tragen, in der sich derjenige befindet, der einen Angehörigen vor Strafe schützen will. Die Interessenlage ist aber bei den Geldwäschehandlungen, die „notwendig" sind, um die Bestrafung des Angehörigen wegen der Vortat zu verhindern, die gleiche. Folglich ist nach richtiger Ansicht in diesen Fallkonstellationen eine analoge Anwendung des § 258 Abs. 6 StGB mit der Folge der Strafbefreiung zu befürworten.[72] 40

b) Tathandlungen nach Absatz 2

Nach Absatz 2 wird ebenso wie nach Absatz 1 bestraft, wer **sich oder einem Dritten einen solchen Gegenstand verschafft** (Nummer 1) oder **verwahrt** oder **für sich oder einen Dritten verwendet** (Nummer 2). Nach dem Willen des Gesetzgebers soll Absatz 2 vor allem **Isolierungs- und Auffangtatbestand** sein. Durch die Bestrafung auch des Verschaffens usw. soll „der inkriminierte Gegenstand praktisch verkehrsunfähig gemacht"[73] und somit der „Vortäter gegenüber der Umwelt isoliert"[74] (Isolierungsfunktion) werden. Daneben soll Absatz 2 die Strafbarkeit in den Fällen ermöglichen, in denen ein Vereitelungs- oder Gefährdungsvorsatz i. S. d. Absatz 1 nicht nachgewiesen werden kann oder aber ein Verbergen oder Verschleiern nicht vorliegt (Auffangtatbestand).[75] 41

aa) Voraussetzungen

Der Begriff „**Verschaffen**" in Absatz 2 Nr. 1 ist dem Tatbestand der Hehlerei (§ 259 StGB) entnommen und wie dort auszulegen.[76] Darunter ist die Herbeiführung eigener Verfügungsgewalt über den Gegenstand auf abgeleitetem Weg und im Einvernehmen mit dem Vorbesitzer (der freilich nicht der Vortäter zu sein braucht) zu verstehen.[77] Letzteres Merkmal soll die Fälle des eigenmächtigen Handelns, also etwa eines Diebstahls, ausschließen. Von § 261 StGB wie von § 259 StGB sollen eben nur die Fälle erfasst sein, in denen Vorbesitzer und Geldwäscher „quasi rechtsgeschäftlich zusammenarbeiten".[78] Eigene Verfügungsgewalt setzt voraus, dass derjenige zu eigenen Zwecken mit dem Gegenstand verfahren kann, also auch der 42

---

72) So auch *Schönke/Schröder/Stree*, StGB, § 261 Rz. 12; ablehnend: MünchKomm-*Neuheuser*, StGB, § 261 Rz. 77.
73) Begründung BRatE OrgKG, BT-Drucks. 12/989, S. 27.
74) Begründung BRatE OrgKG, BT-Drucks. 12/989, S. 27.
75) Begründung BRatE OrgKG, BT-Drucks. 12/989, S. 27.
76) Begründung BRatE OrgKG, BT-Drucks. 12/989, S. 27; Begründung RegE AusführungsG Suchtstoffübereinkommen 1988, BT-Drucks. 12/3533, S. 12.
77) *Tröndle/Fischer*, StGB, § 261 Rz. 24, § 259 Rz. 12 ff; *Schönke/Schröder/Stree*, StGB, § 259 Rz. 42.
78) *Schönke/Schröder/Stree*, StGB, § 259 Rz. 42.

wirtschaftliche Wert übergeht.[79] Dies ist etwa bei der bloßen Besitzerlangung zur Miete, Leihe, bloßen Verwahrung (vgl. aber Absatz 2 Nr. 2), vorübergehenden Nutzung[80] oder Annahme zur Ansicht *nicht* der Fall. Eigene Verfügungsgewalt erlangt der Geldwäscher dagegen beim Ankauf von Gegenständen.

43 Demnach stellt also etwa die **Annahme fremder Gelder als Einlagen durch Kreditinstitute**[81] oder das Ausführen einer (Bar-)Überweisung[82] ein (einem Dritten) Verschaffen im Sinne der Vorschrift dar. Daneben ist der Ankauf von Schmuck oder sonstigen Wertgegenständen zu nennen.[83]

44 Richtigerweise macht sich aber derjenige nicht strafbar, der sich den Gegenstand zwar verschafft, ihn jedoch nicht wirtschaftlich nutzen bzw. an Dritte zu diesem Zweck weiterleiten will, sondern ihn lediglich den **Strafverfolgungsbehörden übergeben** will.[84] Denn diese Handlungen beeinträchtigen die nach dem Willen des Gesetzgebers geschützten Rechtsgüter des Absatzes 2, nämlich einerseits die Rechtspflege, andererseits aber auch das durch die Vortat geschützte Rechtsgut,[85] gerade nicht. Die Weite des Tatbestandes muss durch eine an den geschützten Rechtsgütern ausgerichtete Auslegung sinnvoll begrenzt werden, um nicht dem Vorwurf der Unbestimmtheit ausgesetzt zu sein.[86]

45 Die Aufnahme der bloßen „**Verwahrung**" als Tathandlung macht die Begrenzungen, die das Erfordernis der „eigenen Verfügungsgewalt" beim Verschaffen bringt, wieder zunichte. Denn unter Verwahren ist die bewusste Gewahrsamsausübung zu verstehen, also die Ausübung der tatsächlichen Sachherrschaft,[87] so dass etwa das bloße Borgen eines inkriminierten Gegenstandes mit Freiheitsstrafe von mindestens drei Monaten bis zu fünf Jahren bestraft werden könnte. Der Gesetzgeber hielt die Aufnahme der Tatbestandsvariante aber für „geboten, um Strafbarkeitslücken für den Fall zu schließen, dass der Täter einen inkriminierten Gegenstand in Gewahrsam hat, ohne zugleich die Voraussetzungen des Absatzes 1 (...) oder der anderen Merkmale des Absatzes 2 (...) nachweisbar zu erfüllen".[88] Ähnlich wie bei der Leichtfertigkeit stand also auch hier die Befürchtung im Vordergrund, andere als

---

79) *Schönke/Schröder/Stree*, StGB, § 259 Rz. 19.
80) So auch ausdrücklich Begründung RegE AusführungsG Suchtstoffübereinkommen 1988, BT-Drucks. 12/3533, S. 13.
81) *Otto*, ZKW 1994, 63, 64.
82) *Spiske*, S. 135.
83) Vgl. ausdrücklich die Begründung RegE AusführungsG Suchtstoffübereinkommen 1988, BT-Drucks. 12/3533, S. 13.
84) So zutreffend *Schönke/Schröder/Stree*, StGB, § 261 Rz. 13.
85) Begründung BRatE OrgKG, BT-Drucks. 12/989, S. 27.
86) Insoweit ist der Anmerkung des BVerfG (BVerfGE 110, 226, 251), eine teleologische Auslegung sei wegen der „Weite und Vagheit der durch die Strafvorschrift möglicherweise geschützten Rechtsgüter" schwierig, nicht zu folgen; vgl. zur Kritik hieran auch *Bussenius*, S. 190 f; *von Galen*, NJW 2004, 3304, 3307 f; zur Kritik an unbestimmten Rechtsgütern *Ambos*, JZ 2002, 70, 75.
87) *Tröndle/Fischer*, StGB, § 261 Rz. 25; zur fehlenden Strafbarkeit bei bloßer Verwahrung, um den Gegenstand an die Strafverfolgungsbehörden weiter zu geben, gelten die Ausführungen unter Rz. 44 entsprechend.
88) Begründung RegE AusführungsG Suchtstoffübereinkommen 1988, BT-Drucks. 12/3533, S. 13.

strafwürdig angesehene Verhaltensweisen nicht beweisen zu können, und nicht der eigene Unwertgehalt der Tatbestandsvariante. **Beispiel:** physisches Verwahren inkriminierter Wertpapiere (effektive Stücke in einem Bankdepot).[89] Für **Buchgeld** und die Girosammelverwahrung gilt die Besonderheit, dass hier nicht auf die Sachherrschaft abgestellt werden kann, sondern auf das alleinige Recht des Kontoinhabers, über das Geld zu verfügen (auch Fremdgeld auf Anderkonto eines Rechtsanwalts).[90]

Unter „**Verwendung**" im Sinne von Absatz 2 Nr. 2 ist der bestimmungsgemäße Gebrauch des Gegenstandes, also insbesondere jede wirtschaftliche Verfügung zu verstehen.[91] Darunter fallen insbesondere die vielfältigen Geldgeschäfte von Seiten des Verfügenden,[92] aber auch die Veräußerung und Weitergabe von Gegenständen an Dritte.[93] Wie beim Verschaffen fallen auch hier eigenmächtige Handlungen nicht darunter, also etwa das unbefugte Nutzen eines mit Drogengeldern finanzierten Pkws.[94] **46**

Für *alle* Fälle des Absatzes 2 sei hervorgehoben, dass der Täter die illegale Herkunft des Gegenstandes dabei zu dem Zeitpunkt kennen oder zu dem Zeitpunkt billigend in Kauf nehmen muss, zu dem er die jeweils in Betracht kommende Tathandlung begeht (**subjektive Komponente**; unten Rz. 68 ff). Dies ist ausdrücklich nur für Nummer 2, also für die Varianten des „Verwahrens" und der „Verwendung" genannt. Für Nummer 1 ergibt sich dies aber bereits aus allgemeinen Grundsätzen, nach denen der Vorsatz bei Ausführung der Tathandlung gegeben sein muss, hier also im Zeitpunkt des Verschaffens. Da die Varianten des Verwahrens und des Verwendens einen in der Regel längeren Zeitraum beschreiben, hat der Gesetzgeber zur Einschränkung der Strafbarkeit klargestellt, dass sich nur derjenige jeweils strafbar macht, der die Herkunft aus einer der in Absatz 1 genannten Vortaten bereits zu dem Zeitpunkt kannte, in dem er den Gegenstand erlangte. Dieser Punkt wird bedeutsam, wenn der Betroffene erst im Nachhinein erfährt, dass der Gegenstand „inkriminiert" ist (unten Rz. 112 ff). **47**

Die Verwendung des Wortes „gekannt" in Absatz 2 Nr. 2 hat in der Literatur zu einer Kontroverse geführt. Fraglich ist, ob „Kenntnis" nur die positive Kenntnis, also sicheres Wissen, umschreibt oder auch der so genannte Eventualvorsatz reicht, also ein „Für-möglich-Halten" der illegalen Herkunft. Der Wortlaut der Norm spricht eher für die erstgenannte Deutung. Ein Vergleich mit Absatz 5 macht aber deutlich, dass auch die Vorsatzform des dolus eventualis umfasst sein soll. Nach Absatz 5 **48**

---

89) *Otto*, ZKW 1994, 63, 65.
90) *Spiske*, S. 144; vgl. auch OLG Frankfurt/M. NJW 2005, 1727, 1733 (kurzzeitiges Verwahren von Kautionsgeld für einen Beschuldigten durch einen Rechtsanwalt auf eigens eingerichtetem Privatkonto); vorgehend LG Gießen NJW 2004, 1966.
91) *Tröndle/Fischer*, StGB, § 261 Rz. 26; Begründung RegE AusführungsG Suchtstoffübereinkommen 1988, BT-Drucks. 12/3533, S. 13.
92) Begründung BRatE OrgKG, BT-Drucks. 12/989, S. 27; *Tröndle/Fischer*, StGB, § 261 Rz. 26; vgl. zur Empfangnahme des Geldes die Variante des „Verschaffens".
93) Begründung RegE AusführungsG Suchtstoffübereinkommen 1988, BT-Drucks. 12/3533, S. 13.
94) *Schönke/Schröder/Stree*, StGB, § 261 Rz. 13.

reicht sogar das leichtfertige Nichterkennen der Herkunft des Gegenstandes auch im Fall des Absatzes 2 aus. Außerdem führte ein engeres Verständnis auch zum Widerspruch mit Nummer 1 des Absatzes 2. Dort reicht ebenfalls dolus eventualis.[95] Die Systematik des § 261 StGB gibt folglich den Ausschlag dafür, dass hier schon das „Für-möglich-Halten" ausreicht.[96] Freilich ist es richtig, dass der Gesetzgeber mit dem Merkmal der Kenntnis oder ähnlichen Vokabeln oftmals den direkten Vorsatz meint, vgl. etwa § 283c Abs. 1, § 283d Abs. 1 Nr. 1 StGB. Zwingend ist diese Schlussfolgerung aber gerade nicht, was im Umkehrschluss aus § 16 Satz 1 StGB folgt. Danach handelt nicht vorsätzlich, wer einen Tatumstand nicht kennt. Würde „Kennen" nur sicheres Wissen bedeuten, wäre für den dolus eventualis kein Raum.

bb) Ausschluss der Strafbarkeit nach Absatz 6

49 Der sehr weite Tatbestand des Absatzes 2 erhält eine Einschränkung auf objektiver Seite durch die Regelung in Absatz 6 der Norm. Danach ist die Tat nicht nach Absatz 2 strafbar, wenn zuvor ein Dritter den Gegenstand erlangt hat, ohne hierdurch eine Straftat zu begehen. Das gilt z. B. dann, wenn der inkriminierte Gegenstand gutgläubig erlangt wurde.[97]

50 In der Literatur ist hier vieles umstritten. So wird diskutiert, ob mit „Straftat" jede Straftat oder nur eine solche nach § 261 StGB[98] gemeint ist. Daneben wird mit unterschiedlichen Begründungen eine Anwendbarkeit auch auf Taten nach Absatz 1 befürwortet. Der Wortlaut steht einer solchen Auslegung jedoch ausdrücklich entgegen.[99]

51 Fraglich ist, ob Absatz 6 auch dann eingreift, wenn etwa ein Drogendealer das durch den Verkauf erlangte Geld auf sein Konto bei einem **gutgläubigen Mitarbeiter der Bank** einzahlt, auf Seiten der Bank also keine Straftat vorliegt, und dann einem bösgläubigen Dritten Geld überweist bzw. einen Scheck zukommen lässt. Durch das „Parken" des aus einer der Vortaten erlangten Geldes könnte dieses Geld legal gewaschen werden.[100] Richtigerweise ist aber das vom Bösgläubigen später Erlangte tauglicher Gegenstand der Geldwäsche. Denn die Bank kommt zwar im beschriebenen Fall gutgläubig in Besitz des Bargeldes, so dass das Bargeld nicht mehr geldwäschetauglich ist. Zugleich erhält aber der Vortäter und Bankkunde einen eigenen Auszahlungsanspruch gegen die Bank. Diese Forderung des Vortäters rührt als Surrogat aus der Vortat her. Nur die Forderung tritt er aber an den Dritten ab. Durch das bloße Einzahlen von Bargeld auf ein Konto bei einer gutgläubigen Bank wird die Wirkung des Absatzes 6 folglich nicht für den späteren Empfänger des Geldes bzw.

---

95) *Lackner/Kühl*, StGB, § 261 Rz. 8.
96) So auch *Lackner/Kühl*, StGB, § 261 Rz. 8; MünchKomm-*Neuheuser*, StGB, § 261 Rz. 67; *Schönke/Schröder/Stree*, StGB, § 261 Rz. 13; a. A. *Bottke*, wistra 1995, 121, 123.
97) Auf die zivilrechtliche Wirksamkeit kommt es dabei nicht an, vgl. nur NK-*Altenhain* StGB, § 261 Rz. 87 m. w. N.
98) So die wohl h. M., vgl. zum Meinungsstand m. w. N. *Tröndle/Fischer*, StGB, § 261 Rz. 27.
99) BGHSt 47, 68, 80; OLG Karlsruhe wistra 2005, 189, 191; *Bauer*, in: Festschrift Maiwald S. 127, 138; *Tröndle/Fischer*, StGB, § 261 Rz. 28 m. w. N.; a. A. *Gentzik*, S. 122 ff m. w. N. *Wessels/Hillenkamp*, Rz. 901.
100) Vgl. hierzu MünchKomm-*Neuheuser*, StGB, § 261 Rz. 69 m. w. N.

der Forderung ausgelöst. Ist der Überweisungs- oder Scheckempfänger bösgläubig, kann er sich weiterhin nach § 261 StGB strafbar machen.[101]

Sinn und Zweck der Vorschrift ist nach den Gesetzesmaterialien der **Schutz des allgemeinen Rechtsverkehrs**. Durch die Regelung in Absatz 6 wird es dem Gutgläubigen erst ermöglicht, die erlangte Sache, deren Herkunft er im Nachhinein erfährt, weiterreichen zu können, ohne dass die Empfänger sich strafbar machen könnten. Der gutgläubige Erwerber soll also einen inkriminierten Gegenstand weiter veräußern können. Ohne Absatz 6 würde auch er sich einem strafrechtlichen Risiko ausgesetzt sehen. Zwar wäre der Veräußerer nicht nach Absatz 2 Nr. 2 strafbar, da er die Herkunft nicht kannte, als er den Gegenstand erlangte. Allerdings könnte er sich bei späterer Kenntnis dann wegen Anstiftung oder Beihilfe an der Geldwäschehandlung des Abnehmers schuldig machen.[102] Mit der Regelung sollte folglich ein gerechter Ausgleich zwischen dem Interesse an vollständiger Isolierung des Vortäters, die dadurch erreicht werden soll, dass illegal erworbene Gegenstände absolut verkehrsunfähig sein sollen, und dem Interesse des gutgläubigen Erwerbers an der Verwertung dieses Gegenstandes geschaffen werden.

cc) Einschränkung der Anwendbarkeit des Absatzes 2

Die Tathandlungen des Absatzes 2 erfassen nahezu jeden Umgang mit einem Gegenstand, der aus einer der in Absatz 1 genannten Vortaten herrührt. In einer Zusammenschau mit dem immer umfangreicher gewordenen Vortatenkatalog und dem Ausreichen selbst des leichtfertigen Nichterkennens der inkriminierten Herkunft nach Absatz 5 (unten Rz. 81 ff) wird deutlich, wie umfassend der Anwendungsbereich und damit wie groß das Risiko ist, insbesondere bei Mitgliedern bestimmter Berufsgruppen, sich nach § 261 StGB strafbar zu machen. Der Tatbestand greift weit in das Alltagsleben ein.[103] Insbesondere werden auch berufstypische Handlungen erfasst.

In der Literatur sind daher vielfältige Vorschläge zur Einschränkung des Anwendungsbereichs des Tatbestandes gemacht worden. So wird von vielen eine teleologische Reduktion des Tatbestandes erwogen, die zur Straflosigkeit der Geschäfte des täglichen Verkehrs oder der Geschäfte zur Deckung des existentiellen Lebensbedarfs führen soll.[104] Problematisch daran ist die Abgrenzung und Bestimmbarkeit.[105] Andere befürworten den **Ausschluss sozialadäquater**, also auch solcher Tä-

---

101) Ebenso etwa: *Gentzik*, S. 124, 125 f, mit detaillierten Ausführungen; *Tröndle/Fischer*, StGB, § 261 Rz. 29; *Wessels/Hillenkamp*, Rz. 895; *Löwe-Krahl*, in: Achenbach/Ransiek, XIII Rz. 36; MünchKomm-*Neuheuser*, StGB, § 261 Rz. 69; *Reich*, in: Wabnitz/Janovsky, S. 311, Rz. 8; *Schönke/Schröder/Stree*, StGB, § 261 Rz. 14, jeweils m. w. N.; a. A.: *Hamm*, NJW 2000, 636, 638; *Maiwald*, in: Festschrift Hirsch, S. 631, 637, 640.
102) So Begründung RegE AusführungsG Suchtstoffübereinkommen 1988, BT-Drucks. 12/3533, S. 14 f.
103) Das ursprüngliche Ziel, die Bekämpfung der organisierten Kriminalität, hat der Gesetzgeber aus dem Auge verloren. In der Praxis sind die Regelungen wenig erfolgreich, vgl. zu Statistik und Kritik *Arzt*, in: Diederichsen/Dreier, S. 17, 30, 32 ff; *Tröndle/Fischer*, StGB, § 261 Rz. 4b ff; *Fahl*, Jura 2004, 160, 166 f.
104) Vgl. etwa *Wessels/Hillenkamp*, Rz. 900.
105) Darauf weist zu Recht *Tröndle/Fischer*, StGB, § 261 Rz. 31, hin, m. w. N.

tigkeiten, die zur üblichen Berufsausübung zählen, aus dem Tatbestand.[106] In einem früheren Gesetzesvorschlag zu § 261 StGB war eine solche Klausel tatsächlich enthalten.[107] Der Gesetzgeber hat sich aber im Ergebnis dagegen entschieden. Auch die Rechtsprechung hat sich gegen eine generelle Straflosigkeit sozial adäquaten Verhaltens ausgesprochen[108] sowie die generelle Einschränkung des Tatbestandes des § 261 StGB verneint.[109]

55 Das **Bundesverfassungsgericht** hat entschieden, dass Absatz 2 Nr. 1 grundsätzlich mit dem Grundgesetz vereinbar ist. Allerdings nur soweit **Strafverteidiger** nur dann mit Strafe bedroht werden, wenn sie im Zeitpunkt der Annahme ihres Honorars sichere Kenntnis von dessen Herkunft haben.[110] Damit hat das Bundesverfassungsgericht für Strafverteidiger, die bemakeltes Honorar annehmen, die Möglichkeit der **leichtfertig und bedingt vorsätzlich** begangenen Geldwäsche durch Verschaffen des Gegenstandes gemäß Absatz 2 Nr. 1 im Rahmen verfassungskonformer Auslegung ausgeschlossen. Das bedeutet, dass sich Strafverteidiger nur dann wegen Geldwäsche gemäß Absatz 2 Nr. 1 strafbar machen können, wenn sie sicher wissen, dass das Honorar aus einer Katalogtat stammt. Zu Nachforschungen über die Einnahmequellen seines Mandanten ist der Verteidiger aber nicht verpflichtet.[111] Anders als das OLG Hamburg hat das Bundesverfassungsgericht aber anerkannt, dass Strafverteidiger sich durch die Annahme bemakelten Honorars grundsätzlich wegen Geldwäsche strafbar machen können, sie also taugliche Täter einer Geldwäsche sein können.[112] Absatz 2 Nr. 1 stelle für den Strafverteidiger einen Eingriff in sein Grundrecht auf freie Berufsausübung aus Art. 12 Abs. 1 Satz 1 GG dar,[113] der ohne verfassungskonforme Reduktion gegen den Grundsatz der Verhältnismäßigkeit verstieße.[114]

---

106) Vgl. etwa die Nachweise bei *Löwe-Krahl*, wistra 1993, 123, 125; *Tröndle/Fischer*, StGB, § 261 Rz. 33.
107) BRatE OrgKG, BT-Drucks. 11/7663, S. 7 f.
108) BGHSt 46, 107, 113, zur Beihilfe zur Steuerhinterziehung durch Bankmitarbeiter, vgl. auch unten Rz. 75 ff.
109) Jedenfalls für die Berufsgruppe der Strafverteidiger das BVerfGE 110, 226, 247 ff = NJW 2004, 1305.
110) BVerfGE 110, 226 = NJW 2004, 1305, damit ist das Bundesverfassungsgericht der so genannten Vorsatzlösung gefolgt, vgl. zur Diskussion in der Literatur *Beulke*, in: Festschrift Rudolphi, S. 391; sowie die Zusammenfassung bei *Tröndle/Fischer*, StGB, § 261 Rz. 32 ff, zur Kritik am Urteil des BVerfG Rz. 36 f; die Verfassungsbeschwerde war gegen das Urteil BGHSt 47, 68 erhoben worden; vgl. zu einem Fall der Kautionshinterlegung durch einen Strafverteidiger: OLG Frankfurt/M. NJW 2005, 1727, 1732 ff, das die vom BVerfG aufgestellten Grundsätze im Ergebnis nicht für anwendbar erklärte, da im vorliegenden Fall der Strafverteidiger bewusst aus der Rolle als Organ der Rechtspflege herausgetreten sei; anders LG Gießen NJW 2004, 1966.
111) BVerfGE 110, 226, 267.
112) BVerfGE 110, 226, 247 m. w. N. zu der entsprechenden h. M. der Literatur; anders OLG Hamburg NJW 2000, 673, das sich für ein „Honorarprivileg" des Strafverteidigers ausspricht.
113) BVerfGE 110, 226, 251.
114) BVerfGE 110, 226, 262; vgl. zur Folgeentscheidung für das Ermittlungsverfahren BVerfG WM 2005, 478 = NJW 2005, 1707 = wistra 2005, 217 (stattgebender Kammerbeschluss vom 14.1.2005).

Das Urteil lässt sich jedoch nicht vorbehaltlos **auf andere Berufsgruppen übertragen**.[115] Die Begründung des Bundesverfassungsgerichts hebt die Besonderheiten des Berufs des Strafverteidigers hervor. Maßgeblich stellte das Gericht darauf ab, dass den Gefahren für die Berufsausübungsfreiheit des Strafverteidigers, nicht zuletzt durch frühzeitige Ermittlungsmaßnahmen der Staatsanwaltschaft gegen den Verteidiger, das verfassungsrechtlich verbürgte Institut der Wahlverteidigung und das Recht des Beschuldigten auf wirksamen Beistand eines Verteidigers nur unwesentliche Vorteile bei der Bekämpfung der organisierten Kriminalität gegenüberstünden.[116] Denn nur „selten dürften Täter der organisierten Kriminalität den Weg über Mandatierung und Honorierung eines Strafverteidigers wählen, um ihre Verbrechensgewinne zu waschen".[117]

56

II. Geldwäsche durch Unterlassen

Geldwäsche ist auch durch bloßes Unterlassen begehbar. Das gilt insbesondere für die Vereitelung oder Gefährdung der Sicherstellung eines Gegenstands. Nach § 13 StGB ist der Täter dann wegen Unterlassens zu bestrafen, wenn er **rechtlich** dafür einzustehen hat, dass der tatbestandliche Erfolg nicht eintritt (**unechtes Unterlassungsdelikt**). Der Täter muss Garant dafür sein, dass das geschützte Rechtsgut nicht geschädigt wird.[118] Bei § 261 StGB führt die Annahme einer solchen Garantenstellung zu der Pflicht, dass der Täter den Eintritt des Erfolges, namentlich die Einschleusung illegaler Vermögensgegenstände in den legalen Finanzkreislauf, verhindern muss.[119] Eine solche Einstandspflicht kann sich aus gesetzlichen Vorschriften ergeben. So kann der Tatbestand der Strafvereitelung (§ 258 StGB) in der Form der Verfolgungsvereitelung auch durch ein Unterlassen, z. B. bei Nichterfüllung einer Anzeigepflicht verwirklicht werden. Das ist anerkannt z. B. für die Anzeigepflicht des Dienstvorgesetzten bei Straftaten seines Untergebenen und für § 6 SubvG.[120]

57

Im Bereich der Geldwäsche besitzen eine Garantenstellung nach ganz allgemeiner Ansicht die zuständigen Beamten der Strafverfolgungsbehörden.[121] Inwieweit dies auch für Mitarbeiter einer Bank gelten muss, ist in der Literatur umstritten. Dabei ist zunächst eine Abweichung zu anderen Unterlassungsfällen (Produkthaftung oder Umweltdelikte) hervorzuheben, bei denen das Unternehmen selbst eine Gefahrenquelle birgt, indem es toxisch wirkende Produkte vertreibt oder die Umwelt schädigt. In den Fällen der Geldwäsche durch Unterlassen geht es einmal um die

58

---

115) Wenngleich nach hier vertretener Auffassung auch bei Bankmitarbeitern hinsichtlich berufsneutraler Handlungen eine restriktive Bestimmung des Vorsatzes geboten ist, vgl. unten Rz. 75 ff; vgl. zu ungeklärten Fragen bei anderen Berufsgruppen *Fischer*, NStZ 2004, 473, 476 f; *Matt*, Jr 2004, 321, 328.
116) BVerfGE 110, 226, 264, 265.
117) BVerfGE 110, 226, 264.
118) Str., siehe *Schönke/Schröder/Stree*, StGB, § 13 Rz. 8 m. w. N.
119) *Körner*, BtMG, § 29 Rz. 1912.
120) *Schönke/Schröder/Stree*, StGB, § 258 Rz. 19 m. w. N.
121) NK-*Altenhain*, StGB, § 261 Rz. 93; *Körner*, BtMG, § 29 Rz. 1912; MünchKomm-*Neuheuser*, StGB, § 261 Rz. 86.

Nichthinderung tatbestandsmäßiger Handlungen innerhalb des Instituts und daneben um die Frage, ob die Nichtanzeige der tatsächlichen oder vermeintlichen Geldwäschehandlung eines Dritten eine eigene Haftung aus § 13 StGB auslöst.

59 Da Institute nach § 11 GwG zur Anzeige von Verdachtsfällen verpflichtet sind, könnte man hier auf den Gedanken kommen, der Tatbestand der Geldwäsche könne durch ein Unterlassen begangen werden, wenn eine Anzeige unterbleibt. Soweit der Institutsangestellte eine Geldwäschetransaktion durchführt, liegt stets eine Tatbestandsverwirklichung durch aktives Tun vor.[122] Die Begehung durch Unterlassen kann insofern vernachlässigt werden.

60 Erheblich wird die Frage dann, wenn eine verdächtige **Transaktion zurückgewiesen** wird. Da sich die Anzeigepflicht nach § 11 GwG auch auf abgewiesene Geschäfte erstreckt,[123] könnte man annehmen, der Tatbestand sei erfüllt, wenn in diesem Fall keine Anzeige erfolgt (Vereitelung oder Gefährdung der Ermittlung der Herkunft, des Auffindens). Es ist in diesen Fällen jedoch schon sehr fraglich, ob überhaupt eine Tathandlung nach Absatz 1 vorliegt. Denn durch die Weigerung des Angestellten, eine verdächtige Transaktion durchzuführen, wird das inkriminierte Geld nicht in den legalen Finanzkreislauf eingeführt, eine Überwindung der Schnittstelle zwischen illegalem und legalem Finanzkreislauf und damit das typische Ziel der Geldwäschehandlungen[124] ist nicht erreicht, sondern wurde durch die Zurückweisung des Geschäfts gerade verhindert. Eine Besserstellung des Täters liegt gerade nicht vor.[125]

61 Soweit man eine Tathandlung durch Unterlassen unterstellt, besteht aber jedenfalls keine Rechtspflicht des Institutsangestellten, der das Geschäft zurückweist. Die Anzeigepflicht nach § 11 GwG obliegt der Bank und nicht dem jeweiligen Angestellten. Nach § 261 StGB kann nur der handelnde Angestellte bestraft werden. Wegen der Inkongruenz zwischen Adressat der Anzeigepflicht und Adressat der Strafnorm ist die Anzeigepflicht nicht Rechtspflicht i. S. d. § 13 StGB für den betroffenen Angestellten. Die Anzeigepflicht kann im Einzelfall zwar auf die Mitteilungspflicht des Angestellten, der die Transaktion ausführt, gegenüber seinem Vorgesetzten oder dem Geldwäschebeauftragten zurückgeführt werden. Der Angestellte wird aber nicht entscheiden, ob die Bank eine Anzeige erstattet.[126] Somit ist er auch nicht in der Position, das Geschehen hemmen oder ablaufen lassen zu können.[127] Ein weiteres Argument spricht gegen eine Unterlassensstrafbarkeit des Institutsangestellten. Der Angestellte würde in ein Dilemma getrieben: Er hat die Wahl zwischen der Ausführung der verdächtigen Transaktion (ein Eilgeschäft) mit der möglichen Folge, dem Vorwurf der Geldwäsche durch aktives Tun ausgesetzt zu sein, und

---

122) Zustimmend BAKred, Schreiben vom 24.1.1995 (I5-B102), Maßnahmen zur Bekämpfung der Geldwäsche; Wirksamkeit des Geldwäschegesetzes und des § 261 StGB, abgedruckt in: *Consbruch/Möller u. a.*, KWG, Nr. 11.11, S. 56; *Burr*, S. 92; *Werner*, S. 232.
123) Dazu *Fülbier*, § 11 GwG Rz. 38 ff.
124) Vgl. nur *Tröndle/Fischer*, StGB, § 261 Rz. 19.
125) Vgl. Begründung RegE AusführungsG Suchtstoffübereinkommen 1988, BT-Drucks 12/3533, S. 11; *Körner*, BtMG, § 29 Rz. 1868; ähnlich: NK-*Altenhain*, StGB, § 261 Rz. 93.
126) Dazu *Langweg*, § 14 GwG Rz. 35 ff; *Löwe-Krahl*, wistra 1993, 123, 125 f.
127) MünchKomm-*Neuheuser*, StGB, § 261 Rz. 88.

der Verweigerung der Transaktion, dann allerdings unter dem Vorwurf der Geldwäsche durch Unterlassen.[128] Eine Strafbarkeit von "einfachen" Institutsmitarbeitern durch Unterlassen liegt jedenfalls mangels Garantenstellung folglich nicht vor.[129]

Diese Ansicht wird teilweise unter Hinweis auf die prinzipielle **Garantenstellung des Geschäftsinhabers** i. V. m. § 14 und die Delegierbarkeit der Pflicht "nach unten" abgelehnt.[130] Auch *Burr* und *Werner*[131] erkennen aber im Ergebnis an, dass die gesetzliche Anzeigepflicht allein nicht ausreicht, eine Garantenpflicht zu begründen. *Werner* lehnt im Ergebnis ebenfalls eine Verantwortlichkeit der Angestellten, bis auf den Geldwäschebeauftragten, unter Hinweis auf die mangelnde Entscheidungsbefugnis ab.[132] *Burr* hält die "doppelt" delegierte Verpflichtung vom Vorstand auf den Geldwäschebeauftragten zum Angestellten für ausreichend. Letzterer sei als Garant kraft Delegation dann allerdings darauf beschränkt, Verdachtsfälle an die leitende Person zu melden.[133] 62

Eine Garantenpflicht zur Verhinderung von Geldwäschetaten Dritter ergibt sich aus §§ 11, 14 GwG jedoch weder für den Vorstand noch für den Geldwäschebeauftragten oder einen sonstigen Angestellten.[134] Für diese Ansicht sprechen folgende Gesichtspunkte. 63

Zunächst ist anzuführen, dass sich § 11 GwG etwa von der Anzeigepflicht in § 6 SubvG unterscheidet. Während diese Vorschrift einen Amtsträger verpflichtet, sind es in § 11 GwG grundsätzlich Private.[135] Darin liegt ein wesentlicher Unterschied.[136] Private sind allgemein nur unter engen Voraussetzungen gemäß § 138 StGB verpflichtet, bevorstehende, in einem engen Katalog aufgeführte Straftaten anzuzeigen, wenn sie hiervon glaubhaft erfuhren. Eine Abkehr davon mit der Folge einer strafbarkeitsbegründenden Verdachtsanzeigepflicht hätte deutlicher ausfallen müssen. In den Gesetzesmaterialien findet sich eine explizite Erklärung hierzu nicht.[137] Ferner führt ein Verstoß gegen § 138 StGB nicht zur Unterlassenstäterschaft oder Beihilfe hinsichtlich des geplanten Delikts, sondern die Vorschrift stellt 64

---

128) Auf diese Zwickmühle weist zu Recht *Arzt*, in: Arzt/Weber, § 29 Rz. 43, hin.
129) Ebenso: MünchKomm-*Altenhain*, StGB, § 261 Rz. 93; *Bottermann*, S. 157 ff, 164; *Höreth*, S. 135; *Leip*, S. 138 f; *Körner*, BtMG, § 29 Rz. 1912; *Lang/Schwarz/Kipp*, S. 220 f; MünchKomm-*Neuheuser*, StGB, § 261 Rz. 88; *Otto*, wistra 1995, 323, 325; so auch *Werner*, S. 237, der aber erst den Übergang der Haftung nach § 14 StGB ablehnt; a. A. *Burr*, S. 86 ff, 91 f; *Lackner/Kühl*, StGB, § 261 Rz. 7; wohl auch *Schönke/Schröder/Stree*, StGB, § 261 Rz. 10.
130) *Burr*, S. 91; *Werner*, S. 233.
131) *Burr*, S. 91; *Werner*, S. 234 m. w. N.
132) *Werner*, S. 238 f.
133) *Burr*, S. 91.
134) MünchKomm-*Altenhain*, § 261 Rz. 93; *Bottermann*, S. 157 ff; *Höreth*, S. 135; *Leip*, S. 138 f; *Lang/Schwarz/Kipp*, S. 220 f; *Löwe-Krahl*, in: Achenbach/Ransiek, XIII Rz. 71, allerdings etwas widersprüchlich, vgl. Rz. 89; *Otto*, wistra 1995, 323, 325; a. A. etwa *Hombrecher*, JA 2005, 67, 71; MünchKomm-*Neuheuser*, StGB, § 261 Rz. 87.
135) Selbst bei § 31b AO, der eine Meldepflicht für Finanzbeamte vorsieht, die den Verdacht einer Geldwäschehandlung hegen, ist die Frage ungeklärt, vgl. nur *Löwe-Krahl*, PStR 2004, 262, 265.
136) Vgl. *Bottermann*, S. 163; *Kaufmann*, S. 176 ff.
137) Vgl. die Darstellung bei *Bottermann*, S. 148 ff.

ein echtes Unterlassungsdelikt dar, das die Nichtanzeige mit der Begehung der geplanten Straftat gerade nicht gleichsetzt. Der Gesetzgeber hat sich bei § 11 GwG aber gegen eine Strafbewehrung der Nichtanzeige entschieden und diese Entscheidung würde ausgeblendet, wenn der Fall der Nichtanzeige zu einer Art Nebentäterschaft der Geldwäsche hochstilisiert wird.

65 Darüber hinaus wären diese Privaten ungleich schwerer belastet als die Amtsträger. Denn §§ 11, 14 GwG würden **strafbarkeitsbegründende** Normen darstellen, die bezüglich ihrer Pflichten unbestimmt sind. Dies liegt an der relativen Unbestimmtheit bzw. zumindest Vielfältigkeit des betreffenden Tatbestandes, also der Geldwäsche, die die exakte Bestimmung eines Verdachtsfalls schwierig und für den Rechtsunterworfenen nicht zuverlässig erkennbar macht.[138] Diese Argumente haben **den Gesetzgeber davon abgehalten**, die Nichteinhaltung der Verdachtspflicht als Ordnungswidrigkeit zu pönalisieren.[139] Freilich ist der Wortlaut der §§ 11, 14 Abs. 2 GwG ambivalent und kann als Argument für eine Garantenstellung dienen. Indes zeigt die historische Auslegung, dass die Nichteinhaltung der Anzeigepflicht gerade nicht sanktioniert werden sollte, obwohl unserem Recht derart sanktionsbewehrte Anzeigepflichten nicht fremd sind.[140] Ferner ergibt sich eine Beschwer aus dem Umstand, dass es für die Privaten nicht um eine drohende Strafbarkeit wegen Strafvereitelung geht, sondern gerade um die Bestrafung wegen Verletzung des zu schützenden Rechtsguts selbst, wozu ein leichtfertiges Nichterkennen der deliktischen Herkunft des Gegenstandes ausreicht. Die Unbestimmtheit der Handlungspflicht macht auch Folgendes deutlich: Jedenfalls nach Auffassung des früheren Bundesaufsichtsamtes für das Kreditwesen greift die Anzeigepflicht entgegen dem Wortlaut des § 11 GwG schon dann ein, wenn ein auffälliges Kundenverhalten vorliegt; nicht einmal ein konkreter Hinweis auf eine kriminelle Vortat wird verlangt.[141] Der Institutsangestellte als Pflichtenträger kann aber aus seiner Sicht nicht ermessen, ob einem bestimmten, ihm auffälligen Kundenverhalten, das er als Anlass für eine Anzeige nehmen könnte, überhaupt eine Rechtsgutverletzung zugrunde liegt. Nach den Statistiken lag die „Trefferquote" der Verdachtsanzeigen in den letzten Jahren bei nur etwa 4 %.[142]

66 Im Ergebnis ist daher festzuhalten, dass die „Pflichten des GwG (…) die handelnden Organe nicht zu Garanten gegenüber der Strafrechtspflege"[143] machen. Dies ginge über den Gesetzeszweck des Geldwäschegesetzes hinaus, das weniger der Strafverfolgung einer Person dienen soll, sondern vielmehr präventive Zwecke verfolgt.[144]

---

138) *Bottermann*, S. 157 ff.
139) Vgl. Gegenäußerung BReg zu BRat RegE GewAufspG, BT-Drucks. 12/2747, S. 5.
140) Einen Verstoß gegen die Verdachtsmeldepflicht (§ 10 WpHG) bei Kursmanipulationen oder Verstößen gegen das Insiderhandelsverbot hat der Gesetzgeber in § 39 Abs. 2 Nr. 2b WpHG zur Ordnungswidrigkeit erklärt.
141) Siehe *Fülbier*, § 11 GwG Rz. 36 ff, 56 f.
142) Vgl. zur Statistik *Fülbier*, § 11 GwG Rz. 22 ff.
143) *Otto*, wistra 1995, 323, 325.
144) Vgl. nur *Löwe-Krahl*, in: Achenbach/Ransiek, XIII Rz. 71, 61 ff; zu dem hier gefundenen Ergebnis gelangt für das schweizerische Recht auch *Arzt*, Züricher Studien zum Strafrecht

Davon zu trennen ist die Frage, ob Geschäftsleiter einer Bank für die Nichthinde- 67
rung von Geldwäschetaten haften, die aus einem Institut heraus begangen werden.
§ 25a Abs. 1 Nr. 6 KWG verlangt geschäfts- und kundenbezogene Sicherungssysteme gegen Geldwäsche. Im Unterschied zu § 14 Abs. 1 GwG, der auf einen Schutz des Instituts vor Missbrauch desselben zur Geldwäsche abhebt,[145)] verfügt § 25a Abs. 1 Nr. 6 KWG eine gesetzliche Pflicht zur Verhinderung solcher Straftaten, die sich auch auf Vorgänge innerhalb eines Instituts erstreckt. Allgemein werden diese Fälle unter der Überschrift der Geschäftsherrenhaftung oder der Pflicht zur Abwendung betriebsbezogener Straftaten diskutiert.[146)] Die Pflicht selbst obliegt nach § 25a Abs. 1 KWG den Geschäftsleitern i. S. d. § 1 Abs. 2 Satz 1 KWG. Das sind diejenigen natürlichen Personen, die nach Gesetz, Satzung oder Gesellschaftsvertrag zur Führung der Geschäfte und zur Vertretung eines Instituts in der Rechtsform einer juristischen Person oder einer Personenhandelsgesellschaft berufen sind. Im Fall der Delegation dieser Pflicht, insbesondere auf den Geldwäschebeauftragten, tritt eine Erweiterung der strafrechtlichen Haftung über § 14 Abs. 2 StGB ein, die den Geschäftsleiter aber nicht pauschal aus der Verantwortung befreit. Soweit er um Geldwäscheaktivitäten in der Bank weiß, muss er einschreiten. Indes handelt es sich hierbei nicht um eine Haftung für Geldwäschehandlungen Dritter. Es geht ausschließlich um Fälle, in denen der Geschäftsleiter oder der i. S. d. § 14 Abs. 2 StGB gesondert Beauftragte darum wissen, dass Mitarbeiter des Instituts nach § 261 StGB tatbestandsmäßige Handlungen vornehmen.

III. Die subjektive Tatseite

Neben den objektiven Merkmalen, also dem Herrühren des Gegenstandes aus einer 68
Vortat, der Tathandlung und gegebenenfalls dem Erfolg der Tat, müssen dem Täter auch subjektive Merkmale nachgewiesen werden. Für die Begehung der Geldwäsche muss der Täter vorsätzlich gehandelt haben. Nach Absatz 5 reicht aber hinsichtlich der Herkunft des Tatobjekts auch Leichtfertigkeit, wobei dieser Fall aber milder bestraft wird. Unter Vorsatz ist zunächst der Wille zur Verwirklichung eines Straftatbestandes in Kenntnis aller seiner Tatumstände zu verstehen.[147)] Für die Begehung der Geldwäsche reicht die leichteste Form des Vorsatzes, der so genannte dolus eventualis (auch Eventualvorsatz genannt).[148)] Dolus eventualis liegt nach der Rechtsprechung des Bundesgerichtshofs vor, wenn der Täter „den Eintritt des tatbestandlichen Erfolges als möglich und nicht ganz fern liegend erkennt" und „die Tatbestandsverwirklichung billigend in Kauf nimmt oder sich um des erstrebten Zieles willen wenigstens mit ihr abfindet, mag ihm auch der Erfolgseintritt an sich

---

106 (1989), S. 160, 192; *Ackermann*, S. 265 m. w. N.; vgl. zum österreichischen Recht *Lewisch*, RdW (Österreich) 1994/1, S. 3, 7.
45) Siehe dazu auch *Sethe*, S. 929.
46) *Achenbach*, in: Achenbach/Ransiek, I 3 Rz. 31 ff m. w. N.; *Schönke/Schröder/Stree*, StGB, § 13 Rz. 52 m. w. N.
47) BGHSt 19, 295, 298.
48) RegE AusführungsG Suchtstoffübereinkommen 1988, BT-Drucks. 12/3533, S. 13; OLG Hamm wistra 2004, 73, 74; *Lackner/Kühl*, StGB, § 261 Rz. 9; *Tröndle/Fischer*, StGB, § 261 Rz. 40.

unerwünscht sein".[149] Dagegen ist Leichtfertigkeit eine gesteigerte Form der Fahrlässigkeit (unten Rz. 81 ff).

1. Vorsätzliche Geldwäsche

69 Der subjektive Tatbestand des § 261 StGB enthält zwei Elemente, die häufig zumindest missverständlich als „**doppelter Vorsatz**" bezeichnet werden.

a) Vorsatz bezüglich der Herkunft des Gegenstandes

70 Der Täter muss von der Herkunft des Gegenstandes aus einer der Katalogtaten wissen. Es reicht der Eventualvorsatz. Bezüglich der Art der Vortat selbst geht es nur um die **Kenntnis der Vortat; auf das Wollen, etwa ein nachträgliches Billigen, kommt es nicht an.** Für das Wissen von der Vortat ist es nicht erforderlich, dass der Täter eine konkrete Vorstellung von den Einzelheiten der rechtswidrigen Vortat hat. Dem Bundesgerichtshof zufolge genügt es, wenn der Täter Umstände gekannt hat, aus denen sich in groben Zügen bei rechtlich richtiger Bewertung, die er nur laienhaft erfasst haben muss, eine Katalogtat ergibt.[150] Nicht ausreichend ist danach aber, dass der Täter eine legale Herkunft der Gegenstände ausschließt.[151] Denn § 261 StGB enthält einen Vortatenkatalog und lässt gerade nicht jede beliebige Tat ausreichen. Andererseits soll es ausreichen, wenn der Täter verschiedene Herkunftsmöglichkeiten annimmt, aber nur eine von ihnen eine Katalogtat darstellt.[152] Dem ist nicht vorbehaltlos zu folgen. Bei berufsneutralen Handlungen, bei denen der Täter über die bloße Herkunftsmöglichkeit hinaus keine weiteren Anhaltspunkte hat, genügt derartiges Wissen nach hier vertretener Auffassung nicht (unten Rz. 75 ff).

b) Vorsatz bezüglich der Geldwäschehandlung

71 Zum anderen muss beim Täter hinsichtlich der **Geldwäschehandlung** immer **Vorsatz** vorliegen. Wie beim überwiegenden Teil der vorsätzlich begehbaren Delikte reicht dolus eventualis grundsätzlich aus. Allerdings ist zwischen den einzelnen Tathandlungen des § 261 StGB zu unterscheiden. Die typischen Geldwäschehandlungen des Verschleierungstatbestandes nach Absatz 1 etwa werden regelmäßig mit positiver Kenntnis des Täters begangen, da die Tathandlungen diese implizieren.[153] Auch derjenige, der sich den Gegenstand verschafft, ihn verwahrt oder verwendet (Absatz 2), weiß, was er tut. Eventualvorsatz wird folglich regelmäßig nur für die übrigen Handlungen des Absatzes 1 (Vereiteln oder Gefährden) in Betracht kommen.[154] Dort muss der Täter die Vereitelung der Herkunftsermittlung des Gegenstandes, dessen Auffinden, Verfall, Einziehung oder Sicherstellung erkennen und zumindest billigend in Kauf nehmen.

---

149) BGHSt 36, 1, 9; vgl. auch 44, 99, 102; vgl. zur besonderen Rechtslage für Strafverteidiger bei der Annahme bemakelten Honorars nach BVerfGE 110, 226 bereits oben Rz. 55.
150) BGH wistra 2003, 260, 261; BGHSt 43, 158, 165 = NJW 1997, 3323 = wistra 1998, 22.
151) BGH wistra 2003, 260, 261.
152) *Lackner/Kühl*, StGB, § 261 Rz. 9; *Schönke/Schröder/Stree*, StGB, § 261 Rz. 18.
153) LK-*Ruß*, StGB, § 261 Rz. 12; *Leip*, S. 145.
154) Diese Eingrenzung nimmt zu Recht *Leip*, S. 145 f, vor.

Allein **Verstöße gegen Verpflichtungen aus dem Geldwäschegesetz** indizieren 72
nicht den Vorsatz für eine strafbare Handlung i. S. d. § 261 StGB.

c) Nachweisschwierigkeiten

Grundsätzlich kann das Gericht aus äußeren Umständen der Tat auf die innere 73
Einstellung des Täters schließen.

Bei der Geldwäsche liegt für die Strafverfolgungsbehörden bzw. Gerichte das größte 74
Problem darin, dem Täter den so genannten **doppelten Vorsatz** nachzuweisen.
Problematisch ist es insbesondere, zunächst die illegale Herkunft zu ermitteln
(oben Rz. 9) und dem Täter auch noch das mehr oder weniger konkrete Wissen um
die illegale Herkunft des Gegenstandes zu beweisen. Diese tatsächlichen Schwierigkeiten
versuchte der Gesetzgeber abzufedern, in dem er auch das leichtfertige
Nichterkennen der illegalen Herkunft des Vermögensgegenstandes durch Absatz 5
ausreichen lässt[155] (unten Rz. 81 ff).

d) Anwendung der Grundsätze der BGH-Rechtsprechung zur so genannten neutralen Beihilfe

Insbesondere die Tathandlungen des Absatzes 2 können auch durch **so genannte** 75
sozialübliche, berufstypische Verhaltensweisen[156] begangen werden. Äußerlich
nicht als kriminell erkennbar, erhalten sie ihre Strafwürdigkeit allein über die innere
Tatseite, das Wissen und Wollen des Täters. Gerade diese Fälle kommen bei den berufstypischen
Handlungen des Bankmitarbeiters in Betracht. Hinzu kommt, dass
die Varianten des Absatzes 2 typischen Beihilfehandlungen ähneln.[157] Ein eigensüchtiges
Motiv des Täters ist nicht notwendig. Das Verschaffen oder Verwenden
erscheint in einer Gesamtschau als dienender Teil der Handlungen desjenigen, der
illegal erlangte Vermögensgegenstände zu seinen Gunsten rein „waschen" will. Sie
sind für den Erfolg des „Haupt(vor)täters" notwendig. Insofern stellen sie die Anschlussförderung
einer fremden Tat – ähnlich der Beihilfe – dar.

Wie erwähnt, wird der Täter einer Handlung nach Absatz 2 in der Regel wissen, was 76
er gerade tut, sich nämlich etwa Geld verschaffen. Insoweit wird er regelmäßig positive
Kenntnis bezüglich der Tathandlung haben, so dass auch hier kein taugliches
Abgrenzungskriterium zwischen strafbarem und nicht strafbarem Verhalten liegt.
Dreh- und Angelpunkt ist dann die subjektive Tatseite bezüglich der illegalen Herkunft
des Gegenstandes. Ob sich der Täter dann einer Strafdrohung von mindestens
drei Monaten Freiheitsstrafe bis zu fünf Jahren (Vorsatz bezüglich der Herkunft)
oder aber mit einer solchen von Freiheitsstrafe bis zu zwei Jahren oder sogar „nur"
Geldstrafe gegenüber sieht, hängt allein von der Bewertung des Gerichts zu den
Vorstellungen des Täters über die Herkunft ab. Die in ihren Auswirkungen somit
sehr wichtige Abgrenzung zwischen leichtfertigem Nichterkennen und dem Für-

---

155) Begründung BRatE OrgKG, BT-Drucks. 12/989, S. 27; zu weitergehenden Plänen einer
 Beweiserleichterung durch Pönalisierung des nur fahrlässigen Nichterkennens vgl. SPD-E
 2. OrgKg, BT-Drucks. 12/6784.
156) Vgl. etwa *Otto*, JZ 2001, 436.
157) *Hefendehl*, in: Festschrift Roxin, S. 145, 147.

möglich-Halten und billigendem Inkaufnehmen der Herkunft aus einer tauglichen Vortat der Geldwäsche ist indes abhängig von feinsten Nuancen sowohl bezüglich der Feststellungen der äußeren Umstände, als auch der rechtlichen Bewertung. Gerade für Bankmitarbeiter, die alltäglich Handlungen im Sinne des Geldwäschetatbestandes berufsbedingt ausüben, ergibt sich hieraus eine missliche Lage. Sie ist **vergleichbar mit den Fällen der neutralen Beihilfehandlungen**, in denen eine berufstypische Handlung die Haupttat eines anderen fördert.

77 Da die tatsächliche Situation wie auch die rechtliche Einordnung im Falle der Geldwäsche durch berufstypische Handlungen der Beihilfe durch neutrale Handlungen ähneln, liegt eine Übertragung der dort vertretenen Lösungswege nahe.[158] In der Literatur sind zur neutralen Beihilfe zahlreiche Ideen entwickelt worden,[159] die hier nicht dargestellt werden können. Der Bundesgerichtshof vertritt eine Lösung im subjektiven Bereich, die aufgrund der beschriebenen Vergleichbarkeit auf berufstypische Handlungen, die objektiv die Merkmale des Absatzes 2 erfüllen, zu übertragen sind.

78 „Eine generelle Straflosigkeit von ‚neutralen', ‚berufstypischen' oder ‚professionell adäquaten' Handlungen" hat der Bundesgerichtshof ausdrücklich verneint.[160] In einem **Verfahren gegen einen Bankangestellten wegen Beihilfe zur Steuerhinterziehung** beim Kapitaltransfer ins Ausland hat der Bundesgerichtshof folgende Grenze gezogen:[161] „Zielt das Handeln des Haupttäters ausschließlich darauf ab, eine strafbare Handlung zu begehen und weiß dies der Hilfeleistende, so ist sein Tatbeitrag als Beihilfehandlung zu werten (...). In diesem Fall verliert sein Tun stets den ‚Alltagscharakter'; es ist als Solidarisierung mit dem Täter zu deuten (...) und dann auch nicht mehr als ‚sozialadäquat' anzusehen (...). Weiß der Hilfeleistende dagegen nicht, wie der von ihm geleistete Beitrag vom Haupttäter verwendet wird, hält er es lediglich für möglich, dass sein Tun zur Begehung einer Straftat genutzt wird, so ist sein Handeln regelmäßig noch nicht als strafbare Beihilfehandlung zu beurteilen, es sei denn, das von ihm erkannte Risiko strafbaren Verhaltens des von ihm Unterstützten war derart hoch, dass er sich mit seiner Hilfeleistung ‚die Förderung eines erkennbar tatgeneigten Täters angelegen sein' ließ (...)."

79 Das Gericht versuchte die Weite der Gehilfenhaftung auf subjektiver Ebene zu begrenzen, indem die **Anforderungen an den Eventualvorsatz** gesteigert werden. Zum Für-möglich-Halten und Billigen des Erfolges treten weitere Voraussetzungen hinzu. Der Täter muss Umstände erkennen, aus denen sich das bekannte Risiko der

---

158) Am Beispiel der strafrechtlichen Haftung des Notars *Schröder*, DNotZ 2005, 596; für die Diskussion um die Entgegennahme bemakelten Honorars durch den Strafverteidiger vgl. *Hefendehl*, in: Festschrift Roxin, S. 145, 147; vgl. die Darstellung der hierzu vertretenen Ansichten auch bei OLG Hamburg NJW 2000, 673, 674 ff.
159) Vgl. nur den Überblick bei *Schröder*, DNotZ 2005, 596, 602 ff m. w. N.; ausführlich *Kudlich*, S. 75 ff.
160) BGHSt 46, 107, 113; zu einer beabsichtigten Ausschlussklausel „sozialadäquaten" Verhaltens in § 261 StGB vgl. BRatE OrgKG, BT-Drucks. 11/7663, S. 7 und S. 50 (Stellungnahme der Bundesregierung zu dem Gesetzesentwurf des Bundesrates, in der die Ausnahmeregel kritisiert wurde).
161) BGHSt 46, 107, 112; zuvor bereits für die Beihilfe eines Rechtsanwalts: BGH NStZ 2000, 34; zu Beihilfe durch einen Notar: BGH wistra 2000, 459, 460.

Begehung einer Straftat des anderen weiter zuspitzt, aber noch nicht die Schwelle der nächsten Stufe, des direkten Vorsatzes erreicht. Der Tatrichter muss in seinem Urteil Tatumstände feststellen, kraft deren von der besagten Zuspitzung im Sinne einer erkennbaren Tatgeneigtheit gesprochen werden kann.[162]

Diese **Grundsätze** sind nach hier vertretener Auffassung auf die angesprochenen Fälle im Rahmen des § 261 zu **übertragen**. Die Voraussetzungen des Eventualvorsatzes und die Feststellungen des Richters sind an dieser einschränkenden Rechtsprechung des Bundesgerichtshofs auszurichten.[163] Konkret heißt das: Weiß der Bankmitarbeiter nicht positiv, dass der Vermögenswert aus einer Vortat des § 261 StGB stammt, sondern hält er es lediglich für möglich, so ist sein Handeln regelmäßig noch nicht mit dem notwendigen Eventualvorsatz unterlegt, es sei denn, das von ihm erkannte Risiko einer Herkunft des Vermögenswerts aus einer einschlägigen Vortat ist derart hoch, dass er sich mit seinem Tun die Verwirklichung einer der Tathandlungen des § 261 StGB angelegen sein ließ.

2. Vorsatz-Leichtfertigkeit-Kombinationen (Absatz 5)

Nach Absatz 5 macht sich strafbar, wer in den Fällen der Absätze 1 und 2 leichtfertig nicht erkennt, dass der Gegenstand aus einer in Absatz 1 genannten rechtswidrigen Tat eines anderen herrührt.[164] Danach reicht also bezüglich des Herrührens des Gegenstandes und bezüglich der Katalogtat die bloße Leichtfertigkeit, im Hinblick auf die übrigen Tatbestandsmerkmale muss aber auch in diesem Fall Vorsatz vorliegen. Der Strafrahmen ist niedriger und reicht von Geldstrafe bis Freiheitsstrafe bis zu zwei Jahren.

Faktisch gilt Absatz 5 jedoch nur für Handlungen nach Absatz 2. Der Täter, der leichtfertig die Herkunft des Gegenstandes aus einer Katalogtat verkennt, wird weder die finalen Handlungen des Verbergens und Verschleierns tätigen noch den Gefährdungsvorsatz nach Absatz 1 bilden können.[165]

Die Vorschrift soll in erster Linie dazu dienen, **Beweisschwierigkeiten** zu **vermeiden** und eine wirksame Strafverfolgung der Geldwäscher zu ermöglichen.[166] Sie soll die Bestrafung des Täters sicherstellen, der vorsätzlich handelt, dem der Vorsatz aber nicht nachweisbar ist. Sie soll nicht die Pönalisierung unbeteiligter Institutsangestellter herbeiführen. Unter dieser Prämisse muss ein Institutsangestellter im Re-

---

162) Vgl. die ausführliche Darstellung bei *Schröder*, DNotZ 2005, 596, 607.
163) Vgl. zu den Beweisanforderungen bezüglich des Eventualvorsatzes eines Strafverteidigers schon die Entscheidung BGHSt 38, 345, 348 ff, 351; zur so genannten modifizierten Vorsatzlösung für Strafverteidiger, die bemakeltes Honorar annehmen: *Matt*, in: Festschrift Riess, S. 739; *ders.*, GA 2002, 137.
164) Der Gesetzgeber war zur Pönalisierung der Leichtfertigkeit nicht durch internationale Vorgaben verpflichtet, vgl. *Schröder/Textor*, Vor § 261 StGB Rz. 17; NK-*Altenhain*, StGB, § 261 Rz. 137; *Kaufmann*, S. 58; *Müther*, Jura 2001, 318, 319; *Vogel*, ZStW 109 (1997), 335, 347, der darauf hinweist, dass nur die Bundesrepublik und Spanien eine leichtfertige Geldwäsche kennen.
165) NK-*Altenhain*, StGB, § 261 Rz. 138; *Leip*, S. 151.
166) Begründung BRatE OrgKG, BT-Drucks. 12/989, S. 27; vgl. zur Kritik nur *Tröndle/Fischer*, StGB, § 261 Rz. 44 m. w. N.; *Kargl*, NJ 2001, 57, 59 f.

gelfall nicht damit rechnen, nur deshalb bestraft zu werden, weil ihm (einmal) Verdachtsmerkmale[167] nicht aufgefallen sind. Dennoch führt die Regelung aufgrund ihres Wortlauts zu Unsicherheiten. Es lässt sich nämlich nicht vorhersagen, inwiefern das Motiv des Gesetzgebers bei der späteren Handhabung der Vorschrift noch eine Rolle spielen wird. Für den Einzelnen ist es daher kaum möglich zu erkennen, wann er sich außerhalb des Erlaubten bewegt.

84 Durch den Tatbestand der leichtfertigen Geldwäsche können weite Bevölkerungskreise kriminalisiert werden. Dieser Umstand ist nochmals durch die stetige Ausweitung des Vortatenkatalogs und der damit geschaffenen ähnlichen Weite auf objektiver Seite des Tatbestandes verschärft worden. Das trifft vor allem diejenigen, die Bargeld in größerem Umfang annehmen, in erster Linie Bankangestellte. Der Tatbestand wird daher nicht nur, aber gerade auch von der Kreditwirtschaft mit Hinweis auf weniger strenge Regelungen im Ausland scharf kritisiert.[168]

85 Die Kritik wird unter anderem auch darauf gestützt, dass vergleichbare Tatbestände wie Hehlerei, Begünstigung und Strafvereitelung nur vorsätzlich begangen werden können. Zudem sei bei Absatz 5 fraglich, ob der Tatbestand den Anforderungen an den besonders strengen strafrechtlichen **Bestimmtheitsgrundsatz** genüge.[169]

86 In seiner Entscheidung vom 17.7.1997 hat der Bundesgerichtshof die gegen die Leichtfertigkeit vorgebrachten Bedenken verworfen und damit die gegenwärtige Fassung des Absatzes 5 bestätigt.[170] Absatz 5 ist danach mit dem Schuldprinzip vereinbar und verstößt nicht gegen den Bestimmtheitsgrundsatz.[171] Indes misst der Bundesgerichtshof den in der Literatur erhobenen Bedenken einiges Gewicht bei und neigt zu einer – von den Tatgerichten zu beachtenden – restriktiven Interpretation des Merkmals der Leichtfertigkeit. Dem Bestimmtheitsgrundsatz werde nur „durch Auslegung des Begriffs der Leichtfertigkeit als vorsatznahe Schuldform" Genüge getan.[172] Die fahrlässige Geldwäsche, deren Bestrafung teilweise auch gefordert wurde,[173] dürfte diese Anforderungen nicht mehr erfüllen[174] und sollte in der kriminalpolitischen Diskussion ad acta gelegt werden.

---

167) Dazu *Fülbier*, § 11 GwG Rz. 99 ff.
168) *Löwe-Krahl*, wistra 1993, 123, 124; *Obermüller*, Bankkaufmann 6 (1992), 50, 52 f; *Schroeter*, Sparkasse 1992, 327, 329; *Steuer*, Die Bank 1991, 138, 141; *Bottermann*, S. 130 ff; *Flatten*, S. 111 ff; *Knorz*, S. 189 ff; *Reiß*, in: BuB, Rz. 16/183; allgemein zur Strafbarkeit von Bankangestellten bei der Geldwäsche: *Otto*, wistra 1995, 323; *Werner* S. 219 ff.
169) Zum strafrechtlichen Bestimmtheitsgrundsatz vgl. BVerfGE 25, 269, 285 = NJW 1969, 1059; BVerfGE 45, 363, 371; in der Literatur wird eine Herabstufung als Ordnungswidrigkeit befürwortet, vgl. *Leip*, S. 160.
170) BGHSt 43, 158, 166 ff = NJW 1997, 3323 = wistra 1998, 22, mit gutem Überblick zum Streitstand m. w. N.; Absatz 5 gilt nicht bei Begehung nach Absatz 2 durch einen Strafverteidiger, der bemakeltes Honorar annimmt, vgl. BVerfGE 110, 226, sowie oben Rz. 55.
171) BGHSt 43, 158, 166 ff; NK-*Altenhain*, StGB, § 261 Rz. 137; MünchKomm-*Neuheuser* StGB, § 261 Rz. 81.
172) BGHSt 43, 158, 168.
173) SPD-E 2. OrgKg, BT-Drucks. 12/6784.
174) *Kreß*, wistra 1998, 121, 127 m. w. N. zu entsprechenden Überlegungen.

§ 261 StGB

In seiner Entscheidung hat der Bundesgerichtshof auch darauf hingewiesen, dass der 87
Richter den Fällen geringer Strafwürdigkeit, also im Bagatellbereich, mit den dafür
zur Verfügung stehenden Mitteln des Straf- und Strafverfahrensrechts gerecht werden kann,[175] also etwa „bei der Strafzumessung, durch Absehen von Strafe oder
sonst durch Anwendung und Auslegung des Straf- und Strafverfahrensrechts in angemessener Weise Rechnung tragen kann".[176] Deshalb ist schon im Vorverfahren
zu prüfen, ob eine Einstellung des Verfahrens nach § 153 Abs. 1, § 153a Abs. 1
StPO in Betracht kommt.

Eine Herabsetzung der Strafbarkeitsschwelle von Leichtfertigkeit auf **einfache** 88
Fahrlässigkeit, wie sie von der SPD mit dem Entwurf eines 2. OrgKG[177] beabsichtigt war, hat es nach alldem zu Recht nicht gegeben. Aus diesem Grund hat z. B.
auch der Schweizer Gesetzgeber richtigerweise von der Pönalisierung der fahrlässigen Geldwäsche abgesehen.[178]

Leichtfertig handelt, wer die sich ihm aufdrängende Möglichkeit der Tatbe- 89
standsverwirklichung aus besonderem Leichtsinn oder aus besonderer Gleichgültigkeit außer Acht lässt,[179] wer unbeachtet lässt, was jedem einleuchten muss, oder
wer besonders ernst zu nehmende Pflichten nicht beachtet.[180] Im Vergleich zur
Fahrlässigkeit kommt es hier nicht nur auf objektive, sondern auch auf subjektive
Kriterien an (persönliche Kenntnisse und Fähigkeiten des Täters).[181] Die Leichtfertigkeit entspricht damit, abgesehen von der subjektiven Komponente, weitgehend der groben Fahrlässigkeit des Zivilrechts.[182] Maßstab ist also der Dritte mit
dem Sonderwissen des Täters.[183]

Der Bundesgerichtshof hat den Begriff mit Blick auf die Geldwäsche noch konkre- 90
tisiert. Er hat ausgeführt: „In Anlehnung an die bei Erfolgsqualifikationen entwickelten Definitionen liegt Leichtfertigkeit bei der Geldwäsche im Sinne des § 261
Abs. 5 StGB nur dann vor, wenn sich die Herkunft des Gegenstandes aus einer
Katalogtat nach der Sachlage geradezu aufdrängt und der Täter gleichwohl handelt,
weil er dies aus besonderer Gleichgültigkeit oder grober Unachtsamkeit außer Acht
lässt [...]. Bezugspunkt der Leichtfertigkeit sind dabei auch die Umstände, auf die
sich sonst der Vorsatz zur Vornahme der Tathandlung bezüglich des aus einer Katalogtat herrührenden Gegenstands richten muss."[184]

---

175) BGHSt 43, 158, 167, mit Hinweis auf BGHSt 35, 137, 140; BGHSt 42, 113, 123.
176) BGHSt 35, 137, 140.
177) SPD-E 2. OrgKG, BT-Drucks. 12/6784.
178) *Ackermann*, S. 290.
179) BGHSt 43, 158, 168.
180) Vgl. ausführlich *Sauer*, StV 2004, 89, insbesondere 92 f; *Dionyssopoulu*, S. 141 ff.
181) BGHSt 10, 16; BGHSt 20, 323; BGHSt 33, 67; Begründung BRatE OrgKG, BT-Drucks. 12/989, S. 27 f.
182) Begründung BRatE OrgKG, BT-Drucks. 12/989, S. 28; zur groben Fahrlässigkeit siehe BGH ZIP 1992, 1534 = WM 1992, 1849.
183) Vgl. etwa NK-*Altenhain*, StGB, § 261 Rz. 139.
184) BGHSt 43, 158, 168 = NJW 1997, 3323 = wistra 1998, 22; im Anschluss daran auch LG Berlin NJW 2003, 2694.

91 Leichtfertig handelt damit z. B. ein Bankangestellter, der ein Geschäft abwickelt, das im Vergleich zu anderen, vergleichbaren Finanztransaktionen eklatante Auffälligkeiten aufweist, aus denen sich ein Bezug zu Geldwäschevortaten geradezu hätte aufdrängen müssen.[185]

92 Für die Bestimmung der Leichtfertigkeit als einer vorsatznahen Form der Fahrlässigkeit sind Sorgfaltspflichten maßgeblich, die etwa Angehörigen bestimmter Berufsgruppen auferlegt werden. Da es im Einzelfall schwierig ist, wenn nicht gar unmöglich, einen Bezug zu Geldwäschetransaktionen herzustellen, hatte man daran gedacht, **„Verdachtskataloge"** aufzustellen. Hätte eines bzw. mehrere der darin aufgeführten Merkmale vorgelegen, so der Ansatz, hätte dies den Verdacht indiziert. Der Angestellte wäre dann zur Anzeige nach § 11 GwG, der in Wechselwirkung mit Absatz 5 steht, verpflichtet. Ohne Anzeige liefe er Gefahr, nach Absatz 5 bestraft zu werden.

93 Ein Katalog von Verdachtsmerkmalen könnte den Institutsangestellten zwar das Feststellen von verdächtigen Geschäften erleichtern. Allerdings ist er in vielerlei Hinsicht verfänglich und deshalb abzulehnen. Zunächst kann ein solcher Katalog zwangsläufig nicht abschließend sein und veraltet rasch. Es ist daher trotz Katalogs stets auf das Merkmal **„auffälliges Geschäft"** abzustellen. Ein solcher Katalog birgt die Gefahr der Schematisierung, und mit zunehmendem Umfang verliert er die Überschaubarkeit.

94 Zu den zu beachtenden Sorgfaltspflichten eines Bankmitarbeiters gehört jedenfalls die Nutzung der üblichen Informationsquellen, um die wirtschaftlichen Hintergründe der Finanztransaktion zu erhellen.[186] Darüber hinaus sind insbesondere die vom Zentralen Kreditausschuss und vom Bundeskriminalamt erstellten **Anhaltspunkte für Geldwäsche**[187] zu beachten sowie die regelmäßig veröffentlichten **Typologieberichte**[188] zur Geldwäsche. Diese Typologien zu berücksichtigen, wird regelmäßig Teil der Sorgfaltspflichten eines Bankmitarbeiters sein, wenn er entsprechend geschult wurde. Es ist allerdings bei der Bestimmung einzelner Pflichten auch die hierarchische Position des einzelnen Mitarbeiters innerhalb des Instituts zu berücksichtigen.[189]

95 Für den Bankmitarbeiter entsteht eine besonders schwierige Situation, wenn durch einen „guten Kunden" im Rahmen einer seit Jahren bestehenden Geschäftsbeziehung ein für sich gesehen auffälliges Geschäft getätigt wird. Langjährigen Ge-

---

185) Vgl. Begründung RegE GewAufspG, BT-Drucks. 12/2704, S. 15; im Einzelnen siehe *Fülbier*, § 11 GwG Rz. 50 ff, 68, 99 ff; weitere Beispielsfälle bei *Körner*, BtMG, § 29 Rz. 1924 f.
186) Vgl. MünchKomm-*Neuheuser*, StGB, § 261 Rz. 83.
187) Diese Anhaltspunkte (Stand: Juli 1996) liegen den Instituten vor. Sie können durch Mitteilungen des ZKA oder der BaFin ergänzt werden.
188) Zuletzt: FATF-Bericht über Geldwäsche-Typologien und Typologien der Finanzierung des Terrorismus 2004–2005, und BKA, Jahresbericht 2004; beides im Internet abrufbar unter: www.bundeskriminalamt.de. Vgl. auch die FATF-Seite im Internet: www.fatf-gafi.org. Vgl. auch BAKred, Rundschreiben Nr. 19/1998 vom 2.11.1998 (Z5-B214), Geldwäsche-Typologiepapier, abgedruckt in Anhang III.5.
189) Darauf weist zu Recht MünchKomm-*Neuheuser*, StGB, § 261 Rz. 83 hin.

schäftsbeziehungen, wie sie etwa zwischen Wertpapierberatern und Kunden vorkommen, liegt oftmals ein Vertrauensverhältnis zugrunde, das den Blick trüben kann. In solchen Fällen werden die Gerichte nicht nur den konkreten Geschäftsvorfall, sondern auch die weiteren Tatumstände in einer Gesamtschau zu würdigen haben.

3. Irrtümer

Irrtümer des Täters können zur Straffreiheit führen. So ergibt sich aus § 16 Abs. 1 StGB, dass derjenige, der bei Begehung der Tat einen Umstand nicht kennt, der zum gesetzlichen Tatbestand gehört, nicht vorsätzlich handelt (**Tatbestandsirrtum**). Für § 261 StGB bedeutet das Folgendes: Irrt der Täter über die *tatsächlichen* Umstände der Herkunft des Gegenstandes und ergibt sich daraus, dass dieser nicht aus einer Katalogtat stammt, handelt er bezüglich der inkriminierten Herkunft nicht vorsätzlich.[190] Ebenso verhält es sich, wenn er glaubt, ein Dritter habe den Vermögensgegenstand bereits straffrei (§ 261 Abs. 6 StGB) erlangt.[191] 96

Daneben kommt ein Irrtum nach § 17 StGB in Betracht. Danach handelt ohne Schuld, wem bei Begehung der Tat die Einsicht fehlt, Unrecht zu tun und dieser Irrtum für ihn unvermeidbar war. Ein solcher **Verbotsirrtum** läge etwa vor, wenn der Täter daran glaubte, § 261 StGB gelte nicht für Mitglieder seiner Berufsgruppe.[192] War der Irrtum vermeidbar, kann der Richter die Strafe mildern. Die Rechtsprechung stellt an die Unvermeidbarkeit allerdings hohe Anforderungen. Insbesondere sind danach Angehörige bestimmter Berufskreise verpflichtet, sich über für sie relevante Delikte zu informieren.[193] 97

Die vom Gesetzgeber vorgesehene strafbefreiende bzw. strafmildernde Wirkung von Irrtümern mag die Gefahr reiner **Schutzbehauptungen** bergen, mit denen sich der Täter der Bestrafung entziehen könnte. 98

IV. Strafaufhebung und Strafmilderung

Die Absätze 9 und 10 des § 261 StGB regeln Fälle der so genannten tätigen Reue. Der Täter einer Geldwäsche kann sich hiernach die Aufhebung oder wenigstens die Milderung der Strafe „verdienen". **Tätige Reue** sieht das Gesetz nur fakultativ und deliktsspezifisch vor.[194] Sie ähnelt dem strafbefreienden Rücktritt vom bloßen Versuch eines Tatbestandes, der unter den Voraussetzungen des § 24 StGB bei allen (versuchten) Delikten möglich ist. Strafbefreiung bei vollendeten Delikten ist nur dann möglich, wenn das Gesetz dies ausdrücklich vorsieht. 99

---

190) MünchKomm-*Neuheuser*, StGB, § 261 Rz. 79; *Tröndle/Fischer*, StGB, § 261 Rz. 40; vgl. detailliert *Leip*, S. 153 ff.
191) *Lackner/Kühl*, StGB, § 261 Rz. 9; *Schönke/Schröder/Stree*, StGB, § 261 Rz. 18, dies kann nach richtiger Ansicht aber nur für Handlungen nach Absatz 2 gelten, oben Rz. 50; ebenso *Flatten*, S. 109 f; zu weiteren Beispielsfällen vgl. *Körner*, in: Körner/Dach, S. 37.
192) *Körner*, in: Körner/Dach, S. 37.
193) Vgl. nur die Nachweise bei *Tröndle/Fischer*, StGB, § 17 Rz. 9.
194) Vgl. allgemein zu Fällen der tätigen Reue und zur Kritik etwa *Krack*, NStZ 2001, 505.

100 Gemäß **Absatz 9** wird derjenige nicht wegen **leichtfertig begangener Geldwäsche** bestraft, der die Tat freiwillig bei der zuständigen Behörde anzeigt oder freiwillig eine solche Anzeige veranlasst, wenn nicht die Tat in diesem Zeitpunkt ganz oder zum Teil bereits entdeckt war und der Täter dies wusste oder bei verständiger Würdigung der Sachlage damit rechnen musste. Zur Strafbefreiung reicht also bereits die Anzeige (unten Rz. 105 ff). Von der beschriebenen Strafdrohung wegen leichtfertiger Geldwäsche kann sich also ein betroffener Angestellter eines Kreditinstituts nach Absatz 9 befreien, indem im (Verdachts-)Fall einer Geldwäschehandlung „freiwillig" eine Anzeige gegenüber den dafür zuständigen Behörden, also der örtlich zuständigen Staatsanwaltschaft, der Polizei, dem Amtsgericht (vgl. § 158 Abs. 1 Satz 1 StPO) oder der Zentralstelle nach § 11 GwG[195], abgegeben wird.

101 Anderes gilt für die **vorsätzlich begangene Geldwäsche**: Hier muss zusätzlich noch die Voraussetzung der Nr. 2 des Absatzes 9 erfüllt sein, d. h., der Täter muss auch noch die Sicherstellung des Gegenstandes bewirken, auf den sich die Straftat bezieht (unten Rz. 131).

102 Die Vorschrift des Absatzes 9 ist der strafbefreienden Selbstanzeige in § 371 Abs. 2 Nr. 2 AO nachgebildet.[196] Sie soll zur „wirksameren Bekämpfung der Organisierten Kriminalität"[197] einen Anreiz dafür bieten, Geldwäschetransaktionen anzuzeigen. Der Gesetzgeber versprach sich hiervon nicht nur Hilfe zur Aufklärung von Geldwäschetaten, sondern auch zur Aufklärung der Vortaten sowie zur Sicherstellung des inkriminierten Gegenstandes.[198] Die Regelung stellt einen persönlichen **Strafaufhebungsgrund** dar. Zu beachten ist, dass eine Anzeige nach Absatz 9 nur zur Straffreiheit bezüglich der Geldwäsche führt („Wegen Geldwäsche wird …").

103 Absatz 9 gilt grundsätzlich für das vollendete Delikt. Für die Strafbefreiung vom Versuch gelten die allgemeinen Regeln, also insbesondere für den Rücktritt vom Versuch § 24 StGB. Eine Anzeige ist dann also nicht erforderlich, um Strafbefreiung zu erlangen. Allerdings ist Absatz 9 als **Erweiterung** der bei jedem Versuch bestehenden Möglichkeit des strafbefreienden Rücktritts nach § 24 StGB zu verstehen. Folglich kann also eine Anzeige nach Absatz 9 bzw. zusätzlich die Ermöglichung der Sicherstellung auch dem Versuchstäter zur Strafbefreiung verhelfen.[199]

104 Die Möglichkeit der **Strafmilderung** bzw. des Absehens von Strafe bietet Absatz 10. Danach kann das Gericht nach seinem Ermessen die Strafe mildern oder von Strafe absehen, wenn der Täter durch die freiwillige Offenbarung seines Wissens wesentlich dazu beigetragen hat, dass die Tat über seinen eigenen Tatbeitrag hinaus oder die Vortat eines anderen nach Absatz 1 aufgedeckt werden konnte (unten Rz. 143 ff).

---

195) Vgl. *Fülbier*, § 11 GwG Rz. 121 ff.
196) So ausdrücklich die Begründung BRatE OrgKG, BT-Drucks. 12/989, S. 28.
197) Begründung BRatE OrgKG, BT-Drucks. 12/989, S. 28.
198) Begründung BRatE OrgKG, BT-Drucks. 12/989, S. 28.
199) Ebenso *Fabel*, S. 83 ff, 86 f; *Maiwald*, in: Festschrift Hirsch, S. 631, 646 ff.

Geldwäsche; Verschleierung unrechtmäßig erlangter Vermögenswerte § 261 StGB

1. Strafbefreiung durch Anzeige bei Leichtfertigkeit (Abs. 9)

a) Freiwilligkeit der Anzeige

Die Anzeige muss **freiwillig** erfolgen. Das ist der Fall, wenn der Anzeigende nicht 105
dazu gezwungen ist, sondern aufgrund eigener Entscheidung tätig wird. Angst vor
Strafverfolgung steht der Freiwilligkeit nicht entgegen. Ebenso verhält es sich mit
der Pflicht zur Anzeige nach § 11 GwG. Das ergibt sich aus der ausdrücklichen Regelung in § 11 Abs. 6 GwG.

b) Absender der Anzeige

Absender einer Anzeige ist im Regelfall die Person, die die Tathandlung vor- 106
genommen hat. Nach Absatz 9 reicht auch schon die **Veranlassung einer Anzeige**.
Das gilt insbesondere für Mitarbeiter von Instituten, Unternehmen und Spielbanken. Hier geht der Gesetzgeber davon aus, dass eine besonders geschulte Person,
der Geldwäschebeauftragte, die Anzeigen für das Institut oder Unternehmen vornimmt und nicht der Mitarbeiter selbst. Auf diese Weise kann eher eine Vereinheitlichung bei der Bearbeitung von Anzeigen erreicht und die Zusammenarbeit mit den
Behörden erleichtert werden. Unabhängig davon kann jedoch auch der betroffene
Mitarbeiter die Anzeige selbst, etwa durch einen Rechtsanwalt, veranlassen. Wenn
also auch der betroffene Mitarbeiter die Anzeige selbst erstatten kann, sollte dies
aus den genannten Gründen dennoch der Geldwäschebeauftragte tun. Dafür spricht
auch noch folgender Gesichtspunkt: Nach § 12 GwG kann der Mitarbeiter im Regelfall nicht zur Verantwortung gezogen werden (z. B. Schadensersatz, Kündigung),
wenn er eine Anzeige erstattet. Diese Freistellungsregelung greift indes nicht bei
grob fahrlässig unwahr erstatteten Anzeigen. Wegen der damit verbundenen Risiken
sollte der Mitarbeiter besser von einer Anzeigenerstattung im eigenen Namen absehen. Dies hat auch keinerlei Nachteil für ihn, jedenfalls dann, wenn das Institut tätig
wird. Außerdem kann er bei einer eigenen Anzeige nicht anonym bleiben.

Bei arbeitsteiligem Handeln in einer Bank ist fraglich, ob der Geldwäschebeauftragte 107
die Anzeige für alle Beteiligten wirksam erstatten kann. Waren mehrere Mitarbeiter
mit gleichem Kenntnisstand am fraglichen Vorgang beteiligt, also etwa die
Wertpapierabteilung einer Niederlassung, so liegt es in der Natur der Sache, dass
zumeist nur einer von ihnen an den Geldwäschebeauftragten herantritt und damit
die Anzeige veranlasst. Dies kann bei richtiger Deutung des Gesetzes die tätige
Reue für die übrigen Mitarbeiter aber nicht ausschließen, wenn auch diese sodann an
dem Anzeigevorgang mitwirken. Der Geldwäschebeauftragte sollte daher mit den
Beteiligten Rücksprache halten. Deren Mitwirken kann bei richtiger Auslegung des
Gesetzes als ausreichende „Mitveranlassung" der Anzeige gedeutet werden. Aus
diesem Grund ist in Fällen, in denen z. B. Mitarbeiter bei der Betreuung eines inkriminierten Wertpapierdepots arbeitsteilig tätig wurden, von einem Alleingang nur
eines der Handelnden abzuraten. Es besteht die Gefahr, dass den übrigen Mitarbeitern die Möglichkeit der tätigen Reue abgeschnitten wird.

Es genügt, wenn der Bankangestellte z. B. den Geldwäschebeauftragten über das 108
verdächtige Geschäft vollständig informiert **und** dieser den Vorgang gegenüber der
zuständigen Behörde anzeigt. Auf diese Weise entlastet die Anzeige der Bank nach

§ 11 GwG auch den Mitarbeiter („… freiwillig eine solche Anzeige veranlasst, …"). Aber auch dann, wenn die Bank keine Anzeige vornimmt, ist der Mitarbeiter im Regelfall strafbefreit, wenn er den Geldwäschebeauftragten *vor* Ausführung der Transaktion vollständig unterrichtet hat (unten Rz. 117 ff).

109 Die Abgabe einer Anzeige durch **Sparkassenangestellte** bedarf trotz der **Pflicht zur Verschwiegenheit** z. B. nach §§ 24, 22 SpKG NW keiner Aussagegenehmigung des Vorstandes.[200]

c) Notwendiger Inhalt der Anzeige

110 Die Selbstanzeige muss sich auf eine konkrete Tat bzw. ein konkretes Tatgeschehen beziehen. Das pauschale „Geständnis" reicht nicht aus.[201] Dies ist besonders in dem Regelfall zu beachten, wenn die Verdachtsanzeige des Instituts nach § 11 GwG zugleich die veranlasste Anzeige nach § 261 Abs. 9 StGB sein soll.[202]

d) Zeitlicher Rahmen

111 Vom Zeitraum her ist die strafbefreiende Anzeige bis zum Zeitpunkt der teilweisen oder vollständigen **Entdeckung der Tat** seitens der Strafverfolgungsbehörden möglich. Dabei kommt es auf den Zeitpunkt an, zu dem der Täter von der Entdeckung erfuhr oder bei verständiger Würdigung der Sachlage damit rechnen musste, dass sie entdeckt war (vgl. § 371 Abs. 2 Nr. 2 AO). Von der Entdeckung der Tat ist auszugehen, wenn nach vorläufiger Bewertung über einen Anfangsverdacht nach § 152 Abs. 2 StPO hinaus ein Erfolg der Ermittlungen, also im Regelfall eine Verurteilung des Betroffenen, wahrscheinlich ist und die Tat auch ohne Mitwirkung des Anzeigenden aufgeklärt werden kann.[203]

e) Sonderfall: Nachträgliche Kenntniserlangung

112 Absatz 9 umschreibt für die Regel den Fall, in dem ein Täter, nachdem er vorsätzlich oder leichtfertig eine Geldwäschehandlung begangen hat, diese Tat selbst anzeigt.

113 In der Praxis werden dem Mitarbeiter eines Instituts oder Unternehmens aber auch Fälle beggenen, bei denen ihm erst nach der Durchführung einer Transaktion einzelne Tatumstände bekannt werden, die einen Verdacht auslösen, insbesondere die **nachträgliche Kenntniserlangung** von der Vortat. Für die zurückliegenden Handlungen kann dem Mitarbeiter, der zum Zeitpunkt der Tat weder vorsätzlich noch leichtfertig handelte, kein Strafbarkeitsvorwurf gemacht werden.

114 Das ergibt sich aus den folgenden Überlegungen. Soweit eine Tathandlung nach Absatz 2 in Frage kommt, wäre dies unschädlich: Zum Zeitpunkt des Verschaffens (Absatz 2 Nr. 1) lag die Kenntnis dann noch nicht vor, so dass eine Bestrafung mangels Vorsatzes zum Zeitpunkt der Tatbegehung entfällt. Wird der Gegenstand ver-

---

200) *Krumm*, Sparkasse 1993, 441, 443 f; *Ungnade*, WM 1993, 2069, 2105, 2112.
201) *Löwe-Krahl*, in: Achenbach/Ransiek, XIII Rz. 51; *Tröndle/Fischer*, StGB, § 261 Rz. 51.
202) Vgl. hierzu *Fabel*, S. 88 f.
203) BGH NStZ 1983, 415; *Burr*, S. 96; *Löwe-Krahl*, in: Achenbach/Ransiek, XIII Rz. 47; *Reiß*, in: BuB, Rz. 16/187.

wahrt oder verwendet im Sinne von Absatz 2 Nr. 2 zum Zeitpunkt der Kenntniserlangung, besteht ebenfalls kein Strafbarkeitsrisiko. Denn für diese Varianten hat der Gesetzgeber klargestellt, dass es für die Kenntnis von der Herkunft auf den Zeitpunkt des „Erlangens" des Gegenstandes ankommt. Anderes gilt für die Tathandlungen nach Absatz 1. Die Tathandlungen können auch nach Erlangen des Gegenstandes und der folgenden Kenntnis der Herkunft des Gegenstandes noch begangen werden. Folglich kann auch die nachträgliche Kenntniserlangung zur Bestrafung führen, etwa wenn trotz Bösgläubigkeit weitere Transaktionen durchgeführt werden. Diese könnten dann Vereitelungshandlungen nach Absatz 1 darstellen (vgl. die Beispiele oben Rz. 30 ff). Sollen weitere Transaktionen durchgeführt werden, ist also der Verdacht – wie üblich – zu melden. Wer sich nach Beginn der Bösgläubigkeit jedoch passiv verhält, begeht keine Tathandlung.[204]

Allerdings ist auch in diesen Fällen Vorsicht geboten. Je nach den Umständen des Einzelfalles sollte auch hier von der Möglichkeit der nachträglichen und strafbefreienden Anzeige nach Absatz 9 Gebrauch gemacht werden. Denn andernfalls könnte dem betroffenen Mitarbeiter unter Umständen im Nachhinein der Vorwurf gemacht werden, er habe einen Verdacht schon bei Ausführung der Transaktion hegen müssen.

Diesen Fall hatte auch der Gesetzgeber vor Augen, als er die für den nur leichtfertig handelnden Täter günstige Regelung des Absatzes 9 schuf. Denn während beim Vorsatztäter die Strafbefreiung zusätzlich noch die erfolgreiche Sicherstellung des Gegenstandes voraussetzt, fehlt dieses Kriterium beim leichtfertig handelnden Täter. Mit diesem Verzicht sollte gerade den Fällen des sich erst allmählich entwickelnden Verdachts bei laufenden Geschäftsbeziehungen zwischen Kreditinstitut und Kunde Rechnung getragen werden. Wörtlich heißt es in der Entwurfsbegründung: „Es besteht dann die Gefahr, dass einem Bankangestellten nachträglich vorgeworfen wird, er habe die verdächtigen Umstände bereits zu einem früheren Zeitpunkt bemerken und sodann anzeigen müssen."[205] Die Sicherstellung des Gegenstandes wäre aber dann oft nicht mehr möglich, da das „gewaschene" Geld oder andere Gegenstände infolge Abverfügung durch den Kontoinhaber nicht mehr zu erreichen wären. Ohne diese für den Angestellten günstige Regelung in Absatz 9 würde eine nachträgliche Anzeige bei leichtfertiger Geldwäsche nicht mehr von Strafe befreien können. Dieser Umstand hätte die betroffenen Angestellten von einer Anzeige abgehalten, weil sie dann die eigene Bestrafung hätten befürchten müssen (Selbstanzeige). Ein solches Resultat sollte durch die vorliegende Fassung des Absatzes 9 vermieden werden.[206]

2. Enthaftung ohne strafbefreiende Anzeige

Eine Strafbarkeit dürfte für den einzelnen Mitarbeiter auch dann ausscheiden, wenn der Geldwäschebeauftragte vor Ausführung einer Transaktion vollständig über

---

204) Vgl. auch *Körner*, in: Körner/Dach, S. 35.
205) Begründung BRatE OrgKG, BT-Drucks. 12/989, S. 28.
206) Begründung BRatE OrgKG, BT-Drucks. 12/989, S. 28. Zu den Risiken, die mit der Erstattung einer Anzeige verbunden sind, siehe *Fülbier*, § 12 GwG Rz. 15 f.

StGB § 261 Geldwäsche; Verschleierung unrechtmäßig erlangter Vermögenswerte

einen „Anfangsverdacht" von ihm informiert wurde, dieser aber keine Anzeige erstattet hat und die Ausführung des Geschäfts angewiesen wurde. Dieser Umstand ist für den Mitarbeiter von entscheidender Bedeutung, wenn der Geldwäschebeauftragte einer Fehleinschätzung unterliegt. Der Mitarbeiter hat nämlich trotz der von ihm erkannten Verdachtsmerkmale (Anfangsverdacht) eine Transaktion ausgeführt und damit äußerlich den Tatbestand verwirklicht. Dabei könnte zunächst argumentiert werden, dass der Mitarbeiter auch in diesem Fall eine Anzeige veranlasst habe und daher im Sinne des Absatzes 9 strafbefreit sei. Das ist jedoch sehr zweifelhaft. Denn eine Anzeige im Sinne der Vorschrift liegt erst vor, wenn diese die zuständige Behörde erreicht hat.[207] Eine Gesamtschau des Geldwäscherechts wird jedoch nach Maßgabe der folgenden Ausführungen zur Straflosigkeit des Mitarbeiters führen.

a) Kein Vorwurf der Leichtfertigkeit

118 Nach § 11 GwG darf der Mitarbeiter eine verdächtige Transaktion grundsätzlich nicht sofort ausführen. Er muss die Erstattung einer Anzeige und den Ablauf der Frist nach § 11 GwG oder die Zustimmung der Staatsanwaltschaft abwarten. Hausintern wird jede verdächtige Transaktion daher erst dann ausgeführt, wenn der Geldwäschebeauftragte oder die für diese Entscheidung zuständige Person dies anordnet. Kommt der Geldwäschebeauftragte zu dem Ergebnis, eine Anzeige könne unterbleiben, und führt der Mitarbeiter das Geschäft daraufhin aus, wird er sich dem Urteil des Fachmanns in diesen Dingen verständlicherweise angeschlossen haben. Ein anfänglicher Verdacht wird durch die Entscheidung des Geldwäschebeauftragten vor Ausführung des Geschäfts beseitigt. Der Mitarbeiter hat in diesem Fall alle ihm zugänglichen Erkenntnismittel ausgeschöpft und seinen Mitteilungspflichten genügt. Selbst wenn sich später der anfängliche Verdacht bestätigen sollte, handelte der Mitarbeiter zum allein maßgeblichen Zeitpunkt der Tat im Regelfall nicht leichtfertig, weil er zumindest subjektiv gutgläubig sein durfte.[208] Nicht verwechselt werden darf dies mit dem Fall der erst nachträglichen Weiterleitung an den Geldwäschebeauftragten. Hat der Bankmitarbeiter die fragliche Transaktion bereits ausgeführt und meldet er dies erst im Nachhinein, kann die den Verdacht verneinende Auskunft des Geldwäschebeauftragten den Leichtfertigkeitsvorwurf freilich nicht mehr beseitigen. Für die Frage des Vorsatzes bzw. des Vorwurfs der Leichtfertigkeit kommt es immer auf den Zeitpunkt der Tat an.[209] In diesen Fällen wird der Geldwäschebeauftragte dann wiederum ein Vorgehen über Absatz 9 zu erwägen haben.

---

207) Zustimmend *Carl/Klos*, wistra 1994, 161, 166; so auch *Körner*, in: Körner/Dach, S. 39; *Krumm*, Sparkasse 1993, 441, 444; *Lackner/Kühl*, StGB, § 261 Rz. 17a; *Löwe-Krahl*, in: Achenbach/Ransiek, XIII Rz. 48; im Ergebnis auch *Flatten*, S. 178 f; a. A. *Burr*, S. 99 ff; *Löwe-Krahl*, wistra 1993, 123, 126, 127; vgl. die ausführliche Streitdarstellung bei *Flatten*, S. 154 ff.
208) Vgl. allgemein *Schönke/Schröder/Lenckner*, StGB, vor §§ 32 ff Rz. 126; ebenso NK-*Altenhain*, StGB, § 261 Rz. 139; *Carl/Klos*, wistra 1994, 161, 165 f; *Dittrich/Trinkaus*, DStR 1998, 342, 343; *Lackner/Kühl*, StGB, § 261 Rz. 17a.
209) Auf diesen Fall weist *Löwe-Krahl*, in: Achenbach/Ransiek, XIII Rz. 48, zu Recht gesondert hin.

b) Weisung und Leichtfertigkeit

Im Rahmen **öffentlich-rechtlicher Dienstverhältnisse** im zivilen und militärischen 119
Bereich kann eine „Anordnung" des Vorgesetzten unter engen Voraussetzungen ein
Rechtfertigungsgrund für das strafbare Handeln des Ausführenden sein.[210]

Im **privatrechtlichen** Bereich kann eine „Weisung" ebenfalls in Ausnahmefällen 120
Einfluss auf die strafrechtliche Verantwortung des Handelnden haben.[211] Die Einzelheiten dazu sind jedoch noch wenig erforscht. Indes ist der Weisungsfall weniger
eine Frage der Zumutbarkeit, als vielmehr der Tatbestandsmäßigkeit überhaupt. Ist
es zu einer Weisung durch den Geldwäschebeauftragten oder eines sonst zuständigen Vorgesetzten gekommen, liegt kraft dessen Amtes die Vermutung nahe, dass er
entsprechende Sachverhalte kompetent und inhaltlich richtig beurteilt. Dieser Umstand ist bei der Würdigung der subjektiven Tatseite zu berücksichtigen. Erst dann,
wenn von einer tatbestandsmäßigen Handlung auch subjektiv gesprochen werden
kann, dürfte die Zumutbarkeitsfrage den Anwendungsbereich der §§ 153, 153a
StPO eröffnen. Anders sieht es allerdings bei Vorsatztaten aus. Dabei kann dem
Mitarbeiter auch keine Anweisung des Vorgesetzten helfen. Der theoretische Fall
eines kollusiven Zusammenwirkens von Geldwäschebeauftragtem und Mitarbeiter
führt strafrechtlich selbstredend zu keiner Exkulpation der Beteiligten.

c) Strafbarkeit des Vorgesetzten

Aus den genannten Gründen wird der Mitarbeiter sich im Regelfall nicht wegen 121
leichtfertiger Geldwäsche strafbar machen, wenn er die Transaktion nach **vollständiger** Information des Geldwäschebeauftragten auf dessen Weisung ausführt. Die
Strafbarkeit des Vorgesetzten bzw. des **Geldwäschebeauftragten** ist gesondert zu
beurteilen. Erstattet der Geldwäschebeauftragte z. B. bei Ausführung einer verdächtigen Transaktion und Vorliegen einer begründeten, internen Verdachtsanzeige
keine Anzeige gegenüber den Strafverfolgungsbehörden (**unterlassene Anzeigen**),
ohne dafür einen nachvollziehbaren Grund nennen zu können, könnte dieses als
leichtfertiges Handeln i. S. d. § 261 StGB zu sehen sein.[212] Dabei geht es **nicht** um
Geldwäsche durch Unterlassen[213], sondern um Geldwäsche durch aktives Tun.
Dieses besteht z. B. für den Vorgesetzten darin, den Mitarbeiter qua Direktionsrecht anzuweisen, eine für diesen verdächtige Transaktion ohne Verdachtsanzeige
nach § 11 GwG auszuführen.

Werden interne Verdachtsanzeigen ohne nähere Begründung nicht an die Strafver- 122
folgungsbehörde weitergeleitet, könnte dies zudem **aufsichtsrechtliche Konsequenzen** haben. Derartiges Fehlverhalten soll – nach Ansicht des früheren Bundesaufsichtsamtes für das Kreditwesen – losgelöst von den in § 17 GwG aufgezählten
Ordnungswidrigkeitentatbeständen mit den Instrumenten des Kreditwesengesetzes

---

210) Dazu *Schönke/Schröder/Lenckner*, StGB, vor §§ 32 ff Rz. 87 ff.
211) *Schönke/Schröder/Lenckner*, StGB, vor §§ 32 ff Rz. 87 ff, 126 m. w. N.
212) BAKred, Schreiben vom 24.1.1995 (I5-B102), Maßnahmen zur Bekämpfung der Geldwäsche; Wirksamkeit des Geldwäschegesetzes und des § 261 StGB, abgedruckt in: *Consbruch/Möller u. a.*, KWG, Nr. 11.11, IV.d.IV; zu den Konsequenzen unterlassener Anzeigen bei abgelehnten Transaktionen siehe oben Rz. 57 ff.
213) Vgl. dazu *Otto*, wistra 1995, 323, 325.

(§§ 36, 35 Abs. 2 Nr. 3 KWG) geahndet werden können.[214] Ob dies zur alten Rechtslage zutraf, ist zweifelhaft.[215] Dem wird unter der Geltung des § 25a Abs. 1 Nr. 6 KWG (oben Rz. 67) nunmehr zuzustimmen sein.

123 Der Geldwäschebeauftragte ist wegen der strafrechtlichen Risiken aufgerufen, sich detailliert Gedanken über jeden einzelnen, ihm vorgetragenen Verdachtsfall zu machen. Die Begründung für die Entscheidung in die eine oder andere Richtung ist aus Nachweisgründen (gegebenenfalls als Entlastungsbeweis) zu dokumentieren. Wird keine Anzeige erstattet, ist dies schon aufgrund der aufsichtsrechtlich vorgegebenen Dokumentationspflichten notwendig.[216] Bei der **Entscheidungsfindung** ist jeweils auf den konkreten Einzelfall abzustellen. Als Hilfestellung oder zur Kontrolle wird aber stets auf die allgemeinen „**Anhaltspunkte für Geldwäsche**" zurückzugreifen sein, die vom Zentralen Kreditausschuss in Zusammenarbeit mit dem LKA Nordrhein-Westfalen und dem Bundeskriminalamt entwickelt wurden und jedem Geldwäschebeauftragten eines Instituts vorliegen. Zudem ist das **Geldwäsche-Typologienpapier** des früheren Bundesaufsichtsamtes für das Kreditwesen zu beachten, das mit Rundschreiben 19/98 über die Spitzenverbände und Landeszentralbanken veröffentlicht wurde[217] sowie die Berichte über Geldwäsche-Typologien der FATF (oben Rz. 94) sowie die FIU-Jahresberichte, die über das Internet-Portal des Bundeskriminalamtes veröffentlicht werden.

124 Verbleiben dennoch Zweifel, so könnte der Fall anonym mit der nach § 11 GwG zuständigen Stelle, vorzugsweise den Vertretern des jeweiligen **Landeskriminalamtes**, erörtert werden. Die bisherigen Erfahrungen mit solchen auch **vertrauensbildenden Gesprächen** haben gezeigt, dass beide Seiten davon profitiert haben. Die Zentralstellen bei den Landeskriminalämtern verfügen nunmehr über umfangreiche Erfahrungen mit Verdachtsanzeigen der Kreditinstitute, die sie aus der Ermittlungstätigkeit der ersten Jahre nach Inkrafttreten des Geldwäschegesetzes gesammelt haben. Diese können sie bei derartigen Gesprächen weitergeben. So wird je nach Einzelfall auch schon von der Erstattung einer Anzeige abgeraten. Dadurch steigt zum einen die Qualität der beim Landeskriminalamt eingehenden Anzeigen. Zum anderen gibt der Rat dem Geldwäschebeauftragten mehr Sicherheit bei seiner Entscheidung.[218]

d) Ausführung von Eilgeschäften

125 Schwieriger ist die Lage bei der Ausführung von Eilgeschäften.[219] Diese dürfen nach § 11 Abs. 1 Satz 4 GwG **ohne vorherige Anzeige** sofort ausgeführt werden. Der Mitarbeiter kann das verdächtige Geschäft daher grundsätzlich auch ausführen, ohne dies vorher mit dem Geldwäschebeauftragten abzustimmen. Tut er dies trotz

---

214) BAKred, Schreiben v. 24.1.1995, abgedruckt in: *Consbruch/Möller u. a.*, KWG, Nr. 11.11, IV.f.
215) Siehe in der Vorauflage *Fülbier*, § 261 Rz. 91.
216) Siehe *Fülbier*, § 11 GwG Rz. 97 ff.
217) BAKred, Rundschreiben Nr. 19/1998 vom 2.11.1998 (Z5-B214), Geldwäsche-Typologienpapier, abgedruckt in Anhang III 3.5.
218) *Gradowski/Ziegler*, S. 122; im Einzelnen siehe *Fülbier*, § 11 GwG Rz. 80 ff.
219) Detailliert dazu *Fülbier*, § 11 GwG Rz. 173 ff.

eines Anfangsverdachts, den er zum Zeitpunkt der Ausführung des Geschäfts hegt, lässt sich dieser nachträglich nicht mehr ausräumen. Das Vertrauen darauf, der Geldwäschebeauftragte werde sachgerecht entscheiden, hilft nicht weiter, weil die Mitarbeiter bei Vornahme des Geschäfts nicht wissen können, wie der Beauftragte sich entscheiden wird. Daher wäre hier der Tatbestand der leichtfertigen Geldwäsche durch den Mitarbeiter erfüllt, wenn das Geschäft tatsächlich eine Geldwäschetransaktion war. Hier kann grundsätzlich nur noch eine nachträgliche Anzeige von (vermeintlicher) Strafe befreien.[220]

Um dieses Problem zu minimieren, sollte der Mitarbeiter den **Geldwäschebeauftragten** nach Möglichkeit auch bei Eilgeschäften vor Ausführung des Geschäfts **befragen**. In vielen Fällen dürfte dies den Kunden jedoch argwöhnisch werden lassen, was der Gesetzgeber gerade vermeiden will. Daher kann es sich anbieten, **hausintern eine Betragsschwelle** festzusetzen, bei deren Überschreitung der Geldwäschebeauftragte zuvor zu konsultieren wäre, auch wenn es sich um einen Eilfall handelt. Sie wäre so zu bemessen, dass für den Kunden aufgrund der Größenordnung eine kurze Verzögerung bei der Ausführung des Geschäfts nachvollziehbar ist. Es darf sich auch noch aus einem anderen Grund nur um eine kurze Verzögerung handeln: Dauerte die Verzögerung zu lange, könnten Schadensersatzrisiken entstehen.[221] Auch wenn der Geldwäschebeauftragte sich in diesen Fällen für eine Anzeige entscheidet, **kann** die Transaktion als Eilgeschäft vor Abgabe der Anzeige ausgeführt werden. 126

Man könnte erwägen, § 11 Abs. 1 Satz 4 GwG als **Strafaufhebungsgrund** zu deuten. In diesem Sinne verwirklicht ein Angestellter den Tatbestand der Geldwäsche nie dann, wenn er die Transaktion als Eilgeschäft ausführt. Diese Ansicht überzeugt in einer Gesamtschau des Rechts unter Berücksichtigung des Absatzes 9 nicht. Rechnet der Mitarbeiter damit, dass eine Transaktion eine Geldwäschehandlung darstellen würde, handelt er also bedingt vorsätzlich, darf er das Eilgeschäft nicht ausführen.[222] Handelte er dagegen eventuell leichtfertig, bringt Gewissheit über die Strafbefreiung nur die nachträgliche Anzeige. 127

e) Kritik

Die strafbefreiende Wirkung einer Anzeige bei leichtfertigen Geldwäschehandlungen nach Absatz 9 ist grundsätzlich geeignet, die strafrechtlichen Risiken betroffener Personenkreise zu begrenzen, die aus der Weite des Tatbestandes resultieren. Der besonderen Situation im Bankenbereich wird sie aber nicht vollends gerecht. Die Ausführungen haben gezeigt, dass Strafbarkeitsrisiken des einzelnen Mitarbeiters insbesondere bei Kompetenzkonflikten, also unterschiedlichen Auffassungen zur Frage eines Verdachts zwischen Geldwäschebeauftragtem und ausführendem Mitarbeiter bestehen können. Dies resultiert aus den unterschiedlichen Adressatenkreisen der konkurrierenden Regelungen – einerseits die Verdachtsanzeigepflicht 128

---

220) Vgl. auch *Melzer*, Die Bank 1996, 494, 496.
221) Siehe *Fülbier*, § 11 GwG Rz. 181 f.
222) Gegen die strafaufhebende Wirkung des § 11 Abs. 1 Satz 4 GwG: Rechtsausschuss zum RegE GewAufspG, BT-Drucks. 12/4795, S. 18 f; *Carl/Klos*, DStZ 1994, 68, 71; *Löwe-Krahl*, wistra 1994, 121, 126; *Werner*, S. 153.

des Instituts nach § 11 GwG, andererseits die Möglichkeit der strafbefreienden Selbstanzeige des betroffenen Mitarbeiters nach § 261 Abs. 9 StGB. Wenn im präventiven Bereich, also bei den Regelungen nach dem Geldwäschegesetz, der Gesetzgeber die Bündelung der Erstattung der Verdachtsanzeigen über den Geldwäschebeauftragten mit guten Gründen vorsieht, sollte es eine Entsprechung im repressiven Bereich geben.[223]

129 Wenn auch der Mitarbeiter in den meisten Fällen vor Strafe geschützt ist, soweit er den Geldwäschebeauftragten vor Ausführung der Transaktion vollständig unterrichtet hat, so ist die Situation dennoch unbefriedigend. Bei Eilgeschäften (unter Umständen unterhalb einer etwaig eingesetzten Betragsschwelle) gibt es kein Rezept. Gerade hier besteht die Gefahr, dass der Geldwäschebeauftragte die Ansicht des Mitarbeiters, es liege ein Verdacht vor, nicht teilt. Gibt er dann keine Verdachtsanzeige bei der zuständigen Stelle ab, fehlt es auch an der strafbefreienden Selbstanzeige nach Absatz 9 für den Mitarbeiter.[224] Es sollte daher in Anlehnung an § 24 Abs. 1 Satz 2 StGB eine **Strafbefreiungsregelung** geschaffen werden, die schon eingreift, wenn der Mitarbeiter aus seiner Sicht alles Erforderliche getan hat, um die Verdachtsanzeige auf den Weg zu bringen, also den Fall intern an den Geldwäschebeauftragten gemeldet hat.[225]

130 Bei der strafprozessualen Würdigung leichtfertiger Verstöße ist generell und insbesondere in Eilfällen ein Vorgehen nach §§ 153, 153a StPO zu prüfen. An die von dem Mitarbeiter ad hoc zu treffende Entscheidung dürfen ex post keine überhöhten Anforderungen gestellt werden. Maßstab jeder Würdigung ist in den Eilfällen insbesondere immer nur der dem Mitarbeiter ex ante zur Verfügung stehende Erkenntnisstand. Nachträgliches Wissen ist auszublenden.

3. Strafbefreiung bei Vorsatztaten

131 Die Strafbefreiung allein **durch Anzeige** ist nur bei der leichtfertigen Geldwäsche möglich. Soweit eine vorsätzliche Tat nach den Absätzen 1 oder 2 vorliegt, muss zu der Anzeige die Sicherstellung des Gegenstands, auf den sich die Tat bezieht, hinzukommen. Dies wird gesetzestechnisch dadurch erreicht, dass in Absatz 9 Nr. 2 nur auf Straftaten nach den Absätzen 1 und 2 verwiesen wird, nicht aber auf Absatz 5.[226]

4. Praxishinweis

132 Die Strafbefreiungsregelung in Absatz 9 könnte dazu verleiten, jedes auch noch so verdächtige Geschäft auszuführen. Schließlich, so ließe sich argumentieren, werden den Strafverfolgungsbehörden auf diese Weise Anzeigedaten für Ermittlungen zur

---

223) Ebenso *Löwe-Krahl*, wistra 1993, 123, 126.
224) Vgl. ausführlich zu diesem Problem *Fabel*, S. 158 ff; *Flatten*, S. 154 ff.
225) *Löwe-Krahl*, wistra 1993, 123, 126 f.; für eine Gesetzesänderung auch *Fabel*, S. 165 ff; *Flatten*, S. 178; *Löwe-Krahl*, in: Achenbach/Ransiek, XIII Rz. 48; *Melzer*, Die Bank 1996, 494, 496.
226) Begründung BRatE OrgKG, BT-Drucks. 12/989, S. 28.

Verfügung gestellt, was kriminalpolitisch wünschenswert sei. Die Entgelte für diese lukrativen Geschäfte müsse man sich dann nicht entgehen lassen. Außerdem wisse man ohnehin nie positiv, ob die Transaktion eine Geldwäsche sei. Vor einer solchen Handhabe muss aus geschäftspolitischer und strafrechtlicher Sicht gewarnt werden.

Transaktionen, bei denen ein nachhaltiger Verdacht auf Geldwäsche besteht, sollten 133 nicht durchgeführt werden. Das gilt auch für die bei isolierter Betrachtung noch zulässigen Eilgeschäfte, weil neben § 261 StGB auch eine Bestrafung nach § 257 StGB (**Begünstigung**) im Raum steht.[227] Die Handlung des Mitarbeiters kann geeignet sein, dem Vortäter seine rechtswidrige Vermögensposition zu erhalten.[228] Für den Vorsatz reicht es aus, dass der Handelnde sich eine Vortat vorstellt, aus der der Kunde einen Vorteil erlangt haben könnte. Die Anforderungen der Rechtsprechung an die Absicht, dem Vortäter die Vorteile der Tat zu sichern, sind gering. Deshalb reicht es schon aus, wenn es z. B. dem Bankangestellten nur darauf ankommt, ein gutes Geschäft abzuschließen. Dass er dadurch gleichzeitig die Gewinne des Kunden sichert, ist ein notwendiges Zwischenziel, ohne das der Geschäftsabschluss nicht möglich wäre.[229]

Von der Bestrafung nach § 257 StGB kann man sich nicht durch eine Anzeige be- 134 freien. Die Anzeige nach Absatz 9 erfasst andere Straftatbestände nicht: „Wegen Geldwäsche wird nicht bestraft, ...". Außerdem befreit eine Anzeige allein nur im Falle der leichtfertigen Geldwäsche von Strafe. Sobald Vorsatz, sei es auch nur bedingter Vorsatz, im Spiel ist, muss für eine Strafbefreiung die Sicherstellung hinzukommen. Die Abgrenzung zwischen bedingtem Vorsatz und Leichtfertigkeit kann im Einzelfall problematisch sein.

5. „Kontrollierte Transaktionen"

Nach Erstattung einer Verdachtsanzeige wird von den Strafverfolgungsbehörden 135 in Einzelfällen gewünscht, die **Geschäftsbeziehung** mit dem betroffenen Kunden **fortzusetzen**, um weitere Erkenntnisse zu gewinnen (**Ausführung „kontrollierter Transaktionen"**). Dabei wird teilweise auf die Sicherstellung oder Beschlagnahme von Geldern verzichtet, so wie es auch die FATF empfiehlt (zu einem Beispielsfall unten Rz. 187).[230] Demgegenüber empfiehlt das frühere Bundesaufsichtsamt für das Kreditwesen[231] zu prüfen, ob die Geschäftsverbindung in Anzeigefällen abzubrechen ist. Diese Prüfung ist unter strafrechtlichen, bankaufsichtsrechtlichen und zivilrechtlichen Aspekten vorzunehmen.[232]

---

227) Vgl. LG Mönchengladbach WM 1995, 910, dazu WuB I D6–2.95 *(Fülbier)*; BGH wistra 1998, 26 = NJW 1997, 3322.
228) Vgl. BGH NStZ 1987, 22.
229) Im Einzelnen siehe *Löwe-Krahl*, S. 57 ff.
230) FATF, Auslegungsbestimmungen zu Empfehlung Nr. 38.
231) BAKred, Verlautbarung für Kreditinstitute vom 30.3.1998, Nr. 30, abgedruckt in Anhang III 1.
232) Zu den bankaufsichtsrechtlichen und zivilrechtlichen Aspekten siehe *Fülbier*, § 11 GwG Rz. 187 ff.

136 Mit einer Verdachtsanzeige bringt das Institut zum Ausdruck, dass es gegenüber dem Kunden den Verdacht der Geldwäsche hegt. Wird es darin auch noch durch den Wunsch der Ermittler bestärkt, die Geschäfte mit diesem Kunden fortzuführen, weil an der Anzeige „etwas dran ist", erhärtet sich der **Anfangsverdacht**. Die Strafanzeige des Instituts für nachfolgende Transaktionen kann daher kaum noch mit der Wirkung des Absatzes 9 von Strafe befreien. Denn die Strafbefreiung nach dieser Regelung greift nicht mehr bei (bedingt) vorsätzlichen Geldwäschehandlungen.

137 Es wird im Regelfall nur noch zur **Strafmilderung oder Strafbefreiung nach Absatz 10** kommen. Außerdem kann es wegen der arbeitsteiligen Struktur des Bankgeschäfts schwierig sein, die Anzeige des Instituts nach § 11 GwG den Mitarbeitern mit der strafbefreienden bzw. strafmildernden Wirkung zuzurechnen, die die nachfolgenden Transaktionen ausführen. Dieser Effekt greift nämlich nur für die Mitarbeiter, die die Anzeige des Instituts veranlasst haben. Das wird im Regelfall ein einzelner Mitarbeiter sein, dessen Veranlassung nicht für die Kollegen wirkt, die an der Ausführung der Transaktion beteiligt sind.[233]

138 Schließlich kann die Handlung der Bankmitarbeiter als Begünstigung (§ 257 StGB) zu betrachten sein, für die die Absätze 9 und 10 nicht gelten. Die vorstehenden Bedenken greifen allerdings dann nicht, wenn die Handlung der Bankmitarbeiter nicht tatbestandsmäßig im Sinne der §§ 257, 261 StGB ist. Zum Tatbestand des **Absatzes 1** gehört das Verdecken der Herkunft der inkriminierten Gelder durch Verbergen oder Verschleiern oder durch Vereiteln oder Gefährdung z. B. der Ermittlung der Herkunft der inkriminierten Gegenstände (oben Rz. 29 ff). Wird eine Bank gebeten, die Geschäftsbeziehung fortzusetzen und verdächtige Gelder durchlaufen zu lassen, so erfüllt das nicht die zuvor genannten Tatbestandselemente. Die Herkunft des Geldes soll durch die Mitwirkung ja gerade ermittelt oder dokumentiert werden. Die Mitwirkung ist daher **nicht tatbestandsmäßig**.[234]

139 Anders ist der Sachverhalt mit Blick auf **Absatz 2** zu beurteilen. Danach genügt etwa die Verwendung des Gegenstands in Kenntnis der Herkunft, wobei es genügt, die Herkunft aus einer der Vortaten billigend in Kauf zu nehmen. Daher wird hier bei „kontrollierten Transaktionen" teilweise ein tatbestandsmäßiges Handeln bejaht.[235]

140 Der Gesetzgeber ist der Aufforderung, diese Fälle zu normieren und damit Rechtssicherheit zu schaffen,[236] bislang nicht gefolgt. Er hat eine Regelung vielmehr nicht für notwendig erachtet. So heißt es in der Begründung zum Entwurf eines Gesetzes zur Verbesserung der Geldwäschebekämpfung:[237]

---

233) *Löwe-Krahl*, wistra 1994, 121, 126.
234) NK-*Altenhain*, StGB, § 261 Rz. 130; *Burr*, S. 98; *Carl/Klos*, wistra 1994, 161, 166, danach besteht kein Vorsatz; *Kraushaar*, wistra 1996, 168, 170 f.; MünchKomm-*Neuheuser*, StGB, § 261 Rz. 76; a. A. *Oswald*, S. 302; *Werner*, S. 230, der auch von der Durchführung solcher Transaktionen abrät.
235) *Löwe-Krahl*, wistra 1994, 121, 126; *Melzer*, Die Bank 1996, 494, 496; a. A. *Kraushaar*, wistra 1996, 168, 171.
236) *Kraushaar*, wistra 1996, 168, 171.
237) Begründung RegE eines Gesetzes zur Verbesserung der Geldwäschebekämpfung, BT-Drucks. 13/6620, S. 6; Begründung FrakE eines Gesetzes zur Verbesserung der Bekämp-

„Der Entwurf verzichtet darauf, diese Forderung [Klarstellung der fehlenden Tatbestandsmäßigkeit einer Handlung zum Zwecke der Strafverfolgung im Gesetz, d. V.] aufzugreifen. Mit der Einführung des § 261 durch das OrgKG wollte der Gesetzgeber die Möglichkeiten der Ermittlungsbehörden erweitern, nicht beschränken. Schutzgut des § 261 ist die staatliche Rechtspflege. Eine teleologische Auslegung der Vorschrift führt unter Berücksichtigung auch der Zielsetzung des OrgKG de lege lata zu dem Ergebnis, dass Handlungen, die der Strafverfolgung dienen, außerhalb des Schutzzwecks der Strafnorm des § 261 liegen. Über diese Auslegung besteht weitgehender Konsens. Dies gilt auch für Bankangestellte, die im Einvernehmen mit den Strafverfolgungsbehörden an verdächtigen Finanztransaktionen beteiligt sind. Einer gesetzlichen Klarstellung bedarf es daher nicht."

Damit ist das Risiko einer strafrechtlichen Sanktion bei einer von den Strafverfolgungsbehörden „kontrollierten" Fortsetzung der Geschäftsverbindung erheblich gesunken. Der Wille des Gesetzgebers als eines der maßgeblichen Auslegungskriterien spricht gegen eine Strafbarkeit. Sofern ein Kreditinstitut von den Ermittlern gebeten wird, Transaktionen nach Abgabe einer Verdachtsanzeige durchzuführen, sollte dieser Bitte unter Abwägung der Restrisiken stets nur dann gefolgt werden, wenn eine **schriftliche Bitte oder Aufforderung der Staatsanwaltschaft** vorliegt. Aber auch dann steht es **im freien Ermessen der Bank**, die Geschäftsbeziehung fortzusetzen oder abzubrechen.[238]

Für Institute und deren Mitarbeiter ist die jetzige Gesetzeslage nach wie vor unbefriedigend. Zwar geht, wie der Gesetzgeber, auch die wohl herrschende Ansicht in der Literatur für die Fälle der kontrollierten Transaktionen von der Straflosigkeit beteiligter Bankangestellter aus.[239] Die Begründungen hierfür sind jedoch unterschiedlich. Während die einen im Ergebnis wohl zutreffend eine teleologische Reduktion des Tatbestandes (so auch der Gesetzgeber) vornehmen, präferieren die anderen mit ebenfalls guten Argumenten eine Lösung über die Regelungen, die im Zusammenhang mit verdeckten Ermittlungen gefunden wurden.[240] Die Rechtsprechung musste sich bis dato, soweit erkennbar, noch nicht mit diesem Problem bei § 261 StGB auseinander setzen. Doch die teleologische Reduktion ist angreifbar,[241] andere Entscheidungen der Gerichte durchaus denkbar, und gerade deshalb ist eine gesetzliche Klarstellung wünschenswert.[242]

---

fung der Organisierten Kriminalität, BT-Drucks. 13/8651, S. 9 f; dazu *Hund*, ZRP 1997, 180, 181; *Kreß*, wistra 1998, 121, 126; kritisch *Oswald*, S. 302; vgl. auch Gesetzesantrag des Freistaates Bayern – Entwurf eines Gesetzes zur Ergänzung des Gesetzes zur Bekämpfung des illegalen Rauschgifthandels und anderer Erscheinungsformen der Organisierten Kriminalität (OrgKGErgG), BR-Drucks. 494/94.

238) Vgl. ausführlich *Fülbier*, § 11 GwG Rz. 187 ff, 199 ff.
239) NK-*Altenhain*, StGB, § 261 Rz. 130; *Burr*, S. 98; *Carl/Klos*, wistra 1994, 161, 166; *Kraushaar*, wistra 1996, 168, 170 f; MünchKomm-*Neuheuser*, StGB, § 261 Rz. 76; *Wessels/Hillenkamp*, Rz. 899; a. A. *Oswald*, S. 302, mit dem Hinweis, dass nicht nur die staatliche Rechtspflege durch § 261 StGB geschützt werde; zweifelnd: *Kaufmann*, S. 245 f.
240) Vgl. *Wessels/Hillenkamp*, Rz. 899 m. w. N.
241) Zweifelnd etwa *Kaufmann*, S. 245 f; vgl. auch *Wessels/Hillenkamp*, Rz. 899.
242) So auch etwa *Kraushaar*, wistra 1996, 168, 171; *Oswald*, S. 302: „unbedingt erforderlich".

6. Strafmilderung (Abs. 10)

143 Selbst wenn der Institutsangestellte vorsätzlich gehandelt haben sollte und die Sicherstellung des Gegenstands nicht mehr möglich ist, kann er noch in den Genuss einer Strafmilderung nach Absatz 10 kommen.[243] Danach *kann* das Gericht von Strafe absehen oder die Strafe zumindest mildern, wenn der Täter durch die **freiwillige Offenbarung** seines Wissens wesentlich zur **Aufdeckung der Tat** über seinen eigenen Tatbeitrag hinaus oder zur Aufdeckung der Vortat der Geldwäsche beitragen konnte. Dies könnte schon durch die Anzeige der Transaktion geschehen, unabhängig von einer Sicherstellung des Gegenstands. Im Übrigen kann die Strafmilderung auch bei Leichtfertigkeit zur Anwendung kommen.

144 Absatz 10 gilt nur für Taten nach § 261 StGB. Dies wird seit einiger Zeit kritisiert. Ein Gesetzentwurf der CDU/CSU-Fraktion[244] sowie ein Gesetzesantrag der Länder Bayern und Niedersachsen[245] sehen ganz ähnliche Regelungen für zahlreiche Tatbestände, die zur Organisierten Kriminalität gerechnet werden, sowie die Wiedereinführung des Kronzeugengesetzes bei terroristischen Straftaten vor. Die Maßnahmen sollen dazu dienen, die Verflechtungen der Tätergruppen durch Aussagen Beteiligter „aufzubrechen".

7. Strafbarer Geheimnisverrat durch tätige Reue?

145 Im Zusammenhang mit einer Anzeige nach Absatz 9 wird diskutiert, ob sich der Anzeigende dadurch wegen Verletzung von Privatgeheimnissen nach § 203 StGB strafbar machen kann.[246] Dies kommt im Bankenbereich vor allem für Mitarbeiter eines öffentlich-rechtlichen Kreditinstituts in Betracht, da sie Berufsgeheimnisträger in diesem Sinne (§ 203 Abs. 2 StGB) sind. Allerdings greift hier der Schutz des § 12 GwG. Danach kann der Anzeigende für die Anzeige nicht verantwortlich gemacht werden, soweit die Anzeige nicht vorsätzlich oder grob fahrlässig unwahr erstattet wurde. Für eine grob fahrlässig unwahre Anzeige bleibt aber angesichts der Weite des Tatbestandes und der Unsicherheiten bei der Bewertung bestimmter Umstände nur wenig Raum.[247]

146 Absatz 9 ist keine Norm, die die Offenbarung von Geheimnissen i. S. d. § 203 StGB generell erlaubt.[248] Allerdings ist in jedem Einzelfall zu prüfen, ob der Täter, der sich selbst vor Strafe schützen will, gerechtfertigt gehandelt hat.[249]

---

243) Vgl. auch die ähnliche Regelung in § 31 Nr. 1 BtMG (so genannte kleine Kronzeugenregelung).
244) Entwurf der Abgeordneten Bosbach u. a. eines Gesetzes zur Ergänzung der Kronzeugenregelung und zur Wiedereinführung einer Kronzeugenregelung bei terroristischen Straftaten (KrgErgG), BT-Drucks. 15/2333 vom 13.1.2004.
245) Gesetzesantrag der Länder Bayern und Niedersachsen, Entwurf eines Gesetzes zur Ergänzung der Kronzeugenregelung im Strafrecht und zur Wiedereinführung einer Kronzeugenregelung bei terroristischen Straftaten (KrzErgG), BR-Drucks. 958/03 vom 18.12.2003.
246) Vgl. nur MünchKomm-*Neuheuser*, StGB, § 261 Rz. 103 f.
247) *Otto*, wistra 1995, 323, 328; vgl. auch *Bauer*, in: Festschrift Maiwald, S. 127, 139.
248) Darauf weist zutreffend MünchKomm-*Neuheuser*, StGB, § 261 Rz. 102 hin; ebenso *Tröndle/Fischer*, StGB, § 261 Rz. 53.
249) Zur Situation bei Rechtsanwälten vgl. *von Galen*, StV 2000, 575.

V. Strafbarkeit des Versuchs (Abs. 3)

Nach Absatz 3 ist auch der Versuch einer Geldwäsche strafbar. Ein Versuch liegt 147
dann vor, wenn der Täter willentlich zur Begehung der Tat unmittelbar angesetzt
hat, sie aber im Ergebnis unvollendet geblieben ist, weil etwa der Gegenstand nicht
verborgen werden konnte.

Der Versuch der Geldwäsche wird häufig Fälle betreffen, in denen der Täter Tatumstände falsch bewertet hat. So führt die irrige Annahme, der Gegenstand entstamme 148
einer Katalogtat, zur Bestrafung wegen (untauglichen) Versuchs. Ebenso verhält es
sich, wenn der Täter übersehen bzw. falsch gewertet hat, dass ein strafloser Vorerwerb nach Absatz 6 stattgefunden hat.

Versuch und nicht Vollendung liegt auch dann vor, wenn die Handlung des Täters 149
nicht geeignet ist, das geschützte Rechtsgut tatsächlich zu beeinträchtigen. So hat
der Bundesgerichtshof für die Variante des Gefährdens des Auffindens (Absatz 1)
die Verurteilung wegen vollendeter Geldwäsche richtigerweise aufgehoben, weil der
Täter das Lösegeld aus einer tauglichen Vortat einem verdeckten Ermittler der Polizei angeboten hatte. Eine konkrete Gefährdung konnte nicht eintreten.[250]

VI. Geldwäsche im besonders schweren Fall (Abs. 4)

Gemäß Absatz 4 gilt in besonders schweren Fällen ein erhöhter Strafrahmen von 150
mindestens sechs Monaten bis höchstens zehn Jahren Freiheitsstrafe (sonst drei
Monate bis zu fünf Jahren). Ob ein besonders schwerer Fall der Geldwäsche vorliegt, entscheidet das Gericht. Der Gesetzgeber hält jedenfalls für die folgenden
Fälle in der Regel einen besonders schweren Fall für gegeben: wenn der Täter gewerbsmäßig[251] oder als Mitglied einer Bande[252] handelt, die sich zur fortgesetzten
Begehung einer Geldwäsche verbunden hat (vgl. zu den Definitionen oben Rz. 2).

VII. Bedeutung für die Praxis

Fälle, in denen ein Institutsangestellter wegen Geldwäsche strafrechtlich belangt 151
wurde, sind selten.

Sofern sich Bankangestellte nicht wissentlich an Geldwäschetransaktionen beteiligen, ist eine Bestrafung nach Absatz 1 und 2 kaum vorstellbar. Dies allein schon 152
deshalb, weil es sowohl des Nachweises der Vortat, der Kenntnis des Geldwäschers
davon, als auch der Geldwäschehandlung bedarf.[253] Allein die Nichtbeachtung von
Pflichten nach dem Geldwäschegesetz (Identifizierungs- und Aufzeichnungspflich-

---

[250] Vgl. BGH NJW 1999, 436, 437.
[251] Vgl. BGH NStZ 1998, 622: Danach reicht es für die Annahme der Gewerbsmäßigkeit aus, wenn sich der Täter mittelbare geldwerte Vorteile über Dritte aus den Tathandlungen verspricht, vgl. die Darstellung des Falles unter Rz. 182 ff.
[252] Vgl. BGH, Urt. v. 26.8.2005 – 2 StR 225/05, NJW 2005, 3507; danach kann auch der Vortatbeteiligte, dem selbst bezüglich einer Geldwäschehandlung der persönliche Strafaufhebungsgrund des § 261 Abs. 9 Satz 2 StGB zugute kommt, Mitglied einer Bande nach § 261 Abs. 4 StGB sein.
[253] Ähnlich auch *Körner*, NJW 1993, 233, 235.

ten) kann anders als nach luxemburgischen Recht[254] nicht unmittelbar zu einer Bestrafung wegen (leichtfertiger) Geldwäsche führen.[255]

153 Dennoch ist Vorsicht geboten. Im Zweifelsfall kann daher nur die Erstattung einer Anzeige empfohlen werden, die dann nach Abs. 9 Strafbefreiung bringt.

154 Daneben besteht für die Strafverfolgungsbehörden und die Gerichte die Möglichkeit, Strafverfahren wegen Geringfügigkeit unter Umständen gegen bestimmte Auflagen nach den §§ 153, 153a StPO einzustellen. Auf diese Verfahrensweise hat auch der Bundesgerichtshof für die Fälle der leichtfertigen Geldwäsche nochmals hingewiesen.[256]

VIII. Prozessuales

155 Der Gesetzgeber hat den Tatbestand der Geldwäsche mit weiteren Vorschriften zur Bekämpfung der Geldwäsche und allgemein zur Gewinnabschöpfung flankiert. Darüber hinaus sind bezüglich des Ermittlungsverfahrens einige Besonderheiten zu beachten. Die wichtigsten sollen hier kurz dargestellt werden.

1. Vermögensstrafe und erweiterter Verfall

156 Nach § 43a StGB war seit Inkrafttreten des OrgKG bei bestimmten Straftaten die Verhängung einer **Vermögensstrafe** als neue Strafform zulässig. Die Höhe dieser Geldstrafe wurde nicht in Tagessätzen bemessen; sie richtete sich nach der Höhe des Tätervermögens. Der Wert dieses Vermögens konnte geschätzt werden. Das Bundesverfassungsgericht hat die Norm für **verfassungswidrig** und nichtig erklärt.[257] Der Verweis in Absatz 7 ist damit hinfällig geworden. Somit sind auch die ebenfalls flankierend eingeführten Normen zur vorläufigen Sicherung der Vermögensstrafe, also dinglicher Arrest und Vermögensbeschlagnahme gemäß §§ 111o, 111p StPO, gegenstandslos geworden.[258]

157 Absatz 7 ordnet daneben die Anwendung des § 73d StGB an, wenn der Täter als Mitglied einer Bande handelt, die sich zur fortgesetzten Begehung einer Geldwäsche verbunden hat, oder aber wenn er gewerbsmäßig handelt. § 73d StGB wurde ebenfalls durch das OrgKG in das StGB eingefügt. Die Norm regelt den so genannten **erweiterten Verfall**. Danach können Tätergewinne unter erleichterten Voraussetzungen abgeschöpft werden, wenn eine rechtswidrige Tat nach einem Gesetz begangen worden ist, das auf diese Vorschrift verweist. Ein solcher Verweis ist in Absatz 7 enthalten.

158 Die Norm ergänzt die Regelung zum einfachen Verfall in § 73 StGB. Danach ordnet das Gericht den Verfall an, wenn eine rechtswidrige Tat begangen wurde und der Täter oder Teilnehmer für die Tat oder aus ihr etwas erlangt hat. Wird der Verfall

---

254) Siehe die Vorauflage, Länderbericht Luxemburg, Rz. 44 ff.
255) Begründung BRatE OrgKG, BT-Drucks. 12/989, S. 26.
256) BGHSt 43, 158, 167.
257) BVerfGE 105, 135 = wistra 2002, 175; vgl. auch BGBl I 2002, 1340 (Veröffentlichung der Entscheidungsformel).
258) Vgl. zu § 111p StPO noch die Vorauflage, *Fülbier*, Vor § 261 Rz. 16.

angeordnet, geht das **Eigentum an der Sache** oder das verfallene Recht **auf den Staat** über (§ 73e StGB).

Beim so genannten erweiterten Verfall sind die Voraussetzungen für die Anordnung geringer. Insbesondere kann das Gericht nach dem Wortlaut der Norm den Verfall schon dann anordnen, „wenn die Umstände die Annahme rechtfertigen, dass diese Gegenstände für rechtswidrige Taten oder aus ihnen erlangt worden sind" (§ 73d Abs. 1 Satz 1 StGB). 159

Gegen diese Vorschrift werden verfassungsrechtliche Bedenken erhoben. Sie ist einerseits unter Berücksichtigung von Art. 14 GG (Eigentumsgarantie) kritisch zu beurteilen. Vor allem aber der Verzicht auf den Nachweis des Zusammenhangs zwischen Tat und Vermögen, also die angestrebte **Beweiserleichterung**, ist vor dem Hintergrund des Schuldprinzips und der Unschuldsvermutung bedenklich, der zufolge niemand ohne Nachweis seiner Schuld in einem gesetzlich geregelten Verfahren als schuldig behandelt werden darf.[259] Bisher war es daher notwendig, den Zusammenhang zwischen Tat und Vermögen nachzuweisen. Diese schwer zu überwindende Hürde wurde für bestimmte Straftaten beseitigt. Es soll nach den Vorstellungen des Gesetzgebers im Ergebnis eine **hohe Wahrscheinlichkeit** für die Feststellung des Zusammenhangs genügen.[260] 160

Der Bundesgerichtshof hat sich den verfassungsrechtlichen Bedenken nicht angeschlossen. Er hält eine verfassungskonforme Auslegung für möglich und ausreichend. In seiner grundlegenden Entscheidung vom 22.11.1994[261] hat er die Norm verfassungskonform dahin gehend ausgelegt, dass der Anordnung des erweiterten Verfalls die uneingeschränkte **tatrichterliche Überzeugung** von der deliktischen Herkunft der Gegenstände zugrunde liegen muss. Der Tatrichter muss dabei alle vorhandenen Beweismittel ausschöpfen. Diese Rechtsprechung wurde zwischenzeitlich mehrfach bestätigt.[262] Auch das Bundesverfassungsgericht hält den Lösungsweg des Bundesgerichtshofs für gangbar.[263] 161

Sowohl der Verfall, als auch der erweiterte Verfall (sowie die Einziehung von Gegenständen) können durch **vorläufige Maßnahmen** noch vor rechtskräftiger Verurteilung und Anordnung des Verfalls gesichert werden. Damit sollen während des Ermittlungsverfahrens vorläufige Maßnahmen zur Sicherstellung von Gegenständen ermöglicht werden, für die das Gericht in der Hauptverhandlung voraussichtlich einen Verfall anordnen wird. Der Täter soll keine Möglichkeit haben, Gegenstände bis zum Abschluss des Hauptverfahrens beiseite zu schaffen. Maßgebend sind vor allem die §§ 111b–111k StPO. Die in Frage kommenden Gegenstände und Vermögenswerte können zu diesem Zweck beschlagnahmt bzw. kann der dingliche Arrest angeordnet werden. Dazu ist im Regelfall nur der zuständige Richter befugt, bei Ge- 162

---

259) Vgl. BVerfGE 22, 254, 265; BVerfGE 74, 358, 371; dazu entkräftend Begründung RegE Strafrechtsänderungsgesetz, BT-Drucks. 11/6623; siehe auch *Arzt*, NStZ 1990, 1, 5; *Krey/Dierlamm*, JR 1992, 353, 357 f; vgl. auch *Tröndle/Fischer*, StGB, § 73d Rz. 4 ff m. w. N.
260) Vgl. auch Begründung RegE Strafrechtsänderungsgesetz, BT-Drucks. 11/6623, S. 5.
261) BGHSt 40, 371 = NJW 1995, 470.
262) BGH StraFo 2004, 394; BGH NStZ-RR 2004, 347; BGH NStZ 2001, 531.
263) BVerfGE 110, 1 = NJW 2004, 2073 = wistra 2004, 255, 259 f.

fahr im Verzug aber auch die Staatsanwaltschaft (§ 111e Abs. 1 StPO). Die Ermittlungspersonen der Staatsanwaltschaft können ohne Anordnung bewegliche Sachen bei Gefahr im Verzug beschlagnahmen (§ 111e Abs. 1 Satz 2 StPO). Mit dem Gesetz zur Verbesserung der Bekämpfung der Organisierten Kriminalität vom 4.5.1998 wurde die Schwelle zur Anordnung dieser Maßnahmen gesenkt.[264] Waren **vormals dringende Gründe** für die Annahme des späteren Verfalls oder der Einziehung notwendig, reicht es seitdem, wenn Gründe für die Annahme vorhanden sind, dass die Voraussetzungen für den Verfall oder die Einziehung der Gegenstände vorliegen, also diese Gegenstände für rechtswidrige Taten bestimmt oder aus ihnen erlangt worden sind.

163 Durch die Streichung des Wortes „**dringend**" wurde die Prognosewahrscheinlichkeit aus dem Bereich des dringenden Tatverdachts auf das Niveau des einfachen Tatverdachts abgesenkt.[265] Nach Ablauf von sechs Monaten seit der Anordnung ist der Gegenstand wieder freizugeben, es sei denn, bis dahin liegt ein dringender Tatverdacht vor (§ 111b Abs. 3 StPO). Es besteht allerdings dennoch eine Verlängerungsmöglichkeit für drei Monate.

164 Das Bundesverfassungsgericht hat in einem Beschluss vom 14.6.2004[266] zwar festgestellt, dass Maßnahmen zur Sicherstellung der Nebenfolgen einer strafrechtlichen Verurteilung, die zum Verlust des Eigentums führen, also zur Sicherung des Verfalls und der Einziehung, während des Ermittlungsverfahrens grundsätzlich zulässig sind. Allerdings hat es auf die hohe Eingriffsintensität solcher Maßnahmen bei bloßem Tatverdacht hingewiesen. Wörtlich heißt es: „Das Eigentumsrecht verlangt in diesen Fällen eine Abwägung des Sicherstellungsinteresses des Staates mit der Eigentumsposition des von der Maßnahme Betroffenen. Je intensiver der Staat schon allein mit Sicherungsmaßnahmen in den vermögensrechtlichen Freiheitsbereich des Einzelnen eingreift, desto höher sind die Anforderungen an die Rechtfertigung des Eingriffs."[267] Der Verhältnismäßigkeitsgrundsatz fordere, wenn das gesamte oder nahezu das gesamte Vermögen einer Person betroffen ist, eine besonders sorgfältige Prüfung der Umstände, die für eine deliktische Herkunft des Vermögens sprechen, sowie eine eingehende Darlegung „der dabei maßgeblichen tatsächlichen und rechtlichen Erwägungen in der Anordnung, damit der Betroffene dagegen Rechtsschutz suchen kann."[268] Eine bloße Vermutung reiche also nicht aus.[269]

2. Ermittlungsmaßnahmen der Strafprozessordnung

165 Durch das OrgKG wurde das rechtliche Instrumentarium zur Ermittlung von Straftaten erheblich ausgedehnt. So ist seitdem nach §§ 98a, 98b StPO eine **Datenraster-**

---

264) Zur Kritik an dieser Änderung vgl. die Ausführungen und Nachweise in der Vorauflage, *Fülbier*, Vor § 261 Rz. 22 ff.
265) *Meyer-Goßner*, 47. Aufl., § 111b StPO Rz. 8 m. w. N.
266) BVerfG wistra 2004, 378 = WM 2004, 1378; im Anschluss daran: BVerfG, Kammerbeschl. v. 7.6.2005 – 2 BvR 1822/04, StraFo 2005, 338.
267) BVerfG wistra 2004, 378, 381.
268) BVerfG wistra 2004, 378, 381.
269) BVerfG wistra 2004, 378, 381.

fahndung möglich. Sie erlaubt bei den in § 98a Abs. 1 StPO aufgezählten Straftaten den Abgleich von personenbezogenen Daten, die in Datenbanken enthalten sind. Die Anordnung kann erfolgen, wenn die Erforschung des Sachverhalts oder die Ermittlung des Aufenthaltsortes des Täters auf andere Weise erheblich weniger erfolgversprechend oder wesentlich erschwert wäre (§ 98a Abs. 1 Satz 2 StPO). Die Datenrasterfahndung darf grundsätzlich nur durch den Richter und bei Gefahr im Verzug durch die Staatsanwaltschaft angeordnet werden (§ 98b Abs. 1 StPO). Auf diese Weise kann ein Kreditinstitut gezwungen werden, die für den Abgleich erforderlichen Daten aus den Datenbeständen auszusondern und den Strafverfolgungsbehörden zu übermitteln (vgl. § 98a Abs. 2 StPO).[270]

Durch das Gesetz zur Verbesserung der Bekämpfung der Organisierten Kriminalität wurde § 261 StGB in den Katalog des § 100a StPO aufgenommen, so dass nunmehr bei begründetem Verdacht der Geldwäsche gegen den Täter oder Teilnehmer die **Überwachung der Telekommunikation** angeordnet werden kann. Zuständig ist gemäß § 100b Abs. 1 StPO der Richter, nur bei Gefahr im Verzuge darf die Staatsanwaltschaft von sich aus tätig werden. Der Gesetzgeber wollte hiermit eine „empfindliche Lücke im Ermittlungsinstrumentarium gegenüber der Geldwäsche" schließen. Die Telefonüberwachung sei „ein erforderliches Mittel, um komplexe internationale Geldwäschestrukturen aufzudecken und insbesondere die Verbindung zwischen dem Vortäter und dem Geldwäscher zu belegen".[271] Der Bundesgerichtshof schränkte in einer Entscheidung im Jahr 2003 den Anwendungsbereich der Norm ein. Danach ist die Telefonüberwachung dann unzulässig, wenn eine Verurteilung wegen Geldwäsche aufgrund des persönlichen Strafausschließungsgrundes in § 261 Abs. 9 Satz 2 StGB zum Zeitpunkt der Anordnung nicht zu erwarten ist und die der Geldwäsche zugrunde liegende Tat keine Katalogtat i. S. d. § 100a StPO ist.[272] Nach einer weitergehenden Ansicht in der Literatur soll eine Telefonüberwachung immer dann nicht auf den Verdacht der Geldwäsche gestützt werden können, wenn die Vortat keine Katalogtat i. S. d. § 100a StPO ist – unabhängig davon, ob die Geldwäsche durch den Vortäter oder eine andere Person begangen wurde.[273]

166

Der so genannte große **Lauschangriff gemäß § 100c StPO**, also das Abhören und Aufzeichnen des in einer Wohnung nichtöffentlich gesprochenen Wortes, darf beim Verdacht der Geldwäsche seit 1.7.2005 nur noch angeordnet werden, wenn es sich um den Verdacht eines besonders schweren Falles nach § 261 Abs. 4 Satz 2 StGB handelt. Darüber hinaus muss die Tat nach § 100c Abs. 1 Nr. 2 StPO auch im Ein-

167

---

270) Vgl. ausführlicher *Meyer-Goßner*, §§ 98, 98a StPO; umfangreiche Ermittlungsmöglichkeiten bieten sich für die Strafverfolgungsbehörden im Rahmen eines Ermittlungsverfahrens auch durch die Möglichkeit, nach Anfrage bei der BaFin auf die nach § 24c KWG gespeicherten Daten zurückzugreifen, vgl. dazu *Langweg*, § 24c KWG, insbesondere Rz. 58 ff, zur Kritik Rz. 107 ff; zur Erhebung von Daten durch das BKA als Zentralstelle für Verdachtsanzeigen, vgl. *Langweg*, § 5 GwG Rz. 17 ff; kritisch dazu *Herzog/Christmann*, WM 2003, 6, 10 ff.
271) Begründung FrakE eines Gesetzes zur Verbesserung der Bekämpfung der Organisierten Kriminalität, BT-Drucks. 13/8651, S. 13.
272) BGHSt 48, 240, 243 ff = wistra 2003, 305; vgl. die Besprechung von *Rossmüller/Scheinfeld*, wistra 2004, 52.
273) Vgl. eingehend *Kudlich*, JR 2003, 453, 456.

zelfall besonders schwer wiegen. Die Norm hat auch weitere, wichtige Änderungen durch die Neufassung erfahren.[274] Diese waren notwendig geworden, nachdem das Bundesverfassungsgericht im Jahr 2004 die Regelung gerügt und einen restriktiveren Umgang gefordert hatte.[275]

168 Im Anschluss an die Entscheidung zur Strafbarkeit von Strafverteidigern bei Annahme bemakelten Honorars (oben Rz. 55) hat das Bundesverfassungsgericht in einer weiteren Entscheidung[276] auch die Anforderungen an die **Anordnung einer Durchsuchung**[277] in einem solchen Fall während des Ermittlungsverfahrens präzisiert. In der Entscheidung heißt es: „Bei der Prüfung und Entscheidung, ob ein Anfangsverdacht der Geldwäsche gegen einen Strafverteidiger zu bejahen ist, muss die Staatsanwaltschaft auf die Gefahren für die verfassungsrechtlich geschützten Rechtsgüter besonders Bedacht nehmen. Da die Strafvorschrift ein sozial unauffälliges Handeln pönalisiert, hat im vorliegenden Zusammenhang die Verwirklichung des objektiven Tatbestandes nur wenig Aussagekraft. Den Beweisschwierigkeiten hinsichtlich der inneren Tatseite ist Rechnung zu tragen. Der Anfangsverdacht setzt auf Tatsachen beruhende, greifbare Anhaltspunkte für die Annahme voraus, dass der Strafverteidiger zum Zeitpunkt der Honorarannahme bösgläubig war."[278]

3. § 12a Zollverwaltungsgesetz

169 Nach § 12a Zollverwaltungsgesetz (ZollVG, früher Finanzverwaltungsgesetz) sind auf Verlangen der Zollbediensteten bei **Ein-, Aus- oder Durchfuhr von Bargeld** oder gleichgestellten Zahlungsmitteln (z. B. Schecks, Wechsel, Edelmetalle; vgl. hierzu § 1 Abs. 3a Satz 2 ZollVG) in Höhe von 15 000 Euro oder mehr die Herkunft der Mittel, der wirtschaftlich Berechtigte sowie der Verwendungszweck anzugeben. Die Vorgängernorm wurde 1993 in Verbindung mit dem Geldwäschegesetz eingeführt. Später wurden die Befugnisse der Zollbehörden und des Bundesgrenzschutzes erweitert. Nach § 10 ZollVG können die Bediensteten der Zollbehörden im grenznahen Raum den grenzüberschreitenden Bargeldverkehr ohne Verdacht kontrollieren. Die Verletzung der Angabepflicht ist in § 31a ZollVG bußgeldbewehrt. Das Bußgeld kann in besonders schweren Fällen den Wert der nicht angegebenen Gegenstände erreichen (§ 31a Abs. 3 ZollVG). Ein besonders schwerer Fall soll etwa vorliegen, wenn der Täter bei der Beförderung der Zahlungsmittel eine Schusswaffe bei sich führt. Eine Selbstanmeldung von derartigen mitgeführten Gegenständen ist nicht gefordert. Die Pflicht setzt also erst bei Aufforderung eines Zollbediensteten ein. Diese Aufforderung muss auch hinreichend substantiiert sein. Nach einer Entscheidung des OLG Karlsruhe ist erforderlich, dass diese zumindest die Tatbestandsmerkmale „mitgeführtes Bargeld oder gleichgestellte Zahlungsmittel über 15 000 Euro" enthält. Außerdem muss sie auch wahrnehmbar gewesen sein.[279]

---

274) Vgl. noch zum Entwurf *Leipold*, NJW-Spezial 2005, 135.
275) BVerfGE 109, 279 = NJW 2004, 999 = NStZ 2004, 270.
276) BVerfG WM 2005, 478 = wistra 2005, 217.
277) Vgl. zu den Voraussetzungen des Anfangsverdachts der Geldwäsche und einer Durchsuchung LG München I wistra 2005, 398.
278) BVerfG WM 2005, 478 = wistra 2005, 217, 218.
279) OLG Karlsruhe wistra 2004, 356.

Gemäß § 12a Abs. 3 ZollVG gilt die Anzeigepflicht auf Verlangen nicht für Institute nach § 1 Abs. 4 GwG sowie deren Beauftragte.

IX. Beispielsfälle und Rechtsprechungsübersicht[280]

1. Postamt-Fall

Zahlreiche Kurden erschienen regelmäßig bei dem Postamt in Hamburg, das inmitten des Drogenviertels (St. Georg) liegt. Sie zahlten in über 6 000 Einzelfällen Beträge zwischen 5 000 DM und 20 000 DM, teilweise sogar 200 000 DM, auf stets dieselben Konten in der Osttürkei ein. Das Bargeld in einer Stückelung von zumeist zerknüllten Zehn- und Zwanzig-DM-Scheinen, das aus Drogengeschäften stammte, lieferten sie in Plastiktüten und in Säcken an. Bis die Postbeamten nach sechs Monaten misstrauisch wurden, hatten die Täter 80 Mio. DM überwiesen. Hier liegt die Annahme leichtfertiger Geldwäsche der Postbeamten nahe.[281]

170

2. Bargeldhandel-Fall

A tauschte kontinuierlich spanische Peseten, die aus Drogengeschäften stammten, in Deutsche Mark um. Auf die Weise hatte er in Deutschland für 3,86 Mio. DM Peseten gewechselt. Für diese Tätigkeit bekam er eine Provision. Das Bargeld in deutscher Währung wurde zum Teil in Spanien in US-Dollar umgetauscht. Die US-Dollar wiederum wurden nach Deutschland zurückgeschafft und hier in Deutsche Mark gewechselt. Mit den Geldern wurde in der Türkei Heroin beschafft, das auf den spanischen Markt verkauft wurde. Über die Heroin-Geschäfte selbst und die Abwicklung dieser Geschäfte war A nicht informiert. Er wusste allerdings, dass die Peseten aus Drogengeschäften herrührten. Zum Tatzeitpunkt war der Geldwäschetatbestand noch nicht in Kraft. Eine Verurteilung kam daher allenfalls aus anderen Gründen in Frage (§ 29 Abs. 1 Nr. 4 BtMG, §§ 257, 258 StGB; Beschluss des Bundesgerichtshofs vom 5.11.1991). Heute würde die Tat den Straftatbestand des § 261 StGB erfüllen.[282]

171

3. Geldwäsche mit Schweizer Drogengeld

Ein Libanese hielt sich ab Oktober 1993 in Zürich auf und handelte dort in großem Umfang mit Heroin und Kokain. Er verkaufte diese Betäubungsmittel sowohl an Konsumenten als auch an Zwischenhändler. Dadurch erzielte er Umsätze von mehreren tausend Schweizer Franken pro Tag. Ein Teil des Gewinns überwies er auf sein Konto bei einer Bankfiliale in Mönchengladbach. Für dieses Konto hatte er seinem

172

---

[280] Zahlreiche Fälle sind in den Berichten der FATF sowie der FIU zu finden, zuletzt FATF, Bericht über Geldwäsche-Typologien; FATF, Jahresbericht 2004, beide im Internet abrufbar unter: www.bundeskriminalamt.de; Fallstudien bei *Stolpe*, S. 118 ff. Vgl. auch die Fälle im Geldwäschebericht des BMJ, Gutachten des Max-Planck-Instituts zur „Gefährdung von Rechtsanwälten, Steuerberatern, Notaren und Wirtschaftsprüfern", Oktober 2004, S. 121 ff, im Internet abrufbar unter: www.bmj.bund.de/geldwaeschebericht; *Reich*, in: Wabnitz/Janovsky, S. 311, Rz. 21 ff.
[281] WirtschaftsWoche Nr. 15 vom 9.4.1993, S. 72.
[282] BGH NJW 1992, 1905.

Bruder, dem Angeklagten, eine Vollmacht erteilt. Andere Teile des Gewinns transferierte der Libanese per Postanweisung an zwei weitere Beteiligte. Diese Transfers kündigte er jeweils telefonisch an. Der Angeklagte holte die Gelder bei den weiteren Beteiligten ab und zahlte sie auf das Konto seines Bruders ein. Von diesem Konto hob er die Gelder wieder ab und übergab sie an Dritte oder schickte sie in den Libanon, jeweils gemäß den ihm erteilten Anweisungen. Spätestens seit dem 15.11.1993 wusste der Angeklagte, dass das Geld, das sein Bruder aus der Schweiz schickte, aus dem Handel mit Drogen stammte. Ihm war klar, dass er durch seine Handlungen die Herkunft des Geldes verschleierte und seine Einziehung oder Sicherstellung vereitelte. Als Lohn für seine Bemühungen durfte er einen Teil der Gelder für sich verwenden. Im Zeitraum von Mitte November 1993 bis Anfang Januar 1994 waren dies rund 5 000 DM.

173 Das LG Mönchengladbach[283)] verurteilte den Angeklagten wegen Geldwäsche in 17 Fällen, jeweils begangen in Tateinheit mit Begünstigung, nach § 261 Abs. 1 und Abs. 2, § 257 StGB zu einer Gesamtfreiheitsstrafe von zwei Jahren auf Bewährung.

4. Arbeitslosenfall

174 C beschäftigte sich mit Warentermingeschäften. B arbeitete als Telefonverkäufer im Unternehmen des C. Auf Bitten des C gründete er im eigenen Namen eine Firma. Zweck dieser Firma war das Kapitalanlagegeschäft. Am 16.9.1993 erzählte C dem B, dass ein Kunde einen Betrag von 1, 4 Mio. DM auf ein Konto dieser Firma bei einer belgischen Bank überwiesen habe. Dieses Geld solle in der Schweiz gewinnbringend angelegt werden. B kam nunmehr auf den Gedanken, sich dieses Geld zu beschaffen. Das Konto bei der belgischen Bank lief auf den Namen des B. C hatte eine Bankvollmacht. B widerrief zunächst die Kontovollmacht für C. Um den Betrag von 1, 4 Mio. DM transferieren zu können, ohne dass sein Name als Empfänger in Erscheinung trat, benötigte B einen „neutralen" Kontoinhaber. Dazu bat er den arbeitslosen A, ein Konto für die Transaktion des Betrages zur Verfügung zu stellen. B versprach dem A hierfür einen Betrag von 100 000 DM. A, der den B aus früherer Zeit kannte, bezweifelte zu Recht, dass B über einen entsprechenden Betrag legal verfügen könne. Dennoch stellte A sein Konto für den Betrag zur Verfügung. B überwies daraufhin den Betrag aus Belgien auf das Konto des A. Da das Konto des A bislang nur über relativ geringe Beträge in Anspruch genommen worden war, wunderten sich die Verantwortlichen der Bank, woher er einen Betrag von 1, 4 Mio. DM bekommen sollte. Sie unterrichteten die örtliche Polizei, die letztendlich verhindern konnte, dass der Betrag von 1, 4 Mio. DM an A und B ausgezahlt wurde.[284)]

175 A wurde u. a. nach Absatz 1 und Absatz 8 schuldig gesprochen. Kritisch bei dieser Verurteilung ist u. a. die Tatsache, dass die Vortat eine Untreue nach § 266 StGB darstellt, die damals keine taugliche Vortat im Sinne des Absatzes 1 war (jetzt, soweit sie gewerbsmäßig oder von einem Mitglied einer Bande, die sich zur fortgesetzten Begehung solcher Taten verbunden hat, begangen wurde, gemäß Absatz 1 Satz 2

---

283) LG Mönchengladbach WM 1995, 910, dazu WuB I D6–2.95 *(Fülbier)*.
284) AG Essen ZIP 1994, 699 m. Anm. *Fülbier*.

Nr. 4 Buchst. a). Nur über den Umweg des Absatzes 8 konnte man zu einer Bestrafung gelangen. Die Ausdehnung des Absatzes 8 über den Katalog des Absatzes 1 hinaus war streitig. Mittlerweile ist die Norm geändert (oben Rz. 4).

5. Geldwäsche in München

Lieferanten schafften in großem Stil Heroin aus der Türkei in verschiedene westeuropäische Länder. Das Rauschgift soll per Sattelschlepper von Istanbul über Rumänien, Ungarn oder Tschechien in die Zielländer Spanien, Italien und Deutschland geschafft worden sein. Allein im Jahr 1993 wird die eingeschleuste Menge Heroin auf 2,5 t geschätzt. Die Großabnehmer aus ganz Europa bezahlten ihre Heroineinkäufe in zwei kleinen Wechselstuben am Münchener Hauptbahnhof und in der Innenstadt. Das Bargeld soll dort in Plastiktüten und Koffern in Millionenbeträgen abgeliefert worden sein. Der Inhaber der Wechselstube soll diese Gelder (ca. 50 Mio. DM allein im Jahr 1993) bei verschiedenen Banken eingezahlt haben. Mitarbeiter dieser Banken sollen dem Inhaber der Wechselstube unter Vernachlässigung ihrer Anzeigepflicht nach § 11 GwG geholfen haben, diese Gelder über verschiedene Konten zu schleusen. Dabei sollen sie auch gefälschte Rechnungsbelege akzeptiert haben. Bei dem wohl bisher größten bekannt gewordenen Geldwäschefall in Deutschland sollen innerhalb von fast zehn Jahren 1 Mrd. DM an Drogengeldern gewaschen worden sein.[285]

6. European Kings Club (EKC)

Der European Kings Club (EKC) hat bis November 1994 so genannte Letter über nominal 1 400 DM mit dem Versprechen verkauft, diesen Betrag zuzüglich Ertrag und abzüglich einer Gebühr von 200 DM in zwölf Raten zu je 200 DM in 14 Monaten zurückzuzahlen. Dies entspräche einer Rendite von 70 %. Auf diese Methode, die auf dem Schneeballsystem beruhte, sind etwa 94 000 Anleger (46 000 in Deutschland) hereingefallen. Sie zahlten nach Angaben des Konkursverwalters ca. 2 Mrd. DM ein und erhielten 1,4 Mrd. DM zurück. Der Verbleib von rund 500 Mio. DM blieb ungeklärt.[286]

Die Letter sind in der Regel bar bezahlt worden. Die Mitglieder der Organisation sind Banken bei dem Versuch aufgefallen, diese Gelder in Beträgen bis zu ein oder zwei Mio. DM einzuzahlen. Aufgrund von Verdachtsanzeigen nach § 11 GwG wurden sie observiert und schließlich überführt. Mehrere Angeklagte sind inzwischen wegen gemeinschaftlichen Betrugs und Gründung einer kriminellen Vereinigung zu langjährigen Haftstrafen verurteilt worden. Die bei Banken eingezahlten Gelder stammten aus einer Katalogtat des § 261 StGB. Die Annahme dieser Gelder durch Bankmitarbeiter könnte daher den Tatbestand der Geldwäsche erfüllen, wenn der Mitarbeiter von der illegalen Herkunft der Gelder wusste oder dies leichtfertig nicht erkannt hat.

---

285) Focus 1994, Heft 24, S. 31 f; *Nachreiner*, Kriminalistik 1995, 407; BGHSt 43, 158 = NJW 1997, 3323 = wistra 1998, 22.
286) Frankfurter Allgemeine Zeitung vom 9.3.1996, S. 18, und vom 18.12.1996, S. 23.

179 Die Geschäfte des EKC und die illegal erlangten Gelder beschäftigten mehrfach die Gerichte in Deutschland.

a) Berater der EKC-Führungsspitze

180 Ein Rechtsanwalt und ein ehemaliger Bankier hatten die EKC-Führung bei ihren Geschäften beraten. Der Rechtsanwalt hatte nach Überzeugung des Gerichts einen besonders starken Einfluss auf die EKC-Führung, weil er eine persönliche Beziehung zu der Präsidentin unterhielt. Beide Täter hatten die kriminellen Machenschaften des EKC mit ihren Kenntnissen im Rechts- und Bankwesen unterstützt. Auf diese Weise konnten die „Geschäfte" auch noch in der Spätphase 1993/1994 weiterlaufen. In diesem Zeitraum sind noch Zehntausende von Kleinanlegern betrogen worden.

181 Das LG Frankfurt hatte beide wegen Betruges und Mitgliedschaft in einer kriminellen Vereinigung zu Haftstrafen von bis zu vier Jahren und neun Monaten verurteilt und sie mit einem fünfjährigen Berufsverbot belegt.[287]

b) Annahme von EKC-Geldern durch Dritte

182 A betrieb die Firma M. Kommunikationstechnik GmbH, die die Entwicklung, Herstellung und den Vertrieb elektronischer Geräte zum Gegenstand hatte. A plante ein elektronisches Telefonbuch unter dem Namen Call-Master. Allerdings fehlte ihm das dazu nötige Kapital.

183 Über die betrügerischen Machenschaften des EKC und die Strafverfolgungsmaßnahmen hatte die Presse berichtet. Daher kannte A die Organisation und deren Ziele. Dennoch nahm er von der Präsidentin am 24.9.1994 200 000 DM in bar entgegen. Das Geld war für Werbemaßnahmen seines Projektes „Call-Master" bestimmt. A leistete keine Sicherheiten dafür und war auch nicht zur Rückzahlung verpflichtet. Am 30.9.1994 erhielt er weitere 600 000 DM und am 8.10.1994 nochmals 1 200 000 DM. Am 8.10.1994 wurde zugleich eine Vereinbarung über weitere Investitionen von zehn Mio. DM in das Unternehmen des A durch die EKC Re Insurance (Europe) Ltd. getroffen. Im Vertrag wurde herausgestellt, dass dem A das Betätigungsfeld des EKC und die gegenüber EKC erhobenen Vorwürfe bekannt seien. Am 14.10.1994 erhielt A weitere Gelder.

184 Das LG München I hatte den A daraufhin am 19.11.1996 wegen Geldwäsche verurteilt. Auf die Revision der Staatsanwaltschaft wurde das Urteil durch Entscheidung des Bundesgerichtshofs vom 17.7.1997 teilweise aufgehoben.[288] Das LG München I verurteilte daraufhin den Angeklagten wegen vorsätzlicher Geldwäsche in vier Fällen zu einer zur Bewährung ausgesetzten Freiheitsstrafe. Der Bundesgerichtshof rügte auf die erneute Revision der Staatsanwaltschaft auch dieses Urteil. „Angesichts des Betrages, den der Angekl. für die GmbH schon beschafft (und noch

---

287) Neue Westfälische vom 7.2.1998.
288) BGHSt 43, 149 = NJW 1997, 3322 = wistra 1998, 26.

erstrebt) hatte, und auch des für sie erwarteten Gewinns liegt nämlich jedenfalls die Annahme eines (unbenannten) besonders schweren Falles sehr nahe."[289]

c) Honorarannahme durch Strafverteidiger

Die Anwälte, die zwei Mitglieder der Führungsspitze des EKC in dem gegen diese geführten Strafverfahren verteidigt hatten, standen später selbst vor Gericht. Ihnen wurde vorgeworfen, durch die Annahme des Strafverteidigerhonorars[290], von dem sie wussten, dass es aus Vortaten des § 261 StGB stammte, Geldwäsche begangen zu haben. Nach den Feststellungen des LG Frankfurt/M. hatten die Anwälte nach der Verhaftung ihrer Mandanten im Dezember 1994 telefonisch bei einer Angestellten einer für den EKC tätigen Firma auf Anweisung ihrer inhaftierten Mandanten zunächst einen Betrag von 200 000 DM als Strafverteidigerhonorar angefordert. Die Angestellte hat dann diesen Betrag bar in einem Koffer den Anwälten in deren Kanzlei übergeben. Das Gericht schloss aus verschiedenen Indizien, dass die Anwälte von der illegalen Herkunft des Geldes wussten. Insbesondere stützte das Gericht diese Annahme auf den Umstand, dass die Anwälte unmittelbar nach der Verhaftung ihrer Mandanten und dem bevorstehenden Zusammenbruch des Schneeballsystems besonders hohe Honorarvorschüsse von einer Angestellten der für die EKC handelnden Firma gefordert hatten. Für das Wissen der Anwälte sprach nach Ansicht des Gerichts auch, dass der Betrag bar übergeben wurde.[291] 185

Während der Bundesgerichtshof[292] das Urteil des Landgerichts bestätigte, schränkte das Bundesverfassungsgericht den Anwendungsbereich von Absatz 2 Nr. 1 für Strafverteidiger, die bemakeltes Geld als Honorar annehmen, auf Fälle sicherer Kenntnis ein. Außerdem mahnte es Strafverfolgungsbehörden und Gerichte zu besonderer Vorsicht bei der Anwendung des Absatzes 2 Nr. 1. Diese seien „verpflichtet, auf die besondere Stellung des Strafverteidigers schon ab dem Ermittlungsverfahren angemessen Rücksicht zu nehmen".[293] 186

7. Geldwäsche durch Wechselstube

Ein Niederländer, der offiziell zwei Wechselstuben in Amsterdam und Scheveningen betrieb, hat alleine bei zwei Geldinstituten in Kleve insgesamt mindestens 120 Mio. DM, die aus Drogengeschäften stammten, in „sauberes Geld" umgetauscht oder auf eigenen Girokonten geparkt und dann wieder abgehoben.[294] Dabei handelt 187

---

289) BGH NStZ 1998, 622.
290) Vgl. auch die im Geldwäschebericht des BMJ, Gutachten des Max-Planck-Instituts zur „Gefährdung von Rechtsanwälten, Steuerberatern, Notaren und Wirtschaftsprüfern", Oktober 2004, S. 121 ff, aufgezeigten Fälle, im Internet abrufbar unter: www.bmj.bund.de/geldwaeschebericht.
291) Vgl. dazu BVerfGE 110, 226, 273; vgl. auch die Anschlussentscheidung BVerfG NJW 2005, 1707 = wistra 2005, 217: Indikatoren für die subjektive Tatseite können beispielsweise in der außergewöhnlichen Höhe des Honorars oder in der Art und Weise der Erfüllung der Honorarforderung gefunden werden.
292) BGHSt 47, 68 = NJW 2001, 2891 = wistra 2001, 379.
293) BVerfGE 110, 226, insbesondere 268 ff; vgl. auch oben Rz. 55.
294) Rheinische Post vom 20.11.1996.

es sich um den bis dahin größten bekannt gewordenen Geldwäschefall in Deutschland.

188 Seit Anfang 1994 hatte der 41-jährige Geldwäscher regelmäßig zweimal die Woche diese Banken aufgesucht und dabei jeweils hohe Geldbeträge in verschiedenen Währungen – darunter englische Pfund, australische und amerikanische Dollar und südamerikanische Sorten – kofferweise auf seine Girokonten eingezahlt. Wenige Tage später ließ er sich das Geld wieder in niederländischen Gulden auszahlen. Zwei Banken schöpften Verdacht und erstatteten bereits im April 1994 eine Anzeige nach § 11 GwG beim LKA in Düsseldorf. Auf besonderen Wunsch des Landeskriminalamtes wurden die Geschäftsbeziehungen aufrechterhalten. Es wurden über zwei Jahre hinweg so genannte „kontrollierte Transaktionen" ausgeführt (oben Rz. 135 ff),[295] was den Ermittlern den Vorwurf der „Geldwäsche unter Polizeiaufsicht" eintrug.

189 Die Ermittlungen dauerten etwa zweieinhalb Jahre. Erst im Oktober 1996 konnten Festnahmen und Beschlagnahmen erfolgen. Ein früheres Eingreifen wäre fruchtlos geblieben, weil zuvor die notwendigen, konkreten Hinweise auf die illegale Herkunft der Gelder fehlten. Zum Kreis der Festgenommenen zählt auch ein Deutscher, der in Amsterdam einen Coffeeshop und einen Buchladen betrieb. Im Buchladen konnten 50 Kilogramm Haschisch sichergestellt werden. Weitere Kunden des Niederländers sollen Drogensyndikate in Europa, den USA und Südamerika gewesen sein.

8. Verdacht der Geldwäsche durch Erwerbslose

a) LG Saarbrücken

190 B war als anerkannter Asylbewerber seit langem arbeitslos. Er bezog Arbeitslosenhilfe und für sich und weitere Familienangehörige ergänzende Sozialhilfe. Am 18.2.1997 zahlte er bei einer Bank 50 000 DM bar zugunsten des Kontos einer türkischen Bank ein, das wiederum bei einer anderen Bank unterhalten wurde. Ein Verwendungszweck wurde nicht angegeben. Bei der Bank, die die Einzahlung entgegennahm, war B nicht bekannt.

191 Das LG Saarbrücken[296] nahm wegen der Einkommensverhältnisse des B, seiner beruflichen Stellung und der Art der Transaktion an, die Gesamtumstände begründeten den Anfangsverdacht, dass B wissentlich als Mittelsmann für die verschleiernde Weiterleitung von Geldern auftrat, die aus einer Katalogtat des Absatzes 1 herrührten. Für einen strafprozessualen Anfangsverdacht, der die Anordnung einer Durchsuchung rechtfertigt, reicht der Sachverhalt entgegen der Annahme des LG Saarbrücken nicht aus. Er bietet aber Anlass für eine Verdachtsanzeige nach § 11 GwG.

b) AG München

192 B nahm auf seinem Konto 211 000 DM entgegen, die von einer siebenköpfigen Heroinhändlerbande aus Madrid stammen sollten. Die Bande war am 7.2.1995 in

---

295) Dazu *Fülbier*, § 11 GwG Rz. 187 ff.
296) LG Saarbrücken wistra 1997, 235 m. ablehn. Anm. *Klos*.

Madrid im Besitz von 7 kg Heroin festgenommen worden. Der genannte Betrag war durch mehrere Auslandsüberweisungen von Madrid auf das Konto übertragen worden. B war anerkannter Asylberechtigter ohne wesentliches Einkommen, der in München in einer Gemeinschaftsunterkunft lebte. Sein Einkommen bestand aus einer wöchentlichen Eingliederungshilfe in Höhe von 195 DM. Er bestritt, von der Herkunft der Gelder zu wissen, gab aber zu, die Bande aus Madrid zu kennen. Seine Angaben zur Herkunft der Gelder waren allerdings derart unglaubhaft, dass aus den Gesamtumständen zwingend geschlossen werden musste, dass er die Herkunft aus Heroingeschäften zumindest leichtfertig nicht erkannt und sie sich leichtfertig zur Verschleierung ihrer Herkunft und Weiterleitung verschafft hatte. Die Gelder wurden vom Ermittlungsrichter durch Beschluss vom 16.2.1995 beschlagnahmt.[297]

9. Vorsatz und Katalogtat

In einem weiteren Fall hatte sich der Bundesgerichtshof mit folgendem Sachverhalt 193 auseinander zu setzen: Die Angeklagte hatte von einem Bekannten zwei Schecks in Höhe von 20 300 DM und 24 706,84 DM erhalten. Diese ließ sie auf dem Sparkonto ihres minderjährigen Sohnes gutschreiben. Nach Abzug einer Provision zahlte sie die Geldbeträge an ihren Bekannten in bar aus. Nach den Feststellungen in der Hauptverhandlung ging sie dabei davon aus, dass die Schecks aus „betrügerischen" oder „illegalen" Geschäften stammten. Das Landgericht hatte sie wegen versuchter Geldwäsche in zwei Fällen verurteilt. Der Bundesgerichtshof hob diese Verurteilung auf. Im Anschluss an seine bestehende Rechtsprechung lehnte er Vorsatz ab. Er führte aus: „Auch wenn die Angeklagte eine legale Herkunft der Schecks ausschloss, ist die Feststellung konkreter Umstände erforderlich, aus denen sich in groben Zügen bei rechtlich richtiger Bewertung durch die Angeklagte eine Katalogtat des Geldwäschetatbestandes als Vortat ergibt".[298]

10. Kautionshinterlegung als Geldwäsche?

In einem Beschluss vom 10.3.2005 hat das OLG Frankfurt[299] auf die Beschwerde 194 der Staatsanwaltschaft gegen einen Nichteröffnungsbeschluss festgestellt, dass sich ein Strafverteidiger, der eine aus einer Katalogtat im Sinne von Absatz 1 Satz 2 stammende Kautionszahlung über ein Privatkonto leitet und im eigenen Namen hinterlegt, u. a. wegen Geldwäsche strafbar machen kann.

In Absprache mit der Staatsanwaltschaft sollte das Geld für die Kaution zur Außer- 195 vollzugsetzung des Haftbefehls von Auslandskonten des Beschuldigten nach Deutschland überwiesen werden. Der Strafverteidiger hatte bereits vor dieser Absprache bei der Sparkasse Gießen ein „Zins- und Cash"-Konto eröffnet. Dieses lief auf den Namen des Verteidigers und unter Angabe seiner Privatanschrift. Weiterhin

---

[297] AG München, Beschl. v. 16.2.1995 – ER 11 Gs 380/95-330a Js 11804/95 (unveröff.).
[298] BGH wistra 2003, 260, 261 li. Sp.; so auch bereits BGHSt 43, 158, 165: „Für den Vorsatz hierzu ist erforderlich, dass der Angeklagte Umstände gekannt hat, aus denen sich in groben Zügen bei rechtlich richtiger Bewertung, die der Angeklagte nur laienhaft erfasst haben muss, eine Katalogtat ergibt."
[299] OLG Frankfurt/M. NJW 2005, 1727.

hatte er die Erklärung abgegeben, für eigene Rechnung zu handeln. Bei der Kontoeröffnung war mit einem Mitarbeiter der Bank besprochen worden, dass der eingehende Betrag nicht für den Strafverteidiger bestimmt sei, sondern als Kautionszahlung in einem Strafverfahren zur Freilassung eines Untersuchungshäftlings. Das Geld vom Auslandskonto des Beschuldigten ging am 11.10.2002 auf dem genannten Konto ein. Nur drei Tage später überwies der Strafverteidiger das Geld an die Gerichtskasse Gießen. Am 16.10.2002 stellte der Verteidiger bei der Hinterlegungsstelle des Amtsgerichts Gießen einen Antrag auf Annahme von Geldhinterlegungen. Er gab, unter seiner Bezeichnung Rechtsanwalt und der Angabe seiner Kanzleianschrift, an, er selbst sei der Hinterleger und auch Empfangsberechtigter für den Fall der Freigabe der Kaution. Gegen den Beschuldigten war seitens der Geschädigten die Zwangsvollstreckung betrieben worden. Die Pfändung der Forderungen und Ansprüche des Beschuldigten gegen das Land Hessen, vertreten durch das Amtsgericht Gießen, Hinterlegungsstelle, schlug allerdings fehl. Die Hinterlegungsstelle sah den Anwalt als Berechtigten.

196 Das OLG Frankfurt hält sowohl eine Strafbarkeit nach Absatz 1 Satz 1 (Gefährdung der Sicherstellung), als auch ein Sichverschaffen bzw. die Verwahrung eines inkriminierten Gegenstandes nach Absatz 2 für möglich. Indem der Strafverteidiger „ein Privatkonto auf seinen Namen eröffnete, auf welches der für die Kautionsleistung bestimmte Geldbetrag aus Ägypten geleitet wurde, und er sodann die Kaution im eigenen Namen einzahlte, verhinderte er – zumindest vorübergehend – einen direkten staatlichen Zugriff auf das Geld seines Mandanten".[300] Daneben bestehe der Tatverdacht des Verwahrens durch Entgegennahme des Geldes auf das eigene Konto, sowie der des Verschaffens, indem er sich als Berechtigter bei der Hinterlegungsstelle ausgab.[301]

---

300) OLG Frankfurt/M. NJW 2005, 1727, 1733.
301) Zur a. A. LG Gießen NJW 2004, 1966.

§ 24c
Automatisierter Abruf von Kontoinformationen

(1) ¹Ein Kreditinstitut hat eine Datei zu führen, in der unverzüglich folgende Daten zu speichern sind:

1. die Nummer eines Kontos, das der Verpflichtung zur Legitimationsprüfung im Sinne des § 154 Abs. 2 Satz 1 der Abgabenordnung unterliegt, oder eines Depots sowie der Tag der Errichtung und der Tag der Auflösung,

2. der Name, sowie bei natürlichen Personen der Tag der Geburt, des Inhabers und eines Verfügungsberechtigten sowie der Name und die Anschrift eines abweichend wirtschaftlich Berechtigten (§ 8 Abs. 1 des Gesetzes über das Aufspüren von Gewinnen aus schweren Straftaten).

²Bei jeder Änderung einer Angabe nach Satz 1 ist unverzüglich ein neuer Datensatz anzulegen. ³Die Daten sind nach Ablauf von drei Jahren nach der Auflösung des Kontos oder Depots zu löschen. ⁴Im Falle des Satzes 2 ist der alte Datensatz nach Ablauf von drei Jahren nach Anlegung des neuen Datensatzes zu löschen. ⁵Das Kreditinstitut hat zu gewährleisten, dass die Bundesanstalt jederzeit Daten aus der Datei nach Satz 1 in einem von ihr bestimmten Verfahren automatisiert abrufen kann. ⁶Es hat durch technische und organisatorische Maßnahmen sicherzustellen, dass ihm Abrufe nicht zur Kenntnis gelangen.

(2) Die Bundesanstalt darf einzelne Daten aus der Datei nach Absatz 1 Satz 1 abrufen, soweit dies zur Erfüllung ihrer aufsichtlichen Aufgaben nach diesem Gesetz oder dem Gesetz über das Aufspüren von Gewinnen aus schweren Straftaten, insbesondere im Hinblick auf unerlaubte Bankgeschäfte oder Finanzdienstleistungen oder den Missbrauch der Institute durch Geldwäsche oder betrügerische Handlungen zu Lasten der Institute erforderlich ist und besondere Eilbedürftigkeit im Einzelfall vorliegt.

(3) ¹Die Bundesanstalt erteilt auf Ersuchen Auskunft aus der Datei nach Absatz 1 Satz 1

1. den Aufsichtsbehörden gemäß § 9 Abs. 1 Satz 3 Nr. 2, soweit dies zur Erfüllung ihrer aufsichtlichen Aufgaben unter den Voraussetzungen des Absatzes 2 Satz 1 erforderlich ist,

2. den für die Leistung der internationalen Rechtshilfe in Strafsachen sowie im Übrigen für die Verfolgung und Ahndung von Straftaten zuständigen Behörden oder Gerichten, soweit dies für die Erfüllung ihrer gesetzlichen Aufgaben erforderlich ist,

3. der für die Beschränkungen des Kapital- und Zahlungsverkehrs nach dem Außenwirtschaftsgesetz zuständigen nationalen Behörde, soweit dies für die Erfüllung ihrer sich aus dem Außenwirtschaftsgesetz oder Rechtsakten der Europäischen Gemeinschaften im Zusammenhang mit der Einschränkung von Wirtschafts- oder Finanzbeziehungen ergebenden Aufgaben erforderlich ist.

Langweg

²Die Bundesanstalt hat die in den Dateien gespeicherten Daten im automatisierten Verfahren abzurufen und sie an die ersuchende Stelle weiter zu übermitteln. ³Die Bundesanstalt prüft die Zulässigkeit der Übermittlung nur, soweit hierzu besonderer Anlass besteht. ⁴Die Verantwortung für die Zulässigkeit der Übermittlung trägt die ersuchende Stelle. ⁵Die Bundesanstalt darf zu den in Satz 1 genannten Zwecken ausländischen Stellen Auskunft aus der Datei nach Absatz 1 Satz 1 nach Maßgabe des § 4b des Bundesdatenschutzgesetzes erteilen. ⁶§ 9 Abs. 1 Satz 5, 6 und Abs. 2 gilt entsprechend. ⁷Die Regelungen über die internationale Rechtshilfe in Strafsachen bleiben unberührt.

(4) ¹Die Bundesanstalt protokolliert für Zwecke der Datenschutzkontrolle durch die jeweils zuständige Stelle bei jedem Abruf den Zeitpunkt, die bei der Durchführung des Abrufs verwendeten Daten, die abgerufenen Daten, die Person, die den Abruf durchgeführt hat, das Aktenzeichen sowie bei Abrufen auf Ersuchen die ersuchende Stelle und deren Aktenzeichen. ²Eine Verwendung der Protokolldaten für andere Zwecke ist unzulässig. ³Die Protokolldaten sind mindestens 18 Monate aufzubewahren und spätestens nach zwei Jahren zu löschen.

(5) ¹Das Kreditinstitut hat in seinem Verantwortungsbereich auf seine Kosten alle Vorkehrungen zu treffen, die für den automatisierten Abruf erforderlich sind. ²Dazu gehören auch, jeweils nach den Vorgaben der Bundesanstalt, die Anschaffung der zur Sicherstellung der Vertraulichkeit und des Schutzes vor unberechtigten Zugriffen erforderlichen Geräte, die Einrichtung eines geeigneten Telekommunikationsanschlusses und die Teilnahme an dem geschlossenen Benutzersystem sowie die laufende Bereitstellung dieser Vorkehrungen.

(6) ¹Das Kreditinstitut und die Bundesanstalt haben dem jeweiligen Stand der Technik entsprechende Maßnahmen zur Sicherstellung von Datenschutz und Datensicherheit zu treffen, die insbesondere die Vertraulichkeit und Unversehrtheit der abgerufenen und weiter übermittelten Daten gewährleisten. ²Den Stand der Technik stellt die Bundesanstalt im Benehmen mit dem Bundesamt für Sicherheit in der Informationstechnik in einem von ihr bestimmten Verfahren fest.

(7) ¹Das Bundesministerium der Finanzen kann durch Rechtsverordnung Ausnahmen von der Verpflichtung zur Übermittlung im automatisierten Verfahren zulassen. ²Es kann die Ermächtigung durch Rechtsverordnung auf die Bundesanstalt übertragen.

(8) Soweit die Deutsche Bundesbank Konten für Dritte führt, gilt sie als Kreditinstitut im Sinne der Absätze 1, 5 und 6.

§ 93 AO
Auskunftspflicht der Beteiligten und anderer Personen

(7) Die Finanzbehörde kann bei den Kreditinstituten über das Bundeszentralamt für Steuern einzelne Daten aus den nach § 93b Abs. 1 zu führenden Dateien abrufen, wenn dies zur Festsetzung oder Erhebung von Steuern erforderlich ist und

ein Auskunftsersuchen an den Steuerpflichtigen nicht zum Ziele geführt hat oder keinen Erfolg verspricht.

(8) Knüpft ein anderes Gesetz an Begriffe des Einkommensteuergesetzes an, soll die Finanzbehörde auf Ersuchen der für die Anwendung des anderen Gesetzes zuständigen Behörde oder eines Gerichtes über das Bundeszentralamt für Steuern bei den Kreditinstituten einzelne Daten aus den nach § 93b Abs. 1 zu führenden Dateien abrufen und der ersuchenden Behörde oder dem ersuchenden Gericht mitteilen, wenn in dem Ersuchen versichert wurde, dass eigene Ermittlungen nicht zum Ziele geführt haben oder keinen Erfolg versprechen.

§ 93b AO
Automatisierter Abruf von Kontoinformationen

(1) Kreditinstitute haben die nach § 24c Abs. 1 des Kreditwesengesetzes zu führende Datei auch für Abrufe nach § 93 Abs. 7 und 8 zu führen.

(2) Das Bundeszentralamt für Steuern darf auf Ersuchen der für die Besteuerung zuständigen Finanzbehörden bei den Kreditinstituten einzelne Daten aus den nach Absatz 1 zu führenden Dateien im automatisierten Verfahren abrufen und sie an die ersuchende Finanzbehörde übermitteln.

(3) Die Verantwortung für die Zulässigkeit des Datenabrufs und der Datenübermittlung trägt in den Fällen des § 93 Abs. 7 die ersuchende Finanzbehörde, in den Fällen des § 93 Abs. 8 die ersuchende Behörde oder das ersuchende Gericht.

(4) § 24c Abs. 1 Satz 2 bis 6, Abs. 4 bis 8 des Kreditwesengesetzes gilt entsprechend.

Literatur: *Cöster/Intemann*, Rechtsschutzmöglichkeiten beim behördlichen Kontenabruf nach § 93 Abs. 7 und 8 AO, DStR 2005, 1249; *Escher*, Bankaufsichtsrechtliche Änderungen im KWG durch das 4. Finanzmarktförderungsgesetz, BKR 2002, 652; *Göres*, Kontenabfrage tritt vorläufig in Kraft – nur ein Pyrrhussieg für den Gesetzgeber?, NJW 2005, 1902; *Hasse*, Das Verhältnis des Geldwäschegesetzes zur Legitimationsprüfungspflicht nach § 154 AO, WM 1995, 1941; *Herzog/Christmann*, Geldwäsche und „Bekämpfungsgesetzgebung", WM 2003, 6; *Jakob*, Verbrechensbekämpfung und Datenschutz nach dem 11.9.2001, WM 2002, 278; *Kokemoor*, Der automatisierte Abruf von Kontoinformationen nach § 24c KWG, BKR 2004, 135; *Kühling*, Datenschutzrechtlicher Überarbeitungsbedarf beim „Steuerehrlichkeitsgesetz", ZRP 2005, 196; *Lehnhoff*, Geplante Kontenüberwachung und Kundenrasterung bei Wertpapiergeschäften gehen zu weit!, WM 2002, 687; *Zubrod*, Automatisierter Abruf von Kontoinformationen nach § 24c KWG, WM 2003, 1210.

Übersicht

1. § 24c KWG – automatisierter Abruf von Kontoinformationen durch die Bundesanstalt 1	2. Datei zum automatisierten Abruf von Kontoinformationen (Abs. 1 und 8) 11
1. Zielsetzung und Entstehungsgeschichte 1	a) Adressatenkreis 11

b) Dateiinhalt	15	3. Datenabruf durch die Bundesanstalt (Abs. 2)	57
aa) Einzustellende Konten	15	4. Auskunftserteilung durch die Bundesanstalt (Abs. 3)	58
(1) Grundsätzliche Regelungen	15	5. Weitere Regelungen (Abs. 4–7)	69
(2) Kredit-/Darlehenskonten	19	II. § 93 Abs. 7 und 8, § 93b AO – automatisierter Abruf von Kontoinformationen durch das Bundeszentralamt für Steuern	76
(3) Sammelkonten zur Zusammenführung unbewegter Kundenkonten	24	1. Zielsetzung und Entstehungsgeschichte	76
(4) Weitere Fallgruppen	25	2. Datenabruf durch Finanzbehörden (§ 93 Abs. 7 AO)	80
bb) Einzustellende Kundenstammdaten	28	3. Auskunftserteilung durch die Finanzbehörde (§ 93 Abs. 8 AO)	90
(1) Überblick	28		
(2) Kontonummer	32		
(3) Zeitpunkt der Errichtung/Auflösung des Kontos	33	4. Regelungen des § 93b AO	99
(4) Angaben zum Kontoinhaber/Verfügungsberechtigten	35	III. Kritik	107
		1. § 24c KWG	107
		2. § 93 Abs. 7 und 8, § 93b AO	111
(5) Angaben zum abweichend wirtschaftlich Berechtigten	39	3. § 24c KWG i. V. m. § 93 Abs. 7 und 8, § 93b AO	115
(6) Änderung/Löschung des Datensatzes	47	4. Kostentragung	121
cc) Geltung von Nummer 7 des Anwendungserlasses zu § 154 AO	49	5. Umfang des Kontoabrufs	124
		6. Fazit	126
dd) Einstellungsfristen	54	IV. Verfassungsbeschwerden und Antrag auf einstweiligen Rechtsschutz gegen den automatisierten Abruf von Kontoinformationen	129
c) Dateianforderungen	56		

I. § 24c KWG – automatisierter Abruf von Kontoinformationen durch die Bundesanstalt

1. Zielsetzung und Entstehungsgeschichte

1 Nach Verabschiedung des Vierten Finanzmarktförderungsgesetzes am 31.5.2002 durch den Bundesrat wurde § 24c zum 1.7.2002 in das Kreditwesengesetz eingefügt und ist gemäß § 64f Abs. 6 KWG am 1. 4. 2003 in Kraft getreten.

2 Ausweislich der Entwurfsbegründung[1]) soll § 24c Auskunftsrechte, die die Bundesanstalt für Finanzdienstleistungsaufsicht gemäß § 44 Abs. 1 KWG uneingeschränkt auch in Bezug auf alle Geschäftsbeziehungen mit den einzelnen Kunden besitzt, flankieren. Dies geschehe durch Nutzung eines Datenabrufsystems, das Ähnlichkeiten mit einer Kontenevidenzzentrale aufweise. Dieses auf Konten und Depots bezogene, automatisierte Abrufverfahren soll die Bundesanstalt in die Lage versetzen, die Geldwäsche, das illegale Schattenbankenwesen und das unerlaubte Betreiben von Bank- und Finanzdienstleistungsgeschäften durch zentral durchgeführte Recherchearbeiten besser zu bekämpfen. Ferner soll der automatisierte Abruf von Kontoinformationen das Erkennen von Transaktionen im Zahlungsverkehr, die der Logistik des Terrorismus dienen und damit Verbindungen zur Geldwäsche aufweisen, der Entwurfsbegründung zufolge ermöglichen.

---

[1]) Begründung RegE 4. FMFG, BT-Drucks. 14/8017, S. 122.

Die Erfüllung dieser Aufgaben erfordere einen aktuellen und vollständigen Überblick über die Existenz sämtlicher zugunsten von natürlichen oder juristischen Personen bestehender Konten bei Kredit- und Finanzdienstleistungsinstituten bzw. ihrer Inhaber und Verfügungsberechtigten, um dann an das Institut, bei dem ein Konto eines bestimmten Kontoinhabers bzw. Verfügungsberechtigten geführt wird, gezielt herantreten zu können, um kontenbezogene Informationen einzuholen.

§ 24c ermögliche insofern, den von in- und ausländischen Finanzmarktaufsichtsbehörden oder von anderen Behörden bei der Bundesanstalt eingehenden Hinweisen auf illegale Aktivitäten einzelner Personen betreffend den Bereich des unerlaubten Betreibens von Bank- und Finanzdienstleistungen, wozu auch Schatten- und Untergrundbankenstrukturen gehören, über die Gelder, auch mit terroristischem Hintergrund, in großem Umfang gewaschen werden, effizient nachzugehen. Mit Hilfe der auf Grundlage des § 24c geführten Datei könne die Bundesanstalt auf einen Blick feststellen, bei welchen Instituten eine bestimmte Person oder ein bestimmtes Unternehmen Kontobeziehungen unterhält. Auf der Basis dieser Informationen und der übrigen bei der Bundesanstalt bezüglich der Kunden und sonstigen Berechtigten bereits vorliegenden Informationen seien dann in einem zweiten Schritt gezielte, die einzelnen Umsätze betreffenden Nachfragen gemäß § 44 Abs. 1 KWG bei dem Institut möglich, bei dem das Konto des betreffenden Kunden geführt wird.[2]

Die Pflicht zur Bereitstellung von Daten nach § 24c baue dabei auf der bereits bestehenden Pflicht des § 154 Abs. 2 AO und des hierzu ergangenen Anwendungserlasses, die die Auskunftsbereitschaft der Kreditinstitute bereits grundsätzlich regeln, auf und erweitere sie um den Personenkreis des abweichend wirtschaftlich Berechtigten, dessen Erfassung als ‚wirtschaftlicher Hintermann' im Bereich der Geldwäscheprävention von besonderem Interesse sei.[3]

Dass nach dem Regierungsentwurf[4] nur die „... für die Verfolgung und Ahndung von Straftaten mit Ausnahme von Steuerstraftaten zuständigen Strafverfolgungsbehörden..." berechtigt sein sollten, über die Bundesanstalt Daten aus der Datei nach § 24c zu erhalten, hielt der Bundesrat in seiner Stellungnahme für nicht gerechtfertigt, da damit die Steuerhinterziehung privilegiert würde.[5] Es könne nicht hingenommen werden, dass dem Staat vorliegende Informationen nicht auch zur Verfolgung von Steuerstraftaten verwendet werden. Dies stünde auch im Wertungswiderspruch zu der Tatsache, dass bandenmäßige Steuerhinterziehung nach dem Steuerverkürzungsbekämpfungsgesetz vom 19.12.2001 ein Verbrechen mit verschärfter Strafandrohung ist (§ 370a AO – Gewerbsmäßige oder bandenmäßige Steuerhinterziehung[6]). Gleichzeitig forderte der Bundesrat, die Kosten der Bundesanstalt, die

---

2) Begründung RegE 4. FMFG, BT-Drucks. 14/8017, S. 122 f.
3) Begründung RegE 4. FMFG, BT-Drucks. 14/8017, S. 123.
4) RegE 4. FMFG, BT-Drucks. 14/8017, S. 48.
5) Stellungnahme BRat zum RegE 4. FMFG, BT-Drucks. 14/8017, S. 169.
6) Nach Beschluss des – für diese Feststellung allerdings unzuständigen – BGH (siehe Art. 100 Abs. 1 GG) vom 22.7.2004 – 5 StR 85/04, WM 2004, 1892, ist § 370a verfassungswidrig, weil nicht ersichtlich sei, „wie der Verbrechenstatbestand des § 370a AO verfassungskonform ausgelegt werden kann". Mangels Entscheidungserheblichkeit der Verfassungswidrigkeit hat der BGH von einer Vorlage an das Bundesverfassungsgericht nach Art. 100 Abs. 1 GG abgesehen; siehe dazu auch *Schröder/ Textor*, Vor § 261 StGB Rz. 10.

durch den Vollzug des § 24c entstehen, von der Umlage nach § 51 KWG auszunehmen.[7] Nach Ansicht des Bundesrates dienen die Abrufe aus den Dateien der Kreditinstitute der inneren Sicherheit und Ordnung sowie der Strafverfolgung und sind somit staatliche, vornehmlich aus Steuermitteln zu finanzierende Aufgaben dar.

6 Die Bundesregierung begrüßte zwar die Erweiterung der auskunftsberechtigten Behörden auch auf die für Steuerstraftaten zuständigen Stellen, da aus der kürzlich vom Gesetzgeber vorgenommenen Qualifizierung der gewerbs- und bandenmäßigen Steuerhinterziehung als Verbrechen das Bestreben abzuleiten sei, auch in diesem Deliktsbereich die Intensität der Strafverfolgung zu verstärken.[8] Gemäß der Empfehlung des Finanzausschusses[9] erhielt die entsprechend auf Steuerstraftaten erweiterte Regelung tatsächlich Gesetzeskraft. Die Bundesregierung hielt bezüglich des „Preises" dieser Gesetzeserweiterung jedoch daran fest, dass sämtliche Kosten, die durch den Betrieb des automatisierten Abrufsystems entstehen, umlagefähige Kosten seien, da § 24c „primär bankaufsichtsrechtlichen Zwecken" diene.[10]

7 Darüber hinaus hatte der Regierungsentwurf vorgesehen, dass alle bei den Kreditinstituten vorhandenen Kundendaten analog der zum 15.8.2002 in Kraft getretenen Neufassung des § 1 Abs. 5 GwG um den Geburtsort des Kunden ergänzt werden müssen.[11] Mit der Erfassung dieses zusätzlichen persönlichen Datums wären erhebliche Verwaltungskosten für die Kreditwirtschaft verbunden gewesen, da bislang mangels entsprechender Erfassungspflicht hinsichtlich des Geburtsortes im Rahmen der Legitimationsprüfung nach § 154 AO entsprechende Speichersysteme hierfür nicht vorgesehen waren.[12] Aufgrund der Stellungnahme des Bundesrates[13] ist der Geburtsort jedoch letztlich nicht in die Kontoabrufdatei aufgenommen worden.

8 Am 22.3.2002 beschloss der Bundestag in dritter Lesung mit den Stimmen der Regierungskoalition und gegen die Stimmen der Fraktionen von CDU/CSU und FDP bei Stimmenthaltung der PDS den Gesetzentwurf in der Fassung der Beschlussempfehlung des Finanzausschusses. Unter anderem wegen § 24c wurde auf Verlangen des Bundesrates der Vermittlungsausschuss einberufen, der eine geringfügige Modifikation des § 24c dem Bundestag zur Beschlussfassung empfahl.[14] Der im Vermittlungsausschuss gefundenen Fassung stimmte der Bundestag schließlich in seiner Sitzung am 17.5.2002 gegen die Stimmen der FDP bei Stimmenthaltung der PDS, der Bundesrat in seiner Sitzung am 31.5.2002 mehrheitlich zu.

9 Die Daten, die nach § 24c für den Abruf durch die Bundesanstalt von den Kreditinstituten bereitzuhalten sind, waren im Wesentlichen dort bereits vorhanden. Sie

---

7) Stellungnahme BRat zum RegE 4. FMFG, BT-Drucks. 14/8017, S. 170.
8) Gegenäußerung der Bundesregierung zu der Stellungnahme BRat zum RegE 4. FMFG, BT-Drucks. 14/8017, S. 183 (zu Nr. 57); *Escher*, BKR 2002, 652, 658.
9) Finanzausschuss zum RegE 4. FMFG, BT-Drucks. 14/8600, S. 106.
10) Gegenäußerung der Bundesregierung zu der Stellungnahme BRat zum RegE 4. FMFG, BT-Drucks. 14/8017, S. 184 (zu Nr. 60); *Escher*, BKR 2002, 652, 658.
11) RegE 4. FMFG, BT-Drucks. 14/8017, S. 47.
12) Stellungnahme des Zentralen Kreditausschusses vom 29.11.2001, S. 11 (unveröff.).
13) Stellungnahme BRat zum RegE 4. FMFG, BT-Drucks. 14/8017, S. 169.
14) Beschlussempfehlung Vermittlungsausschuss zum 4. FMFG, BT-Drucks. 14/9096, S. 2.

müssen in eine zusätzliche Datei dupliziert werden, auf die die Bundesanstalt zugreifen kann.

Bereits mit dem Gesetz zur Förderung der Steuerehrlichkeit vom 23.12.2003 – und damit noch nicht einmal acht Monate nach Inkrafttreten des § 24c – wurde § 93 AO um die Absätze 7 und 8 ergänzt und § 93b AO neu eingefügt. Dadurch haben zusätzlich die Finanzverwaltung, diverse Sozialbehörden sowie Gerichte seit dem 1.4.2005 die Möglichkeit, über das Bundeszentralamt für Steuern auf Daten aus der nach § 24c zu führenden Kontoabrufdatei zuzugreifen (unten Rz. 76 ff). 10

2. Datei zum automatisierten Abruf von Kontoinformationen (Abs. 1 und 8)

a) Adressatenkreis

Absatz 1 Satz 1 verpflichtet sämtliche **Kreditinstitute** i. S. d. § 1 Abs. 1 KWG, die Konten gemäß § 154 Abs. 2 AO führen (unten Rz. 15 ff), zur Vorhaltung einer Datei zum automatisierten Abruf von Kontoinformationen. Nach Absatz 8 schließt dies die **Deutsche Bundesbank** ein, soweit sie Konten für Dritte führt. 11

Über § 53b Abs. 3 Satz 1 KWG werden auch die deutschen Zweigniederlassungen ausländischer Einlagenkreditinstitute und Finanzdienstleistungsinstitute, die nach § 1 Abs. 1 KWG als Kreditinstitute anzusehen wären,[15)] nach § 24c verpflichtet. 12

Die Bundesanstalt kann Kreditinstitute mit einer sehr geringen Anzahl von Konten nach § 154 Abs. 2 AO, insbesondere Spezialinstitute, im Rahmen einer so genannten „**De-minimis-Regelung**" auf Antrag von der Verpflichtung zur Führung einer Datei nach § 24c ausnehmen. Nach einem Schreiben des Bundesministeriums der Finanzen vom 16.12.2002[16)] können derartige Ausnahmen jedoch nur in sehr seltenen Fällen zugelassen werden. Eine solche Ausnahme setzt danach voraus, dass die Teilnahme eines Kreditinstituts am automatischen Abrufsystem vor allem unter wirtschaftlichen Gesichtspunkten eine besondere Härte bedeutet und es angesichts der spezifischen Besonderheit des Einzelfalles unter Berücksichtigung des dargestellten Gesetzeszwecks nicht zu einer wesentlichen Beeinträchtigung des Abrufsystems im laufenden Betrieb kommt. Eine Ausnahme kann demnach nur dann gelten, wenn die Kosten der Teilnahme in keinem Verhältnis erstens zum gesetzlichen Zweck des Systems (etwa angesichts eines Kontobestands von nur einzelnen oder wenigen Konten) und zweitens zum Ertrag und Geschäftsvolumen des Instituts stehen. Ist ein Kreditinstitut der Ansicht, dass diese geschilderten engen Voraussetzungen bei ihm vorliegen, kann es bei der Bundesanstalt unter substantiierter Darlegung des Sachverhalts einen Dispens beantragen. Hierbei ist auf Zahl und Art der Konten, der Kontoinhaber und das Geschäftsvolumen etc. detailliert einzugehen. Ebenfalls sind Gründe zu nennen, warum die Teilnahme am Kontoabrufsystem eine besondere Härte darstellen würde. 13

---

15) *Kokemoor*, in: Beck/Samm, KWG, § 24c Rz. 14.
16) BMF, Schreiben vom 16.12.2004 (VII B7-Wk5023-1166/02), abgedruckt in: *Consbruch/Möller u. a.*, KWG, Nr. 11.80 b.

14 Nach einem Schreiben des Bundesministeriums der Finanzen vom 4.11.2002[17] gilt eine weitere Ausnahme für **Institute in Abwicklung**. Hierzu gehören Institute, die nicht mehr werbend tätig sind, und Institute, die als aufzunehmendes Institut unmittelbar vor einer Fusion mit einem aufnehmenden Institut stehen. Beide Gruppen müssen nicht (mehr) am Abrufverfahren gemäß § 24c teilnehmen. Die das aufzulösende Institut betreffenden Pflichten sind allerdings vom aufnehmenden Institut zu erfüllen. In diesem Fall ist sicherzustellen, dass wegen der notwendigen Datenübertragung im Rahmen der Übernahme nur während einer kurzen Übergangszeit Ausfälle bei der Datenbereitstellung auftreten.

b) Dateiinhalt

aa) Einzustellende Konten

(1) Grundsätzliche Regelungen

15 Gemäß Absatz 1 sind in die Abrufdatei Daten zu allen kundenbezogenen **Konten i. S. d. § 154 Abs. 2 Satz 1 AO**, auf denen Forderungen oder Verbindlichkeiten des Kunden gegen die Bank ausgewiesen werden, einzustellen. Maßgeblich kommt es daher auf die Reichweite der Legitimationspflicht des § 154 Abs. 2 AO und dem dieser Vorschrift zugrunde liegenden Kontobegriff an.[18]

16 § 24c erfasst demnach nur solche Konten, für die eine Verfügungsberechtigung auch tatsächlich besteht. Reine **bankinterne Verrechnungskonten**, bei denen es an Dispositionsmöglichkeiten des Kontoinhabers fehlt, fallen also nicht unter § 24c. Hierzu gehören insbesondere Bürgschafts- und Garantiekonten und im Zusammenhang mit einem Akkreditiv eröffnete Konten.[19] Da sie nicht unter § 154 Abs. 2 AO fallen, sind Geschäftsguthabenkonten (von Kreditgenossenschaften) und Wechseldiskont-Konten ebenfalls nicht betroffen.

17 Als territorial auf Deutschland begrenzte Vorschrift erstreckt sich § 154 AO – und damit § 24c – auch nicht auf solche Konten, die in Niederlassungen und Tochtergesellschaften deutscher Kreditinstitute im **Ausland** geführt werden.[20]

18 Da § 24c gemäß § 64f Abs. 6 KWG am 1.4.2003 in Kraft getreten ist, bezieht sich die Einstellungspflicht auf Konten, die an diesem Tag bestanden, und auf Konten, die ab diesem Datum eröffnet wurden.[21] Die Entwurfsbegründung[22] rechtfertigt die Erfassung aller Konten nach § 154 Abs. 2 AO im Rahmen des § 24c damit, dass jedes bestehende Konto sich erfahrungsgemäß für Geldwäschezwecke eigne; unabhängig davon, wer Kontoinhaber oder für dieses Konto verfügungsberechtigt sei.

---

17) BMF, Schreiben vom 4.11.2002 (VII B7-Wk5023-1031/02), abgedruckt in: *Consbruch/Möller u. a.*, KWG, Nr. 11.80 a.
18) BMF, Schreiben vom 4.11.2002 (VII B7-Wk5023-1031/02), abgedruckt in: *Consbruch/Möller u. a.*, KWG, Nr. 11.80 a.
19) BMF, Schreiben vom 4.11.2002 (VII B7-Wk5023-1031/02), abgedruckt in: *Consbruch/Möller u. a.*, KWG, Nr. 11.80 a.
20) *Höche*, S. 1941, 1942.
21) BMF, Schreiben vom 4.11.2002 (VII B7-Wk5023-1031/02), abgedruckt in: *Consbruch/Möller u. a.*, KWG, Nr. 11.80 a.
22) Begründung RegE 4. FMFG, BT-Drucks. 14/8017, S. 123.

Dementsprechend könnten bestimmte Kontogruppen und -typen nicht von der Meldepflicht ausgenommen werden.

(2) Kredit-/Darlehenskonten

Zwar hat das Bundesministerium der Finanzen in seinem Schreiben vom 4.11.2002[23)] grundsätzlich festgestellt, dass auch Kredit-/Darlehenskonten Konten i. S. v. § 154 Abs. 2 AO sind und daher grundsätzlich dem automatisierten Abrufsystem unterfallen. Jedoch ist hierzu im Nachgang zwischen dem Zentralen Kreditausschuss und dem Bundesministerium der Finanzen folgende **Altfallregelung** vereinbart worden: „In die Dateien gemäß § 24c aufzunehmen sind Kredit-/Darlehenskonten, wenn sie am Tage des bzw. nach dem Inkrafttreten(s) der Vorschrift (dem 1. April 2003) eröffnet oder prolongiert werden; dies gilt entsprechend im Fall der Novation von Krediten. Abgesehen von Fällen der Prolongation und Novation ist der am 1. April 2003 bereits vorhandene Kreditkontenbestand mithin nicht in die Dateien aufzunehmen (Altfallregelung)".

Diese Altfallregelung gilt für Konten, die ausschließlich der Verbuchung der Kreditforderungen des Kreditinstitutes, ihrer Rückführung sowie hiermit im Zusammenhang stehenden Buchungen (z. B. Belastung von Stundungszinsen) dienen. Nicht von der Ausnahmeregelung erfasst sind somit Konten, die neben der Verbuchung der Kreditforderung auch dem Zahlungsverkehr dienen, wie es allgemein bei Kontokorrentkonten der Fall ist, auf denen Kreditlinien eingeräumt werden können. Die Ausnahmeregelung erstreckt sich somit auf Darlehenskonten, auf denen z. B. Hypothekarkredite, Geldmarktkredite, Investitionskredite und Investitionszwischenfinanzierungen, Lombardkredite und Ratenkredite buchhalterisch erfasst werden.

Eine in dem Schreiben des Bundesministeriums der Finanzen[24)] als Rückausnahme erwähnte **Novation** (Schuldersetzung) eines Darlehens liegt im rechtlichen Sinne vor, wenn die Aufhebung eines Schuldverhältnisses (d. h. Beendigung eines Darlehensverhältnisses) derart mit der Begründung eines neuen Schuldverhältnisses (neuen Darlehens) verbunden wird, dass das neue an die Stelle des alten tritt.[25)] Im Sinne der vereinbarten Altfallregelung bedeutet dies, dass Darlehenskonten, die vor dem 1.4.2003 eröffnet worden sind, dann in die Dateien gemäß § 24c eingestellt werden sollen, wenn am oder nach dem 1.4.2003 eine Novation in dem dargestellten Sinne durchgeführt wird.

Die des Weiteren geltende Rückausnahme der **Prolongation** von Darlehen bezieht sich auf solche Konten, bei denen es nicht wie bei der Novation zu einer Ersetzung des alten Schuldverhältnisses kommt, sondern das Darlehen dem Kunden auf der Basis des bestehenden Schuldverhältnisses unter Fixierung eines neuen Termins weiterhin zur Verfügung steht. Auch bei dieser Fallgruppe sollen die in Absatz 1 ge-

---

23) BMF, Schreiben vom 4.11.2002 (VII B7-Wk5023-1031/02), abgedruckt in: *Consbruch/Möller u. a.*, KWG, Nr. 11.80 a.
24) BMF, Schreiben vom 4.11.2002 (VII B7-Wk5023-1031/02), abgedruckt in: *Consbruch/Möller u. a.*, KWG, Nr. 11.80 a.
25) *Palandt/Heinrichs*, BGB, § 311 Rz. 8.

nannten Daten in die Abrufdateien aufgenommen werden, wenn eine solche Prolongation am oder nach dem 1.4.2003 durchgeführt wird.

23 In Abstimmung mit dem Bundesministerium der Finanzen[26] ergibt sich folgende Handhabung von **Förderdarlehen im so genannten Hausbankverfahren**: Die in diesem Verfahren vergebenen Förderdarlehen werden aufgrund selbständiger Kreditverträge über Hausbanken zu vorbestimmten Konditionen an den Endkreditnehmer geleitet. Die Hausbank schließt somit im eigenen Namen mit dem Endkreditnehmer einen Kreditvertrag ab, sie wird nicht als Vermittler für das Förderinstitut tätig. Die Hausbank führt für den Endkreditnehmer ein Konto i. S. d. § 154 Abs. 2 AO und hat die für das Abrufverfahren erforderlichen Daten hinsichtlich des Endkreditnehmers in die Abrufdatei nach § 24c einzustellen. Das Förderinstitut hat dagegen keine unmittelbare Geschäftsbeziehung mit dem Endkreditnehmer und führt für diesen kein gemäß § 24c einstellungspflichtiges Konto, da der Kreditnehmer bereits über das Konto bei der Hausbank „erfasst" wird.

(3) Sammelkonten zur Zusammenführung unbewegter Kundenkonten

24 Aufgrund des Verwaltungsaufwandes bei der Kontoführung führen Kreditinstitute Guthaben auf so genannten unbewegten Konten vielfach nach einer bestimmten Zeitspanne auf einem internen Sammelkonto zusammen, sofern der Guthabensaldo einen bestimmten Betrag nicht übersteigt. Um die kostengünstige Zusammenführung unbewegter Konten mit geringen Guthabensalden auf Sammelkonten mit der Verpflichtung zur Bereitstellung von Kontodaten in den Abrufdateien gemäß § 24c in Einklang zu bringen, hat der Zentrale Kreditausschuss mit dem Bundesministerium der Finanzen und der Bundesanstalt folgende Ausnahmeregelung[27] bezüglich § 24c über die Guthaben auf solchen Sammelkonten abgestimmt:

„Vor dem Hintergrund des geringen Risikos eines Missbrauchs der auf den genannten Sammelkonten zusammengeführten Guthaben und zur Begrenzung des Nachbearbeitungsaufwandes gilt eine Übergangsregelung hinsichtlich des Bestandes am 31. Dezember 2003. Hiernach müssen unbewegte Konten, die auf einem Sammelkonto zusammengeführt wurden, nicht in die Abrufdatei gemäß § 24c KWG eingestellt werden, wenn das Einzelguthaben 500 Euro nicht übersteigt.

Sobald jedoch ein Kunde oder ein Dritter eine Kontobewegung veranlasst, sind die in § 24c KWG genannten Angaben zu dem Guthaben in die Abrufdatei einzustellen. Dies gilt nicht für den Fall der vollständigen Auszahlung des Guthabens an den Kunden oder dritte Berechtigte anlässlich der endgültigen Schließung des Kontos, ohne dass weitere Buchungen vom Kunden oder Dritten veranlasst werden.

Kontodaten von auf Sammelkonten umgebuchten Einzelguthaben über mehr als 500 Euro sind in die Abrufdatei gemäß § 24c KWG einzustellen. Für die erforderlichen Arbeiten zur Einstellung dieser Daten gemäß § 24c KWG in die

---

26) Vgl. Bundesverband Öffentlicher Banken e. V. (VÖB), Mitteilung 066/03 vom 19.2.2003.
27) ZKA, Schreiben an die Institute/Verbände der Mitgliedsverbände vom 13.11.2003 (unveröff.).

Abrufdateien wird eine Bearbeitungsfrist bis zum 31. März 2004 eingeräumt. Behandlung von Guthaben, die ab dem 1. Januar 2004 auf Sammelkonten umgebucht werden.

Aus Gründen der Verhältnismäßigkeit wird die Bundesanstalt es ferner nicht beanstanden, wenn die Kreditinstitute ab dem 1. Januar 2004 Guthaben aus unbewegten Konten auf Sammelkonten umbuchen und die diesen Guthaben zugehörigen Kontodaten **nicht** in der nach § 24c KWG zu führenden Datei ausweisen, wenn folgende Voraussetzungen erfüllt werden:

1. Seit mindestens fünf Jahren ist keine vom Kunden oder Dritten ausgelöste Kontobewegung erfolgt. Ausgenommen hiervon sind bankseitig veranlasste Buchungen wie z. B. die Gutschrift von Zinsen oder die Belastung von Entgelten.
2. Der Habensaldo des betreffenden Kontos beläuft sich auf maximal 500 Euro.

Sobald ein Kunde oder ein Dritter eine Kontobewegung veranlasst, sind die in § 24c KWG genannten Kontodaten zu dem Guthaben in die zu führende Abrufdatei einzustellen. Dies gilt nicht für den Fall der vollständigen Auszahlung des Guthabens an den Kunden oder dritte Berechtigte anlässlich der endgültigen Schließung des Kontos, ohne dass weitere Buchungen vom Kunden oder Dritten veranlasst werden.

Wertpapierdepots werden von dieser Regelung nicht erfasst, da eine Zusammenführung der Werte auf Sammeldepots nicht in Betracht zu ziehen ist."

(4) Weitere Fallgruppen

Kreditkartenkonten für so genannte Charge-Cards, über die ausschließlich mit der Karte getätigte Zahlungen für Waren und Dienstleistungen abgerechnet und die Forderungen per Lastschrift vom Konto des Kontoinhabers eingezogen werden, bei dessen Eröffnung eine Identifizierung durchgeführt wurde, unterfallen ausweislich eines Schreibens des Bundesministeriums der Finanzen vom 15.1.2003[28)] nicht § 24c. Dagegen sind nach Mitteilung des Bundesministeriums der Finanzen Kreditkartenkonten, die vergleichbar mit einem Girokonto auf Guthabenbasis geführt werden und auf die bzw. von denen Überweisungen auf und von Konten Dritter vorgenommen werden können, in die Dateien nach § 24c einzustellen. Aufgrund der Verzinsung entgegengenommener Einlagen auf derartigen Kreditkartenkonten dürfte die grundsätzlich für „reine" Kreditkartenkonten geltende Ausnahmebestimmung der Nummer 7 Buchst. g AEAO zu § 154 AO nicht mehr erfüllt sein.[29)]

Schließfächer unterliegen ebenfalls nicht dem automatisierten Abruf von Kontoinformationen. Zwar ist die Überlassung eines Schließfaches gemäß § 154 Abs. 2 Satz 1 AO legitimationspflichtig. Absatz 1 Satz 1 Nr. 1 verweist insoweit jedoch

---

28) BMF, Schreiben an den Zentralen Kreditausschuss vom 15.1.2003 (VII B7-Wk5023-26/03), abgedruckt in: *Consbruch/Möller u. a.*, KWG, Nr. 11.80 c.
29) Ebenso *Tischbein*, Rz. 57 ff.

lediglich auf Konten und Depots. Schließfächer werden daher nicht von § 24c erfasst.

27 Mit Schreiben vom 4.11.2002[30]) hat das Bundesministerium der Finanzen mitgeteilt, dass **Konten für Wohnungsbaugenossenschaften mit Spareinrichtungen** von der Pflicht des § 24c ausgenommen sind, da diese lediglich Sparkonten führen. Hierbei handele es sich um ein klar abgegrenztes Segment von Geschäftstätigkeit, für das weder aus aufsichtsrechtlicher Sicht noch für die Ermittlungsbehörden ein Erfassungsbedürfnis bestehe. Wohnungsgenossenschaften mit Spareinrichtungen seien jedoch verpflichtet, der Bundesanstalt die gemäß § 24c zu erhebenden Daten auf einem anderen Verfahrensweg zur Verfügung zu stellen und diese Dateien zu aktualisieren.

bb) Einzustellende Kundenstammdaten (Abs. 1 Satz 1)

(1) Überblick

28 Folgende aktuelle Kundenstammdaten sind gemäß Absatz 1 Satz 1 ab 1.4.2003 in die Abrufdatei nach § 24c einzustellen:

1. Kontonummer
2. Tag der Errichtung des Kontos (ab Kontoeröffnung 1.4.2003 Realdaten)
3. Tag der Auflösung des Kontos
4. Name des Kontoinhabers
5. Geburtsdatum bei natürlichen Personen[1])
6. Namen der Verfügungsberechtigten[1])
7. Geburtsdaten der Verfügungsberechtigten[2])
8. Namen der abweichend wirtschaftlich Berechtigten[2])
9. Anschriften der abweichend wirtschaftlich Berechtigten[2])
10. Datum der Änderung
    1) ab Kontoeröffnung 1992
    2) ab Kontoeröffnung 1997

29 Nach § 1 Abs. 5 GwG sind seit dem 1.1.2003 der **Geburtsort** und die **Staatsangehörigkeit** bei Identifizierungen festzustellen. Diese Daten finden jedoch keinen Eingang in die Abrufdateien nach § 24c.

30 Ferner sind insbesondere **Kontostände** und **Kontobewegungen** nicht abrufbar. Um Kontostände oder Kontobewegungen festzustellen, sind folglich weitere Ermittlungen nach den geltenden Vorschriften erforderlich.

31 Für Bearbeitung eines auf einen Kontoabruf folgenden Auskunftsersuchens steht den Kreditinstituten regelmäßig ein Anspruch auf **Aufwandsersatz** nach dem Justizvergütungs- und Entschädigungsgesetz (JVEG) zu. Nach § 17 JVEG kann für den anlässlich der Bearbeitung des Auskunftsersuchens entstandenen Zeitaufwand eine Entschädigung in Höhe des regelmäßigen Bruttoverdienstes des bearbeitenden Bankmitarbeiters einschließlich der vom Arbeitgeber zu tragenden Sozialversiche-

---

30) BMF, Schreiben vom 4.11.2002 (VII B7-Wk5023-1031/02), abgedruckt in: *Consbruch/Möller u. a.*, KWG, Nr. 11.80 a; dazu *Tischbein*, Rz. 57 ff.

rungsbeiträge, höchstens jedoch 17 Euro je Stunde, verlangt werden. Dies gilt für alle zur Bearbeitung des Auskunftsersuchens eingeschalteten Stellen. Gemäß § 7 Abs. 2 Satz 1 JVEG werden darüber hinaus für die Anfertigung von Ablichtungen 0,50 Euro je Seite für die ersten 50 Seiten und 0,15 Euro für jede weitere Seite ersetzt. Bei der Geltendmachung des Entschädigungsanspruches ist jedoch zu beachten, dass dieser nach § 2 Abs. 1 Satz 1 JVEG erlischt, wenn er nicht binnen drei Monaten bei der Stelle, die das Kreditinstitut herangezogen oder beauftragt hat, geltend gemacht wird. Die Frist beginnt mit Eingang der Auskunft bei der ersuchenden Behörde (§ 2 Abs. 1 Satz 2 Nr. 1 JVEG). Es empfiehlt sich daher, den Entschädigungsanspruch bereits im Rahmen der Auskunftserteilung geltend zu machen.

(2) Kontonummer

In das Feld „Kontonummer" der nach § 24c zu führenden Datei ist von Kreditinstituten die Nummer einzustellen, die im Kreditinstitut auf Basis des Kontenrahmens für ein Kundenkonto vergeben wird und die das jeweilige Kundenkonto, über das die betreffenden Kundenaufträge buchungstechnisch abgewickelt werden, eindeutig identifiziert. Die Kontonummer setzt sich in der Regel nach einem dezimalen Ordnungssystem zusammen. Die Bedeutung einzelner oder auch einer Gruppe von Ziffern (z. B. Stammnummern, Ziffern für die Filiale sowie die Kontoart – Merkmal für so genannte Unterkonten – und gegebenenfalls auch eine Prüfziffer) ist im jeweiligen Kontenschlüsselverzeichnis der einzelnen Kreditinstitute beschrieben. Sollte die Kontonummer alphanumerisch sein, so ist dies für das automatisierte Abrufverfahren unerheblich. Diese Kontonummer ist neben den Kontoeröffnungsanträgen auch diversen Unterlagen zu entnehmen, die ein Kunde von seiner Bank zu verschiedenen Anlässen z. B. in Form von Saldenmitteilungen, Rechnungsabschlüssen und Steuermitteilungen erhält.[31]

(3) Zeitpunkt der Errichtung/Auflösung des Kontos

Bei Verabschiedung des § 24c war der **Tag der Errichtung des Kontos** nicht regelmäßig als elektronisches Datum bei den Kreditinstituten erfasst. Zudem wurden bei der Umstellung von Datenverarbeitungssystemen bei der Migration von Altdaten oftmals der Zeitpunkt der Systemumstellung anstelle des Zeitpunktes der Kontoerrichtung in den Kontostammdaten vermerkt. Zur Umsetzung von Absatz 1 reicht es daher aus, wenn die elektronisch vorhandenen Angaben in die Dateien gemäß § 24c eingestellt werden. Die Angaben zu den Errichtungszeitpunkten sind für **ab dem 1.4.2003** errichtete Konten und Depots allerdings umfassend aufzunehmen. Als Errichtungsdatum wird sowohl der (juristische) Zeitpunkt des Abschlusses des Girovertrages gemäß § 676f BGB bzw. des Abschlusses des Vertrages über die Einrichtung eines Depots als auch das Datum der datenverarbeitungstechnischen Einrichtung des Kontos anerkannt.

Analog kann als **Tag der Auflösung des Kontos** aus den zum Errichtungszeitpunkt genannten Gründen sowohl der Zeitpunkt der juristischen Beendigung der Rechts-

---

31) BaFin, Schreiben vom 11.3.2003 (GW4-O1340-KWG24c-01) (unveröff.).

beziehung als auch das Datum aufgeführt werden, an dem das Konto in der Datenverarbeitung des Instituts gelöscht wird.

(4) Angaben zum Kontoinhaber/Verfügungsberechtigten

35 Gemäß Nummer 5.1.1.2 und 5.1.1.3 der derzeit gültigen Schnittstellenspezifikation der Bundesanstalt, Version 1.5,[32] mit der die Bundesanstalt den Kreditinstituten die technische Ausgestaltung der Kontoabrufdatei gemäß Absatz 1 Satz 5 und Absatz 5 Satz 2 vorgibt (unten Rz. 56 und 72), soll der **Name** des bzw. der Kontoinhaber(s) sowie des bzw. der Verfügungsberechtigten eine möglichst vollständige, genaue und eindeutige Festlegung der natürlichen oder juristischen Person ermöglichen. Bei natürlichen Personen sollen danach der Nachname (gegebenenfalls mit akademischem Titel und Namenszusätzen wie „von") und die im Ausweisdokument vermerkten Vornamen eingestellt werden. In der Praxis wird diese Vorgabe jedoch durch die Feldgröße sowohl im EDV-System der Bank als auch der Bundesanstalt beschränkt. Ferner erscheinen Zweifel angebracht, ob die Kreditinstitute allein über die Schnittstellenspezifikation zur Erfassung aller Vornamen verpflichtet werden können, wenn weder § 24c noch § 154 Abs. 2 AO noch § 1 Abs. 5 GwG den Umfang der Aufzeichnungs- bzw. Speicherungspflicht hinsichtlich des Namens definieren. Nicht aufzunehmen sind jedenfalls Geburtsnamen, Künstlernamen, religiöse Namen und Adelstitel.

36 **Geburtsdaten** von Konto- und Depotinhabern sowie Bevollmächtigten für vor dem 1.1.1992 begründete Verfügungsbefugnisse nach Nummer 7 Buchst. 1 AEAO zu § 154 AO sind in der Praxis vielfach nicht verfügbar. Deshalb sind lediglich die Geburtsdaten von Verfügungsberechtigten über Konten und Depots, die ab dem 1.1.1992 eröffnet worden sind, in die Dateien gemäß § 24c einzustellen. Auf eine Nacherfassung der Angaben zu Verfügungsberechtigten für Konten, die vor dem 1.1.1992 eröffnet wurden, kann nach Mitteilung des Bundesministeriums der Finanzen[33] verzichtet werden.

37 Im Zusammenhang mit der Erfassung des Tages der Geburt ist in der Praxis vielfach die Frage aufgetreten, wie in den Fällen zu verfahren ist, in denen das Identifikationspapier kein komplettes Geburtsdatum enthält. So enthalten z. B. die Ausweisdokumente türkischer Staatsbürger nicht selten nur eine Jahreszahl als Geburtsdatum. Mit Schreiben vom 25.9.2003[34] hat die Bundesanstalt klargestellt, dass von den Kreditinstituten keine Nachforschungen zum Geburtsdatum erwartet werden. Die Bundesanstalt hat weiterhin darum gebeten, in den Fällen, in denen das Ausweisdokument kein komplettes Geburtsdatum enthält, also wenn z. B. nur das Geburtsjahr bekannt ist, als „Tag der Geburt" im Sinne von Absatz 1 Satz 1 Nr. 2 einheitlich „01.01.JJJJ" in die Abrufdatei einzustellen. Enthält das vorgelegte Ausweispapier somit beispielsweise das Jahr „1958" als Geburtsjahr, jedoch keine Angaben zum Geburtstag und -monat, so soll als Geburtsdatum „01.01.1958" verschlüsselt werden.

---

32) BaFin, Rundschreiben Nr. 17/2002 vom 26.9.2002 (Z12-O1918-30/02) (unveröff.).
33) BMF, Schreiben vom 21.2.2003 (VII B7-Wk5023-113/03) (unveröff.).
34) BaFin, Schreiben vom 25.9.2003 (GW4-O1340-KWG24c-01) (unveröff.).

Verlangt wird die Einstellung der Daten von Kontoinhabern und **Verfügungsbefug-** 38
ten, also derjenigen Personen, die aufgrund Gesetzes oder Rechtsgeschäfts zur
Verfügung über das Konto oder Depot berechtigt sind (vgl. § 154 Abs. 2 AO und
Nummer 7 AEAO zu § 154 AO), sofern nicht Ausnahmeregelungen im Sinne von
Nummer 7 Buchst. b–k AEAO zu § 154 AO eingreifen (unten Rz. 49). Nicht zu
den Verfügungsberechtigten zählen unzweifelhaft die Inhaber von so genannten **Botenkarten**, also Magnetkarten, die von der Bank lediglich mit der Berechtigung ausgestattet sind, das Foyer außerhalb der Geschäftszeiten zu betreten und den Kontoauszugsdrucker zu bedienen.

(5) Angaben zum abweichend wirtschaftlich Berechtigten

Der **Name** und die **Anschrift** von abweichend wirtschaftlich Berechtigten gemäß 39
§ 8 GwG sind lediglich für diejenigen Konten und Depots einzustellen, die ab dem
1.1.1997 eröffnet wurden. Dies folgt aus § 9 Abs. 3 Satz 1 GwG, wonach diese Aufzeichnungen sechs Jahre beginnend mit dem Schluss des Kalenderjahres, in dem die
jeweilige Angabe festgestellt worden ist, aufzubewahren sind. Angaben zu abweichend wirtschaftlich Berechtigten betreffend Kontoeröffnungen vor 1997 waren daher zum Inkrafttreten des § 24c am 1.4.2003 nicht mehr von den Kreditinstituten
vorzuhalten.

Eine Ausnahme besteht nach Mitteilung des Bundesministeriums der Finanzen hin- 40
sichtlich der Einstellung des abweichend wirtschaftlich berechtigten Mieters von
Mietkautionskonten auf den Namen des Vermieters. Danach müssen die Angaben
zu den abweichend wirtschaftlich berechtigten Mietern in den Fällen der Mietkautionskonten auf den Namen des Vermieters nicht in das Abrufsystem eingestellt
werden. Entsprechend einer Sonderregelung im Bereich der Aufzeichnungs- bzw.
Aufbewahrungspflicht nach § 9 GwG ist somit bei Eröffnung eines Mietkautionskontos auf den Namen des Vermieters lediglich der Name und die Anschrift des
wirtschaftlich Berechtigten Mieters zu erfragen und gemäß § 9 GwG (regelmäßig auf
dem Kontoeröffnungsvordruck) aufzuzeichnen. Eine Ablage unter dem Namen des
abweichend wirtschaftlich Berechtigten Mieters und eine Erfassung der diesbezüglichen Daten in den Abrufdateien gemäß § 24c ist hingegen nicht erforderlich.[35]

Als Konsequenz aus § 8 Abs. 1 GwG sind Name und Anschrift der abweichend 41
wirtschaftlich Berechtigten auch zu den von Notaren geführten Einzelanderkonten
nach den Angaben des Notars zu dokumentieren und gemäß Absatz 1 in der Datei
zum automatisierten Abruf von Kontoinformationen zu erfassen. Wegen der überaus aufwendigen Nachbearbeitung sowie aufgrund des Umstandes, dass diese Anderkonten im Normalfall nur wenige Wochen bis Monate zur Abwicklung der
Treuhandverhältnisse verwendet werden, gilt für die Einstellung der Datensätze zu
abweichend wirtschaftlich Berechtigten bei **Notaranderkonten** in Abstimmung mit
dem Bundesministerium der Finanzen[36] folgende **Altfallregelung**: Angaben über
abweichend wirtschaftlich Berechtigte müssen bei bereits bestehenden Notarander-

---

35) Vgl. *Langweg*, § 8 Rz. 36.
36) ZKA, Schreiben (abgestimmt mit dem Bundesministerium der Finanzen) vom 25.11.2003
(unveröff.).

konten nur dann in die Abrufdatei nach § 24c eingestellt werden, wenn sich ab dem 1.1.2004 ein Wechsel bei den abweichend wirtschaftlich Berechtigten ergibt. Die Angaben über abweichend wirtschaftlich Berechtigte bei Notaranderkonten, die ab dem 1.1.2004 eröffnet werden, sind ausnahmslos in die Abrufdateien nach § 24c einzustellen.

42 Konten für **nicht rechtsfähige Personenvereinigungen**, die in der Regel nur einen geringen Umsatz aufweisen, werden unter anderem für Schulklassengemeinschaften, Kegelvereine und ähnliche lose Personenzusammenschlüsse geführt. Teilweise geschieht dies durch Eröffnung eines offenen Treuhandkontos auf den Namen des Treuhänders. Gemäß § 8 Abs. 1 Satz 4 GwG sind in diesem Falle der Name der nicht rechtsfähigen Vereinigung sowie der Name und die Anschrift eines ihrer Mitglieder festzustellen; zudem sind die Angaben in die Abrufdatei nach § 24c einzustellen. Wegen der Vielzahl derartiger Konten entsteht hier bei den Kreditinstituten ein erheblicher Bearbeitungsaufwand. Vor dem Hintergrund des niedrigen Risikopotentials dieser Konten konnte im Sinne einer **Altfallregelung**[37] von der Einstellung der Angaben zu abweichend wirtschaftlich Berechtigten, mithin des Namens der nicht rechtsfähigen Personenvereinigung sowie des Namens und der Anschrift eines ihrer Mitglieder, in das Abrufsystem nach § 24c bei bereits vor dem 1.4.2003 eröffneten Konten abgesehen werden, wenn der kumulierte Habenumsatz auf dem in Rede stehenden Konto im Kalenderjahr 2002 nicht größer als 5 000 Euro war.

43 Die nach § 8 Abs. 1 Satz 4 GwG festzustellenden Angaben zum abweichend wirtschaftlich Berechtigten für ab dem 1.4.2003 eröffnete Treuhandkonten nicht rechtsfähiger Personenvereinigungen sind hingegen in das Abrufsystem einzustellen.

44 Zur Feststellung des **wirtschaftlich Berechtigten bei Treuhandkonten** nicht rechtsfähiger Vereinigungen ist es ausreichend, den Namen der Vereinigung sowie den Namen und die Anschrift eines ihrer Mitglieder anhand der Angaben des Kontoinhabers festzustellen und in die Abrufdateien nach § 24c aufzunehmen. In den Fällen, in denen der Kontoinhaber und Treuhänder zugleich Mitglied der treugebenden, nicht rechtsfähigen Vereinigung ist, können auch der Name und die Anschrift des Kontoinhabers hierfür verwendet werden. Grundsätzlich besteht daher das Erfordernis, den Namen und die Anschrift des Kontoinhabers als Mitglied der Vereinigung gemäß § 8 GwG nochmals der Eingabe des Namens und der abweichend wirtschaftlich berechtigten Vereinigung hinzuzufügen.

45 **Beispiel**: Soll ein offenes Treuhandkonto auf den Namen des Kassenwarts eines Kegelvereins eröffnet werden, ist der Name des Kassenwarts (als Kontoinhaber) in die Abrufdatei nach § 24c einzustellen. Gemäß § 8 Abs. 1 Satz 4 GwG ist unter der Rubrik „abweichend wirtschaftlich Berechtigter" zusätzlich der Name des Kegelvereins festzuhalten. Hinzu treten der Name und die Anschrift eines Mitgliedes des Kegelvereins, wobei hier der Name und die Anschrift des Kontoinhabers verwendet werden können, wenn dieser auch Mitglied des Kegelvereins ist.

---

[37] ZKA, Schreiben (abgestimmt mit dem Bundesministerium der Finanzen) vom 25.11.2003 (unveröff.).

Sollte aus EDV-technischen Gründen in solchen Fällen eine einfache Übernahme 46
der erforderlichen Daten zum Kontoinhaber in das Datenfeld zum abweichend wirtschaftlich Berechtigten nicht möglich sein, ist es nach Mitteilung des Bundesministeriums der Finanzen[38] nicht zu beanstanden, wenn als Angabe zum abweichend wirtschaftlich Berechtigten lediglich der Name der nicht rechtsfähigen Vereinigung in die Abrufdatei nach § 24c eingestellt wird. Voraussetzung hierfür ist jedoch, dass der Kontoinhaber selbst Mitglied der nicht rechtsfähigen Vereinigung ist.

(6) Änderung/Löschung des Datensatzes

Gemäß Absatz 1 Satz 2–4 ist bei jeder Änderung eines Datensatzes ein neuer Datensatz anzulegen. Die Daten sind drei Jahre nach Konto- oder Depotauflösung bzw. Anlegung eines neuen Datensatzes zu löschen. Durch diese Handhabung wird der Bundesanstalt der Abruf „historischer", das heißt nicht mehr gültiger, Datensätze für drei Jahre ermöglicht. 47

Mit Schreiben vom 21.2.2003 hat das Bundesministerium der Finanzen[39] hierzu 48
klargestellt, dass „historische", also nicht mehr gültige Datensätze, aus dem Zeitraum vom 1.4.2000 bis zum 1.4.2003 nicht in das automatisierte Datenabrufsystem aufzunehmen sind. Die Regelung gemäß Absatz 1 Satz 2–4, wonach eine dreijährige „Nachverfolgbarkeit" von Datensätzen sichergestellt werden muss, gilt mithin erst ab dem 1.4.2003. Die Verpflichtungen aus § 24c gelten daher lediglich für die Erfassung und Vorhaltung der aktuellen Kontostammdaten für Konten, die am 1.4.2003 bestanden oder nach diesem Konto eröffnet wurden und werden.

cc) Geltung von Nummer 7 AEAO zu § 154 AO

Mit Schreiben vom 4.11.2002 hat das Bundesministerium der Finanzen[40] mitgeteilt, 49
dass es hinsichtlich der nach Absatz 1 einzustellenden Kontodaten maßgeblich auf die Reichweite der Legitimationspflicht des § 154 Abs. 2 AO und dem dieser Vorschrift zugrunde liegenden Kontobegriff ankommt. Nach dem Anwendungserlass zu § 154 AO sei es daher unter Berücksichtigung von Verhältnismäßigkeitserwägungen nicht zu beanstanden, wenn in bestimmten, in Nummer 7 AEAO zu § 154 AO genannten Fällen auf die Legitimationsprüfung verzichtet werde. Nachdem der Anwendungserlass zur Abgabenordnung seit November 1993 auch für die Implementierung des Geldwäschegesetzes bei Kreditinstituten Anwendung finde, solle zur Vermeidung von Widersprüchen und zur Gewährleistung einer einheitlichen Verwaltungspraxis diese Konkretisierung durch den Anwendungserlass und die dazugehörige Praxis grundsätzlich spiegelbildlich auf das automatisierte Kontoabrufsystem gemäß § 24c übertragen werden. Dies bedeutet, dass in den in Nummer 7 AEAO zu § 154 AO genannten Fällen zwar grundsätzlich sämtliche Konten erfasst werden müssen (insbesondere gilt dies regelmäßig für den Kontoinhaber), jedoch entspricht die Reichweite der im Zusammenhang mit dem Konto im Übrigen erfass-

---

38) ZKA, Schreiben (abgestimmt mit dem Bundesministerium der Finanzen) vom 25.11.2003 (unveröff.).
39) BMF, Schreiben vom 21.2.2003 (VII B7-Wk5023-113/03) (unveröff.).
40) BMF, Schreiben vom 4.11.2002 (VII B7-Wk5023-1031/02), abgedruckt in: *Consbruch/Möller u. a.*, KWG, Nr. 11.80 a.

ten Daten (Verfügungsberechtigter) nur dem im Anwendungserlass geforderten Umfang. Laut Bundesministerium der Finanzen stellt die aufgrund des Anwendungserlasses bestehende Praxis eine wesentliche Basis des Know-your-customer-Prinzips dar, die damit auch auf § 24c übertragen werde.

50 Die Regelungen des Anwendungserlasses zur Abgabenordnung, die aus Gründen der Verhältnismäßigkeit den Umfang der Pflicht zur Legitimationsprüfung gemäß § 154 Abs. 2 AO beschränken, können somit weitestgehend auch hinsichtlich der gemäß § 24c in Dateien zu speichernden Angaben berücksichtigt werden. **Nicht übernommen** wurde allerdings die Regelung der **Nummer 7 Buchst. a** AEAO zu § 154 AO (Verzicht auf eine Legitimationsprüfung bei Eltern, die als gesetzliche Vertreter für ihre Kinder auftreten, wenn die Voraussetzungen für die gesetzliche Vertretung bei Kontoeröffnung durch amtliche Urkunden nachgewiesen werden). Dies bedeutet, dass die in Absatz 1 genannten Angaben (Namen und Geburtsdaten) von Eltern, die Konten oder Depots als gesetzliche Vertreter für ihre Kinder eröffnen, abweichend von Nummer 7 Buchst. a AEAO zu § 154 AO in die Dateien gemäß § 24c einzustellen sind.

51 Wegen der erheblichen der Kreditwirtschaft entstehenden Kosten für die **Nacherfassung** von Verfügungsberechtigten und von gesetzlichen Vertretern wird es vom Bundesministerium der Finanzen[41] für ausreichend erachtet, wenn die **gesetzlichen Vertreter bzw. Verfügungsberechtigten für Konten von Minderjährigen** erst ab dem 1.4.2003 erfasst werden. Eine Nacherfassung der Verfügungsberechtigten für bereits vor dem 1.4.2003 eröffnete Konten Minderjähriger ist hingegen nicht erforderlich.

52 Mit Schreiben vom 4.3.2003 hat das Bundesministerium der Finanzen[42] mitgeteilt, dass die „Spiegelung" der Regelung in Nummer 7 AEAO zu § 154 AO im Rahmen von § 24c „rechtlich von vornherein als ‚**dynamische Verweisung**' konzipiert" ist. Daher bildet bis auf weiteres die jeweils aktuelle Fassung des Anwendungserlasses den Maßstab für die Reichweite des Anwendungsbereiches des § 24c für Verfügungsberechtigte.

53 Mit Ausnahme der Nummer 7 Buchst. a AEAO zu § 154 AO (Eröffnung eines Kontos für einen Minderjährigen) bestimmt diese Regelung damit den Umfang der hinsichtlich Verfügungsberechtigter in die Abrufdateien nach § 24c einzustellenden Daten. Dies gilt – vorbehaltlich anders lautender Mitteilungen des Bundesministeriums der Finanzen – auch für **zukünftige Änderungen** der Nummer 7 AEAO zu § 154 AO.

dd) Einstellungsfristen

54 Absatz 1 Satz 1 verlangt, dass die vorzuhaltenden Kundenstammdaten „unverzüglich" in der Abrufdatei zu speichern sind. Damit wird offensichtlich auf die Legaldefinition des § 121 Abs. 1 Satz 1 BGB Bezug genommen, der unverzüglich als „ohne

---

41) BMF, Schreiben vom 25.3.2003 (VII B7-WK5023-190/03) (unveröff.).
42) BMF, Schreiben vom 4.3.2003 (VII B7-WK5023-113/03) (unveröff.).

schuldhaftes Zögern" definiert. Ein mindestens einmal pro Arbeitstag aktualisierter Datenbestand wird insoweit gemeinhin als ausreichend angesehen.[43]

Wegen der vielfältigen in der Praxis aufgetretenen Probleme beim Aufbau der Dateien nach § 24c galten nach Abstimmung mit dem Bundesministerium der Finanzen im Wesentlichen zwei Einstellungsfristen für nach Absatz 1 bereitzuhaltende Daten: Zum 1.4.2003 waren die Kontonummern sämtlicher einzustellenden Konten und Depots sowie die Namen der Inhaber von Einzelkonten in die Dateien einzustellen. Zum 1.1.2004 lief die vereinbarte Einstellungsfrist für die Namen aller Inhaber von Gemeinschaftskonten sowie aller übrigen Daten nach Absatz 1 ab. 55

c) Dateianforderungen (Abs. 1 Satz 5 und 6)

Nach Absatz 1 Satz 5 und 6 haben die Kreditinstitute zu gewährleisten, dass die Bundesanstalt jederzeit Daten aus der Datei in einem von ihr bestimmten Verfahren automatisiert abrufen kann. Durch technische und organisatorische Maßnahmen ist dabei sicherzustellen, dass die Abrufe den Kreditinstituten nicht zur Kenntnis gelangen. Letzteres soll ausweislich der Entwurfsbegründung[44] verhindern, dass sensible, personenbezogene Daten an derzeit ca. 2 900 verschiedene (und in ihrer Mehrzahl nicht betroffene) Kreditinstitute gelangen. Da somit weder den Kreditinstituten noch deren Kunden die Abrufe durch die Bundesanstalt zur Kenntnis gelangen dürfen, besteht keine Kontrollmöglichkeit, ob die für einen Abruf erforderlichen Voraussetzungen gegeben sind. Dies erscheint insbesondere im Zusammenspiel mit der Regelung des Absatzes 3 Satz 3 problematisch, wonach die Bundesanstalt die Zulässigkeit einer Datenübermittlung an andere Behörden gemäß Absatz 3 Satz 1 nur prüft, soweit hierzu ein besonderer Anlass besteht. Gemäß Absatz 3 Satz 4 trägt die Verantwortung für die Zulässigkeit der Datenübermittlung die ersuchende Stelle (zur Kritik unten Rz. 116). Die Vorgaben für die technische Spezifikation des Abrufverfahrens hat die Bundesanstalt den verpflichteten Kreditinstituten im Wesentlichen durch Rundschreiben Nr. 17/2002 vom 26.9.2002[45] (als Schnittstellenspezifikation, Version 1.5) bekannt gegeben. 56

3. Datenabruf durch die Bundesanstalt (Abs. 2)

Absatz 2, der § 90 TKG a. F.[46] nachgebildet ist, ermächtigt die Bundesanstalt zum Abruf einzelner gemäß Absatz 1 in einer Datei zu führenden Daten, soweit dies zur Erfüllung ihrer aufsichtlichen Aufgaben, insbesondere im Hinblick auf unerlaubte Bankgeschäfte oder Finanzdienstleistungen oder den Missbrauch der Institute durch Geldwäsche oder betrügerische Handlungen zu Lasten der Institute, erforderlich ist und besondere Eilbedürftigkeit im Einzelfall vorliegt. Der Wortlaut der Ermächtigung zum Abruf einzelner Daten gemäß Absatz 2 Satz 1 weist darauf hin, dass ein Abruf der gesamten Kontendatei oder nennenswerter Teile unzulässig 57

---

43) So auch *Kokemoor*, in: Beck/Samm, KWG, § 24c Rz. 15; *Zubrod*, WM 2003, 1210, 1212.
44) Begründung RegE 4. FMFG, BT-Drucks. 14/8017, S. 123.
45) BaFin, Rundschreiben Nr. 17/2002 vom 26.9.2002 (Z12-O1918-3002) (unveröff.).
46) Telekommunikationsgesetz (TKG) in der bis 25.6.2004 geltenden Fassung, seit 26.6.2004 §§ 110 ff TKG.

ist.[47] Die Handhabung und Durchführung des technischen Verfahrens wird von der Bundesanstalt im Einzelnen durch Verwaltungsvorschriften bestimmt. Eine Kontrollmöglichkeit, ob die durch Absatz 2 statuierten Voraussetzungen für einen Abruf der Daten durch die Bundesanstalt vorliegen, ist weder den Kreditinstituten noch deren Kunden möglich, da Absatz 1 Satz 6 bestimmt, dass diesen die Abrufe nicht zur Kenntnis gelangen.

4. Auskunftserteilung durch die Bundesanstalt (Abs. 3)

58 Absatz 3 erteilt der Bundesanstalt – neben der Verwendung der gemeldeten Daten für eigene aufsichtliche Aufgaben – die Ermächtigung, Auskunft aus der Datei nach Absatz 1 dadurch zu erteilen, dass Daten an die ersuchende Stelle weitervermittelt werden.

59 Die Bundesanstalt ist damit berechtigt, **Auskunft auf Ersuchen** von Strafverfolgungsbehörden und Gerichten im Rahmen der Verfolgung und Ahndung von Straftaten und für die Leistung der internationalen Rechtshilfe sowie dem Bundesministerium für Wirtschaft und Technologie als der zuständigen Behörde für die Beschränkung des Kapital- und Zahlungsverkehrs nach dem Außenwirtschaftsgesetz zu geben. Soweit Absatz 3 Satz 1 Nr. 1 darüber hinaus die Auskunftserteilung an die Aufsichtsbehörden gemäß § 9 Abs. 1 Satz 3 Nr. 2 KWG und damit den Aufsichtsbehörden von Instituten, Investmentgesellschaften, Finanzunternehmen, Versicherungsunternehmen, der Finanzmärkte und des Zahlungsverkehrs zur Erfüllung ihrer aufsichtlichen Aufgaben unter den in Absatz 2 genannten Voraussetzungen ermöglicht, liegt hier offensichtlich ein Redaktionsversehen des Gesetzgebers vor. Offenbar ist im Gesetzgebungsverfahren zum Vierten Finanzmarktförderungsgesetz der durch Artikel 2 des Gesetzes über die integrierte Finanzdienstleistungsaufsicht vom 22.4.2002[48] neu eingefügte Satz 2 des § 9 Abs. 1 KWG nicht berücksichtigt worden. Gemeint sein dürfte daher ein Verweis auf § 9 Abs. 1 Satz 4 Nr. 2 KWG. Danach ist die Bundesanstalt berechtigt, Auskunft aus der Kontoabrufdatei auch den kraft Gesetzes oder im öffentlichen Auftrag mit der Überwachung von Instituten, Investmentgesellschaften, Finanzunternehmen, Versicherungsunternehmen, der Finanzmärkte oder des Zahlungsverkehrs betrauten Stellen sowie von diesen beauftragten Personen, insbesondere also der Deutschen Bundesbank sowie nach § 4 Abs. 3 FinDAG beauftragten Personen, zu geben.[49] Ferner ist das **Bundeskriminalamt – Zentralstelle für Verdachtsanzeigen** – gemäß § 5 Abs. 3 Satz 4 GwG berechtigt, die Bundesanstalt um Auskünfte nach Absatz 3 Satz 1 Nr. 2 zu ersuchen, soweit dies zur Erfüllung seiner Aufgaben nach § 5 Abs. 1 und 2 GwG erforderlich ist.

60 Soweit gemäß Absatz 3 Satz 1 Nr. 2 Auskunft an die für die Leistung der **internationalen Rechtshilfe in Strafsachen** zuständigen Behörden oder Gerichte erteilt werden kann, ist damit gewährleistet, dass Deutschland insbesondere seinen Ver-

---

47) *Kokemoor*, in: Beck/Samm, KWG, § 24c Rz. 26; *Ehmer*, in: Beck'scher TKG-Kommentar, § 90 Rz. 21.
48) Gesetz über die integrierte Finanzdienstleistungsaufsicht vom 22.3.2002, BGBl I, 1310.
49) So auch *Kokemoor*, in: Beck/Samm, KWG, § 24c Rz. 34.

pflichtungen aus § 1 des Zusatzprotokolls zum Übereinkommen über die Rechtshilfe in Strafsachen zwischen den Mitgliedstaaten der Europäischen Union vom 16.10.2001 nachkommen kann.[50]

Strafverfolgungsbehörden können zum Zwecke der Verfolgung und Ahndung von Straftaten nach den allgemeinen Regeln ein solches Auskunftsersuchen erst stellen, wenn „zureichende tatsächliche Anhaltspunkte" für eine Straftat vorliegen, also erst nach Einleitung eines Ermittlungsverfahren (§ 152 Abs. 2, § 160 StPO).[51] 61

Damit schränkt die Entwurfsbegründung den Wortlaut des Absatzes 3 Satz 1 Nr. 2 ein, wonach Auskünfte an die für die Leistung der internationalen Rechtshilfe in Strafsachen sowie für die Verfolgung und Ahndung von Straftaten zuständigen Behörden oder Gerichte bereits dann zulässig sein soll, wenn dies für die Erfüllung ihrer *gesetzlichen Aufgaben* erforderlich ist. Die Verfolgung oder Ahndung von Ordnungswidrigkeiten durch die in Absatz 3 Satz 1 Nr. 2 genannten Behörden und Gerichte rechtfertigt daher kein Auskunftsersuchen nach Absatz 3. In diesen Grenzen steht auch den Finanzbehörden als den für Steuerstraftaten zuständigen Strafverfolgungsbehörden ein Auskunftsersuchen nach Absatz 3 Satz 1 Nr. 2 offen.[52] 62

Schließlich ermächtigt Absatz 3 Satz 1 Nr. 2 das **Bundesministerium für Wirtschaft und Technologie,** als die für die Beschränkung des Kapital- und Zahlungsverkehrs nach dem Außenwirtschaftsgesetz zuständige nationale Behörde, bei der Bundesanstalt um Auskunft aus der Datei nach Absatz 1 Satz 1 zu ersuchen, soweit dies für die Erfüllung ihrer sich aus dem Außenwirtschaftsgesetz oder Rechtsakten der europäischen Gemeinschaften im Zusammenhang mit der Einschränkung von Wirtschafts- oder Finanzbeziehungen ergebenden Aufgaben erforderlich ist. 63

Auf Ersuchen der unter Absatz 3 Satz 1 genannten Behörden hat die Bundesanstalt die in den Dateien gespeicherten Daten im automatisierten Verfahren abzurufen und an die ersuchende Stelle weiterzuübermitteln. Dabei überprüft die Bundesanstalt die **Zulässigkeit der Datenübermittlung** nach Absatz 3 Satz 3 nur, soweit hierzu ein besonderer Anlass besteht. Gemäß Absatz 3 Satz 4 trägt die Verantwortung für die Zulässigkeit der Übermittlung die ersuchende Stelle (zur Kritik unten Rz. 116). 64

Nach Absatz 3 Satz 5 und 6 darf die Bundesanstalt zu den in Absatz 3 Satz 1 genannten Zwecken **ausländischen Stellen** Auskunft aus der Datei nur nach Maßgabe des § 4b BDSG erteilen. Nach dem Wortlaut der Norm gilt auch „§ 9 Abs. 1 Satz 5, 6 und Abs. 2 des Kreditwesengesetzes" entsprechend. Auch bei dieser Verweisung dürfte es sich um ein Redaktionsversehen des Gesetzgebers handeln (oben Rz. 59). Richtigerweise dürfte sich der Verweis des Absatzes 3 Satz 6 auf § 9 Abs. 1 Satz 6, 7 und Abs. 2 KWG beziehen. 65

Hierdurch wird im Wesentlichen festgelegt, dass eine Übermittlung an ausländische Stellen dann unterbleibt, wenn der Betroffene ein schutzwürdiges Interesse an dem Ausschluss der Übermittlung hat, insbesondere wenn bei den ausländischen Stellen 66

---

50) Begründung RegE 4. FMFG, BT-Drucks. 14/8017, S. 123.
51) Begründung RegE 4. FMFG, BT-Drucks. 14/8017, S. 123.
52) *Kokemoor,* BKR 2004, 135, 142.

ein angemessenes Datenschutzniveau nicht gewährleistet ist (§ 4b Abs. 2 Satz 2 BDSG). Ferner dürfen die Daten nur weitergegeben werden, wenn die ausländische Stelle und die von ihr beauftragten Personen einer Verschwiegenheitspflicht unterliegen, nach der die ihnen bei ihrer Tätigkeit bekannt gewordenen Tatsachen, deren Geheimhaltung im Interesse des Instituts oder eines Dritten liegt, insbesondere Geschäfts- und Betriebsgeheimnisse, nicht unbefugt offenbart oder verwertet werden dürfen, auch wenn die beauftragten Personen nicht mehr im Dienst sind oder ihre Tätigkeit beendet ist. Darüber hinaus ist die ausländische Stelle darauf hinzuweisen, dass sie Informationen nur zu dem Zweck verwenden darf, zu deren Erfüllung sie ihr übermittelt werden (§ 9 Abs. 1 Satz 6, 7 KWG).

67 Die Auskunftspflichten und Vorlagepflichten von Urkunden, die Amtshilfepflicht und Anzeigepflicht von Steuerstraftaten nach den §§ 93, 97, 111 und 116 AO sowie § 105 AO gelten durch den in Absatz 3 Satz 6 enthaltenen Verweis auf § 9 Abs. 2 KWG nicht. In- und ausländische Stellen, denen Daten nach Absatz 3 übermittelt werden, unterliegen damit grundsätzlich keinen Auskunfts-, Vorlage- und Anzeigepflichten gegenüber den Finanzbehörden.[53] Die Regelungen über die **internationale Rechtshilfe in Strafsachen** bleiben gemäß Absatz 3 Satz 7 von diesen Einschränkungen jedoch unberührt.

68 Derzeit verfügen die anfrageberechtigten Behörden nicht über standardisierte Schnittstellen mit der Bundesanstalt, über die Anfragen vollautomatisiert unter Abgleich einer Abfrageberechtigung gemäß Absatz 3 an die Abrufdateien weitergeleitet werden könnten. Die Anfragen der Behörden werden daher regelmäßig der Bundesanstalt per E-Mail, Telefax oder Brief übermittelt und auf diesem Wege von der Bundesanstalt auch beantwortet. Hierzu ist kritisch anzumerken, dass nur schwer nachvollziehbar ist, dass einerseits die Kreditwirtschaft – angeblich aus Gründen der Datensicherheit – verpflichtet ist, mit einem Aufwand in der Größenordnung mehrerer Millionen Euro (unten Rz. 120), den letztlich Kunden und Anteilseigner der Kreditinstitute zu tragen haben, ein technisches Verfahren einzuführen, das aber deswegen sinnentleert ist, weil andererseits die entschlüsselten Klartextdateien über E-Mail oder Telefax, deren Inhalt – jedenfalls bei Übermittlung per E-Mail – jede technisch versierte Person problemlos mitlesen kann, oder auf dem Postweg mit der Technik des 19. Jahrhunderts an die anfragenden Behörden übermittelt werden, so dass für die beschleunigte und teure technische Abfragemöglichkeit keinerlei rechtfertigender Grund besteht.[54]

5. Weitere Regelungen (Abs. 4–7)

69 Nach Absatz 4 hat die Bundesanstalt für Zwecke der **Datenschutzkontrolle** durch die jeweils zuständige Stelle bei jedem Abruf den Zeitpunkt, die bei der Durchführung des Abrufes verwendeten Daten, die abgerufenen Daten, die Person, die den Abruf durchgeführt hat, das Aktenzeichen sowie – bei Abrufen auf Ersuchen – die

---

53) So auch *Kokemoor*, in: Beck/Samm, KWG, § 24c Rz. 51.
54) So bezogen auf Finanzbehörden *Zubrod*, WM 2003, 1210, 1213.

ersuchende Stelle und deren Aktenzeichen zu protokollieren. Eine Verwendung dieser Protokolldaten für andere Zwecke als zur Datenschutzkontrolle ist unzulässig. Die Aufbewahrungsfrist für die Protokolldaten beträgt mindestens achtzehn Monate. Spätestens nach zwei Jahren sind die Daten zu löschen.

Der von einem Datenabruf betroffene Bankkunde hat zwar gemäß § 19 Abs. 1 BDSG einen Auskunftsanspruch hinsichtlich der zu seiner Person abgefragten Kundenstammdaten, dieser läuft jedoch praktisch leer, da gemäß Absatz 1 Satz 6 gewährleistet sein muss, dass weder dem Kreditinstitut noch dem Kunden die Abrufe durch die Bundesanstalt zur Kenntnis gelangen (oben Rz. 56). Eine Pflicht der anfragenden Behörde zur **Benachrichtigung des betroffenen Bankkunden** über die Datenverwendung gemäß § 19a Abs. 1 BDSG besteht nicht, weil Absatz 3 die Übermittlung der personenbezogenen Daten i. S. v. § 19a Abs. 2 Nr. 3 BDSG ausdrücklich vorsieht.[55] 70

Gemäß § 24 Abs. 1 BDSG kontrolliert der **Bundesbeauftragte für den Datenschutz** bei der Bundesanstalt als öffentliche Stelle des Bundes die Einhaltung der Vorschriften über den Datenschutz. 71

Absatz 5 verpflichtet die Kreditinstitute, auf ihre **Kosten** nach den Vorgaben der Bundesanstalt in ihrer Sphäre die technischen Voraussetzungen zu schaffen, die für den automatisierten Abruf erforderlich sind. Dazu gehören auch, jeweils nach den Vorgaben der Bundesanstalt, die Anschaffung der zur Sicherstellung der Vertraulichkeit und des Schutzes vor unberechtigten Zugriffen erforderlichen Geräte, die Einrichtung eines geeigneten Telekommunikationsanschlusses und die Teilnahme an dem geschlossenen Benutzersystem sowie die laufende Bereitstellung dieser Vorkehrungen. Nach § 16 FinDAG i. V. m. §§ 5, 6 Abs. 2 Nr. 1 FinDAGKostV[56] werden darüber hinaus die der Bundesanstalt durch § 24c entstehenden Kosten zu 91 % durch Kreditinstitute und zu 9 % durch Finanzdienstleistungsinstitute getragen (zur Kritik unten Rz. 121 ff). 72

Zur Sicherstellung von **Datenschutz und Datensicherheit** sind gemäß Absatz 6 von den Kreditinstituten und der Bundesanstalt dem jeweiligen Stand der Technik entsprechende Maßnahmen zu treffen, die insbesondere die Vertraulichkeit und Unversehrtheit der abgerufenen und weiterübermittelten Daten gewährleisten. Dabei stellt die Bundesanstalt nach Absatz 6 Satz 2 den Stand der Technik im Benehmen mit dem Bundesamt für Sicherheit in der Informationstechnik in einem von ihr bestimmten Verfahren fest. 73

Gemäß Absatz 7 kann das Bundesministerium der Finanzen durch Rechtsverordnung **Ausnahmen** von der Verpflichtung vom automatisierten Verfahren zulassen, wobei die Ermächtigung zur Rechtsverordnung auf die Bundesanstalt übertragen werden kann. Dies gilt insbesondere für Kreditinstitute, die das Giro- und Einlagengeschäft, was regelmäßig die Führung von Konten für Kunden voraussetzt, nicht 74

---

55) *Zubrod*, WM 2003, 1210, 1215.
56) Verordnung über die Erhebung von Gebühren und die Umlegung von Kosten nach dem Finanzdienstleistungsaufsichtsgesetz (FinDAGKostV) vom 29.4.2002, BGBl I, 1504, zuletzt geändert durch Verordnung vom 31.5.2005, BGBl I, 1525.

schwerpunktmäßig betreiben bzw. Konten nur für eigene Mitarbeiter oder für ein spezielles überschaubares Kundensegment führen. Ausweislich eines Schreibens des Bundesministeriums der Finanzen vom 16.12.2002[57] können derartige Ausnahmen in sehr seltenen Fällen zugelassen werden, wenn die Teilnahme eines Kreditinstituts am automatischen Abrufsystem vor allem unter wirtschaftlichen Gesichtspunkten eine besondere Härte darstellt und es angesichts der spezifischen Besonderheit des Falles unter Berücksichtigung des dargestellten Gesetzeszwecks nicht zu einer wesentlichen Beeinträchtigung des Abrufsystems im laufenden Betrieb kommt (oben Rz. 11 ff).

6. Rechtsfolgen eines Verstoßes

75 Gemäß § 56 Abs. 3 Nr. 7 Buchst. a und b KWG handelt ordnungswidrig, wer vorsätzlich oder fahrlässig entgegen § 24c Abs. 1 Satz 1 KWG eine Datei nicht, nicht richtig oder nicht vollständig führt oder entgegen § 24c Abs. 1 Satz 5 KWG nicht dafür sorgt, dass die Bundesanstalt Daten jederzeit abrufen kann. Die **Ordnungswidrigkeit** kann gemäß § 56 Abs. 4 KWG mit einer Geldbuße bis zu 150 000 Euro geahndet werden.

II. § 93 Abs. 7 und 8, § 93b AO – automatisierter Abruf von Kontoinformationen durch das Bundeszentralamt für Steuern

1. Zielsetzung und Entstehungsgeschichte

76 Mit dem **Gesetz zur Förderung der Steuerehrlichkeit** vom 23.12.2003 wurde Steuerpflichtigen, die zuvor ihren Pflichten gegenüber dem Finanzamt nicht hinreichend nachgekommen waren, zeitlich befristet die Chance geboten, durch Nacherklärung von Einnahmen und Entrichtung eines pauschalen Steuerbetrages Straffreiheit und Abgeltung der Steuerschuld zu erreichen. Strafbefreiende Erklärungen nach dem Strafbefreiungserklärungsgesetz[58] konnten ab dem 1.1.2004 abgegeben werden. Mit Inkrafttreten der Art. 2 (Änderung der Abgabenordnung) und 3 (Änderung des Finanzverwaltungsgesetzes) des Gesetzes zur Förderung der Steuerehrlichkeit am 1.4.2005 wurden der Finanzverwaltung neue Kontrollmöglichkeiten durch einen Zugriff auf die bereits nach § 24c zu führende Kontoabrufdatei eröffnet. Ausschlaggebend für das Datum der ersten Zugriffsmöglichkeit der Finanzverwaltung war, dass strafbefreiende Erklärungen nach § 1 Abs. 6 StraBEG letztmals am 31.3.2005 abgegeben werden konnten.[59]

77 **Ziel des Gesetzes** zur Förderung der Steuerehrlichkeit ist es, die Besteuerungsgerechtigkeit in der Praxis zu verbessern und somit tatsächlich alle Steuerpflichtigen

---

57) BMF, Schreiben vom 16.12.2004 (VII B7-Wk5023-1166/02), abgedruckt in: *Consbruch/Möller u. a.*, KWG, Nr. 11.80 b.
58) Gesetz über strafbefreiende Erklärungen (Strafbefreiungserklärungsgesetz – StraBEG) vom 23.12.2003, BGBl I, 2928 (= Art. 1 des Gesetzes zur Förderung der Steuerehrlichkeit).
59) Begründung RegE Gesetz zur Förderung der Steuerehrlichkeit, BT-Drucks. 15/1521, S. 15.

an der Finanzierung der staatlichen Aufgaben zu beteiligen. Um dies rasch und unbürokratisch zu erreichen, sollte bisher Steuerunehrlichen durch die befristete Möglichkeit einer Straf- und Bußgeldbefreiung, die einen Verzicht auf die verkürzten Steuern bei Zahlung einer pauschalierten Abgabe vorsah, ein Weg aufgezeigt werden, freiwillig in die Steuerehrlichkeit zurückzukehren. Damit sollte für die Vergangenheit weitgehend Rechtsfrieden erreicht werden. Die hierfür vorgesehenen Maßnahmen wurden aber gleichzeitig um Regelungen ergänzt, die Steuerverkürzungen künftig erschweren. Für die Zukunft soll durch verbesserte Überprüfungsmöglichkeiten der Finanzverwaltung die Durchsetzung des steuerlichen Normprogrammes weiter verstärkt werden. Das damit verbundene erhöhte Entdeckungsrisiko bei Steuerhinterziehungen soll zu einem höheren Grad von Steuerehrlichkeit führen, zumal zugleich die – befristete – Möglichkeit geschaffen wurde, zu attraktiven Bedingungen für die Vergangenheit steuerehrlich zu werden.[60] Dies dürfte nicht zuletzt vor dem Hintergrund der Rechtsprechung des Bundesverfassungsgerichts zu sehen sein, wonach eine Steueramnestie nur dann rechtlich zulässig ist, wenn für die Vergangenheit keine realistische Chance auf Durchsetzung eines gesetzlichen Steueranspruchs bestanden hat und die Vollzugsdefizite für die Zukunft beseitigt werden.[61]

Durch Art. 2 des Gesetzes zur Förderung der Steuerehrlichkeit wurden zum 1.4.2005 zum einen § 93 AO um die neuen Absätze 7 und 8 ergänzt und zum anderen § 93b neu in die Abgabenordnung eingefügt.

78

Flankierend hat das Bundesministerium der Finanzen am 10.3.2005 und damit lediglich 12 Tage vor Ablehnung des Antrags auf einstweiligen Rechtsschutz durch das Bundesverfassungsgericht (unten Rz. 129 ff), mit dem eine westfälische Genossenschaftsbank zusammen mit einem ihrer Kunden das Inkrafttreten von § 93 Abs. 7 und 8, § 93b AO verhindern wollten, den **Anwendungserlass zur Abgabenordnung** um Regelungen zu § 93 AO[62] ergänzt. Diese schwächen nach Ansicht des Gerichts die möglichen Belastungen der verpflichteten Kreditinstitute und betroffenen Kunden durch die neuen Ermittlungsbefugnisse deutlich ab und mildern die möglichen Mängel in der Vorsorge für effektiven Rechtsschutz derart, dass eine einstweilige Anordnung vor der Entscheidung über die Verfassungsbeschwerden nicht geboten sei.[63] Das Bundesverfassungsgericht sieht folglich in dem Anwendungserlass eine zumindest zunächst hinreichende Konkretisierung der Schutzvorkehrungen für die Betroffenen zur Vermeidung schwerer Nachteile. Dies gelte „jedenfalls solange die im Anwendungserlass zur Abgabenordnung ... verfügten Einschränkungen der Kontenabfrage beim Gesetzesvollzug beachtet werden."[64]

79

---

60) Begründung RegE Gesetz zur Förderung der Steuerehrlichkeit, BT-Drucks. 15/1521, S. 9, 14.
61) Vgl. BVerfG, Beschl. v. 27.6.1991 – 2 BvL 3/89, BVerfGE 84, 233; BVerfG, Urt. v. 9.3.2004 – 2 BvL 17/02, BVerfGE 110, 94, 131.
62) Anwendungserlass zu § 93 AO, abgedruckt unter Gesetzestexte.
63) BVerfG, Beschl. v. 22.3.2005 – 1 BvR 2357/04, 1 BvQ 2/05, WM 2005, 641, 644.
64) BVerfG WM 2005, 641, 643.

2. Datenabruf durch Finanzbehörden (§ 93 Abs. 7 AO)

80 Mit § 93 Abs. 7 AO wird den Finanzbehörden die Möglichkeit eröffnet, über das Bundeszentralamt für Steuern (bis 31.12.2005: Bundesamt für Finanzen)[65] einzelne Daten aus den nach § 24c Abs. 1 KWG zu führenden Dateien über Konto- oder Depotverbindungen abzurufen. Dabei hängt die **Zulässigkeit** eines Abrufs davon ab, dass er zur Festsetzung oder Erhebung von Steuern erforderlich ist und ein Auskunftsersuchen an den Steuerpflichtigen nicht zum Ziel geführt hat oder keinen Erfolg verspricht.

81 Nummer 2.2 des AEAO zu § 93 AO führt zur Zulässigkeit eines Abrufs nach § 93 Abs. 7 AO ergänzend aus, dass ein solcher **im gesamten Besteuerungsverfahren** nach der Abgabenordnung, d. h. auch im Haftungsverfahren, Erhebungsverfahren, Rechtsbehelfsverfahren oder Vollstreckungsverfahren, möglich sein soll. Für Besteuerungsverfahren, auf die die Abgabenordnung nach § 1 AO nicht unmittelbar anwendbar ist, soll ein Kontenabruf nach § 93 Abs. 7 AO dagegen nicht zulässig sein. Dies sind im Wesentlichen andere öffentlich-rechtliche Abgaben wie Vorzugslasten (Beiträge, Gebühren), Verbandslasten oder Sonderabgaben, Prämien, Zulagen und Subventionen, auf die die Abgabenordnung nur anwendbar ist, soweit andere einschlägige Gesetze auf sie verweisen.[66] Ein Kontoabruf für strafrechtliche Zwecke – und damit für Zwecke der Bußgeld-, Strafsachen- und Steuerfahndungsstellen der Finanzämter – ist jedoch nur nach § 24c über die Bundesanstalt zulässig.[67]

82 Ob die **Sachaufklärung durch den Beteiligten** zum Ziel führt oder Erfolg verspricht oder ob dies nicht zutrifft, ist nach Nummer 2.6 AEAO zu § 93 AO eine Frage der Beweiswürdigung, die der Finanzbehörde obliegt. Dabei „soll" die Finanzbehörde zunächst dem Beteiligten Gelegenheit geben, Auskunft über seine Konten und Depots zu erteilen und gegebenenfalls entsprechende Unterlagen vorzulegen, es sei denn, der Ermittlungszweck würde hierdurch gefährdet. Hierbei „soll" auf die Möglichkeit des Kontenabrufs hingewiesen werden. Die weitgehend unverbindlichen Soll-Bestimmungen der Nummer 2.6 AEAO zu § 93 AO erscheinen jedoch kaum geeignet, die im Gesetzestext fehlenden verfahrenssichernden und organisatorischen Maßnahmen zum Schutz des informationellen Selbstbestimmungsrechts des Beteiligten zu ersetzen. Ferner sind Umstände, unter denen der Ermittlungszweck dadurch gefährdet werden könnte, dass dem Betroffenen Gelegenheit zur direkten Auskunft gegeben wird, nur schwerlich vorstellbar. Nach § 24c Abs. 1 KWG haben Kreditinstitute sämtliche vom automatisierten Kontenabruf erfassten Daten noch drei Jahre nach ihrer Löschung oder Änderung abrufbereit zu halten, ohne dass der betroffene Steuerpflichtige hierauf Einfluss hätte. Die Aufbewahrungsfristen nach dem HGB und dem Geldwäschegesetz betragen sogar sechs bis zehn Jahre. Anders als vielleicht im Steuerstrafverfahren ist somit eine Gefährdung des Ermittlungszwecks durch Nachfrage beim Betroffenen im Besteuerungsverfahren kaum denkbar.

---

65) Die Umbenennung erfolgte durch Gesetz vom 22.9.2005, BGBl I, 2809, 2811.
66) Seer, in: Tipke/Kruse, § 1 AO Rz. 10 und 14.
67) Vgl. OFD Frankfurt/M., Vfg. v. 7.10.2005 – S 0130 A-42-St II 4.03, StEd 2005, 731, 732.

Cöster/Intemann[68] mutmaßen zum Hintergrund des Fehlens einer gesetzlichen Regelung zur Information des Betroffenen über eine beabsichtigte Kontenabfrage, dies könnte mit der Entstehungsgeschichte der Norm zu erklären sein: Die Einführung des § 24c KWG ist mit der Bekämpfung des Terrorismus begründet worden. Im Rahmen der Strafverfolgung wird selbstverständlich auf eine Vorabinformation des Verdächtigen verzichtet. Der Gesetzgeber habe aber wohl nicht bedacht, dass die Erweiterung der Befugnisse der Finanzbehörden, auf die nach § 24c KWG gesammelten Daten zugreifen zu können, gerade nicht im Rahmen eines Strafverfahrens, sondern allein im Steuerfestsetzungsverfahren eingeräumt wurde. Im Steuerfestsetzungsverfahren bestehe jedoch kein Anlass, auf eine Information des betroffenen Steuerpflichtigen zu verzichten. Gleiches gilt natürlich auch für die Verwaltungsverfahren der nach § 93 Abs. 8 AO zu Auskunftsersuchen berechtigten Behörden.

Gleichwohl sieht Nummer 2.7 AEAO zu § 93 AO vor, dass sich die Finanzbehörde nach § 93 Abs. 1 Satz 1 AO auch unmittelbar an die betreffenden Kreditinstitute wenden kann, wenn durch eine vorhergehende Information des Beteiligten der Ermittlungszweck gefährdet würde oder sich aus den Umständen des Einzelfalls ergibt, dass eine Aufklärung durch den Beteiligten selbst nicht zu erwarten ist. In diesen Fällen hat nach Nummer 2.7 AEAO zu § 93 AO eine **nachträgliche Information** des Beteiligten über die Durchführung des Kontenabrufs zu erfolgen. Dies gilt nach Nummer 2.8 AEAO zu § 93 AO auch dann, wenn die Angaben des Beteiligten durch einen Kontenabruf bestätigt wurden. Die Information könne z. B. durch eine Erläuterung im Steuerbescheid erfolgen.

Ferner soll die Finanzbehörde nach Nummer 2.1 AEAO zu § 93 AO lediglich **im Einzelfall** bei den Kreditinstituten Bestandsdaten zu Konten- und Depotverbindungen nach § 93 Abs. 7 AO abrufen können. Routinemäßige oder flächendeckende Abfragen sind danach nicht statthaft.

Ein Kontenabruf steht im Ermessen der Finanzbehörde und kann nach Nummer 2.3 AEAO zu § 93 AO nur **anlassbezogen und zielgerichtet** erfolgen und muss sich auf eine eindeutig bestimmte Person beziehen. Die Erforderlichkeit des Abrufs, die von der Finanzbehörde im Einzelfall im Wege einer Prognose zu beurteilen ist, soll jedoch **keinen begründeten Verdacht** dafür voraussetzen, dass steuerrechtliche Unregelmäßigkeiten vorliegen. Es genüge vielmehr, wenn aufgrund konkreter Momente oder aufgrund allgemeiner Erfahrungen ein Kontenabruf angezeigt sei.

Nach Nummer 2.5 AEAO soll ein Kontenabruf nach § 93 Abs. 7 AO auch zulässig sein, um Konten oder Depots zu ermitteln, hinsichtlich deren der Steuerpflichtige zwar nicht Verfügungsberechtigter, aber **wirtschaftlich Berechtigter** (nach § 8 GwG) ist. Dies gelte auch dann, wenn der Verfügungsberechtigte als Berufsgeheimnisträger nach § 102 AO die Auskunft verweigern könnte, wie im Fall von Rechtsanwaltsanderkonten. Da ein Kontenabruf beim Kreditinstitut und nicht beim Berufsgeheimnisträger erfolge, das Kreditinstitut aber kein Auskunftsverweigerungsrecht habe, müsse es auch nach § 93 Abs. 1 Satz 1 AO Auskunft darüber geben, ob

---

68) *Cöster/Intemann*, DStR 2005, 1249, 1252.

bei festgestellten Konten eines Berufsgeheimnisträgers eine andere Person wirtschaftlich Berechtigter ist. Das Vertrauensverhältnis zwischen dem Berufsgeheimnisträger und seinem Mandanten bleibe dadurch unberührt.

88 Abgesehen von dieser recht kühn anmutenden These zum Vertrauensverhältnis missachtet der Anwendungserlass mit diesen Ausführungen zur Zulässigkeit des Abrufs von Daten zum wirtschaftlich Berechtigten durch die Finanzverwaltung das Verwertungsverbot des § 10 Abs. 1 GwG.[69] Danach dürfen die nach § 9 Abs. 1 GwG gefertigten Aufzeichnungen, zu denen auch der nach § 8 Abs. 1 GwG festzustellende wirtschaftlich Berechtigte zählt, nur zur Verfolgung einer Straftat nach § 261 StGB und der in § 261 Abs. 1 Satz 1 Nr. 1–5 StGB genannten Straftaten für Zwecke eines Strafverfahrens herangezogen und verwendet werden. Soweit § 10 Abs. 2 GwG des Weiteren bestimmt, dass von einer Strafverfolgungsbehörde im Rahmen eines Strafverfahrens herangezogene Aufzeichnungen nach § 9 Abs. 1 GwG auch für Besteuerungsverfahren und für Strafverfahren wegen Steuerstraftaten verwendet werden dürfen, setzt dies jedoch zwingend voraus, dass die Strafverfolgungsbehörde zunächst ein Strafverfahren wegen Geldwäsche oder einer Katalogtat des § 261 StGB eingeleitet und diesen Umstand zusammen mit den zugrunde liegenden Tatsachen der Finanzbehörde mitgeteilt hat. In diesem Fall hat nicht die Finanzbehörde die Aufzeichnungen nach § 9 Abs. 1 GwG originär erlangt, sondern die Strafverfolgungsbehörde, die die erlangten Informationen der Finanzbehörde lediglich weitergeleitet hat. Die Verwertung von Daten zu wirtschaftlich Berechtigten zur Festsetzung oder Erhebung von Steuern, die durch einen von diesem Verfahren losgelösten Abruf initial durch die Finanzbehörde nach § 93 Abs. 7 AO erlangt wurden, ist hingegen nach § 10 Abs. 1 GwG unzulässig.

89 Auch im **Besteuerungsverfahren eines Berufsgeheimnisträgers** i. S. d. § 102 AO soll ein Kontenabruf nach § 93 Abs. 7 AO ausweislich Nummer 2.5 AEAO grundsätzlich zulässig sein. Bei der hierzu gebotenen Ermessensentscheidung sei dabei zusätzlich eine Güterabwägung zwischen der besonderen Bedeutung der Verschwiegenheitspflicht des Berufsgeheimnisträgers und der Bedeutung der Gleichmäßigkeit der Besteuerung unter Berücksichtigung des Verhältnismäßigkeitsprinzips vorzunehmen. Leider zeigen diese Ausführungen des Anwendungserlasses das zugrunde liegende Problem bei der Heranziehung des Abrufverfahrens zum Zwecke der Festsetzung oder Erhebung von Steuern bei Berufsgeheimnisträgern lediglich auf, anstatt den Konflikt durch geeignete verfahrenssichernde oder organisatorische Maßnahmen zum Schutz des Rechts auf informationelle Selbstbestimmung der treugebenden Mandanten des Berufsgeheimnisträgers tatsächlich zu entschärfen.

3. Auskunftserteilung durch die Finanzbehörde (§ 93 Abs. 8 AO)

90 Nach § 93 Abs. 8 AO soll die Finanzbehörde auf **Anfrage einer anderen Behörde** oder eines Gerichts über das Bundeszentralamt für Steuern die entsprechenden Kontodaten zur Verfügung stellen, wenn ein anderes Gesetz an Begriffe des Einkommensteuergesetzes (z. B. „Einkünfte", „Einkommen" oder „zu versteuerndes

---

69) Vgl. hierzu *Fülbier*, § 10 Rz. 40.

Einkommen") anknüpft. Betroffen sind hiervon eine Vielzahl von Leistungsgesetzen z. B. zur Gewährung von Sozialhilfe, Wohngeld, Erziehungsgeld, BAföG etc. Voraussetzung ist dabei, dass die ersuchende Behörde oder das ersuchende Gericht versichert hat, dass eigene Ermittlungen nicht zum Ziel geführt haben oder keinen Erfolg versprechen; diese Einschränkung soll gewährleisten, dass ein Ersuchen erst gestellt wird, wenn alle eigenen Ermittlungsmöglichkeiten ausgeschöpft wurden.[70]

Die Anknüpfung an **Begriffe des Einkommensteuergesetzes** zur Eingrenzung der 91 anfrageberechtigten Behörden lässt eine abschließende Aufzählung der berechtigten Behörden allerdings kaum möglich erscheinen. Der Gesetzestext gibt insbesondere keine Hinweise darauf, wann ein Gesetz an Begriffe des Einkommensteuergesetzes anknüpft (zur Kritik unten Rz. 111 ff). Diese Gesetzeslücke versucht der Anwendungserlass zur Abgabenordnung zu § 93 AO unter Nummer 3.1 und 3.2 zu schließen. Nach Nummer 3.1 AEAO zu § 93 AO knüpft ein Gesetz nur dann an Begriffe des Einkommensteuergesetzes an, „wenn

– dasselbe Wort verwendet wird (z. B. ‚Einkommen' oder ‚Einkünfte'),
– der Inhalt des Wortes mit dem Begriff des Einkommensteuergesetzes übereinstimmt und
– ausdrücklich auf Regelungen des Einkommensteuergesetzes Bezug genommen wird."

Dabei soll ein Gesetz i. S. d. § 93 Abs. 8 AO auch eine Rechtsverordnung sein.

Nach der unter Nummer 3.2 AEAO zu § 93 AO aufgeführten **enumerativen Auf-** 92 **zählung zulässiger Abfragefälle** kommt ein Kontenabruf nur in Betracht in Fällen der Berechnung

– der Einkünfte zur Gewährung von **Sozialhilfe**,
– des Gesamteinkommens im Rahmen der gesetzlichen Kranken-, Unfall- und Rentenversicherung einschließlich der Alterssicherung der Landwirte sowie der sozialen Pflegeversicherung (**Sozialversicherung**),
– des Gesamteinkommen im Rahmen der sozialen **Wohnraumförderung**,
– des maßgebenden Einkommens bei der **Ausbildungsförderung** und **Aufstiegsförderung**,
– des maßgebenden Gesamteinkommens bei der Gewährung von **Wohngeld**,
– des Einkommens bei der Gewährung von **Erziehungsgeld** sowie
– der einkommensteuerpflichtigen Einkünfte des Wehrpflichtigen für die Ermittlung der Leistungen zur **Unterhaltssicherung**

In anderen Fällen ist gemäß Nummer 3.2 AEAO ein Kontenabruf nach § 93 Abs. 8 nicht zulässig.

Zur Bemessung des **Arbeitslosengeldes II** führt Nummer 3.2 AEAO zu § 93 AO 93 aus, hierbei sei zwar das „Einkommen" des Antragstellers zu berücksichtigen, dieser Begriff werde aber in § 11 SGB II abweichend vom Einkommensteuergesetz definiert. Es liege somit kein Anknüpfen an Begriffe des Einkommensteuergesetzes vor.

---

[70] Begründung RegE Gesetz zur Förderung der Steuerehrlichkeit, BT-Drucks. 15/1521, S. 14.

Diese Begründung erscheint nicht unbedingt zwingend, denn im Falle der Berechnung der Sozialhilfe nach § 82 Abs. 1 SGB XII ist die Abwägung des Finanzministeriums zugunsten des Kontenabrufs ausgefallen, weil hier § 6 der Durchführungsverordnung auf § 20 Abs. 1–3 EStG verweist. Warum aber der in beiden Normen gleichermaßen erfolgende Verweis auf geförderte Altersvorsorgebeiträge nach § 82 EStG (siehe § 11 Abs. 2 Nr. 4 SGB II und § 82 Abs. 2 Nr. 3 SGB XII) diesbezüglich nicht genügt und vor allem als direkter Verweis für den zitierten einkommensteuerrechtlich relevanten Tatbestand kein Anknüpfen darstellt, bleibt schleierhaft.[71] Es drängt sich der Verdacht auf, das Bundesministerium der Finanzen könnte damit auf die in den Medien im Jahre 2004 heftig geführten Diskussionen reagiert haben, die die neue Abfragemöglichkeit der Sozialbehörden nach § 93 Abs. 8 AO in einen kausalen Zusammenhang mit der Einführung des Arbeitslosengeldes II gestellt hatten.

94 Die **Zulässigkeit** eines Abrufs nach § 93 Abs. 8 AO hängt nach Nummer 3.3 AEAO davon ab, dass er zur Klärung des Sachverhaltes geeignet, erforderlich und verhältnismäßig ist. Diesen allgemeinen Anforderungen an rechtmäßiges Verwaltungshandeln wird im Anwendungserlass durch das Prinzip der „Subsidiarität der Kontenabfragemöglichkeit" Genüge getan. Danach ist ein Kontenabruf dann nicht erforderlich, wenn es zur Aufklärung des Sachverhaltes ein ebenso geeignetes, aber für den Betroffenen weniger belastendes Beweismittel gibt. Dagegen soll die Erforderlichkeit keinen begründeten Verdacht auf Unregelmäßigkeiten voraussetzen. Es soll vielmehr ausreichen, wenn „aufgrund konkreter Momente oder aufgrund allgemeiner Erfahrungen ein Kontenabruf angezeigt ist".

95 Weitere Voraussetzung für einen Abruf nach § 93 Abs. 8 AO sind gemäß Nummer 3.4 AEAO die **Angabe der Rechtsgrundlage** sowie die **Versicherung** der ersuchenden Behörde oder des ersuchenden Gerichts, **dass eigene Ermittlungen nicht zum Ziele geführt haben** oder keinen Erfolg versprechen. Ob dies der Fall ist, sei eine Frage der Beweiswürdigung und obliege der ersuchenden Behörde oder dem ersuchenden Gericht. Voraussetzung für diese Annahme sei jedoch, dass der Betroffene zuvor ausdrücklich auf die Möglichkeit eines Kontenabrufs hingewiesen worden sei, es sei denn, der Ermittlungszweck würde dadurch gefährdet (oben Rz. 80 ff).

96 Gemäß Nummer 3.6 AEAO ist ein Ersuchen um Durchführung eines Kontoabrufs nach § 93 Abs. 8 AO an die nach Landesrecht **zuständige Finanzbehörde** zu richten.

97 Während der Anwendungserlass für Abrufe der Finanzbehörden nach § 93 Abs. 7 AO in jedem Fall eine nachträgliche **Information des Betroffenen** über die Durchführung des Kontenabrufs vorsieht (oben Rz. 82 ff), wird für Abrufe anderer Behörden und Gerichte nach § 93 Abs. 8 AO unter Nummer 3.7 AEAO lediglich auf im Einzelfall jeweils anzuwendende gesetzliche Regelungen sowie auf Auskunftsansprüche z. B. aus dem Sozialgesetzbuch oder den einschlägigen Datenschutzgesetzen – soweit sie denn bestehen – verwiesen. Der von einem Kontenabruf betroffene Bürger kann somit nicht darauf vertrauen, zumindest nachträglich von einem Datenabruf in Kenntnis gesetzt zu werden, selbst wenn er entsprechende Auskünfte ver-

---

71) *Kühling*, ZRP 2005, 196, 198.

langt. Das ist insbesondere dann der Fall, wenn der Abruf die Angaben des Betroffenen bestätigt, also keine weiteren als die angegebenen Konten vorhanden sind. Gerade aber in den Fällen eines Abrufes, der sich im Nachhinein als ungerechtfertigt herausgestellt hat, wäre eine Kontrolle des rechtmäßigen Verwaltungshandelns vonnöten. Gleichzeitig offenbart sich hier die Untauglichkeit des Anwendungserlasses zur Abgabenordnung als Mittel zur Heilung gesetzgeberischer Versäumnisse. Als schlichte Verwaltungsanordnung des Bundesministeriums der Finanzen vermag der Anwendungserlass nur die Finanzverwaltung zu binden, nicht jedoch andere Behörden wie Sozialbehörden oder Gerichte, die durch § 93 Abs. 8 AO auskunftsberechtigt sind.

Insgesamt ist zum Anwendungserlass zu § 93 Abs. 8 AO zu bemerken, dass dieser keinerlei Bindungswirkung außerhalb der Finanzverwaltung entfalten kann, da das Bundesministerium der Finanzen nur im eigenen Zuständigkeitsbereich Verhaltensanweisungen geben kann. Es bedarf daher eines – hoffentlich gerechtfertigten – festen Glaubens in eine verfassungs- und datenschutzrechtlich gebotene Selbstbeschränkung der Verwaltung bei der Handhabung des automatisierten Abrufs von Kontoinformationen zumindest auf die im Anwendungserlass formulierten Rahmenbedingungen, um mit dem Bundesverfassungsgericht[72] davon auszugehen, „dass die ersuchten Behörden solchen Ersuchen keine Folge leisten werden, die den Anforderungen des Anwendungserlasses und den für das Abrufverfahren vorgesehenen Formularen nicht genügen". Dass Zweifel an dem vom Bundesverfassungsgericht formulierten Vertrauensvorschuss durchaus nicht jeglicher Grundlage entbehren, belegt eine vom Bundesbeauftragten für den Datenschutz veranlasste Stichprobe in drei nordrhein-westfälischen Finanzämtern, bei der 90 % der Kontenabfragen „ganz gravierende Mängel" aufwiesen. So waren etwa die betroffenen Steuerzahler nicht vorher zum Sachverhalt befragt oder die Abfragen nicht lückenlos dokumentiert worden.[73]

4. Regelungen des § 93b AO

§ 93b Abs. 1 AO bestimmt, dass die Kreditinstitute die nach § 24c Abs. 1 KWG zu führende Datei auch für Abrufe nach § 93 Abs. 7 und 8 AO und damit für **steuerliche Zwecke** führen müssen. Hierdurch sollen den Kreditinstituten keine zusätzlichen **Kosten** oder Aufwendungen entstehen.[74]

Entsprechend den Befugnissen der Bundesanstalt nach § 24c Abs. 2 und 3 KWG ist das Bundeszentralamt für Steuern seit dem 1.4.2005 nach § 93b Abs. 2 AO ermächtigt, auf Ersuchen der im Einzelfall zuständigen Finanzbehörde aus der nach § 24c Abs. 1 KWG zu führenden Datei einzelne Daten abzurufen und diese dann an die ersuchende Finanzbehörde zu übermitteln. Das hierzu erforderliche automationsgestützte Abrufverfahren soll in vollem Umfang dem von der Bundesanstalt für

---

72) BVerfG, Beschl. v. 22.3.2005 – 1 BvR 2357/04, 1 BvQ 2/05, WM 2005, 641, 644.
73) Quelle: DER SPIEGEL vom 2.1.2006, S. 63.
74) Begründung RegE Gesetz zur Förderung der Steuerehrlichkeit, BT-Drucks. 15/1521, S. 15.

Zwecke des § 24c entwickelten Verfahren entsprechen.[75] Deshalb gelten gemäß § 93b Abs. 4 AO die Regelungen in § 24c Abs. 1 Satz 2–6 und Abs. 4–8 KWG entsprechend.

101 Da die **Abfrage durch das Bundeszentralamt für Steuern** somit auf dieselben Dateien zugreift wie die der Bundesanstalt nach § 24c KWG (oben Rz. 15 ff), sind nur die nach § 24c KWG einzustellenden Kontostammdaten, nicht aber Kontostände oder Kontobewegungen abrufbar. Um Kontostände oder Kontobewegungen festzustellen, sind weitere Ermittlungen nach den geltenden Vorschriften erforderlich (oben Rz. 32).

102 Entsprechend der Regelung in § 24c Abs. 3 Satz 3 und 4 KWG (oben Rz. 56) obliegt die Verantwortung für die **Zulässigkeit des Datenabrufes** und der anschließenden Datenübermittlung in den Fällen des § 93 Abs. 7 der ersuchenden Finanzbehörde, in den Fällen des § 93 Abs. 8 AO der ersuchenden Behörde oder dem ersuchenden Gericht (§ 93b Abs. 3).

103 Der Anwendungserlass zur Abgabenordnung unterscheidet bei Art und Umfang der **Überprüfung der Zulässigkeit** von Datenabrufen zwischen von Finanzbehörden (nach § 93 Abs. 7 AO) und anderen Behörden oder Gerichten (nach § 93 Abs. 8 AO) veranlassten Abrufen. Nach Nummer 2.4 AEAO zu § 93 AO darf das Bundeszentralamt für Steuern im Falle von Datenabrufen der Finanzbehörden nach § 93 Abs. 7 AO lediglich prüfen, ob das Ersuchen plausibel ist. Bei Ersuchen anderer Behörden oder Gerichte nach § 93 Abs. 8 AO muss die ersuchte Finanzbehörde gemäß Nummer 3.5 AEAO zu § 93 AO prüfen, ob die Angaben im Ersuchen plausibel sind, insbesondere ob die Angaben zur Rechtsgrundlage des Ersuchens nachvollziehbar sind und versichert wurde, dass eigene Ermittlungen nicht zum Ziele geführt haben oder keinen Erfolg versprechen. Zudem sind die Identität und Authentizität der ersuchenden Behörde oder des ersuchenden Gerichts in geeigneter Weise zu prüfen. Im Anwendungserlass wird damit der ersuchten Finanzbehörde eine inhaltliche Prüfungspflicht für Auskunftsersuchen auferlegt, die im Gesetz selbst nicht so vorgesehen ist.[76]

104 Ausweislich der Entwurfsbegründung[77] kann den Betroffenen im Einzelfall nach pflichtgemäßem Ermessen der Finanzbehörde **Auskunft** darüber erteilt werden, ob in ihrem Fall ein Abruf stattgefunden und zu welchen Ergebnissen er geführt hat. Einen gesetzlichen Anspruch auf Auskunft oder auf Akteneinsicht kenne das steuerliche Verfahrensrecht allerdings nicht (auch oben Rz. 97).[78] Die Bundesregierung erwäge jedoch, im Rahmen einer Überarbeitung der Abgabenordnung eine an § 19 BDSG angelehnte Regelung zu schaffen. Danach wäre dem Betroffenen auf Antrag Auskunft über die zu seiner Person gespeicherten Daten, auch soweit sie sich auf die Herkunft dieser Daten beziehen, die Empfänger oder Kategorien von Empfän-

---

75) Begründung RegE Gesetz zur Förderung der Steuerehrlichkeit, BT-Drucks. 15/1521, S. 15.
76) So auch *Göres*, NJW 2005, 1902, 1904.
77) Begründung RegE Gesetz zur Förderung der Steuerehrlichkeit, BT-Drucks. 15/1521, S. 15.
78) Vgl BFH, Urt. v. 7.5.1985 – VII R 25/82, BStBl II, 571.

gern, an die die Daten weitergegeben werden, und den Zweck der Speicherung zu erteilen. Die Umsetzung dieser Erwägung steht indes noch aus.

Soweit die **Deutsche Bundesbank** Konten für Dritte führt, gilt sie auch hinsichtlich des Abrufes durch das Bundeszentralamt für Steuern als Kreditinstitut i. S. v. § 93 Abs. 7 und 8 und § 93b AO. 105

Mit dem Gesetz zur Förderung der Steuerehrlichkeit ist darüber hinaus durch Ergänzung des § 5 Finanzverwaltungsgesetz der Aufgabenbereich des Bundeszentralamts für Steuern um den Datenabruf nach § 93b AO erweitert worden. 106

III. Kritik

1. § 24c KWG

§ 24c KWG begegnet durchgreifenden **verfassungsrechtlichen Bedenken**. Dies gilt erst recht, wenn diese Vorschrift in Verbindung mit § 93 Abs. 7 und 8, § 93b AO gesehen wird. Diese Einschätzung resultiert bereits aus der Betrachtung einzelner gesetzlicher Vorgaben sowie aus der Gesamtbetrachtung der Regelungen zum automatisierten Abruf von Kontoinformationen – auch im Zusammenspiel mit weiteren gesetzlichen Vorgaben wie der nach § 261 Abs. 5 StGB strafbewehrten Verdachtsanzeigepflicht nach § 11 GwG oder der Verpflichtung der Kreditinstitute, ab dem Kalenderjahr 2004 den Kunden in einer Jahresbescheinigung alle Kapitalerträge und Einkünfte aus privaten Veräußerungsgeschäften gemäß § 24c EStG auszuweisen. 107

Bereits der Kreis der nach Absatz 3 **anfrageberechtigten Behörden** sowie die Beschreibung der **anfrageberechtigenden Anlässe** ist überraschend weitreichend. So sind neben der Bundesanstalt gemäß Absatz 3 Satz 1 Nr. 2 sämtliche Strafverfolgungsbehörden und Gerichte aus Anlass der Verfolgung und Ahndung jedweder Straftaten sowie die für die Leistung der internationalen Rechtshilfe in Strafsachen zuständigen Behörden oder Gerichte anfrageberechtigt. 108

Schon hinsichtlich der **Auskunftsbefugnisse und Zugriffsmöglichkeiten der Bundesanstalt** erscheint bemerkenswert, dass diese weder an besondere Legitimationsvoraussetzungen geknüpft sind, noch in irgendeiner Form neutraler Kontrolle unterworfen sind, noch einer irgendwie gearteten Evaluierung und damit verbundenen Befristung unterliegen. De facto steht der Bundesanstalt damit ein umfassender, von Privaten auf Vorrat vorgehaltener und stets aktueller Datenbestand zur Verfügung, auf den sie jederzeit und von niemandem bemerkt zugreifen kann.[79] 109

Folgerichtig wird Absatz 3 somit in seiner konkreten Ausgestaltung ohne Richtervorbehalt und ohne Beschränkung auf den Verdacht von Straftaten gegen erhebliche Rechtsgüter wegen Verstoßes gegen Art. 2 Abs. 1, Art. 1 Abs. 1 GG sowie gegen Art. 19 Abs. 4 GG zum Teil für rechtswidrig und nichtig gehalten.[80] 110

---

79) *Herzog/Christmann*, WM 2003, 6, 10.
80) *Zubrod*, WM 2003, 1210, 1216.

2. § 93 Abs. 7 und 8, § 93b AO

111 Noch konturloser erscheint der Kreis der **anfrageberechtigten Behörden** und deren Anfrageanlässe mit Blick auf § 93 Abs. 7 und 8 AO. Danach wird nicht nur den Finanzbehörden die Möglichkeit eröffnet, einzelne Daten aus den nach § 24c Abs. 1 KWG zu führenden Dateien über Konto- oder Depotverbindungen über das Bundeszentralamt für Steuern abzurufen, sondern gleichzeitig solchen Behörden, die für die Anwendung von Gesetzen zuständig sind, die an Begriffe des Einkommensteuergesetzes anknüpfen. Bei Letzteren könnte es sich nach dem Wortlaut des § 93 Abs. 8 AO um sämtliche Behörden handeln, die für die Gewährung staatlicher Leistungen wie Sozialhilfe, Arbeitslosengeld, Wohngeld oder BAföG etc. zuständig sind. Die Anknüpfung an Begriffe des Einkommensteuergesetzes zur Eingrenzung der anfrageberechtigten Behörden lässt eine abschließende Aufzählung der berechtigten Behörden kaum möglich erscheinen. Die nunmehr im Anwendungserlass zur Abgabenordnung befindliche enumerative Aufzählung zulässiger Abfragefälle (oben Rz. 92) vermag als einfache Verwaltungsanordnung ohne Gesetzesrang die diesbezüglichen Bedenken an der Gesetzesfassung nicht zu entkräften. Hierzu bedarf es vielmehr einer gesetzlichen Regelung.

112 Dies gilt im Übrigen ganz generell für die **verfassungsrechtliche Beachtlichkeit des Anwendungserlasses**, da dieser als einfache Anordnung der Exekutive nicht geeignet ist, die unter Wesentlichkeits- und Bestimmtheitsaspekten entscheidende Übernahme der Verantwortung für den Grundrechtseingriff durch den Gesetzgeber zu dokumentieren.[81]

113 Eine besondere Brisanz haben die Regelungen durch Einführung des **Arbeitslosengeldes II** zum 1.1.2005 und die damit verbundenen Einkommens- und Vermögensanrechnungen erfahren. Sicherlich nicht zuletzt vor dem Hintergrund der diesbezüglichen Presseberichterstattung im Jahr 2004 schließt der am 10.3.2005 veröffentlichte Anwendungserlass zu § 93 AO unter Nummer 3.2 die Heranziehung des automatisierten Kontenabrufs für die Bemessung des Arbeitslosengeldes II aus, weil in diesem Zusammenhang der Begriff des „Einkommens" in § 11 SGB II abweichend vom Einkommensteuergesetz definiert werde. Diese Begründung erscheint zwar eher konstruiert als zwingend, ist aber im Ergebnis jedenfalls geeignet, der Speerspitze der öffentlichen Kritik an § 93 Abs. 8 AO die Schärfe zu nehmen.

114 Während als **Anlass für einen Datenabruf** durch die Finanzbehörde gemäß § 93 Abs. 7 AO noch die Erforderlichkeit desselben zur Festsetzung oder Erhebung von Steuern gegeben sein soll, finden sich im Gesetzestext keinerlei Einschränkungen der zulässigen Anlässe für die nach § 93 Abs. 8 AO berechtigten sonstigen Behörden. Ist als Voraussetzung für einen Datenabruf von Gerichten oder Strafverfolgungsbehörden nach § 24 Abs. 3 Satz 1 Nr. 2 KWG noch die Erforderlichkeit für die Erfüllung der gesetzlichen Aufgaben der Behörde normiert, so belässt es § 93 Abs. 7 und 8 AO für Finanz- und andere Behörden bei der – in der Praxis wohl kaum einschränkenden – Auflage, dass ein Auskunftsersuchen an den Steuerpflichtigen bzw. eigene Ermittlungen der Behörde „nicht zum Ziele geführt haben oder

---

81) *Kühling*, ZRP 2005, 196, 198.

keinen Erfolg versprechen". Hierbei müssen sich geradezu die Fragen aufdrängen, ob ein Auskunftsersuchen an den Steuerpflichtigen zum Erfolg geführt hat, wenn dieser die Frage nach der Existenz weiterer Konten verneint hat, und unter welchen Umständen Auskunftsersuchen an den Steuerpflichtigen oder eigene Ermittlungen „keinen Erfolg versprechen"?

3. § 24c KWG i. V. m. § 93 Abs. 7 und 8, § 93b AO

Insgesamt lassen die gesetzlichen Regelungen in weiten Teilen die rechtsstaatlich 115 gebotene **Normenklarheit** durch eine in hohem Maße verwirrende Verweisungstechnik vermissen. Der Bürger, der erfahren will, wer im konkreten Besteuerungsverfahren auf seine Kontostammdaten bei Kreditinstituten Zugriff hat, wird zunächst in § 30a Abs. 5 Satz 1 AO auf § 93 AO verwiesen. In § 93 Abs. 7 AO erfolgt dann eine Verweisung auf § 93b Abs. 1 AO, der wiederum auf § 24c Abs. 1 KWG verweist sowie darauf, dass nach § 93b Abs. 4 AO auch § 24c Abs. 1 Satz 2–6 und Abs. 4–8 KWG entsprechend gilt.[82]

Ebenso mangelt es den Regelungen an **rechtsstaatlichen Schutzmechanismen** zur 116 Verhinderung oder Sanktionierung missbräuchlicher Datenabrufe. So ist weder ein Richtervorbehalt vorgesehen, noch findet eine routinemäßige Überprüfung der Zulässigkeit des Abrufersuchens durch die Bundesanstalt oder das Bundeszentralamt für Steuern statt. Die Verantwortung für die Zulässigkeit der Datenübermittlung soll vielmehr die jeweils ersuchende Stelle übernehmen. Wegen der Regelung des § 24c Abs. 1 Satz 6 KWG ist eine Kontrollmöglichkeit, ob wenigstens die geringen statuierten Anlässe und Voraussetzungen für einen Abruf der Daten vorliegen, weder den Kreditinstituten noch deren Kunden möglich, da diesen die Abrufe nicht zur Kenntnis gelangen. Selbst im Nachgang eines Datenabrufes sieht das Gesetz weder für den betroffenen Bürger noch für sein Kreditinstitut eine Mitteilung über den Abruf der Kontodaten vor, wie dies beispielsweise für die Telefonüberwachung gemäß § 101 StPO oder das Betreten der Wohnung durch verdeckte Ermittler gemäß § 110d StPO vorgeschrieben ist. Der Anwendungserlass zur Abgabenordnung sieht lediglich für Abfragen der Finanzbehörden nach § 93 Abs. 7 AO zumindest eine nachträgliche Information des Betroffenen vor. Für Abfrageersuchen sonstiger Behörden oder Gerichte nach § 93 Abs. 8 AO enthält er jedoch keine eigenständige Regelung (oben Rz. 97).

Das Bundesverfassungsgericht hat in seiner Entscheidung zur Überwachung des 117 Auslandsfernmeldeverkehrs, ausgehend vom Erfordernis effektiven Grundrechtsschutzes, einen grundsätzlichen Anspruch des Einzelnen auf Kenntnis von Maßnahmen, die ihn betroffen haben, formuliert.[83] Das Gericht hat anerkannt, dass unter bestimmten Voraussetzungen eine Eingrenzung der Kenntnisgewährung verfassungsrechtlich möglich ist, wenn ansonsten der Zweck einer Maßnahme gefährdet wäre. Als unverzichtbar zum Ausgleich der durch die Unbemerkbarkeit der Ein-

---

82) *Samson*, Gutachten zur verfassungsrechtlichen Problematik der §§ 93 Absatz 7, 8, 93b der Abgabenordnung: „Automatisierter Abruf von Kontoinformationen und Grundrecht auf informationelle Selbstbestimmung" vom 7.6.2004, S. 81 ff; *Göres*, NJW 2005, 1902, 1903.
83) BVerfGE 100, 313, 361.

griffe und die Undurchsichtigkeit des sich daran anschließenden Datenverarbeitungsvorgangs entstehenden Rechtsschutzlücken hat es in diesem Fall aber eine Kontrolle durch unabhängige und nicht an Weisungen gebundene staatliche Organe gehalten.[84]

118 Die Einführung einer anonymen Abfrage ohne Rückmeldung zu dem betroffenen Kunden bzw. der die Daten verwaltenden Bank trägt jedenfalls den Grundsätzen der Verhältnismäßigkeit und dem Recht auf informationelle Selbstbestimmung, nach dem der Bürger wissen können muss, wer was, wann und bei welcher Gelegenheit über ihn in Erfahrung bringt, nicht Rechnung.[85]

119 Der mit einer unrechtmäßigen Kontenabfrage drohende Eingriff in das grundgesetzlich verbürgte Recht auf informationelle Selbstbestimmung kann einer effektiven gerichtlichen Kontrolle aber nur unterworfen werden, wenn der Betroffene vor der Durchführung der Kontenabfrage Gelegenheit hat, die Gerichte anzurufen. Denn die Verletzung des Rechts auf informationelle Selbstbestimmung kann nachträglich nicht mehr ausreichend rückgängig gemacht werden. Daher ist dem Betroffenen die Möglichkeit einzuräumen, die Rechtmäßigkeit der Kontenabfrage vorab gerichtlich überprüfen lassen zu können. Die bisher gesetzlich zulässige heimliche Kontenabfrage vereitelt somit den Anspruch des Bürgers auf effektiven Rechtsschutz.[86] Während der Gesetzestext eine vorherige Information des Bürgers gar nicht regelt, enthält der Anwendungserlass hierzu lediglich eine Soll-Bestimmung für Abrufe der Finanzbehörden nach § 93 Abs. 7 AO. Abrufersuchen anderer Behörden oder Gerichte gemäß § 93 Abs. 8 AO bleiben diesbezüglich auch nach Veröffentlichung des Anwendungserlasses ohne Vorgaben.

120 Schließlich bestünde selbst bei festgestellter Unzulässigkeit eines Datenabrufes keinerlei **Verwertungsbeschränkung** der erst aufgrund des Ergebnisses eines Datenabrufes ermöglichten weiteren Erkenntnisse z. B. zu den Vermögenswerten, die auf den durch § 24c ermittelten Konten verwahrt werden, soweit nur die weiteren Erkenntnisse rechtmäßig erworben sind.[87]

4. Kostentragung

121 Abschließend begegnet auch die **Kostentragung gemäß § 24c Abs. 5** erheblichen rechtsstaatlichen Bedenken. Danach haben die Kreditinstitute sämtliche bei ihnen entstandenen Kosten für die Ermöglichung des Datenabrufes zu tragen, und gemäß § 16 FinDAG i. V. m. §§ 5, 6 Abs. 2 Nr. 1 FinDAGKostV werden darüber hinaus die der Bundesanstalt durch § 24c entstehenden Kosten zu 91 % durch Kreditinstitute und 9 % durch Finanzdienstleistungsinstitute getragen (oben Rz. 72). Damit trägt die Kreditwirtschaft die in den eigenen Häusern entstehenden Kosten auch für Abfragen der Finanzbehörden zu steuerlichen Zwecken oder z. B. der Sozialämter zur Verwaltung der Sozialhilfe. Kosten für Abfragen der Bundesanstalt im Zusam-

---

84) BVerfGE 100, 313, 361; *Herzog/Christmann*, WM 2003, 6, 10.
85) *Lehnhoff*, WM 2002, 687; im Ergebnis wohl auch *Escher*, BKR 2002, 652, 658, der eine „evidente Berührung des Rechts auf informationelle Selbstbestimmung" feststellt.
86) *Cöster/Intemann*, DStR 2005, 1249, 1251.
87) So auch – bezogen auf das Steuerrecht – *Cöster/Intemann*, DStR 2005, 1249, 1253.

menhang mit der Verfolgung und Ahndung von Straftaten aller Art sowie im Rahmen internationaler Rechtshilfe in Strafsachen werden gar vollumfänglich durch die Kreditwirtschaft getragen. Nach Auskunft der kreditwirtschaftlichen Verbände beliefen sich die Kosten der Implementierung und des laufenden Betriebs des Kontenabrufverfahrens im Jahr 2003 auf 60,6 Millionen Euro. Hinzu traten die in den Instituten angefallenen Kosten der durch § 24c KWG erforderlichen Nacherfassung der Kontodaten in Höhe von 44,7 Millionen Euro im Jahr 2003. Somit ergaben sich allein für das Jahr 2003 Gesamtkosten in Höhe von 105,3 Millionen Euro für die deutsche Kreditwirtschaft.

In einem Kurzgutachten zur verfassungsrechtlichen Zulässigkeit des Ausschlusses jeglichen Kostenersatzes für Infrastruktureinrichtung und -vorhaltung bei Telekommunikationsüberwachung und manuelle Auskünfte auf der Grundlage der §§ 110 ff TKG, die die Vorlage für § 24c geliefert haben, kommt *Schmidt-Preuß*[88] zu dem Ergebnis, „der Totalausschluss jeglicher Entschädigung für Infrastrukturen [verstößt] gegen Art. 14 und 12 Abs. 1 GG. Art. 14 und 12 Abs. 1 GG fordern eine volle – 100 %ige – Entschädigung für die Kosten, die sich aus der Inpflichtnahme der Diensteanbieter für Telekommunikationsüberwachung und manuelle Auskunftserteilung ergeben." Auch der entschädigungslosen Inpflichtnahme der Kreditwirtschaft durch § 24c KWG dürften mithin enge verfassungsrechtliche Grenzen gesetzt sein, deren Beachtung angezweifelt werden darf, zumal weder der Gesetzestext noch die Entwurfsbegründung auf den Umstand der Entschädigungslosigkeit eingehen. Insgesamt ist der Gesetzgeber aufgefordert, die wirtschaftlichen Auswirkungen gesetzlicher Inpflichtnahmen vor dem Hintergrund der verfassungsrechtlichen Grenzen bereits in den Gesetzgebungsverfahren angemessen zu berücksichtigen. 122

Selbst der damalige Bundesinnenminister *Otto Schily* räumte auf einem Symposium des Bundesverbandes deutscher Banken am 15.1.2003 in Berlin ein, dass § 24c KWG der Bankenaufsicht und entsprechend auch den Ermittlungsbehörden ein sehr weit reichendes Recht einräume, das im Ergebnis zu einer erheblichen finanziellen Belastung der Kreditwirtschaft führe. Allerdings bestünde der Aufwand für die Institute nach Ansicht des Bundesinnenministers in angemessener Relation zur Bedrohungs- und Gefährdungslage. 123

5. Umfang des Kontoabrufs

Nicht außer Acht gelassen werden darf schließlich, dass praktisch alle und damit ca. **500 Millionen in Deutschland geführte Konten und Depots** in den automatisierten Abruf von Kontoinformationen einbezogen sind und damit alle Bürger, juristischen Personen und nicht rechtsfähige Personengemeinschaften, die ein Konto führen, betroffen sind. 124

---

88) *Schmidt-Preuß*, Kurzgutachten „Die verfassungsrechtlichen Anforderungen an die Entschädigung für Leistungen der Telekommunikations-Überwachung und der Auskunftserteilung" im Auftrag des Bundesverbandes Informationswirtschaft, Telekommunikation und neue Medien e. V. (BITKOM) vom 24.5.2005, Ausschussdrucks. 15(9)1900 des Bundestagsausschusses für Wirtschaft und Arbeit, S. 92, 101.

125 So hat die Bundesanstalt im Jahr 2004 39 000 Abfragen gemäß § 24c KWG durchgeführt. Davon waren 28 000 vom Bundeskriminalamt, den Landeskriminalämtern und Polizeien veranlasst und 1 400 von der Bundesanstalt selbst. Insgesamt hat die Bundesanstalt im Jahr 2004 auf interne und externe Anfragen bereits Informationen zu ca. 235 000 Konten erteilt.[89] Im ersten Halbjahr 2005 schnellte die **Abfrageanzahl** auf insgesamt 28 000 Abfragen gemäß § 24c KWG und § 93 Abs. 7 und 8 AO hoch. Darunter schon 1 738 Abfragen des Bundesamtes für Finanzen, das erst seit dem 1.4.2005 für Zwecke der Steuererhebung und auf Anfrage von Sozialbehörden zugriffsberechtigt ist. 7 000 Abfragen des ersten Halbjahres 2005 veranlassten Steuerfahndungsbehörden auf Grundlage des § 24c KWG.[90]

6. Fazit

126 Der ehemalige Bundesbeauftragte für den Datenschutz *Dr. Joachim Jakob* hat mit Blick auf § 24c KWG festgestellt, dass diese Regelung den Ansprüchen seiner Aufsichtsbehörde genüge und resignierend (?) angefügt, erst in einigen Jahren werde sich feststellen lassen, ob die damit einhergehende Einschränkung der Freiheitsrechte des Bürgers und spürbaren Belastungen für betroffene Unternehmen zur Bekämpfung des internationalen Terrorismus und bestimmter Formen der organisierten Kriminalität geeignet sind, also dem verfassungsrechtlichen Prinzip der Verhältnismäßigkeit gerecht werden.[91]

127 Anderen Literaturstimmen erscheint zumindest die Summe der im Kampf gegen Terrorismus und organisierte Kriminalität geschaffenen Eingriffsmöglichkeiten und angelegten Dateien sowie die Gefahr, dass ursprünglich für ganz bestimmte Zwecke angelegte Datenbestände später für andere Aufgaben herangezogen werden, problematisch.[92]

128 In der bislang umfassendsten Auseinandersetzung mit § 24c KWG, § 93 Abs. 7 und 8, § 93b AO gelangt *Samson* in einem Gutachten zur verfassungsrechtlichen Problematik von § 93 Abs. 7, 8, § 93b AO zu dem zutreffenden Ergebnis: „Die Regelungen sind aus den vielfältigsten Gründen als eindeutig verfassungswidrig anzusehen."[93]

IV. Verfassungsbeschwerden und Antrag auf einstweiligen Rechtsschutz gegen den automatisierten Abruf von Kontoinformationen

129 Zusammen mit einem ihrer Kunden – einem Rechtsanwalt und Notar – hat eine westfälische Genossenschaftsbank gegen die Einführung des automatisierten Abrufs von Kontoinformationen nach § 24c KWG sowie die mit dem Gesetz zur Förderung

---

89) BaFin, Jahresbericht 2004, S. 83.
90) Handelsblatt vom 23.8.2005; Bank Intern vom 17.8.2005, jeweils unter Berufung auf Angaben des Bundesministeriums der Finanzen.
91) *Jakob*, WM 2002, 278, 279.
92) *Kokemoor*, BKR 2004, 135, 144.
93) *Samson*, Gutachten „Automatisierter Abruf von Kontoinformationen und Grundrecht auf informationelle Selbstbestimmung" vom 7.6.2004, S. 119.

der Steuerehrlichkeit vorgenommene Erweiterung der Zugriffsbefugnisse **Verfassungsbeschwerde** eingelegt. Letztere wurde mit einem **Antrag auf einstweilige Anordnung** verbunden, durch den das Inkrafttreten von § 93 Abs. 7 und 8, § 93b AO im Rahmen eines Eilverfahrens verhindert werden sollte. Darin rügen die Antragsteller eine Verletzung ihres Rechts auf informationelle Selbstbestimmung, ihres Grundrechts auf Berufsfreiheit und ihres Anspruchs auf Gewährung effektiven Rechtsschutzes.

Den **Antrag auf einstweilige Anordnung** hat das Bundesverfassungsgericht mit Beschluss vom 22.3.2005 **abgelehnt**.[94] Die Vorschriften von § 93 Abs. 7 und 8, § 93b AO sind damit zum 1.4.2005 mit der Folge in Kraft getreten, dass seither auch Finanz- und Sozialbehörden über das Bundeszentralamt für Steuern Zugriff auf die nach § 24c KWG vorgehaltenen Daten haben. 130

Das Gericht begründet seine Entscheidung allein mit der zu Lasten der Antragsteller vorgenommenen **Folgenabwägung** gemäß § 32 Abs. 1 BVerfGG. Danach kann das Bundesverfassungsgericht im Streitfall einen Zustand durch einstweilige Anordnung vorläufig regeln, wenn dies zur Abwehr schwerer Nachteile, zur Verhinderung drohender Gewalt oder aus einem anderen wichtigen Grund zum gemeinen Wohl dringend geboten ist. Dabei haben die Gründe, die für die Verfassungswidrigkeit des angegriffenen Hoheitsaktes vorgetragen werden, grundsätzlich außer Betracht zu bleiben, es sei denn, die Verfassungsbeschwerde erweise sich von vornherein als unzulässig oder offensichtlich unbegründet. Kann Letzteres nicht festgestellt werden, muss der Ausgang des Verfassungsbeschwerdeverfahrens also als offen angesehen werden, sind die Folgen, die eintreten würden, wenn die einstweilige Anordnung nicht ergine, die Verfassungsbeschwerde später aber Erfolg hätte, gegen die Nachteile abzuwägen, die entstünden, wenn die begehrte einstweilige Anordnung erlassen würde, der Verfassungsbeschwerde aber der Erfolg zu versagen wäre.[95] Wird die Aussetzung eines Gesetzes begehrt, ist bei der Folgenabwägung ein besonders strenger Maßstab anzulegen.[96] Das Bundesverfassungsgericht darf danach ein Gesetz nur dann vorläufig am Inkrafttreten hindern, wenn die Nachteile, die mit seinem Inkrafttreten nach späterer Feststellung seiner Verfassungswidrigkeit verbunden wären, in Ausmaß und Schwere die Nachteile deutlich überwiegen würden, die im Falle der vorläufigen Verhinderung eines sich als verfassungsgemäß erweisenden Gesetzes einträten.[97] 131

Erginge die beantragte einstweilige Anordnung und erwiese sich das angegriffene Gesetz später als verfassungsgemäß, so würde nach den Ausführungen des Bundesverfassungsgerichts damit vorläufig verhindert, „dass die zuständigen Behörden und Gerichte auf die Möglichkeit des Datenabrufes nach § 93 Abs. 7 und 8 AO zurückgreifen können. Die damit verbundenen Nachteile sind gewichtig. Eine gesetzlich neu geschaffene Möglichkeit zur Kontrolle von Voraussetzungen der Erhebung von 132

---

94) BVerfG, Beschl. v. 22.3.2005 – 1 BvR 2357/04, 1 BvQ 2/05, WM 2005, 641.
95) BVerfG WM 2005, 641; BVerfG, Urt. v. 18. 7. 2001 – 1 BvQ 23, 25/01, BVerfGE 104, 51, 55; BVerfG, Beschl. v. 17.7.2002 – 2 BvR 1027/02, BVerfGE 105, 365, 370 f.
96) BVerfG WM 2005, 641; BVerfGE 3, 41, 44; BVerfG BVerfGE 104, 51, 55.
97) BVerfG WM 2005, 641, 642; BVerfGE 104, 23, 27; BVerfGE 104, 51, 54.

Steuern und Sozialversicherungsbeiträgen sowie des Vorliegens der gesetzlichen Voraussetzungen eines Anspruches auf Sozialleistungen und zur Verhinderung des Missbrauchs solcher Leistungen wäre nicht eröffnet." Die Gleichmäßigkeit der Erhebung von Steuern und Sozialversicherungsbeiträgen sowie die Verhinderung des Bezugs von Sozialleistungen bei Fehlen der gesetzlichen Voraussetzungen seien jedoch **gewichtige Gemeinwohlbelange.** „Darüber hinaus entfiele die Koppelung der neuen Ermittlungsmöglichkeiten an das Auslaufen der Steueramnestie, wenn das Gesetz nicht zum vorgesehenen Zeitpunkt in Kraft träte."[98] Dies ist vor dem Hintergrund bedeutsam, dass nach der Rechtsprechung des Bundesverfassungsgerichtes eine Steueramnestie nur dann rechtlich zulässig ist, wenn für die Vergangenheit keine realistische Chance auf Durchsetzung eines Steueranspruchs bestanden hat und die Vollzugsdefizite für die Zukunft beseitigt werden.[99] Eine gegenteilige Entscheidung im Eilverfahren oder im anstehenden Hauptsacheverfahren müsste folglich dazu führen, dass die zum 31.3.2005 ausgelaufene Steueramnestie verfassungswidrig gewesen wäre. Dies würde wiederum die Frage aufwerfen, wie mit den dadurch erzielten 1,2 Mrd. Euro zu verfahren wäre.[100]

133 Hinter diese Gemeinwohlbelange treten nach Auffassung des Gerichts die für die verpflichteten Kreditinstitute und betroffenen Kunden zu erwartenden Nachteile zurück, „jedenfalls solange die im **Anwendungserlass zur Abgabenordnung** (AEAO) vom 10.3.2005 verfügten Einschränkungen der Kontenabfrage beim Gesetzesvollzug beachtet werden."[101]

134 Nach Ansicht des Gerichts werden durch den vom Bundesministerium der Finanzen kurzfristig veröffentlichten Anwendungserlass zur Abgabenordnung die möglichen Belastungen der verpflichteten Kreditinstitute und betroffenen Kunden durch die neuen Ermittlungsbefugnisse deutlich abgeschwächt und die möglichen Mängel in der Vorsorge für effektiven Rechtsschutz derart abgemildert, dass eine einstweilige Anordnung durch das Bundesverfassungsgericht vor der Entscheidung über die Verfassungsbeschwerden nicht geboten sei.[102]

135 Das Bundesverfassungsgericht sieht folglich in dem Anwendungserlass zur Abgabenordnung, eine zumindest zunächst hinreichende Konkretisierung der Schutzvorkehrungen für die Betroffenen zur Vermeidung schwerer Nachteile. Zwar gelte der Anwendungserlass als Verwaltungsanweisung des Bundesministeriums der Finanzen lediglich für die zu dessen Geschäftsbereich zählenden Behörden, nicht jedoch für die nach § 93 Abs. 8 AO zugriffsberechtigten Sozialbehörden, eine einstweilige Anordnung sei gleichwohl nicht geboten, „weil davon auszugehen ist, dass die ersuchten Behörden solchen Ersuchen keine Folge leisten werden, die den Anforderungen des Anwendungserlasses und denen für das Abrufersuchen vorgesehenen Formularen nicht genügen".[103]

---

98) BVerfG, Beschl. v. 22.3.2005 – 1 BvR 2357/04, 1 BvQ 2/05, WM 2005, 641, 642.
99) Vgl. BVerfGE 84, 233; BVerfGE 110 , 94, 131.
100) *Göres*, NJW 2005, 1902, 1903.
101) BVerfG WM 2005, 641, 643; siehe jedoch oben Rz. 98.
102) BVerfG WM 2005, 641, 644.
103) BVerfG WM 2005, 641, 644; siehe jedoch oben Rz. 98.

Schließlich vertritt das Bundesverfassungsgericht die Auffassung, dass die mit der 136
zusätzlichen Nutzung dieser Datei für Zwecke des § 93 Abs. 7 und 8 AO verbundenen **Kosten der Kreditinstitute** vergleichsweise gering seien. Auch sei eine **Verletzung des vertraglichen Vertrauensverhältnisses** zwischen Bank und Kunde nicht zu befürchten, da die Bank gegenüber ihren Kunden nicht treuwidrig handele, wenn eine Behörde kraft gesetzlicher Ermächtigung ohne Kenntnis und Mitwirkung der Bank automatisiert Daten aus einer aufgrund gesetzlicher Verpflichtung errichteten Datei abruft. Einer möglichen Beeinträchtigung des Vertrauensverhältnisses zwischen einem Berufsgeheimnisträger und Dritten trage der Anwendungserlass dadurch hinreichend Rechnung, dass er bei einem Kontenabruf im Verfahren der Besteuerung eines Berufsgeheimnisträgers eine zusätzliche Abwägung zwischen der besonderen Bedeutung der Gleichmäßigkeit der Besteuerung unter Berücksichtigung des Verhältnismäßigkeitsprinzips gebiete.[104]

Das Bundesverfassungsgericht hat in seinem Beschluss jedoch noch keine abschlie- 137
ßende Aussage zu den Erfolgsaussichten der Verfassungsbeschwerde selbst getroffen, sondern deren **Ausgang ausdrücklich** als **offen** bezeichnet. Die Bewertung der Verfassungsmäßigkeit des Gesetzes ist daher allein dem Hauptsacheverfahren vorbehalten, das es nunmehr abzuwarten gilt.

Auch vor dem Hintergrund des kurzfristig vor dem Beschluss des Bundesverfas- 138
sungsgerichts veröffentlichten Anwendungserlasses bleibt die Kritik an den gesetzlichen Regelungen (oben Rz. 107 ff) in vollem Umfang erhalten. Dies gilt erst recht vor dem Hintergrund der vom Bundesbeauftragten für den Datenschutz festgestellten „ganz gravierenden Mängeln" von 90 % der in nordrhein-westfälischen Finanzämtern stichprobenartig überprüften Kontoabfragen.[105] Dass das Bundesministerium der Finanzen unmittelbar vor der Entscheidung des Bundesverfassungsgerichts in dem Anwendungserlass die wesentlichen verfassungsrechtlichen Bedenken aufgegriffen hat und das Verfassungsgericht seine Folgenabwägung ganz wesentlich auf die dort vorgenommenen Konkretisierungen des angegriffenen Gesetzes stützt, scheint die Unzulänglichkeit des Gesetzes geradezu zu bestätigen. Eine Ausbesserung gesetzgeberischer Mängel durch Verwaltungsanordnungen ist keinesfalls ausreichend. Es bedarf daher weiterhin einer verfassungsmäßigen Regelung der Zugriffsrechte auf das Kontenabrufsystem durch den parlamentarischen Gesetzgeber.[106]

Eine abschließende Entscheidung des Bundesverfassungsgerichts die Verfassungs- 139
mäßigkeit der angegriffenen Regelungen wird für Frühjahr 2006 erwartet.

---

104) BVerfG WM 2005, 641, 644 f.
105) Quelle: DER SPIEGEL vom 2.1.2006, S. 63; siehe auch oben Rz. 98.
106) So auch *Göres*, NJW 2005, 1902, 1903.

§ 25b
Besondere organisatorische Pflichten im grenzüberschreitenden bargeldlosen Zahlungsverkehr

(1) ¹Ein Kreditinstitut, welches das Girogeschäft betreibt und einen Überweisungsauftrag im bargeldlosen Zahlungsverkehr in einen Staat außerhalb der Europäischen Union auszuführen hat, hat vor der Ausführung der Überweisung den Namen, die Kontonummer und die Anschrift des Überweisenden aufzuzeichnen und diese Datensätze vollständig an das Kreditinstitut des Begünstigten oder an ein zwischengeschaltetes Kreditinstitut weiterzuleiten. ²Es hat Maßnahmen zu ergreifen, um unvollständige Datensätze erkennen zu können. ³Unvollständige Datensätze hat es zu vervollständigen.

(2) ¹Bei Durchführung der Überweisung hat das zwischengeschaltete Kreditinstitut den Namen und die Kontonummer des Überweisenden vollständig an ein weiteres im Zahlungsverkehr zwischengeschaltetes Kreditinstitut oder an das Kreditinstitut des Begünstigten weiterzuleiten. ²Das zwischengeschaltete Kreditinstitut und das Kreditinstitut des Begünstigten haben Maßnahmen zu ergreifen, um unvollständige Datensätze bezüglich des Namens und der Kontonummer erkennen zu können. ³Unvollständige Datensätze sind unter Einbeziehung des vom Kunden beauftragten Kreditinstituts nach Möglichkeit zu vervollständigen.

(3) Ein Finanzdienstleistungsinstitut, welches das Finanztransfergeschäft betreibt, hat vor der Besorgung eines Zahlungsauftrages den Namen und die Anschrift des Auftraggebers sowie entsprechend den Angaben des Auftraggebers den Namen und die Anschrift des Empfängers des Zahlungsauftrages aufzuzeichnen.

(4) ¹Das Bundesministerium der Finanzen wird ermächtigt, durch Rechtsverordnung ohne Zustimmung des Bundesrates Ausnahmen von den Verpflichtungen der Absätze 1 und 2 für einzelne Arten des Zahlungsverkehrs und einzelne Zahlungsverkehrssysteme zuzulassen. ²Es kann die Ermächtigung durch Rechtsverordnung auf die Bundesanstalt für Finanzdienstleistungsaufsicht übertragen.

(5) Die Absätze 1 und 2 finden auf die Deutsche Bundesbank Anwendung.

Übersicht

I. Hintergrund und Ziele 1	IV. Pflichten von Finanzdienstleistungsinstituten beim Finanztransfergeschäft (Abs. 3) 12
II. Gesetzliche Pflichten erstbeauftragter, zwischengeschalteter und endbegünstigter Kreditinstitute (Abs. 1 und 2) 4	V. Verordnungsermächtigung des Bundesministeriums der Finanzen (Abs. 4) 14
III. Vorläufige einschränkende Interpretation und Anwendung der Abs. 1 und 2 9	VI. Deutsche Bundesbank (Abs. 5) 15
	VII. Vorschlag für eine EU-Verordnung 16

KWG § 25b Pflichten im grenzüberschreitenden bargeldlosen Zahlungsverkehr

I. Hintergrund und Ziele

1 § 25b regelt spezifische organisatorische Pflichten für diejenigen Institute, die das Girogeschäft oder das Finanztransfergeschäft betreiben. Mit dem Geldwäschebekämpfungsgesetz vom 8.8.2002 ist § 25b in das Kreditwesengesetz eingefügt worden. Ausweislich der Entwurfsbegründung[1] dient die Norm der Umsetzung der in der Sondersitzung der FATF vom 29. und 30.10.2001 in Washington D.C. zur Bekämpfung des Terrorismus und seiner Finanzierung entwickelten Standards (Empfehlungen)[2] in nationales Recht. Nach der „Besonderen Empfehlung VII (wire transfers)" sollen die Mitgliedstaaten im bargeldlosen Zahlungsverkehr sicherstellen, dass ihre Institute und Finanzdienstleister nur Datensätze verwenden, die vollständige und zutreffende Angaben über Namen, Adresse und Kontonummer des Auftraggebers enthalten. Damit soll verhindert werden, dass z. B. im Falle von Ermittlungen die „Papierspur" abreißt und geldwäsche- oder für die Finanzierung des Terrorismus relevante Transaktionen von Ermittlungs- und Finanzmarktaufsichtsbehörden nicht zum eigentlichen Auftraggeber zurückverfolgt werden können.

2 Hintergrund dieser Bestrebungen ist es, durch Informationen über die Auftraggeber von Zahlungen, die über die von den Kreditinstituten benutzten Zahlungsverkehrsnetze geleitet werden, Schwierigkeiten bei der Rechtshilfe mit bestimmten Staaten zu kompensieren. Das Wiederaufgreifen dieser Initiative im Rahmen der Bekämpfung der Finanzierung des Terrorismus dürfte nicht zuletzt auf einige Regelungen des in den USA verkündeten USA-Patriot-Act[3] zurückzuführen sein, die sich mit der Einführung einer „long-arm-jurisdiction" über mutmaßliche ausländische Geldwäscher und die Erweiterung von Beschlagnahmemöglichkeiten auf Korrespondenzbankkonten auf die „internationale Kooperation bei der Identifizierung von Auftraggebern von Überweisungen" beziehen.[4]

3 § 25b, der gemäß Art. 4 Abs. 2 des Geldwäschebekämpfungsgesetzes am 1.7.2003 in Kraft getreten ist, geht als gesetzliche Regelung der Nummer 32 der Verlautbarung vom 30.3.1998[5] vor. Letztere ist somit seit dem Inkrafttreten von § 25b nicht mehr anzuwenden. Zur Auslegung von § 25b gelten des Weiteren zwischen dem Bundesministerium der Finanzen, der Bundesanstalt für Finanzdienstleistungsaufsicht und dem Zentralen Kreditausschuss abgestimmte Hinweise zur vorläufigen Interpretation und Anwendung der gesetzlichen Vorgaben (unten Rz. 10 ff).

---

1) Begründung RegE Geldwäschebekämpfungsgesetz, BT-Drucks. 14/8739, S. 18.
2) FATF, „Special Recommendations on Terrorist Financing" vom 31.10.2001, aktualisiert am 22.10.2004, abrufbar unter www.fatf-gafi.org/dataoecd/8/17/34849466.pdf.
3) Siehe Section 317, 319 und 328 USA-Patriot-Act.
4) *Höche*, S. 31.
5) BAKred, Verlautbarung für Kreditinstitute vom 30.3.1998, Nr. 30, abgedruckt in Anhang III.1

II. Gesetzliche Pflichten erstbeauftragter, zwischengeschalteter und endbegünstigter Kreditinstitute (Abs. 1 und 2)

Der Anwendungsbereich der Absätze 1 und 2 verpflichtet Kreditinstitute, die das 4
Girogeschäft betreiben, beschränkt sich aber auf Überweisungen in einen Staat außerhalb der Europäischen Union. Überweisungen innerhalb der Europäischen Union sind demnach nicht betroffen.

Der Wortlaut des Absatzes 1 verpflichtet Kreditinstitute, die das Girogeschäft be- 5
treiben, vor der Ausführung von Überweisungsaufträgen (als erstbeauftragte Institute) im bargeldlosen Zahlungsverkehr in einen Staat außerhalb der Europäischen Union, den Namen, die Kontonummer und die Anschrift des Überweisenden aufzuzeichnen und diese Datensätze vollständig an das Kreditinstitut des Begünstigten oder an ein zwischengeschaltetes Kreditinstitut weiterzuleiten. Darüber hinaus sind Maßnahmen zu ergreifen, um unvollständige Transaktionsdaten erkennen zu können. Unvollständige Datensätze sind zu vervollständigen.

Dagegen bezieht sich Absatz 2 auf eingehende Überweisungen und somit auf die 6
Maßnahmen zwischengeschalteter Banken und der Institute der Überweisungsempfänger und erstreckt sich also auf denselben räumlichen Anwendungsbereich wie Absatz 1. Erfasst sind damit lediglich Zahlungen aus Staaten außerhalb der Europäischen Union.[6]

Gemäß Absatz 2 haben zwischengeschaltete Kreditinstitute den Namen und die 7
Kontonummer des Überweisenden vollständig an ein weiteres im Zahlungsverkehr zwischengeschaltetes Kreditinstitut oder an das Kreditinstitut des Begünstigten weiterzuleiten. Darüber hinaus haben das zwischengeschaltete Kreditinstitut und das Kreditinstitut des Begünstigten Maßnahmen zu ergreifen, um unvollständige Datensätze bezüglich des Namens und der Kontonummer erkennen zu können. Als unvollständig erkannte Datensätze sind unter Einbeziehung des erstbeauftragten Kreditinstitutes nach Möglichkeit zu vervollständigen.

Während das erstbeauftragte Kreditinstitut eines Überweisungsauftrages in einen 8
Staat außerhalb der Europäischen Union den Namen, die Kontonummer und die Anschrift des Überweisenden aufzuzeichnen und diese Datensätze vollständig weiterzuleiten hat, werden zwischengeschaltete Kreditinstitute lediglich verpflichtet, den Namen und die Kontonummer des Überweisenden vollständig weiterzuleiten. Für zwischengeschaltete und endbegünstigte Kreditinstitute beschränkt sich auch die Pflicht zur Ergreifung von Maßnahmen, um unvollständige Datensätze zu erkennen und nach Möglichkeit vervollständigen zu können, auf den Namen und die Kontonummer des Überweisenden. Hintergrund der Beschränkung der weiterzuleitenden Transaktionsdaten in Absatz 2 auf Namen und Kontonummer dürfte sein, dass sich im internationalen Zahlungsverkehr noch kein Standard durchgesetzt hat, wonach das vom Kunden beauftragte Institut auch dessen Anschrift aufzuzeichnen und weiterzuleiten hat.[7]

---

[6] *Höche*, S. 32.
[7] Vgl. Begründung RegE Geldwäschebekämpfungsgesetz, BT-Drucks. 14/8739, S. 19.

III. Vorläufige einschränkende Interpretation und Anwendung der Absätze 1 und 2

9 Fußend auf der „Besonderen Empfehlung VII (wire transfers)" der FATF zur Bekämpfung der Finanzierung des Terrorismus vom 31.10.2001 entstammt § 25b dem Regierungsentwurf zum Geldwäschebekämpfungsgesetz vom 8.4.2002[8] und wurde von Bundestag und Bundesrat im Juni 2002 in seiner jetzigen Fassung beschlossen. Erst nach Abschluss des Gesetzgebungsverfahrens wurden von der FATF am 14.2.2003 zur Konkretisierung der Besonderen Empfehlung VII in einer „Interpretative Note" Auslegungshinweise publiziert, um eine möglichst einheitliche Umsetzung der Anforderungen für den internationalen Überweisungsverkehr zu gewährleisten und Wettbewerbsverzerrungen in der Kreditwirtschaft zu vermeiden. Am 10.6.2005 hat die FATF eine überarbeitete Version dieser Auslegungshinweise veröffentlicht.[9]

10 Die dargestellten internationalen Entwicklungen sind ebenso wie die Usancen im internationalen Zahlungsverkehr bei der Umsetzung von § 25b zu berücksichtigen. Der Rechtsetzungsprozess zur Implementierung der Vorgaben der FATF ist in vielen Staaten – ebenso wie in der Europäischen Union, die EU-einheitliche Standards anstrebt – noch nicht abgeschlossen. Ferner sind die deutschen Kreditinstitute bei der Abwicklung des internationalen Überweisungsverkehrs in Usancen eingebunden, die im Rahmen der Umsetzung von § 25b zur Vermeidung von Schwierigkeiten bei der Abwicklung von Auslandsüberweisungen unter gleichzeitiger Wahrung der Zielsetzung der Vorschrift (Bekämpfung der Finanzierung des Terrorismus und der Geldwäsche) ebenfalls bedeutsam sind.

11 Vor diesem Hintergrund haben sich das Bundesministerium der Finanzen, die Bundesanstalt und der Zentrale Kreditausschuss auf folgende vorläufige Interpretationen und Anwendung von § 25b verständigt:

„1. Ein erstbeauftragtes Kreditinstitut erfüllt seine Pflichten nach § 25b Abs. 1 KWG, wenn es vor der Ausführung einer **Überweisung in einen Staat außerhalb der Europäischen Union** den Namen, die Kontonummer und die Anschrift des Auftraggebers der Überweisung aufzeichnet, diese Informationen in den Datensatz einstellt und sie an ein zwischengeschaltetes Kreditinstitut (im Inland oder im Ausland) oder an das Kreditinstitut des Begünstigten (im Drittstaat) weiterleitet.

An Stelle einer Kontonummer kann auch eine eindeutige Referenznummer angegeben werden. Soweit der Auftraggeber einer Zahlung ein anderes Kreditinstitut oder ein anderes international operierendes Unternehmen ist, kann an Stelle der Firma und der Anschrift auch die Angabe des entsprechenden Bank Identifier Codes (BIC) oder der Business Entity Identifier (BEI) angegeben werden.

---

[8] RegE Geldwäschebekämpfungsgesetz, BT-Drucks. 14/8739, S. 19.
[9] FATF, „Revised Interpretative Note to Special Recommendation VII: Wire Transfers", abrufbar unter: http://www.fatf-gafi.org/dataoecd/34/56/35002635.pdf.

2. Da nur das ab November 2003 standardmäßig für die Abwicklung von Kundenzahlungen zur Verfügung stehende SWIFT-Format MT 103 für die Angabe der Kontonummer ein entsprechendes (Teil-)Feld enthält, ist eine umfassende Umsetzung von § 25b Abs. 1 KWG, soweit das SWIFT-Nachrichtensystem für die Abwicklung von Kundenzahlungen genutzt wird, erst ab diesem Zeitpunkt möglich. Daher wird Instituten, die noch das Format MT 100 verwenden, ab dem Zeitpunkt des In-Kraft-Tretens von § 25b KWG (dem 1. Juli 2003) bis zur Ablösung des SWIFT MT 100-Formates durch das Format MT 103 im November 2003 eine Übergangsfrist bezüglich der Nacherfassung der Kontonummer des Auftraggebers gewährt.

3. Zwischengeschaltete Kreditinstitute erfüllen ihre Pflichten nach § 25b Abs. 2 Satz 1 KWG, wenn sie bei eingehenden Überweisungen aus Staaten außerhalb der Europäischen Union den Datensatz unverändert an weitere zwischengeschaltete Kreditinstitute oder die Kreditinstitute der Begünstigten weiterleiten. Die Kreditinstitute der Begünstigten erfüllen ihre Pflichten nach § 25b Abs. 2 Satz 2 KWG bis auf weiteres, indem sie die eingehenden Datensätze entsprechend den gesetzlichen Vorschriften aufbewahren.

Im Fall der möglichen Konvertierung in ein nationales Datenformat ist die Rückverfolgbarkeit der übermittelten Nachricht zu gewährleisten, sofern nicht alle eingehenden Daten in das nationale Format übernommen werden können. Auf Grund der gesetzlichen Aufbewahrungsfristen für Überweisungsdaten ist dies bereits gewährleistet, so dass insoweit zusätzliche Maßnahmen der Institute nicht erforderlich sind.

4. Zur Umsetzung der weiteren Vorgaben von § 25b Abs. 2 KWG ist ein einheitliches internationales Vorgehen erforderlich. Zumindest ist ein harmonisierter Ansatz innerhalb der Europäischen Union erforderlich. Auf der Grundlage der europäischen Rechtsetzung zur Implementierung der SR VII und des Auslegungshinweises der FATF vom 14. Februar 2003 werden zu gegebener Zeit weitere Konkretisierungen der Institutspflichten durch die Verwaltungspraxis der Bundesanstalt für Finanzdienstleistungsaufsicht folgen. Zum gegenwärtigen Zeitpunkt sind Maßnahmen, die über die oben dargestellten Pflichten hinausgehen, nicht erforderlich.

5. § 25b KWG ist auf Inter-Banken-Zahlungen nicht anzuwenden, sofern es sich um Transaktionen handelt, bei denen kein Dritter Begünstigter bzw. Auftraggeber der jeweiligen Zahlung ist. Insbesondere werden Inter-Banken-Zahlungen, die lediglich der Anschaffung von Deckung für separat erfolgende Kundenzahlungen dienen (cover payments), nicht von § 25b KWG erfasst.

6. Die Pflichten der Kreditinstitute nach dem Geldwäschegesetz – insbesondere die Pflicht zur Erstattung von Verdachtsanzeigen gemäß § 11 Geldwäschegesetz (GwG) – bleiben unberührt. Sofern bei einer Auslandsüberweisung im Anwendungsbereich des § 25b KWG im Einzelfall Anhaltspunkte für einen gemäß § 11 GwG anzeigepflichtigen Sachverhalt vorliegen, sind diese zu prüfen. Gegebenenfalls ist den zuständigen Ermittlungsbehörden Verdachtsanzeige zu erstatten."

KWG § 25b

IV. Pflichten von Finanzdienstleistungsinstituten beim Finanztransfergeschäft (Abs. 3)

12 Durch Absatz 3 hat ein Finanzdienstleistungsinstitut vor der Besorgung eines Zahlungsauftrages im Rahmen eines Finanztransfergeschäfts[10] die Verpflichtung, den **Namen und die Anschrift des Auftraggebers** aus eigener Kenntnis sowie den **Namen und die Anschrift des Empfängers** nach den Angaben des Auftraggebers aufzuzeichnen.

13 Beginn und Dauer der **Aufbewahrungspflicht** richten sich nach § 25a Abs. 1 Nr. 3. Die Vorschriften des Geldwäschegesetzes, unter anderem zur Identifizierung der auftretenden Person, bleiben von dieser Bestimmung jedoch unberührt.[11]

V. Verordnungsermächtigung des Bundesministeriums der Finanzen (Abs. 4)

14 Absatz 4 ermächtigt das Bundesministerium der Finanzen, durch Rechtsverordnung Ausnahmen von den Verpflichtungen der Absätze 1 und 2 für einzelne Arten des Zahlungsverkehrs und einzelne Zahlungsverkehrssysteme zuzulassen. Diese Ermächtigung kann durch Rechtsverordnung auf die Bundesanstalt übertragen werden.

VI. Deutsche Bundesbank (Abs. 5)

15 Als in besonderem Maße in die Abwicklung des unbaren Zahlungsverkehrs eingebundene Institution wird mit Absatz 5 die Deutsche Bundesbank in den Geltungsbereich der Vorschrift einbezogen.

VII. Vorschlag für eine EU-Verordnung

16 Am 26.7.2005 hat die Europäische Kommission einen Verordnungsvorschlag über die Übermittlung von Angaben zum Auftraggeber bei Geldtransfers[12] vorgelegt. Damit soll die Sonderempfehlung VII der FATF zum elektronischen Zahlungsverkehr in das Gemeinschaftsrecht umgesetzt werden und den für die Bekämpfung von Geldwäsche und Terrorismusfinanzierung zuständigen Behörden die Wahrnehmung ihrer Aufgaben erleichtert, d. h. gewährleistet werden, dass diese ohne Verzögerung auf die wichtigsten Informationen über den Auftraggeber einer Zahlung zugreifen können.

17 Der von der Europäischen Kommission vorgelegte Verordnungsvorschlag begegnet jedoch gewichtigen **Bedenken**, die der deutsche Bundesrat zum Teil bereits in einer

---

10) Zu dem Begriff des Finanztransfergeschäfts, der durch die 6. KWG-Novelle in das KWG eingefügt wurde, vgl. BAKred, Vermerk vom 6.3.1998 (Z5-C650/660), abgedruckt in Anhang III.4, und *Fülbier*, § 1 Rz. 43 ff.
11) Begründung RegE Geldwäschebekämpfungsgesetz, BT-Drucks. 14/8739, S. 19.
12) EU-Kommission, Vorschlag für eine Verordnung des Europäischen Parlaments und des Rates über die Übermittlung von Angaben zum Auftraggeber bei Geldtransfers vom 26.7.2005, KOM (2005) 343 endg., Ratsdokument 11549/05.

Stellungnahme[13]) aufgegriffen hat. So enthalte der Verordnungsvorschlag teilweise andere Regelungen als das geltende Kreditwesengesetz, das bereits jetzt der deutschen Kreditwirtschaft weitreichende besondere organisatorische Pflichten im grenzüberschreitenden Zahlungsverkehr auferlegt, und stelle so die Effektivität und Schnelligkeit des Zahlungsverkehrs in Frage. Des Weiteren wird eine übermäßige Belastung der Banken kritisiert, indem der Verordnungsvorschlag über die Vorgaben der Sonderempfehlung VII, die durch § 25b KWG im deutschen Recht umgesetzt worden ist, hinausgehe. Z. B. konstituiere Art. 5 Nr. 2 Abs. 1 eine umfassende Überprüfungspflicht des überweisenden Kreditinstituts im Hinblick auf alle Überweisungsvorgänge. Als ausreichend erachtet der Bundesrat jedoch eine erweiterte Prüfungspflicht bei Einzahlungsvorgängen, bei denen die überweisende Bank den Auftraggeber mangels einer Kontoverbindung nicht kennt. Bestehe ein Konto bei der Bank, sei die Übereinstimmung der Auftraggeberangaben mit denen im Kontostammdatensatz ausreichend.

Der Bundesrat äußert insbesondere Zweifel, ob die Banken die ihnen in dem Verordnungsvorschlag auferlegten Pflichten in absehbarer Zeit technisch erfüllen können. Jedenfalls dürften Effektivität und Schnelligkeit des Zahlungsverkehrs nicht beeinträchtigt werden. Gegen die in Art. 14 statuierten Auskunftspflichten der Zahlungsverkehrsdienstleister gegenüber Behörden, die für die Bekämpfung der Geldwäsche und der Terrorismusfinanzierung zuständig sind, weist der Bundesrat auf die diesbezügliche Unzuständigkeit der Europäischen Union hin und macht darüber hinaus einen Verstoß gegen das verfassungsmäßige Rechtsstaatsprinzip geltend. Schließlich kritisiert der Bundesrat, dass der Verordnungsvorschlag keine Kosten beziffere, obwohl davon auszugehen sei, dass die Implementierungskosten und die laufenden Betriebskosten die bilanzielle Aufwandsseite der Kreditinstitute belasten. Allgemein fordert der Bundesrat, Erleichterungen nicht nur für den Zahlungsverkehr innerhalb der Europäischen Union, sondern innerhalb der EWR-Staaten zuzulassen. 18

Im Falle des Erlasses durch das Europäische Parlament und den Rat der Europäischen Union entfaltet die Verordnung allgemeine **Geltung** in der Europäischen Union und ist in allen ihren Teilen verbindlich. Sie gilt unmittelbar, d. h. sie schafft Recht, das in allen Mitgliedstaaten wie ein nationales Gesetz gilt, ohne dass eine Umsetzung durch die nationalen Gesetzgeber nötig wäre. 19

---

13) Bundesrat, Stellungnahme zum Kommissionsvorschlag für eine Verordnung über die Übermittlung von Angaben zum Auftraggeber bei Geldtransfers vom 23.9.2005, BR-Drucks. 606/05 (Beschluss).

Verzeichnis der Anhänge

Seite

I. *Baseler Grundsatzerklärung*
Baseler Grundsatzerklärung der Zentralbankgouverneure der
G-7-Staaten vom Dezember 1988, ZBB 1989, 43 549

II.1 *RL 91/308/EWG*
Richtlinie (91/308/EWG) des Rates vom 10.6.1991 zur Verhinderung der Nutzung des Finanzsystems zum Zwecke der
Geldwäsche, ABl L 166/77 554

II.1a *Protokollerklärung des Rates und der Kommission*
Protokollerklärung Nr. 6578/91 des Rates und der Kommission
vom 4.6.1991 zur Richtlinie des Rates zur Verhinderung der
Nutzung des Finanzsystems zum Zwecke der Geldwäsche 564

II.2 *RL 2001/97/EG*
Richtlinie (2001/97/EG) des Europäischen Parlaments und des
Rates vom 4.12.2001 zur Änderung der Richtlinie 91/308/EWG
zur Verhinderung der Nutzung des Finanzsystems zum Zwecke
der Geldwäsche, ABl L 344/76 567

II.3 *RL 2005/60/EG*
Richtlinie (2005/60/EG) des Europäischen Parlaments und des
Rates vom 26.10.2005 zur Verhinderung der Nutzung des Finanzsystems zum Zwecke der Geldwäsche und der Terrorismusfinanzierung, ABl L 309/15 579

III.1 *Bundesaufsichtsamt für das Kreditwesen*
BAKred, Verlautbarung über Maßnahmen der Kreditinstitute zur
Bekämpfung und Verhinderung der Geldwäsche vom 30.3.1998,
(Z 5 – E 100) 617

III.2 *Bundesaufsichtsamt für das Kreditwesen*
BAKred, Verlautbarung über Maßnahmen der Finanzdienstleistungsinstitute zur Bekämpfung und Verhinderung der Geldwäsche vom 30.12.1997 (I 5 – E 102) 641

III.3 *Bundesaufsichtsamt für das Kreditwesen*
Rundschreiben 12/99 Umsetzung des Geldwäschegesetzes – GwG
vom 23.7.1999 (Z 5 – B 599) 663

III.4 *Bundesaufsichtsamt für das Kreditwesen*
BAKred, Vermerk vom 6.3.1998 (Z 5 C 650/660) betreffend
§ 1 Abs. 1a Satz 2 Nr. 6 KWG: Finanztransfergeschäft 666

III.5 *Bundesaufsichtsamt für das Kreditwesen*
BAKred, Rundschreiben 19/98 Geldwäsche-Typologienpapier vom
2.11.1998 (Z 5 – B 214) 669

Verzeichnis der Anhänge

IV.1 *Bundesaufsichtsamt für das Versicherungswesen*
BAV, Anordnungen und Verwaltungsgrundsätze 1993, R 1/93
(Z 6 – 14/93), betreffend Hinweise zur Anwendung des Gesetzes
über das Aufspüren von Gewinnen aus schweren Straftaten,
veröffentlicht in: VerBAV 1993, 355 ff 678

IV.2 *Bundesaufsichtsamt für das Versicherungswesen*
BAV, Anordnungen und Verwaltungsgrundsätze vom Dezember
1994 (I 6 – 137/94), veröffentlicht in: VerBAV 1994, 408 ff 685

IV.3 *Bundesaufsichtsamt für das Versicherungswesen*
BAV, Anordnungen und Verwaltungsgrundsätze vom Januar 1996
(I 6 – 230/95), veröffentlicht in: VerBAV 1996, 3 ff 690

IV.4 *Bundesaufsichtsamt für das Versicherungswesen*
BAV, Anordnungen und Verwaltungsgrundsätze vom September
1997 (I 6 – 178/97), veröffentlicht in: VerBAV 1997, 243 f 695

IV.5 *Bundesaufsichtsamt für das Versicherungswesen*
BAV, Anordnungen und Verwaltungsgrundsätze Juli 1998
(I 6 – 214/98), veröffentlicht in: VerBAV 1998, 135 699

V.1 *Bundesrechtsanwaltskammer*
Verhaltensempfehlungen für Rechtsanwälte im Hinblick auf die
Vorschriften des Geldwäschebekämpfungsgesetzes (GwG) und die
Geldwäsche, § 261 (BRAK-Nr. 84/2005) 701

V.2 *Bundesnotarkammer*
Rundschreiben Nr. 48/2003 Anwendungsempfehlungen zum
Geldwäschegesetz (GwG) vom 19.11.2003 707

V.3 *Wirtschaftsprüferkammer*
Anwendungshinweise zum Gesetz über das Aufspüren von
Gewinnen aus schweren Straftaten (Geldwäschegesetz – GwG)
vom 30./31.8.2004 721

V.4 *Bundessteuerberaterkammer*
Darstellung der Rechts- und Pflichtenlage nach In-Kraft-Treten
des Geldwäschegesetzes vom 15.8.2003 Verpflichtungen aus dem
Geldwäschegesetz vom 20.10.2005 736

V.5 *Bundesverband Deutscher Leasing-Unternehmen*
Anwendungsempfehlung zum Geldwäschegesetz (GwG) bei
Leasing-Gesellschaften, FLF 2005, 173 744

VI. *Bundesminister der Finanzen*
BMF, Schreiben des Bundesministers für Finanzen v. 22.4.1996
(IV A 4 S 0325 – 8/96) betreffend Legitimationsprüfung gemäß
§ 154 AO bei Eröffnung von Kreditkonten 754

Anhang I

Geldwaschen der Erlöse aus illegalen Tätigkeiten

A. Grundsatzerklärung der Zentralbankgouverneure der G-7-Staaten vom Dezember 1988

I. Zweck

Banken und andere Finanzinstitute können ohne ihr Wissen für Überweisung oder Hinterlegung von Geldern, die einer kriminellen Tätigkeit entstammen, mißbraucht werden. Die Absicht bei solchen Geschäften ist oft, die wahren Eigentumsverhältnisse bei Geldern zu verschleiern. Polizei und andere staatliche Vollzugsorgane müssen sich mit dieser Art der Benutzung des Finanzsystems direkt befassen; sie gibt auch den Bankaufsichtsbehörden und den Geschäftsleitungen der Banken Anlaß zu Sorge, da das Vertrauen der Öffentlichkeit in die Banken durch deren Verbindung zu Straftätern beeinträchtigt werden kann.

Diese Grundsatzerklärung soll einige elementare Maßnahmen und Verfahren umreißen, deren Einhaltung in ihrem Institut die Geschäftsleitungen der Banken sicherstellen sollten, um bei der Bekämpfung der Geldwäscherei durch das Bankensystem – auf nationaler oder internationaler Ebene – mitzuhelfen. Die Erklärung will damit bei den Banken bestehende bestmögliche Praktiken verstärken und namentlich zur Wachsamkeit gegenüber dem Mißbrauch des Zahlungssystems, zur Einführung von wirksamen Abwehrmechanismen und zur Zusammenarbeit mit den staatlichen Vollzugsorganen ermuntern.

II. Kundenidentifikation

Um zu gewährleisten, daß das Finanzsystem nicht als Kanal für kriminelle Gelder verwendet wird, sollten sich die Banken so weit wie möglich bemühen, die wahre Identität sämtlicher Kunden festzustellen, die ihre Dienste in Anspruch nehmen. Mit besonderer Sorgfalt sollten die Inhaber sämtlicher Konten sowie die Personen identifiziert werden, von der Schrankfachmiete Gebrauch machen. Alle Banken sollten wirksame Verfahren einführen, um von neuen Kunden einen Identitätsnachweis zu erhalten. Es sollte ausdrückliche Geschäftspolitik sein, mit Kunden, die sich über ihre Identität nicht ausweisen, keine bedeutenden Geschäfte zu tätigen.

III. Einhaltung der Gesetze

Die Geschäftsleitungen der Banken sollten dafür sorgen, daß die Geschäfte im Einklang mit hohen ethischen Grundsätzen geführt werden und daß die Gesetze und Verordnungen betreffend Finanzgeschäfte eingehalten werden. Es wird anerkannt, daß die Banken bei den für die Kundschaft durchgeführten Geschäften nicht immer wissen können, ob eine Transaktion mit einer strafbaren Tätigkeit zusammenhängt oder gar Bestandteil davon ist. Ebenso kann es auf internationaler Ebene schwierig sein, sich zu vergewissern, daß für Kunden getätigte grenzüberschreitende Geschäfte den Bestimmungen eines anderen Landes entsprechen. Dennoch sollten die Banken nicht Dienstleistung anbieten oder aktive Beihilfe zu Transaktionen leisten, bei denen sie Grund zur Annahme haben, daß sie mit Geldwäscherei zusammenhängen.

IV. Zusammenarbeit mit staatlichen Vollzugsorganen

Die Banken sollten mit den nationalen Vollzugsorganen uneingeschränkt zusammenarbeiten, soweit ihnen dies durch die jeweilige nationale Regelung des Kundengeheimnisses gestattet ist. Sorgfältig sollte vermieden werden, Kunden, die die staatlichen Vollzugsorgane mit abgeänderten, unvollständigen oder irreführenden Angaben täuschen wollen, Unterstützung oder Beihilfe zu leisten. Erhält eine Bank von Tatsachen Kenntnis, die zur Vermutung Anlaß geben, daß bei ihr eingezahltes Geld aus einer Straftat stammt oder daß getätigte Transaktionen einen kriminellen Zweck verfolgen, sollte sie angemessene, dem Gesetz entsprechende Maßnahmen ergreifen, z. B. den Kunden abweisen oder die Verbindung zu ihm abbrechen, Konten schließen oder einfrieren.

V. Einhaltung der Erklärung

Alle Banken sollten sich formell eine Geschäftspolitik zu eigen machen, die mit den Grundsätzen dieser Erklärung übereinstimmt; sie sollten sicherstellen, daß alle Mitglieder ihres Personals, wo immer sie sich auch befinden mögen, über die diesbezügliche Politik der Bank unterrichtet sind. Der Schulung des Personals in den in dieser Erklärung behandelten Fragen ist Beachtung zu schenken. Um die Einhaltung dieser Grundsätze zu fördern, sollten die Banken besondere Verfahren für Identifikation von Kunden und für die interne Aufzeichnung von Transaktionen einführen. Möglicherweise müssen die Verfahren der internen Revision erweitert werden, damit die Einhaltung der Grundsätze dieser Erklärung wirksam überprüft werden kann.

B. Ergebnis der EG-Umfrage 1988

Die EG-Kommission hat eine Arbeitsgruppe „Bankrechtskoordinierung – Geldwaschen der Erlöse aus illegaler Tätigkeit" gebildet und einen Fragebogen an die Regierungen der Mitgliedstaaten versandt, um die derzeitige nationale Rechtslage zu klären. Das Ergebnis dieser Umfrage (XV/134/88-DE) liegt nun vor.

1. Sämtliche Mitgliedstaaten mit Ausnahme Irlands und Frankreichs haben den Fragebogen beantwortet.

2. Das „Geldwaschen" stellt, für sich genommen, in keinem Mitgliedstaat ein Delikt dar.

3. In zwei Ländern (Spanien[1], Großbritannien[2]) gibt es einen eigenen Straftatbestand des Geldwaschens der Erlöse aus dem Drogenhandel, und in einem Land (Italien[3]) ist das Delikt des Geldwaschens der Erlöse aus schwerem Raub, schwerer Erpressung oder Entführung von Personen aus erpresserischen Gründen typisiert.

4. In den meisten Ländern (Belgien, Dänemark, Deutschland, Griechenland, Luxemburg, Niederlande, Portugal) können nur die mit dem Geldwaschen verbundenen Handlungen bestraft werden, wenn sie in den Definitionsbereich anderer Delikte fallen, wie z. B. Begünstigung durch Hilfeleistung nach der Tat oder Hehlerei. In diesem Sinne sei darauf hingewiesen, daß das dänische Strafrecht, ohne spezifisch das Geldwaschen als Delikt zu typisieren, auf dem Umweg über andere Straftatbestände praktisch sämtliche Formen der vorsätzlichen Beteiligung am Geldwaschen der Erlöse aus dem Drogenhandel und aus Eigentumsdelikten abdeckt.

5. Zwei Länder (Deutschland[4], Niederlande) kündigen an, daß sie einen neuen Straftatbestand des Geldwaschens in ihre Gesetzgebung aufnehmen wollen.

6. Immer wenn eine bestimmte Handlung, die zum Geldwaschen führt, ein Delikt begründet, das im Strafrecht geregelt ist, kann in sämtlichen konsultierten Ländern die Justiz bei der Urteilsverkündung die Konfiskation der Instrumente und der Erlöse des Delikts anordnen.

Der Definitionsbereich des Begriffs „Instrumente" des Delikts, die Behandlung dieser Instrumente, wenn sie Eigentum eines Dritten sind und der Umfang, in dem die Konfiskation die Erlöse und Vermögensvorteile aus dem Delikt und deren sukzessive Umwandlungen berührt, variieren zwischen den verschiedenen nationalen Gesetzgebungen recht stark.

7. In sämtlichen Ländern (mit Ausnahme Italiens) ist es möglich, schon vor Ergehen des Urteilsspruchs die Instrumente und Erlöse des Delikts sicherzustellen oder vorläufig zu beschlagnahmen. In Italien jedoch ist im „Antimafia-Gesetz" ein Schnellverfahren zur Sicherstellung des Vermögens von Personen festgelegt,

---

1) Nach Beantwortung des Fragebogens hat Spanien inzwischen mit Ausführungsgesetz vom 14.3.1998 (Ley Orgncia 1/1998) das Strafgesetzbuch um einen neuen Artikel 546(a)f ergänzt, der sich auf den Straftatbestand des Geldwaschens der Erlöse des Drogenhandels bezieht. Diese Vorschrift bestraft jene, die mit dem Wissen, daß es sich um Delikte der Begünstigung oder der Hehlerei handelt, Sachen oder Einkünfte daraus in Empfang nehmen, erwerben oder sich auf eine andere Weise selbst oder über einen Dritten beschaffen.
2) In Großbritannien gibt es keine Strafvorschrift, die auf das Geldwaschen der Erlöse aus illegalen Tätigkeiten im allgemeinen Anwendung findet, hingegen ist das Geldwaschen der Erlöse aus dem Drogenhandel als eigenes Delikt tatbestandsmäßig dargestellt (Abschnitt 24 des Drug Trafficking Offences Act von 1986).
3) Im italienischen Strafrecht ist der Tatbestand des Geldwaschens der Erlöse aus illegalen Tätigkeiten als solcher nicht typisiert, obgleich Geldwaschen bestraft wird, wenn es sich auf Geld oder Wertsachen bezieht, die aus schwerem Raub, Erpressung oder Entführung von Personen zu Erpressungszwecken stammen (Art. 648a des Strafgesetzbuches).
4) Die Bundesrepublik Deutschland beabsichtigt, im Anschluß an das im Entstehen begriffene Übereinkommen der Vereinten Nationen zur Bekämpfung des unerlaubten Betäubungsmittelverkehrs eine Strafvorschrift gegen das „Waschen" der Gewinne aus solchem Verkehr zu schaffen.

Anh. I

die verdächtigt werden, zu Organisationen des Typs Mafia, Camorra oder dergleichen zu gehören.

8. In sämtlichen Fällen mit Ausnahme der Niederlande (wo juristische Personen strafrechtlich zur Verantwortung gezogen werden können) liegt die strafrechtliche Haftung für Delikte bei den Direktoren oder Angestellten der Finanzinstitute, die wissentlich an strafbaren Handlungen teilnehmen, aber nicht bei dem Finanzinstitut selbst.

9. Sämtliche Länder stimmen darin überein, daß die Ermittlungsbefugnisse in Strafsachen – auch wenn es sich um strafbare Tätigkeiten handelt, in die ein Finanzinstitut, seine Angestellten oder Direktoren verwickelt sein können – den für dieses Gebiet zuständigen Behörden zufallen, nämlich der Justizbehörde, der Staatsanwaltschaft oder Polizei, je nach Sachlage.

10. In allen Ländern erfordern das Einholen von Informationen oder Dokumenten bei den Finanzinstituten wie auch die Prüfung der Bücher oder Register dieser Institute und der Zugang zu ihren Büros oder sonstigen Geschäftsräumen zum Zwecke der Ermittlung wegen einer eventuell mit dem Geldwaschen verbundenen strafbaren Handlung eine vorherige entsprechende Anordnung der Justizbehörde.

11. Die Bankaufsichtsbehörden sämtlicher Mitgliedsländer sind zu einer direkten Untersuchung der mit dem Delikt des Geldwaschens (sofern dieser Straftatbestand existiert) oder mit analogen Delikten verbindenden Tätigkeiten nicht befugt, denn diese Angelegenheiten fallen in die ausschließliche Zuständigkeit der Justizbehörden und Polizeidienststellen.

12. Bis zum heutigen Tage hat kein Land die Beteiligung der Finanzinstitute am Weißwaschen der Erlöse aus illegalen Tätigkeiten als Verstoß in sein Bankrecht aufgenommen.

    Nichtsdestoweniger weisen drei Länder (Dänemark, Deutschland, Großbritannien) auf die Möglichkeit hin, daß die Bankaufsichtsbehörden von ihren allgemeinen Befugnissen Gebrauch machen können, diesbezügliche Informationen von den Finanzinstituten einzuholen, wenn die Beteiligung dieser Institute an solchen Tätigkeiten Gefahr liefe, indirekt andere bankaufsichtliche Vorschriften zu verletzen.

13. Auch wenn Rechtsnatur und Umfang des Bankgeheimnisses in den verschiedenen Ländern variieren, ist den eingegangenen Antworten zu entnehmen, daß in keinem der Länder die Finanzinstitute das Recht haben, das Bankgeheimnis bei Ermittlungen über das Geldwaschen geltend zu machen, die von ordnungsgemäß mit der entsprechenden richterlichen Anordnung versehenen kompetenten Banken angestellt werden.

14. Die internationale Rechtshilfe findet, sofern die Tätigkeit des Geldwaschens strafbaren Charakter hat, im Rahmen des Übereinkommens des Europarats von 1959 zwischen den Unterzeichnerstaaten (sämtliche mit Ausnahme Großbritanniens) wie auch im Rahmen des Benelux-Vertrages zwischen den daran beteiligten Ländern statt.

Anh. I

15. Bis heute gibt es zwischen den Bankaufsichtsbehörden der verschiedenen Länder keine Zusammenarbeit auf dem Gebiet des Geldwaschens der Erlöse aus illegalen Tätigkeiten. Ein Land (Deutschland) weist darauf hin, daß es für den Fall, daß eine derartige Zusammenarbeit erforderlich werden sollte, in seinem Bankrecht über die entsprechenden Vorschriften verfügt.

Anhang II.1

Richtlinie (91/308/EWG) des Rates

vom 10. Juni 1991

zur Verhinderung der Nutzung des Finanzsystems
zum Zwecke der Geldwäsche

ABl L 166/77

Der Rat der Europäischen Gemeinschaften –

gestützt auf den Vertrag zur Gründung der Europäischen Wirtschaftsgemeinschaft, insbesondere auf Artikel 57 Absatz 2 Satz 1 und 3 und auf Artikel 100 a,

auf Vorschlag der Kommission[1],

in Zusammenarbeit mit dem Europäischen Parlament[2],

nach Stellungnahme des Wirtschafts- und Sozialausschusses[3],

in Erwägung nachstehender Gründe:

Werden die Kredit- und Finanzinstitute dazu benutzt, die Erlöse aus kriminellen Tätigkeiten zu waschen (im folgenden Geldwäsche genannt), so besteht die Gefahr, daß nicht nur die Solidität und Stabilität des betreffenden Instituts, sondern auch das Ansehen des Finanzsystems insgesamt ernsthaft Schaden leiden und dieses dadurch das Vertrauen der Öffentlichkeit verliert.

Wenn die Gemeinschaft nicht gegen die Geldwäsche vorgeht, könnte dies die Mitgliedstaaten veranlassen, zum Schutz ihres Finanzsystems Maßnahmen zu ergreifen, die mit der Vollendung des Binnenmarktes unvereinbar sind. Geldwäscher könnten versuchen, Vorteile aus der Freiheit des Kapitalverkehrs und der damit verbundenen finanziellen Dienstleistungen, die ein einheitlicher Finanzraum mit sich bringt, zu ziehen, um ihren kriminellen Tätigkeiten leichter nachgehen zu können, falls die Gemeinschaft nicht gewisse Koordinierungsmaßnahmen ergreift.

Das Waschen der Erlöse aus illegalen Tätigkeiten hat einen offenkundigen Einfluß auf die Zunahme des organisierten Verbrechens im allgemeinen und des Rauschgifthandels im besonderen. Die Öffentlichkeit wird sich zunehmend bewußt, daß die Bekämpfung der Geldwäsche eines der wirksamsten Mittel gegen diese Form der Kriminalität ist, die eine besondere Bedrohung für die Gesellschaften der Mitgliedstaaten darstellt.

Die Geldwäsche ist vor allem mit strafrechtlichen Mitteln und im Rahmen der internationalen Zusammenarbeit zwischen den Justiz- und Vollzugsbehörden zu bekämpfen, wie dies für den Drogenbereich in dem am 19. Dezember 1988 in Wien

---

1) ABl. Nr. C 106 vom 28.4.1990, S. 6, und ABl. Nr. C 319 vom 19.12.1990, S. 9.
2) ABl. Nr. C 324 vom 24.12.1990, S. 264, und ABl. Nr. C 129 vom 20.5.1991.
3) ABl. Nr. C 332 vom 31.12.1990, S. 86.

angenommenen Übereinkommen der Vereinten Nationen gegen den illegalen Handel mit Betäubungsmitteln und psychotropen Stoffen (im folgenden Wiener Übereinkommen genannt) vorgesehen ist und in dem am 8. November 1990 in Straßburg zur Unterzeichnung aufgelegten Übereinkommen des Europarates über das Waschen, das Aufspüren, die Beschlagnahme und die Einziehung der Erträge aus Straftaten auf alle kriminellen Tätigkeiten ausgedehnt wurde.

Sie ist jedoch nicht nur durch strafrechtliche Maßnahmen zu bekämpfen, da das Finanzsystem dabei eine höchst effektive Rolle spielen kann. In diesem Zusammenhang ist auf die Empfehlung des Europarats vom 27. Juni 1980 und auf die im Dezember 1988 in Basel von den Bankenaufsichtsbehörden der Zehnergruppe verabschiedete Grundsatzerklärung hinzuweisen, die beide wichtige Schritte auf dem Wege zur Verhinderung der Nutzung des Finanzsystems für Zwecke der Geldwäsche darstellen.

Die Geldwäsche findet in der Regel im internationalen Rahmen statt, so daß der kriminelle Ursprung der Gelder leichter verschleiert werden kann. Maßnahmen, die ausschließlich auf nationaler Ebene getroffen würden, ohne der internationalen Koordination und Zusammenarbeit Rechnung zu tragen, hätten nur eine sehr begrenzte Wirkung.

Die Maßnahmen, die von der Gemeinschaft auf diesem Gebiet getroffen werden, sollten mit anderen Maßnahmen vereinbar sein, die in anderen internationalen Gremien eingeleitet worden sind. Alle Initiativen der Gemeinschaft sollten daher insbesondere die Empfehlungen der Arbeitsgruppe „Finanzielle Maßnahmen gegen die Geldwäsche" berücksichtigen, die im Juli 1989 auf dem Pariser Gipfel der sieben führenden Industrieländer eingesetzt wurde.

Das Europäische Parlament hat in mehreren Entschließungen die Aufstellung eines umfassenden Gemeinschaftsprogramms zur Bekämpfung des Drogenhandels unter Einschluß von Bestimmungen zur Verhinderung der Geldwäsche erfordert.

Die Definition der Geldwäsche ist für die Zwecke dieser Richtlinie der in dem Wiener Übereinkommen enthaltenen Definition entnommen. Da das Phänomen der Geldwäsche jedoch nicht nur die Erlöse aus Drogenstraftaten betrifft, sondern auch die Erlöse aus anderen kriminellen Tätigkeiten (wie dem organisierten Verbrechen und dem Terrorismus), ist es wichtig, daß die Mitgliedstaaten die Wirkungen der Richtlinie auf die Erlöse aus diesen Tätigkeiten im Sinne ihrer Rechtsvorschriften ausweiten, insofern als diese Erlöse Anlaß zu Geldwäschegeschäften geben könnten, die eine entsprechende Ahndung rechtfertigen.

Das in den Rechtsvorschriften der Mitgliedstaaten enthaltene Verbot der Geldwäsche, das sich auf geeignete Maßnahmen und auf Sanktionen stützt, bildet eine notwendige Voraussetzung für die Bekämpfung dieses Phänomens.

Um zu verhindern, daß Geldwäscher die Anonymität für ihre kriminellen Tätigkeiten ausnutzen, muß sichergestellt werden, daß die Kredit- und Finanzinstitute von ihren Kunden die Bekanntgabe ihrer Identität verlangen, wenn sie zu ihnen in Geschäftsbeziehungen treten oder für sie Transaktionen durchführen, die über bestimmte Beträge hinausgehen. Die entsprechenden Vorschriften müssen soweit möglich auch für die wirtschaftlichen Eigentümer gelten.

Anh. II.1

Die Kredit- und Finanzinstitute müssen für die etwaige Verwendung als Beweis bei Verfahren wegen Geldwäsche von den zur Feststellung der Identität verlangten Dokumenten Kopien oder Referenzangaben und von den Transaktionen Belege und Aufzeichnungen in Form von Originaldokumenten oder Kopien, die nach den innerstaatlichen Rechtsvorschriften die gleiche Beweiskraft haben, mindestens fünf Jahre lang aufbewahren.

Um die Solidität und Integrität des Finanzsystems zu wahren und zur Bekämpfung der Geldwäsche beizutragen, muß sichergestellt werden, daß die Kredit- und Finanzinstitute jede Transaktion besonders sorgfältig prüfen, deren Art ihres Erachtens besonders nahelegt, daß sie mit einer Geldwäsche zusammenhängen könnte. Besondere Aufmerksamkeit haben sie dabei Geschäften mit Drittländern zu widmen, deren Standard bei der Bekämpfung der Geldwäsche nicht dem der Gemeinschaft oder anderen vergleichbaren Standards, die von internationalen Gremien festgelegt und von der Gemeinschaft anerkannt wurden, gleichwertig ist.

Zu diesem Zweck können die Mitgliedstaaten von den Kredit- und Finanzinstituten verlangen, daß sie die Ergebnisse der Prüfung, zu der sie verpflichtet sind, schriftlich niederlegen und gewährleisten, daß diese den für die Bekämpfung der Geldwäsche zuständigen Behörden zur Verfügung stehen.

Der Schutz des Finanzsystems gegen die Geldwäsche ist eine Aufgabe, welche die für die Bekämpfung der Geldwäsche zuständigen Behörden nicht ohne die Mithilfe der Kredit- und Finanzinstitute und der Aufsichtsorgane meistern können. Das Bankgeheimnis muß in diesen Fällen aufgehoben werden. Eine Regelung, die die Pflicht zur Meldung verdächtiger Finanzoperationen vorsieht und die gewährleistet, daß die Information den genannten Behörden zugeleitet wird, ohne die betroffenen Kunden zu alarmieren, ist die wirksamste Form einer solchen Zusammenarbeit. Dabei ist eine besondere Schutzklausel erforderlich, um Kredit- und Finanzinstitute, ihr leitendes Personal und ihre Angestellten von ihrer Verantwortung zu entbinden, wenn sie unbefugt Informationen weitergeben.

Die Informationen, die die Behörden gemäß dieser Richtlinie erhalten, dürfen nur zur Bekämpfung der Geldwäsche benutzt werden. Die Mitgliedstaaten können jedoch vorsehen, daß diese Informationen auch für andere Zwecke verwendet werden dürfen.

Als flankierende Maßnahmen. ohne die die übrigen in dieser Richtlinie vorgesehenen Maßnahmen wirkungslos bleiben könnten, sollten die Kredit- und Finanzinstitute einschlägige interne Kontrollverfahren und Fortbildungsprogramme einführen.

Da die Geldwäsche nicht nur über Kredit- und Finanzinstitute, sondern auch über andere Berufsarten und Unternehmenskategorien erfolgen kann, müssen die Mitgliedstaaten die Bestimmungen dieser Richtlinie ganz oder teilweise auf Berufe und Unternehmen ausdehnen, deren Tätigkeiten besonders geeignet sind, für Zwecke der Geldwäsche genutzt zu werden.

Die Mitgliedstaaten müssen in ganz besonderem Maße dafür Sorge tragen, daß koordinierte Maßnahmen in der Gemeinschaft ergriffen werden, wenn ernsthafte Anzeichen darauf hindeuten, daß Berufe oder Tätigkeiten, bei denen die Bedingungen der Ausübung auf Gemeinschaftsebene harmonisiert worden sind, zum Zwecke der Geldwäsche genutzt werden.

Die Wirksamkeit der Anstrengungen zur Bekämpfung der Geldwäsche hängt im wesentlichen von der ständigen Koordinierung, und der Harmonisierung der einzelstaatlichen Durchführungsmaßnahmen ab. Die Koordinierung und Harmonisierung, die in verschiedenen internationalen Gremien erfolgt, erfordert auf Gemeinschaftsebene eine Abstimmung zwischen Mitgliedstaaten und Kommission im Rahmen eines Kontaktausschusses.

Es ist Aufgabe der einzelnen Mitgliedstaaten, geeignete Maßnahmen zu treffen und Verstöße gegen diese Maßnahmen angemessen zu ahnden, um die vollständige Anwendung der Bestimmungen dieser Richtlinie sicherzustellen –

hat folgende Richtlinie erlassen:

Artikel 1

Im Sinne dieser Richtlinie bedeutet

- Kreditinstitut: ein Kreditinstitut im Sinne von Artikel 1 erster Gedankenstrich der Richtlinie 77/780/EWG[4], zuletzt geändert durch die Richtlinie 89/646/EWG[5], sowie – im Sinne von Artikel 1 dritter Gedankenstrich der genannten Richtlinie – eine in der Gemeinschaft gelegene Zweigniederlassung eines Kreditinstituts mit Sitz außerhalb der Gemeinschaft;
- Finanzinstitut: ein anderes Unternehmen als ein Kreditinstitut, dessen Haupttätigkeit darin besteht, eines oder mehrere der unter den Nummern 2 bis 12 und 14 der Liste im Anhang zur Richtlinie 89/646/EWG aufgeführten Geschäfte zu tätigen, oder ein Versicherungsunternehmen, das gemäß der Richtlinie 79/267/EWG[6], zuletzt geändert durch die Richtlinie 90/619/EWG[7] zugelassen ist, soweit es Tätigkeiten ausübt, die unter die Richtlinie 79/267/EWG fallen. diese Definition schließt auch in der Gemeinschaft gelegene Zweigniederlassungen von Finanzinstituten mit Sitz außerhalb der Gemeinschaft ein;
- Geldwäsche: folgende vorsätzlich begangene Handlungen:
  - der Umtausch oder Transfer von Vermögensgegenständen in Kenntnis der Tatsache, daß diese Vermögensgegenstände aus einer kriminellen Tätigkeit oder der Teilnahme an einer solchen Tätigkeit stammen, zum Zwecke der Verheimlichung oder Verschleierung des illegalen Ursprungs der Vermögensgegenstände oder der Unterstützung von Personen, die an einer solchen Tätigkeit beteiligt sind, damit diese den Rechtsfolgen ihrer Tat entgehen;
  - das Verheimlichen oder Verschleiern der wahren Natur, Herkunft, Lage, Verfügung oder Bewegung von Vermögensgegenständen oder des tatsächli-

---

4) ABl. Nr. L 322 vom 17.12.1977, S. 30.
5) ABl. Nr. L 386 vom 30.12.1989, S. 1
6) ABl. Nr. L 63 vom 13.3.1979, S. 1.
7) ABl. Nr. L 330 vom 29.11.1990, S. 50.

Anh. II.1

chen Eigentums an Vermögensgegenständen oder entsprechender Rechte in Kenntnis der Tatsache, daß diese Gegenstände aus einer kriminellen Tätigkeit oder aus der Teilnahme an einer solchen Tätigkeit stammen;
- der Erwerb, der Besitz oder die Verwendung von Vermögensgegenständen, wenn dem Betreffenden bei der Übernahme dieser Vermögensgegenstände bekannt war, daß diese Gegenstände aus einer kriminellen Tätigkeit oder aus der Teilnahme an einer solchen Tätigkeit stammen;
- die Beteiligung an einer der unter den drei vorstehenden Gedankenstrichen aufgeführten Handlungen, Zusammenschlüsse zur Ausführung einer solchen Handlung, Versuche einer solchen Handlung, Beihilfe, Anstiftung oder Beratung zur Ausführung einer solchen Handlung oder Erleichterung ihrer Ausführung.

Ob Kenntnis, Vorsatz oder Motivation, die ein Merkmal der obengenannten Tätigkeiten sein müssen, vorliegen, kann anhand objektiver Tatumstände festgestellt werden.

Der Tatbestand der Geldwäsche liegt auch dann vor, wenn die Tätigkeiten, die den zu waschenden Vermögensgegenständen zugrunde liegen, im Hoheitsgebiet eines anderen Mitgliedstaates oder eines Drittlandes vorgenommen wurden;
- Vermögensgegenstand: Vermögenswerte aller Art (materiell oder immateriell, beweglich oder unbeweglich) und Rechtstitel oder Urkunden, die das Eigentumsrecht oder Rechte an solchen Vermögenswerten belegen;
- kriminelle Tätigkeit: eine Straftat im Sinne von Artikel 3 Absatz 1 Buchstabe a) des Wiener Übereinkommens sowie alle anderen kriminellen Tätigkeiten, die für die Zwecke dieser Richtlinie von den einzelnen Mitgliedstaaten als solche definiert werden;
- zuständige Behörden: diejenigen nationalen Behörden, die von Gesetzes wegen die Aufsicht über Kredit- oder Finanzinstitute innehaben.

Artikel 2

Die Mitgliedstaaten sorgen dafür, daß Geldwäsche im Sinne dieser Richtlinie untersagt wird.

Artikel 3

(1) Die Mitgliedstaaten sorgen dafür, daß die Kredit- und Finanzinstitute von ihren Kunden die Bekanntgabe ihrer Identität durch ein beweiskräftiges Dokument verlangen, wenn diese mit ihnen Geschäftsbeziehungen anknüpfen, insbesondere, wenn sie ein Sparkonto oder ein anderes Konto eröffnen oder Vermögensverwahrungsleistungen anbieten.

(2) [1]Die Identität ist ferner bei allen Transaktionen mit nicht unter Absatz 1 fallenden Kunden festzustellen, bei denen der Betrag sich auf 15 000 ECU oder mehr beläuft, und zwar unabhängig davon, ob die Transaktion in einem einzigen Vorgang oder in mehreren Vorgängen, zwischen denen eine Verbindung zu bestehen scheint, getätigt wird. [2]Ist der Betrag, zu Beginn der Transaktion nicht bekannt, so stellt das

betreffende Institut die Identität fest, sobald der Betrag bekannt ist und festgestellt wird, daß die Schwelle erreicht ist.

(3) ¹Abweichend von den Absätzen 1 und 2 erfolgt die Feststellung der Identität nicht bei Versicherungsverträgen, die von gemäß der Richtlinie 79/267/EWG zugelassenen Versicherungsunternehmen – sofern diese eine Tätigkeit im Sinne der genannten Richtlinie ausüben – abgeschlossen werden, wenn die Höhe der im Laufe des Jahres zu zahlenden periodischen Prämie(n) 1 000 ECU nicht übersteigt oder wenn bei Zahlung einer einmaligen Prämie diese nicht mehr als 2 500 ECU beträgt. ²Wenn die Höhe der im Laufe des Jahres zu zahlenden periodischen Prämie(n) über die Schwelle von 1 000 ECU hinaus angehoben wird, wird die Identität festgestellt.

(4) Die Mitgliedstaaten können vorsehen, daß die Identität bei Rentenversicherungsverträgen, die aufgrund eines Arbeitsvertrages oder der beruflichen Tätigkeit des Versicherten abgeschlossen worden sind, nicht festgestellt zu werden braucht, sofern die Verträge weder eine Rückkaufklausel enthalten noch als Sicherheit für ein Darlehen dienen können.

(5) Falls die Kredit- und Finanzinstitute Zweifel hegen, ob die in den vorstehenden Absätzen genannten Kunden im eigenen Namen handeln, oder falls sie die Gewißheit haben, daß diese nicht im eigenen Namen handeln, ergreifen sie angemessene Maßnahmen, um Informationen über die tatsächliche Identität der Personen einzuholen, in deren Namen diese Kunden handeln.

(6) Bei Verdacht auf Geldwäsche sind die Kredit- und Finanzinstitute gehalten, die Identität festzustellen, selbst wenn der Betrag der Transaktion unter den genannten Grenzen liegt.

(7) In den Fällen, in denen der Kunde ebenfalls ein unter diese Richtlinie fallendes Kredit- oder Finanzinstitut ist, besteht für ein Kredit- oder Finanzinstitut keine Verpflichtung zur Feststellung der Identität nach diesem Artikel.

(8) Die Mitgliedstaaten können vorsehen, daß die Pflicht zur Feststellung der Identität bei in den Absätzen 3 und 4 genannten Geschäften als erfüllt gilt, wenn festgestellt wird, daß die Zahlung über ein Konto abzuwickeln ist, das im Namen des Kunden bei einem Kreditinstitut eröffnet wurde, welches der in Absatz 1 genannten Pflicht unterliegt.

Artikel 4

Die Mitgliedstaaten sorgen dafür, daß die Kredit- und Finanzinstitute für die etwaige Verwendung als Beweis bei Verfahren wegen Geldwäsche

- von den zur Feststellung der Identität verlangten Dokumenten eine Kopie oder Referenzangaben nach Beendigung der Beziehungen mit dem Kunden noch mindestens fünf Jahre lang aufbewahren und
- von den Transaktionen die Belege und Aufzeichnungen in Form von Originaldokumenten oder von Kopien, die nach ihren innerstaatlichen Rechtsvorschriften die gleiche Beweiskraft haben, nach Abschluß der Transaktion noch mindestens fünf Jahre lang aufbewahren.

Anh. II.1

Artikel 5

Die Mitgliedstaaten sorgen dafür, daß die Kredit- und Finanzinstitute jede Transaktion besonders sorgfältig prüfen, deren Art ihres Erachtens besonders nahelegt, daß sie mit einer Geldwäsche zusammenhängen könnte.

Artikel 6

[1]Die Mitgliedstaaten sorgen dafür, daß die Kredit- und Finanzinstitute sowie deren leitendes Personal und deren Angestellte mit den für die Bekämpfung der Geldwäsche zuständigen Behörden in vollem Umfang zusammenarbeiten, indem sie

– diese Behörden von sich aus über alle Tatsachen, die ein Indiz für eine Geldwäsche sein könnten, unterrichten;

– diesen Behörden auf Verlangen alle erforderlichen Auskünfte in Einklang mit den Verfahren erteilen, die in den anzuwendenden Rechtsvorschriften festgelegt sind.

[2]Die in Absatz 1 genannten Informationen werden den für die Bekämpfung der Geldwäsche zuständigen Behörden des Mitgliedstaates übermittelt, in dessen Hoheitsgebiet sich das Institut befindet, von dem diese Informationen stammen. [3]Diese Übermittlung erfolgt in der Regel durch die Person(en), die von den Kredit- und Finanzinstituten gemäß den Verfahren des Artikels 11 Nummer 1 benannt wurde(n).

[4]Informationen, die den Behörden gemäß Absatz 1 mitgeteilt werden, dürfen nur zur Bekämpfung der Geldwäsche benutzt werden. [5]Die Mitgliedstaaten können jedoch vorsehen, daß diese Informationen auch für andere Zwecke verwendet werden können.

Artikel 7

[1]Die Mitgliedstaaten sorgen dafür, daß die Kredit- und Finanzinstitute die Transaktionen, von denen sie wissen oder vermuten, daß sie mit einer Geldwäsche zusammenhängen, nicht vornehmen, bevor sie die in Artikel 6 genannten Behörden benachrichtigt haben. [2]Diese Behörden können unter den in ihren nationalen Rechtsvorschriften festgelegten Bedingungen Weisung erteilen, die Transaktion nicht abzuwickeln. [3]Falls von der Transaktion vermutet wird, daß sie eine Geldwäsche zum Gegenstand hat, und falls der Verzicht auf eine Transaktion nicht möglich sein sollte oder falls dadurch die Verfolgung der Nutznießer einer mutmaßlichen Geldwäsche behindert werden könnte, erteilen die betreffenden Institute unmittelbar danach die nötige Information.

Artikel 8

Die Kredit- und Finanzinstitute, ihr leitendes Personal und ihre Angestellten dürfen den betreffenden Kunden oder Dritte nicht davon in Kenntnis setzen, daß den Behörden eine Information gemäß Artikel 6 oder 7 erteilt worden ist oder daß Ermittlungen hinsichtlich der Geldwäsche durchgeführt werden.

Anh. II.1

Artikel 9

Macht ein Angestellter oder Leiter eines Kredit- oder Finanzinstituts den für die Bekämpfung der Geldwäsche zuständigen Behörden im guten Glauben Mitteilung von den in Artikel 6 und 7 genannten Informationen, so gilt dies nicht als Verletzung einer vertraglich oder durch Rechts- oder Verwaltungsvorschriften geregelten Bekanntmachungsbeschränkung und zieht für das Kredit- oder Finanzinstitut sein leitendes Personal und seine Angestellten keinerlei nachteilige Folgen nach sich.

Artikel 10

Die Mitgliedstaaten sorgen dafür, daß die zuständigen Behörden die für die Bekämpfung der Geldwäsche zuständigen Behörden unterrichten, wenn sie bei der Überprüfung von Kredit- oder Finanzinstituten oder bei anderen Gelegenheiten auf Tatsachen stoßen, die auf eine Geldwäsche hindeuten.

Artikel 11

Die Mitgliedstaaten sorgen dafür, daß die Kredit- und Finanzinstitute

1. geeignete interne Kontroll- und Mitteilungsverfahren einführen, um der Abwicklung von Geschäften vorzubeugen, die mit der Geldwäsche zusammenhängen, bzw. um solche Geschäfte zu verhindern;
2. durch geeignete Maßnahmen ihr Personal mit den Bestimmungen dieser Richtlinie vertraut machen. Diese Maßnahmen schließen unter anderem die Teilnahme der zuständigen Beschäftigten an besonderen Fortbildungsprogrammen ein, damit sie lernen, möglicherweise mit einer Geldwäsche zusammenhängende Transaktionen zu erkennen und sich in solchen Fällen richtig zu verhalten.

Artikel 12

Die Mitgliedstaaten sorgen dafür, daß die Bestimmungen dieser Richtlinie ganz oder teilweise auf Berufe und Unternehmenskategorien ausgedehnt werden, die zwar keine Kredit- und Finanzinstitute im Sinne von Artikel 1 sind, jedoch Tätigkeiten ausüben, die besonders geeignet sind, für Zwecke der Geldwäsche genutzt zu werden.

Artikel 13

(1) Bei der Kommission wird ein – nachstehend „Ausschuß" genannter – Kontaktausschuß eingesetzt, der folgende Aufgaben hat:

a) Erleichterung einer harmonisierten Anwendung dieser Richtlinie durch eine regelmäßige Abstimmung über konkrete Probleme, die sich aus der Anwendung dieser Richtlinie ergeben und über die ein Gedankenaustausch als nützlich erachtet wird; die Artikel 169 und 170 des Vertrages bleiben unberührt;

Anh. II.1

b) Erleichterung eines abgestimmten Vorgehens zwischen den Mitgliedstaaten hinsichtlich der strengeren oder zusätzlichen Bedingungen und Pflichten, die sie auf einzelstaatlicher Ebene erlassen;

c) Beratung der Kommission, falls erforderlich, bei an dieser Richtlinie vorzunehmenden Ergänzungen oder Änderungen oder bezüglich der Anpassungen, die insbesondere zur Harmonisierung der Auswirkungen von Artikel 12 für notwendig erachtet werden;

d) Prüfung der möglichen Einbeziehung eines Berufs oder einer Unternehmenskategorie in den Anwendungsbereich von Artikel 12, wenn dieser Beruf oder diese Unternehmenskategorie in einem Mitgliedstaat nachweislich zum Zwecke der Geldwäsche benutzt worden ist.

(2) Der Ausschuß hat nicht die Aufgabe, die Begründetheit der von den zuständigen Stellen in Einzelfällen gefaßten Beschlüsse zu beurteilen.

(3) ¹Der Ausschuß setzt sich aus von den Mitgliedstaaten bezeichneten Personen sowie Vertretern der Kommission zusammen. ²Die Sekretariatsgeschäfte werden von den Dienststellen der Kommission geführt. ³Der Vorsitz wird von einem Vertreter der Kommission wahrgenommen; er beruft den Ausschuß entweder von sich aus oder auf Antrag der Delegation eines Mitgliedstaates ein.

Artikel 14

Jeder Mitgliedstaat trifft geeignete Maßnahmen, um die vollständige Anwendung aller Bestimmungen dieser Richtlinie sicherzustellen, und legt insbesondere fest, wie Verstöße gegen die aufgrund dieser Richtlinie erlassenen Vorschriften zu ahnden sind.

Artikel 15

Die Mitgliedstaaten können zur Verhinderung der Geldwäsche strengere Vorschriften auf den, unter diese Richtlinie fallenden Gebiet erlassen oder beibehalten.

Artikel 16

(1) Die Mitgliedstaaten erlassen die erforderlichen Rechts- und Verwaltungsvorschriften, um dieser Richtlinie vor dem 1. Januar 1993 nachzukommen.

(2) ¹Wenn die Mitgliedstaaten Vorschriften nach Absatz 1 erlassen, nehmen sie in den Vorschriften selbst oder durch einen Hinweis bei der amtlichen Veröffentlichung auf diese Richtlinie Bezug. ²Die Mitgliedstaaten regeln die Einzelheiten der Bezugnahme.

(3) Die Mitgliedstaaten teilen der Kommission den Wortlaut der wichtigsten innerstaatlichen Rechtsvorschriften mit, die sie auf dem unter diese Richtlinie fallender Gebiet erlassen.

Artikel 17

Die Kommission erstellt ein Jahr nach dem 1. Januar 1993 und in der Folgezeit im Bedarfsfall, mindestens jedoch alle drei Jahre, einen Bericht über die Anwendung dieser Richtlinie und legt ihn dem Europäischen Parlament und dem Rat vor.

Artikel 18

Diese Richtlinie ist an die Mitgliedstaaten gerichtet.

Geschehen zu Luxemburg am 10. Juni 1991.

Erklärung der im Rat vereinigten Vertreter der Regierungen der Mitgliedstaaten

„Die im Rat vereinigten Vertreter der Regierungen der Mitgliedstaaten

erinnern daran, daß die Mitgliedstaaten das am 19. Dezember 1988 in Wien angenommene Übereinkommen der Vereinten Nationen gegen den unerlaubten Verkehr mit Suchtstoffen und psychotropen Stoffen unterzeichnet haben,

erinnern ebenfalls daran, daß die meisten Mitgliedstaaten am 8. November 1990 in Straßburg das Übereinkommen des Europarates über das Waschen, das Aufspüren, die Beschlagnahme und die Einziehung der Erträge aus Straftaten unterzeichnet haben,

stellen fest, daß sich die Beschreibung der Geldwäsche in Artikel 1 der Richtlinie 91/308/EWG[8)] im Wortlaut an die entsprechenden Bestimmungen der obengenannten Übereinkommen anlehnt,

verpflichten sich, spätestens bis zum 31. Dezember 1992 alle nötigen Maßnahmen zu ergreifen, um Strafvorschriften in Kraft zu setzen, die ihnen gestatten, ihre aus den obengenannten Rechtsakten erwachsenden Verpflichtungen zu erfüllen."

---

8) Siehe Seite 77 des Amtsblatts.

Anhang II.1a

Erklärungen für das Ratsprotokoll vom 4. Juni 1991

zur Richtlinie des Rates zur Verhinderung der Nutzung
des Finanzsystems zum Zwecke der Geldwäsche

Nr. 6578/91

Die Delegationen erhalten beigefügt die vom Ausschuss der Ständigen Vertreter am 29. Mai 1991 überarbeitete Fassung der Erklärung für das Ratsprotokoll über die Ratstagung, auf der die Richtlinie angenommen wird.

1. Erklärungen zu Artikel 1

„Der Rat und die Kommission kommen wie folgt überein:

– Vor Ende 1992 verschafft man sich einen Überblick über die Anwendung der Richtlinie.
– Bei dieser Gelegenheit wird je nach den bis dahin sowohl auf Gemeinschaftsebene wie auf internationaler Ebene gewonnenen Erfahrungen geprüft, was auf Gemeinschaftsebene zu tun ist, um die Maßnahmen gegen eine Nutzung des europäischen Finanzsystems zum Zweck der Geldwäsche wirksamer zu gestalten.

Diese Prüfung deckt sowohl die Maßnahmen ab, die in Anwendung der Bestimmungen dieser Richtlinie von den Mitgliedstaaten ergriffen werden, als auch die Maßnahmen, die möglicherweise ergriffen werden, um insbesondere in Bezug auf Kapitalbeträge, die aus dem Terrorismus oder aus dem organisierten Verbrechen stammen, dem Ersuchen auf Ausweitung des Anwendungsbereichs der Richtlinie nachzukommen, das in ihrem neunten Erwägungsgrund enthalten ist."

„Der Rat begrüßt den Beschluß der Kommission, daß eine Arbeitsgruppe so rasch wie möglich die in der Richtlinie vorgesehene Definition des Begriffs ‚Kriminelle Tätigkeit' überprüfen wird, damit andere Tätigkeiten darin einbezogen werden, die zur Geldwäsche führen können, insbesondere der Terrorismus und das organisierte Verbrechen. Die Kommission erklärt, daß die Ergebnisse dieser Beratungen bis zum 31. Dezember 1992 vorliegen müßten."

Definition der „zuständigen Behörden"

„Der Rat und die Kommission kommen überein, daß die Definition der zuständigen Behörde für die Zwecke der Richtlinie die nationalen Behörden erfaßt, die aufgrund von Gesetzes- oder Verordnungsvorschriften dazu befugt sind, die Bankenaufsicht über die Kredit- und Finanzinstitute auszuüben.

Anh. II.1a

Gibt es in einem Mitgliedstaat mehr als eine für die Aufsicht über eine Kategorie von Kredit- bzw. Finanzinstituten zuständige Behörde, so vereinbaren die zuständigen Behörden des betreffenden Mitgliedstaats mit den zuständigen Behörden der anderen Mitgliedstaaten ein geeignetes Koordinierungsverfahren für die Zwecke dieser Richtlinie."

2. Erklärung zu Artikel 3

„**Der Rat und die Kommission** kommen überein, daß die Mitgliedstaaten erwägen werden, ob es sinnvoll ist, im Rahmen von Artikel 4 der Richtlinie 88/361/EWG vom 21. Juni 1988 auf einzelstaatlicher und auf internationaler Ebene Bestimmungen über die Überprüfung, die behördliche Überwachung sowie die Aufzeichnungen der Zahlungsströme und Bargeschäfte zu erlassen und dabei gegebenenfalls die als notwendig erachteten Schwellen festzusetzen, und zwar so, daß der freie Kapitalverkehr dadurch nicht behindert wird."

„**Die Kommission** erklärt, daß es nicht erforderlich ist, die in Artikel 3 der Richtlinie vorgesehenen Identifikationsanforderungen bei Personen anzuwenden, die Geld auf ein Konto einzahlen, das von einem Kunden eröffnet wurde, für den die in diesem Artikel vorgesehenen Identifikationsanforderungen bereits erfüllt wurden. Dies gilt unbeschadet der Verpflichtung gemäß Artikel 3 Absatz 6, wonach die Identität bekanntgegeben werden muß, sobald Verdacht auf Geldwäsche besteht."

„**Die deutsche Delegation** erklärt, daß Grundlage ihrer Entscheidung die Auffassung ist, daß durch die Regelung des Artikels 3 Absatz 8 in keiner Weise der Anwendungsbereich und die Bedeutung der Protokollerklärung der Kommission zu Artikel 3 eingeschränkt oder in Frage gestellt wird."

3. Erklärungen zu Artikel 3 Absatz 1

Art des beweiskräftigen Dokuments

„**Der Rat und die Kommission** erklären, daß der Ausdruck ‚beweiskräftiges Dokument' jedes Dokument oder jeden sonstigen Nachweis für die Feststellungen der Identität des Kunden bezeichnen soll, sofern dieses Dokument bzw. dieser Nachweis nach dem Recht des Mitgliedsstaats, in dem die Identität festzustellen ist, Beweiskraft hat und gemäß Artikel 4 ein materieller Beleg hiervon aufbewahrt werden kann."

Bekanntgabe der Identität durch einen Vermittler

„**Der Rat und die Kommission** erklären, daß die Mitgliedstaaten bei Aufnahme einer Geschäftsbeziehung bzw. Abwicklung einer Transaktion über einen Versicherungsmakler gestatten können, daß dieser Vermittler die Identität bekanntgibt, ohne daß dies die Verantwortung der Versicherungsgesellschaft oder deren Verpflichtung zur rechtzeitigen Bekanntgabe der Identität berührt."

Anh. II.1a

Unterscheidung zwischen den Kunden

„Der Rat und die Kommission stellen klar, daß die unter Absatz 1 fallenden Kunden mit dem Kredit- oder Finanzinstitut eine Beziehung aufnehmen, von der zum Zeitpunkt der Aufnahme der Beziehung angenommen wird, daß sie auf Dauer angelegt ist, während die unter Absatz 2 fallenden Kunden mit dem Kredit- oder Finanzinstitut nur einen gelegentlichen Kontakt aufnehmen, der von dem Institut zum Zeitpunkt der Kontaktaufnahme wegen des punktuellen Charakters der Transaktion als zeitlich begrenzt angesehen wird und keine dauerhafte Auswirkungen zur Folge hat."

4. Erklärung zu Artikel 3 Absatz 3

„Der Rat und die Kommission erklären, daß die Mitgliedstaaten, wenn in dem Fall gemäß Absatz 3 die Dienstleistungen eines Vermittlers oder Maklers im Sinne von Artikel 2 Buchstaben a und b der Richtlinie 77/92/EWG des Rates (Abl. Nr. 1 20 vom 31.1.1977, S. 15) in Anspruch genommen werden, vorsehen können, daß der Vertrag erst dann besteht, wenn sich die in Absatz 1 genannten Dokumente im Besitz der Versicherungsgesellschaft befinden."

Anhang II.2

Richtlinie 2001/97/EG des Europäischen Parlaments und des Rates

vom 4. Dezember 2001

zur Änderung der Richtlinie 91/308/EWG des Rates zur Verhinderung der
Nutzung des Finanzsystems zum Zwecke der Geldwäsche

ABl L 344/76

Das Europäische Parlament und der Rat der Europäischen Union –

gestützt auf den Vertrag zur Gründung der Europäischen Gemeinschaft, insbesondere auf Artikel 47 Absatz 2 Sätze 1 und 3 und auf Artikel 95,

auf Vorschlag der Kommission[1],

nach Stellungnahme des Wirtschafts- und Sozialausschusses[2],

gemäß dem Verfahren des Artikels 251 des Vertrags[3], aufgrund des vom Vermittlungsausschuss am 18. September 2001 gebilligten gemeinsamen Entwurfs,

in Erwägung nachstehender Gründe:

(1) Es ist angebracht, dass die Richtlinie 91/308/EWG[4] (nachstehend „Richtlinie" genannt) als eines der wichtigsten internationalen Rechtsinstrumente für die Bekämpfung der Geldwäsche im Einklang mit den Schlussfolgerungen der Kommission und den Forderungen des Europäischen Parlaments und der Mitgliedstaaten aktualisiert wird. Auf diese Weise sollte die Richtlinie nicht nur die besten internationalen Praktiken auf diesem Gebiet widerspiegeln, sondern auch weiterhin einen hohen Standard beim Schutz des Finanzsektors und anderer gefährdeter Tätigkeiten vor den nachteiligen Auswirkungen der aus Straftaten stammenden Erträge setzen.

(2) Das Allgemeine Abkommen über den Handel mit Dienstleistungen (GATS) erlaubt es den Mitgliedern, Maßnahmen zu ergreifen, die nötig sind, um die öffentliche Moral zu schützen, und Maßnahmen aus Vorsichtsgründen zu ergreifen, wozu auch die Sicherung der Stabilität und Integrität des Finanzsystems gehört. Diese Maßnahmen sollten keine Beschränkungen auferlegen, die über das für die Erreichung dieser Ziele erforderliche Maß hinausgehen.

---

1) ABl. C 177 E vom 27.6.2000, S. 14.
2) ABl. C 75 vom 15.3.2000, S. 22.
3) Stellungnahme des Europäischen Parlaments vom 5. Juli 2000 (ABl. C 121 vom 24.4.2001, S. 133), Gemeinsamer Standpunkt des Rates vom 30. November 2000 (ABl. C 36 vom 2.2.2001, S. 24) und Beschluss des Europäischen Parlaments vom 5. April 2001 (noch nicht im Amtsblatt veröffentlicht). Beschluss des Europäischen Parlaments vom 13. November 2001 und Beschluss des Rates vom 19. November 2001.
4) ABl. L 166 vom 28.6.1991, S. 77.

Anh. II.2

(3) In der Richtlinie ist weder klar geregelt, die Behörden welcher Mitgliedstaaten Berichte über verdächtige Transaktionen von Zweigstellen von Kredit- oder Finanzinstituten mit Hauptsitz in einem anderen Mitgliedstaat erhalten sollten, noch die Behörden welcher Mitgliedstaaten dafür zu sorgen haben, dass solche Zweigstellen die Richtlinie einhalten. Die Behörden des Mitgliedstaats, in dem die Zweigstelle gelegen ist, sollten solche Meldungen erhalten und die genannten Aufgaben wahrnehmen.

(4) Diese Aufgabenzuteilung sollte in der Richtlinie durch eine Änderung der Definition der Begriffe „Kreditinstitut" und „Finanzinstitut" deutlich gemacht werden.

(5) Das Europäische Parlament hat seiner Besorgnis Ausdruck gegeben, dass die Tätigkeiten von Wechselstuben und Unternehmen, die das Finanztransfergeschäft betreiben, für die Geldwäsche genutzt werden könnten. Diese Tätigkeiten sollten bereits in den Anwendungsbereich der Richtlinie fallen. Um jedoch diesbezüglich jeglichen Zweifel auszuschalten, sollte in der Richtlinie eindeutig die Einbeziehung dieser Tätigkeiten festgelegt werden.

(6) Um sicherzustellen, dass die Richtlinie den Finanzsektor so weit wie möglich abdeckt, sollte ferner deutlich gemacht werden, dass sie für die Tätigkeiten von Wertpapierfirmen im Sinne der Richtlinie 93/22/EWG des Rates vom 10. Mai 1993 über Wertpapierdienstleistungen[5] gilt.

(7) Die Richtlinie verpflichtet die Mitgliedstaaten nur zur Bekämpfung des Waschens von Erlösen aus Drogenstraftaten. In den letzten Jahren geht der Trend zu einer erheblich weiter gefassten Definition der Geldwäsche auf der Grundlage eines breiteren Spektrums von Straftaten, die der Geldwäsche vorangehen oder zugrunde liegen; dies kommt beispielsweise in der 1996 überarbeiteten Fassung der 40 Empfehlungen der Arbeitsgruppe „Finanzielle Maßnahmen gegen die Geldwäsche" (FATF), des führenden internationalen Gremiums auf dem Gebiet der Geldwäschebekämpfung, zum Ausdruck.

(8) Ein breiteres Spektrum von Vortaten erleichtert die Meldung von verdächtigen Transaktionen und die internationale Zusammenarbeit auf diesem Gebiet. Deshalb sollte die Richtlinie in dieser Hinsicht aktualisiert werden.

(9) In der vom Rat angenommenen Gemeinsamen Maßnahme 98/699/JI vom 3. Dezember 1998 betreffend Geldwäsche, die Ermittlung, das Einfrieren, die Beschlagnahme und die Einziehung von Tatwerkzeugen und Erträgen aus Straftaten[6] einigten sich die Mitgliedstaaten, für die Frage der Strafbarkeit der Geldwäsche alle schweren Straftaten im Sinne der Gemeinsamen Maßnahme als Vortaten anzusehen.

(10) Insbesondere die Bekämpfung des organisierten Verbrechens steht im engen Zusammenhang mit der Geldwäschebekämpfung. Der Katalog der Vortaten sollte deshalb in diesem Sinne angepasst werden.

---

[5] ABl. L 141 vom 11.6.1993, S. 27. Richtlinie zuletzt geändert durch die Richtlinie 97/9/EG des Europäischen Parlaments und des Rates (ABl. L 84 vom 26.3.1997, S. 22).
[6] ABl. L 333 vom 9.12.1998, S. 1.

Anh. II.2

(11) Die Richtlinie sieht Pflichten vor, die insbesondere die Meldung verdächtiger Transaktionen betreffen. Es wäre angemessener und entspräche mehr dem Sinne des Aktionsplans der Hochrangigen Gruppe zur Bekämpfung der organisierten Kriminalität[7], wenn das Geldwäscheverbot der Richtlinie ausgedehnt würde.

(12) Am 21. Dezember 1998 nahm der Rat die Gemeinsame Maßnahme 98/733/JI betreffend die Strafbarkeit der Beteiligung an einer kriminellen Vereinigung in den Mitgliedstaaten der Europäischen Union[8] an. In der Gemeinsamen Maßnahme kommt zum Ausdruck, dass sich die Mitgliedstaaten über die Notwendigkeit eines gemeinsamen Vorgehens auf diesem Gebiet einig sind.

(13) Gemäß der Richtlinie werden verdächtige Transaktionen vom Finanzsektor und insbesondere von den Kreditinstituten in jedem Mitgliedstaat gemeldet. Es gibt Belege dafür, dass die Verschärfung der Kontrollen im Finanzsektor dazu geführt hat, dass Geldwäscher nach anderen Wegen suchen, um die Herkunft ihrer Erlöse aus Verbrechen zu verschleiern.

(14) Es besteht ein Trend zur zunehmenden Nutzung von Nichtfinanzunternehmen durch Geldwäscher. Dies wird durch die Arbeiten der FATF zu den Methoden und Erscheinungsformen der Geldwäsche bestätigt.

(15) Die Verpflichtungen der Richtlinie zur Feststellung der Identität des Kunden, zur Aufbewahrung von Aufzeichnungen und zur Meldung verdächtiger Transaktionen sollte auf eine begrenzte Anzahl von Tätigkeiten und Berufen ausgedehnt werden, bei denen erkennbar ein Geldwäscherisiko besteht.

(16) Notare und selbstständige Angehörige von Rechtsberufen im Sinne der von den Mitgliedstaaten vorgenommenen Definition sollten den Bestimmungen der Richtlinie unterliegen, wenn sie sich – einschließlich der Steuerberatung – an Finanz- oder Unternehmenstransaktionen beteiligen, bei denen die Gefahr sehr groß ist, dass ihre Dienste für das Waschen von Erlösen aus kriminellen Tätigkeiten missbraucht werden.

(17) Wenn selbstständige Angehörige von Berufen der Rechtsberatung, die gesetzlich anerkannt sind und überwacht werden, wie beispielsweise Rechtsanwälte, die Rechtslage für einen Klienten beurteilen oder einen Klienten in einem gesetzlich normierten Verfahren vertreten, wäre es nach der Richtlinie allerdings nicht angebracht, diese Berufszweige im Hinblick auf diese Tätigkeiten zur Meldung des Verdachts auf Geldwäsche zu verpflichten. Es müssen Freistellungen von der Pflicht zur Meldung von Informationen vorgesehen werden, die vor oder nach einem Gerichtsverfahren bzw. während eines Gerichtsverfahrens oder im Rahmen der Beurteilung der Rechtslage für einen Klienten erlangt wurden. Folglich unterliegt die Rechtsberatung weiterhin der beruflichen Geheimhaltungspflicht, es sei denn, der Rechtsberater ist an Geldwäschevorgängen beteiligt, die Rechtsberatung wird zum Zwecke der Geldwäsche erteilt

---

7) ABl. C 251 vom 15.8.1997, S. 1.
8) ABl. L 351 vom 29.12.1998, S. 1.

Anh. II.2

oder der Rechtsanwalt weiß, dass der Klient die Rechtsberatung für Zwecke der Geldwäsche in Anspruch nimmt.

(18) Unmittelbar vergleichbare Dienste müssen auf die gleiche Weise behandelt werden, wenn sie von Angehörigen eines der von der Richtlinie erfassten Berufszweige erbracht werden. Zur Wahrung der in der Europäischen Konvention zum Schutze der Menschenrechte und Grundfreiheiten (EMRK) und im Vertrag über die Europäische Union verankerten Rechte sollten im Fall von Abschlussprüfern, externen Buchprüfern und Steuerberatern, die in einigen Mitgliedstaaten einen Klienten in einem Gerichtsverfahren verteidigen oder vertreten können oder die Rechtslage für einen Klienten beurteilen können, die von diesen in Ausübung dieser Tätigkeiten erlangten Informationen nicht der Meldepflicht nach der Richtlinie unterliegen.

(19) Die Richtlinie verweist zum einen auf „die für die Bekämpfung der Geldwäsche zuständigen Behörden", denen verdächtige Geschäfte gemeldet werden müssen, und zum anderen auf Behörden, die von Gesetzes wegen die Aufsicht über die dieser Richtlinie unterliegenden Institute und Personen innehaben („zuständige Behörden"). Es ist davon auszugehen, dass die Richtlinie die Mitgliedstaaten nicht dazu verpflichtet, solche „zuständigen Behörden", wenn sie nicht bestehen, einzurichten, und dass Anwaltskammern und andere Selbstverwaltungseinrichtungen selbstständiger Berufe nicht von dem Begriff „zuständige Behörden" erfasst werden.

(20) Um der beruflichen Schweigepflicht, zu der Notare und selbstständige Angehörige von Rechtsberufen ihren Klienten gegenüber verpflichtet sind, in angemessenem Maße Rechnung zu tragen, sollten die Mitgliedstaaten die Anwaltskammer oder eine andere Selbstverwaltungseinrichtung für selbstständige Berufe als die Einrichtung bestimmen können, an die Angehörige dieser Berufe Meldungen über etwaige Fälle der Geldwäsche richten können. Die Regeln für die Bearbeitung der an diese Einrichtungen ergangenen Meldungen und ihre etwaige Weiterleitung an „die für die Bekämpfung der Geldwäsche zuständigen Behörden" und allgemein die angemessenen Formen der Zusammenarbeit zwischen den Anwaltskammern oder den Berufsverbänden und diesen Behörden sollten von den Mitgliedstaaten festgelegt werden –

haben folgende Richtlinie erlassen:

Artikel 1

Die Richtlinie 91/308/EWG wird wie folgt geändert:

1. Artikel 1 erhält folgende Fassung: „Artikel 1

   Im Sinne dieser Richtlinie bedeutet:

   A) ‚Kreditinstitut' ein Kreditinstitut im Sinne von Artikel 1 Nummer 1 Unterabsatz 1 der Richtlinie 2000/12/EG[*] oder – im Sinne von Artikel 1 Num-

---

[*] ABl. L 126 vom 26.5.2000, S. 1. Geändert durch die Richtlinie 2000/28/EG (ABl. L 275 vom 27.10.2000, S. 37).

mer 3 jener Richtlinie – eine in der Gemeinschaft gelegene Zweigstelle eines Kreditinstituts mit Sitz inner- oder außerhalb der Gemeinschaft;

B) ‚Finanzinstitut'

1. ein anderes Unternehmen als ein Kreditinstitut, dessen Haupttätigkeit darin besteht, eines oder mehrere der unter den Nummern 2 bis 12 und unter Nummer 14 der Liste in Anhang I der Richtlinie 2000/12/EG aufgeführten Geschäfte zu tätigen; dazu gehören auch die Tätigkeiten von Wechselstuben und Unternehmen, die das Finanztransfergeschäft betreiben,
2. ein Versicherungsunternehmen, das gemäß der Richtlinie 79/267/EWG[**]) ordnungsgemäß zugelassen ist, soweit es Tätigkeiten ausübt, die unter jene Richtlinie fallen,
3. eine Wertpapierfirma im Sinne des Artikels 1 Nummer 2 der Richtlinie 93/22/EWG[***]),
4. ein Organismus für die gemeinsame Anlage in Wertpapieren, der seine Anteilscheine oder Anteile vertreibt.

Diese Definition des Finanzinstituts schließt auch in der Gemeinschaft gelegene Zweigstellen von Finanzinstituten mit Sitz inner- oder außerhalb der Gemeinschaft ein,

C) ‚Geldwäsche' folgende vorsätzlich begangene Handlungen:

– der Umtausch oder Transfer von Vermögensgegenständen in Kenntnis der Tatsache, dass diese Vermögensgegenstände aus einer kriminellen Tätigkeit oder der Teilnahme an einer solchen Tätigkeit stammen, zum Zwecke der Verheimlichung oder Verschleierung des illegalen Ursprungs der Vermögensgegenstände oder der Unterstützung von Personen, die an einer solchen Tätigkeit beteiligt sind, damit diese den Rechtsfolgen ihrer Tat entgehen;
– das Verheimlichen oder Verschleiern der wahren Natur, Herkunft, Lage, Verfügung oder Bewegung von Vermögensgegenständen oder des tatsächlichen Eigentums an Vermögensgegenständen oder entsprechender Rechte in Kenntnis der Tatsache, dass diese Gegenstände aus einer kriminellen Tätigkeit oder aus der Teilnahme an einer solchen Tätigkeit stammen;
– der Erwerb, der Besitz oder die Verwendung von Vermögensgegenständen, wenn dem Betreffenden bei der Übernahme dieser Vermögensgegenstände bekannt war, dass diese Gegenstände aus einer kriminellen Tätigkeit oder aus der Teilnahme an einer solchen Tätigkeit stammen;

[**]) ABl. L 63 vom 13.3.1979, S. 1. Richtlinie zuletzt geändert durch die Richtlinie 95/26/EG des Europäischen Parlaments und des Rates (ABl. L 168 vom 18.7.1995, S. 7).

[***]) ABl. L 141 vom 11.6.1993, S. 27. Richtlinie zuletzt geändert durch die Richtlinie 97/9/EG des Europäischen Parlaments und des Rates (ABL. L 84 vom 26.3.1997, S. 22).

Anh. II.2

- die Beteiligung an einer der unter den vorstehenden Gedankenstrichen aufgeführten Handlungen, Zusammenschlüsse zur Ausführung einer solchen Handlung, Versuche einer solchen Handlung, Beihilfe, Anstiftung oder Beratung zur Ausführung einer solchen Handlung oder Erleichterung ihrer Ausführung.

Ob Kenntnis, Vorsatz oder Motivation, die ein Merkmal der oben genannten Tätigkeiten sein müssen, vorliegen, kann anhand objektiver Tatumstände festgestellt werden.

Der Tatbestand der Geldwäsche liegt auch dann vor, wenn die Tätigkeiten, die den zu waschenden Vermögensgegenständen zugrunde liegen, im Hoheitsgebiet eines anderen Mitgliedstaates oder eines Drittlandes vorgenommen wurden;

D) ‚Vermögensgegenstand' Vermögenswerte aller Art (materiell oder immateriell, beweglich oder unbeweglich) und Rechtstitel oder Urkunden, die das Eigentumsrecht oder Rechte an solchen Vermögenswerten belegen;

E) ‚Kriminelle Tätigkeit' jede Form der kriminellen Beteiligung an der Begehung einer schweren Straftat.

Als schwere Straftaten gelten mindestens:

- eine Straftat im Sinne von Artikel 3 Absatz 1 Buchstabe a) des Wiener Übereinkommens,
- die Handlungen krimineller Vereinigungen gemäß der Definition in Artikel 1 der Gemeinsamen Maßnahme 98/377/JI[****]),
- Betrug gemäß der Definition in Artikel 1 Absatz 1 und Artikel 2 des Übereinkommens über den Schutz der finanziellen Interessen der Europäischen Gemeinschaften[*****]), zumindest in schweren Fällen,
- Bestechung,
- eine Straftat, die beträchtliche Erträge hervorbringen kann und die nach dem Strafrecht des Mitgliedstaats mit einer langen Freiheitsstrafe geahndet werden kann.

Die Mitgliedstaaten ändern vor dem 15. Dezember 2004 die in diesem Gedankenstrich enthaltene Begriffsbestimmung so ab, dass sie im Einklang mit der in der Gemeinsamen Maßnahme 98/699/JI enthaltenen Begriffsbestimmung für schwere Straftaten steht. Der Rat ersucht die Kommission, vor dem 15. Dezember 2004 einen Vorschlag für eine Richtlinie zu unterbreiten, die die vorliegende Richtlinie entsprechend abändert.

Die Mitgliedstaaten können weitere Straftaten als kriminelle Handlungen im Sinne dieser Richtlinie benennen.

[****]) ABl. L 351 vom 29.12.1998, S. 1.
[*****]) ABl. C 316 vom 27.11.1995, S. 48.

F) ‚Zuständige Behörden' diejenigen einzelstaatlichen Behörden, die aufgrund von Rechts- oder Verwaltungsvorschriften die Aufsichtsbefugnis über die dieser Richtlinie unterliegenden Institute und Personen haben."

2. Folgender Artikel wird eingefügt:

„Artikel 2a

Die Mitgliedstaaten sorgen dafür, dass die Verpflichtungen aus dieser Richtlinie den folgenden Instituten auferlegt werden:

1. Kreditinstituten im Sinne von Artikel 1 Buchstabe A;
2. Finanzinstituten im Sinne von Artikel 1 Buchstabe B;

die Mitgliedstaaten sorgen ferner dafür, dass die Verpflichtungen aus dieser Richtlinie den folgenden juristischen oder natürlichen Personen bei der Ausübung ihrer beruflichen Tätigkeit auferlegt werden:

3. Abschlussprüfern, externen Buchprüfern und Steuerberatern;
4. Immobilienmaklern;
5. Notaren und anderen selbstständigen Angehörigen von Rechtsberufen, wenn sie
    a) für ihren Klienten an der Planung oder Durchführung von Transaktionen mitwirken, die Folgendes betreffen:
        i) Kauf und Verkauf von Immobilien oder Gewerbebetrieben,
        ii) Verwaltung von Geld, Wertpapieren oder sonstigen Vermögenswerten ihres Klienten,
        iii) Eröffnung oder Verwaltung von Bank-, Spar- oder Wertpapierkonten,
        iv) Beschaffung der zur Gründung, zum Betrieb oder zur Verwaltung von Gesellschaften erforderlichen Mittel,
        v) Gründung, Betrieb oder Verwaltung von Treuhandgesellschaften, Gesellschaften oder ähnlichen Strukturen,
    b) oder wenn sie im Namen und auf Rechnung ihres Klienten Finanz- oder Immobilientransaktionen erledigen;
6. Personen, die mit hochwertigen Gütern wie Edelsteinen und Edelmetallen oder mit Kunstwerken handeln, und Versteigerern, wenn eine Zahlung in bar erfolgt und sich der Betrag auf mindestens 15000 EUR beläuft;
7. Kasinos."

3. Artikel 3 erhält folgende Fassung: „Artikel 3

(1) Die Mitgliedstaaten sorgen dafür, dass die dieser Richtlinie unterliegenden Institute und Personen von ihren Kunden die Bekanntgabe ihrer Identität durch ein beweiskräftiges Dokument verlangen, wenn diese mit ihnen Geschäftsbeziehungen anknüpfen, insbesondere, wenn – im Falle von Instituten – ein Sparkonto oder ein anderes Konto eröffnet wird oder Vermögensverwahrungsleistungen angeboten werden.

(2) Die Identität ist ferner bei allen Transaktionen mit nicht unter Absatz 1 fallenden Kunden festzustellen, bei denen der Betrag sich auf 15000 EUR oder

Anh. II.2

mehr beläuft, und zwar unabhängig davon, ob die Transaktion in einem einzigen Vorgang oder in mehreren Vorgängen, zwischen denen eine Verbindung zu bestehen scheint, getätigt wird. Ist der Betrag zu Beginn der Transaktion nicht bekannt, so stellt das betreffende Institut oder die betreffende Person die Identität fest, sobald der Betrag bekannt ist und festgestellt wird, dass die Schwelle erreicht ist.

(3) Abweichend von den vorstehenden Absätzen erfolgt die Feststellung der Identität nicht bei Versicherungsverträgen, die von gemäß der Richtlinie 92/96/EWG des Rates vom 10. November 1992 zur Koordinierung der Rechts- und Verwaltungsvorschriften für die Direktversicherung (Lebensversicherung) (Dritte Lebensversicherungsrichtlinie)[*] zugelassenen Versicherungsunternehmen – sofern diese eine Tätigkeit im Sinne der genannten Richtlinie ausüben – abgeschlossen werden, wenn die Höhe der im Laufe des Jahres zu zahlenden periodischen Prämie(n) 1000 EUR nicht übersteigt oder wenn bei Zahlung einer einmaligen Prämie diese nicht mehr als 2500 EUR beträgt. Wenn die Höhe der im Laufe des Jahres zu zahlenden periodischen Prämie(n) über die Schwelle von 1000 EUR hinaus angehoben wird, wird die Identität festgestellt.

(4) Die Mitgliedstaaten können vorsehen, dass die Identität bei Rentenversicherungsverträgen, die aufgrund eines Arbeitsvertrags oder der beruflichen Tätigkeit des Versicherten abgeschlossen worden sind, nicht festgestellt zu werden braucht, sofern die Verträge weder eine Rückkaufklausel enthalten noch als Sicherheit für ein Darlehen dienen können.

(5) Abweichend von den vorstehenden Absätzen ist die Identität aller Kunden von Kasinos festzustellen, die Spielmarken im Wert von 1000 EUR oder mehr kaufen oder verkaufen.

(6) Der Identifikationsverpflichtung dieser Richtlinie kommen Kasinos, die einer staatlichen Aufsicht unterliegen, jedenfalls dann nach, wenn sie die Registrierung und Identifizierung ihrer Besucher unabhängig von der Höhe der Wechslungen bereits beim Betreten der Spielbank vornehmen.

(7) Falls die dieser Richtlinie unterliegenden Institute und Personen Zweifel hegen, ob die in den vorstehenden Absätzen genannten Kunden für eigene Rechnung handeln, oder falls sie die Gewissheit haben, dass diese nicht für eigene Rechnung handeln, ergreifen sie angemessene Maßnahmen, um Informationen über die tatsächliche Identität der Personen einzuholen, für deren Rechnung diese Kunden handeln.

(8) Bei Verdacht auf Geldwäsche sind die dieser Richtlinie unterliegenden Institute und Personen gehalten, die Identität festzustellen, selbst wenn der Betrag der Transaktion unter den genannten Grenzen liegt.

(9) In den Fällen, in denen der Kunde ein unter diese Richtlinie fallendes Kredit- oder Finanzinstitut oder ein Kredit- oder Finanzinstitut ist, welches in einem Drittland ansässig ist, das nach Auffassung der betreffenden Mitglied-

---

[*] ABL. L 360 vom 9.12.1992, S. 1. Richtlinie zuletzt geändert durch die Richtlinie 2000/64/EG des Europäischen Parlaments und des Rates (ABL. L 290 vom 17.11.2000, S. 27).

staaten den Anforderungen dieser Richtlinie gleichwertige Anforderungen stellt, besteht für die dieser Richtlinie unterliegenden Institute und Personen keine Verpflichtung zur Feststellung der Identität nach diesem Artikel.

(10) Die Mitgliedstaaten können vorsehen, dass die Pflicht zur Feststellung der Identität bei in den Absätzen 3 und 4 genannten Transaktionen als erfuellt gilt, wenn festgestellt wird, dass die Zahlung über ein Konto abzuwickeln ist, das im Namen des Kunden bei einem dieser Richtlinie unterliegenden Kreditinstitut nach Maßgabe des Absatzes 1 eröffnet wurde.

(11) Die Mitgliedstaaten sorgen auf jeden Fall dafür, dass die dieser Richtlinie unterliegenden Institute und Personen die spezifischen und angemessenen Maßnahmen ergreifen, die erforderlich sind, um das erhöhte Geldwäscherisiko auszugleichen, das bei der Aufnahme von Geschäftsbeziehungen oder beim Einleiten einer Transaktion mit einem Kunden, der zur Feststellung der Identität nicht physisch anwesend war (Ferngeschäfte), entsteht. Solche Maßnahmen müssen gewährleisten, dass die Identität des Kunden festgestellt wird, indem beispielsweise die Vorlage zusätzlicher Unterlagen gefordert wird oder ergänzende Maßnahmen zur Überprüfung oder Bestätigung der vorgelegten Dokumente ergriffen oder beweiskräftige Bestätigungen durch ein dieser Richtlinie unterliegendes Institut verlangt werden oder indem vorgeschrieben wird, dass die erste Zahlung im Rahmen der Transaktionen über ein Konto abgewickelt wird, das im Namen des Kunden bei einem dieser Richtlinie unterliegenden Institut eröffnet wurde. Bei den in Artikel 11 Absatz 1 vorgesehenen internen Kontrollverfahren werden diese Maßnahmen besonders berücksichtigt."

4. In den Artikeln 4, 5, 8 und 10 werden die Worte „Kredit- und Finanzinstitute" jeweils durch „dieser Richtlinie unterliegenden Institute und Personen" ersetzt.

5. Artikel 6 erhält folgende Fassung:

„Artikel 6

(1) Die Mitgliedstaaten sorgen dafür, dass die dieser Richtlinie unterliegenden Institute und Personen sowie deren leitendes Personal und deren Angestellte mit den für die Bekämpfung der Geldwäsche zuständigen Behörden in vollem Umfang zusammenarbeiten, indem sie

a) diese Behörden von sich aus über alle Tatsachen, die ein Indiz für eine Geldwäsche sein könnten, unterrichten;

b) diesen Behörden auf Verlangen alle erforderlichen Auskünfte im Einklang mit den Verfahren erteilen, die in den anzuwendenden Rechtsvorschriften festgelegt sind.

(2) Die in Absatz 1 genannten Informationen werden den für die Bekämpfung der Geldwäsche zuständigen Behörden des Mitgliedstaats übermittelt, in dessen Hoheitsgebiet sich die Person oder das Institut befindet, von dem diese Informationen stammen. Die Übermittlung erfolgt in der Regel durch die Person(en), die von den Instituten und Personen gemäß den Verfahren des Artikels 11 Absatz 1 Buchstabe a) benannt wurden.

Anh. II.2

(3) Im Falle von Notaren und selbstständigen Angehörigen von Rechtsberufen im Sinne des Artikels 2a Nummer 5 können die Mitgliedstaaten eine geeignete Selbstverwaltungseinrichtung der betreffenden Berufsgruppe als die über die Tatsachen im Sinne von Absatz 1 Buchstabe a) zu unterrichtende Behörde benennen; in diesem Fall sind sie gehalten, die angemessenen Formen der Zusammenarbeit zwischen dieser Einrichtung und den für die Bekämpfung von Geldwäsche zuständigen Behörden festzulegen.

Die Mitgliedstaaten sind nicht gehalten, die in Absatz 1 vorgesehenen Verpflichtungen auf Notare, selbstständige Angehörige von Rechtsberufen, Abschlussprüfer, externe Buchprüfer und Steuerberater anzuwenden, wenn es sich um Informationen handelt, die diese von einem oder über einen ihrer Klienten im Rahmen der Beurteilung der Rechtslage für diesen erhalten oder erlangen oder die sie im Rahmen ihrer Tätigkeit als Verteidiger oder Vertreter dieses Klienten in einem Gerichtsverfahren oder betreffend ein solches, einschließlich einer Beratung über das Betreiben oder Vermeiden eines Verfahrens, vor oder nach einem derartigen Verfahren bzw. während eines derartigen Verfahrens erhalten oder erlangen."

6. Artikel 7 erhält folgende Fassung:

„Artikel 7

Die Mitgliedstaaten sorgen dafür, dass die dieser Richtlinie unterliegenden Institute und Personen die Transaktionen, von denen sie wissen oder vermuten, dass sie mit einer Geldwäsche zusammenhängen, nicht vornehmen, bevor sie die in Artikel 6 genannten Behörden benachrichtigt haben. Diese Behörden können unter den in ihren nationalen Rechtsvorschriften festgelegten Bedingungen Weisung erteilen, die Transaktion nicht abzuwickeln. Falls von der Transaktion vermutet wird, dass sie eine Geldwäsche zum Gegenstand hat, und falls der Verzicht auf eine Transaktion nicht möglich ist oder falls dadurch die Verfolgung der Nutznießer einer mutmaßlichen Geldwäsche behindert werden könnte, erteilen die betreffenden Institute und Personen unmittelbar danach die nötige Information."

7. In Artikel 8 wird der derzeitige Text zu Absatz 1 und wird folgender Absatz hinzugefügt:

„(2) Die Mitgliedstaaten sind im Rahmen dieser Richtlinie nicht verpflichtet, die Verpflichtung nach Absatz 1 auf die in Artikel 6 Absatz 3 Unterabsatz 2 angeführten Berufe anzuwenden."

8. Artikel 9 erhält folgende Fassung:

„Artikel 9

Machen dieser Richtlinie unterliegende Institute oder Personen bzw. Leiter oder Angestellte dieser Institute oder Personen den für die Bekämpfung der Geldwäsche zuständigen Behörden im guten Glauben Mitteilung von den in Artikel 6 oder 7 genannten Informationen, so gilt dies nicht als Verletzung einer vertraglich oder durch Rechts- oder Verwaltungsvorschriften geregelten Bekanntmachungsbeschränkung und zieht für das Institut oder die Person, deren leitendes Personal und deren Angestellte keinerlei nachteilige Folgen nach sich."

9. Dem Artikel 10 wird folgender Absatz hinzugefügt:

„Die Mitgliedstaaten sorgen dafür, dass die Aufsichtsorgane, die aufgrund von Rechts- oder Verwaltungsvorschriften die Aktien-, Devisen- und Finanzderivatmärkte zu überwachen haben, die für die Bekämpfung der Geldwäsche zuständigen Behörden unterrichten, wenn sie auf Tatsachen stoßen, die auf eine Geldwäsche hindeuten."

10. Artikel 11 erhält folgende Fassung:

„Artikel 11

(1) Die Mitgliedstaaten sorgen dafür, dass die dieser Richtlinie unterliegenden Institute und Personen

a) geeignete interne Kontroll- und Mitteilungsverfahren einführen, um der Abwicklung von Geschäften vorzubeugen, die mit der Geldwäsche zusammenhängen, bzw. um solche Geschäfte zu verhindern;

b) durch geeignete Maßnahmen ihr Personal mit den Bestimmungen dieser Richtlinie vertraut machen. Diese Maßnahmen schließen unter anderem die Teilnahme der zuständigen Beschäftigten an besonderen Fortbildungsprogrammen ein, damit sie lernen, möglicherweise mit einer Geldwäsche zusammenhängende Transaktionen zu erkennen und sich in solchen Fällen richtig zu verhalten.

Falls eine natürliche Person, die unter Artikel 2a Nummern 3 bis 7 fällt, ihre berufliche Tätigkeit als Angestellter einer juristischen Person ausübt, gelten die in dem vorliegendem Artikel genannten Pflichten nicht für die natürliche, sondern vielmehr für diese juristische Person.

(2) Die Mitgliedstaaten sorgen dafür, dass die dieser Richtlinie unterliegenden Institute und Personen Zugang erhalten zu aktuellen Informationen über die Praktiken der Geldwäscher und über Indizien, an denen sich verdächtige Transaktionen erkennen lassen."

11. In Artikel 12 werden die Worte „Kredit- und Finanzinstitute im Sinne von Artikel 1" durch die Worte „Institute und Personen im Sinne von Artikel 2a" ersetzt.

Artikel 2

Die Kommission führt innerhalb von drei Jahren nach dem Inkrafttreten dieser Richtlinie im Rahmen des in Artikel 17 der Richtlinie 91/308/EWG vorgeschriebenen Berichts eine besondere Überprüfung der Aspekte durch, die sich auf die Umsetzung des Artikels 1 Buchstabe E fünfter Gedankenstrich, die spezielle Behandlung von Rechtsanwälten und anderen selbstständigen Angehörigen von Rechtsberufen, die Feststellung der Kundenidentität bei Ferngeschäften und die möglichen Auswirkungen auf den elektronischen Handel beziehen.

Anh. II.2

Artikel 3

(1) Die Mitgliedstaaten erlassen die erforderlichen Rechts- und Verwaltungsvorschriften, um dieser Richtlinie bis zum 15. Juni 2003 nachzukommen. Sie setzen die Kommission unverzüglich davon in Kenntnis.

Wenn die Mitgliedstaaten diese Vorschriften erlassen, nehmen sie in den Vorschriften selbst oder durch einen Hinweis bei der amtlichen Veröffentlichung auf diese Richtlinie Bezug. Die Mitgliedstaaten regeln die Einzelheiten der Bezugnahme.

(2) Die Mitgliedstaaten teilen der Kommission den Wortlaut der wichtigsten innerstaatlichen Rechtsvorschriften mit, die sie auf dem unter diese Richtlinie fallenden Gebiet erlassen.

Artikel 4

Diese Richtlinie tritt am Tag ihrer Veröffentlichung im Amtsblatt der Europäischen Gemeinschaften in Kraft.

Artikel 5

Diese Richtlinie ist an alle Mitgliedstaaten gerichtet.

Anhang II.3

Richtlinie 2005/60/EG des Europäischen Parlaments und des Rates

vom 26. Oktober 2005

zur Verhinderung der Nutzung des Finanzsystems zum Zwecke der Geldwäsche und der Terrorismusfinanzierung

ABl L 309/15

Das Europäische Parlament und der Rat der Europäischen Union –

gestützt auf den Vertrag zur Gründung der Europäischen Gemeinschaft, insbesondere auf Artikel 47 Absatz 2 Sätze 1 und 3 und auf Artikel 95,

auf Vorschlag der Kommission,

nach Stellungnahme des Europäischen Wirtschafts- und Sozialausschusses[1],

nach Stellungnahme der Europäischen Zentralbank[2],

gemäß dem Verfahren des Artikels 251 des Vertrags[3],

in Erwägung nachstehender Gründe:

(1) Massive Schwarzgeldströme können die Stabilität und das Ansehen des Finanzsektors schädigen und sind eine Bedrohung für den Binnenmarkt; der Terrorismus greift die Grundfesten unserer Gesellschaft an. Neben strafrechtlichen Maßnahmen können Präventivmaßnahmen über das Finanzsystem Ergebnisse bringen.

(2) Die Solidität, Integrität und Stabilität der Kredit- und Finanzinstitute sowie das Vertrauen in das Finanzsystem insgesamt können ernsthaft Schaden nehmen, wenn Straftäter und ihre Mittelsmänner versuchen, die Herkunft von Erlösen aus Straftaten zu verschleiern oder Geld aus rechtmäßigen oder unrechtmäßigen Quellen terroristischen Zwecken zuzuführen. Damit die Mitgliedstaaten zum Schutz ihres Finanzsystems keine Maßnahmen ergreifen, die mit dem Funktionieren des Binnenmarkts, den Regeln des Rechtsstaats und der öffentlichen Ordnung der Gemeinschaft unvereinbar sein könnten, ist ein gemeinschaftliches Vorgehen in diesem Bereich erforderlich.

(3) Ohne eine Koordinierung auf Gemeinschaftsebene könnten Geldwäscher und Geldgeber des Terrorismus versuchen, Vorteile aus der Freiheit des Kapitalverkehrs und der damit verbundenen finanziellen Dienstleistungen, die ein einheitlicher Finanzraum mit sich bringt, zu ziehen, um ihren kriminellen Tätigkeiten leichter nachgehen zu können.

---

1) Stellungnahme vom 11. Mai 2005 (noch nicht im Amtsblatt veröffentlicht).
2) ABl. C 40 vom 17.2.2005, S. 9.
3) Stellungnahme des Europäischen Parlaments vom 26. Mai 2005 (noch nicht im Amtsblatt veröffentlicht) und Beschluss des Rates vom 19. September 2005.

Anh. II.3

(4) Um dem im Bereich der Geldwäsche entgegenzuwirken, wurde die Richtlinie 91/308/EWG des Rates vom 10. Juni 1991 zur Verhinderung der Nutzung des Finanzsystems zum Zwecke der Geldwäsche[4] erlassen. Diese verpflichtete die Mitgliedstaaten, die Geldwäsche zu untersagen und dafür zu sorgen, dass der Finanzsektor, zu dem Kreditinstitute und ein breites Spektrum anderer Finanzinstitute gehören, die Identität seiner Kunden feststellt, angemessene Aufzeichnungen aufbewahrt, interne Verfahren zur Schulung des Personals einführt, Vorkehrungen gegen die Geldwäsche trifft und den zuständigen Behörden Transaktionen meldet, die auf eine Geldwäsche hindeuten.

(5) Geldwäsche und Terrorismusfinanzierung erfolgen häufig grenzübergreifend. Auf nationaler Ebene oder selbst auf Gemeinschaftsebene erlassene Maßnahmen ohne grenzübergreifende Koordinierung und Zusammenarbeit hätten nur sehr begrenzte Wirkung. Die von der Gemeinschaft auf diesem Gebiet erlassenen Maßnahmen sollten daher im Einklang mit anderen Maßnahmen stehen, die im Rahmen anderer internationaler Gremien ergriffen werden. Sie sollten insbesondere weiterhin den Empfehlungen Rechnung tragen, die die Arbeitsgruppe „Financial Action Task Force" (FATF), das führende internationale Gremium auf dem Gebiet der Bekämpfung der Geldwäsche und der Terrorismusfinanzierung, aufgestellt hat. Da die Empfehlungen der FATF im Jahr 2003 umfassend überarbeitet und erweitert worden sind, sollte diese Richtlinie mit diesem neuen internationalen Standard im Einklang stehen.

(6) Das Allgemeine Abkommen über den Handel mit Dienstleistungen (GATS) erlaubt es den Mitgliedern, Maßnahmen zu ergreifen, die nötig sind, um die öffentliche Moral zu schützen und Betrug zu verhindern, und Maßnahmen aus Vorsichtsgründen zu ergreifen, wozu auch die Sicherung der Stabilität und Integrität des Finanzsystems gehört.

(7) Der Geldwäschebegriff war anfangs nur auf das Waschen von Erlösen aus Drogenstraftaten begrenzt, doch seit einigen Jahren geht der Trend zu einer erheblich weiter gefassten Definition der Geldwäsche auf der Grundlage eines breiteren Spektrums von Straftaten, die der Geldwäsche vorangehen. Ein breiteres Spektrum von Vortaten erleichtert die Meldung verdächtiger Transaktionen und die internationale Zusammenarbeit auf diesem Gebiet. Die Definition des Begriffs „schwere Straftat" sollte daher in Einklang gebracht werden mit der Definition dieses Begriffs im Rahmenbeschluss 2001/500/JI des Rates vom 26. Juni 2001 über Geldwäsche sowie Ermittlung, Einfrieren, Beschlagnahme und Einziehung von Tatwerkzeugen und Erträgen aus Straftaten[5].

(8) Ferner werden durch den Missbrauch des Finanzsystems für die Kanalisierung von für terroristische Zwecke bestimmtem kriminellem oder gar sauberem Geld die Integrität, das Funktionieren, der Ruf und die Stabilität des Finanzsystems ernsthaft gefährdet. Daher sollten die Vorsorgemaßnahmen dieser Richtlinie sich nicht nur auf die Handhabung von aus einer Straftat stammen-

---

4) ABl. L 166 vom 28.6.1991, S. 77. Geändert durch die Richtlinie 2001/97/EG des Europäischen Parlaments und des Rates (ABl. L 344 vom 28.12.2001, S. 76).
5) ABl. L 182 vom 5.7.2001, S. 1.

Anh. II.3

dem Geld beziehen, sondern auch auf die Beschaffung von Geldern und Vermögenswerten für terroristische Zwecke.

(9) Die Richtlinie 91/308/EWG sieht zwar die Pflicht zur Feststellung der Identität der Kunden vor, geht jedoch relativ wenig auf die Einzelheiten der entsprechenden Verfahren ein. Angesichts der großen Bedeutung dieses Aspekts der Prävention von Geldwäsche und Terrorismusfinanzierung ist es angebracht, in Übereinstimmung mit den neuen internationalen Standards spezifischere und detailliertere Bestimmungen über die Feststellung der Identität der Kunden und wirtschaftlichen Eigentümer und die Überprüfung ihrer Identität einzuführen. Zu diesem Zweck bedarf es einer genauen Definition des Begriffs „wirtschaftlicher Eigentümer". Wenn die Einzelpersonen, die Begünstigte einer Rechtsperson oder einer Rechtsvereinbarung wie beispielsweise einer Stiftung oder eines Trusts sind, noch bestimmt werden müssen und es daher nicht möglich ist, eine Einzelperson als den wirtschaftlichen Eigentümer zu ermitteln, würde es ausreichen, die Personengruppe festzustellen, die als Begünstigte der Stiftung oder des Trusts vorgesehen ist. Dieses Erfordernis sollte nicht die Feststellung der Identität der Einzelpersonen innerhalb dieser Personengruppe beinhalten.

(10) Die dieser Richtlinie unterliegenden Institute und Personen sollten gemäß dieser Richtlinie die Identität des wirtschaftlichen Eigentümers feststellen und überprüfen. Zur Erfüllung dieser Anforderung sollte es diesen Instituten und Personen überlassen bleiben, ob sie dafür die öffentlichen Aufzeichnungen über die wirtschaftlichen Eigentümer nutzen, ihre Kunden um zweckdienliche Daten bitten oder die Informationen auf andere Art und Weise beschaffen, wobei zu berücksichtigen ist, dass das Ausmaß der Sorgfaltspflichten gegenüber Kunden („customer due diligence") mit dem Risiko der Geldwäsche und der Terrorismusfinanzierung zusammenhängt, was von der Art des Kunden, der Geschäftsbeziehung, des Produkts oder der Transaktion abhängt.

(11) Kreditverträge, bei denen das Kreditkonto ausschließlich der Abwicklung des Kredits dient und die Kreditrückzahlung von einem Konto eingezogen wird, das im Namen des Kunden bei einem dieser Richtlinie unterliegenden Kreditinstitut nach Maßgabe des Artikels 8 Absatz 1 Buchstaben a bis c eröffnet wurde, sollten generell als Beispiel für weniger riskante Transaktionsarten angesehen werden.

(12) Sofern die Kapitalgeber einer Rechtsperson oder Rechtsvereinbarung eine wesentliche Kontrolle über die Verwendung des Vermögens ausüben, sollten sie als wirtschaftliche Eigentümer betrachtet werden.

(13) Treuhänderbeziehungen sind bei kommerziellen Produkten als international anerkanntes Merkmal von eingehend überwachten Finanzmärkten für Großkunden weit verbreitet. Allein aus dem Umstand, dass in diesem spezifischen Fall eine Treuhänderbeziehung besteht, erwächst keine Verpflichtung, die Identität des wirtschaftlichen Eigentümers festzustellen.

(14) Diese Richtlinie sollte auch für die Tätigkeiten der dieser Richtlinie unterliegenden Institute und Personen gelten, die über das Internet ausgeübt werden.

Anh. II.3

(15) Da Geldwäscher und Geldgeber des Terrorismus wegen der verschärften Kontrollen im Finanzsektor nach alternativen Möglichkeiten zur Verschleierung des Ursprungs von aus Straftaten stammenden Erlösen suchen und da derartige Kanäle zur Terrorismusfinanzierung genutzt werden können, sollten die in Bezug auf die Bekämpfung der Geldwäsche und der Terrorismusfinanzierung bestehenden Pflichten auf Lebensversicherungsvermittler sowie auf Dienstleister für Trusts und Gesellschaften angewandt werden.

(16) Einrichtungen, für die ein Versicherungsunternehmen rechtlich verantwortlich ist und die daher bereits in den Geltungsbereich dieser Richtlinie fallen, sollten nicht in die Kategorie der Versicherungsvermittler einbezogen werden.

(17) Die Ausübung der Funktion eines Leiters oder eines Geschäftsführers einer Gesellschaft macht die betreffende Person nicht automatisch zum Dienstleister für Trusts und Gesellschaften. Daher fallen unter diese Begriffsbestimmung lediglich Personen, die geschäftsmäßig für einen Dritten die Funktion eines Leiters oder Geschäftsführers einer Gesellschaft ausüben.

(18) Es hat sich wiederholt gezeigt, dass bei Barzahlung hoher Beträge ein sehr großes Risiko der Geldwäsche und der Terrorismusfinanzierung besteht. Daher sollten in denjenigen Mitgliedstaaten, die Barzahlungen über den festgesetzten Schwellenbeträgen zulassen, alle natürlichen oder juristischen Personen, die geschäftsmäßig mit Gütern handeln, bei der Annahme solcher Barzahlungen dieser Richtlinie unterliegen. Personen, die mit hochwertigen Gütern wie Edelsteinen, Edelmetallen oder Kunstwerken handeln, sowie Versteigerer fallen in jedem Fall unter diese Richtlinie, sofern an sie Barzahlungen in Höhe von 15000 EUR oder mehr geleistet werden. Um eine wirksame Überwachung der Einhaltung dieser Richtlinie durch diese potenziell große Gruppe von Instituten und Personen sicherzustellen, können die Mitgliedstaaten ihre Kontrollmaßnahmen entsprechend dem Grundsatz der risikobasierten Beaufsichtigung speziell auf diejenigen natürlichen und juristischen Personen, die mit Gütern handeln, konzentrieren, bei denen ein relativ hohes Risiko der Geldwäsche oder der Terrorismusfinanzierung besteht. Angesichts der unterschiedlichen Situationen in den einzelnen Ländern können die Mitgliedstaaten beschließen, strengere Vorschriften zu erlassen, um auf das mit der Barzahlung hoher Beträge verbundene Risiko angemessen zu reagieren.

(19) Nach der Richtlinie 91/308/EWG fallen auch Notare und andere selbstständige Angehörige von Rechtsberufen unter die Geldwäschebekämpfungsvorschriften der Gemeinschaft; diese Regelung sollte in dieser Richtlinie unverändert beibehalten werden; diese Angehörigen von Rechtsberufen im Sinne der von den Mitgliedstaaten vorgenommenen Definition unterliegen den Bestimmungen dieser Richtlinie, wenn sie sich – einschließlich der Steuerberatung – an Finanz- oder Unternehmenstransaktionen beteiligen, bei denen die Gefahr sehr groß ist, dass ihre Dienste für das Waschen von Erlösen aus kriminellen Tätigkeiten oder für die Zwecke der Terrorismusfinanzierung missbraucht werden.

Anh. II.3

(20) Wenn selbstständige Angehörige von Berufen der Rechtsberatung, die gesetzlich anerkannt sind und überwacht werden, wie beispielsweise Rechtsanwälte, die Rechtslage für einen Klienten beurteilen oder einen Klienten in einem gesetzlich normierten Verfahren vertreten, wäre es nach dieser Richtlinie allerdings nicht angebracht, diese Berufszweige im Hinblick auf diese Tätigkeiten zur Meldung des Verdachts auf Geldwäsche oder Terrorismusfinanzierung zu verpflichten. Es müssen Freistellungen von der Pflicht zur Meldung von Informationen vorgesehen werden, die vor, während oder nach einem Gerichtsverfahren oder im Rahmen der Beurteilung der Rechtslage für einen Klienten erlangt wurden. Folglich unterliegt die Rechtsberatung weiterhin der beruflichen Geheimhaltungspflicht, es sei denn, der Rechtsberater ist an Geldwäsche oder Terrorismusfinanzierung beteiligt, die Rechtsberatung wird zum Zwecke der Geldwäsche oder Terrorismusfinanzierung erteilt oder der Rechtsanwalt weiß, dass der Klient die Rechtsberatung für Zwecke der Geldwäsche oder Terrorismusfinanzierung in Anspruch nimmt.

(21) Unmittelbar vergleichbare Dienstleistungen müssen auf die gleiche Weise behandelt werden, wenn sie von Angehörigen eines der von dieser Richtlinie erfassten Berufszweige erbracht werden. Zur Wahrung der in der Europäischen Konvention zum Schutze der Menschenrechte und Grundfreiheiten und im Vertrag über die Europäische Union verankerten Rechte sollten im Fall von Abschlussprüfern, externen Buchprüfern und Steuerberatern, die in einigen Mitgliedstaaten einen Klienten in einem Gerichtsverfahren verteidigen oder vertreten können oder die Rechtslage für einen Klienten beurteilen können, die von diesen in Ausübung dieser Tätigkeiten erlangten Informationen nicht der Meldepflicht nach dieser Richtlinie unterliegen.

(22) Es sollte anerkannt werden, dass die Gefahr der Geldwäsche und der Terrorismusfinanzierung nicht in allen Fällen gleich hoch ist. Gemäß einem risikobasierten Ansatz sollte in den Gemeinschaftsvorschriften der Grundsatz eingeführt werden, dass in bestimmten Fällen vereinfachte Sorgfaltspflichten gegenüber Kunden zugelassen werden.

(23) Die Ausnahmeregelung betreffend die Identifizierung der wirtschaftlichen Eigentümer von Sammelkonten, die von Notaren oder anderen selbstständigen Angehörigen von Rechtsberufen geführt werden, sollte die Verpflichtungen, die diesen Notaren und anderen selbstständigen Angehörigen von Rechtsberufen gemäß dieser Richtlinie obliegen, unberührt lassen. Dazu gehört die Verpflichtung dieser Notare und anderen selbstständigen Angehörigen von Rechtsberufen, die Identität der wirtschaftlichen Eigentümer der von ihnen geführten Sammelkonten selbst festzustellen.

(24) Ebenso sollte in den Gemeinschaftsvorschriften anerkannt werden, dass in bestimmten Situationen ein erhöhtes Risiko der Geldwäsche oder der Terrorismusfinanzierung besteht. Wenngleich das Identitäts- und Geschäftsprofil sämtlicher Kunden festgestellt werden sollte, gibt es Fälle, in denen eine besonders gründliche Feststellung und Überprüfung der Identität des Kunden erforderlich ist.

(25) Dies gilt besonders für Geschäftsbeziehungen zu Einzelpersonen, die wichtige öffentliche Positionen bekleiden oder bekleidet haben und insbesondere aus Ländern stammen, in denen Korruption weit verbreitet ist. Für den Finanzsektor können bei derartigen Geschäftsbeziehungen insbesondere große Gefahren für seinen Ruf und/oder rechtliche Risiken bestehen. Die internationalen Anstrengungen auf dem Gebiet der Korruptionsbekämpfung rechtfertigen auch eine erhöhte Wachsamkeit bei derartigen Fällen sowie die vollständige Beachtung der normalen Sorgfaltspflichten bei der Feststellung der Kundenidentität inländischer politisch exponierter Personen bzw. der verstärkten Sorgfaltspflichten bei der Feststellung der Kundenidentität politisch exponierter Personen, die in einem anderen Mitgliedstaat oder einem Drittland ansässig sind.

(26) Die Einholung der Zustimmung der Führungsebene zur Aufnahme von Geschäftsbeziehungen sollte nicht die Einholung der Zustimmung der Geschäftsleitung beinhalten, sondern der Zustimmung jener Ebene in der Hierarchie, der die Person, die um eine derartige Zustimmung ersucht, unmittelbar untersteht.

(27) Um eine wiederholte Feststellung der Identität von Kunden zu vermeiden, die zu Verzögerungen und Ineffizienz bei Geschäften führen würde, ist es angebracht, unter der Voraussetzung angemessener Sicherungsmaßnahmen auch die Einführung von Kunden zuzulassen, deren Identität bereits andernorts festgestellt worden ist. In Fällen, in denen ein dieser Richtlinie unterliegendes Institut oder eine dieser Richtlinie unterliegende Person auf Dritte zurückgreift, liegt die endgültige Verantwortung für die Anwendung der Verfahren zur Erfüllung der Sorgfaltspflichten gegenüber dem Kunden bei dem Institut oder der Person, bei dem bzw. der der Kunde eingeführt wird. Auch der Dritte, d. h. die einführende Partei, bleibt, soweit er eine unter diese Richtlinie fallende Beziehung zu dem Kunden unterhält, weiterhin für die Erfüllung der Anforderungen dieser Richtlinie einschließlich der Pflicht zur Meldung verdächtiger Transaktionen und zur Aufbewahrung von Aufzeichnungen verantwortlich.

(28) Im Falle von Vertretungs- oder „Outsourcing"-Verhältnissen auf Vertragsbasis zwischen Instituten oder Personen, die dieser Richtlinie unterliegen, und externen natürlichen oder juristischen Personen, die dieser Richtlinie nicht unterliegen, erwachsen diesen Vertretern oder „Outsourcing"-Dienstleistern als Teil der dieser Richtlinie unterliegenden Institute oder Personen Pflichten zur Bekämpfung der Geldwäsche und der Terrorismusfinanzierung nur aufgrund des Vertrags und nicht aufgrund dieser Richtlinie. Die Verantwortung für die Einhaltung dieser Richtlinie sollte weiterhin bei dem dieser Richtlinie unterliegenden Institut oder der dieser Richtlinie unterliegenden Person liegen.

(29) Verdächtige Transaktionen sollten der zentralen Meldestelle (FIU) gemeldet werden, die als nationale Zentralstelle fungiert und deren Aufgabe es ist, Meldungen verdächtiger Transaktionen und andere Informationen, die potenzielle Geldwäsche oder Terrorismusfinanzierung betreffen, entgegenzunehmen, zu analysieren und an die zuständigen Behörden weiterzugeben. Dies sollte die Mitgliedstaaten nicht zur Änderung ihrer bestehenden Meldesysteme verpflichten, bei denen das Meldeverfahren über die Staatsanwaltschaft oder andere Strafverfolgungsbehörden erfolgt, sofern die Informationen umgehend und

ungefiltert an die zentralen Meldestellen weitergeleitet werden, sodass diese ihre Aufgaben ordnungsgemäß wahrnehmen können, was auch die internationale Zusammenarbeit mit anderen zentralen Meldestellen einschließt.

(30) Abweichend von dem allgemeinen Verbot der Durchführung verdächtiger Transaktionen können die dieser Richtlinie unterliegenden Institute und Personen verdächtige Transaktionen vor Unterrichtung der zuständigen Behörden abwickeln, falls die Nichtabwicklung nicht möglich ist oder falls dadurch die Verfolgung der Nutznießer einer mutmaßlichen Geldwäsche oder Terrorismusfinanzierung behindert werden könnte. Dies sollte jedoch unbeschadet der von den Mitgliedstaaten eingegangenen internationalen Verpflichtungen gelten, Finanzmittel oder andere Vermögenswerte von Terroristen, terroristischen Vereinigungen oder denjenigen, die den Terrorismus finanzieren, entsprechend den einschlägigen Resolutionen des Sicherheitsrates der Vereinten Nationen unverzüglich einzufrieren.

(31) Soweit ein Mitgliedstaat beschließt, Ausnahmen nach Artikel 23 Absatz 2 anzuwenden, kann er zulassen oder vorschreiben, dass die Selbstverwaltungseinrichtung, die die in diesem Artikel genannten Personen vertritt, an die zentrale Meldestelle keine Informationen weitergibt, die sie unter den in diesem Artikel genannten Umständen von diesen Personen erlangt hat.

(32) Es hat bereits eine Reihe von Fällen gegeben, in denen Angestellte, die einen Verdacht auf Geldwäsche gemeldet hatten, bedroht oder angefeindet wurden. Wenngleich mit dieser Richtlinie nicht in die Justizverfahren der Mitgliedstaaten eingegriffen werden kann und soll, ist dieser Aspekt von zentraler Bedeutung für die Wirksamkeit des Systems zur Bekämpfung der Geldwäsche und der Terrorismusfinanzierung. Die Mitgliedstaaten sollten sich dieses Problems bewusst sein und alles in ihren Möglichkeiten Stehende dafür tun, dass Angestellte vor derartigen Bedrohungen oder Anfeindungen geschützt sind.

(33) Die Weitergabe von Informationen gemäß Artikel 28 sollte gemäß den Bestimmungen für die Übermittlung personenbezogener Daten an Drittländer erfolgen, die in der Richtlinie 95/46/EG des Europäischen Parlaments und des Rates vom 24. Oktober 1995 zum Schutz natürlicher Personen bei der Verarbeitung personenbezogener Daten und zum freien Datenverkehr[6] festgelegt sind. Des Weiteren dürfen die Bestimmungen des Artikels 28 die einzelstaatlichen Rechtsvorschriften zum Datenschutz und zum Berufsgeheimnis nicht beeinträchtigen.

(34) Personen, die nur Papierdokumente in elektronische Daten umwandeln und im Rahmen eines Vertrags mit einem Kredit- oder Finanzinstitut tätig sind, fallen nicht in den Geltungsbereich dieser Richtlinie; dies gilt auch für jede natürliche oder juristische Person, die Kredit- oder Finanzinstituten nur eine Nachricht übermittelt oder ihnen ein sonstiges System zur Unterstützung der

---

[6] ABl. L 281 vom 23.11.1995, S. 31. Geändert durch die Verordnung (EG) Nr. 1882/2003 (ABl. L 284 vom 31.10.2003, S. 1).

Anh. II.3

Übermittlung von Geldmitteln oder ein Verrechnungs- und Saldenausgleichsystem zur Verfügung stellt.

(35) Die Geldwäsche und die Terrorismusfinanzierung sind grenzübergreifende Probleme, und daher sollte auch ihre Bekämpfung grenzübergreifend sein. Kredit- und Finanzinstitute der Gemeinschaft, die Zweigstellen oder Tochterunternehmen in Drittländern haben, in denen die Rechtsvorschriften für diesen Bereich unzureichend sind, sollten den Gemeinschaftsstandard zur Anwendung bringen, um zu vermeiden, dass sehr verschiedene Standards innerhalb eines Instituts oder einer Institutsgruppe zur Anwendung kommen, oder, falls diese Anwendung nicht möglich ist, die zuständigen Behörden des Herkunftsmitgliedstaats benachrichtigen.

(36) Es ist wichtig, dass Kredit- und Finanzinstitute in der Lage sind, rasch auf Anfragen zu antworten, ob sie mit bestimmten Personen Geschäftsbeziehungen unterhalten. Um solche Geschäftsbeziehungen feststellen und die betreffenden Informationen rasch zur Verfügung stellen zu können, sollten die Kredit- und Finanzinstitute über wirksame, dem Umfang und der Art ihres Geschäfts entsprechende Systeme verfügen. Insbesondere für Kreditinstitute und größere Finanzinstitute wären elektronische Systeme zweckmäßig. Besonders wichtig ist diese Bestimmung im Zusammenhang mit Verfahren, die zu Maßnahmen wie dem Einfrieren oder der Beschlagnahme von Vermögenswerten (einschließlich Vermögen von Terroristen) entsprechend den einschlägigen nationalen oder gemeinschaftlichen Rechtsvorschriften im Hinblick auf die Terrorismusbekämpfung führen.

(37) Diese Richtlinie legt detaillierte Bestimmungen für die Sorgfaltspflichten gegenüber Kunden fest, einschließlich einer verstärkten Sorgfaltspflicht bei Kunden oder Geschäftsbeziehungen mit hohem Risiko, wobei etwa durch angemessene Verfahren festgestellt werden soll, ob es sich bei einer Person um eine politisch exponierte Person handelt; sie enthält ferner eine Reihe detaillierterer zusätzlicher Anforderungen, etwa im Hinblick auf Strategien und Verfahren zur Gewährleistung der Einhaltung der einschlägigen Vorschriften. Alle dieser Richtlinie unterliegenden Institute und Personen haben alle diese Anforderungen zu erfüllen, während von den Mitgliedstaaten erwartet wird, die Einzelheiten der Umsetzung dieser Bestimmungen auf die Besonderheiten der verschiedenen Berufe und die Unterschiede in Umfang und Größe der dieser Richtlinie unterliegenden Institute und Personen abzustimmen.

(38) Um sicherzustellen, dass die dem Gemeinschaftsrecht auf diesem Gebiet unterliegenden Institute und sonstigen Rechtssubjekte engagiert bleiben, sollten diese, soweit dies praktikabel ist, eine Rückmeldung über den Nutzen ihrer Meldungen und die daraufhin ergriffenen Maßnahmen erhalten. Zu diesem Zweck und um die Wirksamkeit ihrer Systeme zur Bekämpfung der Geldwäsche und der Terrorismusfinanzierung überprüfen zu können, sollten die Mitgliedstaaten einschlägige Statistiken führen und diese verbessern.

(39) Bei der Eintragung oder Zulassung einer Wechselstube, eines Dienstleisters für Trusts und Gesellschaften oder eines Kasinos auf nationaler Ebene sollten die

zuständigen Behörden sicherstellen, dass die Personen, die die Geschäfte solcher Einrichtungen faktisch führen oder führen werden, und die wirtschaftlichen Eigentümer solcher Einrichtungen über die notwendige Zuverlässigkeit und fachliche Eignung verfügen. Die Kriterien, nach denen bestimmt wird, ob eine Person über die notwendige Zuverlässigkeit und fachliche Eignung verfügt, sollten gemäß den einzelstaatlichen Rechtsvorschriften festgelegt werden. Diese Kriterien sollten zumindest die Notwendigkeit widerspiegeln, solche Einrichtungen vor Missbrauch zu kriminellen Zwecken durch ihre Leiter oder wirtschaftlichen Eigentümer zu schützen.

(40) Angesichts des internationalen Charakters der Geldwäsche und der Terrorismusfinanzierung sollten die Koordinierung und die Zusammenarbeit zwischen den zentralen Meldestellen nach dem Beschluss 2000/642/JI des Rates vom 17. Oktober 2000 über Vereinbarungen für eine Zusammenarbeit zwischen den zentralen Meldestellen der Mitgliedstaaten beim Austausch von Informationen[7], einschließlich der Errichtung des EU-Netzwerks „FIU-NET", weitestmöglich gefördert werden. Zu diesem Zweck sollte die Kommission die Hilfe leisten, die erforderlich ist, um eine solche Koordinierung zu erleichtern, einschließlich finanzieller Unterstützung.

(41) Die Bedeutung der Bekämpfung der Geldwäsche und der Terrorismusfinanzierung sollte die Mitgliedstaaten veranlassen, im nationalen Recht wirksame, verhältnismäßige und abschreckende Sanktionen für den Fall vorzusehen, dass die aufgrund dieser Richtlinie erlassenen nationalen Vorschriften nicht eingehalten werden. Sanktionen sollten für natürliche und juristische Personen vorgesehen werden. Da oft juristische Personen in komplexe Aktivitäten der Geldwäsche oder Terrorismusfinanzierung verwickelt sind, sollten die Sanktionen auch im Hinblick auf die Aktivität von juristischen Personen angepasst werden.

(42) Natürliche Personen, die im Rahmen der Struktur einer juristischen Person, jedoch auf selbstständiger Grundlage eine der in Artikel 2 Absatz 1 Nummer 3 Buchstaben a und b aufgeführten Tätigkeiten ausüben, sollten selbstständig für die Einhaltung der Bestimmungen dieser Richtlinie mit Ausnahme des Artikels 35 verantwortlich sein.

(43) Eine Klärung der technischen Aspekte der Bestimmungen dieser Richtlinie kann erforderlich sein, um eine wirksame und hinreichend kohärente Durchführung dieser Richtlinie unter Berücksichtigung der verschiedenen Finanzinstrumente, Berufe und Risiken in den verschiedenen Mitgliedstaaten und der technischen Entwicklungen bei der Bekämpfung der Geldwäsche und der Terrorismusfinanzierung sicherzustellen. Die Kommission sollte daher ermächtigt werden, nach Anhörung des Ausschusses zur Verhinderung der Geldwäsche und der Terrorismusfinanzierung Durchführungsmaßnahmen zu erlassen, etwa bestimmte Kriterien zur Ermittlung von Situationen mit geringem bzw. hohem Risiko, in denen vereinfachte Sorgfaltspflichten gegenüber Kunden ausreichen

---

7) ABl. L 271 vom 24.10.2000, S. 4.

Anh. II.3

könnten bzw. in denen verstärkte Sorgfaltspflichten angemessen wären, sofern durch diese Maßnahmen die wesentlichen Bestandteile dieser Richtlinie nicht geändert werden und die Kommission gemäß den darin festgelegten Grundsätzen handelt.

(44) Die zur Durchführung dieser Richtlinie erforderlichen Maßnahmen sollten gemäß dem Beschluss 1999/468/EG des Rates vom 28. Juni 1999 zur Festlegung der Modalitäten für die Ausübung der der Kommission übertragenen Durchführungsbefugnisse[8] erlassen werden. Zu diesem Zweck sollte ein neuer Ausschuss zur Verhinderung der Geldwäsche und der Terrorismusfinanzierung eingesetzt werden, der an die Stelle des durch die Richtlinie 91/308/EWG geschaffenen Kontaktausschusses „Geldwäsche" tritt.

(45) Die Richtlinie 91/308/EWG sollte angesichts der erforderlichen tiefgreifenden Änderungen und aus Gründen der Klarheit aufgehoben werden.

(46) Da das Ziel dieser Richtlinie, nämlich die Verhinderung der Nutzung des Finanzsystems zum Zwecke der Geldwäsche und der Terrorismusfinanzierung, auf Ebene der Mitgliedstaaten nicht ausreichend erreicht werden kann und daher wegen des Umfangs und der Wirkungen der Maßnahme besser auf Gemeinschaftsebene zu erreichen ist, kann die Gemeinschaft im Einklang mit dem in Artikel 5 des Vertrags verankerten Subsidiaritätsprinzip tätig werden. Entsprechend dem in demselben Artikel niedergelegten Verhältnismäßigkeitsprinzip geht diese Richtlinie nicht über das für die Erreichung dieses Ziels erforderliche Maß hinaus.

(47) Bei der Ausübung ihrer Durchführungsbefugnisse im Sinne dieser Richtlinie sollte die Kommission die folgenden Grundsätze beachten: die Notwendigkeit eines hohen Maßes an Transparenz und einer umfassenden Konsultation der dieser Richtlinie unterliegenden Institute und Personen sowie des Europäischen Parlaments und des Rates; die Notwendigkeit, sicherzustellen, dass die zuständigen Behörden in der Lage sind, die konsequente Einhaltung der Vorschriften zu gewährleisten; die Notwendigkeit, bei jeglichen Durchführungsmaßnahmen das Gleichgewicht zwischen Kosten und Nutzen für die dieser Richtlinie unterliegenden Institute und Personen langfristig zu wahren; die Notwendigkeit, die erforderliche Flexibilität bei der Anwendung von Durchführungsmaßnahmen entsprechend einem risikoorientierten Ansatz sicherzustellen; die Notwendigkeit, die Kohärenz mit anderen Gemeinschaftsvorschriften in diesem Bereich sicherzustellen; die Notwendigkeit, die Gemeinschaft, ihre Mitgliedstaaten und deren Bürger vor den Folgen von Geldwäsche und Terrorismusfinanzierung zu schützen.

(48) Diese Richtlinie steht im Einklang mit den Grundrechten und Grundsätzen, die insbesondere mit der Charta der Grundrechte der Europäischen Union anerkannt wurden. Keine Bestimmung dieser Richtlinie darf in einer Weise ausgelegt oder umgesetzt werden, die nicht mit der Europäischen Menschenrechtskonvention vereinbar ist –

---

8) ABl. L 184 vom 17.7.1999, S. 23.

haben folgende Richtlinie erlassen:

Kapitel I
Gegenstand, Geltungsbereich und Begriffsbestimmungen

Artikel 1

(1) Die Mitgliedstaaten sorgen dafür, dass Geldwäsche und Terrorismusfinanzierung untersagt werden.

(2) Als Geldwäsche im Sinne dieser Richtlinie gelten die folgenden Handlungen, wenn sie vorsätzlich begangen werden:

a) der Umtausch oder Transfer von Vermögensgegenständen in Kenntnis der Tatsache, dass diese Gegenstände aus einer kriminellen Tätigkeit oder aus der Teilnahme an einer solchen Tätigkeit stammen, zum Zwecke der Verheimlichung oder Verschleierung des illegalen Ursprungs der Vermögensgegenstände oder der Unterstützung von Personen, die an einer solchen Tätigkeit beteiligt sind, damit diese den Rechtsfolgen ihrer Tat entgehen;
b) die Verheimlichung oder Verschleierung der wahren Natur, Herkunft, Lage, Verfügung oder Bewegung von Vermögensgegenständen oder von Rechten oder Eigentum an Vermögensgegenständen in Kenntnis der Tatsache, dass diese Gegenstände aus einer kriminellen Tätigkeit oder aus der Teilnahme an einer solchen Tätigkeit stammen;
c) der Erwerb, der Besitz oder die Verwendung von Vermögensgegenständen, wenn dem Betreffenden bei der Übernahme dieser Vermögensgegenstände bekannt war, dass diese Gegenstände aus einer kriminellen Tätigkeit oder aus der Teilnahme an einer solchen Tätigkeit stammen;
d) die Beteiligung an einer der in den vorstehenden Buchstaben aufgeführten Handlungen, Zusammenschlüsse zur Ausführung einer solchen Handlung, Versuche einer solchen Handlung, Beihilfe, Anstiftung oder Beratung zur Ausführung einer solchen Handlung oder Erleichterung ihrer Ausführung.

(3) Der Tatbestand der Geldwäsche liegt auch dann vor, wenn die Handlungen, die den zu waschenden Vermögensgegenständen zugrunde liegen, im Hoheitsgebiet eines anderen Mitgliedstaats oder eines Drittlandes vorgenommen wurden.

(4) Im Sinne dieser Richtlinie bedeutet „Terrorismusfinanzierung" die Bereitstellung oder Sammlung finanzieller Mittel, gleichviel auf welche Weise, unmittelbar oder mittelbar, mit der Absicht oder in Kenntnis dessen, dass sie ganz oder teilweise dazu verwendet werden, eine der Straftaten im Sinne der Artikel 1 bis 4 des Rahmenbeschlusses 2002/475/JI des Rates vom 13. Juni 2002 zur Terrorismusbekämpfung[9] zu begehen.

---

9) ABl. L 164 vom 22.6.2002, S. 3.

Anh. II.3

(5) Ob Kenntnis, Vorsatz oder Zweck, die ein Merkmal der in den Absätzen 2 und 4 genannten Handlungen sein müssen, vorliegen, kann anhand objektiver Tatumstände festgestellt werden.

Artikel 2

(1) Diese Richtlinie gilt für:
1. Kreditinstitute;
2. Finanzinstitute;
3. die folgenden juristischen oder natürlichen Personen bei der Ausübung ihrer beruflichen Tätigkeit:
    a) Abschlussprüfer, externe Buchprüfer und Steuerberater;
    b) Notare und andere selbstständige Angehörige von Rechtsberufen, wenn sie im Namen und auf Rechnung ihres Klienten Finanz- oder Immobilientransaktionen erledigen oder für ihren Klienten an der Planung oder Durchführung von Transaktionen mitwirken, die Folgendes betreffen:
        i) Kauf und Verkauf von Immobilien oder Gewerbebetrieben,
        ii) Verwaltung von Geld, Wertpapieren oder sonstigen Vermögenswerten ihres Klienten,
        iii) Eröffnung oder Verwaltung von Bank-, Spar- oder Wertpapierkonten,
        iv) Beschaffung der zur Gründung, zum Betrieb oder zur Verwaltung von Gesellschaften erforderlichen Mittel,
        v) Gründung, Betrieb oder Verwaltung von Treuhandgesellschaften, Gesellschaften oder ähnlichen Strukturen;
    c) Dienstleister für Trusts und Gesellschaften, die nicht unter die Buchstaben a oder b fallen;
    d) Immobilienmakler;
    e) andere natürliche oder juristische Personen, die mit Gütern handeln, soweit Zahlungen in bar in Höhe von 15000 EUR oder mehr erfolgen, unabhängig davon, ob die Transaktion in einem einzigen Vorgang oder in mehreren Vorgängen, zwischen denen eine Verbindung zu bestehen scheint, getätigt wird;
    f) Kasinos.

(2) Die Mitgliedstaaten können beschließen, dass juristische und natürliche Personen, die eine Finanztätigkeit nur gelegentlich oder in sehr begrenztem Umfang ausüben und bei denen ein geringes Risiko der Geldwäsche oder der Terrorismusfinanzierung besteht, nicht unter Artikel 3 Absätze 1 oder 2 fallen.

Artikel 3

Im Sinne dieser Richtlinie bedeutet:
1. „Kreditinstitut" ein Kreditinstitut im Sinne von Artikel 1 Nummer 1 Unterabsatz 1 der Richtlinie 2000/12/EG des Europäischen Parlaments und des Rates vom 20. März 2000 über die Aufnahme und Ausübung der Tätigkeit der Kredit-

Anh. II.3

institute[10] sowie – im Sinne von Artikel 1 Nummer 3 jener Richtlinie – eine in der Gemeinschaft gelegene Zweigstelle eines Kreditinstituts mit Sitz innerhalb oder außerhalb der Gemeinschaft;

2. „Finanzinstitut":

   a) ein anderes Unternehmen als ein Kreditinstitut, das eines oder mehrere der in den Nummern 2 bis 12 und 14 der Liste in Anhang I der Richtlinie 2000/12/EG aufgeführten Geschäfte tätigt, einschließlich der Tätigkeiten einer Wechselstube („bureau de change") oder eines Unternehmens, das das Finanztransfergeschäft betreibt;

   b) ein Versicherungsunternehmen, das gemäß der Richtlinie 2002/83/EG des Europäischen Parlaments und des Rates vom 5. November 2002 über Lebensversicherungen[11] ordnungsgemäß zugelassen ist, soweit es Tätigkeiten ausübt, die unter jene Richtlinie fallen;

   c) eine Wertpapierfirma im Sinne von Artikel 4 Absatz 1 Nummer 1 der Richtlinie 2004/39/EG des Europäischen Parlaments und des Rates vom 21. April 2004 über Märkte für Finanzinstrumente[12];

   d) einen Organismus für die gemeinsame Anlage in Wertpapieren, der seine Anteilscheine oder Anteile vertreibt;

   e) einen Versicherungsvermittler im Sinne von Artikel 2 Nummer 5 der Richtlinie 2002/92/EG des Europäischen Parlaments und des Rates vom 9. Dezember 2002 über Versicherungsvermittlung[13], mit Ausnahme der in Artikel 2 Nummer 7 jener Richtlinie genannten Versicherungsvermittler, wenn er im Zusammenhang mit Lebensversicherungen und anderen Dienstleistungen mit Anlagezweck tätig wird;

   f) in der Gemeinschaft gelegene Zweigstellen von in den Buchstaben a bis e genannten Finanzinstituten, deren Sitz sich innerhalb oder außerhalb der Gemeinschaft befindet;

3. „Vermögensgegenstand" Vermögenswerte aller Art, ob körperlich oder nichtkörperlich, beweglich oder unbeweglich, materiell oder immateriell, und Rechtstitel oder Urkunden in jeder, einschließlich elektronischer oder digitaler Form, die das Eigentumsrecht oder Rechte an solchen Vermögenswerten belegen;

4. „kriminelle Tätigkeit" jede Form der kriminellen Beteiligung an der Begehung einer schweren Straftat;

5. „schwere Straftaten" zumindest:

   a) Handlungen im Sinne der Artikel 1 bis 4 des Rahmenbeschlusses 2002/475/JI;

---

10) ABl. L 126 vom 26.5.2000, S. 1. Zuletzt geändert durch die Richtlinie 2005/1/EG (ABl. L 79 vom 24.3.2005, S. 9).
11) ABl. L 345 vom 19.12.2002, S. 1. Zuletzt geändert durch die Richtlinie 2005/1/EG.
12) ABl. L 145 vom 30.4.2004, S. 1.
13) ABl. L 9 vom 15.1.2003, S. 3.

Anh. II.3

b) alle Straftaten im Sinne von Artikel 3 Absatz 1 Buchstabe a des Übereinkommens der Vereinten Nationen von 1988 gegen den unerlaubten Verkehr mit Suchtstoffen und psychotropen Stoffen;
c) die Handlungen krimineller Vereinigungen im Sinne von Artikel 1 der Gemeinsamen Maßnahme 98/733/JI des Rates vom 21. Dezember 1998 betreffend die Strafbarkeit der Beteiligung an einer kriminellen Vereinigung in den Mitgliedstaaten der Europäischen Union[14];
d) Betrug im Sinne von Artikel 1 Absatz 1 und Artikel 2 des Übereinkommens über den Schutz der finanziellen Interessen der Europäischen Gemeinschaften[15], zumindest in schweren Fällen;
e) Bestechung;
f) alle Straftaten, die mit einer Freiheitsstrafe oder einer die Freiheit beschränkenden Maßregel der Sicherung und Besserung im Höchstmaß von mehr als einem Jahr oder – in Staaten, deren Rechtssystem ein Mindeststrafmaß für Straftaten vorsieht – die mit einer Freiheitsstrafe oder einer die Freiheit beschränkenden Maßregel der Sicherung und Besserung von mindestens mehr als sechs Monaten belegt werden können;

6. „wirtschaftlicher Eigentümer" die natürliche(n) Person(en), in deren Eigentum oder unter deren Kontrolle der Kunde letztlich steht und/oder die natürliche Person, in deren Auftrag eine Transaktion oder Tätigkeit ausgeführt wird. Der Begriff des wirtschaftlichen Eigentümers umfasst mindestens:
   a) bei Gesellschaften:
      i) die natürliche(n) Person(en), in deren Eigentum oder unter deren Kontrolle eine Rechtsperson über das direkte oder indirekte Halten oder Kontrollieren eines ausreichenden Anteils von Aktien oder Stimmrechten jener Rechtsperson, einschließlich über Beteiligungen in Form von Inhaberaktien, letztlich steht, bei der es sich nicht um eine auf einem geregelten Markt notierte Gesellschaft handelt, die dem Gemeinschaftsrecht entsprechenden Offenlegungsanforderungen bzw. gleichwertigen internationalen Standards unterliegt; ein Anteil von 25 % plus einer Aktie gilt als ausreichend, damit dieses Kriterium erfüllt wird;
      ii) die natürliche(n) Person(en), die auf andere Weise die Kontrolle über die Geschäftsleitung einer Rechtsperson ausübt(ausüben);
   b) bei Rechtspersonen, wie beispielsweise Stiftungen, und bei Rechtsvereinbarungen, wie beispielsweise Trusts, die Gelder verwalten oder verteilen:
      i) sofern die künftigen Begünstigten bereits bestimmt wurden, die natürliche(n) Person(en), die der(die) Begünstigte(n) von 25 % oder mehr des Vermögens einer Rechtsvereinbarung oder Rechtsperson ist(sind);
      ii) sofern die Einzelpersonen, die Begünstigte der Rechtsvereinbarung oder Rechtsperson sind, noch nicht bestimmt wurden, die Gruppe von Personen, in deren Interesse hauptsächlich die Rechtsvereinbarung oder die Rechtsperson wirksam ist oder errichtet wurde;

---

14) ABl. L 351 vom 29.12.1998, S. 1.
15) ABl. C 316 vom 27.11.1995, S. 49.

Anh. II.3

iii) die natürliche(n) Person(en), die eine Kontrolle über 25 % oder mehr des Vermögens einer Rechtsvereinbarung oder Rechtsperson ausübt(ausüben);

7. „Dienstleister für Trusts und Gesellschaften" jede natürliche oder juristische Person, die geschäftsmäßig eine der folgenden Dienstleistungen für Dritte erbringt:

   a) Gründung von Gesellschaften oder anderen juristischen Personen;
   b) Ausübung der Funktion eines Leiters oder eines Geschäftsführers einer Gesellschaft, eines Gesellschafters einer Personengesellschaft oder Wahrnehmung einer vergleichbaren Position gegenüber anderen juristischen Personen oder Arrangement für eine andere Person, sodass sie die zuvor genannten Funktionen ausüben kann;
   c) Bereitstellung eines Gesellschaftssitzes, einer Geschäfts-, Verwaltungs- oder Postadresse und anderer damit zusammenhängender Dienstleistungen für eine Gesellschaft, eine Personengesellschaft oder eine andere juristische Person oder Rechtsvereinbarung;
   d) Ausübung der Funktion eines Treuhänders eines Direkttrusts oder einer ähnlichen Rechtsvereinbarung oder Arrangement für eine andere Person, sodass sie die zuvor genannten Funktionen ausüben kann;
   e) Ausübung der Funktion eines nominellen Anteilseigners für eine andere Person, bei der es sich nicht um eine auf einem geregelten Markt notierte Gesellschaft handelt, die dem Gemeinschaftsrecht entsprechenden Offenlegungsanforderungen bzw. gleichwertigen internationalen Standards unterliegt, oder Arrangement für eine andere Person, sodass sie die zuvor genannten Funktionen ausüben kann;

8. „politisch exponierte Personen" diejenigen natürlichen Personen, die wichtige öffentliche Ämter ausüben oder ausgeübt haben, und deren unmittelbare Familienmitglieder oder ihnen bekanntermaßen nahe stehenden Personen;

9. „Geschäftsbeziehung" jede geschäftliche, berufliche oder kommerzielle Beziehung, die in Verbindung mit den gewerblichen Tätigkeiten der dieser Richtlinie unterliegenden Institute und Personen unterhalten wird und bei der bei Zustandekommen des Kontakts davon ausgegangen wird, dass sie von gewisser Dauer sein wird;

10. „Bank-Mantelgesellschaft (shell bank)" ein Kreditinstitut oder ein gleichwertige Tätigkeiten ausübendes Institut, das in einem Land gegründet wurde, in dem es nicht physisch präsent ist, sodass eine echte Leitung und Verwaltung stattfinden könnten, und das keiner regulierten Finanzgruppe angeschlossen ist.

Artikel 4

(1) Die Mitgliedstaaten sorgen dafür, dass die Bestimmungen dieser Richtlinie ganz oder teilweise auf Berufe und Unternehmenskategorien ausgedehnt werden, die zwar keine Institute und Personen im Sinne von Artikel 2 Absatz 1 sind, jedoch Tätigkeiten ausüben, die besonders geeignet sind, für Zwecke der Geldwäsche und der Terrorismusfinanzierung genutzt zu werden.

Anh. II.3

(2) Beschließt ein Mitgliedstaat, die Bestimmungen dieser Richtlinie auf andere als die in Artikel 2 Absatz 1 genannten Berufe und Unternehmenskategorien auszudehnen, so teilt er dies der Kommission mit.

Artikel 5

Die Mitgliedstaaten können zur Verhinderung der Geldwäsche und der Terrorismusfinanzierung strengere Vorschriften auf dem unter diese Richtlinie fallenden Gebiet erlassen oder beibehalten.

Kapitel II
Sorgfaltspflichten gegenüber Kunden

Abschnitt 1
Allgemeine Bestimmungen

Artikel 6

Die Mitgliedstaaten untersagen ihren Kredit- und Finanzinstituten das Führen anonymer Konten oder anonymer Sparbücher. Abweichend von Artikel 9 Absatz 6 schreiben die Mitgliedstaaten in allen Fällen vor, dass die Inhaber und Begünstigten bestehender anonymer Konten oder anonymer Sparbücher so bald wie möglich, spätestens jedoch bevor solche Konten oder Sparbücher in irgendeiner Weise verwendet werden, der Anwendung der Sorgfaltspflichten gegenüber Kunden unterworfen werden.

Artikel 7

Die dieser Richtlinie unterliegenden Institute und Personen wenden Sorgfaltspflichten gegenüber Kunden in den nachfolgenden Fällen an:

a) Begründung einer Geschäftsbeziehung;
b) Abwicklung gelegentlicher Transaktionen in Höhe von 15000 EUR oder mehr, und zwar unabhängig davon, ob die Transaktion in einem einzigen Vorgang oder in mehreren Vorgängen, zwischen denen eine Verbindung zu bestehen scheint, getätigt wird;
c) Verdacht auf Geldwäsche oder Terrorismusfinanzierung, ungeachtet etwaiger Ausnahmeregelungen, Befreiungen oder Schwellenwerte;
d) Zweifel an der Echtheit oder der Angemessenheit zuvor erhaltener Kundenidentifikationsdaten.

Artikel 8

(1) Die Sorgfaltspflichten gegenüber Kunden umfassen:

a) Feststellung der Identität des Kunden und Überprüfung der Kundenidentität auf der Grundlage von Dokumenten, Daten oder Informationen, die von einer glaubwürdigen und unabhängigen Quelle stammen;

b) gegebenenfalls Feststellung der Identität des wirtschaftlichen Eigentümers und Ergreifung risikobasierter und angemessener Maßnahmen zur Überprüfung von dessen Identität, sodass das dieser Richtlinie unterliegende Institut oder die dieser Richtlinie unterliegende Person davon überzeugt ist, dass es bzw. sie weiß, wer der wirtschaftliche Eigentümer ist; im Falle von juristischen Personen, Trusts und ähnlichen Rechtsvereinbarungen schließt dies risikobasierte und angemessene Maßnahmen ein, um die Eigentums- und die Kontrollstruktur des Kunden zu verstehen;

c) Einholung von Informationen über Zweck und angestrebte Art der Geschäftsbeziehung;

d) Durchführung einer kontinuierlichen Überwachung der Geschäftsbeziehung, einschließlich einer Überprüfung der im Verlauf der Geschäftsbeziehung abgewickelten Transaktionen, um sicherzustellen, dass diese mit den Kenntnissen des Instituts oder der Person über den Kunden, seine Geschäftstätigkeit und sein Risikoprofil, einschließlich erforderlichenfalls der Quelle der Mittel, kohärent sind, und Gewährleistung, dass die jeweiligen Dokumente, Daten oder Informationen stets aktualisiert werden.

(2) Die dieser Richtlinie unterliegenden Institute und Personen wenden alle in Absatz 1 genannten Sorgfaltspflichten gegenüber Kunden an, können dabei aber den Umfang dieser Maßnahmen auf risikoorientierter Grundlage je nach Art des Kunden, der Geschäftsbeziehung, des Produkts oder der Transaktion bestimmen. Die dieser Richtlinie unterliegenden Institute und Personen müssen gegenüber den in Artikel 37 genannten zuständigen Behörden, einschließlich der Selbstverwaltungseinrichtungen, nachweisen können, dass der Umfang der Maßnahmen im Hinblick auf die Risiken der Geldwäsche und der Terrorismusfinanzierung als angemessen anzusehen ist.

Artikel 9

(1) Die Mitgliedstaaten schreiben vor, dass die Überprüfung der Identität des Kunden und des wirtschaftlichen Eigentümers vor der Begründung einer Geschäftsbeziehung oder der Abwicklung der Transaktion erfolgt.

(2) Abweichend von Absatz 1 können die Mitgliedstaaten zulassen, dass die Überprüfung der Identität des Kunden und des wirtschaftlichen Eigentümers während der Begründung einer Geschäftsbeziehung abgeschlossen wird, wenn sich dies als erforderlich erweist, um den normalen Geschäftsablauf nicht zu unterbrechen, und sofern ein geringes Risiko der Geldwäsche oder der Terrorismusfinanzierung besteht. In diesem Fall werden die betreffenden Verfahren möglichst bald nach dem ersten Kontakt abgeschlossen.

(3) Abweichend von den Absätzen 1 und 2 können die Mitgliedstaaten in Bezug auf das Lebensversicherungsgeschäft zulassen, dass die Überprüfung der Identität des Begünstigten aus der Police erst dann erfolgt, wenn die Geschäftsbeziehung begründet worden ist. In diesem Fall erfolgt die Überprüfung zu oder vor dem Zeitpunkt, an dem die Auszahlung vorgenommen wird bzw. an dem der Begünstigte seine Rechte aus der Police in Anspruch zu nehmen beabsichtigt.

(4) Abweichend von den Absätzen 1 und 2 können die Mitgliedstaaten die Eröffnung eines Bankkontos unter der Bedingung erlauben, dass ausreichende Garantien bereitgestellt werden, um sicherzustellen, dass Transaktionen von dem Kunden oder für den Kunden erst vorgenommen werden, nachdem eine vollständige Übereinstimmung mit den oben genannten Bestimmungen erreicht worden ist.

(5) Die Mitgliedstaaten schreiben vor, dass für den Fall, dass die betroffenen Institute oder Personen nicht in der Lage sind, Artikel 8 Absatz 1 Buchstaben a bis c nachzukommen, sie keine Transaktion über ein Bankkonto abwickeln, keine Geschäftsbeziehung begründen oder die Transaktion nicht abwickeln dürfen oder die Geschäftsbeziehung beenden müssen; überdies ist eine Meldung über den Kunden an die zentrale Meldestelle (FIU) in Übereinstimmung mit Artikel 22 in Erwägung zu ziehen.

Die Mitgliedstaaten sind nicht verpflichtet, den vorstehenden Unterabsatz auf Notare, selbstständige Angehörige von Rechtsberufen, Abschlussprüfer, externe Buchprüfer und Steuerberater im Rahmen der Beurteilung der Rechtslage für ihren Klienten oder im Rahmen ihrer Tätigkeit als Verteidiger oder Vertreter dieses Klienten in oder in Zusammenhang mit einem Gerichtsverfahren, einschließlich einer Beratung über das Betreiben oder Vermeiden eines Verfahrens, anzuwenden.

(6) Die Mitgliedstaaten schreiben vor, dass die dieser Richtlinie unterliegenden Institute und Personen die Sorgfaltspflichten nicht nur auf alle neuen Kunden, sondern zu geeigneter Zeit auch auf die bestehende Kundschaft auf risikoorientierter Grundlage anwenden.

Artikel 10

(1) Die Mitgliedstaaten schreiben vor, dass die Identität aller Kunden von Kasinos festgestellt und überprüft wird, wenn sie Spielmarken im Wert von 2000 EUR oder mehr kaufen oder verkaufen.

(2) Den Anforderungen an die Sorgfaltspflicht kommen Kasinos, die einer staatlichen Aufsicht unterliegen, jedenfalls dann nach, wenn sie die Registrierung, Feststellung und Überprüfung der Identität ihrer Besucher unabhängig von der Höhe der gekauften Spielmarken unmittelbar vor oder bei Betreten der Spielbank vornehmen.

Abschnitt 2

Vereinfachte Sorgfaltspflichten gegenüber Kunden

Artikel 11

(1) Abweichend von Artikel 7 Buchstaben a, b und d, Artikel 8 und Artikel 9 Absatz 1 gelten die darin genannten Anforderungen nicht für die dieser Richtlinie unterliegenden Institute und Personen, wenn es sich bei dem Kunden um ein unter diese Richtlinie fallendes Kredit- oder Finanzinstitut oder ein in einem Drittland ansässiges Kredit- oder Finanzinstitut handelt, das dort gleichwertigen Anforderungen wie den in dieser Richtlinie vorgesehenen Anforderungen unterworfen ist und einer Aufsicht in Bezug auf deren Einhaltung unterliegt.

(2) Abweichend von Artikel 7 Buchstaben a, b und d, Artikel 8 und Artikel 9 Absatz 1 können die Mitgliedstaaten den dieser Richtlinie unterliegenden Instituten und Personen gestatten, von den Sorgfaltspflichten gegenüber Kunden abzusehen, und zwar in Bezug auf:

a) börsennotierte Gesellschaften, deren Wertpapiere zum Handel auf einem geregelten Markt im Sinne der Richtlinie 2004/39/EG in einem oder mehreren Mitgliedstaaten zugelassen sind, und börsennotierte Gesellschaften aus Drittländern, die Offenlegungsanforderungen unterliegen, die mit dem Gemeinschaftsrecht kohärent sind,

b) wirtschaftliche Eigentümer von Sammelkonten, die von Notaren oder anderen selbstständigen Angehörigen von Rechtsberufen aus Mitgliedstaaten oder Drittländern gehalten werden, sofern diese internationalen Standards entsprechenden Anforderungen bezüglich der Bekämpfung der Geldwäsche oder der Terrorismusfinanzierung unterworfen sind und einer Aufsicht in Bezug auf deren Einhaltung unterliegen und sofern die Angaben über die Identität des wirtschaftlichen Eigentümers den Instituten, die als Verwahrstellen für die Sammelkonten fungieren, auf Anfrage zugänglich sind,

c) inländische Behörden,

oder in Bezug auf sonstige Kunden, bei denen ein geringes Risiko der Geldwäsche oder der Terrorismusfinanzierung besteht und die die gemäß Artikel 40 Absatz 1 Buchstabe b festgelegten technischen Kriterien erfüllen.

(3) In den in den Absätzen 1 und 2 genannten Fällen sammeln die dieser Richtlinie unterliegenden Institute und Personen auf jeden Fall ausreichende Informationen, um feststellen zu können, ob der Kunde für eine Ausnahme im Sinne jener Absätze in Frage kommt.

(4) Die Mitgliedstaaten unterrichten einander und die Kommission über Fälle, in denen ein Drittland ihres Erachtens die in den Absätzen 1 oder 2 festgelegten Bedingungen erfüllt, bzw. in anderen Fällen, in denen die gemäß Artikel 40 Absatz 1 Buchstabe b festgelegten technischen Kriterien erfüllt sind.

(5) Abweichend von Artikel 7 Buchstaben a, b und d, Artikel 8 und Artikel 9 Absatz 1 können die Mitgliedstaaten den dieser Richtlinie unterliegenden Instituten und Personen gestatten, von den Sorgfaltspflichten gegenüber Kunden abzusehen, und zwar in Bezug auf:

a) Lebensversicherungspolicen, wenn die Höhe der im Laufe des Jahres zu zahlenden Prämien 1000 EUR nicht übersteigt oder wenn bei Zahlung einer einmaligen Prämie diese nicht mehr als 2500 EUR beträgt,

b) Versicherungspolicen für Rentenversicherungsverträge, sofern die Verträge weder eine Rückkaufklausel enthalten noch als Sicherheit für ein Darlehen dienen können,

c) Rentensysteme und Pensionspläne bzw. vergleichbare Systeme, die die Altersversorgungsleistungen den Arbeitnehmern zur Verfügung stellen, wobei die Beiträge vom Gehalt abgezogen werden und die Regeln des Systems den Begünstigten nicht gestatten, ihre Rechte zu übertragen,

d) elektronisches Geld im Sinne von Artikel 1 Absatz 3 Buchstabe b der Richtlinie 2000/46/EG des Europäischen Parlaments und des Rates vom 18. September 2000 über die Aufnahme, Ausübung und Beaufsichtigung der Tätigkeit von E-Geld-Instituten[16], sofern der auf dem Datenträger gespeicherte Betrag – falls der Datenträger nicht wieder aufgeladen werden kann – nicht mehr als 150 EUR beträgt oder sofern – falls der Datenträger wieder aufgeladen werden kann – sich der in einem Kalenderjahr insgesamt abgewickelte Betrag auf nicht mehr als 2500 EUR belaufen darf, außer wenn ein Betrag von 1000 EUR oder mehr in demselben Kalenderjahr von dem Inhaber nach Artikel 3 der Richtlinie 2000/46/EG rückgetauscht wird,

oder in Bezug auf andere Produkte oder Transaktionen mit einem geringen Risiko der Geldwäsche oder der Terrorismusfinanzierung, die die gemäß Artikel 40 Absatz 1 Buchstabe b festgelegten technischen Kriterien erfüllen.

Artikel 12

Wenn die Kommission eine Entscheidung nach Artikel 40 Absatz 4 trifft, untersagen die Mitgliedstaaten den dieser Richtlinie unterliegenden Instituten und Personen die Anwendung der vereinfachten Sorgfaltspflichten gegenüber Kunden auf Kredit- und Finanzinstitute oder börsennotierte Gesellschaften aus dem betreffenden Drittland oder auf andere Einrichtungen aufgrund von Fällen, in denen die gemäß Artikel 40 Absatz 1 Buchstabe b festgelegten technischen Kriterien erfüllt sind.

---

16) ABl. L 275 vom 27.10.2000, S. 39.

Abschnitt 3
Verstärkte Sorgfaltspflichten gegenüber Kunden

Artikel 13

(1) Die Mitgliedstaaten schreiben vor, dass die dieser Richtlinie unterliegenden Institute und Personen auf risikoorientierter Grundlage verstärkte Sorgfaltspflichten gegenüber Kunden zusätzlich zu den in Artikel 7, Artikel 8 und Artikel 9 Absatz 6 genannten Maßnahmen in Fällen anwenden, bei denen ihrem Wesen nach ein erhöhtes Risiko der Geldwäsche oder der Terrorismusfinanzierung bestehen kann, und zwar zumindest in den in den Absätzen 2, 3 und 4 festgelegten Fällen und in anderen Fällen, bei denen ein hohes Risiko der Geldwäsche oder der Terrorismusfinanzierung besteht und in denen die gemäß Artikel 40 Absatz 1 Buchstabe c festgelegten technischen Kriterien erfüllt sind.

(2) In den Fällen, in denen der Kunde zur Feststellung der Identität nicht physisch anwesend war, schreiben die Mitgliedstaaten vor, dass die betreffenden Institute und Personen spezifische und angemessene Maßnahmen ergreifen, um das erhöhte Risiko auszugleichen, indem sie beispielsweise eine oder mehrere der folgenden Maßnahmen anwenden:

a) Gewährleistung, dass die Kundenidentität durch zusätzliche Dokumente, Daten oder Informationen nachgewiesen wird;

b) ergänzende Maßnahmen zur Überprüfung oder Bestätigung der vorgelegten Dokumente oder Verlangen beweiskräftiger Bestätigungen durch ein dieser Richtlinie unterliegendes Kredit- oder Finanzinstitut;

c) Gewährleistung, dass die erste Zahlung im Rahmen der Transaktionen über ein Konto abgewickelt wird, das im Namen des Kunden bei einem Kreditinstitut eröffnet wurde.

(3) In Bezug auf grenzüberschreitende Korrespondenzbankbeziehungen zu Korrespondenzinstituten aus Drittländern schreiben die Mitgliedstaaten ihren Kreditinstituten vor, dass sie

a) ausreichende Informationen über ein Korrespondenzinstitut sammeln, um die Art seiner Geschäftstätigkeit in vollem Umfang verstehen und auf der Grundlage öffentlich verfügbarer Informationen seinen Ruf und die Qualität der Beaufsichtigung bewerten zu können,

b) die Kontrollen zur Bekämpfung der Geldwäsche und der Terrorismusfinanzierung bewerten, die das Korrespondenzinstitut vornimmt,

c) die Zustimmung der Führungsebene einholen, bevor sie neue Korrespondenzbankbeziehungen eingehen,

d) die jeweiligen Verantwortlichkeiten eines jeden Instituts dokumentieren,

e) sich im Falle von „Durchlaufkonten" („payable through accounts") vergewissern, dass das Korrespondenzkreditinstitut die Identität der Kunden überprüft hat, die direkten Zugang zu den Konten der Korrespondenzbank haben, und diese Kunden ferner einer kontinuierlichen Überwachung unterzogen hat und dass das Korrespondenzkreditinstitut in der Lage ist, auf Ersuchen des ersten

Anh. II.3

Instituts entsprechende Daten in Bezug auf diese Sorgfaltspflichten gegenüber Kunden vorzulegen.

(4) Hinsichtlich Transaktionen oder Geschäftsbeziehungen zu politisch exponierten Personen, die in einem anderen Mitgliedstaat oder in einem Drittland ansässig sind, schreiben die Mitgliedstaaten den dieser Richtlinie unterliegenden Instituten und Personen vor,

a) über angemessene, risikobasierte Verfahren zu verfügen, anhand derer bestimmt werden kann, ob es sich bei dem Kunden um eine politisch exponierte Person handelt oder nicht,

b) die Zustimmung der Führungsebene eingeholt zu haben, bevor sie Geschäftsbeziehungen mit diesen Kunden aufnehmen,

c) angemessene Maßnahmen zu ergreifen, mit denen die Herkunft des Vermögens und die Herkunft der Gelder bestimmt werden kann, die im Rahmen der Geschäftsbeziehung oder der Transaktion eingesetzt werden,

d) die Geschäftsbeziehung einer verstärkten fortlaufenden Überwachung zu unterziehen.

(5) Die Mitgliedstaaten untersagen den Kreditinstituten die Aufnahme oder Fortführung einer Korrespondenzbankbeziehung mit einer Bank-Mantelgesellschaft (shell bank) und schreiben vor, dass die Kreditinstitute angemessene Maßnahmen ergreifen, um dafür zu sorgen, dass sie nicht eine Korrespondenzbankbeziehung mit einer Bank eingehen oder fortführen, von der bekannt ist, dass sie zulässt, dass ihre Konten von einer Bank-Mantelgesellschaft genutzt werden.

(6) Die Mitgliedstaaten sorgen dafür, dass die dieser Richtlinie unterliegenden Institute und Personen jeder Gefahr der Geldwäsche oder der Terrorismusfinanzierung aus Produkten oder Transaktionen, die die Anonymität begünstigen könnten, besondere Aufmerksamkeit widmen und erforderlichenfalls Maßnahmen ergreifen, um ihrer Nutzung für Zwecke der Geldwäsche oder der Terrorismusfinanzierung vorzubeugen.

Abschnitt 4
Ausführung durch Dritte

Artikel 14

Die Mitgliedstaaten können dieser Richtlinie unterliegenden Instituten und Personen gestatten, zur Erfüllung der Anforderungen nach Artikel 8 Absatz 1 Buchstaben a bis c auf Dritte zurückzugreifen. Die endgültige Verantwortung für die Erfüllung dieser Anforderungen verbleibt jedoch bei den dieser Richtlinie unterliegenden Instituten oder Personen, die auf Dritte zurückgreifen.

Artikel 15

(1) In den Fällen, in denen ein Mitgliedstaat zulässt, dass die in Artikel 2 Absatz 1 Nummer 1 oder 2 genannten und in seinem Hoheitsgebiet ansässigen Kredit- und Finanzinstitute im Inland als Dritte in Anspruch genommen werden, gestattet er den in Artikel 2 Absatz 1 genannten und in seinem Hoheitsgebiet ansässigen Instituten und Personen auf jeden Fall, das Ergebnis der Anwendung der in Artikel 8 Absatz 1 Buchstaben a bis c festgelegten Sorgfaltspflichten gegenüber Kunden nach Artikel 14 anzuerkennen und zu akzeptieren, die gemäß dieser Richtlinie von einem in Artikel 2 Absatz 1 Nummer 1 oder 2 genannten Institut in einem anderen Mitgliedstaat, mit Ausnahme von Wechselstuben und Unternehmen, die das Finanztransfergeschäft betreiben, durchgeführt wurden und die Anforderungen nach den Artikeln 16 und 18 erfüllen, auch wenn es sich bei den Dokumenten oder Daten, die in Bezug auf diese Anforderungen zugrunde gelegt wurden, um andere Dokumente oder Daten handelt als jene, die in dem Mitgliedstaat vorgeschrieben sind, an den der Kunde verwiesen wird.

(2) In den Fällen, in denen ein Mitgliedstaat zulässt, dass die in Artikel 3 Nummer 2 Buchstabe a genannten und in seinem Hoheitsgebiet ansässigen Wechselstuben und Unternehmen, die das Finanztransfergeschäft betreiben, im Inland als Dritte in Anspruch genommen werden, gestattet er diesen auf jeden Fall, das Ergebnis der Anwendung der in Artikel 8 Absatz 1 Buchstaben a bis c festgelegten Sorgfaltspflichten gegenüber Kunden nach Artikel 14 anzuerkennen und zu akzeptieren, die gemäß dieser Richtlinie von derselben Kategorie von Institut in einem anderen Mitgliedstaat durchgeführt wurden und die Anforderungen nach den Artikeln 16 und 18 erfüllen, auch wenn es sich bei den Dokumenten oder Daten, die in Bezug auf diese Anforderungen zugrunde gelegt wurden, um andere Dokumenten oder Daten handelt als jene, die in dem Mitgliedstaat vorgeschrieben sind, an den der Kunde verwiesen wird.

(3) In den Fällen, in denen ein Mitgliedstaat zulässt, dass die in Artikel 2 Absatz 1 Nummer 3 Buchstaben a bis c genannten und in seinem Hoheitsgebiet ansässigen Personen im Inland als Dritte in Anspruch genommen werden, gestattet er diesen auf jeden Fall, das Ergebnis der Anwendung der in Artikel 8 Absatz 1 Buchstaben a bis c festgelegten Sorgfaltspflichten gegenüber Kunden nach Artikel 14 anzuerkennen und zu akzeptieren, die gemäß dieser Richtlinie von einer in Artikel 2 Absatz 1 Nummer 3 Buchstaben a bis c genannten Person in einem anderen Mitgliedstaat durchgeführt wurden und die Anforderungen nach den Artikeln 16 und 18 erfüllen, auch wenn es sich bei den Dokumenten oder Daten, die in Bezug auf diese Anforderungen zugrunde gelegt wurden, um andere Dokumente oder Daten handelt als jene, die in dem Mitgliedstaat vorgeschrieben sind, an den der Kunde verwiesen wird.

Anh. II.3

Artikel 16

(1) Im Sinne dieses Abschnitts bedeutet „Dritte" die in Artikel 2 genannten Institute und Personen oder entsprechende Institute oder Personen in einem Drittland, die die folgenden Anforderungen erfüllen:

a) sie unterliegen einer gesetzlich anerkannten obligatorischen Registrierung hinsichtlich ihres Berufs;

b) sie wenden Sorgfaltspflichten gegenüber Kunden und Anforderungen zur Aufbewahrung von Unterlagen an, die in dieser Richtlinie festgelegt sind oder diesen entsprechen, und sie unterliegen der Aufsicht gemäß Kapitel V Abschnitt 2, was die Einhaltung der Anforderungen dieser Richtlinie betrifft, oder sie sind in einem Drittland ansässig, das Anforderungen vorschreibt, die denen in dieser Richtlinie entsprechen.

(2) Die Mitgliedstaaten unterrichten einander und die Kommission über Fälle, in denen ein Drittland ihres Erachtens die in Absatz 1 Buchstabe b festgelegten Bedingungen erfüllt.

Artikel 17

Wenn die Kommission eine Entscheidung nach Artikel 40 Absatz 4 trifft, untersagen die Mitgliedstaaten den dieser Richtlinie unterliegenden Instituten und Personen, zur Erfüllung der Anforderungen nach Artikel 8 Absatz 1 Buchstaben a bis c auf Dritte aus dem betreffenden Drittland zurückzugreifen.

Artikel 18

(1) Die Dritten stellen dem dieser Richtlinie unterliegenden Institut oder der dieser Richtlinie unterliegenden Person, an das bzw. die der Kunde sich wendet, unverzüglich die gemäß den Anforderungen nach Artikel 8 Absatz 1 Buchstaben a bis c erforderlichen Informationen zur Verfügung.

(2) Maßgebliche Kopien der Daten hinsichtlich der Feststellung und Überprüfung der Identität des Kunden sowie andere maßgebliche Unterlagen über die Identität des Kunden oder des wirtschaftlichen Eigentümers werden von dem Dritten auf Ersuchen unverzüglich an das dieser Richtlinie unterliegende Institut oder die dieser Richtlinie unterliegende Person weitergeleitet, an das bzw. die der Kunde sich wendet.

Artikel 19

Dieser Abschnitt gilt nicht für „Outsourcing"- oder Vertretungsverhältnisse, bei denen auf der Grundlage einer Vertragsvereinbarung der „Outsourcing"-Dienstleister oder Vertreter als Teil des dieser Richtlinie unterliegenden Instituts bzw. der dieser Richtlinie unterliegenden Person anzusehen ist.

Anh. II.3

Kapitel III
Meldepflichten

Abschnitt 1
Allgemeine Bestimmungen

Artikel 20

Die Mitgliedstaaten schreiben vor, dass die dieser Richtlinie unterliegenden Institute und Personen jeder Tätigkeit besondere Aufmerksamkeit widmen, deren Art ihres Erachtens besonders nahe legt, dass sie mit Geldwäsche oder Terrorismusfinanzierung zusammenhängen könnte, insbesondere komplexe oder unüblich große Transaktionen und alle unüblichen Muster von Transaktionen ohne offensichtlichen wirtschaftlichen oder erkennbaren rechtmäßigen Zweck.

Artikel 21

(1) Jeder Mitgliedstaat richtet eine zentrale Meldestelle zur wirksamen Bekämpfung der Geldwäsche und der Terrorismusfinanzierung ein.

(2) Diese fungiert als nationale Zentralstelle. Ihre Aufgabe ist es, offen gelegte Informationen, die potenzielle Geldwäsche oder potenzielle Terrorismusfinanzierung betreffen oder aufgrund nationaler Vorschriften oder Regelungen erforderlich sind, entgegenzunehmen (und, soweit zulässig, um solche Informationen zu ersuchen), sie zu analysieren und sie an die zuständigen Behörden weiterzugeben. Zur Erfüllung ihrer Aufgaben wird sie mit angemessenen Mitteln ausgestattet.

(3) Die Mitgliedstaaten stellen sicher, dass die zentrale Meldestelle rechtzeitig unmittelbar oder mittelbar Zugang zu den Finanz-, Verwaltungs- und Strafverfolgungsinformationen erhält, die sie zur ordnungsgemäßen Erfüllung ihrer Aufgaben benötigt.

Artikel 22

(1) Die Mitgliedstaaten schreiben vor, dass die dieser Richtlinie unterliegenden Institute und Personen sowie gegebenenfalls deren leitendes Personal und deren Angestellte in vollem Umfang zusammenarbeiten, indem sie

a) die zentrale Meldestelle von sich aus umgehend informieren, wenn sie wissen, den Verdacht oder berechtigten Grund zu der Annahme haben, dass eine Geldwäsche oder Terrorismusfinanzierung begangen oder zu begehen versucht wurde oder wird,

b) der zentralen Meldestelle auf Verlangen umgehend alle erforderlichen Auskünfte im Einklang mit den Verfahren erteilen, die in den anzuwendenden Rechtsvorschriften festgelegt sind.

(2) Die in Absatz 1 genannten Informationen werden der zentralen Meldestelle des Mitgliedstaats übermittelt, in dessen Hoheitsgebiet sich das Institut oder die Per-

Anh. II.3

son, von dem bzw. der diese Informationen stammen, befindet. Die Übermittlung erfolgt in der Regel durch die Person(en), die nach den in Artikel 34 genannten Verfahren benannt wurde(n).

Artikel 23

(1) Abweichend von Artikel 22 Absatz 1 können die Mitgliedstaaten im Falle der in Artikel 2 Absatz 1 Nummer 3 Buchstaben a und b genannten Personen eine geeignete Selbstverwaltungseinrichtung der betreffenden Berufsgruppe als die Stelle benennen, die anstatt der zentralen Meldestelle als Erste zu unterrichten ist. Unbeschadet des Absatzes 2 leitet die benannte Selbstverwaltungseinrichtung die Informationen in diesen Fällen umgehend und ungefiltert an die zentrale Meldestelle weiter.

(2) Die Mitgliedstaaten sind nicht verpflichtet, die Pflichten des Artikels 22 Absatz 1 auf Notare, selbstständige Angehörige von Rechtsberufen, Abschlussprüfer, externe Buchprüfer und Steuerberater anzuwenden, wenn es sich um Informationen handelt, die diese von einem oder über einen ihrer Klienten im Rahmen der Beurteilung der Rechtslage für diesen erhalten oder erlangen oder die sie im Rahmen ihrer Tätigkeit als Verteidiger oder Vertreter dieses Klienten in einem Gerichtsverfahren oder betreffend ein solches, einschließlich einer Beratung über das Betreiben oder Vermeiden eines Verfahrens, vor oder nach einem derartigen Verfahren bzw. während eines derartigen Verfahrens erhalten oder erlangen.

Artikel 24

(1) Die Mitgliedstaaten schreiben vor, dass die dieser Richtlinie unterliegenden Institute und Personen Transaktionen, von denen sie wissen oder vermuten, dass sie mit Geldwäsche oder Terrorismusfinanzierung zusammenhängen, nicht durchführen, bevor sie die erforderliche Maßnahme nach Artikel 22 Absatz 1 Buchstabe a abgeschlossen haben. Gemäß den Rechtsvorschriften der Mitgliedstaaten kann Weisung erteilt werden, die Transaktion nicht abzuwickeln.

(2) Falls von der Transaktion vermutet wird, dass sie Geldwäsche oder Terrorismusfinanzierung zum Gegenstand hat, und falls der Verzicht auf eine Transaktion nicht möglich ist oder falls dadurch die Verfolgung der Nutznießer einer mutmaßlichen Geldwäsche oder Terrorismusfinanzierung behindert werden könnte, benachrichtigen die betreffenden Institute und Personen die zentrale Meldestelle unmittelbar danach.

Artikel 25

(1) Die Mitgliedstaaten sorgen dafür, dass die in Artikel 37 genannten zuständigen Behörden, wenn sie im Rahmen von Prüfungen, die sie bei den dieser Richtlinie unterliegenden Instituten und Personen durchführen, oder bei anderen Gelegenheiten auf Tatsachen stoßen, die mit Geldwäsche oder Terrorismusfinanzierung zusammenhängen könnten, umgehend die zentrale Meldestelle unterrichten.

(2) Die Mitgliedstaaten sorgen dafür, dass die Aufsichtsorgane, die aufgrund von Rechts- oder Verwaltungsvorschriften die Aktien-, Devisen- und Finanzderivatmärkte zu überwachen haben, die zentrale Meldestelle unterrichten, wenn sie auf Tatsachen stoßen, die mit Geldwäsche oder Terrorismusfinanzierung zusammenhängen könnten.

Artikel 26

Machen dieser Richtlinie unterliegende Institute oder Personen bzw. Leiter oder Angestellte dieser Institute oder Personen im guten Glauben gemäß Artikel 22 Absatz 1 und Artikel 23 Mitteilung von den in den Artikeln 22 und 23 genannten Informationen, so gilt dies nicht als Verletzung einer vertraglich oder durch Rechts- oder Verwaltungsvorschriften geregelten Beschränkung der Informationsweitergabe und zieht für das Institut oder die Person, deren leitendes Personal oder deren Angestellte keinerlei Haftung nach sich.

Artikel 27

Die Mitgliedstaaten ergreifen alle angemessenen Maßnahmen, um Angestellte der dieser Richtlinie unterliegenden Institute oder Personen, die einen Verdacht auf Geldwäsche oder Terrorismusfinanzierung intern oder der zentralen Meldestelle melden, vor Bedrohungen oder Anfeindungen zu schützen.

Abschnitt 2
Verbot der Informationsweitergabe

Artikel 28

(1) Die dieser Richtlinie unterliegenden Institute und Personen sowie ihr leitendes Personal und ihre Angestellten dürfen weder den betroffenen Kunden noch Dritte davon in Kenntnis setzen, dass gemäß den Artikeln 22 und 23 Informationen übermittelt wurden oder dass Ermittlungsverfahren wegen Geldwäsche oder Terrorismusfinanzierung durchgeführt werden oder werden könnten.

(2) Das Verbot nach Absatz 1 bezieht sich nicht auf die Weitergabe von Informationen an die in Artikel 37 genannten zuständigen Behörden, einschließlich der Selbstverwaltungseinrichtungen, oder auf die Weitergabe von Informationen zu Zwecken der Strafverfolgung.

(3) Das Verbot nach Absatz 1 steht einer Informationsweitergabe zwischen den derselben Gruppe im Sinne von Artikel 2 Nummer 12 der Richtlinie 2002/87/EG des Europäischen Parlaments und des Rates vom 16. Dezember 2002 über die zusätzliche Beaufsichtigung der Kreditinstitute, Versicherungsunternehmen und Wertpapierfirmen eines Finanzkonglomerats[17] angehörenden Instituten aus Mit-

---

17) ABl. L 35 vom 11.2.2003, S. 1.

Anh. II.3

gliedstaaten oder aus Drittländern nicht entgegen, sofern sie die Bedingungen nach Artikel 11 Absatz 1 erfüllen.

(4) Das Verbot nach Absatz 1 steht einer Informationsweitergabe zwischen den in Artikel 2 Absatz 1 Nummer 3 Buchstaben a und b genannten Personen aus Mitgliedstaaten oder aus Drittländern, in denen dieser Richtlinie gleichwertige Anforderungen gelten, nicht entgegen, sofern die betreffenden Personen ihre berufliche Tätigkeit, ob als Angestellte oder nicht, in derselben juristischen Person oder in einem Netzwerk ausüben. Für die Zwecke dieses Artikels ist unter einem „Netzwerk" die umfassendere Struktur zu verstehen, der die Person angehört und die gemeinsame Eigentümer oder eine gemeinsame Leitung hat oder über eine gemeinsame Kontrolle in Bezug auf die Einhaltung der einschlägigen Vorschriften verfügt.

(5) Bei den in Artikel 2 Absatz 1 Nummern 1 und 2 sowie Nummer 3 Buchstaben a und b genannten Instituten oder Personen steht das Verbot nach Absatz 1 in Fällen, die sich auf denselben Kunden und dieselbe Transaktion beziehen, an der zwei oder mehr Institute oder Personen beteiligt sind, einer Informationsweitergabe zwischen den betreffenden Instituten oder Personen nicht entgegen, sofern sie in einem Mitgliedstaat oder in einem Drittland gelegen sind, in denen dieser Richtlinie gleichwertige Anforderungen gelten, und sofern sie aus derselben Berufskategorie stammen und für sie gleichwertige Verpflichtungen in Bezug auf das Berufsgeheimnis und den Schutz personenbezogener Daten gelten. Die ausgetauschten Informationen dürfen ausschließlich für die Zwecke der Verhinderung der Geldwäsche und der Terrorismusfinanzierung verwendet werden.

(6) Wenn die in Artikel 2 Absatz 1 Nummer 3 Buchstaben a und b genannten Personen sich bemühen, einen Klienten davon abzuhalten, eine rechtswidrige Handlung zu begehen, so gilt dies nicht als Informationsweitergabe im Sinne von Absatz 1.

(7) Die Mitgliedstaaten unterrichten einander und die Kommission über Fälle, in denen ein Drittland ihres Erachtens die in den Absätzen 3, 4 oder 5 festgelegten Bedingungen erfüllt.

Artikel 29

Wenn die Kommission eine Entscheidung nach Artikel 40 Absatz 4 trifft, untersagen die Mitgliedstaaten eine Informationsweitergabe zwischen den dieser Richtlinie unterliegenden Instituten und Personen und Instituten und Personen aus dem betreffenden Drittland.

Kapitel IV
Aufbewahrung von Aufzeichnungen und statistische Daten

Artikel 30

Die Mitgliedstaaten schreiben vor, dass die dieser Richtlinie unterliegenden Institute und Personen die nachstehenden Dokumente und Informationen im Hinblick auf die Verwendung in Ermittlungsverfahren wegen möglicher Geldwäsche oder

Terrorismusfinanzierung oder im Hinblick auf die Durchführung entsprechender Analysen durch die zentrale Meldestelle oder andere zuständige Behörden gemäß dem nationalen Recht aufbewahren:

a) bei Kundendaten, die mit der gebührenden Sorgfalt ermittelt wurden, eine Kopie oder Referenzangaben der verlangten Dokumente für die Dauer von mindestens fünf Jahren nach Beendigung der Geschäftsbeziehung mit dem Kunden;

b) bei Geschäftsbeziehungen und Transaktionen die Belege und Aufzeichnungen, als Originale oder als Kopien, die nach den innerstaatlichen Rechtsvorschriften in Gerichtsverfahren anerkannt werden, für die Dauer von mindestens fünf Jahren nach Durchführung der Transaktion oder nach Beendigung der Geschäftsbeziehung.

Artikel 31

(1) Die Mitgliedstaaten schreiben vor, dass die dieser Richtlinie unterliegenden Kredit- und Finanzinstitute, auch – sofern vorhanden – in ihren Zweigstellen und den mehrheitlich in ihrem Besitz befindlichen Tochterunternehmen in Drittländern Maßnahmen anwenden, die zumindest denen entsprechen, die in dieser Richtlinie im Hinblick auf die Sorgfaltspflichten gegenüber Kunden und die Aufbewahrung von Aufzeichnungen festgelegt sind.

Ist die Anwendung entsprechender Maßnahmen nach den Rechtsvorschriften des betreffenden Drittlands nicht zulässig, so verpflichten die Mitgliedstaaten die betreffenden Kredit- und Finanzinstitute, die zuständigen Behörden des jeweiligen Herkunftsmitgliedstaats hiervon zu unterrichten.

(2) Die Mitgliedstaaten und die Kommission unterrichten einander über Fälle, in denen die Anwendung der nach Absatz 1 Unterabsatz 1 erforderlichen Maßnahmen nach den Rechtsvorschriften eines Drittlands nicht zulässig ist und eine Lösung im Rahmen eines abgestimmten Vorgehens angestrebt werden könnte.

(3) Die Mitgliedstaaten schreiben vor, dass in Fällen, in denen die Anwendung der nach Absatz 1 Unterabsatz 1 erforderlichen Maßnahmen nach den Rechtsvorschriften eines Drittlands nicht zulässig ist, die Kredit- und Finanzinstitute zusätzliche Maßnahmen ergreifen, um dem Risiko der Geldwäsche oder der Terrorismusfinanzierung wirkungsvoll zu begegnen.

Artikel 32

Die Mitgliedstaaten schreiben vor, dass ihre Kredit- und Finanzinstitute Systeme einrichten, die es ihnen ermöglichen, auf Anfragen der zentralen Meldestelle oder anderer Behörden gemäß ihrem nationalen Recht vollständig und rasch darüber Auskunft zu geben, ob sie mit bestimmten natürlichen oder juristischen Personen eine Geschäftsbeziehung unterhalten oder während der letzten fünf Jahre unterhalten haben, sowie über die Art dieser Geschäftsbeziehung.

Anh. II.3

Artikel 33

(1) Die Mitgliedstaaten stellen sicher, dass sie die Wirksamkeit ihrer Systeme zur Bekämpfung der Geldwäsche oder der Terrorismusfinanzierung überprüfen können, und führen zu diesem Zweck umfassende Statistiken zu den für die Wirksamkeit solcher Systeme relevanten Faktoren.

(2) Diese Statistiken erfassen zumindest die Anzahl der bei der zentralen Meldestelle eingegangenen Verdachtsmeldungen, die im Anschluss daran ergriffenen Maßnahmen und, bezogen auf ein Jahr, die Zahl der untersuchten Fälle, die Zahl der verfolgten Personen, die Zahl der wegen Delikten der Geldwäsche oder der Terrorismusfinanzierung verurteilten Personen und den Umfang der eingefrorenen, beschlagnahmten oder eingezogenen Vermögensgegenstände.

(3) Die Mitgliedstaaten sorgen dafür, dass eine konsolidierte Zusammenfassung dieser statistischen Berichte veröffentlicht wird.

Kapitel V
Durchsetzungsmaßnahmen

Abschnitt 1
Interne Verfahren, Schulungen und Rückmeldung

Artikel 34

(1) Die Mitgliedstaaten schreiben vor, dass die dieser Richtlinie unterliegenden Institute und Personen angemessene und geeignete Strategien und Verfahren für die Sorgfaltspflichten gegenüber Kunden, Verdachtsmeldungen, die Aufbewahrung von Aufzeichnungen, die interne Kontrolle, die Risikobewertung, das Risikomanagement, die Gewährleistung der Einhaltung der einschlägigen Vorschriften und die Kommunikation einführen, um Transaktionen, die mit Geldwäsche oder Terrorismusfinanzierung zusammenhängen, vorzubeugen und zu verhindern.

(2) Die Mitgliedstaaten schreiben vor, dass die dieser Richtlinie unterliegenden Kredit- und Finanzinstitute die einschlägigen Strategien und Verfahren ihren – sofern vorhanden – Zweigstellen und mehrheitlich in ihrem Besitz befindlichen Tochterunternehmen in Drittländern mitteilen.

Artikel 35

(1) Die Mitgliedstaaten schreiben vor, dass die dieser Richtlinie unterliegenden Institute und Personen ihre betroffenen Mitarbeiter durch geeignete Maßnahmen mit den auf der Grundlage dieser Richtlinie geltenden Bestimmungen vertraut machen.

Diese Maßnahmen schließen die Teilnahme der betroffenen Mitarbeiter an besonderen Fortbildungsprogrammen ein, damit sie lernen, möglicherweise mit Geldwäsche oder Terrorismusfinanzierung zusammenhängende Transaktionen zu erkennen und sich in solchen Fällen richtig zu verhalten.

Falls eine natürliche Person, die unter eine der in Artikel 2 Absatz 1 Nummer 3 genannten Kategorien fällt, ihre berufliche Tätigkeit als Angestellter einer juristischen Person ausübt, gelten die in diesem Abschnitt genannten Pflichten nicht für die natürliche, sondern vielmehr für diese juristische Person.

(2) Die Mitgliedstaaten sorgen dafür, dass die dieser Richtlinie unterliegenden Institute und Personen Zugang zu aktuellen Informationen über Methoden der Geldwäsche und der Terrorismusfinanzierung und über Anhaltspunkte erhalten, an denen sich verdächtige Transaktionen erkennen lassen.

(3) Die Mitgliedstaaten sorgen dafür, dass eine zeitgerechte Rückmeldung in Bezug auf die Wirksamkeit von Verdachtsmeldungen bei Geldwäsche oder Terrorismusfinanzierung und die daraufhin getroffenen Maßnahmen erfolgt, soweit dies praktikabel ist.

Abschnitt 2
Aufsicht

Artikel 36

(1) Die Mitgliedstaaten sehen vor, dass Wechselstuben und Dienstleister für Trusts und Gesellschaften zugelassen oder eingetragen und dass Kasinos zugelassen sein müssen, um ihr Gewerbe legal betreiben zu können. Unbeschadet künftiger Rechtsvorschriften der Gemeinschaft sehen die Mitgliedstaaten vor, dass Unternehmen, die das Finanztransfergeschäft betreiben, zugelassen oder eingetragen sein müssen, um ihr Gewerbe legal betreiben zu können.

(2) Die Mitgliedstaaten schreiben den zuständigen Behörden vor, die Zulassung oder Eintragung der in Absatz 1 genannten Einrichtungen zu verweigern, wenn sie nicht davon überzeugt sind, dass die Personen, die die Geschäfte solcher Einrichtungen faktisch führen oder führen werden, oder die wirtschaftlichen Eigentümer solcher Einrichtungen über die notwendige Zuverlässigkeit und fachliche Eignung verfügen.

Artikel 37

(1) Die Mitgliedstaaten schreiben vor, dass die zuständigen Behörden zumindest wirksam überwachen, ob alle dieser Richtlinie unterliegenden Institute und Personen die darin festgelegten Anforderungen einhalten, und dass sie die erforderlichen Maßnahmen treffen, um deren Einhaltung sicherzustellen.

(2) Die Mitgliedstaaten sorgen dafür, dass die zuständigen Behörden über angemessene Befugnisse, einschließlich der Möglichkeit, alle Auskünfte in Bezug auf die Überwachung der Einhaltung der einschlägigen Vorschriften zu verlangen und Kontrollen durchzuführen, sowie über die zur Wahrnehmung ihrer Aufgaben angemessenen Mittel verfügen.

Anh. II.3

(3) Im Falle von Kredit- und Finanzinstituten sowie Kasinos verfügen die zuständigen Behörden über gesteigerte Aufsichtsbefugnisse, insbesondere über die Möglichkeit, Prüfungen vor Ort durchzuführen.

(4) Im Falle der in Artikel 2 Absatz 1 Nummer 3 Buchstaben a bis e genannten natürlichen und juristischen Personen können die Mitgliedstaaten zulassen, dass die in Absatz 1 genannten Aufgaben auf risikoorientierter Grundlage durchgeführt werden.

(5) Im Falle der in Artikel 2 Absatz 1 Nummer 3 Buchstaben a und b genannten Personen können die Mitgliedstaaten zulassen, dass die in Absatz 1 genannten Aufgaben von Selbstverwaltungseinrichtungen durchgeführt werden, sofern diese Absatz 2 genügen.

Abschnitt 3

Zusammenarbeit

Artikel 38

Die Kommission leistet die erforderliche Unterstützung, um die Koordinierung, einschließlich des Informationsaustauschs zwischen den zentralen Meldestellen innerhalb der Gemeinschaft, zu erleichtern.

Abschnitt 4

Sanktionen

Artikel 39

(1) Die Mitgliedstaaten stellen sicher, dass die dieser Richtlinie unterliegenden natürlichen und juristischen Personen für Verstöße gegen die nach dieser Richtlinie erlassenen nationalen Vorschriften verantwortlich gemacht werden können. Die Sanktionen müssen wirksam, verhältnismäßig und abschreckend sein.

(2) Unbeschadet des Rechts der Mitgliedstaaten, strafrechtliche Sanktionen zu verhängen, sorgen die Mitgliedstaaten entsprechend ihrem nationalen Recht dafür, dass bei Verstößen gegen die aufgrund dieser Richtlinie erlassenen nationalen Vorschriften gegen Kredit- und Finanzinstitute geeignete Verwaltungsmaßnahmen ergriffen oder verwaltungsrechtliche Sanktionen verhängt werden können. Die Mitgliedstaaten sorgen dafür, dass diese Maßnahmen oder Sanktionen wirksam, verhältnismäßig und abschreckend sind.

(3) Im Falle juristischer Personen stellen die Mitgliedstaaten sicher, dass diese zumindest für Verstöße nach Absatz 1 verantwortlich gemacht werden können, die zu ihren Gunsten von einer Person begangen wurden, die entweder allein oder als Teil eines Organs der juristischen Person gehandelt hat und eine Führungsposition innerhalb der juristischen Person aufgrund

a) der Befugnis zur Vertretung der juristischen Person,
b) der Befugnis, Entscheidungen im Namen der juristischen Person zu treffen, oder
c) einer Kontrollbefugnis innerhalb der juristischen Person innehat.

(4) Neben den in Absatz 3 vorgesehenen Fällen stellen die Mitgliedstaaten sicher, dass juristische Personen verantwortlich gemacht werden können, wenn mangelnde Überwachung oder Kontrolle durch eine in Absatz 3 genannte Person die Begehung von Verstößen nach Absatz 1 zugunsten der juristischen Person durch eine ihr unterstellte Person ermöglicht hat.

Kapitel VI
Durchführungsmaßnahmen

Artikel 40

(1) Um den technischen Entwicklungen bei der Bekämpfung der Geldwäsche oder der Terrorismusfinanzierung Rechnung zu tragen und eine einheitliche Durchführung dieser Richtlinie sicherzustellen, kann die Kommission nach dem in Artikel 41 Absatz 2 genannten Verfahren die folgenden Durchführungsmaßnahmen erlassen:

a) Klärung der technischen Aspekte der Begriffsbestimmungen in Artikel 3 Nummer 2 Buchstaben a und d sowie Nummern 6, 7, 8, 9 und 10;
b) Festlegung von technischen Kriterien für die Beurteilung der Frage, ob in den Fällen nach Artikel 11 Absätze 2 und 5 ein geringes Risiko der Geldwäsche oder der Terrorismusfinanzierung besteht;
c) Festlegung von technischen Kriterien für die Beurteilung der Frage, ob in den Fällen nach Artikel 13 ein hohes Risiko der Geldwäsche oder der Terrorismusfinanzierung besteht;
d) Festlegung von technischen Kriterien für die Beurteilung der Frage, ob es entsprechend Artikel 2 Absatz 2 gerechtfertigt ist, bestimmte juristische oder natürliche Personen, die nur gelegentlich oder in sehr eingeschränktem Umfang Finanzgeschäfte tätigen, von der Anwendung dieser Richtlinie auszunehmen.

(2) Auf jeden Fall erlässt die Kommission die ersten Durchführungsmaßnahmen zur Umsetzung von Absatz 1 Buchstaben b und d bis zum 15. Juni 2006.

(3) Die Kommission passt die in Artikel 2 Absatz 1 Nummer 3 Buchstabe e, Artikel 7 Buchstabe b, Artikel 10 Absatz 1 und Artikel 11 Absatz 5 Buchstaben a und d genannten Beträge nach dem in Artikel 41 Absatz 2 genannten Verfahren unter Berücksichtigung der Rechtsvorschriften der Gemeinschaft, der wirtschaftlichen Entwicklungen sowie der Änderung internationaler Standards an.

(4) Stellt die Kommission fest, dass ein Drittland die in Artikel 11 Absatz 1 oder 2, Artikel 28 Absatz 3, 4 oder 5 bzw. die in den Maßnahmen nach Absatz 1 Buchstabe b des vorliegenden Artikels oder Artikel 16 Absatz 1 Buchstabe b festgelegten Bedingungen nicht erfüllt oder dass die Anwendung der nach Artikel 31 Absatz 1 Unterabsatz 1 erforderlichen Maßnahmen nach den Rechtsvorschriften dieses

Anh. II.3

Drittlandes nicht zulässig ist, so trifft sie nach dem in Artikel 41 Absatz 2 genannten Verfahren eine entsprechende Entscheidung.

Artikel 41

(1) Die Kommission wird von einem Ausschuss zur Verhinderung der Geldwäsche und der Terrorismusfinanzierung (nachstehend „Ausschuss" genannt) unterstützt.

(2) Wird auf diesen Absatz Bezug genommen, so gelten die Artikel 5 und 7 des Beschlusses 1999/468/EG unter Beachtung von dessen Artikel 8, sofern die nach diesem Verfahren erlassenen Durchführungsmaßnahmen die wesentlichen Bestimmungen dieser Richtlinie nicht ändern.

Die Frist nach Artikel 5 Absatz 6 des Beschlusses 1999/468/EG wird auf drei Monate festgesetzt.

(3) Der Ausschuss gibt sich eine Geschäftsordnung.

(4) Unbeschadet der bereits erlassenen Durchführungsmaßnahmen wird die Durchführung derjenigen Bestimmungen dieser Richtlinie, die den Erlass technischer Regeln und Entscheidungen nach dem in Absatz 2 genannten Verfahren betreffen, vier Jahre nach dem Inkrafttreten dieser Richtlinie ausgesetzt. Das Europäische Parlament und der Rat können die betreffenden Bestimmungen auf Vorschlag der Kommission nach dem Verfahren des Artikels 251 des Vertrags verlängern und überprüfen sie zu diesem Zweck vor Ablauf der Vierjahresfrist.

Kapitel VII

Schlussbestimmungen

Artikel 42

Die Kommission erstellt bis zum 15. Dezember 2009 und in der Folgezeit mindestens alle drei Jahre einen Bericht über die Durchführung dieser Richtlinie und legt ihn dem Europäischen Parlament und dem Rat vor. In dem ersten derartigen Bericht nimmt die Kommission eine spezifische Prüfung der Behandlung von Rechtsanwälten und anderen selbstständigen Angehörigen von Rechtsberufen vor.

Artikel 43

Die Kommission legt dem Europäischen Parlament und dem Rat bis zum 15. Dezember 2010 einen Bericht über die Schwellensätze in Artikel 3 Nummer 6 vor und berücksichtigt dabei besonders den möglichen Nutzen und die möglichen Folgen einer Herabsetzung des in Artikel 3 Nummer 6 Buchstabe a Ziffer i und Buchstabe b Ziffern i und iii genannten Prozentanteils von 25 % auf 20 %. Auf der Grundlage dieses Berichts kann die Kommission einen Vorschlag zur Änderung dieser Richtlinie vorlegen.

Artikel 44

Die Richtlinie 91/308/EWG wird aufgehoben.

Bezugnahmen auf die aufgehobene Richtlinie gelten als Bezugnahmen auf die vorliegende Richtlinie und sind nach der Entsprechungstabelle im Anhang zu lesen.

Artikel 45

(1) Die Mitgliedstaaten setzen die Rechts- und Verwaltungsvorschriften in Kraft, die erforderlich sind, um dieser Richtlinie spätestens bis zum 15. Dezember 2007 nachzukommen. Sie teilen der Kommission unverzüglich den Wortlaut dieser Vorschriften mit und übermitteln ihr eine Tabelle der Entsprechungen zwischen den Bestimmungen dieser Richtlinie und den von ihnen erlassenen innerstaatlichen Vorschriften.

Wenn die Mitgliedstaaten diese Vorschriften erlassen, nehmen sie in den Vorschriften selbst oder durch einen Hinweis bei der amtlichen Veröffentlichung auf diese Richtlinie Bezug. Die Mitgliedstaaten regeln die Einzelheiten der Bezugnahme.

(2) Die Mitgliedstaaten teilen der Kommission den Wortlaut der wichtigsten innerstaatlichen Rechtsvorschriften mit, die sie auf dem unter diese Richtlinie fallenden Gebiet erlassen.

Artikel 46

Diese Richtlinie tritt am zwanzigsten Tag nach ihrer Veröffentlichung im Amtsblatt der Europäischen Union in Kraft.

Artikel 47

Diese Richtlinie ist an die Mitgliedstaaten gerichtet.

Anh. II.3

Anhang
Entsprechungstabelle

Diese Richtlinie	Richtlinie 91/308/EWG
Artikel 1 Absatz 1	Artikel 2
Artikel 1 Absatz 2	Artikel 1 Buchstabe C
Artikel 1 Absatz 2 Buchstabe a	Artikel 1 Buchstabe C Nummer 1
Artikel 1 Absatz 2 Buchstabe b	Artikel 1 Buchstabe C Nummer 2
Artikel 1 Absatz 2 Buchstabe c	Artikel 1 Buchstabe C Nummer 3
Artikel 1 Absatz 2 Buchstabe d	Artikel 1 Buchstabe C Nummer 4
Artikel 1 Absatz 3	Artikel 1 Buchstabe C Absatz 3
Artikel 1 Absatz 4	
Artikel 1 Absatz 5	Artikel 1 Buchstabe C Absatz 2
Artikel 2 Absatz 1 Nummer 1	Artikel 2a Nummer 1
Artikel 2 Absatz 1 Nummer 2	Artikel 2a Nummer 2
Artikel 2 Absatz 1 Nummer 3 Buchstaben a, b und d bis f	Artikel 2a Nummern 3 bis 7
Artikel 2 Absatz 1 Nummer 3 Buchstabe c	
Artikel 2 Absatz 2	
Artikel 3 Nummer 1	Artikel 1 Buchstabe A
Artikel 3 Nummer 2 Buchstabe a	Artikel 1 Buchstabe B Nummer 1
Artikel 3 Nummer 2 Buchstabe b	Artikel 1 Buchstabe B Nummer 2
Artikel 3 Nummer 2 Buchstabe c	Artikel 1 Buchstabe B Nummer 3
Artikel 3 Nummer 2 Buchstabe d	Artikel 1 Buchstabe B Nummer 4
Artikel 3 Nummer 2 Buchstabe e	
Artikel 3 Nummer 2 Buchstabe f	Artikel 1 Buchstabe B Absatz 2
Artikel 3 Nummer 3	Artikel 1 Buchstabe D
Artikel 3 Nummer 4	Artikel 1 Buchstabe E Unterabsatz 1
Artikel 3 Nummer 5	Artikel 1 Buchstabe E Unterabsatz 2
Artikel 3 Nummer 5 Buchstabe a	
Artikel 3 Nummer 5 Buchstabe b	Artikel 1 Buchstabe E erster Gedankenstrich
Artikel 3 Nummer 5 Buchstabe c	Artikel 1 Buchstabe E zweiter Gedankenstrich
Artikel 3 Nummer 5 Buchstabe d	Artikel 1 Buchstabe E dritter Gedankenstrich
Artikel 3 Nummer 5 Buchstabe e	Artikel 1 Buchstabe E vierter Gedankenstrich
Artikel 3 Nummer 5 Buchstabe f	Artikel 1 Buchstabe E fünfter Gedankenstrich und Unterabsatz 3
Artikel 3 Nummer 6	

Anh. II.3

Diese Richtlinie	Richtlinie 91/308/EWG
Artikel 3 Nummer 7	
Artikel 3 Nummer 8	
Artikel 3 Nummer 9	
Artikel 3 Nummer 10	
Artikel 4	Artikel 12
Artikel 5	Artikel 15
Artikel 6	
Artikel 7 Buchstabe a	Artikel 3 Absatz 1
Artikel 7 Buchstabe b	Artikel 3 Absatz 2
Artikel 7 Buchstabe c	Artikel 3 Absatz 8
Artikel 7 Buchstabe d	Artikel 3 Absatz 7
Artikel 8 Absatz 1 Buchstabe a	Artikel 3 Absatz 1
Artikel 8 Absatz 1 Buchstaben b bis d	
Artikel 8 Absatz 2	
Artikel 9 Absatz 1	Artikel 3 Absatz 1
Artikel 9 Absätze 2 bis 6	
Artikel 10	Artikel 3 Absätze 5 und 6
Artikel 11 Absatz 1	Artikel 3 Absatz 9
Artikel 11 Absatz 2	
Artikel 11 Absätze 3 und 4	
Artikel 11 Absatz 5 Buchstabe a	Artikel 3 Absatz 3
Artikel 11 Absatz 5 Buchstabe b	Artikel 3 Absatz 4
Artikel 11 Absatz 5 Buchstabe c	Artikel 3 Absatz 4
Artikel 11 Absatz 5 Buchstabe d	
Artikel 12	
Artikel 13 Absätze 1 und 2	Artikel 3 Absätze 10 und 11
Artikel 13 Absätze 3 bis 5	
Artikel 13 Absatz 6	Artikel 5
Artikel 14	
Artikel 15	
Artikel 16	
Artikel 17	
Artikel 18	
Artikel 19	
Artikel 20	Artikel 5

Anh. II.3

Diese Richtlinie	Richtlinie 91/308/EWG
Artikel 21	
Artikel 22	Artikel 6 Absätze 1 und 2
Artikel 23	Artikel 6 Absatz 3
Artikel 24	Artikel 7
Artikel 25	Artikel 10
Artikel 26	Artikel 9
Artikel 27	
Artikel 28 Absatz 1	Artikel 8 Absatz 1
Artikel 28 Absätze 2 bis 7	
Artikel 29	
Artikel 30 Buchstabe a	Artikel 4 erster Gedankenstrich
Artikel 30 Buchstabe b	Artikel 4 zweiter Gedankenstrich
Artikel 31	
Artikel 32	
Artikel 33	
Artikel 34 Absatz 1	Artikel 11 Absatz 1 Buchstabe a
Artikel 34 Absatz 2	
Artikel 35 Absatz 1 Unterabsatz 1	Artikel 11 Absatz 1 Buchstabe b erster Satz
Artikel 35 Absatz 1 Unterabsatz 2	Artikel 11 Absatz 1 Buchstabe b zweiter Satz
Artikel 35 Absatz 1 Unterabsatz 3	Artikel 11 Absatz 1 Unterabsatz 2
Artikel 35 Absatz 2	
Artikel 35 Absatz 3	
Artikel 36	
Artikel 37	
Artikel 38	
Artikel 39 Absatz 1	Artikel 14
Artikel 39 Absätze 2 bis 4	
Artikel 40	
Artikel 41	
Artikel 42	Artikel 17
Artikel 43	
Artikel 44	
Artikel 45	Artikel 16
Artikel 46	Artikel 16

Anh. III.1

Anhang III.1

Bundesaufsichtsamt für das Kreditwesen
Verlautbarung
vom 30. März 1998

über Maßnahmen der Kreditinstitute
zur Bekämpfung und Verhinderung der Geldwäsche

(Z 5 – E 100)

I. **Bedeutung der Maßnahmen zur Bekämpfung der Geldwäsche**

1. Am 22. September 1992 ist § 261 StGB in Kraft getreten, der die Geldwäsche unter Strafe stellt. Das in Folge am 29. November 1993 in Kraft getretene Geldwäschegesetz formuliert für Kreditinstitute und andere Adressaten gewerberechtliche Pflichten, deren Erfüllung neben dem Aufspüren von Gewinnen aus schweren Straftaten durch die Ermittlungsbehörden eine effektive Geldwäscheprävention ermöglichen und die Einführung illegaler Gelder in den legalen Finanzkreislauf verhindern soll.

   Mit diesem Gesetz wird die EG-Richtlinie des Rates vom 10. Juni 1991 zur Verhinderung der Nutzung des Finanzsystems zum Zwecke der Geldwäsche (91/308/EWG) umgesetzt. Hierdurch soll gleichzeitig den „40 Empfehlungen" vom 7. Februar 1990 Rechnung getragen werden, die aufgrund einer Initiative der Regierungschefs der G 7-Staaten von einer internationalen Arbeitsgruppe, der „Financial Action Task Force on Money Laundering", mit Beteiligung Deutschlands zur Erschwerung und Aufdeckung von Geldwäscheoperationen erarbeitet und am 26. Juni 1996 aktualisiert worden sind.

2. Bereits nach der den Kreditinstituten über deren Verbände bekanntgemachten „Grundsatzerklärung vom 12. Dezember 1988 zur Verhinderung des Mißbrauchs des Finanzsystems durch die Geldwäsche" des vormaligen Ausschusses für Bankenbestimmungen und -überwachung bei der Bank für Internationalen Zahlungsausgleich in Basel (jetzt „Baseler Ausschuß für Bankenaufsicht") gehört es zur ordnungsgemäßen Geschäftspolitik eines Kreditinstituts, sich von Transaktionen mit kriminellem Hintergrund, und dabei insbesondere von Geldwäschevorgängen, fernzuhalten und zu ihrer Aufdeckung und Bekämpfung beizutragen. Die Grundsatzerklärung verweist darauf, daß präventive Maßnahmen im Finanzsektor besonders zur Geldwäschebekämpfung geeignet sind.

   Zu Recht wird in den Erwägungsgründen zur EG-Richtlinie vom 10. Juni 1991 betont, daß Geldwäscheaktivitäten nicht nur die Solidität und Stabilität eines zu diesem Zweck mißbrauchten Kreditinstituts, sondern das ganze Bankensystem und das Image eines Bankplatzes bedrohen können. Der Bekämpfung und der Verhinderung von Geldwäschepraktiken durch die Kreditinstitute kommt daher besondere Bedeutung zu.

Anh. III.1

3. Diese Verlautbarung des Bundesaufsichtsamtes für das Kreditwesen verdeutlicht die wesentlichen gewerberechtlichen Pflichten, die den Kreditinstituten durch das Geldwäschegesetz auferlegt werden. Die in der Verlautbarung enthaltenen Hinweise sind als Mindestanforderungen zu verstehen; die Kreditinstitute sind aufgerufen, darüber hinausgehende organisatorische und administrative Regelungen zu treffen.

Diese Verlautbarung ersetzt die „Verlautbarung des Bundesaufsichtsamtes für das Kreditwesen über Maßnahmen der Kreditinstitute zur Bekämpfung und Verhinderung der Geldwäsche" vom 26. Oktober 1994.

Weitere Schreiben des Bundesaufsichtsamtes für das Kreditwesen zur Auslegung des Geldwäschegesetzes sind in der Textsammlung Consbruch/Möller/Bähre/Schneider, Gesetz über das Kreditwesen mit verwandten Gesetzen und anderen Vorschriften, unter Nr. 11 zu finden.

II. Geltungsbereich

4. Die Pflichten des Geldwäschegesetzes sind nicht nur von allen dem KWG unterliegenden inländischen Kreditinstituten mit ihren inländischen Zweigstellen zu erfüllen; nach § 15 GwG hat ein inländisches Kreditinstitut auch dafür zu sorgen, daß die gesetzlichen Verpflichtungen aus den in dieser Bestimmung aufgeführten Vorschriften gleichermaßen von seinen Zweigstellen im Ausland und den von ihm abhängigen ausländischen Unternehmen eingehalten werden, wenn und soweit diese Unternehmen mit ihm unter einheitlicher Leitung zusammengefaßt sind. Die Konzernvermutung des § 18 Abs. 1 Satz 3 AktG ist dabei anwendbar.

Landestypische Besonderheiten können bei der Einhaltung der deutschen Regelungen zur Bekämpfung und Verhinderung der Geldwäsche berücksichtigt werden, sofern hierdurch der wesentliche Inhalt der in § 15 GwG genannten Pflichten nicht tangiert wird.

Paragraph 15 GwG berücksichtigt die Möglichkeit, daß der Erfüllung der Pflichten gemäß §§ 2, 3, 4, 6, 8, 9 und 14 GwG im Ausland das Recht des jeweiligen Staates entgegensteht. Ausländisches Recht steht der Erfüllung der genannten Pflichten nur dann entgegen, wenn ein Fall unmittelbarer Kollision einer der genannten Rechtsnormen mit Rechtsnormen des jeweiligen Staates vorliegt und der Wesensgehalt der dort geregelten Pflichten betroffen wäre.

Wird eine Zweigstelle im Ausland nach dem Inkrafttreten des Geldwäschegesetzes eröffnet oder wird nach diesem Zeitpunkt ein ausländisches Unternehmen unter einheitlicher Leitung zusammengefaßt, so ist das Bundesaufsichtsamt für das Kreditwesen innerhalb von drei Monaten nach der Eröffnung der Zweigstelle oder der Zusammenfassung unter einheitlicher Leitung darüber zu unterrichten, wenn der Erfüllung der oben genannten Pflichten nach Auffassung des Kreditinstituts das Recht des jeweiligen Staates entgegensteht.

Die Kreditinstitute haben insoweit ihre Rechtsauffassung unter Angabe der Bestimmungen des ausländischen Rechts, mit denen die Erfüllung der in § 15

Anh. III.1

GwG genannten Pflichten kollidieren soll, zu begründen, um dem Bundesaufsichtsamt eine Prüfung der vom Kreditinstitut vertretenen Rechtsauffassung zu ermöglichen. Im Einzelfall empfiehlt es sich, vor der Unterrichtung des Bundesaufsichtsamtes die Stellungnahme eines Rechtsexperten für das Recht des jeweiligen Staates einzuholen.

Damit ausländische Zweigstellen oder Tochtergesellschaften nicht in Geldwäschevorgänge verwickelt werden, sollten die Kreditinstitute gewissenhaft prüfen, ob sie nach Inkrafttreten des Geldwäschegesetzes noch Zweigstellen in Nicht-EU-Staaten errichten, deren Rechtssystem einer Beachtung der deutschen Vorschriften zur Bekämpfung und Verhinderung der Geldwäsche entgegensteht oder vergleichbare Vorschriften nicht kennt oder die Befolgung der auf die Finanzinstitute anwendbaren Empfehlungen 10, 11, 12 und 14 der Financial Action Task Force in der Fassung vom 26. Juni 1996 nicht zuläßt.

5. Darüber hinaus sollten die Kreditinstitute alle ihnen nachgeordneten Kreditinstitute i. S. v. § 10a Abs. 2 Satz 1 KWG im Rahmen ihrer Möglichkeiten anhalten, die Pflichten für Institute nach dem Geldwäschegesetz zu beachten. Dies gilt mit Ausnahme der Verpflichtung zur Anzeige von Verdachtsfällen gemäß § 11 GwG auch für nachgeordnete Kreditinstitute, die ihren Sitz im Ausland haben.

Von den Kreditinstituten wird ferner erwartet, daß andere mit ihnen im Konzernverbund stehende Tochterunternehmen, insbesondere Finanzdienstleistungsinstitute und Finanzunternehmen im Sinne des § 1 Abs. 2 GwG und Grundstücksgesellschaften, die mit Immobilien Handel treiben, für die das Bundesaufsichtsamt für das Kreditwesen nicht die nach § 16 Nr. 2 des Geldwäschegesetzes zuständige Behörde ist, die für sie geltenden Pflichten dieses Gesetzes beachten.

6. Dem Geldwäschegesetz unterliegen auch die im Inland gelegenen Zweigstellen ausländischer Kreditinstitute (§ 1 Abs. 3 GwG); dabei wird nicht zwischen Kreditinstituten mit Sitz in einem anderen Mitgliedstaat der Europäischen Union und Kreditinstituten mit Sitz in einem Drittland unterschieden.

Im Einklang mit dem Recht der Europäischen Union obliegt die Aufsicht über die Einhaltung der Pflichten aus dem deutschen Geldwäschegesetz nicht der Heimatlandaufsicht des jeweiligen Herkunftslandes, sondern der Gastlandaufsicht des Bundesaufsichtsamtes für das Kreditwesen.

III. Identifizierungspflichten

7. Die Pflicht zur Identifizierung natürlicher und juristischer Personen bei der Eröffnung von Konten, Depots oder bei der Vergabe von Schließfächern wird wie bisher von § 154 AO und dem Anwendungserlaß zur Abgabenordnung in seiner jeweils aktuellen Fassung geregelt, zuletzt durch den Anwendungserlaß zur Abgabenordnung vom 24. September 1987 (BStBl. I S. 664), geändert durch Schreiben des Bundesministers der Finanzen vom 8. Oktober 1991 (BStBl. I S. 932).

Anh. III.1

8. Identifizierung natürlicher Personen

   Sowohl die Abgabenordnung als auch das Geldwäschegesetz gehen grundsätzlich vom Gebot der persönlichen und dokumentenmäßigen Identifizierung aus. Im Falle der Neueröffnung von Konten nach Inkrafttreten des Geldwäschegesetzes durch natürliche Personen sollen die nach § 154 AO erforderlichen Legitimationsprüfungen der Kontoinhaber und Verfügungsberechtigten ausschließlich in der in § 1 Abs. 5 GwG formulierten Art und Weise vorgenommen werden. Ist der Kunde bereits bei der Eröffnung eines Kontos in der Art und Weise des § 1 Abs. 5 GwG identifiziert worden, kann bei jeder sich anschließenden Kontoeröffnung bezüglich dieses Kunden auf diese förmliche Identifizierung zurückgegriffen werden.

   Gewißheit über die Identität einer natürlichen Person besteht deshalb nur, wenn der vollständige Name anhand eines gültigen Personalausweises oder Reisepasses festgestellt wird. Außerdem sind Geburtsdatum, Anschrift (soweit sie darin enthalten sind) sowie Art, Nummer und ausstellende Behörde des Personalausweises oder Reisepasses zu notieren. Dies gilt auch dann, wenn der Antragsteller dem die Identifizierung durchführenden Mitarbeiter oder einem hinzugezogenen Mitarbeiter des Kreditinstituts persönlich bekannt ist.

   Als geeignetes Legitimations- und Identifikationspapier gemäß § 1 Abs. 5 GwG können im übrigen alle befristeten, die ausstellende Behörde verzeichnenden Ausweise anerkannt werden, die den Anforderungen an Personalausweise gemäß § 1 Abs. 2 des Gesetzes über Personalausweise bzw. den Anforderungen an Reisepässe gemäß § 4 Abs. 1 Paßgesetz entsprechen. Ebenfalls können die als Ausweisersatz erteilten und mit Angaben zur Person und einem Lichtbild versehenen Bescheinigungen über die Aufenthaltsgestattung gemäß § 63 Asylverfahrensgesetz und Bescheinigungen gemäß § 39 Ausländergesetz anerkannt werden.

   Darüber hinaus können auch Bescheinigungen über die Befreiung von der Ausweispflicht gemäß Art. 1 Abs. 2 des Gesetzes zur Ausführung des Gesetzes über Personalausweise und des Paßgesetzes akzeptiert werden.

   Zur Identifizierung von Staatsangehörigen eines Drittstaats können grundsätzlich jeweils gültige nationale Reisepässe bzw. Personalausweise eines Drittstaats, die den Anforderungen des § 1 Abs. 2 des Gesetzes über Personalausweise entsprechen, verwendet werden.

9. Physische Präsenz des Kunden bei der Identifizierung

   Das „Know your customer"-Prinzip und das Gebot der persönlichen und dokumentenmäßigen Identifizierung des Kunden verlangen bei der Konto- bzw. Depoteröffnung oder bei der Vermietung eines Schließfaches regelmäßig eine persönliche Anwesenheit der zu identifizierenden natürlichen Person, weil nur so die Übereinstimmung zwischen äußeren Merkmalen der Person und ihrem Bild bzw. den Angaben im Personalausweis oder Reisepaß geprüft werden kann.

   Unter einem Konto ist in diesem Zusammenhang die buch- und rechnungsmäßige Darstellung einer Geschäftsbeziehung zwischen dem Kontoinhaber und dem kontoführenden Kreditinstitut zu verstehen, d. h. die für einen Kunden geführte Rechnung, in der Zu- und Abgänge von Vermögensgegenständen erfaßt werden.

Daraus folgt, daß auch bei der Eröffnung sogenannter Kreditkonten die Identifizierungspflicht Anwendung findet. Als rechtlich selbständige Konten sind grundsätzlich auch sog. Unterkonten anzusehen (zur Feststellung des wirtschaftlich Berechtigten bei der Eröffnung sog. Unterkonten s. unten Ziffer 19 dieser Verlautbarung).

Eine briefliche Legitimationsprüfung von natürlichen Personen darf bei Konto- oder Depoteröffnungen grundsätzlich nicht vorgenommen werden. Dies gilt sowohl für Personen mit Wohnsitz im Inland als auch für Personen mit Wohnsitz im Ausland.

10. Identifizierung durch zuverlässige Dritte

Sofern ein Kreditinstitut aus wichtigem Anlaß, insbesondere im Direktgeschäft, die Identifizierung nicht selbst durch seine Beschäftigten vornehmen kann, kann diese in seinem Auftrag über zuverlässige Dritte, insbesondere

a) über Drittbanken, Versicherungsunternehmen, die Lebensversicherungsverträge anbieten, Notare oder die Deutsche Post AG (PostIdent Service: Identifizierung am Schalter der Deutschen Post AG oder über den Postzustelldienst) oder durch eine Botschaft bzw. ein Konsulat der EU-Staaten

oder

b) über sonstige zuverlässige Dritte

nach Maßgabe des § 1 Abs. 5 GwG erfolgen. Diese sind lediglich als Erfüllungsgehilfen des weiterhin pflichtigen Instituts tätig. Die Verantwortung für die ordnungsgemäße und in bezug auf die Anforderungen des § 1 Abs. 5 GwG vollständige Durchführung der Identifizierung obliegt daher dem pflichtigen Kreditinstitut. Die bloße postalische Zustellungsform „Einschreiben/Rückschein/eigenhändig" erfüllt diese Voraussetzungen nicht.

Sofern neben Drittbanken, Versicherungsunternehmen, die Lebensversicherungsverträge anbieten, Notaren, der Deutschen Post AG oder einer Botschaft bzw. eines Konsulats der EU-Staaten sonstige Dritte im Sinne des Buchstaben b) für die Identifizierung des Kunden herangezogen werden, hat sich das Kreditinstitut im Hinblick auf seine Einstandspflicht für diese Erfüllungsgehilfen grundsätzlich bei Beginn der Zusammenarbeit von der Zuverlässigkeit dieses Dritten und des von diesem geschaffenen Systems der Mitarbeiterinformation bzw. der Überprüfung der Mitarbeiterzuverlässigkeit für die interne und externe Revision nachvollziehbar zu überzeugen.

Das Kreditinstitut hat auch dafür Sorge zu tragen, daß die zur Identifizierung eingesetzten Personen über die Anforderungen, die an die Durchführung der Identifizierung zu stellen sind, unterrichtet werden. Darüber hinaus ist sicherzustellen, daß die Aufzeichnungen über die erfolgte Identifizierung dem Kreditinstitut unmittelbar übermittelt werden.

Anh. III.1

Anhand der übermittelten Unterlagen hat das Kreditinstitut zu kontrollieren, ob eine ordnungsgemäße Identifizierung vorgenommen worden ist. Insbesondere die nicht ordnungsgemäße Vornahme von Kundenidentifizierungen kann Zweifel an der Zuverlässigkeit des Dritten begründen.

11. Identifizierung von juristischen Personen

    Bei der Konto- bzw. Depoteröffnung oder bei der Vermietung eines Schließfaches an eine juristische Person ist die Legitimationsprüfung der juristischen Person sowie ihrer Verfügungsberechtigten gemäß § 154 Abs. 2 AO in Verbindung mit dem Erlaß zur Abgabenordnung in seiner jeweils aktuellen Fassung (s. zuletzt Anwendungserlaß zur Abgabenordnung vom 24. September 1987 (BStBl. I S. 664), geändert durch Schreiben des Bundesministers der Finanzen vom 8. Oktober 1991 (BStBl. I S. 932) durchzuführen.

    Ziffer 7 Buchstaben i, j und k des Anwendungserlasses zur Abgabenordnung sehen Erleichterungen vor, denen zufolge nach dem Grundsatz der Verhältnismäßigkeit auf die Legitimationsprüfung und die Herstellung der Auskunftsbereitschaft verzichtet werden kann,

    - bei Vertretung von Kreditinstituten und Versicherungsunternehmen (Nr. 7 i),
    - bei den als Vertretern eingetragenen Personen, die in öffentlichen Registern (Handelsregister, Vereinsregister) eingetragene Firmen oder Personen vertreten (Nr. 7 j),
    - bei Vertretung von Unternehmen, sofern schon mindestens fünf Personen, die in öffentliche Register eingetragen sind bzw. bei denen eine Legitimationsprüfung stattgefunden hat, Verfügungsbefugnis haben (Nr. 7 k).

    Soweit in diesen Regelungen auf Registereintragungen Bezug genommen wird, müssen die Eintragungen in einem öffentlichen Register erfolgt sein. Für Verfügungsberechtigte, die nicht unter die Identifizierungserleichterungen des Anwendungserlasses zur AO fallen, gelten die Ausführungen zur Identifizierung natürlicher Personen entsprechend.

12. Identifizierung gemäß § 2 Abs. 1 GwG

    Unabhängig von der Pflicht zur Identifizierung natürlicher und juristischer Personen bei der erstmaligen Eröffnung von Konten, Depots oder bei der Vergabe von Schließfächern hat ein Kreditinstitut

    bei A n n a h m e

    oder

    bei A b g a b e

    von Bargeld, Wertpapieren oder Edelmetallen im Wert von DM 30.000,– oder mehr diejenige Person zu identifizieren, die ihm gegenüber auftritt (§ 2 Abs. 1 GwG).

13. Elektronisches Geld, das auf Karten bzw. in Rechnernetze geladen werden kann, kann die Funktion von Bargeld haben. Erfolgt die Ausgabe von elektronischem Geld und dessen Umwandlung in Giralgeld nicht unmittelbar kontenbe-

Anh. III.1

zogen (sog. white card, e-cash etc.), sind die Identifizierungspflichten des § 2 Abs. 1 und Abs. 2 GwG einzuhalten. Darüber hinaus sind spezifische, auf das Geldkarten- und Netzgeldgeschäft abgestimmte Sicherungsmaßnahmen gemäß § 14 Abs. 2 Nr. 2 GwG zu entwickeln.

Dem Begriff „Wertpapier" im Sinne des § 2 Abs. 1 GwG liegt nach dem Gesetzeswortlaut der Wertpapierbegriff des § 1 Abs. 1 DepotG zugrunde; die Annahme und Abgabe von Schecks oder Wechseln fällt mithin nicht unter § 2 Abs. 1 GwG.

Der Wert von Wertpapieren, Edelmetallen und ausländischen Sorten bestimmt sich nach deren Kurswert. Gebühren und Provisionen, die die Kreditinstitute u. U. bei der Annahme oder Abgabe erheben, sind bei der Wertbestimmung nach dem GwG nicht zu berücksichtigen.

14. Grundsätzlich sind bei den in § 2 Abs. 1 und 2 GwG erwähnten Transaktionen auch Kunden zu identifizieren, bei denen bereits eine Legitimationsprüfung gemäß § 154 Abs. 2 AO stattgefunden hat.

    Abweichend von der durch § 1 Abs. 5 GwG vorgegebenen Form der Identifizierung kann zwar nach § 7 GwG auf eine Feststellung des Kunden mittels Personalausweises oder Reisepasses verzichtet werden, sofern dieser dem die Identifizierung durchführenden Mitarbeiter persönlich bekannt ist und bereits bei früherer Gelegenheit gemäß den Anforderungen des GwG identifiziert wurde. Gleichwohl sind die Transaktionen im Sinne des § 2 Abs. 1, 2 und § 6 GwG aufzuzeichnen und der Name des Kunden sowie der Umstand zu vermerken, daß der Kunde dem die Identifizierung durchführenden Mitarbeiter oder dem hinzugezogenen Mitarbeiter des Kreditinstituts persönlich bekannt ist und bereits zuvor identifiziert wurde. Der Name des Mitarbeiters des Kreditinstituts, der die Identifizierungen nach § 2 Abs. 1, 2 und § 6 GwG durchgeführt hat, muß ebenfalls feststellbar sein. Im übrigen vgl. Ziffer 22 dieser Verlautbarung.

15. Um Umgehungen der Identifizierungspflicht zu verhindern, muß sich das Kreditinstitut auch Klarheit über die Identität des Auftraggebers verschaffen, wenn ihm ohne einen persönlichen Kontakt zum Kunden – beispielsweise per Post oder anderweitig – Bargeld, Wertpapiere oder Edelmetalle, übermittelt werden. Wie die Abklärung der Kundenidentität in diesen Fällen im einzelnen geschieht, ist den Instituten freigestellt. Die gewünschte Transaktion soll erst nach erfolgter Abklärung der Kundenidentität ausgeführt werden. Eine nicht plausible Vermeidung des persönlichen Kontakts durch den Kunden sollte bei dem Kreditinstitut immer gesteigerte Aufmerksamkeit auslösen (vgl. auch VI. dieser Verlautbarung).

16. Nachttresor, Einzahlungsautomaten, regelmäßige Einzahler

    (a) Eine Pflicht zur Identifizierung gemäß § 2 Abs. 1 GwG besteht nicht, wenn Bargeld in einem Nachttresor deponiert wird (§ 2 Abs. 4 Satz 1 GwG). Jedoch muß jedes Kreditinstitut, das einen Nachttresor unterhält, dessen Benutzer vertraglich verpflichten, auf diesem Wege nur Gelder für eigene Rechnung einzuzahlen (§ 2 Abs. 4 Satz 2 GwG).

Anh. III.1

(b) Für die Einzahlung von Geldern mittels sog. Bareinzahlungsautomaten gelten die folgenden Anforderungen:

1. Um zu vermeiden, daß sich die Benutzer von Bareinzahlungsautomaten der Feststellung ihrer Identität entziehen und diese zur Einzahlung auf fremde Rechnung benutzen können, ohne den wirtschaftlich Berechtigten angeben zu müssen (Umgehung des § 8 GwG), ist der Kreis der Benutzer von Bareinzahlungsautomaten dahingehend einzuschränken, daß nur solche Personen den Bareinzahlungsautomaten benutzen können, die

   – über ein Konto bei dem betreffenden Kreditinstitut verfügen und
   – bei Kontoeröffnung nach Maßgabe des § 1 Abs. 5 GwG identifiziert worden sind und
   – eine vertragliche Verpflichtungserklärung gegenüber dem Kreditinstitut abgegeben haben, nur auf eigene Rechnung einzuzahlen (§ 2 Abs. 4 Satz 2 GwG entsprechend).

   Insoweit obliegt es den Kreditinstituten, die technischen Vorkehrungen dafür zu treffen, daß nur der genannte Personenkreis den Bareinzahlungsautomaten bzw. die Bareinzahlungsfunktion eines Bankautomaten benutzen kann. Zudem muß sichergestellt sein, daß mittels Bareinzahlungsautomaten nur Einzahlungen zugunsten des jeweiligen Kontos erfolgen können, das bei dem Institut, das den Automaten installiert hat, geführt wird. Die Überweisung auf Konten bei einem Drittinstitut über SB-Automaten gegen Einzahlung von Bargeld ist nicht zulässig.

2. Auf die Einholung von Verpflichtungserklärungen kann verzichtet werden, wenn technisch sichergestellt ist, daß über die Automaten mittels eines Einzahlungsvorgangs nicht 30.000,– DM oder mehr eingezahlt werden können (zu der spezifischen Überwachungspflicht in diesen Fällen vgl. Ziffer 18 dieser Verlautbarung).

3. Soweit Bareinzahlungsautomaten auch die Nachttresorfunktion übernehmen, verbleibt es allein bei der Regelung des § 2 Abs. 4 GwG.

4. Einzahlungsautomaten sollen im Bankbetrieb nur an Orten aufgestellt werden, an denen potentielle Geldwäscher damit rechnen müssen, beobachtet zu werden und aufzufallen.

(c) Eine Identifizierungserleichterung besteht ebenfalls, wenn Inhaber oder Mitarbeiter eines Unternehmens regelmäßig in Form von Barein- oder -auszahlungen über das Konto des Unternehmens verfügen (§ 2 Abs. 4 GwG).

Unternehmen i. S. v. § 2 Abs. 4 GwG ist eine organisatorisch und rechtlich selbständige Einheit, soweit zu deren Tätigkeit regelmäßige Einzahlungen und Abhebungen bei Kreditinstituten gehören. Als regelmäßig sind Einzahlungen und Abhebungen insbesondere dann anzusehen, wenn sie für das Kreditinstitut erkennbar häufig und nachhaltig für den Kunden durchgeführt werden.

Die Freistellung des Kreditinstituts von der Identifizierungspflicht bei Barein- und -auszahlungen setzt jedoch voraus, daß die einzahlende oder abhebende Person dem Kreditinstitut zuvor namentlich zusammen mit der schriftlichen

Erklärung des Unternehmens bekanntgegeben worden ist, daß das Unternehmen durch die benannte Person in Zukunft wiederholt Bargeld auf ein eigenes Konto des Unternehmens einzahlen oder abheben wird (§ 9 Abs. 1 Satz 5 GwG). Auf diese Erklärung muß in allen Zweigstellen, in denen Einzahlungen erfolgen sollen, ein Zugriff möglich sein. Bei der ersten Einzahlung oder Abhebung ist die benannte Person vom Kreditinstitut nach Maßgabe des § 1 Abs. 5 GwG zu identifizieren.

17. Im Verhältnis von Instituten untereinander besteht gemäß § 2 Abs. 3 GwG keine Identifizierungspflicht. Diese Ausnahmevorschrift gilt nicht für § 6 GwG.

    Sofern das betreffende Institut zwar dem Privileg des § 2 Abs. 3 GwG unterfällt, aber keiner Aufsicht unterliegt, die der des § 16 Nr. 2 GwG qualitativ entspricht, ist es im Einzelfall angezeigt, dieses wie einen gewöhnlichen Kunden zu behandeln.

    Die Einschaltung eines gewerblichen Geldbeförderungsunternehmens bei Bargeld-, Wertpapier- und Edelmetalltransporten zwischen Filialen eines Kreditinstitutes bzw. im Verkehr zwischen verschiedenen Kreditinstituten/Finanzdienstleistungsinstituten führt nicht zur Identifizierungspflicht nach dem Geldwäschegesetz. Sofern das Geld jedoch nicht in verschlossenen Behältnissen transportiert wird, sollte bei der Einschaltung von gewerblichen Geldbeförderungsunternehmen im Institutsverkehr wegen der damit verbundenen Geldwäscherisiken die erforderliche Vorsicht angewandt werden, da diese Unternehmen sich entgegen den ursprünglichen gesetzgeberischen Vorstellungen nicht nur auf den reinen Transport von Wertgegenständen beschränken, sondern auch die Geldverarbeitung übernehmen.

18. Smurfing

    Führt ein Kreditinstitut mehrere Finanztransaktionen im Sinne von § 2 Abs. 1 GwG durch, die zusammen einen Betrag im Wert von DM 30.000,– oder mehr ausmachen, ist es zur Identifizierung der auftretenden Person gemäß § 2 Abs. 2 GwG verpflichtet, wenn tatsächliche Anhaltspunkte dafür vorliegen, daß zwischen den Transaktionen eine Verbindung besteht (sog. Smurfing) und deshalb von einer künstlichen Aufsplittung einer einheitlichen Finanztransaktion ausgegangen werden muß.

    Das Bestehen einer Verbindung zwischen Finanztransaktionen ist im Wege einer Gesamtschau aller Einzelfallumstände vom Kreditinstitut festzustellen und zu beurteilen. Dem Kreditinstitut steht bei der Bewertung dieser Umstände ein Beurteilungsspielraum zu.

    Da Fälle des sog. Smurfing aufgrund des arbeitsteiligen Geschäftsablaufs einer Bank nur schwer zu erkennen sind, sollen die Kreditinstitute Bareinzahlungen nachträglich zumindest stichprobenartig daraufhin überprüfen, ob in diesen Fällen eine möglicherweise geldwäscherelevante künstliche Aufsplittung eines einheitlichen Betrages anzunehmen ist (allgemeine Überwachungspflicht). In Fällen, in denen sich derartige Anhaltspunkte ergeben, soll das Institut, sofern es sich bei dem betreffenden Kunden um einen Dauerkunden (Kunde, der in einer laufenden Geschäftsbeziehung zum Kreditinstitut steht) handelt, entspre-

Anh. III.1

chend Ziffer 24 dieser Verlautbarung prüfen, ob die Voraussetzungen für die Erstattung einer Verdachtsanzeige gemäß § 11 GwG gegeben sind. Ebenfalls soll die Geschäftsbeziehung gemäß Ziffer 30 dieser Verlautbarung einer längerfristigen Überwachung unterworfen werden. Die Ergebnisse der Smurfing-Kontrolle sind zu dokumentieren.

Eine spezifische Überwachungspflicht gilt für sog. Einzahlungsautomaten, bei denen mittels eines Einzahlungsvorgangs nur Beträge unterhalb DM 30.000,– eingezahlt werden können (vgl. oben Ziffer 16). Um einem „Smurfing" entgegenzuwirken, sollen mindestens Bareinzahlungen, die innerhalb von 24 Stunden getätigt wurden, über gesonderte Primanoten auf Umsatzlisten überprüft werden. Dies gilt insbesondere auch für Bareinzahlungsautomaten, die offline betrieben werden und daher eine Kontrolle der Einhaltung des Schwellenwertes für alle Geräte bei der Einzahlung nicht zulassen.

IV. Feststellung des wirtschaftlich Berechtigten

19. Die Kreditinstitute sind gemäß § 8 Abs. 1 GwG in allen Fällen, in denen für sie eine Identifizierungspflicht besteht, zur Feststellung des wirtschaftlich Berechtigten verpflichtet. Die Pflicht zur Feststellung des wirtschaftlich Berechtigten gilt insbesondere für die Fälle der Konto- bzw. Depoteröffnung oder der Schließfachmiete, in denen bislang gemäß § 154 Abs. 2 AO nur der oder die Verfügungsberechtigten identifiziert zu werden brauchten.

    Der wirtschaftlich Berechtigte ist auch bei der Eröffnung sog. Unterkonten festzustellen. Lediglich in den Fällen, in denen Geld von einem Konto auf ein sogenanntes Unterkonto umgebucht wird, kann auf die Feststellung des wirtschaftlich Berechtigten verzichtet werden, wenn sichergestellt ist, daß das Guthaben, wie z. B. bei sogenannten Festgeldkonten, wieder auf das ursprüngliche Konto zurückfließt.

    Die Pflicht zur Feststellung des wirtschaftlich Berechtigten besteht auch dann, wenn gemäß § 7 GwG von einer Identifizierung nach § 1 Abs. 5 GwG abgesehen werden kann.

20. Die Vorschrift des § 8 GwG soll in Umsetzung des Art. 3 Abs. 5 der EG-Richtlinie Strohmanngeschäften entgegenwirken und den wirtschaftlich Berechtigten sichtbar machen, d. h. denjenigen, in dessen „Auftrag" die Transaktion erfolgt bzw. der an der Transaktion als Treugeber beteiligt ist.

    Sofern sich aus der Transaktion bzw. aus den äußeren Umständen im Einzelfall ergibt, daß der Kunde für eigene Rechnung handelt, kann auf eine gesonderte Nachfrage hinsichtlich des wirtschaftlich Berechtigten verzichtet werden. Die Kreditinstitute haben in diesen Fällen aber das Handeln „auf eigene Rechnung" aufzuzeichnen.

    Gemäß Art. 3 Abs. 5 EG-Richtlinie müssen die Kreditinstitute jedoch in den Fällen, in denen sie Zweifel hegen oder in denen sie die Gewißheit haben, daß der zu Identifizierende nicht für eigene Rechnung handelt, angemessene Maßnahmen ergreifen, um Informationen über die tatsächliche Identität der Person einzuholen, für deren Rechnung der Kunde handelt. Besteht ein solcher Zweifel an der Identität des wirtschaftlich Berechtigten, sollen die Kreditinstitute über die Angaben des Kunden hinaus weitere Nachfragen anstellen und sich ggf. die Identität des wirtschaftich Berechtigten nachweisen lassen.

Für den Fall, daß sich diese Zweifel nicht ausräumen lassen, soll das Kreditinstitut die Durchführung der Transaktion bzw. die Eröffnung des Kontos ablehnen. Dies gilt auch, wenn sich der Kunde weigert, die Frage nach dem wirtschaftlich Berechtigten zu beantworten.

21. Die Pflicht zur Feststellung des wirtschaftlich Berechtigten gilt auch in den Fällen, in denen sog. Berufsgeheimnisträger (Rechtsanwälte, Notare, Wirtschaftsprüfer, Steuerberater etc.) gegenüber dem Kreditinstitut auftreten bzw. wenn Treuhänder oder Vermögensverwalter auf Rechnung verschiedener Kunden Sammelkonten oder -depots einrichten. Im Falle der Eröffnung sog. Sammelkonten oder -depots sollen die Kreditinstitute gegenüber dem Konto- oder Depotinhaber dabei grundsätzlich schuldrechtlich sicherstellen, daß eine vollständige Liste der wirtschaftlich Berechtigten eingereicht und bei jeder Veränderung diese dem Institut unverzüglich mitgeteilt wird. Eine Ausnahme gilt in den Fällen, in denen der Treuhänder seinerseits ein Institut ist (§ 8 Abs. 2 GwG) und daher selbst zur Identifizierung der Kunden sowie zur Aufzeichnung und Aufbewahrung der festgestellten Daten entsprechend den für Kreditinstitute geltenden Grundsätzen verpflichtet ist. Sofern er allerdings keiner Aufsicht unterliegt, die der i. S. d. § 16 Nr. 2 GwG qualitativ vergleichbar ist, gilt Ziffer 17 Abs. 2 dieser Verlautbarung entsprechend.

Da insbesondere Sammel- und Fremdgeldkonten häufig bei der Verschleierung von Geldwäschetransaktionen eine nicht unbedeutende Rolle spielen, sollten sie einer besonderen Beobachtung durch das Kreditinstitut unterliegen. Die unübliche bzw. mißbräuchliche Nutzung dieser Konten (insbesondere die Verwendung eines Sammelkontos für einzelne Mandanten bzw. die Verwaltung größerer Beträge für einzelne Mandanten über einen längeren Zeitraum) kann einen Verdacht im Sinne des § 11 GwG begründen (vgl. auch VI. dieser Verlautbarung).

V. Aufzeichnungs- und Aufbewahrungspflichten

22. Aufzuzeichnen sind sämtliche zum Zweck der Identifizierung gemäß § 2 Abs. 1 i. V. m. Abs. 2, § 6 Satz 1, § 8 Abs. 1 GwG festgestellten Angaben.

Die Kreditinstitute sollen in diesem Zusammenhang gemäß § 9 Abs. 1 Satz 2 GwG „soweit möglich" eine Kopie der zur Feststellung der Identität vorgelegten Dokumente erstellen. Sie haben zu diesem Zweck technische und organisatorische Vorkehrungen zu treffen, daß diese Kopien bei allen Geschäften, bei denen nach dem Betriebsablauf eine Identifizierung am Schalter erfolgen kann, erstellt werden können. Längerfristig soll, soweit möglich, die Aufzeichnung durch Erstellung einer Kopie auch bei Geschäften erfolgen, bei denen eine Identifizierung im Kassenbereich erfolgt.

Anh. III.1

Von einer Kopie des Ausweisdokuments kann abgesehen werden, wenn der Kunde bereits gemäß den Anforderungen des § 7 GwG identifiziert worden ist und die Identifizierungsdaten entsprechend den Erfordernissen des GwG aufgezeichnet wurden.

Für Dauerkunden, die über einen in der Europäischen Union ausgestellten Personalausweis oder Reisepaß verfügen, reicht es aus, wenn die bei der erstmaligen Identifizierung nach Maßgabe des § 1 Abs. 5 GwG festgestellten Angaben bei Aufnahme der Geschäftsbeziehung entweder durch Kopie der zur Feststellung der Identität vorgelegten Dokumente (vgl. § 9 Abs. 1 Satz 2 GwG) oder insbesondere mittels EDV aufgezeichnet wurden.

Eine solche EDV-mäßige Aufzeichnung setzt voraus, daß aus der betreffenden EDV-Aufzeichnung auch ersichtlich ist, welcher Mitarbeiter des Instituts die Identifizierung vorgenommen hat.

Zur Gewährleistung der Datensicherheit bedarf es zudem eines Zugriffsschutzes auf das EDV-Programm zur Erfassung dieser Daten. Es ist sicherzustellen, daß nur besonders bevollmächtigte und mit entsprechender „security" versehene Mitarbeiter die Daten bei Vorliegen bestimmter Voraussetzungen ändern bzw. löschen können.

Die Art der Aufbewahrung der Aufzeichnungen (ob im Original oder durch sonstige Arten der Datenspeicherung) ist den Kreditinstituten grundsätzlich freigestellt. Es muß jedoch gewährleistet sein, daß die gespeicherten Daten mit den festgestellten Angaben übereinstimmen. Die Daten sind derart zu ordnen, daß sie während der Dauer der Aufbewahrungsfrist jederzeit verfügbar sind, indem das Kreditinstitut auf Anforderung unverzüglich ihre Lesbarkeit herstellen kann, damit die Strafverfolgungsbehörden bei der Verfolgung von Verdachtsfällen schnell auf sie zugreifen und über das Kreditinstitut abgewickelte Transaktionen rekonstruieren können.

Da sich die Auskunftsersuchen der Ermittlungsbehörden auf Namen beziehen, sollen zur Gewährleistung einer eindeutigen Zuordnung die Aufzeichnungsformulare einschließlich erstellter Ausweiskopien regelmäßig in alphabetischer Ordnung jahrweise abgelegt werden. Bei einer EDV-mäßigen Aufzeichnung der Daten reicht es aus, wenn eine alphabetische Auffindbarkeit gewährleistet ist.

Es ist auch sicherzustellen, daß das Kreditinstitut innerhalb angemessener Frist Auskunft darüber erteilen kann, für welche Konten, Depots oder Schließfächer ein Kunde insgesamt verfügungsberechtigt oder wirtschaftlich berechtigt ist. Die sich aus § 154 Abs. 2 Satz 2 AO für das Kreditinstitut ergebenden Pflichten bleiben hiervon unberührt.

An die „Lesbarkeit" der nach dem Geldwäschegesetz aufzubewahrenden Unterlagen sind hohe Anforderungen zu stellen, da sie auch der Innenrevision, der „leitenden Person", dem Prüfer des Jahresabschlusses und dem mit einer Prüfung nach § 44 Abs. 1 KWG beauftragten Prüfer ungehindert verfügbar sein müssen.

Anh. III.1

Bei Tafelgeschäften liegt eine ausreichende Dokumentation im Sinne des § 9 Abs. 1 Satz 1 und 2 GwG nur vor, wenn eine zweifelsfreie Zuordnung zwischen dem einzelnen Geschäftsvorfall bzw. dem einzelnen Tafelbeleg und den zugehörigen Identifizierungsunterlagen, ebenso wie in umgekehrter Weise möglich ist.

VI. Verhalten in Verdachtsfällen

23. Verdachtsanzeigepflicht gemäß § 11 GwG

    Die Anzeige von Fällen, bei denen der Verdacht einer Geldwäschetransaktion i. S. d. § 261 StGB besteht (§ 11 GwG), ist eine der Hauptpflichten der Kreditinstitute. Anzuzeigen sind alle Tatsachen, die darauf schließen lassen, daß eine bare oder unbare Finanztransaktion einer Geldwäsche dient oder im Falle ihrer Durchführung dienen würde. Derartige Verdachtsmomente können bei jeder Finanztransaktion unabhängig davon, ob sie den Identifizierungspflichten nach dem Geldwäschegesetz unterliegt, auftreten.

    Die Pflicht zur Erstattung einer Anzeige gemäß § 11 GwG im Verdachtsfall besteht auch dann, wenn dem Institut bekannt ist, daß ein drittes Institut wegen desselben Sachverhalts bereits Anzeige erstattet hat oder das pflichtige Institut davon ausgehen muß, daß die Ermittlungsbehörden schon anderweitig Kenntnis vom Sachverhalt erlangt haben.

    Die Methoden der „Geldwäscher" ändern sich nicht zuletzt als Reaktion auf die von den Kreditinstituten getroffenen Sicherungsmaßnahmen ständig. Die für das Kreditinstitut unerläßliche Einzelfallprüfung, ob ein Verdachtsfall vorliegt, wird erleichtert, wenn die vom Zentralen Kreditausschuß erarbeiteten „Anhaltspunkte, die auf verdächtige Finanztransaktionen hindeuten" in ihrer jeweils geltenden Fassung vom Kreditinstitut berücksichtigt werden. Diese Anhaltspunkte sind nicht abschließend. Darüber hinaus kommen neben internen Hinweisen aus dem Institut auch externe Hinweise, wie beispielsweise Presseveröffentlichungen, Hinweise des Bundesaufsichtsamtes für das Kreditwesen oder Hinweise von Strafverfolgungsbehörden als aktuelle Erkenntnisquellen in Betracht.

24. Werden Tatsachen festgestellt, die darauf schließen lassen, daß eine Finanztransaktion einer Geldwäsche i. S. d. § 261 StGB dienen könnte, muß sich das Kreditinstitut bei seiner Entscheidung, ob eine Verdachtsanzeige gemäß § 11 Abs. 1 GwG zu erstatten ist, Klarheit darüber verschaffen, ob der Finanztransaktion aus der Sicht des Bankiers Auffälligkeiten oder Ungewöhnlichkeiten anhaften.

    Sofern es sich nicht um Gelegenheitskunden handelt, soll das Kreditinstitut in diesem Zusammenhang die gesamten aus einer Geschäftsbeziehung vorhandenen Informationen heranziehen, um zu beurteilen, ob ein Verdachtsfall vorliegt. Von Bedeutung sind in diesem Zusammenhang Zweck und Art der Transaktion und Besonderheiten in der Person des Kunden, dessen finanzielle und geschäftliche Verhältnisse und die Herkunft der einzubringenden Vermögenswerte. Ge-

Anh. III.1

steigerte Aufmerksamkeit des Kreditinstituts wird insbesondere dann erforderlich sein, wenn

- die Transaktion keinen wirtschaftlichen Hintergrund erkennen läßt und deren Umstände undurchsichtig sind; letzteres betrifft insbesondere die Identität der an der Transaktion beteiligten Personen und den Zweck der Transaktion;
- die Art und Höhe bzw. die Herkunft der Vermögenswerte bzw. der Empfänger der Transaktion im übrigen nicht zu den der Bank bekannten Lebensumständen bzw. zu der Geschäftstätigkeit des Auftraggebers passen.
- die Transaktion über Umwege abgewickelt werden soll bzw. Wege (Einschaltung von Drittbanken) gewählt werden, die kostenintensiv sind und wirtschaftlich sinnlos erscheinen.

Für das Vorliegen eines meldepflichtigen Verdachts ist es jedoch ausreichend, daß objektiv erkennbare Anhaltspunkte für das Vorliegen einer Transaktion sprechen, mit der illegale Gelder dem Zugriff der Strafverfolgungsbehörden entzogen oder mit der die Herkunft illegaler Vermögenswerte verdeckt werden soll, und ein krimineller Hintergrund im Sinne des § 261 StGB nicht ausgeschlossen werden kann. Das Institut besitzt bei der Frage, ob die festgestellten transaktionsbezogenen und personenbezogenen Tatsachen i. S. d. § 11 GwG verdächtig sind, einen Beurteilungsspielraum. Das Ergebnis der Beurteilung ist von der internen und externen Revision auf seine Nachvollziehbarkeit zu überprüfen. Der Gesetzgeber hat darauf verzichtet, daß der gemäß § 11 GwG zur Verdachtsmeldung Verpflichtete das Vorliegen sämtlicher Tatbestandsmerkmale des § 261 StGB einschließlich der der Geldwäsche zugrundeliegenden Vortat prüft: Hinsichtlich des Vortatenkataloges des § 261 StGB reicht der Verdacht auf die illegale Herkunft der Gelder schlechthin aus (ein sog. „doppelter Anfangsverdacht" im strafprozessualen Sinne ist nicht erforderlich).

25. Eine Pflicht zur Anzeige i. S. d. § 11 Abs. 1 GwG besteht auch dann, wenn eine Transaktion, die nach der Beurteilung des Kreditinstituts im Falle ihrer Durchführung einen Verdacht i. S. d. § 261 StGB begründen würde, abgelehnt und nicht durchgeführt wird.

Die Aufzeichnungs- und Aufbewahrungspflichten gelten auch für diesen Fall (vgl. §§ 6, 9 Abs. 1 GwG).

26. Der bankinterne Verdachtsfall

Das Kreditinstitut hat durch die Erstellung von Arbeits- und Organisationsanweisungen sicherzustellen, daß alle bankinternen Verdachtsfälle (auch die angetragenen, aber abgelehnten Finanztransaktionen bzw. alle unter Geldwäschegesichtspunkten ungewöhnlichen Transaktionen) von den Mitarbeitern dem Geldwäschebeauftragten in schriftlicher Form zur weiteren Verdachtsprüfung und Entscheidung vorgelegt und dort auch dokumentiert werden.

Für die Darstellung der einen Verdacht stützenden Tatsachen und Anhaltspunkte sollen sich die Mitarbeiter eines Formblatts bedienen können. Ein Verfahren, wonach Mitarbeiter einen hausinternen Verdachtsfall zunächst dem Vorgesetzten oder einer zwischengeschalteten Stelle im Institut oder im Konzern zu melden haben und diese Stelle die Verdachtsmeldung an die für die Anzeige gemäß § 11 GwG zuständige Stelle nur dann weitergibt, wenn sie den Verdacht des Mitarbeiters teilt, ist mit diesen Grundsätzen unvereinbar.

Die bankinternen Verdachtsmeldungen der Mitarbeiter sind ebenfalls sechs Jahre lang aufzubewahren. Sie müssen für die Innenrevision, den Geldwäschebeauftragten und den mit der Jahresabschlußprüfung bzw. mit einer Prüfung gemäß § 44 Abs. 1 KWG beauftragten Prüfer ungehindert verfügbar sein.

Soweit vom Kreditinstitut von einer Verdachtsanzeige gemäß § 11 GwG abgesehen wird, sollten die Gründe hierfür ebenfalls schriftlich niedergelegt werden.

Die Gründe sollen auch dem bankintern meldenden Mitarbeiter des Kreditinstituts bekanntgegeben werden. Um dem einzelnen Mitarbeiter ggf. die Erstattung einer eigenen Verdachtsanzeige zu ermöglichen, ist es erforderlich, diesem eine Rückmeldung darüber zu geben, ob eine von ihm bankintern erstattete Meldung über einen Verdachtsfall zu einer Verdachtsanzeige des Kreditinstituts gemäß § 11 Abs. 1 GwG geführt hat.

27. Organisation des Anzeigeverfahrens

Die Organisation des Anzeigeverfahrens gegenüber den zuständigen Strafverfolgungsbehörden wird den Kreditinstituten vom Geldwäschegesetz nicht im Detail vorgeschrieben.

Es muß jedoch durch innerorganisatorische Maßnahmen dafür Sorge getragen werden, daß eine unverzügliche Übermittlung der Verdachtsanzeige im Sinne des § 11 Abs. 1 GwG an die zuständigen Strafverfolgungsbehörden gewährleistet ist.

Die einfache, briefliche Übersendung der Verdachtsanzeige stellt regelmäßig keine unverzügliche Übermittlung dar.

Die Erstattung einer Verdachtsanzeige des Kreditinstituts hat durch die „leitende Person" im Sinne des § 14 Abs. 2 Nr. 1 GwG (im folgenden: Geldwäschebeauftragter) zu erfolgen.

28. Formelle Anforderungen

Die Verdachtsanzeige gemäß § 11 Abs. 1 GwG beruht auf der Erfüllung einer gewerberechtlichen Pflicht. Im Gegensatz zur Strafanzeige gemäß § 158 StPO unterliegt sie einem bestimmten Formzwang und hat inhaltliche Mindestangaben aufzuweisen:

Neben dem Namen, der Anschrift, der Fax- und Telefonnummer desjenigen Kreditinstituts, das die Verdachtsanzeige übermittelt, sollte im Rahmen jeder Verdachtsanzeige gegenüber den Ermittlungsbehörden ein konkreter Ansprechpartner im Kreditinstitut, d. h. im Regelfall der Geldwäschebeauftragte, einschließlich dessen Durchwahlnummer für eventuelle Rückfragen benannt werden, sofern dieser Ansprechpartner den Ermittlungsbehörden nicht bereits auf anderem Wege namentlich bekanntgegeben worden ist. Diese schriftliche Mitteilung muß weiter eine Unterschrift erkennen lassen.

Anh. III.1

Jede Verdachtsanzeige muß die Mitteilung enthalten, ob die verdächtige Finanztransaktion noch nicht bzw. bereits durchgeführt oder abgelehnt wurde. Aus der Verdachtsanzeige sollte klar hervorgehen, ob es sich um eine Erstanzeige oder um eine Wiederholung i. S. v. § 11 Abs. 2 GwG bzw. Ergänzung einer bereits zu einem früheren Zeitpunkt erstatteten Anzeige handelt, der derselbe Sachverhalt zugrunde liegt. Im letzteren Fall sollte ausgeführt werden, wann, in welcher Form und bei welcher Strafverfolgungsbehörde eine Anzeige bereits erfolgt ist.

Bei den Angaben über die beteiligten Personen sollte zwischen Kunden (Kontoinhabern), Nichtkunden (auftretenden Personen), wirtschaftlich Berechtigten und sonstigen Beteiligten differenziert werden.

Name (Firmenname) und Vorname des Kunden sowie dessen Anschrift, Geburtsdatum, Ausweisnummer, Art des Ausweises, ausstellende Behörde und, sofern bekannt, Geburtsname, Geburtsort und Nationalität des Kunden und alle Konto-, Depot- und Schließfachnummern, sofern sie mit der Verdachtsanzeige in Zusammenhang stehen, sollen immer angegeben werden, bei Nichtkunden und sonstigen Beteiligten immer dann, wenn diese Daten dem Kreditinstitut bekannt sind.

Die Angaben zur verdächtigen Finanztransaktion sollen Angaben zu Art, Betrag, Datum, Filiale, der die Finanztransaktion angetragen wurde, und Begünstigtem der Finanztransaktion enthalten.

Darüber hinaus sind die konkreten Tatsachen, die bezüglich einer Finanztransaktion aus der Sicht des Kreditinstituts auf Geldwäsche schließen lassen, anzugeben. Soweit auf eine bestimmte Kontoentwicklung Bezug genommen wird, ist diese in geeigneter Weise (z. B. durch Verweis auf beigefügte Unterlagen) schlüssig darzustellen.

Lösen mehrere einzelne Transaktionen für sich allein oder die Gesamtbetrachtung mehrerer – unter Umständen bereits durchgeführter – Transaktionen den Verdacht einer Geldwäsche i. S. d. § 261 StGB beim Kreditinstitut aus, so sind die geforderten Angaben für jede einzelne dieser Transaktionen zu machen, sofern im konkreten Fall nichts anderweitiges mit der zuständigen Strafverfolgungsbehörde i. S. d. § 11 GwG vereinbart worden ist.

29. Eine angetragene Finanztransaktion darf von dem Kreditinstitut frühestens ausgeführt werden, wenn diesem die Zustimmung der Staatsanwaltschaft übermittelt ist oder wenn der zweite Werktag nach dem Abgangstag der Anzeige verstrichen ist, ohne daß die Durchführung der Finanztransaktion strafprozessual untersagt worden ist (§ 11 Abs. 1 Satz 2 GwG).

Wenn sich im konkreten Fall für die Mitarbeiter des Instituts ein Verdacht für eine Geldwäschehandlung geradezu aufdrängen muß, soll eine Finanztransaktion nicht nach der „Eilfallregelung" des § 11 Abs. 1 Satz 3 GwG ausgeführt werden.

Anh. III.1

30. Abbruch der Geschäftsbeziehung

Auch bei Transaktionen, die nach der Beurteilung des Kreditinstituts die Schwelle zu einem gemäß § 11 GwG anzeigepflichtigen Sachverhalt mangels eines hinreichenden Verdachts noch nicht überschritten haben, sollten die Kreditinstitute äußerste Vorsicht walten lassen.

Da die einzelne Transaktion regelmäßig noch keinen Verdacht auslöst, sondern sich – insbesondere beim Dauerkunden – nur durch weitere konto- und/oder kundenbezogene Tatsachen zu einem Verdacht i. S. d. § 11 GwG verdichten kann, ist die Geschäftsbeziehung bis zur Ausräumung der im Institut entstandenen Zweifel einer – gegebenenfalls auch längerfristigen – Überwachung zu unterwerfen (sog. Monitoring).

Verbleiben unter Berücksichtigung der Transaktion, der Person des Kunden oder der Herkunft seiner Vermögenswerte trotz intensiver Aufklärung und Überwachung der Geschäftsbeziehung begründete Zweifel, ob eine Geldwäschehandlung vorliegt, so sollte das Kreditinstitut dieses Geschäft unterlassen und eine Entscheidung darüber treffen, ob die Geschäftsbeziehung abzulehnen oder abzubrechen ist (zu den Aufzeichnungs- und Aufbewahrungspflichten in diesem Fall vgl. Ziffer 26).

Dies gilt auch in den Fällen, in denen zuvor eine Verdachtsanzeige gemäß § 11 GwG erstattet wurde.

Eine Weiterführung verdächtiger Konten allein zum Zwecke der Strafermittlung gehört nicht zu den Aufgaben der Kreditinstitute im Rahmen der vom Geldwäschegesetz normierten Kooperation von Ermittlungsbehörden und Privaten. Um die Ermittlungen der Strafverfolgungsbehörden allerdings nicht zu beeinträchtigen, empfiehlt es sich für die Kreditinstitute in einzelnen Fällen, in denen sie zuvor eine Verdachtsanzeige i. S. d. § 11 GwG erstattet haben, vor dem Abbruch der Geschäftsbeziehung die zuständigen Strafverfolgungsbehörden über die geplante Maßnahme zu unterrichten. Die Entscheidung, ob die Kundenbeziehung abgebrochen wird oder nicht, wird jedoch allein vom betroffenen Kreditinstitut getroffen.

Die Fälle, in denen eine Geschäftsbeziehung aufgrund der oben genannten Grundsätze abgebrochen wird, sind zur Überprüfung durch die interne und externe Revision zu dokumentieren.

31. Nach § 11 Abs. 3 GwG darf ein Institut den Auftraggeber der Finanztransaktion oder einen anderen als staatliche Stellen nicht von einer Anzeige nach § 11 Abs. 1 oder Abs. 2 GwG oder von einem daraufhin eingeleiteten Ermittlungsverfahren in Kenntnis setzen. Dieses Unterrichtungsverbot sollte auch auf die Fälle ausgedehnt werden, in denen das Kreditinstitut Kenntnis von einer Anzeige hat, die ein Dritter erstattet hat, bzw. in denen eine Anzeige bzw. Verdachtsmeldung bei einer Behörde im Ausland erstattet wird.

Die Kommunikation zwischen den Geldwäschebeauftragten von Kreditinstituten zur Klärung eines ungewöhnlichen oder verdächtigen Sachverhalts bzw. die Warnung des Geldwäschebeauftragten eines dritten Kreditinstituts durch den

Anh. III.1

Geldwäschebeauftragten des anzeigenden Instituts ist nicht als Verstoß gegen § 11 Abs. 3 GwG anzusehen.

VII. Internationaler Zahlungsverkehr

32. Bei grenzüberschreitenden Geldwäscheaktivitäten gewinnt der elektronische Zahlungsverkehr zunehmend an Bedeutung. Jedes im internationalen Zahlungsverkehr eingeschaltete Kreditinstitut soll Auskunft über den konkreten Empfänger bzw. Auftraggeber einer Transaktion und deren Kontonummern geben können, damit die „Spur des Geldes" (paper trail/electronic trail) bei der Aufklärung komplizierter Geldwäschetransaktionen leichter und schneller verfolgt werden kann.

Bei der Abwicklung des Auslandszahlungsverkehrs unter Benutzung des S.W.I.F.T.-Netzes und sonstiger Zahlungsverkehrssysteme soll das erstbeauftragte Institut grundsätzlich sicherstellen, daß im Datensatz des Zahlungsauftrages der Name, die Adresse und die Kontonummer des auftraggebenden Kunden sowie des Begünstigten angegeben und weitergeleitet werden. Falls die Bank bei Abwicklung der Transaktion nicht als erstbeauftragtes Institut eingeschaltet ist, kann es im Einzelfall angezeigt sein, bei Transaktionen mit unvollständigem Datensatz, die keine Rückschlüsse auf den Auftraggeber zulassen und deren Hintergrund unter Geldwäschegesichtspunkten ungewöhnlich erscheint, eine Prüfung des Einzelfalles unter Einbeziehung der Korrespondenzbank vorzunehmen.

VIII. Gesamtverantwortung der Geschäftsleitung für die organisatorischen und administrativen Vorkehrungen des 14 Abs. 2 GwG

33. Nach § 14 GwG müssen die Kreditinstitute Vorkehrungen dagegen treffen, zur Geldwäsche mißbraucht zu werden. Diese Vorschrift gehört zu den zentralen Regelungen des Geldwäschegesetzes. Die Verantwortung für die Funktionsfähigkeit und Wirksamkeit der erforderlichen internen Vorkehrungen nach § 14 Abs. 2 Nrn. 1 bis 4 GwG und deren Weiterentwicklung obliegt sämtlichen Geschäftsleitern eines Kreditinstituts gemeinsam, und zwar auch dann, wenn einzelnen Geschäftsleitern nach dem Ressortprinzip bestimmte Aufgabenbereiche zugewiesen sind. Gleiches gilt für die Leiter einer inländischen Zweigniederlassung von Kreditinstituten aus EU-Ländern i. S. d. § 53b KWG, für die sämtliche für „Geschäftsleiter" geltenden Vorschriften dieser Verlautbarung entsprechend anzuwenden sind.

IX. Bestellung eines Geldwäschebeauftragten als Ansprechpartner

34. Gemäß § 14 Abs. 2 Nr. 1 GwG hat jedes Kreditinstitut als Ansprechpartner für die Strafverfolgungsbehörden bei der Verfolgung der Geldwäsche nach § 261 StGB einen Geldwäschebeauftragten zu bestellen, dem für den Fall der Verhinderung ein Stellvertreter zuzuordnen ist.

Anh. III.1

Der Geldwäschebeauftragte soll auch für den Kontakt zum Bundesaufsichtsamt für das Kreditwesen zuständig sein. Die Bestellung und Entpflichtung von Geldwäschebeauftragten müssen die Kreditinstitute dem Bundesaufsichtsamt mitteilen. Die Mitteilung über die Bestellung hat Angaben über die Namen (Vor- und Zunamen), Funktion und Stellung in der Aufbauorganisation und über das Datum der Bestellung zu enthalten. Im Falle der Entpflichtung sind dem Bundesaufsichtsamt zudem die Gründe hierfür mitzuteilen.

Die Ansprechbarkeit des Geldwäschebeauftragten oder seines Stellvertreters für Mitarbeiter des Kreditinstituts, für Ermittlungsbehörden und für das Bundesaufsichtsamt für das Kreditwesen muß zu den üblichen Geschäftszeiten gewährleistet sein.

Aufgabe des Geldwäschebeauftragten ist es, als zentrale Stelle im Institut die Durchführung des Geldwäschegesetzes sowie der zu seiner Umsetzung ergangenen Verwaltungsvorschriften des Bundesaufsichtsamtes für das Kreditwesen vorzunehmen.

Der Geldwäschebeauftragte muß zu diesem Zweck mit sämtlichen Angelegenheiten zur Einhaltung des Geldwäschegesetzes innerhalb des Kreditinstituts befaßt sein.

Er hat insbesondere die folgenden Aufgaben zu erfüllen:

a) die Bearbeitung der bankinternen Verdachtsmeldungen und Entscheidung über die Weiterleitung dieser Meldungen gemäß § 11 GwG an die zuständigen Ermittlungsbehörden;
b) die Zuständigkeit für die Entwicklung, Aktualisierung und Durchführung interner Grundsätze, Verfahren und Kontrollen zur Verhinderung der Geldwäsche;
c) die Schulung und zeitnahe Unterrichtung der Beschäftigten über Methoden der Geldwäsche und den Pflichtenkatalog des Geldwäschegesetzes;
d) die Schaffung interner Organisationsanweisungen, die – unter Berücksichtigung der Größe, Organisation und Gefährdungssituation des einzelnen Kreditinstituts, insbesondere dessen Geschäfts- und Kundenstruktur – gewährleisten, daß diejenigen Transaktionen mit besonderer Aufmerksamkeit behandelt werden, die bereits in der Vergangenheit unter Geldwäschegesichtspunkten auffällig geworden sind.

Hierbei sind solche Transaktionen als auffällig anzusehen, die

- aus der Sicht des einzelnen Kreditinstituts,
- aufgrund einer vom Zentralen Kreditausschuß oder dem Bundesaufsichtsamt für das Kreditwesen nach gemeinsamer Erörterung vorgenommenen und den Instituten mitgeteilten Bewertung,
- aufgrund von Typologienpapieren der Gemeinsamen Finanzermittlergruppen der Länder einen Geldwäscheverdacht besonders nahelegen.

Die Art und Weise der Untersuchung ist den Instituten freigestellt. Die zu treffenden Maßnahmen können z. B. mit bereits vorhandenen Systemen

Anh. III.1

verbunden werden, die zu anderen Zwecken genutzt werden (z. B. zur Minimierung von Betrugsfällen).

Die Ergebnisse der Untersuchung sind zu dokumentieren.

e) die Überwachung einer auffälligen Geschäftsbeziehung i. S. v. Ziffer 30 dieser Verlautbarung. Die Ergebnisse dieser Überwachung sind zu dokumentieren.

f) die laufende Kontrolle der Einhaltung des Geldwäschegesetzes und der internen Grundsätze zur Verhinderung der Geldwäsche. Diese Kontrollpflicht besteht unabhängig von den retrospektiven Prüfungspflichten der Innenrevision.

Zur Wahrnehmung seiner Aufgaben kann sich der Geldwäschebeauftragte auch der Mithilfe weiterer Mitarbeiter des Instituts bedienen, die ihn über den Ablauf und die Ergebnisse ihrer Tätigkeit in regelmäßigen Abständen zu informieren haben.

Eine Übertragung der Aufgaben auf externe Personen oder Stellen ist unzulässig. Lediglich bei der Erfüllung der Aufgaben nach Buchstaben a), b) und c) kann sich der Geldwäschebeauftragte in Ausnahmefällen in Abstimmung mit dem Bundesaufsichtsamt für das Kreditwesen der Mithilfe von externen Personen bedienen.

Die Erfüllung der dem Geldwäschebeauftragten obliegenden Pflichten erfordert es, daß er bzw. ein von ihm beauftragter Mitarbeiter jederzeit ungehinderten Zugang zu den relevanten Dateien [Zentrale, Zweigstellen sowie ausgelagerte Bereiche (sog. Outsourcing)] und Unterlagen hat.

35. Geldwäschebeauftragte müssen zur Wahrnehmung ihrer Tätigkeit berechtigt sein, für alle Angelegenheiten im Zusammenhang mit der Verhinderung der Geldwäsche unternehmensintern Weisungen zu erteilen. Sie müssen im Hinblick auf die Kündigung einer Geschäftsbeziehung gemäß Ziffer 30 dieser Verlautbarung sowie auf die Bearbeitung von bankinternen Verdachtsmeldungen und der Entscheidung über die Weiterleitung dieser Meldungen gemäß § 11 GwG an die zuständigen Ermittlungsbehörden uneingeschränkt weisungsbefugt sein. Weiter müssen sie befugt sein, das Kreditinstitut in Angelegenheiten der Geldwäschebekämpfung und -prävention nach außen zu vertreten und für das Kreditinstitut verbindliche Erklärungen abzugeben. Neben der Erteilung von Einzel- oder Gesamtprokura kann die Bevollmächtigung auch anderweitig erfolgen.

36. Der Geldwäschebeauftragte und sein Stellvertreter müssen die zur Erfüllung ihrer Funktion erforderliche Sachkompetenz besitzen. Welcher Mitarbeiter mit den Aufgaben betraut wird, hat das Kreditinstitut selbst zu entscheiden, wobei seine Größe und strukturelle Gliederung zu berücksichtigen sind. Der Geldwäschebeauftragte muß aber in jedem Fall über die erforderliche sächliche Ausstattung und zeitliche Kapazität verfügen, um seine Aufgaben effektiv erfüllen zu können.

Sofern davon abgesehen wird, einen ausschließlich als Geldwäschebeauftragten i. S. d. § 14 Abs. 2 Nr. 1 GwG tätigen Mitarbeiter einzusetzen, kann diese Funktion von einem Geschäftsleiter oder einer Person erfüllt werden, die eine leitende Tätigkeit unterhalb der Geschäftsleiterebene ausübt. Weitere zusätzliche Funktionen dürfen die Wahrnehmung der Tätigkeit als Geldwäschebeauftragter i. S. d. Geldwäschegesetzes nicht beeinträchtigen.

Von der Möglichkeit der Bestellung eines Vorstandsmitgliedes zum Geldwäschebeauftragten oder dessen Stellvertreter soll i. d. R. nur von Kreditinstituten kleiner Betriebsgröße Gebrauch gemacht werden, die für diese Funktion keine geeigneten Mitarbeiter unterhalb der Vorstandsebene besitzen. Mit zunehmender Größe des Kreditinstitutes schließen sich die Vorstandstätigkeit und die Wahrnehmung der Tätigkeit als Geldwäschebeauftragter grundsätzlich aus. Eine Funktionstrennung muß regelmäßig bei Kreditinstituten erfolgen, deren Bilanzsumme am letzten Bilanzstichtag DM 100 Mio. nicht unterschreitet. Dies gilt grundsätzlich auch für Zweigniederlassungen i. S. d. §§ 53, 53b und 53c KWG.

Von diesem Funktionstrennungsgrundsatz kann das Bundesaufsichtsamt für das Kreditwesen Ausnahmen zulassen, wenn das Kreditinstitut dem Bundesaufsichtsamt im einzelnen darlegt, daß keine geeigneten Mitarbeiter vorhanden sind und eine Kollision der Funktionen im konkreten Fall nicht vorliegt.

Die Bestellung des Geldwäschebeauftragten und seines Stellvertreters kann in keinem Fall ausschließlich mit Mitgliedern des Vorstandes erfolgen, da die Geschäftsleiter eines Institutes schon aufgrund ihrer Stellung und Funktion im Kreditinstitut neben dem Geldwäschebeauftragten und dessen Stellvertreter für die Bekämpfung der Geldwäsche eigenständige Verantwortung tragen.

Mit der Funktion des Geldwäschebeauftragten dürfen nicht Mitarbeiter der Innenrevision betraut werden, da der „leitenden Person" vor allem bei der Erstattung von Verdachtsanzeigen nach § 11 GwG Handlungspflichten zugewiesen sind und die Innenrevision grundsätzlich nicht ihre eigene Tätigkeit überprüfen soll. Bei Kreditinstituten kleinerer Betriebsgröße, bei denen die Funktionen des Innenrevisors und des Geldwäschebeauftragten von der Geschäftsleitung wahrgenommen werden, ist auf die personale Trennung dieser Funktionen zu achten.

X. Organisation und Schulung

37. Weitere von den Kreditinstituten selbst zu entwickelnde Vorkehrungen gegen Geldwäschetransaktionen betreffen die gemäß § 14 Abs. 2 GwG durchzuführenden internen Abwehrmaßnahmen. Nach Sinn und Zweck dieser Norm soll es den Kreditinstituten ausdrücklich überlassen bleiben, ihrer spezifischen Geschäfts- und Kundenstruktur angepaßte interne Grundsätze, Verfahren und Kontrollen zur Verhinderung der Geldwäsche zu entwickeln. Die interne Regelung des Sicherungssystems ist schriftlich niederzulegen.

38. Die internen Sicherungsmaßnahmen müssen sich an Größe, Organisation und Gefährdungssituation des einzelnen Kreditinstituts, insbesondere dessen Geschäftsschwerpunkten und Kundenstruktur, ausrichten. Zur Verhinderung der Geldwäsche werden i. d. R. zumindest folgende Maßnahmen zu treffen sein:

Anh. III.1

- Schaffung bzw. Ergänzung der konkreten Arbeitsablaufbeschreibungen und Verhaltensrichtlinien für Mitarbeiter um die nach dem Geldwäschegesetz und den betriebsinternen Leitsätzen einzuhaltenden Pflichten; den Besonderheiten der verschiedenen Geschäftsarten (Giro-, Effektengeschäft etc.) bzw. Betriebsbereiche (Schalterbereich, Dokumentation etc.) ist dabei Rechnung zu tragen; diese Arbeitsablaufbeschreibungen und Verhaltensrichtlinien sollen an die Mitarbeiter ausgegeben werden.
  Der Geldwäschebeauftragte bzw. eine von ihm hiermit beauftragte Person hat die Einhaltung, Umsetzung und Aktualisierung dieser Grundsätze sicherzustellen und sich hiervon zu überzeugen.

- Schulungswesen:
  Das Kreditinstitut hat nach Art und Anzahl hinreichende Schulungen der Mitarbeiter hinsichtlich der nach dem Geldwäschegesetz und den internen Sicherungsmaßnahmen einzuhaltenden Pflichten sicherzustellen. Die Erstschulung für neue Mitarbeiter soll im Gegensatz zur Auffrischungsschulung in der Regel als Präsenzschulung durchgeführt werden.
  Die Mitarbeiter, insbesondere diejenigen mit Kundenkontakt, sind daneben regelmäßig und zeitnah über die neu bekanntgewordenen Erscheinungsformen (Methoden und Techniken) der Geldwäsche zu unterrichten. Angesichts der Unterschiede bezüglich der tatsächlichen Gefährdungssituation der einzelnen Bereiche des Bankbetriebes bietet es sich an, für die entsprechenden Mitarbeiter geschäftsspezifische Schulungen durchzuführen.
  Zum Zweck der Unterrichtung über neue aktuelle Methoden und Techniken der Geldwäsche sollen den Mitarbeitern auch schriftliche Informationen ausgehändigt werden. Dabei kann neben eigenen Erkenntnissen auch auf das vom Zentralen Kreditausschuß erarbeitete Verdachtsraster sowie auf weitere Informationen der Strafverfolgungsbehörden bzw. des Bundesaufsichtsamtes für das Kreditwesen über neue Erscheinungsformen der Geldwäsche zurückgegriffen werden (vgl. Ziffer 23 dieser Verlautbarung).

  Schulungsablauf, -inhalt und Teilnahme sind zu dokumentieren.

39. Zuverlässigkeit der Mitarbeiter:

Die Zuverlässigkeit der Mitarbeiter gemäß § 14 Abs. 2 Nr. 3 GwG ist eine wesentliche Voraussetzung für die Wirksamkeit des bankinternen Präventionssystems.

Zuverlässig in diesem Sinne ist, wer die Gewähr dafür bietet, daß er/sie die Pflichten nach dem GwG und die im Institut eingeführten Grundsätze, Verfahren, Kontrollen und Verhaltensrichtlinien zur Verhinderung der Geldwäsche sorgfältig beachtet, Sachverhalte, die auf Geldwäsche hindeuten, dem Geldwäschebeauftragten meldet, und sich selbst nicht an zweifelhaften Transaktionen aktiv oder passiv beteiligt.

Die Personalkontroll- und Beurteilungssysteme der Kreditinstitute gewährleisten grundsätzlich eine regelmäßige, die Zuverlässigkeit betreffende Überprüfung der Mitarbeiter. Auf diese bereits bestehenden Systeme kann zur Erfüllung des § 14 Abs. 2 Nr. 3 GwG zurückgegriffen werden. Ob eine Person bei Begründung bzw. während des Dienst- und Arbeitsverhältnisses als zuverlässig angesehen werden kann, ist darüber hinaus unter Berücksichtigung des Schutzzweckes des Geldwäschegesetzes zu beurteilen. Die im Kreditinstitut für das Personalwesen zuständige Stelle muß Vorkehrungen für eine solche regelmäßige Überprüfung, deren Ergebnis auch in Form eines Negativtestats festgehalten werden kann, treffen.

Die Zuverlässigkeitsprüfung kann bei Begründung des Dienst- und Arbeitsverhältnisses beispielsweise durch Heranziehung des Lebenslaufes, der Zeugnisse und/oder Referenzen erfolgen. Während des Dienst- und Arbeitsverhältnisses läßt sich die Zuverlässigkeit der Mitarbeiter einerseits laufend durch die Beurteilung des Vorgesetzten, andererseits durch Arbeitszeugnisse und sonstige Kontrollinstrumente überprüfen. Die Ergebnisse der Zuverlässigkeitsprüfung sind zu dokumentieren und müssen sowohl für die Innenrevision, als auch für den Geldwäschebeauftragten, den Prüfer des Jahresabschlusses und den mit einer Prüfung nach § 44 Abs. 1 KWG beauftragten Prüfer ungehindert verfügbar sein.

XI. Interne Prüfung

40. Die Innenrevision eines jeden Kreditinstituts hat die Einhaltung aller Pflichten aus dem Geldwäschegesetz zu überprüfen, deren Adressat das Kreditinstitut ist.

Hierüber sind mindestens einmal im Jahr schriftliche Berichte zu erstellen und der Geschäftsleitung sowie dem Geldwäschebeauftragten des Instituts vorzulegen.

Die Berichte müssen u. a. Ausführungen über das betriebsinterne Verdachtsmeldesystem (Ziffer 26 dieser Verlautbarung) enthalten und detailliert über Art, Zahl und örtliches Vorkommen von Verdachtsanzeigen, die gemäß § 11 GwG gegenüber den zuständigen Strafverfolgungsbehörden erstattet worden sind, sowie über den Abbruch von Geschäftsbeziehungen gemäß Ziffer 30 dieser Verlautbarung informieren. Zu schildern ist außerdem auch, in welcher Art und Weise die Beschäftigten über die Verhinderung der Geldwäsche informiert worden sind und welche Schulungsmaßnahmen sowie Zuverlässigkeitsüberprüfungen stattgefunden haben.

In den Berichten ist insbesondere auch zu beurteilen, ob die zur Bekämpfung der Geldwäsche im Kreditinstitut getroffenen Sicherungsmaßnahmen zweckmäßig und ausreichend sind und die Geldwäschebeauftragten den ihnen zugewiesenen Aufgaben nachgekommen sind.

Diese Beurteilung hat sich auf eine den gesamten Pflichtenkatalog des Geldwäschegesetzes umfassende Prüfung zu stützen, die sich nach dem Ermessen des Innenrevisors auf eine Prüfung einer Stichprobe beschränken kann. Die verwendeten Stichproben müssen in einem angemessenen Verhältnis zur Gesamtzahl derjenigen Geschäftsvorfälle stehen, die der jeweils geprüften Pflicht aus dem Geldwäschegesetz unterliegen und die gemäß § 9 GwG aufgezeichnet worden sind. Das Verhältnis des Stichprobenumfangs zur Grundgesamtheit der

Anh. III.1

geprüften Geschäftsvorfälle ist im Prüfungsbericht (ggf. näherungsweise) anzugeben.

In Anlehnung an § 9 Abs. 3 GwG sind die Berichte sechs Jahre aufzubewahren. Die Geschäftsleitung eines Kreditinstituts hat die Funktionsfähigkeit und Wirksamkeit ihrer Innenrevision auch für diesen Bereich sicherzustellen.

XII. Besondere Vorschriften für das Finanztransfer- und das Sortengeschäft gemäß § 1 Abs. 1a Satz 2 Ziffer 6 bzw. 7 KWG

41. Nach nationalen wie internationalen Erkenntnissen müssen sowohl das Finanztransfer- als auch das Sortengeschäft als besonders geldwäscheanfällig angesehen werden. Im Gegensatz zu den übrigen Finanzdienstleistungen, bei denen Bartransaktionen nur eine untergeordnete Rolle spielen, handelt es sich hier um Bereiche, in denen typischerweise Bartransaktionen stattfinden. Hinzu kommt, daß diese Geschäftsbereiche in hohem Maße geprägt sind durch Gelegenheitskunden, über die das einzelne Institut keine näheren Kenntnisse besitzt.

    Kreditinstitute, die das Finanztransfergeschäft bzw. das Sortengeschäft betreiben, sollten daher bereits ab einem Transaktionsbetrag von DM 5000,– den auftretenden Kunden nach Maßgabe des § 1 Abs. 5 GwG identifizieren und die Feststellungen gemäß § 9 GwG aufzeichnen. In diesem Zusammenhang sollte auch die Frage nach dem wirtschaftlich Berechtigten gestellt und diese Angaben dokumentiert werden.

    Dies gilt nicht, sofern der Transferauftrag oder der Sortenverkauf/-ankauf über ein beim Institut geführtes Konto des Kunden abgewickelt wird.

    Die Verpflichtung zur Kundenidentifizierung nach § 154 Abs. 2 AO bleibt hiervon unberührt. Kunden, die in einer laufenden Geschäftsbeziehung mit dem Institut stehen, deren Stand buch- und rechnungsmäßig festgehalten wird, sind daher nach Maßgabe der Ziffer 7 ff. bei Anknüpfung der Geschäftsbeziehung zu identifizieren.

42. Im Bereich des Finanztransfer- und des Sortengeschäfts kommt dem sog. Smurfing (s. o. Ziffer 18) unter Geldwäscheaspekten besondere Bedeutung. Bei der Durchführung des Finanztransfergeschäfts sind dabei etwa Fälle denkbar, bei denen von verschiedenen Einzahlern Gelder an dieselbe Empfängeradresse übermittelt werden (zu den zu treffenden Maßnahmen vgl. die Ausführungen zu Ziffer 18 dieser Verlautbarung).

43. In Fällen, in denen sich derartige Anhaltspunkte ergeben, soll das Institut ebenfalls prüfen, ob die Voraussetzungen für die Erstattung einer Verdachtsanzeige gemäß § 11 GwG gegeben sind und die Geschäftsbeziehung gemäß Ziffer 30 dieser Verlautbarung einer längerfristigen Überwachung zu unterwerfen ist.

Anhang III.2

Bundesaufsichtsamt für das Kreditwesen
Verlautbarung
vom 30. Dezember 1997

über Maßnahmen der Finanzdienstleistungsinstitute
zur Bekämpfung und Verhinderung der Geldwäsche

(I 5 – E 102)

I. Bedeutung der Maßnahmen zur Bekämpfung der Geldwäsche

1. Am 22. September 1992 ist § 261 StGB in Kraft getreten, der die Geldwäsche unter Strafe stellt. Das in Folge am 29. November 1993 in Kraft getretene Geldwäschegesetz (GwG) formuliert für die Normadressaten, darunter auch die Finanzdienstleistungsinstitute, gewerberechtliche Pflichten, deren Erfüllung neben dem Aufspüren von Gewinnen aus schweren Straftaten durch die Ermittlungsbehörden eine effektive Geldwäscheprävention ermöglichen und die Einführung illegaler Gelder in den legalen Finanzkreislauf verhindern soll.

   Mit diesem Gesetz wird die EG-Richtlinie des Rates vom 10. Juni 1991 zur Verhinderung der Nutzung des Finanzsystems zum Zwecke der Geldwäsche (91/308/EWG) umgesetzt. Zu Recht wird in den Erwägungsgründen betont, daß Geldwäscheaktivitäten nicht nur die Solidität und Stabilität eines zu diesem Zweck mißbrauchten Instituts, sondern das ganze Finanzsystem und das Image eines Finanzplatzes bedrohen können.

   Gleichzeitig soll das Geldwäschegesetz den „Empfehlungen" vom 7. Februar 1990 Rechnung tragen, die aufgrund einer Initiative der Regierungschefs der G 7-Staaten von einer internationalen Arbeitsgruppe, der „Financial Action Task Force on Money Laundering", mit Beteiligung Deutschlands zur Erschwerung und Aufdeckung von Geldwäscheoperationen erarbeitet und im Jahre 1996 aktualisiert worden sind. Die Empfehlung Nr. 8 legt den einzelnen Staaten nahe, die „Empfehlungen" nicht nur auf Kreditinstitute, sondern auch auf Finanzdienstleistungsinstitute anzuwenden und für eine effektive Umsetzung der Regelungen in diesem Bereich zu sorgen.

2. Durch das Begleitgesetz zur Umsetzung von EG-Richtlinien zur Harmonisierung bank- und wertpapieraufsichtsrechtlicher Vorschriften (BGBl. I Nr. 71 vom 22. Oktober 1997 Seite 2567) wird das GwG an die Änderungen des Gesetzes über das Kreditwesen (KWG) angepaßt. Durch eine dynamische Verweisung auf das KWG übernimmt das GwG nunmehr dessen Institutsdefinitionen. Die bisher in § 1 Abs. 2 Ziffer 1 GwG als Finanzinstitute bezeichneten Unternehmen werden größtenteils entweder als sog. Finanzdienstleistungsinstitute oder als sog. Finanzunternehmen definiert. Gleichzeitig wird die Aufsicht über die Finanzdienstleistungsinstitute nach dem GwG dem Bundesaufsichtsamt für das Kreditwesen übertragen.

Anh. III.2

3. Es gehört zur ordnungsgemäßen Geschäftspolitik eines Finanzdienstleistungsinstituts, sich von Transaktionen mit kriminellem Hintergrund, und dabei insbesondere von Geldwäschevorgängen, fernzuhalten, aktiv zu ihrer Aufdeckung und Bekämpfung beizutragen und im Institut adäquate Sicherungssysteme zum Schutz vor Geldwäscheaktivitäten zu schaffen.

Diese Verlautbarung des Bundesaufsichtsamtes für das Kreditwesen verdeutlicht vor diesem Hintergrund die wesentlichen gewerberechtlichen Pflichten, die den Finanzdienstleistungsinstituten durch das Geldwäschegesetz auferlegt werden. Sie gilt bis zum Erlaß einer neuen Verlautbarung. Die enthaltenen Hinweise sind als Mindestanforderungen zu verstehen; die Finanzdienstleistungsinstitute sind aufgerufen, darüber hinausgehende organisatorische und administrative Regelungen zu treffen.

Für Kreditinstitute gelten die Vorgaben der Verlautbarung des Bundesaufsichtsamts für das Kreditwesen über „Maßnahmen der Kreditinstitute zur Bekämpfung und Verhinderung der Geldwäsche" auch soweit sie Finanzdienstleistungen im Sinne des § 1 Abs. 1a Satz 2 KWG erbringen.

Weitere Schreiben des Bundesaufsichtsamtes für das Kreditwesen zur Auslegung des Geldwäschegesetzes sind in der Textsammlung Consbruch/Möller/Bähre/Schneider, Gesetz über das Kreditwesen mit verwandten Gesetzen und anderen Vorschriften, unter Nr. 11 zu finden.

II. Geltungsbereich des Geldwäschegesetzes

4. Die Pflichten des Geldwäschegesetzes sind nicht nur von allen dem KWG unterliegenden inländischen Finanzdienstleistungsinstituten mit ihren inländischen Zweigstellen zu erfüllen; nach § 15 GwG hat ein inländisches Finanzdienstleistungsinstitut auch dafür zu sorgen, daß die gesetzlichen Verpflichtungen aus den in dieser Bestimmung aufgeführten Vorschriften gleichermaßen von seinen Zweigstellen im Ausland und den von ihm abhängigen ausländischen Unternehmen eingehalten werden, wenn und soweit diese Unternehmen mit ihm unter einheitlicher Leitung zusammengefaßt sind.

5. Dem Geldwäschegesetz unterliegen auch die im Inland gelegenen Zweigstellen ausländischer Finanzdienstleistungsinstitute (§ 1 Abs. 3 GwG); dabei wird nicht zwischen Instituten mit Sitz in einem anderen Mitgliedstaat der Europäischen Union und Instituten mit Sitz in einem Drittland unterschieden.

Im Einklang mit dem Recht der Europäischen Union obliegt die Aufsicht über die Einhaltung der Pflichten aus dem deutschen Geldwäschegesetz nicht der Heimatlandaufsicht des jeweiligen Herkunftslandes, sondern der Gastlandaufsicht des Bundesaufsichtsamtes für das Kreditwesen.

Anh. III.2

III. Pflichten der Finanzdienstleistungsinstitute bei Anknüpfung der Geschäftsbeziehung

„Know Your Customer"-Prinzip

6. Einer der tragenden Pfeiler der Geldwäscheprävention ist das sog. „Know Your Customer"-Prinzip. Es beinhaltet für die Institute die Verpflichtung, sich bei Anknüpfung der Geschäftsbeziehung über die Identität des Kunden zu vergewissern. Darüber hinaus soll sich das einzelne Institut ein möglichst umfassendes Bild über den Kunden machen, insbesondere insoweit als diese Informationen auf den Inhalt und Zweck der Geschäftsbeziehung Einfluß haben können. Dies gilt u. a. dann, wenn Vermögen des Kunden verwaltet oder transferiert wird. Vor allem im Bereich der Drittstaateneinlagenvermittlung und der Finanzportfolioverwaltung sollte sich das pflichtige Institut darüber hinaus im Rahmen des Zumutbaren auch Kenntnis über die Herkunft der Vermögenswerte verschaffen („Know the source of money").

Identifizierungs- und Legitimationspflichten

7. Die Pflicht zur ordnungsgemäßen und dokumentenmäßigen Identifizierung des Kunden bei Anknüpfung der Geschäftsbeziehung ergibt sich in der Bundesrepublik Deutschland bereits aus der steuerrechtlichen Vorschrift des § 154 Abgabenordnung (AO) in Verbindung mit dem dazugehörigen Anwendungserlaß zur Abgabenordnung (AEAO) (BStBl. I S. 664), zuletzt geändert durch Schreiben des Bundesministers der Finanzen vom 8. Oktober 1991 (BStBl. I S. 932). Nach § 154 Abs. 2 Satz 1 AO hat u. a. jeder, der ein Konto führt, sich zuvor Gewißheit über die Person und Anschrift des Verfügungsberechtigten zu verschaffen.

Die Geltung des § 154 AO ist nicht auf Kreditinstitute beschränkt. Der Begriff des „Kontos" umfaßt die buch- und rechnungsmäßige Darstellung einer Geschäftsbeziehung. Eine Kontoeröffnung liegt somit immer dann vor, wenn jemand zu einer anderen Person in eine laufende Geschäftsverbindung tritt, deren jeweiliger Stand (Forderungen und Guthaben) buch- und rechnungsmäßig festgehalten wird.

Verfügungsberechtigter im Sinne des § 154 Abs. 2 Satz 1 AO ist

- derjenige, der aus dem zugrundeliegenden Vertragsverhältnis mit dem Finanzdienstleistungsinstitut selbst berechtigt bzw. verpflichtet ist sowie ggf.
- dessen gesetzliche(r) Vertreter
- sowie Bevollmächtigte(r).

8. Eine eigenständige Pflicht zur Kundenidentifizierung bei Anknüpfung der Geschäftsbeziehung obliegt dem einzelnen Finanzdienstleistungsinstitut auch dann, wenn in den Geschäftsablauf ein weiteres Institut, z. B. eine Depotbank, eingebunden ist, das selbst ebenfalls nach Maßgabe des § 154 AO zur Kundenidentifizierung verpflichtet ist.

Anh. III.2

Identifizierung natürlicher Personen

9. Ebenso wie das Geldwäschegesetz geht die Abgabenordnung grundsätzlich vom Gebot der persönlichen und dokumentenmäßigen Identifizierung aus.

    Die Abgabenordnung selbst enthält im Gegensatz zum neueren Geldwäschegesetz jedoch keine genaue Handlungsanweisung, auf welche Weise das pflichtige Institut die Identifizierung einer natürlichen Person vorzunehmen hat.

    Dem unter Geldwäscheaspekten maßgeblichen „Know Your Customer"-Prinzip wird jedoch nur eine Kundenidentifizierung gerecht, die sich an den Vorgaben des § 1 Abs. 5 GwG orientiert. Gewißheit über die Identität einer natürlichen Person besteht deshalb nur, wenn der vollständige Name anhand eines gültigen Personalausweises oder Reisepasses festgestellt wird. Außerdem sind Geburtsdatum, Anschrift (soweit sie darin enthalten sind) sowie Art, Nummer und ausstellende Behörde des Personalausweises oder Reisepasses zu notieren. Dies gilt auch dann, wenn der Antragsteller dem Finanzdienstleistungsinstitut persönlich bekannt ist.

    Im Falle der Neueröffnung von Konten durch natürliche Personen nach Inkrafttreten des Geldwäschegesetzes sollen die nach § 154 AO erforderlichen Legitimationsprüfungen der Kontoinhaber und Verfügungsberechtigten daher ausschließlich in der in § 1 Abs. 5 GwG formulierten Art und Weise vorgenommen werden. Ist der Kunde bereits bei der Eröffnung eines Kontos in der Art und Weise des § 1 Abs. 5 GwG identifiziert worden, kann bei jeder sich anschließenden Kontoeröffnung bezüglich dieses Kunden auf diese förmliche Identifizierung zurückgegriffen werden.

10. Als geeignetes Legitimations- und Identifikationspapier gem. § 1 Abs. 5 GwG können neben Personalausweis und Reisepaß alle befristeten, die ausstellende Behörde verzeichnenden Ausweise anerkannt werden, die den Anforderungen an Personalausweise gem. § 1 Abs. 2 des Gesetzes über Personalausweise bzw. den Anforderungen an Reisepässe gem. § 4 Abs. 1 Paßgesetz entsprechen.

    Zur Identifizierung von Staatsangehörigen eines Drittstaats können grundsätzlich jeweils gültige nationale Reisepässe bzw. Personalausweise eines Drittstaats, die den Anforderungen des § 1 Abs. 2 des Gesetzes über Personalausweise entsprechen, verwendet werden.

Physische Präsenz des Kunden bei der Identifizierung

11. Das „Know Your Customer"-Prinzip und das Gebot der persönlichen und dokumentenmäßigen Identifizierung des Kunden verlangen bei der Konto- und Depoteröffnung regelmäßig eine persönliche Anwesenheit der zu identifizierenden natürlichen Person, weil nur so die übereinstimmung zwischen äußeren Merkmalen der Person und ihrem Bild bzw. den Angaben im Personalausweis oder Reisepaß geprüft werden kann.

    Eine briefliche Legitimationsprüfung von natürlichen Personen darf bei Konto- oder Depoteröffnungen grundsätzlich nicht vorgenommen werden. Dies gilt sowohl für Personen mit Wohnsitz im Inland als auch für Personen mit Wohnsitz im Ausland.

Anh. III.2

Identifizierung durch zuverlässige Dritte

12. Sofern ein Finanzdienstleistungsinstitut aus wichtigem Anlaß die Identifizierung nicht selbst durch seine Beschäftigten vornehmen kann, kann diese in seinem Auftrag über zuverlässige Dritte, insbesondere

a) über andere Finanzdienstleistungsinstitute, Kreditinstitute, Versicherungsunternehmen, die Lebensversicherungen anbieten, Notare, die Deutsche Post AG (PostIdent Service) oder durch eine Botschaft bzw. ein Konsulat der EU-Staaten

oder

b) über sonstige zuverlässige Dritte

nach Maßgabe des § 1 Abs. 5 GwG erfolgen. Diese sind lediglich als Erfüllungsgehilfen des weiterhin pflichtigen Instituts tätig. Die Verantwortung für die ordnungsgemäße und in bezug auf die Anforderungen des § 1 Abs. 5 GwG vollständige Durchführung der Identifizierung obliegt daher dem pflichtigen Finanzdienstleistungsinstitut.

Sofern sonstige Dritte im Sinne des Buchstaben b) für die Identifizierung des Kunden herangezogen werden, hat sich das Finanzdienstleistungsinstitut grundsätzlich bei Beginn der Zusammenarbeit von der Zuverlässigkeit dieses Dritten und des von ihm geschaffenen Systems der Mitarbeiterinformation bzw. der überprüfung der Mitarbeiterzuverlässigkeit für die interne und externe Revision nachvollziehbar zu überzeugen.

Das Finanzdienstleistungsinstitut hat auch dafür Sorge zu tragen, daß die zur Identifizierung eingesetzten Personen über die Anforderungen, die an die Durchführung der Identifizierung zu stellen sind, unterrichtet werden. Darüber hinaus ist sicherzustellen, daß die Aufzeichnungen über die erfolgte Identifizierung dem Finanzdienstleistungsinstitut unmittelbar übermittelt werden.

Anhand der übermittelten Unterlagen hat das Finanzdienstleistungsinstitut zu kontrollieren, ob eine ordnungsgemäße Identifizierung vorgenommen worden ist. Insbesondere die nicht ordnungsgemäße Vornahme von Kundenidentifizierungen kann Zweifel an der Zuverlässigkeit des Dritten begründen.

Identifizierung von juristischen Personen

13. Bei der Konto- bzw. Depoteröffnung für eine juristische Person ist die Legitimationsprüfung der juristischen Person sowie ihrer Verfügungsberechtigten gem. § 154 Abs. 2 AO in Verbindung mit dem oben genannten Erlaß zur Abgabenordnung in seiner jeweils aktuellen Fassung durchzuführen.

Bei juristischen Personen des privaten oder öffentlichen Rechts ist danach die Bezugnahme auf ein amtliches Register oder eine amtliche Veröffentlichung ausreichend. Das Finanzdienstleistungsinstitut hat sich die Existenz von juristischen Personen somit durch Vorlage von Auszügen aus dem Handelsregister, dem Vereinsregister etc. nachweisen zu lassen. Die Identifizierung der für die juristische Person handelnden natürlichen Personen muß hingegen nach Maßgabe der Ziffer 9 ff. dieser Verlautbarung erfolgen.

Anh. III.2

Nr. 7 des derzeit geltenden Anwendungserlasses zur AO enthält eine Aufzählung von Fällen, bei denen nach dem Grundsatz der Verhältnismäßigkeit eine Legitimationsprüfung bzw. Identifizierung des Verfügungsberechtigten ausnahmsweise nicht erforderlich ist.

Die in Ziffer 7 Buchstaben i, j und k des Anwendungserlasses zur Abgabenordnung vorgesehenen Erleichterungen,

– bei Vertretung von Kreditinstituten und Versicherungsunternehmen (Nr. 7 i),
– bei den als Vertretern eingetragenen Personen, die in öffentlichen Registern (Handelsregister, Vereinsregister) eingetragene Firmen oder Personen vertreten (Nr. 7 j),
– bei Vertretung von Unternehmen, sofern schon mindestens fünf Personen, die in öffentliche Register eingetragen sind bzw. bei denen eine Legitimationsprüfung stattgefunden hat, Verfügungsbefugnis haben (Nr. 7 k),

gelten dabei nur für diejenigen juristischen Personen bzw. Verfügungsberechtigten, die in deutschen Registern eingetragen sind. Für Verfügungsberechtigte, die nicht unter die Identifizierungserleichterungen des Anwendungserlasses zur AO fallen, gelten wiederum die Ausführungen zur Identifizierung natürlicher Personen entsprechend.

Feststellung des wirtschaftlich Berechtigten

14. Insbesondere bei Anknüpfung der Geschäftsbeziehung, d. h. bei Kontoeröffnung, sind die Finanzdienstleistungsinstitute gem. § 8 Abs. 1 GwG zur Feststellung des sog. wirtschaftlich Berechtigten verpflichtet.

Das Finanzdienstleistungsinstitut hat sich demnach zu erkundigen, ob der Kunde für eigene oder fremde Rechnung, d. h. für einen Dritten etwa als Treuhänder etc., handelt. Maßgeblich für die Beantwortung dieser Frage ist der Umstand, wem die zukünftigen Forderungen und Guthaben aus der Geschäftsbeziehung wirtschaftlich zuzuordnen sind.

Die Vorschrift des § 8 GwG soll in Umsetzung des Art. 3 Abs. 5 der EG-Richtlinie Strohmanngeschäften entgegenwirken und den wirtschaftlich Berechtigten sichtbar machen, d. h. denjenigen, in dessen „Auftrag" die Durchführung der Geschäftsbeziehung bzw. der Transaktion erfolgt bzw. der an dieser als Treuhänder beteiligt ist.

Eine rein formale Erfüllung der Verpflichtung in Form einer bloßen Frage nach dem wirtschaftlich Berechtigten wird der Bedeutung der Vorschrift allerdings nicht gerecht, da ein Geldwäscher auf die bloße Frage hin naturgemäß ein potentielles Strohmannverhältnis nicht offenbaren und damit die Identität seines Hintermannes preisgeben würde.

Gemäß Art. 3 Abs. 5 EG-Richtlinie müssen die Institute daher in den Fällen, in denen sie Zweifel hegen oder in denen sie die Gewißheit haben, daß der zu Identifizierende nicht für eigene Rechnung handelt, angemessene Maßnahmen ergreifen, um Informationen über die tatsächliche Identität der Person einzuholen, für deren Rechnung der Kunde handelt. Besteht ein solcher Zweifel an der Identität des wirtschaftlich Berechtigten, sollen die Finanzdienstleistungsinstitute über die Angaben des Kunden hinaus weitere Nachfragen anstellen und sich ggf. die Identität des wirtschaftlich Berechtigten nachweisen lassen.

Für den Fall, daß sich diese Zweifel nicht ausräumen lassen soll das Finanzdienstleistungsinstitut die Durchführung der Transaktion bzw. die Eröffnung des Kontos ablehnen. Dies gilt auch, wenn sich der Kunde weigert, die Frage nach dem wirtschaftlich Berechtigten zu beantworten.

Eine Feststellung des wirtschaftlich Berechtigten ist nicht erforderlich, wenn der Kunde seinerseits ein Institut im Sinne des § 1 Abs. 4 GwG ist, d. h. ein anderes Finanzdienstleistungsinstitut, ein Kreditinstitut, ein Finanzunternehmen oder ein Versicherungsunternehmen, das Lebensversicherungen anbietet (§ 8 Abs. 2 GwG), und daher selbst dem vollumfänglichen Pflichteninhalt des GwG unterliegt. Sofern das betreffende Institut allerdings keiner qualitativen Aufsicht unterliegt, die derjenigen im Sinne des § 16 Nr. 2 GwG vergleichbar ist, gilt die Pflicht zur Feststellung des wirtschaftlich Berechtigten uneingeschränkt.

Die Pflicht zur Feststellung des wirtschaftlich Berechtigten gilt auch in den Fällen, in denen sog. Berufsgeheimnisträger (Rechtsanwälte, Notare, Wirtschaftsprüfer, Steuerberater etc.) gegenüber dem Finanzdienstleistungsinstitut auftreten.

Aufzeichnung der Identifizierungs- und Legitimationsdaten sowie der Daten zum wirtschaftlich Berechtigten

15. Die vollständigen Angaben zu Kontoinhabern und Verfügungsberechtigten ebenso wie zum wirtschaftlich Berechtigten sind in geeigneter Form festzuhalten. In Betracht kommt dabei die Fertigung von Kopien der zur Feststellung der Identität vorgelegten Dokumente oder die Aufzeichnung mittels EDV.

Eine Aufzeichnung mittels EDV ist nur zulässig bei Kunden, die über einen in der Europäischen Union ausgestellten Personalausweis oder Reisepaß verfügen.

Aus der betreffenden EDV-Aufzeichnung muß auch ersichtlich sein, welcher Mitarbeiter des Instituts die Identifizierung vorgenommen hat.

Zur Gewährleistung der Datensicherheit bedarf es zudem eines Zugriffsschutzes auf das EDV-Programm zur Erfassung dieser Daten. Es ist sicherzustellen, daß nur besonders bevollmächtigte und mit entsprechender „security" versehene Mitarbeiter die Daten bei Vorliegen bestimmter Voraussetzungen ändern bzw. löschen können.

Insgesamt hat das Finanzdienstleistungsinstitut sicherzustellen, daß es innerhalb angemessener Frist Auskunft darüber erteilen kann, über welche beim Finanzdienstleistungsinstitut geführten Konten eine Person verfügungsbefugt und für welche sie wirtschaftlich berechtigt ist.

Anh. III.2

IV. Pflichten der Finanzdienstleistungsinstitute bei Durchführung von Bartransaktionen

Identifizierungspflichten

Sinn und Zweck der Identifizierungspflichten des GwG ist die Schaffung einer sog. Papierspur, die die Rekonstruktion von komplexen Finanztransaktionen auch bei Auftreten von Gelegenheitskunden ermöglichen soll.

Identifizierungspflicht gemäß § 2 Abs. 1 GwG

16. Unabhängig von der Pflicht zur Identifizierung natürlicher und juristischer Personen bei Anknüpfung der Geschäftsbeziehung hat ein Finanzdienstleistungsinstitut

    bei A n n a h m e

    oder

    bei A b g a b e

    von Bargeld, Wertpapieren oder Edelmetallen im Wert von 15.000,- € oder mehr diejenige Person nach Maßgabe des § 1 Abs. 5 GwG zu identifizieren, die ihr gegenüber auftritt (§ 2 Abs. 1 GwG).

    Für das typischerweise bargeldorientierte Finanztransfer- und Sortengeschäft gelten die besonderen Vorgaben unter Ziffer 45 ff. dieser Verlautbarung.

    Um Umgehungen der Identifizierungspflicht zu verhindern, muß sich das Finanzdienstleistungsinstitut auch Klarheit über die Identität des Auftraggebers verschaffen, wenn ihm ohne einen persönlichen Kontakt zum Kunden – beispielsweise per Post oder anderweitig – Bargeld, Wertpapiere oder Edelmetalle, übermittelt werden. Wie die Abklärung der Kundenidentität in diesen Fällen im einzelnen geschieht, ist den Instituten freigestellt. Die gewünschte Transaktion soll erst nach erfolgter Abklärung der Kundenidentität ausgeführt werden. Eine nicht plausible Vermeidung des persönlichen Kontakts durch den Kunden sollte bei dem Finanzdienstleistungsinstitut immer gesteigerte Aufmerksamkeit auslösen (vgl. auch Ziffer 24 dieser Verlautbarung).

17. Im Verhältnis von Instituten untereinander besteht gem. § 2 Abs. 3 GwG keine Identifizierungspflicht. Diese Ausnahmevorschrift gilt nicht für § 6 GwG.

    Sofern es sich hierbei um ein Institut handelt, das zwar dem Privileg des § 2 Abs. 3 GwG unterfällt, aber keiner qualitativen Aufsicht unterliegt, die der des § 16 Nr. 2 GwG entspricht, ist es im Einzelfall angezeigt, dieses wie einen gewöhnlichen Kunden zu behandeln.

    Die Einschaltung eines gewerblichen Geldbeförderungsunternehmens bei Bargeld-, Wertpapier- und Edelmetalltransporten zwischen Filialen verschiedener Finanzdienstleistungsinstitute bzw. Kreditinstituten und Finanzdienstleistungsinstituten führt nicht zur Identifizierungspflicht nach dem Geldwäschegesetz.

Sofern die Gelder jedoch nicht in verschlossenen Behältnissen transportiert werden, sollte bei der Einschaltung von gewerblichen Geldbeförderungsunternehmen im Institutsverkehr wegen der damit verbundenen Geldwäscherisiken die erforderliche Vorsicht angewandt werden, da diese Unternehmen sich entgegen den ursprünglichen gesetzgeberischen Vorstellungen nicht nur auf den reinen Transport von Wertgegenständen beschränken, sondern auch die Geldverarbeitung übernehmen.

Identifizierungspflicht gemäß § 2 Abs. 2 GwG: Smurfing

18. Führt ein Finanzdienstleistungsinstitut mehrere Finanztransaktionen im Sinne von § 2 Abs. 1 GwG durch, die zusammen einen Betrag im Wert von 15.000,- € oder mehr ausmachen, ist es zur Identifizierung der auftretenden Person gemäß § 2 Abs. 2 GwG verpflichtet, wenn tatsächliche Anhaltspunkte dafür vorliegen, daß zwischen den Transaktionen eine Verbindung besteht (sog. Smurfing) und deshalb von einer künstlichen Aufsplittung einer einheitlichen Finanztransaktion ausgegangen werden muß.

Das Bestehen einer Verbindung zwischen Finanztransaktionen ist im Wege einer Gesamtschau aller Einzelfallumstände vom Finanzdienstleistungsinstitut festzustellen und zu beurteilen. Bei der Bewertung dieser Umstände steht dem Institut ein Beurteilungsspielraum zu.

Identifizierung bei Verdacht der Geldwäsche

19. Nach § 6 GwG muß eine Identifizierung des auftretenden Kunden auch dann erfolgen, wenn sich der Verdacht ergibt, daß eine vereinbarte Finanztransaktion einer Geldwäsche nach § 261 StGB dient oder im Falle ihrer Durchführung dienen würde. Der Begriff der Finanztransaktion ist weit auszulegen und umfaßt nach der Definition in § 1 Abs. 6 GwG jede Handlung, die eine Geldbewegung oder sonstige Vermögensverschiebungen bezweckt oder bewirkt, d. h. sowohl bare als auch unbare Transaktionen. Auch bereits bloße Vertragsabschlüsse erfüllen den Begriff der Finanztransaktion, wenn diese bereits unmittelbar eine Geldbewegung bezwecken.

Zur Frage, wann ein Verdachtsfall vorliegt, vgl. die Ausführungen unter Ziffer 23 ff.

Feststellung des wirtschaftlich Berechtigten bei Bartransaktionen

20. In allen Fällen, in denen für sie eine Identifizierungspflicht nach den Vorschriften des GwG besteht, sind die Finanzdienstleistungsinstitute nach § 8 Abs. 1 GwG auch zur Feststellung des wirtschaftlich Berechtigten verpflichtet. Hierzu gelten die Ausführungen unter Ziffer 14 zur Feststellung des wirtschaftlich Berechtigten bei Kontoeröffnung.

Aufzeichnungs- und Aufbewahrungspflichten

21. Ebenso wie die Feststellungen zur Identität des Kunden bei Anknüpfung der Geschäftsbeziehung sind sämtliche zum Zweck der Identifizierung gem. § 2

Anh. III.2

Abs. 1 i. V. m. Abs. 2, § 6 Satz 1, § 8 Abs. 1 GwG festgestellten Angaben aufzuzeichnen.

Die Finanzdienstleistungsinstitute sollen in diesem Zusammenhang gem. § 9 Abs. 1 Satz 2 GwG „soweit möglich" eine Kopie der zur Feststellung der Identität vorgelegten Dokumente erstellen. Sie haben zu diesem Zweck technische und organisatorische Vorkehrungen zu treffen, daß diese Kopien bei allen identifizierungspflichtigen Geschäften erstellt werden können.

Bei Dauerkunden, die über einen in der Europäischen Union ausgestellten Personalausweis oder Reisepaß verfügen, reicht es aus, wenn die bei der erstmaligen Identifizierung nach Maßgabe des § 1 Abs. 5 GwG festgestellten Angaben bei Anknüpfen der Geschäftsbeziehung entweder durch Kopie der zur Feststellung der Identität vorgelegten Dokumente oder insbesondere mittels EDV aufgezeichnet wurden.

Die Art der Aufbewahrung der Aufzeichnungen (ob im Original oder durch sonstige Arten der Datenspeicherung) ist den Finanzdienstleistungsinstituten grundsätzlich freigestellt. Es muß jedoch gewährleistet sein, daß die gespeicherten Daten mit den festgestellten Angaben übereinstimmen. Die Daten sind derart zu ordnen, daß sie während der Dauer der Aufbewahrungsfrist jederzeit verfügbar sind, indem das Finanzdienstleistungsinstitut auf Anforderung unverzüglich ihre Lesbarkeit herstellen kann, damit die Strafverfolgungsbehörden bei der Verfolgung von Verdachtsfällen schnell auf sie zugreifen und über das Finanzdienstleistungsinstitut abgewickelte Transaktionen rekonstruieren können.

Da sich die Auskunftsersuchen der Ermittlungsbehörden auf Namen beziehen, sollen zur Gewährleistung einer eindeutigen Zuordnung die Aufzeichnungsformulare einschließlich erstellter Ausweiskopien regelmäßig in alphabetischer Ordnung jahrweise abgelegt werden. Bei einer EDV-mäßigen Aufzeichnung der Daten reicht es aus, wenn eine alphabetische Auffindbarkeit gewährleistet ist. Das Institut hat insgesamt sicherzustellen, daß es innerhalb angemessener Frist Auskunft darüber erteilen kann, ob und ggf. welche Bartransaktionen in relevanter Höhe von einer bestimmten Person getätigt wurden.

22. An die Lesbarkeit der nach dem Geldwäschegesetz aufzubewahrenden Unterlagen sind hohe Anforderungen zu stellen, da sie auch der Innenrevision, der „leitenden Person" nach § 14 Abs. 2 Ziffer 1 GwG, dem Prüfer des Jahresabschlusses und dem mit einer Prüfung nach § 44 Abs. 1 KWG beauftragten Prüfer ungehindert verfügbar sein müssen.

V. Verhalten in Verdachtsfällen

Verdachtsanzeigepflicht gemäß § 11 GwG

23. Die Anzeige von Fällen, bei denen der Verdacht einer Geldwäschetransaktion i. S. d. § 261 StGB besteht (§ 11 GwG), ist eine der Hauptpflichten der Finanzdienstleistungsinstitute. Anzuzeigen sind alle Tatsachen, die darauf schließen lassen, daß eine bare oder unbare Finanztransaktion einer Geldwäsche dient oder im Falle ihrer Durchführung dienen würde. Derartige Verdachtsmomente

können bei jeder Finanztransaktion, unabhängig davon, ob sie den Identifizierungspflichten nach dem Geldwäschegesetz unterliegt, auftreten. (Zum Begriff der Finanztransaktion vgl. Ziffer 19).

Eine Verdachtslage kann daher bereits bei erstmaligem Auftreten des Kunden im Rahmen der Anbahnung der Geschäftsbeziehung bzw. zum Zeitpunkt des Vertragsabschlusses entstehen.

Die Pflicht zur Erstattung einer Anzeige gem. § 11 GwG im Verdachtsfall besteht auch dann, wenn dem Institut bekannt ist, daß ein drittes Institut wegen desselben Sachverhalts bereits Anzeige erstattet hat oder das pflichtige Institut davon ausgehen muß, daß die Ermittlungsbehörden schon anderweitig Kenntnis vom Sachverhalt erlangt haben.

Die Methoden der „Geldwäscher" ändern sich nicht zuletzt als Reaktion auf die von den Kredit- und Finanzdienstleistungsinstituten getroffenen Sicherungsmaßnahmen ständig. Die für das Finanzdienstleistungsinstitut unerläßliche Einzelfallprüfung, ob ein Verdachtsfall vorliegt, wird erleichtert, wenn die vom Zentralen Kreditausschuß erarbeiteten „Anhaltspunkte, die auf verdächtige Finanztransaktionen hindeuten" in ihrer jeweils geltenden Fassung herangezogen werden, soweit sie auf die Geschäftstätigkeit des einzelnen Instituts anwendbar sind. Diese Anhaltspunkte sind nicht abschließend. Darüber hinaus kommen neben internen Hinweisen aus dem Institut auch externe Hinweise, wie beispielsweise Presseveröffentlichungen, Hinweise des Bundesaufsichtsamtes für das Kreditwesen oder Hinweise von Strafverfolgungsbehörden als aktuelle Erkenntnisquellen in Betracht.

24. Werden Tatsachen festgestellt, die darauf schließen lassen, daß eine Finanztransaktion einer Geldwäsche i. S. d. § 261 StGB dienen könnte, muß sich das Finanzdienstleistungsinstitut bei seiner Entscheidung, ob eine Verdachtsanzeige gem. § 11 Abs. 1 GwG zu erstatten ist, Klarheit darüber verschaffen, ob der Finanztransaktion aus seiner Sicht Auffälligkeiten oder Ungewöhnlichkeiten anhaften.

Das Finanzdienstleistungsinstitut soll in diesem Zusammenhang die gesamten aus einer Geschäftsbeziehung vorhandenen Informationen heranziehen, um zu beurteilen, ob ein Verdachtsfall vorliegt. Von Bedeutung sind in diesem Zusammenhang Besonderheiten in der Person des Kunden, dessen finanzielle und geschäftliche Verhältnisse und die Herkunft der einzubringenden Vermögenswerte sowie ggf. Zweck und Art der Transaktion.

Gesteigerte Aufmerksamkeit des Finanzdienstleistungsinstituts wird insbesondere dann erforderlich sein, wenn

– eine Transaktion keinen wirtschaftlichen Hintergrund erkennen läßt und deren Umstände undurchsichtig sind; letzteres betrifft insbesondere die Identität der an der Transaktion beteiligten Personen und den Zweck der Transaktion;
– die Art und Höhe bzw. die Herkunft der Vermögenswerte bzw. ggf. der Empfänger der Transaktion im übrigen nicht zu den dem Finanzdienstleis-

ter bekannten Lebensumständen bzw. zu der Geschäftstätigkeit des Auftraggebers passen.
- die Transaktion über Umwege abgewickelt werden soll bzw. Wege (Einschaltung von weiteren Instituten bzw. Personen) gewählt werden, die kostenintensiv sind und wirtschaftlich sinnlos erscheinen.

25. Für das Vorliegen eines meldepflichtigen Verdachts ist es jedoch ausreichend, daß objektiv erkennbare Anhaltspunkte für das Vorliegen einer Transaktion sprechen, mit der illegale Gelder dem Zugriff der Strafverfolgungsbehörden entzogen werden sollen oder die Herkunft illegaler Vermögenswerte verdeckt werden soll, und ein krimineller Hintergrund im Sinne des § 261 StGB nicht ausgeschlossen werden kann. Das Institut besitzt bei der Frage, ob die festgestellten transaktionsbezogenen und personenbezogenen Tatsachen i. S. d. § 11 GwG verdächtig sind, einen Beurteilungsspielraum.

Das Ergebnis der Beurteilung ist von der internen und externen Revision auf seine Nachvollziehbarkeit zu überprüfen. Der Gesetzgeber hat darauf verzichtet, daß der gem. § 11 GwG zur Verdachtsmeldung Verpflichtete das Vorliegen sämtlicher Tatbestandsmerkmale des § 261 StGB einschließlich der der Geldwäsche zugrundeliegenden Vortat prüft: Hinsichtlich des Vortatenkataloges des § 261 StGB reicht der Verdacht auf die illegale Herkunft der Gelder schlechthin aus (ein sog. „doppelter Anfangsverdacht" im strafprozessualen Sinne ist nicht erforderlich).

Eine Pflicht zur Anzeige i. S. d. § 11 Abs. 1 GwG besteht auch dann, wenn eine Transaktion, die nach der Beurteilung des Finanzdienstleistungsinstituts im Falle ihrer Durchführung einen Verdacht i. S. d. § 261 StGB begründen würde, abgelehnt und nicht durchgeführt wird.

Die Aufzeichnungs- und Aufbewahrungspflichten gelten auch für diesen Fall (vgl. §§ 6, 9 Abs. 1 GwG).

Organisation des Verdachtsmeldeverfahrens und Behandlung eines internen Verdachtsfalls

26. Das Finanzdienstleistungsinstitut hat festzulegen, welche Stelle bzw. welcher Mitarbeiter institutsintern für die Erstattung von Verdachtsanzeigen nach § 11 GwG zuständig ist. Mit dieser Aufgabe soll in der Regel die „leitende Person" im Sinne des § 14 Abs. 2 Nr. 1 GwG, im folgenden „Geldwäschebeauftragter" genannt, betraut werden. Bei Instituten mit kleiner Betriebsgröße, die keinen Geldwäschebeauftragten bestellen müssen, vgl. Ziffer 35 dieser Verlautbarung, wird dies regelmäßig ein Mitglied der Geschäftsleitung sein.

Das Institut hat sicherzustellen, daß alle internen Verdachtsfälle (auch die angetragenen, aber abgelehnten Finanztransaktionen bzw. alle unter Geldwäscheaspekten ungewöhnlichen Transaktionen) von den Mitarbeitern an die für die Erstattung von Verdachtsanzeigen gem. § 11 GwG vorgesehene Stelle in schriftlicher Form zur weiteren Verdachtsprüfung und Entscheidung vorgelegt und dort auch dokumentiert werden.

27. Ein Verfahren, wonach Mitarbeiter einen hausinternen Verdachtsfall zunächst dem Vorgesetzten oder einer zwischengeschalteten Stelle zu melden haben und diese Stelle die Verdachtsmeldung an die für die Anzeige gem. § 11 GwG zuständige Stelle nur dann weitergibt, wenn sie den Verdacht des Mitarbeiters teilt (Filterfunktion), ist mit diesen Grundsätzen unvereinbar.

Für die Darstellung der einen Verdacht stützenden Tatsachen und Anhaltspunkte sollen sich die Mitarbeiter eines Formblatts bedienen können.

Das Institut hat durch innerorganisatorische Maßnahmen dafür Sorge zu tragen, daß eine unverzügliche übermittlung der Verdachtsanzeige im Sinne des § 11 Abs. 1 GwG an die zuständigen Strafverfolgungsbehörden gewährleistet ist. Die einfache briefliche übersendung einer Verdachtsanzeige stellt regelmäßig keine unverzügliche übermittlung dar.

Soweit das Finanzdienstleistungsinstitut von einer Verdachtsanzeige gem. § 11 GwG absieht, sollen die Gründe hierfür ebenfalls schriftlich niedergelegt werden.

Die Gründe sollen auch dem meldenden Mitarbeiter des Finanzdienstleistungsinstituts bekanntgegeben werden. Um dem einzelnen Mitarbeiter ggf. die Erstattung einer Strafanzeige wegen § 261 StGB zu ermöglichen, ist es erforderlich, diesem eine Rückmeldung darüber zu geben, ob eine von ihm institutsintern erstattete Meldung über einen Verdachtsfall zu einer Verdachtsanzeige des Finanzdienstleistungsinstituts gem. § 11 Abs. 1 GwG geführt hat.

Die internen Verdachtsmeldungen der Mitarbeiter sind sechs Jahre lang aufzubewahren, damit sie für die Innenrevision, den Geldwäschebeauftragten und den mit der Jahresabschlußprüfung bzw. mit einer Prüfung gem. § 44 Abs. 1 KWG beauftragten Prüfer ungehindert verfügbar sind.

Formelle Anforderungen an Verdachtsanzeigen nach § 11 GwG

28. Die Verdachtsanzeige gem. § 11 Abs. 1 GwG beruht auf der Erfüllung einer gewerberechtlichen Pflicht. Im Gegensatz zur Strafanzeige gem. § 158 StPO unterliegt sie einem bestimmten Formzwang und hat inhaltliche Mindestangaben aufzuweisen:

Neben dem Namen, der Anschrift, der Fax- und Telefonnummer desjenigen Finanzdienstleistungsinstituts, das die Verdachtsanzeige übermittelt, sollte im Rahmen jeder Verdachtsanzeige gegenüber den Ermittlungsbehörden ein konkreter Ansprechpartner im Finanzdienstleistungsinstitut, d. h. im Regelfall der Geldwäschebeauftragte, einschließlich dessen Durchwahlnummer für eventuelle Rückfragen benannt werden, sofern dieser Ansprechpartner den Ermittlungsbehörden nicht bereits auf anderem Wege namentlich bekanntgegeben worden ist. Diese schriftliche Mitteilung muß weiter eine Unterschrift erkennen lassen.

Jede Verdachtsanzeige muß die Mitteilung enthalten, ob die verdächtige Finanztransaktion noch nicht bzw. bereits durchgeführt oder abgelehnt wurde. Aus der Verdachtsanzeige soll klar hervorgehen, ob es sich um eine Erstanzeige oder um eine Wiederholung i. S. d. § 11 Abs. 2 GwG bzw. Ergänzung einer bereits zu einem früheren Zeitpunkt erstatteten Anzeige handelt, der derselbe

Sachverhalt zugrunde liegt. Im letzteren Fall sollte ausgeführt werden, wann, in welcher Form und bei welcher Strafverfolgungsbehörde eine Anzeige bereits erfolgt ist.

Bei den Angaben über die beteiligten Personen sollte zwischen Kunden, Nichtkunden (auftretenden Personen), wirtschaftlich Berechtigten und sonstigen Beteiligten differenziert werden.

Name (Firmenname), Vorname des Kunden sowie dessen Anschrift, Geburtsdatum, Ausweisnummer, Art des Ausweises, ausstellende Behörde sowie, sofern bekannt, Geburtsname, Geburtsort und Nationalität des Kunden und alle beim Finanzdienstleistungsinstitut geführten Konten, sofern sie mit der Verdachtsanzeige im Zusammenhang stehen, sollen immer angegeben werden, bei Nichtkunden und sonstigen Beteiligten immer dann, wenn diese Daten dem Finanzdienstleistungsinstitut bekannt sind.

Die Angaben zur verdächtigen Finanztransaktion sollen Angaben zu Art, Betrag, Datum, Filiale, der die Finanztransaktion angetragen wurde, und Begünstigtem der Finanztransaktion enthalten.

Darüber hinaus sind die konkreten Tatsachen, die bezüglich einer Finanztransaktion aus der Sicht des Finanzdienstleistungsinstituts auf Geldwäsche schließen lassen, anzugeben. Soweit auf eine bestimmte Entwicklung der Geschäftsbeziehung Bezug genommen wird, ist diese in geeigneter Weise, etwa durch Verweis auf beigefügte Unterlagen, schlüssig darzustellen.

29. Lösen mehrere einzelne Transaktionen für sich allein oder die Gesamtbetrachtung mehrerer – unter Umständen bereits durchgeführter – Transaktionen den Verdacht einer Geldwäsche i. S. d. § 261 StGB beim Finanzdienstleistungsinstitut aus, so sind die geforderten Angaben für jede einzelne dieser Transaktionen zu machen, sofern im konkreten Fall nichts anderweitiges mit der zuständigen Behörde i. S. d. § 11 GwG vereinbart worden ist.

30. Eine angetragene aus der Sicht des Instituts verdachtsbehaftete Finanztransaktion darf von dem Finanzdienstleistungsinstitut frühestens ausgeführt werden, wenn diesem die Zustimmung der Staatsanwaltschaft übermittelt ist oder wenn der zweite Werktag nach dem Abgangstag der Anzeige verstrichen ist, ohne daß die Durchführung der Finanztransaktion strafprozessual untersagt worden ist (§ 11 Abs. 1 Satz 2 GwG).

Ist ein Aufschub der Finanztransaktion jedoch nicht möglich, so darf diese durchgeführt werden (sog. „Eilfallregelung" des § 11 Abs. 1 Satz 3 GwG). Die Verdachtsanzeige ist dann unverzüglich nachzuholen. Wenn sich im konkreten Fall für die Mitarbeiter des Instituts ein Verdacht für eine Geldwäschehandlung jedoch geradezu aufdrängen muß, soll eine Finanztransaktion nicht nach der Eilfallregelung ausgeführt werden.

31. Eine Kopie jeder den Strafverfolgungsbehörden erstatteten Verdachtsanzeige ist dem Bundesaufsichtsamt für das Kreditwesen unverzüglich vom Institut zu übermitteln.

Anh. III.2

Abbruch der Geschäftsbeziehung

32. Auch bei Transaktionen, die nach der Beurteilung des Finanzdienstleistungsinstituts die Schwelle zu einem gemäß § 11 GwG anzeigepflichtigen Sachverhalt mangels eines hinreichenden Verdachts noch nicht überschritten haben, sollten die Finanzdienstleistungsinstitute äußerste Vorsicht walten lassen.

    Da die einzelne Transaktion regelmäßig noch keinen Verdacht auslöst, sondern sich – insbesondere beim Dauerkunden – nur durch weitere kundenbezogene Tatsachen zu einem Verdacht i. S. d. § 11 GwG verdichtet werden kann, ist die Geschäftsbeziehung bis zur Ausräumung der im Institut entstandenen Zweifel einer – ggf. auch längerfristigen – Überwachung zu unterwerfen (sog. Monitoring).

    Verbleiben unter Berücksichtigung der Transaktion, der Person des Kunden oder der Herkunft seiner Vermögenswerte trotz intensiver Aufklärung und Überwachung der Geschäftsbeziehung begründete Zweifel, ob eine Geldwäschehandlung vorliegt, so sollte das Finanzdienstleistungsinstitut dieses Geschäft unterlassen und eine Entscheidung darüber treffen, ob die Geschäftsbeziehung abzulehnen oder abzubrechen ist. Die Gründe hierfür sind zu dokumentieren. Dies gilt auch in den Fällen, in denen zuvor eine Verdachtsanzeige gemäß § 11 GwG erstattet wurde.

    Eine Weiterführung verdächtiger Konten allein zum Zwecke der Strafermittlung gehört nicht zu den Aufgaben der Finanzdienstleistungsinstitute im Rahmen der vom Geldwäschegesetz normierten Kooperation von Ermittlungsbehörden und Privaten. Um die Ermittlungen der Strafverfolgungsbehörden allerdings nicht zu beeinträchtigen, empfiehlt es sich für die Finanzdienstleistungsinstitute in einzelnen Fällen, in denen sie zuvor eine Verdachtsanzeige i. S. d. § 11 GwG erstattet haben, vor dem Abbruch der Geschäftsbeziehung die zuständigen Strafverfolgungsbehörden über die geplante Maßnahme zu unterrichten.

    Die Entscheidung, ob die Kundenbeziehung abgebrochen wird oder nicht, wird jedoch allein vom betroffenen Finanzdienstleistungsinstitut getroffen.

    Die Fälle, in denen eine Geschäftsbeziehung aufgrund der oben genannten Grundsätze abgebrochen wird, sind zur Überprüfung durch die interne und externe Revision zu dokumentieren.

33. Nach § 11 Abs. 3 GwG darf ein Institut den Auftraggeber der Finanztransaktion oder einen anderen als staatliche Stellen nicht von einer Anzeige nach § 11 Abs. 1 oder Abs. 2 GwG oder von einem daraufhin eingeleiteten Ermittlungsverfahren in Kenntnis setzen. Dieses Unterrichtungsverbot sollte auch auf die Fälle ausgedehnt werden, in denen das Finanzdienstleistungsinstitut Kenntnis von einer Anzeige hat, die ein Dritter erstattet hat, bzw., in denen eine Anzeige bzw. Verdachtsmeldung bei einer Behörde im Ausland erstattet wird.

Anh. III.2

VI. Gesamtverantwortung der Geschäftsleitung für die organisatorischen und administrativen Vorkehrungen des § 14 Abs. 2 GwG

34. Nach § 14 GwG müssen die Finanzdienstleistungsinstitute Vorkehrungen dagegen treffen, zur Geldwäsche mißbraucht zu werden. Diese Vorschrift gehört zu den zentralen Regelungen des Geldwäschegesetzes. Die Verantwortung für die Funktionsfähigkeit und Wirksamkeit der erforderlichen internen Vorkehrungen nach § 14 Abs. 2 Nrn. 1 bis 4 GwG und deren Weiterentwicklung obliegt ggf. sämtlichen Geschäftsleitern eines Finanzdienstleistungsinstituts gemeinsam, und zwar auch dann, wenn einzelnen Geschäftsleitern nach dem Ressortprinzip bestimmte Aufgabenbereiche zugewiesen sind.

VII. Bestellung eines Geldwäschebeauftragten als Ansprechpartner

35. Gem. § 14 Abs. 2 Nr. 1 GwG hat grundsätzlich jedes Finanzdienstleistungsinstitut als Ansprechpartner für die Strafverfolgungsbehörden bei der Verfolgung der Geldwäsche nach § 261 StGB eine „leitende Person" zu bestellen, der für den Fall der Verhinderung ein Stellvertreter zuzuordnen ist.

Eine Ausnahme gilt nur bei Finanzdienstleistungsinstituten mit kleiner Betriebsgröße, d. h. in der Regel mit weniger als zehn Mitarbeitern, wenn sichergestellt ist, daß die Gefahr von Informationsverlusten und -defiziten aufgrund arbeitsteiliger Unternehmensstruktur, die der Gesetzgeber mit dem Erfordernis der Bestellung eines Geldwäschebeauftragten zu kompensieren sucht, nicht besteht. Weitere Ausnahmen können vom Bundesaufsichtsamt für das Kreditwesen aufgrund eines begründeten Antrages des Finanzdienstleistungsinstituts zugelassen werden.

Die Verpflichtung zur Schaffung der weiteren Vorkehrungen zur Verhinderung des Mißbrauchs zu Geldwäschezwecken nach § 14 Abs. 2 Ziffern 2 bis 4 GwG bleibt hiervon unberührt (vgl. dazu im einzelnen die Ausführungen unter Ziffer 40 ff. dieser Verlautbarung).

Der Geldwäschebeauftragte soll auch für den Kontakt zum Bundesaufsichtsamt für das Kreditwesen, der nach § 16 Nr. 2 GwG zuständigen Aufsichtsbehörde, zuständig sein. Die Bestellung und Entpflichtung von Geldwäschebeauftragten müssen die Finanzdienstleistungsinstitute dem Bundesaufsichtsamt mitteilen. Die Mitteilung hat Angaben über die Namen (Vor- und Zunamen), Funktion und Stellung in der Aufbauorganisation und über das Datum der Bestellung zu enthalten.

Die Ansprechbarkeit des Geldwäschebeauftragten oder seines Stellvertreters für Mitarbeiter des Finanzdienstleistungsinstituts, für Ermittlungsbehörden und für das Bundesaufsichtsamt für das Kreditwesen muß zu den üblichen Geschäftszeiten gewährleistet sein.

Aufgabe des Geldwäschebeauftragten ist es, als zentrale Stelle im Institut die Durchführung des Geldwäschegesetzes sowie der zu seiner Umsetzung ergangenen Verwaltungsvorschriften des Bundesaufsichtsamtes für das Kreditwesen vorzunehmen.

Anh. III.2

Der Geldwäschebeauftragte muß zu diesem Zweck mit sämtlichen Angelegenheiten zur Einhaltung des Geldwäschegesetzes innerhalb des Finanzdienstleistungsinstituts befaßt sein.

Er hat insbesondere die folgenden Aufgaben zu erfüllen:

a. die Bearbeitung der internen Verdachtsmeldungen und Entscheidung über die Weiterleitung dieser Meldungen gemäß § 11 GwG an die zuständigen Ermittlungsbehörden,

b. die Zuständigkeit für die Entwicklung, Aktualisierung und Durchführung interner Grundsätze, Verfahren und Kontrollen zur Verhinderung der Geldwäsche,

c. die Schulung und zeitnahe Unterrichtung der Beschäftigten über Methoden der Geldwäsche und den Pflichtenkatalog des Geldwäschegesetzes,

d. die Schaffung schriftlicher interner Organisationsanweisungen und technischer Systeme, die gewährleisten, daß diejenigen unbaren/baren Transaktionen, Geschäftsarten und Dienstleistungen, die aus Sicht des einzelnen Finanzdienstleistungsinstituts als besonders geeignet anzusehen sind, mit Geldwäsche verbunden zu sein, mit besonderer Aufmerksamkeit behandelt und auf ihre Geldwäscherelevanz untersucht werden. Dabei reicht es aus, wenn derartige Anti-Geldwäsche-Systeme mit bereits institutsintern für andere Zwecke bestehenden technischen Systemen (z. B. zum Risk Management, Kundenakquisition, Minimierung von Betrugsfällen) verbunden werden. Um der Innenrevision sowie dem mit einer Jahresabschlußprüfung bzw. mit einer Prüfung gem. § 44 Abs. 1 KWG beauftragten Prüfer die Ergebnisse dieser Researcharbeit nachvollziehbar zu machen, sind diese zu dokumentieren,

e. die überwachung einer auffälligen Geschäftsbeziehung i. S. d. Ziffer 32 dieser Verlautbarung. Die Ergebnisse dieser überwachung sind zu dokumentieren,

f. die laufende Kontrolle der Einhaltung des Geldwäschegesetzes und der internen Grundsätze zur Verhinderung der Geldwäsche. Diese Kontrollpflicht besteht unabhängig von den retrospektiven Prüfungspflichten der Innenrevision bzw. der mit den Funktionen der Innenrevision beauftragten externen Stelle.

Zur Wahrnehmung seiner Aufgaben kann sich der Geldwäschebeauftragte auch der Mithilfe weiterer Mitarbeiter des Instituts bedienen, die ihn über den Ablauf und die Ergebnisse ihrer Tätigkeit zu informieren haben.

36. Eine vollumfängliche Auslagerung der Funktion des Geldwäschebeauftragten ist nur dann zulässig, wenn das Finanzdienstleistungsinstitut darlegt, daß im Institut selbst hierfür kein geeigneter Mitarbeiter vorhanden ist. Finanzdienstleistungsinstitute, die bereits in der Vergangenheit Externe mit der Funktion des Geldwäschebeauftragten betraut haben, müssen darlegen, daß diese die Funktion ordnungsgemäß ausgeübt haben.

Die Erfüllung der dem Geldwäschebeauftragten obliegenden Pflichten erfordert es, daß er bzw. ein von ihm beauftragter Mitarbeiter jederzeit ungehinderten

Anh. III.2

Zugang zu den relevanten Dateien (Zentrale, Zweigstellen und ausgelagerte Betriebsteile) und Unterlagen hat.

37. Geldwäschebeauftragte müssen zur Wahrnehmung ihrer Tätigkeit berechtigt sein, für alle Angelegenheiten im Zusammenhang mit der Verhinderung der Geldwäsche, insbesondere mit der Kündigung einer Geschäftsbeziehung gem. Ziffer 32 dieser Verlautbarung, unternehmensintern Weisungen zu erteilen. Sie müssen auch im Hinblick auf die Bearbeitung von institutsinternen Verdachtsmeldungen und der Entscheidung über die Weiterleitung dieser Meldungen gem. § 11 GwG an die zuständigen Ermittlungsbehörden uneingeschränkt weisungsbefugt sein. Weiter müssen sie befugt sein, das Finanzdienstleistungsinstitut in Angelegenheiten der Geldwäschebekämpfung und -prävention nach außen zu vertreten und für das Finanzdienstleistungsinstitut verbindliche Erklärungen abzugeben. Neben der Erteilung von Einzel- oder Gesamtprokura kann die Bevollmächtigung auch anderweitig erfolgen.

38. Der Geldwäschebeauftragte und sein Stellvertreter müssen die zur Erfüllung ihrer Funktion erforderliche Sachkompetenz besitzen. Welcher Mitarbeiter mit den Aufgaben betraut wird, hat das Finanzdienstleistungsinstitut selbst zu entscheiden, wobei seine Größe und strukturelle Gliederung zu berücksichtigen sind. Seine sonstigen innerbetrieblichen Aufgaben und Funktionen dürfen die Wahrnehmung der Tätigkeit als Geldwäschebeauftragter i. S. d. Geldwäschegesetzes nicht beeinträchtigen.

39. Von der Möglichkeit der Bestellung eines Mitglieds des Geschäftsleitung zum Geldwäschebeauftragten oder dessen Stellvertreter soll nur bei Finanzdienstleistungsinstituten Gebrauch gemacht werden, die für diese Funktion keine geeigneten Mitarbeiter unterhalb der Geschäftsleitung besitzen. Mit zunehmender Größe des Finanzdienstleistungsinstituts schließen sich die Geschäftsleitertätigkeit und die Wahrnehmung der Tätigkeit als Geldwäschebeauftragter grundsätzlich aus.

Mit der Funktion des Geldwäschebeauftragten dürfen nicht Mitarbeiter der Innenrevision bzw. die mit diesem Aufgabenbereich beauftragte externe Stelle betraut werden, da dem Geldwäschebeauftragten vor allem bei der Erstattung von Verdachtsanzeigen nach § 11 GwG Handlungspflichten zugewiesen sind und die Innenrevision grundsätzlich nicht ihre eigene Tätigkeit überprüfen soll. Bei Finanzdienstleistungsinstituten, bei denen die Funktionen des Innenrevisors und des Geldwäschebeauftragten von der Geschäftsleitung wahrgenommen werden, ist ggf. auf die personale Trennung dieser Funktionen zu achten.

VIII. Organisation und Schulung

40. Weitere von den Finanzdienstleistungsinstituten selbst zu entwickelnde Vorkehrungen gegen Geldwäschetransaktionen betreffen die gem. § 14 Abs. 2 GwG durchzuführenden internen Abwehrmaßnahmen. Nach Sinn und Zweck dieser Norm soll es den Finanzdienstleistungsinstituten ausdrücklich überlassen bleiben, ihrer spezifischen Geschäfts- und Kundenstruktur angepaßte interne Grundsätze, Verfahren und Kontrollen zur Verhinderung der Geldwäsche zu

Anh. III.2

entwickeln. Die interne Regelung des Sicherungssystems ist schriftlich niederzulegen.

Die internen Sicherungsmaßnahmen müssen sich an Größe, Organisation und Gefährdungssituation des einzelnen Finanzdienstleistungsinstituts, insbesondere dessen Geschäftsschwerpunkten und Kundenstruktur, ausrichten. Zur Verhinderung der Geldwäsche werden in der Regel zumindest folgende Maßnahmen zu treffen sein:

Organisatorische Maßnahmen

41. Das Finanzdienstleistungsinstitut hat konkrete Arbeitsablaufbeschreibungen und Verhaltensrichtlinien zu den nach dem GwG und den betriebsinternen Leitsätzen einzuhaltenden Pflichten in schriftlicher Form für Mitarbeiter zu schaffen bzw. bereits vorhandene entsprechend zu ergänzen. Dabei ist den Besonderheiten der verschiedenen Geschäftsarten bzw. Betriebsbereiche Rechnung zu tragen. Die Arbeitsablaufbeschreibungen und Verhaltensrichtlinien sollen an die Mitarbeiter ausgegeben werden.

Der Geldwäschebeauftragte bzw. eine von ihm hiermit beauftragte Person hat die Einhaltung, Umsetzung und Aktualisierung dieser Grundsätze sicherzustellen und sich hiervon zu überzeugen.

Schulungswesen

42. Das Finanzdienstleistungsinstitut hat nach Art und Anzahl hinreichende Schulungen der Mitarbeiter hinsichtlich der nach dem Geldwäschegesetz und den internen Sicherungsmaßnahmen einzuhaltenden Pflichten sicherzustellen. Die Erstschulung soll im Gegensatz zur Auffrischungsschulung in der Regel als Präsenzschulung durchgeführt werden. Schulungsablauf und Teilnahme sind zu dokumentieren.

Die Mitarbeiter, insbesondere diejenigen mit Kundenkontakt, sind daneben regelmäßig und zeitnah über die neu bekannt gewordenen Erscheinungsformen (Methoden und Techniken) der Geldwäsche zu unterrichten.

Zum Zweck der Unterrichtung über neue aktuelle Methoden und Techniken der Geldwäsche sollen den Mitarbeitern auch schriftliche Informationen ausgehändigt werden.

Dabei kann neben eigenen Erkenntnissen auch auf Informationen der Strafverfolgungsbehörden, der Verbände der Finanzdienstleister bzw. des Bundesaufsichtsamtes für das Kreditwesen über neue Erscheinungsformen der Geldwäsche zurückgegriffen werden (vgl. Ziffer 23 dieser Verlautbarung).

Zuverlässigkeit der Mitarbeiter

43. Die Zuverlässigkeit der Mitarbeiter gemäß § 14 Abs. 2 Nr. 3 GwG ist eine wesentliche Voraussetzung für die Wirksamkeit des institutsinternen Präventionssystems.

Anh. III.2

Zuverlässig in diesem Sinne ist, wer die Gewähr dafür bietet, daß er/sie die Pflichten nach dem GwG und die im Institut eingeführten Grundsätze, Verfahren, Kontrollen und Verhaltensrichtlinien zur Verhinderung der Geldwäsche sorgfältig beachtet, Sachverhalte, die auf Geldwäsche hindeuten, der zuständigen Stelle meldet und sich selbst nicht an zweifelhaften Transaktionen aktiv oder passiv beteiligt.

Sofern in einem Institut bereits adäquate Personalkontroll- und Beurteilungssysteme bestehen, kann hierauf zur Erfüllung des § 14 Abs. 2 Nr. 3 GwG zurückgegriffen werden. Ob eine Person bei Begründung bzw. während des Dienst- und Arbeitsverhältnisses als zuverlässig angesehen werden kann, ist darüber hinaus unter Berücksichtigung des Schutzzweckes des Geldwäschegesetzes zu beurteilen. Die im Finanzdienstleistungsinstitut für das Personalwesen zuständige Stelle muß Vorkehrungen für eine solche regelmäßige Überprüfung, deren Ergebnis auch in Form eines Negativtestats festgehalten werden kann, treffen.

Die Zuverlässigkeitsprüfung kann bei Begründung des Dienst- und Arbeitsverhältnisses beispielsweise durch Heranziehung des Lebenslaufes, der Zeugnisse und/oder Referenzen erfolgen. Während des Dienst- und Arbeitsverhältnisses läßt sich die Zuverlässigkeit der Mitarbeiter einerseits laufend durch die Beurteilung des Vorgesetzten, andererseits durch Arbeitszeugnisse und sonstige Kontrollinstrumente überprüfen. Die Ergebnisse der Zuverlässigkeitsprüfung sind zu dokumentieren und müssen sowohl für die Innenrevision, als auch für den Geldwäschebeauftragten, den Prüfer des Jahresabschlusses und den mit einer Prüfung nach § 44 Abs. 1 KWG beauftragten Prüfer ungehindert verfügbar sein.

IX. Interne Prüfung

44. Die Innenrevision eines jeden Finanzdienstleistungsinstituts bzw. – im Falle einer Auslagerung dieser Funktion – die mit der Durchführung der Innenrevision beauftragte externe Stelle hat die Einhaltung aller Pflichten aus dem Geldwäschegesetz sowie von § 154 Abs. 2 AO zu überprüfen, deren Adressat das Finanzdienstleistungsinstitut ist.

Hierüber sind mindestens einmal im Jahr schriftliche Berichte zu erstellen und der Geschäftsleitung sowie dem Geldwäschebeauftragten des Instituts vorzulegen.

Die Berichte müssen u. a. Ausführungen über das betriebsinterne Verdachtsmeldesystem (Ziffer 26 ff. dieser Verlautbarung) enthalten und detailliert über Art, Zahl und örtliches Vorkommen von Verdachtsanzeigen, die gem. § 11 GwG gegenüber den zuständigen Strafverfolgungsbehörden erstattet worden sind, sowie über den Abbruch von Geschäftsbeziehungen gemäß Ziffer 32 dieser Verlautbarung informieren. Zu schildern ist außerdem auch, in welcher Art und Weise die Beschäftigten über die Verhinderung der Geldwäsche informiert worden sind und welche Schulungsmaßnahmen stattgefunden haben.

Anh. III.2

In den Berichten ist insbesondere auch zu beurteilen, ob die zur Bekämpfung der Geldwäsche im Finanzdienstleistungsinstitut getroffenen Sicherungsmaßnahmen zweckmäßig und ausreichend sind und der Geldwäschebeauftragte den ihm zugewiesenen Aufgaben nachgekommen ist.

Diese Beurteilung hat sich auf eine den gesamten Pflichtenkatalog des Geldwäschegesetzes umfassende Prüfung zu stützen, die sich nach dem Ermessen des Innenrevisors auf eine Prüfung einer Stichprobe beschränken kann. Die verwendeten Stichproben müssen in einem angemessenen Verhältnis zur Gesamtzahl derjenigen Geschäftsvorfälle stehen, die der jeweils geprüften Pflicht aus dem Geldwäschegesetz unterliegen und die gem. § 9 GwG aufgezeichnet worden sind. Das Verhältnis des Stichprobenumfangs zur Grundgesamtheit der geprüften Geschäftsvorfälle ist im Prüfungsbericht (ggf. näherungsweise) anzugeben.

In Anlehnung an § 9 Abs. 3 GwG sind die Berichte sechs Jahre aufzubewahren. Die Geschäftsleitung eines Finanzdienstleistungsinstituts hat die Funktionsfähigkeit und Wirksamkeit ihrer Innenrevision auch für diesen Bereich sicherzustellen.

X. Besondere Vorschriften für das Finanztransfer- und das Sortengeschäft gem. § 1 Abs. 1a Satz 2 Ziffer 6 bzw. 7 KWG

45. Nach nationalen wie internationalen Erkenntnissen müssen sowohl das Finanztransfer- als auch das Sortengeschäft als besonders geldwäscheanfällig angesehen werden. Im Gegensatz zu den übrigen Finanzdienstleistungen, bei denen Bartransaktionen nur eine untergeordnete Rolle spielen, handelt es sich hier um Bereiche, in denen typischerweise Bartransaktionen stattfinden. Hinzu kommt, daß diese Geschäftsbereiche in hohem Maße geprägt sind durch Gelegenheitskunden, über die das einzelne Institut keine näheren Kenntnisse besitzt.

Kredit- und Finanzdienstleistungsinstitute, die das Finanztransfergeschäft bzw. das Sortengeschäft betreiben, sollten daher bereits ab einem Transaktionsbetrag von 2.500,- € den auftretenden Kunden nach Maßgabe des § 1 Abs. 5 GwG bzw. des § 7 GwG identifizieren und die Feststellungen gemäß § 9 GwG aufzeichnen. In diesem Zusammenhang sollte auch die Frage nach dem wirtschaftlich Berechtigten gestellt und diese Angaben dokumentiert werden.

Dies gilt nicht, sofern der Transferauftrag oder der Sortenverkauf/-ankauf über ein beim Institut geführtes Konto des Kunden abgewickelt wird.

Die Verpflichtung zur Kundenidentifizierung nach § 154 Abs. 2 AO bleibt hiervon unberührt. Kunden, die in einer laufenden Geschäftsbeziehung mit dem Institut stehen, deren Stand buch- und rechnungsmäßig festgehalten wird, sind daher nach Maßgabe der Ziffer 7 ff. bei Anknüpfung der Geschäftsbeziehung zu identifizieren.

46. Im Bereich des Finanztransfer- und des Sortengeschäfts kommt dem sog. Smurfing (s. o. Ziffer 18) unter Geldwäscheaspekten besondere Bedeutung zu. Bei der Durchführung des Finanztransfergeschäfts sind dabei etwa Fälle denk-

Anh. III.2

bar, bei denen von verschiedenen Einzahlern Gelder an dieselbe Empfängeradresse übermittelt werden.

Da Fälle des Smurfing in der Regel nur schwer zu erkennen sind, sollen die Institute, sofern die Geschäftsstruktur es gebietet, spezielle Kontrollsysteme entwickeln, die es aus ihrer Sicht ermöglichen, die künstliche Aufsplittung eines einheitlichen Betrages sichtbar zu machen. Die Ergebnisse der Smurfing-Kontrolle sind zu dokumentieren.

47. In Fällen, in denen sich derartige Anhaltspunkte ergeben, soll das Institut ebenfalls prüfen, ob die Voraussetzungen für die Erstattung einer Verdachtsanzeige gemäß § 11 GwG gegeben sind bzw. die Geschäftsbeziehung gemäß Ziffer 32 dieser Verlautbarung einer längerfristigen Überwachung zu unterwerfen ist.

Anhang III.3

Bundesaufsichtsamt für das Kreditwesen
Rundschreiben 12/99
vom 23. Juli 1999

an alle Finanzdienstleistungsinstitute der Gruppen I bis IV
in der Bundesrepublik Deutschland

Umsetzung des Geldwäschegesetzes – GwG

(Z 5 – B 599)

Seit dem 1. Januar 1998 werden Finanzdienstleistungsinstitute vom Bundesaufsichtsamt für das Kreditwesen auch nach den Vorschriften des GwG beaufsichtigt.

1. Obgleich die Verpflichtung zur Erstattung von Geldwäscheverdachtsanzeigen nach § 11 Abs. 1 GwG Finanzdienstleistungs- und Kreditinstitute gleichermaßen trifft und auch alle Finanzdienstleistungen im Sinne des § 1 Abs. 1a Nrn. 1 bis 7 KWG nach dem vorhandenen Erfahrungswissen strukturell für das Waschen von illegalen Geldern geeignet sind, wurden im vergangenen Jahr weniger als 1 % der erstatteten Verdachtsanzeigen von den von mir beaufsichtigten Finanzdienstleistungsinstituten eingereicht.

2. Die erstatteten Verdachtsanzeigen erfüllten im übrigen häufig nicht die formellen Anforderungen, die nach meiner Verwaltungspraxis, wie sie in den Ziffern 28 bis 31 meiner Verlautbarung über die Maßnahmen der Finanzdienstleistungsinstitute zur Bekämpfung und Verhinderung der Geldwäsche niedergelegt ist, zu stellen sind.

Für das Vorliegen eines meldepflichtigen Verdachts ist es ausreichend, daß objektiv erkennbare Anhaltspunkte dafür sprechen, daß durch eine Transaktion illegale Gelder dem Zugriff der Strafverfolgungsbehörden entzogen oder die Herkunft illegaler Vermögenswerte verdeckt werden sollen und ein krimineller Hintergrund im Sinne des § 261 StGB nicht ausgeschlossen werden kann. Konkrete Kenntnisse des Finanzdienstleistungsinstituts über eine Vortat nach § 261 StGB, also ein „doppelter Anfangsverdacht" im strafprozessualen Sinne, sind nicht erforderlich.

Die Verdachtsanzeige gemäß § 11 Abs. 1 GwG beruht auf der Erfüllung einer gewerberechtlichen Pflicht. Im Gegensatz zur Strafanzeige gemäß § 158 StPO unterliegt sie einem bestimmten Formzwang und hat inhaltliche Mindestangaben aufzuweisen. Das bedeutet, daß nicht nur eine einzelne auffällige Transaktion zu melden ist, sondern die häufig erst verdachtsbegründenden wirtschaftlichen oder persönlichen Hintergründe, wie sie dem Institut aus der Geschäftsbeziehung bekannt sind, mitgeteilt werden müssen.

Neben dem Namen, der Anschrift, der Fax- und Telefonnummer des anzeigeerstattenden Finanzdienstleistungsinstituts sollte den Ermittlungsbehörden auch

Anh. III.3

ein konkreter Ansprechpartner im Finanzdienstleistungsinstitut, in der Regel der Geldwäschebeauftragte, benannt werden.

Jede Verdachtsanzeige muß die Mitteilung enthalten, ob die verdächtige Finanztransaktion bereits ausgeführt, noch nicht durchgeführt oder abgelehnt wurde. Eine Pflicht zur Anzeige nach § 11 GwG besteht auch dann, wenn eine Transaktion, die nach Einschätzung des Finanzdienstleistungsinstituts im Falle ihrer Durchführung einen Verdacht auf eine Geldwäsche begründen würde, abgelehnt und nicht durchgeführt wurde. Darüber hinaus soll aus der Verdachtsanzeige klar hervorgehen, ob es sich um eine Erstanzeige oder um eine Wiederholung im Sinne des § 11 Abs. 2 GwG bzw. die Ergänzung einer bereits früher erstatteten Anzeige handelt. Im letzteren Fall sollte ausgeführt werden, wann, in welcher Form und bei welcher Strafverfolgungsbehörde die Erstanzeige erfolgte.

Bei den Angaben über die beteiligten Personen sollte zwischen Kunden, Nichtkunden (auftretenden Personen), wirtschaftlich Berechtigten und sonstigen Beteiligten differenziert werden. Name (Firma), Vorname des Kunden sowie dessen Anschrift, Geburtsdatum, Ausweisnummer, Art des Ausweises, ausstellende Behörde sowie, falls bekannt, Geburtsname, Geburtsort und Nationalität des Kunden und alle beim Finanzdienstleistungsinstitut geführten Konten, sofern sie mit der Verdachtsanzeige im Zusammenhang stehen, sollen immer angegeben werden; bei Nichtkunden und sonstigen Beteiligten immer dann, wenn diese Daten dem Finanzdienstleistungsinstitut bekannt sind.

Bezüglich der verdächtigen Finanztransaktion soll die Anzeige Angaben zu Art, Betrag, Datum, gegebenenfalls der Filiale, der die Finanztransaktion angetragen wurde, und Begünstigtem enthalten. Darüber hinaus sind die konkreten Tatsachen, die aus der Sicht des Finanzdienstleistungsinstituts auf Geldwäsche schließen lassen, anzugeben. Soweit auf eine bestimmte Entwicklung der Geschäftsbeziehung Bezug genommen wird, ist diese in geeigneter Weise, etwa durch Verweis auf beigefügte Unterlagen, schlüssig darzustellen.

Lösen mehrere einzelne Transaktionen für sich allein oder die Gesamtbetrachtung mehrerer – unter Umständen bereits durchgeführter – Transaktionen den Verdacht einer Geldwäsche im Sinne des § 261 StGB beim Finanzdienstleistungsinstitut aus, so sind die geforderten Angaben für jede einzelne dieser Transaktionen zu machen, sofern im konkreten Fall nichts anderes mit der zuständigen Behörde im Sinne des § 11 GwG vereinbart worden ist.

Um einerseits den Finanzdienstleistungsinstituten die Erstellung korrekter Verdachtsanzeigen zu erleichtern und andererseits sicherzustellen, daß die Strafverfolgungsbehörden die für die weitere Bearbeitung der Anzeigen erforderlichen Informationen erhalten, ist in der Anlage ein Muster für eine Verdachtsanzeige beigefügt, das zukünftig Verwendung finden sollte.

3. Die Finanzdienstleistungsinstitute sollen sich unabhängig von einem konkreten Verdachtsfall bei dem jeweiligen Landeskriminalamt, in dessen Zuständigkeitsbereich sie ihren Sitz haben, nach den zuständigen Stellen für Finanzermittlungen erkundigen, an die sie gegebenenfalls ihre Verdachtsanzeige zu richten ha-

Anh. III.3

ben, damit sie ihren Anzeigepflichten aus § 11 GwG vollständig nachkommen können.

4. Dem Bundesaufsichtsamt für das Kreditwesen ist jeweils eine <u>Kopie der bei den Strafverfolgungsbehörden erstatteten Verdachtsanzeigen</u> unverzüglich vom Finanzdienstleistungsinstitut zu übermitteln.

Abschließend weise ich darauf hin, daß die formelle und materielle Einhaltung der Vorschrift des § 11 Abs. 1 GwG zur Ordnungsmäßigkeit der Geschäftsführung bei Finanzdienstleistungsinstituten gehört und Gegenstand meiner laufenden Aufsicht ist.

Anhang III.4

**Bundesaufsichtsamt für das Kreditwesen
Vermerk
vom 6. März 1998**

§ 1 Abs. 1a Satz 2 Nr. 6 KWG
Finanztransfergeschäft
Definitionen und Fallgruppen

(Z 5 C 650/660)

Der Gesetzgeber definiert das Finanztransfergeschäft als „Besorgung von Zahlungsaufträgen" und damit im Ergebnis sehr weit.

Die Definition entspricht der Konzeption der Vorschrift als **Auffangtatbestand** zum Einlagen- bzw. Girogeschäft, die beide erlaubnispflichtige Bankgeschäfte darstellen (§ 1 Abs. 1 Satz 2 Nr. 1 bzw. Nr. 9 KWG).

– Vom Begriff des Finanztransfergeschäfts umfaßt ist zunächst die Entgegennahme von Bargeld zum Zwecke der Weiterleitung an den vom Kunden/Auftraggeber benannten Empfänger. Dabei ist es unerheblich, ob der Dienstleister den rein physischen Transport des Bargeldes übernimmt oder anderweitig dafür sorgt, daß der Empfänger über den Betrag verfügen kann.

– Ein Betreiben des Finanztransfergeschäfts liegt auch dann vor, wenn der zu transferierende Betrag unbar zum Dienstleister gelangt, d. h. auf von ihm bei Kreditinstituten unterhaltenden Konten mit Buchgeld eingeht und über diese Konten eine Weiterleitung an den Empfänger erfolgt. In diesem Fall bedient sich der Dienstleister eigener Kontoverbindungen bei einem Kreditinstitut.

Die Frage, ob der Dienstleister mit Bargeld in Berührung kommt oder lediglich unbare Transaktionen durchführt, ist für die Qualifikation als Finanztransfergeschäft irrelevant. Sofern reine Buchungsaktionen durchgeführt werden, stellt sich die Frage nach der Abgrenzung des Finanztransfergeschäftes vom Girogeschäft nach § 1 Abs. 1 Satz 2 Nr. 9 KWG als erlaubnispflichtigem Bankgeschäft.

Die Durchführung des bargeldlosen Zahlungsverkehrs und des Abrechnungsverkehrs (Girogeschäft) umfaßt nach der Verwaltungspraxis des Bundesaufsichtsamtes lediglich die aufgrund von Geschäftsbesorgungsverträgen banküblichen Dienstleistungen, durch die Buchgeld mittels Gut- oder Lastschriften verrechnet, der Verkehr mit den Abrechnungsstellen nach Art. 38 Abs. 2 und 3 Wechselgesetz und Art. 31 Scheckgesetz in Verbindung mit der Verordnung vom 10. November 1953 abgewickelt wird sowie in anderer Weise gegenseitige Verbindlichkeiten ohne Barzahlung ausgeglichen werden.[1]

---

1) Regierungsbegründung zum Gesetz zur Umsetzung von EG-Richtlinien zur Harmonisierung bank- und wertpapieraufsichtsrechtlicher Vorschriften, BR-Drucksache 936/96, Seite 66.

Anh. III.4

Ist die Besorgung von Zahlungsaufträgen hingegen eigenständiger Geschäftszweck eines Unternehmens, so wird das Finanztransfergeschäft betrieben. Wird der Transfer ganz oder teilweise über Konten des Finanzdienstleisters abgewickelt, so betreibt das kontoführende Institut selbst nur das Girogeschäft. Beauftragt der Auftraggeber der Zahlung sein kontoführendes Institut mit der Ausführung eines Überweisungsauftrages zugunsten des Kontos des Dienstleisters, so beschränkt sich die Verpflichtung der kontoführenden Bank auf die korrekte Ausführung dieses Auftrags. Eine vertragliche Verpflichtung zur korrekten **Weiter**leitung der Beträge an den Empfänger besteht nur zwischen dem Auftraggeber der Zahlung und dem Dienstleister, der seinerseits das Finanztransfergeschäft betreibt. Die ggf. weiteren eingeschalteten Kreditinstitute sind insoweit lediglich Erfüllungsgehilfen des Dienstleisters.

Damit sind vom Begriff des Finanztransfergeschäfts im Sinne des § 1 Abs. 1a Satz 2 Ziffer 6 KWG folgende Tätigkeiten im Zusammenhang mit der Durchführung von Zahlungsaufträgen erfaßt:

1. Die Entgegennahme von Bargeld, dessen physischer Transport, ggf. auch in anderen Stückelungen und Währungen, und Übergabe an den Empfänger in bar.

2. Die Entgegennahme von Bar- und Buchgeld und die (in der Regel taggleiche) Auszahlung der entsprechenden Summe an den Empfänger in bar unter Nutzung des Kommunikationsnetzes des Dienstleisters.

3. Die Entgegennahme von Bar- oder Buchgeld des Auftraggebers durch den Dienstleister und anschließender Transfer über Konten des Dienstleisters auf ein bei einem Kreditinstitut geführten Konto des Empfängers.

Der Auszahlung in bar an den Empfänger steht die Aushändigung von Schecks etc. gleich.

Eine Erlaubnispflicht besteht auch dann, wenn nur **Teilakte** der Dienstleistung im Geltungsbereich des KWG durchgeführt werden. Dies ist etwa dann der Fall, wenn die Funktion als Sende- bzw. Empfängerstelle wahrgenommen wird. Für die Qualifikation als Finanztransferdienstleister genügt es daher, wenn Zahlungen per Fax, Modem oder Telefon an eine weitere Stelle avisiert werden. Ebenfalls ausreichend ist das Vorhalten Überweisungsträgern für die Nutzung von Girokonten des Dienstleisters bzw. Hilfestellung beim Ausfüllen des Überweisungsträgers.

Weiter genügen alle Tätigkeiten im Zusammenhang mit der Vergabe einer Transaktionsnummer oder eines Codewortes, die die Zuordnung des Betrages zu einem bestimmten Absender/Empfänger ermöglichen.

Das betreffende Unternehmen ist dann als unselbständige Zweigstelle zu qualifizieren und als solche gemäß §§ 32, 53 KWG erlaubnispflichtig.

Zu 1.:

Unter diese Gruppe fallen u. a. eine Reihe filigraner Schattenbanksysteme ethnischer Minderheiten, die über Kuriersysteme Bargeld außer Landes verbringen und den Empfängern aushändigen.

Anh. III.4

Von der Tätigkeit von Werttransportunternehmen, die keiner Erlaubnis bedarf, unterscheiden sich diese Finanztransferdienstleister darin, daß erstere die reine Transportleistung schulden, nicht aber die Besorgung von Zahlungsaufträgen.

Zu 2:

Nach diesem System funktionieren die Money Transmitter mit eigenem Transfernetz wie Western Union, MoneyGram oder VIGO.

Auftraggeber und Empfänger können auch identische Personen sein.

In der Bundesrepublik tätige Agenturen dieser Money Transmitter sind als Zweigstellen dieser Unternehmen demnach gehalten, eine Anzeige nach § 64 e KWG abzugeben.

Von dieser Fallgruppe wird auch der Geldtransfer über Sammelkonten ausländischer Kreditinstitute unter Einschaltung von Repräsentanzen erfaßt, soweit nicht Fallgruppe 3 einschlägig ist.

Zu 3:

Bei dieser Fallgruppe werden die Gelder auf Konten des Dienstleisters gepoolt und dann gesammelt an eine zentrale Empfängerstelle weitertransferiert, die die Verteilung der Gelder übernimmt.

Fallgruppe 2 unterscheidet sich von Fallgruppe 3 insofern, als der Zahlungsempfänger im ersten Fall sofort über den Gegenwert verfügen kann, bei Fallgruppe 3 hingegen erst ein Transfer über Girokonten erfolgt.

Für den Auftraggeber macht ein Transfer über Kontoverbindungen des Dienstleisters etwa dann Sinn, wenn die reguläre (Einzel-)Auslandsüberweisung zu teuer ist.

Anh. III.5

Anhang III.5

Bundesaufsichtsamt für das Kreditwesen
Rundschreiben 19/98
vom 2. November 1998

an alle Kredit- und Finanzdienstleistungsinstitute
in der Bundesrepublik Deutschland

Geldwäsche-Typologienpapier
Stand: 1. Oktober 1998

(Z 5 – B 214)

I. Bedeutung des Typologienpapiers
II. Allgemeine Problem-Indikatoren
III. Spezielle Problem-Indikatoren
  1. Kontoeröffnung/Aufnahme der Geschäftsbeziehung
  2. Kontoführung im allgemeinen
  3. Zahlungsverkehr einschließlich elektronischer Zahlungsverkehr
  4. Kreditgeschäft
  5. Scheckverkehr
  6. Akkreditivgeschäft
  7. Bartransaktionen
  8. Sortengeschäft
  9. Finanztransfergeschäft
  10. Wertpapierhandel
  11. Edelmetallhandel
  12. Anlageberatung und Vermögensverwaltung

I. Bedeutung des Typologienpapiers

Für Kredit- und Finanzdienstleistungsinstitute wird es im Zeitalter zunehmender Arbeitsteilung, Anonymisierung und Automatisierung in der Abwicklung der Geschäfte immer schwieriger, auf geldwäscherelevante Sachverhalte in ihren Instituten aufmerksam zu werden und sich aufgrund dessen – wie dies von der EU-Geldwäscherichtlinie und dem Geldwäschegesetz verlangt wird – gegen Geldwäschehandlungen zu schützen.

Die nachfolgend geschilderten Anhaltspunkte für mögliche Geldwäscheaktivitäten, die aufgrund der vom Bundesaufsichtsamt für das Kreditwesen festgestellten verdachtsrelevanten Konstellationen und insbesondere auf der Grundlage nationaler und internationaler Typologienpapiere vom Bundesaufsichtsamt für das Kreditwesen erarbeitet wurden, soll den Kredit- und Finanzdienstleistungsinstituten bei der

Anh. III.5

Sensibilisierung ihrer Mitarbeiter vor allem im Bereich geschäftsspezifischer Schulungen (§ 14 Abs. 2 Nr. 4 GwG) und auch bei der Erstellung von (EDV-gestützten) Systemen zur Sichtbarmachung geldwäscherelevanter Sachverhalte (vgl. Ziffer 34 d der Verlautbarung über „Maßnahmen der Kreditinstitute zur Bekämpfung und Verhinderung der Geldwäsche" vom 30. März 1998 bzw. Ziffer 35 d der Verlautbarung über „Maßnahmen der Finanzdienstleistungsinstitute zur Bekämpfung und Verhinderung der Geldwäsche" vom 30. Dezember 1997) behilflich sein. Sie sind keinesfalls abschließend und bedürfen überdies einer fortlaufenden Anpassung an veränderte Methoden und Techniken der Geldwäsche.

Dieses Typologienpapier, das lediglich ein Hilfsmittel im Rahmen des bankinternen Sicherungssystems gegen Geldwäsche darstellt, enthebt die Institute nicht von ihrer Verpflichtung, im jeweiligen Einzelfall weitergehende Überlegungen anzustellen. Sachverhalte, die lediglich anhand dieser Typologien als auffällig erkannt werden, bedürfen anhand im Institut vorhandener und anderweitig verfügbarer Informationen einer weiteren Überprüfung auf ihre Geldwäscherelevanz. Erklärungen der Kunden über die Hintergründe solcher auffälligen bzw. verdächtigen Transaktionen sind auf deren Schlüssigkeit zu überprüfen. Nicht jede Erklärung, die in diesem Zusammenhang vom Kunden hinsichtlich des Hintergrunds der Transaktion abgegeben wird und z. B. mit Motiven der Steueroptimierung begründet wird, darf ohne genaue Prüfung akzeptiert werden.

II. Allgemeine Problem-Indikatoren

Als allgemeine Problem-Indikatoren, die Anlaß zu besonderer Aufmerksamkeit geben, weil sie auf eine Geldwäsche hindeuten können, sind dabei gemäß Ziffer 24 der Verlautbarungen über „Maßnahmen der Kreditinstitute zur Bekämpfung und Verhinderung der Geldwäsche" vom 30. März 1998 sowie über „Maßnahmen der Finanzdienstleistungsinstitute zur Bekämpfung und Verhinderung der Geldwäsche" vom 30. Dezember 1997 insbesondere die folgenden Transaktionen anzusehen:

– Transaktionen, die keinen wirtschaftlichen Hintergrund erkennen lassen und deren Umstände undurchsichtig sind; letzteres betrifft insbesondere die Identität der an der Transaktion beteiligten Personen und den Zweck der Transaktion;
– Transaktionen, bei denen die Art und Höhe bzw. die Herkunft der Vermögenswerte bzw. der Empfänger der Transaktion im übrigen nicht zu den dem Institut bekannten Lebensumständen bzw. zu der Geschäftstätigkeit des Auftraggebers passen;
– die Transaktion über Umwege abgewickelt werden soll bzw. Wege (Einschaltung von Drittinstituten) gewählt werden, die kostenintensiv sind und wirtschaftlich sinnlos erscheinen.

III. Spezielle Problem-Indikatoren

Bezogen auf die jeweiligen Geschäftsarten lassen sich insbesondere die folgenden speziellen Problem-Indikatoren feststellen:

Anh. III.5

1. Kontoeröffnung/Aufnahme einer Geschäftsbeziehung

- Die eingebrachten oder in Aussicht gestellten Vermögenswerte sind mit den finanziellen Verhältnissen des Kunden nicht vereinbar.
- Zweifel an den Angaben des Kunden bzgl. der wirtschaftlichen Berechtigung an den Vermögenswerten
- Kunde verweigert (weitergehende) Auskünfte zur Herkunft der Mittel.
- Der berufliche und/oder wirtschaftliche Hintergrund des Kunden oder eines neuen Eigentümers/Anteilseigners stimmt mit der Art der Geschäftstätigkeit oder den jeweiligen Aktivitäten nicht überein.
- Ankündigung aus dem Rahmen fallender Geschäfte, die ggf. vom eigentlichen Geschäftszweck ablenken sollen.
- Nicht plausible Wahl der betreffenden Filiale für die Kontoeröffnung/den Abschluß der Geschäfte durch den Kunden; kein Zusammenhang mit Wohnort, Arbeitsort, Sitz des Kunden bzw. der Verfügungsberechtigten über ein Konto.
- Gewählte Kontoart steht in keinem Zusammenhang mit den vom Institut beanspruchten Dienstleistungen.
- Wirtschaftlich nicht nachvollziehbare Entscheidungen des Kunden, insbesondere kein Interesse des Kunden an günstigeren Kontoführungsgebühren und Abwicklungsmodalitäten.
- Benennung einer anderen Person als Verfügungsberechtigter, die nicht in erklärbarer Beziehung zum Kunden steht.
- Eröffnung einer Vielzahl gleichartiger Konten bei demselben Institut ohne ersichtlichen Grund, insbesondere Verlangen der Einrichtung mehrerer Konten mit unterschiedlichen Stammnummern ohne plausiblen Grund.
- Angaben des Kunden, die für das Institut nur schwer oder kostenintensiv zu verifizieren oder nicht plausibel sind.
- Allgemein widersprüchliche Angaben bezüglich der Tätigkeit, Wohnort, Firmensitz etc.
- Verwendung von Ausweisdokumenten zweifelhaften Ursprungs zur Identifikation.
- Kunde ist bereits durch ein früheres Verdachtsanzeige- bzw. Ermittlungsverfahren auffällig geworden oder es bestehen – u. a. aufgrund von Hinweisen der Ermittlungsbehörden oder einschlägigen Presseveröffentlichungen – anderweitige Anhaltspunkte für einen deliktischen Hintergrund.

2. Kontoführung im allgemeinen

- Über das Konto werden Umsätze getätigt, die zu den bekannten geschäftlichen Aktivitäten/finanziellen Verhältnissen des Kunden im Widerspruch stehen, insbesondere:
  - die Anzahl der Umsätze ist mit den bekannten geschäftlichen Aktivitäten/finanziellen Verhältnissen unvereinbar,
  - die Höhe der Transaktionsbeträge steht mit den bekannten geschäftlichen Aktivitäten/finanziellen Verhältnissen nicht im Einklang,

Anh. III.5

- die Art der Nutzung des Kontos stimmt mit den bekannten geschäftlichen Aktivitäten/finanziellen Verhältnissen des Kunden nicht überein,
- der durchschnittliche monatliche Habenumsatz auf einem Gehaltskonto beträgt ein Vielfaches des Gehaltseingangs.

- Nutzung des Kontos, die mit der gewählten Kontoart nicht im Einklang steht, insbesondere auffällig hohe Anzahl von Umsätzen, die für ein derartiges Konto unüblich ist (beispielsweise: auffällig viele Umsätze auf einem Sparkonto oder auf einem Konto eines Minderjährigen).
- Nutzung des Kontos als Durchlaufkonto, insbesondere wenn das Konto keine geschäftsbezogenen Aktivitäten zeigt, sondern hauptsächlich für kurzzeitige Einlagen benutzt wird, die dann anschließend gleich weiter auf Drittkonten transferiert werden.
- Sprunghafte Umsatzsteigerungen ohne ersichtlichen Grund.
- Plötzliche rege Benutzung eines bisher (nahezu) inaktiven Kontos.
- Nutzung eines Kontos hauptsächlich für Barein- und -auszahlungen, obgleich die (angeblichen) Geschäftsaktivitäten des Kontoinhabers in der Regel unbar abgewickelt werden.
- Intensive Nutzung eines Kontos für Auslandszahlungen in geschäftsunüblicher Weise (z. B. keine Nutzung von Akkreditiven im Auslandszahlungsverkehr, obwohl dies in dem betreffenden Geschäftsbereich üblich ist).
- Keine Nutzung von anderen Bank- bzw. Finanzdienstleistungen, die gewinnbringender wären, z. B. von Anlagen mit hohen Zinsgewinnen.
- Auffällige Vermeidung von persönlichen Kontakten zum Institut, z. B. besonders intensive Nutzung von Telekommunikationsmitteln oder Selbstbedienungseinrichtungen, die unüblich ist.
- Große Anzahl von Personen, die auf ein Konto unbar bzw. bar einzahlen, wobei diese Gelder ins Ausland überweisen werden und eine Erlaubnis des BAKred zum Betreiben des Finanztransfergeschäfts oder der Drittstaateneinlagenvermittlung nicht vorhanden ist (sog. institutionalisiertes Sammelkonto).
- Große Anzahl von Personen, die auf ein privates Konto oder Geschäftskonto unbar bzw. bar vorwiegend aus dem Ausland einzahlen und diese Beträge an Dritte weitergeleitet werden, wobei das genutzte Konto für diesen Zweck nicht eröffnet worden ist (verdecktes Sammelkonto)
- Nicht standesübliche Verwendung eines Rechtsanwaltssammelanderkontos für einzelne Mandanten bzw. zur Verwaltung größerer Beträge für einzelne Mandanten über einen längeren Zeitraum.

3. Zahlungsverkehr einschließlich elektronischer Zahlungsverkehr

- Überweisungseingänge, die zu den bekannten wirtschaftlichen Verhältnissen des Kunden nicht passen.
- Zahlungsverkehr über das Kundenkonto im erkennbaren Interesse Dritter.
- Generell häufige Überweisungen ins bzw. aus dem Ausland ohne erkennbaren Grund (z. B. ohne daß dies durch die Geschäftstätigkeit des Kontoinhabers begründet ist).

Anh. III.5

- Hohe bzw. wiederholte Überweisungseingänge bzw. -ausgänge von einem Auftraggeber bzw. an einen Empfänger, der außerhalb des Wirtschaftsbereiches des Kunden tätig ist, ohne ersichtlichen Grund.
- Wiederholte Überweisung großer Geldbeträge in oder aus dem Ausland mit der Anweisung zur Barauszahlung.
- Größere bzw. wiederholte Überweisungen in oder aus „Problemländern" (Rauschgiftproduktionsländer, Geldwäschezentren).
- Häufige Zahlungseingänge von vielen verschiedenen Personen ohne plausible Begründung (Geschäftstätigkeit etc.).
- Häufige Verschiebung von Beträgen zwischen verschiedenen Konten derselben Person bei demselben kontoführenden Institut ohne ersichtlichen Grund.
- Größere bzw. wiederholte Überweisungen auf bzw. von Nummernkonten im Ausland.
- Überweisungen ohne ersichtlichen wirtschaftlichen Hintergrund mit anschließendem Retransfer.
- Nicht nachvollziehbarer Transaktionszweck.
- Verwendungszweck, der mit den geschäftlichen bzw. finanziellen Aktivitäten des Kunden nicht im Einklang steht.
- Begehren von Kunden, daß gewisse Zahlungen nicht über ihre Konten, sondern über Nostro-Konten der Bank bzw. CpD-Konten gebucht werden.
- Begehren von Kunden, daß ihr Name als Auftraggeber insbesondere im Rahmen von elektronischen Überweisungen nicht genannt wird, ohne nachvollziehbaren Grund.
- Häufig eingehende Überweisungen (aus dem Ausland), bei denen der Auftraggeber nicht namentlich genannt ist.
- Auslandszahlungsverkehr durch Nichtkunden durch Bareinzahlung/-auszahlung.

4. Kreditgeschäft

- Unangekündigte, vorfristige Kreditrückführung.
- Rückführung des Kredits durch Bargeld.
- Im Verhältnis zum Kreditbetrag ungewöhnlich kurze Amortisationsdauer.
- Unplausibler oder unüberprüfbarer Kreditzweck.
- Stellung von Sicherheiten durch unbekannte Dritte, für die (da der Dritte in keiner erkennbar engen Beziehung zum Kunden steht) kein plausibler Grund ersichtlich ist.
- Unplausible oder zweifelhafte Herkunft der Sicherheiten, insbesondere Verpfändung eines Bankguthabens bei einem Institut in einem Offshore-Staat als Sicherheit für einen Kredit.
- Wunsch des Kunden, Kredite durch Hinterlegung von Bargeld zu erhalten.
- Wunsch des Kunden, daß die Bank einen Kredit an eine dritte Person vergibt, die in keiner plausiblen Beziehung zum Kunden steht, und der durch ihn abgesichert wird.

Anh. III.5

5. Scheckverkehr

– Häufige hohe Vermögensabdispositionen mittels Schecks, die sich mit der Geschäftstätigkeit des Kunden nicht vereinbaren lassen.
– Häufige Einreichung von Schecks, welche mit der Geschäftstätigkeit des Kunden nicht im Einklang stehen.
– Kauf von bestätigten LZB-Schecks in großem Umfang ohne ersichtlichen Grund, insbesondere Wunsch des Kunden, diese Schecks ohne Einschaltung seines Kontos zu erwerben.

6. Akkreditivgeschäft

– (Häufige) Verwendung von Akkreditiven zur Finanzierung von Geschäften, die mit der Geschäftstätigkeit bzw. der üblicherweise importierten Ware des Importeurs nicht im Zusammenhang stehen.
– Das dem Akkreditiv zugrundeliegende Geschäft ist vom Umfang und der Art der gelieferten Ware/Dienstleistung her ungewöhnlich, insbesondere steht die zugrundeliegende Ware/Dienstleistung in keinem Zusammenhang mit dem Exportland.
– Der Umsatz aus dem dem Akkreditiv zugrundeliegenden Geschäft steht in keinem Verhältnis zu dem bei der Bonitätsprüfung festgestellten Umsatz.
– Verwendung eines Dokumentarinkassos für Importe aus Ländern, deren politische und wirtschaftliche Verhältnisse eine sicherere Form der Zahlungsabwicklung zulassen würden.

7. Bartransaktionen

– Barumsätze, die nicht in das wirtschaftliche Umfeld des Kunden passen.
– Regelmäßig wiederkehrende Bareinzahlungen – zum Teil mehrmals täglich – auf ein Konto durch den Verfügungsberechtigten oder Dritte in nicht unbeträchtlicher Gesamthöhe, insbesondere, wenn die Einzeleinzahlungen unterhalb der Identifizierungsschwelle liegen, ohne daß sich aus der Geschäftstätigkeit des Kunden ein plausibler Grund hierfür finden ließe.
– Ungewöhnlich hohe Bargeldtransaktionen in erkennbarem Drittinteresse (z. B. Einzahlung von hohen Bargeldsummen durch Gelegenheitskunden auf Drittkonten ohne plausiblen Grund).
– Ungewöhnlich hohe Bareinzahlungen durch Personen/Unternehmen, deren (angebliche) Geschäftsaktivitäten in der Regel unbar abgewickelt werden.
– Beträchtliche Zuwächse an Bareinzahlungen von Einzelpersonen oder Gesellschaften, insbesondere, wenn die entsprechenden Beträge innerhalb eines kurzen Zeitraums wieder abverfügt werden (insbesondere durch Auslandsüberweisungen, Kauf von Reiseschecks und begebbare Inhaberwertpapiere).
– Bareinzahlungen einer großen Anzahl verschiedener Personen auf ein einzelnes Konto bzw. mehrmalige Bareinzahlungen einer Person auf ein einzelnes Konto in verschiedenen Filialen bzw. an verschiedenen Schaltern, insbesondere wenn die Einzahlungen knapp unterhalb des Identifikationslimits liegen.

Anh. III.5

- Auffällige Barabhebungen in erheblicher Höhe von einem (häufig zuvor ruhenden/inaktiven) Konto, auf das eine unerwartet hohe Gutschrift aus dem Ausland eingegangen ist.
- Eintauschen großer Mengen von Banknoten niedrigen Nennwertes gegen solche höheren Nennwertes.
- Einschalten von Personen, die erkennbar oder vermutlich in fremdem Auftrag handeln. Indiz: Kunde wird bei Geschäft von einem anwesenden Dritten überwacht.
- Auffällige Geldtransporte unbekannter Einzahler, z. B. Großbeträge in kleinen Scheinen, in ungewöhnlichen Transportbehältnissen etc. bzw. auffälliges Verhalten der Einzahler.
- Bareinzahlungen wiederholt knapp unterhalb der Identifizierungsschwelle.
- Beträchtliche Nachttresoreinzahlungen, die mit der Geschäftstätigkeit des Kunden nicht vereinbar sind.
- Regelmäßig wiederkehrende Bareinzahlungen mittels Bareinzahlungsautomaten unterhalb der Identifizierungsschwelle oder Bareinzahlungen in beträchtlicher Höhe mittels Bareinzahlungsautomaten, die mit den finanziellen Verhältnissen des Kunden unvereinbar sind.
- Ungewöhnlich hohe Barauszahlungen an Geldautomaten durch die Nutzung von Kreditkarten.

8. Sortengeschäft

- Häufige Transaktionen (Austausch von Banknoten oder Münzen, An- und Verkauf von Reiseschecks) unterhalb der Identifikationsschwelle ohne plausiblen Grund.
- Auffällige Stückelung der einzuwechselnden Beträge, beispielsweise auffällig viele Banknoten mit kleinem Nennwert, Wechseln ungezählter Sorten, gleichzeitiges Wechseln verschiedener Währungen.
- Wechseln einer Fremdwährung in eine andere Fremdwährung, die in Deutschland wenig verbreitet ist, ohne ersichtlichen Grund.
- Einschalten von Kurieren, d. h. von Personen, die erkennbar oder vermutlich in fremdem Auftrag handeln. Indiz: Kunde wird bei Geschäft von einem anwesenden Dritten überwacht.
- Sortengeschäfte in einer Höhe, die außer Verhältnis zur wirtschaftlichen und beruflichen Situation des Kunden stehen.
- Ungewöhnliche Transaktionen, zu deren Hintergrund der Kunde keine Erklärung abgeben kann oder will.
- Sortengeschäfte (Austausch von Banknoten oder Münzen, An- und Verkauf von Reiseschecks) in wesentlichem Umfang, bei denen der Kunde keine Einschaltung seines Kontos wünscht.
- An- und Verkauf von Reiseschecks in ungewöhnlichem Umfang ohne ersichtlichen Grund.
- Auffälliges Verhalten des Kunden, insbesondere kein Interesse an den Wechselkursen oder Gebühren, obwohl es sich um höhere Beträge handelt.

Anh. III.5

9. Finanztransfergeschäft

- Häufige Zahlungsaufträge unterhalb der Identifikationsschwelle.
- Wiederholte Finanztransfers an denselben Empfänger.
- Finanztransfers in hohen Beträgen oder mehrfache Transfers ohne ersichtlichen Grund in sog. „Problemländer" (insbesondere Länder, die als Drogenproduktionsländer oder Geldwäschezentren bekannt sind).
- Finanztransfers, bei denen die Ermittlung der Empfängerdaten nicht oder nur schwer möglich ist.
- Einschalten von Kurieren, d. h. von Personen, die erkennbar oder vermutlich in fremdem Auftrag handeln. Indiz: Kunde wird bei Geschäft von einem anwesenden Dritten überwacht.
- Finanztransfers in einer Höhe, die außer Verhältnis zur wirtschaftlichen und beruflichen Situation des Kunden stehen.
- Ungewöhnliche Transaktionen, zu deren Hintergrund der Kunde keine Erklärung abgeben kann oder will.
- Finanztransfers in wesentlichem Umfang, bezüglich derer der Kunde keine Einschaltung seines Kontos wünscht.
- Auffälliges Kundenverhalten, insbesondere kein Interesse an den Gebühren, obwohl es sich um höhere Beträge handelt oder es im Hinblick auf den konkreten Finanztransfer kostengünstigere Übermittlungsmethoden gäbe.

10. Wertpapierhandel

- Wertpapiertransaktionen, die zum Vermögen des Kunden bzw. dessen Geschäftstätigkeit außer Verhältnis stehen.
- Häufiger Kauf von Wertpapieren gegen Barzahlung ohne Einschaltung des Kundenkontos.
- Wertpapiertransaktionen mit dem Wunsch der physischen Auslieferung ins Ausland.
- Physischer Bezug der Wertpapiere ohne ersichtlichen Grund.
- Verkauf von Wertpapieren, deren Herkunft angesichts der finanziellen Verhältnisse des Kunden, dessen Geschäftstätigkeit etc. nicht erklärbar ist.
- Veräußerung von Wertpapieren zu einem unter Renditegesichtspunkten ungünstigen Zeitpunkt ohne ersichtlichen Grund.

11. Edelmetallhandel

- Kauf oder Verkauf von größeren Mengen Edelmetallen durch Kunden mit dem Wunsch, keine Konten zu erkennen.
- Kauf bzw. Verkauf von größeren Mengen Edelmetallen durch Gelegenheitskunden.
- Physischer Kauf von Edelmetallen in großem Maße ohne plausiblen Grund für die Weiterverwendung.
- Im Vergleich zur angegebenen Geschäftstätigkeit übermäßiger Umsatz in Edelmetallen.

12. Anlageberatung und Vermögensverwaltung

- Auffälliges Verhalten des Kunden, insbesondere
  - widersprüchliche Angaben bezüglich der Geschäftstätigkeit, der persönlichen Verhältnisse etc.
  - kein großes Interesse an der Rendite der Anlagen.
- Regelmäßiger großer Zuwachs des Vermögens ohne plausible Erklärung.
- Plötzlicher Abzug großer Vermögensteile ohne erklärbaren Grund.
- Fristigkeit der angelegten Gelder widerspricht der Angabe der Herkunft (Flucht- oder Steuerhinterziehungsgelder).
- Benutzung der Konten, die für Anlagezwecke bestimmt sind, für den Zahlungsverkehr, insbesondere Abzug der Gelder von dem Konto bereits wieder nach kurzer Zeit, was sich nicht mit den Anlagezwecken deckt, ohne ersichtlichen Grund.

Anhang IV.1

**Bundesaufsichtsamt für das Versicherungswesen
Anordnungen und Verwaltungsgrundsätze
Verlautbarung zum Geldwäschegesetz
vom 8. November 1993
Rundschreiben R 1/93**

an die der Aufsicht des Bundesaufsichtsamtes
unterstehenden Lebensversicherungsunternehmen
betreffend
„Hinweise zur Anwendung des Gesetzes über
das Aufspüren von Gewinnen aus schweren Straftaten"

(Z 6 – 14/93)

Am 29. Oktober 1993 ist das Gesetz über das Aufspüren von Gewinnen aus schweren Straftaten (Geldwäschegesetz – GwG) im Bundesgesetzblatt veröffentlicht worden (BGBl. I S. 1770), es tritt einen Monat nach der Verkündung in Kraft. Das Gesetz transformiert die EG-Richtlinie des Rates vom 10. Juni 1991 zur Verhinderung der Nutzung des Finanzsystems zu Zwecken der Geldwäsche (91/308/EWG); es trägt zudem den „40 Empfehlungen" Rechnung, die aufgrund einer Initiative der Regierungschefs der G7-Staaten von einer internationalen Arbeitsgruppe, der „Financial Action Task Force on Money Laundering (FATF)", zur Verhinderung und Aufdeckung von Geldwäschetransaktionen erarbeitet wurden. Das Bundesaufsichtsamt gibt zwecks Umsetzung des Geldwäschegesetzes durch Lebens-Versicherungsunternehmen folgende Hinweise und Empfehlungen:

1.1 Für Lebensversicherer besteht nach § 4 Abs. 1 GwG bei Abschluß eines Versicherungsvertrages die Verpflichtung, den Vertragspartner zu identifizieren, wenn

 – die Höhe der im Laufe des Jahres zu zahlenden periodischen Prämie 2.000,– DM übersteigt,
 – bei Zahlung einer einmaligen Prämie diese mehr als 5.000,– DM beträgt,
 – mehr als 5.000,– DM in ein Beitragsdepot gezahlt werden.

Dies gilt auch, wenn bei einem nach dem Inkrafttreten des Geldwäschegesetzes geschlossenen Vertrag der Betrag der im Laufe des Jahres zu zahlenden periodischen Prämie auf 2.000,– DM oder mehr angehoben wird.

1.2 Gemäß § 8 Abs. 1 GwG hat der zur Identifizierung Verpflichtete sich vor Vertragsabschluß zu erkundigen, ob sein Vertragspartner für eigene oder fremde Rechnung handelt. Erklärt der Vertragspartner, daß er für fremde Rechnung tätig wird, so ist neben der Identität des Vertragspartners nach dessen Angaben auch Name und Anschrift desjenigen festzustellen, für dessen Rechnung der Vertrag abgeschlossen werden soll. Handelt der zu Identifizierende für eine

Anh. IV.1

nichtrechtsfähige Vereinigung, so ist nach § 8 Abs. 1 Satz 3 GwG deren Name und der Name und die Anschrift von einem ihrer Mitglieder festzustellen.

1.3 Kommt der Vertrag über einen Versicherungsvertreter zustande oder wird er über einen Versicherungsvertreter abgewickelt, so kann die Identifizierung auch durch den Versicherungsvertreter erfolgen.

Der Versicherer hat in diesen Fällen durch Vereinbarungen mit dem Vertreter sicherzustellen, daß die Identifizierung vorgenommen wird. Die Einhaltung der Vereinbarung ist zu überprüfen.

Ist beim Abschluß oder der Abwicklung des Vertrages ein Makler eingeschaltet, so hat der Versicherer zu überprüfen, ob der Makler die Identität des zu Identifizierenden festgestellt hat. Ist dies nicht der Fall, so hat der Versicherer die Identifizierung nachzuholen.

1.4 Die Pflicht zur Identifizierung gilt gemäß § 4 Abs. 4 GwG als erfüllt, wenn der Versicherer bei Vertragsschluß feststellt, daß die Prämienzahlung über ein Konto des Versicherungsnehmers abzuwickeln ist. Diese Voraussetzung ist erfüllt, wenn der Versicherungsnehmer gleichzeitig mit der Stellung des Antrags dem Versicherer eine eigene Bankverbindung benennt oder eine Einzugsermächtigung zu einem eigenen Bankkonto erteilt. Handelt es sich hierbei um ein Konto bei einem Finanzinstitut, das nicht in einem Mitgliedstaat der Europäischen Gemeinschaft ansässig ist, sollte stets eine nachträgliche Identifizierung des Versicherungsnehmers vorgenommen werden.

Stellt ein Versicherungsunternehmen nach Vertragsabschluß fest, daß ein Prämieneinzug per Lastschrift von dem im Antrag angegebenen Konto nicht möglich ist, so empfiehlt das Bundesaufsichtsamt, eine Identifizierung des Versicherungsnehmers vorzunehmen.

Wenn die Prämienzahlung bei einem Sammelversicherungsvertrag über das Konto eines Arbeitgebers erfolgen soll, gelten für dieses Konto die Sätze 1 bis 3 entsprechend.

1.5 Eine Pflicht zur Identifizierung besteht nicht bei Versicherungsverträgen, die zur betrieblichen Altersversorgung aufgrund eines Arbeitsvertrages oder der beruflichen Tätigkeit des Versicherten abgeschlossen worden sind, sofern weder bei einer vorzeitigen Beendigung ein Rückkaufswert fällig wird noch diese Versicherungen als Sicherheit für ein Darlehen dienen können.

1.6 Von einer Identifizierung kann ferner abgesehen werden, wenn der Versicherungsnehmer dem zur Identifizierung Verpflichteten persönlich bekannt ist und wenn er bei früherer Gelegenheit identifiziert worden ist.

1.7 Außer der Identifizierung bei Abschluß von Versicherungsverträgen nach § 4 Abs. 1 GwG haben die Versicherungsunternehmen auch die allgemeine Identifizierungspflicht gemäß § 2 GwG zu beachten. Hiernach besteht eine Identifizierungspflicht bei der Annahme oder Abgabe von Bargeld (z. B. Auszahlung einer Versicherungssumme) im Wert von 20.000,– DM oder mehr. Dies gilt auch, wenn mehrere Bargeldannahmen oder -abgaben durchgeführt werden, die zusammen einen Betrag von 20.000,– DM oder mehr ausmachen, sofern tat-

Anh. IV.1

sächliche Anhaltspunkte dafür vorliegen, daß zwischen ihnen eine Verbindung besteht. Auf eine Identifizierung des Versicherungsnehmers nach § 2 GwG kann verzichtet werden, wenn dieser bereits nach § 4 Abs. 1 oder 3 GwG identifiziert wurde.

2.1 Die voranstehenden Ziff. 1.1 bis 1.7 gelten auch für Direktversicherer. Soweit eine Identifizierung des Versicherungsnehmers nicht gemäß Ziff. 1.4 erfolgt, kann die Identifizierung dadurch ersetzt werden, daß dem Kunden das Vertragsangebot bzw. die Vertragsannahme per Einschreiben mit Rückschein – eigenhändig – übersandt und eine Fotokopie des Personalausweises von dem Versicherungsnehmer angefordert wird.

2.2 Bei Mitversicherungsverträgen sind die sich aus dem Geldwäschegesetz ergebenden Identifizierungs- und Aufbewahrungspflichten von dem führenden Unternehmen zu erfüllen.

3.1 Zur Identifizierung ist der Name des Versicherungsnehmers aufgrund eines Personalausweises oder Reisepasses, sein Geburtsdatum und seine Anschrift sowie Art, Nummer und ausstellende Behörde des amtlichen Ausweises festzustellen (§ 1 Abs. 5 GwG). Soweit nach Ziff. 1.6 von einer Identifizierung abgesehen werden kann, ist von dem zur Identifizierung Verpflichteten der Name des Versicherungsnehmers sowie der Umstand aufzuzeichnen, daß er dem zur Identifizierung Verpflichteten persönlich bekannt und früher identifiziert worden ist.

3.2 Die bei der Identifizierung und die gemäß Ziff. 1.2 getroffenen Feststellungen sind aufzuzeichnen. Die Aufzeichnung soll, soweit möglich, durch Kopie der zur Feststellung der Identität vorgelegten Dokumente erfolgen. Es ist gemäß § 9 Abs. 2 GwG sicherzustellen, daß die gespeicherten Daten

1. mit den festgestellten Angaben übereinstimmen,
2. während der Dauer der Aufbewahrungsfrist jederzeit verfügbar sind und unverzüglich lesbar gemacht werden können.

Die aufbewahrten Daten sind derart zu ordnen, daß auf die den Identifizierten betreffenden Unterlagen unverzüglich zurückgegriffen werden kann.

3.3 Die Aufzeichnungen sind sechs Jahre aufzubewahren. Die Aufbewahrungspflicht beginnt mit dem Schluß des Kalenderjahres, in dem die Geschäftsbeziehung mit dem Vertragspartner endet.

4.1 Nach § 11 Abs. 1 GwG hat ein Unternehmen bei Feststellung von Tatsachen, die darauf schließen lassen, daß eine Finanztransaktion einer Geldwäsche nach § 261 StGB dient oder im Falle ihrer Durchführung dienen würde, diese unverzüglich mündlich, fernmündlich, fernschriftlich oder durch elektronische Datenübermittlung den zuständigen Strafverfolgungsbehörden anzuzeigen; eine mündlich oder fernmündlich erstattete Anzeige ist schriftlich zu wiederholen. Eine Anzeigepflicht besteht bereits, wenn dem Versicherer der Abschluß eines Vertrages angetragen wird und Verdachtsmomente im Sinne des § 261 StGB bestehen. Bei ungewöhnlichen Geschäftsvorgängen sollten die Versicherer äußerste Vorsicht walten lassen. Bei Zweifeln an der Ordnungsmäßigkeit einer Finanz-

Anh. IV.1

transaktion, der Person des Vertragspartners sowie des Begünstigten und der Herkunft der Vermögenswerte sollten die Unternehmen derartige Geschäfte unterlassen.

Eine angetragene Finanztransaktion darf frühestens durchgeführt werden, wenn dem Versicherer die Zustimmung der Staatsanwaltschaft übermittelt ist oder wenn der zweite Werktag nach dem Abgangstag der Anzeige verstrichen ist, ohne daß die Durchführung der Transaktion strafprozessual untersagt worden ist.

Ist ein Aufschub der Finanztransaktion nicht möglich, so darf diese durchgeführt werden; die Anzeige ist unverzüglich nachzuholen. Von der Anzeige oder einem eingeleiteten Ermittlungsverfahren darf der Versicherer den Versicherungsnehmer, den Begünstigten oder den Vermittler nicht in Kenntnis setzen.

Eine Kopie der von dem Unternehmen den Strafverfolgungsbehörden erstatteten Anzeige ist dem Bundesaufsichtsamt unverzüglich zu übersenden.

4.2 Bei Verdachtsfällen hat das Versicherungsunternehmen nach § 6 GwG eine Identifizierung des Versicherungsnehmers auch dann vorzunehmen, wenn die in Ziff. 1.1 und 1.7 genannten Beträge unterschritten werden. Die Aufbewahrungsfrist beginnt in diesen Fällen mit dem Schluß des Kalenderjahres, in dem die jeweilige Angabe festgestellt worden ist.

Wann ein derartiger Verdachtsfall gegeben ist, hängt von den Umständen des Einzelfalles ab. Die häufigsten Formen der Geldwäsche, mit denen Versicherungsunternehmen konfrontiert werden können, sind Anträge auf Abschluß von Versicherungen gegen Einmalprämie sowie die Errichtung von Beitragsdepots. Die möglichen Erscheinungsformen der Geldwäsche sind jedoch unbegrenzt und nur vom Einfallsreichtum derjenigen Personen abhängig, die versuchen, unrechtmäßig erworbene Gelder in den legalen Wirtschaftskreislauf einzuschleusen. Nachfolgend können daher nur Beispiele möglicher verdächtiger Transaktionen aufgeführt werden:

– Der Antrag eines Versicherungsnehmers auf Abschluß eines oder mehrerer Versicherungsverträge gegen Einmalprämie, wobei die Herkunft des Geldes zweifelhaft oder die Höhe des Betrages offensichtlich nicht der wirtschaftlichen oder sozialen Stellung des Antragstellers entspricht.

– Die Ablösung eines Vertrages mit niedriger laufender Prämienzahlungspflicht durch einen Vertrag mit hoher Einmalprämie ohne Rücksicht auf damit verbundene steuerrechtliche Nachteile.

– Der Versicherungsnehmer zeigt sich bei Abschluß nicht am Umfang des Versicherungsschutzes und der Rentabilität seiner Anlage interessiert, sondern erkundigt sich in erster Linie nach der Möglichkeit einer Kündigung vor Vertragsablauf bzw. nach der Höhe des Rückkaufswertes.

– Der Antrag eines Versicherungsnehmers auf Errichtung eines Beitragsdepots bei niedrigem Lebensalter der versicherten Person.

– Ein im Inland ansässiger Versicherungsnehmer bietet die Zahlung einer Einmalprämie in Devisen an.

Anh. IV.1

Die Feststellung eines derartigen Sachverhalts sollte zu weiteren Nachforschungen und im Zweifel zur Identifizierung der betroffenen Person Anlaß geben.

Darüber hinaus können sich auch aus einer unerwarteten Änderung des Verhaltens von Mitarbeitern oder Vermittlern Anhaltspunkte für Geldwäscheaktivitäten ergeben. Beispiele hierfür sind eine unerwartete Leistungssteigerung bei der Vermittlung von Verträgen, eine plötzliche Erhöhung des Anteils eines Vermittlers an Einmalprämiengeschäft oder die plötzliche Änderung des Lebenswandels eines Mitarbeiters (anspruchsvoller Lebensstil, Urlaubsverzicht).

5. Lebensversicherer haben nach § 14 Abs. 1 Nr. 2 GWG Vorkehrungen dagegen zu treffen, daß sie zur Geldwäsche mißbraucht werden. Zur Anwendung des § 14 Abs. 2 GwG sind von den Versicherern folgende Hinweise zu beachten:

5.1 Jedes Unternehmen hat eine „leitende Person" zu bestimmen, die Ansprechpartner für die Strafverfolgungsbehörden bei der Verfolgung von Geldwäschestraftaten nach § 261 StGB ist. Für den Fall der Verhinderung ist der „leitenden Person" ein Stellvertreter zuzuordnen.

Die „leitende Person" ist für sämtliche Angelegenheiten zur Durchführung des Geldwäschegesetzes innerhalb des Unternehmens zu bestellen. Die „leitende Person" und ihr Stellvertreter müssen die zur Erfüllung ihrer Funktion erforderliche Sachkunde besitzen. Sie müssen berechtigt sein, für das Unternehmen die zur Durchführung des Geldwäschegesetzes notwendigen Erklärungen abzugeben und in allen Angelegenheiten im Zusammenhang mit der Verhinderung der Geldwäsche unternehmensinterne Weisungen zu erteilen.

Als „leitende Person" kommen Vorstandsmitglieder oder Mitarbeiter mit Prokura in Betracht. Die Aufgaben der „leitenden Person" sollen nicht den für die Innenrevision des Unternehmens zuständigen Mitarbeitern übertragen werden. Die Bestellung der „leitenden Person" sowie deren Stellvertreter sind dem Bundesaufsichtsamt anzuzeigen.

5.2 Von den Versicherern sind interne Grundsätze, Verfahren und Kontrollen zur Verhinderung der Geldwäsche zu entwickeln. Des weiteren sind Mitarbeiter, die befugt sind, bare und unbare Finanztransaktionen durchzuführen, regelmäßig über die Methoden der Geldwäsche zu unterrichten. In internen Anweisungen, die schriftlich niedergelegt sein müssen, sind diese Beschäftigten der Unternehmen über Inhalt und Ziele des Geldwäschegesetzes sowie das Erkennen etwaiger Verdachtsfälle zu informieren. Die entsprechenden Anweisungen sind dem Bundesaufsichtsamt bis spätestens 31. Dezember 1993, sämtliche nachträgliche Änderungen unverzüglich zu übersenden.

Soweit Unternehmen über eine Innenrevision verfügen, sollte diese bis zum 31. Dezember 1994 die Einhaltung der sich aus dem Geldwäschegesetz ergebenden Pflichten zweimal überprüfen. Ab dem 1. Januar 1995 sollte mindestens eine jährliche Überprüfung vorgenommen werden. Die Revisionsberichte sind schriftlich zu erstellen und dem Gesamtvorstand vorzulegen. Die Berichte haben insbesondere Ausführungen über die Art und Weise der zur Verhinderung der Geldwäsche getroffenen Maßnahmen sowie die Feststellung zu enthalten, ob die Vorkehrungen ausreichend sind. In Anlehnung an § 9 Abs. 3 GwG sollten die Revisionsberichte sechs Jahre aufbewahrt werden.

5.3 Versicherungsunternehmen haben sicherzustellen, daß die Beschäftigten, die zur Durchführung barer und unbarer Finanztransaktionen befugt sind, die erforderliche Zuverlässigkeit besitzen. Der Begriff der Zuverlässigkeit bestimmt sich nach dem Schutzzweck des Geldwäschegesetzes. Das Zuverlässigkeitserfordernis verlangt daher insbesondere, daß die betreffenden Beschäftigten die Gewähr dafür bieten, daß sie ihre Tätigkeit unter dem Blickwinkel der Verhinderung der Geldwäsche jederzeit ordnungsgemäß ausüben, d. h. die vom Unternehmen eingeführten Grundsätze, Verfahren und Kontrollen zur Verhinderung der Geldwäsche sorgfältig beachten, Verdachtsfälle anzeigen und sich selbst nicht an zweifelhaften Transaktionen aktiv oder passiv beteiligen.

Neben den Mitarbeitern des Innendienstes kommt der Zuverlässigkeit des Außendienstes eine besondere Bedeutung zu. Dies gilt insbesondere, wenn dem Außendienst die Identifizierung des Versicherungsnehmers übertragen wird. Die Mitarbeiter des Außendienstes sollen durch besondere Außendienst-Informationen über die Probleme der Geldwäsche regelmäßig unterrichtet werden. Die Außendienst-Informationen sowie deren nachträgliche Änderung und Ergänzungen sind dem Bundesaufsichtsamt zu übersenden.

6. Die den Unternehmen durch das Geldwäschegesetz auferlegten Pflichten gelten nach § 15 GwG auch für Niederlassungen dieser Unternehmen im Ausland sowie für abhängige Unternehmen im Ausland, die mit dem inländischen Versicherungsunternehmen unter einheitlicher Leitung im Sinne des § 18 AktG zusammengefaßt sind. Soweit die Einhaltung der nach dem Geldwäschegesetz obliegenden Verpflichtungen nach dem Recht des anderen Staates nicht zulässig ist, ist das Bundesaufsichtsamt hiervon innerhalb von sechs Monaten nach dem Inkrafttreten des Gesetzes zu unterrichten. Wird in einem derartigen Staat nach dem Inkrafttreten des Geldwäschegesetzes eine Niederlassung eröffnet oder wird nach diesem Zeitpunkt ein ausländisches abhängiges Unternehmen unter einheitlicher Leitung zusammengefaßt, so ist das Bundesaufsichtsamt hiervon innerhalb von drei Monaten nach der Eröffnung oder der Zusammenfassung unter der einheitlichen Leitung zu unterrichten.

7. Das Bundesaufsichtsamt für das Versicherungswesen wird die Einhaltung der voranstehenden Hinweise auch im Rahmen von örtlichen Prüfungen überprüfen.

8. Ich bitte, mir den Empfang des Rundschreibens unter Angabe der Registernummer ihres Unternehmens und des Eingangsdatums binnen zwei Wochen zu bestätigen.

Erläuterungen

Zu den einzelnen Bestimmungen des Rundschreibens werden folgende Erläuterungen gegeben:

Anh. IV.1

Zu 1.1

Schließt der Versicherungsnehmer eines ablaufenden Versicherungsvertrages mit demselben Versicherer einen neuen Lebensversicherungsvertrag, bei dem die Prämienzahlung aus der fälligen Versicherungsleistung des Vorvertrages erfolgen soll (Anschlußversicherung), so ist eine nochmalige Identifizierung des Versicherungsnehmers nicht erforderlich.

Für den Fall des Abschlusses einer Anschlußversicherung durch einen Bezugsberechtigten ist stets eine Identifizierung nach den Bestimmungen des Geldwäschegesetzes durch den Versicherer vorzunehmen.

Zu 1.3

Bei Personenidentität von Versicherungsnehmer und Vermittler findet § 4 Abs. 3 GwG keine Anwendung; in derartigen Fällen ist stets eine Identifizierung des Versicherungsnehmers durch das Versicherungsunternehmen nach § 4 Abs. 1 bzw. Abs. 4 GwG vorzunehmen.

Zu 1.4

Eine nachträgliche Identifizierung des Versicherungsnehmers wird vom Bundesaufsichtsamt insbesondere empfohlen, wenn sich herausstellt, daß die angegebene Bankverbindung nicht besteht und anstelle des Prämieneinzugs per Lastschrift die Zahlung bar oder durch Zahlungsanweisung erfolgt. Dies gilt auch, wenn die erste Prämie auf Verlangen des Versicherungsnehmers nicht von dem bei Vertragsschluß benannten Konto des Versicherungsnehmers, sondern von dem Konto eines Dritten abgebucht werden soll.

Zu 3.1

Es wird darauf hingewiesen, daß eine Identifizierung nach dem Wortlaut des § 1 Abs. 5 GwG nur anhand eines Personalausweises oder Reisepasses zu erfolgen hat. Sämtliche anderen Dokumente (insbesondere Führerschein sowie Dienst- und Unternehmensausweise) kommen zur Feststellung der erforderlichen Angaben nicht in Betracht.

Zu 4.1

Die Zuständigkeit der Strafverfolgungsbehörden für die Entgegennahme von Verdachtsanzeigen ist in den einzelnen Bundesländern unterschiedlich geregelt; die Anzeigen sind entweder dem Landeskriminalamt, einer besonderen Staatsanwaltschaft für Wirtschaftsstrafsachen oder der örtlichen Staatsanwaltschaft zu erstatten. Es gehört zu den Aufgaben der „leitenden Person" eines Unternehmens, die zuständige Strafverfolgungsbehörde bereits vor Feststellung erster Verdachtsfälle zu ermitteln.

Zu 4.2

Bei den genannten Beispielen handelt es sich um theoretische Fallgestaltungen, die den Verdacht des Vorliegens der Geldwäsche begründen können. Konkrete Fälle, in denen der Verdacht auf Geldwäschetransaktionen im Bereich der Versicherungswirtschaft besteht, sind dem Bundesaufsichtsamt bislang nicht bekanntgeworden.

Anh. IV.2

Anhang IV.2

Bundesaufsichtsamt für das Versicherungswesen
Anordnungen und Verwaltungsgrundsätze
Verlautbarung zum Geldwäschegesetz
vom Dezember 1994

Allgemeine Fragen der Versicherungsaufsicht

(VerBAV 1994, 408)

Am 29. November 1993 ist das Gesetz über das Aufspüren von Gewinnen aus schweren Straftaten (Geldwäschegesetz) in Kraft getreten. Das BAV hat zur Anwendung und Erläuterung des Gesetzes für den Bereich der Lebensversicherungsunternehmen das Rundschreiben R 1/93 herausgegeben. In der Zwischenzeit haben sich neue Fragen und Probleme bei der Anwendung des Geldwäschegesetzes ergeben. Teilweise ist es auch zu unterschiedlichen Interpretationen des Gesetzes durch die Lebensversicherungsunternehmen gekommen. Das BAV gibt erneut Hinweise und Erläuterungen zur Anwendung des Geldwäschegesetzes durch die Lebensversicherer.

1. Risikoversicherung

Das Geldwäschegesetz findet bei allen Arten von Lebensversicherungsverträgen Anwendung, da das Gesetz keine Ausnahmeregelungen für bestimmte Arten von Verträgen enthält. Daher ist z. B. auch bei Risiko-Lebensversicherungsverträgen eine Identifizierung des Versicherungsnehmers erforderlich (§ 4 Abs. 1 GwG) und der wirtschaftlich Berechtigte festzustellen.

2. Betriebliche Altersversorgung

Auch für Verträge, die im Rahmen der betrieblichen Altersversorgung abgeschlossen werden, gilt gemäß § 4 Abs. 1 GwG die Pflicht zur Identifizierung des Vertragspartners. Zwar enthält § 4 Abs. 2 GwG eine besondere Regelung für die betriebliche Altersversorgung. Diese Vorschrift, die auf eine entsprechende Bestimmung in der EG-Richtlinie 91/308/EWG (ABl. Nr. L 166/81 vom 28. 6. 1991) zurückgeht, hat für den deutschen Versicherungsmarkt jedoch keine praktische Bedeutung, da im Rahmen der betrieblichen Altersversorgung in Deutschland regelmäßig kapitalbildende Lebensversicherungen abgeschlossen werden, bei denen es einen Rückkaufswert gibt bzw. eine Beleihung möglich ist.

Zu identifizieren sind bei derartigen Verträgen die natürlichen Personen, die für den Vertragspartner (Unternehmen) tätig werden. Deren Ausweisdaten sind festzustellen und aufzubewahren.

Anh. IV.2

Allerdings kann auch bei Verträgen, die im Rahmen der betrieblichen Altersversorgung abgeschlossen werden, § 4 Abs. 4 GwG von Bedeutung sein. Danach gilt die Pflicht zur Identifizierung als erfüllt, wenn der Versicherer bei Vertragsabschluß feststellt, daß die Prämienzahlung über ein Konto des Versicherungsnehmers erfolgen soll und das Konto bei einem Kreditinstitut mit Sitz in einem EU-Staat unterhalten wird. Diese Konstellation ist einmal dann gegeben, wenn der Versicherungsnehmer dem Versicherer eine Lastschriftermächtigung erteilt. Weiterhin sind die Voraussetzungen des § 4 Abs. 4 GwG als erfüllt anzusehen, wenn Versicherungsnehmer und Versicherer vereinbaren, daß die Prämienzahlung „per Scheck" (bezogen auf ein Kreditinstitut mit Sitz in einem Mitgliedstaat der EU) erfolgen soll. Vereinbaren beide Vertragsparteien dagegen, daß die Prämienzahlung „per Überweisung" erfolgen soll, so ist zu unterscheiden: Benennt der Versicherungsnehmer kein konkretes Konto, von dem die Überweisung vorgenommen werden soll, so ist eine Identifizierung des Versicherungsnehmers erforderlich. Die Voraussetzungen des § 4 Abs. 4 GwG sind in diesem Falle nicht gegeben, weil diese Vorschrift voraussetzt, daß ein konkretes Konto des Versicherungsnehmers angegeben wird, über das die Prämienzahlung erfolgen soll.

Benennt der Versicherungsnehmer dagegen ein konkretes Konto, von dem die Prämie überwiesen werden soll, so empfiehlt das Bundesaufsichtsamt, daß der Versicherer überprüft, ob die Überweisung tatsächlich von dem angegebenen Konto erfolgt. Nur durch eine derartige Überprüfung kann sichergestellt werden, daß ein Versicherungsnehmer kein nicht existierendes Konto angibt, um sich der Identifizierungspflicht zu entziehen.

Ist der Versicherer aus banktechnischen Gründen nicht in der Lage festzustellen, ob die Überweisung von dem vom Versicherungsnehmer angegebenen Konto erfolgt ist, so empfiehlt das BAV, daß er sich bei Vertragsschluß vom Versicherungsnehmer die schriftliche Ermächtigung geben läßt, bei der Bank des Versicherungsnehmers nachzufragen, ob die Überweisung tatsächlich über das angegebene Konto vorgenommen worden ist. Auch auf diese Weise kann ein Umgehen der Identifizierungspflicht ausgeschlossen werden.

3. Arbeitgeber-Wechsel

Hat der (bisherige) Arbeitgeber für seine Mitarbeiter eine betriebliche Altersversorgung abgeschlossen und wechselt eine der versicherten Personen zu einem anderen Arbeitgeber, wobei die Versicherungsnehmereigenschaft vom ursprünglichen auf den neuen Arbeitgeber übertragen wird, so ist eine Identifizierung des neuen Arbeitgebers erforderlich, weil mit dem Arbeitgeber die Person des Versicherungsnehmers wechselt.

4. Weitere Verträge

Hat ein Versicherungsnehmer bei einem Versicherer bereits einen Vertrag oder mehrere Verträge abgeschlossen und schließt er nunmehr weitere Verträge ab, so kann auf eine Identifizierung nach § 4 Abs. 1 GwG nur dann verzichtet werden, wenn er nach Inkrafttreten des Geldwäschegesetzes bei Abschluß eines früheren

Vertrages bereits identifiziert worden ist. In allen anderen Fällen hat bei Abschluß des neuen Vertrages eine Identifizierung zu erfolgen.

5. Identifizierung bei Verträgen mit Minderjährigen

Besitzt ein Minderjähriger keinen Personalausweis bzw. Reisepaß, so ist statt seiner Person eine Identifikation des gesetzlichen Vertreters, also regelmäßig der Eltern, zumindest eines Elternteils bzw. der Person vorzunehmen, welche die elterliche Sorge allein ausübt.

Im Rahmen dieser Identifizierungspflicht sieht das BAV die Voraussetzungen des § 4 Abs. 4 GwG in analoger Anwendung als erfüllt an, wenn der gesetzliche Vertreter für das minderjährige Kind handelt und die Prämienzahlung über ein im Antrag angegebenes Konto eines Elternteils (gesetzlichen Vertreters) erfolgt. In allen anderen Fällen (z. B. es wird im Antrag kein Konto eines Elternteils, sondern das eines Dritten – Großeltern, Onkel, Tante usw. – angegeben) muß eine Identifizierung des gesetzlichen Vertreters nach § 4 Abs. 1 GwG vorgenommen werden.

6. Anschlußversicherung

Bereits in den Erläuterungen zum Rundschreiben R 1/93 (vgl. Ziff. 1.1) hat das BAV darauf hingewiesen, daß der Abschluß einer sog. Anschlußversicherung stets als ein Neuabschluß zu bewerten ist, der eine Identifizierungspflicht gemäß § 4 Abs. 1 GwG begründet. Dies gilt auch dann, wenn nach Ablauf einer Firmen-Direktversicherung eine Anschlußversicherung abgeschlossen wird. Allerdings kommt auch in diesen Fällen eine Anwendung des § 4 Abs. 4 GwG in Betracht.

Eine Pflicht zur Identifizierung besteht ausnahmsweise dann nicht, wenn die Zahlung des Einlösungsbeitrags für die Anschlußversicherung durch eine bloße unternehmensinterne Umbuchung beim gleichen Versicherer erfolgt.

7. Eigenes Konto

Nach § 4 Abs. 4 GwG gilt die Identifizierungspflicht als erfüllt, wenn der Versicherer bei Vertragsabschluß feststellt, daß die Prämienzahlung über ein Konto des Versicherungsnehmers erfolgen soll. Hierbei muß es sich um ein eigenes Konto des Versicherungsnehmers handeln. Diese Voraussetzung ist nicht gegeben, wenn die Prämienzahlung über ein fremdes Konto erfolgen soll, über das der Versicherungsnehmer jedoch verfügungsbefugt ist. Entscheidend ist, wer Inhaber des Kontos ist. Ist dies nicht der Versicherungsnehmer, so ist für eine Anwendung des § 4 Abs. 4 GwG kein Raum und eine Identifizierung erforderlich.

8. Frage nach dem wirtschaftlich Berechtigten

Der wirtschaftlich Berechtigte gemäß § 8 Abs. 1 GwG muß nur dann erfragt werden, wenn eine Identifizierung des Vertragspartners gemäß § 4 Abs. 1 GwG erforderlich ist, d. h. wenn die in dieser Vorschrift genannten Schwellenwerte überschritten sind. Werden diese Schwellenwerte nicht erreicht, so braucht auch der wirtschaftlich Berechtigte nicht festgestellt zu werden, da § 8 Abs. 1 GwG seinem Wortlaut nach eine Identifizierungspflicht gemäß § 4 Abs. 1 GwG voraussetzt. Andererseits ist der wirtschaftlich Berechtigte auch dann festzustellen, wenn die Identifizierung des Kunden gemäß § 4 Abs. 4 GwG als erfüllt gilt.

Besteht eine Identifizierungspflicht gemäß § 4 Abs. 1 GwG, so kann die Feststellung des wirtschaftlich Berechtigten dann unterbleiben, wenn offen erkennbar ist, daß der Versicherungsnehmer nicht auf eigene Rechnung handelt (z. B. Vereinbarung eines unwiderruflichen Bezugsrechts, Abtretung der Leistung aus einem Lebensversicherungsvertrag an eine Bank zwecks Kreditabsicherung).

9. Verdachtsfälle

Bereits im Rundschreiben R 1/93 ist darauf hingewiesen worden, daß die Frage, wann ein Verdachtsfall i. S. v. § 11 GwG vorliegt, nicht generell beantwortet werden kann. Dies gilt um so mehr, als die Auffassungen der Ermittlungsbehörden zu diesem Problem durchaus unterschiedlich zu sein scheinen. So wird teilweise die Auffassung vertreten, daß ein Verdachtsfall schon dann vorliege, wenn ein VN beim Abschluß einer Lebensversicherung eine Einzugsermächtigung erteilt hat, sich beim Versuch des Prämieneinzugs durch den Versicherer aber herausstellt, daß das angegebene Konto nicht besteht bzw. der VN darüber nicht verfügungsbefugt ist. Nach Auffassung des BAV wird ein Verdachtsfall jedenfalls dann zu bejahen sein, wenn ein VN, nachdem ein Prämieneinzug per Lastschrift nicht möglich war und er vom Versicherer auf diesen Umstand hingewiesen worden ist, ein anderes Konto für das Lastschriftverfahren benennt und sich anschließend herausstellt, daß auch von diesem Konto ein Prämieneinzug nicht möglich ist. Dies gilt insbesondere dann, wenn es sich bei der Prämie um einen größeren Betrag handelt.

Ein Verdachtsfall wird in der Regel auch dann vorliegen, wenn ein VN, nachdem der vereinbarte Prämieneinzug per Lastschrift nicht möglich war, die Prämie bei einem Kreditinstitut bar einzahlt. Auch hier ist bei höheren Beträgen besondere Vorsicht geboten.

Die Frage einer Verdachtsanzeige wird auch immer daran zu prüfen sein, wenn VN anbieten, hohe Einmalbeiträge bar zu zahlen, zu Identifizierungszwecken einen ausländischen Paß vorlegen und VU bei weiteren Nachforschungen feststellt, daß sich der VN nur vorübergehend oder erst seit kürzerer Zeit im Inland aufhält.

10. Geldwäsche-Beauftragter

Im Rundschreiben R 1/93 hat das BAV zur „leitenden Person" im Sinne von § 14 Abs. 2 Nr. 1 GwG ausgeführt, daß es sich hierbei um Vorstandsmitglieder oder Mitarbeiter mit Prokura handeln muß (vgl. Ziff. 5.1 des Rundschreibens). Dies ist dahin zu verstehen, daß die „leitende Person" – der sog. Geldwäsche-Beauftragte – zumindest über Prokura verfügen muß, da er (sie) nur dann in der Lage ist, für das Versicherungsunternehmen die zur Durchführung des Geldwäschegesetzes notwendigen Erklärungen abzugeben und in allen Angelegenheiten im Zusammenhang mit der Verhinderung der Geldwäsche die erforderlichen unternehmensinternen Weisungen zu erteilen (vgl. Ziff. 5.1 des R 1/93).

11. Anforderungen an interne Revisionsberichte

Im Rundschreiben R 1/93 ist vorgesehen, daß die Innenrevision – soweit die Unternehmen hierüber verfügen – im Jahre 1994 zweimal überprüfen soll, ob der jeweilige Versicherer die sich aus dem Geldwäschegesetz ergebenden Verpflichtungen erfüllt hat. Ab 1995 soll diese Überprüfung jährlich einmal erfolgen. Dem BAV ist ein Exemplar des Revisionsberichts zu übersenden.

Aus den dem BAV vorliegenden Berichten ist deutlich geworden, daß offenbar teilweise Unklarheiten darüber bestehen, welche Gesichtspunkte in den Revisionsberichten angesprochen werden sollten. Das BAV gibt daher Hinweise auf die Punkte, die in Revisionsberichten enthalten sein sollten.

Aus den Berichten sollte sich ergeben, wer Geldwäsche-Beauftragter des Unternehmens und wer sein Stellvertreter ist. Weiterhin sollte deutlich werden, ob die Innenrevision die „Internen Grundsätze" des Unternehmens (vgl. § 14 Abs. 2 Ziff. 2 GwG) als geeignet und ausreichend zur Geldwäsche-Bekämpfung ansieht. Weiterhin sollte sich aus dem Bericht ergeben, in welchem Umfang und nach welcher Methode Einzelakten überprüft worden sind. Bei der Auswertung der Einzelfälle sollte vor allem darauf geachtet werden, ob die Identifizierung der Kunden (§ 4 Abs. 1 GwG) erfolgt und ob der „wirtschaftlich Berechtigte" (§ 8 Abs. 1 GwG) festgestellt worden ist. In den Revisionsberichten sollte außerdem dargelegt werden, ob im Berichtszeitraum Ein- und Auszahlungen von mehr als 20 000,- DM erfolgt sind (§ 2 GwG). Erläutert werden sollte weiterhin, ob und inwieweit die Zuverlässigkeit der Mitarbeiter, die zu baren und unbaren Finanztransaktionen befugt sind, überprüft worden ist und ob sie über Methoden der Geldwäsche geschult worden sind (vgl. § 14 Abs. 2 Ziff 3 und 4). Schließlich sollte sich aus den Revisionsberichten ergeben, ob und wieviele Verdachtsfälle (§ 11 GWG) im Berichtszeitraum bei den zuständigen Strafverfolgungsbehörden angezeigt worden sind.

Anhang IV.3

**Bundesaufsichtsamt für das Versicherungswesen
Anordnungen und Verwaltungsgrundsätze
Verlautbarung zum Geldwäschegesetz
vom Januar 1996**

Allgemeine Fragen der Versicherungsaufsicht
(I 6 – 230/95, VerBAV 1996, 3 ff)

Nach Veröffentlichung des Rundschreibens R 1/93 (VerBAV 1993 S. 355) hat das Bundesaufsichtsamt für das Versicherungswesen (BAV) in seiner Verlautbarung VerBAV 1994 S. 408 ergänzende Hinweise zur Anwendung des Geldwäschegesetzes (GwG) durch Lebensversicherer gegeben. Zwischenzeitlich haben sich neue Entwicklungen ergeben, die es erforderlich machen, daß das BAV weitere Erläuterungen zum GwG gibt. Hierbei werden auch die Ergebnisse der ersten örtlichen Prüfungen von Lebensversicherern zum Thema „Geldwäsche" berücksichtigt.

1. § 261 StGB

Durch das Verbrechensbekämpfungsgesetz (BGBl. I 1994 S. 3186), das am 1. Dezember 1994 in Kraft getreten ist, und das Grundstoffüberwachungsgesetz (BGBl. I 1994 S. 2835) ist der Vortatenkatalog des § 261 StGB erweitert worden. Als weitere Vortaten kommen nun – neben § 35 Grundstoffüberwachungsgesetz – auch Unterschlagung, Betrug, Subventionsbetrug, Untreue, Urkundenfälschung, Bestechlichkeit und Bestechung in Betracht, sofern ein banden- und gewerbsmäßiges Handeln vorliegt.

Soweit Versicherer in ihren „internen Grundsätzen" (§ 14 Abs. 2 Nr. 2 GwG) Ausführungen zum Vortatenkatalog gemacht haben, ist daher eine Ergänzung erforderlich.

2. Identifizierung

Gemäß § 1 Abs. 5 GwG ist die Identifizierung aufgrund eines Personalausweises oder eines Reisepasses vorzunehmen. In der Praxis hat sich jedoch gezeigt, daß hier Schwierigkeiten auftreten können, wenn Versicherungsnehmer weder einen Personalausweis noch einen Paß besitzen. Als Identifikationspapiere können in solchen Fällen auch befristete Ausweise, die die ausstellende Behörde erkennen lassen und die die Anforderungen von § 1 Abs. 2 Personalausweisgesetz bzw. § 4 Abs. 1 Paßgesetz erfüllen, anerkannt werden.

Bei Identifikation eines Staatsangehörigen eines anderen Staates können grundsätzlich nationale Reisepässe bzw. Personalausweise des anderen Staates anerkannt werden, sofern sie gültig sind und den Anforderungen von § 1 Abs. 2 Personalausweisgesetz entsprechen.

3. Verzicht auf die Identifizierung gemäß § 7 GwG

Gemäß § 7 GwG kann auf die Identifizierung eines Kunden verzichtet werden, wenn dieser dem zur Identifizierung Verpflichteten persönlich bekannt ist und bereits früher eine Identifizierung des Kunden erfolgt ist. In Anwendung dieser Vorschrift sehen einige Versicherer von einer Identifizierung des Kunden ab, wenn dieser dem Vermittler persönlich bekannt ist und er bei Abschluß eines früheren Vertrages bereits identifiziert worden ist. Nach Feststellungen des BAV führt dies teilweise dazu, daß die Identifizierungsunterlagen bei dem zuerst abgeschlossenen Vertrag aufbewahrt werden, während sich bei den Unterlagen des späteren Vertrages nur ein Hinweis auf den anderen Vertrag befindet. Ein derartiges Vorgehen kann dann zu Problemen führen, wenn der zuerst abgeschlossene Vertrag z. B. vorzeitig gekündigt oder aufgehoben wird und die Vertragsunterlagen – einschließlich Identifizierungsunterlagen – nach einiger Zeit vernichtet werden. Dies hat dann zur Konsequenz, daß bei einer entsprechenden Anfrage der Ermittlungsbehörde keine Identifizierungsunterlagen (mehr) zur Verfügung gestellt werden können, weil sich bei den Unterlagen des ursprünglich später abgeschlossenen Vertrages keine Identifizierungsunterlagen befinden, alle Unterlagen des zuerst abgeschlossenen Vertrages aber bereits vernichtet worden sind. Um eine derartige Konstellation zu verhindern, hält es das BAV für erforderlich, daß in Fällen, in denen ein Lebensversicherer bei Abschluß weiterer Verträge gemäß § 7 GwG auf die Identifizierung des Kunden verzichtet, Kopien der Angaben zur Identität des Kunden, die bei Abschluß des ersten Vertrages festgestellt worden sind, zu den Unterlagen aller später abgeschlossenen Verträge genommen und mit den übrigen Vertragsunterlagen aufbewahrt werden.

4. Verdachtsfälle

Bereits in seinem Rundschreiben R 1/93 (vgl. dort 4.2) und in seiner Verlautbarung VerBAV 1994 S. 408 (vgl. dort Ziff. 9) hat das BAV darauf hingewiesen, daß das Erkennen von Verdachtsfällen erhebliche Probleme bereiten kann, da das Vorgehen potentieller Geldwäscher keinem einheitlichen Schema folgt.

Zugleich hat das Amt aber deutlich gemacht, daß nach bisher vorliegenden Erkenntnissen Geldwäsche-Aktivitäten im Bereich der Lebensversicherung vor allem im Zusammenhang mit der Zahlung hoher Einmalbeiträge bzw. der Einrichtung von Beitragsdepots mit hohen Summen zu befürchten sind. Die Lebensversicherer müssen daher in diesen Bereichen besondere Vorsicht walten lassen, um einen Mißbrauch zu Geldwäsche-Aktivitäten zu vermeiden. Eine eingehende Prüfung derartiger Verträge auf Geldwäsche-Hinweise ist daher geboten. Im Rahmen dieser Prüfung wird u. a. zu überprüfen sein, ob der angetragene Vertrag den wirtschaftlichen Verhältnissen des Kunden entspricht. Wenn der Versicherer mit dem Kunden bereits andere Verträge abgeschlossen hat, lassen sich oft aus dem Verlauf der bisherigen Verträge Hinweise über die wirtschaftlichen Verhältnisse des Versicherungsnehmers gewinnen.

Anh. IV.3

Bei der Prüfung der Frage, ob ein Verdachtsfall vorliegt, werden weiterhin die Gesichtspunkte zu berücksichtigen sein, auf die das BAV in seinen früheren Verlautbarungen R 1/93 (vgl. dort 4.2) und in seiner Verlautbarung VerBAV 1994 S. 408 (vgl. dort Ziff. 9) bereits hingewiesen hat: z. B. das Alter des Antragstellers, Vorlage eines ausländischen Passes, Barzahlung größerer Summen, Außerachtlassen vernünftiger wirtschaftlicher Gesichtspunkte durch den Antragsteller. Wenn nach dieser Prüfung Unklarheiten bleiben, wird bei Verträgen mit größeren Summen eine Bonitätsprüfung des Kunden vorzunehmen zu sein, wie dies in aller Regel bei Versicherungsverträgen gegen laufenden Beitrag auch geschieht. Eine derartige Bonitätsprüfung ist bei hohen Einmalbeiträgen bzw. Beitragsdepots insbesondere dann angezeigt, wenn es sich um einen neuen Kunden handelt, also aus der Vergangenheit keine „Erkenntnisse" über den Kunden vorliegen.

Ab welcher Zahlungshöhe eine derartige Prüfung des Kunden erforderlich ist, läßt sich nicht generell festlegen. Nach Auffassung des BAV sollte eine derartige Prüfung jedoch zumindest bei allen Verträgen ab 200 000,– DM Einmalbeitrag bzw. Beitragsdepots in dieser Höhe vorgenommen werden.

Ob der Geldwäschebeauftragte diese Prüfung selbst vornimmt oder andere Personen hiermit beauftragt und sich über die Ergebnisse berichten läßt, obliegt seiner Entscheidung.

5. Verdachtsanzeigen

Sofern ein Verdachtsfall vorliegt, hat das Unternehmen gemäß § 11 GwG Anzeige zu erstatten. Um den Ermittlungsbehörden eine zügige Bearbeitung des angezeigten Falles zu ermöglichen, ist es erforderlich, daß eine Anzeige folgende Mindestangaben enthält:

- Name, Anschrift, Telefon- und Fax-Nr. des Unternehmens, das die Anzeige übermittelt.
- Sofern der Ermittlungsbehörde noch kein bestimmter Ansprechpartner (in der Regel der Geldwäschebeauftragte) benannt worden ist, ist dies in der Anzeige nachzuholen.
- Die schriftliche Anzeige sollte in der Regel unterschrieben sein.
- Es muß ersichtlich sein, ob es sich um eine Erstanzeige oder eine Folgeanzeige gemäß § 11 Abs. 2 GwG handelt.
- Es muß dargelegt werden, ob die verdächtige Transaktion ausnahmsweise bereits durchgeführt worden ist (§ 11 Abs. 1 Satz 3 GwG).
- Die dem Unternehmen bekannten Daten des Versicherungsnehmers/Antragstellers und des wirtschaftlich Berechtigten müssen angegeben werden. Hierzu zählen insbesondere der Name, Vorname, ggf. Geburtsname des Kunden (wirtschaftlich Berechtigten), sein Geburtsdatum, Geburtsort, Art des Ausweises, Ausweis-Nr. und die ausstellende Behörde.
- Enthalten sein müssen auch die Tatsachen, aufgrund derer das VU einen Verdachtsfall annimmt.

Anh. IV.3

Nach § 11 Abs. 1 Satz 2 GwG darf die Transaktion grundsätzlich erst dann durchgeführt werden, wenn die Zustimmung der Staatsanwaltschaft vorliegt oder wenn der zweite Werktag nach dem Abgangstag der Anzeige verstrichen ist, ohne daß die Durchführung der Transaktion untersagt worden ist. Hierbei ist zu beachten, daß der Samstag ein Werktag und daher bei der Fristberechnung mitzuzählen ist.

6. Geldwäsche-Beauftragter

6.1 In seinem Rundschreiben R 1/93 (vgl. dort Ziff. 5.1) hat das BAV dargelegt, daß die Aufgabe des Geldwäschebeauftragten nicht Mitarbeitern übertragen werden soll, die für die Innenrevision des Unternehmens zuständig sind. Diese Aussage ist teilweise dahin mißverstanden worden, daß es „ausnahmsweise" doch möglich sei, Mitarbeiter der Innenrevision zum Geldwäschebeauftragten bzw. zu seinem Stellvertreter zu bestellen. Diese Auslegung entspricht nicht der Auffassung des BAV. Vielmehr sind die Tätigkeit als Geldwäsche-Beauftragter (bzw. als stellvertretender Geldwäschebeauftragter) und die Tätigkeit im Bereich „interne Revision" miteinander unvereinbar.

6.2 Der Geldwäschebeauftragte („Leitende Person" i. S. v. § 14 Abs. 2 Nr. 1 GwG) ist für die Erfüllung aller sich aus dem GwG ergebenden Pflichten zuständig. Hierzu gehört neben der Erstattung von Verdachtsanzeigen (§ 11 GwG) insbesondere die Erarbeitung von „internen Grundsätzen" (§ 14 Abs. 2 Nr. 2 GwG), um einen Mißbrauch des Unternehmens zu Geldwäschezwecken zu verhindern (vgl. hierzu Rundschreiben R 1/93 Ziff. 5.2).

Zu den Aufgaben des Geldwäschebeauftragten gehört es aber auch, die Einhaltung der „internen Grundsätze" laufend zu kontrollieren. Diese Kontrollpflicht steht neben der Aufgabe der „internen Revision", die die Einhaltung der sich aus dem GwG ergebenden Verpflichtungen zu überprüfen hat. Um seiner Kontrollpflicht zu genügen, hat der Geldwäschebeauftragte durch Stichproben zu prüfen, ob die in den „internen Grundsätzen" festgelegten Regeln beachtet werden. Er kann diese Stichproben selbst vornehmen, er kann aber auch andere Personen hiermit beauftragen, die ihm dann über ihre Feststellungen zu berichten haben. Zeigt sich bei den Kontrollen, daß die bislang getroffenen Maßnahmen nicht ausreichen, so ist umgehend eine Ergänzung der „internen Grundsätze" vorzunehmen.

Die Erfüllung der dem Geldwäschebeauftragten obliegenden Pflichten erfordert es, daß er jederzeit Zugang zu den nach § 9 GwG aufzubewahrenden Unterlagen hat.

7. Pensionskassen und andere Versicherungsunternehmen

Bei der Anwendung des § 14 Abs. 1 Nr. 2 GwG ist mehrfach die Frage gestellt worden, ob Pensionskassen als „Versicherungsunternehmen" im Sinne dieser Vorschrift anzusehen sind. Nach Auffassung des BAV ist dies zu verneinen. Maßgebend für diese Auffassung ist, daß sich die Vorschriften des GwG – abgesehen von § 3 GwG – nur an „Finanzinstitute" richten. Zu den „Finanzinstituten" zählen aber gemäß § 1

Anh. IV.3

Abs. 2 Nr. 2 GwG nur Unternehmen, „die Lebensversicherungsverträge anbieten". Auch die EG-Richtlinie „... zur Verhinderung der Nutzung des Finanzsystems zum Zwecke der Geldwäsche" (91/308/EWG ABl. Nr. L 166/77 vom 28. Juni 1991) findet nach Art. 1 nur auf Versicherungsunternehmen Anwendung, die „Tätigkeiten ausüben, die unter die Richtlinie 79/267/EWG (1. Lebens-Richtlinie) fallen". Hierzu zählen Pensionskassen aber nicht. Schließlich ist der Geschäftsbetrieb von Pensionskassen nach Auffassung des BAV für Geldwäsche-Aktivitäten grundsätzlich ungeeignet, so daß es für diese Unternehmen praktisch unmöglich wäre, „interne Grundsätze" i. S. v. § 14 Abs. 2 Nr. 2 GwG zu entwickeln, um einen Mißbrauch ihres Geschäftsbetriebes zu Geldwäsche-Zwecken zu verhindern.

Wenn auch Pensionskassen und alle anderen Versicherungsunternehmen, die nicht in § 4 Abs. 1 GwG genannt sind, nach Auffassung des BAV nicht als „Versicherungsunternehmen" i. S. v. § 14 Abs. 1 Nr. 2 GwG anzusehen sind, so bedeutet dies nicht, daß das GwG für diese Unternehmen gänzlich unbeachtlich ist. Vielmehr gilt für sie § 3 GwG. Dies bedeutet, daß diese Unternehmen in einer Anweisung für Mitarbeiter, die in Kassen oder anderen Geldannahmestellen tätig sind oder die sonst zur Entgegennahme von Geldern berechtigt sind, festlegen müssen, daß bei allen Bareinzahlungen über 20 000,– DM eine Identifizierung des Einzahlers gemäß § 1 Abs. 5 GwG zu erfolgen hat.

Anhang IV.4

**Bundesaufsichtsamt für das Versicherungswesen
Anordnungen und Verwaltungsgrundsätze
Verlautbarung zum Geldwäschegesetz
vom September 1997**

Allgemeine Fragen der Versicherungsaufsicht
(I 6 – 178/97, VerBAV 1997, 243 ff)

Das BAV hat in der Vergangenheit bereits zweimal Hinweise zur Anwendung des Geldwäschegesetzes (GwG) gegeben (vgl. VerBAV 1994 S. 408 ff. und VerBAV 1996 S. 3 ff). Hierbei ist das Amt zum einen auf Fragen eingegangen, die sich bei der Anwendung des GwG in der Versicherungswirtschaft ergeben haben. Zum anderen wurden die Feststellungen, die das BAV bei örtlichen Prüfungen zum Thema „Geldwäsche-Bekämpfung" getroffen hat, berücksichtigt. Nachdem mittlerweile weitere derartige Prüfungen durchgeführt wurden, sieht sich das Amt zu folgenden weiteren Hinweisen veranlaßt:

1. Identifizierung

Im Rahmen von örtlichen Prüfungen bei Lebensversicherungsunternehmen (LVU) hat das BAV mehrfach festgestellt, daß in Fällen, in denen ein Versicherungsnehmer (VN) dem Versicherer bezüglich der Prämienzahlung nicht gemäß § 4 Abs. 4 GwG eine Einzugsermächtigung erteilt oder keine Kontoverbindung benennt, über die der Vertrag abgewickelt werden soll, Probleme bei der Identifizierung des VN auftreten. Diese Schwierigkeiten bestehen insbesondere dann, wenn dem Vertragsabschluß kein persönlicher Kontakt zwischen Kunden und Unternehmensmitarbeitern/Vermittlern vorausgegangen ist, sondern die Vertragsbeziehung mit dem Kunden per Brief, Telefon, Telefax usw. angebahnt worden ist. Dies ist insbesondere bei Direktversicherern der Fall, d. h. Unternehmen, die beim Abschluß von Versicherungsverträgen auf den Einsatz von Vermittlern verzichten. Bereits in seinem Rundschreiben R 1/93 (vgl. VerBAV 1993 S. 355 ff. – dort Nr. 2.1) hat das BAV darauf hingewiesen, daß die Vorschriften des GwG auch auf Direktversicherer Anwendung finden. Dies gilt auch für die Vorschriften über die Identifizierung des Kunden. Da kein direkter, persönlicher Kontakt zum Kunden besteht, haben in der Vergangenheit einige Direktversicherer zur Erfüllung der Identifizierungspflicht den Kunden um Übersendung einer Kopie seines Personalausweises gebeten. Aber nicht nur Direktversicherer sind so verfahren, sondern auch andere Unternehmen, wenn beispielsweise der Vermittler bei Vertragsabschluß vergessen hatte, den Kunden zu identifizieren.

Das BAV weist hierzu darauf hin, daß das Übersenden einer Ausweiskopie keine wirksame Identifizierung im Sinne von § 1 Abs. 5 GwG darstellt, das Unternehmen seiner Identifizierungspflicht gemäß § 4 Abs. 1 GwG also nicht genügt, wenn es so verfährt. Daß das Übersenden einer Ausweiskopie nicht als Identifizierung angesehen werden kann, ergibt sich schon daraus, daß ein Versicherer nicht kontrollieren kann, ob es sich bei der übersandten Kopie tatsächlich um eine Kopie des Ausweises des VN und nicht einer anderen Person handelt, weil auf Kopien von Personalausweisen bzw. Reisepässen eventuell vorgenommene Verfälschungen des Ausweises nicht mehr erkennbar sind.

Anders zu beurteilen ist jedoch die Übersendung einer amtlich oder notariell beglaubigten Kopie: Hier kann davon ausgegangen werden, daß die beglaubigende Stelle die Übereinstimmung von Original und Kopie hinreichend geprüft hat. Mit einer amtlich oder notariell beglaubigten Ausweiskopie kann daher eine wirksame Identifizierung im Sinne von § 1 Abs. 5 GwG vorgenommen werden.

In seinem Rundschreiben R 1/93 (vgl. VerBAV 1993 S. 355 ff. – dort Nr. 2.1) hatte das BAV als einen weiteren Weg, wie Direktversicherer die Identifizierung ihrer VN vornehmen können, auf die Übersendung der Vertragsunterlagen per Einschreiben mit Rückschein – eigenhändig – hingewiesen. Die Deutsche Bundespost hat dieses Verfahren mittlerweile weiterentwickelt, u. a. um Direktbanken, die ebenfalls ohne direkten, persönlichen Kontakt zum Kunden tätig sind, eine Möglichkeit der Kundenidentifizierung im Sinne von § 1 Abs. 5 GwG zu eröffnen. Das BAV hat dieses sog. Post-Ident-Verfahren auf seine Anwendbarkeit im Versicherungsbereich geprüft und ist hierbei zu dem Ergebnis gekommen, daß mittels des Post-Ident-Verfahrens eine wirksame Identifizierung im Sinne von § 1 Abs. 5 GwG gewährleistet ist. Die Deutsche Bundespost hat sich bereit erklärt, dieses Verfahren auch im Versicherungsbereich zu praktizieren.

2. Anwendung von § 15 GwG

Das BAV hat weiter festgestellt, daß teilweise Unklarheiten darüber bestehen, inwieweit die Vorschriften des GwG auch für Niederlassungen deutscher Lebensversicherer im Ausland sowie ausländische Versicherungsunternehmen, an denen deutsche Lebensversicherer beteiligt sind, Anwendung finden. Bereits im Rundschreiben R 1/93 (vgl. VerBAV 1993 S. 355 ff. – dort Nr. 6) hat das BAV zu dieser Frage auf § 15 GwG hingewiesen, wonach die im GwG auferlegten Pflichten auch für Niederlassungen im Ausland sowie für abhängige ausländische Unternehmen gelten, sofern diese Unternehmen mit dem inländischen Versicherungsunternehmen unter einheitlicher Leitung im Sinne von § 18 AktG zusammengefaßt sind. Soweit es sich bei den ausländischen Unternehmen um abhängige Unternehmen handelt, bestehen bezüglich der Einhaltung der in § 15 GwG genannten Vorschriften des deutschen GwG auch im Ausland in der Regel keine Probleme, da das im Inland ansässige Unternehmen gegenüber dem ausländischen Unternehmen auf die Beachtung der Vorschriften des GwG dringen kann. Aber auch wenn diese Voraussetzung nicht gegeben ist, es sich also nicht um abhängige Unternehmen handelt, bietet insbesondere die Tätigkeit deutscher Mitarbeiter in den Leitungsgremien der ausländischen Unternehmen die Möglichkeit der Beeinflussung der geschäftlichen Aktivitäten dieser Unternehmen. Das BAV geht davon aus, daß die inländischen Lebensversicherer ihre Einwirkungsmöglichkeiten auf ausländische Unternehmen nutzen werden, um

Anh. IV.4

die Beachtung der in § 15 GwG genannten Regelungen des GwG zu gewährleisten, zumal die hier genannten Vorschriften auf den sog. 40 Empfehlungen der FATF (vgl. hierzu GB BAV 1993 S. 40) beruhen, es sich also um Regelungen handelt, die von allen OECD-Mitgliedstaaten zur Geldwäschebekämpfung entwickelt worden sind.

Allerdings sind bei der Anwendung der GwG-Vorschriften im Ausland landestypische Besonderheiten des jeweiligen Tätigkeitslandes zu beachten. Wenn es dort beispielsweise keine Personalausweise gibt, ist die Identifizierung mit den in diesem Staat üblichen Identifizierungspapieren vorzunehmen (z. B. Sozialversicherungsausweis).

Die Verpflichtung zur Beachtung der in § 15 S. 1 GwG genannten Bestimmungen auch im Ausland entfällt nur dann, wenn zwingende rechtliche Vorschriften des jeweiligen ausländischen Staates einer Anwendung des GwG entgegenstehen (§ 15 S. 2 GwG). Eventuelle praktische Probleme bei der Anwendung des GwG im Ausland (z. B. im Tätigkeitsland gibt es kein Geldwäschebekämpfungsgesetz und potentielle Kunden sind daher nicht zur Identifizierung bereit) rechtfertigen dagegen nicht die Nichtbeachtung der in § 15 S. 1 GwG genannten Pflichten.

3. Aufzeichnungen über Verdachtsfälle (§ 11 GwG)

Bei den örtlichen Prüfungen hat sich weiter gezeigt, daß Verdachtsanzeigen (§ 11 GwG), die von LVU bei den Ermittlungsbehörden erstattet wurden, häufig längere unternehmensinterne Beratungen vorausgehen. Vielfach werden Verdachtsmomente bei der Prüfung von Neuanträgen von den hierfür zuständigen Mitarbeitern des LVU entdeckt. Diese unterrichten dann den jeweiligen Geldwäschebeauftragten über ihnen zweifelhaft erscheinende Fälle, der dann im einzelnen prüft, ob eine Verdachtsanzeige geboten ist oder nicht. Erstattet der Geldwäschebeauftragte Verdachtsanzeige, so werden die Gründe, die zu der Anzeige geführt haben, schriftlich festgehalten, zum einen in der Verdachtsanzeige selbst, vielfach aber darüber hinaus auch in unternehmensinternen Vermerken. Unterbleibt dagegen eine Anzeige, so werden oft keine Aufzeichnungen darüber angefertigt, welche Gründe zu dieser Entscheidung geführt haben. Dieses Verhalten ist insofern als problematisch anzusehen, als in Fällen, in denen die Ermittlungsbehörden aufgrund anderer Hinweise Ermittlungsverfahren gegen (potentielle) VN wegen Geldwäscheverdachts einleiten, die Ermittlungsbehörden auch der Frage nachzugehen haben, ob der Geldwäschebeauftragte möglicherweise leichtfertig (vgl. § 261 Abs. 5 StGB) von einer eigenen Anzeige abgesehen hat, sich also eventuell selbst strafbar gemacht hat. Nach Auskunft von Ermittlungsbehörden kann der Vorwurf der Leichtfertigkeit in aller Regel ausgeräumt werden, wenn die Gründe, die zu einem Absehen von einer Anzeige geführt haben, plausibel dargelegt werden können. Im Hinblick darauf, daß Ermittlungsverfahren oft erst längere Zeit nach der Entscheidung des Geldwäschebeauftragten eingeleitet werden, hält es das BAV für geboten, daß LVU auch in den Fällen, in denen von einer Verdachtsanzeige abgesehen wurde, die Gründe für diese Entscheidung schriftlich festhalten. Selbst wenn die Überlegungen, die zu der Entscheidung „Nicht-Anzeige" geführt haben, sich bei einer Prüfung durch die Ermitt-

Anh. IV.4

lungsbehörden im nachhinein als falsch herausstellen, kann der Vorwurf eines leichtfertigen Handelns gegen den Geldwäschebeauftragten in aller Regel nicht erhoben werden, wenn durch unternehmensinterne Aufzeichnungen dokumentiert ist, daß er seine Entscheidung nach Abwägung der ihm bekannten Tatsachen getroffen hat.

4. Prüfung der Aufzeichnungen über Verdachtsfälle durch Wirtschaftsprüfer

Gemäß § 57 Abs. 1 Satz 1 VAG haben die Prüfer bei der Prüfung des Jahresabschlusses u. a, festzustellen, ob ein LVU den Verpflichtungen nach § 14 GwG (bei der Angabe: § 15 GwG in § 57 VAG handelt es sich um ein Redaktionsversehen) nachgekommen ist. Zu den Aufgaben gemäß § 14 GwG gehört auch die Verpflichtung, im Rahmen der internen Grundsätze zur Geldwäschebekämpfung (§ 14 Abs. 2 Nr. 2 GwG) festzulegen, daß eventuelle Verdachtsfälle dem Geldwäschebeauftragten vorzulegen sind und daß über die Prüfung dieser Fälle Aufzeichnungen zu fertigen sind. Der Wirtschaftsprüfer hat daher bei seiner Prüfung u. a. in diese Aufzeichnungen Einblick zu nehmen, um zu überprüfen, ob das LVU seinen Verpflichtungen beim Erkennen und Anzeigen möglicher Verdachtsfälle nachgekommen ist.

Anhang IV.5

**Bundesaufsichtsamt für das Versicherungswesen
Anordnungen und Verwaltungsgrundsätze
Verlautbarung zum Geldwäschegesetz
vom Juli 1998**

Allgemeine Fragen der Versicherungsaufsicht
(I 6 – 214/98, VerBAV 1998, 135)

1. Am 9. Mai 1998 ist das Gesetz zur Bekämpfung der Organisierten Kriminalität in Kraft getreten (vgl. BGBl. I 1998 S. 845 ff). Durch dieses Gesetz ist u. a. das Geldwäschegesetz (GwG) in einigen für die Versicherungswirtschaft wichtigen Punkten geändert worden. So ist der Anwendungsbereich des GwG auch auf Versicherungsverträge ausgedehnt worden, die eine Unfallversicherung mit Prämienrückgewähr zum Inhalt haben (vgl. § 1 Abs. 4 GwG). Dies bedeutet, daß beim Abschluß derartiger Verträge die Versicherungsnehmer zu identifizieren sind (§ 4 Abs. 1 Satz 1 GwG). Außerdem müssen die betroffenen Versicherungsunternehmen in Verdachtsfällen (vgl. hierzu § 11 Abs. 1 GwG) Anzeige bei den Strafverfolgungsbehörden erstatten. Als Ansprechpartner für die Strafverfolgungsbehörden ist eine „leitende Person" sowie ein Stellvertreter der leitenden Person zu bestellen (§ 14 Abs. 2 Nr. 1 GwG). Gemäß den für Lebensversicherungsunternehmen geltenden aufsichtsbehördlichen Grundsätzen (vgl. Rundschreiben 1/93 – dort Nr. 5.1) ist dem BAV der Name der „leitenden Person", seine Funktion im Unternehmen sowie sein Stellvertreter mitzuteilen. Bei Unternehmensgruppen, bei denen bislang für ein Lebensversicherungsunternehmen der Gruppe eine „leitende Person" bestellt worden ist, wird das BAV keine Einwände dagegen erheben, wenn diese Person auch für das Konzern-Unternehmen, das Unfallversicherungsverträge mit Prämienrückgewähr anbietet, als „leitende Person" bestellt wird. Voraussetzung hierfür ist allerdings, daß der „leitenden Person" durch entsprechende Vereinbarungen die Befugnis eingeräumt wird, auch im Bereich des Unfallversicherers alle im Zusammenhang mit der Anwendung des GwG erforderlichen Anordnungen zu treffen und den Mitarbeitern entsprechende Weisungen zu erteilen.

Schließlich müssen Unternehmen, die die Unfallversicherung mit Prämienrückgewähr anbieten, „interne Grundsätze" entwickeln, durch die gewährleistet wird, daß das Unternehmen nicht zu Geldwäschezwecken mißbraucht wird (§ 14 Abs. 2 Nr. 2 GwG). Von diesen Grundsätzen sind – gemäß den für die Lebensversicherungsunternehmen geltenden Grundsätzen – dem BAV zwei Exemplare zu übersenden. Soweit Unternehmen über eine Innenrevision verfügen, hat diese erstmals im Bericht für das Jahr 1998 darzulegen, ob auch im Bereich der Unfallversicherung mit Prämienrückgewähr die Vorschriften des GwG beachtet worden sind.

Anh. IV.5

2. Von erheblicher Bedeutung für die Anwendung des GwG im Bereich der Versicherungswirtschaft sind auch die Änderungen des § 4 Abs. 4 GwG. Nach der neuen gesetzlichen Regelung gilt die Pflicht zur Identifizierung des Versicherungsnehmers nur noch dann als erfüllt, wenn dieser dem Versicherer beim Abschluß des Versicherungsvertrages eine Ermächtigung zum Einzug der Prämie von seinem Konto erteilt. Nicht mehr ausreichend ist es dagegen, wenn der Versicherungsnehmer bei Vertragsabschluß erklärt, daß er die Prämie überweisen wolle und die Nummer seines Kontos angibt, von dem die Überweisung erfolgen soll. In derartigen Fällen ist nunmehr eine Identifizierung des Kunden erforderlich.

Gemäß § 4 Abs. 4 Satz 2 GwG hat eine nachträgliche Identifizierung des Kunden zu erfolgen, wenn der Versicherer feststellt, daß es nicht möglich ist, die Versicherungsprämie gemäß der erteilten Einzugsermächtigung von dem vom Versicherungsnehmer benannten Konto einzuziehen. Für den Bereich der betrieblichen Altersversorgung ist in § 4 Abs. 4 Satz 3 GwG eine besondere Regelung getroffen worden, die den bisherigen Verlautbarungen des BAV zu diesem Thema entspricht. Danach gilt eine Identifizierung auch dann als erfolgt, wenn der Versicherungsnehmer zwar nicht bereit ist, eine Einzugsermächtigung zu erteilen, im Versicherungsvertrag jedoch vereinbart wird, daß die Versicherungsprämie von einem im Vertrag benannten Konto des Versicherungsnehmers überwiesen wird. Der Versicherer hat in derartigen Fällen zu überprüfen, ob die erste Versicherungsprämie tatsächlich von dem angegebenen Konto überwiesen wird.

3. Das BAV wird in Kürze sein Rundschreiben 1/93 der geänderten Gesetzeslage anpassen.

Anhang V.1

Bundesrechtsanwaltskammer
Verhaltensempfehlungen für Rechtsanwälte im Hinblick auf die Vorschriften des Geldwäschebekämpfungsgesetzes (GwG) und die Geldwäsche, § 261 StGB

BRAK-Nr. 84/2005

I. Vorbemerkung

Die Erstreckung des Geldwäschebekämpfungsgesetzes auch auf Rechtsanwälte und die dadurch statuierte Durchbrechung der Verschwiegenheitsverpflichtung sowie das Risiko einer strafbaren Geldwäsche durch Entgegennahme von Anwaltshonorar aus bemakelten Geldern hat zu einer erheblichen Verunsicherung der Rechtsanwaltschaft geführt.

Die vorliegenden Verhaltensempfehlungen sollen dieser Verunsicherung entgegenwirken, über die gesetzlichen Vorschriften informieren und für die entsprechenden Probleme sensibilisieren. Mandanten muss nicht grundsätzlich mit erhöhter Aufmerksamkeit oder größerem Misstrauen begegnet werden. Klarheit über die Vorschriften soll sicherstellen, Fehler zu vermeiden.

II. Geldwäschebekämpfungsgesetz:

1. Grundsätzliches:

Das Geldwäschebekämpfungsgesetz gilt seit 15.8.2002 auch für Rechtsanwälte, soweit es um die Mitwirkung bei folgenden Geschäften geht:

- Kauf und Verkauf von Immobilien oder Gewerbebetrieben;
- Verwaltung von Geld, Wertpapieren und sonstigen Vermögenswerten des Mandanten;
- Eröffnung oder Verwaltung von Bank-, Spar- oder Wert-papierkonten;
- Beschaffung der zur Gründung, zum Betrieb oder zur Verwaltung von Gesellschaften erforderlichen Mittel;
- Gründung, Betrieb der Verwaltung von Treuhandgesellschaften, Gesellschaften oder ähnlichen Strukturen;
- Durchführung von Finanz- oder Immobilientransaktionen im Namen und auf Rechnung des Mandanten.

Bei allen sonstigen anwaltlichen Geschäften greift das Geldwäschegesetz nicht und es existieren außerhalb dieser enumerativ aufgelisteten Betätigungsbereiche weder Identifizierungspflichten noch Anzeigepflichten. Bei allen nicht von § 3 Abs. 1 GwG erfassten anwaltlichen Geschäften verbleibt es auch bei der umfassenden, strafrechtlich sanktionierten Schweigepflicht.

Anh. V.1

2. Identifizierungspflicht:

Nach § 2 Abs. 1 GwG ist der Vertragspartner zu identifizieren. § 1 Abs. 5 GwG regelt die Modalitäten. Im Regelfall genügt die Ablichtung der Personalpapiere.

Für juristische Personen besteht eine Regelungslücke. Es wird insoweit empfohlen zur Identifizierung auf amtliche Veröffentlichungen oder amtliche Register zurückzugreifen.

Gemäß § 2 Abs. 1 GwG entsteht die Verpflichtung zur Identifizierung erst mit Vertragsschluß. Keine Identifizierungspflicht besteht somit für die reine Anbahnungsphase. Eine Ausnahme ergibt sich nur bei der Entgegennahme von Bargeld, Wertpapieren und Edelmetallen im Wert von mindestens 15.000,00 EUR. Für diesen Fall ist eine Identifizierung unabhängig von einem Vertragsverhältnis vorzunehmen.

§ 6 GwG begründet eine zusätzliche Identifizierungspflicht in Verdachtsfällen. Wann ein solcher Verdachtsfall anzunehmen ist, wird weiter unten unter 4.a,b näher erläutert.

Grundsätzlich gilt die Identifizierungspflicht auch für Altmandanten. Eine Ausnahme sieht § 7 GwG nur vor, wenn der zu Identifizierende persönlich bekannt ist und bei früherer Gelegenheit bereits identifiziert worden ist.

3. Aufzeichnungs- und Aufbewahrungspflicht

Die entsprechenden Pflichten ergeben sich aus § 9 GwG.

Die zur Identifizierung erstellten Unterlagen sind privilegierte Unterlagen im Sinne des § 97 StPO. Sie unterliegen auch der anwaltlichen Schweigepflicht.

Außer in den Fällen einer Anzeigepflicht dürfen sie nicht Dritten mitgeteilt werden. Auch im Falle von Durchsuchungsmaßnahmen darf deshalb keine freiwillige Herausgabe erfolgen. Gegen die insbesondere in § 10 Abs. 2 GwG vorgesehene Verwertungsmöglichkeit auch in Besteuerungs- und Steuerstrafverfahren bestehen verfassungsrechtliche Bedenken.

4. Anzeigepflicht:

§ 11 Abs. 3 GwG begründet eine Anzeigepflicht, wenn Tatsa-chen bekannt werden, die darauf schließen lassen, daß eine Transaktion der Geldwäsche nach § 261 StGB dient oder im Falle einer Durchführung dienen würde.

a) Indizien **in der Person des Mandanten**, die einen Verdacht begründen können:

- Der Mandant verlangt Anonymität und versucht seine Identität zu verschleiern.

- Der Mandant erteilt falsche Auskünfte oder verweigert für die Durchführung der Dienstleistung erforderliche Informationen.

- Gegen den Mandanten ist ein Ermittlungsverfahren wegen einer Katalogtat im Sinne des § 261 StGB anhängig und es ist hinsichtlich etwaiger, aus der Tat erlangter Vermögenswerte die Anordnung von Verfall/Rückgewinnungshilfe in Betracht zu ziehen

Anh. V.1

b) Indizien **aus dem Geschäft** selbst, die einen Verdacht begründen können:
- Es geht um die Durchführung von Geschäften, die offenkundig unwirtschaftlich sind und für die auch auf Nachfrage keine vertretbaren legitimen steuerlichen, rechtlichen oder wirtschaftlichen Gründe benannt werden.
- Der Mandant versucht, hochvolumige unbare Zahlungen zu vermeiden
- Zahlungen zugunsten des Mandanten auf das Konto des Anwalts werden ohne plausiblen Grund von Drittzuwendern geleistet, die in keiner nachvollziehbaren Beziehung zu dem Mandanten stehen und die in einem Land ansässig sind, das auf der FATF-Liste der nicht-kooperativen Staaten und Gebietskörperschaften steht.[1] (siehe www.fatfgafi.org)
- Das Unternehmen des Mandanten weist die Merkmale einer Scheingesellschaft auf (z. B. fehlende Betriebsausstattung, fehlendes Personal).

Die genannten Anhaltspunkte sind zu gewichten. Das Vorliegen eines einzelnen Anhaltspunktes reicht grundsätzlich nicht aus, um bereits den Verdacht einer Geldwäsche gemäß § 261 StGB zu begründen. Das Zusammentreffen mehrerer Anhaltspunkte sollte allerdings Anlaß für erhöhte Aufmerksamkeit sein. In jedem Fall ist eine Einzelfallentscheidung ohne schematische Festlegung zu treffen.

5. Einschränkung der Anzeigepflicht

Gemäß § 11 Abs. 3 GwG entfällt die Anzeigepflicht, wenn der Geldwäscheverdacht auf Informationen beruht, die der Rechtsanwalt im Rahmen der Rechtsberatung oder der Prozeßberatung für seinen Mandanten erhalten hat.

Eine Rückausnahme sieht § 11 Abs. 3 GwG jedoch vor, wenn der Rechtsanwalt **weiß**, daß sein Mandant die Rechtsberatung bewußt für den Zweck der Geldwäsche in Anspruch nimmt. In diesem Fall bleibt es bei der Anzeigeverpflichtung.

Zu beachten ist aber, daß nach den Gesetzesmaterialien die Anzeigepflicht der rechtsberatenden Berufe nur **zukünftig** drohende Geldwäschehandlungen verhindern soll. Es entfällt danach die Anzeigeverpflichtung, wenn der Rechtsanwalt aufgrund der Gespräche mit dem Mandanten, insbesondere nach der Aufklärung über die Strafbarkeit des geplanten Handelns, davon ausgeht, daß sein Mandant von seinem Vorhaben Abstand nimmt.

Die Mitteilung einer Anzeige an den Mandanten ist unzulässig, sie ist gemäß § 17 Abs. 1 Nr. 2 GwG als Ordnungswidrigkeit mit einer Geldbuße von bis zu 50.000,00 EUR bedroht.

6. Geldwäschebeauftragter:

Für Rechtsanwälte, die die in § 3 Abs. 1 Satz 1 Nr. 1 GwG genannte Geschäfte regelmäßig ausführen, gilt die Verpflichtung, einen Geldwäschebeauftragten zu bestellen, wenn der Kanzlei mehr als 10 Berufsangehörige oder Berufsträger sozietätsfähiger Berufe gemäß § 59a BRAO angehören (Anordnung der Rechtsanwaltskammer

---

1) z. Zt. Cook Inseln, Indonesien, Myanmar, Nauru, Nigeria, Philippinen.

Anh. V.1

nach § 14 Abs. 4 Satz 2 GwG vom 31.7.2003 i. V. m. § 14 Abs. 2, 4 GwG, BRAK-Mitt. 2003, 229).

- Bußgeldvorschriften:

  Zuwiderhandlungen gegen die Identifizierungs-, Aufzeichnungs- und Aufbewahrungspflichten sind als Ordnungswidrigkeiten mit Bußgeld bis zu 100.000 Euro bedroht, wobei das Unterlassen der Identifizierung in Verdachtsfällen (§ 6 GwG) ausgenommen ist. Das Unterlassen von Erkundigungen nach dem wirtschaftlich Berechtigten und das Unterlassen der Feststellung dessen persönlicher Daten kann mit Bußgeld bis zu 50.000 Euro geahndet werden. Dasselbe gilt für das Unterrichten des Mandanten von einer Anzeige nach § 11 Abs. 3 GwG. Dagegen ist der Verstoß gegen die Anzeigepflicht als solcher nicht bußgeldbewehrt.

- Geldwäsche, § 261 StGB

  Die nachfolgenden Ausführungen beschränken sich auf das Sonderproblem Geldwäsche – bemakeltes Verteidigerhonorar.

- Strafverteidigerhonorar:

  - § 261 Abs. 2 Nr. 1 StGB ist mit dem Grundgesetz vereinbar, soweit Strafverteidiger nur dann mit Strafe bedroht werden, wenn sie im Zeitpunkt der Annahme ihres Honorars **sichere Kenntnis von dessen Herkunft** hatten. Dies wurde mit Urteil des Bundesverfassungsgerichts vom 30.3.2004 klargestellt.

    Sichere Kenntnis ist identisch mit positivem Wissen. Weder Leichtfertigkeit noch bedingter Vorsatz genügen, um eine Strafbarkeit zu begründen.

  - Das BVerfG verpflichtet Strafverfolgungsbehörden und Gerichte, auch bei Verfahren gem. § 261 Abs. 2 Nr. 1 StGB sensibel vorzugehen und auf die besondere Stellung des Strafverteidigers Rücksicht zu nehmen.

    Ein Anfangsverdacht darf nur bejaht werden, wenn auf Tatsachen beruhende, greifbare Anhaltspunkte für die Annahme vorliegen, dass der Strafverteidiger zum Zeitpunkt der Honorarannahme bösgläubig war.

    Die Übernahme eines Wahlmandates wegen einer Katalogtat nach § 261 Abs. 1 StGB genügt nicht für die Begründung eines Anfangsverdachtes. Hinzukommen müssen insbesondere folgende weitere Indikatoren:

    - Aus der Katalogstraftat müssen Vermögenswerte im Sinne des § 261 StGB erlangt worden sein.
    - Entgegennahme des Anwaltshonorars unter konspirativen Bedingungen.
    - Hohe Bargeldzahlungen. In Anlehnung an das GWG ist von Beträgen über 15.000,00 EUR auszugehen. Mehrere Teilzahlungen, die in einem engen zeitlichen Zusammenhang stehen, sind unter Umständen hierbei als Einheit zu sehen.
    - Unangemessene Höhe des Honorars im Verhältnis zu der anwaltschaftlichen Leistung.

Anh. V.1

Unbare Zahlungsweisen, insbesondere Banküberweisungen, schließen in der Regel die Annahme eines Anfangsverdachtes aus. Dies folgt aus dem Kontrollraster bei den Banken gemäß dem GwG.

- Sonstige Anwaltsvergütungen:
  - Die Beschränkung der Strafbarkeit nach § 261 Abs. 2 Nr. 1 StGB bei der Entgegennahme von Anwaltshonoraren auf Wissentlichkeit gilt nach den Entscheidungsgründen des Bundesverfassungsgerichtes vom 30.3.2004 nur für Strafverteidigerhonorare. Eine verfassungsrechtlich gebotene Einschränkung für die Anwendung des § 261 StGB auch auf sonstige Anwaltsvergütungen ist geboten. Das Bundesverfassungsgericht hat diese Problematik offengelassen.

    Folgende Gesichtspunkte sprechen dafür, nicht nur bei Strafverteidigerhonoraren, sondern bei sämtlichen Anwaltsvergütungen eine Strafbarkeit nach § 261 Abs. 2 Nr. 1 StGB nur bei Wissentlichkeit anzunehmen:

    Auch im Zivilrecht kann die Pönalisierung des Anwaltshonorars zu einer Rechtsverweigerung für den Rechtssuchenden führen. In Verfahren mit Anwaltszwang kommt eine Gewährung von Prozesskostenhilfe bzw. Beratungshilfe nur bei Vermögenslosigkeit des Rechtsuchenden in Betracht.

    Darüber hinaus kann zwischen einer möglichen Beihilfehandlung des Anwalts zugunsten des Mandanten und der Empfangnahme von Honoraren kein prinzipieller Unterschied gemacht werden. Der BGH wertet eine berufstypische Handlung nur dann als Beihilfe, wenn das Handeln des Haupttäters ausschließlich darauf zielt, eine strafbare Handlung zu begehen und der hilfeleistende Rechtsanwalt dies weiß; hält er es nur für möglich, so ist sein Handeln regelmäßig noch nicht als strafbare Beihilfehandlung zu beurteilen (BGH NStZ 2000, 34; NStZ 2004, 41).

    Innerhalb eines Mandatsverhältnisses kann für die Beurteilung der möglichen Strafbarkeit eines Rechtsanwalts kein unterschiedlicher Maßstab gelten, sei es, dass es um die Honorierung oder um die Quellen dieser Honorierung geht, sei es, dass es um anderweitige inhaltliche Informationen geht, die die Durchführung des Mandatsverhältnisses betreffen.

    An das gebotene Misstrauen des Rechtsanwalts gegenüber seinem Mandanten kann kein unterschiedlicher Maßstab gelegt werden.

- Hat der nicht strafrechtlich tätige Rechtsanwalt Kenntnis davon, dass gegen seinen Mandanten ein Ermittlungsverfahren wegen einer Katalogtat gemäß § 261 StGB geführt wird oder werden im Rahmen der zivilrechtlichen Auseinandersetzung von dritter Seite entsprechende Vorwürfe gegen den Mandanten erhoben, sind folgende Punkte zu beachten:
  - Umstände, die – wie oben unter II 1b dargelegt – bei einem Strafverteidiger den Anfangsverdacht einer möglichen Geldwäsche begründen können, sind ebenfalls zu beachten und zu vermeiden.
  - Bei positiver Kenntnis eines strafbaren Verhaltens des Mandanten im Sinne einer Katalogtat nach § 261 Abs. 1 StGB und bei weiterer Kenntnis, dass hieraus Vermögensvorteile durch den Mandanten erzielt

Anh. V.1

   wurden, ist das Mandat zwingend niederzulegen, weitere Honorarzahlungen dürfen nicht mehr entgegengenommen werden. Dies gilt aber dann nicht, wenn positive Kenntnis darüber besteht, dass die Honorierung aus einer unbemakelten Einkunftsquelle fließt.
– Auf bargeldloser Leistung der Honorarzahlungen sollte bestanden werden. Hohe Bargeldzahlungen sind zu vermeiden.
– Treuhandgelder sollten in der Regel vermieden werden und allenfalls im Rahmen enger Zweckbindung mit dem Mandat abgewickelt werden.

In Zweifelsfällen sollte bei erfahrenen Kollegen oder den Rechtsanwaltskammern Rücksprache genommen werden, bevor ein unvertretbares Risiko eingegangen wird.

Anhang V.2
Bundesnotarkammer
Rundschreiben Nr. 48/2003 vom 19.11.2003
Anwendungsempfehlungen zum Geldwäschegesetz (GwG)

Das Gesetz zur Verbesserung der Bekämpfung der Geldwäsche und der Finanzierung des Terrorismus (Geldwäschebekämpfungsgesetz) ist im vergangenen Jahr (BGBl. I S. 3105) in Kraft getreten. Mit dem Geldwäschebekämpfungsgesetz wird die Richtlinie 2001/97/EG des Europäischen Parlamentes und des Rates vom 4. Dezember 2001 zur Änderung der Richtlinie 91/308/EWG des Rates zur Verhinderung der Nutzung des Finanzsystems zum Zwecke der Geldwäsche in deutsches Recht umgesetzt. Weiter soll den internationalen Vorgaben, insbesondere denen der von der OECD eingesetzten Financial Action Task Force on Money Laundering (FATF), Rechnung getragen werden.

Durch das Geldwäschebekämpfungsgesetz wurde das Gesetz über das Aufspüren von Gewinnen aus schweren Straftaten vom 25. Oktober 1993 geändert (das Geldwäschegesetz ist abgedruckt im Schönfelder, Deutsche Gesetze, Ergänzungsband Nr. 88 a). Nach alter Rechtslage war die notarielle Tätigkeit bei der Annahme von Bargeld sowie bei der Eröffnung eines Notaranderkontos betroffen (siehe dazu RS Nr. 5/1996 der Bundesnotarkammer vom 29.1.1996). Nunmehr sind die Notare neben freien, rechts- und steuerberatenden Berufen in größerem Umfang in den Anwendungsbereich des Gesetzes einbezogen und den spezifischen Pflichten des Geldwäschegesetzes zur Identifizierung von Klienten und zur Meldung von Verdachtsfällen unterworfen.

Durch die Erweiterung notarieller Pflichten durch das Geldwäschebekämpfungsgesetz sind die bisher zu den aus dem Geldwäschegesetz für Notare resultierenden Pflichten ergangenen Rundschreiben 5/1996 und 24/1998 inhaltlich überholt. Das Rundschreiben 23/2002 diente nur der vorläufigen Information über die mit dem Inkraft-Treten des Geldwäschebekämpfungsgesetzes verbundenen Änderungen des Geldwäschegesetzes. Mit diesem Rundschreiben sollen möglichst umfassende Anwendungsempfehlungen zu der aktuellen Fassung des Geldwäschegesetzes gegeben werden. Die vorbezeichneten Rundschreiben sind dabei berücksichtigt worden und haben daher keine eigenständige Bedeutung mehr.

A. Beitrag der Notare zur Geldwäschebekämpfung

I. Beurkundungstätigkeit

Die Beurkundungstätigkeit der Notare ist bereits geeignet, einen wesentlichen Beitrag zur Geldwäschebekämpfung zu leisten, insbesondere wenn sie in Zusammenarbeit mit öffentlichen Registern erfolgt.

Notare haben schon vor In-Kraft-Treten des Geldwäschebekämpfungsgesetzes dafür gesorgt, dass die an der Beurkundung beteiligten Personen identifiziert werden

(§ 10 BeurkG) und dem wesentlichen Element „Identifizierung" der Geldwäschebekämpfung Rechnung getragen. In Zusammenarbeit mit öffentlichen Registern werden die beurkundeten Vorgänge kundgetan und einer Öffentlichkeit zugänglich gemacht. So besteht im Bereich des Grundstückverkehrs nach Maßgabe der StPO die Möglichkeit für die Strafverfolgungsbehörden, durch Einsicht in das Grundbuch und die in den Grundakten liegenden notariellen Urkunden die Grundstücke betreffenden Transaktionen nachzuvollziehen. Gleiches gilt für Gesellschaften, soweit deren Gründung und die Veränderung des Gesellschafterbestandes in das Handelsregister eingetragen werden bzw. wenigstens angezeigt werden müssen. Das Erfordernis notarieller Beurkundung der Gesellschaftsgründung bei GmbH und AG und ihre Eintragung in das Handelsregister, aber auch das Erfordernis der Beurkundung von Abtretungen von GmbH- Geschäftsanteilen macht diese Vorgänge auch für Strafverfolgungsbehörden bei Bedarf nachvollziehbar und sorgt so für transparente Rechtsverhältnisse.

Formvorschriften, die die Tätigkeit von Amtsträgern bewirken, und deren Zusammenarbeit mit öffentlichen Registern, stellen daher einen wichtigen Beitrag zur Geldwäschebekämpfung dar. Sie sorgen für Transparenz. Finanztransaktionen in diesem Bereich werden offen gelegt. Potentielle Geldwäscher können abgeschreckt werden, da ihre Tätigkeit nachvollziehbar und teilweise sogar öffentlich gemacht wird.

II. Verwahrungstätigkeit

Bei der Verwahrungstätigkeit wurden potentielle Gefahren erkannt und durch gesetzgeberische Maßnahmen beseitigt. § 54 a Abs. 1 BeurkG bestimmt, dass der Notar Bargeld zur Aufbewahrung und Ablieferung an Dritte nicht entgegennehmen darf. Dieses Verbot der Bargeldannahme soll den Notar insbesondere vor der missbräuchlichen Inanspruchnahme für Geldwäschezwecke bewahren (BT-Drucksache 13/4184, S. 37). Weitere Voraussetzung ist, dass der Notar Geld zur Verwahrung nur dann annehmen darf, wenn hierfür ein berechtigtes Sicherungsinteresse der am Verwahrungsgeschäft beteiligten Personen besteht (§ 54 a Abs. 2 Nr. 1 BeurkG). Die Einschaltung eines Notars zur Einbringung von Bargeld in den Wirtschaftskreislauf ist durch diese Vorschriften ebenso unterbunden wie beispielsweise sein Missbrauch als bloße Kapitalsammelstelle.

III. Pflicht zur Versagung der Amtstätigkeit

Notare haben als Träger eines öffentlichen Amtes ihre Amtstätigkeit zu versagen, wenn ihre Mitwirkung bei Handlungen verlangt wird, mit denen erkennbar unerlaubte Zwecke verfolgt werden (§ 14 Abs. 2 BNotO). Notare können daher, dort wo entsprechende Formvorschriften ihr Tätigwerden erfordern, die Reinvestition bereits gewaschener Gelder in den Wirtschaftskreislauf verhindern, wenn dieser Zweck erkennbar wird.

B. Unmittelbare Pflichten aus dem Geldwäschegesetz
I. Anwendungsbereich, 3 GwG
1. Grundsätzliches

Der grundsätzliche Anwendungsbereich des Geldwäschegesetzes wird für die Notare durch § 3 Abs. 1 Satz 1 Nr. 1 GwG festgelegt. Danach muss der Notar an der Planung und Durchführung der im Katalog des § 3 Abs. 1 Satz 1 Nr. 1 GwG beschriebenen Geschäfte mitwirken. Auch wenn der Gesetzeswortlaut dies nahe zu legen scheint, ist dieses Kriterium nicht im Sinne einer Interessenvertretung zu verstehen. Vielmehr ist schon die unabhängige und unparteiliche Beratung des Notars in dieser Angelegenheit geeignet, den Anwendungsbereich des Geldwäschegesetzes zu eröffnen. Dem Anwendungsbereich des Geldwäschegesetzes unterliegen daher im Grundsatz alle Tätigkeiten des Notars, soweit er bezüglich des Inhalts des Rechtsgeschäftes berät oder belehrt.

Hingegen löst eine Beglaubigung ohne Entwurfstätigkeit keine Pflichten nach dem GwG aus. Der Notar muss zwar nach § 40 Abs. 2 BeurkG vom Inhalt des Textes, unter dem die Unterschrift beglaubigt werden soll, Kenntnis nehmen, um zu beurteilen, ob Gründe bestehen, die Amtstätigkeit zu versagen. Eine Beratung oder Belehrung über den Inhalt findet aber nicht statt. Die Amtstätigkeit des Notars beschränkt sich auf die Beglaubigung der Unterschrift.

Eine Mitwirkung an der Planung und Durchführung im Sinne einer Begleitung des Geschäftes liegt damit nicht vor.

2. Anwendungsbereich nach dem Gegenstand der Beurkundung

Nach dem Katalog des § 3 Abs. 1 Satz 1 S. 1 Nr. 1 GwG unterliegen die Notare bei folgenden Gegenständen grundsätzlich der allgemeinen Identifizierungspflicht:

a) Kauf und Verkauf von Immobilien (§ 3 Abs. 1 Satz 1 Nr. 1 a) GwG), also alle Grundstückskaufverträge einschließlich der Bauträgerverträge,

b) Kauf und Verkauf von Gewerbebetrieben, bei Anteilsabtretungen zumindest dann, wenn durch die konkrete Abtretung sich die einfache Mehrheit im Unternehmen verändert (§ 3 Abs. 1 Satz 1 Nr. 1 a) GwG)

c) Verwahrungstätigkeiten im Sinne des § 23 BNotO (§ 3 Abs. 1 Satz 1 Nr. 1 b) GwG)

d) Sonstige Verwahrungstätigkeiten nach § 24 BNotO, soweit es sich zwar nicht um in § 23 aufgeführte Gegenstände handelt, aber um sonstige Vermögenswerte im Sinne des § 3 Abs. 1 S. 1 Nr. 1 b) GwG,

e) Sämtliche Vorgänge, bei denen der Notar an der Gründung von Gesellschaften beteiligt ist, d. h. Beurkundung des Gesellschaftsvertrages im Zusammenhang mit der Gründung der Gesellschaft, Registeranmeldungen zur erstmaligen Eintragung der Gesellschaft in das zuständige Register, Umwandlungsvorgänge, die zum Entstehen eines neuen Rechtsträgers führen (§ 3 Abs. 1 Satz Nr. 1 e) GwG); Umwandlungsvorgänge, die nicht zum Entstehen eines neuen Rechtsträgers führen, sind kritisch daraufhin zu beleuchten, ob es sich hierbei nicht

Anh. V.2

wirtschaftlich um einen Vorgang handelt, der als Erwerb eines Gewerbebetriebes anzusehen ist (§ 3 Abs. 1 Satz 1 Nr. 1 a) GwG).

Nicht umfasst sind Schenkungen, sämtliche Vorgänge, die auf die Begründung, Änderung oder Löschung eines Rechtes an einem Grundstück gerichtet sind (insbesondere Grundschulden), familienrechtliche Angelegenheiten, Testamente und Erbverträge. Nachlassauseinandersetzungen, die Grundstücke oder Gewerbebetriebe betreffen, sind nach dem Wortlaut des § 3 Abs. 1 S. 1 Nr. 1 a) GwG („Kauf oder Verkauf") ebenfalls nicht unter § 3 Abs. 1 Satz 1 Nr. 1 GwG zu subsumieren.

Vollmachten sind immer dann unter § 3 Abs. 1 Satz 1 Nr. 1 GwG zu subsumieren, wenn sie die in § 3 Abs. 1 Satz 1 Nr. 1 GwG genannten Gegenstände unmittelbar betreffen, also z. B. Vollmachten zur Veräußerung bestimmter Grundstücke. Das Tatbestandsmerkmal der Mitwirkung an der Planung und Durchführung einer der Katalogtatbestände ist in diesem Fall bereits erfüllt. Allgemeine Vollmachten, wie General- und Vorsorgevollmachten, die bloß geeignet sind, entsprechende Geschäfte abzuschließen, unterliegen hingegen nicht dem Anwendungsbereich des Geldwäschegesetzes, da in diesen Fällen die Tätigkeit des Notars gerade nicht in der Mitwirkung an der Planung und Durchführung der Kataloggeschäfte besteht. Eine Identifizierungspflicht besteht allerdings dann, wenn bei Beurkundung der General- und Vorsorgevollmacht für den Notar erkennbar bereits der konkrete Gebrauch für einen der Katalogfälle des § 3 Abs. 1 Satz 1 Nr. 1 GwG beabsichtigt ist.

II. Allgemeine Identifizierungspflicht

Die allgemeine Identifizierungspflicht ergibt sich aus dem Verweis des § 3 Abs. 1 GwG auf § 2 Abs. 1 bis 3 GwG. Neben den Voraussetzungen des § 3 Abs. 1 GwG müssen daher zusätzlich diejenigen des § 2 Abs. 1, 2 oder 3 GwG vorliegen.

1. Allgemeine Identifizierungspflicht nach § 2 Abs. 1 GwG

Die Identifizierungspflicht ergibt sich für die Notare im Wesentlichen aus § 2 Abs. 1 GwG. Danach muss „bei Abschluss eines Vertrages zur Begründung einer auf Dauer angelegten Geschäftsbeziehung" der „Vertragspartner" identifiziert werden. Notare werden aufgrund eines entsprechenden Antrages in einem sich nach öffentlich rechtlichen Vorschriften, insbesondere dem Beurkundungsgesetz, richtenden Verfahren tätig. Weder ein „Vertrag zur Begründung einer auf Dauer angelegten Geschäftsbeziehung" noch ein „Vertragspartner" sind vorhanden. Aus diesem Grund sind diese Begriffe auszulegen.

a) „Vertrag" im Sinne des § 2 Abs. 1 GwG

Die Entsprechung des Begriffes „Vertrag" muss in dem öffentlich-rechtlichen Verfahrensverhältnis gesehen werden, welches sich aufgrund des Antrages auf Vornahme einer Amtshandlung durch den Beteiligten ergibt (vgl. dazu Bohrer, Berufsrecht der Notare, Rz. 25 ff.). Dieses Verfahrensverhältnis ist seiner Rechtsnatur entsprechend nie auf Dauer angelegt, sondern ist stets nur auf die Erledigung der beantragten Amtshandlung gerichtet. Gleichwohl ergibt sich aus der Gesamtschau der §§ 2, 3 GwG sowie aus dem Gesetzgebungsverfahren, insbesondere den Ausführungen zur Kollision von Identifizierungspflichten nach GwG und Beurkundungsgesetz (vgl. BT-Drucksache Nr. 14/8739, S. 12 und BT-Drucksache 14/9043, S. 2 und 9), dass der Gesetzgeber von einer grundsätzlichen Einbeziehung der Notare auch in den Anwendungsbereich der allgemeinen Identifizierungspflicht ausgegangen ist. Dabei stellen die Katalogfälle des § 3 Abs. 1 Nr. 1 GwG eine Zusammenstellung der Geschäfte dar, bei denen der Gesetzgeber eine besondere Geldwäschegefährdung unterstellt. Es ist daher davon auszugehen, dass zumindest in den Fällen, in denen der Notar Entwurfs-, Beratungs- oder Vollzugstätigkeiten übernommen hat, schon aufgrund dieser begleitenden Tätigkeit eine auf Dauer angelegte Geschäftsbeziehung im Sinne des § 2 Abs. 1 GwG anzunehmen ist.

b) „Vertragspartner" im Sinne des § 2 Abs. 1 GwG

Die verfahrensrechtliche Entsprechung des Begriffes „Vertragspartner" im Beurkundungsgesetz findet sich in § 6 Abs. 2 BeurkG. Danach sind an der Beurkundung die Erschienenen beteiligt, deren in eigenem oder fremden Namen abgegebene Erklärungen beurkundet werden sollen. Zu identifizieren ist daher stets der formell Beteiligte, in Vertretungsfällen also der Vertreter. Eine Identifizierungspflicht auch des Vertretenen besteht nicht, gleichwohl liegt entsprechend § 8 GwG ein Fall des Handelns für fremde Rechnung vor. Name und Anschrift des Vertretenen sind nach Angabe des Vertreters festzustellen (§ 8 GwG). Durch das Beurkundungsverfahren wird dies bereits sichergestellt.

c) Keine Wertgrenze

Zu beachten ist, dass die Identifizierungspflicht des § 2 Abs. 1 GwG stets besteht. Es ist also nicht die Überschreitung des Schwellenwertes von 15.000 € erforderlich.

2. Allgemeine Identifizierungspflichten nach § 2 Abs. 2 und 3 GwG

Eine Pflicht zur Identifizierung nach § 2 Abs. 2 und 3 GwG „Annahme von Bargeld, Wertpapieren oder Edelmetallen" dürfte in der notariellen Praxis auch angesichts der weiten Auslegung des § 2 Abs. 1 GwG kaum eine Rolle spielen. Die Annahme von Bargeld zur Aufbewahrung oder Ablieferung an Dritte ist dem Notar nach § 54 a Abs. 1 BeurkG untersagt. Im Übrigen lösen Verwahrungstätigkeiten im Sinne des § 23 BNotO in der Regel eine eigenständige Identifizierungspflicht nach § 3 Abs. 1 Satz 1 Nr. 1 b) i. V. m. § 2 Abs. 1 GwG aus. § 2 Abs. 2 und 3 GwG könnte aber bei der Annahme anderer Wertgegenstände als Bargeld Auffangtatbestandsfunktionen zukommen, wenn eine gewisse Dauer der Tätigkeit des Notars von vornherein nicht erkennbar ist. Ferner sind Fälle denkbar, in denen Bargeld zur Begleichung von Kostenforderungen angenommen wird. Diese Fälle dürften allerdings im Hinblick auf den Schwellenwert von 15.000 € kaum von Bedeutung sein.

III. Identifizierung in Verdachtsfällen, § 6 GwG

Neben der allgemeinen Identifizierungspflicht nach §§ 3, 2 GwG besteht eine Verdachtsidentifizierungspflicht nach § 6 GwG. Da in § 6 GwG von „Finanztransaktionen" (§ 1 Abs. 6 GwG: „Jede Handlung, die eine Vermögensverschiebung bezweckt oder bewirkt") gesprochen wird, geht sein Anwendungsbereich grundsätzlich über die Fälle der § 2 Abs. 2, 3 GwG (Annahme von Bargeld, etc.) hinaus. Auch für die Verdachtsidentifizierungspflicht müssen grundsätzlich die Katalogfälle des § 3 Abs. 1 Satz 1 Nr. 1 GwG vorliegen. Es wird allerdings empfohlen, in den von § 6 GwG umschriebenen Fällen, sofern nicht ohnehin eine Identifizierung nach §§ 3, 2 GwG vorzunehmen ist, stets eine Identifizierung nach § 1 Abs. 5 GwG vorzunehmen. Auf diese Weise können etwaige, derzeit noch nicht erkennbare Lücken der Geldwäschebekämpfung im notariellen Bereich geschlossen werden. Nach den Erkenntnissen der Strafverfolgungsbehörden entsteht allein durch die Durchführung der Identifizierung eine abschreckende Wirkung für die Personen, die eine Geldwäsche beabsichtigen. Zwar besteht diese abschreckende Wirkung durch die Identifizierungspflicht nach § 10 BeurkG ohnehin schon, wird aber durch das Festhalten der Feststellungen nach § 1 Abs. 5 GwG nochmals verstärkt. So kann noch mehr als bisher die Inanspruchnahme von Notaren für die Geldwäsche vermieden werden.

IV. Durchführung der Identifizierung, § 1 Abs. 5 GwG

Identifizieren ist das Feststellen des Namens aufgrund eines gültigen Personalausweises oder Reisepasses sowie des Geburtsdatums, des Geburtsortes, der Staatsangehörigkeit und der Anschrift, soweit sie darin enthalten sind, und das Feststellen von Art, Nummer und ausstellender Behörde des amtlichen Ausweises, § 1 Abs. 5 GwG. Sie setzt die physische Präsenz des zu Identifizierenden voraus.

Als geeignetes Ausweispapier können über Reisepass und Personalausweis hinaus alle befristeten, die ausstellende Behörde verzeichnenden Ausweise anerkannt werden, die den Anforderungen an Personalausweise gemäß § 1 Abs. 2 des Gesetzes über Personalausweise bzw. den Anforderungen an Reisepässe gemäß § 4 Abs. 11 Passgesetz entsprechen. Ebenfalls können die als Ausweisersatz erteilten mit Angaben zur Person und einem Lichtbild versehenen Bescheinigungen über die Aufenthaltsgestattung gemäß § 63 Asylverfahrensgesetz und Bescheinigungen gemäß § 39 Ausländergesetz anerkannt werden (vgl. Ziff. 8. der Verlautbarung des Bundesaufsichtsamts für das Kreditwesen über Maßnahmen der Kreditinstitute zur Bekämpfung und Verhinderung der Geldwäsche vom 30. März 1998, nachfolgend „Verlautbarung").

§ 1 Abs. 5 GwG ist auf die Identifizierung natürlicher Personen zugeschnitten. Regelungen zur Identifizierung juristischer Personen, Handelsgesellschaften oder zur GbR, soweit sie als rechtsfähig anzusehen ist, sind nicht vorhanden. Für nicht rechtsfähige Vereinigungen bestimmt § 8 Abs. 1 S. 4 GwG, dass deren Namen und der Name und die Anschrift eines ihrer Mitglieder festzustellen sind.

Entsprechend den Verlautbarungen kann insoweit zur Identifizierung juristischer Personen bzw. von Gesamthandsgemeinschaften auf § 10 BeurkG zurückgegriffen werden (vgl. Verlautbarungen Ziff. 11, dort Rückgriff auf den für Kreditinstitute einschlägigen § 154 Abs. 2 AO). Die auftretenden natürlichen Personen sind allerdings nach Maßgabe des § 1 Abs. 5 GwG zu identifizieren.

Die Identifizierung kann auch anhand einer qualifizierten elektronischen Signatur im Sinne von § 2 Nr. 3 des Signaturgesetzes erfolgen, § 1 Abs. 5 Satz 2 GwG. Da jedoch im Beurkundungsverfahren der formell Beteiligte persönlich anwesend sein muss, dürfte diese Form der Identifizierung nur von geringer Bedeutung sein.

V. Absehen von Identifizierung, § 7 GwG

Nach § 7 GwG kann von einer Identifizierung abgesehen werden, wenn der zu Identifizierende dem zur Identifizierung Verpflichteten persönlich bekannt und wenn er bei früherer Gelegenheit identifiziert worden ist. Die frühere Identifizierung muss nach Maßgabe des Geldwäschegesetzes erfolgt sein (§ 1 Abs. 5 GwG).

Dabei ist zu beachten, dass das Geldwäschegesetz grundsätzlich davon ausgeht, dass die Erfüllung der Pflichten nach dem GwG auch unter Zuhilfenahme von Mitarbeitern erfolgen kann, auch wenn die Verantwortung für die Erfüllung immer der nach dem Geldwäschegesetz Verpflichtete selbst trägt. Für Institute im Sinne des § 1 Abs. 4 GwG ist dies aufgrund der Organisationsstruktur letztlich auch gar nicht anders möglich. In Fällen der Vertretung des Notars, der Notariatsverwaltung und der Amtsnachfolge kann von einer Identifizierung in Übereinstimmung mit den Bestimmungen des GwG daher abgesehen werden, wenn die betreffende Person dem Mitarbeiter des Notars persönlich bekannt ist und diese Person aktenkundig bei früherer Gelegenheit durch Reisepass oder Personalausweis identifiziert worden ist.

VI. Feststellung des wirtschaftlich Berechtigten, § 8 GwG

Grundsätzlich hat sich der Notar bei allen in den Anwendungsbereich des Geldwäschegesetzes nach §§ 3 Abs. 1, 2 Abs. 1, 6 Satz 1 GwG einbezogenen Handlungen bei dem zu Identifizierenden zu erkundigen, ob dieser für eigene Rechnung handelt. Gibt der zu Identifizierende an, nicht für eigene Rechnung zu handeln, so hat der zur Identifizierung Verpflichtete nach dessen Angaben Namen und Anschrift desjenigen festzustellen, für dessen Rechnung dieser handelt. Handelt der zu Identifizierende für eine nicht rechtsfähige Vereinigung, so ist deren Name und der Name und die Anschrift von einem ihrer Mitglieder festzustellen (§ 8 Abs. 1 S. 4 GwG). Die Pflicht zur Feststellung des wirtschaftlich Berechtigten nach § 8 GwG bezieht sich auch auf die Fälle der offenen Stellvertretung, da der zu Identifizierende offensichtlich nicht für eigene Rechnung handelt.

Wenn zur Überzeugung des Notars feststeht, dass der Beteiligte für eigene Rechnung handelt, kann auf gesonderte Nachfrage hinsichtlich des wirtschaftlich Berechtigten verzichtet werden (vgl. auch Verlautbarungen Rz. 20). So ist der Erkundigungspflicht nach § 8 GwG genügt, wenn dem Notar im Rahmen von Besprechungen oder bei Beurkundung bekannt wird oder es offensichtlich ist, dass die Beteiligten auf eigene Rechnung handeln (Bsp.: Junges Ehepaar mit Kind kauft Einfamilienhaus oder Eigentumswohnung, um selbst dort zu wohnen).

VII. Nachholen der Identifizierung

Die Pflichten nach Beurkundungsgesetz und Geldwäschegesetz stehen nebeneinander. In Fällen einer Kollision der Pflichten nach Geldwäsche mit dem Urkundsgewährungsanspruch nach § 10 Abs. 2 BeurkG in Verbindung mit § 15 BNotO, ist die

Anh. V.2

Beurkundung durchzuführen. Die Identifizierung nach Geldwäschegesetz ist unverzüglich nachzuholen (BTDrucksache 14/8739, S. 12). Dies gilt grundsätzlich auch für die betreuende Tätigkeit nach § 24 BNotO, wo eine Amtsverweigerung nach Übernahme nur noch in den Grenzen von § 15 Abs. 1 S. 1 BNotO zulässig ist (Eylmann-Vaasen/Frenz, § 15 Rz. 29).

Der Notar ist allerdings nach eigenem Ermessen berechtigt, Abschriften und Ausfertigungen solange zurückzuhalten sowie Vollzugshandlungen zu unterlassen, bis die Identifizierung nach Geldwäschegesetz nachgeholt worden ist. Eine nachhaltige Weigerung der zu identifizierenden Person kann einen ausreichenden Grund im Sinne des § 15 Abs. 1 S. 1 BNotO zur Verweigerung der Amtstätigkeit darstellen. Denn die nachhaltige Weigerung stellt sich dann als Verlangen an den Notar dar, von für ihn zwingenden Vorschriften abzuweichen (vgl. zu diesen Fällen Eylmann-Vaasen/ Frenz, § 15 Rz. 24). Im Rahmen seiner Entscheidung kann der Notar differenzieren, ob sich jemand nachhaltig weigert oder ob grundsätzlich nach § 10 BeurkG zur Identifizierung ausreichende Ausweispapiere vorgelegt werden konnten, den formalen Anforderungen des Geldwäschegesetzes genügende Ausweispapiere derzeit aber nicht zur Verfügung standen (z. B. Führerschein, vor kurzem abgelaufener Personalausweis).

VIII. Aufzeichnungs- und Aufbewahrungspflicht, § 9 GwG

Nach § 9 GwG besteht die Pflicht, die nach §§ 3 Abs. 1, 2 Abs. 1 bis 3, 6 Satz 1 und 8 Sätze 2 bis 4 GwG getroffenen Feststellungen aufzuzeichnen. Nach dem Wortlaut besteht danach keine Pflicht zur Aufzeichnung der Einhaltung der Erkundigungspflicht nach § 8 Satz 1 GwG, wenn der Beteiligte angibt, auf eigene Rechnung zu handeln. Um die Erfüllung der Erkundigungspflicht (zur Einschränkung in eindeutigen Fällen vgl. oben B. VI.) zu dokumentieren, empfiehlt es sich aber, auch hierzu einen kurzen Vermerk anzufertigen.

Die Feststellungen zur Identifizierung können durch Aufzeichnung der in § 1 Abs. 5 GwG genannten Angaben oder durch Anfertigung einer Kopie der Seiten des zur Feststellung der Identität vorgelegten Ausweises, die diese Angaben enthalten, aufgezeichnet werden, § 9 Abs. 1 Satz 2 GwG. § 26 Abs. 1 Satz 2 DONot, wonach zur Anfertigung einer Ausweiskopie das schriftliche Einverständnis des Betroffenen erforderlich ist, wird im Anwendungsbereich des GwG als Verwaltungsvorschrift durch § 9 Abs. 1 Satz 2 GwG als formelles Gesetz verdrängt. Im Gesetzgebungsverfahren war die Frage, ob eine Ausweiskopie anzufertigen ist, Gegenstand eingehender Erörterungen. Zwar ist die Verpflichtung zur Anfertigung einer Ausweiskopie nicht Gesetz geworden (Vorschlag des Bundesrates, BT-Drucksache 14/9043, S. 3). Gleiches gilt aber auch für Überlegungen, die Anfertigung einer Ausweiskopie vom Einverständnis des Betroffenen abhängig zu machen (BT-Drucksache, 14/8739, S. 7 und 15). Hierauf wurde schließlich ausdrücklich verzichtet (BT-Drucksache 14/9043, S. 9 f.). Das Einverständnis des Betroffenen ist damit nicht Voraussetzung für die Anfertigung einer Ausweiskopie im Anwendungsbereich des Geldwäschegesetzes.

Die Erfüllung der Aufzeichnungspflicht kann außerhalb der notariellen Urkunde durch entsprechende Aufzeichnungen in den Nebenakten erfüllt werden. Eine Vermerkpflicht in der notariellen Urkunde selbst besteht nicht. Sie würde eine entsprechende Regelung im Beurkundungsgesetz voraussetzen. Auch die Aufbewahrungsfrist von 6 Jahren nach § 9 Abs. 3 Satz 1 GwG deutet darauf hin, dass ein Vermerk in der Urkunde selbst, die unbegrenzt aufzubewahren ist, nicht erforderlich ist.

Wird nach § 7 GwG von der Identifizierung abgesehen, ist zu dokumentieren, dass die zu identifizierende Person persönlich bekannt war und bereits bei früherer Gelegenheit identifiziert worden ist.

Die Aufzeichnungen sind 6 Jahre aufzubewahren, § 9 Abs. 3 Satz 1 GwG. Die Aufbewahrungsfrist beginnt mit dem Schluss des Kalenderjahres, in dem die jeweilige Angabe festgestellt worden ist, § 9 Abs. 3 Satz 3 GwG. Die Aufbewahrung kann demgemäß grundsätzlich zusammen mit den Nebenakten erfolgen, die 7 Jahre aufzubewahren sind.

IX. Anzeige von Verdachtsfällen, § 11 GwG

1. Materielle Anforderungen

Notare sind im vorstehend beschriebenen Anwendungsbereich (vgl. B. I.) bei Feststellung von Tatsachen, die darauf schließen lassen, dass eine Finanztransaktion einer Geldwäsche nach § 261 StGB dient oder im Falle ihrer Durchführung dienen würde, verpflichtet, diese unverzüglich der zuständigen Stelle zu melden, § 11 Abs. 1 GwG. Zuständige Stelle ist nach § 11 Abs. 4 Satz 1 GwG grundsätzlich die Bundesnotarkammer, die die Anzeige mit ihrer Stellungnahme an die nach § 11 Abs. 1 Satz 1 GwG zuständigen Stellen weiterleitet. Für Notare, die nicht Mitglied einer Notarkammer sind, tritt an die Stelle der Bundesnotarkammer allerdings die für die Berufsaufsicht zuständige oberste Landesbehörde (§ 11 Abs. 4 Satz 4 GwG).

Die Verpflichtung wird durch § 11 Abs. 3 GwG eingeschränkt. Danach sind Notare nicht zur Anzeige verpflichtet, wenn dem Verdacht Informationen von dem oder über den Beteiligten zugrunde liegen, die der Notar im Rahmen der Rechtsberatung dieses Beteiligten erhalten hat, § 11 Abs. 3 Satz 1 GwG. Der Begriff der Rechtsberatung ist in einem umfassenden Sinn zu verstehen. § 11 Abs. 3 GwG soll dem rechtlich besonders geschützten und für eine effektive Rechtsberatung zentralen Vertrauensverhältnis zwischen Beratendem und Mandant Rechnung tragen (BT-Drucks. 14/8739, S. 15). Damit ist der gesamte Bereich der notariellen Amtstätigkeit im Sinne des Dritten Abschnittes der BNotO (§§ 20–24 BNotO) von der Verdachtsmeldepflicht ausgenommen. Eine Verdachtsmeldepflicht besteht also dann nicht, wenn mit der Meldung eine Verletzung des von § 18 BNotO geschützten Geheimnisbereiches einhergehen würde. Allerdings ist die Ausnahme des § 11 Abs. 3 S. 2 GwG zu beachten. Die Verdachtsmeldepflicht besteht dann fort, wenn der Notar weiß, dass der Beteiligte seine Rechtsberatung bewusst für die Zwecke der Geldwäsche in Anspruch nimmt.

Voraussetzung für eine Verdachtsmeldepflicht des Notars ist damit der Vorsatz des Beteiligten, den Notar für die Geldwäsche zu missbrauchen, und das Wissen des

Anh. V.2

Notars, dass dies beabsichtigt ist. Das ist beispielsweise nicht der Fall, wenn der Mandant nach Aufklärung über die Strafbarkeit von der geplanten Handlung Abstand nimmt (vgl. Innenausschuss, BTDrucksache 14/9263, S. 8). Auch ist das Vorliegen von Erkenntnissen, dass die betreffenden Vermögenswerte aus einer Vortat im Sinne des § 261 StGB stammen, erforderlich. Dabei ist zu beachten, dass der Täter oder Beteiligte der Vortat selbst eine, für ihn allerdings straflose, Geldwäsche begehen kann, vgl. § 261 Abs. 9 Satz 2 StGB.

Die Voraussetzungen für das Bestehen einer Verdachtsmeldepflicht sind wegen des möglichen Konflikts mit der Verschwiegenheitspflicht sorgfältig zu prüfen. Es besteht eine für den Notar problematische Lage insoweit, als eine nicht in Übereinstimmung mit § 11 GwG, also ohne gesetzliche Pflicht erfolgte Verdachtsmeldung ihrerseits nach § 203 StGB wegen Bruch der Verschwiegenheitspflicht strafbar sein könnte. Ob § 12 GwG auch von dieser strafrechtlichen Verantwortung befreit, ist nämlich noch nicht abschließend geklärt, auch wenn dies --nicht zuletzt wegen des weiten Wortlauts der Vorschrift – einer in der Literatur verbreiteten Auffassung entspricht (vgl. Schünemann, Leipziger Kommentar, 35. Lieferung § 203 Rz. 120 m. N.; Fülbier/Apfelbach, GwG, 4. Aufl., § 12 Rz. 11; ebenso offenbar Tröndle/ Fischer, StGB, 51. Aufl., § 203 Rz. 38 a. E.; a. A. Johnigk, BRAK-Mitt 1994, S. 58, 64). Nach der Gesetzesbegründung zu § 12, der durch das Geldwäschebekämpfungsgesetz nur geringfügig geändert wurde, ist die Freistellung in einem umfassenden Sinne zu verstehen und erstreckt sich auf alle denkbaren zivil-, dienst- und arbeitsrechtlichen Schadenersatz-, Unterlassungsoder sonstigen Ansprüche sowie auf Disziplinartatbestände (BR-Drucksache 220/92, S. 49). Dass sich diese Fundstelle nicht auch zur strafrechtlichen Verantwortlichkeit äußert, dürfte darauf zurückzuführen sein, dass die Frage eines Verstoßes gegen § 203 StGB erst durch die nun vorgenommene verstärkte Einbeziehung der Berufsgeheimnisträger in das Geldwäschegesetz an praktischer Relevanz gewonnen hat.

2. Formelle Anforderungen an eine Verdachtsanzeige

Die Verdachtsanzeige gemäß § 11 Abs. 1 GwG an die Bundesnotarkammer (§ 11 Abs. 4 S. 1 GwG) bzw. bei Notaren, die nicht Mitglied einer Notarkammer sind, an die für die Berufsaufsicht der Notare zuständige oberste Landesbehörde (§ 11 Abs. 4 S. 4 GwG), sollte zur weiteren Bearbeitung durch die zuständigen Strafverfolgungsbehörden und das Bundeskriminalamt – Zentralstelle für Verdachtsanzeigen – inhaltliche Mindestangaben aufweisen:

Die schriftliche Verdachtsanzeige sollte den Namen, die Anschrift, die Fax- und Telefonnummer und die Unterschrift des Notars, der die Verdachtsanzeige übermittelt, enthalten.

Jede Verdachtsanzeige sollte die Mitteilung enthalten, ob die verdächtige Finanztransaktion bereits durchgeführt oder abgelehnt wurde. Aus der Verdachtsanzeige sollte klar hervorgehen, ob es sich um eine Erstanzeige oder um eine Wiederholung i. S. v. § 11 Abs. 2 GwG bzw. Ergänzung einer bereits zu einem früheren Zeitpunkt erstatteten Anzeige handelt, der derselbe Sachverhalt zugrunde liegt. Im letzteren Fall sollte ausgeführt werden, wann und in welcher Form eine Anzeige bereits erfolgt ist. Steht die Verdachtsanzeige im Zusammenhang mit Ermittlungen der Strafverfolgungsbehörden, von denen der Notar Kenntnis erlangt hat, so ist --soweit bekannt – die zuständige Ermittlungsbehörde und deren Aktenzeichen mitzuteilen.

Name (Firmenname) und Vorname der formell und materiell Beteiligten sowie deren Anschriften, Geburtsdaten, Geburtsorte, Staatsangehörigkeiten, Ausweisnummern, Arten der Ausweise und ausstellende Behörden sind immer anzugeben. Sofern Kopien der Ausweise gefertigt wurden (§ 9 Abs. 1 Satz 2 GwG), sollten diese der Anzeige beigefügt werden.

Die Angaben sollten Angaben zu Art der Tätigkeit (Beurkundung eines Kaufvertrages, Kaufpreis, bei Gesellschaftsgründungen Wert der Kapitaleinlagen der Gesellschafter, im Übrigen ggf. Geschäftswert), Datum der Beurkundung sowie ggf. Daten der Eingänge und Verfügungen über das Anderkonto und sofern von den Beteiligten abweichend des Begünstigten der Verfügungen enthalten.

Darüber hinaus sind die konkreten Tatsachen, die aus der Sicht des Notars auf Geldwäsche schließen lassen, anzugeben.

Sofern das nach § 11 Abs. 3 GwG erforderliche Wissen um den Missbrauch zu Zwecken der Geldwäsche erst im Rahmen einer Gesamtbetrachtung mehrerer Beurkundungen oder sonstiger notarieller Tätigkeiten und am Ende einer Reihe von Handlungen entsteht, sind unter Prüfung der Voraussetzungen des § 11 Abs. 3 GwG für jede der Handlungen die geforderten Angaben auch für diese früheren Tätigkeiten zu machen.

3. Verdachtsmerkmale

Das Bundeskriminalamt hat in Zusammenarbeit mit den Landeskriminalämtern, der Bundesnotarkammer und anderen Bundesberufskammern eine Übersicht mit Anhaltspunkten, die auf einen Geldwäscheverdacht hindeuten, erarbeitet. Diese Übersicht ist dem Rundschreiben in der Anlage beigefügt. Wir möchten insbesondere auf die FATF-Liste der nichtkooperativen Staaten und Gebietskörperschaften hinweisen, welche im Internet unter der in der Übersicht (S. 4, Fn 1) genannten Adresse einsehbar ist.

X. Interne Sicherungsmaßnahmen, § 14 GwG

Notare üben die in § 3 Abs. 1 S. 1 Nr. 1 GwG genannten Geschäfte regelmäßig aus. Sie haben daher Vorkehrungen im Sinne des § 14 Abs. 2 GwG zu treffen (§ 14 Abs. 1 Nr. 8 GwG).

Für die Notare ergeben sich daraus folgende Verpflichtungen:

1. Geldwäschebeauftragter, § 14 Abs. 2 Nr. 1 GwG

Geldwäschebeauftragter im Sinne des § 14 Abs. 2 Nr. 1 GwG kann nur jeweils der Notar selbst sein. Ein Geldwäschebeauftragter soll insbesondere grundsätzlich in der Entscheidung über die Weiterleitung von Verdachtsanzeigen an die zuständigen Ermittlungsbehörden uneingeschränkt weisungsbefugt sein (vgl. Verlautbarungen Rz. 35). Eine Weisungsbefugnis eines Mitarbeiters des Notars, aber auch eines Sozius widerspricht der Unabhängigkeit des Notars. Die Entscheidung, ob eine Verdachtsmeldung, die stets im Konflikt zu seiner Verschwiegenheitspflicht steht, erfolgt, kann und darf nur der Notar selbst treffen. Auch kann nur der Notar selbst als ausreichender Ansprechpartner für die Strafverfolgungsbehörden und das Bundeskriminalamt wegen der in der Regel fehlenden Überschneidung der Tätigkeiten innerhalb der Sozietäten angesehen werden. Anders als in einer Rechtsanwaltssozietät besteht ein Rechtsverhältnis nur zwischen den Beteiligten und dem jeweiligen Notar, nicht aber mit der gesamten Sozietät.

2. Interne Grundsätze, § 14 Abs. 2 Nr. 2 GwG

Die Entwicklung interner Grundsätze, angemessener geschäfts- und kundenbezogener Sicherungssysteme und Kontrollen zur Verhinderung der Geldwäsche und der Finanzierung terroristischer Vereinigungen, § 14 Abs. 2 Nr. 2 GwG, sind in erster Linie vor dem Hintergrund des arbeitsteiligen Zusammenwirkens in Kreditinstituten erforderlich. Angesichts der Pflicht zur persönlichem Amtsausübung und den damit einhergehenden eingeschränkten Möglichkeiten zur Delegierung von Aufgaben sind interne Grundsätze und angemessene geschäfts- und kundenbezogene Sicherungssysteme schon durch die Konzentration aller entscheidenden Tätigkeiten auf die Person des Notars vorhanden. Der Notar muss sich in erster Linie selbst über Geldwäschetypologien informieren. Diese Informationen über Geldwäschetypologien sind, da verwertbare Erfahrungen mit der Geldwäsche bislang nur sehr eingeschränkt vorhanden sind, zunächst vorrangig vom Bundeskriminalamt (§ 5 Abs. 1 Satz 2 Nr. 5 GwG) und den Strafverfolgungsbehörden zu liefern. Die Bundesnotarkammer wird ihr Erfahrungswissen mit einbringen und die entsprechenden Informationen an die Notarkammern sowie die Notare weiterreichen.

3. Anforderungen an die Beschäftigten, § 14 Abs. 2 Nr. 3 und 4 GwG

Da Mitarbeiter, die befugt sind, bare und unbare Finanztransaktionen durchzuführen, im Notariat im Hinblick auf § 54 b Abs. 3 S. 1 BeurkG, wonach über Notaranderkonten nur der Notar persönlich, sein amtlich bestellter Vertreter oder der Notariatsverwalter verfügen darf, ausschließlich hinsichtlich eigener Konten des Notars bzw. der Verwaltung eines Bargeldbestandes, der der üblichen Abwicklung kleinerer Zahlungen dient, vorhanden sind, findet § 14 Abs. 2 Nr. 3 und 4 GwG nur eine geringe unmittelbare Anwendung auf die Notare. Vor diesem Hintergrund können die Pflichten aus § 14 Abs. 2 Nr. 3 und 4 GwG als deckungsgleich mit den Amtspflichten aus § 14 BNotO und den Ziff. VIII. der Richtlinienempfehlungen der Bundesnotarkammer vergleichbaren Regelungen in den Richtlinien der einzelnen Notarkammern angesehen werden. Aus § 14 BNotO folgt die Amtspflicht, die Mitarbeiter aufgabengerecht auszuwählen, zu instruieren und die Arbeitsabläufe so zu organisieren, dass insbesondere die von dem Notar persönlich wahrzunehmenden Amtshandlungen seiner Erledigung vorbehalten bleiben (Bohrer, Das Berufsrecht der Notare, Rz. 288). Nach Ziff. VIII. der Richtlinienempfehlungen der Bundesnotarkammer hat der Notar seinen Mitarbeitern neben den fachspezifischen Kenntnissen auch die berufsrechtlichen Grundsätze und Besonderheiten zu vermitteln. Zu diesen Besonderheiten gehören nunmehr auch die Pflichten nach dem Geldwäschegesetz, deren Kenntnis auch für die Mitarbeiter von Bedeutung sein kann,

z. B. wenn er den Notar bei der Durchführung der Identifizierung der Beteiligten unterstützt.

C. Mittelbare Pflichten bei Eröffnung von Anderkonten

Mittelbare Pflichten treffen den Notar bei Eröffnung von Anderkonten nach § 8 Abs. 1 GwG. In diesen Fällen hat sich das Kreditinstitut nach § 8 Abs. 1 GwG bei dem zu Identifizierenden zu erkundigen, ob er für eigene Rechnung handelt. Eröffnet der Notar ein Notaranderkonto, handelt er nicht für eigene Rechnung. Er muss daher nach § 8 Abs. 1 Satz 2 GwG Namen und Anschrift desjenigen mitteilen, für dessen Rechnung er handelt. Da in § 8 Abs. 1 Satz 1 GwG auf § 2 Abs. 1 GwG verwiesen wird, besteht diese Feststellungspflicht des Kreditinstitutes bei jeder Eröffnung eines Anderkontos.

I. Rechtsgrundlagen

Das Gesetz setzt eine der Erkundigungspflicht der Bank entsprechende Auskunftspflicht des Notars voraus. Die Verschwiegenheitspflicht des Notars ist insoweit durchbrochen. Daneben besteht eine Mitteilungspflicht des Notars auch gemäß Ziffer 2 Satz 1 und Satz 3 der Bedingungen für Anderkonten und Anderdepots, also nicht nur bei schriftlicher Kontoeröffnung, sondern auch dann, wenn die Bank Anderkonten ohne schriftlichen Kontoeröffnungsantrag errichtet. Werden Anderkonten auf Vorrat eingerichtet, so ist der wirtschaftlich Berechtigte bei Zuordnung des Kontos zu einem bestimmten Vorgang mitzuteilen.

II. Person des „wirtschaftlich Berechtigten"

Offen ist, welche Person der Notar als diejenige festzustellen hat, „für dessen Rechnung er handelt", also wer der wirtschaftlich Berechtigte im Sinne des § 8 GwG ist. Wie bei der Verdachtsanzeigepflicht besteht auch hier ein grundsätzlicher Konflikt zwischen Verschwiegenheitspflicht des Notars auf der einen Seite und der aus § 8 GwG resultierenden Auskunftspflicht.

Vor diesem Hintergrund kann zum Umfang der Angabenpflicht des Notars bei Anderkontoeröffnung nach § 8 Abs. 1 Satz 2 GwG von folgenden Grundsätzen ausgegangen werden: Wirtschaftlich Berechtigte, d. h. diejenigen Personen, für deren Rechnung der Notar handelt, sind diejenigen Personen, die dem Notar die zur Errichtung des Notaranderkontos führenden Verwahrungsanweisungen erteilt haben.

Hieraus ergibt sich für den häufigsten Fall der Einrichtung eines Notaranderkontos, der Kontoerrichtung zum Zweck der Kaufpreisabwicklung, dass die in Bezug auf den zu hinterlegenden Kaufpreis Anweisungsberechtigten nach § 8 Abs. 1 Satz 2 GwG vom Notar anzugeben sind, das sind in der Regel Verkäufer und Käufer. Im Falle der einseitigen Hinterlegung (z. B. Hinterlegung durch einen Finanzierungsgläubiger zum Zwecke der Umschuldung) ist wiederum nur derjenige anzugeben, der zum Zeitpunkt der Anderkontoeröffnung hinsichtlich des zu hinterlegenden Geldbetrages anweisungsberechtigt ist, in der Regel folglich nur der ablösende Gläubiger.

Anh. V.2

Eine Mitteilungspflicht besteht hingegen nicht hinsichtlich finanzierender Kreditinstitute, die Gelder auf das Anderkonto unter zusätzlichen Treuhandauflagen überweisen. Hier kann zumindest der Rechtsgedanke des § 2 Abs. 4 GwG herangezogen werden, wonach eine Identifizierung im Interbankenverkehr nicht erfolgen soll.

III. Zeitpunkt für die Feststellung des wirtschaftlich Berechtigten

Der entscheidende Zeitpunkt für die Feststellung des wirtschaftlich Berechtigten ist zunächst die Kontoeröffnung (§ 8 Abs. 1 Satz 1 i. V. m. § 2 Abs. 1 GwG). Nach Ziffer 2 S. 3 der Bedingungen für Anderkonten und Anderdepots von Notaren besteht darüber hinaus die Pflicht, wenn das Anderkonto vom Notar für einen anderen als den bei Kontoeröffnung benannten wirtschaftlich Berechtigten wieder verwendet wird, unverzüglich Name und Anschrift des neuen wirtschaftlich Berechtigten schriftlich mitzuteilen.

D. Sanktionen

I. Ordnungswidrigkeiten nach § 17 GwG

Nach § 17 Abs. 1 GwG ist der vorsätzliche oder leichtfertige Verstoß gegen die Pflichten zur Identifizierung, Aufzeichnung und Aufbewahrung ordnungswidrig. Ordnungswidrig handelt auch, wer sich nicht gemäß § 8 GwG nach dem wirtschaftlich Berechtigten erkundigt oder nicht nach § 8 GwG Namen und Anschrift feststellt und wer entgegen § 11 Abs. 5 GwG den Auftraggeber oder einen anderen als staatliche Stellen von der Anzeige nach § 11 Abs. 1 GwG in Kenntnis setzt. Die Ordnungswidrigkeit kann jeweils mit einer Geldbuße geahndet werden.

II. Strafbarkeit nach § 261 StGB

Die Führung von Notaranderkonten enthält in geldwäscherechtlicher Hinsicht besondere Gefahren. Der Notar kann sich nach § 261 Abs. 1 und 2, insbesondere Abs. 2 Nr. 2 1. Alt., Abs. 5 StGB schon dann strafbar machen, wenn er leichtfertig nicht erkennt, dass der Gegenstand der Finanztransaktion aus einer Vortat im Sinne des § 261 StGB herrührt. Die Verwahrung auf dem und die Verfügung über das Anderkonto durch den Notar können insoweit tatbestandsmäßige Handlungen darstellen, insbesondere wenn die Gelder unmittelbar von den Beteiligten stammen. Vor diesem Hintergrund sollte, sofern ein Geldwäscheverdacht während der Verwahrungstätigkeit entsteht, unbedingt von einer Auszahlung nach § 54 d BeurkG zunächst abgesehen und ggf. auf das Beschwerdeverfahren nach § 15 Abs. 2 BNotO verwiesen werden. Entsprechend ist zu verfahren, wenn ein Geldwäscheverdacht bereits zu Beginn der Verwahrungstätigkeit entsteht. In diesen Fällen ist zu empfehlen, bei Zweifeln am Vorliegen des Tatbestandsmerkmals der Erkennbarkeit des unerlaubten Zweckes nach § 15 BNotO dieses eher zu bejahen und sich entsprechend anweisen zu lassen.

Wir hoffen, mit diesen Empfehlungen einen Leitfaden für die wichtigsten Fragen in der Praxis gegeben zu haben.

Anhang V.3

**Wirtschaftsprüferkammer
Anwendungshinweise zum
Gesetz über das Aufspüren von Gewinnen aus schweren Straftaten
(Geldwäschegesetz – GwG)**

vom 30./31. August 2004

Der Vorstand der Wirtschaftsprüferkammer hat in seiner Sitzung am 30./31. August 2004 aufgrund der Befugnis gemäß § 16 Nr. 4 GwG folgende Anwendungshinweise zum Gesetz über das Aufspüren von Gewinnen aus schweren Straftaten (Geldwäschegesetz – GwG) für Wirtschaftsprüfer und vereidigte Buchprüfer beschlossen:

A) Einleitung

Das Gesetz über das Aufspüren von Gewinnen aus schweren Straftaten (Geldwäschegesetz – GwG) wurde durch das Geldwäschebekämpfungsgesetz vom 8. August 2002[1] 1 geändert. Die Änderungen sind am 15. August 2002 in Kraft getreten. Mit dem Geldwäschebekämpfungsgesetz ist die Zweite EU-Geldwäscherichtlinie[2] in deutsches Recht umgesetzt worden. Weiter sollte damit den internationalen Vorgaben, insbesondere denen der Financial Action Task Force on Money Laundering (FATF), Rechnung getragen werden.

Mit dem Geldwäschebekämpfungsgesetz wurde der Pflichtenkreis für Wirtschaftsprüfer und vereidigte Buchprüfer erweitert. Weitere betroffene Berufe sind Rechtsanwälte, Rechtsbeistände, Patentanwälte, Notare, Steuerberater und Steuerbevollmächtigte. Mit Inkrafttreten des Gesetzes ist der Berufsstand der Wirtschaftsprüfer und vereidigten Buchprüfer grundsätzlich berufsbezogen, daß heißt bei allen seinen beruflichen Tätigkeiten in die Pflichten (Identifizierungspflicht, die Feststellung des wirtschaftlich Berechtigten sowie die Aufzeichnungs- und Aufbewahrungspflicht), die vorher nur für die Treuhandtätigkeit galten, einbezogen worden. Gleiches gilt für Steuerberater und Steuerbevollmächtigte. Die allein rechtsberatenden Berufe sind tätigkeitsbezogen einbezogen worden. Dies bedeutet, daß sie nur bei bestimmten vom Gesetz definierten Tätigkeiten den Pflichten nach dem Geldwäschegesetz (vgl. § 3 Abs. 1 Ziff. 1 GwG) unterliegen. Zudem sind alle einbezogenen Berufe und somit auch Wirtschaftsprüfer und vereidigte Buchprüfer der Pflicht zu einer Meldung in Verdachtsfällen gem. § 11 GwG unterworfen worden.

---

1) BGBl. I S. 3105.
2) Richtlinie 2001/97/EG des Europäischen Parlaments und des Rates vom 4. Dezember 2001 zur Änderung der Richtlinie 31/308/EG des Rates zur Verhinderung der Nutzung des Finanzsystems zum Zwecke der Geldwäsche.

Anh. V.3

Die Wirtschaftsprüferkammer möchte mit den nachfolgenden Anwendungshinweisen Unsicherheiten hinsichtlich der Anwendung der seit August 2002 geregelten Pflichten begegnen.

Die Befugnis und Verpflichtung der Wirtschaftsprüferkammer zu derartigen Anwendungshinweisen ergibt sich aus ihrer Zuständigkeit gem. § 16 Nr. 4 GwG. Die Wirtschaftsprüferkammer ist danach die für den Berufsstand für die Durchführung dieses Gesetzes zuständige Behörde.

Ergänzende Informationen sind der Homepage www.wpk.de/geldwaesche/geldwaesche.asp zu entnehmen.

B) Pflichtenkreis für Wirtschaftsprüfer und vereidigte Buchprüfer nach dem Geldwäschegesetz

Schon nach bisherigem Recht des Geldwäschegesetzes[3] bestanden für den Berufsstand Pflichten, nämlich die **Identifizierungspflicht**, die **Pflicht zur Feststellung des wirtschaftlich Berechtigten** sowie die **Aufzeichnungs- und die Aufbewahrungspflicht**. Diese Pflichten sind aufgrund des Geldwäschebekämpfungsgesetzes[4] grundsätzlich auf die gesamte berufliche Tätigkeit ausgedehnt worden, zudem sind die **Verdachtsanzeigepflicht** und die Pflicht zur Vornahme von **internen Sicherungsmaßnahmen** hinzugekommen.

Grundsätzlich treffen die Pflichten nach dem Geldwäschegesetz nur den einzelnen Berufsträger.[5] § 3 Abs. 1 Ziff. 2 GwG nimmt ausdrücklich nur Bezug auf die natürlichen Personen im Berufsstand. Die Begründung führt dazu aus, daß auf die zusätzliche Nennung der betreffenden Berufsgesellschaften verzichtet worden ist, *„da dies letztendlich nur zu einer Verdoppelung der Mitwirkungspflichten bzw. der Frage nach dem Konkurrenzverhältnis zwischen den Pflichten des einzelnen Berufsträgers und der Gesellschaft führen würde"*. Eine Ausnahme ist in § 14 Abs. 3 GwG geregelt. Danach obliegt die Verpflichtung zu den internen Sicherungsmaßnahmen gemäß § 14 Abs. 1 Ziff. 8, Abs. 2 GwG in dem Falle, in dem der Wirtschaftsprüfer oder vereidigte Buchprüfer seine berufliche Tätigkeit im Rahmen eines Unternehmens ausübt, diesem Unternehmen.

I. Identifizierungspflicht

Die von Wirtschaftsprüfern und vereidigten Buchprüfern zu beachtenden Identifizierungspflichten sind in § 2 Absätze 1 bis 3 GwG und in § 6 GwG geregelt. Die nachfolgenden Anwendungshinweise verstehen sich als Mindestanforderungen zur Erfüllung der Identifizierungspflicht nach dem Geldwäschegesetz. Es bleibt den Berufsträgern jedoch unbenommen, in besonderen Fällen sowie aus Gründen der Ver-

---

3) Gesetz über das Aufspüren von Gewinnen aus schweren Straftaten vom 25. Oktober 1993, BGBl. I S. 1770, zuletzt geändert durch Artikel 22 des Gesetzes vom 3. Dezember 2001 (BGBl. I S. 3306).
4) Gesetz vom 8. August 2002 (BGBl I S. 3105).
5) BT-Drs. 14/8739 vom 8. April 2002, S. 12.

Anh. V.3

waltungsvereinfachung in der beruflichen Einheit über die Mindestanforderungen hinaus Identifizierungen vorzunehmen.[6]

1. In welchen Fällen ist zu identifizieren?

a. Wirtschaftsprüfer und vereidigte Buchprüfer haben bei **Abschluß eines Vertrages zur Begründung einer auf Dauer angelegten Geschäftsbeziehung den Vertragspartner** zu identifizieren (§ 2 Abs. 1 GwG i. V. m. § 3 Abs. 1 Ziff. 2 GwG).

Absatz 1 beruht auf dem „know your customer"-Prinzip und findet seinen Ursprung in den 40 Empfehlungen der FATF.

Fraglich ist, wann der „Abschluß eines Vertrages zur Begründung **einer auf Dauer angelegten Geschäftsbeziehung**" vorliegt. Die Gesetzesbegründung nennt als klassisches Beispiel den Fall der Kontoführung und die sonstigen in § 154 Abs. 2 S. 1 AO genannten Geschäfte (Schließfachüberlassung, Wertsachenverwahrung, Inpfandnahme von Wertsachen). Vor dem Hintergrund des klassischen Beispiels der Kontoführung werden bei einer Abschlußprüfung oder bei einem Steuerberatungsvertrag, welche/r für ein Geschäftsjahr bzw. für ein Veranlagungsjahr in Auftrag gegeben wird, die Voraussetzungen für die Begründung einer auf Dauer angelegten Geschäftsbeziehung noch nicht vorliegen.

Formal wird man sich aber im Falle der Abschlußprüfung nicht auf den für jedes Geschäftsjahr zu erfolgenden handelsrechtlichen Akt der Bestellung gem. § 318 HGB und die nachfolgende zivilrechtliche Einzelbeauftragung berufen können, da eine derart formalisierte Betrachtungsweise nicht dem Zweck des § 2 Abs. 1 GwG entsprechen würde. Wenn tatsächlich eine längere Mandantenbeziehung, d. h. über ein Geschäftsjahr hinaus beabsichtigt ist, wird bei Erstbeauftragung identifiziert werden müssen.

Ist den Gesamtumständen bei der Erstbeauftragung zu einer Abschlußprüfung zu entnehmen, daß eine weitere Beauftragung für sich anschließende Geschäftsjahre durchaus beabsichtigt ist, wird bereits bei Abschluß der Erstbeauftragung die Identifizierungspflicht greifen. Da in der Praxis eine Abschlußprüfung für einen Mandanten tatsächlich nur in Ausnahmefällen für nur ein Geschäftsjahr erfolgt, wird regelmäßig bei Erteilung des erstmaligen Auftrages eine Identifizierung des Vertragspartners erfolgen müssen.

Im Falle eines Steuerberatungsvertrages wird häufiger bereits aus der vertraglichen Vereinbarung die Absicht der Vertragspartner deutlich werden, ob eine Beauftragung über ein Veranlagungsjahr hinaus beabsichtigt ist. Wenn dies der Fall ist, ist im Zeitpunkt der erstmaligen Beauftragung zu identifizieren. Auch bei Abschluß eines Steuerberatungsvertrages wird in der Praxis überwiegend bei der erstmaligen Beauftragung identifiziert werden müssen.

Sollte bei einer Erstbeauftragung aus den oben genannten berechtigten Gründen (d. h. es wurde eine Abschlußprüfung für ein Geschäftsjahr oder eine Steuerbera-

---

6) Ein Praxishandbuch kann durchaus beim Abschluß jeder Abschlußprüfung wie auch beim Abschluß jedes Steuerberatungsvertrages eine Identifizierung vorschreiben.

Anh. V.3

tung für ein Veranlagungsjahr ohne erkennbaren Willen des Mandanten, daß eine Folgebeauftragung darüber hinaus erfolgen soll, beauftragt) nicht identifiziert worden sein und es tritt entgegen der Erwartungen eine Folgebeauftragung ein, ist dann spätestens zum Zeitpunkt der Folgebeauftragung zu identifizieren.

Nach § 2 Abs. 1 GwG ist der **Vertragspartner** zu identifizieren. Da § 2 Abs. 1 GwG anders als § 3 Abs. 2 und 3 GwG nicht von der Person spricht, die gegenüber dem Berufsträger auftritt, ist davon auszugehen, daß mit Vertragspartner die Vertragspartei gemeint ist. Demgemäß ist bei einer Abschlußprüfung das zu prüfende Unternehmen zu identifizieren. Entsprechendes gilt für andere Prüfungen, wie beispielsweise die Gründungsprüfung (§ 33 AktG), Sonderprüfungen (§ 142 AktG), MaBV-Prüfungen etc. Bei einem Steuerberatungsvertrag, der auf die Erstellung eines Jahresabschlusses ausgerichtet ist, ist das Unternehmen zu identifizieren, für welches die Erstellung des Jahresabschlusses in Auftrag gegeben wird.

Entsprechendes gilt für weitere Steuerberatungsverträge und unternehmensberatende Verträge sowie auch für Gutachten, die für eine private Partei erstattet werden und auch für Verträge, die auf die treuhändlerische Verwaltung gerichtet sind. In letzterem Falle ist der Treugeber zu identifizieren.

b. Wirtschaftsprüfer und vereidigte Buchprüfer haben zudem **im Zeitpunkt der Annahme von Bargeld, Wertpapieren i. S. d. § 1 Abs. 1 des Depotgesetzes oder Edelmetallen im Wert von 15.000,- € oder mehr** zuvor denjenigen zu identifizieren, der ihnen gegenüber auftritt (§ 2 Abs. 2 i. V. m. § 3 Abs. 1 Ziff. 2 GwG).

Da die gesetzliche Regelung von der gegenüber dem Wirtschaftsprüfer oder vereidigten Buchprüfer auftretenden Person spricht, wird sich die Identifizierung im Rahmen von § 2 Abs. 2 GwG auf eine natürliche Person richten. Die Feststellung, wer gegebenenfalls hinter dieser Person steht, wird unter der Pflicht zur Feststellung des wirtschaftlich Berechtigten gem. § 8 GwG erfolgen.

c. Eine Identifizierung desjenigen, der gegenüber dem Wirtschaftsprüfer oder vereidigten Buchprüfer auftritt, ist auch vorzunehmen, wenn **Bargeld, Wertpapieren im Sinne des § 1 Abs. 1 des Depotgesetzes oder Edelmetalle durch mehrere Finanztransaktionen, die zusammen einen Betrag im Wert von 15.000,- € oder mehr ausmachen, angenommen werden, sofern tatsächliche Anhaltspunkte dafür vorliegen, daß zwischen ihnen eine Verbindung besteht** (§ 2 Abs. 3 i. V. m. § 3 Abs. 1 Ziff. 2 GwG).

Auch hier spricht das Gesetz von derjenigen Person, die gegenüber dem Wirtschaftsprüfer oder vereidigten Buchprüfer auftritt, mit der Folge, daß ebenso wie in den Fällen unter B. 1. b. eine natürliche Person zu identifizieren ist. Etwaige „Hintermänner" werden auch in diesem Fall über die Feststellung des wirtschaftlich Berechtigten gem. § 8 GwG erfaßt.

Die Identifizierung ist in dem Zeitpunkt vorzunehmen, in welchem die tatsächlichen Anhaltspunkte erkannt werden, daß zwischen den einzelnen Beträgen unterhalb des Wertes von 15.000,- € eine Verbindung besteht.

d. Wirtschaftsprüfer und vereidigte Buchprüfer haben unabhängig von der genannten Betragsgröße bei Verdacht, daß eine vereinbarte Finanztransaktion einer Geldwäsche oder der Finanzierung einer terroristischen Vereinigung im In- oder Ausland dient oder im Falle ihrer Durchführung dienen würde, die auftretenden Personen zu identifizieren (§ 6 GwG i. V. m. § 3 Abs. 1 Ziff. 2 GwG, sogenannte **betragsunabhängige Identifizierung**).

Zur auftretenden Person gilt das unter B. 1. b. Gesagte entsprechend. Bei der betragsunabhängigen Identifizierung sollte unmittelbar nach dem Feststellen des Verdachts die Identifizierung vorgenommen werden.

Die Pflicht zur Identifizierung besteht allerdings nur nach § 2 Abs. 2 und 3 GwG und damit im Fall einer Bargeldannahme durch den Wirtschaftsprüfer/vereidigten Buchprüfer. Keine Identifizierungspflicht besteht aber, wenn es sich um den Fall einer Abschlußprüfung oder Beratung handelt, der nicht die Voraussetzungen einer „auf Dauer angelegten Geschäftsbeziehung" erfüllt und keine Bargeldannahme erfolgt, da § 6 GwG nicht auf § 2 Abs. 1 GwG verweist. Der Wirtschaftsprüfer/vereidigte Buchprüfer sollte in diesen Fällen aber das Mandat beenden, da er je nach Grad der Verfestigung des Verdachts leicht in die Nähe einer Teilnahmehandlung zur Geldwäsche kommen kann.

Die Feststellung von Tatsachen, die auf eine Geldwäsche schließen lassen, dürfte nicht leicht fallen, da der Vortatenkatalog des § 261 StGB umfangreich ist und auch gewerbsmäßige bzw. bandenmäßige Begehungsweisen kennt. Da auch der Vortäter selbst Geld waschen kann[7] und ihm in § 261 Abs. 9 S. 2 StGB ein persönlicher Strafausschließungsgrund zur Vermeidung einer Doppelbestrafung zugute kommt, muß der verdachtsschöpfende Berufsangehörige nur Tatsachen feststellen, die auf eine Vortat des § 261 StGB hindeuten und weiterhin Tatsachen feststellen, die auf eine Tathandlung des § 261 StGB schließen lassen. Ob der mutmaßliche Geldwäscher selbst an der Vortat beteiligt war oder ob er ein „reiner" Geldwäscher sein könnte, muß den Berufsangehörigen nicht interessieren.

e. Häufig wurde die Frage nach der **Rückwirkung des Gesetzes** und damit nach der Nachidentifizierung von „Altmandaten" gestellt.

Eine generelle Rückwirkung des Geldwäschebekämpfungsgesetzes besteht nicht,[8] so daß „Altmandanten" grundsätzlich nicht „nach"-zuidentifizieren sind. Jedoch im Falle und im Zeitpunkt einer weiteren vertraglichen Vereinbarung wird auch ein „Altmandant" identifiziert werden müssen. Die oftmals geäußerte Befürchtung, daß der langjährige Mandant die Frage nach den Identifizierungsunterlagen befremdlich empfinden könnte, sollte durch einen Hinweis auf die im Jahre 2002 neu eingeführten Pflichten ausgeräumt werden können.

2. Wer ist wie zu identifizieren?

Das Gesetz gibt lediglich in § 1 Abs. 5 GwG genaue Regelungen und zwar nur zur Identifizierung von natürlichen Personen vor.

---

[7] vgl. Tröndle/Fischer, StGB, 52. Auflage, § 261 Rz. 18.
[8] Ebenso auch der Anwendungserlaß zu § 154 AO Ziff. 7 l, der anordnet, daß die Legitimationsprüfung nicht bei vor dem 1. Januar 1992 (damaliges Inkrafttreten des GwG) begründeten, noch bestehenden oder bereits erloschenen Befugnissen angeordnet wird.

Anh. V.3

Die Bundesregierung hat in ihrer Gegenäußerung zum Petitum des Bundesrates folgende Klarstellungen ausgeführt: „Die Bundesregierung stimmt dem Vorschlag des Bundesrates insoweit zu, als dieser darauf abzielt, den Kreditinstituten im Hinblick auf die Führung eines Kontos und bei den sonstigen in § 154 Abs. 2 Satz 1 AO genannten Geschäften nicht völlig neue Identifizierungspflichten aufzuerlegen. Allerdings bedarf es hierzu keiner Änderung des Gesetzestextes. Vielmehr geht die Bundesregierung davon aus, daß bereits nach der Entwurfsfassung, die zum Beispiel keine näheren Vorgaben für die Identifizierung juristischer Personen enthält, die vom Bundesministerium der Finanzen und der Bundesanstalt für Finanzdienstleistungsaufsicht zu § 154 Abs. 2 Satz 1 AO entwickelten Auslegungsregeln grundsätzlich auch auf die neue Identifizierungspflicht nach § 2 Abs. 1 GwG-E Anwendung finden. Von einer Änderung des Entwurfstextes sollte hingegen nach Auffassung der Bundesregierung abgesehen werden, um – auch im Hinblick auf eine klare Umsetzung der Vorgaben der EG-Geldwäscherichtlinie --den originären und eigenständigen Regelungsanspruch des Geldwäschegesetzes gegenüber dem steuerverfahrensrechtlichen Regelungsgehalt der Abgabenordnung zu betonen. Dies ist auch im Hinblick auf den Adressatenkreis des Geldwäschegesetzes geboten, der mit dem Adressatenkreis des § 154 AO nicht deckungsgleich ist."[9]

Ob die gesetzliche Regelung die Begründung zu entsprechender Anwendung des Anwendungserlasses zu § 154 AO trägt, mag dahin stehen. Der Wirtschaftsprüferkammer geht es darum, für den Berufsstand praktikable Regelungen zu entwickeln.

Dazu kann der Anwendungserlaß des Bundesministeriums der Finanzen[10] eine grundsätzliche, aber für Wirtschaftsprüfer und vereidigte Buchprüfer aufgrund der berufsspezifischen Besonderheiten nur grobe Richtschnur geben. Zudem hat die steuerrechtliche Regelung des § 154 Abs. 2 AO i. V. m. dem betreffenden Anwendungserlaß die Steuerehrlichkeit und die jederzeitige Sicherstellung der Auskunftsbereitschaft in einem Besteuerungsverfahren zum Hintergrund. Der Regelungszweck des Geldwäschegesetzes zielt demgegenüber darauf ab, im Falle der Aufdeckung von geldwäscherelevanten Sachverhalten bzw. Finanztransaktionen bereits Informationen über den möglichen Täter oder Teilnehmer vorzuhalten. Schlußendlich läßt die o. g. Begründung der Bundesregierung darauf schließen, daß bei Wirtschaftsprüfern und vereidigten Buchprüfern, die nicht unter den Adressatenkreis des Anwendungserlasses zu § 154 AO fallen, die Regelungen des vorgenannten Anwendungserlasses nur dann heranzuziehen sind, wenn sie im Rahmen der berufsspezifischen Tätigkeit sinnvolle und passende Regelungen vorhält.

Die berufliche Tätigkeit eines Wirtschaftsprüfers und vereidigten Buchprüfers ist mit der Tätigkeit einer Bank und insbesondere mit dem Regelfall einer Kontoeröffnung nicht vergleichbar. Dies wird insbesondere bei der originären Aufgabe der gesetzlichen Abschlußprüfung gem. § 316 HGB besonders deutlich.

---

9) BT-Drs. 14/9043 vom 15. Mai 2002, S. 8.
10) Anwendungserlaß zur Abgabenordnung (AEAO), BMF-Schreiben vom 15. Juli 1998 (BStBl. I S. 630), zuletzt geändert durch BMF-Schreiben vom 10. Januar 2003-IVA4-S0062-17/02- (http://www. bundesfinanzministerium.de/Anlage16167/BMFSchreibenvom-10.-Januar-2003-IV-A-4-S-0062-17/02.pdf).

Anh. V.3

Die Prüfung des Jahresabschlusses erfüllt im wesentlichen drei Funktionen: die Kontroll-, die Informations- und die Beglaubigungsfunktion zum Schutz der Gesellschafter, der Gläubiger und der Öffentlichkeit. Die Durchführung einer gesetzlichen Abschlußprüfung stellt letztendlich eine Verpflichtung des zu prüfenden Unternehmens dar (§ 316 HGB). Der Abschlußprüfer wird zur Erfüllung dieser Pflicht beauftragt. Im Rahmen dieser beruflichen Aufgabe des Wirtschaftsprüfers oder vereidigten Buchprüfers geht es weder um Bewegung von Geldern, noch um Verfügungsbefugnisse über Konten, die von einem Berufsträger verwaltet werden. Deshalb reicht es auch aus, bei Vertragsabschluß im Rahmen der Identifizierung nach § 2 Abs. 1 GwG den Vertragspartner, sprich das zu prüfende Unternehmen, anhand des Handelsregisterauszuges zu identifizieren. Das öffentliche Register gibt Auskunft über die hinter dem Unternehmen stehenden juristischen und natürlichen Personen.

Auch im Rahmen eines Steuerberatungsvertrages, der die Erstellung des Jahresabschlusses für ein Unternehmen zum Gegenstand hat, steht direkt im Zusammenhang mit der Erfüllung der gesetzlichen Pflicht nach §§ 242, 264 HGB. Auch hier wird der Vertragspartner anhand des öffentlichen Registers unter Angabe der Registernummer ausreichend identifiziert. Etwaige Verfügungsberechtigte über ein Konto, die der o. g. Anwendungserlasses anspricht, sind auch dort nicht vorkommend.

Gleiches gilt bei Abschluß eines Treuhandvertrages im Rahmen von § 2 Abs. 1 GwG. Es ist der Vertragspartner zu identifizieren. Sollte es sich hierbei um eine juristische Person oder um eine Personengesellschaft handeln, die in ein öffentliches Register eingetragen ist, reicht auch hier zur Identifizierung der amtliche Registerauszug unter Angabe der Registernummer aus. Etwaige Hintermänner werden über die Feststellung des wirtschaftlich Berechtigten im Rahmen von § 8 GwG erfaßt werden.

Bei der Eröffnung eines Anderkontos im Rahmen eines Treuhandvertrages ist Verfügungsbefugter der Berufsträger selbst. In diesem Zusammenhang sei darauf hingewiesen, daß nach § 8 BS für Wirtschaftsprüfer/vereidigte Buchprüfer die anvertrauten fremden Vermögenswerte von dem eigenen und anderen fremden Vermögen getrennt zu halten und gewissenhaft zu verwalten sind. Sammelanderkonten sind nicht erlaubt.

a. Identifizierung von natürlichen Personen

Im Falle der Identifizierung von natürlichen Personen gibt das Gesetz klare Regelungen in § 1 Abs. 5 GwG. Dort definiert das Gesetz das Identifizieren als das Feststellen des Namens aufgrund eines gültigen Personalausweises oder Reisepasses sowie des Geburtsdatums, des Geburtsortes, der Staatsangehörigkeit und der Anschrift, soweit sie darin enthalten sind, und das Feststellen von Art, Nummer und ausstellender Behörde des amtlichen Ausweises.

Als geeignetes Ausweispapier können über Reisepaß und Personalausweis hinaus alle befristeten, die ausstellende Behörde verzeichnende Ausweise anerkannt werden, die den Anforderungen an Personalausweise gem. § 1 Abs. 2 des Gesetzes über

Anh. V.3

Personalausweise bzw. den Anforderungen an Reisepässe gem. § 4 Abs. 11 Paßgesetz entsprechen. Ebenfalls können die als Ausweisersatz erteilten und mit Angaben zur Person und einem Lichtbild versehenen Bescheinigungen über die Aufenthaltsgestattung gem. § 63 Asylverfahrensgesetz und Bescheinigungen gem. § 39 Ausländergesetz anerkannt werden.[11]

Die Identifizierung kann auch gem. § 1 Abs. 5 Satz 2 GwG anhand einer qualifizierten elektronischen Signatur im Sinne von § 2 Nr. 3 Signaturgesetz erfolgen.

b. Identifizierung von juristischen Personen

Das Gesetz selbst enthält keinerlei Regelung zur Identifizierung von juristischen Personen. Hier kann wiederum nur der bereits oben angesprochene Anwendungserlaß zu § 154 AO Hinweise geben, der auf die berufsspezifischen Besonderheiten abzustimmen ist:

Entsprechend dem Anwendungserlaß zu § 154 AO in Ziffer 4 Satz 4 ist bei einer juristischen Person des privaten sowie des öffentlichen Rechts (Körperschaft des öffentlichen Rechts, AG, GmbH, Verein usw.) die Bezugnahme auf eine amtliche Veröffentlichung oder ein amtliches Register unter Angabe der Registernummer ausreichend. Hier können neben dem Handelsregister etc. auch die öffentlichen Berufsregister genannt werden.

c. Identifizierung von Personengesellschaften, die in öffentliche Register eingetragen sind

Bei Personengesellschaften, die in öffentlichen Registern (z. B. Handelsregister, Partnerschaftsregister, Genossenschaftsregister, Berufsregister) eingetragen sind, erfolgt die Identifizierung anhand eines öffentlichen Registerauszugs unter Angabe der Registernummer.

d. Identifizierung von Gesellschaften bürgerlichen Rechts

Gesellschaften bürgerlichen Rechts sind anhand des Gesellschaftsvertrages nebst Gesellschafterlisten zu identifizieren. Teilweise können auch Informationen aus öffentlichen Berufsregistern dienlich sein.

Im Falle der Nichtvorlage eines Gesellschaftsvertrages nebst Gesellschafterlisten sind die einzelnen Gesellschafter der Gesellschaft bürgerlichen Rechts gem. § 1 Abs. 5 GwG (vgl. B 2. a) zu identifizieren. Sollten in diesem Falle die Gesellschaft bürgerlichen Rechts mehr als fünf Gesellschafter haben, ist eine Identifizierung entsprechend dem Anwendungserlaß zu § 154 AO Ziff. 7k von maximal fünf Gesellschaftern ausreichend. Sollte eine Identifizierung der Gesellschaft bürgerlichen Rechts und ihrer Gesellschafter nicht ausreichend möglich sein, stellt sich die Frage, ob das Mandat angenommen werden sollte.

---

11) vgl. Ziff. 8 der Verlautbarung des Bundesaufsichtsamtes für das Kreditwesen über Maßnahmen der Kreditinstitute zur Bekämpfung und Verhinderung der Geldwäsche vom 30. März 1998.

Anh. V.3

3. Absehen von einer Identifizierung

Von einer Identifizierung kann gem. § 7 GwG abgesehen werden, wenn der zu Identifizierende dem Wirtschaftsprüfer oder vereidigten Buchprüfer persönlich bekannt **und** wenn er bei früherer Gelegenheit identifiziert worden ist. Ein Wirtschaftsprüfer oder vereidigter Buchprüfer kann also bei persönlicher Bekanntschaft von dessen Identifizierung absehen, wenn er zumindest einmal bei früherer Gelegenheit den Mandanten im Sinne von § 1 Abs. 5 GwG identifiziert hat. Die Erleichterung durch § 7 GwG gilt also nicht für den Fall der erstmals auftretenden Identifizierungspflicht, sondern nur für die etwaig sich später – zum Beispiel im Rahmen einer laufenden Geschäftsbeziehung --ergebenden Identifizierungspflicht.

II. Aufzeichnungs- und Aufbewahrungspflichten

Die im Rahmen der Identifizierung getroffenen Feststellungen sind durch Aufzeichnung der Angaben oder durch Anfertigung einer Kopie der Seiten des zur Feststellung der Identität vorgelegten Ausweises, die diese Angaben enthalten, oder durch Anfertigung einer Kopie oder Ablage des Registerauszuges des Gesellschaftsvertrages und Gesellschafterlisten sowie gegebenenfalls der Vollmacht zu dokumentieren (§ 9 Abs. 1 GwG). Die Aufzeichnungen können auch als Wiedergabe auf einen Bildträger oder auf einem anderen Datenträger abgespeichert werden (§ 9 Abs. 2 GwG). Sie sind **sechs Jahre** aufzubewahren (§ 9 Abs. 3 GwG), wobei die Frist mit dem Schluß des Kalenderjahres beginnt, in dem die jeweilige Angabe festgestellt worden ist.

Da diese Aufzeichnungen gem. § 10 GwG zur Verfolgung einer Straftat nach § 261 StGB und der in § 261 Abs. 1 Ziff. 1 bis 5 StGB genannten Straftaten für die Zwecke eines Strafverfahrens herangezogen und verwendet werden dürfen, sollten die Aufzeichnungen **getrennt von den übrigen Akten** aufbewahrt werden, da die Aufzeichnungen im Rahmen von § 9 GwG nicht der Beschlagnahmefreiheit gem. § 91 StPO unterliegen.

III. Feststellung des wirtschaftlich Berechtigten

Nach § 8 Abs. 1 GWG hat sich schon vor Inkrafttreten des Geldwäschebekämpfungsgesetzes der Wirtschaftsprüfer oder vereidigte Buchprüfer bei der Bargeldannahme bei dem zu Identifizierenden zu erkundigen, ob dieser für eigene Rechnung handelt. Seit dem Inkrafttreten des Geldwäschebekämpfungsgesetzes hat der Wirtschaftsprüfer und vereidigte Buchprüfer diese Feststellung nach dem Geldwäschegesetz für alle Fälle der Mandatierung zu treffen. Dies ergibt sich aus der Verweisung von § 8 Abs. 1 S. 1 GwG auf § 2 Abs. 1 GwG i. V. m. § 3 Abs. 1 GwG.

Die Vorschrift soll – wie bisher schon – Strohmanngeschäften entgegenwirken und denjenigen sichtbar machen, in dessen wirtschaftlichen oder rechtlichen Interessen die Kontoeröffnung oder Transaktion erfolgt.[12] Die Frage danach reicht aus.

---

12) BT-Drs. 12/2704 vom 29. Mai 1992, S. 16.

Anh. V.3

Die ausdrückliche Frage nach dem wirtschaftlich Berechtigten im Falle der Abschlußprüfung entfällt generell, da es dort einen wirtschaftlich Berechtigten iSd § 8 GwG nicht gibt. Auch im Bereich der Steuerberatung wird in den überwiegenden Fällen eine ausdrückliche Frage nach dem wirtschaftlich Berechtigten unsinnig sein. Beispiel hierfür ist der im Rahmen der steuerberatenden Tätigkeit häufig erteilte Auftrag zur Erstellung des Jahresabschlusses. Die Abschlußprüfung sowie die Erstellung eines Jahresabschlusses für einen Mandanten steht im Zusammenhang mit der Erfüllung von gesetzlichen Pflichten (§§ 242, 264, 316 HGB) des Mandanten und kann nicht Gegenstand eines Strohmanngeschäftes sein. Deshalb haben Wirtschaftsprüfer und vereidigte Buchprüfer nach der Art der Beauftragung im Einzelfall zu beurteilen, ob im beratenden Bereich die ausdrückliche Frage nach der wirtschaftlichen Berechtigung einen Sinn macht. Im Rahmen der Treuhandtätigkeit ist die Feststellung, ob der Mandant für eigene oder für fremde Rechnung handelt, regelmäßig notwendig.

Gibt der zu Identifizierende an, nicht für eigene Rechnung zu handeln, so hat der Wirtschaftsprüfer oder vereidigte Buchprüfer – wie bisher --nach dessen Angaben Namen und Anschrift desjenigen festzustellen, für dessen Rechnung dieser handelt (§ 8 Abs. 1 S. 2 GwG).

Die neue Pflicht zur Nachforschung nach dem wirtschaftlich Berechtigten trifft nur Institute und nicht Wirtschaftsprüfer und vereidigte Buchprüfer (§ 8 Abs. 1 S. 3 GwG). Es wird auf die Ausführungen in der Regierungsbegründung verwiesen.[13]

Handelt der zu Identifizierende für eine nicht rechtsfähige Vereinigung, so ist deren Name und der Name und die Anschrift von einem ihrer Mitglieder festzustellen (§ 8 Abs. 1 Satz 4 GwG).

IV. Verdachtsanzeige

Durch das Geldwäschebekämpfungsgesetz sind auch Wirtschaftsprüfer und vereidigte Buchprüfer neben den übrigen gem. § 3 Abs. 1 GwG einbezogenen freien Berufe (u. a. Rechtsanwälte, Patentanwälte, Notare, Steuerberater und Steuerbevollmächtigten) der Pflicht zur Verdachtsanzeige unterworfen worden.

Die Pflicht für Wirtschaftsprüfer und vereidigte Buchprüfer besteht, wenn bei der beruflichen Tätigkeit Tatsachen festgestellt werden, die darauf schließen lassen, daß eine Finanztransaktionen einer Geldwäsche nach § 261 StGB dient oder im Falle ihrer Durchführung dienen würde. Erfaßt sind danach **gegenwärtige** und **zukünftige** Transaktionen.

Die Verdachtsanzeige ist unverzüglich mündlich, fernmündlich, fernschriftlich oder durch elektronische Datenübermittlung der jeweils zuständigen Bundesberufskammer gem. § 11 Abs. 4 GwG anzuzeigen. Bei der Wirtschaftsprüferkammer ist Frau Ass. Eva Wollburg, Rauchstraße 26, 10787 Berlin, Tel: 0 30/72 61 61-1 20, Telefax 0 30/72 61 61-1 93, eva.wollburg@wpk.de, zuständig.

---

13) BT-Drs. 14/8739 vom 8. April 2002, S. 14.

Anh. V.3

Die Bundesberufskammern haben weder eine Filterfunktion noch ein eigenes Prüfungsrecht, aber die Möglichkeit, zur Anzeige Stellung zu nehmen. Sie sind verpflichtet, alle Anzeigen an die zuständigen Strafverfolgungsbehörden und in Kopie an das Bundeskriminalamt, Zentralstelle für Verdachtsanzeigen, weiterzuleiten.

Eine Pflicht zur Verdachtsanzeige besteht **dann nicht**, wenn dem Geldwäscheverdacht Informationen von dem oder über den Mandanten zugrunde liegen, die sie im Rahmen der Rechtsberatung oder der Prozeßvertretung dieses Mandanten erhalten haben (§ 11 Abs. 3 GwG).

Aus der Gesetzesbegründung[14] ergibt sich, daß sowohl der Begriff der gerichtlichen Vertretung als auch der Begriff der Rechtsberatung jeweils in einem umfassenden Sinne zu verstehen ist. Der Bereich der gerichtlichen Vertretung erfaßt nicht nur den Zeitraum des Verfahrens selbst, sondern auch die Informationsannahme vor und nach einem solchen Verfahren, einschließlich der Beratung über das Betreiben oder Vermeiden eines solches Verfahrens. Der Bereich der außergerichtlichen Rechtsberatung erfaßt u. a. auch den Bereich der Steuerberatung. Mit der Privilegierung der genannten Berufsgruppen wollte der Gesetzgeber dem rechtlich besonders geschützten und für die effektive Rechtsberatung und -vertretung zentralen Vertrauensverhältnis zwischen Berater und Mandant Rechnung tragen.

Für die wirtschaftsprüfende Tätigkeit konnte zwar eine entsprechende Klarstellung im Gesetz oder der Gesetzesbegründung zu § 11 Abs. 3 GwG nicht erreicht werden. Der Beschlußempfehlung des Innenausschusses des Deutschen Bundestages[15] ist aber zu entnehmen, daß im Ausschuß Einigkeit darüber bestand, „daß die Ausnahmen von der Meldepflicht im Rahmen der Rechtsberatung nach § 11 Abs. 3 des Gesetzentwurfs auch für Wirtschaftsprüfer gelten, soweit diese rechtsberatend tätig werden". Aus Sicht des Vorstandes der Wirtschaftsprüferkammer ist die prüfungsbegleitende Beratung als Rechtsberatung im Sinne der Vorschrift einzuordnen und somit privilegiert.

Die Pflicht zur Verdachtsanzeige bleibt gem. § 11 Abs. 3 Satz 2 GwG jedoch bestehen, wenn der Wirtschaftsprüfer oder vereidigte Buchprüfer weiß, daß der Mandant ihn bewußt für den Zweck der Geldwäsche in Anspruch nimmt. Der vorgenannten Beschlußempfehlung ist dazu zu entnehmen, daß des weiteren Einigkeit im Ausschuß bestand, daß eine Meldepflicht der rechtsberatenden Berufe nach § 11 Abs. 3 Satz 2 GwG nicht besteht, wenn der Mandant nach der Aufklärung über die Strafbarkeit von der geplanten Handlung Abstand nimmt. In diesem Fall fehlt es an dem Erfordernis, daß der Mandant den Berufsträger bewußt, d. h. in Kenntnis der Strafbarkeit der geplanten Handlung, zum Zwecke der Geldwäsche mißbrauchen will.

Über eine erfolgte Verdachtsanzeige darf der Mandant nicht unterrichtet werden. Die EUGeldwäscherichtlinie[16] hatte zwar im Wege eines Mitgliedsstaatenwahlrechts eine solche Möglichkeit eröffnet. Der Gesetzgeber hat von diesem Gestal-

---

14) BT-Drs. 14/8739 vom 8. April 2002, S. 15.
15) BT-Drs. 14/9263 vom 5. Juni 2002, S. 8.
16) Richtlinie 2001/97/EG des Europäischen Parlaments und des Rates vom 4. Dezember 2001 zur Änderung der Richtlinie 91/308/EWG des Rates zur Verhinderung der Nutzung des Finanzsystems zum Zwecke der Geldwäsche, EG ABl. L 344/76 vom 28. Dezember 2001.

tungsfreiraum aber keinen Gebrauch gemacht, um den Ermittlungserfolg nicht zu gefährden.[17] Die Unterrichtung des Mandanten von der Verdachtsanzeige ist dem Wirtschaftsprüfer und vereidigten Buchprüfer damit verwehrt (vgl. § 11 Abs. 5 GwG).

V. Interne Sicherungsmaßnahmen

Nach § 14 Abs. 1 Nr. 8 GwG sind Wirtschaftsprüfer und vereidigte Buchprüfer verpflichtet -entsprechendes gilt für die gemäß § 3 Abs. 1 GwG zudem einbezogenen freien Berufe –, Vorkehrungen dagegen zu treffen, daß sie zur Geldwäsche mißbraucht werden können. Über die Art und Weise der internen Sicherungsmaßnahmen gibt § 14 Abs. 2 GwG Auskunft. Folgende Sicherungsmaßnahmen sind zu treffen:

- Bestimmung eines Geldwäschebeauftragen, der Ansprechpartner für die Strafverfolgungsbehörden und das Bundeskriminalamt ist,
- Entwicklung interner Grundsätze, angemessener geschäfts- und kundenbezogener Sicherungssysteme und Kontrollen zur Verhinderung der Geldwäsche und der Finanzierung terroristischer Vereinigungen,
- die Sicherstellung der Zuverlässigkeit der Beschäftigten, die befugt sind, bare und unbare Finanztransaktionen durchzuführen, und
- die regelmäßige Unterrichtung dieser Beschäftigten über die Methoden der Geldwäsche[18] und die nach diesem Gesetz bestehenden Pflichten.

Übt der Wirtschaftsprüfer oder der vereidigte Buchprüfer seine berufliche Tätigkeit im Rahmen eines Unternehmens aus, geht gem. § 14 Abs. 3 S. 1 GwG die Verpflichtung zur Schaffung interner Sicherungsmaßnahmen – aber auch nur diese Verpflichtung – auf das Unternehmen über. Es besteht nach § 14 Abs. 3 S. 2 GwG die Möglichkeit für das verpflichtete Unternehmen oder die einzelnen Personen, nach § 14 Abs. 1 GwG die Vorkehrungen mit vorheriger Zustimmung der nach § 16 GwG zuständigen Behörde durch andere Unternehmen oder Personen treffen zu lassen. Mit dieser Regelung wollte der Gesetzgeber die insbesondere für kleine Berufsausübungseinheiten sinnvolle Möglichkeit des **Outsourcings** ausdrücklich zulassen.[19] Inwieweit die Möglichkeit des Outsourcings durch den Berufsstand wahrgenommen werden kann, ist derzeit noch offen, da das Outsourcing einige berufsrechtlich relevante Fragestellungen aufwirft.

Zudem hat der Gesetzgeber die zuständige Bundesberufskammer – und so auch die Wirtschaftsprüferkammer – gem. § 14 Abs. 4 S. 3 GwG mit einer sog. <u>Anordnungsbefugnis</u> ausgestattet.

Danach können die zuständigen Bundesberufskammern im Wege der Anordnung für einzelne oder Gruppen von Berufsangehörigen und Berufsgesellschaften wegen

---

17) Zu einem entsprechenden Antrag des Bundestagsabgeordneten Herrn Hans-Christian Stöbele, vgl. BT-Drs. 14/9326 vom 7. Juni 2002.
18) Informationen des Bundeskriminalamtes gemäß § 5 Abs. 1 Ziffer 5 GwG, vgl. dazu unter V.4.
19) BT-Drs. 14/8739 vom 8. April 2002, S. 17.

Anh. V.3

der Art der von diesen betriebenen Geschäfte und der Größe des Geschäftsbetriebs festlegen, daß die Vorschriften der Absätze 1 und 2 ganz oder teilweise nicht anzuwenden sind.

Der Vorstand der Wirtschaftsprüferkammer hat am 12. Mai 2003 aufgrund dieser Befugnis eine Regelung zur Befreiung von internen Sicherungsmaßnahmen getroffen. Mit der Bekanntmachung in den WPK-Mitteilungen 3/2003 vom 15. August 2003, S. 184 f. sind die Wirkungen der Anordnung eingetreten. Die Bundesrechtsanwaltskammer sowie die Bundessteuerberaterkammer haben parallele Anordnungen erlassen,[20] so daß insoweit ein harmonisiertes Berufsrecht für die drei Berufsstände geschaffen worden ist. Die Anordnung ist auch unter www.wpk.de/geldwaesche/geldwaesche.asp abrufbar.

Danach sind Wirtschaftsprüfer und vereidigte Buchprüfer, die in eigener Praxis tätig sind, von den Pflichten, interne Sicherungsmaßnahmen (§ 14 Abs. 2 GwG i. V. m. § 14 Abs. 1 Ziff. 8 GwG), befreit, wenn in der eigenen Praxis nicht mehr als insgesamt 10 Berufsangehörige oder Berufsträger sozietätsfähiger Berufe gem. § 44 b Abs. 1 WPO tätig sind. Entsprechendes gilt für Wirtschaftsprüfer und vereidigte Buchprüfer, die ihren Beruf in Gesellschaften bürgerlichen Rechts gemeinsam ausüben oder die in einer Partnerschaftsgesellschaft tätig sind, die nicht als Berufsgesellschaft anerkannt ist. Gleiches gilt ebenfalls für Wirtschaftsprüfungsgesellschaften und Buchprüfungsgesellschaften. Zum weiteren Inhalt der Anordnung wird auf die o. g. Fundstellen verwiesen.

Diese Anordnung befreit lediglich die mittleren und kleineren Einheiten des Berufsstandes von den formalen Pflichten zu den internen Sicherungsmaßnahmen nach § 14 Abs. 2 GwG.

Sie entbindet aber die unter die Anordnung fallenden Einheiten weder davon, entsprechende, auf die Größe der Einheit abgestimmte Vorkehrungen zur Erkennbarkeit von Geldwäsche zu treffen noch die in den betreffenden Einheiten tätigen Berufsträger davon, die weiteren Pflichten nach dem Geldwäschegesetz (die Identifizierungspflicht, die Pflicht zur Feststellung des wirtschaftlich Berechtigten, die Dokumentations- und Aufbewahrungspflichten sowie die Verdachtsanzeigepflicht) einzuhalten.

Zudem sei klargestellt, daß als Einheit im Sinne der Anordnung die **handelsrechtliche** Unternehmenseinheit gemeint ist und damit die in den Zweigniederlassungen tätigen Berufsträger insgesamt mitzuzählen sind. Zweigniederlassungen sind also nicht gesondert zu betrachten.

Die internen Sicherungsmaßnahmen gemäß § 14 Abs. 2 GwG im einzelnen:

1. Bestimmung eines Geldwäschebeauftragten

Nach § 14 Abs. 2 Ziff. 2 GwG muß ein der Geschäftsleitung unmittelbar nachgeordneter Geldwäschebeauftragter bestimmt werden, der Ansprechpartner für die Strafverfolgungsbehörde und das Bundeskriminalamt --Zentralstelle für Verdachts-

---

20) BRAK-Mitteilungen 2003, S. 229; DStR 2003, S. 955 f.

Anh. V.3

anzeigen – sowie für die nach § 16 zuständige Behörde ist (für den Berufsstand die Wirtschaftsprüferkammer).

Die bestimmende Rolle, die ein Geldwäschebeauftragter bei Kreditinstituten einnimmt, kann vor dem Hintergrund der eigenverantwortlichen Berufsausübung und dem Umstand, daß nach § 3 Abs. 1 Ziff. 2 GwG die Pflichten des Geldwäschegesetzes den Berufsträger „Wirtschaftsprüfer", „vereidigter Buchprüfer" als natürliche Person treffen, nicht vollständig auf den Berufsstand übertragen werden. Nur im Falle der Ausübung der beruflichen Tätigkeit im Rahmen eines Unternehmens obliegt die Verpflichtung nach § 14 Abs. 2 i. V. m. Abs. 3 GwG (aber nur diese) dem Unternehmen. Da der Wirtschaftsprüfer oder vereidigte Buchprüfer im Falle einer etwaigen Verdachtsanzeige aufgrund der eigenverantwortlichen Berufsausübung und seiner persönlichen Einbeziehung in die Pflichten des Geldwäschegesetzes nur selbst entscheiden kann, ob er eine Verdachtsanzeige vornimmt oder nicht, kann der Geldwäschebeauftragte in diesem Falle lediglich als Fachmann in Geldwäscheangelegenheiten dem betreffenden Wirtschaftsprüfer oder vereidigten Buchprüfer beratend zur Seite stehen. Vor diesem Hintergrund können die Anforderungen, die den Kommentierungen zum Geldwäschegesetz zu entnehmen sind, nur als Orientierungshilfe dienen.

Der Geldwäschebeauftragte sollte als Fachmann für Geldwäsche fortgebildet werden. Er ist „Schnittstelle" für die Strafverfolgungsbehörden, das Bundeskriminalamt und die Wirtschaftsprüferkammer. Zu seinen Aufgaben gehören auch die Einrichtung und Überwachung der erforderlichen organisatorischen Maßnahmen (§ 14 Abs. 2 GwG).

2. Entwicklung interner Grundsätze und angemessener geschäfts- und kundenbezogener Sicherungssysteme und Kontrollen

Das Institut für Wirtschaftsprüfer in Deutschland e. V. wird interne Grundsätze dazu entwickeln.

3. Sicherstellung der Zuverlässigkeit der Beschäftigten

Die Sicherstellung der Zuverlässigkeit der Beschäftigten richtet sich nach § 14 Abs. 2 Ziff. 3 GwG nur auf diejenigen Beschäftigten, die befugt sind, bare und unbare Finanztransaktionen durchzuführen. Die Sicherstellung der Zuverlässigkeit bei allen Mitarbeitern des Wirtschaftsprüfers/ vereidigten Buchprüfers ist aufgrund der sensiblen Berufstätigkeit (Mandantengeheimnis) eine berufsrechtliche Selbstverständlichkeit und wird von § 5 BS WP/vBP i. V. m. § 43 Abs. 1 Satz 1 WPO sichergestellt.

4. Unterrichtung der Beschäftigten über Methoden der Geldwäsche und die nach dem Gesetz bestehenden Pflichten

Nach § 14 Abs. 2 Ziff. 4 GwG haben Wirtschaftsprüfer und vereidigte Buchprüfer regelmäßig die Beschäftigten über die Methoden der Geldwäsche und die nach diesem Gesetz bestehenden Pflichten zu unterrichten. Die Methoden der Geldwäsche

Anh. V.3

erhalten die Berufsträger gemäß § 5 Abs. 1 Ziff. 5 GwG vom Bundeskriminalamt – Zentralstelle für Verdachtsanzeigen –, welche die Informationen des Berufsstandes über die jeweiligen Bundesberufskammern vollzieht.

Das Bundeskriminalamt hat im Oktober 2003 erste Anhaltspunkte, die auf Geldwäsche gemäß § 261 StGB hindeuten können, für die Berufsgruppen nach § 3 Abs. 1 Nr. 1 und 2 GWG (so auch für Wirtschaftsprüfer und vereidigte Buchprüfer) zusammengestellt und vorgelegt.

Diese bilden bis auf weiteres die vom Bundeskriminalamt zu erbringenden Informationen. Die Zusammenstellung ist von der Wirtschaftsprüferkammer im WPK-Magazin 1/2004, S. 12 veröffentlicht.

Ebenso haben Wirtschaftsprüfer und vereidigte Buchprüfer die Beschäftigten über die nach dem Gesetz bestehenden Pflichten zu unterrichten. Ob und in welchem Umfang Schulungen von Beschäftigten notwendig sind, ist von der Struktur der beruflichen Einheit und der Struktur der Mandate abhängig. Hier sind die Maßstäbe der Kreditwirtschaft nicht übertragbar. Grund dafür ist im wesentlichen die hohe Qualifikation der Berufsträger, die den Schluß zuläßt, daß auch eine autodidaktische Befassung mit der Materie ausreichend sein kann. Inwieweit einzelne Mitarbeiter, die nicht Berufsträger sind, fortzubilden sind, hängt von ihrer Tätigkeit ab.

VI. Ordnungswidrigkeiten

§ 17 GwG regelt die Bußgeldvorschriften zu den Pflichten nach dem Geldwäschegesetz.

Eine vorsätzliche oder leichtfertige Nichtbeachtung der Vorschriften zu den einzelnen Identifizierungs-, Aufzeichnungs- und Aufbewahrungspflichten kann mit einer Geldbuße bis zu 100.000,- € geahndet werden.

Ordnungswidrig handelt zudem derjenige, der die Pflicht nach der Feststellung des wirtschaftlich Berechtigten mißachtet, entgegen § 11 Abs. 5 GwG den Auftraggeber oder einen anderen als staatliche Stellen in Kenntnis setzt. Dies kann mit einer Geldbuße mit bis zu 50.000, - € geahndet werden.

Gem. § 17 Abs. 4 GwG ist die Wirtschaftprüferkammer zuständige Behörde für die Ahndung von Ordnungswidrigkeiten von Berufsangehörigen.

Anhang V.4

Bundessteuerberaterkammer
Darstellung der Rechts- und Pflichtenlage nach In-Kraft-Treten des Geldwäschegesetzes vom 15. August 2003

Verpflichtungen aus dem Geldwäschegesetz

20. Oktober 2005

Das Gesetz zur Verbesserung der Bekämpfung der Geldwäsche und zur Bekämpfung der Finanzierung des Terrorismus ist am 15. August 2002 in Kraft getreten (BGBl I S. 3105 ff). Mit dem Gesetz werden die Vorgaben der Richtlinie 2001/97/EG des Europäischen Parlaments und des Rates vom 4. Dezember 2001 (Richtlinie zur Verhinderung der Nutzung des Finanzsystems zum Zwecke der Geldwäsche) national umgesetzt. Der Gesetzgeber hat sich eng an die EU-Richtlinie gehalten, gleichzeitig aber auch ihm eröffnete Handlungs- und Gestaltungsspielräume genutzt. Dies betrifft namentlich die Einbeziehung der rechts- und steuerberatenden sowie wirtschaftsprüfenden Berufe in die schon seit jeher für die Geld- und Kreditinstitute geltende Verdachtsanzeigepflicht bei geldwäscheverdächtigen Finanztransaktionen. Hier hat der Gesetzgeber eine modifizierte Regelung getroffen.

Weil schon nach bisherigem Recht [Gesetz über das Aufspüren von Gewinnen aus schweren Straftaten (Geldwäschegesetz – GwG – vom 25. Oktober 1993 – BGBL I S. 1770, zuletzt geändert durch Art. 2 des Gesetzes vom 3. Dezember 2001 – BGBL I, S. 3306 -)] der Steuerberater zur Vornahme bestimmter Handlungen verpflichtet war und das alte Recht teilweise weitergilt, soll der Pflichtenstand auf der Grundlage des neuen Rechts noch einmal zusammenfassend dargestellt werden:

1. Identifizierungspflicht

Schon bisher (§ 3 Abs. 1 Satz 1 GwG a. F.) traf den Steuerberater eine Pflicht zur Identifizierung seines Mandanten, wenn er entgeltlich fremdes Vermögen verwaltete und in Ausübung dieser Verwaltungstätigkeit Bargeld im Werte von mehr als € 15.000,00 annahm. Künftig wird die Identifizierungspflicht nach drei Seiten hin erweitert: Sie gilt, soweit es um die Annahme von Bargeld geht, auch dann, wenn mehrere Finanztransaktionen erfolgen, die zusammen einen Betrag im Werte von € 15.000,00 oder mehr ausmachen (§ 3 Abs. 1 Satz 1 Nr. 2 i. V. m. § 2 Abs. 2 und 3 GwG); sie gilt losgelöst von jeder Wertgrenze ferner dann, wenn Tatsachen festgestellt werden, die darauf schließen lassen, dass die vereinbarte Transaktion einer Geldwäsche i. S. d. § 261 StGB oder aber der Finanzierung einer terroristischen Vereinigung nach §§ 129 a, 129 b StGB dient (§ 6 GwG); sie gilt schließlich bezüglich der gesamten beruflichen Tätigkeit des Steuerberaters, sofern auf Dauer ange-

Anh. V.4

legte Geschäftsbeziehungen begründet werden (§ 3 Abs. 1 Satz 1 Nr. 2 i. V. m. § 2 Abs. 1 GwG).

Der Begriff der „auf Dauer angelegten Geschäftsbeziehung" wird vom Gesetz nicht definiert. Keine auf Dauer angelegte Geschäftsbeziehung liegt jedenfalls dann vor, wenn sich der eingegangene

Vertrag in einmaligen Erfüllungshandlungen erschöpft wie z. B. beim einmaligen Auftrag zur Erstellung der Buchführung, eines bestimmten Jahresabschlusses etc. Handelt es sich umgekehrt um einen unbefristeten Vertrag mit der Verpflichtung des Steuerberaters zur fortlaufenden Erstellung der Buchführung, der Jahresabschlüsse etc., liegt eine auf Dauer angelegte Geschäftsbeziehung i. S. d. § 2 Abs. 1 GWG vor.

Schon um Zweifelsfragen bei der Abgrenzung aus dem Weg zu gehen, aber auch, weil aus einem Einzelfall leicht ein Dauermandat werden kann, empfiehlt es sich, grundsätzlich alle Auftraggeber zu identifizieren. Nach den Erkenntnissen der Strafverfolgungsbehörden entsteht im Übrigen allein durch die Durchführung der Identifizierung eine abschreckende Wirkung für die Personen, die eine Geldwäsche beabsichtigen. Durch die Vornahme der Feststellungen nach § 1 Abs. 5 GwG kann noch mehr als bisher deshalb die Inanspruchnahme von Steuerberatern für die Geldwäsche vermieden werden.

§ 1 Abs. 5 GwG definiert das Identifizieren als das Feststellen des Namens aufgrund eines gültigen Personalausweises oder Reisepasses sowie des Geburtsdatums, des Geburtsortes, der Staatsangehörigkeit und der Anschrift, soweit sie darin enthalten sind, schließlich auch das Feststellen von Art, Nummer und ausstellender Behörde des amtlichen Ausweises. Die Identifizierung kann auch anhand einer qualifizierten elektronischen Signatur im Sinne von § 2 Nr. 3 des Signaturgesetzes erfolgen.

§ 1 Abs. 5 GwG ist auf die Identifizierung natürlicher Personen zugeschnitten. Regelungen zur Identifizierung juristischer Personen, Handelsgesellschaften oder Gesellschaften bürgerlichen Rechts sind nicht vorhanden. Hier wird man unter Berücksichtigung des Anwendungserlasses des Bundesministeriums der Finanzen zu § 154 Abs. 2 Satz 1 AO [Anwendungserlass zur Abgabenordnung, BMF-Schreiben vom 15. Juli 1998 (BStBl. I S. 630), zuletzt geändert durch BMF-Schreiben vom 10. Januar 2003 (http://www.bundesfinanzministerium.de/Anlage16167/BMF-Schreiben-vom-10.-Januar-2003-IV-A-4-S-0062-17/02.pdf)] wie folgt differenzieren müssen:

- Bei einer juristischen Person des privaten sowie des öffentlichen Rechts (Körperschaft des öffentlichen Rechts, AG, GmbH, Verein usw.) ist die Bezugnahme auf eine amtliche Veröffentlichung oder ein amtliches Register unter Angabe der Registernummer ausreichend. Hier können neben dem Handelsregister etc. auch die öffentlichen Berufsregister genannt werden.
- Bei Personengesellschaften, die in öffentlichen Registern (z. B. Handelsregister, Partnerschaftsregister, Genossenschaftsregister, Berufsregister) eingetragen sind, erfolgt die Identifizierung anhand eines öffentlichen Registerauszuges unter Angabe der Registernummer.

Anh. V.4

– Gesellschaften bürgerlichen Rechts sind anhand des Gesellschaftsvertrages nebst Gesellschafterlisten zu identifizieren. Im Falle der Nichtvorlage eines Gesellschaftsvertrages nebst Gesellschafterlisten sind die einzelnen Gesellschafter der Gesellschaft bürgerlichen Rechts als natürliche Personen gemäß § 1 Abs. 5 GwG zu identifizieren. Umfasst die GbR mehr als fünf Gesellschafter, reicht unter Heranziehung des Rechtsgedankens des § 154 AO Ziff. 7 k die Identifizierung von maximal fünf Gesellschaftern aus.

Ist ein persönlicher Kontakt zwischen den Parteien nicht möglich oder nicht zumutbar, kann von einer Identifizierung zwar nicht abgesehen werden; es ist aber zulässig, auf gleichwertige Verfahren auszuweichen. Dazu rechnet die Bundesanstalt für Finanzdienstleistungsaufsicht (BaFin) in ihrer Verlautbarung über Maßnahmen der Kreditinstitute zur Bekämpfung und Verhinderung der Geldwäsche vom 30. März 1998 ausdrücklich die Identifizierung durch so genannte „zuverlässige Dritte". Nach Auffassung des BaFin gehören dazu Notare, aber auch das PostIdent-Verfahren der Deutschen Post AG. Zum Kreis der zuverlässigen Dritten wird man aber auch überörtliche Sozien des Berufsangehörigen oder andere, ihm persönlich bekannte und am Ort ansässige Steuerberater, Wirtschaftsprüfer oder Rechtsanwälte rechnen können. Nicht ausreichend wäre es dagegen, wenn die zu identifizierende Person dem Steuerberater lediglich eine Kopie des Personalausweises oder Reisepasses zuschicken würde.

Von einer Identifizierung kann gemäß § 7 GwG abgesehen werden, wenn der zu Identifizierende dem zur Identifizierung Verpflichteten persönlich bekannt und wenn er bei früherer Gelegenheit im Umfang von § 1 Abs. 5 GwG identifiziert worden ist.

Dabei ist zu beachten, dass das Geldwäschegesetz grundsätzlich davon ausgeht, dass die Erfüllung der Pflichten nach dem GwG unter Zuhilfenahme von Mitarbeitern erfolgen kann, auch wenn die Verantwortung für die Erfüllung immer der nach dem Geldwäschegesetz Verpflichtete selbst trägt.

2. Aufzeichnungs- und Aufbewahrungspflichten

Die nach § 1 Abs. 5 getroffenen Feststellungen sind durch Aufzeichnung der dort genannten Angaben oder durch Anfertigung einer Kopie des zur Feststellung der Identität vorgelegten Ausweises aufzuzeichnen (§ 9 Abs. 1 GwG). Die Aufzeichnungen können auch zur Wiedergabe auf einem

Bildträger oder auf anderen Datenträgern gespeichert werden (§ 9 Abs. 2 GwG). Sie sind 6 Jahre aufzubewahren (§ 9 Abs. 3 GwG), wobei die Frist mit dem Schluss des Kalenderjahres beginnt, in dem die jeweilige Angabe festgestellt worden ist. Wird nach § 7 GwG von der Identifizierung abgesehen ist, ist zu dokumentieren, dass die zu identifizierende Person persönlich bekannt war und bereits bei früherer Gelegenheit identifiziert worden ist.

3. Feststellung des „wirtschaftlich Berechtigten"

Gemäß § 8 Abs. 1 GwG hatte sich der nach § 3 Abs. 1 GwG zur Identifizierung Verpflichtete schon bislang bei der Bargeldannahme beim zu Identifizierenden zu erkundigen, ob dieser für eigene Rechnung handelt. Diese Feststellung ist künftig nicht auf die Fälle der Bargeldannahme beschränkt, sondern gilt für alle Fälle der Mandatierung. Dies wird durch den Verweis auf § 2 Abs. 1 GwG deutlich.

Gibt der zu Identifizierende an, nicht für eigene Rechnung zu handeln, hat der Steuerberater nach den Angaben des zu Identifizierenden Namen und Anschrift desjenigen festzustellen, für dessen Rechnung dieser handelt. Handelt der zu Identifizierende für eine nicht rechtsfähige Vereinigung, so ist deren Name und der Name und die Anschrift von einem ihrer Mitglieder festzustellen (§ 8 Abs. 1 S. 4 GwG).

Der Begriff „Handeln für eigene (oder fremde) Rechnung" ist im Gesetz nicht definiert. Hierzu ist ergänzend auf die amtliche Überschrift zu § 8 GwG „Feststellung des wirtschaftlich Berechtigten" zu verweisen, ferner auf die Regierungsbegründung zum GwG in seiner alten Fassung. Danach soll die Vorschrift „...Strohmanngeschäften entgegenwirken und denjenigen sichtbar machen, in dessen wirtschaftlichen oder rechtlichen Interessen die Barzahlung erfolgt. Sie beinhaltet für den zur Identifizierung Verpflichteten die Pflicht festzustellen, ob der zu Identifizierende überhaupt für sich oder einen anderen handelt" (BT-Drucks. 12/2704, S. 16).

Dabei begnügt sich das Gesetz mit der bloßen Frage nach dem wirtschaftlich Berechtigten und der unüberprüften Entgegennahme der Auskunft des Auftraggebers. Eine weitergehende Pflicht zur aktiven Feststellung der tatsächlichen Identität der Person, insbesondere in Fällen des Zweifels und der Unklarheit, besteht nur für Bank- und Kreditinstitute.

4. Verdachtsanzeige

a) Materielle Anforderungen

Eine Pflicht zur Verdachtsanzeige bei der Feststellung von Tatsachen, die darauf schließen lassen, dass eine Finanztransaktion einer Geldwäsche nach § 261 des Strafgesetzbuches dient oder dienen soll, war bisher beschränkt auf Geld- und Kreditinstitute sowie Spielbanken. Der Gesetzgeber hat in Vollziehung der oben genannten EU-Richtlinie diese Pflicht nunmehr auch auf Rechtsanwälte, Wirtschaftsprüfer, vereidigte Buchprüfer und Steuerberater ausgedehnt, wenn eine im Rahmen ihrer beruflichen Tätigkeit vorgenommene oder vorzunehmende Finanztransaktion entsprechende Verdachtsmomente auslöst (§ 11 Abs. 1 Satz 1 GwG).

Eine Pflicht zur Verdachtsanzeige besteht für Steuerberater – Gleiches gilt auch für Rechtsanwälte, Wirtschaftsprüfer und vereidigte Buchprüfer – dann nicht, wenn dem Geldwäscheverdacht Informationen von dem oder über den Mandanten zugrunde liegen, die sie im Rahmen der Rechtsberatung oder der Prozessvertretung dieses Mandanten erhalten haben. Aus der Gesetzesbegründung (BT-Drucks. 14/8739, S. 15) ergibt sich, dass sowohl der Begriff der gerichtlichen Vertretung als auch der Begriff der Rechtsberatung jeweils in einem umfassenden Sinne zu verstehen sind. Der Bereich der gerichtlichen Vertretung erfasst nicht nur den Zeitraum des Verfahrens selbst, sondern auch die Informationserlangung vor und nach einem solchen Verfahren, einschließlich der Beratung über das Betreiben oder Vermeiden eines solchen Verfahrens. Der Bereich der außergerichtlichen Rechtsberatung erfasst u. a. auch den Bereich der Steuerberatung. Mit der Privilegierung der genannten Berufsgruppen will der Gesetzgeber dem rechtlich besonders geschützten und für eine effektive Rechtsberatung und Vertretung zentralen Vertrauensverhältnis zwischen Berater und Mandant Rechnung tragen.

Die Pflicht zur Verdachtsanzeige bleibt aber bestehen, wenn der Steuerberater bzw. die anderen Berufsträger positiv wissen, dass der Mandant ihre Rechtsberatung bewusst für den Zweck der Geldwäsche in Anspruch nimmt (vgl. § 11 Abs. 3 Satz 2 GwG). Voraussetzung für eine Verdachtsmeldepflicht des Steuerberaters ist damit der Vorsatz des Beteiligten, den Steuerberater für die Geldwäsche zu missbrauchen und das Wissen des Steuerberaters, dass dies beabsichtigt ist. In diesen Fällen, in denen der Verdacht zur Gewissheit wird, entfällt die besondere Schutzwürdigkeit des Vertrauens und mit ihr der Grund für die Privilegierung, so dass der Steuerberater in den Fällen, in denen ihn der Mandant um Mithilfe bei seiner Geldwäsche bittet, Anzeige erstatten muss.

Die Voraussetzungen für das Bestehen einer Verdachtsmeldepflicht sind wegen des möglichen Konflikts mit der beruflichen Verschwiegenheitspflicht sorgfältig zu prüfen. Es besteht eine für den Steuerberater problematische Lage insoweit, als eine nicht in Übereinstimmung mit § 11 GwG, also ohne gesetzliche Pflicht erfolgte Verdachtsmeldung, ihrerseits nach § 203 StGB wegen Bruch der Verschwiegenheitspflicht strafbar sein könnte. Zwar sieht § 12 GwG vor, dass derjenige, der den Strafverfolgungsbehörden Tatsachen anzeigt, die auf eine Straftat nach § 261 StGB oder die Finanzierung einer terroristischen Vereinigung nach §§ 129 a, 129 b StGB schließen lassen, wegen dieser Anzeige nicht verantwortlich gemacht werden kann, sofern die Anzeige nicht vorsätzlich oder grob fahrlässig unwahr erstattet worden ist. Ob § 12 GwG auch von der strafrechtlichen Verantwortung befreit, ist noch nicht abschließend geklärt, auch wenn dies – nicht zuletzt wegen des weiten Wortlauts der Vorschrift – einer in der Literatur weit verbreiteten Auffassung entspricht.

Während die Verdachtsanzeige von Geld- und Kreditinstituten gegenüber den zuständigen Strafverfolgungsbehörden und dem Bundeskriminalamt erstattet werden muss, konnten die Organisationen der betroffenen Berufsstände erreichen, dass Steuerberater, Wirtschaftsprüfer, vereidigte Buchprüfer und Rechtsanwälte die Verdachtsanzeige an die für sie zuständige Bundesberufskammer, im Falle des steuerberatenden Berufs also an die Bundessteuerberaterkammer, zu übermitteln haben. Die Bundessteuerberaterkammer hat dann die Möglichkeit, zur Anzeige Stellung zu nehmen. In jedem Fall muss sie die Anzeige mit oder ohne Stellungnahme unverzüglich an die zuständigen Strafverfolgungsorgane sowie in Kopie an das Bundeskriminalamt weiterleiten (vgl. § 11 Abs. 4 GwG). Die Verdachtsanzeigen sind an die Bundessteuerberaterkammer (z. Hd. Herrn RA Thomas Hund, stellv. Hauptgeschäftsführer, Postfach 02 88 55, 10131 Berlin, Telefon: 030 – 24 00 87 – 12, Telefax: 030 – 24 00 87 – 99, E-Mail: berufsrecht@bstbk.de) zu richten.

Wichtig ist in diesem Zusammenhang die Feststellung, dass die eingeschalteten Kammern keine quasi staatsanwaltschaftliche Prüfung durchführen, insbesondere nicht über das Vorliegen eines strafrechtlichen Anfangsverdachtes entscheiden, sondern alle Meldungen an die Strafverfolgungsbehörde weiterzuleiten haben, auch wenn die Kammern hinsichtlich des Vorliegens eines Geldwäscheverdachts zu

Anh. V.4

einem negativen Votum gelangen. Grund für die Einschaltung der Kammern ist die stärkere Einbindung der Selbstverwaltungen der betreffenden Berufe in die Geldwäscheprävention. Nicht durchgesetzt haben sich dagegen die Berufsstände mit ihrer Forderung, in den Fällen einer erfolgten Verdachtsanzeige zusätzlich den Mandanten zu unterrichten. Die EU-Geldwäscherichtlinie hatte eine solche Möglichkeit für die nationale Gesetzgebung eröffnet. Der Gesetzgeber hat von diesem Gestaltungsfreiraum dagegen keinen Gebrauch gemacht, um den Ermittlungserfolg nicht zu gefährden. Eine Unterrichtung des Auftraggebers von der Verdachtsanzeige ist dem Steuerberater damit verwehrt (vgl. § 11 Abs. 5 GwG).

Ist eine Verdachtsanzeige vorgenommen worden, darf die angetragene Finanztransaktion vorerst nicht ausgeführt werden. Gemäß § 11 Abs. 1 Satz 3 GwG darf dies erst geschehen, wenn dem Steuerberater die Zustimmung der Staatsanwaltschaft übermittelt ist oder wenn der zweite Werktag nach dem Abgangstag der Anzeige verstrichen ist, ohne dass die Durchführung der Transaktion strafprozessual untersagt ist.

b) Formelle Anforderungen an eine Verdachtsanzeige

Die Verdachtsanzeige sollte folgende inhaltlichen Mindestangaben aufweisen:

– Sie sollte schriftlich abgefasst sein und Namen, Anschrift, Fax- und Telefonnummer sowie die Unterschrift des Steuerberaters enthalten.

– Die Verdachtsanzeige sollte angeben, ob die verdächtige Finanztransaktion bereits durchgeführt oder abgelehnt wurde. Aus der Anzeige sollte klar hervorgehen, ob es sich um eine Erstanzeige oder um eine Wiederholung i. S. d. § 11 Abs. 2 GwG handelt, der derselbe Sachverhalt zugrunde liegt. Im letzteren Fall sollte ausgeführt werden, wann und in welcher Form eine Anzeige bereits erfolgt ist. Steht die Verdachtsanzeige im Zusammenhang mit Ermittlungen der Strafverfolgungsbehörden, von denen der Steuerberater Kenntnis erlangt hat, so sind – soweit bekannt – die zuständige Ermittlungsbehörde und deren Aktenzeichen mitzuteilen.

– Name (Firmenname) und Vorname der formell und materiell Beteiligten sowie deren Anschriften, Geburtsdaten, Geburtsorte, Staatsangehörigkeiten, Ausweisnummern, Arten der Ausweise und ausstellende Behörden sind immer anzugeben. Sofern Kopien der Ausweise gefertigt wurden (§ 9 Abs. 1 S. 2 GwG), sollten diese der Anzeige beigefügt werden.

– Die Anzeige sollte schließlich die konkreten Tatsachen bezeichnen, die aus der Sicht des Steuerberaters auf Geldwäsche schließen lassen. Sofern sich der Verdacht erst im Rahmen einer Gesamtbetrachtung mehrerer Tätigkeiten ergeben hat, sind unter Prüfung der Voraussetzungen des § 11 Abs. 3 GwG für jede der Tätigkeiten die geforderten Angaben zu machen.

5. Sicherungsvorkehrungen

a) Allgemeines

Steuerberater sind gemäß § 14 Abs. 1 Nr. 8, Abs. 2 GwG dazu verpflichtet, interne Sicherungsmaßnahmen dagegen zu treffen, dass sie zur Geldwäsche missbraucht

Anh. V.4

werden können. Dabei handelt es sich gemäß § 14 Abs. 2 GwG um folgende Vorkehrungen:

- Es muss ein der Geschäftsleitung unmittelbar nachgeordneter Geldwäschebeauftragter bestimmt werden, der Ansprechpartner für die Strafverfolgungsbehörden und das Bundeskriminalamt – Zentralstelle für Verdachtsanzeigen – sowie für die nach § 16 GwG zuständige Behörde ist (§ 14 Abs. 2 Nr. 1 GwG);
- es sind interne Grundsätze, angemessene geschäfts- und kundenbezogene Sicherungssysteme und Kontrollen zur Verhinderung der Geldwäsche und der Finanzierung terroristischer Vereinigungen zu entwickeln (§ 14 Abs. 2 Nr. 2 GwG);
- es ist sicherzustellen, dass die Beschäftigten, die befugt sind, bare und unbare Finanztransaktionen durchzuführen, zuverlässig sind (§ 14 Abs. 2 Nr. 3 GwG) und
- die Beschäftigten sind regelmäßig über die Methoden der Geldwäsche und die nach diesem Gesetz bestehenden Pflichten zu unterrichten (§ 14 Abs. 2 Nr. 4 GwG).

Grundsätzlich treffen diese Pflichten zur Vornahme der internen Sicherungsmaßnahmen die natürlichen Personen, also Steuerberater, unabhängig von ihrer Stellung in der beruflichen Einheit. Dies leitet sich aus § 14 Abs. 1 Nr. 8 GwG i. V. m. § 3 Abs. 1 S. 1 Nr. 2 GwG ab. Falls die Berufsangehörigen ihre berufliche Tätigkeit im Rahmen eines Unternehmens ausüben, obliegt die Verpflichtung zu den internen Sicherungsmaßnahmen gemäß § 14 Abs. 3 S. 1 dem Unternehmen; dies bedeutet, dass bei einer beruflichen Tätigkeit innerhalb einer Berufsgesellschaft die Pflichten zu den internen Sicherungsmaßnahmen die Berufsgesellschaft trifft.

Das GwG sieht dabei in § 14 Abs. 2 vor, dass die Sicherungsvorkehrungen nach § 14 Abs. 2 GwG auch durch andere Unternehmen oder Personen getroffen werden können. Mit dieser Regelung wollte der Gesetzgeber die Möglichkeit des so genannten Outsourcings zulassen. Diese Befreiungsmöglichkeit passt freilich nicht für die in § 14 Abs. 1 Nr. 8 GwG genannten Personen, also die Angehörigen der rechts- und steuerberatenden sowie wirtschaftsprüfenden Berufe, da sie nicht nur im Widerspruch zur eigenverantwortlichen Berufsausübung, sondern auch der Pflicht zur Verschwiegenheit steht, die verletzt würde, wenn ein Steuerberater mit der Funktion des Geldwäschebeauftragten etwa eine externe Firma beauftragen würde, die ungehinderten Zugang zu allen den Praxisbetrieb und die Berufsausübung betreffenden Daten haben müsste. Gleiches gilt für die Auswahl der Beschäftigten und die regelmäßige Unterrichtung dieses Personenkreises über die Methoden der Geldwäsche (vgl. § 14 Abs. 2 Nr. 3 und 4 GwG) auch; hier verlangt der Grundsatz der eigenverantwortlichen Berufsausübung, dass diese Pflichten durch den Berufsangehörigen selbst vorgenommen werden.

b) Anordnung der Bundessteuerberaterkammer nach § 14 Abs. 4 S. 2 GwG

Die Bundessteuerberaterkammer hat nach § 14 Abs. 4 S. 2 und 3 GwG die Möglichkeit, einzelne oder Gruppen der einbezogenen Berufsangehörigen wegen der Art der von diesen betriebenen Geschäfte und der Größe des Geschäftsbetriebes von der

Anh. V.4

Anwendung der Vorschriften gemäß § 14 Abs. 1, 2 GwG ganz oder teilweise auszunehmen.

Die Bundessteuerberaterkammer hat aufgrund dieser Befugnis Steuerberater, die in eigener Praxis tätig sind, von den Pflichten, bestimmte Sicherungsmaßnahmen nach § 14 Abs. 1, 2 GwG zu treffen, befreit. Dazu gehören:

- die Bestimmung eines Geldwäschebeauftragten,
- die Entwicklung interner Grundsätze zu Sicherungssystemen und Kontrollen zur Verhinderung der Geldwäsche,
- die Sicherstellung der Zuverlässigkeit von Mitarbeitern sowie
- die Unterrichtung der Mitarbeiter über Pflichten nach dem GwG und über die Methoden der Geldwäsche.

Diese Befreiung gilt, wenn in der eigenen Praxis nicht mehr als insgesamt zehn Berufsangehörige oder Berufsträger sozietätsfähiger Berufe gemäß § 56 StBerG tätig sind.

Entsprechendes gilt für Steuerberater, die ihren Beruf gemäß § 56 StBerG in Gesellschaften bürgerlichen Rechts (Sozietäten) gemeinsam ausüben oder die in einer Partnerschaftsgesellschaft tätig sind. Gleiches gilt für Steuerberater im Falle der Kundmachung einer Sozietät, auch wenn die Voraussetzungen nach § 56 StBerG nicht vorliegen, sowie im Falle der Kundmachung einer Partnerschaftsgesellschaft, selbst wenn die Voraussetzungen nach § 1 PartGG nicht gegeben sind.

Gleiches gilt ferner für Steuerberatungsgesellschaften mit der Besonderheit, dass die Pflichten zu den internen Sicherungsmaßnahmen grundsätzlich die Berufsgesellschaft und nicht die natürlichen Personen des Berufsstandes treffen (§ 14 Abs. 3 S. 1 GwG i. V. m. § 14 Abs. 1 Nr. 8, Abs. 2 GwG).

6. Sanktionen

Verstöße gegen die Mitwirkungspflichten sind sanktionsbewährt. Verstöße gegen die allgemeinen Identifizierungspflichten nach § 3 Abs. 1 GwG, sowie die Aufzeichnungs- und Aufbewahrungspflicht nach § 9 GwG können mit einer Geldbuße bis zu € 100.000,00 geahndet werden. Wird sich nicht nach dem wirtschaftlich Berechtigten erkundigt oder werden entsprechende Dritte nicht mit Namen und Anschrift festgestellt, so droht § 17 Abs. 2 und 3 GwG eine Geldbuße bis zu € 50.000,00 an; Gleiches gilt, wenn der Auftraggeber der Finanztransaktion von der Verdachtsanzeige oder dem daraufhin gegen ihn eingeleiteten Ermittlungsverfahren in Kenntnis gesetzt wird.

Keine ausdrückliche Sanktion ist demgegenüber für die Fälle vorgesehen, dass der Anzeigepflicht nach § 11 Abs. 1 GwG nicht entsprochen wird, obwohl Anhaltspunkte für einen Geldwäscheverdacht vorlagen. Von einer Sanktionierung wurde offensichtlich deshalb abgesehen, weil in diesen Fällen bereits der allgemeine Straftatbestand der Beihilfe zur Geldwäsche in Frage kommt (§§ 261, 27 StGB).

Anhang V.5

Bundesverband Deutscher Leasing-Unternehmen e. V.
Anwendungsempfehlung zum Geldwäschegesetz (GwG)
bei Leasing-Gesellschaften

FLF 2005, 173

A. Gesetzliche Ausgangslage

Das Gesetz zur Verbesserung der Bekämpfung der Geldwäsche und der Bekämpfung der Finanzierung des Terrorismus (Geldwäschebekämpfungsgesetz) ist im Jahre 2002 (BGBl. I., S. 3105) in Kraft getreten. Mit diesem Gesetz wurde u. a. die Richtlinie 2001/07/EG des Europäischen Parlamentes und des Rates vom 4.12.2001 zur Änderung der Richtlinie 91/308/EWG des Rates zur Verhinderung der Nutzung des Finanzsystems zum Zwecke der Geldwäsche in deutsches Recht umgesetzt. Darüber hinaus sollte den internationalen Vorgaben, insbesondere der FATF (Financial Action Task Force on Money Laundering, http://www1.oecd.org/fatf/index.htm), Rechnung getragen werden.

Durch das Geldwäschebekämpfungsgesetz wurde insbesondere das Gesetz über das Aufspüren von Gewinnen aus schweren Straftaten vom 25.10.1993 (Geldwäschegesetz – GwG) geändert

Leasing – Gesellschaften, also Unternehmen, deren Haupttätigkeit darin besteht, Leasingverträge abzuschließen, sind nach § 1 Abs. 2 Satz 2 Geldwäschegesetz (GwG) in Verbindung mit § 1 Abs. 3 Nr. 3 Kreditwesengesetz – (KWG) Finanzunternehmen. Sie sind damit gemäß § 1 Abs. 4 GwG Institute und damit Verpflichtete im Sinne des GwG. Die Einbeziehung der Leasing Gesellschaften ist nicht neu. Sie besteht seit der erstmaligen Formulierung des Gesetzes über das Aufspüren von Gewinnen aus schweren Straftaten („Geldwäschegesetz"), das – in Umsetzung der EU–Geldwäsche-Richtlinie von 1991 – am 29. November 1993 in Kraft trat (BGBl. I, S. 1770). Bereits nach dieser alten Rechtslage wurden Leasing-Gesellschaften als Institute definiert, so dass Identifizierungspflichten von Leasing-Gesellschaften bei der Annahme von Bargeld bestanden. Nunmehr sind die Pflichten für Leasing-Unternehmen deutlich erweitert worden:

Gemäß § 2 Abs. 1 GwG haben Leasing-Gesellschaften als Institute und damit Verpflichtete im Sinne des GwG bei Abschluss eines Leasing-Vertrages den Vertragspartner zu identifizieren. Darüber hinaus bestehen erweiterte Pflichten in Fällen von Verdachtsmomenten für Geldwäsche oder Terrorismusfinanzierung (Verdachtsmeldung nach § 11 GwG) und zur Schaffung interner Sicherungsmaßnahmen im Sinne von § 14 GwG. Nach wie vor bestehen zudem Identifizierungspflichten bei der Annahme von Bargeld von 15.000 EUR oder mehr.

B. Identifizierungen

Die im GwG verankerten Identifizierungspflichten sind unabhängig vom Bestehen eines Verdachts einer Straftat nach § 261 StGB (oder der Finanzierung einer terroristischen Vereinigung). Allein aufgrund der Vornahme bestimmter Geschäfte besteht eine Pflicht zur Identifizierung.

Gemäß § 2 Abs. 1 GwG hat ein Institut bei Abschluss eines Vertrages zur Begründung einer auf Dauer angelegten Geschäftsbeziehung den Vertragspartner zu identifizieren. Leasing-Verträge, als über viele Monate laufende Mietverträge besonderer Art, stellen eine auf Dauer angelegte Geschäftsbeziehung dar.

I. Allgemeine Identifizierungspflicht von natürlichen Personen nach dem GwG

Eine Identifizierung gemäß § 1 Abs. 5 GwG von natürlichen Personen als Leasing-Nehmern meint das Feststellen von deren Namen aufgrund eines gültigen Personalausweises oder Reisepasses sowie des Geburtsdatums, des Geburtsortes, der Staatsangehörigkeit und der Anschrift, soweit sie im Ausweisdokument enthalten sind und das Feststellen von Art, Nummer und ausstellender Behörde und Ende der Gültigkeitsdauer des amtlichen Ausweises (vgl. § 1 Abs. 5 GwG).

Als Ausweispapiere können neben Reisepass und Personalausweis alle befristeten, die ausstellende Behörde erkennen lassende Ausweise Anerkennung finden, welche den Anforderungen an Personalausweise gemäß § 1 Abs. 2 des Gesetzes für Personalausweise bzw. den Anforderungen an Reisepässe gemäß § 4 Abs. 11 des Passgesetzes entsprechen. Als Ausweisersatz erteilte und mit Angaben zur Person sowie einem Lichtbild versehene Bescheinigungen über die Aufenthaltsgestattung gemäß § 63 Asylverfahrensgesetz bzw. Bescheinigungen gemäß § 39 Ausländergesetz können ebenfalls anerkannt werden (vgl. dazu auch III Zf. 8 der Verlautbarung des Bundesaufsichtsamtes für das Kreditwesen (BAKred) über Maßnahmen der Kreditinstitute zur Bekämpfung und Verhinderung der Geldwäsche vom 30. März 1998).

Statt der schriftlichen Fixierung der vorgenannten Ausweisinhalte können auch die entsprechenden Seiten des vorgelegten Ausweispapiers fotokopiert werden (vgl. §§ 1 Abs. 5, 9 GwG).

Entsprechende Identifizierungen setzen eine physische Präsenz des zu identifizierenden Leasing-Nehmers als Vertragspartner voraus. Das Geldwäschegesetz geht daher im Grundsatz von einer persönlichen und dokumentenmäßigen Identifizierung aus.

Allerdings gibt es Erleichterungen, die für Leasing-Transaktionen in Betracht kommen:

1. Absehen von der Identifizierung bei zuvor erfolgter Identifikation

Gemäß § 7 kann von einer Identifizierung abgesehen werden, wenn der zu Identifizierende persönlich bekannt ist und bereits bei früherer Gelegenheit identifiziert wurde. Allerdings muss die frühere Identifizierung nach Maßgabe des Geldwäschegesetzes erfolgt sein (§ 1 Abs. 5 GwG).

Anh. V.5

2. Anwendung der bei der Absatzfinanzierung geltenden Erleichterungen

Hauptpflicht des Leasing Gebers ist es, das Eigentum am Leasing-Objekt zu erwerben und dieses dem Leasing Nehmer zum Gebrauch für eine bestimmte Zeit gegen Entgelt zu überlassen. Leasing-Gesellschaften bleiben grundsätzlich nach Vertragsablauf juristischer wie wirtschaftlicher Eigentümer der Leasing-Objekte. Ausnahmen bilden lediglich die so genannten Optionsverträge, in denen dem Leasing-Nehmer ein Anspruch/Option auf den Erwerb des Leasing Objektes zusteht. In dem zu Grunde liegenden Dreiecksverhältnis sind die Geldflüsse regelmäßig strikt getrennt. Der Leasing-Geber zahlt den Kaufpreis für das Leasing-Objekt unmittelbar an den Händler, Lieferanten oder Produzenten. Im Weiteren zieht er die vereinbarten Leasing-Raten für die Dauer des Vertrages ein.

Leasing-Verträge sind daher im Ergebnis mit der bei der Absatzfinanzierung bestehenden Situation vergleichbar. Es handelt sich um ein waren- oder dienstleistungsorientiertes Geschäft, bei dem der Kaufpreis ausschließlich zur Anschaffung des Leasing-Objektes dient. Der Leasing-Nehmer hat für die Dauer des Vertrags lediglich den Gebrauchsnutzen. Überwiegend werden die Leasing-Raten dabei im Lastschriftverfahren von einem Konto des Leasing-Nehmers abgebucht. Dies bedeutet im Ergebnis, dass der Leasing-Nehmer bereits bei der Eröffnung des zur Abbuchung benutzten Referenzkontos durch das jeweilige Kreditinstitut nach den Vorschriften des Geldwäschegesetzes identifiziert worden ist. Eine nochmalige oder weitergehende Identifizierung des Leasing-Nehmers ist insoweit nicht erforderlich. In entsprechenden Fällen gilt vielmehr die Identifizierungspflicht durch die bereits zuvor seitens der kontoführenden Bank vorgenommene Identifizierung des Leasing-Nehmers nach dem GwG als erfüllt.

Ein Einbringen von „schmutzigen Geldern" über Ratenzahlungen an Leasing Gesellschaften ist insoweit prinzipiell erschwert. Insgesamt ist das Risiko des Missbrauchs für eine Geldwäsche als eher gering einzuschätzen.

Analog können daher die für Absatzfinanzierung geltenden Erleichterungen für die Identifizierung auch für den Abschluss von Leasing-Verträgen angewendet werden (vgl. Schreiben des BAKred zur Absatzfinanzierung und der Legitimationsprüfung bei der Eröffnung von Kreditkonten vom 5.3.1997, I 5 – B 402 sowie vom 28. Juli 1998, Z 5 – B 407).

In Fällen, in denen sich Leasing-Gesellschaft und Kunde (Leasing-Nehmer) nicht unmittelbar gegenüber stehen, weil beispielsweise das Geschäft über einen Händler/Hersteller vermittelt wird, kann die nach dem GwG notwendige Identifizierung des Leasing-Nehmers auch durch zuverlässige Dritte erfolgen.

Als „zuverlässige Dritte" gelten per se entsprechend III, Zf. 10 der Verlautbarung des BAKred über Maßnahmen der Kreditinstitute zur Bekämpfung und Verhinderung der Geldwäsche vom 30. März 1998, Kreditinstitute, Versicherungsunternehmen, welche Lebensversicherungsverträge anbieten, Notare oder die Deutsche Post AG (PostIdent Service), Botschaften bzw. Konsulate der EU-Staaten.

Auch Händler und Vertriebspartner von Leasing-Gesellschaften gelten als sog. zuverlässige Dritte (vgl. auch Schreiben des BAKred 28. Juli 1998 [Z 5 – B 407]

Anh. V.5

i. V. m. „Verlautbarung über Maßnahmen der Kreditinstitute zur Bekämpfung und Verhinderung der Geldwäsche" vom 30.3.1998).

Die eigenen Pflichten der in Anspruch genommenen „zuverlässigen Dritten" zur Identifizierung der Vertragspartner (Leasing-Nehmer) bleiben dabei unberührt und sind entsprechend den v. g. Ausführungen durchzuführen. Gleichzeitig ist zu beachten, dass die Verantwortung für die ordnungsgemäße Durchführung der Identifizierung trotz der Inanspruchnahme des Dritten letztlich beim Leasing-Geber verbleibt (vgl. Zf. 10 der o. g. Verlautbarung des BAKred vom 30. März 1998).

Bei jeder Heranziehung anderer Dritter ist es erforderlich, dass deren Zuverlässigkeit vom Leasing-Geber zu Beginn einer entsprechenden Kooperation geprüft und kontinuierlich kontrolliert wird. Sie sind vor einer kontinuierlichen Zusammenarbeit durch geeignete Informationen der Leasing-Gesellschaft über ihre im Zusammenhang mit dem GwG stehenden Pflichten zu unterrichten. In diesem Zusammenhang ist ebenfalls darauf hinzuwirken, dass tatsächlich den vor Ort tätig werdenden Mitarbeitern und sonstigen Erfüllungsgehilfen (§ 278 BGB) entsprechende Informationsblätter ausgehändigt werden. Eine nicht ordnungsgemäße Vornahme von Kundenidentifizierungen kann Zweifel an der Zuverlässigkeit der Dritten begründen (vgl. Schreiben des BAKred 28. Juli 1998, a. a. O.). Bei der Heranziehung sonstiger Dritter bleiben deren Pflichten zur Identifizierung des Vertragspartners (Leasing-Nehmers) wiederum unberührt.

II. Identifizierung sonstiger, insbesondere juristischer Personen

Die Art der Durchführung der Identifizierung ist im GwG explizit nur hinsichtlich natürlicher Personen definiert (§ 1 Abs. 5 GwG). Hinsichtlich juristischer Personen – die ja gerade auch als dauerhafte Vertragspartner i. S. v. § 2 Abs. 1 Satz 1 GwG in Frage kommen können –, enthält das GwG keine näheren Vorgaben für die Identifizierung, so dass die vom Bundesministerium der Finanzen und der BaFin zu § 154 Abs. 2 Satz 1 Abgabenordnung (AO) entwickelten Auslegungsregeln grundsätzlich Anwendung finden.

Identifizierungen sind dabei im Einzelnen wie folgt vorzunehmen:

1. **OHG, KG, GmbH, GmbH & Co. KG, AG, KGaA:**

   Diese Unternehmen sind durch Beiziehung eines aktuellen Handelsregisterauszuges identifizierbar.

2. **Partnerschaften:**

   Partnerschaften sind anhand eines aktuellen Auszuges aus dem Partnerschaftsregister identifizierbar.

3. **Genossenschaften:**

   Genossenschaften sind anhand eines aktuellen Auszuges aus dem Genossenschaftsregister identifizierbar.

4. **rechtsfähige Vereine:**

   Rechtsfähige Vereine sind anhand eines aktuellen Auszuges aus dem Vereinsregister identifizierbar.

Anh. V.5

5. Stiftungen:

Eine Identifizierung von Stiftungen hat anhand der jeweiligen bundes- bzw. landesspezifischen Stiftungsgesetze durch Auskünfte aus den jeweiligen Stiftungsverzeichnissen zu erfolgen.

Im Hinblick auf modernere und vom Registerstand informationsgleiche oder im Einzelfall sogar detailliertere und aktuellere Informationen neutraler Dritter, wie Handelsregister-Online-Datenbanken [GENIOS, Dufahr etc.] oder der Einholung von Wirtschafts- und Bonitätsauskünften [Creditre-form, Bürgel etc.] kann die Identifizierung im Regelfall den Auszügen aus den registergerichtlichen Auskünften als gleichwertig angesehen werden. Letzteres gilt vor allem im Hinblick auf die schnellere Verfügbarkeit und höhere Aktualität der „Online-Auskünfte". Diese vermögen Geldwäsche-Risikolagen schneller und effizienter erkennbar zu machen („Know-your-costumer-Prinzip").

Für die Identifizierung sonstiger, insbesondere juristischer Personen, finden darüber hinaus die für die Identifizierung von natürlichen Personen geltenden Erleichterungen (vgl. B. I. Ziffer 1 bis 3) entsprechende Anwendung.

Zu beachten ist, dass die auftretenden natürlichen Personen im Hinblick auf eine effektive Eigensicherung von Leasing-Gesellschaften im Zuge der allgemeinen Vertragsprüfung in sachgerechter und angemessener Weise identifiziert werden.

III. Identifizierung in Verdachtsfällen, § 6 GwG

Unabhängig der Identifizierungspflicht der §§ 2 und 3 GwG besteht gemäß § 6 GWG in sog. Verdachtsfällen die Verpflichtung zur Identifizierung, wenn Tatsachen festgestellt werden, die darauf schließen lassen, dass die vereinbarte Finanztransaktion einer Geldwäsche nach § 261 StGB oder der Finanzierung einer terroristischen Vereinigung nach den §§ 129a, 129b StGB dient oder im Falle ihrer Durchführung dienen würde. Gerade bei den vorstehend angenommenen Erleichterungen bzgl. der allgemeinen Identifizierungspflicht kommt der Verdachtsidentifizierungspflicht eine besondere Bedeutung zu, da nur auf diesem Wege ein sachgerechter Ausgleich geschaffen wird. Nach den Erkenntnissen der Strafverfolgungsbehörden entsteht allein durch die Durchführung der Identifizierung eine abschreckende Wirkung für die Personen, die eine Geldwäsche oder Terrorismusfinanzierung beabsichtigen. Nur soweit Leasing-Gesellschaften unter diesen Gesichtspunkten gegenüber dem Vertragspartner eine besondere Aufmerksamkeit walten lassen, kann ein Missbrauch der Branche vermieden werden.

Der Verdachtsfall setzt konkrete Anhaltspunkte (Tatsachen) für eine Geldwäschetat voraus. Bloße Vermutungen ohne jeden realen Hintergrund reichen nicht aus. Vielmehr müssen konkrete Auffälligkeiten bei der Abwicklung von Finanztransaktionen und alle Abweichungen vom gewöhnlichen Geschäftsgebaren festgestellt werden.

IV. Feststellung der Identität des wirtschaftlich Berechtigten gemäß § 8 GwG

Bei Identifizierung nach dem GwG hat der Leasing-Geber sich danach zu erkundigen, ob der zu identifizierende Leasing-Nehmer für eigene oder für fremde Rechnung handelt. Gibt der Leasing-Nehmer an, nicht für eigene Rechnung zu handeln, so hat die Leasing-Gesellschaft nach dessen Angaben Name und Anschrift derjenigen Person/desjenigen Unternehmens festzustellen, für dessen Rechnung gehandelt wird („wirtschaftlich Berechtigter"). Darüber hinaus werden von den Pflichtigen insbesondere im Falle des Zweifels und der Unklarheit angemessene Maßnahmen – also ein aktives Tun – verlangt, um Informationen über die tatsächliche Identität der Person einzuholen, in deren Namen der Kunde handelt. Die Angemessenheit der Maßnahmen zur Feststellung der Identität des wirtschaftlich Berechtigten richtet sich zunächst nach der Intensität und Bedeutung der Geschäftsbeziehung bzw. Transaktion, bei deren Abwicklung diese Zweifel aufgekommen sind. Gleichzeitig wird zu berücksichtigen sein, welche Erkenntnismöglichkeiten zur Klärung des Sachverhalts zur Verfügung stehen. Mag es in einem Falle ausreichen, den Kunden mit diesen Zweifeln zu konfrontieren und diesen um Klärung der offenen Fragen zu bitten, kann es bei einem anderen Sachverhalt durchaus auch erforderlich sein, sich über die Angaben des Kunden hinaus im eigenen Unternehmen bzw. bei Dritten (etwa bei einer Drittbank, bei der eine weitere Kontobeziehung besteht) diejenigen Informationen zu beschaffen und auf ihre Plausibilität zu überprüfen, die dem Pflichtigen eine ausreichende Beurteilung der Hintergründe der Geschäftsbeziehung bzw. Transaktion erlauben.

V. Aufzeichnungs- und Aufbewahrungspflicht gemäß § 9 GwG

Die Feststellungen zur Identifizierung sind durch Aufzeichnung der genannten Angaben oder durch Anfertigung einer Kopie der entsprechenden Seiten der Ausweispapiere anzufertigen. Das Einverständnis des Betroffenen ist dabei nicht Voraussetzung für die Anfertigung einer Ausweiskopie. Die Aufzeichnungsunterlagen sind 6 Jahre aufzubewahren gemäß § 9 Abs. 3 Satz 1 GwG. Dies gilt entsprechend bei Online-Auskünften, wie Handelsregister-Abfragen, Wirtschaftsauskünften etc. Bei Identifizierung durch zuverlässige Dritte sind die Identifizierungsunterlagen von diesen unmittelbar an den Leasing-Geber zu übermitteln.

C. Pflichten bei Geldwäscheverdacht

I. Anzeige von Verdachtsfällen gemäß § 11 GwG

Unabhängig von den allgemeinen Identifizierungspflichten gemäß § 2 Abs. 1 haben Leasing-Gesellschaften, auch wenn die Beträge gemäß § 6 Satz 1 GwG unterschritten werden, bei der Feststellung von Tatsachen, die darauf schließen lassen, dass eine Finanztransaktion einer Geldwäsche gemäß § 261 StGB oder der Finanzierung einer terroristischen Vereinigung nach § 129a, auch in Verbindung mit § 129b StGB dient oder dienen würde, unverzüglich Anzeige gegenüber den zuständigen Strafverfolgungsbehörden und dem Bundeskriminalamt

Anh. V.5

Bundeskriminalamt Wiesbaden Referat OA 14
– Zentralstelle für Verdachtsanzeigen --65173 Wiesbaden
Tel.: +49 (0)611 – 55 – 18615
Fax: +49 (0)611 – 55 – 45300
E-Mail: OA14FIU@bka.bund.de

zu erstatten.

Eine Geldwäsche gemäß § 261 Absatz 1 Satz 2 StGB liegt u. a. vor hinsichtlich Gegenständen, die aus Verbrechen, Betäubungsmittelstraftaten, gewerbs- oder bandenmäßig begangenem/r Menschenhandel, Diebstahl, Unterschlagung, Erpressung, Hehlerei, Betrug, Untreue, Urkundenfälschung, Umweltdelikte, der Bildung terroristischer oder krimineller Vereinigungen sowie aus gewerbs- oder bandenmäßiger Steuerhinterziehung gemäß § 370 a AO herrühren. Einzelheiten ergeben sich aus dem sehr detaillierten Vortatenkatalog gemäß § 261 Absatz 1 Satz 2 StGB.

Aus der Verdachtsanzeige soll hervorgehen, ob es sich um eine Erstanzeige oder um eine Wiederholung gemäß § 11 Abs. 2 GwG einer früheren Anzeige handelt, welcher der gleiche Sachverhalt zugrunde liegt. Ergibt sich die Verdachtslage aus vorangegangenen Ermittlungshandlungen von Strafverfolgungsbehörden, so soll auch dieser Umstand (einschließlich der jeweiligen Behörde und des Aktenzeichens) mitgeteilt werden.

In der Meldung sollen Namen und Vornamen der Geldwäscheverdächtigten sowie deren Anschriften, Geburtsdatum und Geburtsort, Staatsangehörigkeiten, Ausweisnummern, Art der Ausweise und ausstellende Behörde enthalten sein. Sofern Kopien von Ausweisen gefertigt wurden, sollten diese ebenfalls der Anzeige beigefügt werden. Die Angaben zu Verdachtsanzeigen sollen zudem Angaben zu Art des Geschäftes (Leasing-Vertragsart, Objekt, Finanzierung usw.) sowie Daten von eventuellen Zahlungsvorgängen, Buchungseingängen etc. enthalten und im Falle abweichender Begünstigter gemäß § 8 GwG auch diese nennen.

II. Anhaltspunkte für Verdachtsmerkmale:

Anhaltspunkte für einen Geldwäscheverdacht können beispielsweise in den in der nachfolgenden Aufzählung genannten Konstellationen gegeben sein. Die Aufzählung ist jedoch nicht schematisch zu verstehen. Sie enthält weder eine abschließende Aufzählung der möglichen Geldwäscheverdachtsmomente, noch liegt bei Erfüllung eines der genannten Merkmale generell ein Geldwäscheverdacht vor. Es bedarf jeweils der Betrachtung des konkreten Einzelfalls.

– Leasing-Nehmer verlangt Anonymität oder versucht bewusst, persönliche Kontakte zur Leasing-Gesellschaft oder dem Händler zu vermeiden;
– Einschaltung von Dritten („Strohmanngeschäfte");
– Mehrfach korrigierte Angaben zu Identitäten, wirtschaftlich Berechtigten, Zahlungsmodalitäten (abweichende Kontoverbindungen u. ä.);
– Verwendung von „Briefkastenunternehmen" als Firmenmäntel oder Nutzung von Anschriften von Unternehmen mit keinen oder unüblich wenigen Beschäftigten;

Anh. V.5

- Leasing-Nehmer verweigert die Übergabe notwendiger, für den Leasing-Vertrag typischer Unterlagen wie Selbstauskünfte etc.;
- bekannte Strafverfahren, insbesondere zu Katalogtaten gem. § 261 StGB;
- wirtschaftlich „unsinnige" Geschäftsinhalte [Beispiel: Leasing-Nehmer will Leasing-Objekt bereits kurze Zeit nach Vertragsschluss ohne Angabe eines plausiblen Grundes ablösen („Fälle vorzeitiger Ablösung")];
- sale-and-lease-back-Verträge, in welchen Leasing-Nehmer keinen Bezahltnachweis (Kontoauszug) für die Anschaffung des Leasing-Objektes vorlegen kann oder will;
- nicht plausibler Vertragspartnertausch auf Leasing-Nehmerseite, insbesondere zeitnah nach Vertragsschluss;
- Leasing-Nehmer hat seinen Sitz in einem der nicht kooperativen Länder der FATF-Liste oder nutzt Off-Shore-Unternehmen, ausländische Firmensitze etc.

Im Falle einer Verdachtsanzeige dürfen die mit einem Leasing-Engagement im Zusammenhang stehenden Finanztransaktionen erst in Vollzug gesetzt werden, wenn die Staatsanwaltschaft ihre Zustimmung an die Leasing-Gesellschaft hierzu übermittelt hat oder wenn der zweite Werktag nach dem Abgangstag der Verdachtsanzeige verstrichen ist, ohne dass die Durchführung der Finanztransaktionen von der Staatsanwaltschaft untersagt wurde (vgl. § 11 Abs. 1, S. 3 GwG).

D. Interne Sicherungsmaßnahmen gemäß § 14 GwG

Gemäß § 14 GwG haben Finanzunternehmen gemäß § 1 Abs. 2 Nr. 2–5 KWG – und damit auch Leasing-Gesellschaften – Vorkehrungen dagegen zu treffen, dass sie zur Geldwäsche missbraucht werden können. Interne Sicherungsmaßnahmen sind dabei abhängig von der Größe und dem Geschäftsbetrieb der Leasing-Gesellschaften.

Mindestvorkehrungen hierfür sind:

1. die Bestimmung eines der Geschäftsleitung unmittelbar nachgeordneten Geldwäschebeauftragten, der Ansprechpartner für die Strafverfolgungsbehörden und das Bundeskriminalamt – Zentralstelle für Verdachtsanzeigen – sowie für die nach § 16 GwG zuständigen Behörden ist. Insbesondere bei kleinen und mittelständischen Leasing-Gesellschaften kann dabei die Geschäftsführung selber diese Aufgabe einnehmen.

2. die Entwicklung interner Grundsätze, angemessener geschäfts- und kundenbezogener Sicherungssysteme und Kontrollen zur Verhinderung der Geldwäsche und der Finanzierung terroristischer Vereinigungen. Hierbei gilt es, anhand des jeweiligen Geschäfts- und Kundensektors spezifische Grundsätze zu erarbeiten, die Geschäftsabläufe offenkundig werden lassen, welche zu Geldwäscheaktivitäten mißbraucht werden könnten. Entsprechende Grundsätze und Sicherungssysteme sind dabei turnusmäßig dahingehend zu prüfen, ob sie gegenwärtige Geschäftsaktivitäten, Kundenverhalten usw. noch ausreichend berücksichtigen. Auch ist anhand von vorgenannten allgemeinen, besonders aber von spezifischen unternehmensorientierten Risikoanhaltspunkten zu kontrollieren, ob

Anh. V.5

entsprechende Sicherungssysteme Geldwäscheaktivitäten hinreichend deutlich werden lassen.

3. die Sicherstellung, dass die Beschäftigten, welche befugt sind, bare und unbare Finanztransaktionen durchzuführen, zuverlässig sind. Diese Beschäftigten dürfen anhand ihrer Persönlichkeitsstruktur und ihrer Lebensweisen keine Anhaltspunkte dafür bieten, für Geldwäscheaktivitäten mißbraucht werden zu können. Mindestens jährlich ist vom Fachvorgesetzten zu dokumentieren, dass diese Beschäftigten nach wie vor zuverlässig sind.

4. die regelmäßige Unterrichtung dieser Beschäftigten über die Methoden der Geldwäsche und die nach diesem Gesetz bestehenden Pflichten. Hierzu sind unternehmensspezifische Arbeits- und Organisationsanweisungen zur Geldwäscheprävention zu erarbeiten und diesen Beschäftigten zur Verfügung zu stellen. Durch Schulungen ist zudem sicherzustellen, dass entsprechende Mitarbeiter ausreichende Kenntnisse zur Geldwäscheprävention beim Leasing erlangen und ihre Pflichten nach dem GwG ausreichend wahrnehmen können. Auf aktuelle Veränderungen, gerade wenn Geldwäschetypologien im Leasing bekannt werden sollten, ist turnusmäßig hinzuweisen.

E. Rechtsfolgen bei Verstößen gegen GwG / § 261 StGB

I. Ordnungswidrigkeiten gemäß § 17 GwG

Gemäß § 17 Abs. 1 Zf. 1–3 GwG stellt der vorsätzliche oder leichtfertige Verstoß gegen die Pflichten zur Identifizierung, Aufzeichnung und Aufbewahrung eine Ordnungswidrigkeit dar. Ebenfalls handelt u. a. ordnungswidrig, wer sich nicht gemäß § 8 GwG nach dem wirtschaftlich Berechtigten erkundigt oder dessen Namen und Anschrift nicht feststellt (§ 17 Abs. 2 Zf. 1 GwG) oder der entgegen § 11 Abs. 5 GwG den Leasing-Nehmer oder andere als staatliche Stellen von einer erfolgten Verdachtsmeldung oder einem daraufhin eingeleiteten Ermittlungsverfahren unterrichtet (§ 17 Abs. 2 Zf. 2 GwG). Die Ordnungswidrigkeit kann gemäß § 17 Abs. 3 in den Fällen des Absatzes 1 mit einer Geldbuße bis zu 100.000 EUR geahndet werden, in denen des Abs. 2 mit einer Geldbuße von bis zu 50.000 EUR.

II. Strafbarkeit gem. § 261 Abs. 1, 5 StGB

Die Nichterstattung von Verdachtsanzeigen gehört gem. § 17 GwG nicht zu den bußgeldbewährten Tatbeständen. Der Gesetzgeber hat hier von einer Bußgeldbewährung vor allem deshalb abgesehen, um die Mitarbeiter der Institute nicht zu sehr in ihrem Beurteilungsspielraum einzuschränken und – aus bloßer Furcht vor einer Ahndung – zu inhaltlich fern liegenden, die Arbeit der Zentralstelle für Verdachtsanzeigen beim BKA und der Ermittlungsbehörden unnötig erschwerende Anzeigen zu veranlassen.

Klare Verstöße gegen die Verdachtsanzeigepflicht des § 11 GwG sind gleichwohl (mittelbar) sanktionsbewehrt: Mit Freiheitsstrafe von drei Monaten bis zu fünf Jahren wird bestraft, der einen Gegenstand, der aus einer in § 261 I S. 2 genannten rechtswidrigen Katalogtat herrührt, verbirgt, dessen Herkunft verschleiert oder die

Ermittlung der Herkunft, das Auffinden, den Verfall, die Einziehung oder die Sicherstellung eines solchen Gegenstandes vereitelt oder gefährdet.

In Fällen, wo der Täter leichtfertig (dies entspricht in etwa dem zivilrechtlichen „grob fahrlässig") nicht erkennt, dass der Gegenstand (Geld o. Ä.) aus einer in Abs. 1 genannten rechtswidrigen Tat herrührt, wird dieser mit Freiheitsstrafe bis zu zwei Jahren oder mit Geldstrafe bestraft; § 261 Abs. 5 StGB.

Der Meldepflichtige, de die dubiose/kriminelle Herkunft des Geldes kennt oder dem sich diese hätte aufdrängen müssen, der aber dennoch die Transaktion durchführt, läuft daher Gefahr, sich entweder selbst wegen leichtfertiger Geldwäsche oder – bei bedingtem Vorsatz – wegen Beihilfe an einer (vorsätzlichen) Geldwäschehandlung des Kunden (Leasing-Nehmers) strafbar zu machen. Der leichtfertig Handelnde kann seine Strafbarkeit allerdings auch noch nachträglich dadurch vermeiden, indem er freiwillig bei den zuständigen Behörden die bislang unentdeckte Tat anzeigt (§ 261 Abs. 9 Satz 1 StGB). Mittelbar ist damit in diesen eklatanten Verdachtsfällen zugleich auch das Unterlassen der Verdachtsmeldepflichtstrafbewehrt.

Anhang VI

**Bundesministerium der Finanzen
Schreiben an den Arbeitskreis STEUERN
der kreditwirtschaftlichen Spitzenverbände
vom 22. April 1996**

Legitimationsprüfung gemäß § 154 AO
bei der Eröffnung von Kreditkonten
– IV 4 S 0325 – 8/96

[...]

ich habe die Frage der Legitimationsprüfung bei der Eröffnung von Kreditkonten mit den für die Abgabenordnung zuständigen Vertretern der obersten Finanzbehörden der Länder erörtert. Die Besprechungsteilnehmer vertraten einhellig die Auffassung, daß auch Kreditkonten Konten im Sinne des § 154 AO sind und das Kreditinstitut sich vor der Eröffnung des Kontos Gewißheit über die Identität des Kunden verschaffen muß.

Konto im Sinne dieser Vorschrift ist der besonders gekennzeichnete Teil der Handelsbücher des kontoführenden Unternehmens, auf dem die Forderungen und Verbindlichkeiten des Kunden festgehalten werden. Die Zuordnung einer Nummer oder eines Aktenzeichens ist typisch für das Konto und sagt nichts darüber aus, ob es sich um ein innerbetriebliches oder kundenbezogenes Konto handelt. Kundenbezogen ist ein Konto, wenn es die Vermögenssituation eines Dritten, des Kunden, ausweist. Unerheblich ist auch, ob das Konto Forderungen oder Verbindlichkeiten ausweist, denn § 154 AO unterscheidet – anders als § 30a Abs. 3 AO – nicht nach Guthaben- und Darlehens- bzw. Kreditkonten. Somit gehören auch Kreditkonten zu den Konten des § 154 AO.

Die Auffassung, daß § 154 AO die Verfügungsberechtigung über ein Konto regelt, bei Darlehens- bzw. Kreditkonten aber ausschließlich die Kreditinstitute über die Auszahlung von diesen Konten entscheiden, wird von den obersten Finanzbehörden der Länder und mir nicht geteilt. Es trifft zwar zu, daß die Banken nach Gewährung eines Darlehens an einen Kreditnehmer den Darlehensbetrag auf einem Zwischenkonto zur Verfügung stellen. Sobald aber der Darlehensnehmer über den entsprechenden Betrag disponieren kann, verfügt er wirtschaftlich über das ihm gewährte Darlehen. Ein Unterschied zu anderen Konten besteht insoweit nicht.

Mit freundlichen Grüßen

Stichwortverzeichnis

Die einleitenden Ausführungen sind mit „Einl.", die Kommentierungen zum GwG, KWG und zum StGB mit dem jeweiligen Paragraphen gekennzeichnet. Die Zahlen hinter diesen Angaben beziehen sich auf die jeweiligen Randzahlen.

Abgabe von Barmitteln § 2, 72
Abklärungspflicht
– EU-rechtliche § 11, 12 ff
Abschlussprüfer Einl. 106 f
– Einsicht in Aufzeichnungen § 10, 77
Abschlussprüfung § 3, 34 ff
Absehen von Identifizierung § 7, 1 ff
– Altfallregelung § 7, 3 ff
– Folgekontoeröffnung § 7, 2 ff
– Geldbeförderungsunternehmen § 7, 6
– Gültigkeit des Ausweisdokuments § 7, 4
Abweichend wirtschaftlich Berechtigter
– s. wirtschaftlich Berechtigter
Abwendungsbefugnis § 10, 47, 70
Anderkonto § 8, 21 ff
– auf Vorrat § 8, 32 ff
Anfangsverdacht § 6, 16 f
– doppelter § 11, 56 ff
Anhaltspunkte für Geldwäsche oder Terrorismusfinanzierung § 6, 9 ff, § 11, 99 ff; § 14, 147 ff, 154
Annahme von Barmitteln § 2, 73 ff; § 3, 21
– Cybermoney § 2, 98 ff
– Edelmetalle § 2, 112 f
– Einzahlungsautomaten § 2, 142 ff
– elektronisches Geld § 2, 98 ff
– Finanztransfergeschäft § 2, 94 ff
– GeldKarte § 2, 98 ff
– mehrere Finanztransaktionen § 2, 114 ff
– Schließfach § 2, 78
– Smurfing § 2, 88, 114 ff
– Sortengeschäft § 2, 89 ff
– Verpflichtung zur Zusammenrechnung § 2, 88
– Wertpapiere § 2, 105 ff
– white card § 2, 98 ff
Anpassung von Schwellenbeträgen § 5, 1 f
Anschlussversicherung § 4, 12
Anwendungserlass zur Abgabenordnung § 24c, 49 ff
Anzeige
– s. Verdachtsanzeige
Anzeigeerstattung
– Beurteilungsspielraum § 12, 7

Anzeigepflicht
– abgelehnte Transaktionen § 11, 38 ff
– abgeschlossene Transakionen § 11, 44 f
– Adressaten § 11, 28 ff
– Anhaltspunkte für Geldwäsche § 11, 52
– anzeigepflichtige Tatsachen § 11, 50
– Aufklärungspflicht, EU-Recht § 11, 12
– Befreiung bei Rechtsanwälten § 11, 204 ff
– Behörde § 13, 1 ff
– Erfolgsbilanz § 11, 22
– formelle Anforderungen § 11, 104
– Geldwäsche § 11, 50 ff
– im Ausland § 15, 18
– interne Organisation § 11, 84
– laufende Transaktionen § 11, 43
– Rechtsnatur § 11, 46
– Rechtsverordnungsermächtigung § 11, 230
– terroristische Vereinigung § 11, 72
– Verdachtsfälle § 11, 50
– Verletzung § 11, 46
– Zweck § 11, 3 ff
– s. auch Verdachtsanzeige
Arbeitsablaufbeschreibung § 14, 75 ff
Asylbewerber § 2, 68 f
Aufklärungspflicht
– EU-rechtliche § 11, 12 ff
Aufwandsersatz § 24c, 31
Aufzeichnungen
– Abrufdatei, Verwertungsbeschränkung § 10, 31, 54, 79
– Auskunftsersuchen § 10, 64 ff, 71
– Beschlagnahme § 10, 47 ff
– freiwillige Herausgabe § 10, 59 ff
– Herausgabe § 10, 39 ff
– Kontoabrufverfahren § 10, 31, 54, 79
– Mitteilungspflicht § 10, 17 ff
– Sicherstellung § 10, 50 ff
– Tafelgeschäft § 10, 82
– Verwertung im Besteuerungsverfahren § 10, 28 ff
– Verwertung im Strafverfahren § 10, 15 ff

755

Stichwortverzeichnis

- Verwertungsbeschränkung
  § 10, 39 ff, 78
- Wertpapierhandelsgesetz § 10, 78 ff

Aufzeichnungspflicht § 9, 1 ff
- Art § 9, 8 ff
- Art der Aufbewahrung § 9, 12 ff
- Aufbewahrungsfrist § 9, 20
- Ausweiskopie § 9, 8 ff
- Beginn und Dauer der Aufbewahrung
  § 9, 20
- Bildträger § 9, 12 ff
- Datenträger § 9, 12 ff
- Dokumentationssystem § 9, 16
- EDV-Erfassung § 9, 10
- Geburtsort § 9, 4
- Nachttresor § 9, 5
- Niederschrift § 9, 10
- regelmäßiger Einzahler § 9, 3 ff
- Staatsangehörigkeit § 9, 4
- Tafelgeschäft § 9, 6
- Verdachtsanzeigen § 9, 7

Auskunftsersuchen § 10, 64 ff, 71;
§ 24c, 31, 58 ff, 90 ff
- ausländischer Stellen § 24c, 65 ff

Auskunftserteilung durch das Bundeszentralamt für Steuern § 24c, 100 ff
- Auskunftsanspruch des Betroffenen
  § 24c, 104
- Deutsche Bundesbank § 24c, 105
- Information des Betroffenen
  § 24c, 104
- Kontobewegungen § 24c, 101
- Kontostand § 24c, 101
- Prüfung der Auskunftsersuchen
  § 24c, 103
- Prüfung der Zulässigkeit § 24c, 103
- Verantwortung für Abrufzulässigkeit
  § 24c, 102 f
- Zulässigkeit der Datenübermittlung
  § 24c, 103

Auskunftserteilung durch die Bundesanstalt
§ 24c, 58 ff
- Aufsichtsbehörden § 24c, 59
- Bundesministerium für Wirtschaft und Technologie § 24c, 59, 63
- Gerichte § 24c, 59
- Rechtshilfe § 24c, 59 ff, 67
- Strafverfolgungsbehörden
  § 24c, 59, 61 f

Auskunftserteilung durch die Finanzbehörde
§ 24c, 90 ff
- Abfragefälle § 24c, 92 ff
- Anfrageberechtigte Behörden
  § 24c, 91 ff
- Anfragen von Behörden § 24c, 90 ff

- Anknüpfung an Begriffe des Einkommensteuergesetzes § 24c, 90 ff
- Arbeitslosengeld II § 24c, 93, 113
- Aufstiegsförderung § 24c, 92
- Ausbildungsförderung § 24c, 92
- Behörden § 24c, 90 ff
- Bundesbeauftragter für den Datenschutz § 24c, 98
- Erziehungsgeldgewährung § 24c, 92
- Hartz IV § 24c, 93, 113
- Information des Betroffenen § 24c, 97
- Kosten § 24c, 99
- Sachaufklärung durch den Beteiligten
  § 24c, 95
- Sozialhilfe § 24c, 92
- Sozialversicherung § 24c, 92
- Unterhaltssicherung § 24c, 92
- Wohngeldgewährung § 24c, 92
- Wohnraumförderung § 24c, 92
- zulässige Abfragefälle § 24c, 92 ff
- Zulässigkeit eines Abrufs anderer Behörden § 24c, 94
- Zulässigkeit von Behördenanfragen
  § 24c, 90 ff
- zuständige Finanzbehörde § 24c, 96

Ausland
- Tochtergesellschaften § 15, 7 ff
- Unternehmen § 15, 1 ff
- Zweigstellen § 15, 1 ff

Ausweisdokument
- Gültigkeit § 7, 4

Ausweisdokumente § 2, 53 ff
- Anforderungen § 2, 60 ff
- Asylbewerber § 2, 68 f
- Aufenthaltsgenehmigung § 2, 69
- ausländische § 1, 86
- ausländischer Staatsbürger § 2, 56 ff
- Aussiedler § 2, 69
- Betreuer § 2, 64 f
- British Visitor Passport § 2, 59
- Carte de resident § 2, 59
- Carte de sejour § 2, 59
- Dienstausweis § 2, 59, 66, 69
- Duldung § 2, 69
- Flüchtlinge § 2, 69
- Führerschein § 2, 59
- Geburtsurkunde § 2, 55
- inländische § 2, 54 f
- Personalausweis § 1, 85
- Registrierschein für Aussiedler § 2, 59
- Reisepass § 1, 85
- Staatenlose § 2, 69
- zur Identifikation nicht geeignete Ausweispapiere § 2, 59

Stichwortverzeichnis

Ausweiskopie § 9, 8 ff
- Einwilligung § 9, 11
- Ermächtigungsgrundlage nach BDSG § 9, 11

Automatisierter Abruf von Kontoinformationen § 10, 3, 31, 54, 79; § 11, 62
- Abfrageanzahl § 24c, 125
- Abfragepraxis § 24c, 68
- abweichend wirtschaftlich Berechtigter § 24c, 39 ff
- Adelstitel § 24c, 35
- Adressatenkreis § 24c, 11 ff
- AEAO zu § 93 AO § 24c, 79
- Altfallregelung für Kredit- und Darlehenskonten § 24c, 19 ff
- Altfallregelung für nicht rechtsfähige Personenvereinigungen § 24c, 42
- Altfallregelung für Notaranderkonten § 24c, 41
- Änderung des Datensatzes § 24c, 47
- anfrageberechtigende Anlässe § 24c, 108
- anfrageberechtigte Behörden § 24c, 108, 111
- Anknüpfung an Begriffe des Einkommensteuergesetzes § 24c, 111
- Antrag auf einstweiligen Rechtsschutz § 24c, 79, 129 ff
- Anwendungserlass zu § 93 AO § 24c, 79, 112
- Anzahl der Abfragen § 24c, 125
- Anzahl der betroffenen Konten § 24c, 124 f
- Aufwandsersatz § 24c, 31
- Auskunftsanspruch betroffener Bankkunden § 24c, 70, 104
- Auskunftsersuchen § 24c, 31
- Auskunftserteilung durch das Bundeszentralamt für Steuern § 24c, 100 ff
- Auskunftserteilung durch die Bundesanstalt § 24c, 58 ff
- Auskunftserteilung durch die Finanzbehörde § 24c, 90 ff
- ausländische Einlagenkreditinstitute § 24c, 12
- Ausnahmen § 24c, 13, 74
- bankinterne Verrechnungskonten § 24c, 16
- Befristung § 24c, 108
- Benachrichtigung betroffener Bankkunden § 24c, 70, 104
- Botenkarte § 24c, 38
- Bundesbeauftragter für den Datenschutz § 24c, 71, 126, 138
- Charge-Cards § 24c, 25
- Darlehenskonten § 24c, 19 ff
- Datei § 24c, 11 ff
- Dateiinhalt § 24c, 15 ff
- Dateianforderungen § 24c, 56
- Datenabruf durch die Bundesanstalt § 24c, 57
- Datenabruf durch Finanzbehörden § 24c, 80 ff
- Datenschutzkontrolle § 24c, 69 ff
- Datenschutzvorschriften § 24c, 126
- Datensicherheit § 24c, 73
- De-minimis-Regelung § 24c, 13
- Deutsche Bundesbank § 24c, 11
- Dispens § 24c, 13
- dynamische Verweisung auf Nummer 7 AEAO zu § 154 AO § 24c, 52
- effektiver Grundrechtsschutz § 24c, 117 ff
- Einstellungsfristen § 24c, 54 f
- Einstellungspflicht § 24c, 18
- einzustellende Konten § 24c, 15 ff
- Entschädigungsanspruch § 24c, 31
- Entstehungsgeschichte § 24c, 1 ff, 8 ff, 76 ff
- Evaluierung § 24c, 108
- Finanzausschuss § 24c, 6
- Förderdarlehen § 24c, 23
- Geburtsdatum § 24c, 36 f
- Geburtsname § 24c, 35
- Geburtsort § 24c, 7, 29
- Geldbuße § 24c, 75
- Geschäftsguthabenkonten § 24c, 16
- Gesetz zur Förderung der Steuerehrlichkeit § 24c, 10, 76 ff
- Grundrechtsschutz § 24c, 117 ff
- Hausbankverfahren § 24c, 23
- historische Datensätze § 24c, 47 f
- Information des Betroffenen § 24c, 70, 104, 116 ff
- Inpflichtnahme Privater § 24c, 122
- Institute in Abwicklung § 24c, 14
- Justizvergütungs- und Entschädigungsgesetz § 24c, 31
- Kenntnis von Abrufen § 24c, 56, 116 ff
- Know-your-customer-Prinzip § 24c, 50
- Konten für Wohnungsbaugenossenschaften § 24c, 27
- Kontenbegriff § 24c, 15
- Kontenevidenzzentrale § 24c, 2
- Kontobewegungen § 24c, 30 f

757

Stichwortverzeichnis

- Kontoinhaber § 24c, 35 ff
- Kontonummer § 24c, 32
- Kontostammdaten § 24c, 48
- Kontostand § 24c, 30 f
- Kontrolle der Datenschutzvorschriften § 24c, 71
- Kontrollmöglichkeiten der Abrufvoraussetzungen § 24c, 56
- Kosten § 24c, 6 f, 13, 72 f, 121 ff, 136
- Kostentragung § 24c, 121 ff
- Kreditkartenkonten § 24c, 25
- Kreditkonten § 24c, 19 ff
- Kritik § 24c, 107 ff
- Kundenstammdaten § 24c, 28 f
- Künstlername § 24c, 35
- Legitimationsprüfung bei Eltern § 24c, 50 f
- Löschung des Datensatzes § 24c, 47
- lose Personenzusammenschlüsse § 24c, 42 ff
- Mietkautionskonto § 24c, 40
- Nachname § 24c, 35
- Name § 24c, 35
- nicht rechtsfähige Personenvereinigungen § 24c, 42 ff
- Niederlassungen im Ausland § 24c, 17
- Normenklarheit § 24c, 115
- Notaranderkonto § 24c, 41
- Novation § 24c, 21
- Nummer 7 AEAO zu § 154 AO § 24c, 49 ff
- Ordnungswidrigkeit § 24c, 75
- Personenvereinigungen § 24c, 42 ff
- Praxis der Abfragen § 24c, 68
- Prolongation § 24c, 22
- Prüfung der Auskunftsersuchen § 24c, 56, 64, 103, 116 ff
- Prüfung der Zulässigkeit § 24c, 56, 103
- Recht auf informationelle Selbstbestimmung § 24c, 118 f
- Rechtsfolgen eines Verstoßes § 24c, 75
- rechtsstaatliche Schutzmechanismen § 24c, 116
- religiöse Namen § 24c, 35
- Richtervorbehalt § 24c, 108, 116
- Sammelkonten § 24c, 24
- Schaffung der technischen Voraussetzungen § 24c, 72 f
- Schließfächer § 24c, 26
- Schnittstellenspezifikation § 24c, 35
- Schuldersetzung § 24c, 21
- Spareinrichtung § 24c, 27
- Spezialinstitute § 24c, 13
- Staatsangehörigkeit § 24c, 29
- Steueramnestie § 24c, 76
- Steuerhinterziehung § 24c, 5 f
- Strafbefreiungserklärungsgesetz § 24c, 76
- technische Voraussetzungen § 24c, 72 f
- Tochtergesellschaften im Ausland § 24c, 17
- Umfang § 24c, 124 f
- unbewegte Kundenkonten § 24c, 24
- Verantwortung für Abrufzulässigkeit § 24c, 64, 102 f
- Verfassungsbeschwerden § 24c, 129 ff
- Verfügungsberechtigter § 24c, 35 ff, 38
- Vermittlungsausschuss § 24c, 8
- Verrechnungskonten § 24c, 16
- Vertrauensverhältnis zwischen Bank und Kunden § 24c, 136
- Vertrauensverhältnis zwischen Berufsgeheimnisträger und Mandanten § 24c, 136
- Verwertungsbeschränkung § 24c, 120
- Vorname § 24c, 35
- Wechseldiskont-Konten § 24c, 16
- wirtschaftlich Berechtigter § 24c, 39 ff
- Wohnungsbaugenossenschaften § 24c, 27
- Zeitpunkt der Kontoauflösung § 24c, 33 f
- Zeitpunkt der Kontoerrichtung § 24c, 33
- Zielsetzung § 24c, 2 ff, 77
- Zulässigkeit der Datenübermittlung § 24c, 56, 64, 103
- Zulässigkeit des Datenabrufs § 24c, 111 ff

BaFin
- s. Bundesanstalt für Finanzdienstleistungsaufsicht

BAKred
- s. Bundesanstalt für Finanzdienstleistungsaufsicht

Bankaufsichtsrecht Einl. 104 ff, 128 ff
Bankgeheimnis § 10, 59 ff; § 15, 16 f
- Haftungsfreistellung § 12, 8 ff

Bankgeschäfte § 1, 13 ff
Barmittel
- Abgabe § 2, 72
- Annahme § 2, 72 ff

Baseler Grundsatzerklärung Einl. 24

Stichwortverzeichnis

Beschlagnahme § 10, 47 ff
- Abwendungsbefugnis § 10, 47
- Geld § 11, 186
- Verbot § 10, 41

Besteuerungsverfahren § 10, 28 ff, 64; § 11, 224

Betriebliche Altersversorgung § 4, 6, 14

Beurkundungsgesetz § 3, 32

BKA
- s. Bundeskriminalamt

Bundesanstalt für Finanzdienstleistungsaufsicht Einl. 112 ff
- Anzeigepflicht § 13, 1 ff
- Kopie Verdachtsanzeige § 11, 151
- Verlautbarung Einl. 109
- zuständige Behörde Einl. 104 ff

Bundesaufsichtsamt für das Kreditwesen
- s. Bundesanstalt für Finanzdienstleistungsaufsicht

Bundesaufsichtsamt für das Versicherungswesen
- Entscheidung über Verdachtsanzeige § 11, 89

Bundesbeauftragter für den Datenschutz § 24c, 71, 98, 126, 138

Bundesberufskammern
- Anzeigeübermittlung § 11, 209 ff

Bundeskriminalamt § 5, 3 ff
- Information durch Staatsanwaltschaft § 11, 231
- Kopie der Verdachtsanzeige § 11, 125
- s. auch FIU

Bundesministerium für Finanzen
- Anzeigepflicht § 13, 1 ff

Bundesnotarkammer
- Anzeigeübermittlung § 11, 209

Cybermoney § 2, 98 ff

Datenabruf durch die Bundesanstalt § 24c, 57 ff
- Verwertungsbeschränkung § 10, 31, 54, 79

Datenabruf durch Finanzbehörden § 24c, 80 ff
- Berufsgeheimnisträger § 24c, 87 ff
- Besteuerungsverfahren § 24c, 81
- Besteuerungsverfahren eines Berufsgeheimnisträgers § 24c, 89
- Erhebungsverfahren § 24c, 81
- Haftungsverfahren § 24c, 81
- Information des Betroffenen § 24c, 82 ff
- Rechtsbehelfsverfahren § 24c, 81
- Sachaufklärung durch den Beteiligten § 24c, 82
- Vertrauensverhältnis zwischen Berufsgeheimnisträger und Mandanten § 24c, 87 f
- Verwertungsbeschränkung § 10, 31, 54, 79
- Verwertungsverbot § 24c, 88
- Vollstreckungsverfahren § 24c, 81
- wirtschaftlich Berechtigter § 24c, 87 ff
- Zulässigkeit § 24c, 80 ff

Deutsche Bundesbank § 1, 4, 12, 30; § 16, 1

Dienstleistungen, grenzüberschreitende § 15, 8 f

Drittstaateneinlagenvermittlung § 1, 41 f

Drogenkriminalität Einl. 2

Durchsuchung § 10, 55 f

E-Geld § 1, 96
E-Geld-Geschäft § 1, 25 ff
Edelmetalle § 2, 112 f
EDV-Researchsysteme § 11, 61 ff; § 14, 105 ff
- Kritik § 11, 64; § 14, 109 f
- Spezialinstitute § 14, 107
- Verzichtbarkeit § 14, 106 f

Egmont-Group § 5, 9

Eilgeschäfte § 11, 92, 173 f, 181 f, 218; § 261, 125 ff

Einzahlungsautomaten § 2, 121, 142 ff

Elektronisches Geld § 1, 96; § 2, 98 ff

Ermittlungen, verdeckte § 10, 33 ff

Ermittlungsverfahren § 11, 25

Erneuerungsschein § 2, 110

Euro-Bargeld-Einführung § 2, 101 ff

Europarat Einl. 22

FATF Einl. 26 ff, 59; § 15, 18
Feedback § 14, 150 f
Feedback bei Verdachtsanzeige § 5, 8; § 11, 146 ff
- Dritte Geldwäscherichtlinie § 11, 146

Fernmandat § 2, 32 ff

Financial Action Task Force
- s. FATF

Financial Intelligence Unit
- s. FIU

Finanzbehörden
- Anzeigepflicht § 11, 35
- Außenprüfung § 10, 76 f
- Betriebsprüfung § 10, 76 f
- Ermittlungen, eigene § 10, 34
- Mitteilungspflicht gegenüber § 10, 17 ff

Stichwortverzeichnis

Finanzdienstleistungsinstitute
- Aufsicht Einl. 128 ff
- Drittstaateneinlagenvermittlung § 1, 41 f
- Finanztransfergeschäfte § 1, 43 ff
- Geschäfte § 1, 28 ff, 34 ff
- Sortengeschäft § 1, 48 ff

Finanzermittlungen
- Zuständigkeit § 5, 3

Finanzierung einer terroristischen Vereinigung
- Anhaltspunkte § 6, 9 ff
- s. auch Terrorismusfinanzierung

Finanztransaktion § 1, 94 f; § 3, 24; § 6, 5
- abgelehnte § 11, 38 ff
- Ausführung verdächtiger Transaktionen § 11, 176 ff
- bare und unbare § 11, 36
- Untersagung der Ausführung § 11, 186

Finanztransfergeschäft § 1, 43 ff; § 2, 94 ff
- Pflichten von Finanzdienstleistungsinstituten § 25b, 12 f

Finanzunternehmen § 1, 55 ff
- Leasinggeschäft § 1, 63 f

FIU § 5, 4 ff
- Anschrift § 5, 13
- Aufgaben § 5, 10 ff
- Auskunftsberechtigung nach § 24c Abs. 3 KWG § 5, 20
- Befugnisse § 5, 17 ff
- Bekämpfung der Terrorismusfinanzierung § 6, 11 f
- Jahresberichte § 5, 15
- Koordination Verdachtsanzeigen § 11, 123
- Kopie der Verdachtsanzeige § 11, 125
- Übermittlung personenbezogener Daten § 5, 20
- s. auch Bundeskriminalamt

Folgekontoeröffnung § 7, 2 ff
Förderdarlehen § 24c, 23
Freistellung von Verantwortlichkeit
- s. Haftungsfreistellung

Gefährdungsanalyse § 14, 87 ff
- Aktualisierung § 14, 100
- Anfertigung § 14, 93 ff
- Ergebnisse § 14, 97
- Form § 14, 99
- Gruppenweite Umsetzung § 14, 98
- Inhalt § 14, 94 ff
- Risiken § 14, 89 ff, 96
- Terrorismusfinanzierung § 14, 91 f
- Ziel § 14, 88 ff

Geldbeförderungsunternehmen § 1, 45; § 2, 124 ff, 135; § 3, 45 f; § 7, 6
GeldKarte § 2, 98 ff
Geldwäsche
- Anhaltspunkte § 6, 10 ff; § 14, 147 ff
- Definition Einl. 20
- Funktionsweise Einl. 14 ff
- rechtsberatende Berufe § 3, 3
- Verdachtsanzeige, s. dort
- Verurteilungen § 11, 26 f

Geldwäsche (Straftatbestand)
- Angehörigenprivileg § 261, 40
- Auffangtatbestand § 261, 41
- Ausführung von Eilgeschäften § 261, 125 ff
- Auslandsstraftaten § 261, 4
- Begünstigung Vor § 261, 3
- Beispielsfälle § 261, 170 ff
- berufstypische Tätigkeiten § 261, 53 ff, 75 ff
- besonders schwerer Fall § 261, 150
- Bestimmtheitsgrundsatz § 261, 85
- Beteiligung an der Vortat § 261, 5
- Datenrasterfahndung § 261, 165
- doppelter Vorsatz § 261, 69 ff
- Dritte Geldwäscherichtlinie Vor § 261, 23 ff
- Durchsuchung § 261, 168
- einfache Fahrlässigkeit § 261, 88
- Enthaftung ohne Anzeige § 261, 117
- Entstehungsgeschichte Vor § 261, 5 ff
- erweiterter Verfall § 261, 157
- Freiwilligkeit der Anzeige § 261, 105
- Garantenstellung § 261, 62
- Gefährdung § 261, 33
- Geheimnisverrat § 261, 145
- Geldwäscherichtlinie Vor § 261, 18
- Gesetz zur Verbesserung der Bekämpfung der organisierten Kriminalität Vor § 261, 9
- Hehlerei Vor § 261, 2
- Herrühren § 261, 11
- illegale Herkunft § 261, 1 ff
- Irrtümer § 261, 96
- Isolierungstatbestand § 261, 41
- Kompetenz der Europäischen Gemeinschaft Vor § 261, 24 ff
- kontrollierte Transaktion § 261, 135
- Lauschangriff § 261, 167
- Leichtfertigkeit § 261, 81 ff
- Makelquote § 261, 20
- nachträgliche Kenntniserlangung § 261, 112 ff
- Nachweis der Vortat § 261, 9
- OrgKG Vor § 261, 5

Stichwortverzeichnis

- Rechtsprechungsübersicht
  § 261, 170 ff
- Regelungsbedarf Vor § 261, 2 ff
- richtlinienkonforme Auslegung Vor
  § 261, 29
- Schutzbehauptung § 261, 98
- Sorgfaltspflichten des Bankmitarbeiters
  § 261, 94
- Steuerhinterziehung gemäß § 370a AO
  § 261, 22
- Steuerverkürzungsbekämpfungsgesetz
  Vor § 261, 10
- Strafbarkeit des Vorgesetzten
  § 261, 121 ff
- Strafbefreiung bei Leichtfertigkeit
  § 261, 105 ff
- Strafbefreiung bei Vorsatz § 261, 131
- Strafmilderung § 261, 143 f
- Strafverteidiger § 261, 55
- Surrogate § 261, 16
- Tatgegenstand § 261, 10
- Tathandlung § 261, 27 ff
- tätige Reue § 261, 99
- Teilkontamination § 261, 18
- Übereinkommen des Europarates Vor
  § 261, 17
- Überwachung der Telekommunikation
  § 261, 166
- Unterlassen § 261, 57
- Ursprungsgegenstand § 261, 14
- Veranlassung einer Anzeige § 261, 106
- Verbergen § 261, 30
- Verbrechensbekämpfungsgesetz Vor
  § 261, 8
- Verdachtskatalog § 261, 92
- Vereiteln § 261, 32
- Verjährung der Vortat § 261, 15
- Vermischung § 261, 17
- Vermögensstrafe § 261, 156
- Verschaffen § 261, 42
- Verschleiern § 261, 30
- Versuch § 261, 147 ff
- Verwahren § 261, 45
- Verwenden § 261, 46
- Vorsatz § 261, 69 ff
- Vortatenkatalog § 261, 1 ff
- Wiener Übereinkommen
  Vor § 261, 16
- Zollverwaltungsgesetz § 261, 169
- zurückgewiesene Transaktionen
  § 261, 60

Geldwäschebeauftragter
- Absender der Anzeige § 11, 104
- Anforderungen § 14, 47 ff
- Ansprechbarkeit § 14, 41 ff
- Aufgaben § 14, 17 ff
- ausländische Niederlassungen § 14, 67
- Ausnahmen § 14, 15
- Ausstattung § 14, 69
- Bearbeitung von Verdachtsfällen
  § 14, 19 f
- Bestellung § 14, 13 ff
- Bevollmächtigung § 14, 27
- Datenschutzbeauftragter § 14, 58
- Delegation an Innenrevision § 14, 46
- Delegation von Aufgaben § 14, 46
- Direktionsrecht § 14, 33 f
- Entscheidungskompetenz
  § 14, 19 f, 35 ff
- Externe als Geldwäschebeauftragte
  § 14, 163 ff
- Führungskompetenz § 14, 49
- Gesamtvertretungsberechtigung
  § 14, 26 ff
- Geschäftsleiter § 14, 61 ff
- hierarchische Stellung § 14, 30 ff
- Innenrevision § 14, 51, 53 ff
- Interessenkollision § 14, 50 ff
- Kompetenzen § 14, 47 ff, 68
- Kontrollen § 14, 23 f, 111 f
- Konzerngeldwäschebeauftragter
  § 14, 165 f
- Kundenkontakt § 14, 50, 59
- leitende Person § 14, 14, 32
- Leiter ausländischer Niederlassungen
  § 14, 67
- Marktfolgeseite § 14, 60
- Marktverantwortung § 14, 50
- Mitteilung an Aufsichtsbehörde
  § 14, 70 ff
- Ordnungswidrigkeit § 17, 5 ff
- Organisation § 14, 60
- organisatorische Maßnahmen § 14, 21
- Outsourcing § 14, 163 ff
- persönliche Anforderungen § 14, 47 ff
- Prokura § 14, 27
- Prüfung von Verdachtsfällen
  § 11, 75 ff, 80
- Rechnungswesen § 14, 60
- Schulung § 14, 22
- Stellenbeschreibung § 14, 18
- Stellvertretung § 14, 41 ff
- Unterrichtung § 14, 22
- Verdachtsanzeige § 14, 19 f
- Vertretungsberechtigung § 14, 25 ff
- Vertretungsregelung § 14, 41 ff
- Vorstandsmitglieder § 14, 51, 61 ff
- Weisungsbefugnis § 14, 35 ff
- Weisungsgebundenheit § 14, 33 f

Stichwortverzeichnis

- Zugang zu Unterlagen § 9, 19
- Zuständigkeit § 14, 17 ff

Geldwäschebekämpfung
- Erfolgsbilanz Einl. 55 ff

Geldwäschebekämpfungsgesetz Einl. 76 ff

Geldwäschegesetz
- Auslegungsgrundsätze Einl. 100 ff
- Entstehungsgeschichte Einl. 67 ff
- Gesetzeszweck Einl. 86 ff
- Verbindung zum Kreditwesengesetz Einl. 104 ff

Geldwäscherichtlinie Einl. 31 ff, 44

Geldwäscherichtlinie, Dritte Einl. 45 ff, Vor § 261, 23 ff
- interne Sicherungsmaßnahmen § 14, 185 ff
- risikoorientierter Ansatz § 14, 185
- wirtschaftlich Berechtigter § 8, 45 ff

Geldwäscheverdacht § 11, 50
- Anhaltspunkte § 11, 99 ff
- EDV-Research § 11, 61 ff
- Nachforschung § 11, 61
- Prüfung durch Geldwäschebeauftragten § 11, 75 ff
- Typologienpapiere § 11, 68 ff, 100
- Verdachtsgewinnung § 11, 61 ff

Gerichtskasse § 11, 35

Gerichtsvollzieher-Dienstkonten § 2, 141

Geschäftsbeziehung § 3, 17 ff, 29 ff
- Abbruch § 11, 187 ff
- Abschlussprüfung § 3, 34 ff
- Anbahnungsphase § 3, 20
- auf Dauer angelegte § 2, 15 f
- Dauermandat § 3, 35
- Folgebeauftragung § 3, 35
- Immobilienmakler § 3, 37 f
- Steuerberatungsvertrag § 3, 34 ff

Gesetz zur Förderung der Steuerehrlichkeit § 10, 40, 80; § 24c, 10, 76 ff

Gewerbetreibende § 3, 1, 8 ff, 40 ff

Grenzüberschreitender bargeldloser Zahlungsverkehr
- Deutsche Bundesbank § 25b, 15
- Hintergrund und Ziele der Pflichten § 25b, 1 ff
- Pflichten endbegünstigter Kreditinstitute § 25b, 6
- Pflichten erstbeauftragter Kreditinstitute § 25b, 5
- Pflichten von Finanzdienstleistungsinstituten beim Finanztransfergeschäft § 25b, 12 f
- Pflichten zwischengeschalteter Kreditinstitute § 25b, 7 f
- Verordnungsermächtigung § 25b, 14
- vorläufige einschränkende Interpretation und Anwendung § 25b, 9 ff
- Vorschlag für eine EU-Verordnung § 25b, 16 ff

Grundstücksrechte § 3, 26

Gültigkeit des Ausweisdokuments § 7, 4

Haftungsfreistellung
- Bankgeheimnis § 12, 8 f
- Haftungsausschlusstatbestand § 12, 8
- Rechtsanwälte § 12, 13 f
- Strafrechtsentschädigungsgesetz § 12, 12
- Straftatbestände § 12, 13 f
- Verdachtsanzeigen § 12, 1 ff
- zivilrechtliche Ansprüche § 12, 8 ff

Hausbankverfahren § 24c, 23

Hawala § 1, 45

Identifizieren § 1, 81 ff; § 2, 13
- ausländische Ausweise § 1, 86
- Ausweisdokumente § 1, 85 ff
- elektronische Signatur § 1, 93
- Feststellung der Staatsangehörigkeit § 1, 90
- Feststellung des Geburtsortes § 1, 88 f
- natürliche Personen § 1, 82

Identifizierung
- durch die Deutsche Post AG § 2, 41 ff
- von Abwesenden § 2, 32 ff

Identifizierungserleichterungen § 2, 128 ff; § 7, 1 ff
- Altfallregelung § 7, 3 ff
- Folgekontoeröffnung § 7, 2 ff

Identifizierungspflichten § 2, 35 ff
- Abgabe von Barmitteln § 2, 72
- Abschluss von Lebens- oder Unfallversicherungen § 4, 1 ff
- Absehen von Identifizierung § 7, 1 ff
- Altfallregelung § 7, 3 ff
- Annahme von Barmitteln § 2, 8, 70 ff
- Anschlussversicherung § 4, 12
- aufzeichnungspflichtige Geschäftsvorfälle § 2, 72 ff
- Ausweisdokumente § 2, 53 ff
- Ausweispapiere ausländischer Staatsbürger § 2, 56 ff
- Bargeld § 2, 85 ff
- Beglaubigung durch einen Notar § 3, 31 f
- Begründung einer auf Dauer angelegten Geschäftsbeziehung § 2, 12 ff; § 3, 29 ff
- bei Kontoeröffnung § 2, 12 ff
- bei persönlichem Bekanntsein § 7, 1 ff

Stichwortverzeichnis

- Beschränkung auf geschäftsspezifische Leistungen § 2, 22
- betriebliche Altersversorgung § 4, 6, 14
- Buchtransaktionen § 2, 80
- Cybermoney § 2, 98 ff
- Edelmetalle § 2, 112 f
- Einführung des Euro-Bargeldes § 2, 6, 101 ff
- Einzahlungsautomaten § 2, 142 ff
- elektonische Signatur § 2, 52
- elektronisches Geld § 2, 98 ff
- Entwicklung § 2, 1 ff
- Erleichterungen § 2, 128 ff; § 7, 1 ff
- Eröffnung von Kreditkonten § 2, 31
- Fernmandat § 2, 32 ff
- Feststellung des wirtschaftlich Berechtigten § 2, 24 f
- Finanztransfergeschäft § 2, 94 ff
- Folgekontoeröffnung § 7, 2 ff
- Fremdwährungen § 2, 85 ff
- Geburtsort § 7, 5
- Geldbeförderungsunternehmen § 2, 124 ff, 135; § 3, 45 f; § 7, 6
- GeldKarte § 2, 98 ff
- Gelegenheitskunden § 2, 79
- Gerichtsvollzieher-Dienstkonten § 2, 141
- Gestaltung von Grundstücksrechten § 3, 26
- Gewerbetreibende § 3, 40 ff
- Hintergrund § 2, 1 ff
- Identifizierung durch die Deutsche Post AG § 2, 41 ff
- Identifizierung von Abwesenden § 2, 32 ff
- im Ausland § 15, 10 ff
- im Rahmen der Strafverteidigung § 3, 25
- Immobilienmakler § 3, 37 f
- inländische Ausweispapiere § 2, 54 f
- Insolvenzverwalterkonten § 2, 141
- Institute untereinander § 2, 84, 123 f
- Kontoeröffnung an Serviceterminals § 2, 26
- Kontoeröffnung für juristische Personen § 2, 27 ff
- mehrere Finanztransaktionen § 2, 114 ff
- minderjähriger Versicherungsnehmer § 4, 13
- Mitwirkung an Vollmachten § 3, 27
- Nachttresor § 2, 138 f
- Notare § 3, 23 ff
- Patentanwälte § 3, 23 ff
- Pfanddepot § 2, 81
- Postident Comfort § 2, 42 ff
- Postident-Services § 2, 41 ff
- Rechtsanwälte § 3, 23 ff
- Rechtsbeistände § 3, 23 ff
- regelmäßige Einzahler § 2, 129 ff
- Schenkungen § 3, 26
- Smurfing § 2, 114 ff; § 3, 42
- Sonderkonten für Lottogesellschaften § 2, 140
- sonstige Gewerbetreibende § 3, 40 ff
- sonstige zuverlässige Dritte § 2, 49 ff
- Sorten § 2, 85 ff, 89 ff
- Sortengeschäft § 2, 5, 101
- Spielbanken § 3, 39
- Staatsangehörigkeit § 7, 5
- Steuerberater § 3, 34 ff
- Steuerbevollmächtigte § 3, 34 ff
- Tankstellenkonten § 2, 140
- Treuhänder § 3, 40 f
- Verdacht auf Geldwäsche oder Terrorismusfianzierung § 6, 1 ff
- Vereidigte Buchprüfer § 3, 34 ff
- Verhältnis zu den Pflichten des § 154 Abs. 2 AO § 2, 17 ff
- Verpfändung von Wertgegenständen § 2, 82
- Verpflichtete § 2, 10 f; § 3, 6 ff
- white card § 2, 98 ff
- Wirtschaftsprüfer § 3, 34 ff
- zuverlässige Dritte § 2, 35 ff
- s. auch Annahme von Barmitteln
- s. auch zuverlässige Dritte

Immobilienmakler § 3, 37 f
Immobilientransaktion § 3, 24
Informationelle Selbstbestimmung § 10, 5 ff; § 24c, 118 f
Innenrevision
- Prüfungen § 14, 113 ff
- Prüfungsumfang § 14, 114 f

Insolvenzverwalterkonto § 2, 141; § 8, 38
Institute § 1, 79 ff
- mit Sitz im Ausland § 1, 2, 72 ff

Internationales Maßnahmenprogramm Einl. 21 ff
Interne Sicherungsmaßnahmen
- Adressaten § 14, 7 ff
- Anordnung § 14, 11
- Anordnungen zur Befreiung § 14, 177 ff
- Anordnungs- und Befreiungsbefugnis § 14, 170 ff
- Arbeitsablaufbeschreibung § 14, 75 ff
- Ausnahmen § 14, 171 ff
- Ausnahmen für Notare § 14, 116

Stichwortverzeichnis

- Berufsausübung im Rahmen eines Unternehmens § 14, 162
- Dritte Geldwäscherichtlinie § 14, 185 ff
- EDV-Researchsysteme § 14, 105 ff
- Ermächtigungsgrundlage § 14, 123 ff
- Feststellungen des Abschlussprüfers § 14, 117 ff
- Gefährdungsanalyse § 14, 87 ff
- Generalklausel § 14, 5, 123 ff
- Grundsätze § 14, 74 ff
- Hinweise für Neuverpflichtete § 14, 12
- Kompetenz der Aufsichtsbehörden § 14, 124 f
- Kontrollen § 14, 74 ff, 111 f
- Monitoring § 14, 101 ff, 108
- Organisationsrichtlinie § 14, 75 ff, 101
- PEP § 14, 185 ff
- politically exposed persons § 14, 185 ff
- Prüfungsvermerk § 14, 117 ff
- Research § 14, 101 ff, 103 ff
- risikoorientierter Ansatz § 14, 185
- Sanktionen § 14, 182 ff
- Schulung § 14, 144 ff
- Sicherungssysteme § 14, 74 ff
- Sonderprüfungen nach § 44 KWG § 14, 122
- Umfang der Abschlussprüfung § 14, 118 ff
- Unternehmen § 14, 162
- Unterrichtung § 14, 144 ff
- Verantwortung § 14, 6
- Verlautbarung § 14, 11
- Verwaltungsgrundsätze § 14, 11
- Zuverlässigkeitsprüfung § 14, 126 ff

Juristische Personen § 11, 33
- Identifizierungspflichten § 2, 27 ff
Justizvergütungs- und Entschädigungsgesetz § 24c, 31

Know-your-customer-Prinzip Einl. 83; § 11, 17; § 14, 78; § 24c, 50
Kontenevidenzzentrale § 24c, 2
Konto § 2, 21
Kontoabrufsystem
- s. automatisierter Abruf von Kontoinformationen
Kontoeröffnung
- an Serviceterminals § 2, 26
- für juristische Personen § 2, 27 ff
Konzerngeldwäschebeauftragter § 14, 165 f

Korrespondenzbankbeziehungen § 14, 79 ff
Kreditanstalt für Wiederaufbau § 1, 4, 30; § 16, 1
Kreditinstitut § 1, 4 ff
- Tochterunternehmen § 1, 8
Kriminelle Vereinigungen § 6, 3 f
Kundensorgfaltspflichten § 14, 78

Landeskriminalämter
- Empfänger der Anzeige § 11, 124
Lastschrifteinzug § 4, 5
Leasinggeschäft § 1, 63 f
Lebensversicherungen § 4, 1 ff
- Formalien Verdachtsanzeige § 11, 112
- Verdachtsfälle § 11, 101
Lebensversicherungsverträge § 1, 5, 68, 79
Legitimationsprüfung § 2, 17 ff
- bei Eltern § 24c, 50 f
- Eröffnung von Kreditkonten § 2, 31
Leitende Person
- s. Geldwäschebeauftragter
Lottogesellschaften § 2, 140

Mehrere Finanztransaktionen § 2, 114 ff
Melderecht
- Schweiz § 11, 6 ff
Mietkautionskonto § 8, 35 ff; § 24c, 40
Minderjähriger Versicherungsnehmer § 4, 13
Mitarbeiterschutz § 14, 190
Mitteilungspflicht an Finanzbehörden
- eingeleitetes Strafverfahren § 10, 17 ff
- Verdachtsanzeige § 10, 17 ff
Money Transmitter Agencies § 1, 45
Monitoring § 11, 77; § 14, 101 ff, 108

Nachttresor § 2, 138 f; § 9, 5
NCCT, s. nicht kooperierende Länder und Territorien
Negativtestat § 14, 132
Nicht kooperierende Länder und Territorien § 11, 68; § 14, 86
- Korrepondenzbankbeziehungen § 14, 84
Nicht rechtsfähige Personenvereinigungen § 24c, 42 ff
Nicht rechtsfähige Vereinigung § 8, 19 f
- Treuhandkonto § 8, 20
Notaranderkonto § 8, 23; § 24c, 41
- auf Vorrat § 8, 32 ff
Notare § 3, 23 ff
- Beglaubigung § 3, 31 f
- Urkundsgewährungsanspruch § 3, 32
- s. auch Rechtsanwälte
Novation § 24c, 21

Stichwortverzeichnis

Ordnungswidrigkeit § 17, 1 ff
- Geldwäschebeauftragter § 17, 5 ff
- juristische Person § 17, 4
- leichtfertiger Verstoß § 17, 8

Organisationsrichtlinie § 14, 75 ff, 101
Organisierte Kriminalität Einl. 1, 8 ff
Outsourcing § 14, 163 ff
- Anwendung auf Rechtsanwälte § 14, 169
- Anwendung auf Steuerberater § 14, 169
- Anwendung auf Wirtschaftsprüfer § 14, 169
- Vorgaben des KWG § 14, 168

Patentanwälte § 3, 7, 23 ff; § 14, 8
Pensionskassen § 3, 13
PEP § 14, 185 ff
Personalausweis § 1, 85
Personenvereinigungen § 8, 19 f; § 24c, 42 ff
Persönliches Bekanntsein § 7, 1 ff
Politically exposed persons § 14, 185 ff
Postident-Services § 2, 41 ff
- Postident Basic § 2, 45 ff
- Postident Comfort § 2, 42 ff
Prolongation § 24c, 22
Prüfungen der Innenrevision § 14, 113 ff

Rasterfahndung § 11, 9 f
Rechtsanwälte § 3, 7, 23 ff; § 14, 8
- Anzeigepflicht § 11, 31 f
- Befreiung von der Anzeigepflicht § 11, 204 ff
- Haftungsfreistellung § 12, 13 f
Rechtsbeistände § 3, 23 ff
Rechtsberatende Berufe § 3, 2 ff
- Gefährdung durch Geldwäsche § 3, 3
Rechtsetzungskompetenz der EG im Strafrecht Einl. 47 f; Vor § 261, 24 ff
Regelmäßige Einzahler § 2, 129 ff; § 9, 3 ff
Reisepass § 1, 85
Reiseschecks § 1, 48, 52 f
Repräsentanzen § 1, 44
Research § 14, 101 ff
- Ausnahmen § 14, 102, 104
- EDV-Researchsysteme § 14, 105 ff
- Verpflichtete § 14, 102
Risiko-Lebensversicherungsverträge § 4, 3
Rüsselverfahren § 11, 17
- s. auch automatisierter Abruf von Kontoinformationen

Sammelanderkonto § 8, 24
- von Berufsgeheimnisträgern § 8, 31
- von Gerichtsvollziehern § 8, 27 ff
- von Rechtsanwälten § 8, 25 ff
Sammelmietkautionskonto § 8, 35
Sanktionen § 15, 23
Schattenbanksystem § 1, 44
Schenkungen § 3, 26
Schuldersetzung § 24c, 21
Schulung über gesetzliche Pflichten § 14, 144 ff, 153 ff
- Anhaltspunkte für Geldwäsche § 14, 154
- Anwendung auf Notare § 14, 145
- Anwendung auf Steuerberater § 14, 146, 156
- Anwendung auf Wirtschaftsprüfer § 14, 146, 156
- Dokumentation § 14, 161
- EDV-Programme § 14, 158
- Erstschulung § 14, 158
- Form § 14, 158 ff
- Grundschulung § 14, 153
- „Information für Mitarbeiter" § 14, 159
- interne Rundschreiben § 14, 160
- Nachschulung § 14, 153, 159 f
- Präsenzschulung § 14, 158
- relevante Mitarbeiter § 14, 157
- Typologienpapier § 14, 154
Schwellenbetrag, Anpassung § 5, 1 f
Selbständige Handelsvertreter § 2, 83
Sicherstellung § 10, 50 ff
- von Geldern § 10, 35; § 11, 186
Siegelführer § 2, 50
Smurfing § 2, 88, 93, 114 ff; § 3, 42
- Einzahlungsautomaten § 2, 121
Sonderprüfungen nach § 44 KWG § 14, 122
Sonstige Gewerbetreibende § 3, 40 ff
Sortengeschäft § 1, 48 ff; § 2, 89 ff, 101
- Smurfing-Kontrolle § 2, 93
- s. auch Wechselstube
Spareinrichtung § 24c, 27
Spielbanken § 3, 39
Staatsanwaltschaft
- Information des BKA § 11, 231
- Zustimmung zu Transaktionen § 11, 178 f
Steuerberater § 3, 34 ff
- s. auch Rechtsanwälte
Steuerberatungsvertrag § 3, 34 ff
Steuerbevollmächtigte § 3, 34 ff

Stichwortverzeichnis

Steuerhinterziehung
– einfache § 11, 59 f, 226
– gewerbs- und bandenmäßige Einl. 64; § 11, 59 f, 226; § 261, 22
– Kontoabrufverfahren § 24c, 5 f
Steuerstraftaten
– Vortat Geldwäsche § 11, 59 f
Steuerstrafverfahren § 10, 28 ff, 68, 71; § 11, 224
Steuerverkürzungsbekämpfungsgesetz Einl. 64, § 11, 226; § 24c, 5; § 261, 24
Stillhaltepflicht § 11, 153 ff
– Eilgeschäfte § 11, 173 ff
– Frist § 11, 153 ff
– verfassungsrechtliche Probleme § 11, 159 ff
– zivilrechtliche Probleme § 11, 171 f
Strafanzeige § 11, 46, 129 ff
Strafvereitelung
– Verletzung Hinweisverbot § 11, 212
Strafverfahren
– Definition § 10, 22
– Verwertung von Aufzeichnungen § 10, 15 ff
Strafverfolgungsbehörde
– Behandlung Verdachtsanzeigen § 11, 129 ff
Strafverteidiger
– Annahme bemakelten Honorars § 261, 55
– s. auch Rechtsanwälte
Strafverteidigung § 3, 25
Straßburger Konvention Einl. 25

Tafelgeschäft § 9, 6
– Aufzeichnungen § 10, 82
Talon § 2, 110
Tankstellenkonten § 2, 140
Tatgegenstand § 261, 10
– Herrühren § 261, 11 ff
– Makelquote § 261, 20
– Surrogate § 261, 16
– Teilkontamination § 261, 18
– Vermischung § 261, 17
Tathandlung
– Verbergen § 261, 30
– Vereiteln § 261, 32
– Verschaffen § 261, 42
– Verschleiern § 261, 30
– Verwahren § 261, 45
– Verwenden § 261, 46
Territorialitätsprinzip § 15, 1 ff
Terrorismusfinanzierung
– Anhaltspunkte § 6, 9 ff
– Präventionsmaßnahmen § 14, 91 f

Terroristische Vereinigung
– Verdacht § 6, 3 f; § 11, 72; § 13, 1 ff
Treuhänder § 3, 40 f
Treuhandkonto für nicht rechtsfähige Vereinigung § 8, 20
Typologienpapier § 11, 68; § 14, 147, 154
Überwachung von Geschäftsbeziehungen
– s. Monitoring

Unfallversicherungen § 4, 1 ff
Unfallversicherungsverträge § 1, 5, 79
Unselbständigte Unterkonten § 8, 11
Unterkonto § 8, 11
Unterlagen
– s. Aufzeichnungen
Unternehmen § 2, 132 f; § 3, 13; § 14, 162
– im Ausland § 15, 1 ff
Unterrichtung über Geldwäschemethoden § 14, 144 ff
– Anhaltspunkte für Geldwäsche § 14, 147 ff
– Anwendung auf Notare § 14, 145
– Anwendung auf Steuerberater § 14, 146
– Art und Weise § 14, 152
– Dokumentation § 14, 152
– eigene Erkenntnisse § 14, 149 f
– relevante Mitarbeiter § 14, 157
– Typologienpapier § 14, 147

Verdacht auf Geldwäsche oder Terrorismusfinanzierung
– Voraussetzungen § 6, 15 ff
Verdächtigung, falsche § 12, 13 f
Verdachtsanzeige
– Abbruch der Geschäftsverbindung § 11, 187
– Absender § 11, 104
– Aufnahme von Ermittlungen § 11, 138
– Behandlung durch Behörde § 11, 129 ff
– Behörde, zuständige § 13, 1 ff
– Eilgeschäfte § 11, 92, 173 f, 181 f, 218
– Eingangsbestätigung § 11, 133 ff
– Empfänger § 11, 121 ff
– Entscheidung über Abgabe § 11, 79 ff
– Ermittlungen § 11, 138 ff
– Feedback § 11, 146 ff
– formelle Anforderungen § 11, 104, 108 ff
– Freiwilligkeit § 11, 223
– Fristfälle § 11, 177
– Haftungsfreistellung, s. dort
– Hinweisverbot § 11, 212 ff

Stichwortverzeichnis

- Inhalt § 11, 108
- kontrollierte Transaktionen § 11, 187 ff
- Koordination durch FIU § 11, 123
- Kopie § 11, 125, 151
- Landeskriminalämter § 11, 124
- Mitteilungspflicht an Finanzbehörden § 10, 17 ff, 22
- Rechtsnatur § 11, 129 ff
- Rückmeldung an Anzeigeerstatter § 11, 146 ff
- Stillhaltepflicht § 11, 153 ff
- Telefax § 11, 109 f, 136
- Unterlassung § 11, 47
- Unterschrift § 11, 120
- Verwertung der Daten § 11, 224
- Vordruck § 11, 111 f

Verdachtsgewinnung
- s. Geldwäscheverdacht

Verdachtsmitteilung
- hausinterne § 11, 84, 97

Vereidigte Buchprüfer § 3, 34 ff

Verlautbarung
- allgemein Einl. 109
- Geldwäschebekämpfung Einl. 110 ff

Vermögensverwalter § 3, 8, 15; § 14, 9
Vermögensverwaltung § 3, 24
Verordnungsermächtigung § 4, 21

Verschwiegenheitspflicht
- Verletzung § 12, 13 f

Versicherungsaufsichtsrecht Einl. 125 ff
Versicherungsmakler § 1, 79; § 4, 15 ff
Versicherungsprämie § 4, 4
Versicherungsunternehmen § 1, 5, 68, 79
Versicherungsvertreter § 4, 15 ff
Verwaltung von Vermögenswerten § 3, 24

Verwertung von Aufzeichnungen
Beschränkungen § 10, 1 ff, 39 ff
- Beschränkungen durch § 24c KWG § 10, 31, 54, 79
- im Besteuerungsverfahren § 10, 28 ff
- im Strafverfahren § 10, 15 ff

Viertes Finanzmarktförderungsgesetz § 11, 17, 62; § 24c, 1

Vortaten § 261, 1 ff
- Auslandsstraftaten § 261, 4
- Beteiligung § 261, 5 ff
- Nachweis § 261, 9
- Steuerhinterziehung gemäß § 370a AO § 261, 22 ff
- Verjährung § 261, 15

Wechselstube Einl. 15, 62; § 1, 48 ff
Wertpapiere § 2, 105 ff
- Erneuerungsschein § 2, 110
- Talon § 2, 110
- Wertberechnung § 2, 108 ff

White card § 2, 98 ff
Wiener Drogenkonvention Einl. 23; Vor § 261, 16

Wirtschaftlich Berechtigter
- Anderkonto § 8, 21 ff
- Anderkonto auf Vorrat § 8, 32 ff
- angemessene Maßnahmen bei Zweifeln am Handeln für eigene Rechnung § 8, 14 ff
- Aufzeichnungspflicht für Notare § 8, 10
- Aufzeichnungspflicht § 8, 8 ff
- bei Abschluss von Versicherungsverträgen § 4, 7
- bei Kreditanträgen § 8, 9
- Dritte Gelwäscherichtlinie § 8, 45 ff
- Erkundigungspflicht § 8, 1 ff, 12 f
- Erkundigungspflicht bei Bartransaktionen § 8, 5 f
- Erkundigungspflicht bei Treuhandtätigkeit § 8, 4
- Erkundigungspflicht für Abschlussprüfer § 8, 3
- Erkundigungspflicht für Institute untereinander § 8, 7
- Erkundigungspflicht für Notare § 8, 2
- Erkundigungspflicht für Steuerberater § 8, 3
- Erkundigungspflicht in Fällen des § 7 § 8, 6
- gesetzliche Vertreter § 8, 39 ff
- Insolvenzverwalterkonto § 8, 38
- Institute als Treuhänder § 8, 43 f
- Kontobevollmächtigte § 8, 39 ff
- lose Personenzusammenschlüsse § 8, 19 f
- Mietkautionskonto § 8, 35 ff
- Nachforschungsmöglichkeiten § 8, 17
- nicht rechtsfähige Vereinigung § 8, 19 f
- Notaranderkonto § 8, 23
- Sammelanderkonto § 8, 24
- Sammelanderkonto von Berufsgeheimnisträgern § 8, 31
- Sammelanderkonto von Gerichtsvollziehern § 8, 27 ff
- Sammelanderkonto von Rechtsanwälten § 8, 25 ff
- Sammelmietkautionskonto § 8, 35

Stichwortverzeichnis

- Treuhandkonto für nicht rechtsfähige Vereinigung § 8, 20
- unselbständiges Unterkonto § 8, 11
- Unterkontoeröffnung § 8, 11
- wirtschaftlicher Eigentümer § 8, 45 ff

Wirtschaftlicher Eigentümer § 8, 45 ff
Wirtschaftsprüfer § 3, 34 ff
Wohnungsbaugenossenschaften § 24c, 27

Zahlungsverkehr
- s. grenzüberschreitender bargeldloser Zahlungsverkehr

Zentralstelle für Verdachtsanzeigen
- s. FIU

Zeugenvorladung § 10, 57 f
Zuständige Behörde § 16, 1 ff
Zuverlässigkeitsprüfung
- Negativtestat § 14, 132

Zuverlässige Dritte § 2, 35 ff
- ausländische Kreditinstitute § 2, 40
- Finanzdienstleistungsinstitute § 2, 38
- Kreditinstitute § 2, 36, 39

Zuverlässige Dritte, sonstige § 2, 49 ff
- Geeignetheit § 2, 49
- Siegelführer § 2, 50
- Überprüfung § 2, 51

Zuverlässigkeitsprüfung § 14, 130 ff
- Anwendung auf Notare § 14, 140
- Anwendung auf Steuerberater § 14, 141
- Anwendung auf Wirtschaftsprüfer § 14, 141
- Begriff § 14, 128 f
- Dokumentation § 14, 139
- Ergebnis § 14, 139
- Konsequenzen § 14, 142 f
- Kreis der Mitarbeiter § 14, 126 f
- Mitarbeiter von Leasinggesellschaften § 14, 136
- Mitbestimmungsrecht nach BetrVG § 14, 137
- Negativtestat § 14, 139
- Unzuverlässigkeit § 14, 142 f

Zweigstellen
- ausländische inländische Institute § 1, 9; § 15, 1 ff
- in Nicht-EU-Staaten § 15, 18
- inländische ausländischer Institute § 1, 68